本书为国家社会科学基金资助项目

（批准号：06BKG006）

本书出版得到

国家重点文物保护专项补助经费资助

新疆文物考古研究所丛刊之九
吐鲁番学研究丛书甲种本之四

新疆洋海墓地

上

吐鲁番市文物局
新疆文物考古研究所
吐鲁番学研究院
吐鲁番博物馆

编　著

文物出版社

图书在版编目（CIP）数据

新疆洋海墓地 / 吐鲁番市文物局等编著. -- 北京：文物出版社，2019.3

ISBN 978-7-5010-5804-4

Ⅰ.①新… Ⅱ.①吐… Ⅲ.①墓葬（考古）—发掘报告—鄯善县 Ⅳ.①K878.85

中国版本图书馆CIP数据核字（2018）第254732号

新疆洋海墓地

编　　著：吐鲁番市文物局
新疆文物考古研究所
吐鲁番学研究院
吐鲁番博物馆

封面设计：李　红
责任编辑：杨新改　陈春婷
责任印制：张道奇
责任校对：安艳娇　李　薇

出版发行：文物出版社
社　　址：北京市东直门内北小街2号楼
邮　　编：100007
网　　址：http://www.wenwu.com
邮　　箱：web@wenwu.com
经　　销：新华书店
印　　刷：鑫艺佳利（天津）印刷有限公司
开　　本：787mm×1092mm　1/8
印　　张：172
插　　页：1
版　　次：2019年3月第1版
印　　次：2019年3月第1次印刷
书　　号：ISBN 978-7-5010-5804-4
定　　价：3200.00元（全三册）

Report of Archaeological Excavations at Yanghai Cemetery

I

by

Turfan City Bureau of Cultural Relics
Xinjiang Institute of Cultural Relics and Archaeology
Academy of Turfanology
Turfan Museum

Cultural Relics Press

序　一

谢辰生

吐鲁番市鄯善县洋海墓葬群的考古发掘，是新疆地区一个资料十分翔实、特征相当明显、内涵极为丰富的考古新发现，发掘后很快便被确定为国家重点文物保护单位。这部《新疆洋海墓地》考古发掘报告，集中发表了吐鲁番市文物局和新疆文物考古研究所自2003年以来在鄯善洋海一带发掘的三处古代墓地资料，它的问世，把这个弥足珍贵的考古发现完整而清晰地呈现在人们面前。

新疆维吾尔自治区地处亚欧大陆腹地，古称西域，是历史上古丝绸之路的中枢要道，处处留下了中外商旅川流不息的足迹。它与俄罗斯、哈萨克斯坦、吉尔吉斯斯坦、塔吉克斯坦、巴基斯坦、蒙古、印度、阿富汗八国接壤，早自远古时代起，西方世界就是通过这条通道认识和了解中国的，中国也是凭借这条通道接触和熟悉西方国家和中亚各国的。东西方文化在这条通道上的相互影响、融合、交流，共同促进了人类文明的进步。

吐鲁番市位于东部天山山间盆地，是连接中国内地、新疆和中亚地区的交通枢纽。她古称车师（姑师），是汉代班固笔下的“西域三十六国”之一，不但是古丝绸之路的历史重镇，还曾是西域政治、经济、文化的中心。这里文物古迹遍及各地，既包括了闻名遐迩的交河故城、高昌古城、雅尔湖石窟、柏孜克里克石窟、吐峪沟石窟、台藏塔、苏公塔等地上建筑，也还有星罗棋布的历代古墓葬等地下遗存。洋海墓葬就是吐鲁番地区一个极为重要的地下遗存，而《新疆洋海墓地》考古报告，就是对这一发现的综合研究成果。

评价一个考古发掘报告的质量，首要一点是审视它的资料完整性和客观性。毋庸讳言，综合性的研究固然重要，但那终归是第二位的，而作为一本考古发掘报告，第一位的任务就是要把全部资料完整而客观地呈现出来，以使其成为一个经得起检验的扎实史料。鉴于考古发掘资料的形形色色，鉴于大千世界各种古代遗物的纷繁错杂，要想把一个考古遗存既完整又客观地呈现出来，并非一件易事。而在有些考古发掘报告中，往往出现对标本的随意取舍或主观排比的现象，以致无法还原客观真实的历史。洋海墓地累计发掘墓葬521座，出土的遗物洋洋大观，举凡陶、木、铜、石、铁、骨、金、银、角器乃至海贝、草编器、皮革制品、毡制品、毛织物和服饰等，几乎无所不包。要想将如此繁多而冗杂的遗物完整客观地揭示出来，显然更非易事。但我们欣慰地看到，洋海墓葬的全部资料在这本报告中得到了完整展现，而且脉络十分清晰，读来令人毫无艰涩之感。此报告卷帙浩繁，多达三大册，洋洋二百万言。在这字里行间，恐怕不仅浸润着编撰者在吐鲁番烈焰下流淌的汗水，更饱含着考古人一丝不苟的职业素养与道德。

要把考古资料还原到它们赖以存在的历史环境中，第一要素便是要对其作出科学而缜密的分期。洋海墓葬出土的资料虽然丰富，但却没有文字依据，它们的分期与年代只能凭借考古类型学的方法来判定。《新疆洋海墓地》报告通过对数百座古墓的墓葬形制、随葬品的类型学分析，把全部墓葬精准区分为四大型：A型是椭圆形竖穴墓；B型是长方形竖穴二层台墓；C型是长方形竖穴墓；D型是竖穴偏室墓。以上四型墓不仅有一望可知的区别，而且在洋海的三大墓区中各有分布重点，每型的数量也多寡有别。正是这种精准的类型划分，为洋海墓葬的分期断代奠定了坚实的基础。

通过综合分析，本报告把洋海墓葬划分为前后递嬗的四大期，其绝对年代起于公元前13世纪，止于东汉末年，前后跨越了近1500年，相当新疆的青铜时代、早期铁器时代和两汉。此外也有个别洋海墓葬的年代甚至晚到了南北朝初期，属于5世纪中叶，表明了吐鲁番文明的持续演进。一般认为，汉代的《史记》《汉书》对西域的记载是新疆信史时代的肇始，此前则为吐鲁番地区的史前时代，亦即原始氏族公社时代。汉宣帝神爵二年（公元前60年），西汉王朝为了管理统一后的西域，在乌垒城（今轮台县境内）建立了西域都护府，正式在西域设官、驻军、推行政令，开始行使国家主权。此即《汉书·郑吉传》所说的“汉之号令班西域矣”，西域从此成为我国领土的一部分，也从此跨入了文明时代。而洋海墓葬群，恰好处在新疆这个历史分界的过渡阶段，其墓葬的一至三期属于吐鲁番地区的史前时代；第四期为两汉时期，属文明时代的初期。

当做出了科学的分期断代后，事物的逻辑发展过程便自然而然地流露出来。例如《新疆洋海墓地》报告指出，洋海文化的彩陶纹样最早出现的是网格纹、三角纹、锯齿纹、竖条纹，其后流行涡纹、波纹、同心圆纹和羽状纹，就体现了彩陶纹饰的变化。比较之下，这些细部变化还不是最主要的，更主要的是，基于科学的分期，可知这四期恰恰代表了洋海文化起源、发展、繁荣、衰落的四大阶段，涵盖了此文化从起源到衰落的全过程。

当公元前13世纪时，一群中亚、西亚的高加索人种辗转来到这里，开始了他们的半定居半游牧生活，此即洋海墓地文化的源起。从洋海墓葬出土的成套骑射、狩猎用具及丰富的毛纺（编）织物、动物纹样和牲畜骨骼看，这些人的生产方式以畜牧和狩猎为主，牧养的牲畜种类主要是山羊、绵羊、牛和马。每当春风吹暖大地，洋海文化的青壮年们便会携带弓箭和钻木取火器，赶着畜群到北部山区甚至天山北坡游牧和狩猎。但与此同时，洋海一带还留有永久居留地，大多数妇女和老弱病残会留居于此，或采集野生食物，或从事纺织、制陶和木器加工等工作，或用动物兽皮缝制衣裤，或哺乳婴儿照顾孩子。但尤为重要的是，这时洋海部落已经有了原始农耕经济，在其定居点周边一些易于灌溉的田地上，已经开始尝试种植麦类（小麦、大麦和青稞）和谷类（粟、黍）作物，甚至还有了蔬菜和葡萄等果蔬的遗存。

总之，在洋海文化人群里，从第一阶段起已经形成了明显的男女分工和半农半牧的分工。这种各尽所能的分工，以及宜居宜牧的半定居生活，使这个群落迅速发展起来。见于洋海文化的第二期、第三期，其墓葬出土的随葬品不仅数量大大丰富，质量也愈发精进，就形象而生动地诠释了洋海文化的逐步繁荣。但到了第四阶段汉代，由于匈奴的兴起，欧亚北部草原出现了民族大迁徙，社会不稳定因素不断增长，文化开始衰落。这个浪潮曾经席卷整个欧亚大草原，而且从青铜时代早期就开始了，突出表现在居住在河西走廊西部的族群不断向西迁移。其考古学的突出实证，便是诞生在河西走廊的四坝文化在哈密盆地落脚后，又向西发展演变为焉不拉克类型。

多年以来，在吐鲁番盆地开展了大量的考古调查和发掘工作，经过正式发掘的除洋海墓地外，还有加依、艾丁湖、喀格恰克、鱼儿沟、阿拉沟、苏贝希、三个桥、交河故城沟北和沟西等墓地，在英亚依拉克、恰什塔格、乔拉克坎儿、克尔间、东巴扎、伙什江扎、墩买来、三坎克日、吐格曼博依、奇格曼、胜金口、阿斯塔那等遗址和墓地也采集到一些陶片。从整体上看，作为一个完整、独立的地理单元，吐鲁番盆地的史前文化具有明显的共性，特别是其墓葬形制和随葬器物基本属于本地的苏贝希文化。洋海墓地文化的主要特征是盛行竖穴墓和偏室墓，图案装饰以三角纹、扭曲三角纹、涡纹为主，典型器是装饰此类图案的陶罐和陶壶。以这些标准衡量苏贝希周边地区的考古发现，包括柴窝堡、乌拉泊水库以及天山北麓的木垒、奇台、吉木萨尔等地的遗存，文化特征都非常接近，由此构成了一个共性明显的文化圈。洋海墓地也同属这一文化圈，毋庸置疑地说明它是吐鲁番盆地史前文化的一部分。

然而正如《新疆洋海墓地》报告所指出的，洋海文化的个性特征也是相当明显的，突出的表现是直到目前为止，在吐鲁番盆地及其同一文化圈内，还极少见到像洋海墓地A、B型墓那样的墓葬。例如在察吾呼墓地，所见主要是竖穴石室墓，其形制是先挖出椭圆形竖穴，再从底部开始沿周边砌石，由此形成二层台。其实察吾呼墓地石砌二层台的作用，和洋海墓地黄土二层台的作用是相同的，都是为了便于棚盖物封蔽墓口。只因察吾呼墓地的原生地层是纯净的砂石结构，一点儿黄土也没有，不砌石块就会塌边，而洋海墓地的生土层是纯净的黄土，无须砌石就可以直接构筑二层台，所以便有了这种墓室构造上的差别。再如焉不拉克墓地，有一部分墓葬处于沙石层中，所以只好用土坯构筑二层台，其原理和察吾呼墓地的石砌二层台别无二致。总之，经此一例不难看出，由于新疆地质条件的多元性，便有了各地因地制宜的墓室构造。当然还有一些差异是由时代的早晚不同造成的，例如《新疆洋海墓地》指出，与洋海墓地相比，苏贝希墓地基本不见慢圜底陶器，反映游牧经济的“斯基泰三要素”也相对较少，而这种区别就可能是由苏贝希墓地的年代较晚造成的，即苏贝希墓地大致相当洋海墓地的三、四期。

新疆自古是多民族、多文化的共生共荣之地，有许多民族生息、繁衍在这里。因此，见诸新疆的任何一个考古学遗存，都程度不同地存在着色彩斑斓的多元文化，而认真剖析这些多元文化因素及其来源，便成了新疆考古工作的题中之意。毋庸讳言，这种观察与分析是有一定难度的，它不仅需要研究人员具有较广博的专业知识，还需要他们具有扎实的类型学功底和睿智的眼光。因为唯其如此，才能通过横向的比较发现问题，再通过深入的类型学分析寻找到答案。然而，即便再难，只有通过这种分析才能充分展示新疆文化自古以来的绚丽多彩，才能深入揭示历史上西域诸民族文化的生成与发展，才能全面体现中华民族文化的统一性和多样性，所以这又是每一个新疆考古工作者义不容辞的责任。《新疆洋海墓地》报告对此着力甚多，甚至可以说，从墓葬形制和随葬器物的分型分式一开始，该报告就进入了多元文化因素分析的主题。

通过宏观比较和微观剖析，《新疆洋海墓地》指出：

向东看，在洋海以东的哈密焉不拉克文化中，以天山北路的墓地年代最早，其陶器器形和彩陶纹样多来自河西的齐家文化和四坝文化。特别是天山北路的敞口鼓腹双耳罐，具有甘肃寺洼文化特有的典型器特征，来源十分清晰。天山北路彩陶中的三角纹和扭曲三角纹，也是受河西唐汪式彩陶影响的产物，凡此都说明了新疆东部文化和内地甘青文化的联系。而在洋海墓葬中，也不难发现天山北路墓地和焉不拉克、五堡、南湾等墓地双耳罐的后续类型，体现了东方文化一直向西影响了新疆腹心的吐鲁番地区。

向西看，洋海文化和西部的察吾呼文化有许多相同之处。在经济形态上，他们都以畜牧业为主，同时经营园圃式农业；在社会形态上，他们都处在原始社会后期；在生活方式上，他们都过着半游牧半定居的生活。而于此之外，洋海墓地和察吾呼文化在生产工具和生活用具上也有相同性，最典型的是铜节约、铜衔、骨镳等马具，还有直柄的铜刀及木器等，它们彼此间都不乏共同之处。这种共同性越到后来越发明显，表明这两个文化的交流程度在不断加深。突出表现是，到了洋海墓地晚期，陶器器形、彩陶纹样也与察吾呼文化出现了交融，尤其是吐鲁番盆地特有的扭曲三角纹单耳壶等，在察吾呼文化的哈布其罕和老巴仑台墓地都有发现。

向南看，洋海墓地与南部的且末扎滚鲁克墓地也不乏联系。这首先表现在它们经济形态的大体一致上，表现在它们同属定居或半定居的畜牧文化上。不但如此，且末扎滚鲁克墓地的木旋镖、木桶及其纹样，以及木梳、竖琴等等，皆与洋海的同类器相似，仿佛同出一人之手。

向北看，吐鲁番盆地以北横亘着连绵的天山山脉和博格达山，山区和山北地域同属一个文化圈，各种遗存都十分相似。跨越阿尔泰山南下的欧亚草原游牧人，在野兽纹、马具、青铜器方面与洋海—苏贝希墓地有广泛联系，所穿服饰、随葬弓箭的方式相似。

除与各方的相互交融外，洋海墓地还在其他许多方面与各个文化有着或明或暗的联系。这种联系甚至超越了天山的范畴而广及整个中亚，这一事实也是《新疆洋海墓地》报告揭示出来的。

一如洋海墓地的铜环首刀和管銎斧等，它们不仅见于察吾呼文化的哈布其罕墓地以及伊犁河流域的巩留、特克斯等地，在哈密的焉不拉克墓地也有形态相似的穹背铜刀的发现，表明这是中国北方草原文化颇具特色的典型器。洋海墓地的双环式铜衔也分布得十分广泛，曾在察吾呼文化墓葬中屡见不鲜，此外在七河地区也有不少发现，于伊犁、塔城等地也有出土。总体上看，这种双环式铜衔几乎遍及整个中亚地区，其形式演变的规律也适用于整个中亚地区，堪称中亚草原文化的标志性元素。但纵览其分布，洋海墓地已是这种铜衔的最东界，因为从此地再往东，在哈密地区相同阶段的墓地中，如焉不拉克、五堡、南湾墓地等，都未发现此类铜衔。

二如彩陶文化，新疆彩陶沿天山一带可划分为四大区域，它们分属四个不同的考古文化，从东向西依次为焉不拉克文化、苏贝希文化、察吾呼文化和伊犁河流域文化。这四大文化自成体系，每一支都经历了自身的发生、发展和衰亡的全过程，但演进的步伐并不一致，有的发展得快，有的发展得慢。而从文化因素看，新疆彩陶既有来自东方的影响，也有来自西方的影响，唯独缺少南、北文化的影响。毋庸赘言，这显然是古丝绸之路主要是东西横贯新疆的结果，文化的交流于是也就集中在东西通道上。而见诸洋海墓地，其彩陶一方面汲取了东方的元素并有所发展，一方面又继续向西影响了察吾呼文化的彩陶，担负了新疆彩陶文化东西交流的桥梁作用。另一个值得注意的现象是，洋海墓地的彩陶纹样与当地出土的服饰纹样颇有相似之处，映衬出这些民族特有的审美情趣。更妙的是察吾呼墓地彩陶上那些带流杯的颈带彩、腹斜带彩和通体彩的局部纹样，它们仿佛就是从洋海早期服饰纹样上临摹下来的，这也说明了这些部落特有的审美观。

三如毛织物，洋海墓地有很多毛织物保存下来，甚至墓主人高雅的冠饰和华丽的长衣都得以幸存。在有机材料极易腐蚀，衣服和织物很难保存的情况下，洋海墓地的这些毛织物显然弥足珍贵。更耐人寻味的还有毛织物的织造方法，见于新疆西部，其出土的毛织物多为“Z”向加捻，而见于新疆东部的中原地区，则常以“S”向加捻。洋海居于东西两大文化中间，它的毛织物恰恰是两种加捻方法兼而有之，体现出洋海文化的双向交流特点。此外在毛织物的样式上，也可以看出洋海文化的服饰与新疆其他许多文化的联系。

同上之例甚多，不胜枚举。例如洋海文化出土了黄宝螺，它们若非产自印度洋，就是产自太平洋，而寻踪追迹，可知洋海墓地的黄宝螺显然来自东方的太平洋，因为同类遗物向东所见甚多，向西却所见甚少。再如洋海墓地出土的植物种类，粟和黍来自东方，葡萄、大麻、小花紫草来自西方，也是东西方的融合。当然，洋海更常见的是新疆本地的植物，如胡杨、柽柳、松树、绣线菊、铁线莲、芦苇、小獐毛等，还有黑果枸杞。

总之，在充分尊重考古资料的完整性和客观性的基础上，《新疆洋海墓地》报告通过缜密的类型学研究，对洋海墓葬做出了科学的分期断代和文化因素分析，不仅把这批墓葬资料还原到它们赖以存在的历史环境中，还原到整个新疆乃至整个中亚的文化背景中，给我们提供了一部相当厚重的考古发掘报告。尤为难得的是，基于文化谱系的分析和比较研究，这部报告还深刻揭示了古丝绸之路上各种文化的交汇融合，揭示了中亚地区自古以来的唇齿相依，这更是值得嘉许的。当然，值得嘉许的还不仅仅是报告撰写者的高度责任感和高水平发挥，更在于墓葬资料本身的丰富和珍稀。这批墓葬资料的亮点几乎在在皆是，而这是每一个阅读者都不难发现的。

2005年在吐鲁番成立“吐鲁番学研究院”，我这个老文物工作者十分荣幸地被聘为研究院院长。从那时起，我结识了《新疆洋海墓地》报告的主笔人吕恩国。他毕业于北京大学历史系考古专业，甫一毕业便投入到新疆的田野考古事业，从此初心不改，四十年如一日地奔波在天山南北的考古工地上。他不仅有丰富的考古田野经验，也有炉火纯青的考古类型学知识，为新疆的考古事业做出了特殊贡献，受到了同行的尊重与好评。在这里还特别要提到的，是吐鲁番市和吐鲁番市文物局。为了《新疆洋海墓地》报告的顺利完成，把已经退休的吕教授聘请回吐鲁番，并为他提供了良好的生活条件和工作条件，保证了报告撰写工作的顺利进行。当此《新疆洋海墓地》即将付梓之际，吐鲁番文物局嘱我为之写序，老夫闻之欣然命笔，因为这不仅是我的职责，更是我的荣幸！

序　二

王炳华

十分高兴也真诚的向关心西域古代文明、亚欧文化交流历史的读者们推荐《新疆洋海墓地》考古发掘报告。它以十分丰富、翔实的考古资料，为读者们开启了吐鲁番绿洲、也是新疆大地文化视窗，帮助我们看到自公元前13世纪到汉晋时期新疆吐鲁番地区古代先民物质生活、精神文明创造的诸多成果。难以具体尽说的种种细节，无不生动却又真实地展示了祖先们面对自然环境诸多挑战时的勇毅、创造性智慧、看上去十分平常却又是实用、灵巧的发明。它们，都是在当年还未见文字、自然也不可能见诸文献记录，但却又有幸借干燥的吐鲁番大地得以完好保存至今的物化了的人类文明的成果，值得我们珍视、了解、认真分析、吮吸其营养的考古成果。

回应自然地理环境、气候变化、交通工具进步，在去今4000多年前，亚欧大陆上，古代先民迎来了生命的春天。地处亚欧大陆暖心地带的新疆，在考古学家们的手铲下，展示出了一幅丰富、多姿多彩的社会生活新面貌：东亚饱蕴华夏文明成果西进的蒙古种人群，跨越阿尔泰山南下的肤色不同、语言各异的欧亚草原游牧人，向高加索山地东走，穿过天山廊道的印欧种人，负载着不同的传统文化，都在天山南北、绿洲草原，留下了自己的足迹、影响。远是一段各展其风采、各显其优势，互相碰撞、互相认识、彼此吸收、也彼此交融的历史时期，是古代先民全力展开、完成其发展、前行使命的历史文化时段。考古学家们不仅以劳动、汗水，也倾注聪明、智慧，创造性思维才有可能揭示出如是一段文明史以前先民们的社会生活画面，有无尽的、值得我们深沉思考、学习的历史营养。呈现在大家面前的《新疆洋海墓地》就是新疆考古学家们倾注了近二十年的心血，汲收周邻世界的相关成果，才得最后完成的一部科学报告，“文明古今能相遇”，我们从中所获得的教益，是不可轻估的。

从1978年发现吐鲁番盆地北缘的苏贝希墓地到1992年的发掘，2003年发掘洋海墓地，2013年发掘加依墓地，共发掘古代墓葬近800座。在保存比较完好的出土文物中，可以确切发现来自甘肃西部地区的彩陶文化，也可以看到吸收地中海周围古代竖琴的营养而再创造器形、带有地区色彩的箜篌。苏贝希、洋海古冢中男女主人的衣、帽、服饰，可以感到它们与阿尔泰地区古代游牧人的着装具有类同的风格，古代人类共同经历过的原始宗教信仰——萨满崇拜。在洋海墓地，可得一睹去今3000年前曾经具有崇高地位萨满的尊容。甚至，古代先民从大麻中寻求解脱痛苦的愚蠢行径。墓地中也有它处难以获取的具体景象。其他如因为遭遇伤残而尝试以马鬃毛缝合胸部伤口，最后仍不幸离世的壮年男子。怀抱四个婴儿而不幸离世的多难的母亲，钻木取火的工具，击打疾迅逃逸兔子的木质旋镖，鞍具未现，改善乘骑条件的毛质背垫，线细而平、组织致密的各式毛布，通经断纬的缂织工艺，红黄蓝绿各色毛线展示的彩条、彩格，既绚丽也大方引人，丰富的纺织、服饰元素，也是人们不可轻忽的服饰文化海洋。

最后，不能不稍费笔墨说说这煌煌三大册考古报告的主笔，新疆知名考古学家吕恩国君。在新疆考古舞台上已经辛苦劳作了四十余年的吕恩国，是1973年进入北京大学考古专业学习后旋即步入新疆考古舞台的资深新疆考古人。新疆地区考古，面对种族不同、民族纠纷的古代新疆居民，与东亚楚河流域、南亚、西亚、高加索山地、南西伯利亚草原有千丝万缕的联系，考古文化面貌自然也是色彩纷繁、多源多姿，吕恩国没有因为当年“文化大革命”在高等教育中的深重、难以轻估的灾难性影响，努力沉入考古第一线，足迹及于阿尔泰山南麓、伊犁河谷、天山腹地、塔里木盆地绿洲，以及本书重点涉及的吐鲁番盆地。亲力亲为，积累了大量的第一手考古资料，为对相关考古文化有更深入的了解认识，他对周邻地区的考古文化也倾注了难于尽说的关心。与他同龄考古人比较，他是今天屈指可数、可以自由阅读俄文、并且可以用俄语与相关国家学者交换研究心得的新疆考古学家。为了更进一步分析、认识已获考古资料，他的问学足迹到了俄罗斯、蒙古、哈萨克、南西伯利亚、吉尔吉斯斯坦、乌兹别克斯坦各地。看工地，比较深入了解相关考古文化概念的内涵、发展。梅香源自苦寒，吕恩国在新疆考古中取得的成绩，做出的贡献，凝集在《新疆洋海墓地》这皇皇巨著中的诸多精彩分析、论述，都是与他这四十多年中苦学、苦行、广泛吸纳、勤思苦练的劳作密不可分。

《新疆洋海墓地》付印在即，吐鲁番市文物考古界的领导、报告编著者索序于我这个一生与新疆考古为依的老一辈新疆考古人，不愿拒却这一好意，就一生以新疆考古为业的种种体验，聊、草此感受，以为序。

目录

插图目录

上编　资料篇

第一章 绪 论

第一节 地理环境与历史沿革

新疆居祖国西北边陲，与蒙古、俄罗斯、哈萨克斯坦、吉尔吉斯斯坦、塔吉克斯坦、阿富汗、巴基斯坦、印度毗连，边境线长达5600多千米。地理坐标北及北纬49° 10′，南达北纬34° 15′，跨纬度近15°；东至东经96° 25′，西及东经73° 10′，跨经度23°以上。全区东西长1900千米，南北阔1500千米，面积达166.04万平方千米，占全国面积的1/6。总人口2300万，有13个主要民族定居，除汉族外，还有维吾尔、哈萨克、蒙古、回、柯尔克孜、满、锡伯、塔吉克、达斡尔、乌孜别克、塔塔尔、俄罗斯等少数民族。

地处欧亚大陆腹地的新疆，地形地貌的特点为“三山夹两盆”：横亘中部的天山山脉与北部阿勒泰山之间为准噶尔盆地；天山与南部昆仑山之间为塔里木盆地，盆地的中心为居世界第二位的塔克拉玛干大沙漠。

天山以南的塔里木盆地周缘，由于上空水气稀少，全年降水量近同于无，是十分典型的干旱环境。极端干旱区与干旱区面积占全疆总面积的65.5%，适宜于人类生产、生活的绿洲面积约13.6万平方千米，仅占全疆总面积的8.2%。这有限的绿洲，主要分布于阿尔金山、昆仑山、帕米尔、天山等山前一些有冰川雪水流淌的河谷地带，山前扇缘低地、河流三角洲及湖泊湿地，它们分散展布，不相连续，形如颗颗串珠。这些绿洲，因为有比较稳定的冰川雪水，加上塔里木盆地光热资源丰富，年均气温在10℃以上，无霜期达200~220天，特别适宜于农业生产，尤其是灌溉农业发展的理想天地。如此地理条件，自然很早就成了人类聚集、进行农业垦殖的舞台。古代“丝绸之路”，正是凭借这些点点分布的绿洲，而使东来西往的使者、商旅得到了通行远方的可能。

新疆由于四周高山环绕，又远离海洋，挟带太平洋水气的东南季风不能到达，主要靠来自北冰洋、大西洋的西风气流，它所携带的水分，经过三四千千米的长途跋涉，抵达新疆已所剩无几。年均降水量为145毫米，分布很不均匀。大气降水北疆多于南疆，西部多于东部，山区多于平原，盆地边缘多于中心。北冰洋、大西洋的水气给迎风的阿勒泰山南坡、天山北坡带来的甘霖，不仅使山地植被茂盛，而且使准噶尔盆地草原得到滋润，为畜牧业的发展提供了条件。

在古代中国人的心目中，“西域”一直是祖国西部的疆土。在先秦文献如《山海经》《尚书》《管子》《穆天子传》等著述中，都可以见到关于这片土地山川、沙漠、湖泊、物产的记录，显示着它与中原大地早就存在的经济、文化联系。西汉太初四年（公元前101年），为加强对西向通道的建设，汉武帝刘彻在天山南麓今轮台县境设“使者校尉”，领兵屯田。地节二年（公元前68年），设“护鄯善以西使者”，进一步强化西汉王朝对西域的军事、交通管理。汉宣帝神爵二年（公元前60年），在乌垒城设置“西域都护府”,任命郑吉为首任都护,辖治西域全境,“汉之号令班西域”，标志西域大地正式纳入祖国的政治版图，成为中国统一、多民族国家的一个组成部分。东汉，匈奴再度控制西域。明帝永平十七年（74年），东汉王朝打败匈奴，重设西域都护和戊己校尉，并在交河屯田、设立屯田校尉。三国时，曹魏设西域长史于海头（今罗布淖尔地区），设戊己校尉于高昌，统领军政、屯田事务，这一形势至西晋不变。东晋十六国时期河西走廊的前凉王朝，继续在这里设置西域长史、戊己校尉。并于咸和二年（327年），在吐鲁番盆地设高昌郡、立田地县，此为秦汉以来中原大地普遍实行的郡县制第一次在西域推行。南北朝时,北魏在鄯善、焉耆驻军,西域东、南部为北魏统辖,北部为突厥统治。隋朝,在西域设置鄯善、且末、伊吾三郡。唐朝时，大大强化了对西域的政治统治，它因地制宜实施两种制度，一是在今哈密、吐鲁番、昌吉地区设立伊、西、庭州，分置县、乡、里。各州刺史由朝廷直接任命，实施均田制、租庸调制、府兵制等，与中原相同。二是实行都护府制度，设安西大都护府、北庭大都护府，管理地区及于塔里木盆地、准噶尔盆地、帕米尔地区及中亚。840年，漠北回鹘汗国覆灭，其残部西迁。随后，庞特勤创建安西回鹘政权。五代十国、宋、辽金时期，中原分裂，新疆地区同样出现了喀拉汗王国、于阗李氏王朝、高昌回鹘王国并峙的局面。1124年后，西域入于西辽统治之下。13世纪，成吉思汗攻灭西辽统领西域。大部分土地分封给察合台、窝阔台。其余归蒙古大汗，设“别失八里行尚书省”直接统治，至元八年（1271年）忽必烈改称元朝，在西域设“阿里麻里行中书省”统管军政。入明，西域大部处于蒙古察合台后裔的统治之下，史称察合台后王。清王朝时，经长期用兵，统一西域，设伊犁将军、都统、参赞大臣、领队大臣等治理全境，主领军政，不治民事；民政事务，悉依旧章：维吾尔地区维持伯克制，伯克由朝廷任免；蒙古等游牧民族行扎萨克制，封爵由朝廷册封世袭；汉、回族地区，置镇迪道，隶甘肃省，下设州、县，分别治理。清中期以后，国力渐衰，列强入侵，中亚浩罕阿古柏侵占大部分领土，沙皇俄国也进兵伊犁，危机深重。1884年，在清军攻灭阿古柏入侵政权、收复伊犁后，取“故土新归”之意，设“新疆省”，统一了这片土地与内地的行政管理制度。中华民国时期，新疆与内地行政建制进一步统一。1949年，新疆和平解放。1955年，新疆维吾尔自治区成立，新疆大地历史步入一个新的阶段。

吐鲁番绿洲是东部天山中间的一块不算大的山间盆地，它被天山山脉和库鲁克山所环绕。它的北面是举世闻名的博格达山、巴尔库里山，南面是地势不高的觉罗塔格山，西部有喀拉乌成山和阿拉沟山，东境库木塔格山与哈密盆地相通。它的地形受整个地势影响，北高南低，西窄东宽，是一种不对称的盆地地形。盆地东西长200千米，南北宽80千米，面积1.5万平方千米。低于海平面以下的面积3400多平方千米，整个盆地的最低处是盆地南缘的艾丁湖，水平面低于海平面154米。而湖底最低处低于海平面161米。因为盆地四周高山环绕，地势特别低凹，所以酷热、干燥成了又一引人注目的特点。如果以盆地的最低处与天山、喀拉乌成山比较，地势高下相差要达四五千米。

吐鲁番盆地是一个相对独立的地理单元，有其一系列的自然地理特点。在它特定的自然地理、经济地理基础上，演化、展开过一页页动人心魄的历史画卷。

吐鲁番，古称车师（姑师），系我国汉代司马迁笔下的西域“三十六国”之一。继公元前2世纪张骞出使西域后，汉朝在公元前60年于乌垒城设立西域都护府，以统辖天山南北各地。公元前48年，汉朝政府在车师始置“戊己校尉”，主理该地军政事务。吐鲁番盆地的历史开始进入了中国正史的视线内。把汉代的《史记》《汉书》对西域的记载作为历史时期，公元前2世纪以前则为西域的史前时代。对世界大多数国家和地区而言，史前意味着原始社会和石器时代。而对于吐鲁番盆地来说，还包括其后的铜石并用时代、青铜时代和早期铁器时代。近年来，吐鲁番史前考古取得了长足的进步，为探索吐鲁番盆地史前文化的基本面貌奠定了坚实的基础。

吐鲁番盆地为古代中西交流的陆上通道，在这片土地上，华夏文明、古印度、波斯、希腊、罗马文明彼此碰撞，相互吸收，从而使此地文化呈现出绚丽多彩、特色独具的面目。加之气候干燥，不仅许多古代遗址、生土建筑依然屹立，它处无法保存的有机质物品，历数千年风雨，在这里也可以不朽，质地、色泽如新。吐鲁番，是一片积淀丰富历史文化的沃土，是认识多民族共同缔造、建设祖国历史文明的文化殿堂。

第二节　以往的考古工作

吐鲁番是外国人最早考察的地区之一。最早的是1897年俄国的克列门兹，随后进行考察的有古里安·得尔（1902年）。德国吐鲁番考察队从1902~1930年共来过四次，分别由格伦威德尔和勒柯克率领。勒柯克的德国考察队主要调查了石窟寺院壁画，斯坦因则对哈拉和卓、吐峪沟、柏孜克里克、木头沟进行了详细的调查。而其在阿斯塔那古墓群盗掘所获的资料，在考古学上具有非常重要的意义。伯希和为首的法国考察队，1908年在吐鲁番活动。接着有大谷探险队（1912年），斯坦因的再次调查（1914年）。斯文赫定于1894~1935年共七次在中国西部考察，其中最后一次是与中国合作，组成西北科学考察团，中国有黄文弼等人参加。1930年，黄文弼发掘了交河故城附近的古墓群，获得许多遗物。

新中国成立后，最先也是最重要的是1956年开始直至1975年对阿斯塔那和哈拉和卓墓地的发掘，出土了大量的纸质文书，为研究晋唐时期的吐鲁番提供了可靠的实物资料。同时代的还有1976年发掘的吐鲁番采坎儿、1993~1995年中日合作对交河沟西墓地的发掘，以及近年对巴达木、木纳尔、交河沟西和阿斯塔那墓地的发掘。

另一项重要发现是史前时期苏贝希文化的发掘和研究。苏贝希文化的墓地早在20世纪30年代就有发现，但大量的发掘工作是1976~1996年进行的。如阿拉沟口和沟内东风机器厂墓地位于乌鲁木齐南山矿区，1976~1978年在阿拉沟口发掘墓葬85座。墓葬地表有石堆或石围标志，墓室有竖穴石室、竖穴土坑、竖穴偏室。葬俗有单人葬，流行多人合葬，葬式有仰身屈肢、俯身直肢、侧身屈肢、仰身直肢，有一次葬也有二次葬。出土有陶、木、骨、石、铜、铁器等。1984 年在阿拉沟内东风机器厂墓地发掘墓葬 36 座，地表有石堆或石围标记，竖穴石室，流行多人合葬，有个别的墓埋葬多达二十余人。少数墓葬为单人葬，有一次葬也有二次葬，葬式有仰身直肢、俯身屈肢、侧身屈肢。出土有陶、木、石、骨、铜、铁器。苏贝希墓群有三个编号墓地和遗址。1980、1985 和 1992 年在三处墓地发掘 63 座，在苏贝希遗址发掘 400 平方米。大多数墓葬地表无标识，个别有碎石堆。墓室为竖穴土坑和偏室，墓底有木床或草编葬具，多二人合葬，也有单人葬和多人合葬。葬式有仰身直肢、仰身屈肢、侧身屈肢。出土有陶、木、石、骨、铜、铁器和毛、皮衣服。1980 年在艾丁湖墓地发掘墓葬 50 座，竖穴土坑，单人仰身直肢，出土有陶、石、铜、铁器。喀格恰克墓地位于托克逊县，1983 年发掘墓葬 15 座，均竖穴土坑，人骨朽残，出土有陶器、石器和木俑等。1987 年，洋海墓地被盗，收缴了大批器物。1988 年，对洋海墓地进行了发掘，发掘墓葬 82 座。1990 年，在鄯善县三个桥发掘墓葬 24 座，竖穴土坑墓多、偏室墓少。仰身直肢或侧身屈肢，出土有陶、木、石、铁、骨角器等。1994 年，还在交河沟北发掘墓葬 55 座，1996 年在沟西发掘 23 座，还在托克逊县英亚依拉克、鄯善县奇格曼等被盗墓中采集到遗物（图一）。

第三节 发现和发掘经过

洋海墓地位于火焰山中段吐峪沟南戈壁，主要分布在相对独立并毗邻的三块略高出周围地面的台地上，台地为深厚的第四纪黄土地层，黄土纯净，结构紧密。台地依自然地形略呈长条形。发掘证明，台地上面均布满墓葬，局部地点墓葬一直分布到台地边缘的低凹沙地处，下面地层为台地黄土层的延伸。Ⅰ号墓地最为密集，Ⅱ号次之，Ⅲ号墓地间距最大，但分布均匀，布局疏密相宜，井然有序。现存的洋海墓地除上面集中分布的三片外，周围还有许多小墓地和成组的斜坡墓道洞室墓。这些地方全是沙漠戈壁，有九条东北－西南向的坎儿井从三处墓地穿过，每个墓地都有坎儿井的竖井——地面上圆形封土堆，中间凹陷有长方形的竖井口。地表为小砾石砂层覆盖，墓葬口均开在表

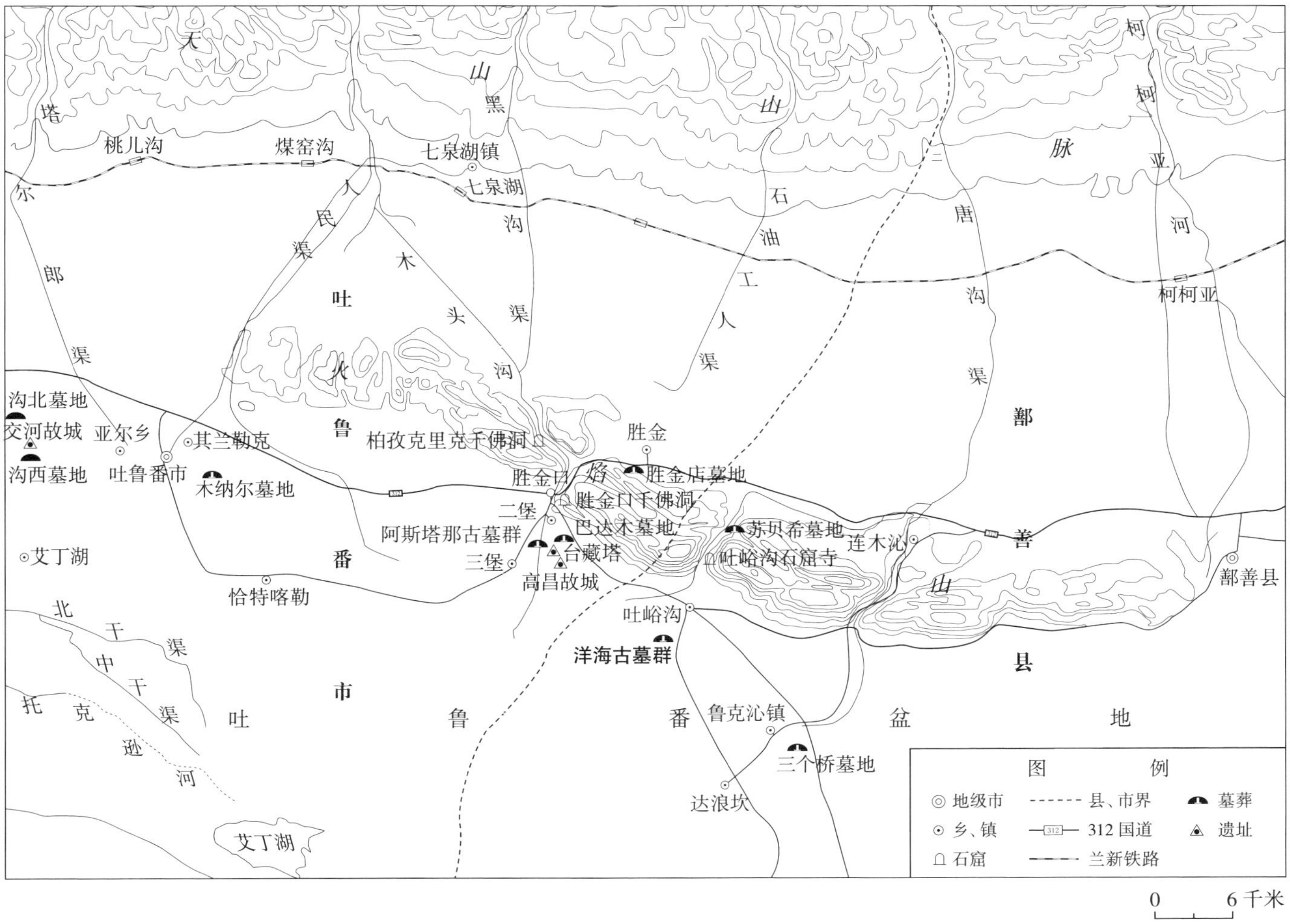

图一 洋海墓地地理位置示意图

土层下。墓地南部是一些寸草不生、起伏不平的沙丘、土梁。这一带常刮暴风，地面风蚀严重。

经过墓地的坎儿井是清末民初开挖的，直到2003年，这些地下渠道还有水可利用。在这期间，每年冬春季节都要进行修缮，想来早年当地农民在挖掘和修缮坎儿井时就已经发现了这里的墓葬。1982年，有一批打工者为疏通坎儿井就搭地窝住在Ⅱ号墓地，传说他们发现了古墓并有文物出土。1987年初春，有文物贩子在此地活动，无知的村民在经济利益驱使下，洋海夏村和潘碱坎村有100多人参与了对洋海墓地的盗掘，200多座墓葬被破坏，大批墓葬被盗。消息传出，文物部门会同公安人员收回各种质地的文物300多件，并有简报发表在《新疆文物》上[1]，文物收藏在吐鲁番地区博物馆。1988年4月，新疆的全国第二次文物普查工作首先在吐鲁番地区开展，洋海墓地才被正式调查并公布。同年11月，为应对盗贼的破坏并了解墓地的基本情况，新疆文物考古研究所会同吐鲁番地区文管所对墓地进行了抢救性发掘，在Ⅰ号墓地发掘墓葬77座，Ⅱ号墓地5座（见Ⅰ、Ⅱ号墓地墓葬分布图上的1988年发掘区）[2]，出土了一批器物和保存较好的婴儿干尸，同时还实测了墓地的地形图。墓地面积大而分散，且远离村庄，有效保护十分困难，1988年考古发掘后至2002年间，每年都发生多起盗掘古墓事件，并不断地收缴到文物，现都收藏在鄯善县博物馆。2003年初春，又有40多座墓葬被盗掘，各级文物局会同区文物考古研究所协商决定，先发掘一部分墓葬，了解基本文化内涵后，再根据情况确定保护级别，同时上报国家文物局并得到批准。2003年3月，新疆文物考古研究所与吐鲁番地区文物局合作组建考古队，开始对洋海墓地进行了抢救性发掘。发掘工作于2003年3月2日从Ⅰ号墓地南部开始，逐渐向北推进，主要是清理被盗掘过的墓葬，至4月6日结束，发掘墓葬218座。同时转入Ⅱ号和Ⅲ号墓地，5月11日田野发掘结束。在Ⅱ号墓地发掘223座，Ⅲ号墓地80座（均遭到破坏）。在3处墓地共清理发掘墓葬521座。Ⅰ号墓地北部和Ⅱ号墓地中部因局部保存较好，留有未被破坏的墓葬千余座未发掘。发掘前设计：三处墓地的编号分别用Ⅰ～Ⅲ个罗马数字开头，三处墓地发掘墓葬的编号均从阿拉伯数字1开始向后编序。Ⅰ号墓地为ⅠM1~M218，Ⅱ号墓地为ⅡM1~M223，Ⅲ号墓地为Ⅲ M1~M80。

多年来，墓地常被盗掘，有些墓葬早年被盗后，由风力将其填平后又被挖开，几经反复。墓地表面多有盗坑，散布着许多陶器残片、木器、芦苇和苇席残片、干草、木棍、动物骨骼和人类遗骸等，发掘前进行了清扫和采集登记。

第四节　研究方法与编写体例

本报告坚持全面、客观、科学的原则，尽可能地将这批墓葬材料翔实地发表。分上、下两编。上编为资料篇，下编为研究篇。

上编资料篇中，绪论部分先是对墓地的地理位置、自然环境、人文背景和历史沿革等进行介绍，以使我们能对这个地区的环境和历史有一个大致的了解；由于这次发掘的是吐鲁番盆地有史以来最大规模的史前墓地，各墓地比较分散，所以又对墓地墓葬的分布以及各墓地进行了交代。第二章，先是对所有墓葬的特征进行概述，以使大家先有一个大概的认识；由于各个墓地的特点又不尽相同，所以在第三至五章墓葬分述时，先是对各墓地分别作一个概括，然后才是墓葬描述，力求全面、客观地将这些墓葬材料报道出来，这也有利于读者的阅读和研究。第六章介绍了该墓地历年被盗墓葬中出土和流散的器物。而第七章主要是发掘者通过较长时间的发掘和较系统的整理，对这批材料的一个大体认识。

下编研究篇中，附有头骨、金属器、毛纺织物、植物等方面的研究报告。有关洋海墓地的资料，以本报告为准。

[1] 新疆文物考古研究所：《"鄯善古墓被盗案"中部分文物之介绍》，《新疆文物》1989年第4期。

[2] 报告未发表，仅当年的《中国考古学年鉴》上有简略介绍。见《1988年洋海墓地发掘》，《中国考古学年鉴·1989》，文物出版社，1990年。

第二章　墓葬概述

第一节　墓地布局

洋海墓地位于火焰山中段吐峪沟南戈壁，主要分布在相对独立并毗邻的三块略高出周围地面的台地上。台地为深厚的黄土地层，黄土纯净，结构紧密，只是一号台地中南部部分地段有间歇式的沙层存在。台地依自然地形略呈长条形，南北走向，微有缓坡，北高南低。发掘证明，台地上面均布满墓葬，局部地点墓葬一直分布到台地边缘的低凹沙地处，只是这里的沙地是流沙，仅仅很薄的一层，都是后代风吹形成，下面地层为台地黄土层的延伸。鉴于此，我们将三个台地分别命名为Ⅰ、Ⅱ、Ⅲ号墓地。Ⅰ号墓地位于最西部，不规则形长条状，东北－西南走向。南部略宽，最宽处68米。从南向北逐渐变窄，中部宽45米，北部宽22米，南北长350米，面积约1.6万平方米。依据发掘所得数据，墓葬平均间隔3~4米。Ⅱ号墓地位于Ⅰ号墓地之东，最近处仅相距38米。西端略尖，台地虽呈不规则形，但是墓葬分布区总体看来略呈长方形，东北－西南走向。最宽处100米，最窄处也有80米，长300米，面积约2.6万平方米。依据中部探方发掘所得数据，墓葬平均间隔4~5米。Ⅲ号墓地位于Ⅱ号墓地之南，最近处相距126米。台地正南北走向，呈不规则形，东西宽100米，南北长150米，面积约1.5万平方米。三处墓地的墓葬分布密集程度略有差别，Ⅰ号墓地最为密集，Ⅱ号次之，Ⅲ号墓地间距最大。三个墓地都是从南向北依次埋葬使用，整个台地上都布满了墓葬，分布均匀，布局疏密相宜，井然有序（图二；图版一、二）。

第二节　墓葬结构

墓地所在火焰山前干燥的戈壁荒漠地带，经过数千年的风沙肆虐，地表遭受严重破坏，许多墓葬的上部、包括墓室内部都面目全非了。洋海墓地的墓葬仅见少数有地面建筑。墓口都开在表土层下并打破生土层，墓葬之间没有叠压打破关系。

一　地面设施

洋海墓地所在台地地表平坦，表层为砂质的小砾石堆积。仅在Ⅱ号墓地东北角有成排的封土堆。这类墓葬规模较大，其平面形状为圆形，中心部下陷，是因为较大墓室年代久远下陷形成的。这种环状的封土堆下面压着一个圆形的土坯围墙，围墙直径5~7、高0.6~0.8米，墙宽相当于一个土坯的宽度，用泥贴缝垒砌，代表着墓主人的院落。墓口开在围墙正中间，围墙内、外在北部往往设圆形殉马坑，葬一侧屈的完整马匹。

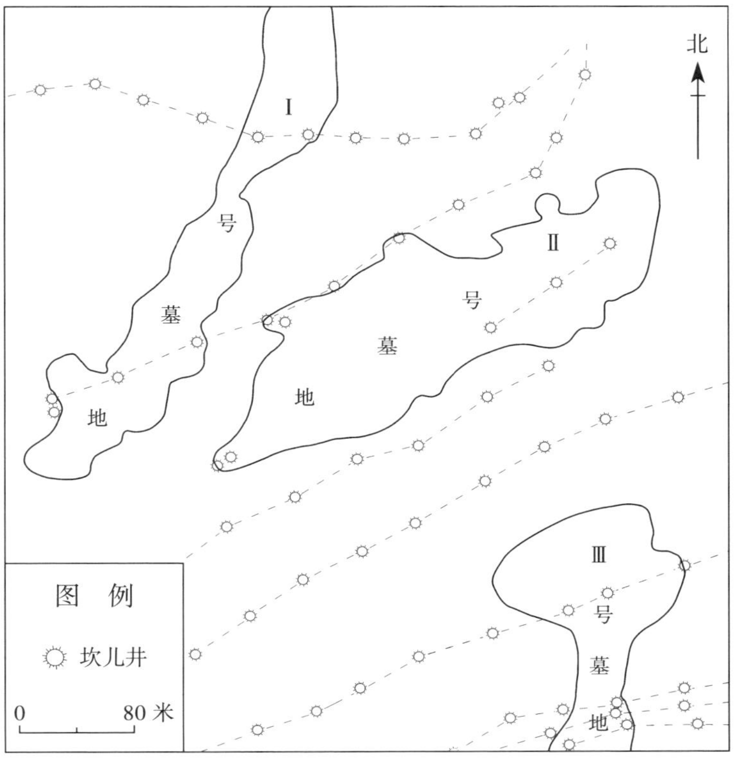

图二　洋海各墓地相对位置示意图

表一　Ⅰ号墓地墓葬形制统计表

A型（椭圆形竖穴墓）			B型（长方形竖穴二层台墓）						C型（长方形竖穴墓）					
周边二层台	带横梁	竖穴	单边二层台	两边二层台		三边二层台	四边二层台	带横梁						
M21	M33	M18	M3	M6	M94	M133	M5	M176	M1	M42	M74	M115	M162	M194
M153	M67	M19	M51	M8	M95	M138	M12	M213	M2	M44	M75	M116	M164	M195
M171	M143	M22	M52	M10	M96		M100		M4	M45	M77	M117	M165	M196
M175	M146	M43	M53	M11	M97		M113		M7	M46	M81	M119	M166	M197
M178	M149	M66	M80	M16	M103		M118		M9	M49	M82	M120	M167	M198
	M150	M78	M98	M20	M129		M142		M13	M54	M83	M121	M168	M199
	M152	M122	M99	M23	M130		M160		M14	M55	M85	M123	M169	M200
	M154	M145	M107	M24	M131		M163		M15	M56	M87	M125	M170	M201
	M156	M174	M108	M25	M137				M17	M57	M88	M126	M172	M202
	M177	M210	M124	M26	M139				M27	M58	M89	M127	M173	M203
	M179	M212	M135	M30	M157				M28	M59	M92	M128	M182	M204
	M209	M214	M147	M47	M161				M29	M60	M93	M132	M183	M205
	M215			M48	M180				M31	M63	M101	M134	M184	M206
				M50	M181				M32	M64	M102	M136	M185	M207
				M61	M216				M34	M65	M104	M140	M186	M208
				M62	M217				M35	M68	M105	M141	M187	M211
				M76	M218				M36	M69	M106	M144	M188	
				M79					M37	M70	M109	M148	M189	
				M84					M38	M71	M110	M151	M190	
				M86					M39	M72	M111	M155	M191	
				M90					M40	M73	M112	M158	M192	
				M91					M41		M114	M159	M193	
5座	13座	12座	12座	39座		2座	8座	2座	125座					
30座			63座											
218座														

二　墓葬形制

由于建造方法的差异，更重要的是时代上的差异，除2座殉马坑（ⅢM69、M70）外，余519座墓葬依竖穴土坑结构和墓室位置的不同，可将墓葬分为以下四种类型（表一至三）。

A型　35座。椭圆形竖穴二层台和椭圆形竖穴墓。主要分布在Ⅰ号墓地南部和中南部的西面较突出的两片地点。后者常常在距墓口一定深度处的南北两壁上各掏挖出两个圆洞，安放两根横木梁，用于承担墓口放置棚盖物的重量。竖穴二层台也是为了用于棚盖，但所使用的是较木梁要细的木棍，排放紧密。二者的差别在于所处地质结构的不同，而非其他原因。

B型　65座。长方形竖穴二层台墓。主要分布在Ⅰ号墓地中、南部，Ⅱ、Ⅲ号墓地各发现1座。这种型制的墓葬都比较规矩，在长方形竖穴的单边、两边、三边和四边设二层台，其作用都是为了棚盖，因此可归为同一个形制。有个别墓葬无二层台，但带横梁（或敞口），其作用和二层台相同，也是为了在墓壁中部棚盖，也应归入该类型中。

C型　362座。长方形竖穴墓。该型墓葬数量最多，在三个墓地中都有分布，但以Ⅱ号墓地为大宗。C型墓

表二　Ⅱ号墓地墓葬形制统计表

A型（椭圆形竖穴墓）	B型（长方形竖穴二层台墓）	C型（长方形竖穴墓）																	D型（竖穴偏室墓）	
	两边二层台	竖穴有殉马坑	竖穴																偏室	偏室带殉马坑围墙
M50	M102	M212	M1	M16	M31	M51	M65	M80	M95	M111	M126	M141	M156	M171	M186	M201	M218	M44	M47
M79			M2	M17	M32	M52	M66	M81	M96	M112	M127	M142	M157	M172	M187	M202	M219		M48
M83			M3	M18	M33	M53	M67	M82	M97	M113	M128	M143	M158	M173	M188	M203	M220		M49
M88			M4	M19	M34	M54	M68	M84	M98	M114	M129	M144	M160	M174	M189	M204	M221		M216
M159			M5	M20	M35	M55	M69	M85	M99	M115	M130	M145	M161	M175	M190	M205	M222		
			M6	M21	M36	M56	M70	M86	M100	M116	M131	M146	M162	M176	M191	M206	M223		
			M7	M22	M37	M57	M71	M87	M101	M117	M132	M147	M163	M177	M192	M207			
			M8	M23	M38	M58	M72	M89	M103	M118	M133	M148	M164	M178	M193	M208			
			M9	M24	M39	M59	M73	M90	M104	M119	M134	M149	M165	M179	M194	M209			
			M10	M25	M40	M60	M74	M91	M105	M120	M135	M150	M166	M180	M195	M210			
			M11	M26	M41	M61	M75	M92	M106	M121	M136	M151	M167	M181	M196	M211			
			M12	M27	M42	M62	M76	M93	M107	M122	M137	M152	M168	M182	M197	M213			
			M13	M28	M43	M63	M77	M94	M108	M123	M138	M153	M169	M183	M198	M214			
			M14	M29	M45	M64	M78		M109	M124	M139	M154	M170	M184	M199	M215			
			M15	M30	M46				M110	M125	M140	M155		M185	M200	M217			
5座	1座	1座	211座															1座	4座
223座																			

表三　Ⅲ号墓地墓葬形制统计表

B型（长方形竖穴二层台墓）	C型（长方形竖穴墓）			D型（竖穴偏室墓）						殉马坑
四边二层台										
M66	M3	M45	M61	M1	M14	M24	M33	M47	M72	M69
	M4	M50	M62	M2	M15	M25	M35	M48	M73	M70
	M8	M52	M63	M5	M16	M26	M36	M49	M74	
	M12	M53	M64	M6	M17	M27	M37	M51	M76	
	M19	M56	M65	M7	M18	M28	M39	M54	M77	
	M34	M57	M75	M9	M20	M29	M40	M55	M79	
	M38	M58	M78	M10	M21	M30	M41	M67	M80	
	M43	M59		M11	M22	M31	M42	M68		
	M44	M60		M13	M23	M32	M46	M71		
1座	25座			52座						2座
80座										

葬结构最为简单，长宽比的系数小，而且墓葬都比较小，因此遭受破坏最为严重。一般说长方形竖穴墓，是指那些长方形墓口、直壁、平底、空间类似于一个长方体，但大多数情况下，墓葬不是口大底小就是口小底大，如若不是特别明显，那么就归入这一类型了。

D型 57座。竖穴偏室墓。Ⅲ号墓地的主要墓型，Ⅱ号墓地东北角也有分布。该型墓葬的竖穴上口窄长，长宽比系数明显要大于长方形竖穴墓，最初的竖穴底和墓室在一个平面上，后来竖穴的底部留有竖向二层台，在人头向的一侧掏进去形成真正的墓室。在二层台底下斜着向上到侧室上口搭建棚盖物。有个别的竖穴双侧室墓，即在D型墓的基础上增加一个侧室。在Ⅲ号墓地西北角和Ⅰ号墓地最北部各发掘1座（属后期发掘，报告单独发表，未入本报告），有纪年文书，时间为南北朝。因只有1座墓葬，未单独分型，并入D型。

墓葬形制最早的为椭圆形竖穴周边二层台墓、长方形竖穴二层台墓，接下来是长方形竖穴墓（敞口或直壁）、长方形竖穴袋状墓（口小底大），最晚是竖穴单侧室墓和竖穴双侧室墓。

三　葬具

葬具中以用圆木做的木尸床最有特色。木床的四足和横撑均用榫卯接合，上面铺排横木棍或树枝。尸骨和随葬品被放置于尸床上。除木床外，还大量使用编织精美的草席、草编帘垫、毛毡和地毯等。墓口横担木梁，上面再用芦苇、骆驼刺等草本植物遮盖。在封盖好墓室后，往往放置一块或数块土坯。这些土坯个体较大，表面刻有不同的刻划纹和戳印纹。

墓葬共分四种类型，其中A、B、C型墓葬最流行的葬具是四足木床。木床四角各有一只粗短腿，直径10余厘米，长30余厘米。在床腿同样高度凿出卯眼，用四根较细的圆木两头都刻出榫头，与卯眼接合成长方形床框，床框中间等距安装两根横撑，也用榫头卯眼接合，上面铺排细木棍或柳树条，再用牛皮条绑紧。有些木床一长边的两只床腿加高，在顶头安装一根横撑，有点类似长椅上的靠背。有的床上还安放一个与其同样大小的长方形拱券顶床罩，床罩是用牛皮条和细柳枝捆扎而成，罩上再覆盖毛毡。但有些墓葬仅仅在墓底铺细沙和植物茎秆。

草席作为葬具主要用于无木床的墓葬，早晚期都使用。用粗壮的芦苇茎秆一分为二，压成片后压二提二编制，折边用三三结合，再捆以草绳。草席的面积都较大，大于一般墓葬的底面积，很多墓葬中放置的草席四边都向上翘起。

毛毡用作葬具主要是铺在木床上，只有很少的例子只用来包裹尸骨。有些墓葬还用羊的毛皮铺在木床上。

草编帘垫，厚10厘米左右，除了用于封盖墓口外，也用作身下的铺垫。

皮枕也是常用的葬具之一。多用羊皮缝制，长条形，类似于现代的枕芯，但个头要小得多，内装碎皮条，表面多画有图案花纹。

四　葬式

洋海墓地的葬式有一次、二次葬，其中一次葬分为仰身屈肢葬、侧身屈肢葬、仰身直肢葬。

第一类，一次葬，这类墓葬的人骨一般都未经扰动或成为干尸状态保存下来，能够清楚看出其葬式。有些例外是头骨被挪动，分析其原因，最大可能是墓室进水所致。

（1）仰身屈肢葬，这类葬式的墓葬数量最多，Ⅰ、Ⅱ号墓地多采用这种葬式。有单人葬、双人葬和多人合葬。双人葬绝大多数是夫妻合葬。单人葬有男也有女。未成年人，尤其是婴幼儿有可能是祔葬。

（2）侧身屈肢葬，数量少，时间早。主要为单人葬，有些还缺少头颅，原因不明。合葬墓中的侧身屈肢葬，只有个别例子。

（3）仰身直肢葬，Ⅲ号墓地多采用这种葬式，Ⅰ、Ⅱ号墓地极少。有单人葬也有合葬。单人葬有男也有女，双人葬绝大多数是夫妻合葬。多人合葬墓中埋葬的可能是一个家庭的成员。

第二类，二次葬，数量也比较多，情况十分复杂。

（1）人的骨骼被包裹在毛毡中或堆放在一起，骨骼齐全，这种情形应为典型的二次葬。

（2）许多二次葬的骨骼不全，部分骨骼好像是有意抛撒，特别散乱。有些是部分骨骼完好，如椎骨和盆骨，其他骨骼破碎、缺失或散乱，能够看出仰身的葬式。

（3）被盗扰的墓葬，骨骼散乱，缺失较多，显然有人为翻动的痕迹。不清楚原来是二次葬还是一次葬，所以都作二次葬对待。这种情况的墓葬数量也比较多。

第三节　埋葬习俗

洋海三处墓地墓葬排列井然有序，疏密相宜，延续使用时间长，而且墓葬之间没有叠压打破关系，显然是经过周密规划。发掘时我们看到，有些墓葬的盖顶上放置有一根用柽柳棍削制的木橛。木橛粗头有击打痕，细头扁尖，显然原来钉在什么地方，可能是墓葬选址时所用的标记桩。

随葬品常见的有陶器、木器、毛皮服饰，几乎每座墓都有。青铜工具和武器、弓箭等是男人用来生产和战斗的利器。羊头（山羊和绵羊）也是基本随葬品，还有整羊、羊排骨或羊腿、牛头、整马、马下颌和马肩胛骨、狗等。相对而言，植物食品随葬的较少。

三处墓地墓葬形制的不同，说明其时代有所差异。A 型墓葬数量最少，并且全部集中在Ⅰ号墓地南部边缘上。该型墓墓主身份特别，个别还有祔葬，有的尸体身首异处，或无头颅。A 型墓最大的特点是均为单人葬（指同一个层位），墓主都是成年男性，随葬品中很少有陶器，以铜器和木器为主，另外装饰品也略为丰富。有的墓主头戴一圈用贝壳装饰的彩色毛编织带，皮靴上有铜扣装饰，小腿上也系有铜铃、铜管装饰。由于此型墓埋葬深，很多尸体和衣裤都较完整地保存下来，为进一步研究其社会身份和服饰习俗提供了很好的资料。B 型墓约占墓葬总数的五分之一，多集中在Ⅰ号墓地的南部和中部，该型墓有四边、三边、二边和单边二层台和带横梁，主要是双竖边二层台墓。C 型墓占墓葬总数的三分之二，该型墓集中在Ⅱ号墓地和Ⅰ号墓地的中部和北部。同时，还发现有头颅钻孔和在手背上文身的习俗。D 型墓主要分布在Ⅲ号墓地。

第四节　随葬品综述

墓葬中出土了丰富的随葬品，有陶、木、铜、石、铁、骨、金、银、角器以及海贝、草编器、皮革制品、毡制品、毛纺织物和服饰等。

陶器种类有罐、杯、壶、钵、盆、釜、盘等。器形和纹样都具有鲜明的地域和时代特征。彩陶纹样最早出现的是网格纹、三角纹、锯齿纹、竖条纹，其后有涡纹、波纹、同心圆纹、羽状纹等。彩陶绝大多数为红地黑彩，也有在一件器物上用黑、白、黄三色绘成的复合彩。还有两件带柄陶器，柄端塑成野山羊和公绵羊头像，形象逼真，栩栩如生。

木器丰富，主要有桶、皮弓箭袋上的撑板、带杆的纺轮、旋镖、竖琴（箜篌）、手杖、取火板、碗、钵、盘、冠饰、弓、鞭、衔、镳、梳、俑和一些器件。大部分木桶的外口沿都阴刻连续的三角纹，有些木桶的外口沿粘贴白果紫草籽粒，用来显示三角纹。在木桶外壁，阴刻、线刻出成组的动物形象，种类有北山羊、马、狼、虎、狗、骆驼、野猪、马鹿、鸟等。有些木钵、盆、器柄雕刻有山羊、狼、怪兽等形象。随葬的弓多为强劲的复合弓，形式各样，做工考究。

铜器以环首刀、长銎斧和直銎斧最具时代特征。此外还有双孔衔、直柄刀以及装饰在马辔头上的铜扣、铜贝饰、铜节约等。

石器有磨盘、杵、球等。铁器有刀、锥、衔等。金、银器很少，主要作装饰品，有耳环和箔片等。骨、角器较多，有梳、杯、镳、镞、管、扣饰、小觿等。海贝有较多出土。草编器、皮革制品、毡制品、毛纺织物和服饰等难于保存，但也有出土，只是多为碎片而已。

马鞍多为两片式，内填鹿毛。其他随葬品还有牛皮甲、泥质吹风管、泥塑人头像、葡萄藤等。

随葬品的摆放位置上，日常生活用品中的陶器和木质容器，一般放在墓主头部附近，少有在身边和脚下的情况；大件木器一般顺放在身边，如弓箭；小件器物大多在随身携带位置，如耳环、砺石及所有服饰。

第五节　对某些器物名称及人骨性别、年龄的解释

墓葬中出土了比较多的木质器具，其中许多都是首次见到，并且很难查到其名称和用途；有的以前有所发现，但定名有误。为了后面的行文方便和准确地把握报告内容，我们对难以理解的器物名称和用途在这里作一些说明。

钻木取火器是新疆史前考古中常见的器物之一，多作为成年男性的随葬品；是比较细小的木器，由于埋藏条件的差异，往往不能全部保存下来。按常理，要钻出火来，必须具备四件物品：圆形的钻木取火棒、扁而长的钻木取火板、火绒、带皮条的木弓。火绒难以保存，即使有也不易发现并辨认出来。带皮条的木弓用于加速，形状与木鞭难以区分。目前发现的只有钻木取火棒和钻木取火板，这两件器物同时出土称为钻木取火器，单独出现称为取火棒和取火板。取火棒和取火板多用毛茛科铁线莲属木质藤本植物藤蔓制作，该种植物别名山木通，茎棕色，木质松软粗糙，有纵纹和隙孔，易燃。原产地在我国，西北地区野生品种较多，它依附于灌木攀爬，多生长于低山区的灌木丛中。从考古发现看，在大多数情况下，取火棒都比长，约 30 厘米，两头都钻有深孔并缠皮条加固。应该是将比较短小的木钻头插入取火棒一头事先已钻好的孔中使用，但由于木钻头不易保存，发现较少。这种加长的复合式取火棒往往收藏在弓箭袋中，而且和木箭一起装在小的袋中，外出游牧、狩猎时使用（可能会用真正的弓来加速）。在特殊情况下，如使用时木棒劈裂，人们会找一根木棍将剩余的取火棒拼接上去使用；如在缺少取火板的情况下，就在弓箭袋木撑板上实

施钻木取火的操作。总之，这是经常外出游牧、狩猎的男人们必须掌握的基本技能。

弓，分为单体弓和复合弓两种，单体弓用绣线菊木（俗称兔儿条）制作。弓的制作材质和工序都很复杂，尤其是全套的弓箭装备，无法给一个带质地的名称，这里稍作简明扼要的介绍。洋海墓地出土的弓，大多是双曲反弯的复合弓，单木质的弓很少。复合弓用杆、角、筋、胶合成。弓杆用韧性强的绣线菊木，火烤弯曲成型。牛角用来支撑弓体，粘贴在弓杆的内侧。筋是增加强度的，铺在弓杆的外侧。弓弰制成三角形，呈倒钩状，烘烤弓体给弓定型。通体再反复缠牛筋、刷胶。弓弦用牛筋合成，反向挂在弓上。箭是弓箭这一器具的另一部分，木质细腻，轻且直，有韧性。箭杆、箭扣（尾槽）和箭头分开来加工，做成后再组装插粘在一起，打磨光洁后在接头处用肠衣线系紧。箭羽用鸟翎的毛，三片同样大小，均分平行的粘在尾部。目前发现的有弓袋、箭囊、护臂和扳指。弓袋一般都是依弓的样式用软革缝制，长 90 厘米左右，上宽下窄，外附三个直筒状的箭囊，大袋受弓，小袋受箭。木撑板之名同样是第一次出现在考古报告中，安装木制撑板，用皮条固定在皮弓箭袋一侧，便于弓箭装取，其上安装皮革带，便于背挎在肩上或系在腰间。撑板上往往有精美的雕花，多鸟翅形连续螺旋纹，皮弓箭袋上有时也画上成排的涡纹。护臂主要用来保护手臂，以防放箭时被弓弦擦伤，古称臂鞲或射鞲。用红色牛皮革制成，上面压制出三个一组的斜平行线。有些射鞲上面还装饰一排三枚铜扣。当射箭成为游牧民日常生活的一部分时，常将护臂缝在衣服袖口处，成为清朝服饰马蹄袖的前身。因为东西方传统搭箭手势不同，所用护具有东方扳指、西方护指皮之分，两种护具在这里同时出土。

木旋镖，用整根弯曲的圆木削制。新疆哈密五堡墓地曾出土过 1 件，叫“飞去来器”，与其相类似的工具在且末县扎滚鲁克墓地出土 1 件，叫作“鞣皮刮刀”，这些名称均不准确。在澳大利亚土著人中确实有叫作“飞去来器”者，但指的是飞旋镖。该器是用木头加工成微弯的、扁扁的形状，通体磨光，两头圆润的木制投掷棒。由于棒的一侧扁平另一侧圆，使投掷出的飞旋镖所走路线是曲回的。当这种武器飞出去后，如果碰不上障碍物就会自行飞旋回到投掷的起始点。当欧洲人到达澳洲以后，他们看到当地土著居民的狩猎活动，留下了大量文字和摄影资料，其中就有猎人在有稀疏灌木丛的草地上一手持飞旋镖、另一只手握旋镖，全神贯注观察前方动静的照片。旋镖与飞旋镖最大的区别是旋镖投掷出去不可能返回来。早期铁器时代的洋海墓地东南方一带，草地上到处生长着苦豆子、小獐毛、稗子、小花紫草、虎尾草等杂草和多刺植物黑果枸杞等灌木丛，湿地中生长着芦苇和香蒲，河边长着茂密的柳树，草地外围的沙漠中生长着胡杨、柽柳和骆驼刺，其间穿行奔跑的小动物主要有刺猬和兔子。木旋镖飞出击打面大，是“搂草打兔子”的用具。在中亚岩画中，就有猎人手扬旋镖，前面躺着被击倒兔子的图像。

木盘，还有一些木容器，如盆、豆、臼、杯、桶、勺等，都是用胡杨树的圆木加工成，盘较浅，盆较深，豆深腹有柄。它们的加工制作，都经过了挖、刻、切、削的工序和过程。有些木盘底部阴刻着怪兽或北山羊的图像。臼的个体较大而壁厚，外沿都有成对分布的四个大方鋬，用于系牛皮带加固臼体和口部。由于长期使用，所见木臼底部都已磨得很薄。木杯和木桶都是深腹器物，所以全部掏成筒状后再安装圆平底。木盘的底部都较平，上面往往都有刀的剁痕，如同砧板，翻过来盛装肉食。

发辫，和人的骨骼一样，应作为人类学标本对待。还有马尾，是动物标本。因为其中都夹带了人工制品，有毛线，还有铜片，这些人工制品不可能从中取下，所以都作为出土器物进行了排图和介绍。

木钉、木钎和木橛，形态有点相近，但个体大小差异很大。木钉有多种木质，如柽柳、胡杨等，长 10 厘米左右，除少部分出土时还钉在墓壁上外，大多见于墓壁下，推测这些落于墓壁边的木钉原来也是钉在壁上。还有一部分木钉有类似别针的作用，用来穿别奶肚口或衣物。木钎较细，柽柳枝削制，长 40 厘米左右，主要用作穿羊排串烧烤。木橛多用柽柳，少数用胡杨，较粗壮，长 55~70 厘米，一座墓葬仅有一根，有些还放在墓顶上。木橛一头尖锐，另一端有砸击痕，推测是作墓葬选址的标记桩。

小觽，出土不多，但都很精致。用鹿角磨制，上面打孔穿皮条结扣。据《说文》称：“尖端甚锐，用以解结，以象骨或兽角制成者。”觽在新石器时代就已出现，至汉代，已渐失去解结的功能，而转化为童子的佩饰，多佩带于身体一侧，有“左佩小觽，右佩大觽”之说。在考古资料中比较少见，以前发表的考古报告中有将石化妆棒称作小觽者，不妥。

马鞭，均木制，与中原出土的东周青铜鞭杆在长短、粗细上相近。鞭杆用结实有韧性的绣线菊、柽柳棍制成，两端刻槽，拴系牛皮鞭绳和扣绳。由于保存条件的差异，大多数皮条不存。其中有一些相同的木棍上，一根皮条系在两端，可能是用来给取火棒加速的“木弓”，因为只是怀疑有这种可能而未能确定，在器物分类上仍归属木鞭杆。

射韝，是用熟制兽皮制成的臂套，着在左臂，亦称护臂或臂衣，打猎射箭时用之叫“射韝”。《诗经·车攻》中载：“决拾既佽，弓矢既调。射夫既同，助我举柴。”大意为：扳指射韝便利，弓箭全都相配。弓箭手们会拢，猎获禽兽成堆。查文献，射韝很有特点，以红色兽皮制成，套在左小臂上。洋海墓地出土的射韝，形式多样，但都用熟制的牛皮制作，有些表面还压出多道斜线，或缀铜扣。

海贝，即贝壳，洋海墓地多有出土。从保存原使用位置的几座墓葬看，海贝多缝缀在毛编织带上作头饰，个别还握在手中。洋海墓地出土的海贝都属于一个相同的品种，为腹足纲宝螺超科宝螺科的黄宝螺种。黄宝螺是贝壳中形状变化最多的一种，因此很难做出广泛的描述。大致是：壳厚，微扁平，有棱角。壳口窄，唇齿不多，但短而强。壳表底色为淡黄色，壳缘、壳底和齿为白色。分布于热带印度洋、太平洋沿岸，栖息于珊瑚礁附近，以海藻为食。曾经在世界上许多地区作为货币。

人骨的性别和年龄，由于发掘的大多数墓葬被盗或进水，人骨架较乱，加上发掘时没有人类学家在现场，所以性别和年龄以韩康信先生对颅骨所作体质人类学观察和测量为主。性别分男、女、未成年，年龄分五级段，即未成年（≤ 14 岁）、青年（15~23 岁）、壮年（24~35 岁）、中年（36~55 岁）、老年（≥ 56 岁）。能够确知年龄者就记述年岁，如 6~7 岁或 45~50 岁等。

第三章　Ⅰ号墓地

Ⅰ号墓地位于洋海三处墓地的最西部，为不规则形长条状，东北－西南走向。南部略宽，最宽处68米，从南向北逐渐变窄，中部宽45米，北部宽22米，南北长350米，面积1.575万平方米。中心位置北纬42°48′437″，东经89°39′991″。海拔–41米。整个台地上基本都布满了墓葬，分布均匀，布局疏密相宜，井然有序。依据发掘所得数据，墓葬平均间隔3~4米。Ⅰ号墓地墓葬分布最为密集，每座墓葬平均占地面积15平方米，计有墓葬1000余座。发掘墓葬编号为ⅠM1~ⅠM218，其中A型墓和B型墓共92座，均分布于中、南部。其余墓葬均为C型墓，主要分布在北部。同时，在中、南部的A型和B型墓区也有为数不少的C型墓，但规模都很小（图三）。

ⅠM1

墓葬概况

位于墓地（指Ⅰ号墓地，下同）最南端，西邻ⅠM2，东邻台地边缘，墓向102°。C型，长方形竖穴土坑墓，直壁。地表为风成的戈壁沙砾层，墓口覆盖物已不复存在，仅保存墓葬的下半部。上口平面呈长方形，距现地表深0.1米，墓口长0.98、宽0.59米，墓深0.41米。墓底填沙质黄土，内夹有草秣碎屑。墓底保存一具未成年女性骨架，侧身屈肢，头向东，面向南，年龄10~13岁。随葬的木盘[1]置于腹侧，陶双耳罐、陶单耳罐、木纺轮位于头左侧，头右侧有银耳环一枚，脖子上戴着管状滑石珠串成的项链，头下皮枕已残朽。在身体左侧还随葬马的胫骨一根（图四；图版三，1）。

随葬品

出土陶、木、银、石质器物6件（组）。

1. 木盘　用圆木刻、挖制作。平面呈椭圆形，敞口，浅腹，圜底。素面。口长径25.2、短径11.4、高4.5~4.8厘米（图五，6）。

2. 陶双耳罐　夹砂红陶。口微敞，方唇，球形腹，微凸的厚平底，颈部有对称双耳。口沿外饰折线纹，腹部绘饰横、竖线连续组合的“T”字形纹。口径9.2、腹径16.9、底径8、高21.4厘米（图五，5；图版六一，5）。

3. 陶单耳罐　夹砂红陶。口微敞，垂腹，圜底，扁圆体长耳从口沿翻至下腹。内沿饰细密的锯齿纹，器物通体饰三三组合的锯齿纹，每组向下渐并为一体，耳外两侧饰相向的锯齿纹。口径8.5、腹径10.2、高11.4厘米（图五，2；图版四一，4）。

4. 木纺轮　圆棍形线轴，上端残。纺轮呈椭圆形，面平，底弧拱。线轴残长17.8、直径0.7厘米，轮径5.7~7、厚1.1厘米（图五，4）。

5. 银耳环　用银丝弯曲、压接成的不规则圆环。直径1.3~1.5、银丝直径0.2厘米（图五，1；图版一九七，7）。

6. 珠饰　7枚。滑石质。呈圆管状。出土于人骨架颈部，应为项链珠饰。大小不一，直径0.25~0.4、高0.25~0.4厘米（图五，3）。

ⅠM2

墓葬概况

位于墓地最南端，西邻ⅠM3，东邻ⅠM1，墓向143°。C型，长方形竖穴土坑墓，直壁。墓口距地表深0.15米，原来覆盖在墓口的芦苇草等塌落，并与沙土混杂，充塞墓室。墓口平面呈长方形，长1.37~1.45、宽0.75米，墓深0.62米。墓内有人骨架一具，散乱堆放在一起，为成年女性，年龄20~25岁，似二次葬，骨架下有少量的蒲草屑。木杯、陶单耳杯、木纺轮无规律地散置于人骨旁（图六）。

[1]“墓葬概况”描述中，随葬品上只写器物名称，未注明件数者均为1件。下同。

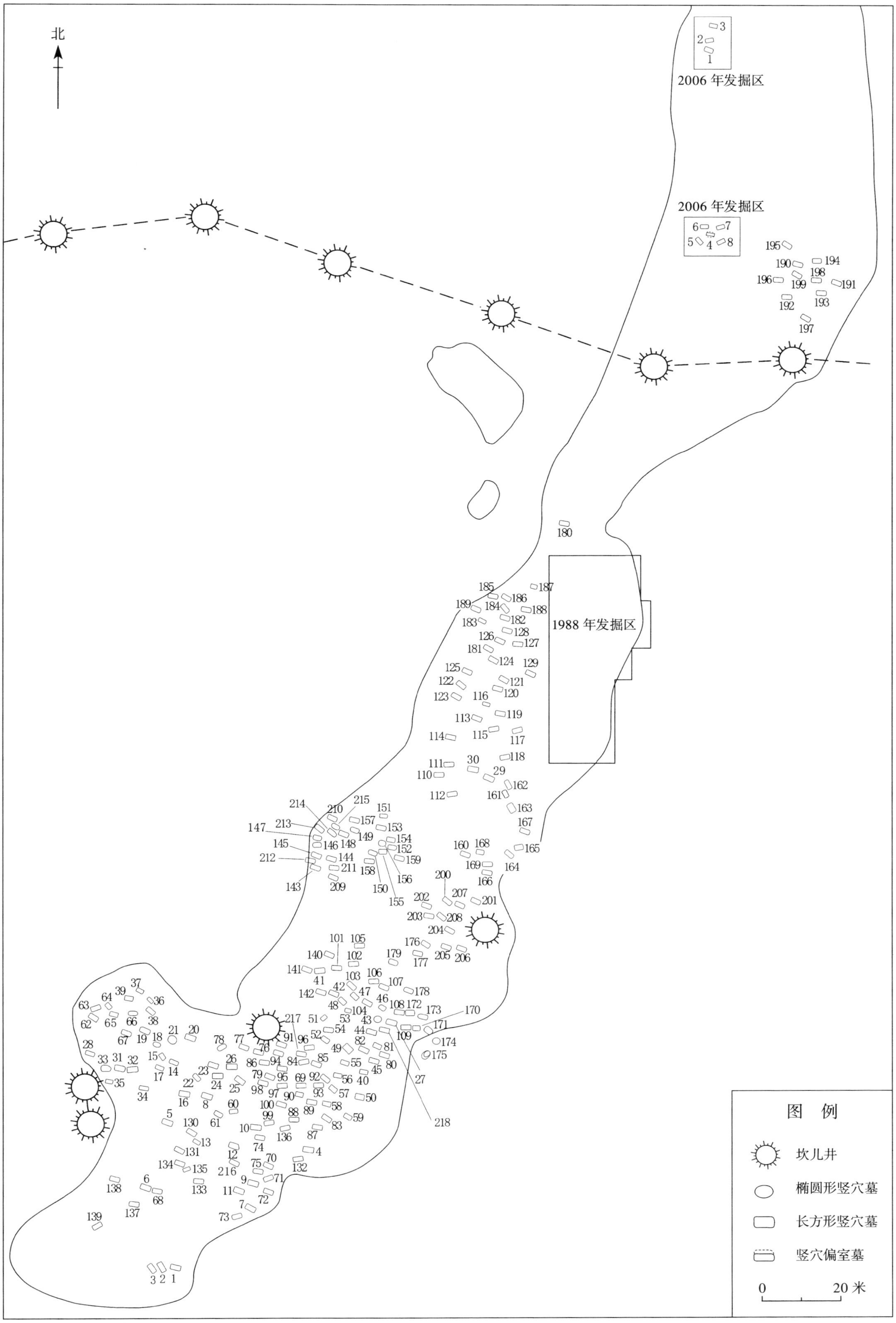

图三　I 号墓地墓葬平面分布示意图（图中数字为墓号）

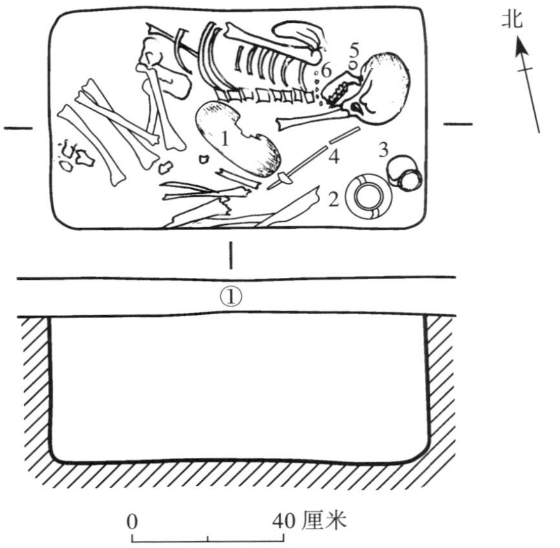

图四　ⅠM1平、剖面图

1. 木盘　2. 陶双耳罐　3. 陶单耳罐　4. 木纺轮　5. 银耳环　6. 珠饰

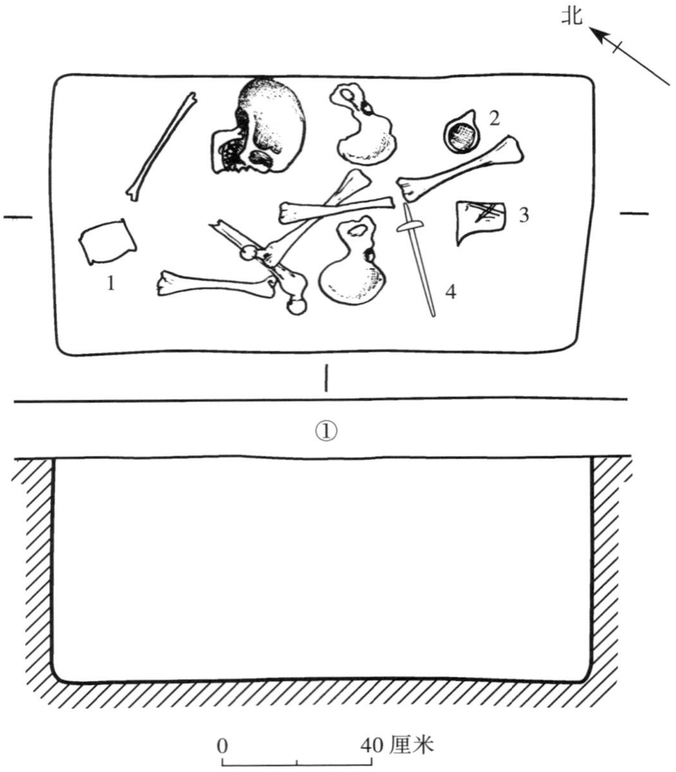

图六　ⅠM2平、剖面图

1、3. 木杯　2. 陶单耳杯　4. 木纺轮

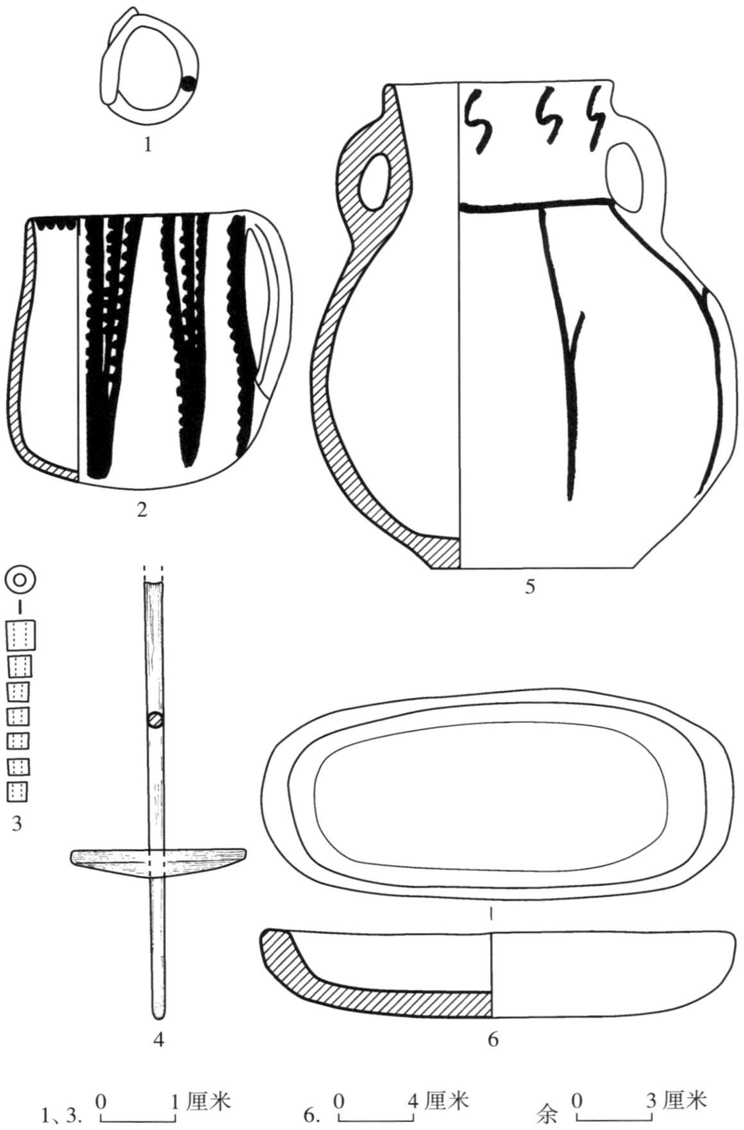

图五　ⅠM1随葬品

1. 银耳环（ⅠM1：5）　2. 陶单耳罐（ⅠM1：3）　3. 珠饰（ⅠM1：6）
4. 木纺轮（ⅠM1：4）　5. 陶双耳罐（ⅠM1：2）　6. 木盘（ⅠM1：1）

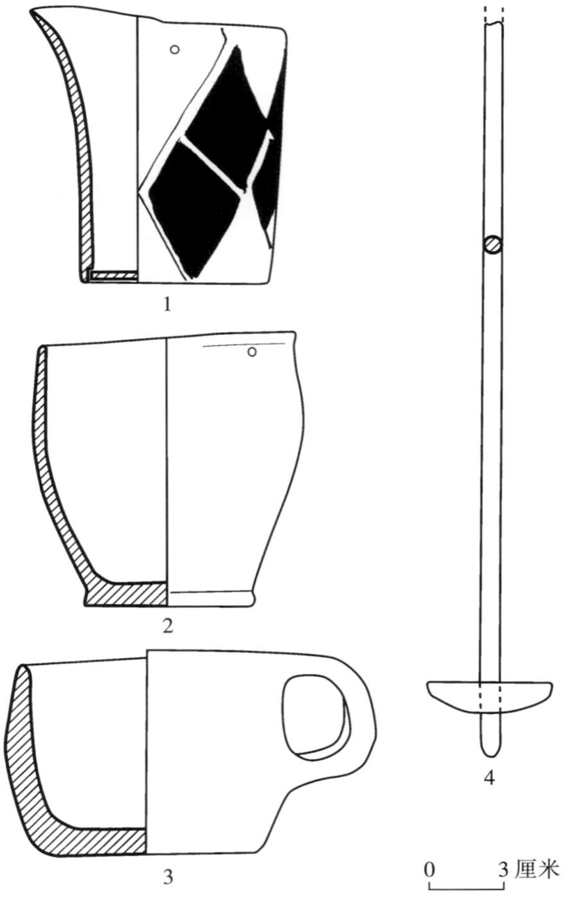

图七　ⅠM2随葬品

1、2. 木杯（ⅠM2：3、1）　3. 陶单耳杯（ⅠM2：2）　4. 木纺轮（ⅠM2：4）

随葬品

出土陶、木质器物4件。

1. 木杯　直口微显沿，圆唇，腹微鼓，假圈足状平底。口径10.2、底径6.7、高11.2厘米（图七，2；图版一四六，5）。

2. 陶单耳杯　夹砂红陶。敞口，圆腹，平底，宽扁形耳，从外沿翻至腹部，耳对边外沿有磨损。器表被烟熏成黑色。口径10.2、底径8.5、高8.2厘米（图七，3）。

3. 木杯　直口，小方唇，筒形腹，杯底用圆形木板镶嵌，口部带流，沿下有对称的穿绳小孔。通体线刻网状纹，形成的大菱格染成黑色。口径7.2~10.2、底径7.6、高11.4厘米（图七，1；图版一四六，6）。

4. 木纺轮　圆棍形纺线轴上端残，轴体光滑。纺轮呈圆饼状，面平，底弧拱。线轴残长30、直径0.8厘米，轮径4.9、厚1.3厘米（图七，4；图版一七四，1）。

ⅠM3

墓葬概况

位于墓地最南端，东邻ⅠM2，西部是大量未发掘墓葬，墓向27°。B型，长方形竖穴单边二层台墓，二层台在南壁。开口于0.2米厚沙砾石表层下，竖穴口呈圆角长方形，长1.31、宽0.73米。二层台宽0.12米，距墓口深0.3米，二层台上原墓口封盖物已无存，几块土坯塌落于墓室内。墓底长1.19、宽0.73米，墓深0.88米，墓底有壮年女性骨架一具，年龄25~35岁，头向北，侧身屈肢，面东，骨架腐朽严重，残缺不全。陶单耳罐和木盘位于头右侧，木纺轮位于左上肢旁，木手杖顺放在右侧（图八）。

随葬品

出土陶、木质器物5件。

1. 陶单耳罐　夹砂红陶。敞口，方唇，垂腹，圜底，长条形带状耳。口内沿饰细密的锯齿纹，器表通体绘三条竖式锯齿纹为一组的连续锯齿纹，耳两边绘两条对称的竖式锯齿纹。口径9.8、高12.4厘米（图九，2；图版

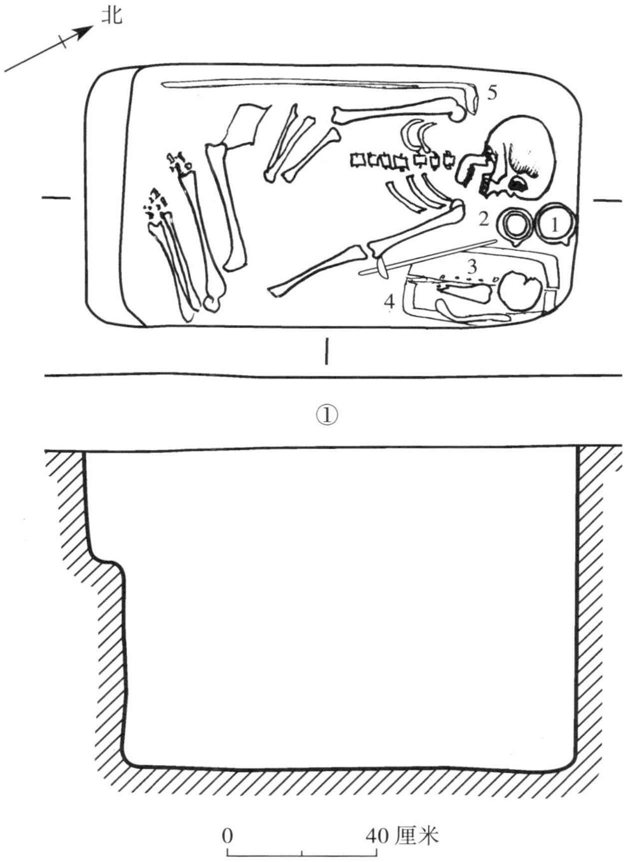

图八　ⅠM3平、剖面图

1、2. 陶单耳罐　3. 木纺轮　4. 木盘　5. 木手杖

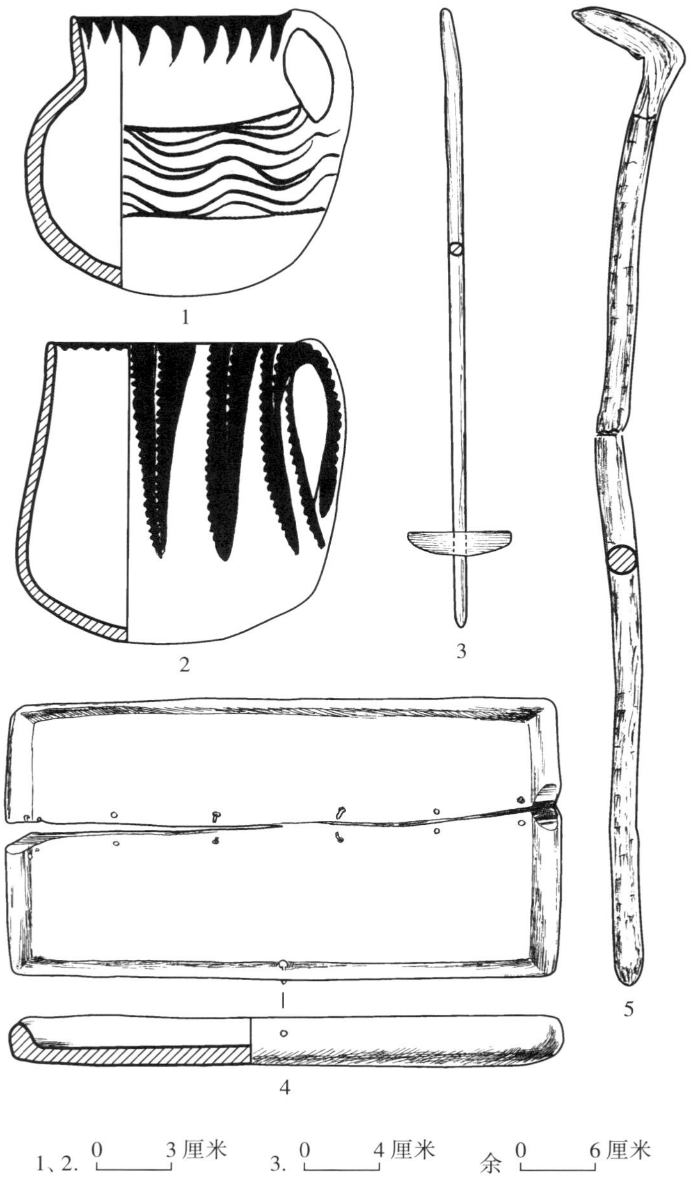

图九　ⅠM3随葬品

1、2. 陶单耳罐（ⅠM3：2、1）　3. 木纺轮（ⅠM3：3）　4. 木盘（ⅠM3：4）　5. 木手杖（ⅠM3：5）

四一，5）。

2. 陶单耳罐　泥质红陶。直口，小方唇，球形腹，圜底，带状单耳。口沿内外饰长锯齿纹，腹部饰水波纹。口径8.3、高11.7厘米（图九，1；图版四三，5）。

3. 木纺轮　圆棍状线轴粗细均匀，通体光滑。纺轮体呈圆饼形，面平，底弧拱。线轴长34、直径0.8厘米，轮径5.5、厚1.3厘米（图九，3）。

4. 木盘　圆木掏挖、削刻而成。平面形状呈长方形，敞口，圆唇，浅腹，平底，一侧中部沿下有一穿孔，盘体分裂为两半，两边有六对锔眼，用牛皮绳缠扎。口长44.2、宽22.8、高4.2厘米（图九，4；图版一三一，1）。

5. 木手杖　为柽柳树枝制作。取其自然弯曲之势，砍削成鸭嘴状杖首。长80.8、直径2.6厘米（图九，5；图版一七〇，3）。

ⅠM4

墓葬概况

位于墓地东南部，北邻ⅠM87，南邻ⅠM132，墓向99°。C型，长方形竖穴土坑墓，直壁。墓口距地表深0.2米，墓口长2.09、宽1米，墓深0.71米。放置有四只床腿的木制尸床，床上铺有苇草扎成的草垫，床上陈置尸骨一具，侧身屈肢，头骨移位到了木床下，壮年，男性，年龄20~30岁。木床长1.7、宽0.8、高0.26米。床腿嵌入墓底地面下小土坑中。墓室填土中含有原封盖墓口的苇草垫残片。木钵位于脚下方，海贝位于腿部，陶单耳壶、木鞭杆位于头前，皮射韝、皮包在左臂处，身下有毛布片和毛毡。在墓葬中心部位随葬有羊下颌骨（图一〇；图版三，2）。

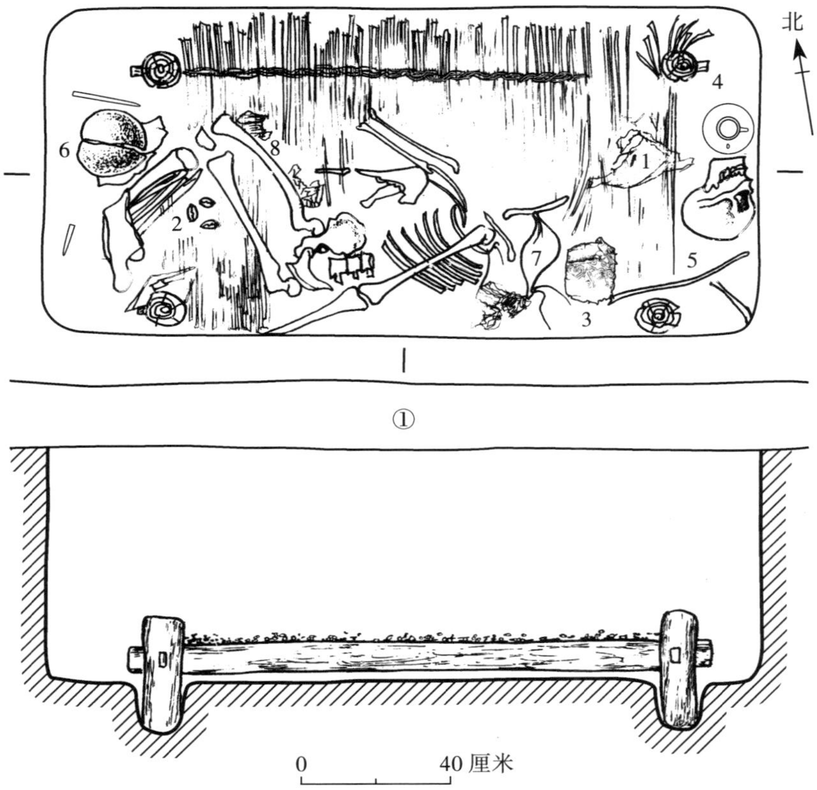

图一〇　ⅠM4平、剖面图

1. 皮帽　2. 海贝　3. 皮包　4. 陶单耳壶　5. 木鞭杆　6. 木钵　7. 皮射韝　8. 毛纺织物

随葬品

出土毛纺织物和陶、皮、木质器物等8件。

1. 皮帽　羊皮缝制，微残。略呈风帽形，帽顶端有孔洞，两边各缝缀呈纽状的皮条一根（图一一，1；图版二二一，6）。

2. 海贝　呈卵圆形，中空，表面中缝呈双锯齿状，背面有椭圆形口。长2.2、宽1.5厘米（图一一，4）。

3. 皮包　用鞣制的牛皮缝制而成，微残。长方形，表面有模压的二方连续“∽”形图案。上口穿皮条。长20.5、宽15.4厘米（图一一，3；图版二二九，6）。

4. 陶单耳壶　夹砂红陶。小喇叭口，细颈，垂腹，平底，宽扁形单耳位于颈肩间，下腹有对称的鼻形纽。内沿饰小三角纹，外沿至颈部饰七组由三条锯齿纹渐变为一条锯齿纹的纹饰，肩至下腹饰九组由三条锯齿纹渐变为一条锯齿纹的纹饰，耳彩绘锯齿纹。口径6、腹径16.7、底径9.2、高21.8厘米（图一一，6）。

5. 木鞭杆　柳树枝干截制，微弯曲，两端剔皮削凹槽。长43.2、直径1.1厘米（图一一，7；图版一六七，1）。

6. 木钵　敞口，口呈椭圆形，圆腹，圜底，口沿下有一柱状桥形小耳。钵残破成两半，用牛皮来联结加固。口径22、高8.2厘米（图一一，5；图版一四二，8）。

7. 皮射韝　牛皮鞣制，近等腰三角形，一角缀二根皮条，相对应的另一角有长条形孔缝。长18.5、宽8.4厘米（图一一，2；图版二二七，5）。

8. 毛纺织物　厚实的平纹，黄地带蓝条带纹。残片。残长20、宽16厘米（图版二三二，1）。

ⅠM5

墓葬概况

位于墓地西南部，东北邻ⅠM16，东南邻ⅠM130，墓向110°。B型，长方形竖穴土坑墓，四边有二层台。二层台宽0.05~0.2米，距墓口深0.15米。墓口距地表深0.16米，墓口长1.9、宽1.6米，墓底长1.66、宽1.2米，墓深1.45米。原封盖墓口的苇秆、骆驼刺等已腐朽，坍塌到墓室中，和填土混杂在一起，还有土坯残块，一面有压出的窝纹（图版三六，1、2）。墓底有木构的尸床，圆木作四足，方木作床架，腿与床架榫卯连接，床面用

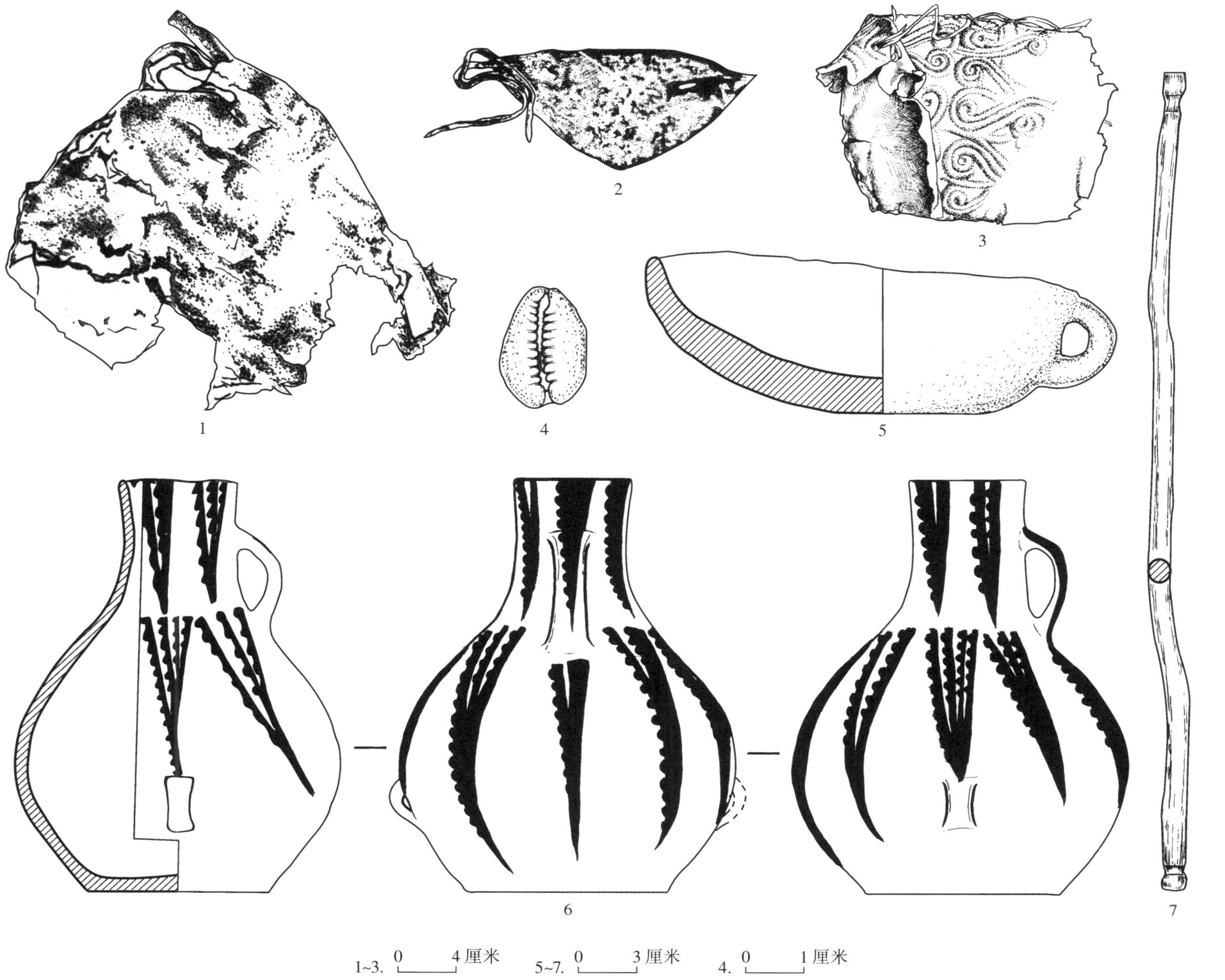

图一一　ⅠM4随葬品

1. 皮帽（ⅠM4：1）　2. 皮射韝（ⅠM4：7）　3. 皮包（ⅠM4：3）　4. 海贝（ⅠM4：2）　5. 木钵（ⅠM4：6）　6. 陶单耳壶（ⅠM4：4）　7. 木鞭杆（ⅠM4：5）

细长木棍铺成，木棍上铺毡（已朽）。木床长1.3、宽0.65、高0.3米，床腿嵌入墓底土坑中。两具人骨已移位到木床两侧，散乱叠压堆放，两个人头骨位于床下西南角，A为青年男性，年龄18~22岁；B为壮年男性，年龄20~30岁。随葬品散乱放置在木床两侧的人骨中。木撑板、木箭顺放在木床北侧，2枚木钉分置墓西两角，带扣和砺石在墓室北侧，铜刀在东壁边，铜衔和骨镳在墓室南部，骨管在床的东北角，陶单耳罐位于墓室的北壁中部（图一二；图版三，3）。

随葬品

出土陶、木、石、骨、铜、铜铁复合器物10件（组）。

1. 木撑板　胡杨树的枝条加工而成。将圆形木棍一侧削成一平面，两端削成四棱状并分别钻有孔洞。长60、宽3.2厘米（图一三，12）。

2. 木箭　一束，共15支，大多残。圆箭杆尾部刻有挂弦的凹形槽，深0.6厘米，杆体圆滑；箭头残佚，箭前端分两种。ⅠM5：2-1，圆锥状。长52.3、直径0.8厘米（图一三，10）。ⅠM5：2-2，三角分叉形。长52.4、直径0.9厘米（图一三，11）。

3. 木钉　2件。均用柳树的枝条削制。其中一件为扁锥体，一件为圆锥体，尖锐。ⅠM5：3-1，圆锥体。长11.5、直径0.9厘米（图一三，1）。ⅠM5：3-2，扁锥体。长14.8、宽1.8、厚0.8厘米（图一三，2）。

4. 带扣　为铜铁复合质。铁制弓形体轴呈圆状，两

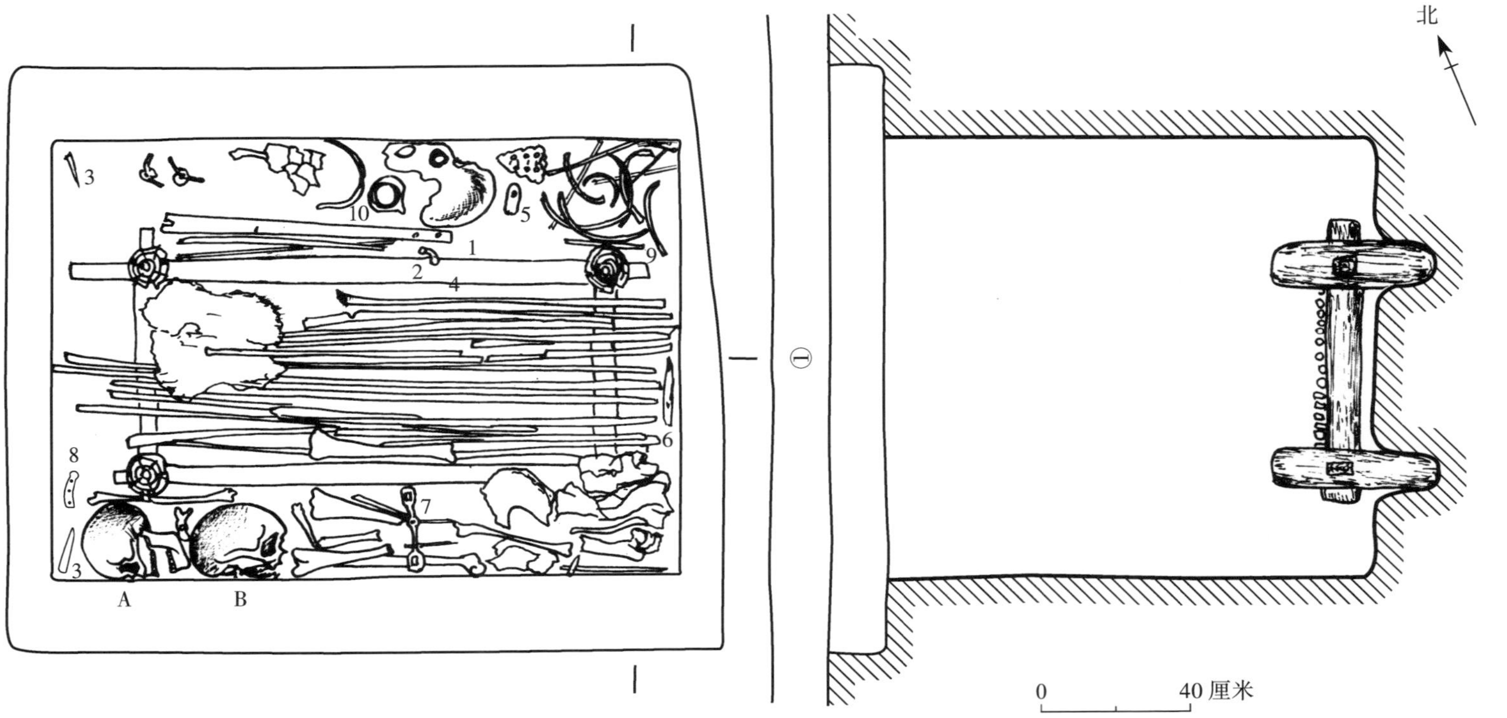

图一二　ⅠM5 平、剖面图

1. 木撑板　2. 木箭　3. 木钉　4. 带扣　5. 砺石　6. 铜刀　7. 铜衔　8. 骨镳　9. 骨管　10. 陶单耳罐

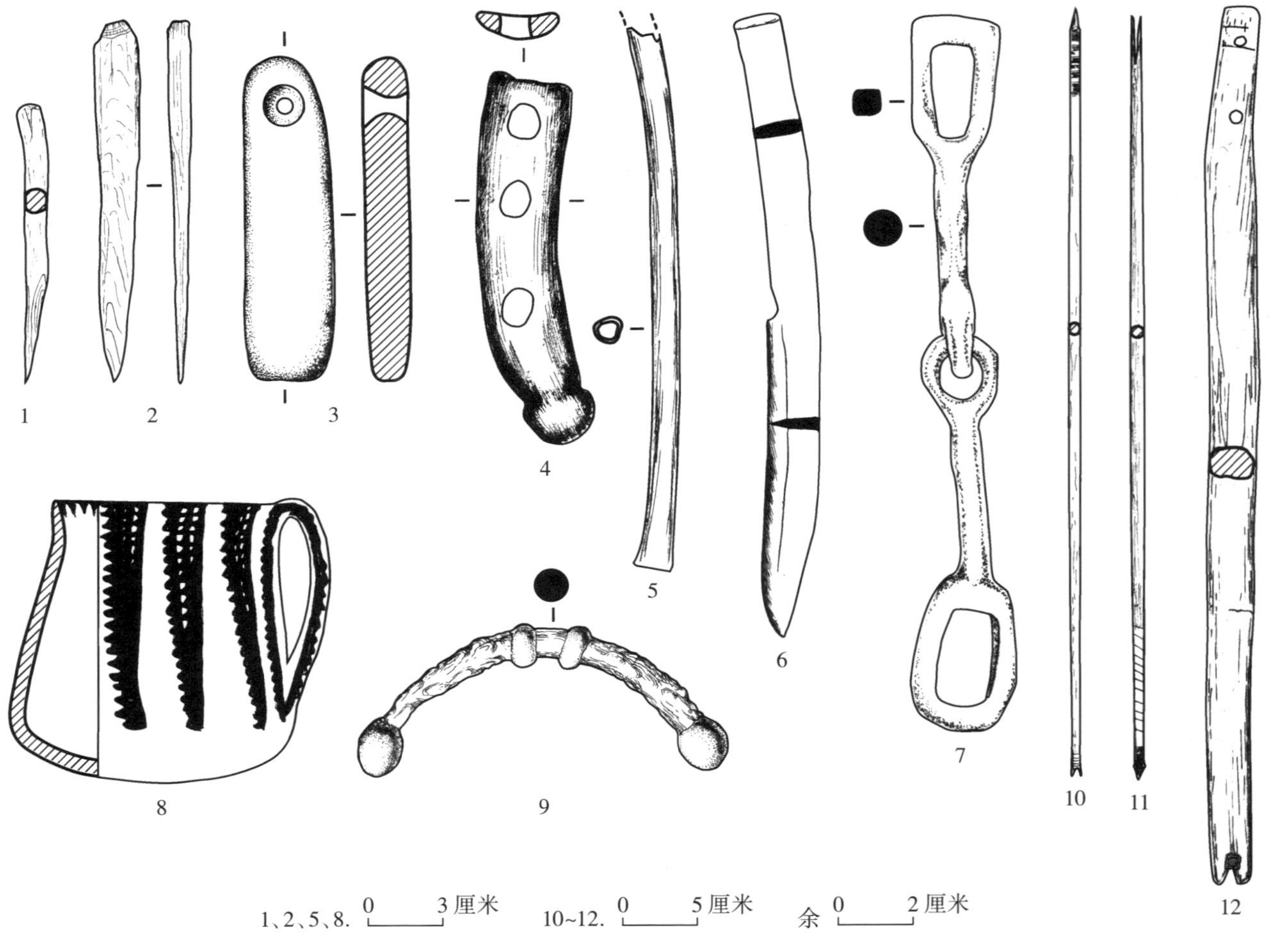

图一三　ⅠM5 随葬品

1、2. 木钉（ⅠM5：3–1、3–2）　3. 砺石（ⅠM5：5）　4. 骨镳（ⅠM5：8）　5. 骨管（ⅠM5：9）　6. 铜刀（ⅠM5：6）　7. 铜衔（ⅠM5：7）　8. 陶单耳罐（ⅠM5：10）　9. 带扣（ⅠM5：4）　10、11. 木箭（ⅠM5：2–1、2–2）　12. 木撑板（ⅠM5：1）

端安装圆球形铜帽，中间套两个铜箍。通长9.8、直径0.9厘米（图一三，9；图版二〇二，1）。

5.砺石　砂岩。呈长条形，后端有一圆形穿孔。长8.8、宽2.4、厚1.2厘米（图一三，3；图版二〇七，1）。

6.铜刀　青铜质。平顶，穹背。通长17.1、柄宽1.2、刃长8.8、宽1.3厘米（图一三，6；图版一九八，5）。

7.铜衔　青铜质。中间两圆环相套咬合，两端环呈长圆形，其中一个较长。通长19.7厘米（图一三，7；图版二〇一，5）。

8.骨镳　2件，形制相同。动物角制作。镳面钻三个等距圆孔。长10.3、宽2.4、厚0.7厘米（图一三，4；图版一八五，1）。

9.骨管　残，动物肢骨制作。钻圆孔，通体光滑。残长22.5、直径1.2厘米（图一三，5；图版一九三，3）。

10.陶单耳罐　泥质红陶。敞口，尖唇，垂腹，圜底，长条带状单耳。口内沿饰细密的小锯齿纹，器表绘有两条竖向锯齿纹为一组的连续锯齿纹，耳面上亦绘竖向锯齿纹。口径8.8、高11.6厘米（图一三，8）。

ⅠM6

墓葬概况

位于墓地南部，东邻ⅠM68，西邻ⅠM138，墓向110°。B型，长方形竖穴土坑墓，两边有二层台，直壁。墓口距地表深0.12米，墓口长1.97、宽1.2米。两边二层台均宽0.14、深0.3米。墓底长1.97、宽0.92米，墓深1.4米。墓内填土中夹有苇草、土块等。墓底有四足木床一张，床面上铺细木棍，床长1.5、宽0.55、高0.3米。墓内两具人骨架散乱堆放，两个人头骨弃置于床下北侧，A为壮年女性，20~30岁；B为中年男性，45~50岁。床面残存腐烂的皮衣、皮靴残片。墓底东壁下有羊头2个。随葬品散乱放于墓底四周，木弓顺放在床南面，与陶单耳罐在一起，皮辔头、木镳、木鞭杆和羊头位于墓室西端，陶圈足罐、木棍在西北角（图一四；图版四，1）。

随葬品

出土陶、木、皮、角质器物7件（组）。

1.木弓　圆木削制。呈弧拱形，弰两端削成亚腰形，以便系弦。长100.4、宽1.3、厚1.2厘米（图一五，8）。

2.皮辔头　牛皮革制成，残断，仅剩大部分。用折叠缝合的皮条挽制，皮条交结处有椭圆形皮扣系结。残长120、皮条宽1.5厘米（图一五，1）。

3.木鞭杆　为圆形树枝条制作。微弯曲，鞭杆前端削成帽盖状，以便拴鞭绳，后端刻有一周浅凹槽，通体光滑，鞭绳佚失。长39.8、直径1厘米（图一五，2；图版一六七，2）。

4.陶圈足罐　夹砂红陶。敞口，方唇，鼓腹，腹部有单横立耳，圈足呈喇叭状。口沿内外饰锯齿纹，通体饰折线纹。口径7.8、底径7.2、通高8.4厘米（图一五，3；图版六三，6）。

5.木棍　圆形细枝条。粗细均匀，较直，用途不明。长51.8、直径1厘米（图一五，7）。

6.陶单耳罐　夹砂红陶。敞口，圆唇，垂腹，圜底，

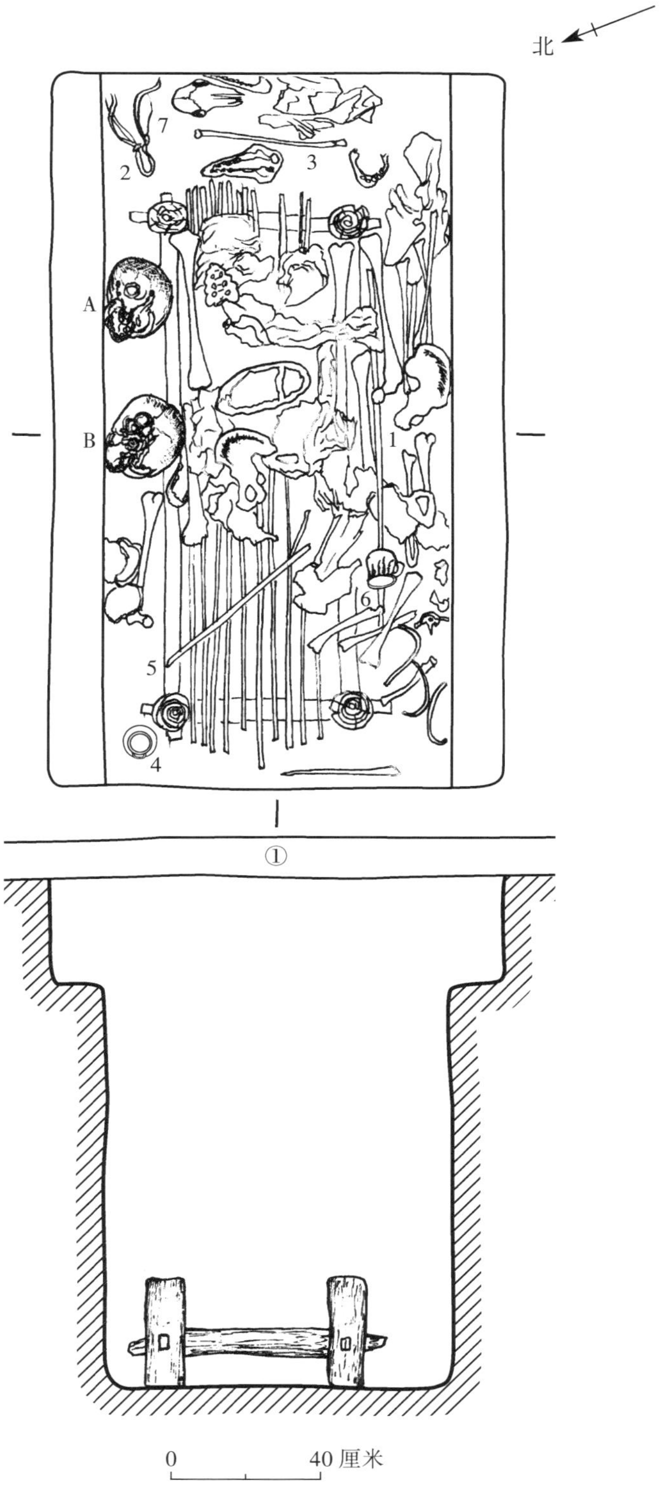

图一四　ⅠM6平、剖面图

1.木弓　2.皮辔头　3.木鞭杆　4.陶圈足罐　5.木棍　6.陶单耳罐　7.木镳

单耳。内沿饰细密的小锯齿纹，器表面通体装饰竖条状锯齿纹，为三条锯齿纹渐合为一体的组合图案，耳沿两侧饰锯齿纹。口径 10.4、高 12.1 厘米（图一五，6；图版四一，6）。

7. 木镳　2 件。形制相同。圆木棍削制。呈圆柱状，其上各有三个系皮条的凹槽，截面呈圆形。ⅠM6：7–1，长 12.8、直径 1.8 厘米（图一五，4；图版一六二，1）。ⅠM6：7–2，长 12.7、直径 1.8 厘米（图一五，5）。

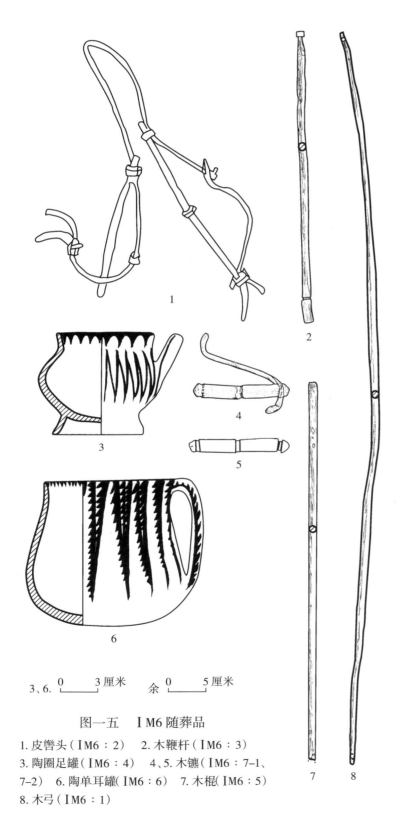

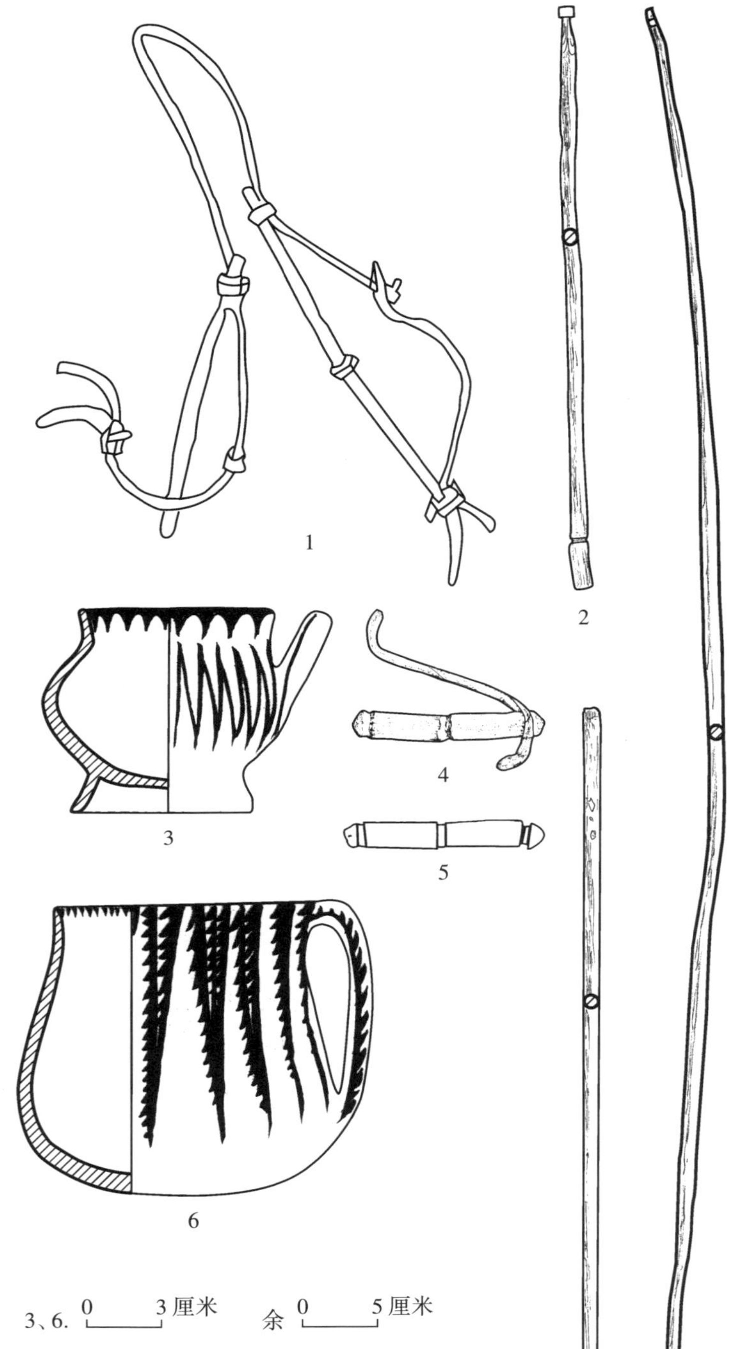

图一五　ⅠM6 随葬品

1. 皮辔头（ⅠM6：2）　2. 木鞭杆（ⅠM6：3）　3. 陶圈足罐（ⅠM6：4）　4、5. 木镳（ⅠM6：7–1、7–2）　6. 陶单耳罐（ⅠM6：6）　7. 木棍（ⅠM6：5）　8. 木弓（ⅠM6：1）

ⅠM7

墓葬概况

位于墓地东南，东北邻ⅠM72，西北邻ⅠM11，西南邻ⅠM73，墓向 120°。C 型，长方形竖穴土坑墓，直壁。墓口距地表深 0.2 米，墓口长 1.82、宽 0.9 米，墓深 1 米。填土中有封盖墓口的土坯块、苇草等。墓底有四足木床，床腿嵌入墓底地面，木床上面铺排细木棍，木床长 1.6、宽 0.58、高 0.25 米。人骨散置于木床上，似仰身屈肢，已被扰乱，为壮年女性，30~40 岁。随葬品散置于木床下。两件陶单耳杯在墓室西北角，沿北壁边依次还置有木钵、毛编织带、陶单耳杯、骨锥和木纺轮（图一六）。

随葬品

出土陶、木、骨、毛织器物 7 件。

1. 陶单耳杯　夹砂红陶。敞口，圆唇，鼓腹，近平底，耳由口沿微上扬后下翻至腹底。口径 8、高 8.3 厘米（图一七，1；图版六八，1）。

2. 陶单耳杯　夹砂红陶。敞口，圜底，圆腹，带状耳上扬由沿翻至腹下。内外沿饰三角纹，杯底外表涂红

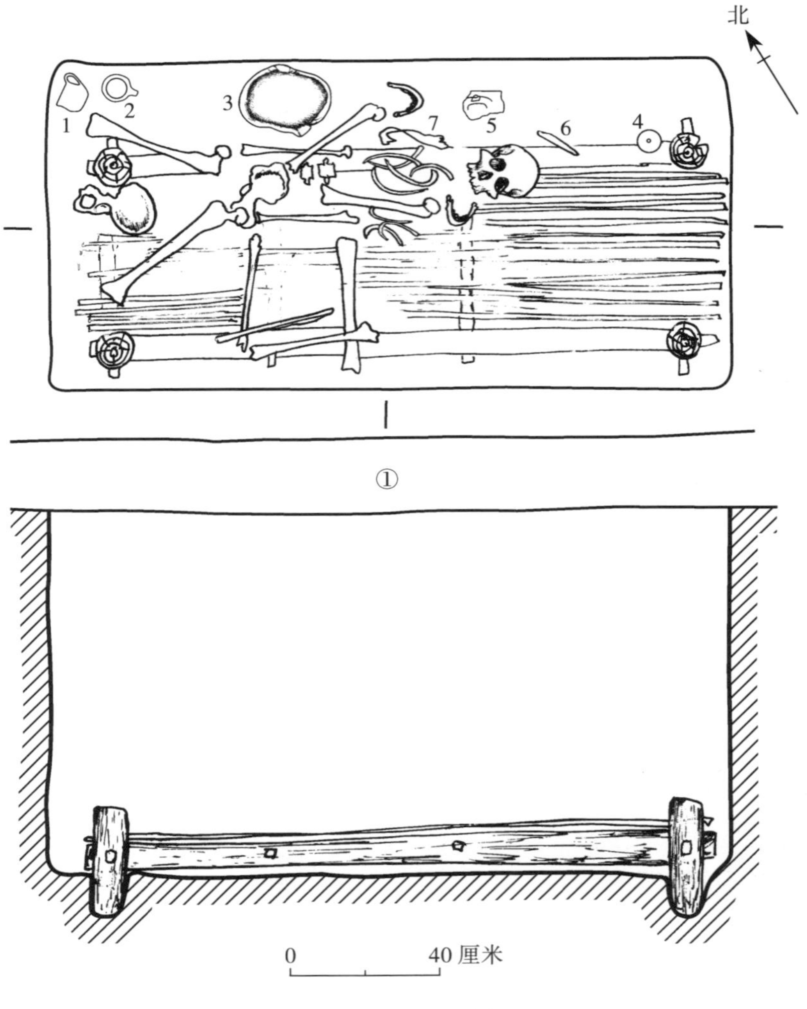

图一六　ⅠM7 平、剖面图

1、2、5. 陶单耳杯　3. 木钵　4. 木纺轮　6. 骨锥　7. 毛编织带

色陶衣，露胎。口径8.2、高8.5厘米（图一七，4；图版六八，2）。

3. 木钵　由圆木掏挖而成。平面呈不规则形，圆唇，浅腹，圜底。口径18~24.6、高9厘米（图一七，7；图版一四三，1）。

4. 木纺轮　木板刻制。呈圆饼状，木线轴残失。轮径4.2~4.6、厚0.8厘米（图一七，3）。

5. 陶单耳杯　夹砂红陶。敞口，圆唇，圆腹，肩部有横向立耳，耳顶有小乳丁，口内外沿饰三角纹，腹部绘连续折线纹。残高7.8厘米（图一七，2）。

6. 骨锥　动物肢骨加工而成。呈扁平状锥体，锥尖较锐。长10.5、宽0.7厘米（图一七，6）。

7. 毛编织带　残，平针法钩织条形带，带内嵌柔软的羊皮。用墨绿、紫褐、金黄、红色等细线钩织花纹图案。

图一七　ⅠM7随葬品

1、2、4. 陶单耳杯（ⅠM7：1、5、2）　3. 木纺轮（ⅠM7：4）　5. 毛编织带（ⅠM7：7）　6. 骨锥（ⅠM7：6）　7. 木钵（ⅠM7：3）

残长6.8、宽3.2厘米（图一七，5；图版二三二，2）。

ⅠM8

墓葬概况

位于墓地中南部，北邻ⅠM24，西邻ⅠM16，墓向108°。B型，长方形竖穴两边二层台墓。墓口距地表深0.2米，长2.08、宽1.42米。二层台宽0.16、深0.3米，二层台上原棚盖有木棍、苇草等，现已坍塌于墓室填土中。墓底长2.08、宽1.08米，墓深0.98米。墓底人骨架凌乱，似二次葬，发现人头骨3个，其中两个残破，A为中年男性，40~50岁；B性别不详，未成年，11~13岁；C为中年女性，大于50岁。随葬器物中的陶圈足盘和陶单耳罐在墓室东南角，陶盘、陶单耳罐、竖琴在西南角，木扣在西北角，木梳、陶钵、陶单耳杯、砺石、皮带、角镳、皮刀鞘、皮弓箭袋、木纺轮在东北角，皮盒在南壁，另一件陶单耳罐、木钉和木箭在北壁处，皮盒在南壁，骨管和另一件木梳在墓中央。墓底还残留毛编织带、毛纺织物残片以及许多柽柳木棍和苇席残片等（图一八）。

随葬品

出土陶、石、木、皮、骨、角和毛织器物25件（组）。

1. 陶圈足盘　夹砂红陶。敞口，圆唇，双折腹，喇叭口形矮圈足，从口沿至上腹间有一单耳，残。内口沿饰连续三角纹，上腹饰细长条带纹。口径18.6、足径8.7、高12.4厘米（图一九，7；图版一二三，1）。

2. 陶单耳罐　夹砂红陶。侈口，束颈，球形腹，圜底。通体涂红色陶衣，素面，外壁有烟熏痕迹。口径8.6、腹径9.3、高6.8厘米（图一九，4）。

3. 陶盘　夹砂红陶。敞口，呈长方形，浅腹，底内凹。通体素面，有烟迹。口长15.6、宽9、高3厘米（图一九，3；图版一二二，2）。

4. 陶单耳罐　夹砂红陶。敞口，鼓腹，圜底，上腹有小宽带状耳。器内壁涂红色陶衣，素面，器底和下腹有烟迹。口径10.1、腹径13.7、高12.8厘米（图一九，8）。

5. 陶单耳罐　夹砂红陶。敞口，鼓腹，小平底，单耳由沿边翻至腹部。内沿彩绘细密的锯齿纹，器表饰菱形格网状纹，器耳两侧边彩绘竖向条带纹。口径14.5、腹径16.8、底径8.4、高13.8厘米（图一九，6；图版五六，4）。

6. 木箭　一束，共9支。箭头和箭杆为一体，圆箭杆后端均有为方便挂弦而制作的“U”形槽，后端有皮绳缠痕，杆截面均呈圆形，通体光滑。箭头分两种，ⅠM8：6–1，截面成三角形。通长59、铤径0.6、箭头长5厘米（图二〇，16）。ⅠM8：6–2，截面成四棱形，有倒刺。通长57、

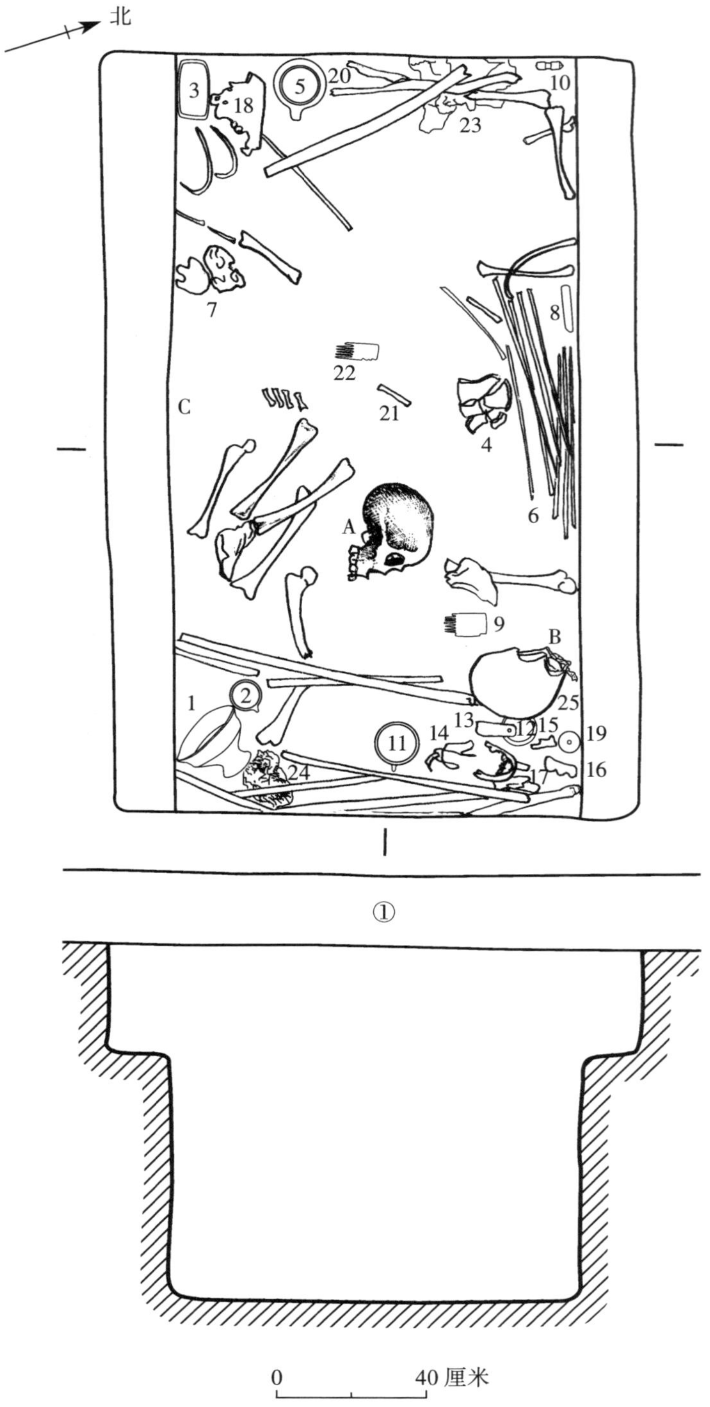

图一八　ⅠM8平、剖面图

1. 陶圈足盘　2、4、5. 陶单耳罐　3. 陶盘　6. 木箭　7. 皮盒　8. 木钉　9、22. 木梳　10. 木扣　11. 陶钵　12. 陶单耳杯　13. 砺石　14. 皮带　15. 角镳　16. 皮刀鞘　17. 皮弓箭袋　18. 竖琴　19. 木纺轮　20. 木弓　21. 骨管　23. 长衣　24. 栽绒毯　25. 毛编织带

镞径0.8、箭头长6.8厘米（图二〇，15）。

7. 皮盒　2件。ⅠM8：7-1，残，长方形。翻沿，圆唇，浅腹，平底，底部模压卷云纹。残长13、残宽8、高4.8厘米（图二〇，4）。ⅠM8：7-2，整块皮革缝制，略呈长方形，一端呈弧形，另一端敞口。盒面上线刻卷云纹，盒残破较严重。残长14、宽9、高4.9厘米（图二〇，12）。

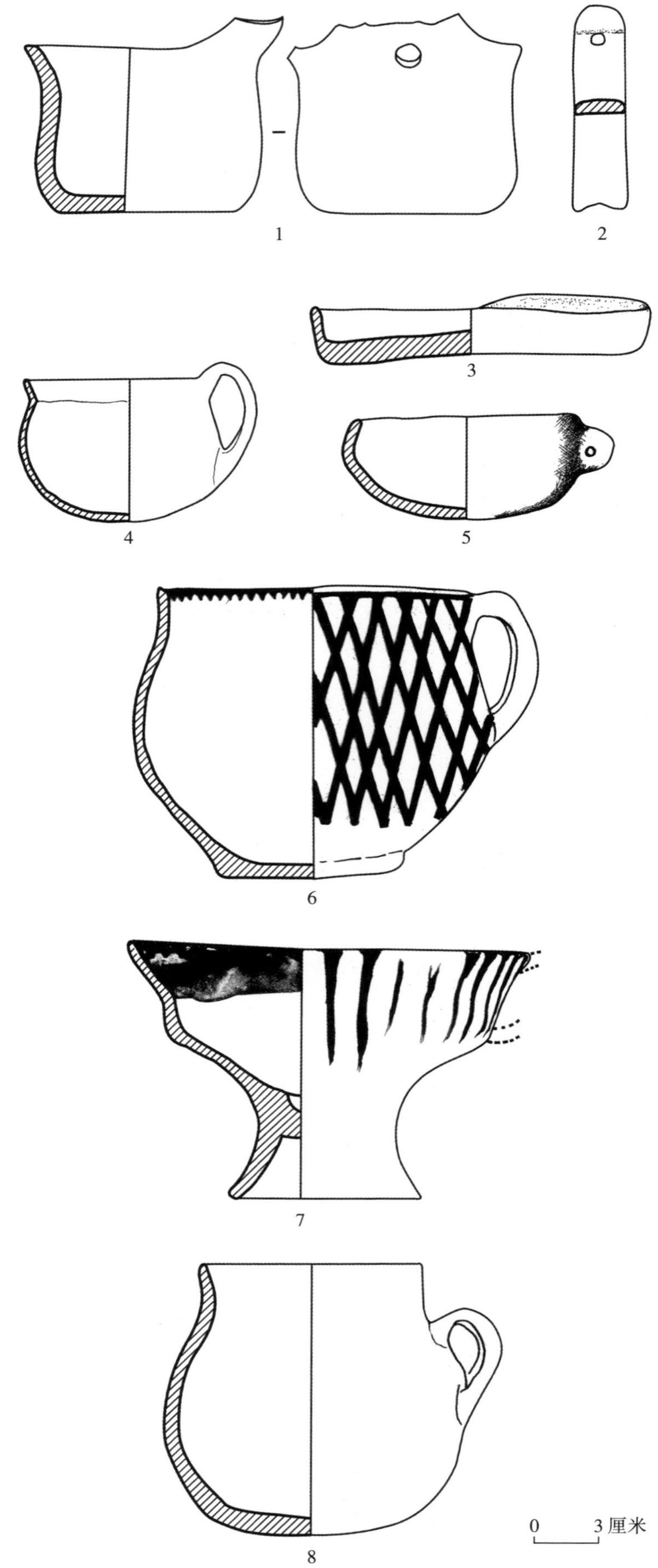

图一九　ⅠM8随葬品

1. 陶单耳杯（ⅠM8：12）　2. 砺石（ⅠM8：13）　3. 陶盘（ⅠM8：3）　4、6、8. 陶单耳罐（ⅠM8：2、5、4）　5. 陶钵（ⅠM8：11）　7. 陶圈足盘（ⅠM8：1）

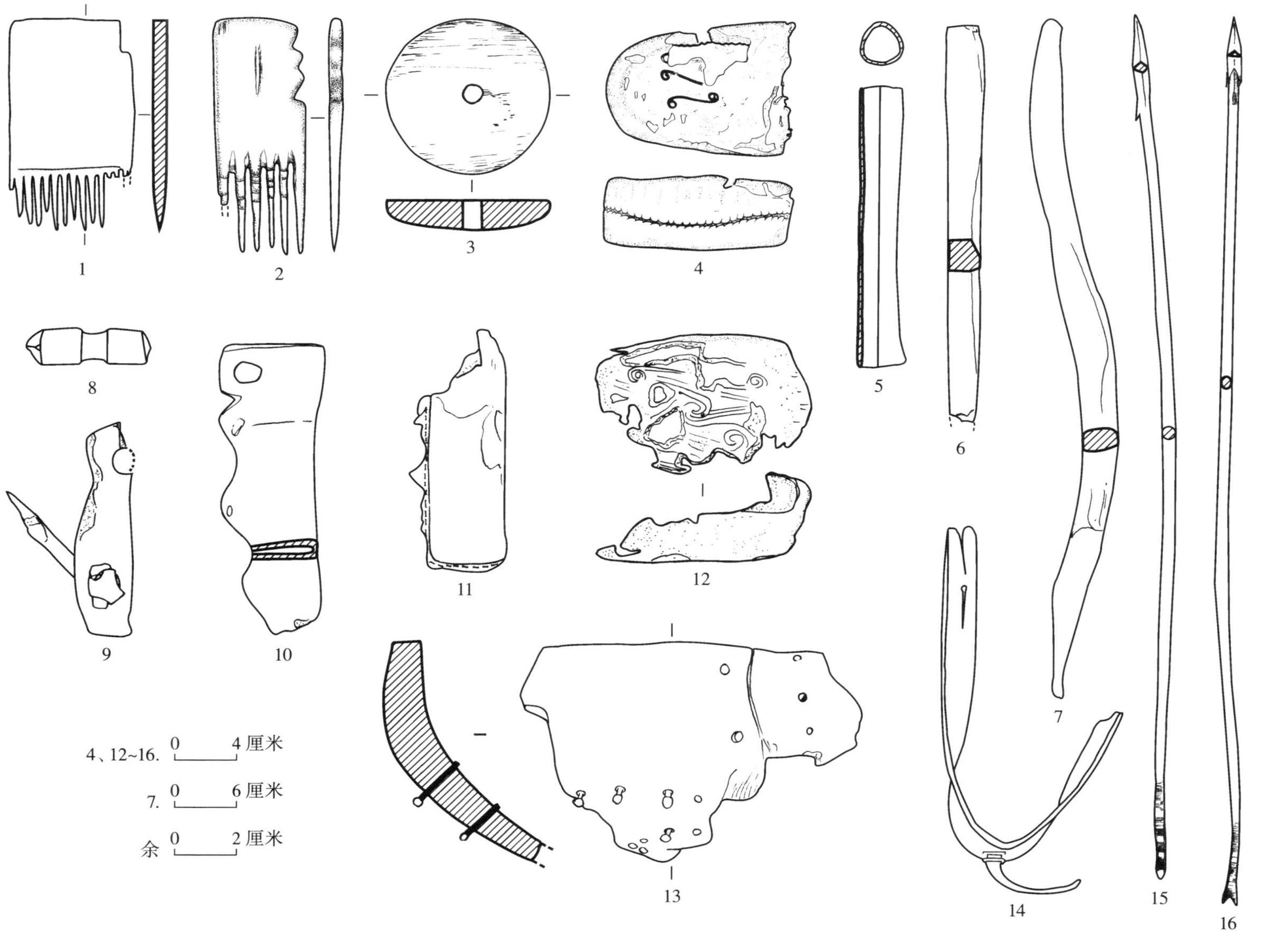

图二〇　ⅠM8随葬品

1、2. 木梳（ⅠM8：9、22）　3. 木纺轮（ⅠM8：19）　4、12. 皮盒（ⅠM8：7–1、7–2）　5. 骨管（ⅠM8：21）　6. 木钉（ⅠM8：8–2）　7. 木弓（ⅠM8：20）　8. 木扣（ⅠM8：10）　9. 角镳（ⅠM8：15）　10. 皮刀鞘（ⅠM8：16）　11. 皮弓箭袋（ⅠM8：17）　13. 竖琴（ⅠM8：18）　14. 皮带（ⅠM8：14）　15、16. 木箭（ⅠM8：6–2、6–1）

8. 木钉　2件。均呈四棱锥体，尖部均残。ⅠM8：8–1，长11.6、宽1、厚0.8厘米。ⅠM8：8–2，长13、宽1.1、厚0.9厘米（图二〇，6）。

9. 木梳　纵长方形，梳背一角有缺口。齿较短，并参差不齐，呈扁锥体，通体磨制光滑，梳体横向略呈弧形。长7、宽4、厚0.45、齿长1.3~1.7厘米（图二〇，1）。

10. 木扣　圆树枝削制。呈亚腰形，一端平面，另一端呈锥尖状。长4、宽0.9~1.3厘米（图二〇，8）。

11. 陶钵　夹砂红陶。敛口，圆唇，圜底近平，口沿下有纵向鋬，鋬中间有穿孔。口径10.3、高5厘米（图一九，5；图版一一一，3）。

12. 陶单耳杯　夹砂红陶。侈口，筒形腹，大平底，沿上三角形阶梯状立耳，残。通体素面。口径11.7、底径8.2、高8厘米（图一九，1）。

13. 砺石　砂岩质。长条形，一端呈圆弧状，有圆形系带孔，使用磨损较严重；另一端磨成弧形凹槽，厚度薄于其他部位。长9.8、宽2.4、厚0.6厘米（图一九，2；图版二〇七，2）。

14. 皮带　马辔头之残存部分，为宽带，两端割出条形孔，中间穿孔中系有窄皮带。残长39、宽2、厚0.4厘米（图二〇，14）。

15. 角镳　残。呈长条形，一边起弧拱，其上保存有两个圆形孔，一孔内存有带结扣的皮条。长7、宽1.2~2厘米（图二〇，9）。

16. 皮刀鞘　厚皮革折合缝制。略呈纵长条形，一边起连弧，上端有一圆孔。长9.5、宽2.1~3.4厘米，皮革厚0.15厘米（图二〇，10）。

17. 皮弓箭袋　用整块皮革缝制。内装一圆形木器柄，残破严重。长 8、宽 2.4 厘米（图二〇，11）。

18. 竖琴　仅存音箱的口沿及腹部一块。敞口，弧腹，器壁上嵌有成排的小木钉，为多次固定蒙皮之遗留。残高 14.5、厚 1.4~2.8 厘米（图二〇，13）。

19. 木纺轮　用小木块削、磨而成。圆饼形，中间厚，边缘薄，中部有圆孔，线轴残失。轮径 5.2、厚 0.9、孔径 0.7 厘米（图二〇，3）。

20. 木弓　砍下自然生长的树枝微弯曲成弓形，两端削成四棱形，底面平整。长 67.2、直径 3.2 厘米（图二〇，7）。

21. 骨管　动物骨骼加工制作，呈米黄色，通体光滑透亮。骨管截面略呈椭圆形，管内穿有羊皮革带。长 9.2、直径 1.2~1.4、壁厚 0.1 厘米（图二〇，5；图版一九三，4）。

22. 木梳　木板削制。长条形，扁平状，六齿，梳体的一边角有锯齿状缺口。高 7.8、宽 2.9 厘米（图二〇，2）。

23. 长衣　由平纹组织的红色毛纺织物缝缀而成，现残存 4 片，最大片长 90、宽 47.5 厘米。残片拼对后衣长 130、宽 49、厚 0.1 厘米，存留幅边（图版二三二，3）。

24. 栽绒毯　红蓝色菱形格纹栽绒毯残片。残损严重，已残断为 3 片，整体长 31.8、宽 19.5、厚 0.34 厘米。经线为原黄色，双股合并。地纬是原棕色。经线和地纬交织成平纹基础组织，用马蹄扣拴结绒纬，每隔 8 行地纬拴结一排绒纬（绒头）。绒纬长 0.8~1 厘米（图版二三三，1）。

25. 毛编织带　红地蓝色折线纹编织带，用 1/1 平纹法在深红色地上编织出蓝色折线纹。残长 23、宽 3、厚 0.16 厘米（图版二三二，4）。

ⅠM9

墓葬概况

位于墓地东南部，西南邻ⅠM11，北邻ⅠM75，墓向 105°。C 型，长方形竖穴土坑墓，口大底小。墓口距地表深 0.2~0.3 米，地表有缓坡，为较厚的砂砺石层。墓口长 1.2、宽 0.66 米，墓底长 1.06、宽 0.64 米，墓深 0.9 米。该墓早年被盗。在墓底，人头骨位于东南角，其他骨骼凌乱，脚上穿有短靿皮靴，为一老年女性个体，年龄大于 55 岁，原葬式应为仰身屈肢葬。随葬的陶钵和木梳位于头骨右侧，木盘置于脚下。填土中夹杂有封盖墓口的土坯残块（图二一）。

随葬品

出土陶、木质器物 3 件。

1. 陶钵　夹砂红陶。仅存 1/4 残片。敞口，浅腹，圜底，

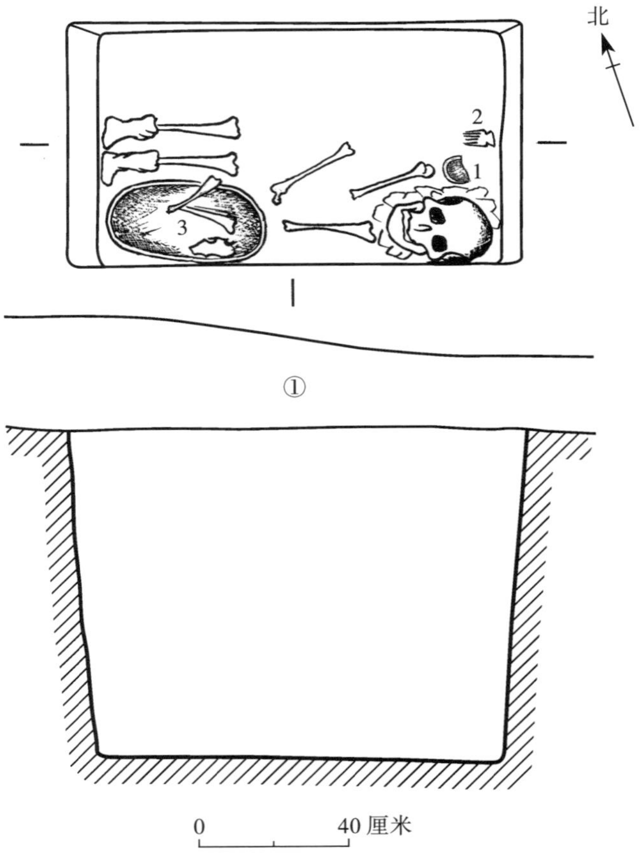

图二一　ⅠM9 平、剖面图
1. 陶钵　2. 木梳　3. 木盘

沿下腹部有一上翘耳。通体素面，有烟迹。高 5 厘米（图二二，1）。

2. 木梳　呈纵长方形，梳背两边有肩，齿呈扁锥体。通体磨光。长 7.5、宽 4.9、厚 0.45、齿长 3.4 厘米（图二二，2）。

3. 木盘　圆木削刻挖制而成。平面呈椭圆形。敞口，浅腹，圜底，盘上沿处有缺口加补丁。口呈圆角长方形。口长径 42.8、短径 25、高 2.8 厘米（图二二，5；图版一三一，2）。

ⅠM10

墓葬概况

位于墓地东南部，东南邻ⅠM74，东北邻ⅠM99，墓向 96°。B 型，墓口呈梯形，竖穴土坑两边有二层台。墓口距地表深 0.2 米，墓口长 1.8、宽 1.1~1.32 米，墓底长 1.8、宽 0.82~0.9 米，墓深 1.7 米。二层台宽 0.2、深 0.5 米。该墓被盗，墓底人骨凌乱，头骨破碎，性别、年龄不详，从残存肢骨数量来看为单人葬。仅存的随葬品散置于墓底部乱骨中（图二三）。

随葬品

出土皮、木质器物 3 件（组）。

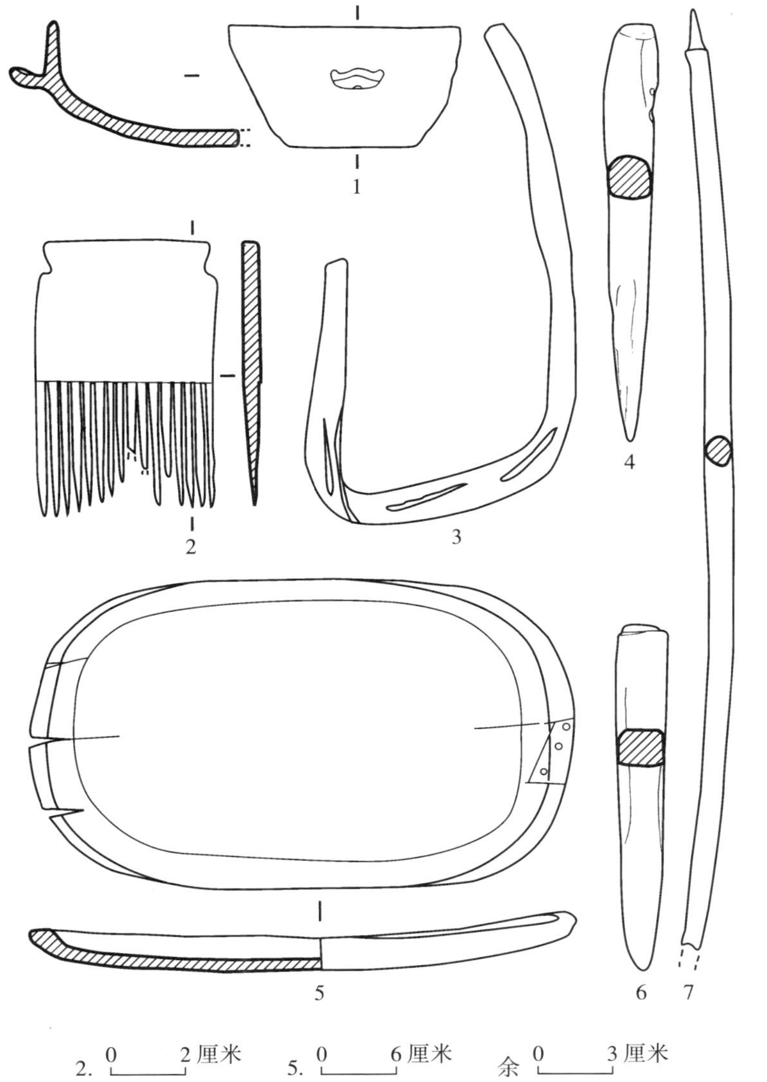

图二二　ⅠM9、ⅠM10随葬品

1. 陶钵（ⅠM9：1）　2. 木梳（ⅠM9：2）　3. 皮带（ⅠM10：2）　4、6. 木钉（ⅠM10：3-1、3-2）　5. 木盘（ⅠM9：3）　7. 木箭（ⅠM10：1）

1. 木箭　箭头残佚，仅存半支微曲的箭杆，前端呈圆锥体，明显为插入有銎镞的遗留，后端残。残长38.4、直径1厘米（图二二，7）。

2. 皮带　残节。带中有三处条形孔。残长36、宽1.5厘米（图二二，3）。

3. 木钉　3件，均为树枝削制（图版一七九，7）。其中1件呈圆锥状，ⅠM10：3-1，长17.2、直径1.7厘米（图二二，4）；另2件为扁锥体，锥后端有砸痕，ⅠM10：3-2，长14.1、直径1.5~1.8厘米（图二二，6）。

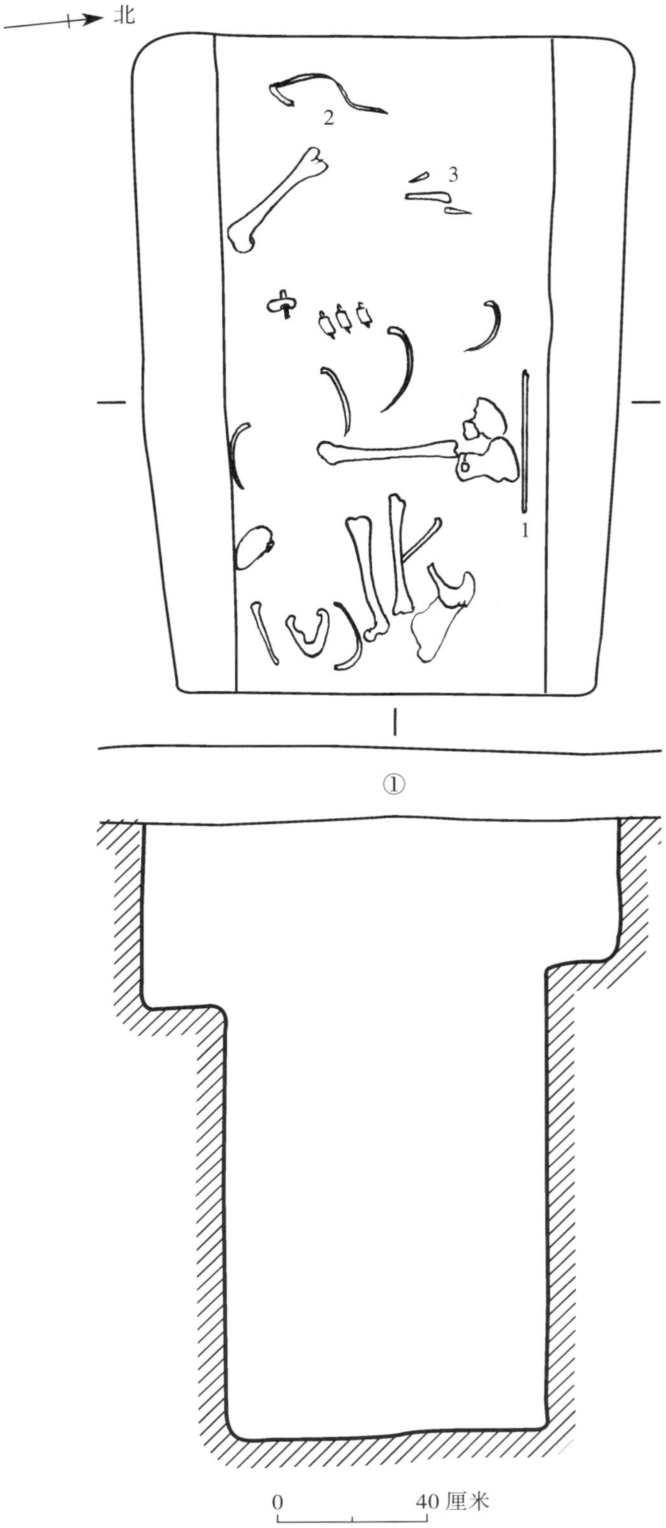

图二三　ⅠM10平、剖面图

1. 木箭　2. 皮带　3. 木钉

ⅠM11

墓葬概况

位于墓地东南，东南邻ⅠM7，东北邻ⅠM9，墓向110°。B型，墓口平面略呈梯形，竖穴土坑墓，两长边有二层台，墓口距地表深0.15米，地表凹凸不平，呈南高北低。墓口长2.3、宽1.4~1.5米。二层台宽0.17~0.2、深0.46~0.5米。二层台上原搭盖木棍，上覆苇席，席上压土坯，再用黄土掩埋，现坍塌于墓室内。墓底长2.3、宽0.96~1.12米，墓深1.9~1.98米。墓底置四足木尸床，长1.92、宽0.66~0.7、高0.22米，床腿嵌入墓底地面下，床面用细柽柳枝铺垫。人骨凌乱，床上有1个成年人头骨A，性别不明；另1个未成年头骨B，年龄6~7岁，性别不明。随葬的陶单耳杯和陶单耳罐位于未成年头骨前，陶器残片、2支箭、复合弓在西端，木撑板、木镳和木取火棒在南侧，木鞭、皮辔头、木锥柄、角镳、木钉、木纺轮、树皮、木取火板、木扣、木盘、木梳、牙扣和马牙均置于木床上。在墓葬的西部有羊头骨（图二四）。

随葬品

出土陶器、木器等25件（组）。

1. 陶单耳杯　夹砂红陶。敞口，圆腹，圜底，宽耳由沿至腹下。内外沿均饰连续三角纹，器表通体饰网格纹，耳饰变形涡纹。口径9.4、高8.5厘米（图二五，1；图版六八，3）。

2. 皮辔头　用厚羊皮缝制而成。圆柱状，上端作留套孔。残长15.8、直径0.8、套径1~4厘米（图二五，7）。

3. 木箭　一束，共6支。箭头呈三棱锥体，尖锐，脊线锋利，双翼或三翼前后错位；箭杆后端有“U”形挂弦凹槽（栝），凹槽深0.5厘米，靠近凹槽部有绳缠痕，通体磨光。ⅠM11：3–1，通长57、箭头长6、铤长51、直径0.9厘米（图二六，16）。

4. 陶器残片　夹砂红陶。仅存腹部。鼓腹，有桥形耳。残高15.6厘米（图二五，6）。

5. 皮辔头　羊皮折合，用牛筋线缝制成窄带，前端打结，为马笼头的一部分。长80、宽1.2厘米（图二五，2）。

6. 陶单耳罐　夹砂红陶。敞口，垂腹，圜底，最大腹径近底部，柱状耳由沿翻至下腹。内沿饰细锯齿纹，器表饰三条锯齿纹渐变合一的锯齿纹，耳两侧饰锯齿纹。口径8.4、腹径9.5、高11厘米（图二五，5）。

7. 复合弓　中间为韧木片，上下贴附牛角板，外面缠有牛皮绳。弓弰呈近三角形，有用以挂弦的刻槽，弦为牛筋合成，有扣，尚残留一段。弓身已经变形。长105厘米（图二六，18；图版一八三，1）。

8. 木锥柄　锥尖残佚，木柄为圆木削制。呈圆柱状，前端刻一周凹槽，锥孔呈四棱形。长8.5、直径1.1厘米（图二六，6）。

9. 木箭　箭头呈四棱锥体，尖锐，脊线分明，双翼前后错位，圆箭杆残。杆残长14.5、箭头长5.1、铤径1.1厘米（图二六，17）。

10. 树皮　采集样品三块，松树皮，红褐色，呈不规则纵长条形。长10.3、宽4.7厘米（图二六，10）。

11. 马牙　残长7.4厘米（图二五，3）。

12. 牙扣　2件，均残。兽牙加工而成，呈角锥状，

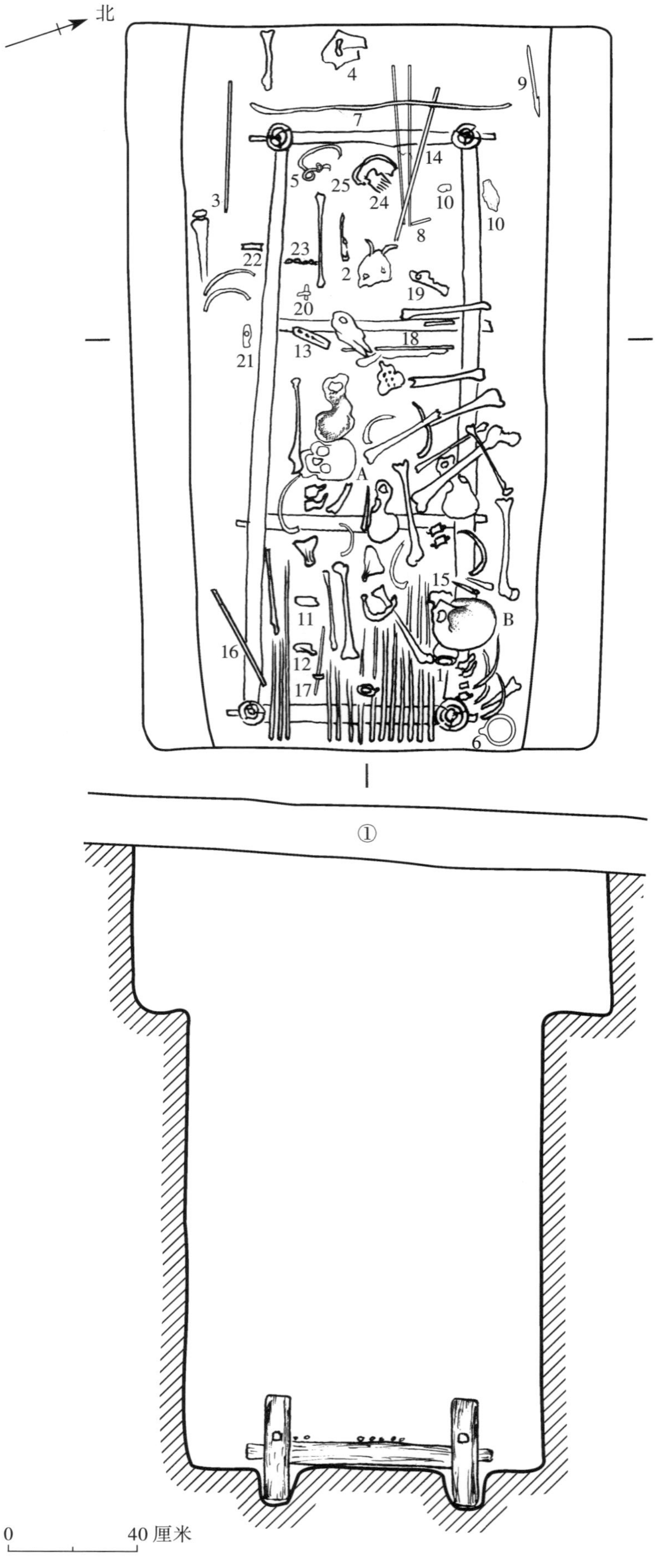

图二四　ⅠM11平、剖面图

1. 陶单耳杯　2、5. 皮辔头　3、9、14. 木箭　4. 陶器残片　6. 陶单耳罐　7. 复合弓　8. 木锥柄　10. 树皮　11. 马牙　12. 牙扣　13. 角镳　15. 木钉　16. 木撑板　17. 木纺轮　18. 木鞭　19. 木取火板　20. 木扣　21. 木镳　22. 木取火棒　23. 发辫　24. 木梳　25. 木盘

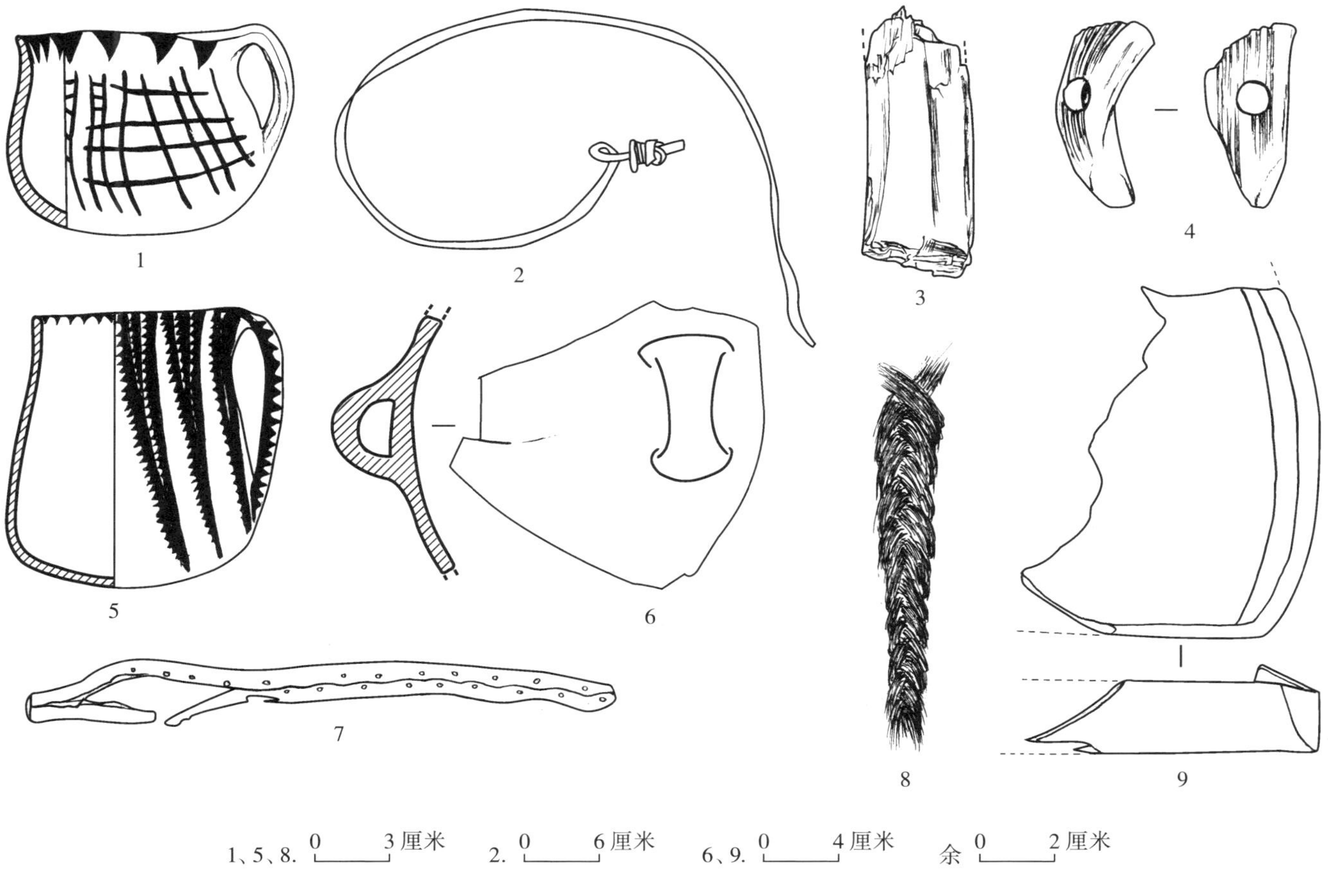

图二五　ⅠM11 随葬品

1. 陶单耳杯（ⅠM11：1）　2、7. 皮辔头（ⅠM11：5、2）　3. 马牙（ⅠM11：11）　4. 牙扣（ⅠM11：12）　5. 单耳陶罐（ⅠM11：6）　6. 陶器残片（ⅠM11：4）　8. 发辫（ⅠM11：23）　9. 木盘（ⅠM11：25）

均有一圆孔，其中一件孔内有条状皮革。残长 5、宽 2.2 厘米（图二五，4；图版一九六，3）。

13. 角镳　2 件。骨板刻削制作。均呈角状，镳面有三孔，内含有皮绳（图版一八六，1）。ⅠM11：13–1，长 11.8、宽 2.5、厚 1 厘米（图二六，7）。ⅠM11：13–2，长 12.7、宽 3、厚 1.2 厘米（图二六，8）。

14. 木箭　3 支。箭头残佚，仅存箭杆，杆体粗细匀称，通体光滑，后端刻有“U”形挂弦凹槽（栝）。有皮条缠痕。ⅠM11：14–1，长 49.8、直径 0.7 厘米（图二六，15）。

15. 木钉　4 件。树枝削制，呈锥状。ⅠM11：15–1，长 16.6、直径 0.8 厘米（图二六，4）。ⅠM11：15–2，长 16、直径 1 厘米（图二六，5）。

16. 木撑板　残，圆木削制。圆柱状杆体雕刻半圆凸棱五个，每个凸棱间隔 7~8 厘米。残长 36.4、直径 1.6 厘米（图二六，13）。

17. 木纺轮　圆线轴后端残，前端呈尖状，线轴弯曲变形。纺轮用薄木板制作，呈圆形。线轴长 24.6、直径 0.7 厘米，轮径 4.8、厚 0.56 厘米（图二六，12）。

18. 木鞭　圆柱状鞭杆粗细均匀，光滑，两端削有系鞭梢凹槽，鞭梢为窄羊皮条。杆长 31.8、直径 1.3、鞭梢长 50、宽 0.6 厘米（图二六，14；图版一六七，3）。

19. 木取火板　呈长条形，上端一侧残，取火板一边有七处锯槽，有两个圆形取火钻孔，板中部靠右侧边沿有穿绳小孔。长 14.4、宽 2、厚 0.9 厘米（图二六，11；图版一六五，5）。

20. 木扣　树枝条削制。两端粗，中间细，扣上套有辔头皮绳。长 3.1、直径 0.7 厘米（图二六，2）。

21. 木镳　残。呈长方形，其中一长边作波折弧拱形，在起弧处钻有圆孔。残长 4.5、宽 1~1.5、厚 0.7、口径 0.9 厘米（图二六，3）。

22. 木取火棒　呈规则的圆柱状，削磨光滑，一端有炭化的火烧痕。残长 5.1、直径 0.8 厘米（图二六，9）。

23. 发辫　双股编成，呈上宽下窄状。残长 16.2、宽 1.2~2.8 厘米（图二五，8）。

24. 木梳　呈纵长方形，梳后部两侧刻半圆形缺口，呈束腰形，齿多残断，现存 5 根，呈扁锥形。长 6.6、宽 4.2、厚 0.5、齿长 2.5 厘米（图二六，1）。

25. 木盘　残，仅存 1/3，用圆木刻挖削制。口沿高低不平，呈长方形，敞口，浅腹，平底。口径残长 19.1、残宽 15.5、高 4 厘米（图二五，9）。

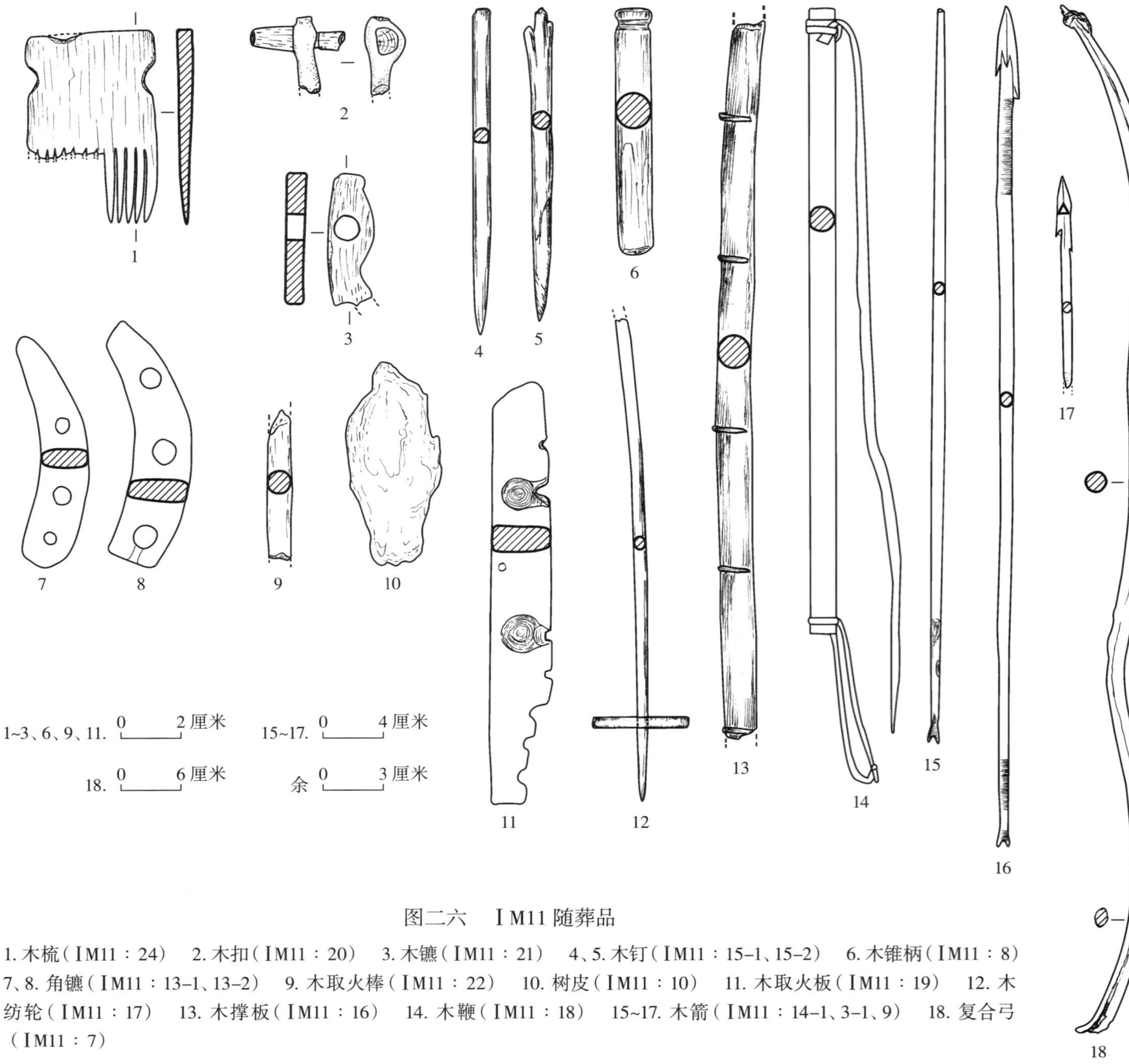

图二六　Ⅰ M11 随葬品

1. 木梳（ⅠM11：24）　2. 木扣（ⅠM11：20）　3. 木镳（ⅠM11：21）　4、5. 木钉（ⅠM11：15–1、15–2）　6. 木锥柄（ⅠM11：8）　7、8. 角镳（ⅠM11：13–1、13–2）　9. 木取火棒（ⅠM11：22）　10. 树皮（ⅠM11：10）　11. 木取火板（ⅠM11：19）　12. 木纺轮（ⅠM11：17）　13. 木撑板（ⅠM11：16）　14. 木鞭（ⅠM11：18）　15~17. 木箭（ⅠM11：14–1、3–1、9）　18. 复合弓（ⅠM11：7）

Ⅰ M12

墓葬概况

位于墓地南部，南邻ⅠM216，西邻ⅠM13，墓向90°。B 型，近长方形（圆角，不规则）竖穴四边二层台墓。墓口距地表深 0.1 米，墓长 3.36~3.86、宽 2.53 米。二层台宽 0.24~0.64、深 0.4~0.58 米，二层台上原搭盖的木棍、苇草等现已坍塌于墓室中。墓底长 2.48~2.97、宽 1.48~1.78 米，墓深 2.8 米。墓底人骨架凌乱，为二次葬，发现人头骨 4 个，其中 A 为中年男性，45~55 岁；B 为中年男性，45~50 岁；C 为中年男性，40~45 岁；D 为壮年女性，25~45 岁。随葬品均散置于墓室底部。珠饰、骨杼在东北角，角梳、陶器残片、陶器耳、角镳、铜扣、糜饼、羊距骨（俗称髀石）和木钉在中部偏西，牙器、牛角杯、毛纺织物在西部（图二七；图版四，2）。

随葬品

出土毛纺织物、陶、铜、骨、木、牙、角、玻璃质器物等 13 件（组）。

1. 角梳　牛角削磨制成。齿残，扁平状，多齿，尖顶，顶端有穿孔。残长 4.5、宽 3.9 厘米（图二八，7）。

2. 珠饰　3 件。ⅠM12：2–1，玻璃珠，蓝色鼓形。直径 0.9、孔径 0.2、高 1 厘米（图二八，1）。ⅠM12：2–2，石珠，柱状中空。直径 0.5、孔径 0.1、高 1 厘米（图二八，2）。ⅠM12：2–3，石珠，柱状中空。直径 0.5、孔径 0.1、高 0.7 厘米（图二八，3）。

3. 羊距骨　2 枚。大小有异。ⅠM12：3–1，长 3.4、宽 2.4 厘米（图二八，5）。ⅠM12：3–2，长 2.9、宽 2 厘米（图

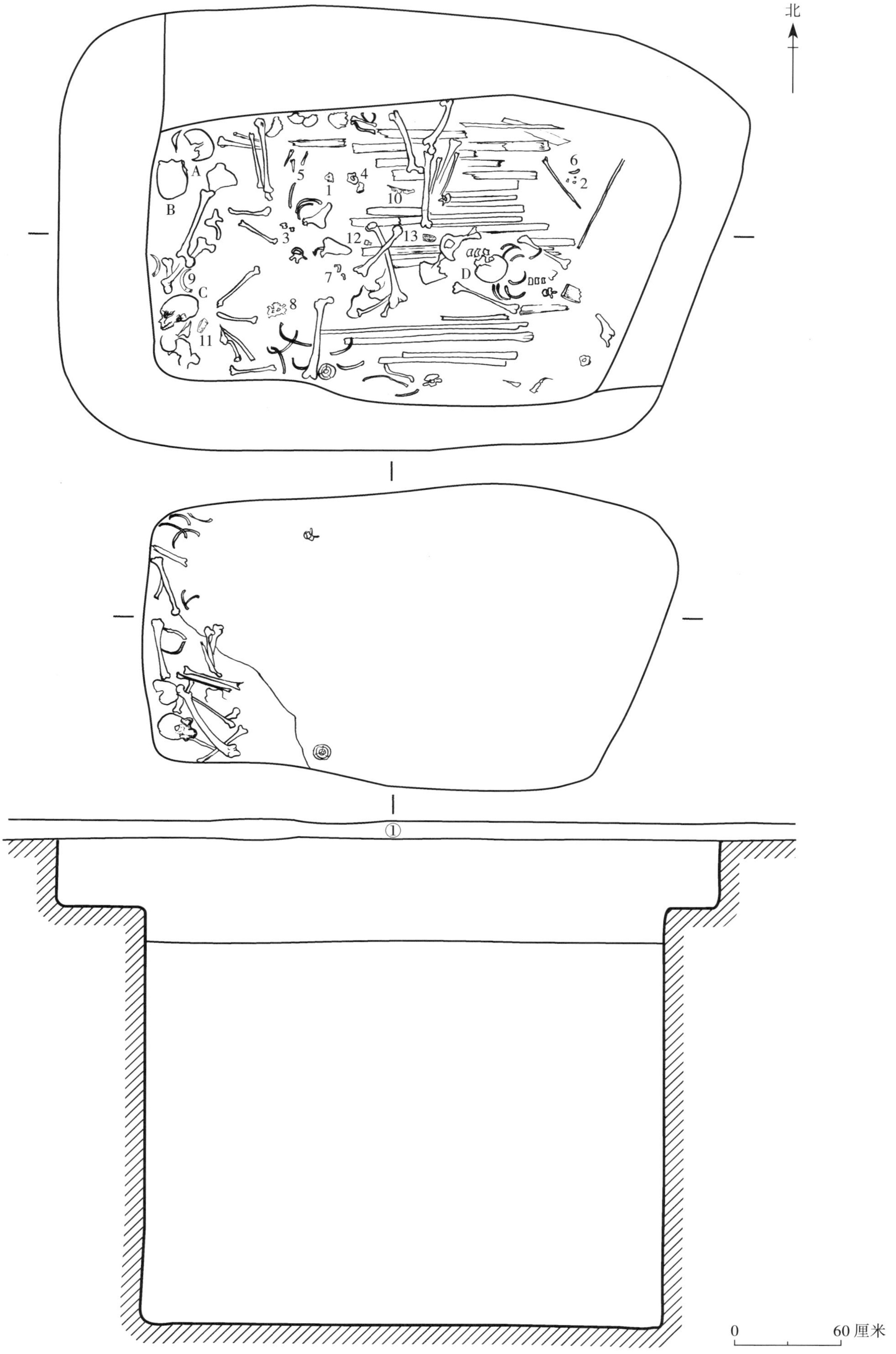

图二七　ⅠM12 平、剖面图

1. 角梳　2. 珠饰　3. 羊距骨　4. 陶器残片　5. 木钉　6. 骨杍　7. 陶器耳　8. 毛纺织物　9. 牙器　10. 角镳　11. 牛角杯　12. 铜扣　13. 糜饼

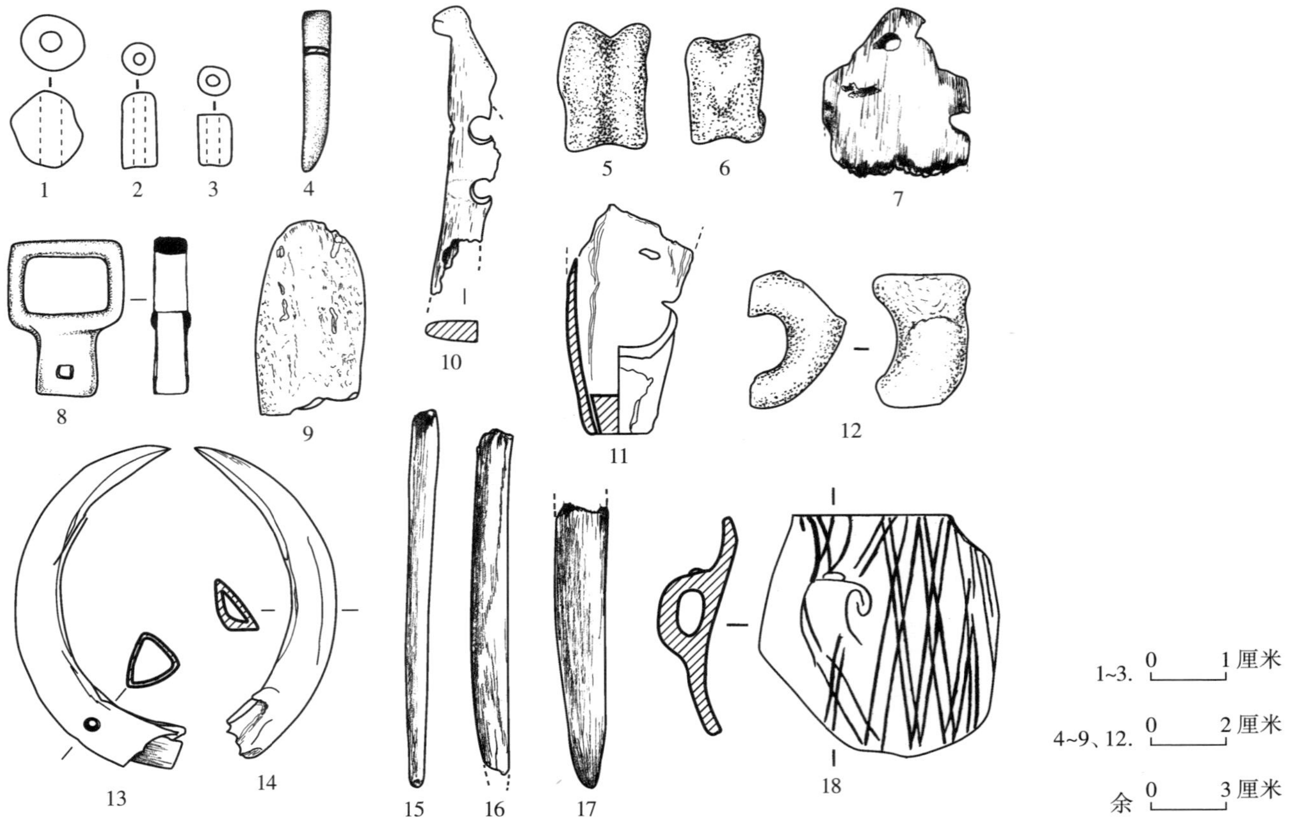

图二八　ⅠM12随葬品

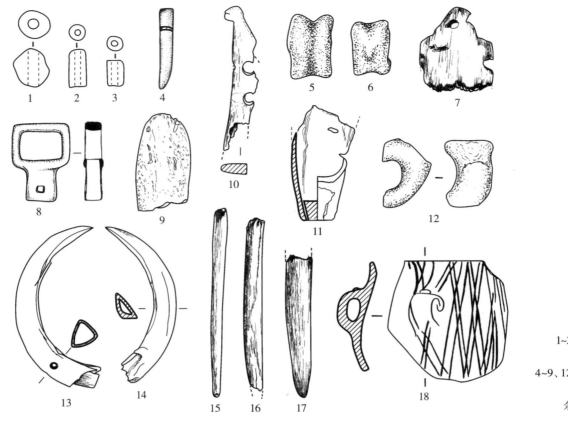

1~3. 珠饰（ⅠM12：2–1、2–2、2–3）　4. 骨杼（ⅠM12：6）　5、6. 羊距骨（ⅠM12：3–1、3–2）　7. 角梳（ⅠM12：1）　8. 铜扣（ⅠM12：12）　9. 糜饼（ⅠM12：13）　10. 角镳（ⅠM12：10）　11. 牛角杯（ⅠM12：11）　12. 陶器耳（ⅠM12：7）　13、14. 牙器（ⅠM12：9–1、9–2）　15~17. 木钉（ⅠM12：5–2、5–3、5–1）　18. 陶器残片（ⅠM12：4）

二八，6）。

4. 陶器残片　存有单耳，带口沿，鼓腹。有双平行线交叉组成的网状纹。残宽 9.2、残高 10.4 厘米（图二八，18）。

5. 木钉　3 枚。用木棍削制，均残。ⅠM12：5–1，长 11.7、直径 2 厘米（图二八，17）。ⅠM12：5–2，长 15.3、直径 1 厘米（图二八，15）。ⅠM12：5–3，长 14、直径 1.4 厘米（图二八，16）。

6. 骨杼　存刀形残段，扁平，一边有刃。残长 4.4、宽 0.7 厘米（图二八，4）。

7. 陶器耳　夹砂红陶。耳面上有阶状凸起。长 3.6、宽 1.8 厘米（图二八，12）。

8. 毛纺织物　用黄、红、紫、蓝四色毛线织成，有明暗方格纹，残片。残长 23.2、宽 12.2 厘米（图版二三三，4）。

9. 牙器　2 件。野猪犬齿（獠牙）削刻钻孔而成。细端削尖，粗端穿孔。ⅠM12：9–1，较完整，壁深。长 13.2 厘米（图二八，13；图版一九七，1）。ⅠM12：9–2，残，穿孔仅剩小部分，壁较厚。长 12.8 厘米（图二八，14；图版一九七，2）。

10. 角镳　长条形，扁平，削磨光滑，虫蛀，残破，存三个圆形孔，顶端雕刻成猴首形。残长 11.7、宽 2 厘米（图二八，10；图版一八五，6）。

11. 牛角杯　牛角截尖头安装木塞加工而成，虫蛀损残。残高 9.4、最大径 5.2 厘米（图二八，11；图版一九五，5、6）。

12. 铜扣　长方形扣首，细端残存皮革残渣。长 4.3、宽 3.1、厚 0.9 厘米（图二八，8；图版二〇二，3）。

13. 糜饼　食品，用粟类碾粉调和成。椭圆形体，粗糙，红褐色，残断。残长 5.3、最宽处 2.8 厘米（图二八，9；图版二一三，8）。

ⅠM13

墓葬概况

位于墓地南部，西北邻ⅠM130，西南邻ⅠM131，墓向 121°。C 型，长方形竖穴土坑墓，直壁。墓口距地表深 0.2 米，墓口长 0.84、宽 0.49~0.56 米，墓深 0.53 米。墓口原用苇草棚盖，现已腐朽坍塌于墓室。墓室底部铺干草，墓内骨架残朽缺失，头骨位于墓室东南角，为 3~4 岁儿童。陶圈足盘置于头骨右侧（图二九；图

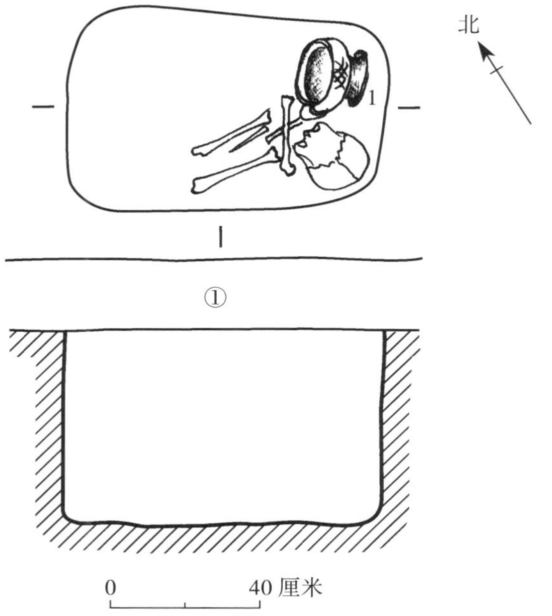

图二九　ⅠM13 平、剖面图

1. 陶圈足盘

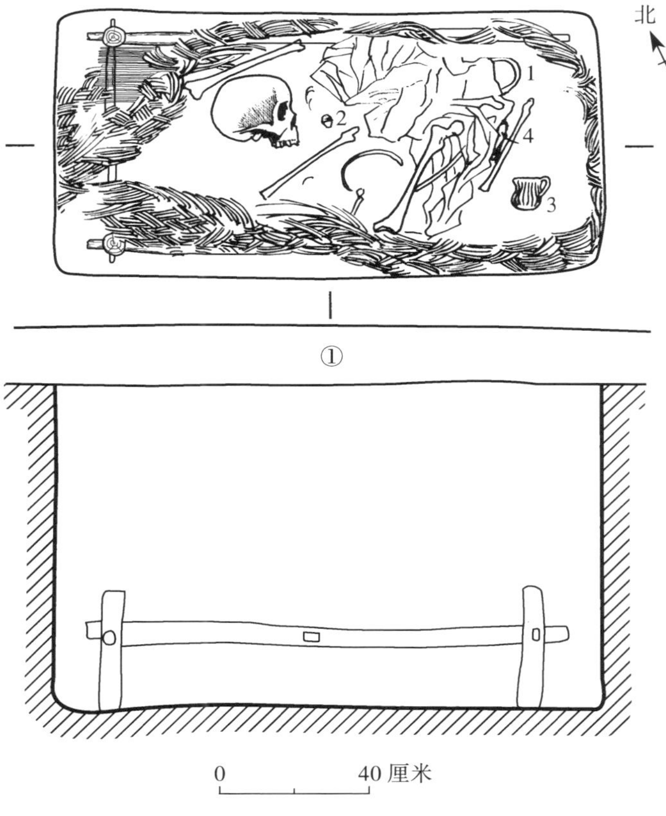

图三〇　ⅠM14 平、剖面图

1. 陶钵　2. 骨扳指　3. 陶单耳罐　4. 毛编织带

版四，3）。

随葬品

出土陶器 1 件。

1. 陶圈足盘　泥质红陶。尖唇，折沿，圆腹，喇叭形圈足，口沿至上腹有一环形耳。口沿内饰垂帐纹，外饰变形大倒三角纹，三角纹内填饰网格纹。口径 16.5、

图三一　ⅠM13、ⅠM14、ⅠM15 随葬品

1. 骨扳指（ⅠM14：2）　2. 陶钵（ⅠM14：1）　3. 木桶（ⅠM15：1）　4、5. 陶单耳罐（ⅠM15：3、ⅠM14：3）　6. 陶圈足盘（ⅠM13：1）　7. 木纺轮（ⅠM15：2）

足径 9.6、高 12 厘米（图三一，6；图版一二三，4）。

ⅠM14

墓葬概况

位于墓地西南部，西南邻ⅠM17，东南邻ⅠM22，墓向 112°。C 型，长方形竖穴土坑墓，直壁。墓口距地表深 0.16 米，墓长 1.43、宽 0.72 米，墓深 0.9 米。填土中有土坯残块，其中一块较完整者面上有用手指做出的划纹（图版三六，3）。墓底铺苇草席 1 张，席大于墓底，席四边向上卷起，下面有木床，床腿、床帮、床撑之间都由榫卯接合，上面排铺细木棍（图版四〇，1）。埋葬中年男性人骨一具，35~45 岁，侧身屈肢，四肢骨和头骨都挪离了原位置。随葬的陶钵、陶单耳罐在墓室东部，骨扳指在头骨旁，毛编织带在身体右侧（图三〇；图版四，4）。

随葬品

出土陶、骨器和毛编织物 4 件。

1. 陶钵　夹砂红陶。器形较小。敛口，浅腹，圜底，沿下有一圆形鋬耳。素面。口径 10.2、高 4.6 厘米（图三一，2）。

2. 骨扳指　骨管削磨加工而成。仿拇指顶端斜面，通体光滑。扳指上线刻复式折线纹。长 3.3、宽 2.8、厚 2.1 厘米（图三一，1；图版一九五，1）。

3. 陶单耳罐　夹砂红陶。敞口，方唇，鼓腹，圜底，长耳由沿翻至腹底。器表绘竖条细长三角纹直到腹底。口径 7.1、腹径 9.2、高 8.2 厘米（图三一，5；图版四三，6）。

4. 毛编织带　毛线编织而成，蓝色带红边。残长 16.1、宽 2.1 厘米（图版二三三，2）。

ⅠM15

墓葬概况

位于墓地西南部，南邻ⅠM17，东南邻ⅠM14，墓向 145°。C 型，竖穴土坑墓，直壁。开口于地表，平面近长方形，东面一角微有收进。墓口长 1.12~1.22、宽 0.8 米，墓深 0.6 米。墓底有中年女性骨架一具，年龄 35~45 岁，骨架保存完整，侧身屈肢，头向东南，面向西南。头骨旁放置木桶，桶内装有木纺轮，盆骨旁放有陶单耳罐，在身下还发现有毛纺织物（图三二；图版四，5）。

随葬品

出土陶、木器和毛纺织物 4 件。

1. 木桶　圆木削刻而成。口小底大，底部内存刻槽一周，装椭圆形底板，底微凸。口径 7、底径 8.6、高 12.6 厘米（图三一，3）。

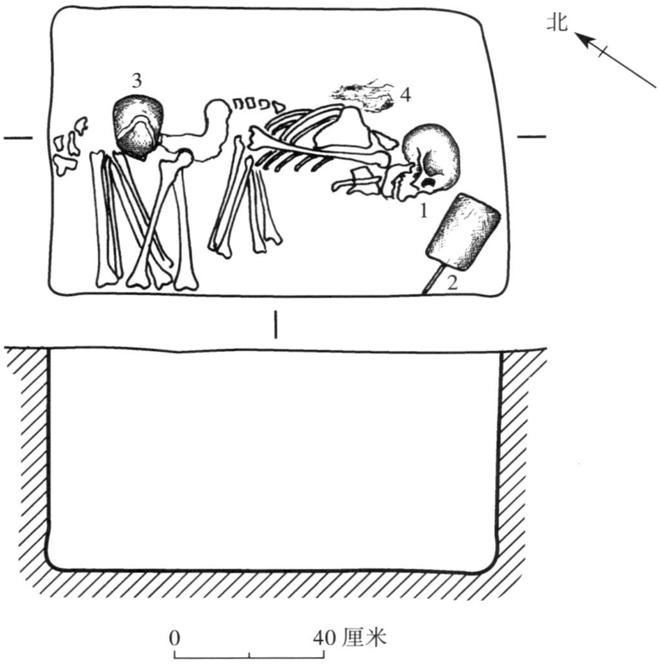

图三二　ⅠM15 平、剖面图

1. 木桶　2. 木纺轮　3. 陶单耳罐　4. 毛纺织物

2. 木纺轮　圆线轴稍弯曲，纺轮呈椭圆形，底弧拱。线轴长 33.3、直径 0.8 厘米，轮径 6~6.4 厘米（图三一，7）。

3. 陶单耳罐　夹砂红陶。直口，垂腹，圜底，单耳由沿上下翻至腹部。内沿饰小三角纹，器表饰斜向条带纹，器耳两侧饰带纹，耳面饰六条横向条带纹，耳向上扬昂。口径 8.3、腹径 10、高 9.1 厘米（图三一，4；图版五六，5）。

4. 毛纺织物　编织而成，残段。由蓝色、红色和花边三种毛编织带缝连拼接而成。残长 29.2、宽 5.8 厘米（图版二三三，3）。

ⅠM16

墓葬概况

位于墓地南部，东邻ⅠM8，西南邻ⅠM5，墓向 100°。B 型，长方形竖穴土坑墓，两边有二层台。墓口距地表深 0.12 米，呈西宽东窄的梯形，长 1.62、宽 1.05~1.18 米。二层台宽 0.11~0.17、深 0.18 米。墓底长 1.83、宽 0.79~0.83 米，墓深 1.54 米。该墓曾进水，人骨凌乱，两个头骨和部分脊椎骨位于墓底西部。双人合葬墓，A 为中年女性，年龄 40~45 岁；B 为中年男性，年龄 45~55 岁。随葬品乱置于人骨之中，其中陶单耳杯、陶单耳罐、毛编织带、木纺轮在墓室东部，另有陶单耳罐、木梳、木纺轮、蚌饰在墓室中部。在墓葬的南、北壁旁各有一羊头（图三三）。

随葬品

出土陶、木、毛织和蚌质器物 9 件。

1. 陶单耳杯　夹砂红陶。侈口，腹微鼓，圜底，耳残。内沿彩绘窄带纹，器表饰菱形网格纹。口径 8.5、高 6.9 厘米（图三四，5）。

2. 陶单耳罐　夹砂红陶。直口，圆腹，圜底，器耳由口沿下翻至肩部，腹上部有 6 个乳丁状突。口径 4.25、高 5.6 厘米（图三四，6；图版五六，6）。

3. 木纺轮　呈椭圆形饼状，边缘抹棱，轮中部有圆形孔。轮径 5~5.8、厚 0.8、孔径 0.7 厘米（图三四，2）。

4. 陶单耳罐　夹砂红陶。敞口，鼓腹，小平底，宽带耳上扬，由沿翻至腹底。通体饰由大三角延伸的条带纹，条带纹下部相互连接成折线纹，耳两侧彩绘黑色带纹，耳面彩绘三组平行短线，近耳顶部短线为锯齿纹。口径 12.4、腹径 16.6、底径 7.8、高 15.8 厘米（图三四，7）。

5. 陶单耳罐　夹砂红陶。敞口，垂腹，圜底，宽带耳由沿翻至下腹。内沿饰细密锯齿纹，器表通体饰由两

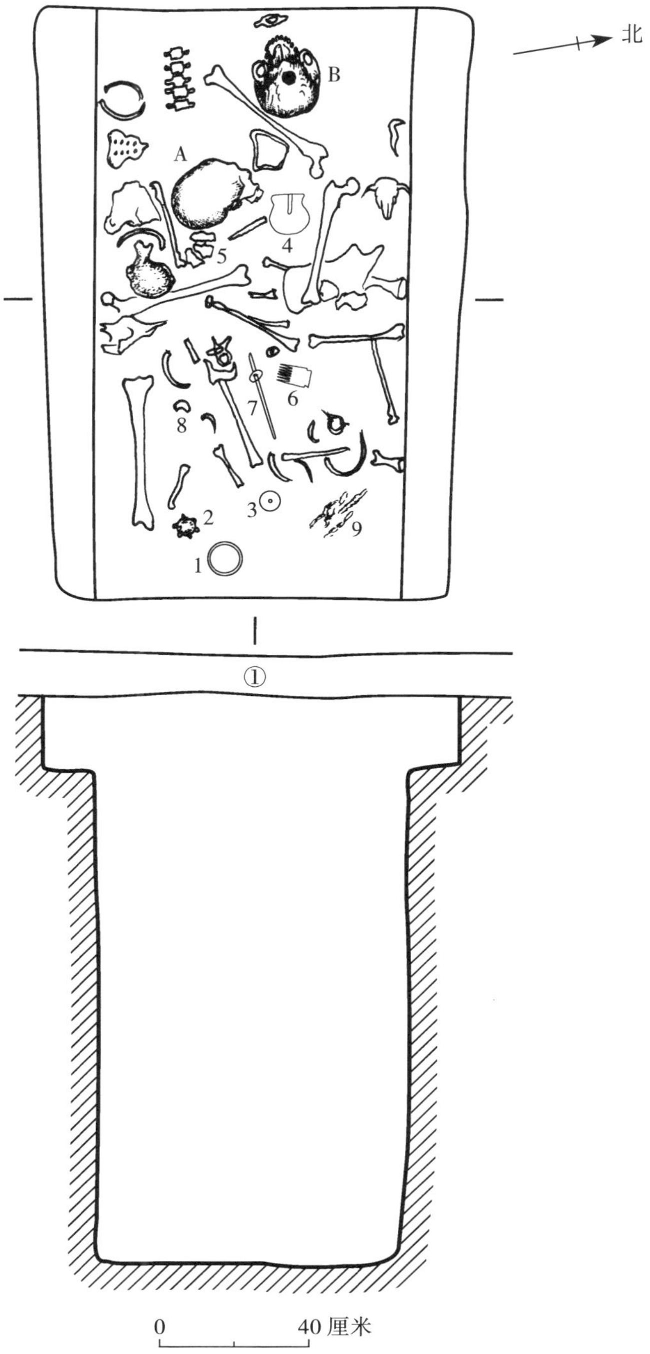

图三三　ⅠM16平、剖面图

1. 陶单耳杯　2、4、5. 陶单耳罐　3、7. 木纺轮　6. 木梳　8. 蚌饰　9. 毛编织带

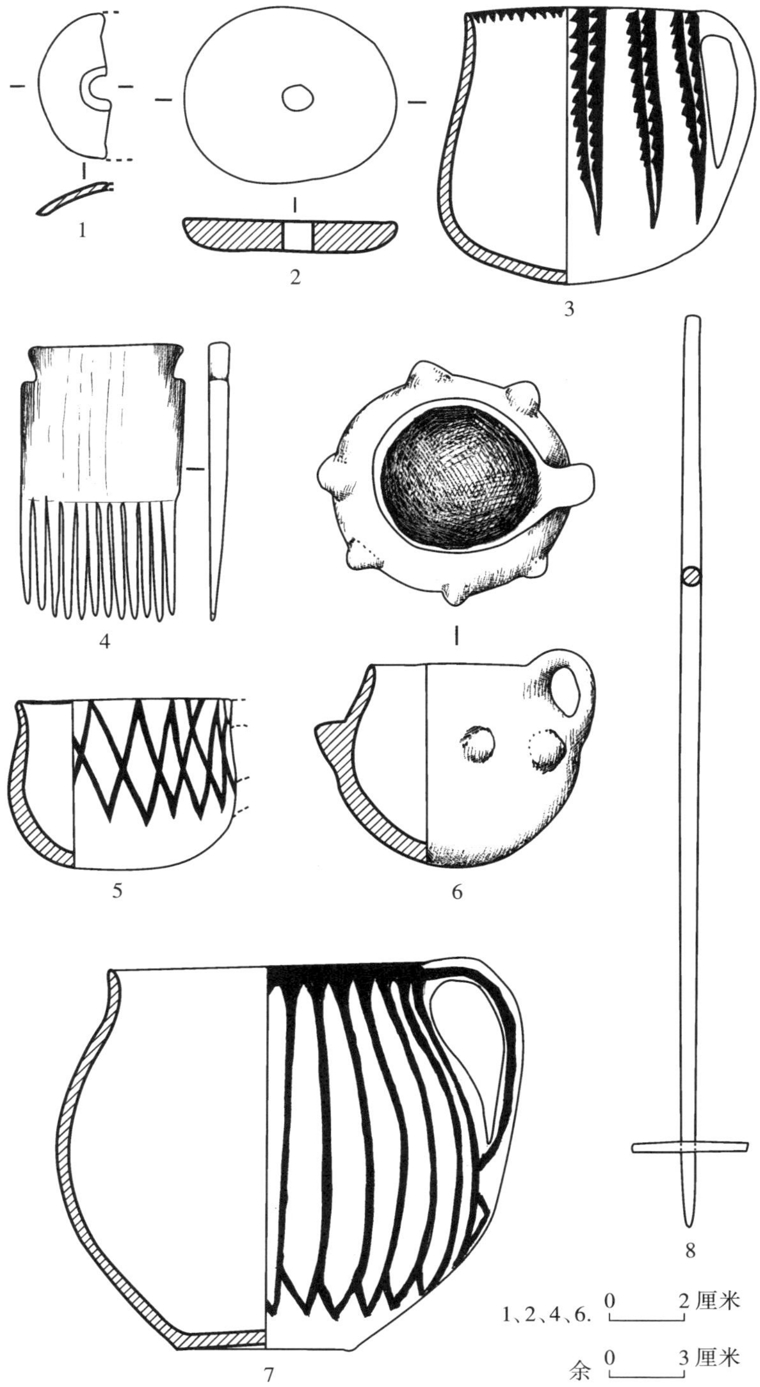

图三四　ⅠM16随葬品

1. 蚌饰(ⅠM16：8)　2、8. 木纺轮(ⅠM16：3、7)　3、6、7. 陶单耳罐(ⅠM16：5、2、4)　4. 木梳(ⅠM16：6)　5. 陶单耳杯(ⅠM16：1)

条渐变为一条的锯齿纹。口径9.5、腹径11.4、高11.5厘米（图三四，3）。

6. 木梳　纵长方形，柄后端呈束腰形，直背，扁锥齿参差不齐。长7.6、宽4.4、厚0.5、齿长3.3厘米（图三四，4）。

7. 木纺轮　圆棍线轴两端稍细，通体光滑；纺轮为薄木板制作，呈圆形。线轴长37.6、直径0.8厘米，轮径4.9、厚0.4厘米（图三四，8）。

8. 蚌饰　残存1/2，由蚌壳加工成半球体，中部钻有圆孔，器表及下沿打磨光滑。外表呈米黄色，内呈乳白色。直径4.1、拱高1.8、厚0.3厘米（图三四，1；图版二一五，1）。

9. 毛编织带　折成四截，蓝地紫红色菱格纹。长72.2、宽2.5厘米（图版二三三，5）。

ⅠM17

墓葬概况

位于墓地南部，北邻ⅠM15，东北邻ⅠM14，墓向

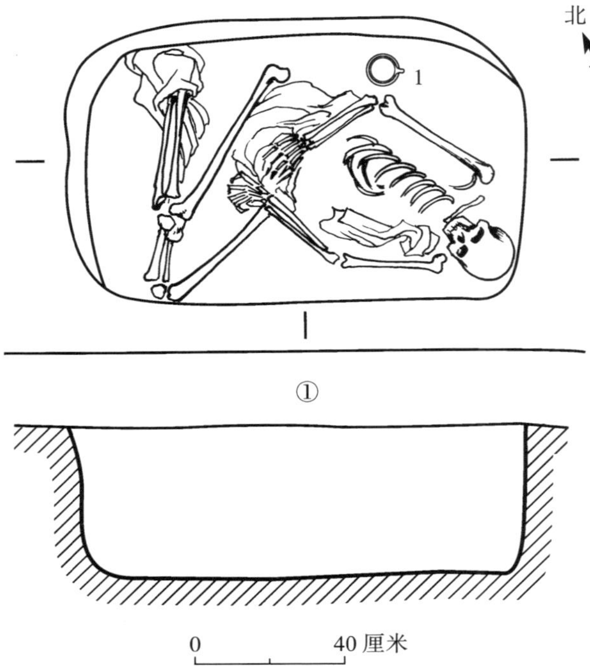

图三五　ⅠM17 平、剖面图

1. 陶单耳罐

112°。C 型，圆角长方形竖穴土坑墓。墓口距地表深 0.2 米，墓口长 1.22、宽 0.77 米。墓西、北两壁向下斜收，墓底长 1.15、宽 0.73 米，墓深 0.41 米。墓底葬一壮年男性，年龄 25~35 岁，侧身屈肢，头向东，面向南，双手置于腹部，脚穿短靿皮靴（已朽），骨架保存完整。右肘旁放置陶单耳罐（图三五；图版五，4）。

随葬品

出土陶器 1 件。

1. 陶单耳罐　夹砂红陶。敞口，圆唇，腹微垂，圜底，耳位于颈与上腹间。内沿饰连续锯齿纹，器表饰连续折线纹，并有烟熏痕迹。口径 9.9、高 11.4 厘米（图三七，1；图版五八，4）。

ⅠM18

墓葬概况

位于墓地西南部，南邻ⅠM15，东北邻ⅠM21，墓向 115°。A 型，椭圆形竖穴土坑墓。墓开口于地表层下，墓口距地表深 0.25 米，墓口长径 1.22、短径 0.87 米，墓深 1.76 米。该墓被盗掘，墓内填土中发现有完整土坯和陶器残片（器物编号 1），土坯表面有压印纹和划纹（图版三六，4、5）。墓室内有成年男性干尸一具，缺头骨，侧身屈肢，原身着毛纺织物衣服被扯成碎块扔于干尸上。清理时发现，人骨右小腿缠毛编织带，脚穿皮靴（已朽），脚下有羊头一个。陶单耳罐位于北壁旁（图三六；图版五，1）。

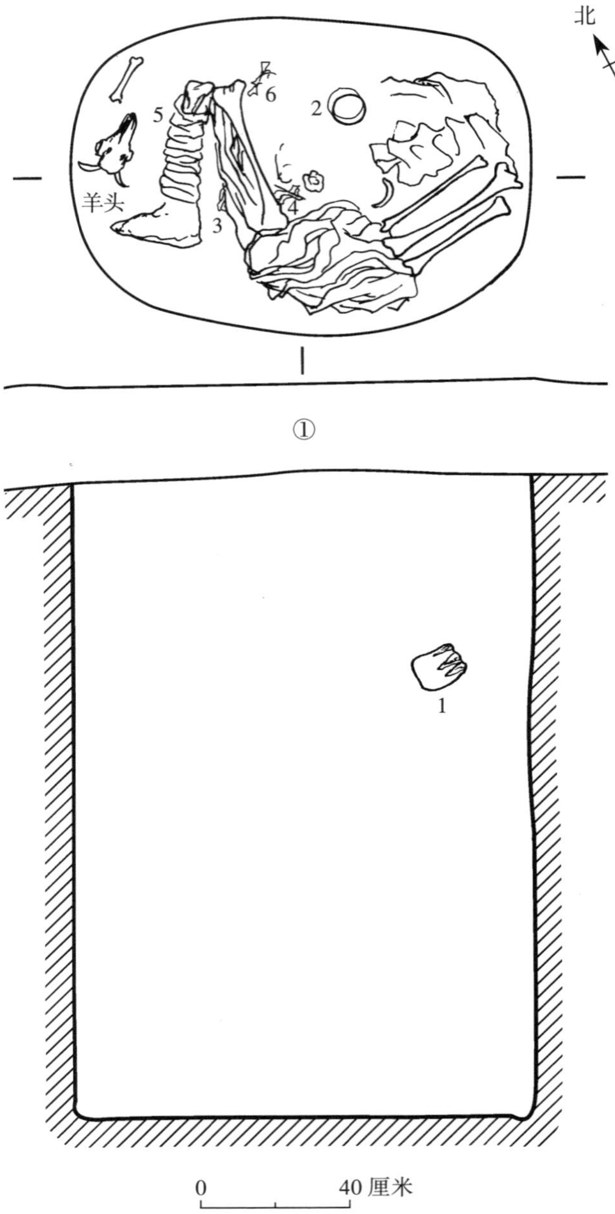

图三六　ⅠM18 平、剖面图

1. 陶器残片　2. 陶单耳罐　3. 裤子　4~6. 毛编织带

随葬品

出土陶器、毛纺织物 6 件。

1. 陶器残片　夹砂红陶。带底，近直壁，上部饰连续三角网状纹。复原底径 8、残高 12.2 厘米（图三七，3）。

2. 陶单耳罐　夹砂红陶。敞口，方唇，鼓腹，圜底，底中心有小圆突。腹部一侧有小系。口沿内饰双斜线，器表饰六组由三道双线相交汇的图案。口径 11.6、高 9.4 厘米（图三七，2；图版四一，1）。

3. 裤子　棕地黄色勾连纹罽毛长裤，仅残存一条裤腿和两块残片，裤腿长 74、宽 26 厘米；由一幅宽 56 厘米的织物呈不对称状缝制而成，以 2/1 斜纹原组织法相交织，用通经断纬法通体罽织出四方连续的黄色勾连纹（图版二三四，1）。

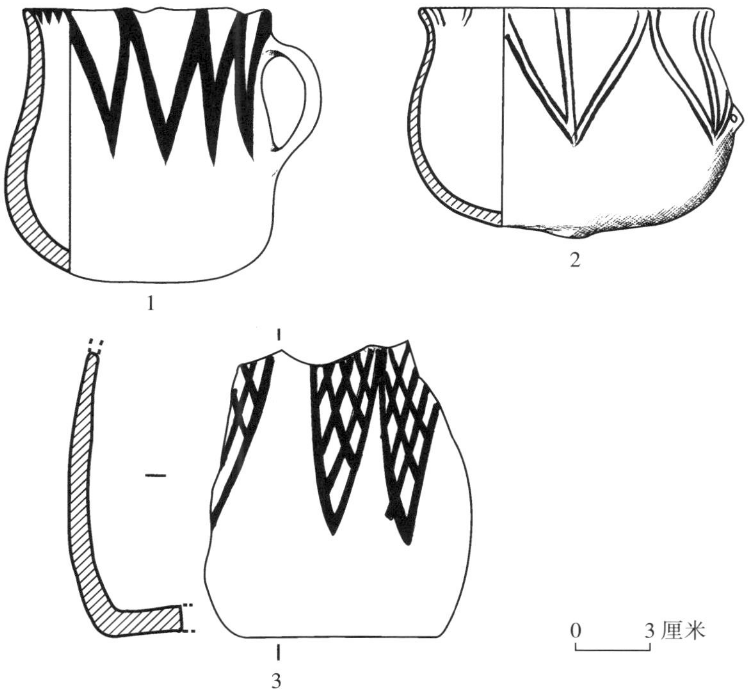

图三七　ⅠM17、ⅠM18随葬品

1、2. 陶单耳罐（ⅠM17：1、ⅠM18：2）　3. 陶器残片（ⅠM18：1）

4. 毛编织带　棕地黄色小格纹，运用一上一下的绕编法进行编织，由棕、黄色经线在编织带表面形成棕色地，上面显现出黄色小格纹饰。残长17、宽4.5、厚0.21厘米（图版二三四，3）。

5. 毛编织带　棕地红色折线纹，残损严重。残长16、宽3、厚0.15厘米（图版二三四，4）。

6. 毛编织带　棕色，残为两段。ⅠM18：6–1，长7.5、宽2、厚0.286厘米。ⅠM18：6–2，长11、宽2厘米，残存结扣，长6厘米（图版二三四，5）。

ⅠM19

墓葬概况

位于墓地南部，西邻ⅠM67，东南邻ⅠM18，墓向115°。A型，椭圆形竖穴土坑墓，直壁。墓口距地表深0.21米，长1.6、宽0.92米，墓深1.14米。墓底有木床，长1.34、宽0.72米。床面用柽柳棍铺垫，床上陈放一成年男性尸骨，侧身屈肢，头骨残破，呈东西向，左手臂戴皮射鞲，右腿绑铜铃，铜刀、铜锥置于身体两侧，两手间放木盆，脚前随葬羊头一个，右手握有三个海贝，脖子下有两个铜贝饰，胸前有木鞭，身着毛织衣裤已残朽成片状（图三八；图版五，2、3、5）。

随葬品

出土木、铜器及海贝和毛纺织物13件（组）。

1. 海贝　3件。呈椭圆形，中空，背中缝为锯齿状。长2、宽1.5厘米（图三九，8）。

2. 木鞭　圆木鞭杆两端削有系鞭梢的浅槽，鞭梢为窄羊皮带，鞭梢残呈短节，鞭杆粗细均匀。长40.3、直径1.1厘米（图三九，4；图版一六七，4）。

3. 木盆　圆木刻、挖、削制而成。呈半球形体，方唇，圜底，沿下横鋬上有一竖穿孔。口长径32.2、短径28.2、高12厘米（图三九，1；图版一四五，8）。

4. 铜铃　呈细颈瓶状，细颈两侧有竖凸棱。颈饰凸弦纹，细颈内残存毛线绳，应为马辔头上的铃饰。口径0.7、底径1.7、高3.6厘米（图三九，10；图版二〇三，3）。

5. 铜贝饰　2件。仿海贝形，椭圆扁体状，中空，中缝有两排锯齿纹，与同出土的海贝形制相似。长2.3、宽1.4厘米（图三九，9；图版二〇一，4）。

6. 铜刀　青铜质。环首，长柄，假格，短刃。顶端带瘤状凸，柄上有六条斜平行线凸棱形纹。长21.5、宽2.3厘米（图三九，2；图版一九八，1）。

7. 绑腿　毛编织带和毛纺织物，毛编织带黄本色地上有橘黄色菱格纹，毛布为蓝、橘黄相间的连续菱格纹（图版二三四，6）。

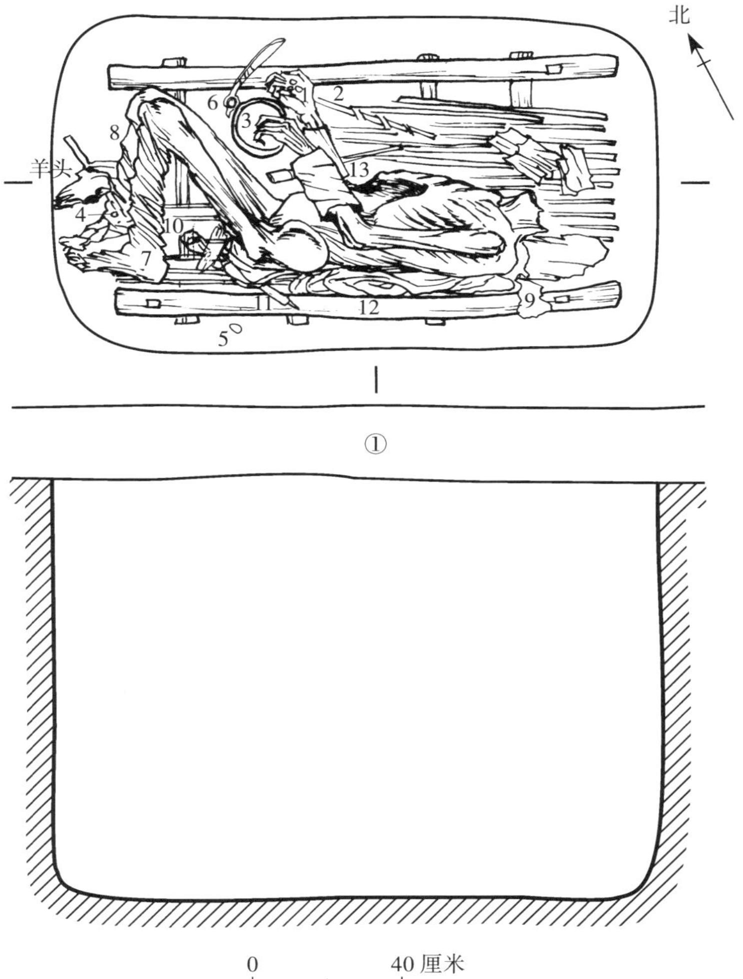

图三八　ⅠM19平、剖面图

1. 海贝　2. 木鞭　3. 木盆　4. 铜铃　5. 铜贝饰　6. 铜刀　7、8. 绑腿　9. 毛纺织物　10. 木钉　11. 铜锥　12. 毛编织带　13. 木柄铜镦

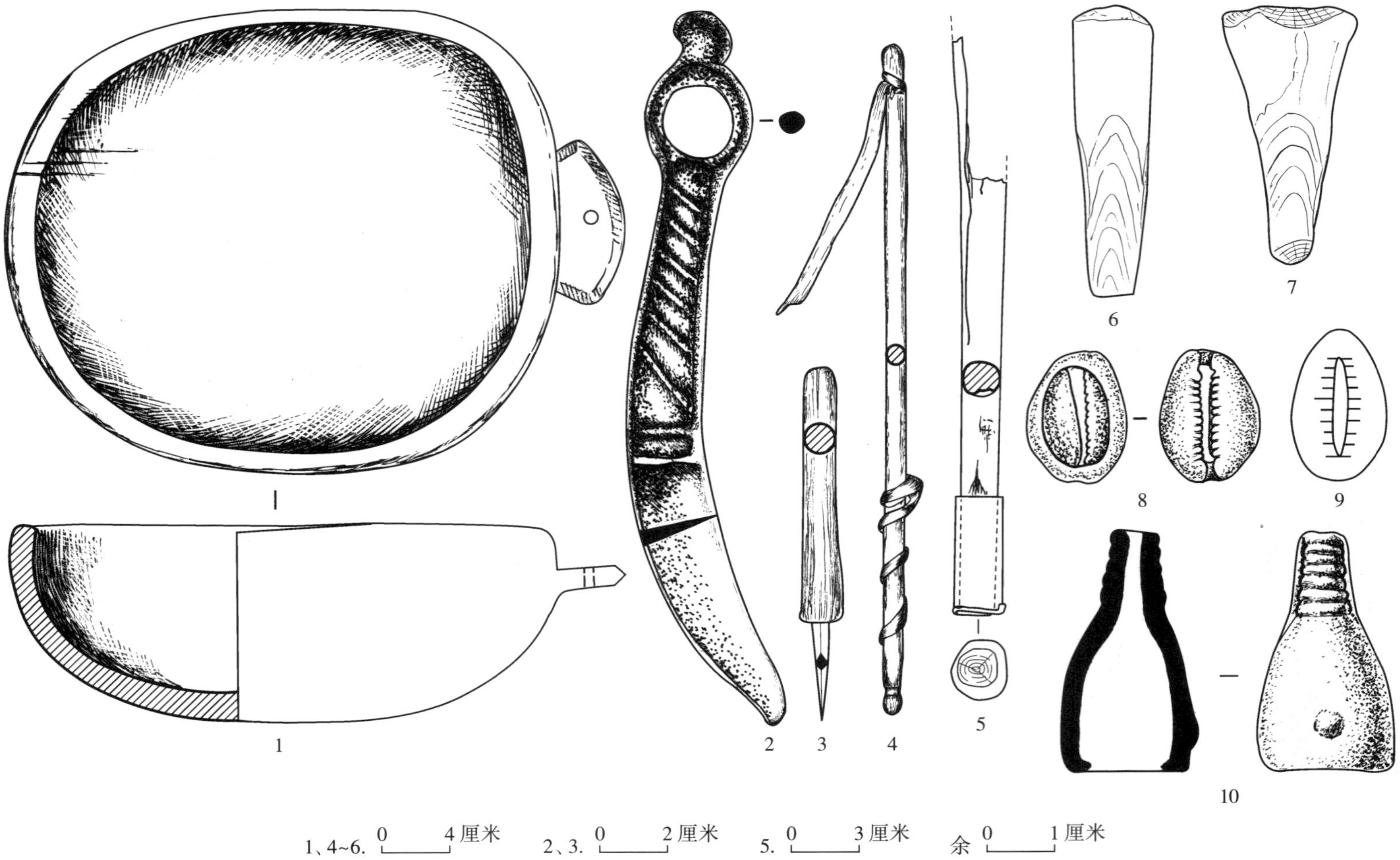

图三九　ⅠM19 随葬品

1. 木盆（ⅠM19：3） 2. 铜刀（ⅠM19：6） 3. 铜锥（ⅠM19：11） 4. 木鞭（ⅠM19：2） 5. 木柄铜镦（ⅠM19：13） 6、7. 木钉（ⅠM19：10-1、10-2） 8. 海贝（ⅠM19：1） 9. 铜贝饰（ⅠM19：5） 10. 铜铃（ⅠM19：4）

8. 绑腿　毛编织带和毛纺织物，毛编织带黄本色地上有橘黄色菱格纹，毛布为蓝、橘黄色相间的连续菱格纹（图版二三四，7）。

9. 毛纺织物　均为碎块，共有三种样式的织物，分别为紫地黄色短线纹、黄地紫色短线纹、蓝地红色线条纹（图版二三五，1）。

10. 木钉　2 件，均为自然圆木削制。尖头呈四棱锥体。ⅠM19：10-1，长 17.4、直径 4.7 厘米（图三九，6）。ⅠM19：10-2，长 15.5、直径 7.9 厘米（图三九，7）。

11. 铜锥　圆柱状木柄，铜四棱尖锥。通长 10.8、锥长 3.1、柄径 1~1.2 厘米（图三九，3；图版二〇〇，4）。

12. 毛编织带　有两种样式。其一为红黄菱格纹，残长 46.6、宽 7.2 厘米；其二为腰带，本黄色，长 28、宽 6.8 厘米（图版二三五，2）。

13. 木柄铜镦　木柄圆棍光滑，残断，绣线菊木制。残长 26、直径 2 厘米。完整的一端安装有铜镦。铜镦，直筒形，底略大些，模制，因长期受到击打而变形。直径 2.4、高 5.3 厘米（图三九，5；图版一九九，8）

ⅠM20

墓葬概况

位于墓地西南部，西邻ⅠM21，东南邻ⅠM155，墓向 110°。B 型，长方形竖穴二层台墓，两长边有二层台。墓口距地表深 0.19 米，长 2.24、宽 1.52 米。二层台宽 0.16、深 0.29 米，二层台上残留封盖墓室的苇草。墓底长 2.24、宽 1.2 米，墓深 1.48 米。墓底安放四腿木尸床，床长 1.8、宽 0.88、高 0.31 米，床腿嵌入墓底地面下，床面铺细红柳棍。人骨散乱，残缺不全，发现人头骨 3 个，均弃于床下，A 为壮年女性，年龄 20~30 岁；B 为未成年男性，年龄 13~14 岁；C 为未成年男性，年龄 10~13 岁。随葬的木盘倒扣于尸床西北边沿，复合弓位于床上，18 支木箭位于床下西北部，墓室东北角放陶单耳罐，东南角置陶单耳壶，海贝、珠饰位于床下头骨 B 顶部（图四〇；图版六，1）。

随葬品

出土陶、木、贝、石器 7 件（组）。

1. 木盘　木板刻挖制作。敞口，方沿，浅腹，平底，呈长方体，盘壁有鼻纽，盘扭曲变形。口长径 45.6、短径 21.2、高 5.2 厘米（图四一，6；图版一三一，3）。

2. 复合弓　三曲，弓中间夹约 0.8 厘米的韧木片，内、外两侧粘牛角片，缠扎牛筋绳，弓弰两端削亚腰形系弦槽。长 106.8 厘米（图四一，12；图版一八三，2）。

3. 木箭　一束，共 18 支。箭头和箭杆一体，大多残，圆箭杆后端有“U”形挂弦凹槽（栝）；三羽，箭头大多呈三棱锥状，脊线分明，尖锐，依翼的位置可分三种：ⅠM20：3-1，两翼前后分布，箭头三棱锥体，箭头长 4、箭杆长 57.4 厘米（图四一，9）。ⅠM20：3-2，无翼，箭头长 4.5、箭杆长 56.4 厘米（图四一，10）。ⅠM20：3-3，双翼前后分布，箭头呈四棱锥体，箭头长 5、箭杆长 57.8 厘米（图四一，11）。

4. 陶单耳罐　夹砂红陶。敞口，尖唇，鼓腹，圜底，口沿下有单耳。口沿内饰锯齿纹，器表饰五组交叉斜线纹。口径 9.6、高 9.6 厘米（图四一，7；图版五八，5）。

5. 陶单耳壶　夹砂红陶。细长口，尖唇，垂腹，小平底，颈间有一单耳。口沿内饰锯齿纹，器表绘细长锯齿纹组合的复合纹，耳面饰网格纹。口径 5.2、腹径 15.2、底径 6.8、高 20.2 厘米（图四一，8；图版九九，1）。

6. 海贝　呈椭圆体，中空，背缝呈锯齿状。长 2、宽 1.5 厘米（图四一，5）。

7. 珠饰　19 枚（图版二〇八，6）。ⅠM20：7-1，棕色，椭圆形。直径 0.7、孔径 0.2、高 0.8 厘米（图四一，1）。ⅠM20：7-2，绿珠，圆形。直径 0.45、孔径 0.2、高 0.2 厘米（图四一，2）。ⅠM20：7-3，绿珠，圆形管状。直径 0.6、孔径 0.16、高 0.5 厘米（图四一，3）。ⅠM20：7-4，蓝珠，管状。直径 0.55、孔径 0.2、高 0.7 厘米（图四一，4）。

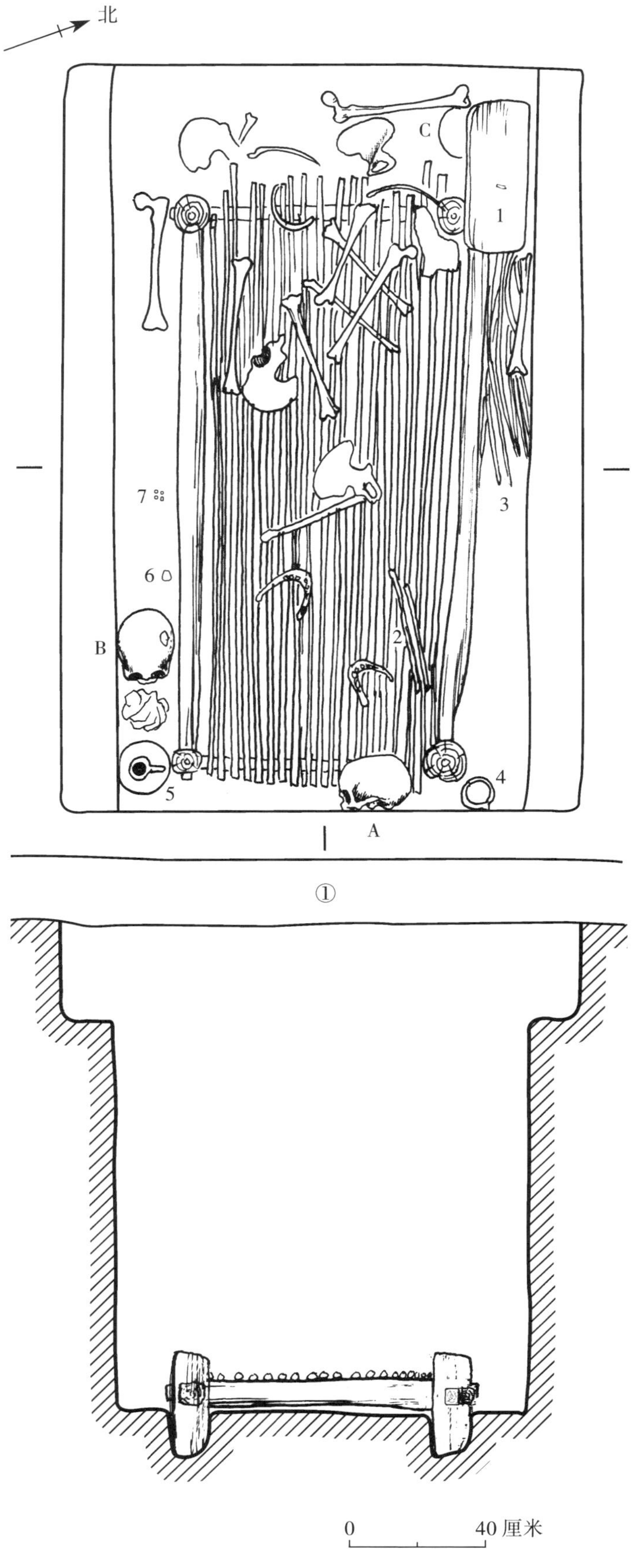

图四〇　ⅠM20 平、剖面图

1. 木盘　2. 复合弓　3. 木箭　4. 陶单耳罐　5. 陶单耳壶　6. 海贝　7. 珠饰

ⅠM21

墓葬概况

位于墓地西南部，东邻ⅠM20，西邻ⅠM18，墓向 130°。A 型，椭圆形竖穴周边二层台墓。地表为平坦的沙质戈壁，表土层下为相间的沙层和坚硬而纯净的黄土层。墓口开于表土层下，椭圆形，墓口距地表深 0.19 米，长径 1.63、短径 1.54 米。二层台宽 0.14~0.36、深 1.12 米。第①层距地表深 0.6 米，埋葬两具尸骨，均为屈肢葬，A 为壮年女性，头向东南，年龄约 25 岁，骨架保存较差，头骨破碎；B 为未成年儿童，头向西，身穿皮衣，脚穿皮靴，耳戴金耳环，尸骨保存较好，可能为下面墓葬的祔葬。第②层距地表 1.3 米，发现一排圆木搭建的棚木，其结构是先在墓口用直径 0.12 米的圆木搭成“井”字形木架作梁，在木架上很整齐的再摆放一层直径约 0.07 米的木棍，其上覆盖一层芦苇草，揭取芦苇草、木棍和圆木架

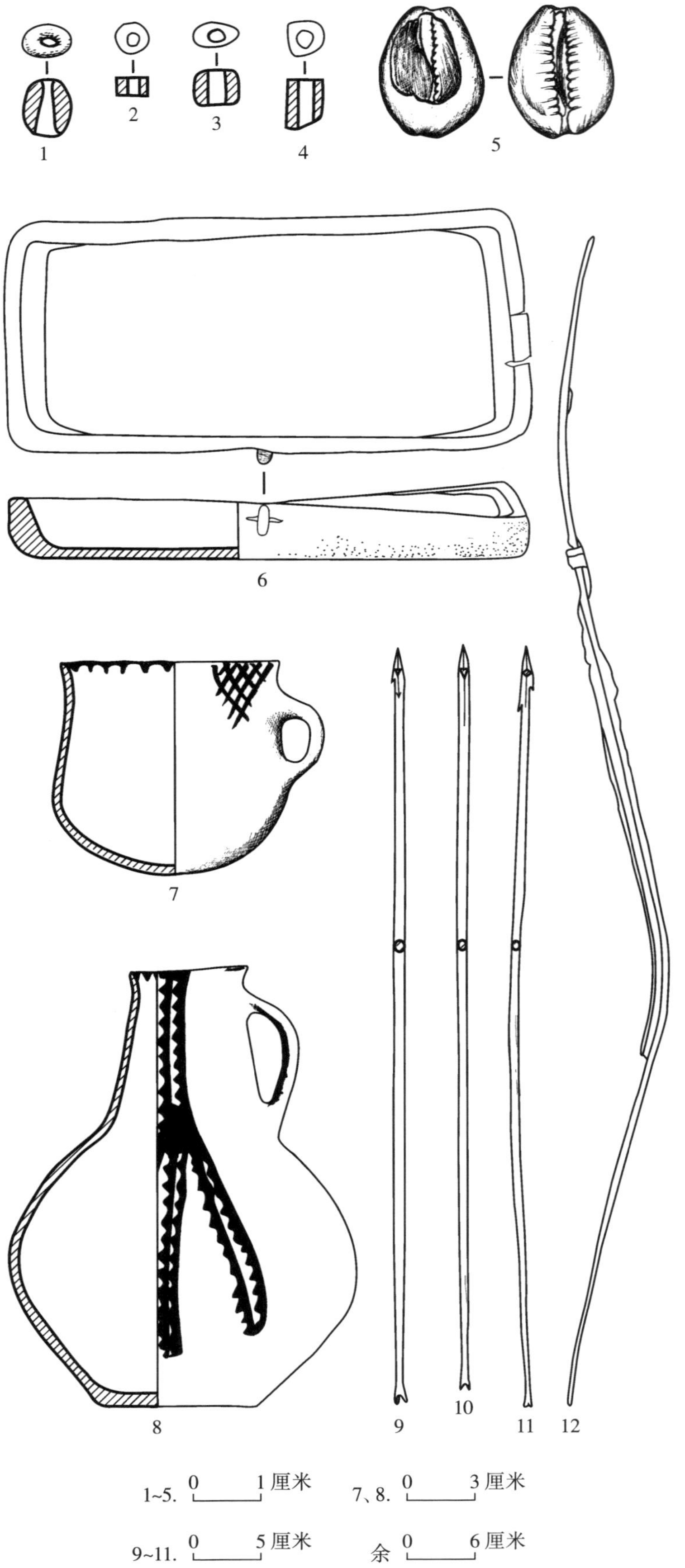

图四一　ⅠM20随葬品

1~4. 珠饰（ⅠM20：7-1、7-2、7-3、7-4）　5. 海贝（ⅠM20：6）　6. 木盘（ⅠM20：1）　7. 陶单耳罐（ⅠM20：4）　8. 陶单耳壶（ⅠM20：5）　9~11. 木箭（ⅠM20：3-1、3-2、3-3）　12. 复合弓（ⅠM20：2）

后露出墓室，墓室口也呈椭圆形，长径1.31、短径0.93、深1.6米。墓室内充满细沙，为埋葬后长期渗漏下去的。墓底还葬有1人C，已成干尸状，为中年男性，年龄40岁左右，头向东南，面向右上，上肢屈向腹部，双下肢叠向右侧屈。头戴羊皮帽，额头上系彩色毛绦带，在绦带上缀有三两成组的海贝和铜扣。左耳戴铜耳环，右耳戴金耳环，金耳环用细金条弯成圆形，半圈重合，两件大小一样。颈部戴一串玛瑙、绿松石珠项链。内穿翻领毛布衣，这件上衣用多色毛线织出复杂的花纹，尤其是领口、襟边和下摆部分，织成连续的大三角内套重叠的小三角，色彩斑斓。衣边还缀有成串的缨穗。左手腕套红色皮质射韝，上面缀一排三枚铜扣。脚穿皮靴，靴面上缀铜扣，靴帮上捆绑毛绦带，上系铜铃。该男子右手握着在短木棍上缠裹了铜片的木马鞭，左手怀抱短木柄青铜斧。手臂旁放置一件带銎的木钵，腰间挂有两个皮袋，分别装有穹背环首铜刀和木柄铜锥。头部前方立一根带杈的木棍，木棍上挂一副马辔头，辔头皮质，其上串满环状、贝状铜扣和铜片，并带着木质的镳。脚下还随葬了一副羊头骨。该墓主已经成为干尸，皮肉毛发尚存（图四二；图版六，2~4）。

随葬品

出土陶、木、皮、铜、金、石、海贝和毛纺织物24件（组）。

1. 皮辔头　残。带有圆柱状木镳，马笼头为圆柱状皮革，笼头皮革上套有桃形铜饰。残长90、绳径1、镳长10.7厘米（图四三，5；图版二二三，1）。

2. 海贝　呈椭圆形，中空，中缝呈锯齿状。直径1.3~1.8厘米（图四四，8）。

3. 铜锥　呈四棱锥体，圆柱状木柄。通长16.2、锥长4.3、柄长11.8、柄径0.9厘米（图四四，18；图版二〇〇，5）。

4. 铜刀　铸制。环首，穹背，柄顶有乳突，弧刃锐利。通长19.1、柄宽1.4、刃宽2.1厘米（图四四，17；图版一九八，2）。

5. 铜耳环　用细铜丝弯曲成一圈半的圆形。直径5.6、丝径0.2厘米（图四四，13）。

6. 铜斧　带木柄，木柄截面呈椭圆形。柄长49.8、直径1.6~2.8厘米。斧身呈长方形，斧背有近三角形突起，前端有圆形穿，斧身和斧銎连接处有一排三角纹，弧刃。斧身长9.5、宽3.2厘米，銎长11.6、内径2.8厘米。斧銎两端外缘有凸棱，斧銎与斧身的夹角呈78°。刃宽3.2、通长50.4、通高13.7厘米（图四四，19；图版一九九，6）。

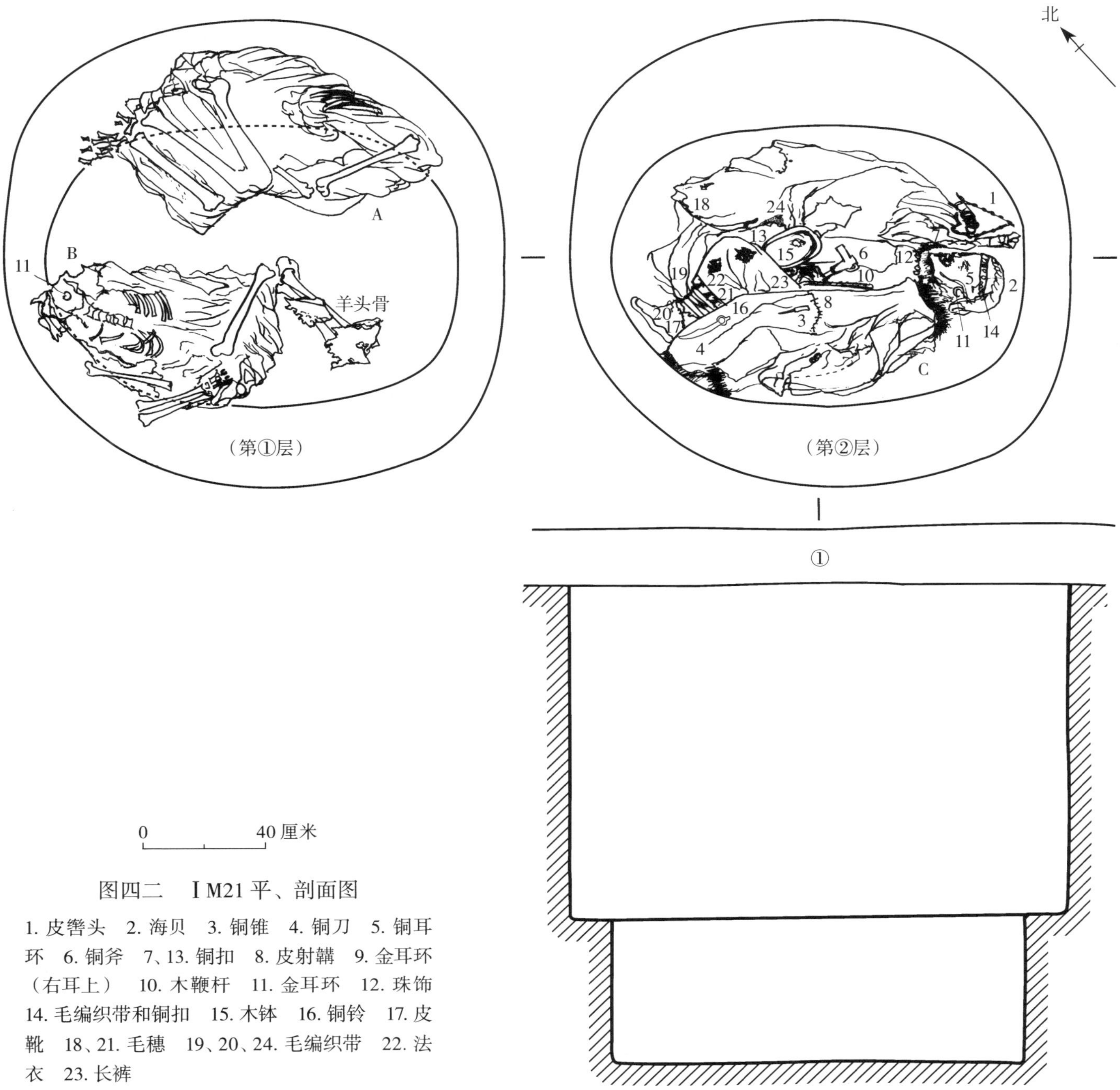

图四二　ⅠM21平、剖面图

1. 皮辔头　2. 海贝　3. 铜锥　4. 铜刀　5. 铜耳环　6. 铜斧　7、13. 铜扣　8. 皮射韝　9. 金耳环（右耳上）　10. 木鞭杆　11. 金耳环　12. 珠饰　14. 毛编织带和铜扣　15. 木钵　16. 铜铃　17. 皮靴　18、21. 毛穗　19、20、24. 毛编织带　22. 法衣　23. 长裤

7. 铜扣　5枚，大小形状相似，圆形凸顶，背有通纽。ⅠM21：7–1，直径1.6厘米（图四四，10）。ⅠM21：7–2，直径2.1、厚0.3厘米（图四四，11）。

8. 皮射韝　红牛皮缝制，筒状。上缀2枚铜扣，出土时戴在墓主人左臂上。长12.6、宽9.5厘米（图四三，1）。

9. 金耳环　用细金丝弯曲成圆环状，两头部分重叠。耳环直径4.65、细金丝直径0.25厘米（图四四，12；图版一九七，5）。

10. 木鞭杆　直木棍顶端刻槽，上缠绕铜片。长30.4、直径1.5厘米（图四四，16；图版一六七，4）。

11. 金耳环　圆柱状细金丝弯曲成不规则环状，两端不闭合。耳环直径1.7、细金丝直径0.16厘米（图四四，7；图版一九七，6）。

12. 珠饰　出土时在颈部戴饰着，大小不一（图版二〇八，7）。ⅠM21：12–1，串珠，一串，由细绳穿联，残长4.53厘米（图四四，1）。ⅠM21：12–2，石珠，圆柱状，内穿孔，直径0.46、孔径0.2、高1.4厘米（图四四，2）。ⅠM21：12–3，石珠，圆柱状，内穿孔，直径0.6、孔径0.1、高1.2厘米（图四四，3）。ⅠM21：12–4，玻璃珠，圆柱状，内穿孔，直径0.5、孔径0.2、高0.7厘米（图四四，4）。ⅠM21：12–5，松石，圆柱状，内穿孔，直径1.3、孔径0.5、高0.6厘米（图四四，5）。ⅠM21：12–6，玛瑙珠，圆柱状，内穿孔，直径1.3、孔径0.36、高0.8厘米（图四四，6）。

13. 铜扣　2件。形制相同。圆形，正面有一圈花边，背面有通纽。直径2.9、厚0.4厘米（图四四，9；图版

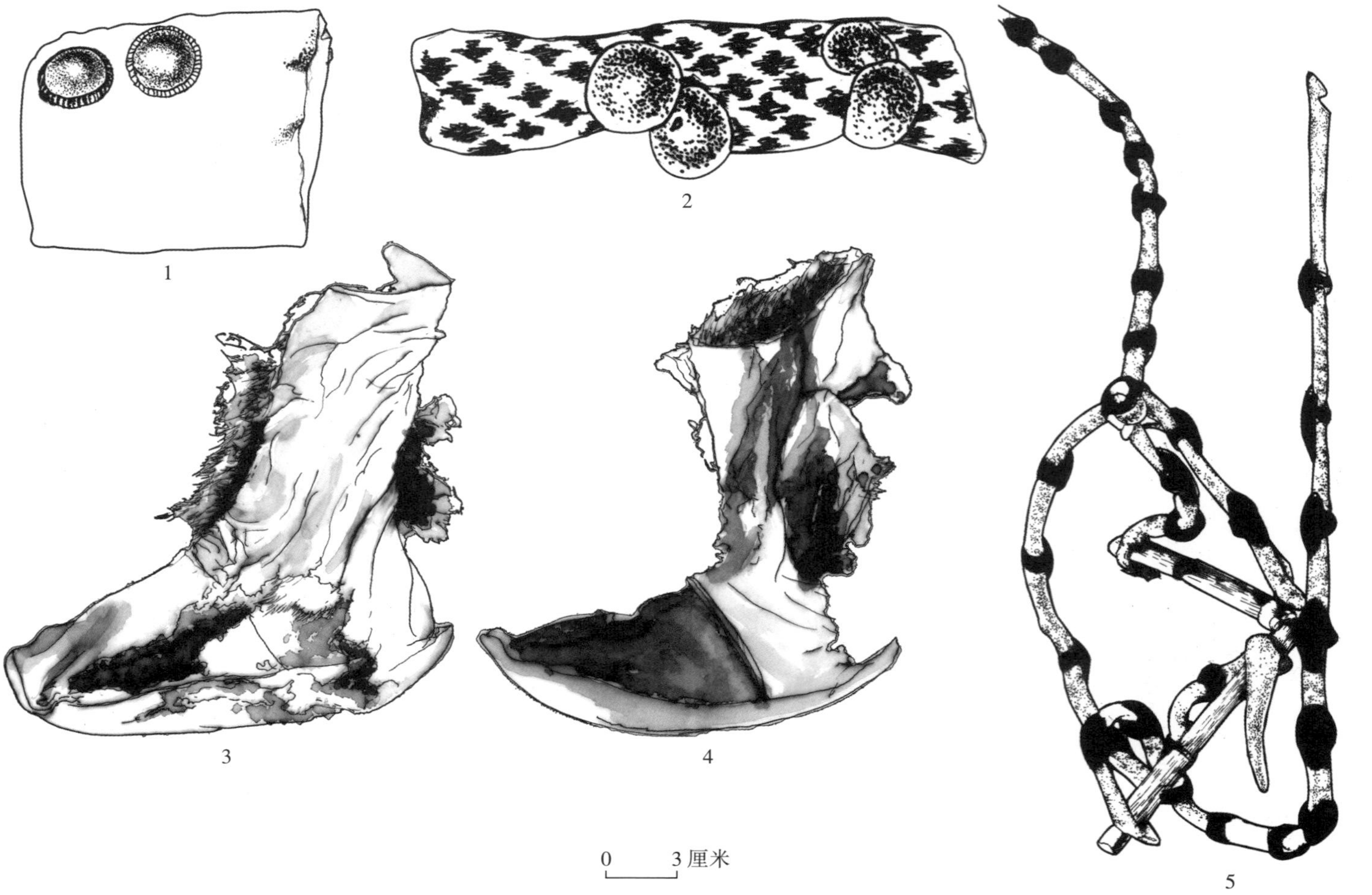

图四三 ⅠM21随葬品

1.皮射鞲（ⅠM21：8） 2.毛编织带和铜扣（ⅠM21：14） 3、4.皮靴（ⅠM21：17左、17右） 5.皮辔头（ⅠM21：1）

二〇二，2）。

14.毛编织带和铜扣 毛编织带围绕头一圈扣扎，综地蓝色菱格纹显花。长59、宽5.6厘米。铜扣饰4枚，大小形状相似，圆形，背面有通纽。直径4、厚0.3厘米（图四三，2）。

15.木钵 圆木挖、削成。敞口，浅腹，有纽，横圜底。口长16.2、宽13、高5.7厘米（图四四，15）。

16.铜铃 铸造。内穿毛绳，上柱有五道凹弦纹，下面有三个长圆形穿孔，其中两孔间有乳丁。长2.8、大径1.4厘米（图四四，14；图版二〇三，2）。

17.皮靴 靴底和靴面用牛皮，靴筒用羊皮革缝制。左靴长18.9、高20.4厘米（图四三，3）；右靴长17.7、高19.5厘米（图四三，4）。

18.毛穗 一束。顶端有线绳捆扎提领。通长40厘米（图版二三五，3）。

19.毛编织带 黄棕色，绑结腰带，腰部残长53厘米，宽5.6厘米。结下垂的两端分别长67.5、60.5厘米，并带有流苏。编织带由黄、棕两色毛线编织，在棕色地上显出变体三角形纹样，极似“《”形（图版二三七，2）。

20.毛编织带 断为两截。用毛线编成，两头有椭圆形毛球各5枚，共残存10枚（红色）。通长90、带宽1.8厘米（图版二三六，1）。

21.毛穗 毛线团成缨穗状，用紫色和黄色毛线系成。残长16厘米（图版二三六，2）。

22.法衣 棕地红色菱格纹缂毛织物。衣长110、宽66厘米。由两幅缂毛织物缝缀而成：前身一幅上端缂织出二方连续的三角形图案，下端缂织一排由三角形组成的变体山形纹饰，山的上方加饰折线纹。织物四周，即上、下端和两侧均缝缀红色编织绦。后身的一幅仅长22厘米，四周也缝缀红色编织绦。前、后两幅仅在两肩处各缝连约9厘米，中央留30厘米的领口（套头处），两侧垂至上臂。后身织物的下端两侧各缝缀一根短绳，可与前身腋下的小绳相系结。棕色经线与棕、红色纬线以2/2加强斜纹基础组织，并以通经断纬法，在棕色地上，缂织出红色菱形格图案。菱格由似三瓣状的叶形组成，每边5个；菱格中央又以同样的叶纹分隔成4个小菱格（图版二三六，4）。

23.长裤 棕地黄色几何纹缂毛斜褐织物。裤腰宽

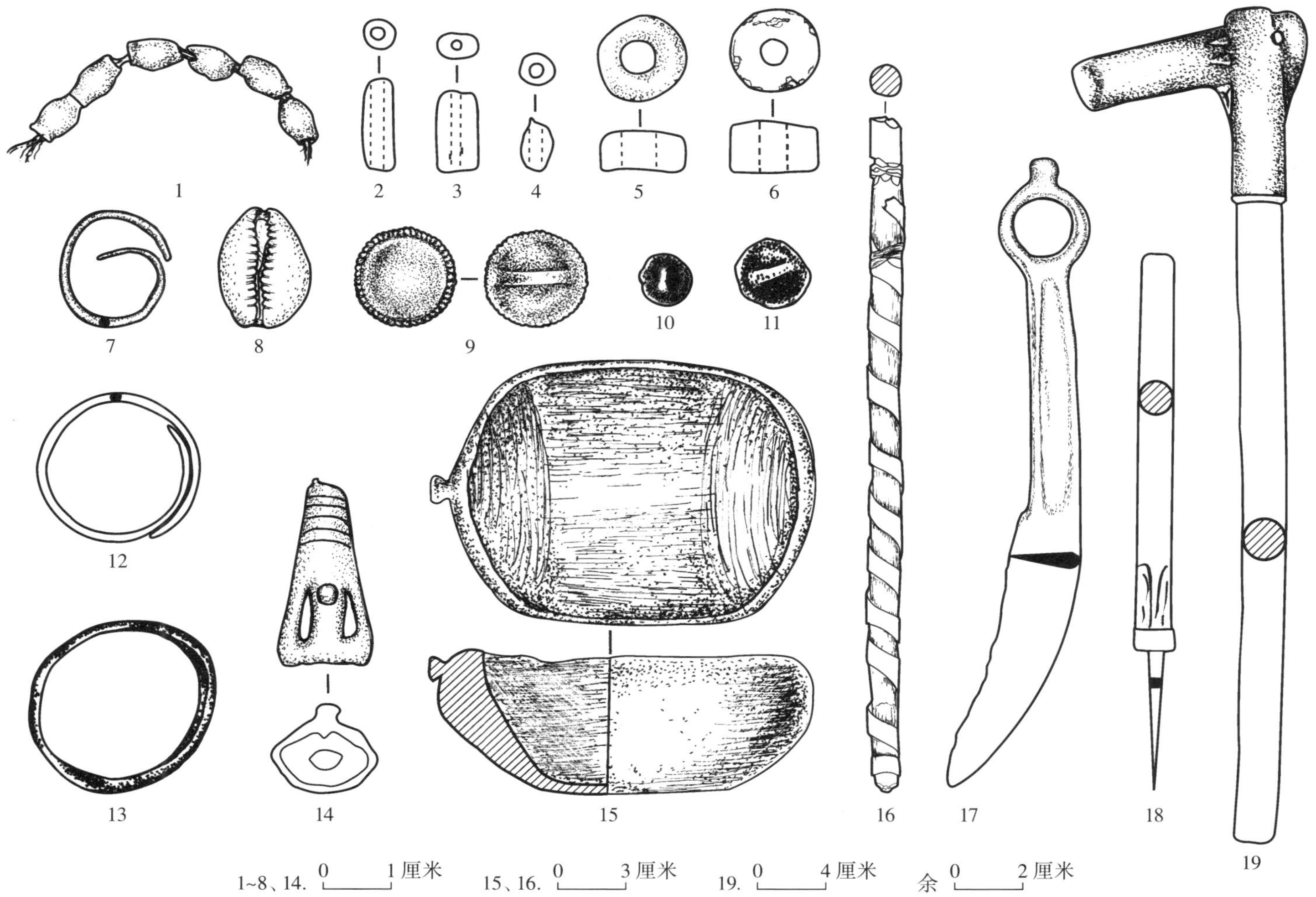

图四四　ⅠM21随葬品

1~6. 珠饰（ⅠM21：12-1~12-6）　7、12. 金耳环（ⅠM21：11、9）　8. 海贝（ⅠM21：2）　9~11. 铜扣（ⅠM21：13-1、7-1、7-2）　13. 铜耳环（ⅠM21：5）　14. 铜铃（ⅠM21：16）　15. 木钵（ⅠM21：15）　16. 木鞭杆（ⅠM21：10）　17. 铜刀（ⅠM21：4）　18. 铜锥（ⅠM21：3）　19. 铜斧（ⅠM21：6）

52、臀围68厘米，左腿长102、宽21~24.5厘米，右腿长93、宽20~22厘米。这条裤子的腰围至臀围间由四幅毛纺织物缝制，前后两片各用两幅，两端缝缀系结的毛绳。前后两片的中央缝入另外织成的阶梯式裤裆，再将裤裆左侧和右侧的前后两幅合并，织制成左右两条裤腿，从内侧缝合成筒状裤腿。其裆呈阶梯状，呈四层阶梯式（图版二三八，1）。

24. 毛编织带　绑腿残段，由黄、棕两色毛线编织成在棕色地上，通体菱格纹。残长22.5、宽3.5厘米（图版二三六，3）。

ⅠM22

墓葬概况

位于墓地西南部，西南邻ⅠM16，东北邻ⅠM23，东邻ⅠM24，墓向132°。A型，椭圆形竖穴土坑墓。墓口距地表深0.1~0.14米，墓长径1.32、短径0.75米，墓深0.69米。墓底有男性成年干尸一具，头东脚西，侧身屈肢，面向南，右手置于腹部，双腿向左屈，脚穿高靿皮靴，上下身赤裸，头骨已朽破，尸骨保存较完整。无随葬品和葬具（图四五）。

随葬品

无随葬品。

ⅠM23

墓葬概况

位于墓地西南部，西南邻ⅠM22，东邻ⅠM26，墓向108°。B型，长方形竖穴二层台墓，二层台位于两长边。墓口距地表深0.2米，墓口长2、宽1.09米。二层台宽0.15、深0.3米。墓底长2、宽0.8米，墓深1.4米。墓底有四足木床，长1.35、宽0.5米。床面用细木棍搭建，上铺苇草。床上两具人骨腐朽凌乱，A头骨位于床上，为壮年男性，年龄30~40岁；B头骨位于床下西北角，为成年女性。床上残留皮衣、皮靴残片。三件陶单耳罐、陶单耳杯、木桶、木梳、木鞭杆位于墓室西部，陶盘在墓室南部，

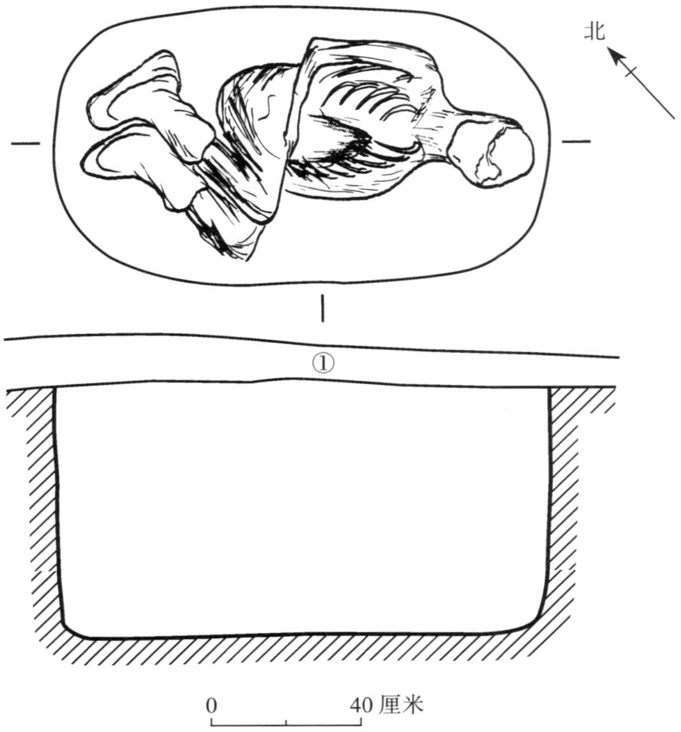

图四五 Ⅰ M22 平、剖面图

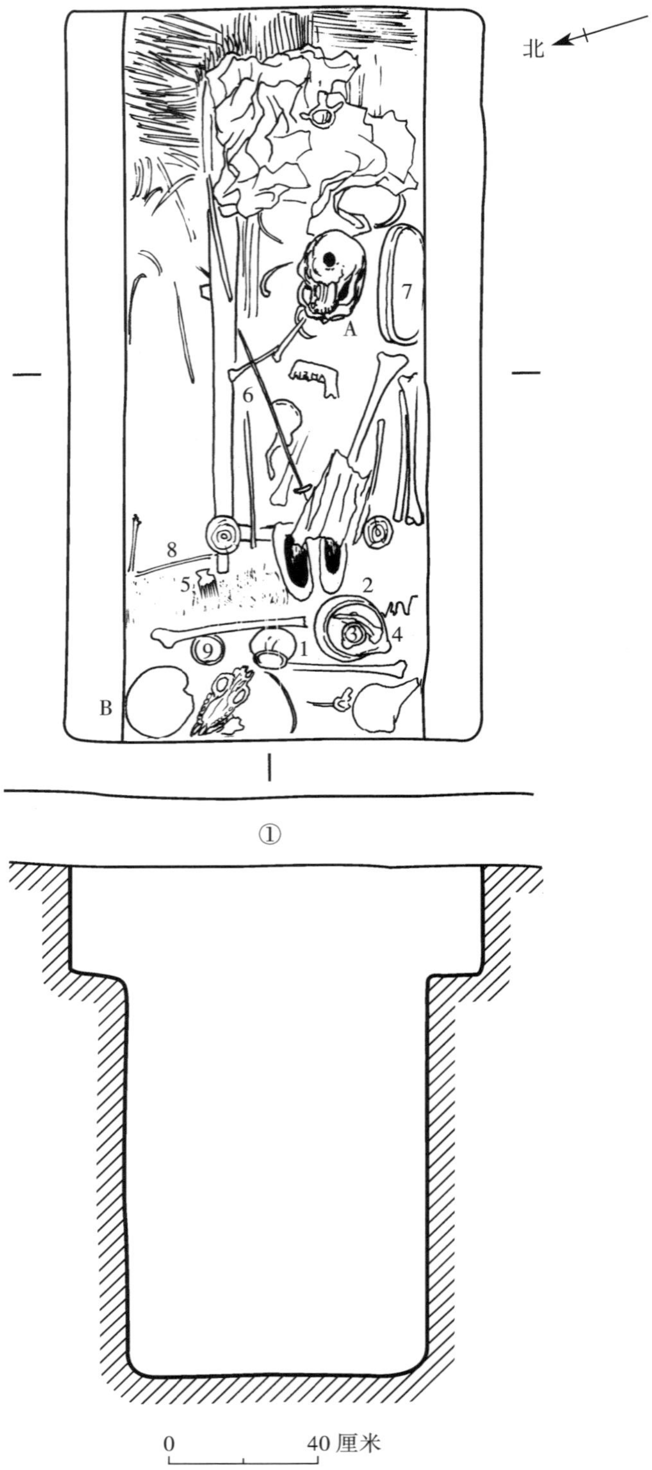

图四六 Ⅰ M23 平、剖面图

1、3. 陶单耳杯 2、9. 陶单耳罐 4. 木桶 5. 木梳 6. 木纺轮 7. 陶盘 8. 木鞭杆

木纺轮位于木床上。B 头骨旁随葬羊头一个（图四六；图版七，1）。

随葬品

出土陶、木质器物 9 件。

1. 陶单耳杯 夹砂红陶。敞口，球形腹，圜底，宽耳上抬，从沿翻至腹底。内沿饰连续三角纹，外沿饰锯齿纹，腹部彩绘不清。器残缺 1/2。口径 8、高 8.1 厘米（图四七，3；图版六八，4）。

2. 陶单耳罐 夹砂红陶。广口，小方唇，圆腹，小平底，从口沿至下腹处有一单耳。内沿饰三角纹，器表装饰细长网状纹，耳沿饰两组锯齿纹。口径 16、底径 9.8、高 14 厘米（图四七，6；图版四四，1）。

3. 陶单耳杯 夹砂红陶。敞口，垂腹，圜底，宽耳由沿翻至腹下。外沿至腹饰连续折线纹，器耳饰横向折线纹。口径 6.2、高 6.2 厘米（图四七，1）。

4. 木桶 圆木掏挖而成，壁较薄，沿上有一单立耳，底用木板镶嵌。口沿外用薏米种子粘贴连续三角形纹饰，桶壁一周刻有 9 只奔跑的北山羊，刀法简练，造型生动。桶底用榫卯固定。桶径 8、底板厚 1.4、高 17.74、通高 21.1 厘米（图四七，11；图版一二六，5）。

5. 木梳 木板刻制。梳背呈亚腰形，背顶拱弧形，齿为扁锥体。通体打磨光滑。长 8.6、宽 4.9、厚 0.55、齿长 3 厘米（图四七，12；图版一五〇，4）。

6. 木纺轮 圆木削制。通体磨光，线轴两端稍细。纺轮呈圆饼形，面平，底起弧拱。线轴长 41、直径 0.8 厘米，轮径 5.8、厚 1.7 厘米（图四七，10；图版一七四，2）。

7. 陶盘 夹砂红陶。平面呈椭圆形，敞口，浅腹，平底。素面，一侧壁有小圆孔。口径 21.4~28.2、底径 18~24、高 3.6 厘米（图四七，5；图版一二二，3）。

8. 木鞭杆 圆树枝条削制。一端呈尖状，柄上削刻凹槽，并系皮鞭绳。杆长 42、杆径 1.2 厘米（图四七，9）。

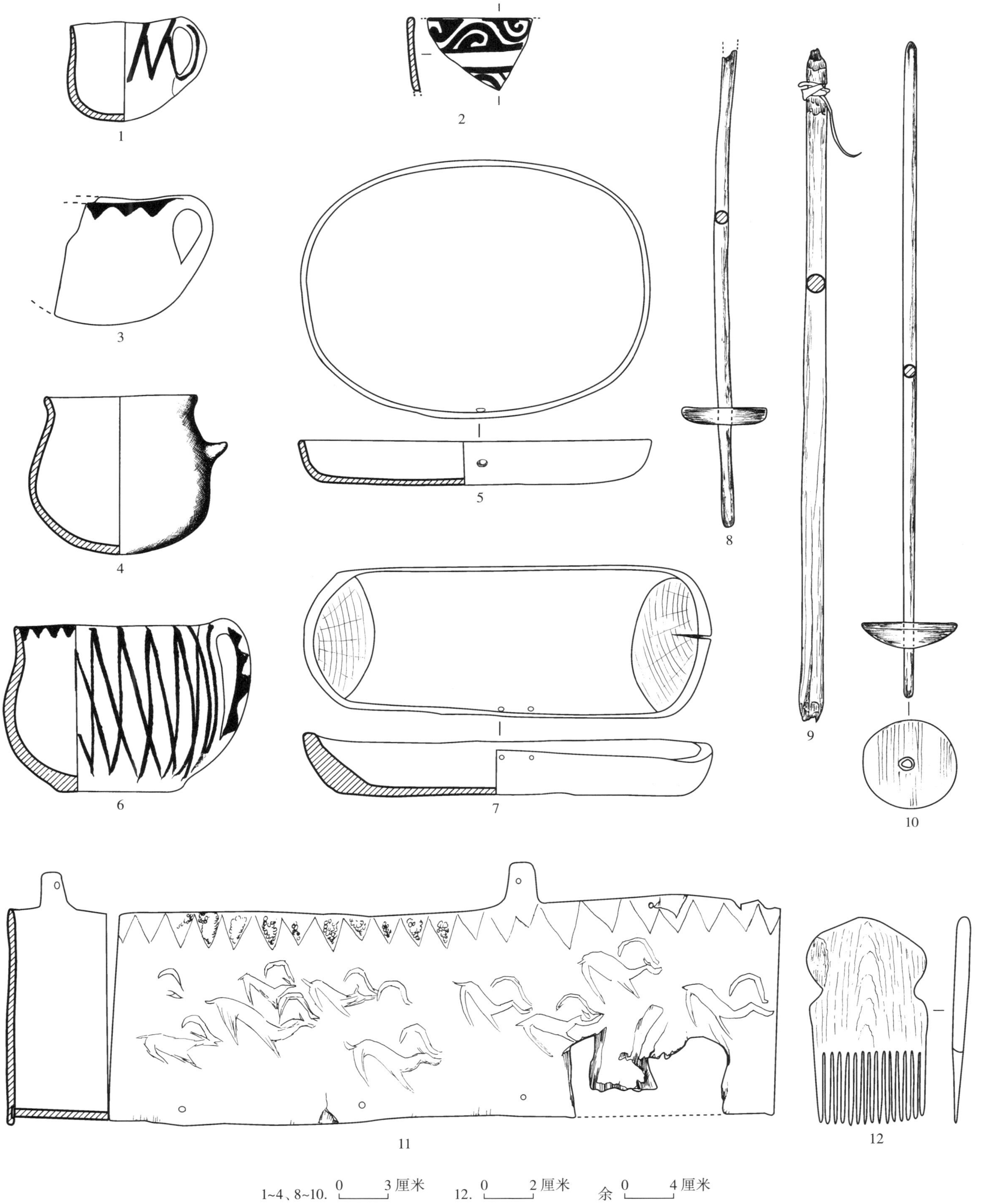

图四七　ⅠM23、ⅠM24随葬品

1、3. 陶单耳杯（ⅠM23：3、1）　2. 陶器残片（ⅠM24：3）　4、6. 陶单耳罐（ⅠM23：9、2）　5. 陶盘（ⅠM23：7）　7. 木盘（ⅠM24：1）　8、10. 木纺轮（ⅠM24：2、ⅠM23：6）　9. 木鞭杆（ⅠM23：8）　11. 木桶（ⅠM23：4）　12. 木梳（ⅠM23：5）

9. 陶单耳罐　夹砂红陶。敞口，圆唇，垂腹，圜底，口沿下有小錾一个。罐内残留有纺织品残片。口径 9.2、高 10 厘米（图四七，4；图版六一，2）。

Ⅰ M24

墓葬概况

位于墓地南部，西邻Ⅰ M22，北邻Ⅰ M23，墓向 90°。B 型，长方形竖穴土坑墓，两长边有二层台。墓口距地表深 0.2 米，墓口长 2.3、宽 1.42 米。二层台宽 0.2~0.25、深 0.3 米，墓底长 2.3、宽 0.95 米，墓深 1.6 米。该墓被盗掘，墓底仅存几节人骨残节和木盘、木纺轮、陶器残片（图四八；图版七，3）。

随葬品

出土木、陶质器物 3 件。

1. 木盘　用圆木刻挖制作。平面呈长方形，两端起弧，敞口，浅腹，圜底，盘壁有两个小圆孔。口长径 32.8、短径 12.4、高 4.6 厘米（图四七，7；图版一三一，4）。

2. 木纺轮　圆木削制。线轴一端残。纺轮呈椭圆形，底微弧拱，面平。线轴残长 29.8、直径 0.7 厘米，轮径 4.5~5.2、厚 1.16 厘米（图四七，8）。

3. 陶器残片　夹砂红陶。为壶的口沿，二方连续涡纹。长 6.3、宽 4.5 厘米（图四七，2）。可能为填土混入。

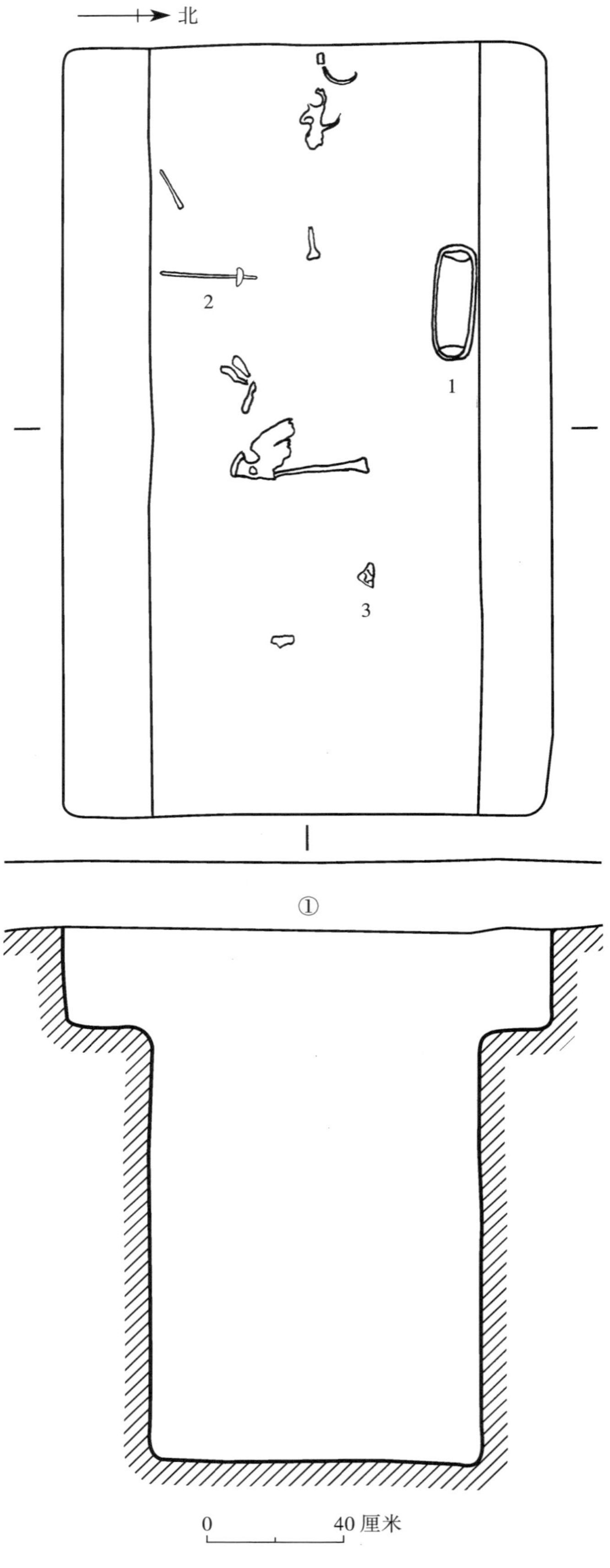

图四八　Ⅰ M24 平、剖面图
1. 木盘　2. 木纺轮　3. 陶器残片

Ⅰ M25

墓葬概况

位于墓地南部，西邻Ⅰ M24，南邻Ⅰ M60，墓向 127°。B 型，长方形竖穴土坑墓，两长边有二层台。墓口距地表深 0.2 米，墓口长 2.72、宽 2.1 米。二层台宽 0.24、深 0.6 米，墓底长 2.7、宽 1.6 米，墓深 1.7 米。墓底有四足木床一张，长 2.16、宽 1.36 米。墓室内葬有 5 人，A 头骨位于墓底西南角，为青年女性，年龄 18~25 岁；B 骨架呈南北向横向仰卧于床东头，头骨弃于床下，腿骨曲立，紧靠于墓北壁上，为青年女性，年龄 17~22 岁。C 头骨为青年男性，年龄 20~25 岁；D 头骨为成年女性；E 头骨为成年女性。头骨均置于墓室西北角。木床与北墓壁夹缝中随葬羊头两个。随葬的两件牙扣位于床下西南角，木钵、木盆和木盘、陶圈足盘、陶圈足罐位于西北角，两件陶单耳罐位于墓底中央（图四九；图版七，2）。

随葬品

出土陶、木、角质器物 8 件（组）。

1. 牙扣　2 件。动物牙齿制成。均呈角锥状，有两孔。长 6.8、宽 1.8 厘米（图五〇，3；图版一九六，4）。

2. 陶单耳罐　夹砂红陶。敞口，方唇，束颈，鼓腹，圜底，单耳从口沿下翻至腹部。口沿内饰锯齿纹，通体装饰由三角形延伸的竖条带纹，耳上亦饰条带纹。口径 10.6、腹径 14、高 13.8 厘米（图五〇，5；图版四四，2）。

3. 木盆　圆木掏挖、削刻而成。平面呈椭圆形，直口，方唇，腹稍深，内底平，外底圜。口沿下有对称鋬。口长径 29、短径 22、高 11.2 厘米（图五〇，6；图版一四六，1）。

4. 陶圈足盘　夹砂红陶。敞口，圆唇，折腹，圈足残，单耳。口沿内饰锯齿纹，器表沿至腹双线绘细长三角形折线纹。口径 23.1、残高 11 厘米（图五〇，8；图版一二四，3）。

5. 木钵　用圆木掏挖、削刻而成。平面为不规则圆形，直口，方唇，腹较深，底近平，已残。沿下有单鋬，上有一穿孔。器底有圆形钻孔九个。口长径 27.4、短径 20.3、高 9.4 厘米（图五〇，1；图版一四三，2）。

6. 陶圈足罐　夹砂红陶。口微敞，圆唇，球形腹，矮圈足，单耳残。口沿内外饰锯齿纹，腹部饰折线纹。口径 10.4、腹径 15.2、足径 7.4、高 14.4 厘米（图五〇，7；图版六四，1）。

7. 木盘　胡杨木刻挖、削制。平面呈椭圆形，方沿，浅腹，平底。残破严重。底背面有刀剁痕迹。口径 49.4、高 2.8 厘米（图五〇，2）。

8. 陶单耳罐　夹砂红陶。敞口，垂腹，圜底，单耳从口沿下翻至腹底。内沿饰细密锯齿纹，器表装饰由大三角延伸的条带纹，条带纹下相互连成折线纹。口径 9.4、腹径 11.8、高 12.8 厘米（图五〇，4；图版四二，1）。

ⅠM26

墓葬概况

位于墓地南部，西邻ⅠM23，东南邻ⅠM25，墓向 90°。B 型，长方形竖穴土坑墓，两长边有二层台。墓口距地表深 0.1 米，墓口长 2.08、宽 1.32 米。二层台宽 0.13~0.18、深 0.41 米。墓底长 2.08、宽 1.02 米，墓深 1.5 米。填土中有原封盖墓口的苇草。墓底有木床，长 1.65、宽 0.62 米，床面用细木棍铺垫，床上有人头骨 B 及凌乱的骨架，骨架下为残破的毛织衣物片。床西端有 A 头骨及一堆散乱人骨，人骨中有皮衣残片，

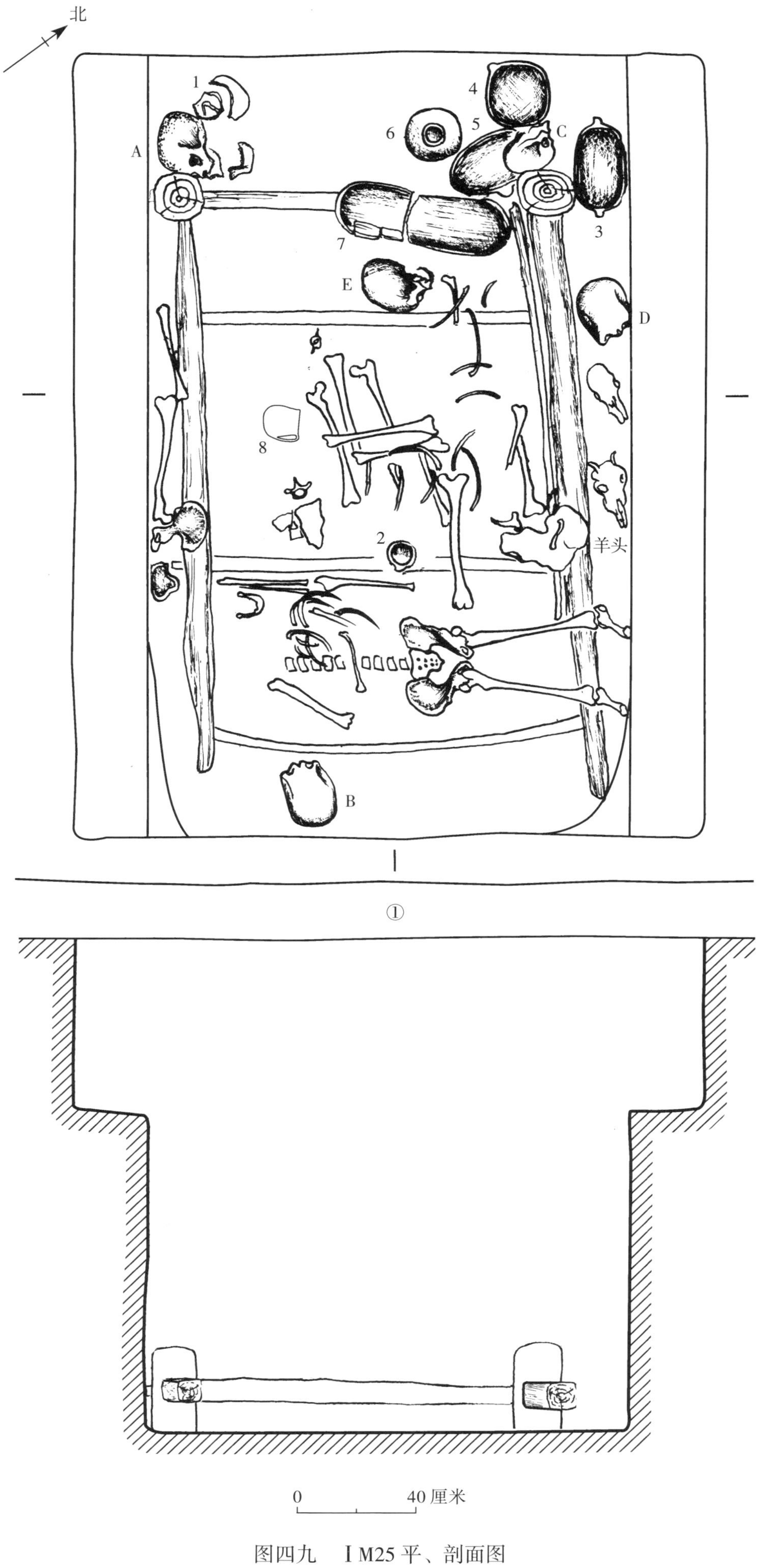

图四九　ⅠM25 平、剖面图

1. 牙扣　2、8. 陶单耳罐　3. 木盆　4. 陶圈足盘　5. 木钵　6. 陶圈足罐　7. 木盘

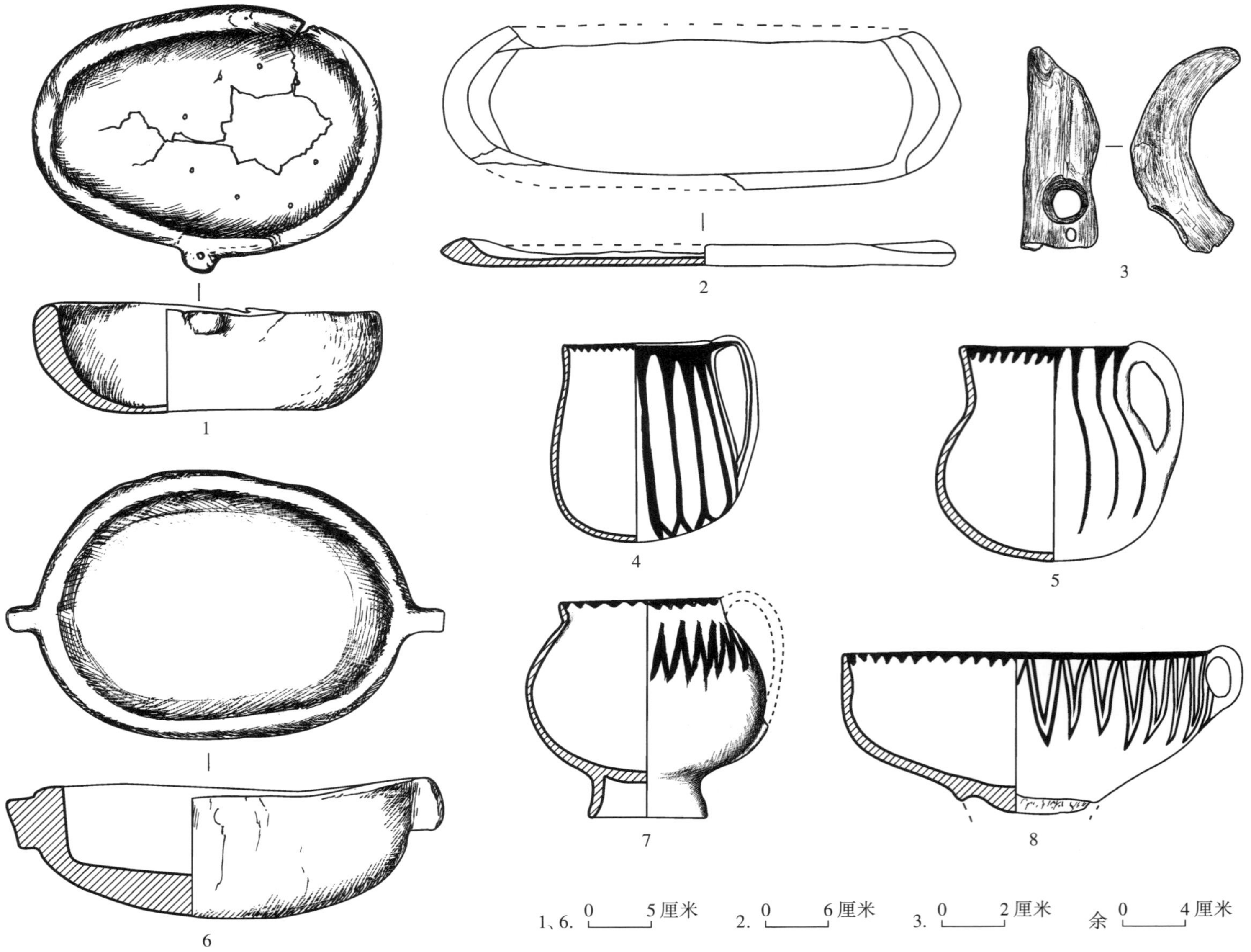

图五〇 ⅠM25随葬品

1. 木钵（ⅠM25：5） 2. 木盘（ⅠM25：7） 3. 牙扣（ⅠM25：1） 4、5. 陶单耳罐（ⅠM25：8、2） 6. 木盆（ⅠM25：3） 7. 陶圈足罐（ⅠM25：6） 8. 陶圈足盘（ⅠM25：4）

从骨骼分布的情形看似乎还是一次葬。北壁东北角有C头骨，床外有腐烂的皮衣残片。A为青年男性，年龄18~22岁；B为成年女性；C为中年女性，年龄35~45岁。陶单耳罐、陶钵、皮辔头位于南壁，木纺轮、两件陶单耳罐在木床上，A骨架有皮衣和皮靴（图五一；图版七，4）。

随葬品

出土陶、木、皮、毛织器物14件。

1. 陶单耳罐 夹砂红陶。敞口，圆唇，短颈，鼓腹，圜底近平，单耳从口沿下翻至腹部。器表有红色陶衣。口径11、高10厘米（图五二，5；图版五七，1）。

2. 陶钵 夹砂红陶。敛口，圆腹，圜底，沿下有一方鋬耳。器内壁施深红色陶衣，外表露胎，通体素面，器底及内壁有火烧的痕迹。口径13.8、高6.2厘米（图五二，3）。

3. 陶单耳罐 夹砂红陶。敞口，短束颈，圆鼓腹，圜底，单耳由口沿下翻至器底。器表及口沿内部施红色陶衣，部分脱落，口沿内饰锯齿纹，器表饰细长三角纹直至器底。器内有少量植物籽。口径9.8、腹径11.2、高10.7厘米（图五二，6；图版四四，3）。

4. 木纺轮 木线轴微曲。纺轮呈半球形，面平，底起弧。线轴长45、直径0.7厘米，轮径6、厚1.8厘米（图五二，8）。

5. 陶单耳罐 夹砂红陶。敞口，鼓腹，圜底，条带形耳由沿翻至腹底。内沿饰连续锯齿纹，器表装饰由大三角延伸的细条带纹，器耳饰彩绘两条竖条带纹交合为一的条带纹。口径9.6、腹径12.7、高11.6厘米（图五二，7；图版四四，4）。

6. 皮辔头 牛皮绳挽扣而成，连接处用皮纽扣套接。长220、宽1厘米（图五二，1）。

7. 皮靴　底用牛皮革，上部用羊皮革缝制。后跟和中底系有皮带。鞋长 23.5、高 35.5 厘米（图五二，2；图版二一八，1）。

8. 皮衣　用羊皮缝制。光面朝外，无领，双襟边，长大衣。长 83.65、宽 72.4 厘米（图五二，4；图版二一六，2）。

9. 短裤　红蓝色锯齿纹缂毛斜褐织物。由专门织成的两幅相同的毛纺织物缝缀而成，裤裆上部为两幅红蓝色锯齿纹缂毛织物，相对缝合构成腰、臀部分；缝入预先织成的“十”字形裆后，两条裤腿分前、后两片分别织制成棕色斜纹织物，各宽 28、长 31 厘米。然后从内外两侧缝合，在裤脚外侧用黄色粗毛绳穿插接结。裤长 89、腰围 108 厘米（图版二三八，4）。

10. 长衣　黄棕色条纹斜褐开襟外衣。衣身长 104、身宽 82 厘米，通袖长 141 厘米，衣袖呈直筒状，长 33、宽 19 厘米。该长衣的后身为完整的一幅斜纹毛纺织物，在脖际处分成两幅，分别织制成前身的左、右两襟。再分别缝缀由一整幅织物对折而成的两只袖子。在两前襟前侧和前、后身缝接处缝缀红蓝色细编织绦，绦宽 1 厘米。长衣的下摆终端及袖口处装饰图案：下摆终端织出高 6~7.5 厘米蓝色边饰，其上缂织一排蓝、白色相错三角形图案。袖口部位的图案大体与此相似，但甚不规则。这件长外衣领口的三个部位及左、右前半身各有一处用黄色毛线缝补的痕迹。衣身部分的幅边经线与纬线交织，后身幅宽 82 厘米，袖子幅宽 38 厘米（图版二三七，3）。

11. 毛编织带　黄色毛线以“S”向加捻，3 根毛纱呈“Z”向合股加捻成 1 根进行交织。共用 36 根毛线以 2/2 斜编法编织。出土时已断为三截，其中一端有两个缨穗。应是 10 号长衣的腰带。由此也可推断出土的大量毛编织带，多数是服饰的腰带和饰带。长 271.5、宽 2.5、厚 0.14 厘米（图版二三七，4）。

12. 裤腿　红蓝色锯齿纹缂毛斜褐残裤腿，仅残存长 50、宽 24 厘米的局部，裤裆已无存。由棕色经线与红、蓝色纬线交织，以 2/1 斜纹为基础组织法，用通经断纬法缂织出纵向条纹，两种纬线相遇时形成锯齿状。其织物的经纬线均为“S”向加捻（图版二三九，1）。

13. 毛编织带　原黄色，断为两截，并残存一端的缨穗。两截分别长 35、22 厘米，宽 1.5、厚 0.12 厘米。缨穗宽 0.5 厘米（图版二三八，2）。

14. 毛编织带　绑腿残段，残为七段，蓝、红色毛线以斜编法进行编织。在编织带上显现出红色和蓝色菱格纹饰。每段残长 21、宽 3.5 厘米（图版二三八，3）。

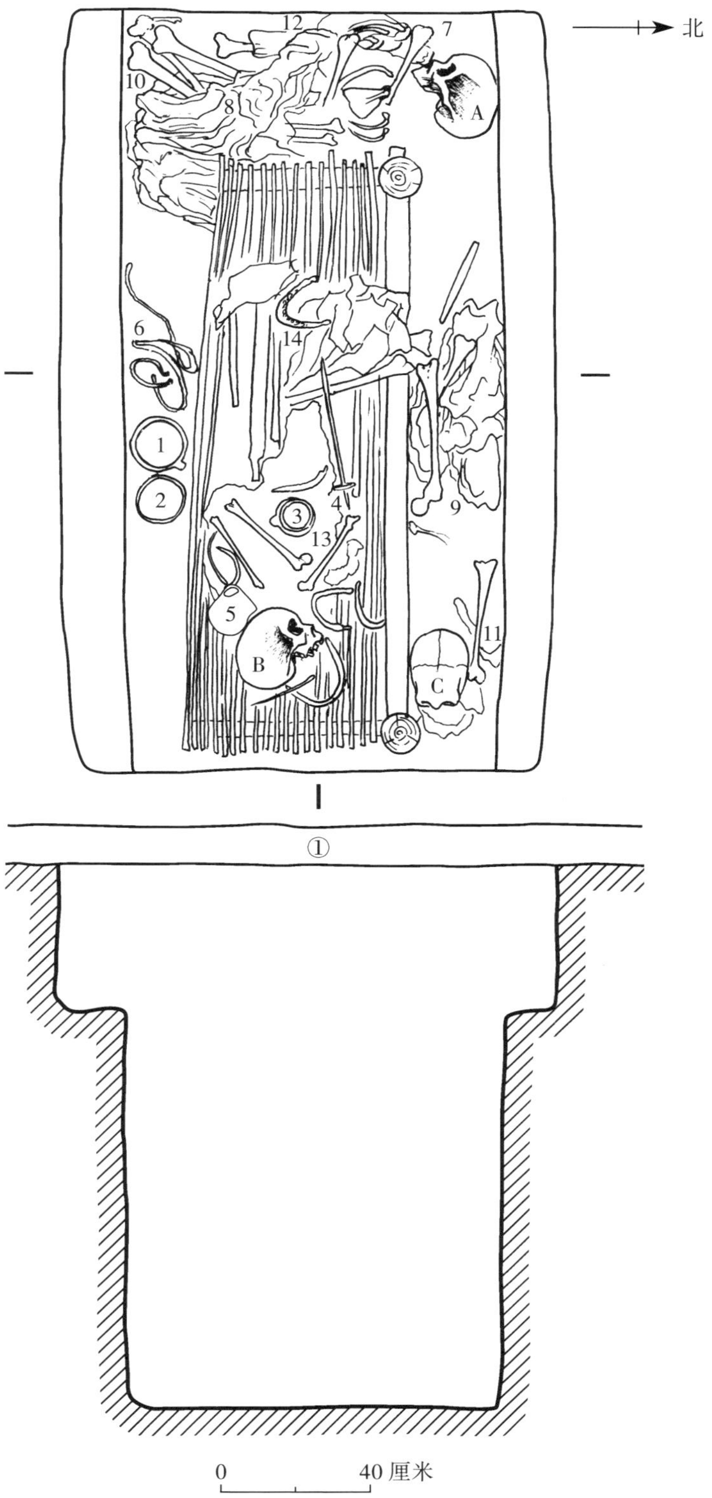

图五一　ⅠM26 平、剖面图

1、3、5. 陶单耳罐　2. 陶钵　4. 木纺轮　6. 皮辔头　7. 皮靴　8. 皮衣　9. 短裤　10. 长衣　11、13、14. 毛编织带　12. 裤腿

ⅠM27

墓葬概况

位于墓地南部偏东，东南邻ⅠM109，西北邻ⅠM43，墓向 105°。C 型，圆角长方形竖穴土坑墓，直壁。墓口距地表深 0.2 米，墓口长 1.91、宽 0.8 米，墓深 0.9 米。墓底有人骨架一具，保存较差，头东脚西，侧身屈肢，

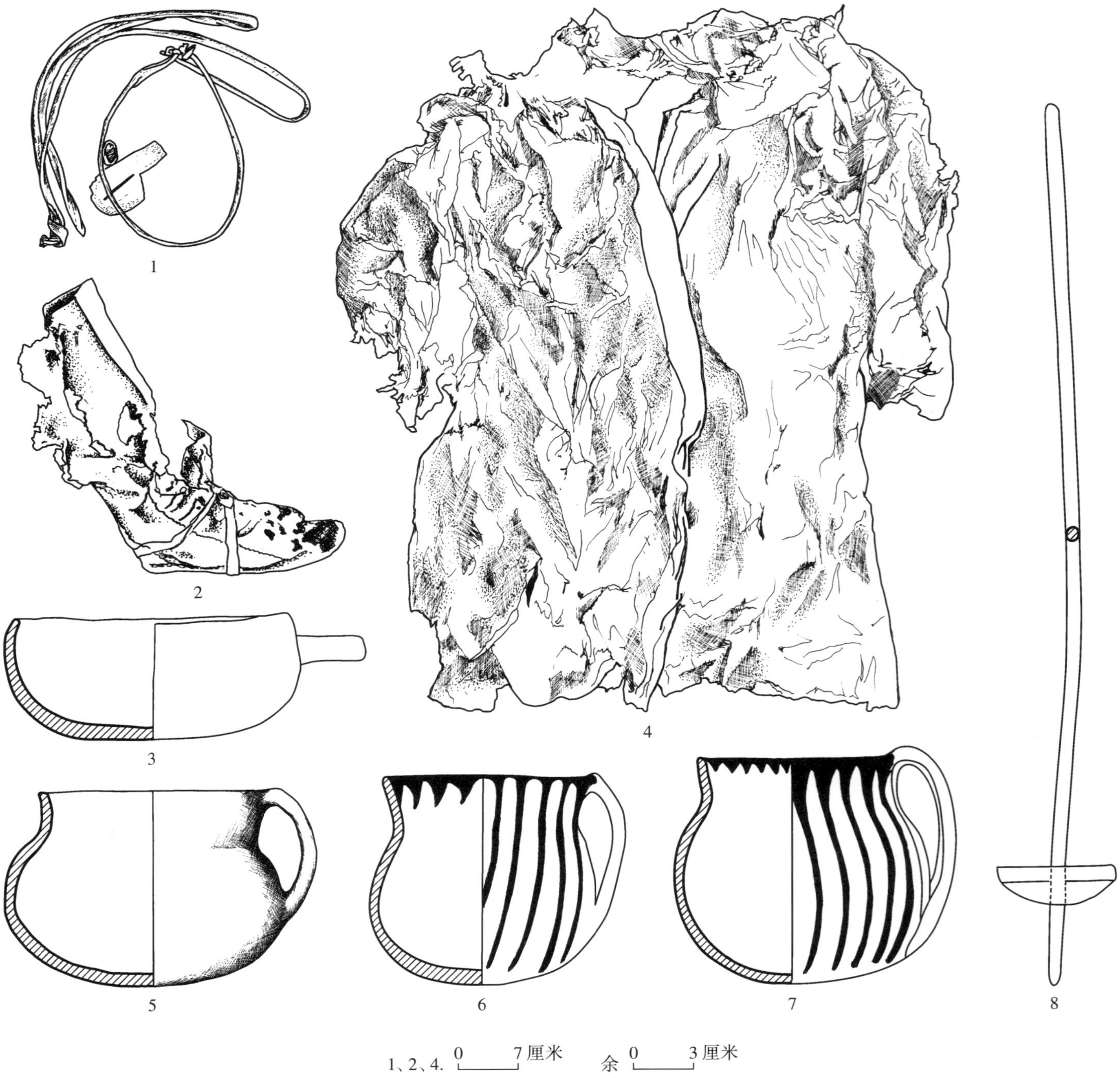

图五二 ⅠM26随葬品

1. 皮辔头（ⅠM26：6） 2. 皮靴（ⅠM26：7） 3. 陶钵（ⅠM26：2） 4. 皮衣（ⅠM26：8） 5~7. 陶单耳罐（ⅠM26：1、3、5） 8. 木纺轮（ⅠM26：4）

面向南，为壮年女性，年龄25~30岁。随葬的稍大些的陶钵和倾倒的陶双耳罐置于北壁边，陶钵内有羊骨，木纺轮在陶双耳罐内，个体小一些的陶钵位于腿左侧墓的南壁边（图五三；图版八，1）。

随葬品

出土陶、木质器物4件。

1. 陶双耳罐 夹砂红陶。口微敞，圆唇，腹壁稍直，大平底，颈部有对称的双耳。器表通体饰竖向曲线纹。口径9.6、底径9.4、高20.7厘米（图五四，3；图版六二，1）。

2. 陶钵 夹砂红陶。敛口，圆唇，浅腹，平底，口沿下有单鋬耳，上扬，有一穿孔。口沿外饰波浪纹。口径16.2、底径11.3、高6.2厘米（图五四，2；图版一一一，4）。

3. 陶钵 夹砂红陶。敛口，圆唇，浅腹，近圜底，口沿处有单鋬耳，上扬。外沿饰垂帐纹，器形小。口径11.8、高4.3厘米（图五四，1；图版一一一，5）。

4. 木纺轮 由线轴和纺轮组成，线轴一端残，另一端有刻槽。轮呈饼形，中厚。线轴长30.8、直径0.7厘米，轮径5.7、厚1.05厘米（图五四，4）。

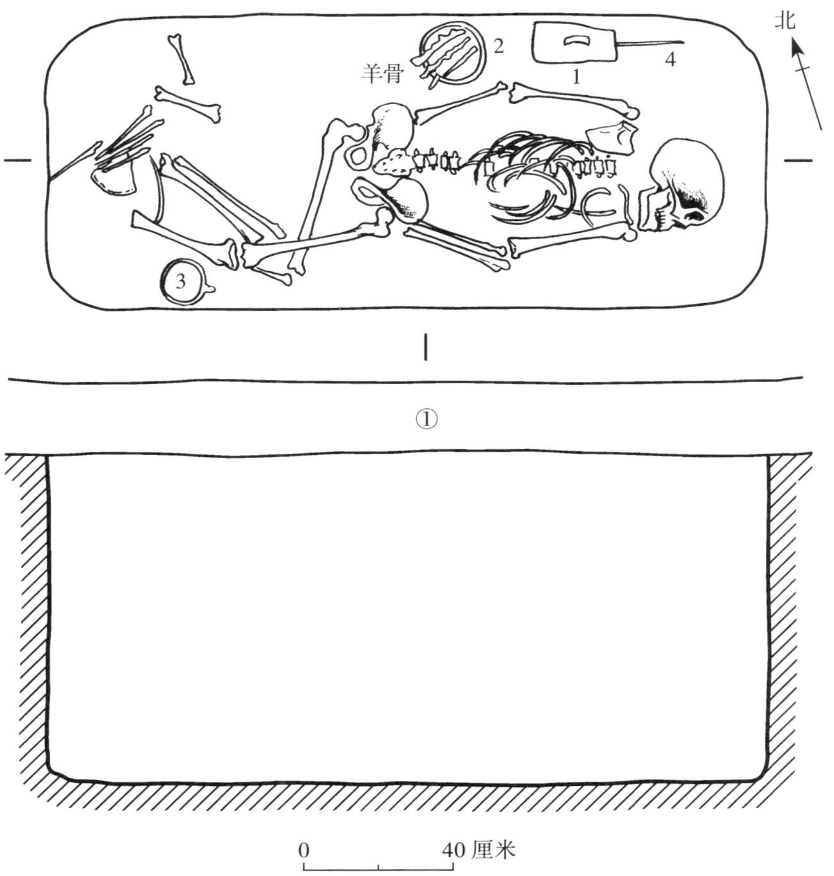

图五三　ⅠM27 平、剖面图

1. 陶双耳罐　2、3. 陶钵　4. 木纺轮

ⅠM28

墓葬概况

位于墓地南部偏西，东南邻ⅠM33，北邻ⅠM62，墓向 108°。C 型，长方形竖穴土坑墓。该墓形制较小，墓口距地表深 0.2 米，墓口长 1.13、宽 0.54 米，墓深 0.65 米。墓底有成年个体的部分骨骼，朽残严重，性别不清。无葬具。随葬品中木盘、木线轴和陶杯残片位于墓室北部，木撑板位于墓室南部，器物均散乱分布。早年曾被盗扰（图五五）。

随葬品

出土陶、木质器物 4 件。

1. 木盘　用木板削、挖制作。平面呈圆角长方形，两端起弧，敞口，浅腹，平底。盘壁残破严重。口长径 32.6、短径 21.2、底长径 26.4、短径 18、高 5.8 厘米（图五七，13）。

2. 木线轴　纺轮的一部分，截面呈圆形，轴体微弯曲，两端稍细。通体磨光。长 37.2、直径 0.8 厘米（图五七，17）。

3. 木撑板　残，木板刻制。呈长条形，沿一边钻有五个穿绳小圆孔，并线刻卷云纹。残长 18.2、宽 2.8、厚

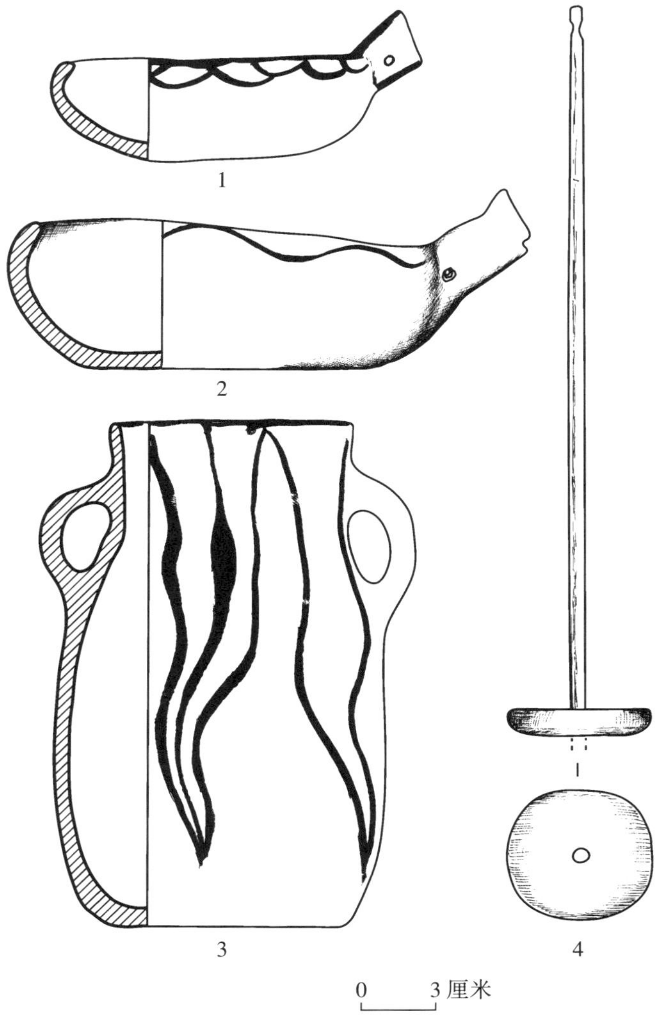

图五四　ⅠM27 随葬品

1、2. 陶钵（ⅠM27：3、2）　3. 陶双耳罐（ⅠM27：1）　4. 木纺轮（ⅠM27：4）

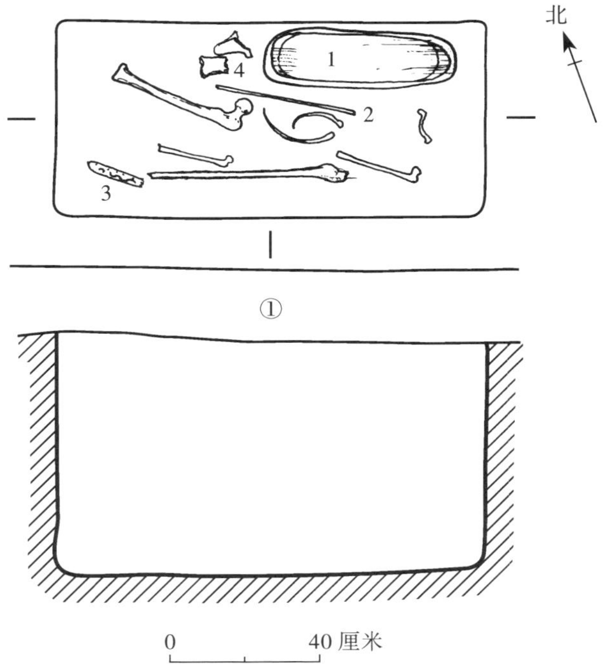

图五五　ⅠM28 平、剖面图

1. 木盘　2. 木线轴　3. 木撑板　4. 陶杯残片

1 厘米（图五七，8；图版一六三，2）。

4. 陶杯残片　夹砂红陶。口沿部分两片，为圜底杯的残片。通体饰三角竖条纹。ⅠM28：4–1，长 6.8、宽 6 厘米（图五七，14）。ⅠM28：4–2，长 6、宽 5.4 厘米（图五七，15）。

ⅠM29

墓葬概况

位于墓地中部，西北邻ⅠM30，东邻ⅠM162，墓向 114°。C 型，长方形竖穴土坑墓，直壁。墓口距地表深 0.16 米，墓口长 1.98、宽 0.98 米，墓深 1.23 米。该墓由于水浸、盗扰等因素，人骨架朽残、凌乱，埋葬个体、数量、年龄不清。随葬的角镳、角衔、陶单耳杯、木撑板在墓室中南部，其他器物散置于墓底人骨中（图五六）。

随葬品

出土陶、木、角、皮质器物 13 件。

1. 角镳　用动物的角加工制作。呈纵长方形，两边呈连弧形，镳头呈马头状，镳面钻三孔。残长 14.5、宽 3.4、孔径 0.9 厘米（图五七，7；图版一八五，7）。

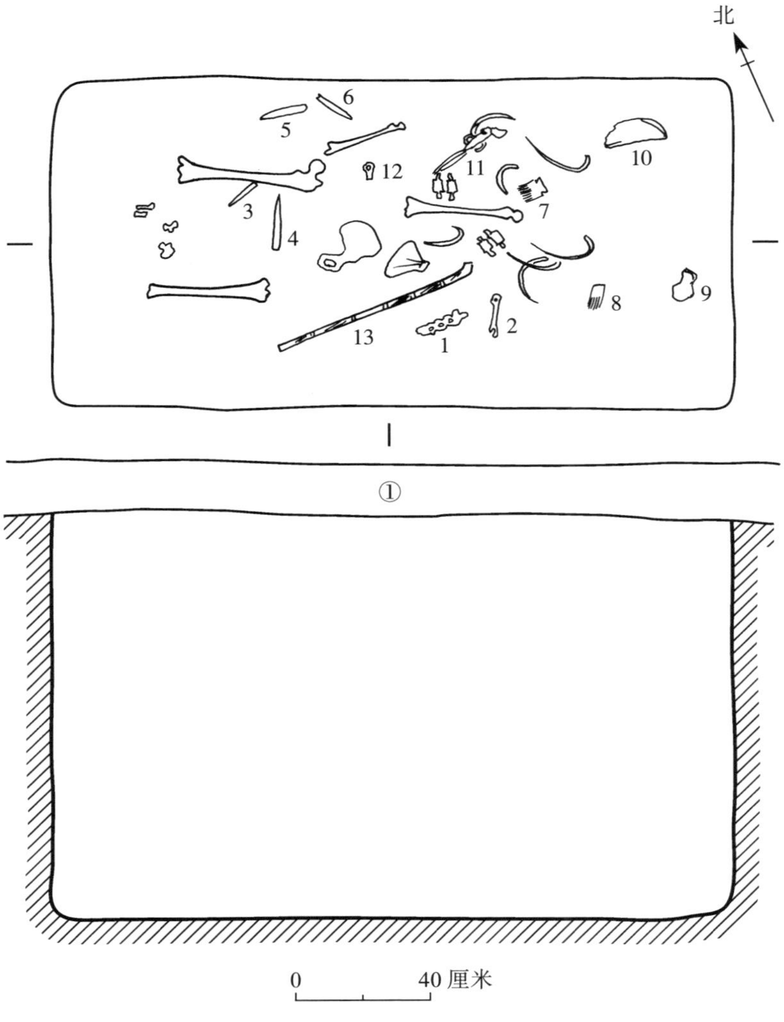

图五六　ⅠM29 平、剖面图

1. 角镳　2. 角衔　3~6. 木钉　7、8. 木梳　9. 陶单耳杯　10. 木盘　11. 皮辔头　12. 木扣　13. 木撑板

2. 角衔　羚羊角加工制作。两端扁平，钻孔。残长 13.2、直径 1.5 厘米（图五七，5）。

3. 木钉　圆木削制。呈锥形，尖残。残长 13、直径 1.2 厘米（图五七，4）。

4. 木钉　圆木削制。呈锥形。长 18.3、直径 1.3 厘米（图五七，1）。

5. 木钉　圆木削制。呈圆锥形。长 17.3、直径 1.2 厘米（图五七，2）。

6. 木钉　圆木削制。呈圆锥形。长 13.7、直径 1.1 厘米（图五七，3）。

7. 木梳　木板削刻制作。纵长方形，梳后端呈亚腰形，梳齿呈扁锥体，齿较短，参差不齐，通体磨光。长 7、宽 5、厚 0.5、齿长 2.3 厘米（图五七，11；图版一五〇，5）。

8. 木梳　单齿加工，粘拼成纵长方形。长 7.1、宽 3.4、厚 0.4 厘米（图五七，10）。

9. 陶单耳杯　夹砂红陶。残片。敞口，垂腹，圜底，单耳残。内沿饰锯齿纹。复原口径 9.3、高 7.5 厘米（图五七，12）。

10. 木盘　残存 1/5。敞口，方沿，浅腹，平底，底下有乳状足。高 5、壁厚 1.6 厘米（图五七，9）。

11. 皮辔头　羊皮折合缝制成窄带，相互穿联，似皮辔头的一部分。残长 36、宽 1 厘米（图五七，16）。

12. 木扣　木棒削制。呈亚腰形，扣上套皮绳，马辔头扣件。长 3.1、直径 0.7 厘米（图五七，6）。

13. 木撑板　圆木削制。呈圆柱状，雕刻有竹节状双螺旋纹。长 62.3、直径 2.6 厘米（图五七，18；图版一六三，1）。

ⅠM30

墓葬概况

位于墓地中部，西邻ⅠM111，东南邻ⅠM29，墓向 100°。B 型，长方形竖穴土坑墓，两长边有二层台。墓口距地表深 0.14 米，墓口长 2、宽 1.18 米，二层台宽 0.2、深 0.51 米。二层台上横向搭圆棚木，棚木上铺芦苇草，然后填土封盖。墓室长 2、宽 0.8 米，墓深 1.42 米。墓底铺有用苇秆编织的草垫。草垫上有一成年男性骨架，头东脚西，侧身屈肢，头骨移位到东南角，骨架保存较好。随葬品中的木桶和陶器残片位于人头骨右侧，木梳、复合弓、木纺轮和木取火板在身左侧，另一件木取火板在右手处（图五八；图版八，4）。

随葬品

出土陶、木质器物 7 件。

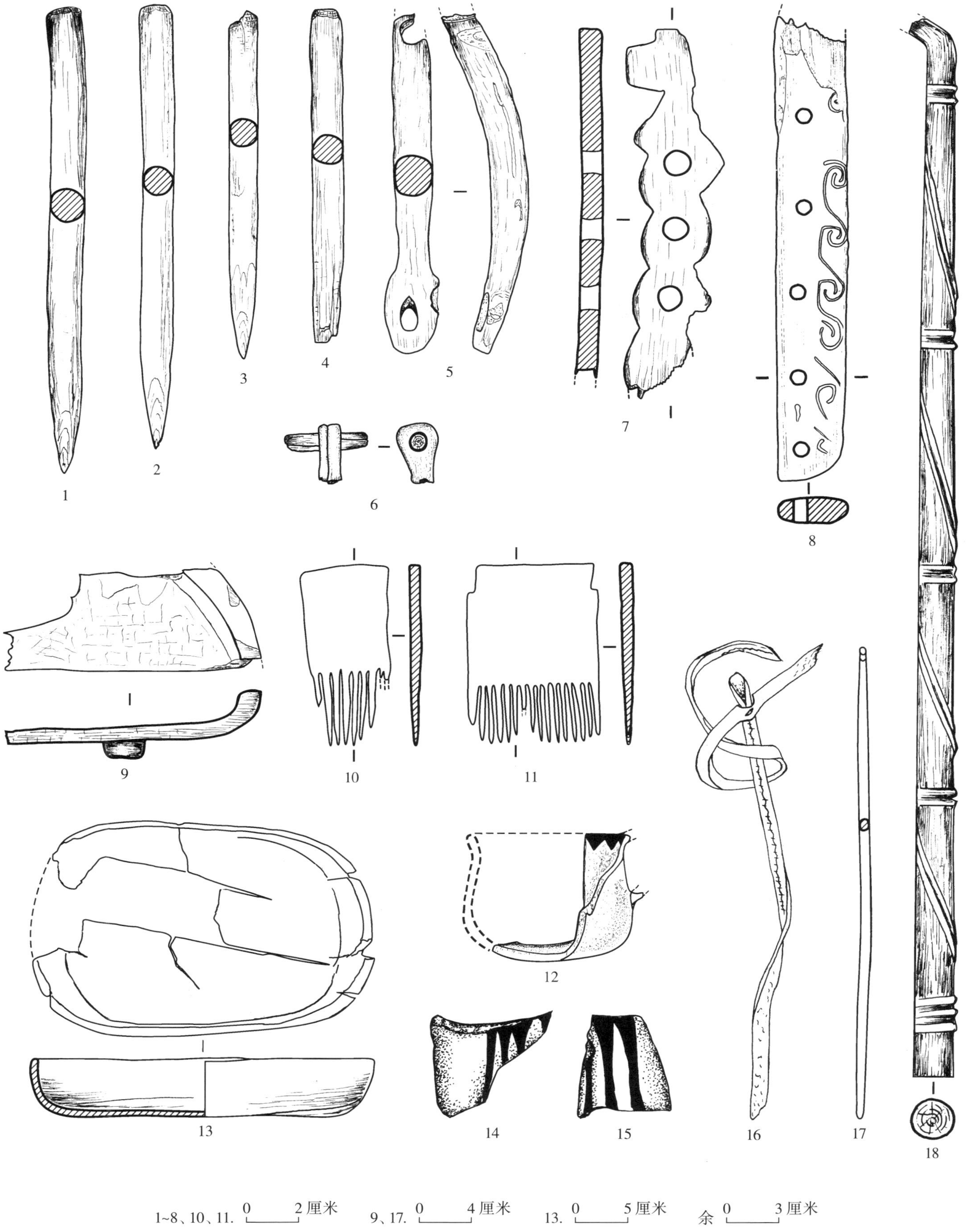

图五七　ⅠM28、ⅠM29随葬品

1~4. 木钉（ⅠM29：4、5、6、3）　5. 角衔（ⅠM29：2）　6. 木扣（ⅠM29：12）　7. 角镳（ⅠM29：1）　8、18. 木撑板（ⅠM28：3、ⅠM29：13）　9. 木盘（ⅠM29：10）　10、11. 木梳（ⅠM29：8、7）　12. 陶单耳杯（ⅠM29：9）　13. 木盘（ⅠM28：1）　14、15. 陶杯残片（ⅠM28：4-1、4-2）　16. 皮辔头（ⅠM29：11）　17. 木线轴（ⅠM28：2）

1. 木桶　圆木刻挖制作。桶底刻凹槽嵌木底，近上口沿处有对称系绳小孔。直径 11.2、壁厚 0.4~0.7、高 18 厘米（图五九，5）。

2. 木取火板　呈长条形，板面上有两排取火孔，左侧为七孔，右侧为四孔。长 15.7、宽 2.5、厚 1.5 厘米（图五九，3；图版一六五，6）。

3. 木纺轮　圆木削制。圆柱状线轴笔直光滑。纺轮呈圆饼状。线轴长 40.2、直径 0.7 厘米，轮径 6、厚 1.1 厘米（图五九，7；图版一七四，3）。

4. 陶器残片　夹砂红陶。陶器残片，略呈椭圆形，器形不明。直径 7.5~9.7、厚 1.1 厘米（图五九，4）。

5. 木梳　木板刻制。略呈梯形，梳齿呈扁锥体，长短不齐。长 7.3、宽 3~3.3、厚 0.4、齿长 2.3 厘米（图五九，1）。

6. 木取火板　长条形四棱状体，板面有使用过的圆形取火孔四个。长 13.4、宽 1.8、厚 1 厘米（图五九，2）。

7. 复合弓残片　呈弧拱形薄片，一端呈不规则的锯齿状。残长 21.7、宽 1.9、厚 0.6 厘米（图五九，6）。

Ⅰ M31

墓葬概况

位于墓地西南部，西邻Ⅰ M33，东邻Ⅰ M32，墓向 282°。C 型，长方形竖穴土坑墓。墓口距地表深 0.1 米，墓口长 0.8、宽 0.42、深 0.41 米。墓底有人骨架一具，头西脚东，侧身屈肢，面南，为儿童，年龄 8~10 岁。墓内夹有毛织衣服残片。从位置来看可能为Ⅰ M32 的衬葬墓（图六〇；图版八，2）。

随葬品

出土毛纺织物 4 件。

1. 缂毛织物　残片，褐色地，淡黄色显花，由短平行线组成大雷纹。长 28、宽 21 厘米。

2. 毛编织带　淡黄色毛本色。长 35、宽 2.4 厘米（图版二三九，2）。

3. 披风　红地蓝条纹斜褐披风。长约 176、宽 101

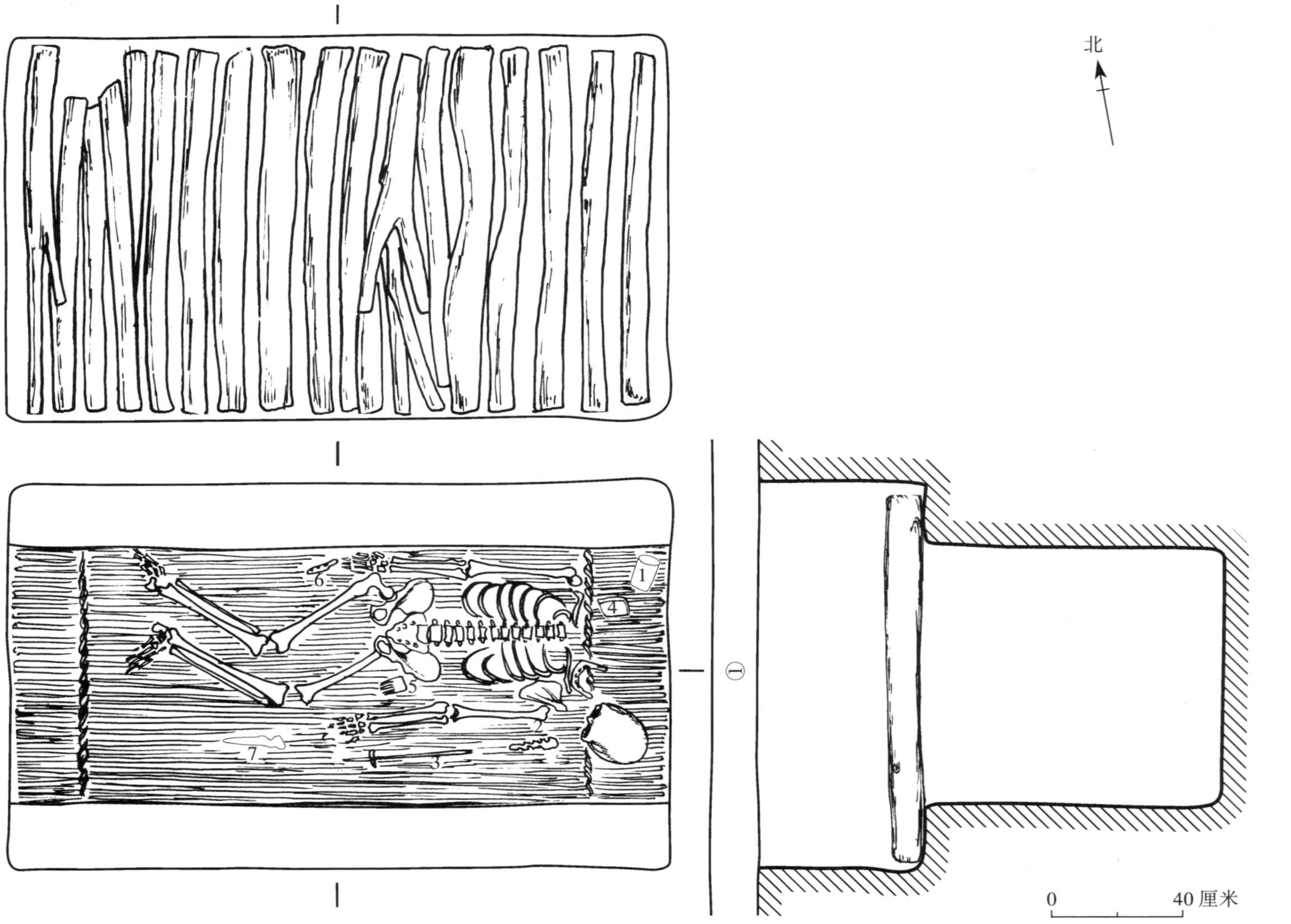

图五八　Ⅰ M30 平、剖面图

1. 木桶　2、6. 木取火板　3. 木纺轮　4. 陶器残片　5. 木梳　7. 复合弓残片

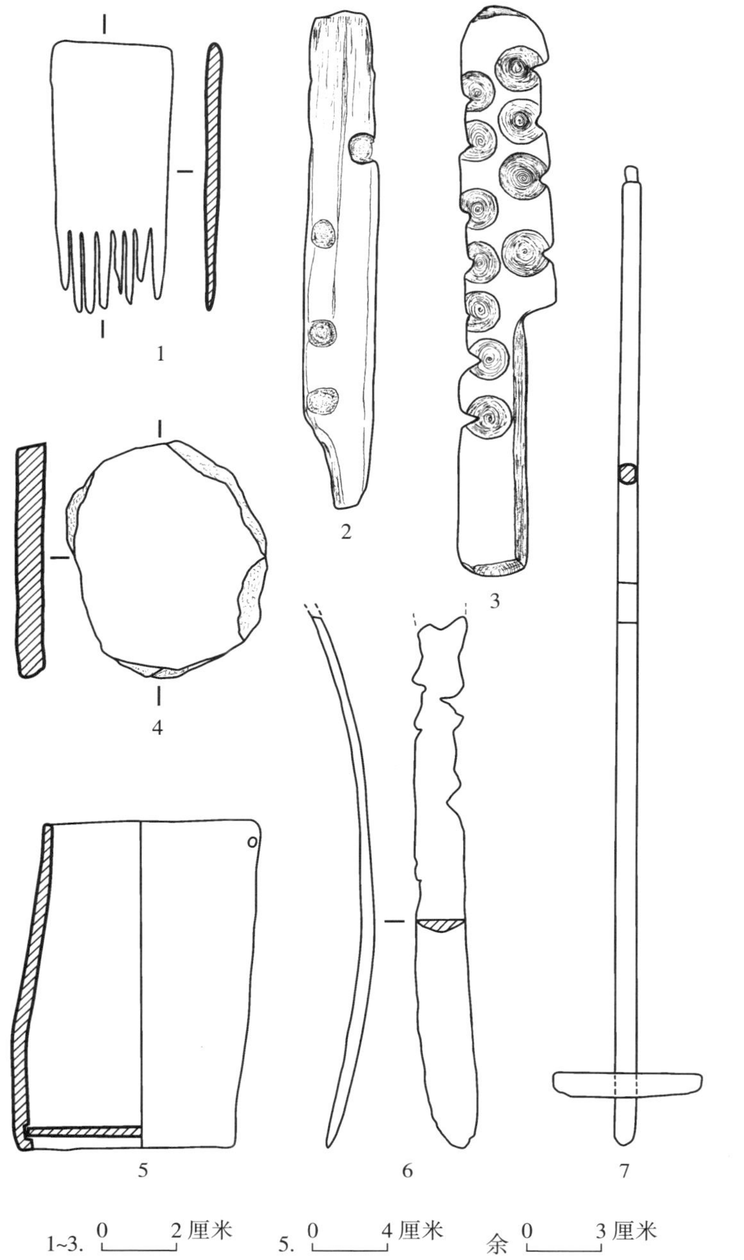

图五九　ⅠM30 随葬品

1. 木梳（ⅠM30：5）　2、3. 木取火板（ⅠM30：6、2）　4. 陶器残片（ⅠM30：4）　5. 木桶（ⅠM30：1）　6. 复合弓残片（ⅠM30：7）　7. 木纺轮（ⅠM30：3）

厘米。现已残破为三部分，分别为：ⅠM31：3-1，长125、宽94.5~95.5厘米。中间一幅残存完整的幅边，两侧缝接的同样织物已残损。ⅠM31：3-2，长31、宽56厘米。为披风的一端，折边缝合后，依次缝缀红、蓝、黄色编织绦。该编织绦拼接后的长度为101厘米，应是披风的最小宽度。ⅠM31：3-3，长20、宽14厘米。这件披风是用红地蓝色条纹斜褐缝制而成。根据条纹织物的需要排列红、蓝色经线，与红色纬线相交织，织物表面是在红色地上显出七条纵向蓝色条纹。织物的幅宽为59厘米（图版二三九，5）。

4. 毛编织带　棕红色折线纹编织带。断为三截，总

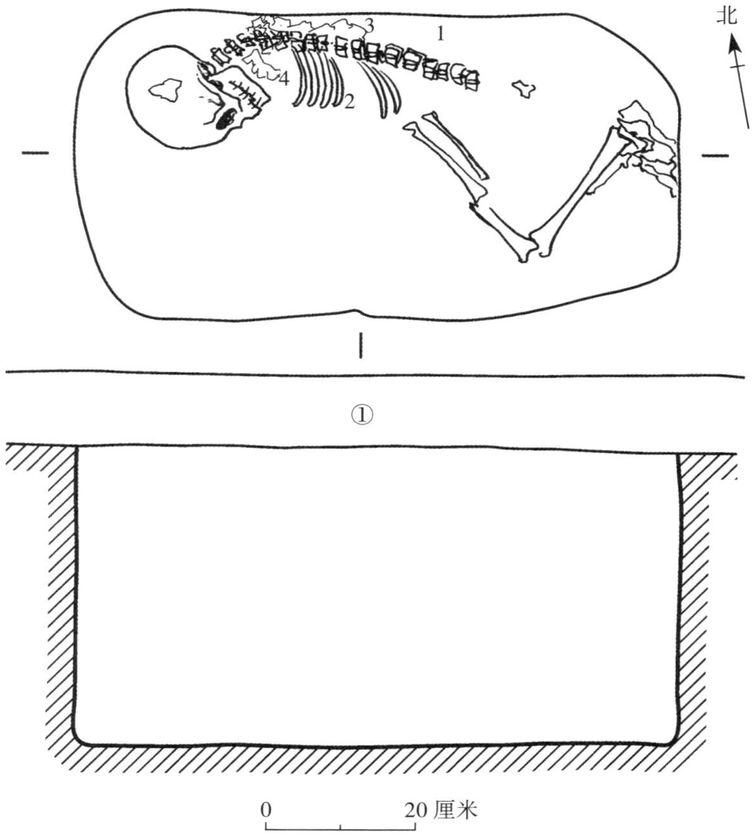

图六〇　ⅠM31 平、剖面图

1. 缂毛织物（骨架上）　2. 毛编织带（骨架上）　3. 披风　4. 毛编织带

长为144.5厘米。编织法为1/1折向斜编，编织带表面形成棕和红色相间的折线纹，折向点有五个，呈横向的“W”式排列（图版二三九，4）。

ⅠM32

墓葬概况

位于墓地西南部，西邻ⅠM31，东邻ⅠM17，墓向77°。C型，长方形竖穴土坑墓，墓周壁向下斜收，口大底小。墓口距地表深0.2米，墓口长1.21、宽0.92米，墓底长1.13、宽0.84米，墓深0.59米。墓内填土中夹有草屑。墓底有壮年女性骨架一具，年龄25~30岁。呈东西向，侧身屈肢，脚向西，未见头骨，仅存下颌骨，骨架保存较差。人骨上臂右侧随葬陶单耳罐，还有毛纺织物和皮鞋底（图六一）。

随葬品

出土陶、皮质器物和毛纺织物3件。

1. 陶单耳罐　夹砂红陶。敞口，下垂腹，圜底，长带耳由沿翻至腹下部。内沿饰小垂帐纹，器表饰带一条锯齿的三角纹，耳两侧饰竖向带纹，中填斜向平行短线。口径9.5、腹径14.8、高14厘米（图六二，1）。

2. 毛纺织物　残片，红色带黄色条纹，平纹织物。

最长的一片长 30 厘米（图版二三九，3）。

3. 皮鞋底 仅存底部，牛皮加工而成，在底部一周边上加缝凸棱。长 25、宽 10 厘米（图六二，2）。

ⅠM33

墓葬概况

位于墓地西南部，东邻ⅠM31，西北邻ⅠM28，墓向 101°。A 型，椭圆形竖穴土坑墓带横梁，周壁向内斜收，形制不规整。墓口距地表深 0.2 米，墓口长径 1.31、短径 0.97 米，底长径 1.22、短径 0.91 米，墓深 0.88 米。在深 0.22 米处的南北壁上各发现有 2 个搭建棚木的洞穴，呈长方形，其一口径高 0.22、宽 0.16、进深 0.2 米，棚木已朽。墓底有一具壮年男性骨架，年龄 28~30 岁，侧身屈肢，脚向西，头骨朽残，仅见下颌骨，左胫骨有骨折后的愈合痕，骨架保存较差。人骨右侧（腹部）出土铜斧、铜刀和木钵。脚下随葬有一羊头（图六三；图版八，3）。

随葬品

出土陶、铜器 3 件。

1. 铜斧 铸制。斧身呈长方形，弧刃，长銎呈椭圆形，前粗后细，表面有等距分布的一排乳丁，斧背有三角形突起，中间有三角形穿孔。斧銎与斧身呈 90° 夹角。銎长 10.6、直径 2~3.2、斧身长 7.2、宽 4.6 厘米（图六四，3；图版一九九，5）。

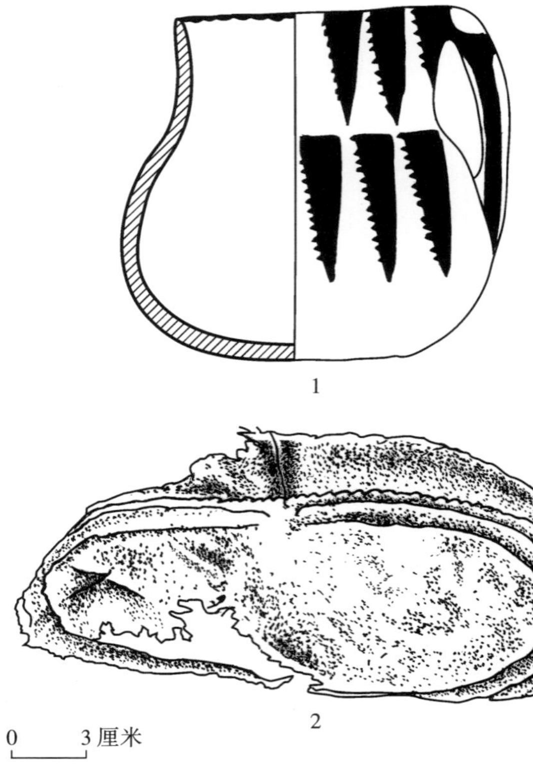

图六二 ⅠM32 随葬品

1. 陶单耳罐（ⅠM32：1） 2. 皮鞋底（ⅠM32：3）

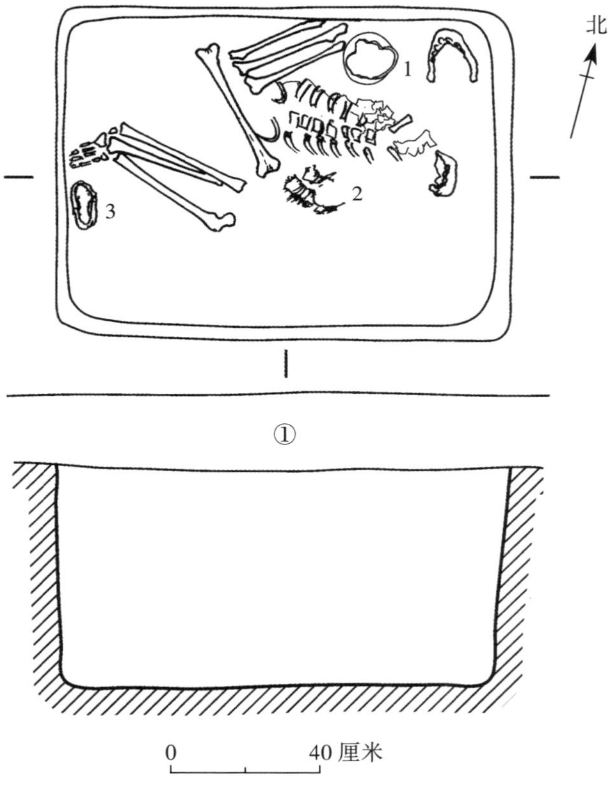

图六一 ⅠM32 平、剖面图

1. 陶单耳罐 2. 毛纺织物 3. 皮鞋底

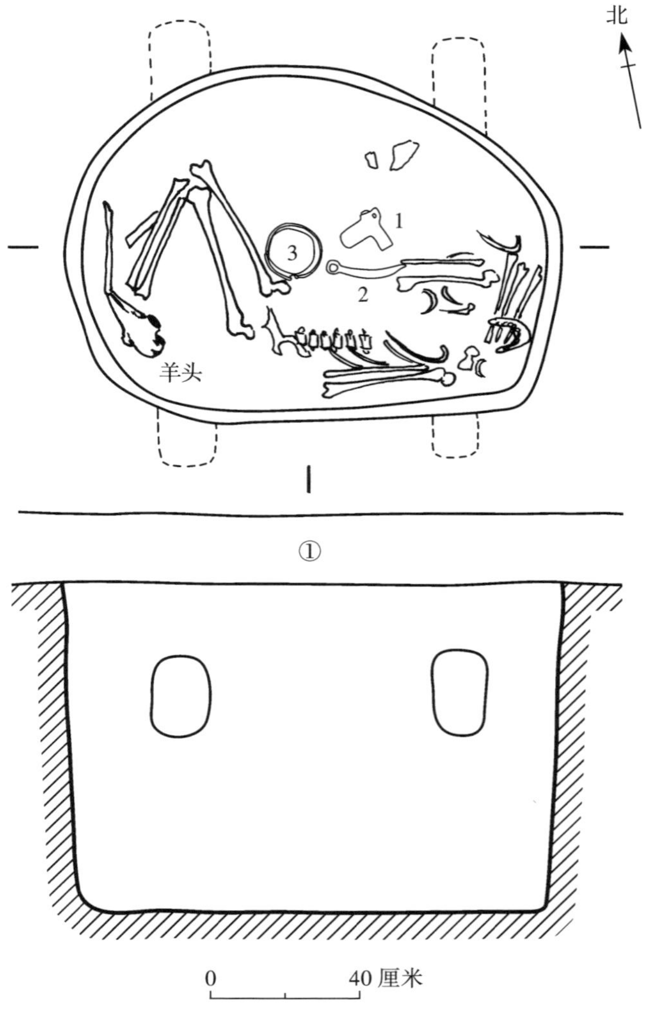

图六三 ⅠM33 平、剖面图

1. 铜斧 2. 铜刀 3. 木钵

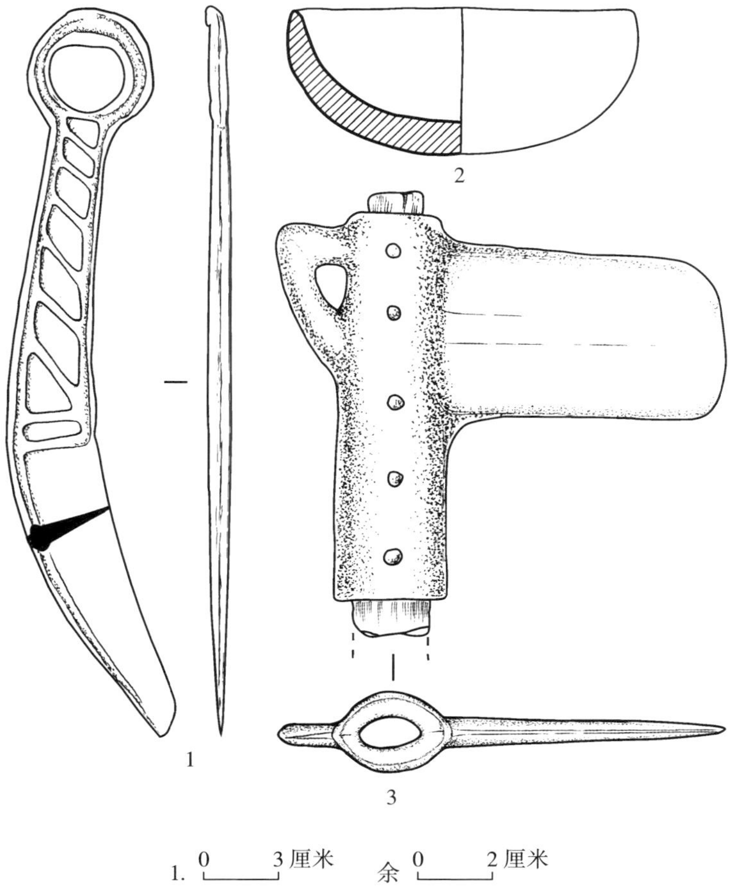

图六四　ⅠM33随葬品

1. 铜刀（ⅠM33：2）　2. 木钵（ⅠM33：3）　3. 铜斧（ⅠM33：1）

2. 铜刀　环首，长柄，穹背，弧刃。柄顶瘤微显，似经打磨过，柄上有六条斜平行线，柄、刃结合部有长方框凸棱。通长20、刃宽2.3厘米（图六四，1；图版一九八，3）。

3. 木钵　圆木削、刻、挖制。敞口，浅腹，圜底。素面。口径13.7、高6厘米（图六四，2）。

ⅠM34

墓葬概况

位于墓地西南部，东邻ⅠM16，西邻ⅠM35，墓向100°。C型，长方形竖穴土坑墓，直壁。墓口距地表深0.1米，墓口长1.96、宽1.02米，墓深1.4米。墓底有一张四腿木床，床腿、床架用圆木制作，榫卯连接，床架中间有两根横木撑，床面用细木棍铺垫，木床长1.84、宽0.82、高0.39米，床的四条腿各嵌入墓底坑穴中。该墓被盗扰，床上仅见零散人骨。未见头骨，性别、年龄不清。随葬的陶单耳杯、陶碗、木桶、骨纺轮、牛角杯散置于木床的东半部（图六五；图版八，5）。

随葬品

出土陶、木、骨及牛角质器物5件。

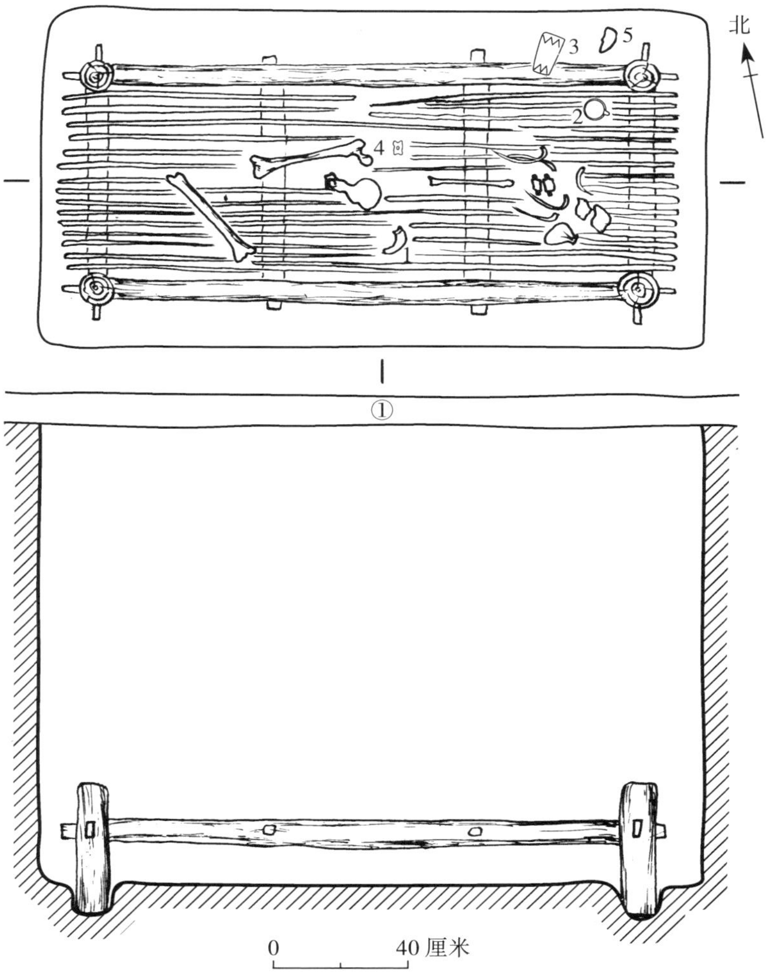

图六五　ⅠM34平、剖面图

1. 牛角杯　2. 陶单耳杯　3. 木桶残片　4. 骨纺轮　5. 陶碗

1. 牛角杯　中空，口部残破变形，角尖钻圆形穿系孔，牛角未剔皮，皮皱裂起翘。长11.5、口径2.7厘米（图六六，3）。

2. 陶单耳杯　夹砂红陶。敞口，圆腹近筒状，平底，单耳。器表装饰细竖条纹。口径5.3、高5厘米（图六六，2）。

3. 木桶残片　上、下沿阴刻三角纹，腹部雕刻翘尾作奔跑状的动物。残宽11、高18.8、厚0.9厘米（图六六，5）。

4. 骨纺轮　用羊距骨（髀石）制作而成，距骨的中间钻一穿杆孔。长2.95、宽1.7、厚1.7厘米（图六六，1；图版一九二，5）。

5. 陶碗　夹砂红陶。残片。敞口，尖圆唇，斜腹，平底。素面。高5.2厘米（图六六，4）。

ⅠM35

墓葬概况

位于墓地西南部，西邻坎儿井土堆，东邻ⅠM34，

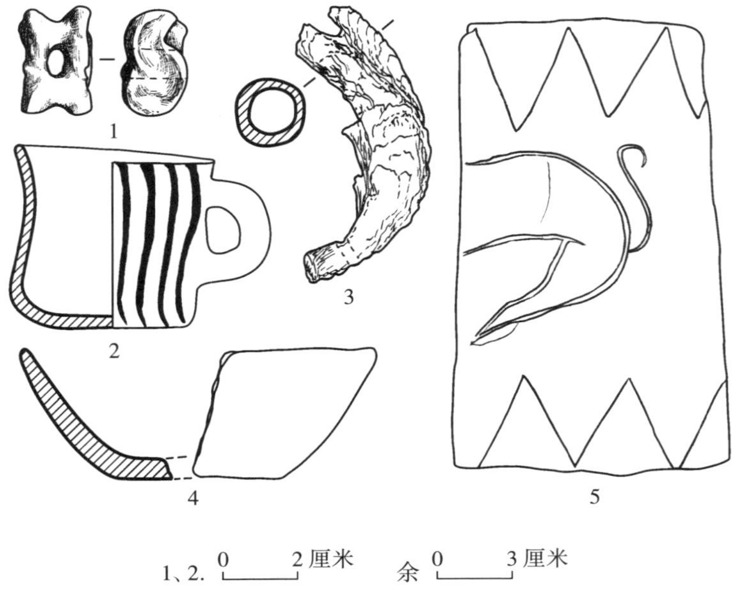

图六六 ⅠM34随葬品

1. 骨纺轮（ⅠM34：4） 2. 陶单耳杯（ⅠM34：2） 3. 牛角杯（ⅠM34：1）
4. 陶碗（ⅠM34：5） 5. 木桶残片（ⅠM34：3）

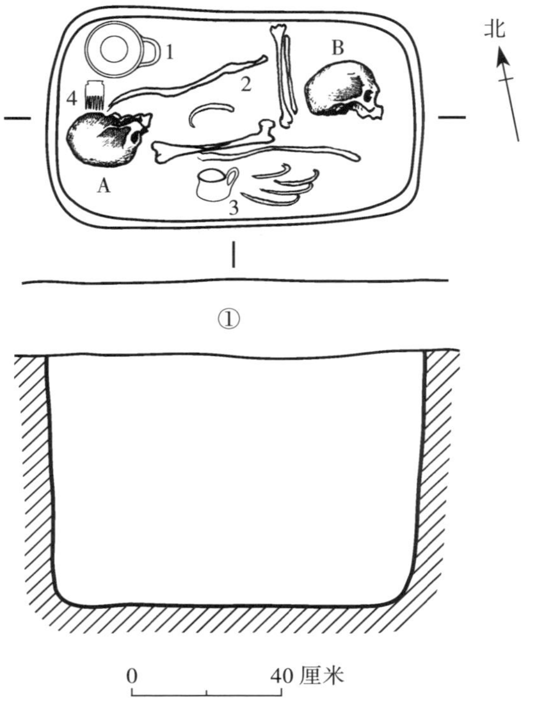

图六七 ⅠM35平、剖面图

1. 陶钵 2. 复合弓 3. 陶单耳杯 4. 木梳

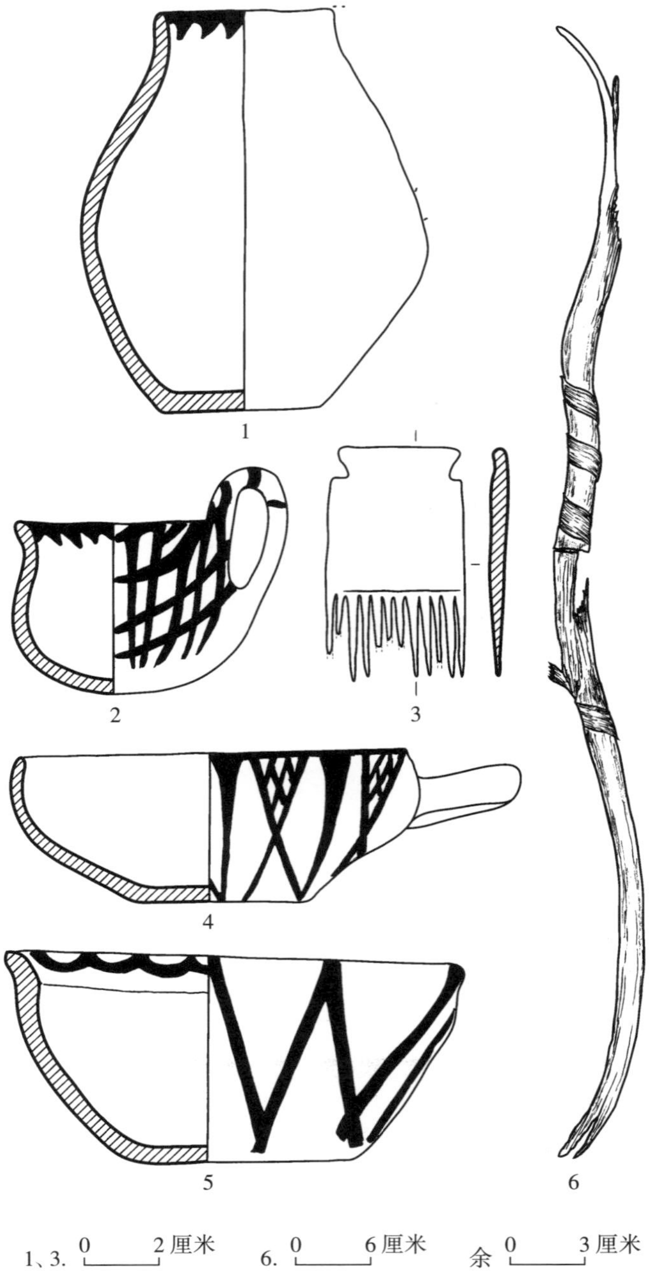

图六八 ⅠM35、ⅠM36随葬品

1. 陶单耳罐（ⅠM36：2） 2. 陶单耳杯（ⅠM35：3） 3. 木梳（ⅠM35：4）
4. 陶钵（ⅠM35：1） 5. 陶盆（ⅠM36：1） 6. 复合弓（ⅠM35：2）

墓向100°。C型，圆角长方形竖穴土坑墓，口大底小。墓口距地表深0.2米，墓口长0.99、宽0.58米，墓底长0.93、宽0.53米，墓深0.7米。墓底人骨架凌乱，残缺不全，发现两个人头骨分别位于墓地东西两端，西边A为成年女性，东部B为未成年男性，年龄12~13岁。随葬的陶钵和木梳在A头骨北侧，复合弓位于墓室中部，陶单耳杯在南壁边（图六七）。

随葬品

出土陶、木器4件。

1. 陶钵 夹砂红陶。敛口，上腹微鼓，下腹斜收，小平底，上腹最大处有横向桥形耳。内壁上半部涂红陶衣，下半部及底露胎，器表饰由大三角延伸的条带纹和交叉线组成的网格纹。口径15.8、底径7、高6.1厘米（图六八，4；图版一一一，6）。

2. 复合弓 两端残。弓是两截圆枝条拼接，用皮筋缠扎，靠近两端，弓体呈扁形，微上翘成倒钩状。残长92、最大直径2.4厘米（图六八，6）。

3. 陶单耳杯　夹砂红陶。敞口，圆腹，圜底，宽带耳上扬，由沿翻至腹底。内沿饰连续锯齿纹，器表装饰网格纹，器耳彩绘波折纹。口径 8.1、高 7.2、通高 9.45 厘米（图六八，2；图版六八，5）。

4. 木梳　木板刻制。纵长方形，背呈亚腰形，梳齿呈扁锥状，齿残端不齐。通体磨制光滑。长 6.6、宽 3.7、厚 0.45、齿长 2.5 厘米（图六八，3）。

ⅠM36

墓葬概况

位于墓地西南部，南邻ⅠM38，西北邻ⅠM37，墓向 135°。C 型，长方形竖穴土坑墓，直壁。墓口距地表深 0.1 米，墓口长 0.6、宽 0.35 米，墓深 0.3 米。墓底仅见纤细的幼儿肢骨。填土中夹有骆驼刺。该墓形制小，距地表也较浅，内葬一幼儿，骨骼全朽。墓底西北角有一堆可复原的陶盆碎片，靠南壁下有陶单耳罐（图六九）。

随葬品

出土陶器 2 件。

1. 陶盆　夹砂红陶。侈口，圆唇，内折沿，浅腹，平底。内口沿装饰垂帐纹，器表通体饰连续折线纹。口径 18、底径 9、高 8.3 厘米（图六八，5）。

2. 陶单耳罐　夹砂红陶。敞口，鼓腹，平底，耳、沿残。内沿饰连续锯齿纹。口径 6.8、最大腹径 13.7、底径 6.4、高 16.1 厘米（图六八，1）。

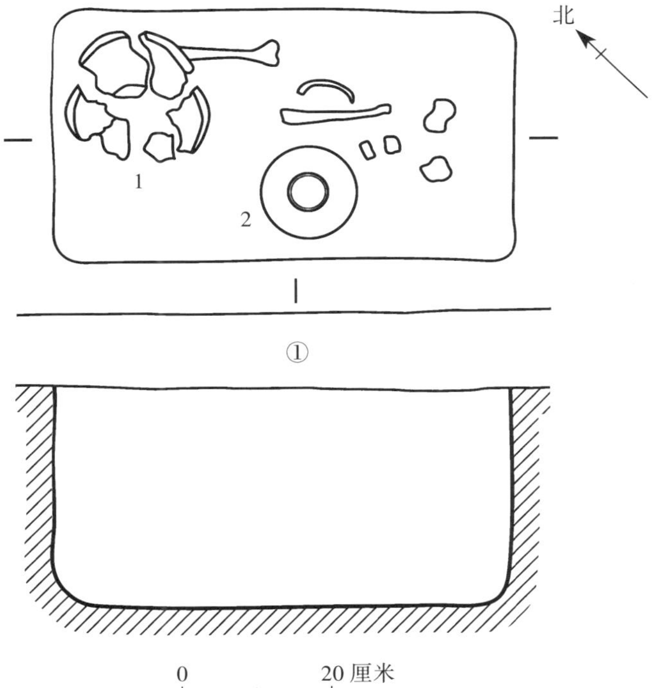

图六九　ⅠM36 平、剖面图
1. 陶盆　2. 陶单耳罐

ⅠM37

墓葬概况

位于墓地西南部，西南邻ⅠM39，东南邻ⅠM36，墓向 118°。C 型，长方形竖穴土坑墓，直壁。表土层被风力破坏，墓口露出，墓室长 1.16、宽 0.56 米，墓深 0.45 米，墓底铺苇席和茅草，席上有中年男性人骨架，年龄 40~45 岁，勉强可看出头东脚西，侧身屈肢，面向北，骨架残朽缺失严重。随葬的陶单耳罐出土于腹部，木梳位于头下左肩部（图七〇；图版九，1）。

随葬品

出土陶、木器 2 件。

1. 陶单耳罐　夹砂红陶。敞口，圆唇，垂腹，圜底，长条形耳由口沿翻至腹底。内沿饰锯齿纹，器表装饰由大三角延伸的细条带纹，耳饰两组斜向平行条带纹，中间填一条竖向带纹。口径 7.4、高 8.5 厘米（图七一，2；图版四四，5）。

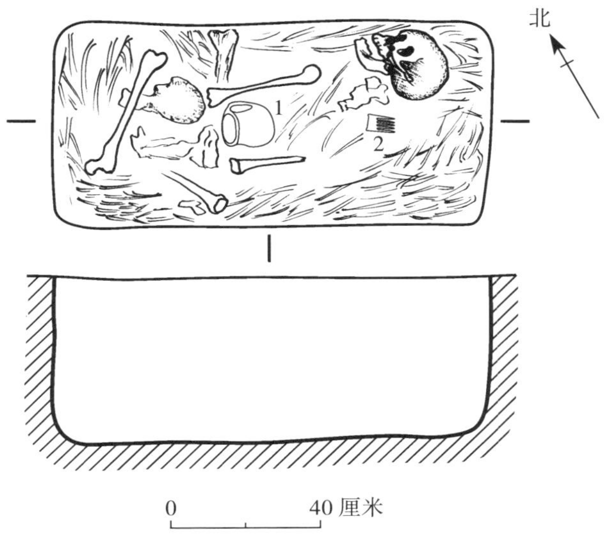

图七〇　ⅠM37 平、剖面图
1. 陶单耳罐　2. 木梳

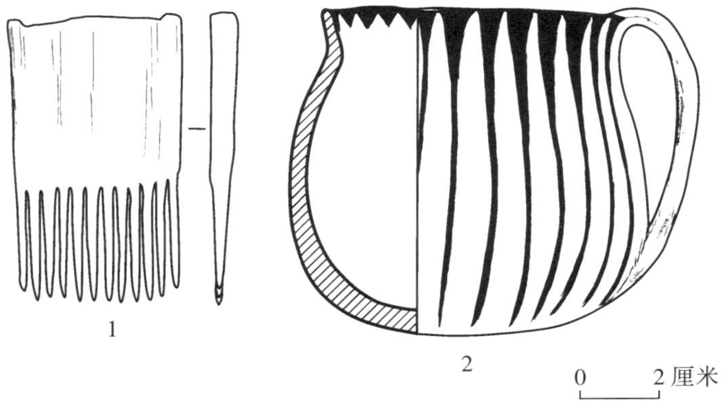

图七一　ⅠM37 随葬品
1. 木梳（ⅠM37：2）　2. 陶单耳罐（ⅠM37：1）

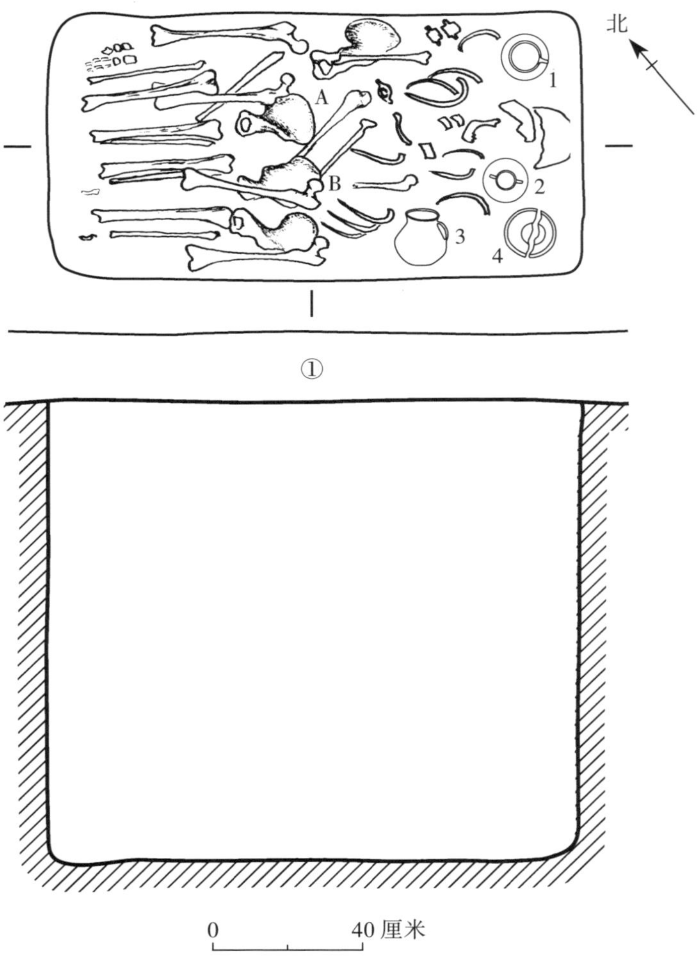

图七二　Ⅰ M38平、剖面图

1、4. 陶单耳罐　2. 陶双耳罐　3. 陶单耳壶

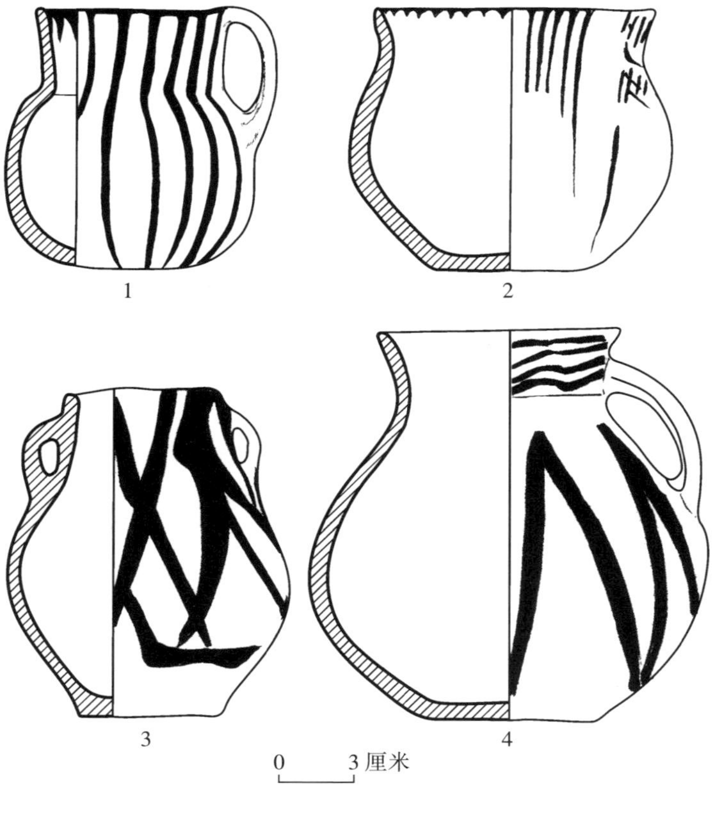

图七三　Ⅰ M38随葬品

1、2. 陶单耳罐（Ⅰ M38：1、4）　3. 陶双耳罐（Ⅰ M38：2）　4. 陶单耳壶（Ⅰ M38：3）

2. 木梳　木片刻削而成。平面呈长方形，12齿。长7.6、宽4.3、厚0.6厘米（图七一，1；图版一五〇，6）。

Ⅰ M38

墓葬概况

位于墓地西南部，北邻Ⅰ M36，西邻Ⅰ M66，墓向130°。C型，长方形竖穴土坑墓，直壁。墓口距地表深0.2米，墓口长1.4、宽0.73米，墓深1.25米。墓底有两具凌乱的人骨，呈东西向，从股骨出土状况来看为仰身屈肢，两人头骨残碎，从盆骨看均为成年女性。该墓早年被盗，填土中有封盖墓口的木棍和苇草残留。墓内陶单耳罐、陶双耳罐、陶单耳壶均位于墓底东部破碎的头骨旁（图七二）。

随葬品

出土陶器4件。

1. 陶单耳罐　夹砂红陶。敞口，圆唇，鼓腹，近圜底，宽耳由沿至肩部。内沿饰连续锯齿纹，通体饰竖向条带纹，耳部条带纹交叉。口径7.5、腹径9.7、高10.6厘米（图七三，1；图版四四，6）。

2. 陶双耳罐　夹砂红陶。直口，鼓腹，平底，对称小耳位于颈部。外沿至腹部饰连续大折线纹。口径6.2、腹径11.2、底径5.8、高13.4厘米（图七三，3；图版六二，2）。

3. 陶单耳壶　夹砂红陶。敞口，束颈，鼓腹，平底，颈腹间有一耳。通体涂褐色陶衣，外沿饰水波纹，腹部饰连续折线纹。口径9.8、腹径15.8、底径6.7、高15.9厘米（图七三，4；图版一〇〇，2）。

4. 陶单耳罐　夹砂红陶。残片，可复原。敞口，圆腹，平底。内沿饰小三角纹，器表彩绘由大三角渐变条带纹、方格纹等。口径11.2、腹径12.9、底径6.2、高10.8厘米（图七三，2）。

Ⅰ M39

墓葬概况

位于墓地南部偏西，东北邻Ⅰ M37，东邻Ⅰ M36，墓向100°。C型，长方形竖穴土坑墓，直壁。墓口距地表深0.19米，墓长1.42、宽0.78米，墓深0.86米。墓底有一具壮年男性骨架，年龄22~30岁，头东脚西，侧身屈肢，面向北。填土中有封盖墓口的苇草、木棍残迹。左胸前有砺石（图七四）。

随葬品

出土石器1件。

1. 砺石　呈纵长方形，一端有圆孔，两面对称。长8.9、

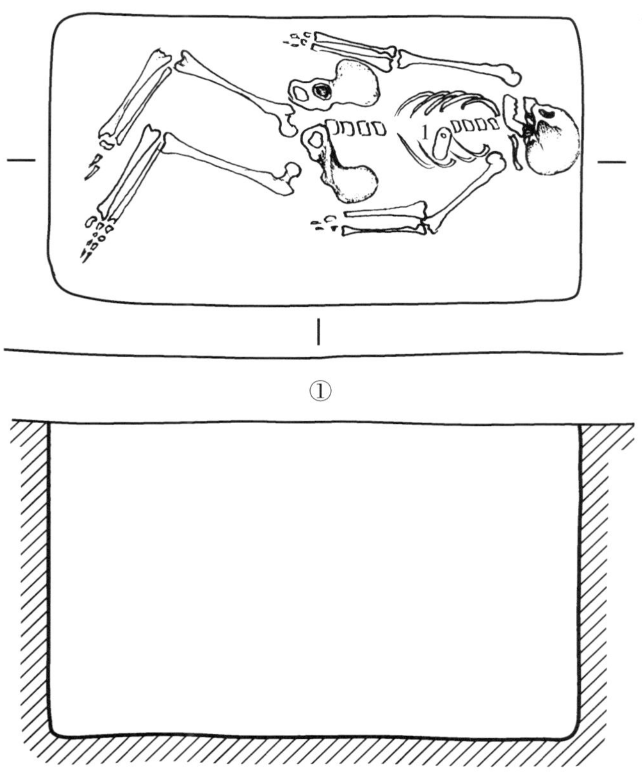

图七四　ⅠM39平、剖面图
1. 砺石

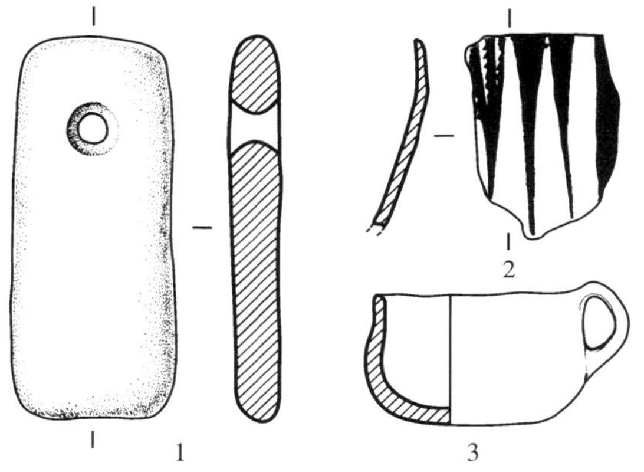

图七五　ⅠM39、ⅠM40随葬品
1. 砺石（ⅠM39：1）　2. 陶器残片（ⅠM40：2）　3. 陶单耳杯（ⅠM40：1）

宽3.7、厚1.2厘米（图七五，1；图版二〇七，3）。

ⅠM40

墓葬概况

位于墓地南部偏东，东北邻ⅠM45，西北邻ⅠM55，墓向115°。C型，长方形竖穴土坑墓，直壁。地表层土被人为破坏，致使墓口暴露。墓口长1.13、宽0.51、深0.7米。墓底铺苇草席，内葬一未成年女性，年龄14~15岁，

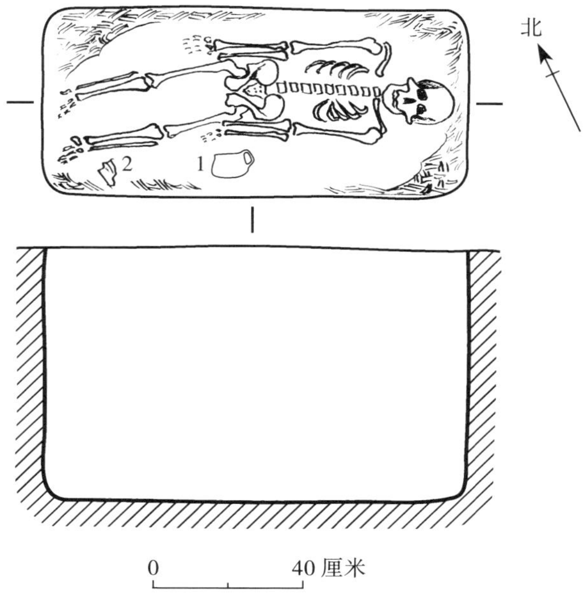

图七六　ⅠM40平、剖面图
1. 陶单耳杯　2. 陶器残片

仰身直肢，头东脚西，面向上。左手旁放置陶单耳杯，左腿外侧有陶器残片，填土中夹有苇草、骆驼刺等（图七六）。

随葬品

出土陶器2件。

1. 陶单耳杯　夹砂红陶。直口，方唇，腹微鼓，圜底，耳由沿翻下至腹底，耳上扬。通体素面，器表有烟熏痕迹。口径7、高4.5、通高5厘米（图七五，3；图版六九，1）。

2. 陶器残片　夹砂红陶。仅存口沿至腹部。敞口，方唇。器表装饰由大三角延伸的条带纹和三条渐变为一条的锯齿纹。残高7.2厘米（图七五，2）。

ⅠM41

墓葬概况

位于墓地中部偏南，东邻ⅠM101，西邻ⅠM141，墓向85°。C型，长方形竖穴土坑墓，直壁。墓葬早年遭受破坏，致开口于地表，墓室长1.82、宽0.99、墓深1.1米。原墓口用木棍、芦苇封盖，现已朽，坍塌于墓室内。墓底有两具凌乱的人骨，A头骨破碎，为成年女性，位于墓室东南角；另有B头骨上残留头发，为青年男性，年龄20~25岁，位于墓室西南部。乱骨中还有羊头、马下颌骨等。随葬的陶圈足罐、木钵在墓室西南部，木桶底、木纺轮在墓室东南部，陶碗在墓室西壁处（图七七）。

随葬品

出土陶、木质器物5件。

1. 陶圈足罐　夹砂红陶。直口，圆唇，鼓腹，喇叭状圈足，单耳由口沿下翻至腹部。口沿内饰锯齿纹，器

图七七　ⅠM41 平、剖面图

1. 陶圈足罐　2. 木钵　3. 木桶底　4. 陶碗　5. 木纺轮

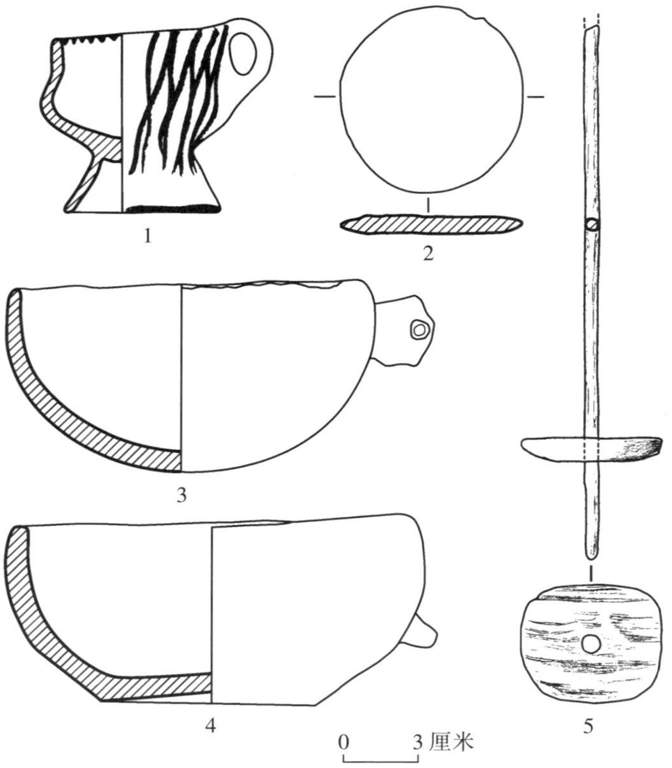

图七八　ⅠM41 随葬品

1. 陶圈足罐（ⅠM41：1）　2. 木桶底（ⅠM41：3）　3. 木钵（ⅠM41：2）　4. 陶碗（ⅠM41：4）　5. 木纺轮（ⅠM41：5）

表绘网格纹。口径 6.8、底径 6.3、高 7.2 厘米（图七八，1；图版六四，2）。

2. 木钵　圆木刻、挖、削制。敞口，浅腹，圜底，沿下上腹有横耳，耳钻小孔。通体素面。口径 14、高 7.8 厘米（图七八，3）。

3. 木桶底　呈圆饼状，中间较厚，边缘较薄。直径 7.2、厚 0.3~0.7 厘米（图七八，2）。

4. 陶碗　夹砂红陶。敛口，腹微鼓，平底内凹，腹部有鋬耳。通体施红陶衣，素面。口径 15.6、底径 8.6、高 7.4 厘米（图七八，4）。

5. 木纺轮　木板削成。近方形，两条边较直，另两条边呈弧形，中间有圆孔插杆。杆残长 22、直径 1 厘米，轮径 5.6、厚 1 厘米（图七八，5）。

ⅠM42

墓葬概况

位于墓地中部偏南，西邻ⅠM142，东南邻ⅠM48，墓向 112°。C 型，长方形竖穴土坑墓，四边向下斜收，口大底小。地面遭受破坏，故开口于地表，墓口长 1.8、宽 1.1 米，墓底长 1.62、宽 1 米，墓深 1.2 米。墓底有四足木床，长 1.56、宽 0.63 米，床面铺细木棍，木棍上铺有苇草席。人骨散乱于木尸床周围，共有两个人头骨，A 为壮年男性，年龄 25~30 岁；B 为青年女性，年龄 20~25 岁。床上有毛纺织物和毛毡的残片。该墓早年被盗，填土中有苇席残片、碎陶片等。陶碗、陶单耳杯、海贝、复合弓在尸床上，陶单耳壶、木钉、木冠饰在墓室北部，南壁有陶单耳杯、铜镞、木弓、铜节约、木箭 10 支、木器具 2 件、木撑板、木直角抹、木梳等（图七九；图版九，2）。

随葬品

出土陶、木、铜、贝质器物 17 件（组）。

1. 陶碗　夹砂褐陶。敞口，浅腹，平底内凹，下腹有一鋬耳，耳中部有孔。通体素面，砂粒裸露。口径 15.5、底径 8.5、高 8.3 厘米（图八〇，6；图版一一八，2）。

2. 陶单耳杯　夹砂红陶。敞口，鼓腹，圜底，单耳由沿翻至腹下部。通体素面，器表局部有烟熏痕迹。口径 5.4、高 5 厘米（图八〇，1；图版六九，2）。

3. 木直角抹　制陶和抹泥用具。弯成直角，一端呈锥状，另一端微弯曲。长头长 11.4、宽 1.7、短头长 10.5、直径 2 厘米（图八一，9；图版一八一，1）。

4. 木梳　木板刻制而成。呈竖长方形，梳背呈亚腰形，梳齿现存 11 根。通体磨制光滑。长 8.4、残宽 4.1、厚 0.5、齿长 3.7 厘米（图八一，8）。

5. 陶单耳杯　泥质红陶。侈口，圆唇，圆鼓腹，圜底，肩腹部有弓形横立耳，耳顶有乳丁，腹部有三个等距的鼻环，环肩饰乳丁。口沿内饰锯齿纹，器表通体绘菱格网纹，器表有烟炱。口径 7.6、高 7.8 厘米（图八〇，4；图版八三，5）。

6. 木弓　呈圆柱锥状，后端残，前端有三道细线凹槽。通体磨制光滑。残长 14.5、直径 1.3 厘米（图八一，2）。

7. 木器具　圆树枝干加工而成，一端残，另端削细柱状。通体光滑。残长 33.1、直径 2.2 厘米（图八一，3）。

8. 复合弓　仅存木杆和弓背所粘牛筋，两端刻削拴弓弦的凹槽。长 121.2、宽 2.2、厚 1.6 厘米（图八一，12）。

9. 木器具　圆枝条削制。一端削成帽盖状，另端残，用途不明。长 45、直径 1.4 厘米（图八一，4）。

10. 木撑板　圆枝条削制。靠近两端刻一周凹槽，一端削成四棱锥体。通体打磨光滑。长 46、直径 1.2 厘米（图八一，5）。

11. 木箭　一束，共 10 支。箭杆后端均有深 0.5 厘米的挂弦凹槽，后端有绳缠痕，箭头可分两种：ⅠM42：11-1，呈三棱锥体，脊线锋利，三翼前后错位，箭头有麻绳缠痕。长 58.5、杆径 0.8、箭头长 4.8 厘米（图八一，10）。ⅠM42：11-2，呈四棱锥体，脊线分明，单翼，箭通体磨制光滑。长 58、杆径 1、箭头长 4.4 厘米（图八一，11）。

12. 铜镞　双翼，残存倒刺，两面起脊，截面呈菱形。残长 4、宽 0.95、厚 0.8 厘米（图八一，7；图版二〇〇，1）。

13. 铜节约　马具。圆底，方面，五圆孔，孔内穿皮条，

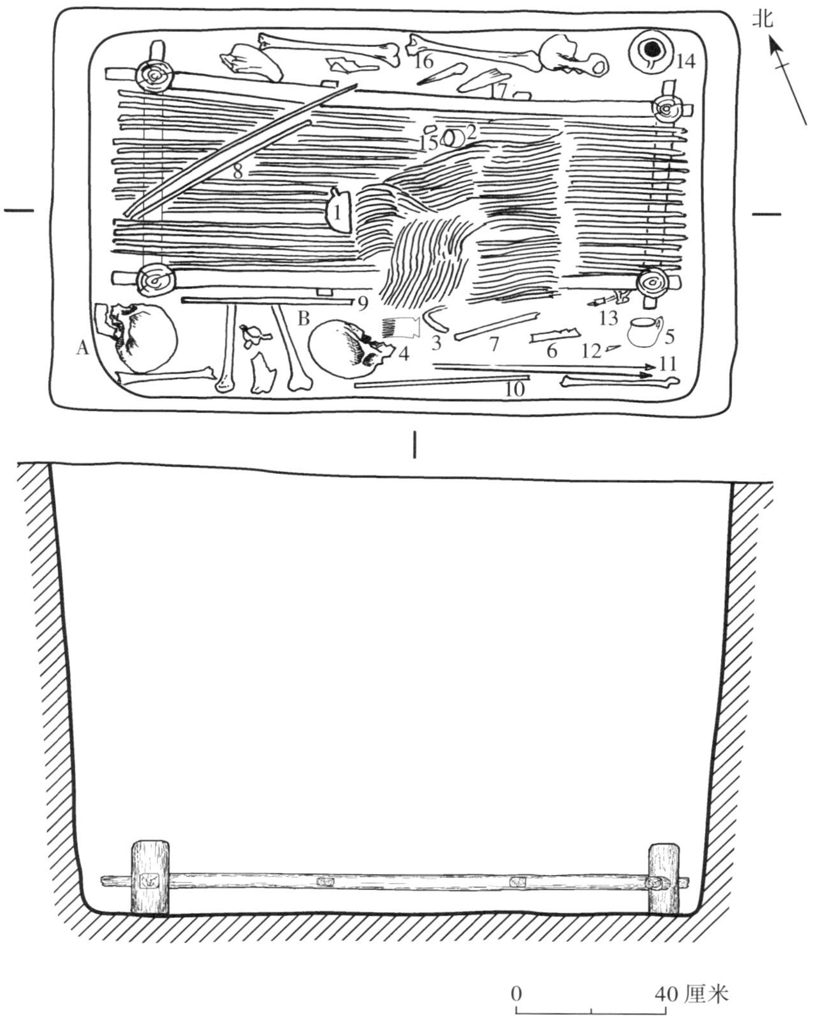

图七九　ⅠM42 平、剖面图

1. 陶碗　2、5. 陶单耳杯　3. 木直角抹　4. 木梳　6. 木弓　7、9. 木器具　8. 复合弓　10. 木撑板　11. 木箭　12. 铜镞　13. 铜节约　14. 陶单耳壶　15. 海贝　16. 木钉　17. 木冠饰

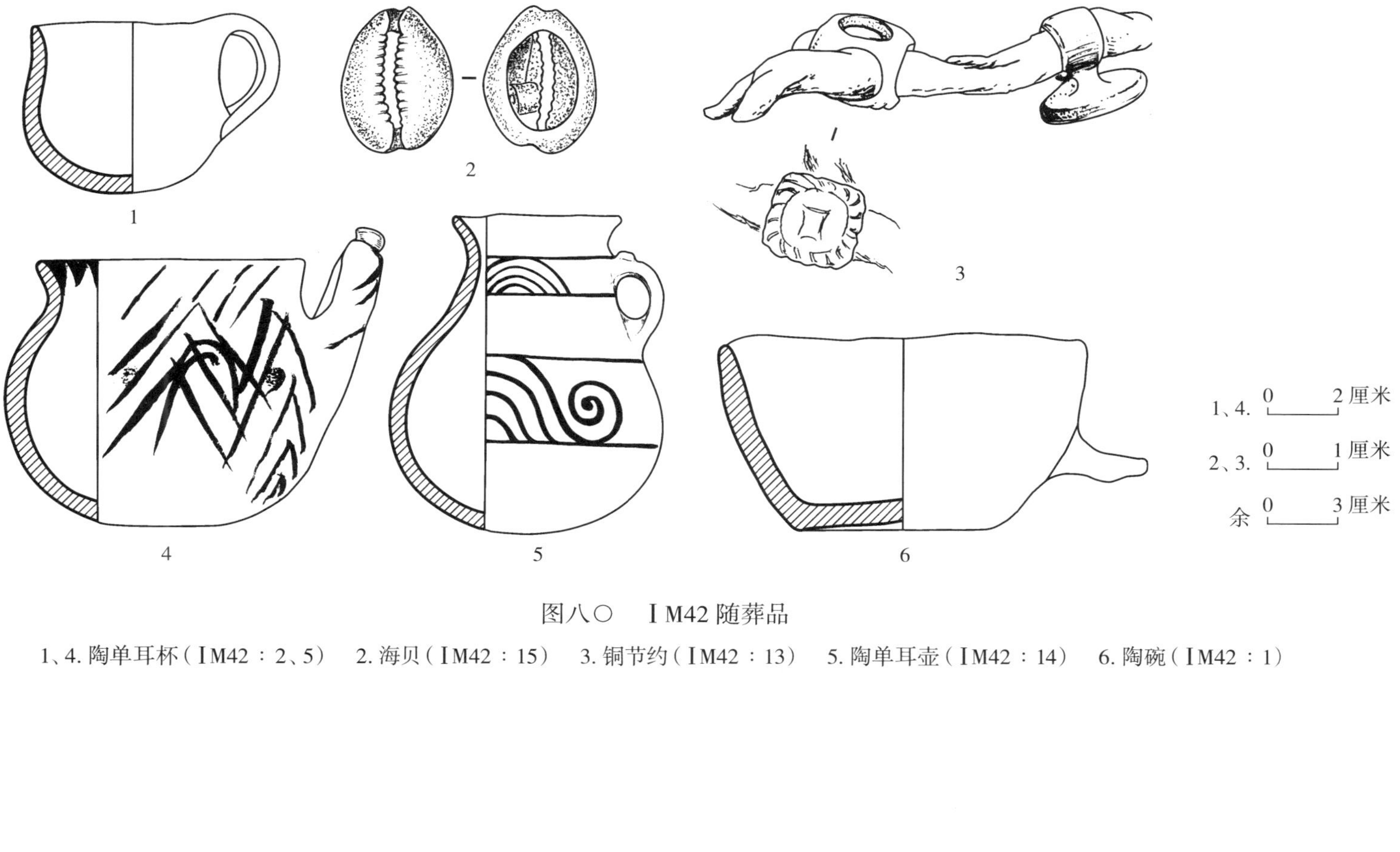

图八〇　ⅠM42 随葬品

1、4. 陶单耳杯（ⅠM42：2、5）　2. 海贝（ⅠM42：15）　3. 铜节约（ⅠM42：13）　5. 陶单耳壶（ⅠM42：14）　6. 陶碗（ⅠM42：1）

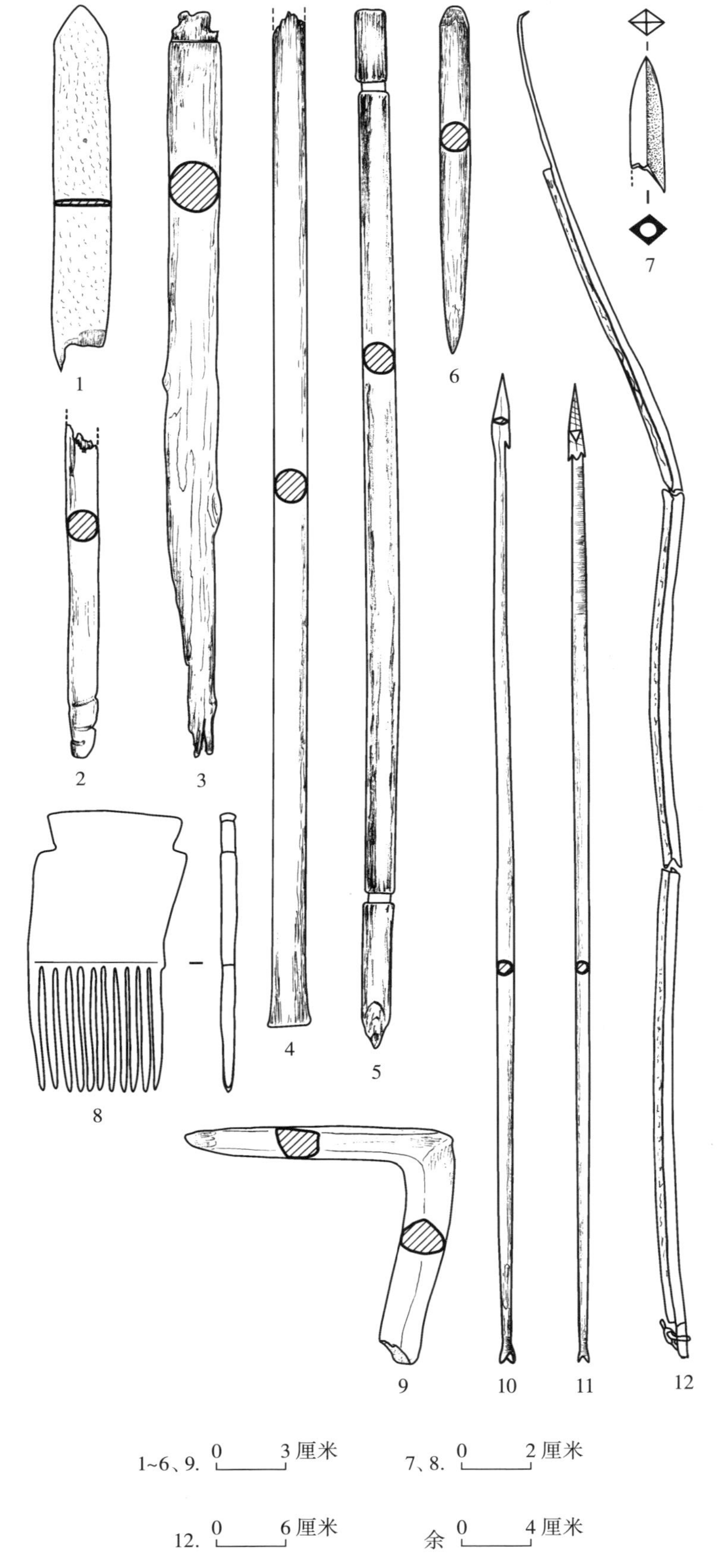

图八一　ⅠM42 随葬品

1. 木冠饰（ⅠM42：17）　2. 木弓（ⅠM42：6）　3、4. 木器具（ⅠM42：7、9）　5. 木撑板（ⅠM42：10）　6. 木钉（ⅠM42：16）　7. 铜镞（ⅠM42：12）　8. 木梳（ⅠM42：4）　9. 木直角抹（ⅠM42：3）　10、11. 木箭（ⅠM42：11-1、11-2）　12. 复合弓（ⅠM42：8）

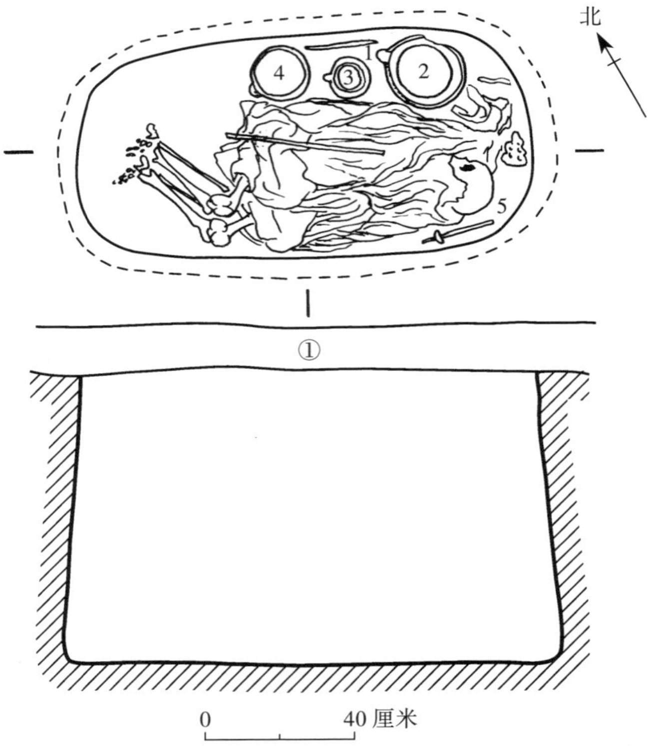

图八二　ⅠM43 平、剖面图

1. 木橛　2. 陶圈足盘　3. 陶单耳罐　4. 陶钵　5. 木纺轮

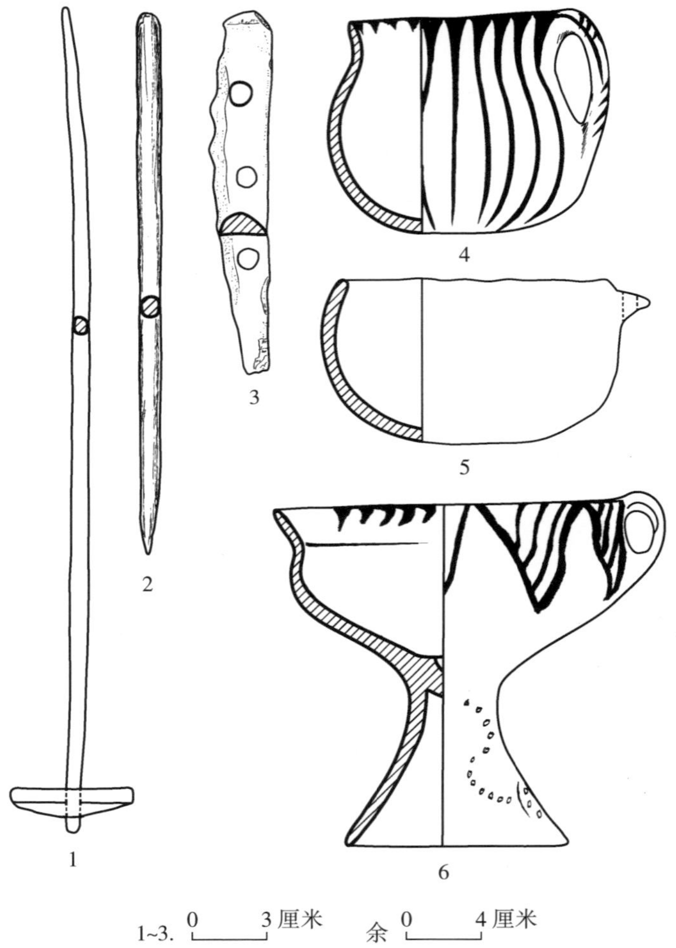

图八三　ⅠM43、ⅠM44 随葬品

1. 木纺轮（ⅠM43：5）　2. 木橛（ⅠM43：1）　3. 角镳（ⅠM44：1）　4. 陶单耳罐（ⅠM43：3）　5. 陶钵（ⅠM43：4）　6. 陶圈足盘（ⅠM43：2）

皮条另端串有铜纽扣。厚1.2、边长1.35、孔径0.8厘米（图八〇，3）。

14. 陶单耳壶　夹砂红陶。侈口，束颈，垂腹，圜底，颈与肩部之间有小耳，耳上部有一小乳丁。颈部饰一组水波纹，腹部饰一组变形涡纹。器表有烟熏痕迹。口径7.2、腹径11.8、高13.8厘米（图八〇，5；图版一〇〇，3）。

15. 海贝　椭圆形，扁体，中空，另面有锯齿纹中缝。空体内镶有一管状红色玛瑙。长2.2、宽1.6、厚0.8厘米（图八〇，2；图版二一五，2）。

16. 木钉　圆木削制。呈圆锥状。长15.5、直径1.3厘米（图八一，6）。

17. 木冠饰　木板削制。薄片状，呈长方形，前端削成三角形，后端残。残长16、宽2.5、厚0.2、尖长1.7厘米（图八一，1）。

ⅠM43

墓葬概况

位于墓地中部偏南，北邻ⅠM46，西南邻ⅠM44，墓向115°。A型，椭圆形竖穴土坑墓，口小底大。墓口距地表深0.12米，墓口长1.2、宽0.6米，墓底长1.32、宽0.72米，墓深0.81米。内葬一人，仰身，下肢上屈，两膝处有芦苇秆支撑，双手置于胸前，上身着皮衣，头下有皮枕，为青年女性，年龄18~22岁。陶单耳罐、陶圈足盘、陶钵、木橛放置在人体右侧，木纺轮在左上位置（图八二；图版九，3）。

随葬品

出土陶、木器5件。

1. 木橛　圆锥体圆滑，尖锐。长22.3、直径0.9厘米（图八三，2）。

2. 陶圈足盘　夹砂红陶。侈口，小圆唇，折腹，高圈足，沿至腹有一单耳。口内沿饰锯齿纹，器表绘大倒三角纹，三角内填斜平行线，圈足镂小孔呈“S”形。口径18.5、足径11.9、高18.5厘米（图八三，6；图版一二四，4）。

3. 陶单耳罐　夹砂红陶。敞口，圆唇，短颈，底近平，单耳由口沿下翻至腹底。口沿内饰连续细密的锯齿纹，器表饰由口沿向下延伸的细条带纹。口径10.8、高11.8厘米（图八三，4；图版四五，1）。

4. 陶钵　夹砂红陶。敛口，圆唇，鼓腹，圜底，沿下有鋬耳，耳有穿孔。器内壁涂红陶衣，外壁露胎，通体素面。口径14.4、最大腹径15.4、高9.2（图八三，5；图版一一一，7）。

5. 木纺轮　线轴微弯曲，截面呈圆形。纺轮为木板刻削制作，呈圆饼形，底弧拱，面平整。线轴长34、直径0.4~0.7厘米，轮径5、厚1.2厘米（图八三，1）。

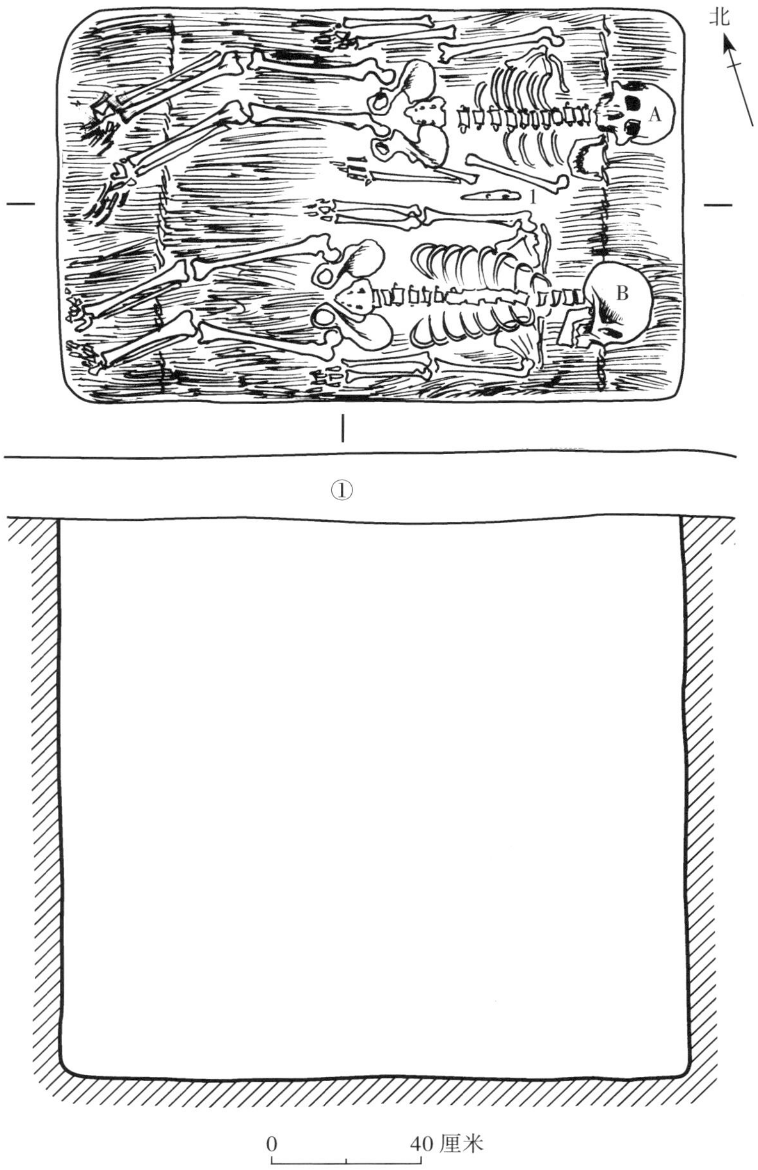

图八四　ⅠM44平、剖面图

1. 角镳

ⅠM44

墓葬概况

位于墓地中部偏南，东北邻ⅠM43，东邻ⅠM218，墓向105°。C型，长方形竖穴土坑墓，直壁。墓口距地表深0.18米，墓室长1.67、宽1.06米，墓深1.52米。内葬两人，A骨架在北面，为青年男性，年龄18~22岁，仰身上屈下肢，面向上；B骨架在南，为青年男性，年龄17~20岁，仰身上屈下肢，面向左侧，二人均头东脚西，骨架下有苇草编织的草帘。墓葬早年被盗，可能有随葬品被盗走，仅剩角镳置于二人中间（图八四）。

随葬品

出土角器1件。

1. 角镳　动物角剔皮制成。从中间劈开，一分为二，

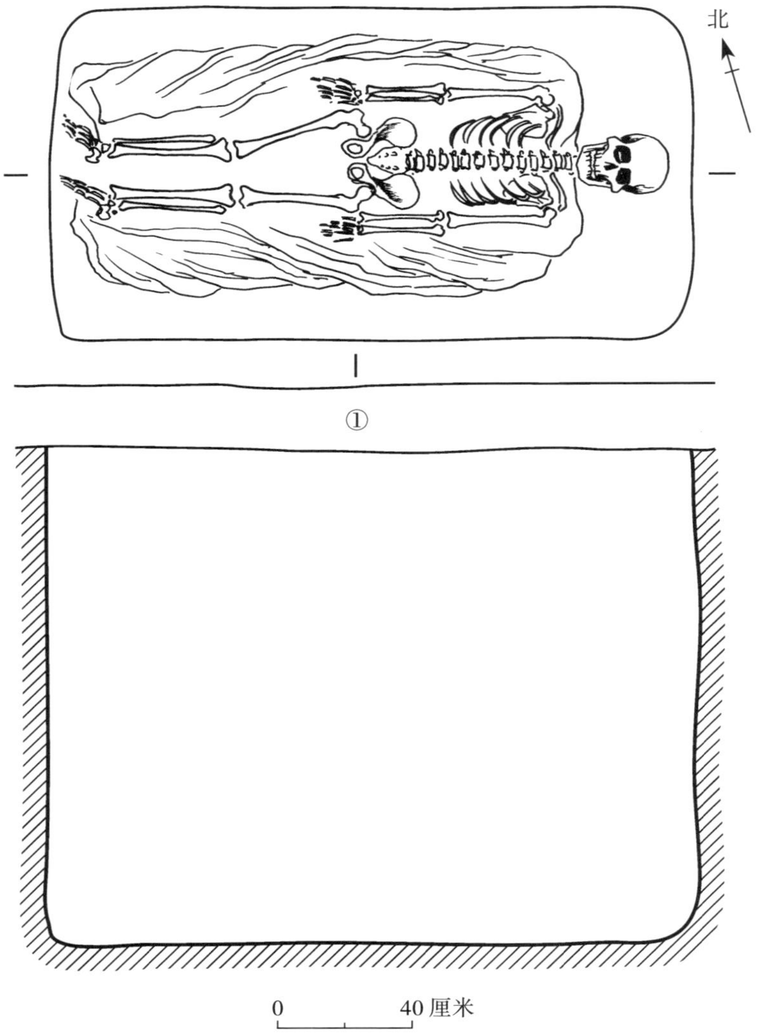

图八五 ⅠM45平、剖面图

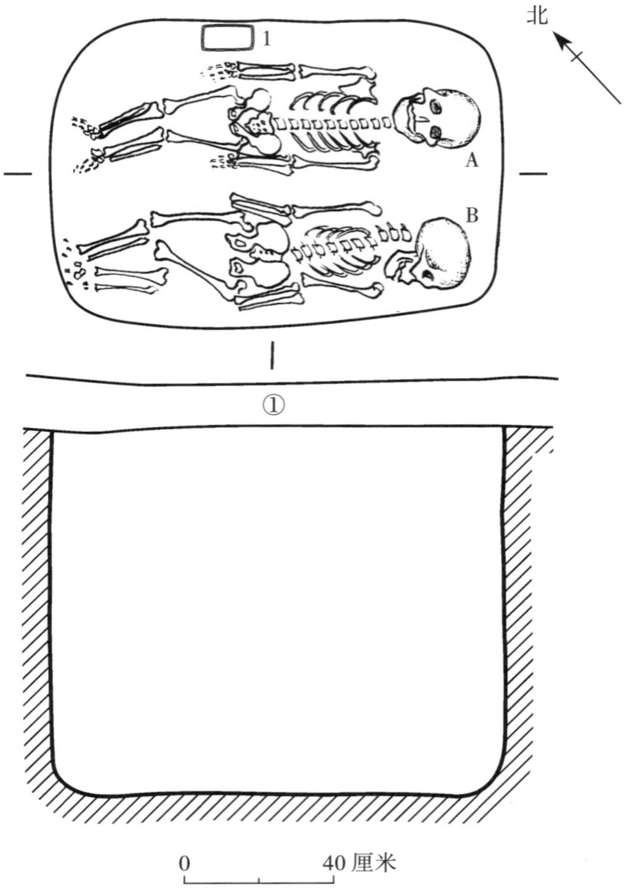

图八六 ⅠM46平、剖面图
1. 陶四足盘

一边呈锯齿状，镳面钻三圆孔。长14.8、宽1.2~2.5、厚0.9厘米（图八三，3；图版一八五，8）。

ⅠM45

墓葬概况

位于墓地中南部，东北邻ⅠM80，西南邻ⅠM40，墓向106°。C型，圆角长方形竖穴土坑墓。墓口距地表深0.2米，墓室长1.88、宽1.02、深1.5米。墓底葬一壮年女性，年龄35~40岁，仰身直肢，头东脚西，面向上。身穿单皮缝制的长大衣。该墓被盗，未发现其他随葬品（图八五）。

随葬品

无随葬品。

ⅠM46

墓葬概况

位于墓地中部偏南，南邻ⅠM43，北邻ⅠM107，墓向103°。C型，圆角长方形竖穴土坑墓，直壁。地表为戈壁沙砾石层，两边高，中间低，墓口距地表深0.12~0.15米，墓室长1.2、宽0.84米，墓深1米。墓底有两具人骨架，A位于北面，头东脚西，仰身，下肢微屈，为未成年女性，年龄9~11岁；B骨架仰身，下肢微屈，为未成年男性，年龄8~10岁。在墓底北壁A骨架右手边随葬陶四足盘（图八六）。

随葬品

出土陶器1件。

1. 陶四足盘 夹砂红陶。直口，圆唇，呈长方形，浅腹，平底，一侧沿下有鼻纽，底有四个柱状蹄足。素面。口长径13.9、短径7.9、高6.9、足高2.1厘米（图八七，5；图版一二五，1）。

ⅠM47

墓葬概况

位于墓地中部偏南，东北邻ⅠM106，东邻ⅠM46，墓向135°。B型，长方形竖穴土坑墓，两短边有二层台。墓口距地表深0.16米，墓口长1.3、宽0.82米。二层台

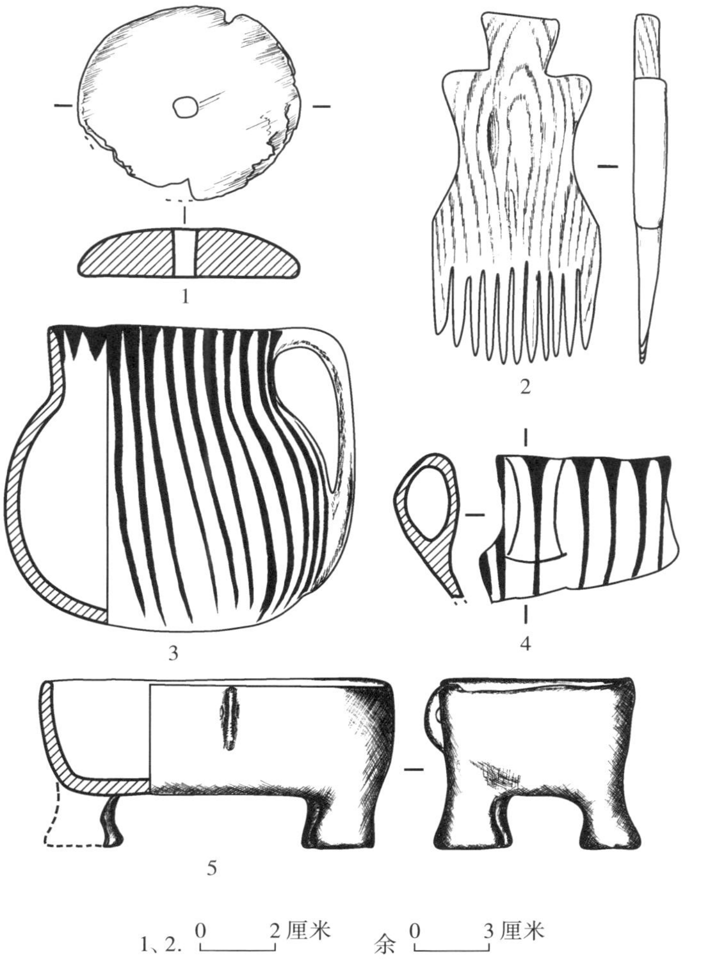

图八七　ⅠM46、ⅠM47随葬品

1. 木纺轮（ⅠM47：3）　2. 木梳（ⅠM47：4）　3. 陶单耳罐（ⅠM47：2）
4. 陶器残片（ⅠM47：1）　5. 陶四足盘（ⅠM46：1）

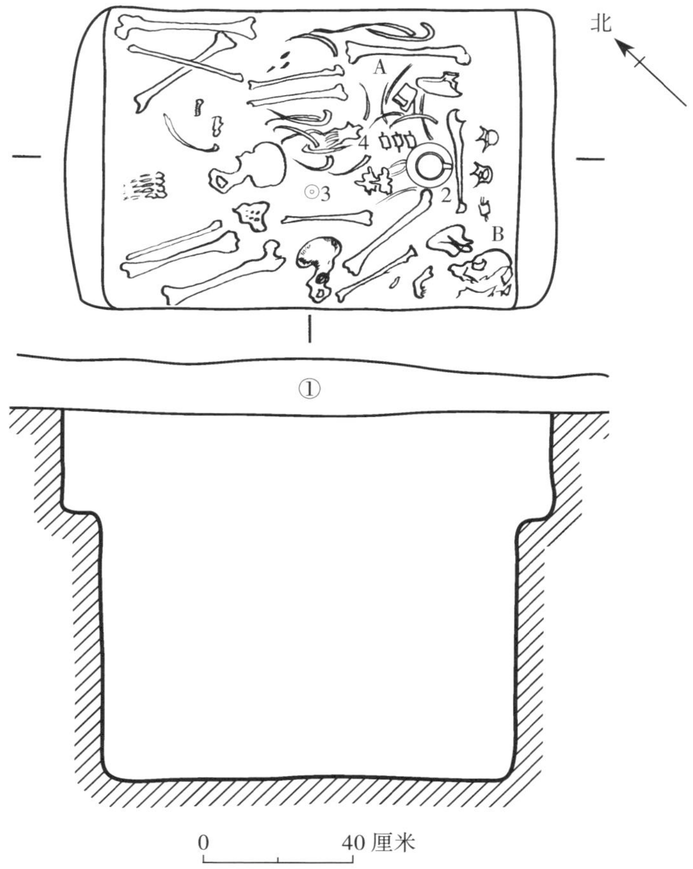

图八八　ⅠM47平、剖面图

1. 陶器残片　2. 陶单耳罐　3. 木纺轮　4. 木梳

宽0.1、深0.3米。墓底长1.1、宽0.82米，墓深0.99米。墓底人骨架腐朽散乱，从现存肢骨数量来看为二人葬，性别、年龄不详。陶单耳罐、陶器残片、木纺轮和木梳均散置于墓底东部人骨中（图八八）。

随葬品

出土陶、木质器物4件。

1. 陶器残片　仅存口沿。敞口，单耳由沿翻至腹部。内沿饰锯齿纹，器表饰由三角渐变的细条带纹（图八七，4）。

2. 陶单耳罐　夹砂红陶。敞口，圆唇，短颈，鼓腹，圜底，宽带耳由口沿下翻至腹底。口沿内饰锯齿纹，器表通体饰纵向窄带纹，耳部有“×”纹。口径9.2、高12.5厘米（图八七，3；图版四五，2）。

3. 木纺轮　线轴残佚。纺轮呈圆饼形，一面平，另一面起拱，中部有穿孔。轮径5.8、厚1.35、孔径0.6厘米（图八七，1）。

4. 木梳　木板削刻而成。平面呈亚腰形，背部有一梯形柄，梳齿较短且稀疏。长9.65、宽4.45、厚0.9厘米（图八七，2；图版一四九，1）。

ⅠM48

墓葬概况

位于墓地中南部，东北邻ⅠM47，西北邻ⅠM42，墓向135°。B型，长方形竖穴土坑墓，两短边有二层台，墓室壁向下斜收。墓口距地表深0.19米，墓口长1.6、宽0.86米，二层台宽0.2、深0.4米，墓底长1.1、宽0.78米，墓深1.1米。墓底葬人骨架一具，头东脚西，侧身屈肢，面向北，为中年男性，年龄40~50岁。骨架保存较好。随葬的木钩、木器具在墓室北部，木弓顺放在南壁边（图八九）。

随葬品

出土木器3件。

1. 木钩　为自然树枝干制作，钩较短。长40、直径4.3厘米（图九〇，1）。

2. 木弓　残段，圆木削制。截面呈半圆形，弓弰削成束腰形，以便系弦。残长97.2、宽2.4、厚1.4厘米（图

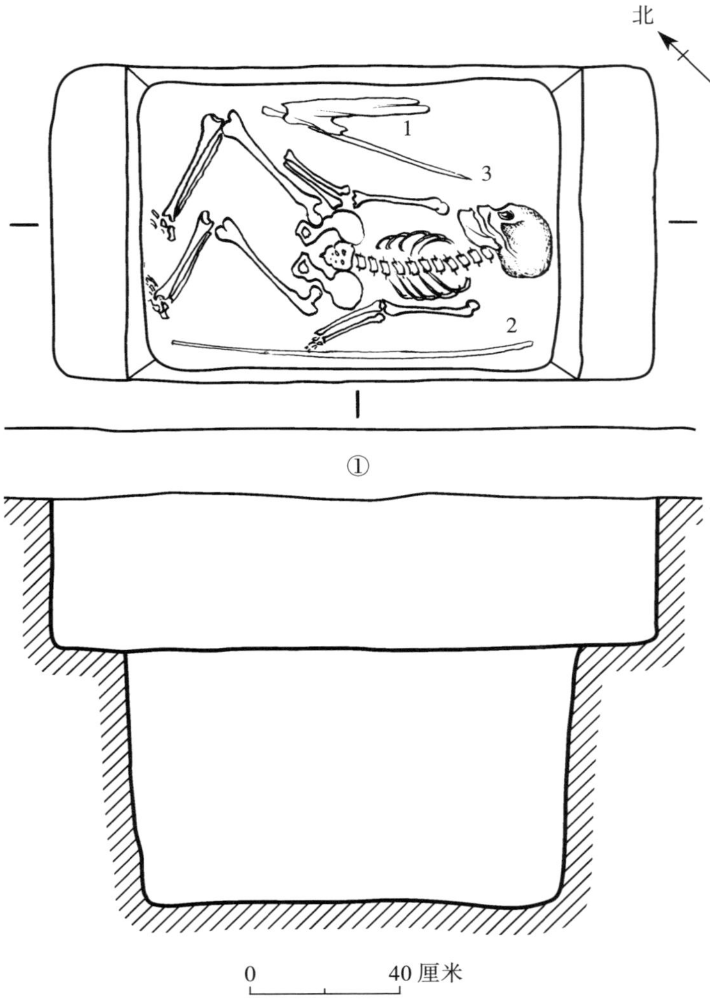

图八九　I M48平、剖面图

1. 木钩　2. 木弓　3. 木器具

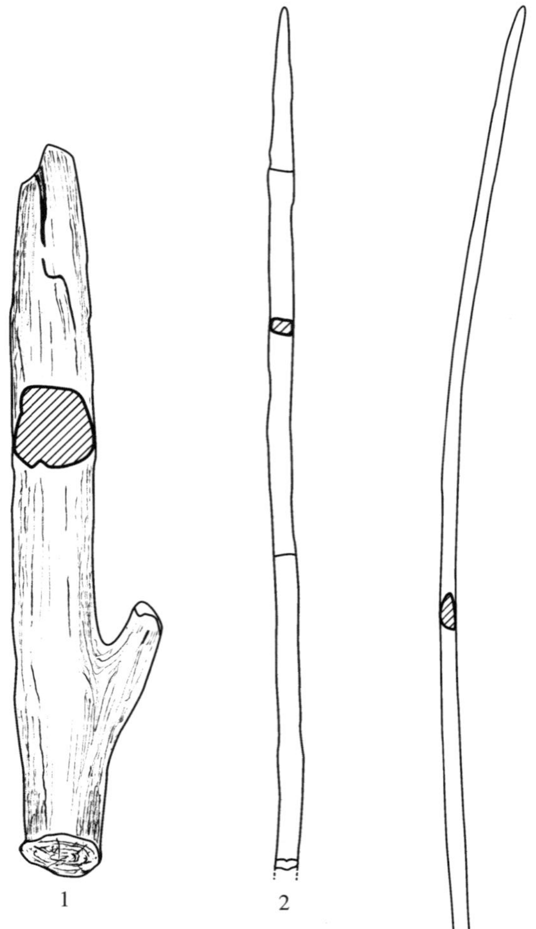

图九〇　I M48木器

1. 木钩（I M48∶1）　2. 木器具（I M48∶3）　3. 木弓（I M48∶2）

九〇，3）。

3. 木器具　圆枝干削制。呈四棱体，前端削锥尖，后端残。残长47、宽1.3、厚0.8厘米（图九〇，2）。

I M49

墓葬概况

位于墓地中部偏南，东邻I M82，南邻I M55，墓向136°。C型，长方形竖穴土坑墓，口大底小。地表为沙砾层，墓口距地表深0.14米，墓口长1.82、宽1.4米，墓底长1.7、宽1.4米，墓深1.46米。墓底有四足木床，床长1.58、宽1.25、高0.3米，床面铺细木棍。该墓被盗扰，填土中有陶器残片和芦苇秆等，两具人骨架仅颅骨保持在原有位置，其他骨骼凌乱地置于木尸床上，头向东，面向上。北面A为壮年女性，年龄25~30岁，B为壮年男性，年龄35岁左右。牙扣、砺石、两件陶单耳罐位于二人中间，木盘、木钉、木桶、木鞭杆和木线轴在墓室北部，陶双联罐、木手杖和木纺轮在墓室南半部。还随葬有羊头压在尸床下（图九一）。

随葬品

出土陶、木、角、石器12件（组）。

1. 牙扣　动物牙包皮加工制作。呈角锥形，上部钻一圆孔，上半部牙本质露出。长7、宽3、厚1.6厘米（图九二，7；图版一九六，5）。

2. 陶双联罐　夹砂红陶。敞口，小方唇，矮颈，圆腹，圜底近平，大小一样的两个罐，用圆柱连为一体，两罐一侧共用一个提梁形耳，耳顶部有五个小乳丁，并组成花朵形。口径6.4、高7、通高9.36厘米（图九二，11；图版六三，5）。

3. 陶单耳罐　夹砂红陶。敞口，圆唇，鼓腹，圜底，长条形单耳，由口沿上翻至腹下。内沿饰连续锯齿纹，器表通体饰由大三角延伸的条带纹，耳饰斜向折线纹。口径10.6、最大腹径12.9、高11.1厘米（图九二，12；图版四五，3）。

4. 陶单耳罐　夹砂红陶。敞口，圆唇，鼓腹，圜底，单耳，由口沿下翻至腹部。口沿内饰锯齿纹，器表饰由三角形延伸的条带纹，耳面上饰交叉纹。口径11.4、腹径 14、高 10.6 厘米（图九二，13；图版四五，4）。

5. 木桶　用圆木削挖制成。口小底大，平面呈椭圆形，嵌木底，桶体裂缝，用牛筋绳捆束。口径 9.5~11.8、底径 12.5~14、高 19.8 厘米（图九二，9；图版一二六，1）。

6. 木盘　圆木刻挖制作。平面呈椭圆形，敞口，浅腹，平底，壁上有小孔，器底有刀剁痕迹。口长径 33.2、短径 15.2、高 4 厘米（图九二，10；图版一三一，5）。

7. 木手杖　柳枝剔皮制作。下端削尖，握手柄呈拐角圆柱状，通体打磨光滑。长 87、直径 2、握手柄长 9 厘米（图九二，1；图版一七〇，4）。

8. 木纺轮　线轴两端细，中间粗，截面呈圆形；纺轮呈椭圆形，面平，底略弧。线轴长 42、直径 0.7 厘米，轮径 5.8~6.5、厚 1.4 厘米（图九二，2；图版一七四，4）。

9. 砺石　呈纵长条形，上部钻圆孔，面平整，边棱圆滑。长 9.9、宽 3.9、厚 1.1 厘米（图九二，8；图版二〇七，4）。

10. 木鞭杆　红色圆杆，一端削系鞭绳的凹槽，通体光滑，粗细匀称。长 48.4、直径 1.6 厘米（图九二，3）。

11. 木线轴　呈圆柱状，一端较细，另端残。残长 28.2、直径 0.8 厘米（图九二，4）。

12. 木钉　2 件，圆木削制。呈锥状。ⅠM49∶12-1，长 15.2、直径 2.1 厘米（图九二，5）。ⅠM49∶12-2，长 12.2、直径 1.3 厘米（图九二，6）。

ⅠM50

墓葬概况

位于墓地东南部，西南邻ⅠM59，西邻ⅠM57，墓向 102°。B 型，长方形竖穴土坑墓，两长边有二层台。墓口距地表深 0.12~0.16 米，墓口长 1.9、宽 1.48 米；二层台宽 0.17、深 0.52 米；墓底长 1.9、宽 1.15 米，墓深 1.65 米。墓被盗掘，墓底残存人骨一具，从发现人头骨及大部分肢体的位置看，应该是一次葬，仰身屈肢，有挪动情况，为中年女性，年龄 40~50 岁。未发现随葬品（图九三）。

随葬品

无随葬品。

ⅠM51

墓葬概况

位于墓地中南部，南邻ⅠM54，东北邻ⅠM48，墓向 50°。B 型，长方形竖穴土坑墓，一短边有二层台。墓口距地表深 0.2 米，墓口长 0.7、宽 0.44 米。二层台宽 0.1、深 0.2 米，二层台与墓口斜向搭建棚木，其上铺盖骆驼刺。墓底长 0.6、宽 0.44 米，墓深 0.56 米。内葬年龄 2~3 岁的婴儿，仰身，下肢微屈，头向东北，面向上。骨架保存较好，无随葬品（图九四）。

随葬品

无随葬品。

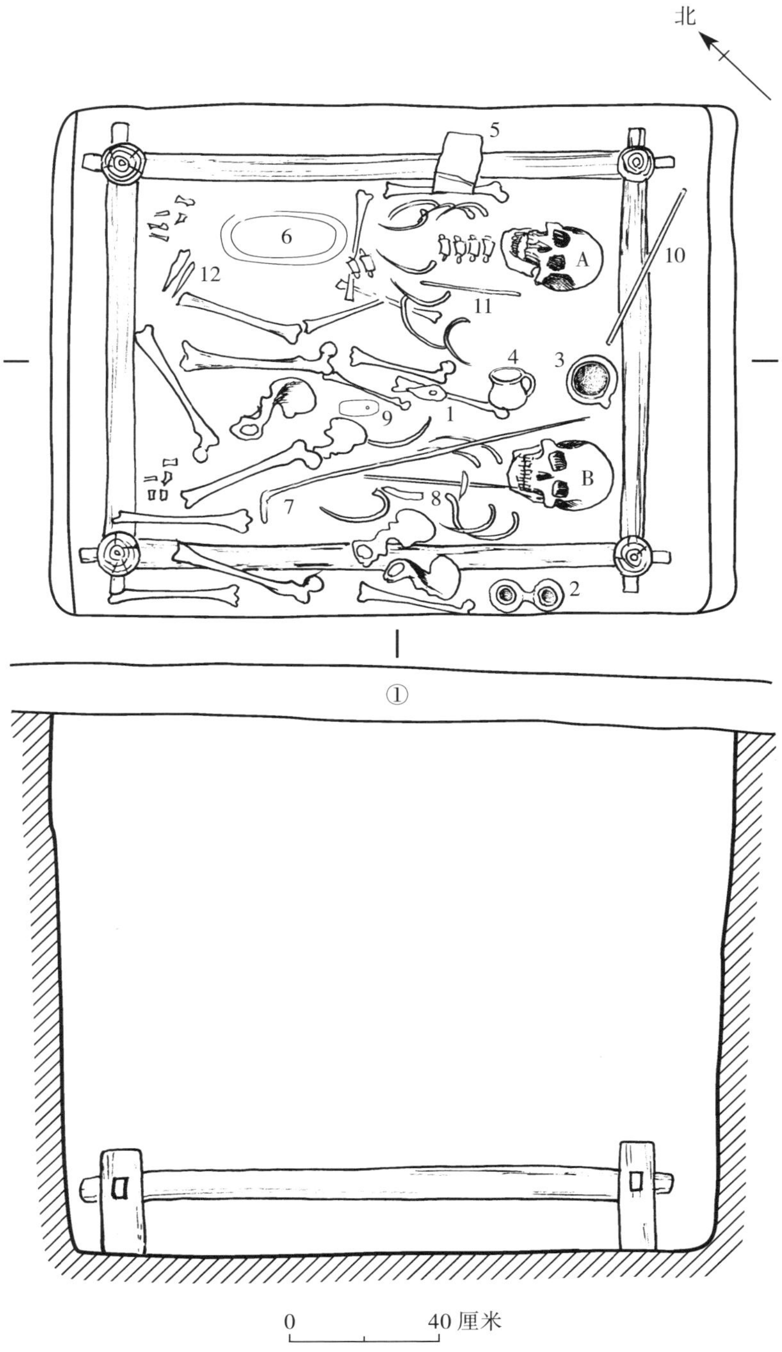

图九一　ⅠM49 平、剖面图

1. 牙扣　2. 陶双联罐　3、4. 陶单耳罐　5. 木桶　6. 木盘　7. 木手杖　8. 木纺轮　9. 砺石　10. 木鞭杆　11. 木线轴　12. 木钉

ⅠM52

墓葬概况

位于墓地中南部，北邻ⅠM54，西南邻ⅠM96，墓向

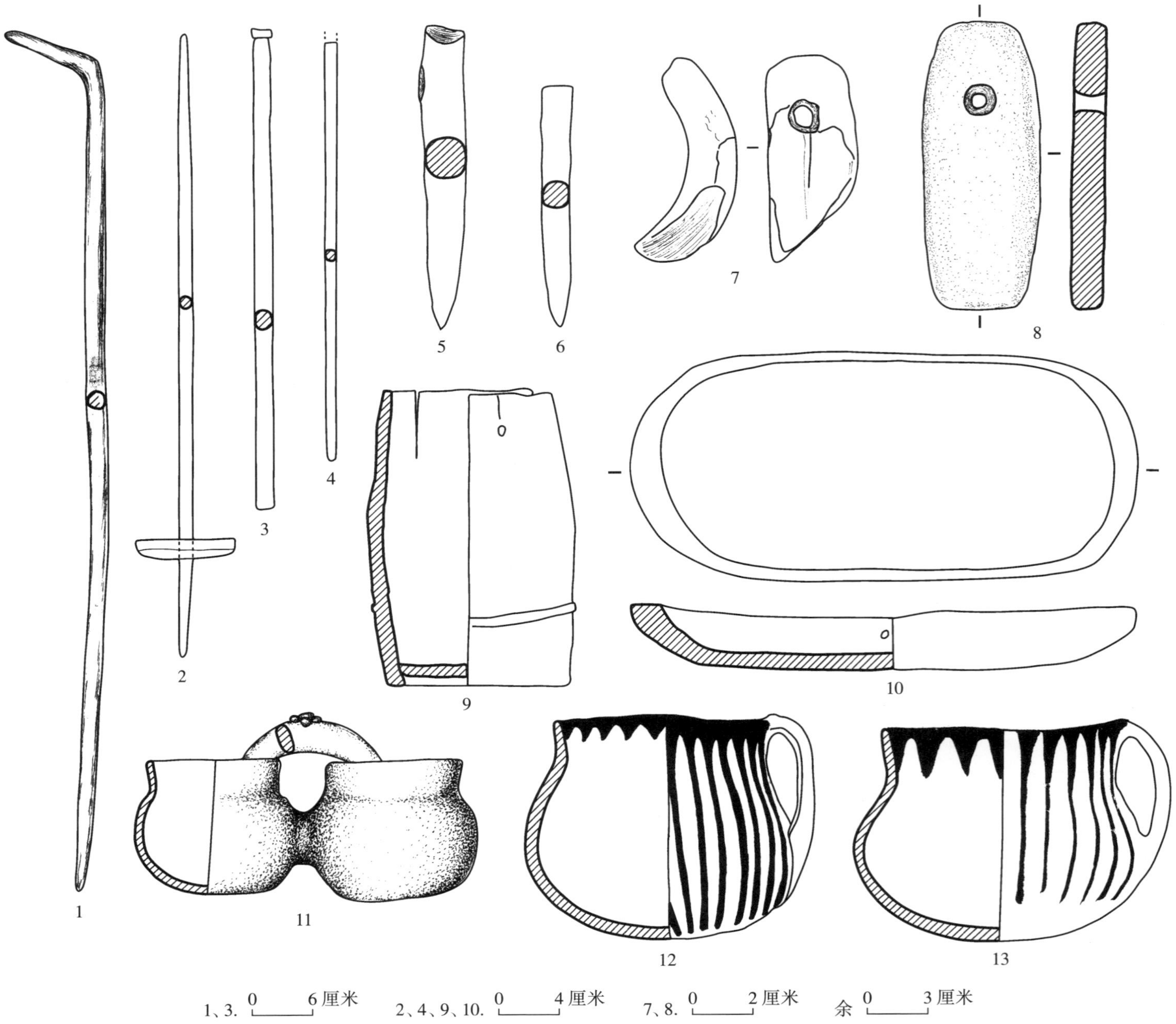

图九二　ⅠM49随葬品

1. 木手杖（ⅠM49：7） 2. 木纺轮（ⅠM49：8） 3. 木鞭杆（ⅠM49：10） 4. 木线轴（ⅠM49：11） 5、6. 木钉（ⅠM49：12-1、12-2） 7. 牙扣（ⅠM49：1） 8. 砺石（ⅠM49：9） 9. 木桶（ⅠM49：5） 10. 木盘（ⅠM49：6） 11. 陶双联罐（ⅠM49：2） 12、13. 陶单耳罐（ⅠM49：3、4）

127°。B型，长方形竖穴土坑墓，短边有二层台。墓口距地表深0.16米，墓口呈东窄西宽的梯形，长1.5、宽0.86~0.96米，墓周壁向下斜收，口大底小。二层台宽0.2、深0.68米。墓底长1.08、宽0.78~0.87米，墓深1.38米。在二层台和相对一面墓口边上，原搭建有木梁五根，其中柽柳四根、胡杨一根，木梁上盖芦苇、骆驼刺、甘草，甘草上压有土坯，土坯上戳印有简略的符号。墓底葬一壮年男性，年龄20~30岁，侧身屈肢，右手置于腹部，面南。骨架保存较完整。身体南面随葬骨锥，北面木橛，身上残存皮靴和毛纺织物碎片（图九五）。

随葬品

出土骨、木器和皮、毛制品4件。

1. 骨锥　动物骨骼加工而成。呈半圆锥体，尖锐。通体磨制光滑。长12、直径1.3、内径0.7厘米（图九六，1；图版一八七，5）。

2. 木橛　柽柳树枝加工制作。微弯曲，一端削成扁锥状，另一端抹棱。除两端外，其他部位红柳树皮保存完整。长83、直径3.6厘米（图九六，3）。

3. 皮靴　牛皮革缝制。残存底和帮的一部分。长24.3厘米（图九六，2）。

4. 毛纺织物　红棕色条纹斜褐残片。由红棕两色经线与红色纬线相交织。织物表面显出纵向条纹。残长34、宽22厘米（图版二四〇，1）。

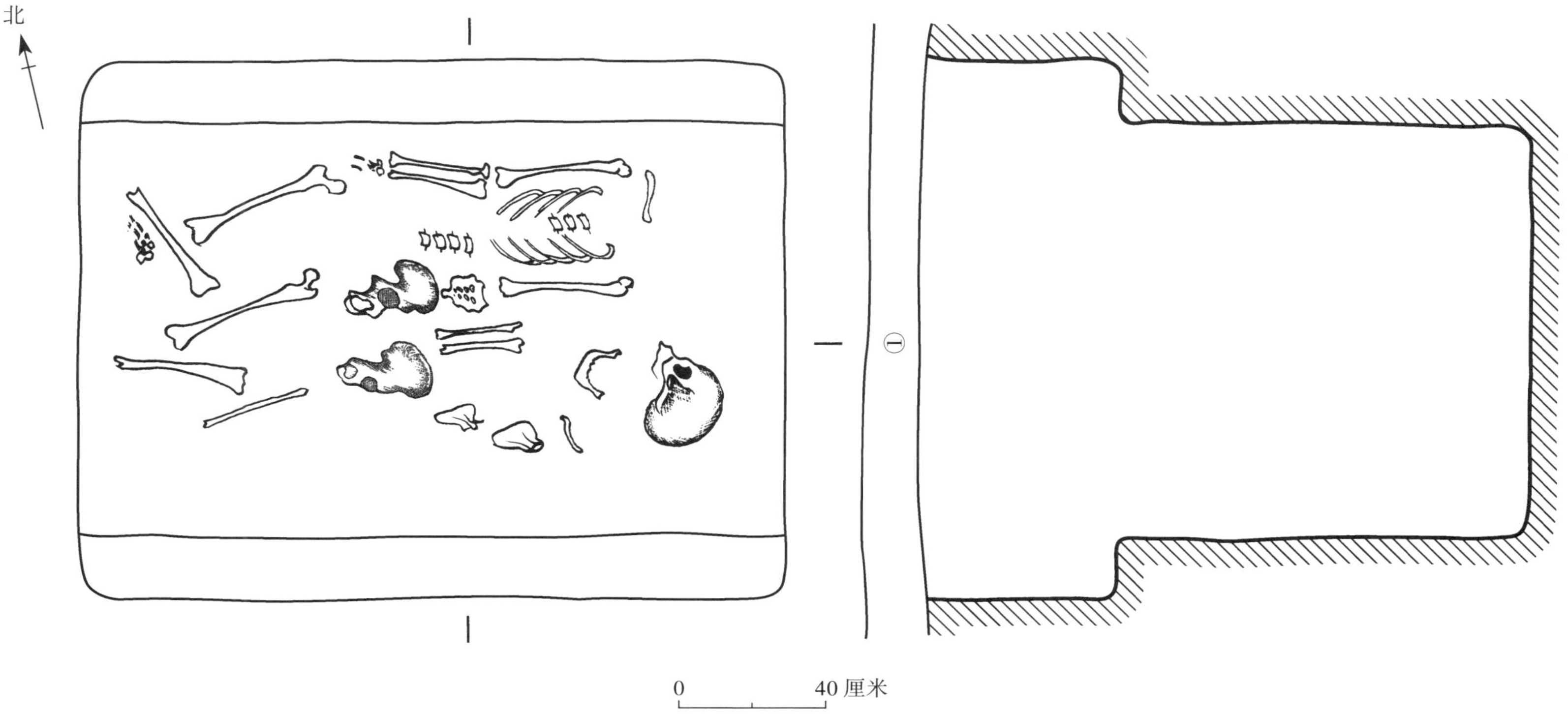

图九三　ⅠM50 平、剖面图

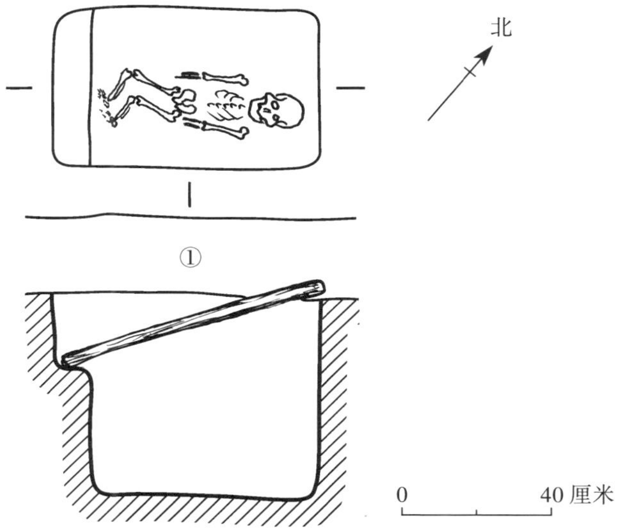

图九四　ⅠM51 平、剖面图

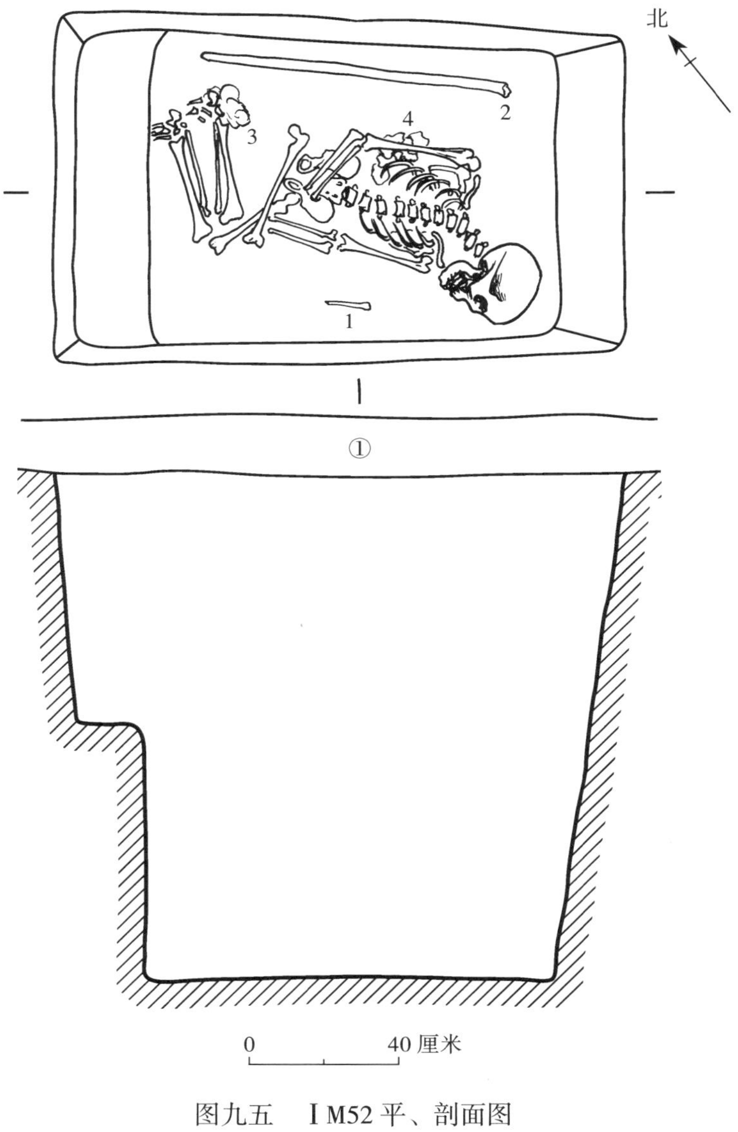

图九五　ⅠM52 平、剖面图

1. 骨锥　2. 木橛　3. 皮靴　4. 毛纺织物

ⅠM53

墓葬概况

位于墓地中南部，西北邻ⅠM48，西南邻ⅠM54，墓向 102°。B 型，长方形竖穴土坑墓，一短边有二层台。墓口距地表深 0.18 米，墓口长 0.83、宽 0.55 米。二层台宽 0.2、深 0.4 米。二层台和相对一边墓口，原有棚盖，现已朽并坍塌，棚盖物共四种，自上而下为蒲草、苇席、骆驼刺、木梁。填土内发现有带戳印纹土坯一块。墓底长 0.63、宽 0.56 米，墓深 0.7 米。墓底有一具未成年的儿童骨架，年龄 3~5 岁，头向东，面向南，仰身屈肢。无随葬品（图九七）。

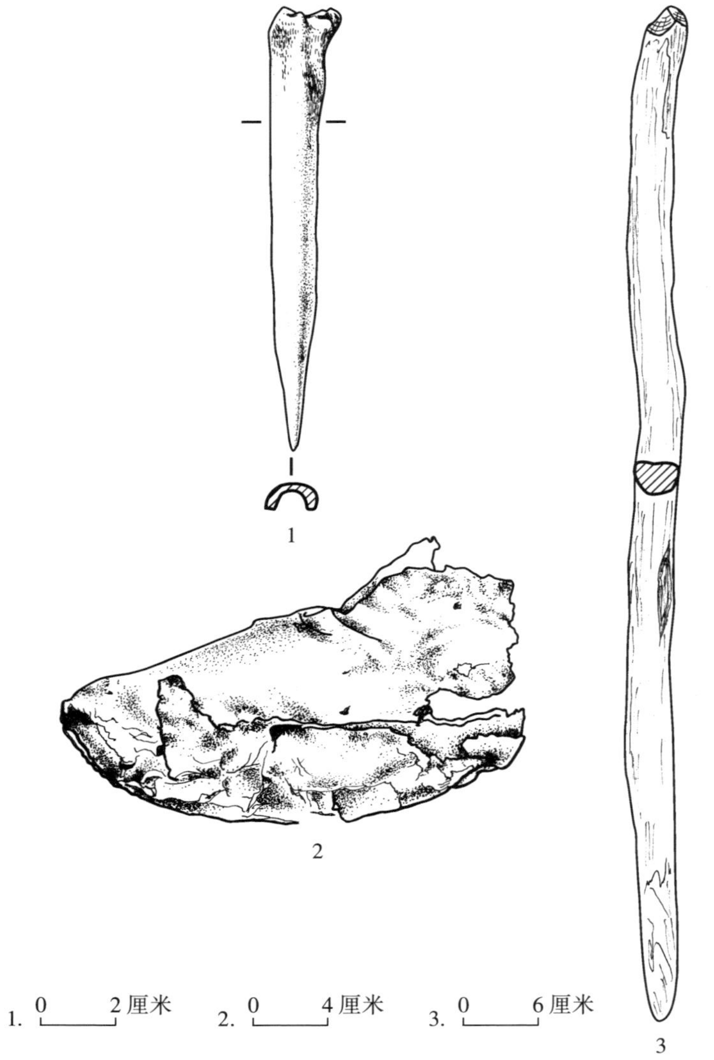

图九六　ⅠM52随葬品

1. 骨锥（ⅠM52：1）　2. 皮靴（ⅠM52：3）　3. 木橛（ⅠM52：2）

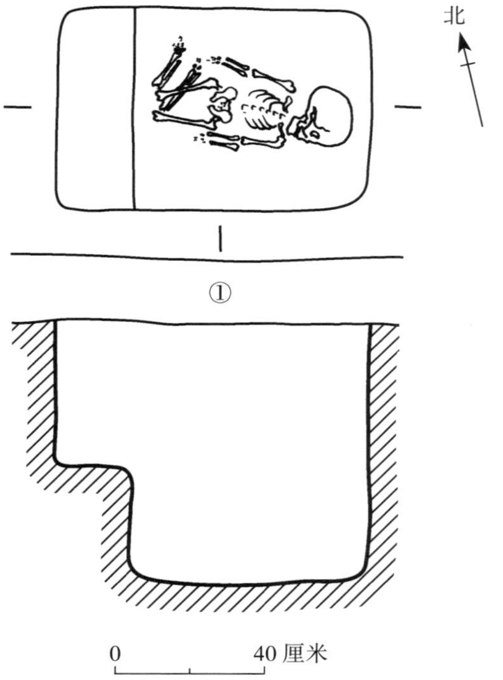

图九七　ⅠM53平、剖面图

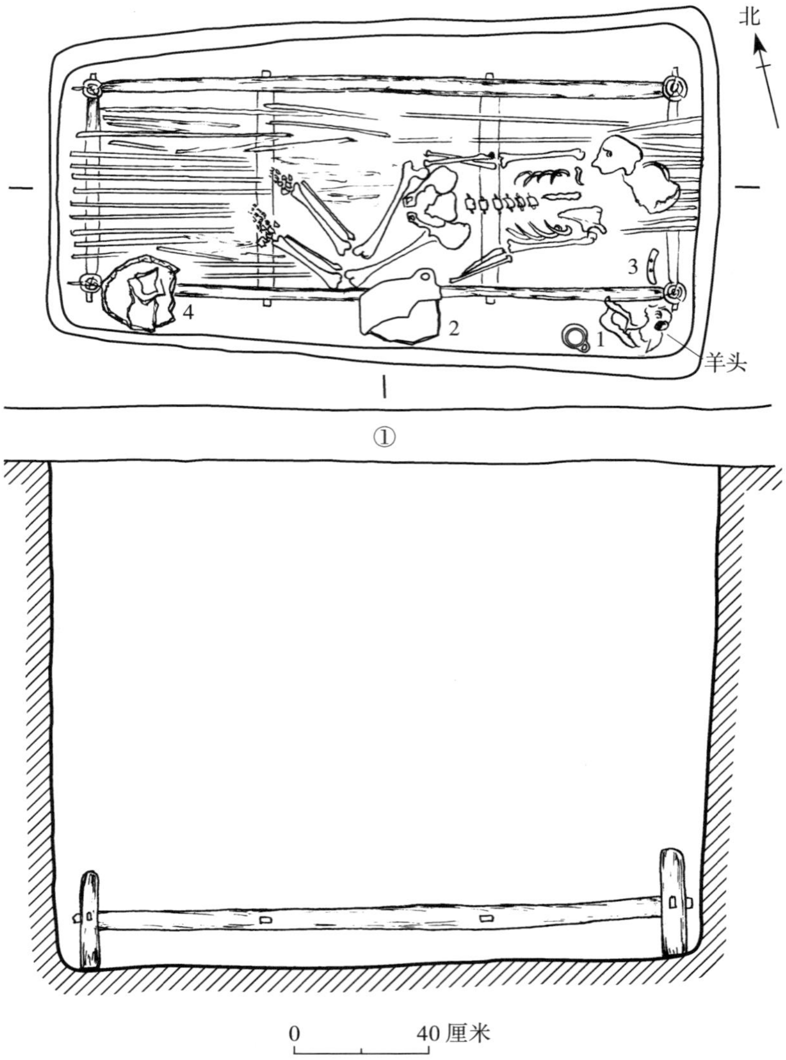

图九八　ⅠM54平、剖面图

1. 陶单耳杯　2. 陶釜　3. 木镳　4. 陶釜残片

随葬品

无随葬品。

ⅠM54

墓葬概况

位于墓地中南部，西北邻ⅠM51，南邻ⅠM52，墓向96°。C型，长方形竖穴土坑墓，口大底小。墓口距地表深0.15米，墓口呈西窄东宽的梯形，墓四壁向下斜收，墓口长1.98、宽0.84~1.12米，墓底长1.9、宽0.76~0.96米，墓深1.52米。墓内填土中含草屑。墓底有四足木床，长1.82、宽0.71、高0.32米，床面用细木棍铺成。床上有一具仰身屈肢人骨架，头东脚西，骨架朽残缺失严重，头骨已碎，为成年男性。东南角放置羊头一个。头骨左侧出土木镳，木尸床外东南角及南侧出土陶单耳杯、陶釜，西南角木床沿上有陶釜残片（图九八；图版九，4）。

随葬品

出土陶、木器4件。

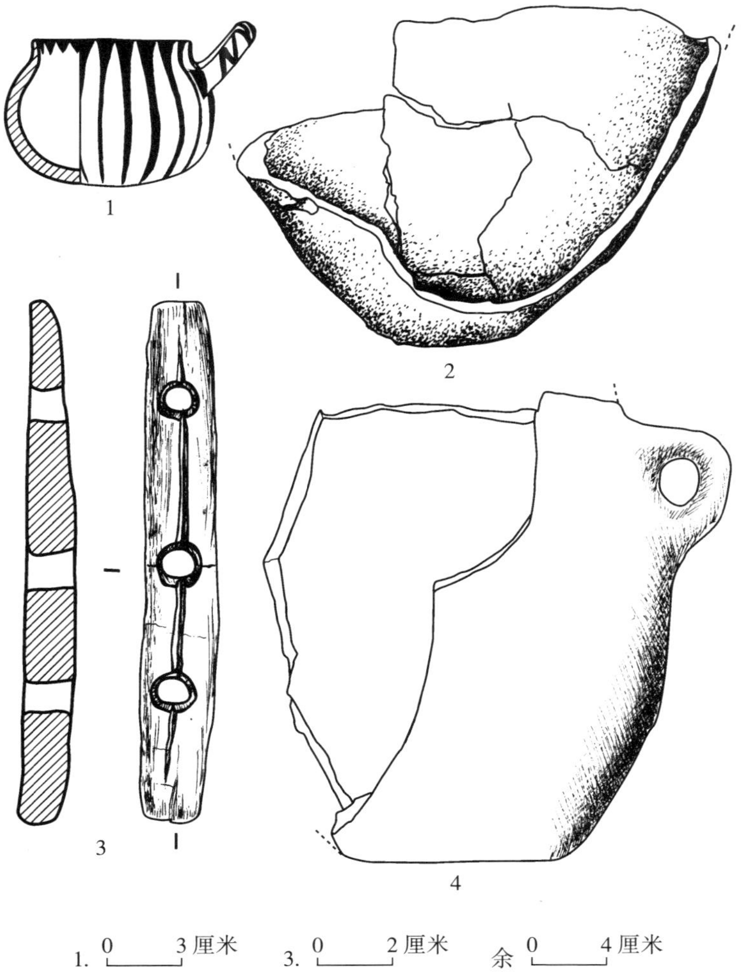

图九九　ⅠM54随葬品

1. 陶单耳杯（ⅠM54：1）　2、4. 陶釜（ⅠM54：4、2）　3. 木镳（ⅠM54：3）

1. 陶单耳杯　夹砂红陶。敞口，球形腹，圜底，肩部立耳上挺。内沿饰细锯齿纹，器表饰由大三角延伸细条带纹，耳彩绘连续折线纹。杯腹一侧有烟熏痕迹。口径6.2、高5.9厘米（图九九，1；图版八三，6）。

2. 陶釜　夹砂红陶。口残，圆腹，平底，肩部有一宽耳。底径11.2、残高26厘米（图九九，4）。

3. 木镳　呈长四棱体，钻有三孔，孔内有绳残迹。长14.2、宽1.9、厚1.8、孔径0.8厘米（图九九，3）。

4. 陶釜　夹砂红陶。陶釜的底和下腹部分，由多片粘对而成。底径7.2、残高18厘米（图九九，2）。

ⅠM55

墓葬概况

位于墓地东南部，西南邻ⅠM56，东南邻ⅠM40，墓向109°。C型，长方形竖穴土坑墓，直壁。地表为戈壁沙砾层，墓口距地表深0.18米，墓口长1.23、宽0.7米，墓深1.01米。墓底安放木尸床。床上有一具侧身屈肢骨架，头骨朽残，仅剩下颌骨，为中年女性，年龄约50

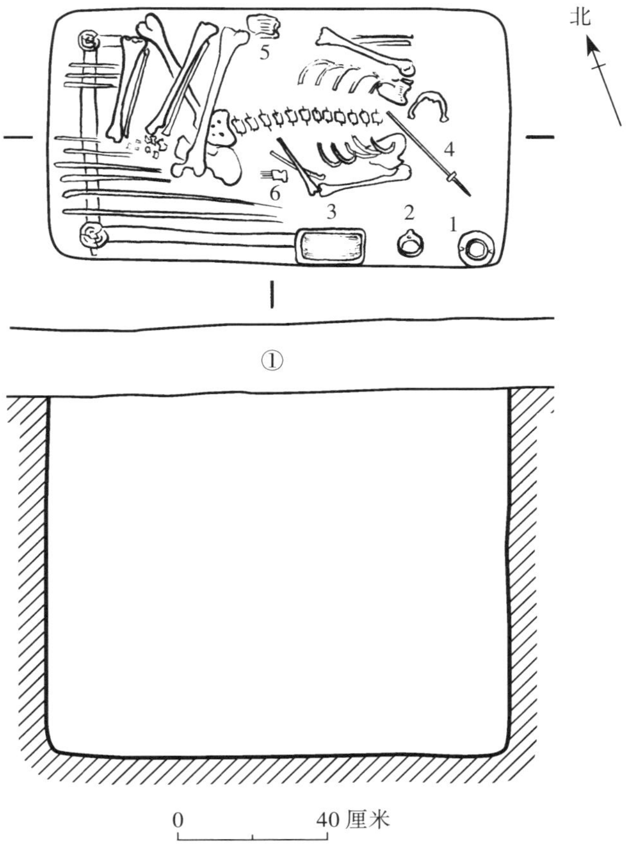

图一〇〇　ⅠM55平、剖面图

1. 陶双耳壶　2. 陶单耳杯　3. 陶盘　4. 木纺轮　5. 皮盒　6. 木梳

岁，骨架保存差。骨架左前方有陶双耳壶、陶单耳杯、陶盘、木纺轮，另有皮盒在北壁边，木梳在墓中央（图一〇〇）。

随葬品

出土陶、木、皮质器物6件。

1. 陶双耳壶　夹砂红陶。敞口，方唇，长颈，鼓腹，大平底，腹两侧各有一小耳。外沿饰竖斜向带纹，腹部饰竖向条带纹。口径6.8、腹径9.5、底径6.7、高11.1厘米（图一〇一，3；图版一〇四，3）。

2. 陶单耳杯　夹砂红陶。敞口，圆唇，束颈，圜底近平，中腹上有四颗乳丁，口沿上立有一环形耳，耳顶有乳丁。口沿及耳内饰三角纹，器表绘网格纹。口径6.8、通高9.8厘米（图一〇一，4；图版九三，3）。

3. 陶盘　夹砂红陶。平面呈长方形，直口微敞，浅腹，平底，长边一侧有一穿孔。器表及器内都有点状纹。口长径18、短径13.4、高4厘米（图一〇一，5；图版一二二，4）。

4. 木纺轮　圆木削制。圆柱状线轴两端稍细，线轴通体磨制光滑。纺轮呈圆饼状。线轴长32.8、直径0.4~0.8厘米，轮径4、厚1厘米（图一〇一，6；图版一七五，8）。

5. 皮盒　盒体用一整块皮革缝制，盖另缝制。呈方形，

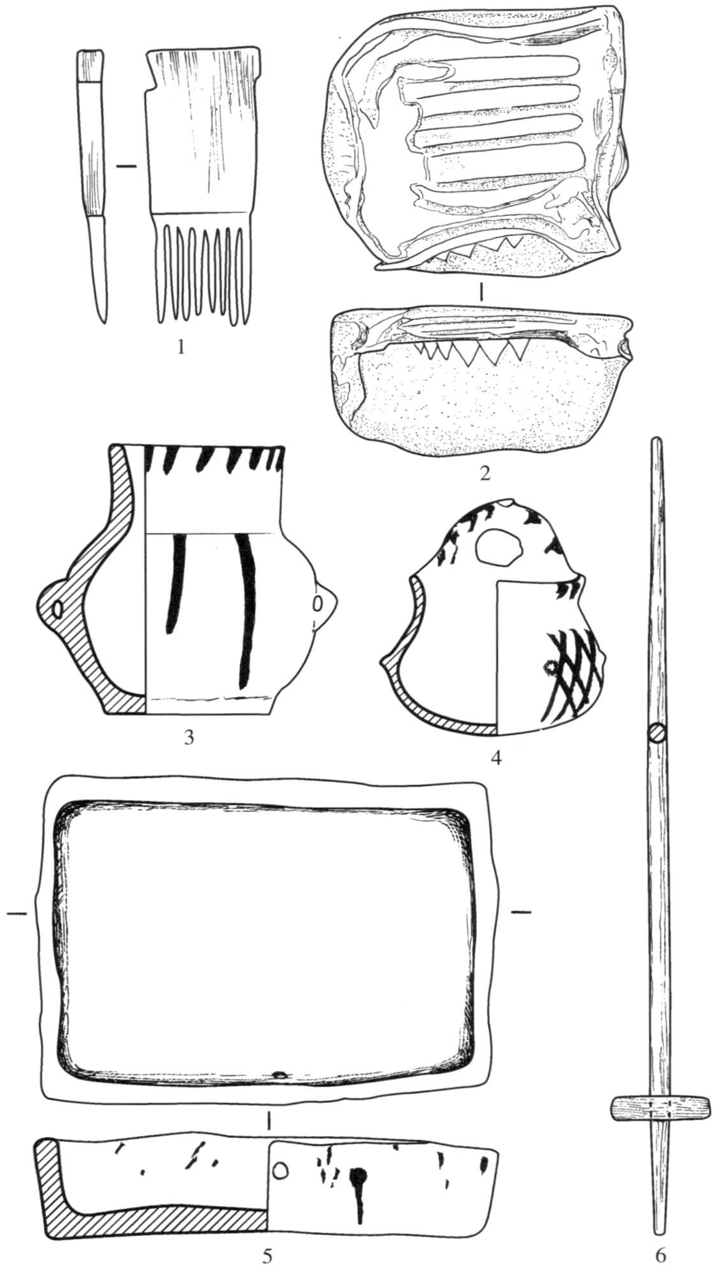

图一〇一　ⅠM55随葬品

1. 木梳（ⅠM55：6）　2. 皮盒（ⅠM55：5）　3. 陶双耳壶（ⅠM55：1）
4. 陶单耳杯（ⅠM55：2）　5. 陶盘（ⅠM55：3）　6. 木纺轮（ⅠM55：4）

直口，浅腹，平底。口沿雕锯齿纹，盖压制凸棱纹。长8、宽7.2、通高3.8厘米（图一〇一，2；图版二二八，4）。

6. 木梳　竖长方形，木柄后端一侧呈亚腰形，另一侧稍外凸。通体打磨光滑。长7.6、宽3、厚0.3~0.6、齿长3厘米（图一〇一，1）。

ⅠM56

墓葬概况

位于墓地中南部，东北邻ⅠM55，南邻ⅠM57，墓向100°。C型，长方形竖穴土坑墓，直壁。墓口距地表深0.2米，墓口长1.24、宽0.68米，墓深0.7米。墓底铺苇草，有青年女性骨架一具，年龄15~17岁，头东脚西，面向南，侧身屈肢，右臂下垂，左臂上屈置于腹部，仅下颌骨在腓骨处，骨架保存较好。该墓被盗，在墓口发现有小盗坑。随葬的木盘置于胸前，陶单耳杯位于东南角，木纺轮位于右肩部（图一〇二）。

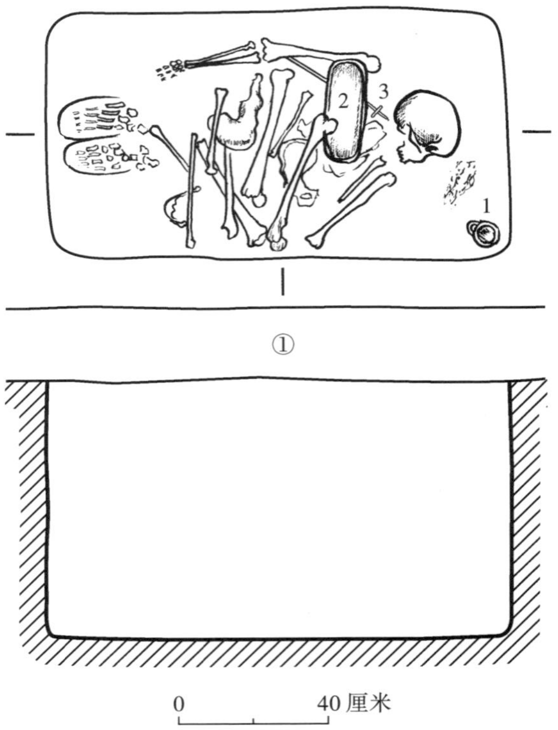

图一〇二　ⅠM56平、剖面图

1. 陶单耳杯　2. 木盘　3. 木纺轮

随葬品

出土陶、木器3件。

1. 陶单耳杯　夹砂红陶。敞口，球形腹，圜底，腹部有横向桥形耳。内沿饰垂帐纹，器表饰菱形网格纹。器表有烟熏痕迹。口径5.8、高4.5厘米（图一〇三，2）。

2. 木盘　圆木刻、挖、削制。平面呈长条形，两端弧拱。敞口，口沿因变形而高低不平，浅腹，近平底，盘壁有一小圆孔。口径10~28.6、高2.8厘米（图一〇三，1；图版一三一，6）。

3. 木纺轮　圆线轴上端残，杆体光滑，粗细均匀。纺轮呈椭圆形，底面平。线轴残长34、直径0.7厘米，轮径6.3~7、厚0.6厘米（图一〇三，3）。

ⅠM57

墓葬概况

位于墓地中南部，北邻ⅠM56，南邻ⅠM58，墓向130°。C型，长方形竖穴土坑墓，直壁。墓口距地表深0.2米，墓口长1.4、宽0.98米，墓深0.9米。该墓被盗扰，

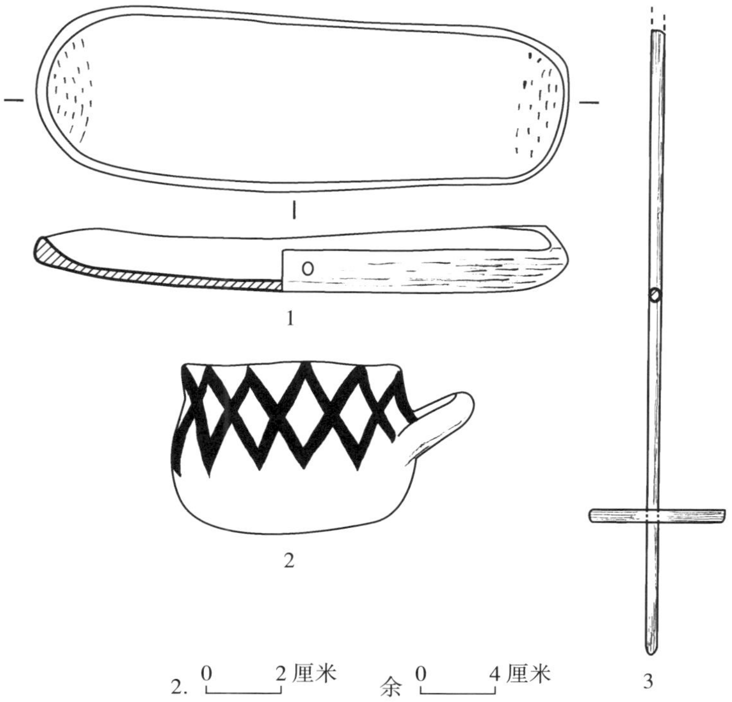

图一〇三　ⅠM56随葬品

1. 木盘（ⅠM56：2）　2. 陶单耳杯（ⅠM56：1）　3. 木纺轮（ⅠM56：3）

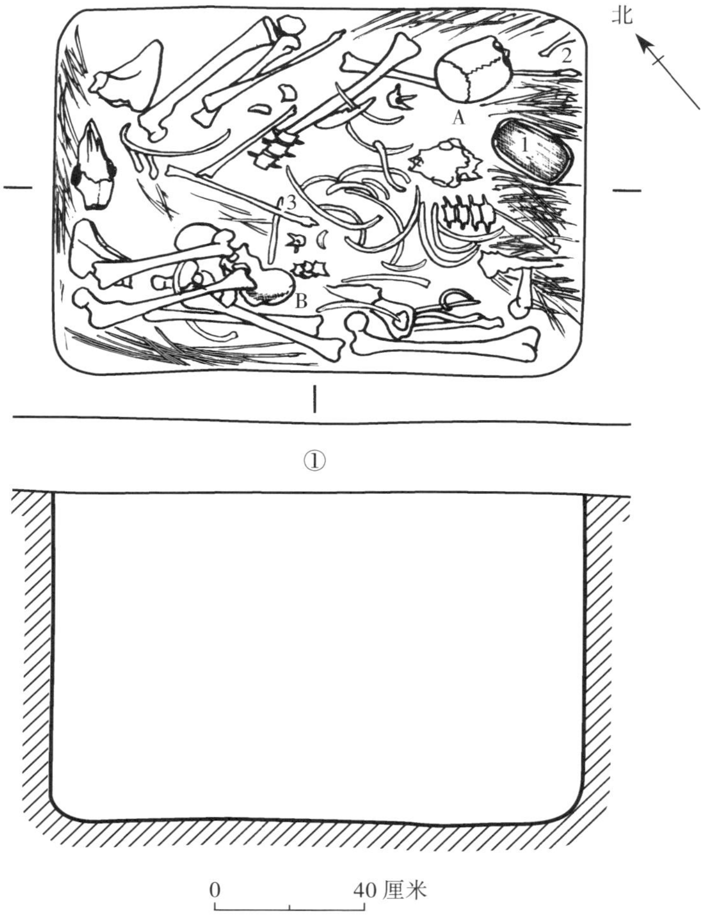

图一〇四　ⅠM57平、剖面图

1. 木盘　2. 木鞭杆　3. 木弓

填土中含有芦苇秆、土坯块等。墓底铺有芦苇秆和干草。人骨架凌乱，可看出为两个个体，其中A颅骨在东北角，应作为墓的方向，为壮年男性，年龄30~40岁。B骨架在西南，性别、年龄不详。随葬绵羊头1个在西壁边，木盘位于头顶部，木鞭杆在A颅骨旁，木弓位于墓中稍偏西（图一〇四；图版九，5）。

随葬品

出土木器3件。

1. 木盘　圆木刻、挖、削制而成。平面略呈椭圆形，体形较小。敞口，浅腹，近圜底，边壁有一小圆孔。口长径21.5、短径12、高2.8厘米（图一〇五，1；图版一三一，7）。

2. 木鞭杆　红柳木削制。圆柱状，木杆两端削斜面，形成帽盖状，系柔软羊皮条。长37.6、直径1.1厘米（图一〇五，3；图版一六七，5）。

3. 木弓　弓弰残节，呈弧形扁片，弰端呈圆弧形，两侧刻连弧凹槽。残长20.5、宽1.5、厚0.6厘米（图一〇五，2）。

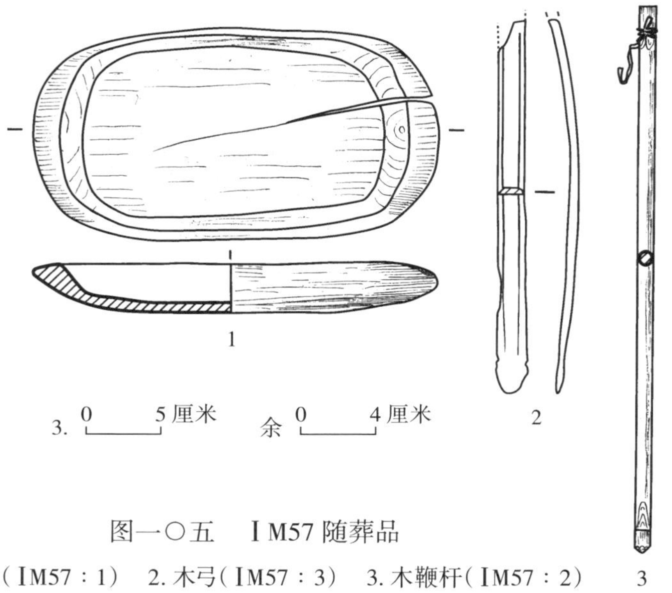

图一〇五　ⅠM57随葬品

1. 木盘（ⅠM57：1）　2. 木弓（ⅠM57：3）　3. 木鞭杆（ⅠM57：2）

ⅠM58

墓葬概况

位于墓地中南部，北邻ⅠM57，南邻ⅠM83，墓向100°。C型，近长方形竖穴土坑墓，口大底小。墓口平面呈西窄东宽的梯形，墓口距地表深0.13米，墓口长1.3、宽0.73~0.9米，墓底长1.07、宽0.56~0.71米，墓深0.67米。该墓被盗掘，填土中有封盖墓口用的木棒残节、芦苇秆、干草等。墓底两具人骨架，头东，仰身屈肢，下肢错位凌乱。A在北面，为壮年男性，年龄20~30岁；B在南面，为成年女性，骨架下有木床残构件。随葬品陶单耳壶、陶单耳杯两件、木纺轮、木梳、木弓、骨锥位于墓葬的

图一〇六　I M58 平、剖面图

1. 陶单耳壶　2、3. 陶单耳杯　4. 木梳　5. 木纺轮　6. 骨锥　7. 木盘　8. 木弓

东北角，木盘在西南角（图一〇六）。

随葬品

出土陶、木、骨器 8 件。

1. 陶单耳壶　夹砂红陶。敞口，尖唇，长颈，垂腹，颈肩间有条形耳，腹部有一对称的系形小耳。内沿饰小三角纹，外沿至颈间饰菱形方格纹，肩至腹中部饰两条锯齿形连续折线纹，下腹露胎。口径 6.6、腹径 15.1、底径 7、高 20.4 厘米（图一〇七，8）。

2. 陶单耳杯　夹砂红陶。敞口，尖唇，鼓腹，圜底近平，口沿下有横环形耳。口沿内饰锯齿纹，器表绘细长双线为一组的竖条纹，耳部饰交错锯齿纹。口径 7.3、高 6.4 厘米（图一〇七，5；图版八二，4）。

3. 陶单耳杯　夹砂红陶。敞口，鼓腹，圜底，耳残。通体露胎，素面，器表一侧有烟迹。口径 7.4、高 5.8 厘米（图一〇七，6）。

4. 木梳　木板削刻制作。呈纵长方形，亚腰形梳背顶两端刻弧形小凹槽，齿呈扁锥状。长 8、宽 5、厚 0.7、齿长 3.3 厘米（图一〇七，7；图版一五〇，7）。

5. 木纺轮　圆木削制。圆柱状线轴两端较细，通体光滑；纺轮呈圆饼状。线轴长 29.5、直径 0.4~0.7 厘米，轮径 3.6、厚 1.3 厘米（图一〇七，3；图版一七六，1）。

6. 骨锥　动物骨骼加工。锥尖呈扁平状，后端为未加工的骨关节面。长 14.1、宽 1~1.6 厘米（图一〇七，2；图版一八七，6）。

7. 木盘　圆木刻、挖、削制。呈船形，敞口，浅腹，平底，边壁有一小孔。反扣底为砧板，有刀剁痕迹。口长径 42.5、短径 18.7、高 6 厘米（图一〇七，1；图版一三一，8）。

8. 木弓　圆木削制。截面呈半弧状，弓弰削成圆尖锥状。残长 48.5、宽 1.6、厚 0.8 厘米（图一〇七，4）。

I M59

墓葬概况

位于墓地南部，东北邻 I M50，西邻 I M83，墓向 120°。C 型，圆角长方形竖穴土坑墓，口大底小。墓口距地表深 0.07 米，墓口长 1.87、宽 1.05 米，墓底长 1.51、宽 0.98 米，墓深 1.12 米。墓底有人骨架一具，头东脚西，侧身屈肢，肋骨、上肢骨残缺移位，为成年女性。随葬的陶盆位于腿骨下，陶单耳壶位于北壁边，食品出土在腹部稍外位置（图一〇八；图版一〇，1）。

随葬品

出土陶器、食品 3 件（组）。

1. 陶单耳壶　夹砂红陶。喇叭口，圆唇，长颈，鼓腹，圜底，短耳位于颈肩之间。内沿饰连续小三角纹，外沿饰水波纹，腹部饰变形涡纹，耳上部饰两条平行斜向带纹。口径 9.8、腹径 12.3、高 15.2 厘米（图一〇九，1；图版一〇〇，4）。

2. 陶盆　夹砂红陶。敛口，上腹微鼓，下腹急收，小平底，上腹有小横形錾，錾中部有一小孔。内沿饰连续折线三角纹，外沿至腹中部饰连续大三角纹，其中有四组三角纹向下延伸成条带纹。口径 19、底径 7、高 9.8 厘米（图一〇九，3；图版一〇五，2）。

3. 食品　相同形状的 2 件。中间粗两端均稍细，中空。为粟类食品。I M59：3–1，长 6、最大腹径 2.75、壁厚 0.25 厘米（图一〇九，2；图版二一三，7）。

I M60

墓葬概况

位于墓地南部，北邻 I M25，西邻 I M61，墓向 82°。C 型，长方形竖穴土坑墓，口大底小。地表为平坦戈壁，墓口距地表深 0.16 米，墓口长 1.22、宽 0.76 米，墓底长 1.14、宽 0.68 米，墓深 1.07 米。墓室壁稍斜。填土中夹杂有土块、草屑等，墓底铺苇草垫。墓底有凌乱的人骨一具，头骨移位于中部，为青年女性，年龄 18~22 岁。随葬羊头和一条羊后腿。随葬的陶双耳杯、

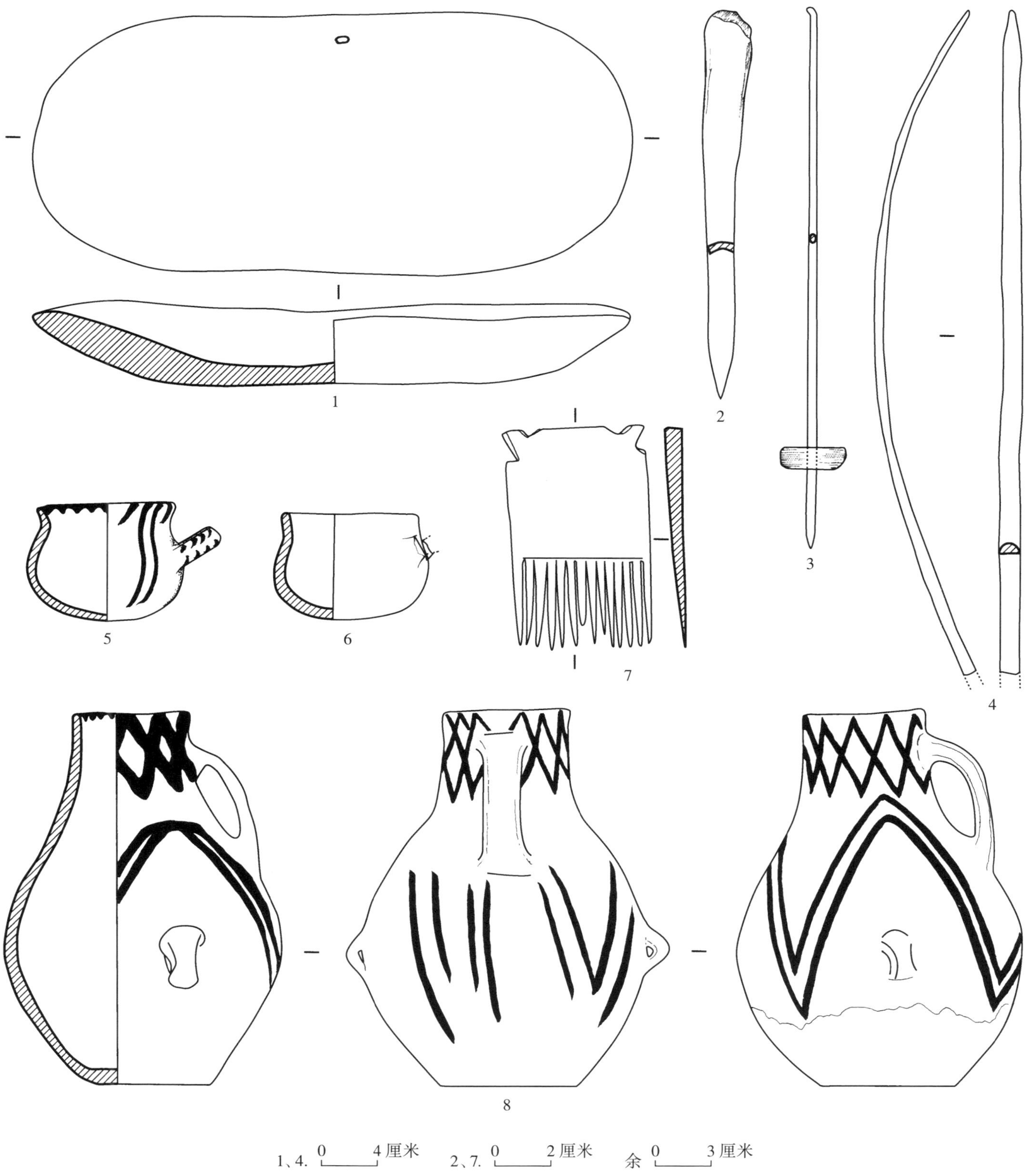

图一〇七　ⅠM58随葬品

1. 木盘（ⅠM58：7）　2. 骨锥（ⅠM58：6）　3. 木纺轮（ⅠM58：5）　4. 木弓（ⅠM58：8）　5、6. 陶单耳杯（ⅠM58：2、3）　7. 木梳（ⅠM58：4）　8. 陶单耳壶（ⅠM58：1）

陶单耳壶、骨锥和陶器残片在东南角，陶单耳杯和木梳在中间，木桶在南壁边，木钵、木纺轮、木钉在西边（图一一〇；图版一〇，4）。

随葬品

出土陶、木、骨质器物10件（组）。

1. 陶双耳杯　夹砂红陶。敞口，腹微鼓，平底，沿下有一对称的桥形耳。内沿饰垂帐纹，器表饰内填菱形网格纹的大三角纹。器内周壁有宽3厘米的黑色覆盖物（包浆）。口径12.1、底径9、高8厘米（图一一一，7；图版九六，1）。

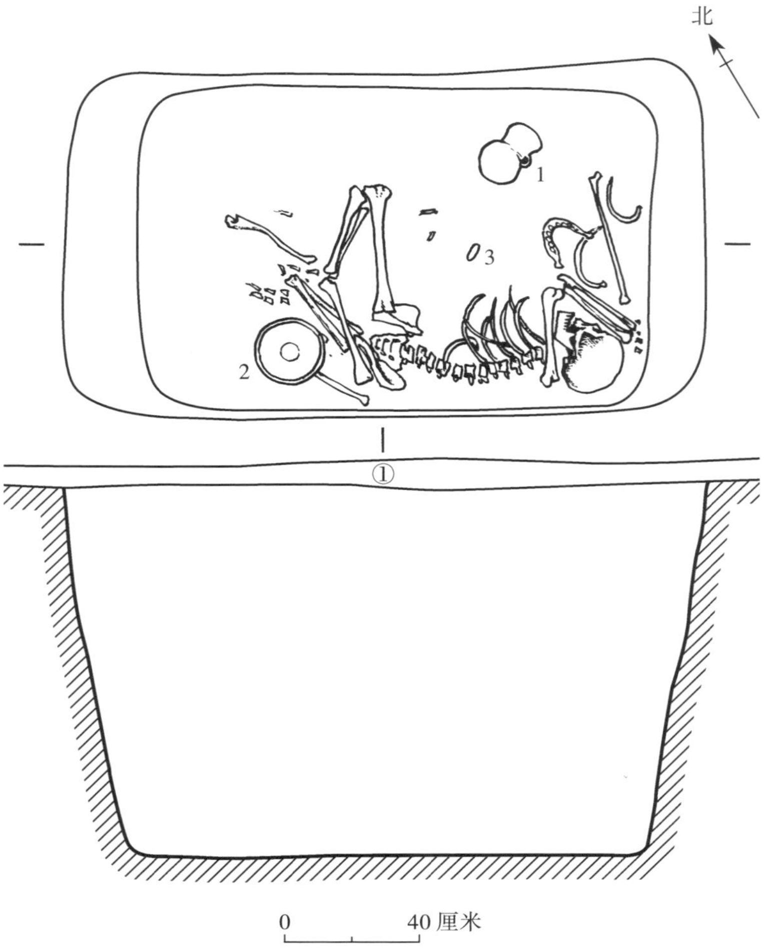

图一〇八 ⅠM59平、剖面图

1. 陶单耳壶 2. 陶盆 3. 食品

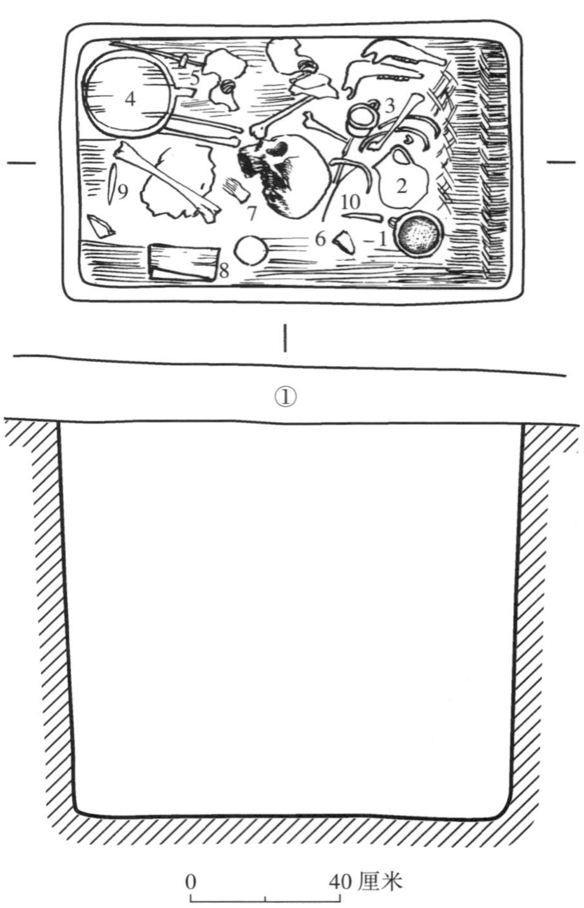

图一一〇 ⅠM60平、剖面图

1. 陶双耳杯 2. 陶单耳壶 3. 陶单耳杯 4. 木钵 5. 木纺轮 6. 陶器残片 7. 木梳 8. 木桶 9. 木钉 10. 骨锥

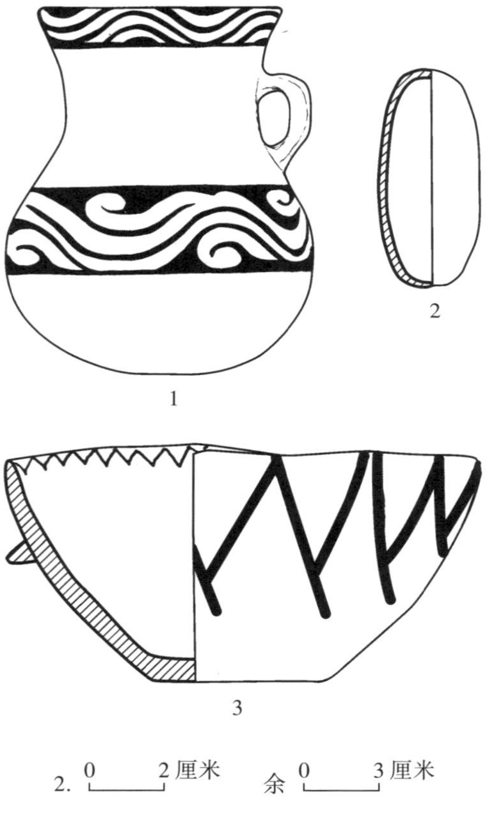

图一〇九 ⅠM59随葬品

1. 陶单耳壶（ⅠM59：1） 2. 食品（ⅠM59：3-1） 3. 陶盆（ⅠM59：2）

2. 陶单耳壶 夹砂红陶。敞口，圆唇，束颈，鼓腹，小平底，条带形耳由沿翻至腹部。颈饰横向波纹，腹部饰网格纹，耳彩绘横向条带纹。口径5.4、腹径13.4、底径6.3、通高14.7厘米（图一一一，9；图版一〇〇，5）。

3. 陶单耳杯 夹砂红陶。敞口，鼓腹，圜底，横耳立于腹部，耳高出杯口沿。通体素面。口径8、高6.4厘米（图一一一，8；图版八四，1）。

4. 木钵 圆木刻、挖、削制而成。平面呈椭圆形，敞口，方沿，平底，柱状耳由沿至腹底，壁残损裂缝，壁面上有圆形加固孔。口长径24、口短径22.6、底长径16.6、底短径13.5、高7.4厘米（图一一一，5；图版一四三，3）。

5. 木纺轮 圆柱状线轴一端呈尖状，杆体光滑；纺轮呈圆饼状。线轴长34、直径0.5厘米，轮径4.7、厚1厘米（图一一一，10）。

6. 陶器残片 夹砂红陶。仅存底及腹残片。平底，器壁较厚，砂粒裸露。素面。壁厚1.1、残高7.7厘米（图一一一，6）。

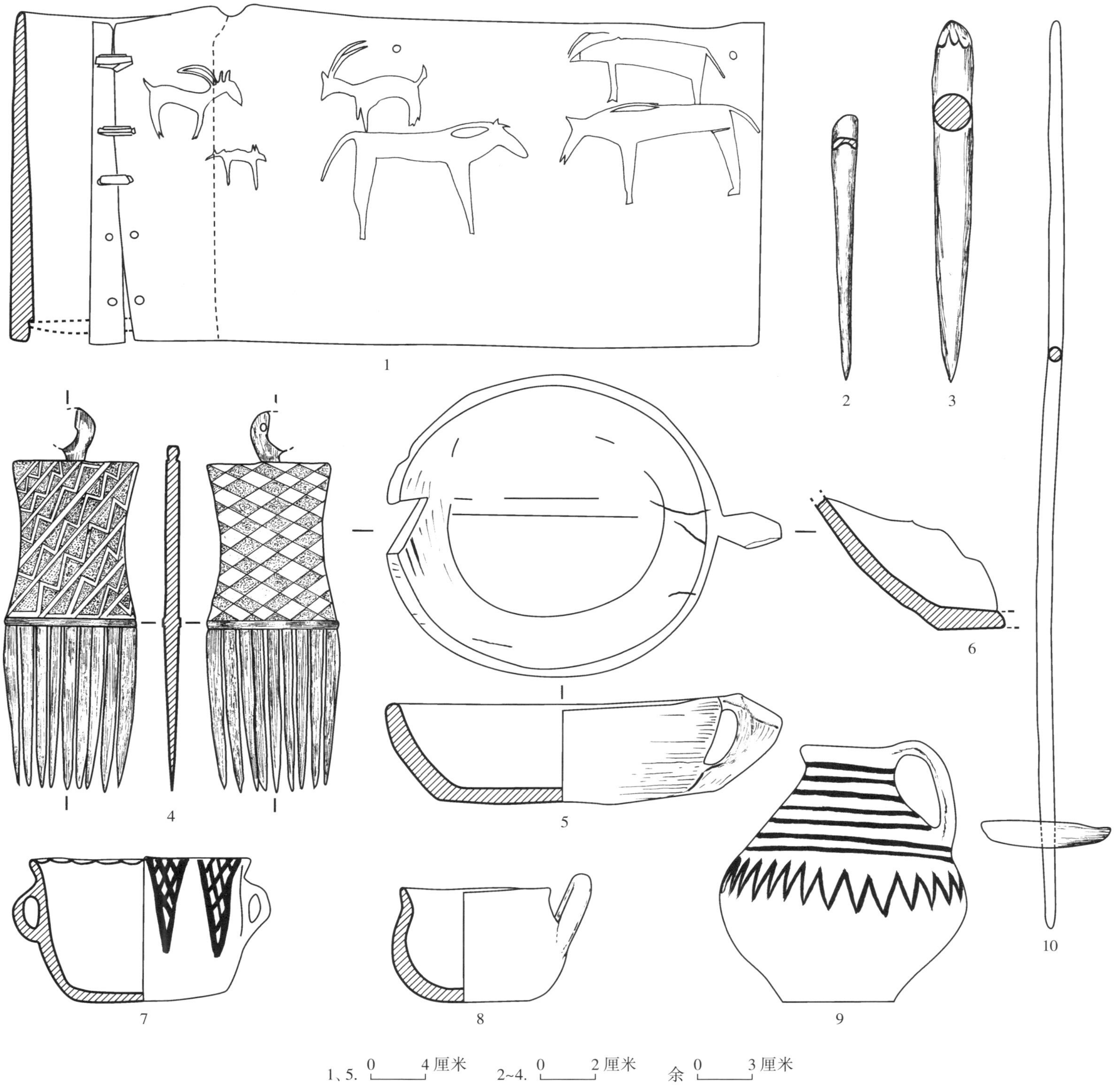

图一一一　ⅠM60随葬品

1. 木桶(ⅠM60：8)　2. 骨锥(ⅠM60：10)　3. 木钉(ⅠM60：9)　4. 木梳(ⅠM60：7)　5. 木钵(ⅠM60：4)　6. 陶器残片(ⅠM60：6)　7. 陶双耳杯(ⅠM60：1)　8. 陶单耳杯(ⅠM60：3)　9. 陶单耳壶(ⅠM60：2)　10. 木纺轮(ⅠM60：5)

7. 木梳　呈纵长条形，梳背呈亚腰形，背顶圆形纽残。齿呈四棱锥体，较粗，梳背正面线刻平行斜线，中刻阶梯纹，在阶梯与斜线空隙布麻点纹，背面用麻点饰菱形网格纹。长14、宽4.6、厚0.5、齿长6.1厘米（图一一一，4；图版一四九，2）。

8. 木桶　带流，筒壁上有一道裂缝，有五对锔眼穿皮绳加固。外壁涂成黑色，其上线刻六只动物，其中三只为羊，另三只（匹）似马。桶径13、高24.3厘米（图一一一，1；图版一二六，4）。

9. 木钉　12件，木条削制而成（图版一七九，8）。呈圆锥状。ⅠM60：9-1，长13.6、直径1.5厘米（图一一一，3）。

10. 骨锥　扁平，锥状。表面磨制光滑。长10厘米（图一一一，2）。

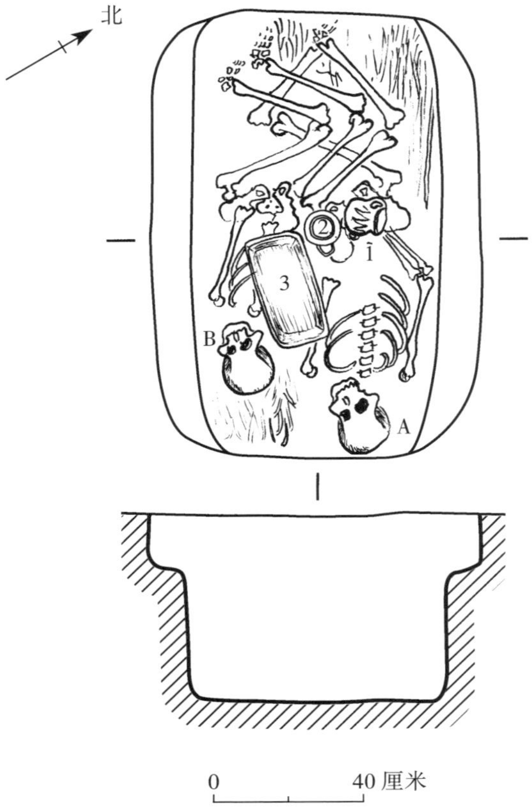

图一一二　ⅠM61平、剖面图

1. 陶单耳罐　2. 陶单耳杯　3. 木盘

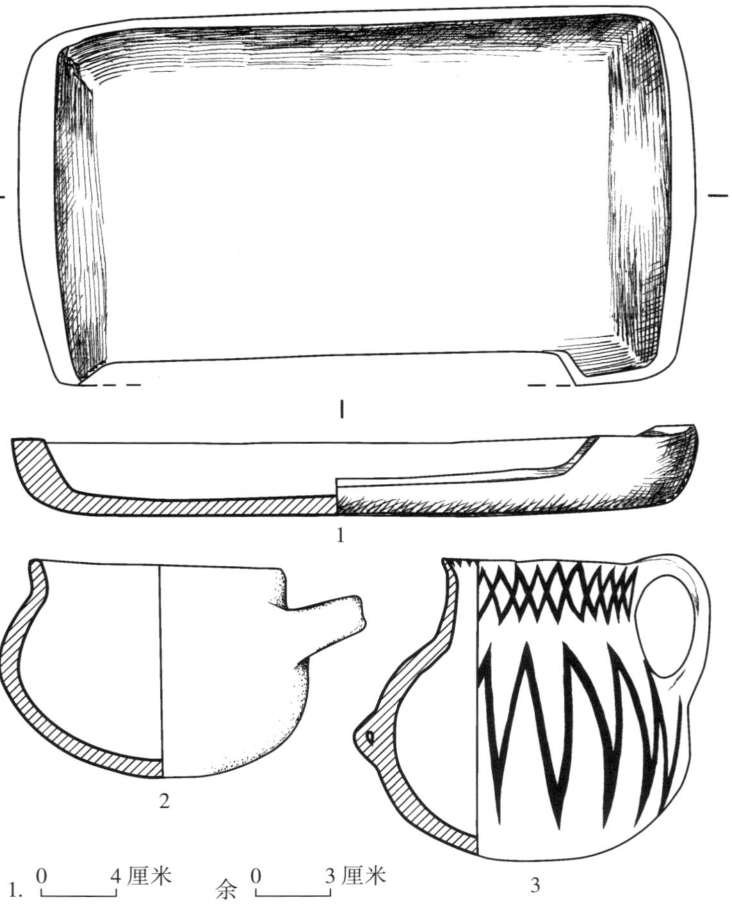

图一一三　ⅠM61随葬品

1. 木盘（ⅠM61：3）　2. 陶单耳杯（ⅠM61：2）　3. 陶单耳罐（ⅠM61：1）

ⅠM61

墓葬概况

位于墓地南部，东邻ⅠM60，西北邻ⅠM8，墓向120°。B型，圆角长方形竖穴土坑墓，两长边有二层台。墓开口于地表，墓口长1.23、宽0.86米；二层台宽0.1、深0.16米；墓底长1.23、宽0.66米，墓深0.52米。墓底铺草编席帘，内葬两人，仰身屈肢，靠墓南壁下的骨架B保存较差，仅存头骨和部分肢骨，为未成年儿童，年龄5~6岁。骨架A保存较好，为壮年女性，年龄30~40岁。木盘位于两具骨架之间，陶单耳罐和陶单耳杯位于骨架A腹部（图一一二）。

随葬品

出土陶、木质器物3件。

1. 陶单耳罐　夹砂红陶。敞口，圆腹，圜底，耳从沿翻至肩部，与耳对应的腹部有一小鼻纽。内沿饰锯齿纹，外沿至颈部饰菱形网格纹，腹部饰连续折线纹，耳上部与下部饰两组横向锯齿纹。口径8、腹径12.3、高12.3厘米（图一一三，3；图版五七，2）。

2. 陶单耳杯　泥质红陶。敞口，圆唇，鼓腹，圜底，沿下肩部有横向桥状耳。素面。口径10.1、高9厘米（图一一三，2；图版八二，5）。

3. 木盘　圆木掏挖、削刻而成。平面呈长方形，两端外弧。敞口，方唇，浅腹，平底，盘底面留有较多刀剁痕。口长35.8、口宽21.1、高5厘米（图一一三，1；图版一三二，1）。

ⅠM62

墓葬概况

位于墓地西南，北邻ⅠM63，东邻ⅠM65，墓向124°。B型，长方形竖穴土坑墓，两长边有二层台。墓口距地表深0.21米，墓口长1.78、宽1.3~1.4米；二层台宽0.2、深0.41米；墓底长1.78、宽0.92~0.98米，墓深1.24米。墓内自上而下计有三层人骨：第①层距地表0.92米，仅存部分骨骼。从髋骨看为成年女性A，无随葬品，骨架下铺垫苇草席；第②层距地表1.15米，为壮年女性B，年龄25~30岁，骨架残缺不全，仰身屈肢，无随葬品；第③层骨架C位于墓底木尸床上，为壮年男性，年龄25~35岁，仰身屈肢。四腿木尸床床面铺细木棍，木棍上再铺苇草，四只床腿嵌入墓底坑穴中，木床长1.71、宽0.73、高0.32米。随葬品都在第③层。陶盆和陶单耳壶在西北角，石杵在东南部，石球、木钉、陶单耳罐、木盘、木碗、海贝等散置于中间木床上。在墓葬第③层

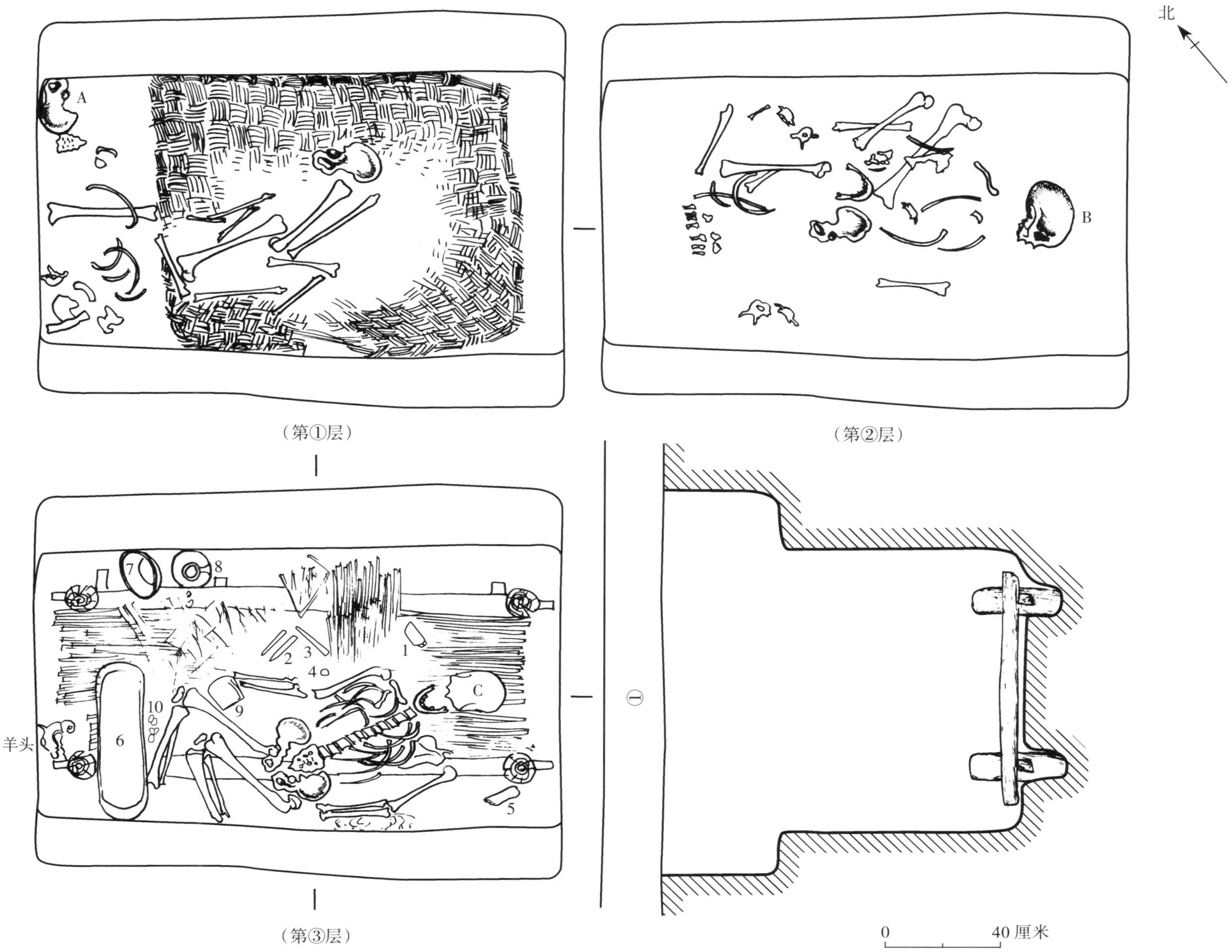

图一一四　Ⅰ M62平、剖面图

1.木碗　2、3.木钉　4.石球　5.石杵　6.木盘　7.陶盆　8.陶单耳壶　9.陶单耳罐　10.海贝

西南角有羊头（图一一四；图版一〇，2、3）。

随葬品

出土陶、木、石、贝器物10件（组）。

1.木碗　圆木刻挖而成。敞口，斜腹，平底，方形鋬耳。通体涂褐色，素面。口径10.4、底径6.4、高5厘米（图一一五，7；图版一四八，1）。

2.木钉　2支，圆枝条削制（图版一七九，9）。呈锥状，后端有砸痕。Ⅰ M62：2-1，长16.5、直径1.3厘米（图一一五，2）。Ⅰ M62：2-2，长18、直径1.5厘米（图一一五，1）。

3.木钉　3支，均为圆木削制。呈圆锥状，尖锐。Ⅰ M62：3-1，长14.2、直径0.8~1厘米（图一一五，3）。

4.石球　呈馒头状，底凹凸不平，断裂成两块。底径4.5、高3.9厘米（图一一五，6）。

5.石杵　略呈上大下小的四棱体，前端略呈椭圆形。长17.2、宽6.5、厚5.2厘米（图一一五，11）。

6.木盘　圆木刻、挖、削制而成。平面呈横长方形，两端呈弧拱形。敞口，浅腹，圜底。口长53.2、口宽15.2、高4.8厘米（图一一五，4；图版一三二，2）。

7.陶盆　夹砂红陶。敛口，深腹，上腹微鼓，下腹急收，小平底，外沿下有一小鋬。器口变形，呈不规则

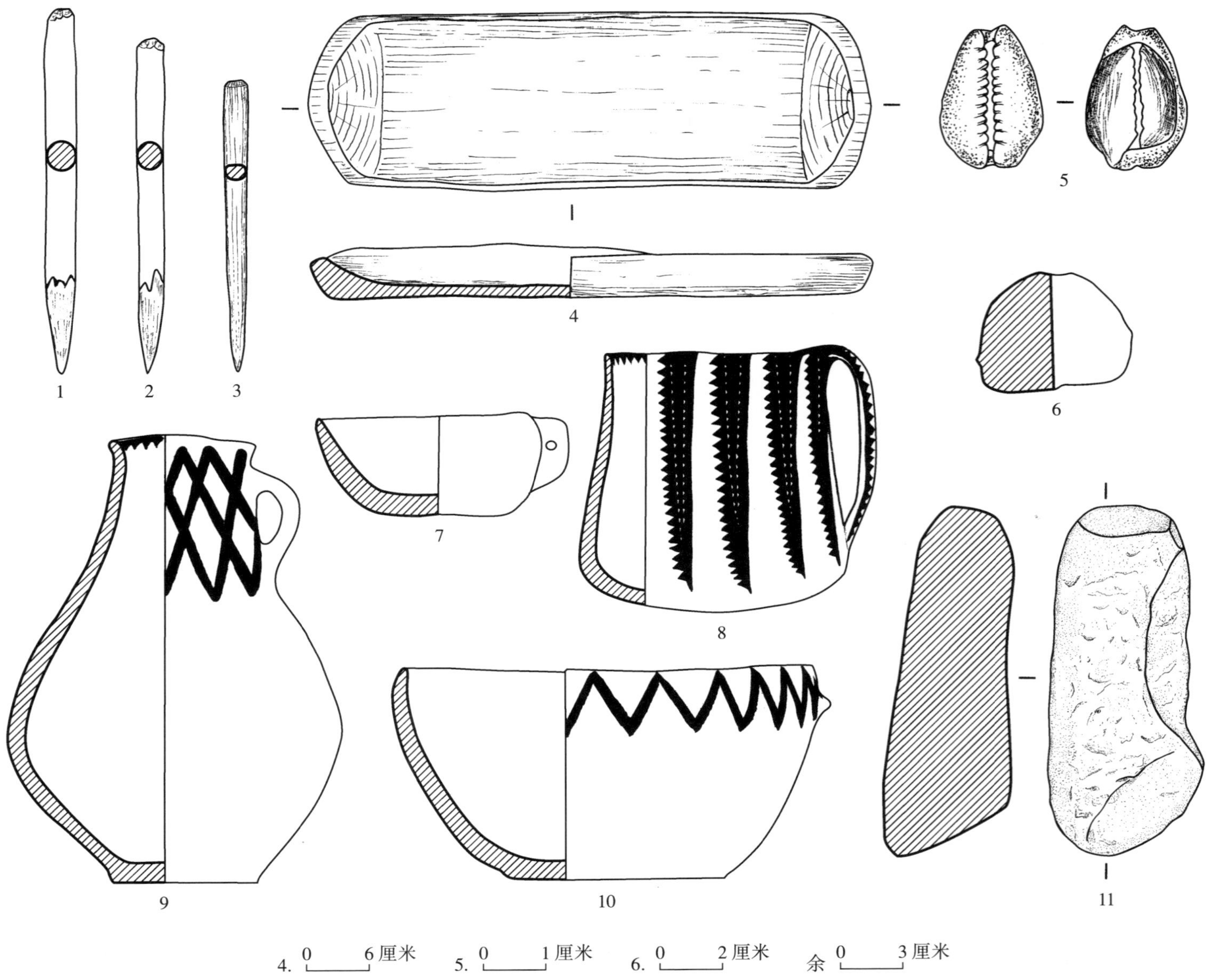

图一一五　ⅠM62随葬品

1~3. 木钉（ⅠM62：2-2、2-1、3-1）　4. 木盘（ⅠM62：6）　5. 海贝（ⅠM62：10-1）　6. 石球（ⅠM62：4）　7. 木碗（ⅠM62：1）　8. 陶单耳罐（ⅠM62：9）　9. 陶单耳壶（ⅠM62：8）　10. 陶盆（ⅠM62：7）　11. 石杵（ⅠM62：5）

椭圆形。外沿饰连续折线纹。口径19.7~20.8、底径10、高10.7厘米（图一一五，10；图版一〇五，3）。

8. 陶单耳壶　夹砂红陶。敞口，尖唇，鼓腹，小平底，单耳位于颈部。内沿饰细密锯齿纹，外沿至颈彩绘复式连续折线纹，形成网格状，耳两侧彩绘。口径7、腹径16、底径7.7、高22.2厘米（图一一五，9；图版九九，2）。

9. 陶单耳罐　夹砂红陶。敞口，圆唇，壁较直，腹微垂，圜底，长耳由沿翻至腹底。内沿饰细密锯齿纹，通体饰竖向锯齿纹，每组锯齿纹由三条渐合为一条，耳两侧彩绘，口内沿涂一周红陶衣。口径10.4、腹径12.8、高12.8厘米（图一一五，8；图版四二，2）。

10. 海贝　6枚。椭圆形，中空，锯齿纹中缝（图版二一五，3）。磨制光滑。ⅠM62：10-1，长2.3、宽1.6厘米（图一一五，5）。ⅠM62：10-2，长1.7、宽1.2厘米。

ⅠM63

墓葬概况

位于墓地西南，南邻ⅠM62，东北邻ⅠM64，墓向70°。C型，长方形竖穴土坑墓，直壁。墓口距地表深0.2米，墓口长1.19、宽0.6米，墓深0.98米。墓底有中年男性骨架一具，年龄45~50岁，仰身屈肢，部分肋骨和上肢骨移位到头顶左侧，下肢盘屈，脚跟紧依盆骨。左上臂处有直柄铜刀，头左侧有陶单耳壶，头右侧为石杵（图一一六）。

随葬品

出土陶、铜、石器 3 件。

1. 铜刀　呈长条形，直柄，斜刃。通长 17、柄宽 1.1、刃长 10.6、刃宽 1.4 厘米（图一一七，3；图版一九九，1）。

2. 陶单耳壶　夹砂灰褐陶。器形小，沿下单耳残。敞口，高颈，鼓腹，圜底。通体素面，未施陶衣。口径 3.6、腹径 5.7、高 6.7 厘米（图一一七，1）。

3. 石杵　砂岩。呈上大下小的扁圆体，两端有研磨痕迹。长 10、宽 7.5、厚 4~6 厘米（图一一七，2）。

Ⅰ M64

墓葬概况

位于墓地西南部，西南邻ⅠM63，东南邻ⅠM65，墓向 140°。C 型，圆角长方形竖穴土坑墓，直壁。墓口距地表深 0.08 米，墓口长 0.76、宽 0.61 米，墓深 0.33 米。墓底有儿童骨架一具，年龄约 7 岁，仰身屈肢，骨架腐朽严重。无随葬品（图一一八）。

随葬品

无随葬品。

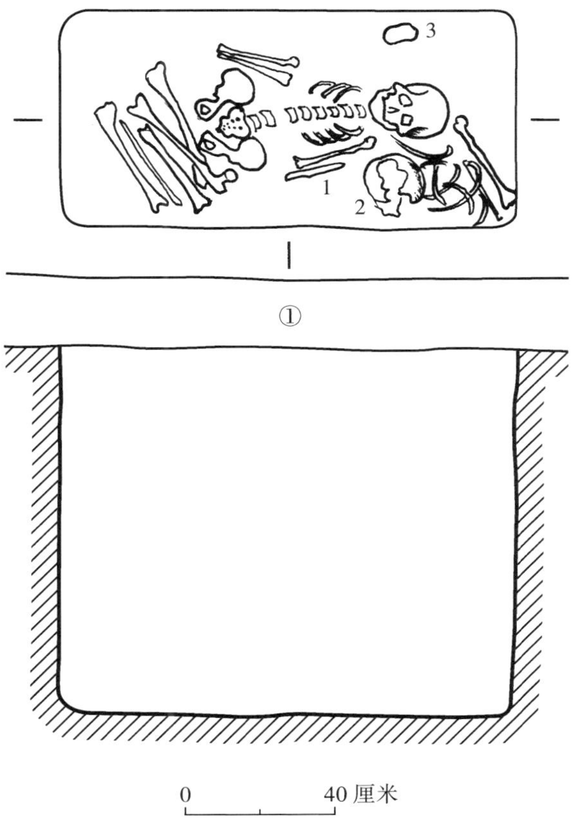

图一一六　ⅠM63 平、剖面图

1. 铜刀　2. 陶单耳壶　3. 石杵

Ⅰ M65

墓葬概况

位于墓地西南部，西邻ⅠM62，东邻ⅠM66，墓向 105°。C 型，长方形竖穴土坑墓，直壁。地表为戈壁沙砾石，凹凸不平。墓口距地表深 0.12 米，墓口长 1.21、宽 0.66 米，墓深 0.66 米。墓底有人骨一具，骨架凌乱，缺头骨，为成年女性。在墓底西北角出土陶单耳壶（图一一九）。

随葬品

出土陶器 1 件。

1. 陶单耳壶　夹细砂红陶。敞口，圆唇，鼓腹，平底，耳位于颈腹间。内沿饰连续锯齿纹，外沿至颈饰连续折线纹，颈以下通体饰粗连续折线纹，耳上部折线纹呈三角形。口径 7.7、腹径 12.3、底径 5.8、高 13.1 厘米（图一二〇，2；图版一〇〇，6）。

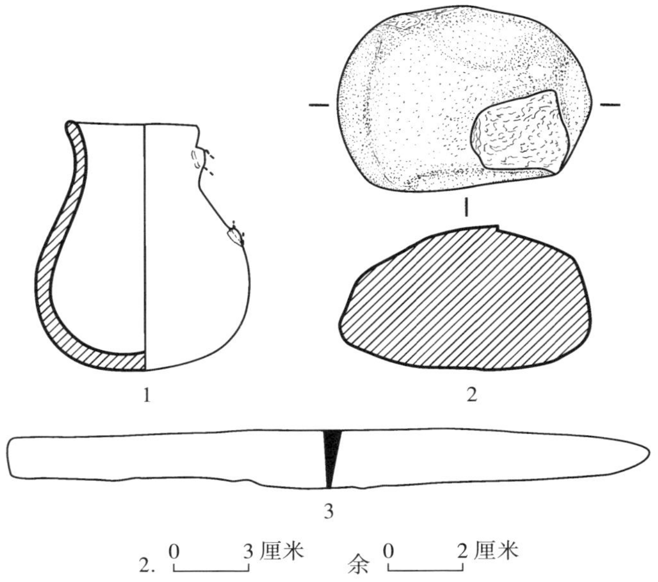

图一一七　ⅠM63 随葬品

1. 陶单耳壶（ⅠM63：2）　2. 石杵（ⅠM63：3）　3. 铜刀（ⅠM63：1）

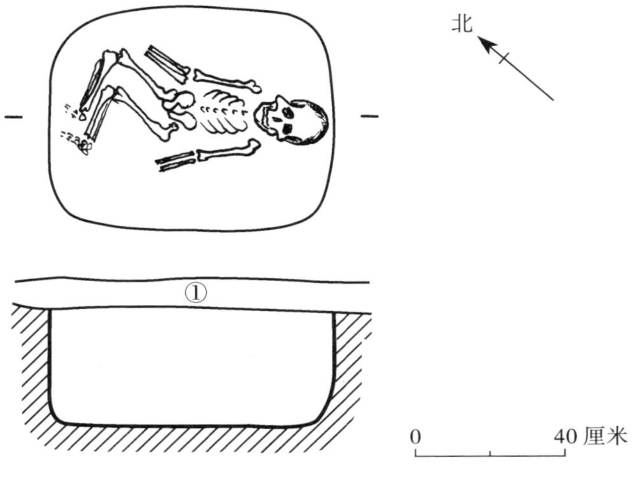

图一一八　ⅠM64 平、剖面图

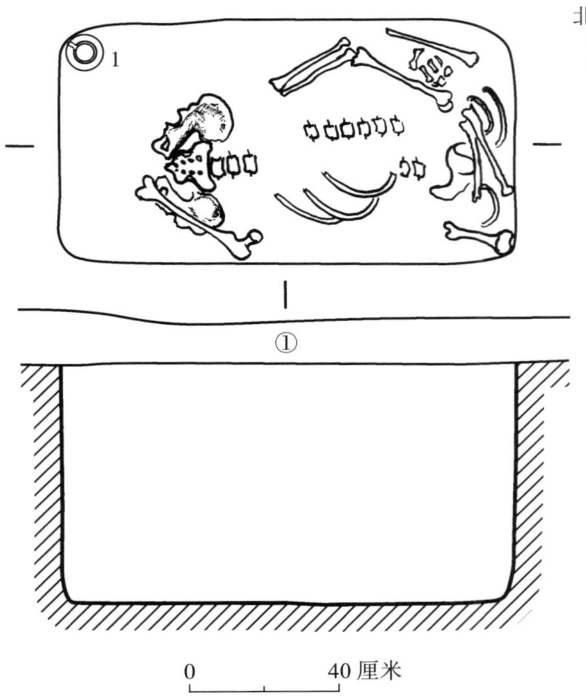

图一一九 I M65平、剖面图

1. 陶单耳壶

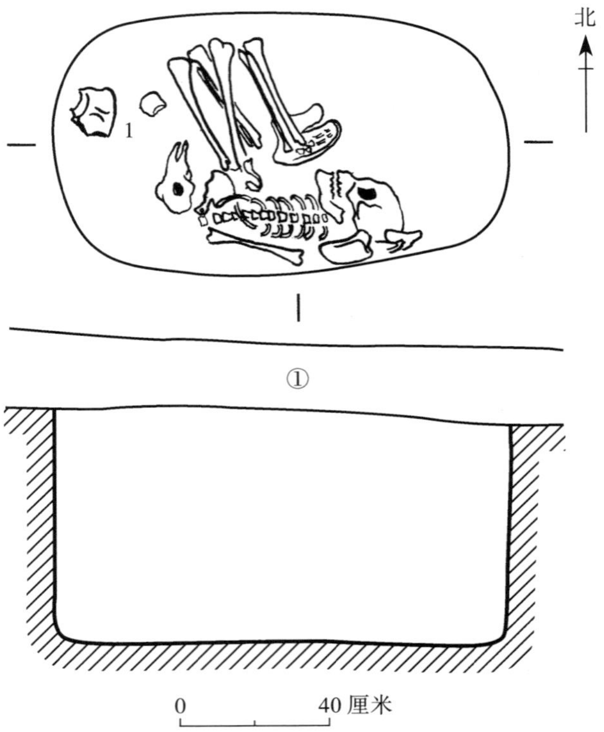

图一二一 I M66平、剖面图

1. 陶釜残片

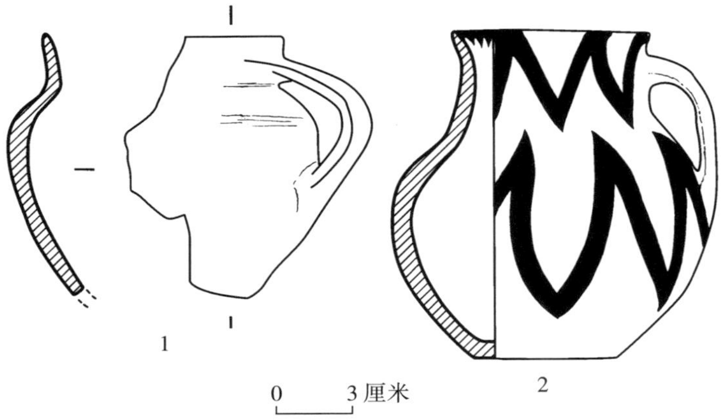

图一二〇 I M65、I M66随葬品

1. 陶釜残片（I M66：1） 2. 陶单耳壶（I M65：1）

I M66

墓葬概况

位于墓地西南部，南邻I M67，西邻I M65，墓向90°。A型，椭圆形竖穴土坑墓，直壁。墓口距地表深0.18米，墓口长径1.2、短径0.7米，墓深0.64米。墓底有成年女性骨架一具，头向东，面北，侧身屈肢，下肢扭曲翻转至胸前，脚位于下颌骨侧下位置，脚穿皮靴。盆骨下随葬一羊头。墓室西端有陶釜残片（图一二一）。

随葬品

出土陶器1件。

1. 陶釜 夹砂红陶。腹至底残。敞口，鼓腹，颈、腹间有一宽带耳。器表有烟熏痕迹。残高10.6厘米（图一二〇，1）。

I M67

墓葬概况

位于墓地西南部，北邻I M66，东邻I M19，墓向110°。A型，椭圆形竖穴土坑墓带横梁，直壁。墓葬地表四周高，中间部低，上部有盗坑。表层为戈壁小砾石，厚0.12米。墓口距地表深0.38米，墓口长径1.82、短径1.2米，墓深1.12米。墓口搭建两根粗圆木横梁，其中一根横梁残断，半根横梁缺失，搭建在梁上的棚架已不复存在。墓底有一四足木床，保存完好，长1.62、宽0.78、高0.25米，床面为细柳棍铺垫。尸床上有一具壮年男性尸骨，年龄25~30岁，头向东，脚向西，侧身屈肢，身穿圆领式开襟毛布大衣，下着毛线织的长裤，腰系花色艳丽的毛腰带，左手带皮射韝，右手背上有文身。小腿用3厘米宽的毛绦带缠绕，带子上饰有一串铜铃管，脚穿有铜扣装饰的带靿皮靴，头右侧有木杈，木床上人骨脚旁有羊头一只（图一二二；图版一一，1、2）。

随葬品

出土铜、皮、木器和毛纺织物13件（组），多为随身穿着和携带之器物。

1. 毛编织带 3件。I M67：1-1，用土黄色羊毛线编织成窄条带状。残长8.5、宽0.9厘米。I M67：1-2，用褐、深绿两色细羊毛线勾织成宽带，为平针法勾织。残长8、宽3.8厘米。I M67：1-3，用褐、土黄两色粗

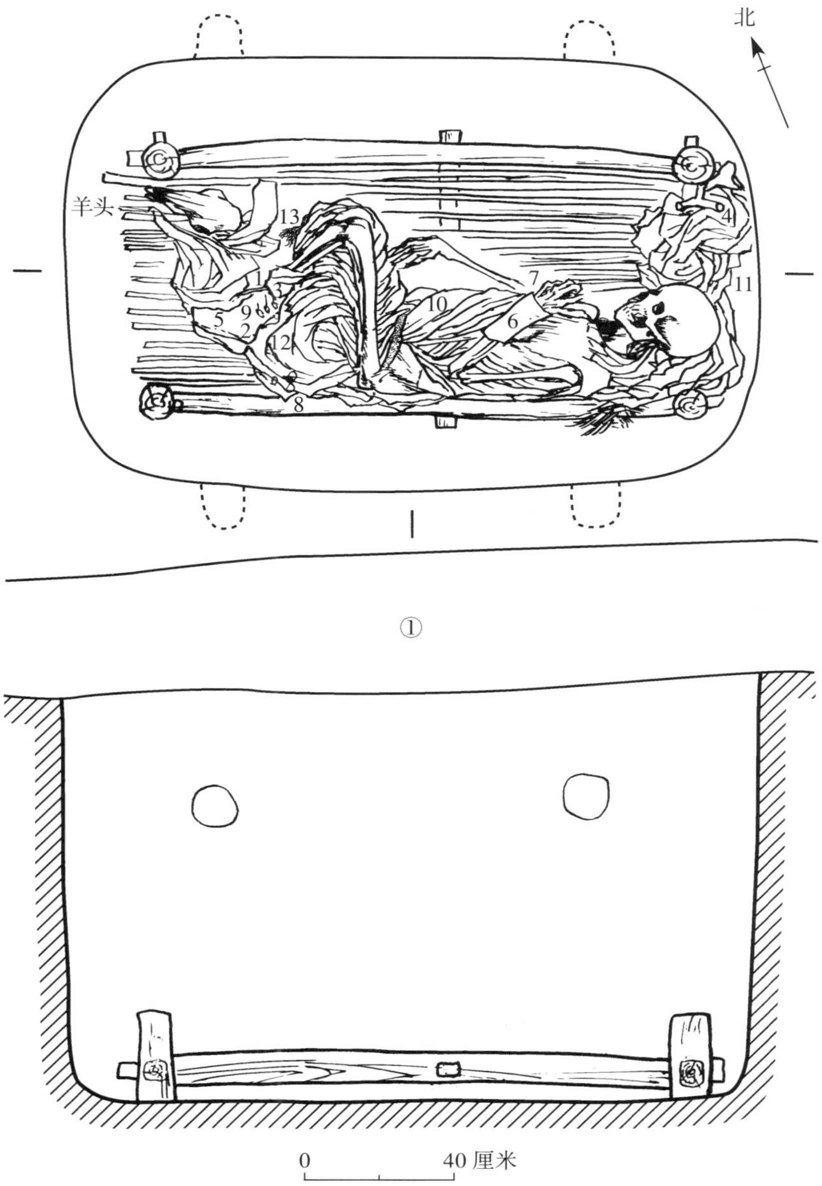

图一二二　ⅠM67 平、剖面图

1、10. 毛编织带　2、9. 铜扣　3. 铜铃管　4. 木杈　5. 皮靴　6. 皮射鞲
7. 文身　8. 法衣　11. 长衣　12. 长裤　13. 毛穗

羊毛线勾织成宽带，残成数段。残长 15、宽 5.8 厘米（图版二四〇，2）。

2. 铜扣　扣面呈月牙形，纽呈矩形。扣面长 2、宽 1.5、纽边长 1.1、通高 1.3 厘米（图一二三，5）。

3. 铜铃管　两种器物配套使用，铃在下，管在上，用毛绒绳穿在一起，下面带毛线穗。ⅠM67：3–1、3–2 是铃、管套在一起的形式。铜管长 4.2~6.3、直径 0.5~0.6 厘米（图一二三，1、2）。ⅠM67：3–3、3–4 是铜铃。铜铃近梯形，中空，有些还穿有四枚梨形孔。最大径 1.8、高 2.8~3 厘米（图一二三，3、4）。

4. 木杈　用自然树枝杈加工制作。呈“Y”形，杈柄弯曲。长 58、直径 3.2 厘米（图一二三，11）。

5. 皮靴　一双。鞋底和鞋帮用牛皮，筒状上口用羊皮缝制。鞋面上各有五枚铜扣缝缀。长 26.5、高 26 厘米（图一二三，9、10；图版二一八，2）。

6. 皮射鞲　红牛皮革制，整块用皮条缝成筒状。出土时戴在男性墓主左腕处。长 16.4、直径 7.2 厘米（图一二三，8；图版二二七，2）。

7. 文身　左手背上用墨线画出梯形曲线纹，小臂上戴射鞲。图形残长 10.6 厘米（图一二三，6；图版二一一，2）。

8. 法衣　红地蓝色菱格涡旋纹缂毛法衣残片。现残存 5 片，较大者：ⅠM67：8–1，长 70、宽 76 厘米。ⅠM67：8–2，长 86、宽 70 厘米。ⅠM67：8–3，长 73、宽 70 厘米。织物以 2/2 双面加强斜纹为基础组织，在红色地上，缂织出四方连续的蓝色勾连纹图案。上、下两端也分别装饰三角纹和变体山形纹饰；织物的四周边缘缝缀红色编织绦，宽 0.7 厘米（图版二四〇，4）。

9. 铜扣　圆形，外凸内凹，背有通纽。直径 1.4、厚 0.4 厘米（图一二三，7）。

10. 毛编织带　腰带残段，用红、蓝二色毛线编织成。残长 104、宽 1.8 厘米（图版二四〇，3）。

11. 长衣　红地蓝色菱格涡旋纹缂毛开襟长衣残片。缝缀长衣的织物是由棕色经线和红、蓝色纬线，以一上一下的平纹织物为基础组织，用通经断纬的方法在红色地纹上，缂织出满布全衣的蓝色菱格涡旋式纹样。长衣已残为两部分，一块是后身右部与右前襟缝缀在一起，长 95.5、宽 120 厘米，袖长 27、袖头宽 17.5、袖口宽 14.5 厘米（图版二四一，1）。

12. 长裤　蓝地黄色几何纹缂毛斜褐长裤。腰围和裤腿用不同色泽的毛纱织制。从腰围至裤裆处由四幅棕地黄色条纹斜褐两幅对接，形成前后两片，构成腰围和臀围。再分别将左面和右面的前后两片合在一起，分别织成蓝地黄色横式条纹散花和菱格缂毛的两整幅织物；然后，从内侧缝合成两条筒状裤腿。在两种不同图案的织物相交处缝入预先织成的“十”字形裤裆。蓝地黄色条纹织物的上端，即两侧腰围处各缝缀一根，共四根黄色编织带，可供系结，起到裤带的作用。缝制该裤腿的毛纺织物是蓝地黄色横式条纹缂毛。每隔约 7 厘米，织出一排横向的方重平组织，并在此基础组织上，缂织一排黄色图案。左裤腿缂织出由点、线组成的四瓣花纹，全裤腿共有十二排纹样。右侧裤腿缂织出三个连续的小方格纹，全裤腿共有九排纹样。裤裆为“十”字形，织物为棕地黄色条纹斜褐。通长 128、腰围宽 108 厘米，裤腿长 101 厘米，两裤腿分别宽 24、25 厘米，裤脚 21 厘米，裤裆通宽 54、通高 37

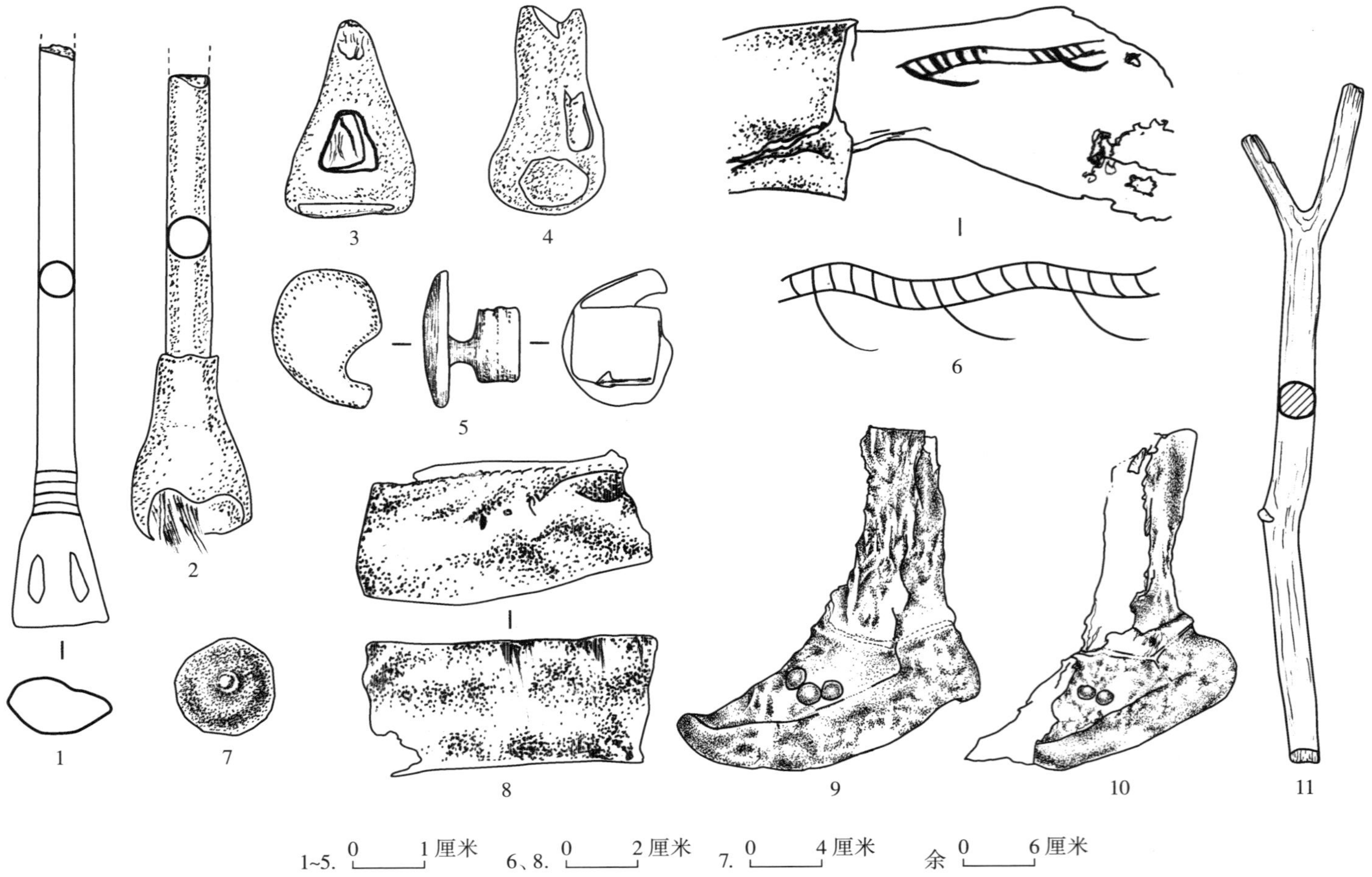

图一二三 ⅠM67随葬品

1、2. 铜铃管（ⅠM67：3-1、3-2） 3、4. 铜铃（ⅠM67：3-3、3-4） 5、7. 铜扣（ⅠM67：2、9） 6. 文身（ⅠM67：7） 8. 皮射韝（ⅠM67：6） 9、10. 皮靴（ⅠM67：5左、5右） 11. 木杈（ⅠM67：4）

厘米（图版二四一，5）。

13. 毛穗 红色毛线以马蹄扣形式系在单根毛绳上，截齐呈穗状。均长9.5厘米（图版二四〇，6）。

ⅠM68

墓葬概况

位于墓地中南部，西邻ⅠM6，西南邻ⅠM137，墓向100°。C型，圆角长方形竖穴土坑墓，口大底小，墓壁斜。墓口距地表深0.17米，墓口长1.68、宽0.84米，墓底长1.5、宽0.72米，墓深1.12米。该墓被盗扰，骨架凌乱，骨骼缺失较多。有头骨两个，A在北，为中年男性，年龄40岁左右；B在南，为中年女性，年龄40岁左右。随葬有牛头、羊头各一。随葬品中陶单耳壶在西南壁，陶单耳罐两件、骨纺轮在墓中偏北（图一二四）。

随葬品

出土陶、骨器4件。

1. 陶单耳罐 夹砂红陶。敞口，尖唇，鼓腹，小平底，口沿下有单耳。口沿内饰小垂帐纹，器表饰交叉斜线纹。口径9.6、底径6.5、高13.6厘米（图一二五，3；图版五八，6）。

2. 陶单耳壶 夹砂红陶。侈口，圆唇，束颈，鼓腹，下腹急收，小平底，沿下耳残。内沿饰小三角纹，外沿至颈部饰由大三角纹延伸细条带纹，肩腹部亦饰大三角延伸的条带纹，器腹有烟熏痕迹。口径8.1、腹径15、底径6.8、高19厘米（图一二五，4）。

3. 骨纺轮 动物骨骼磨制。呈圆饼状，正面平整，为原始骨面，未磨光，中部有圆孔。轮径3.9、孔径0.6、厚1.2厘米（图一二五，2；图版一九二，6）。

4. 陶单耳罐 夹砂红陶。敞口，方唇，腹微垂，圜底，单耳由沿至腹底。内沿饰锯齿纹，器表饰由三角延伸的条带纹。口径11.5、腹径13.6、高11.1厘米（图一二五，1；图版四五，5）。

ⅠM69

墓葬概况

位于墓地东南部，西邻ⅠM97，东邻ⅠM93，墓向88°。C型，圆角长方形竖穴土坑墓，口大底小。墓口距地表深0.15米，墓口长1.5、宽0.72米，墓底长

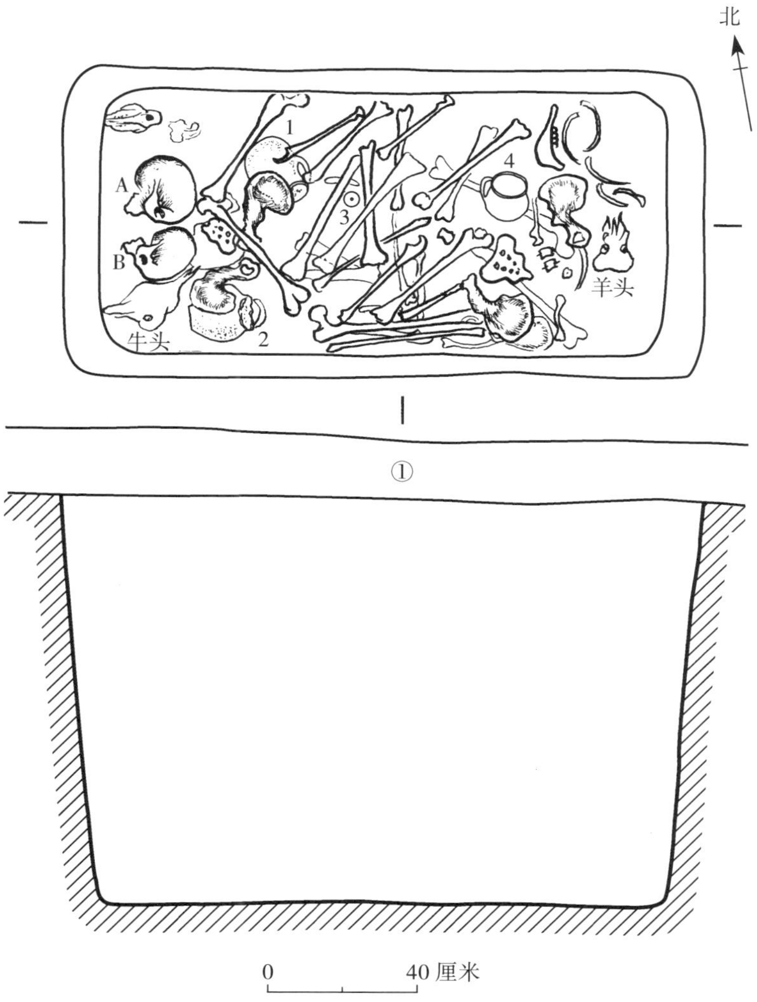

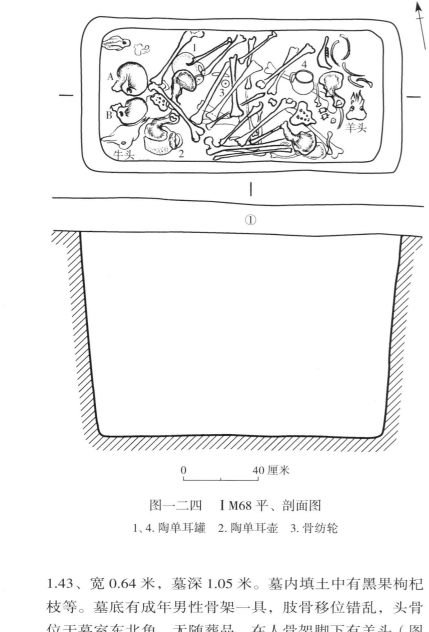

图一二四　ⅠM68 平、剖面图

1、4. 陶单耳罐　2. 陶单耳壶　3. 骨纺轮

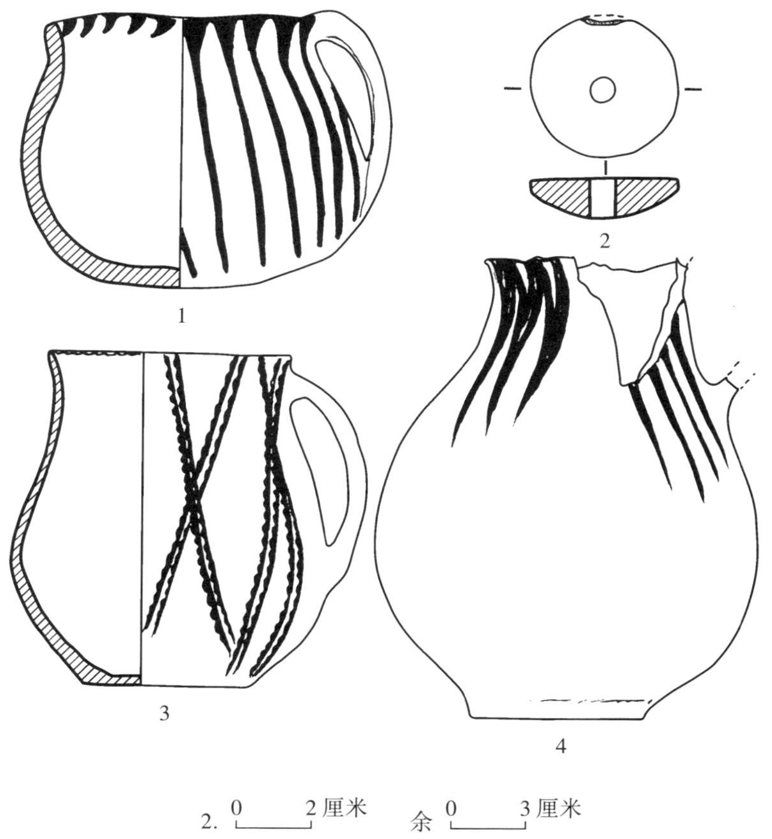

图一二五　ⅠM68 随葬品

1、3. 陶单耳罐（ⅠM68：4、1）　2. 骨纺轮（ⅠM68：3）　4. 陶单耳壶（ⅠM68：2）

1.43、宽 0.64 米，墓深 1.05 米。墓内填土中有黑果枸杞枝等。墓底有成年男性骨架一具，肢骨移位错乱，头骨位于墓室东北角。无随葬品。在人骨架脚下有羊头（图一二六）。

随葬品

无随葬品。

ⅠM70

墓葬概况

位于墓地东南，东南邻ⅠM71，西南邻ⅠM75，墓向 115°。C 型，长方形竖穴土坑墓，口大底小。墓口距地表深 0.18 米，墓口长 1.22、宽 0.57 米，墓底长 1.13、宽 0.57 米，墓深 0.83 米。该墓被盗扰，上面填土中有封盖墓口的骆驼刺、苇秆，底下有一头骨，为成年男性。墓底人骨架凌乱，骨架底有芦苇秆，墓中间人腿骨旁有两支木箭（图一二七）。

随葬品

出土木箭 1 件（组）。

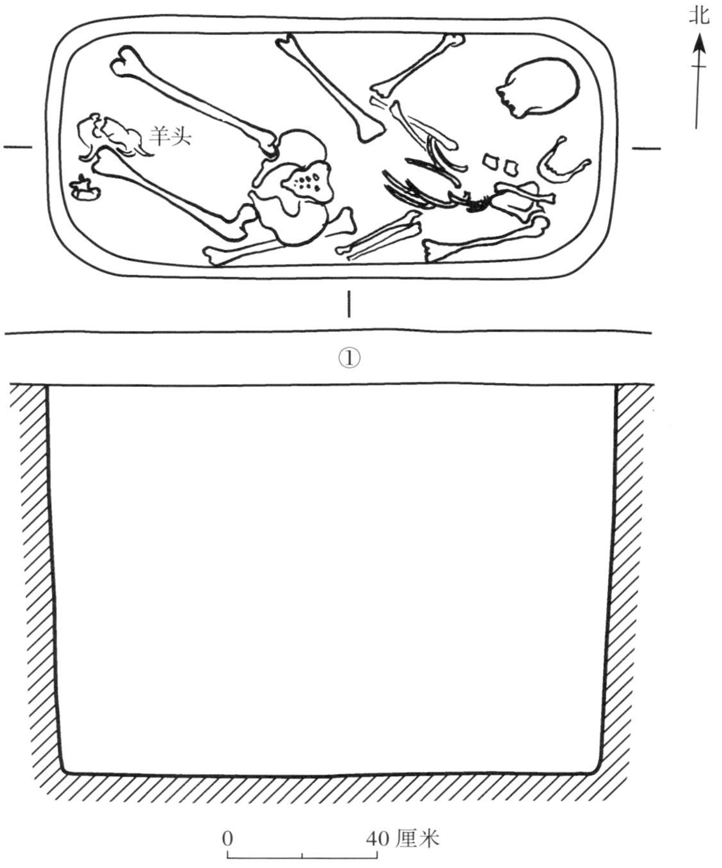

图一二六　ⅠM69 平、剖面图

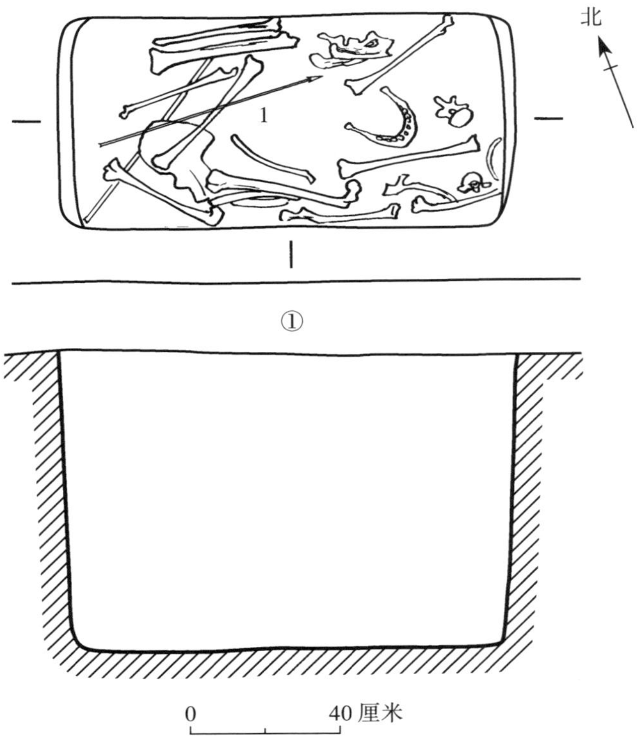

图一二七　ⅠM70平、剖面图

1. 木箭

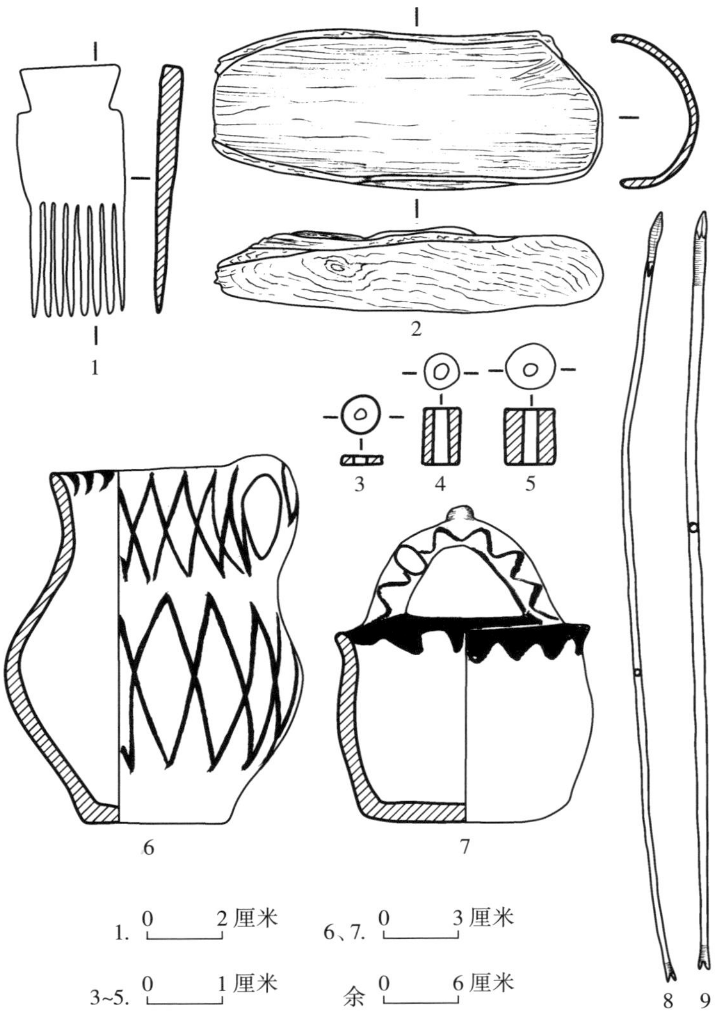

图一二八　ⅠM70、ⅠM72随葬品

1. 木梳（ⅠM72：3）　2. 木盘（ⅠM72：4）　3~5. 珠饰（ⅠM72：1-3、1-1、1-2）　6. 陶单耳罐（ⅠM72：5）　7. 陶单耳杯（ⅠM72：2）　8、9. 木箭（ⅠM70：1-1、1-2）

1. 木箭　2支。圆木箭杆稍弯曲，后端有深0.5厘米"U"形挂线槽，箭头呈三棱形，有倒刺，箭头及杆前端有麻线和皮线缠扎。通体磨光。ⅠM70：1-1，长63、直径0.6、箭头长2.5厘米（图一二八，8）。ⅠM70：1-2，长62、直径0.8、箭头长2.2厘米（图一二八，9）。

ⅠM71

墓葬概况

位于墓地东南部，北邻ⅠM70，南邻ⅠM72，墓向70°。C型，长方形竖穴土坑墓，口大底小。墓口距地表深0.16米，墓口长1.39、宽0.72米，墓底长1.28、宽0.61米，墓深0.64米。墓底有四足木床一张，长1.22、宽0.48、高0.18米，床面铺绑细木棍，木床上残存三根人的长骨，一个头骨，为成年男性，南面靠墓壁还有一些人骨，似二次葬。无随葬品。在尸床北边框上有羊头（图一二九；图版一〇，5）。

随葬品

无随葬品。

ⅠM72

墓葬概况

位于墓地东南部，北邻ⅠM71，西北邻ⅠM9，墓向110°。C型，圆角长方形竖穴土坑墓，直壁。墓口距地表深0.19米，墓口长1.15、宽0.7米，墓深0.5米。墓底铺一张苇席，席尺寸较大，四边向上卷曲，席上有尸骨，

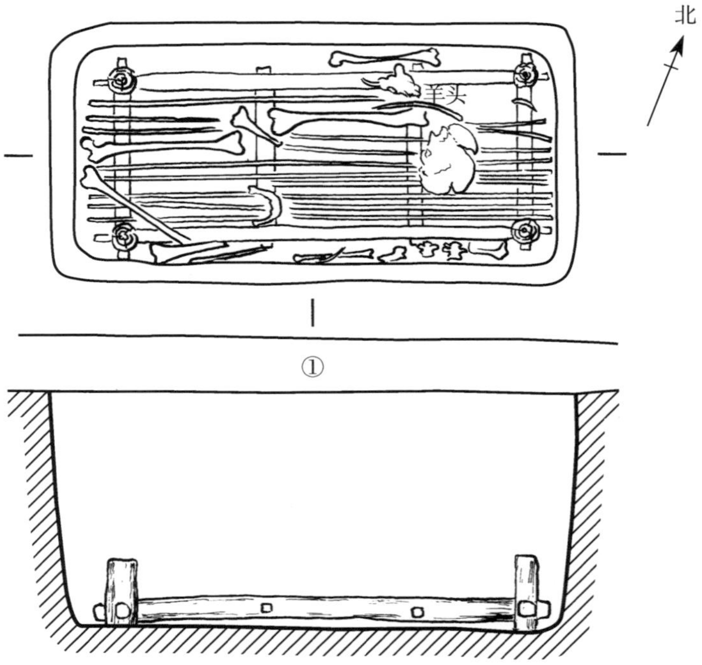

图一二九　ⅠM71平、剖面图

为青年女性，年龄20~25岁，头东脚西，仰身屈肢，身穿皮衣腐烂成片状，脚穿皮靴。骨架保存完整。大腿骨前有一羊头。人骨右侧（墓室北部）放置木梳、陶单耳杯、木盘、陶单耳罐，木梳装在陶单耳杯内，脖下有一串珠饰（图一三〇；图版一一，4）。

随葬品

出土陶、木、骨器等5件（组）。

1. 珠饰　由50个大小不等的骨管和28个金属垫圈穿连而成，骨管呈圆柱形。出土于手骨处，应是手链。ⅠM72∶1–1，骨管。长0.8、直径0.4厘米（图一二八，4）。ⅠM72∶1–2，骨管。长0.8、直径0.7厘米（图一二八，5）。ⅠM72∶1–3，金属垫圈。直径0.55厘米（图一二八，3）。

2. 陶单耳杯　夹砂红陶。方唇，折沿，圆腹，大平底，沿上有环状立耳，耳顶有乳突。口内外沿饰锯齿纹，耳面绘连续折线三角纹，腹部有烟炱。口径10、底径7.5、高8.2、通高13.1厘米（图一二八，7；图版九三，4）。

3. 木梳　木板刻削制作。呈纵长方形，后端呈亚腰形，齿呈扁锥状，保存完整。通体磨光。长6.9、宽2.9、厚0.4~0.6、齿长3.1厘米（图一二八，1；图版一五〇，8）。

4. 木盘　圆木刻制。呈半圆筒状，制作粗糙。口长径31、短径13、高7.2厘米（图一二八，2）。

5. 陶单耳罐　夹砂红陶。敞口，圆唇，颈较长，圆鼓腹，小平底，沿至颈间有带状耳。口沿内饰三角纹，颈、腹部分别绘菱格纹。口径7.7、腹径11.8、底径5.6、高14.5厘米（图一二八，6；图版五七，3）。

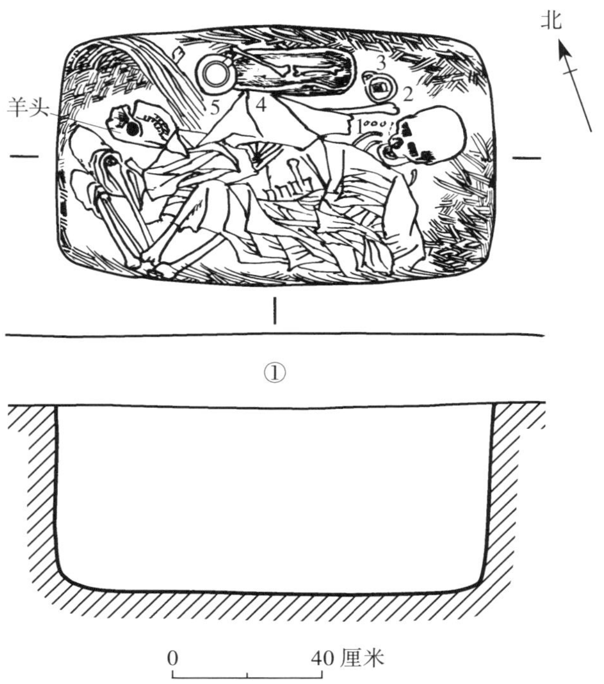

图一三〇　ⅠM72平、剖面图

1. 珠饰　2. 陶单耳杯　3. 木梳　4. 木盘　5. 陶单耳罐

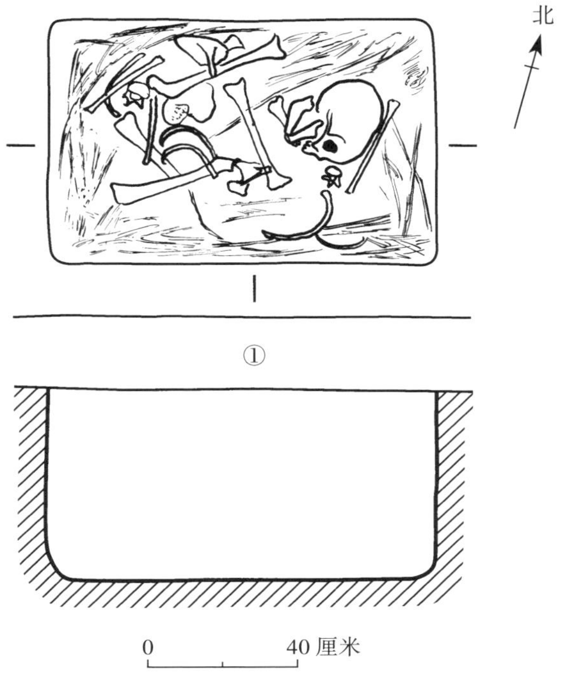

图一三一　ⅠM73平、剖面图

ⅠM73

墓葬概况

位于墓地东南边缘，东北邻ⅠM7，西南邻ⅠM1，墓向75°。C型，长方形竖穴土坑墓，直壁。墓口距地表深0.21米，墓口长1.02、宽0.67米，墓深0.53米。墓底铺芦苇秆和干草，有人骨一具，骨架散乱，头骨保存完整，未成年，年龄为5~7岁。无随葬品（图一三一）。

随葬品

无随葬品。

ⅠM74

墓葬概况

位于墓地南部，北邻ⅠM10，东南邻ⅠM70，墓向100°。C型，长方形竖穴土坑墓，直壁。墓口距地表深0.12米，墓口长1.69、宽0.88米，墓深1.18米。墓内填土中夹含有土坯碎块、苇草等。墓底人骨架虽然凌乱，但可看出是双人合葬。两个人头骨位于西南角，椎骨呈东西向，位于墓室东部，从椎骨位置来看，两人应是并排放置。角落处是头骨A，为中年男性；B为成年女性。西北角有随葬的羊头一个。随葬品中的陶单耳壶、陶圈足盘、两件陶单耳杯、陶盆都在东边，陶钵和陶单耳杯位于墓中偏西部，陶器底在墓中偏东部（图一三二）。

随葬品

出土陶器8件。

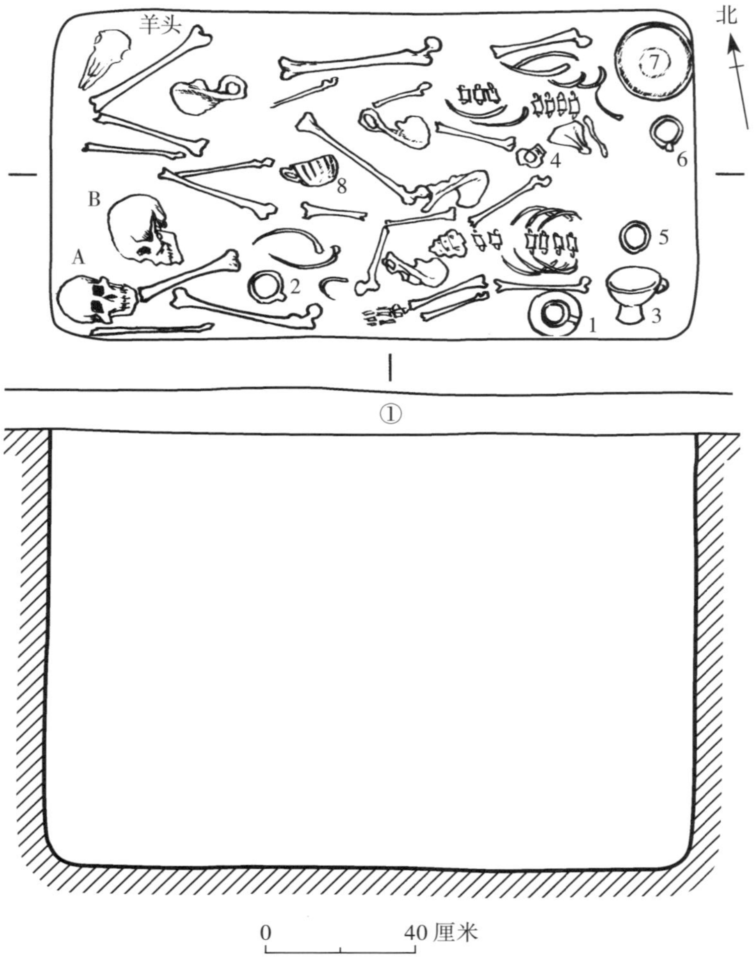

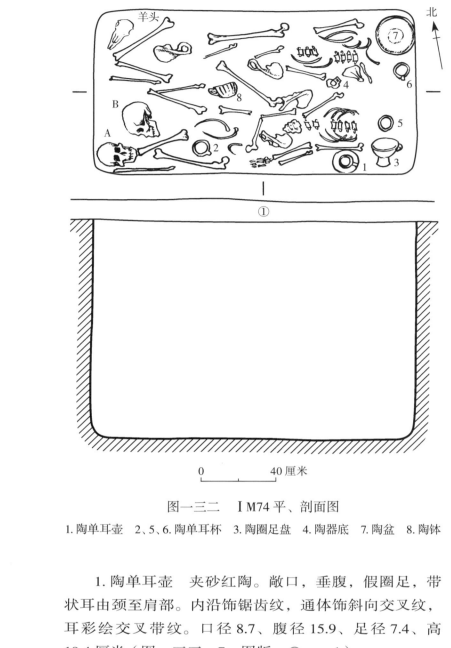

图一三二 ⅠM74平、剖面图

1. 陶单耳壶 2、5、6. 陶单耳杯 3. 陶圈足盘 4. 陶器底 7. 陶盆 8. 陶钵

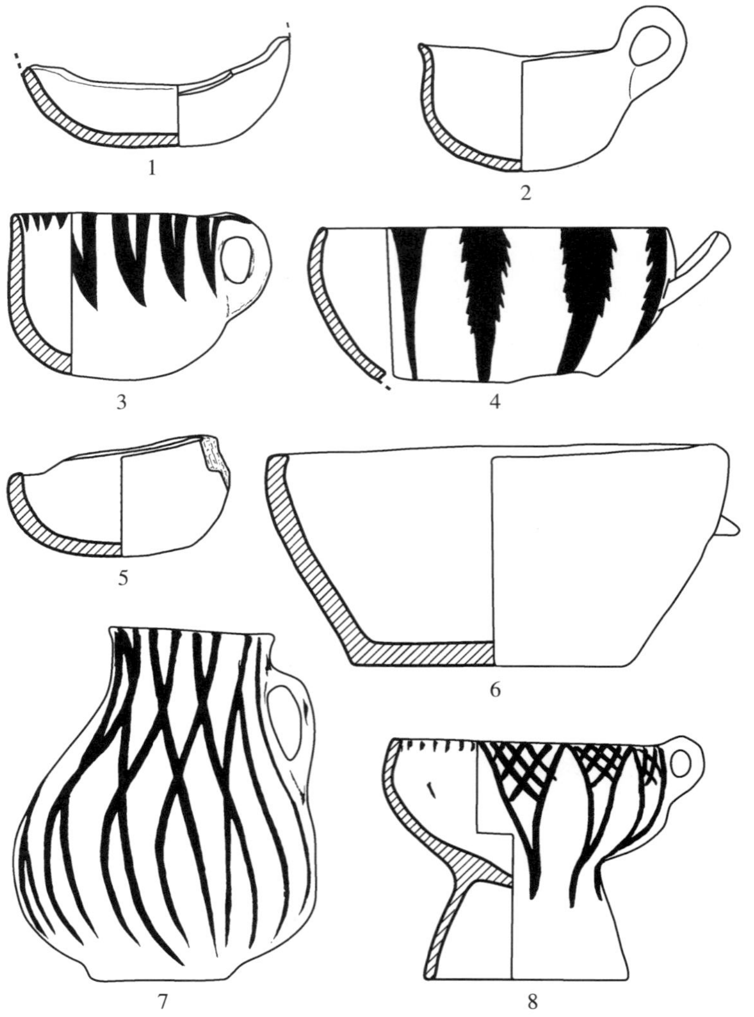

图一三三 ⅠM74随葬品

1. 陶器底（ⅠM74：4） 2、3、5. 陶单耳杯（ⅠM74：6、2、5） 4. 陶钵（ⅠM74：8） 6. 陶盆（ⅠM74：7） 7. 陶单耳壶（ⅠM74：1） 8. 陶圈足盘（ⅠM74：3）

1. 陶单耳壶 夹砂红陶。敞口，垂腹，假圈足，带状耳由颈至肩部。内沿饰锯齿纹，通体饰斜向交叉纹，耳彩绘交叉带纹。口径8.7、腹径15.9、足径7.4、高19.4厘米（图一三三，7；图版一〇一，1）。

2. 陶单耳杯 夹砂红陶。直口，腹微鼓，圜底，耳由沿翻至腹部。内沿饰连续锯齿纹，外沿饰大三角形纹，器表有烟熏痕迹。口径8.2、高6.9厘米（图一三三，3；图版六九，3）。

3. 陶圈足盘 夹砂红陶。直口，圆唇，弧腹，单耳由口沿下翻至腹部，圈足较高，为喇叭形。口沿内饰点状纹，口沿外饰网格纹及竖向长条带纹。口径14.4、足径10.8、高13厘米（图一三三，8；图版一二三，2）。

4. 陶器底 夹砂红陶。仅存罐下腹至底，圜底。器表有烟迹。残高4.5厘米（图一三三，1）。

5. 陶单耳杯 夹砂褐陶。敞口，浅腹，圜底近平，单耳残。素面。残高4.9厘米（图一三三，5）。

6. 陶单耳杯 夹砂褐陶。侈口，圆腹，圜底，单耳上扬。素面。口径7.9、高5.2厘米（图一三三，2；图版六九，4）。

7. 陶盆 夹砂红陶。敞口，深腹，平底，沿下上腹有鋬耳。通体素面。口径24、底径14.5、高12厘米（图一三三，6）。

8. 陶钵 夹砂红陶。敛口，鼓腹，底残，沿下上腹有横耳，耳上扬。器表饰三角纹和双边锯齿纹，即两边均有锯齿，呈上宽下窄。口径18.4、残高8.5厘米（图一三三，4）。

ⅠM75

墓葬概况

位于墓地东南，西北邻ⅠM216，东北邻ⅠM70，东南邻ⅠM71，墓向100°。C型，长方形竖穴土坑墓，直壁。地面四周较高，中间低，表层为戈壁沙砾。墓口距地表深0.2米。墓呈东宽西窄的梯形，长1.4、宽0.54~0.72米，墓深0.7米。墓室内上层填土为风刮进的黄色细沙，下面一层也为黄沙土，并包含芦苇和人骨碎块。墓底铺苇草，人骨残损凌乱，似为单人葬，为成年女性，葬式无法确定。随葬器物中陶单耳罐在东北角，附近有陶花押、铜刀，木盘和木锥柄在墓室西面，玛瑙珠饰均散布在东面人骨之中（图一三四）。

随葬品

出土陶、木、铜、石质器物8件（组）。

1. 陶单耳罐　夹砂褐陶。敞口，束颈，鼓腹，圜底，单耳残。素面，器表有烟迹。口径5.2、腹径6.8、残高6.4厘米（图一三五，11）。

2. 陶花押　泥质灰陶。印面呈圆形，印面平，阴刻涡纹，纽呈梯形直柄，中部有小圆孔。直径3.8、高3.5厘米（图一三五，10；图版一二五，8）。

3. 铜刀　单刃，直柄，刃锋利。通长7.8、刃长3.3、宽1.1、背厚0.2厘米（图一三五，6；图版一九八，7）。

4. 木锥柄　3件。圆木削制。呈圆柱状，前端各有一圆孔，应为锥柄。ⅠM75：4–1，后端呈半圆形。前端孔径0.4、深4.5厘米，柄长10.5、直径1.3厘米（图一三五，8）。ⅠM75：4–2，前端较粗，后端稍细，前端圆孔呈倒锥状。前端孔径0.6、深1.6厘米，柄长11.5、直径1~1.5厘米（图一三五，7）。ⅠM75：4–3，为柽柳树枝条，前端有一直径0.3、深1厘米的圆孔，后端刻倒三角形小孔。柄长5.5、直径1厘米（图一三五，9）。

5. 木盘　圆木削刻挖制。呈长方形。敞口，浅腹，圜底。反扣底为砧板，边壁有一小圆孔。口长径27.4、短径17、高6厘米（图一三五，12；图版一三四，3）。

6. 玛瑙珠饰　3件，呈白色管状，高低不等。ⅠM75：6–1，直径0.6、高0.5厘米（图一三五，3）。ⅠM75：6–2，直径0.5、高0.6厘米（图一三五，2）。ⅠM75：6–3，直径0.5、高0.25厘米（图一三五，1）。

7. 玛瑙珠饰　蓝色。呈圆台状。直径0.7、高0.5厘米（图一三五，4）。

8. 玛瑙珠饰　浅棕色。圆球状，晶莹剔透。中部有0.15厘米小孔。最大径1、高0.7厘米（图一三五，5）。

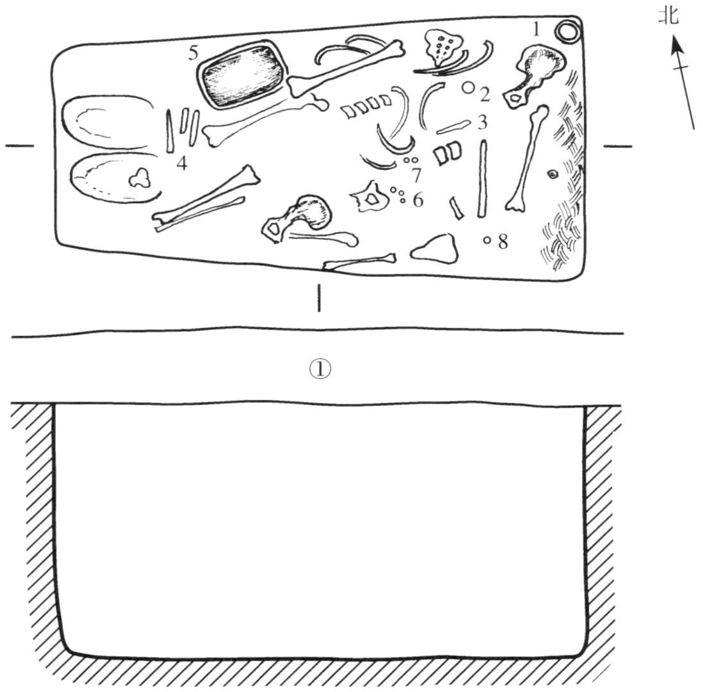

0　40厘米

图一三四　ⅠM75平、剖面图

1. 陶单耳罐　2. 陶花押　3. 铜刀　4. 木锥柄　5. 木盘　6~8. 玛瑙珠饰

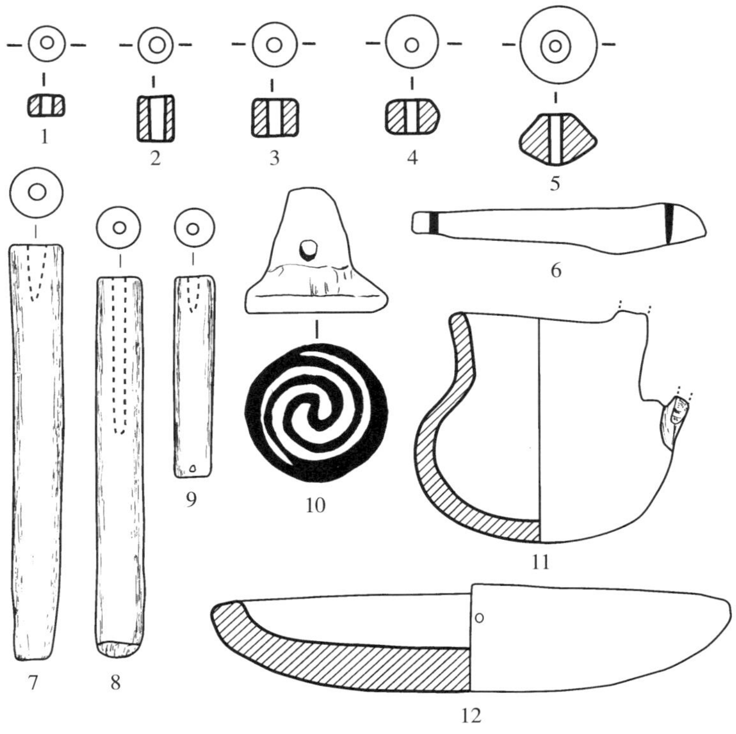

1~5. 0　1厘米　12. 0　4厘米　余 0　2厘米

图一三五　ⅠM75随葬品

1~5. 玛瑙珠饰（ⅠM75：6–3、6–2、6–1、7、8）　6. 铜刀（ⅠM75：3）　7~9. 木锥柄（ⅠM75：4–2、4–1、4–3）　10. 陶花押（ⅠM75：2）　11. 陶单耳罐（ⅠM75：1）　12. 木盘（ⅠM75：5）

ⅠM76

墓葬概况

位于墓地中南部，东邻ⅠM94，南邻ⅠM86，北为坎儿井，墓向103°。B型，长方形竖穴二层台墓，直壁，两长边有二层台。墓口距地表深0.16米，墓口长2、宽1.82米；二层台宽0.2、深0.2米；墓底长2、宽1.4米，墓深1.63米。该墓早年被盗掘，填土中有封盖墓口的土坯、苇草等。墓底有三具凌乱残缺不全的人骨，头骨都保存较好，A在最东，男性中年，年龄35~45岁，颅骨上有穿孔；B偏南，为壮年女性，年龄30~40岁；C为壮年男性。墓底随葬有羊头。残复合弓在C头骨之西，皮靴、皮射鞲、披巾等毛纺织物均在墓室北部（图一三六）。

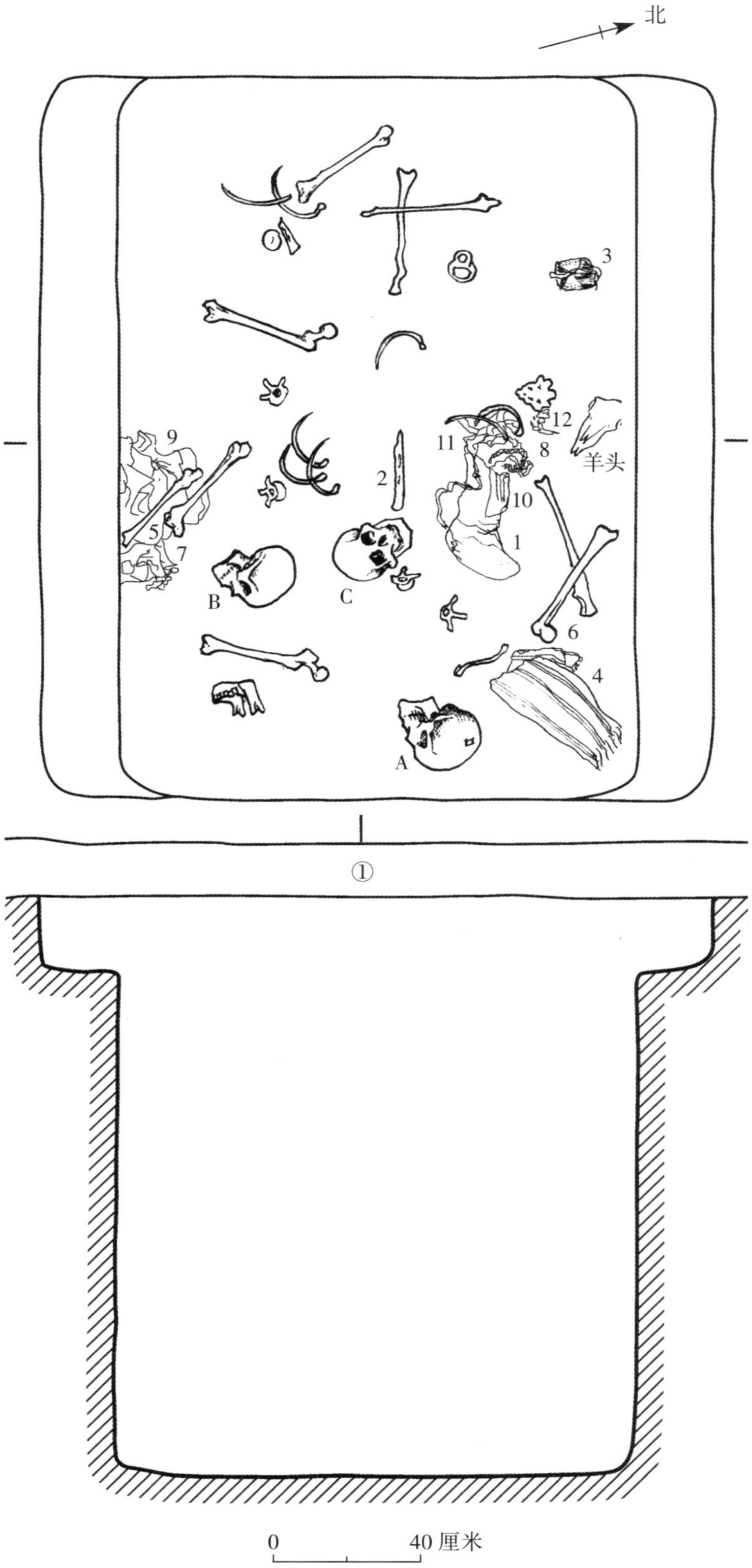

图一三六　ⅠM76平、剖面图

1. 皮靴　2. 复合弓　3. 皮射鞲　4、6. 披巾　5. 长衣残片　7、9. 毛纺织物　8、10~12. 毛编织带

随葬品

出土木器、皮、毛纺织物等12件。

1. 皮靴　牛皮制。底、帮、靿用皮绳缝接，靴上有两条系带用于捆绑。长21、高25.5厘米（图一三七，2；图版二一八，3）。

2. 复合弓　残片，截面呈半圆形，背面粘有牛筋残片。残长22.2、宽2、厚1厘米（图一三七，3）。

3. 皮射鞲　牛皮制。椭圆形，两端有系带。长9.5、宽8.2厘米（图一三七，1；图版二二七，6）。

4. 披巾　黄地蓝色条纹褐毛纺织物。现已残破，仅存两片残块。从残片中可以看出披巾宽45、流苏长10厘米，但仍无法了解披巾的整体长度。披巾是将黄、蓝色经线按图案要求排列，与黄色纬线以一上一下的组织法相交成平纹织物。ⅠM76：4-1，比较完整。长40、宽45、流苏长10厘米。ⅠM76：4-2，残长20、宽44厘米（图版二四二，2）。

5. 长衣残片　蓝色褐长衣残片。织物的经线为原棕色，纬线为蓝色。以平纹组织法相交织，纬线覆盖了经线，织物表面呈蓝色，四根经线合并与纬线交织构成幅边。残长48、宽60厘米（图版二四二，4）。

6. 披巾　红地蓝色条纹。ⅠM76：6-1，由一组红色经线与红、蓝色两组纬线相交织，残存一侧幅边，由三

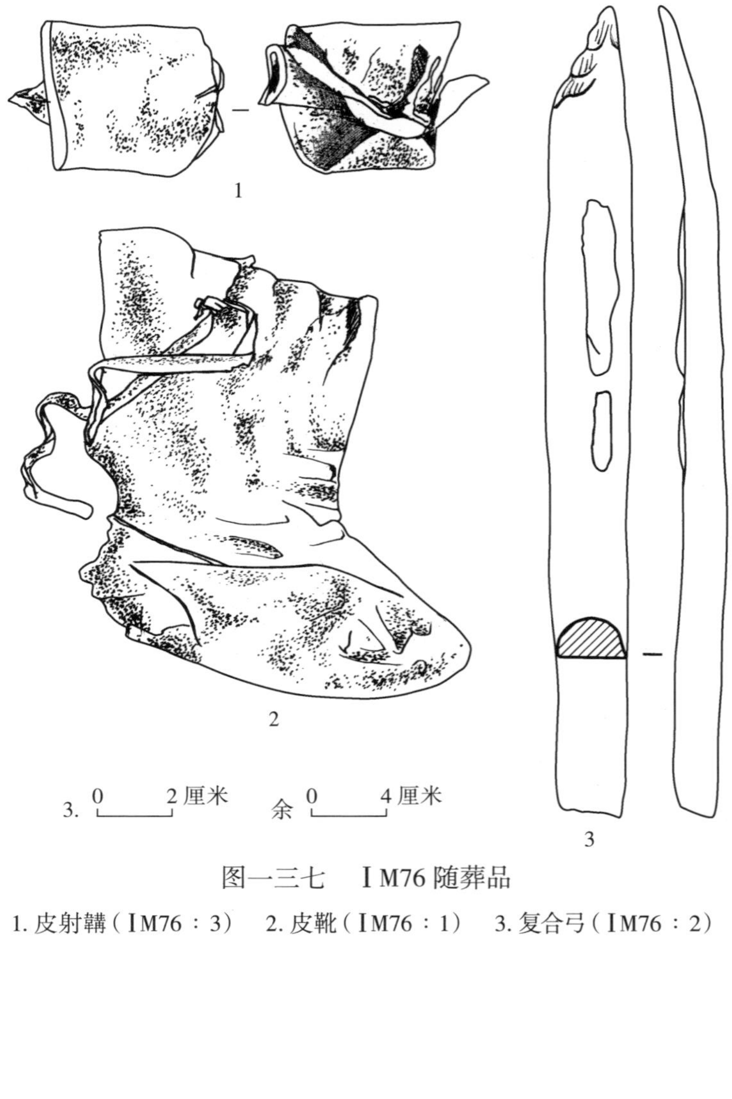

图一三七　ⅠM76随葬品

1. 皮射鞲（ⅠM76：3）　2. 皮靴（ⅠM76：1）　3. 复合弓（ⅠM76：2）

根“Z”捻的经线合并而成。残长 19、宽 29、厚 0.074 厘米（图版二四二，5）。ⅠM76：6-2，由一组红色经线与红、蓝色两组纬线相交织，一端保存有流苏。残长 17、宽 9、流苏长 4.5 厘米。

7. 毛纺织物　深红色褐。经、纬线均为深红色，幅边处由两根经线合并纺织而成。长 55、宽 32.5、厚 0.057 厘米（图版二四三，3）。

8. 毛编织带　仅存结扣处，红蓝色结头，两色毛线均为“Z”向加捻。编织带用线 16 根，宽 2 厘米（图版二四一，3）。

9. 毛纺织物　浅棕色地深棕色条纹褐。已残为两块：ⅠM76：9-1，长 30.5、宽 26、厚 0.097 厘米。ⅠM76：9-2，长 25、宽 23 厘米，厚同ⅠM76：9-1。经线为浅棕色，纬线有浅棕和深棕色两种，以平纹组织法相交成浅棕地，横向的深棕色条纹褐，现存条纹三组，每组五条（图版二四一，4）。

10. 毛编织带　红地蓝色折线纹宽编织带。平纹折向斜编法。有七个折向点。残断为两截。长 35+22、宽 11、厚 0.2 厘米（图版二四二，1）。

11. 毛编织带　红地蓝色折线纹编织带。平纹折向斜编法。编织带表面有三个折向点。残断，现存两截，长 35+27.5、宽 1.7、厚 0.14 厘米（图版二四一，6）。

12. 毛编织带　红蓝色编织带。平纹折向斜编法。残存两段，残损严重，表面的折向点不清。长 21+15、宽 2.5、厚 0.191 厘米。

ⅠM77

墓葬概况

位于墓地中南部，西邻ⅠM78，东南邻ⅠM76，墓向 110°。C 型，长方形竖穴土坑墓，直壁。墓口距地表深 0.16 米，地表面为细沙。墓口长 1.14、宽 0.6 米，墓深 0.56 米。墓内填土中有细沙和土坯块，夹有芦苇席残片、碎陶片等。墓底有青年男性骨架一具，年龄 18~25 岁。头东脚西，头已移位到胸下，仰身，下肢上屈，向外倒靠于墓壁上，双腿叉开，脚穿皮鞋。角梳位于右臂外侧，木箭、木橛和木器残片等位于两腿之间（图一三八；图版一一，3）。

随葬品

出土木、角器 4 件（组）。

1. 角梳　角板削刻而成，残。平面呈纵长方形，柄凿有两孔。齿呈扁三角状，残存六齿。长 7.9、残宽 3.8、厚 0.4、齿长 4.5 厘米（图一三九，1）。

2. 木橛　树枝削刻而成。圆柱状，一端削尖，另

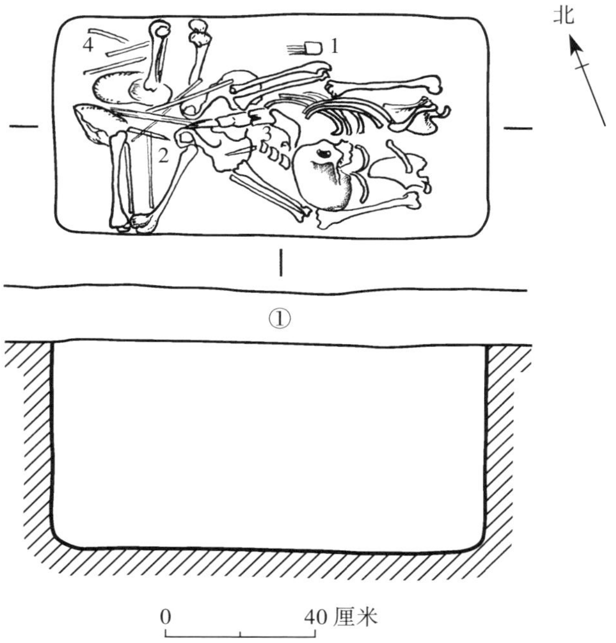

图一三八　ⅠM77 平、剖面图

1. 角梳　2. 木橛　3. 木器残片　4. 木箭

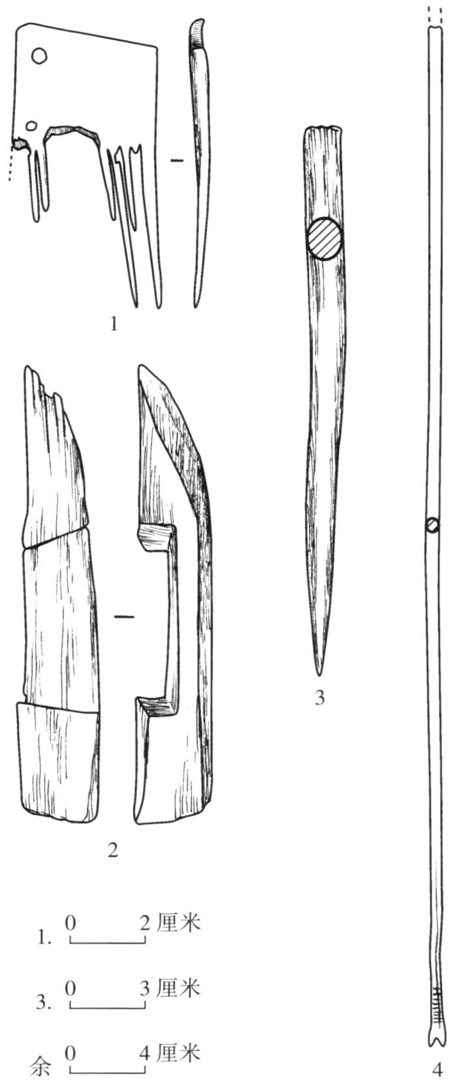

图一三九　ⅠM77 随葬品

1. 角梳（ⅠM77：1）　2. 木器残片（ⅠM77：3）　3. 木橛（ⅠM77：2）　4. 木箭（ⅠM77：4-1）

一端分叉并有锤打痕迹。长 22.6、直径 1.5 厘米（图一三九，3；图版一七一，2）。

3. 木器残片　圆木削刻而成。一端方一端尖，残，不完整，中部有凹槽。制作粗糙。长 25.2、宽 4.2、槽宽 8.2 厘米（图一三九，2）。

4. 木箭　10 件。圆杆尾部有凹槽，留有缠裹痕迹。ⅠM77：4–1，残长 56.2、直径 0.5 厘米（图一三九，4）。

ⅠM78

墓葬概况

位于墓地中南部，东邻ⅠM77，东南邻ⅠM20。墓向 60°。A 型，椭圆形竖穴土坑墓，直壁。墓口距地表深 0.18 米，墓口长径 1.55、短径 1.02 米，墓深 1.08 米。墓内填土中有沙石、杂草、芦苇、土坯、彩陶片等。墓底有成年男性尸骨一具，骨架保存完整，头东脚西，侧身屈肢，作蜷曲状，脚穿皮鞋。脚下有羊头、陶器残片。陶器残片破碎严重，无法修复，可辨器形有缸、碗、钵等口沿，纹饰有锯齿纹、三角纹、条带纹等。颈下出土一串珠饰。左手处有铜刀，海贝、玛瑙珠饰位于墓底西北角，铜扣、铜管、绿松石珠饰等位于后腰处（图一四〇；图版一一，5）。

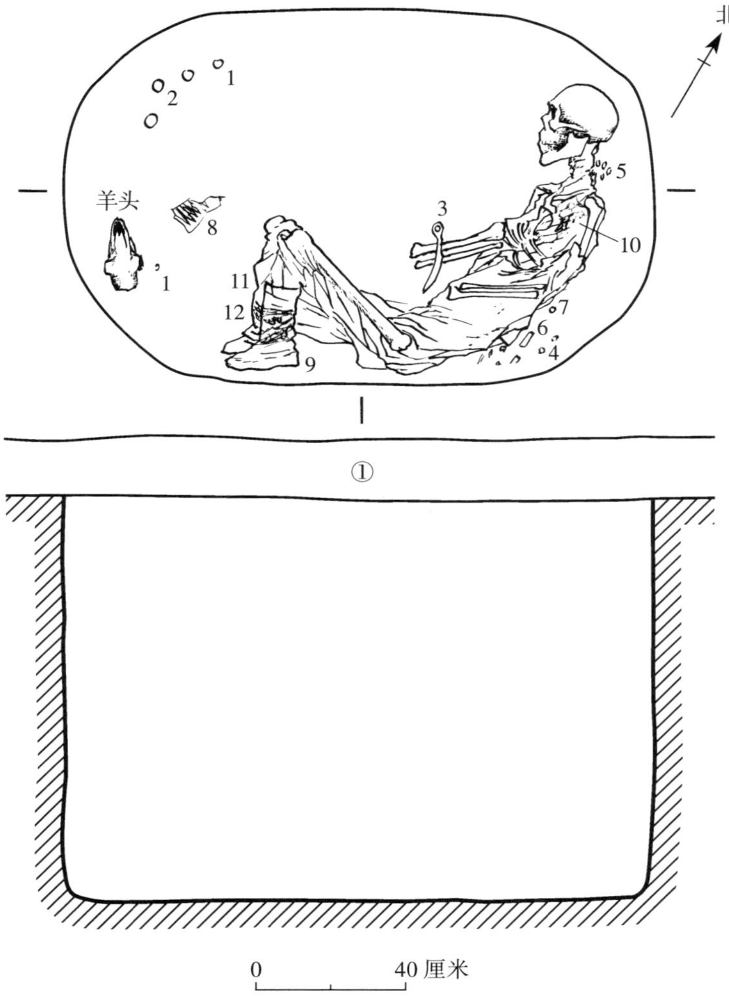

图一四〇　ⅠM78 平、剖面图

1. 玛瑙珠饰　2. 海贝　3. 铜刀　4. 铜扣　5. 珠饰　6. 铜管　7. 绿松石珠饰　8. 陶器残片　9、11、12. 毛编织带　10. 缂毛织物

随葬品

出土陶、石、玻璃、铜、毛纺织物 12 件（组）。

1. 玛瑙珠饰　4 颗（图版二〇八，8）。ⅠM78：1–1，暗红色。圆台状，中有穿孔，表面光滑。直径 1.25、高 0.95 厘米（图一四一，5）。ⅠM78：1–2，金黄色。圆台状，上小下大，中部微鼓。直径 1.08、高 0.9 厘米（图一四一，6）。ⅠM78：1–3，红色。圆管状，中有穿孔。直径 1.18、高 0.92 厘米（图一四一，7）。ⅠM78：1–4，圆管状，中部略鼓。直径 1.3、高 0.7 厘米（图一四一，8）。

2. 海贝　4 枚。椭圆形，中空，锯齿纹。磨制光滑。ⅠM78：2–1，长 1.9、宽 1.3 厘米（图一四一，4）。

3. 铜刀　环首，弯背，柄顶有瘤状突，长柄上有凸棱，一侧有长椭圆纹，刃部锋利。长 17.9、刀宽 1.9 厘米（图一四一，11；图版一九八，4）。

4. 铜扣　13 颗。呈伞状或帽状，内有横纽（图版二〇二，5）。ⅠM78：4–1，直径 1.62、高 0.66 厘米（图一四一，13）。ⅠM78：4–2，直径 1.62、高 0.69 厘米（图一四一，14）。ⅠM78：4–3，直径 1.79、高 0.69 厘米（图一四一，15）。

5. 珠饰　6 颗。为费昂斯，均有穿孔，双股系绳穿连。直径 0.6、高 0.8 厘米（图一四一，1）。

6. 铜管　铜皮卷制。管状，内有织物。ⅠM78：6–1，残长 6.1、直径 0.65 厘米（图一四一，9）。ⅠM78：6–2，残长 6.1、直径 0.58 厘米（图一四一，10）。

7. 绿松石珠饰　2 颗。绿色，管状（图版二〇八，9）。ⅠM78：7–1，直径 1、高 1.96 厘米（图一四一，2）。ⅠM78：7–2，直径 0.7、高 1.2 厘米（图一四一，3）。

8. 陶器残片　夹砂红陶。数量较多，其中一件为敞口，鼓腹。饰折线三角纹。残高 6.6 厘米（图一四一，12）。

9. 毛编织带　ⅠM78：9–1，绑腿，残存在小腿骨上有两部分，上面的较窄。均紫色地，上有斜线，呈蓝色。因未打开，长度不清，宽 3.2 厘米（图一四一，16；图版二四二，3）。ⅠM78：9–2，绑腿残破，只剩绑腿下裹腿用的方巾一块，边幅上织出蓝色和紫褐色相间的三角纹。

10. 缂毛织物　残片，蓝地、红色连续三角纹。长 38、宽 17 厘米（图版二四三，1）。

11. 毛编织带　褐色，通体有编织出的大交叉红色折线纹所形成的菱形格纹。现残存四段，最长一段为长 37.5、宽 3.5 厘米（图版二四三，2）。

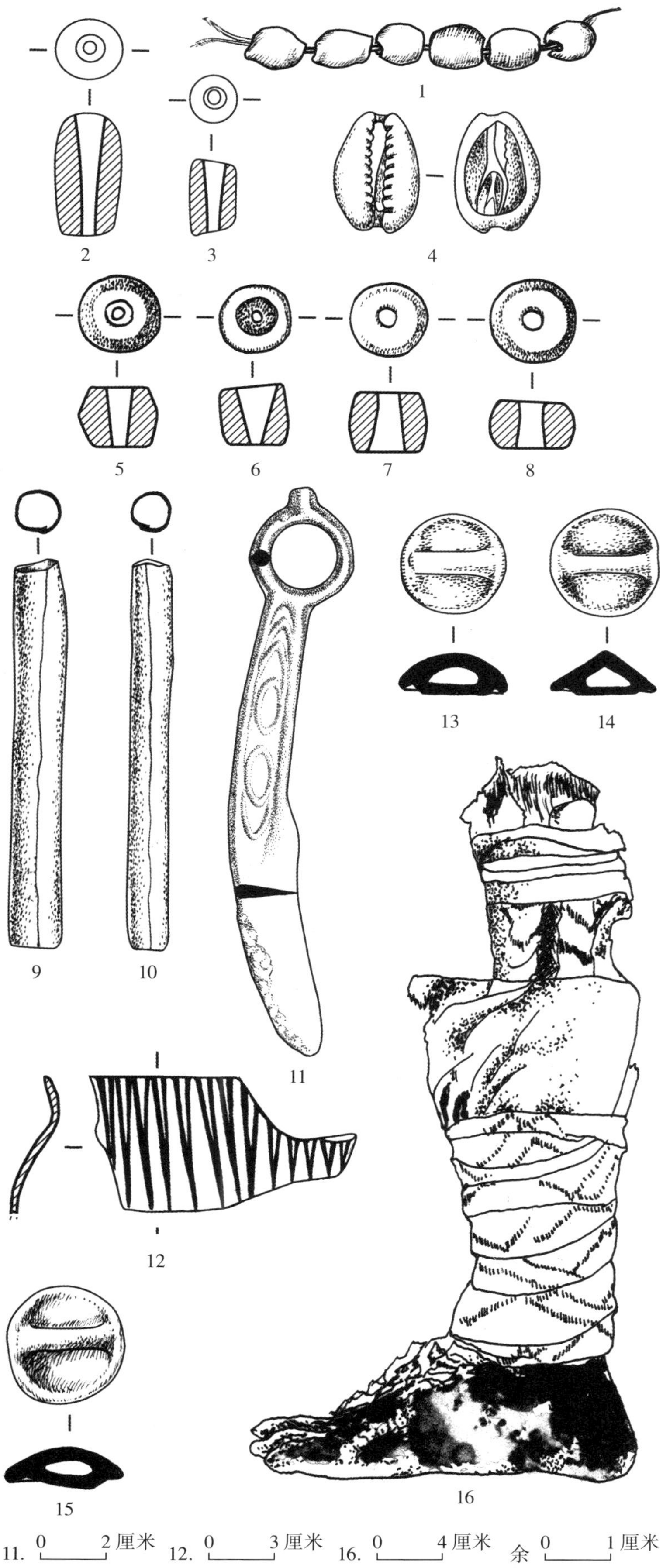

图一四一 ⅠM78随葬品

1. 珠饰（ⅠM78：5） 2、3. 绿松石珠饰（ⅠM78：7–1、7–2） 4. 海贝（ⅠM78：2–1） 5~8. 玛瑙珠饰（ⅠM78：1–1、1–2、1–3、1–4） 9、10. 铜管（ⅠM78：6–1、6–2） 11. 铜刀（ⅠM78：3） 12. 陶器残片（ⅠM78：8） 13~15. 铜扣（ⅠM78：4–1、4–2、4–3） 16. 毛编织带绑腿（ⅠM78：9–1）

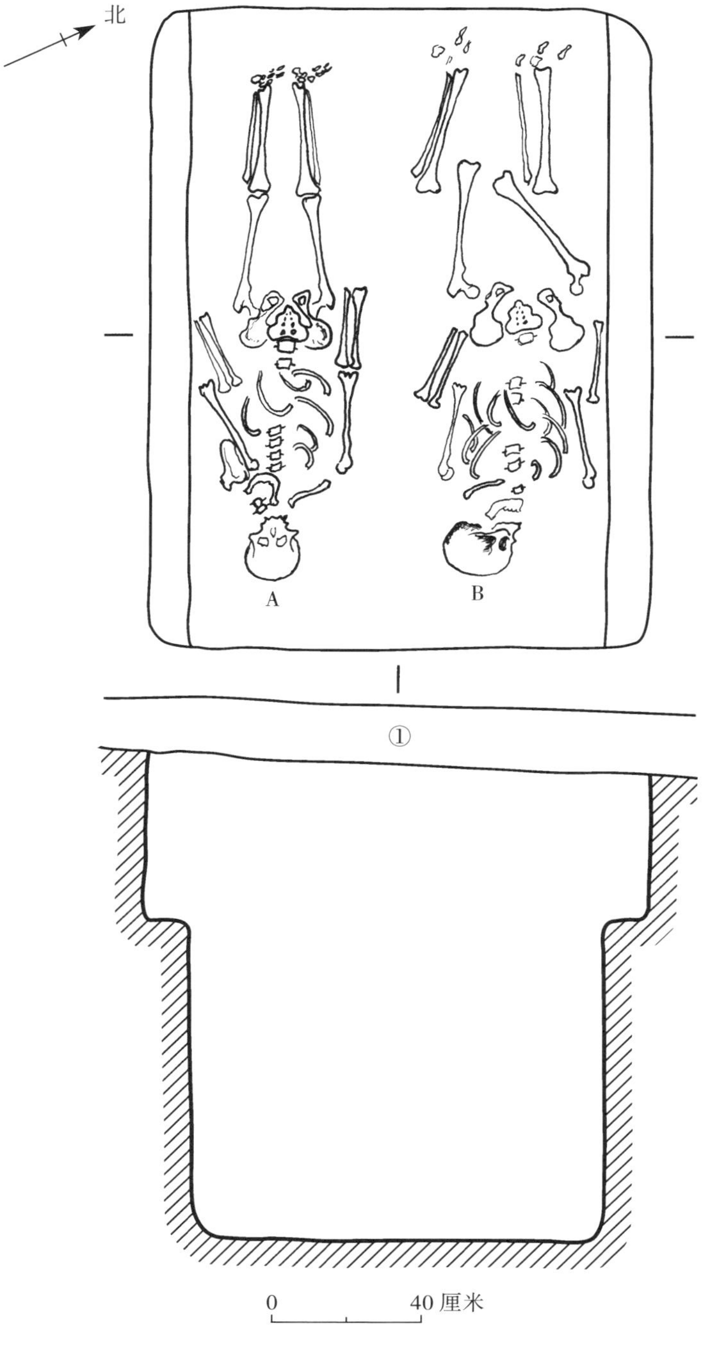

图一四二 ⅠM79平、剖面图

12. 毛编织带 蓝色，一端有结扣。残长30、宽2厘米（图版二四三，4）。

ⅠM79

墓葬概况

位于墓地中南部，东南邻ⅠM97，北邻ⅠM86，墓向112°。B型，长方形竖穴二层台墓，直壁，二层台位于两长边。墓口距地表深0.16米，墓口长1.76、宽1.32米；二层台宽0.11、深0.4~0.45米；墓底长1.76、宽1.07米，墓深1.31米。该墓被盗，留下一大盗坑。墓底残留两具腐朽的人骨，仰身直肢，头东脚西，均成年男性。无随葬品（图一四二）。

随葬品

无随葬品。

Ⅰ M80

墓葬概况

位于墓地中南部偏东，西南邻ⅠM45，西北邻ⅠM81，墓向108°。B型，长方形竖穴土坑墓，单边有二层台。墓口距地表深0.14米，墓口长1.4、宽0.98米；二层台宽0.08、深0.16米。墓南壁向下斜扩，口小底大，墓底长1.4、宽0.97米，墓深1.46米。墓内填土中有封盖墓口的土坯、芦苇秆、骆驼刺等。墓底有一张木制尸床（残朽）。床上有两具人骨，仰身屈肢，下肢上屈。

图一四三　ⅠM80平、剖面图

1. 陶单耳罐　2. 陶双耳杯　3. 木纺轮　4. 木鞭　5. 木桶底　6. 皮盒　7. 角镳　8. 木梳　9. 草编饰　10. 骨锥　11. 文身　12. 木桶片　13. 毛编织带

两个颅骨均有小的移动，身上皮衣朽残，脚穿皮鞋，北面A为青年男性，年龄16~22岁。南面B为壮年女性，年龄30~40岁，左手有文身。两人中间皮盒内装有20余颗圆石子。脚下有羊头一个。陶单耳罐、陶双耳杯在脚下，木鞭处在墓北壁旁，木梳、木桶、角镳、骨锥在A骨架旁，木纺轮、木桶片在B骨架旁（图一四三；图版一二，1）。

随葬品

出土陶、木、角、皮、毛纺织物及草编器物13件（组）。

1. 陶单耳罐　夹砂红陶。敞口，鼓腹，平底，宽带耳由沿翻至腹部。内沿饰细锯齿纹，器表通体饰有两条锯齿纹渐变为一条锯齿纹，器耳三组斜向平行条带纹，条带纹中填饰短竖线。口径14、腹径16.3、底径8.5、高13.6厘米（图一四四，13；图版四五，6）。

2. 陶双耳杯　夹砂红陶。敞口，直壁，大平底，桶形。器表一侧绘红底黑框，再填以黑、黄相间的平行线纹。另一侧绘有红色弧线纹。口径18、底径15.2、高16.4厘米（图一四四，12；图版九六，2）。

3. 木纺轮　木板削制。呈圆饼形，面平，底弧拱。轮径6.7、厚1.1厘米（图一四四，5）。

4. 木鞭　鞭杆用圆木削刻而成。两端截面略成方形，中间截面为圆形，一端有刻槽，上系牛皮绳。长51.4、直径1.34厘米（图一四四，1；图版一六七，6）。

5. 木桶底　呈椭圆形，中间较厚，周边沿薄。直径11.4~13.6、厚0.8~2厘米（图一四四，11）。

6. 皮盒　整块牛皮缝制。呈纵长方形，一端略呈弧拱状，上翻盖，内装20余颗圆石子。长16.4、宽8.3、高5.6厘米（图一四四，10）。

7. 角镳　动物角加工制作。呈扁锥形，钻三孔，孔内原穿皮缰绳。长13.2、最大宽度3厘米（图一四四，8；图版一八六，2）。

8. 木梳　纵长方形，梳背呈亚腰形，齿呈扁锥体。长6.7、宽3.7、厚0.5、齿长2.2厘米（图一四四，6）。

9. 草编饰　2件。用宽0.5厘米的黄色草蓖条编织而成，呈菱形，作装饰品。ⅠM80：9–1，长1.5、宽0.9厘米（图一四四，2）。ⅠM80：9–2，长1.33、宽0.71厘米（图一四四，3；图版二一四，1）。

10. 骨锥　动物股骨加工而成。锥尖锐，锥后端残。长14.5厘米（图一四四，7）。

11. 文身　男性的右手手背和拇指上文有四条青色内向的鱼纹（帛鱼状）。其中一条长13.5、宽1.9厘米（图一四四，9；图版二一一，4）。

12. 木桶片　圆木挖、削而成。残存两片。底为薄木片另装上去的，底部有槽，桶身有小穿孔。长15、宽4.5、

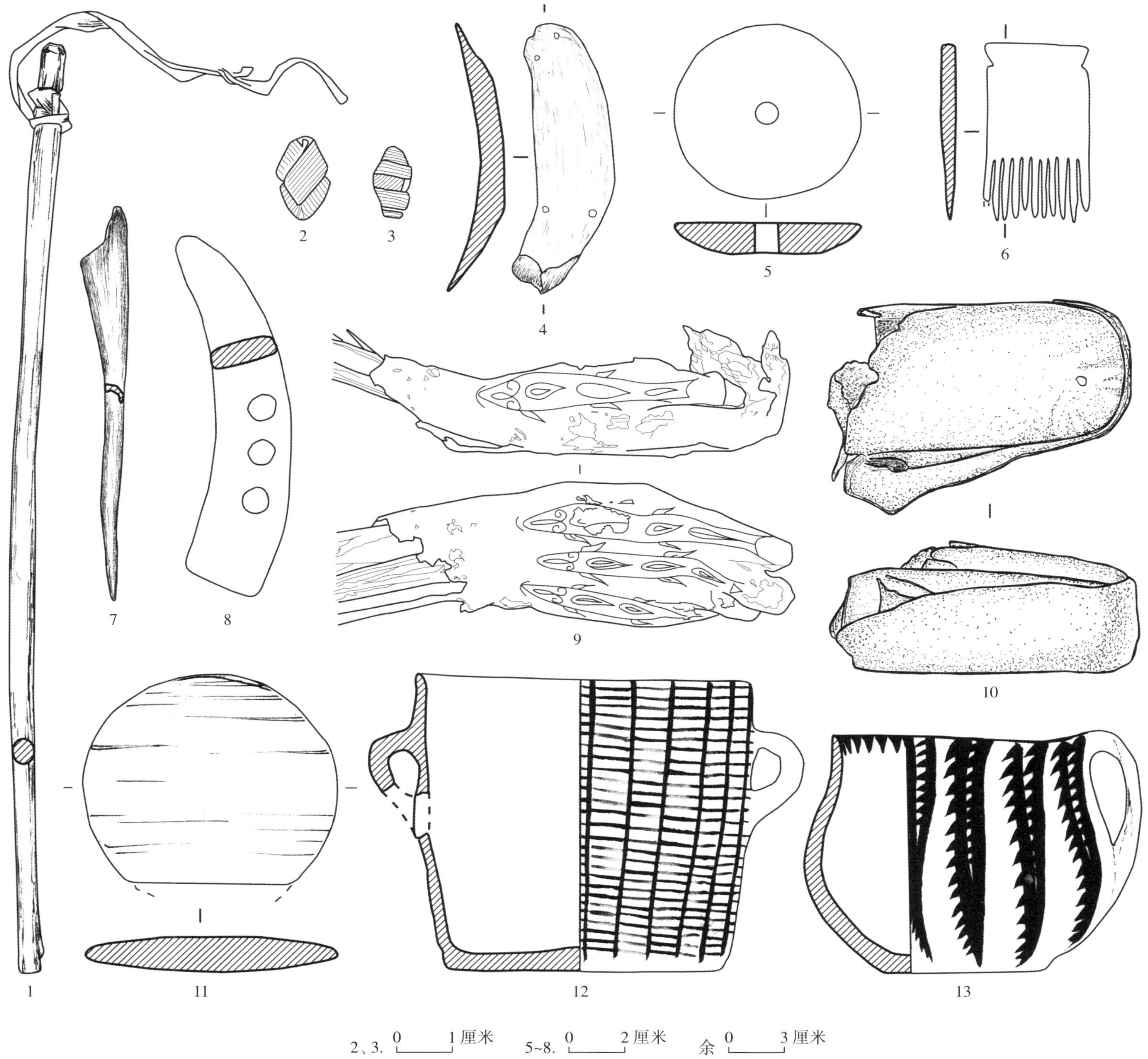

图一四四　ⅠM80随葬品

1. 木鞭（ⅠM80：4）　2、3. 草编饰（ⅠM80：9–1、9–2）　4. 木桶片（ⅠM80：12）　5. 木纺轮（ⅠM80：3）　6. 木梳（ⅠM80：8）　7. 骨锥（ⅠM80：10）　8. 角镳（ⅠM80：7）　9. 文身（ⅠM80：11）　10. 皮盒（ⅠM80：6）　11. 木桶底（ⅠM80：5）　12. 陶双耳杯（ⅠM80：2）　13. 陶单耳罐（ⅠM80：1）

厚1.2厘米（图一四四，4）。

13. 毛编织带　褐、土黄色羊毛线混织成菱形图案的宽带。残长52、宽3厘米。

ⅠM81

墓葬概况

位于墓地中南部偏东，东南邻ⅠM80，西邻ⅠM82，墓向115°。C型，长方形竖穴土坑墓，直壁。墓口距地表深0.5米，墓口长1.21、宽0.84米，墓深0.86米。墓内填细沙，内含芦苇、骆驼刺、苇席残片等。墓底有未成年男性骨架一具，仰身直肢，头骨移位到东南角。骨架腐朽严重，残缺不全。在原头部位置有陶单耳杯。这是一座被盗掘过的墓葬（图一四五）。

随葬品

出土陶器1件。

1. 陶单耳杯　夹砂红陶。敞口，方沿，鼓腹，圜底，

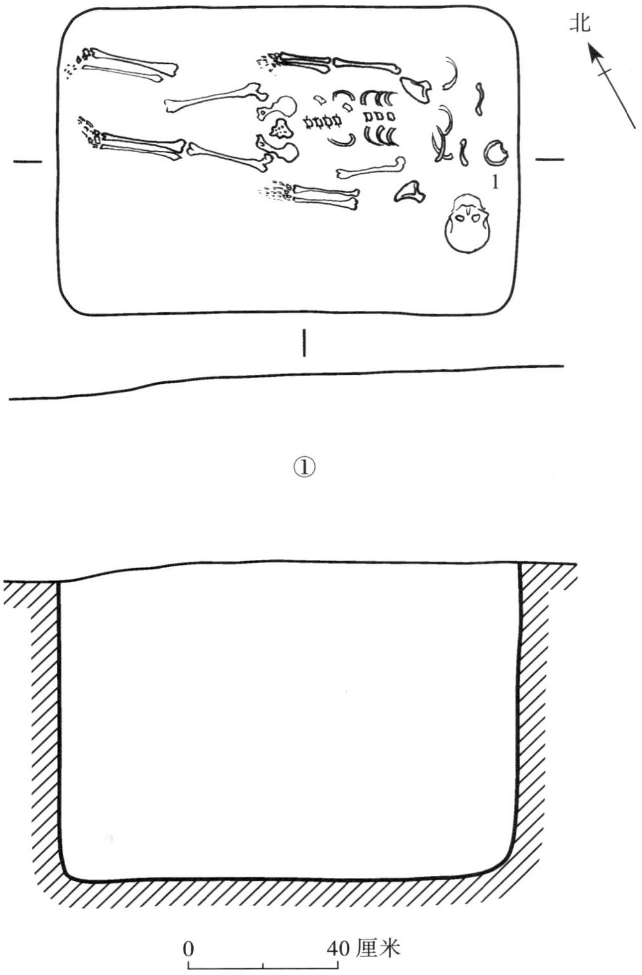

图一四五 ⅠM81平、剖面图
1. 陶单耳杯

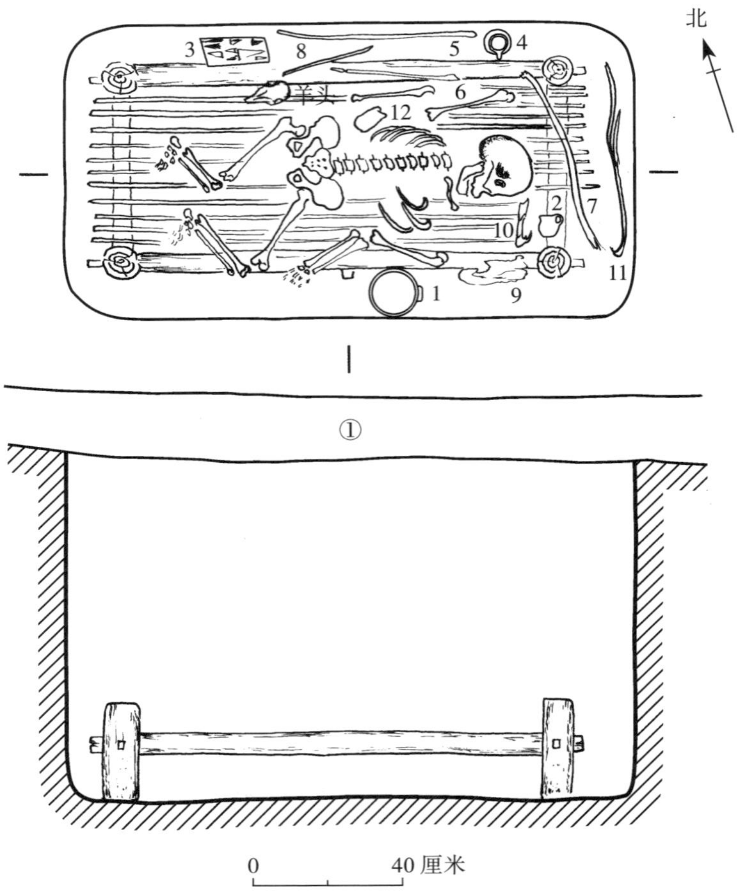

图一四六 ⅠM82平、剖面图
1. 木碗 2. 陶单耳罐 3. 木桶残片 4. 陶单耳杯 5. 木棍 6. 木鞭杆 7、11. 复合弓 8. 木箭 9. 皮靴 10. 皮带 12. 石杵

单耳残。素面。口径6.5、高5.5厘米（图一四七，4）。

ⅠM82

墓葬概况

位于墓地东南部，西邻ⅠM49，东北邻ⅠM81，墓向105°。C型，长方形竖穴土坑墓，直壁。墓口距地表深0.18米，表层为戈壁沙砾。墓口长1.5、宽0.8米，墓深0.93米。在深0.42米处，墓内填土中有苇席残片、土坯、骆驼刺等，完整的土坯面上有月牙形划纹（图版三六，6）。墓底有四足木床，床面用细木棍铺成，床上有人骨架一具，仰身屈肢，头东脚西，面向南，为成年男性，人骨右侧随葬羊头。随葬的木碗、陶单耳罐、皮靴、皮带在人骨架的左前方，木桶、陶单耳杯、木箭、木棍、木鞭杆、石杵在右侧，两件复合弓在头前（图一四六）。

随葬品

出土陶、木、石、皮质器物12件。

1. 木碗 圆木挖、削刻而成。敛口，圆唇，圆深腹，平底，上腹有一横鋬耳。口径15.7、底径9.4、高12.1厘米（图一四七，7；图版一四八，2）。

2. 陶单耳罐 夹砂红陶。敞口，束颈，鼓腹，平底，耳上扬，宽耳从沿翻至肩部。通体素面，未施陶衣。器形小，制作粗糙。口径4.7、腹径5.4、底径2.8、通高6.2厘米（图一四七，3）。

3. 木桶残片 方沿，嵌木底，桶下壁有圆孔，为连接底的铆钉孔。表面用减地法雕刻出折线纹、大三角、小三角，小三角内饰小乳丁。宽8.2、高20.7厘米（图一四七，6；图版一三〇，6）。

4. 陶单耳杯 夹砂红陶。直口，方唇，球形腹，圜底，宽耳由沿翻至腹中部。素面，未施彩绘。器表有烟熏痕迹。口径6.5、通高6.3厘米（图一四七，5；图版七一，2）。

5. 木棍 圆细柳木。弯曲，一端钻圆孔，孔径0.3厘米。长53.8、直径1.2厘米（图一四七，12）。

6. 木鞭杆 柳木削制。两端削系鞭绳的凹槽，杆体保留原树皮。长35、直径1~1.2厘米（图一四七，10）。

7. 复合弓 残。弓梢上翘，刻系弦凹槽，弓体上下面粘牛角，再用皮筋线缠扎，弓体截面椭圆形。残长53、宽2、厚1~1.2厘米（图一四七，13）。

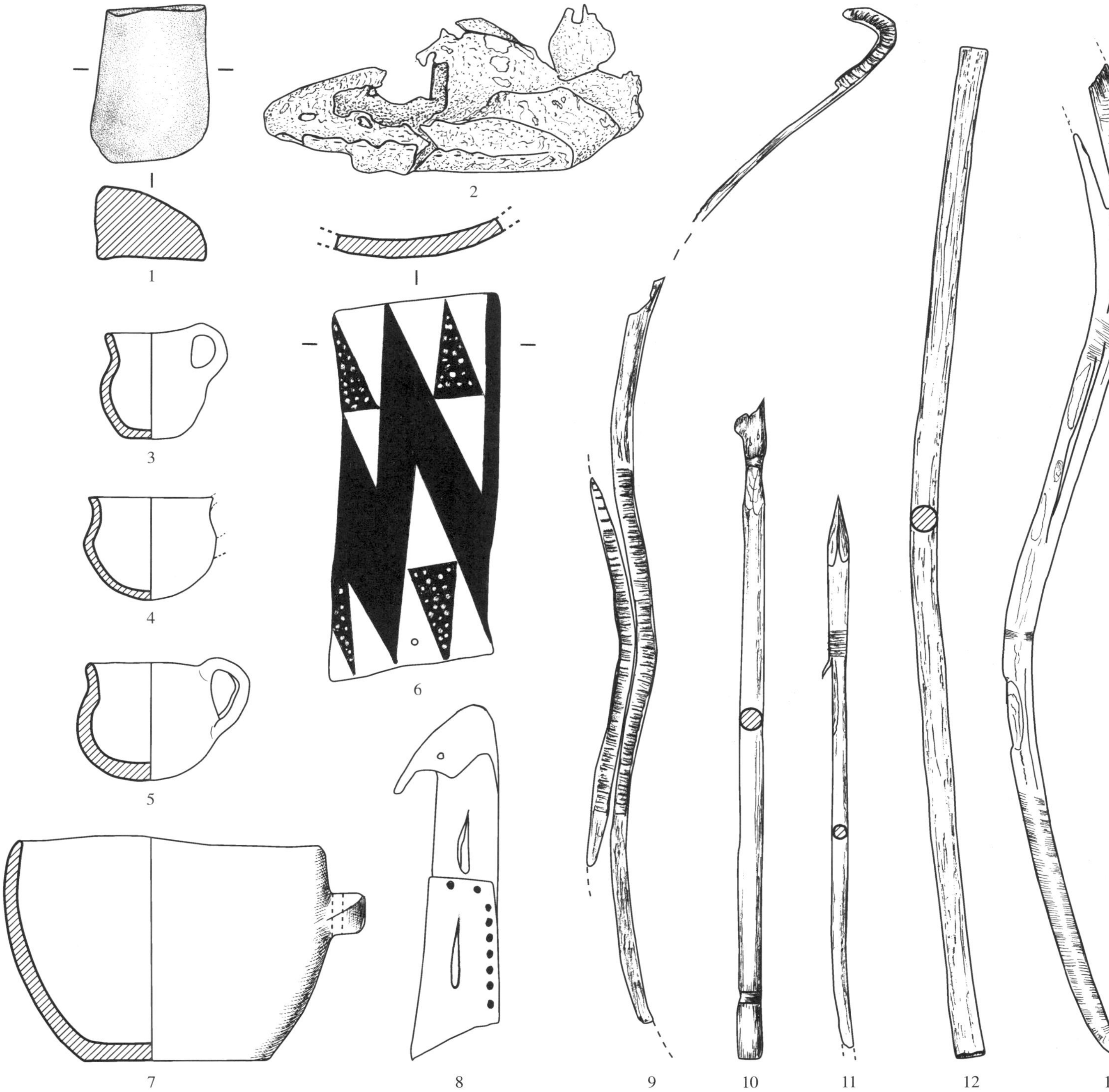

图一四七　ⅠM81、ⅠM82随葬品

1. 石杵（ⅠM82：12）　2. 皮靴（ⅠM82：9）　3. 陶单耳罐（ⅠM82：2）　4、5. 陶单耳杯（ⅠM81：1、ⅠM82：4）　6. 木桶残片（ⅠM82：3）　7. 木碗（ⅠM82：1）　8. 皮带（ⅠM82：10）　9、13. 复合弓（ⅠM82：11、7）　10. 木鞭杆（ⅠM82：6）　11. 木箭（ⅠM82：8）　12. 木棍（ⅠM82：5）

8. 木箭　箭头呈四棱锥体，尖锐，脊线分明，圆柱状铤，在靠近箭头处铤上有倒刺。残长29.4、箭头长3.5、宽0.7、直径0.8厘米（图一四七，11；图版一五九，1）。

9. 皮靴　靴帮、底为厚皮缝制，靴靿用单层薄皮缝制。均呈白色，残破严重。残长16、宽8厘米（图一四七，2）。

10. 皮带　残。双层皮缝合制成宽带，残存带孔一个。残长20、宽2.8~3.5厘米（图一四七，8）。

11. 复合弓　残。弓体中间粗，两端较细，截面呈圆形，弓体表面有皮条缠迹。残长54、宽2厘米（图一四七，9）。

12. 石杵　残。纵长体，横剖面呈楔形。残长8.5、宽6、厚2~4厘米（图一四七，1）。

I M83

墓葬概况

位于墓地东南部，西南邻 I M87，北邻 I M58，墓向 125°。C 型，长方形竖穴土坑墓，直壁。墓口距地表深 0.13 米，地表为戈壁沙砾层。墓口四边不规整，略起弧，长 1.34、宽 0.78 米，墓深 0.99 米。墓底铺芦苇草垫，草垫上有人骨两具，靠北壁人骨为老年女性，仰身屈肢；另一具也似仰身屈肢，男性中年，颅骨破碎。脚下随葬有羊头一个。随葬的木桶、陶盆、陶单耳壶、陶双耳罐排在西壁边，海贝、木箭头、皮盒、发辫、木纺轮在北部，陶钵和骨锥在中间，木取火板在东南（图一四八；图版一二，3）。

随葬品

出土陶、木、骨、皮、贝质器物 12 件（组）。

1. 木桶　用胡杨圆木掏、挖而成（连底）。直口，圆唇，直壁，平底。口沿处有对称穿孔。口径 14.6、底径 14、高 23.5 厘米（图一四九，5；图版一二六，3）。

2. 陶盆　夹砂红陶。敞口，方唇，圆腹，假矮圈足，腹部有一小耳。口内沿饰锯齿纹，外沿饰连续三角形折线纹。口径 23.6、足径 9.3、高 9 厘米（图一四九，11；图版一〇五，4）。

3. 陶钵　夹砂红陶。敛口，鼓腹，圜底，腹部有一单横立耳。口沿内外饰锯齿纹，器表饰大三角纹并以网格填充。口径 15、高 7.4 厘米（图一四九，10；图版一一二，1）。

4. 木纺轮　残存 1/2。呈椭圆饼形，外沿抹棱，中间有一圆孔，上部呈黑色。轮径 5~5.4、厚 0.9~1.2 厘米（图一四九，3）。

5. 木取火板　树枝削刻而成。中有一个钻孔有使用痕迹。长 19.2 厘米（图一四九，6）。

6. 陶双耳罐　夹砂红陶。敞口，鼓腹，小平底，矮颈，颈肩间有一对称桥形耳。内沿饰连续三角纹，器表饰连续折线纹。中腹以下陶衣剥落，露胎，器耳有彩绘。口径 10、最大腹径 16、底径 8、高 17.2 厘米（图一四九，12；图版六二，3）。

7. 陶单耳壶　夹砂红陶。敞口，圆唇，束颈，球形腹，小平底，宽带形耳由沿翻至腹部。颈饰网格纹，腹饰变形涡纹。器有烟熏痕迹。口径 6.2、腹径 12.1、底径 5.5、高 15 厘米（图一四九，9；图版一〇一，2）。

8. 皮盒　牛皮革制。底向上折边，有盖，近卵圆形。长 9.6、宽 5.1 厘米（图一四九，1；图版二二八，5）。

9. 海贝　2 个。呈椭圆形，背缝呈锯齿状。长 2、宽 1.45 厘米（图一四九，2）。

10. 骨锥　薄骨片制成。一端尖状。残长 11.6、宽 2.1 厘米（图一四九，8）。

11. 木箭头　三棱锥形，有两个倒刺。残长 8.8 厘米（图一四九，7）。

12. 发辫　用毛线和毛发编织。残长 30、宽 5 厘米（图一四九，4）。

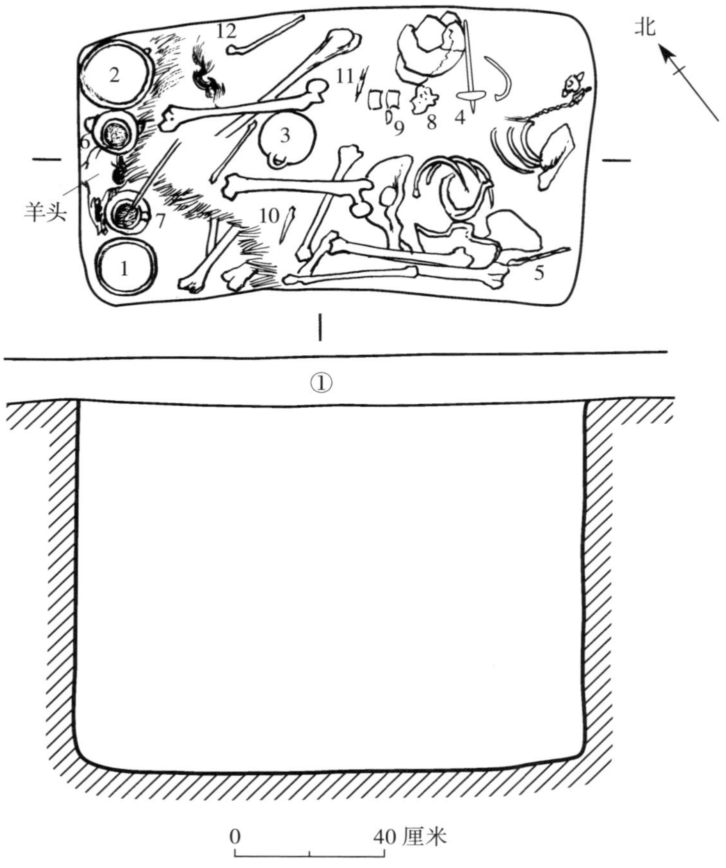

图一四八　I M83 平、剖面图

1. 木桶　2. 陶盆　3. 陶钵　4. 木纺轮　5. 木取火板　6. 陶双耳罐　7. 陶单耳壶　8. 皮盒　9. 海贝　10. 骨锥　11. 木箭头　12. 发辫

I M84

墓葬概况

位于墓地中南部，西邻 I M94，东邻 I M85，墓向 80°。B 型，长方形竖穴土坑墓，两长边有二层台。因表层土被破坏，发掘时开口于地表，墓口长 1.4、宽 1.02 米；二层台宽 0.11、深 0.16 米；墓底长 1.4、宽 0.8 米，墓深 1.2 米。二层台上残留两根直径 0.14 米圆木，为原墓口木梁，棚木已残失，棚木上苇草编织帘子朽残于墓内，北壁边有木桶。墓底为一堆朽残的毛织衣服残片和皮靴残片，仅存部分肢骨于衣服残片中，性别、年龄、葬式不详。在墓底西部有残陶圈足盘，中部有陶器残片，东部有木纺轮（图一五〇；图版一二，2）。

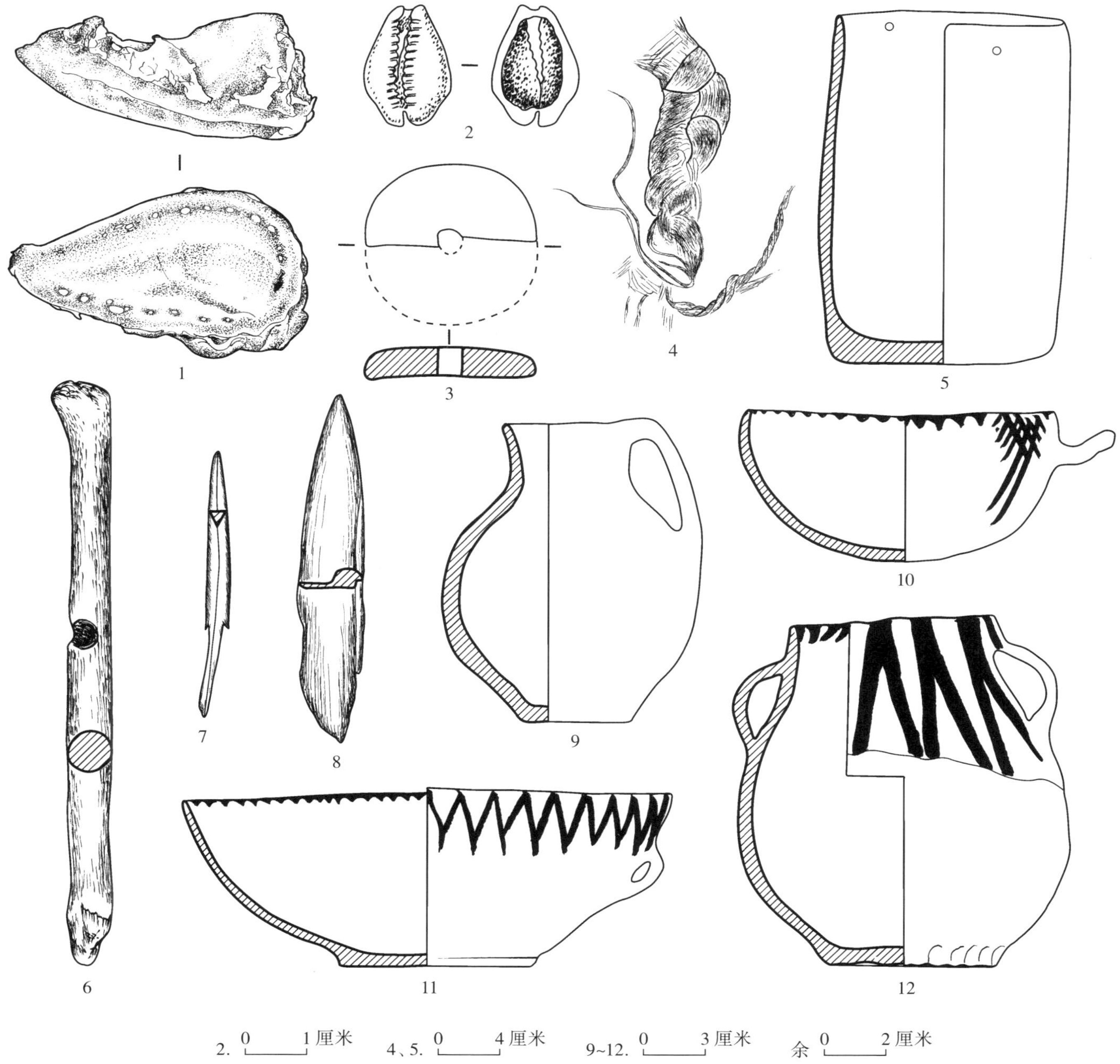

图一四九　ⅠM83随葬品

1. 皮盒（ⅠM83：8）　2. 海贝（ⅠM83：9–1）　3. 木纺轮（ⅠM83：4）　4. 发辫（ⅠM83：12）　5. 木桶（ⅠM83：1）　6. 木取火板（ⅠM83：5）　7. 木箭头（ⅠM83：11）　8. 骨锥（ⅠM83：10）　9. 陶单耳壶（ⅠM83：7）　10. 陶钵（ⅠM83：3）　11. 陶盆（ⅠM83：2）　12. 陶双耳罐（ⅠM83：6）

随葬品

出土陶、木器和毛纺织物7件。

1. 木桶　胡杨木掏、挖而成。口沿处有对称穿孔，底部外表有一周刻槽。上口沿外先刻出连续的三角形，再用白果紫草的种子挨个粘贴在三角形内。桶径16、高24.4厘米（图一五一，1；图版一二七，1、2）。

2. 陶圈足盘　夹砂红陶。直口，深腹，豆盘呈钵形，圈足残，圜底，短宽带形耳由沿下翻至上腹。内沿饰细密连续锯齿纹，内壁彩绘“十”字形水滴纹，外沿至腹彩绘大三角，三角内填菱形网格纹，耳两侧彩绘锯齿纹。口径19、残高10.5厘米（图一五一，6；图版一二四，5）。

3. 陶器残片　一件彩陶器的口沿陶片，有成组的三条短线。长9.4、宽10.4厘米（图一五一，4）。

4. 木纺轮　线轴呈圆柱状，一端稍细，通体磨光；纺轮呈圆饼状。线轴长34.5、直径0.5~0.8厘米，轮径3.6、厚0.8厘米（图一五一，5）。

5. 长衣　蓝色斜褐长衣。残破为八片。拼对后衣长97、衣身残宽70厘米；袖长32、袖头宽33、袖口宽32厘米。该长衣的制作方法和样式不够清晰，仅见后身上部横向压缀一条红色编织绦。后身与一条袖子缝接在一起，袖子是由预先织成的整幅织物缝缀，接缝处压红色绦。在其中一片长15、宽26厘米的残片中，保存有一条横

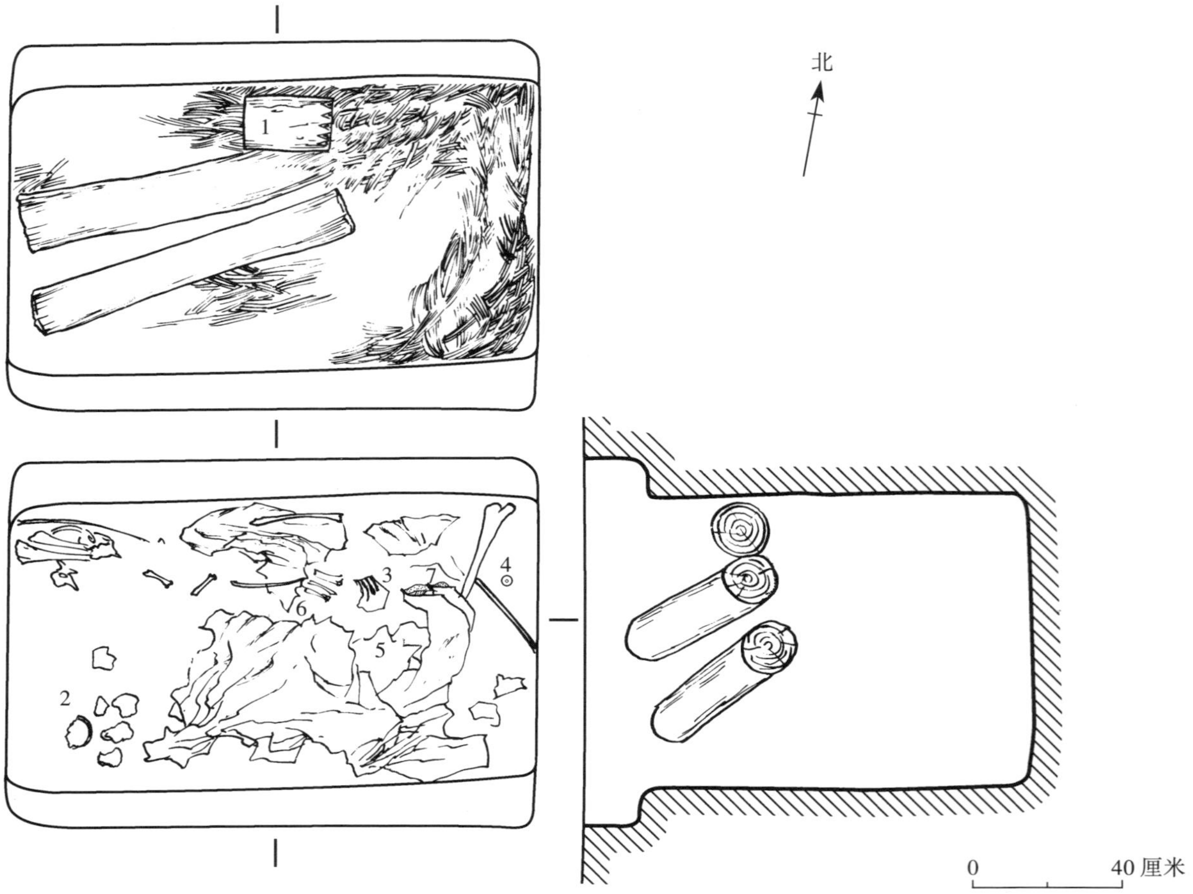

图一五〇　ⅠM84 平、剖面图

1. 木桶　2. 陶圈足盘　3. 陶器残片　4. 木纺轮　5. 长衣　6、7. 毛编织带

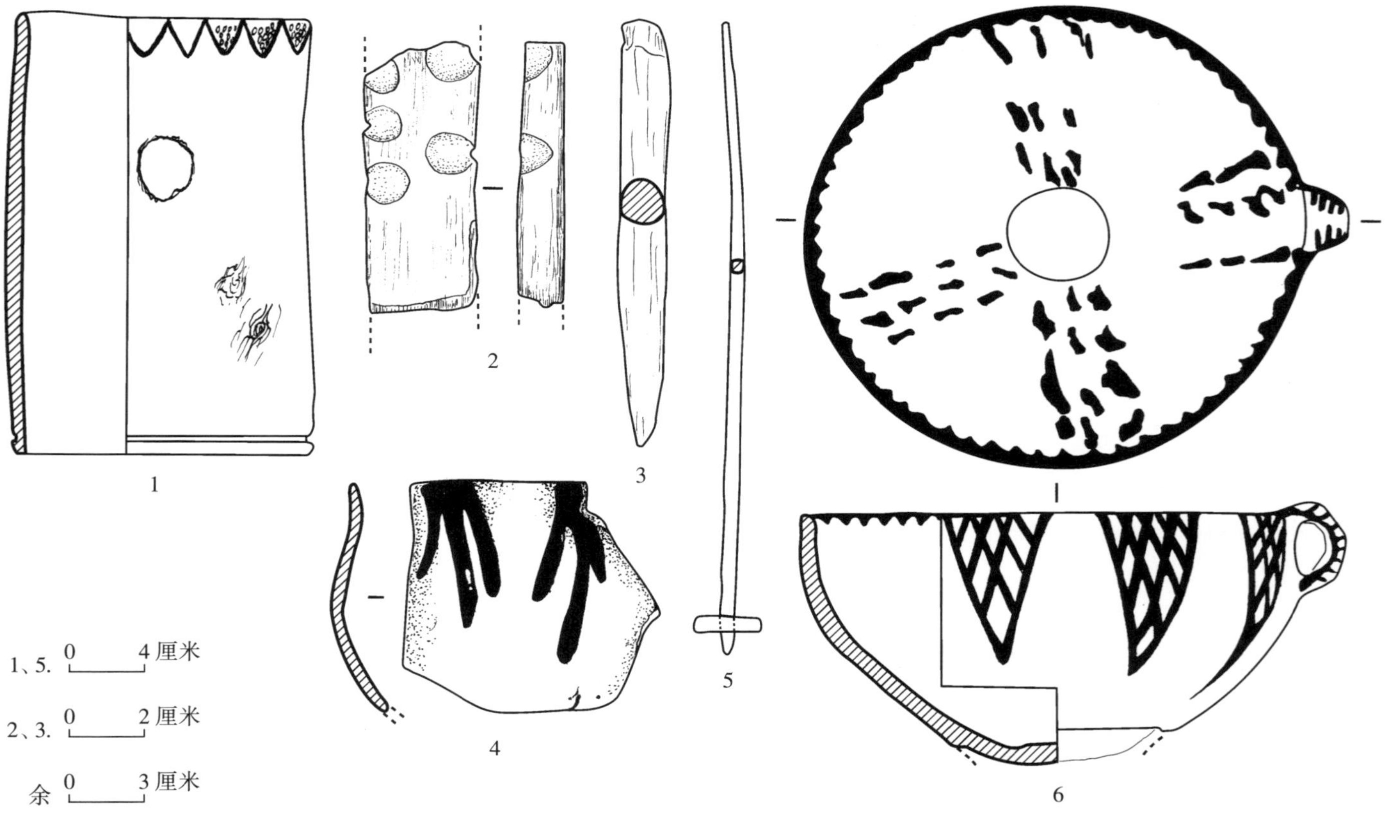

图一五一　ⅠM84、ⅠM85 随葬品

1. 木桶（ⅠM84：1）　2. 木取火板（ⅠM85：1）　3. 木取火棒（ⅠM85：2）　4. 陶器残片（ⅠM84：3）　5. 木纺轮（ⅠM84：4）　6. 陶圈足盘（ⅠM84：2）

向的边饰，运用通经回纬技法，在深蓝色地纹上缂织出浅蓝色纹样，纹样为由小方格纹组成的图案，小巧细腻（图版二四四）。

6. 毛编织带　ⅠM84：6–1，红蓝黄色，残为八段。红、蓝、黄色毛纱进行交织。从编织带两侧以压四提一的组织法，向中间编织，当两侧的线相遇时，变换位置，再回到各自原来的方向，继续编织，形成 1/4 的折向纹。总长 159、宽 2.8、厚 0.3 厘米（图版二四三，5）。ⅠM84：6–2，毛编织带末端，五条分散开以辫状编织方法将毛编织带收尾（图版二四五，2）。

7. 毛编织带　残段，蓝红棕黄色。蓝、红、棕、黄色线均为“Z”向加捻，运用 1/1 折向法进行编织。长 16、宽 6.5、厚 0.1 厘米（图版二四五，1）。

ⅠM85

墓葬概况

位于墓地中南部，西邻ⅠM84，东南邻ⅠM92，墓向 110°。C 型，圆角长方形竖穴土坑墓，直壁。墓口距地表深 0.35 米，墓口长 1.52、宽 0.96 米，墓深 1.23 米。墓底有四足木床，长 1.36、宽 0.65、高 0.28 米，床面用细柳棍铺成。木床上人骨凌乱，骨架残失较多，头骨位于床下北侧，中年男性，年龄 35~40 岁。木床与南壁之间有羊头。木床下北侧出土由木取火板和木取火棒组合的钻木取火器（图一五二）。

随葬品

出土木器 2 件。

1. 木取火板　木本铁线莲制，木质松软。呈长方形，两端残断，板面上现存钻火孔五个，呈圆形，孔内有黑色炭迹。残长 7.7、宽 3、厚 1.3 厘米（图一五一，2）。

2. 木取火棒　木本铁线莲制，木质松软。呈圆锥状，钝端有炭化痕。长 11.7、直径 1.2 厘米（图一五一，3）。

ⅠM86

墓葬概况

位于墓地中南部，西北邻ⅠM76，东南邻ⅠM95，墓向 97°。B 型，长方形竖穴土坑墓，两长边有二层台。墓口距地表深 0.2 米，墓口长 1.62、宽 1.16 米；二层台宽 0.1、深 0.3 米；墓底长 1.62、宽 0.96 米，墓深 1.55 米。该墓被盗，墓上层存有盗坑。墓底人骨凌乱，头东脚西，肢骨、盆骨均有移位，单人葬，为成年男性。骨架下有木床朽迹。无随葬品（图一五三）。

随葬品

无随葬品。

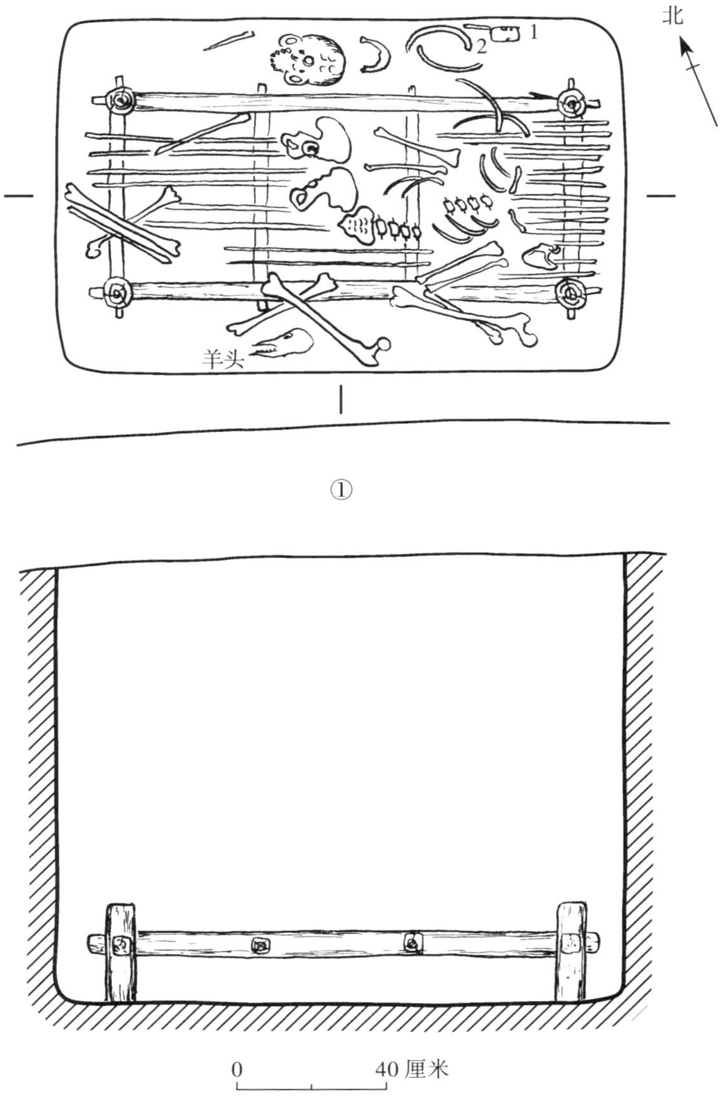

图一五二　ⅠM85 平、剖面图

1. 木取火板　2. 木取火棒

ⅠM87

墓葬概况

位于墓地中南部，西北邻ⅠM88，东北邻ⅠM83，墓向 100°。C 型，长方形竖穴土坑墓，直壁。表土层厚 0.11 米。墓葬开口于表土层下。墓口长 1.51、宽 0.8 米，墓深 0.9 米。墓底有苇草编织的席子，席上有一具仰身屈肢骨架 A，头骨移位到墓东壁下，身上的皮衣成片状，脚穿皮靴，为中年男性，年龄 35~45 岁，右手食指有文身。在 A 脚下有一壮年女性头骨 B，年龄约 30 岁，未见其肢骨和其他骨骼，疑是二次葬。随葬的陶双耳罐、骨扣、木桶位于男性脚下女性头骨旁，木弓、木纺轮、木盘、木梳、皮带在中南部，皮弓箭袋、陶单耳罐、陶盆、骨杼位于东北部（图一五四；图版一二，4）。

随葬品

出土陶、木、骨器和皮革制品、毛纺织物 24 件（组）。

1. 皮靴　用一整块羊皮缝制。后跟、前掌部有小块

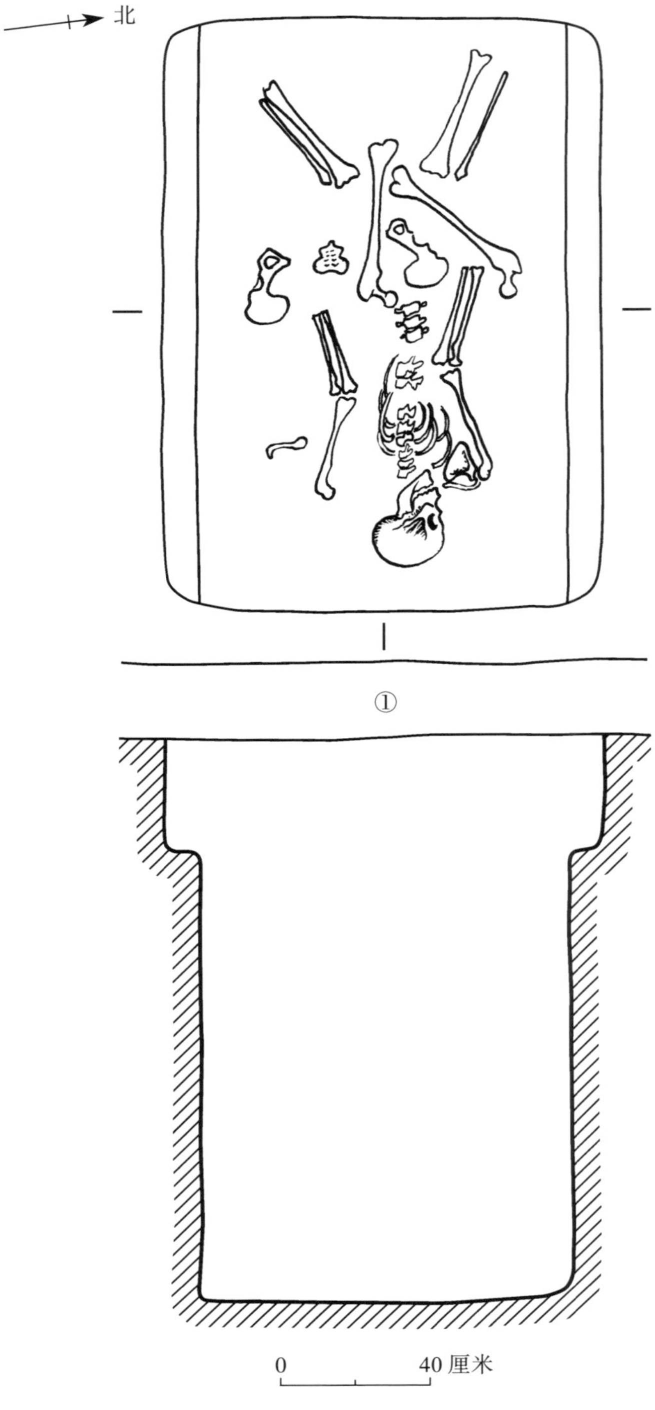

图一五三　ⅠM86 平、剖面图

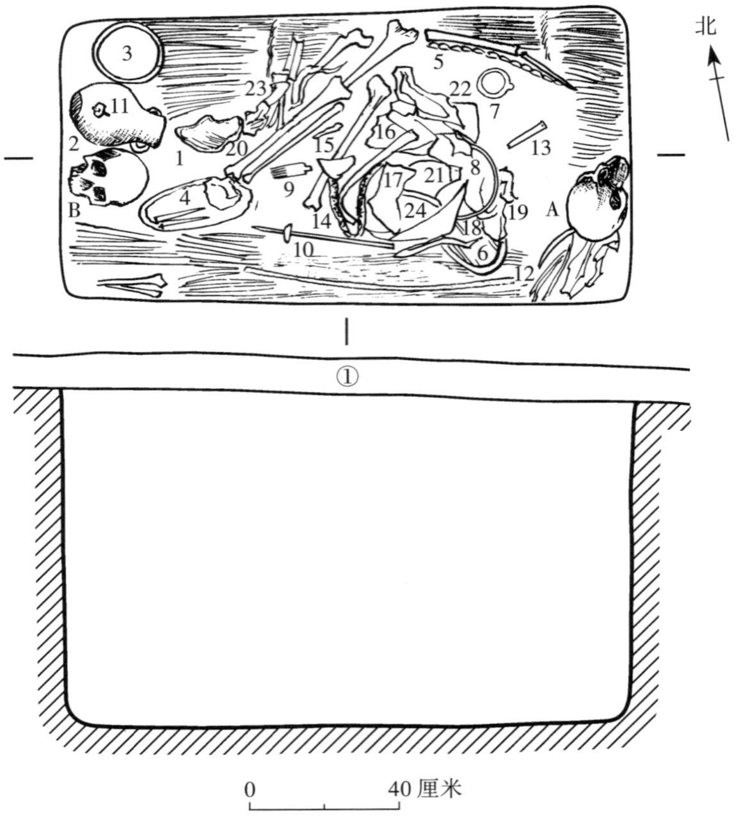

图一五四　ⅠM87 平、剖面图

1. 皮靴　2. 陶双耳罐　3. 木桶　4. 木钉　5. 皮弓箭袋　6. 木盘　7. 陶单耳罐　8. 陶盆　9. 木梳　10. 木纺轮　11. 骨扣　12. 木弓　13. 骨杼　14. 皮带　15. 文身　16. 披风　17. 披巾　18~20、24. 毛纺织物　21、22. 毛编织带　23. 毛毯

羊皮补缺。高靿，平底。长 21.2、宽 8、残高 18 厘米（图一五五，10）。

2. 陶双耳罐　夹砂红陶。口微敞，圆唇，颈较长，圆鼓腹，平底，颈部有对称双耳。内沿饰细密的锯齿纹，器表绘细长的网状纹。口径 9.4、腹径 19.2、底径 9.6、高 23.2 厘米（图一五五，15；图版六二，4）。

3. 木桶　圆木掏、挖而成。敞口，斜直腹，小平底。口沿下有对称穿孔，裂缝处有加固。器表涂有红色颜料。口径 14.8、底径 11.6、高 19.8 厘米（图一五五，11；图版一二六，2）。

4. 木钉　2 件。木条削制而成。如圆锥状，其中一件锥尖残。长 13.5~14.5 厘米（图一五五，3）。

5. 皮弓箭袋　仅剩木撑板和少许皮革，撑板为圆木棒，箭袋为鞣制过的羊皮，用皮绳缝制。木撑板长 60.8、直径 2 厘米（图一五五，2）。

6. 木盘　圆木刻、挖、削制。略呈椭圆形，浅腹，平底，盘壁扭曲变形，边壁有小圆孔。口径 20~39.2、高 4.4 厘米（图一五五，5）。

7. 陶单耳罐　夹砂红陶。直口，圆唇，垂腹，圜底，单耳由口沿下翻至腹部。口沿内饰锯齿纹，器表绘由连续大三角延伸下的条带纹。口径 9、高 11.8 厘米（图一五五，14；图版四二，3）。

8. 陶盆　夹砂红陶。敞口，小方唇，深腹，小平底，上腹有鼻形小耳。口内沿饰三角纹，外沿饰连续折线三角纹。口径 22.3、底径 7.8、高 11 厘米（图一五五，13；图版一〇五，5）。

9. 木梳　木片削刻而成。平面为窄长条形，一端有长方形凸起，上有穿孔，有七齿。梳背由上而下分四等份，第一组刻划有交叉斜线，下面三组刻划有连续三角纹，内有戳刺纹。长 11.35、宽 2.1、厚 0.4、齿长 4.8 厘米（图一五五，8；图版一四九，3）。

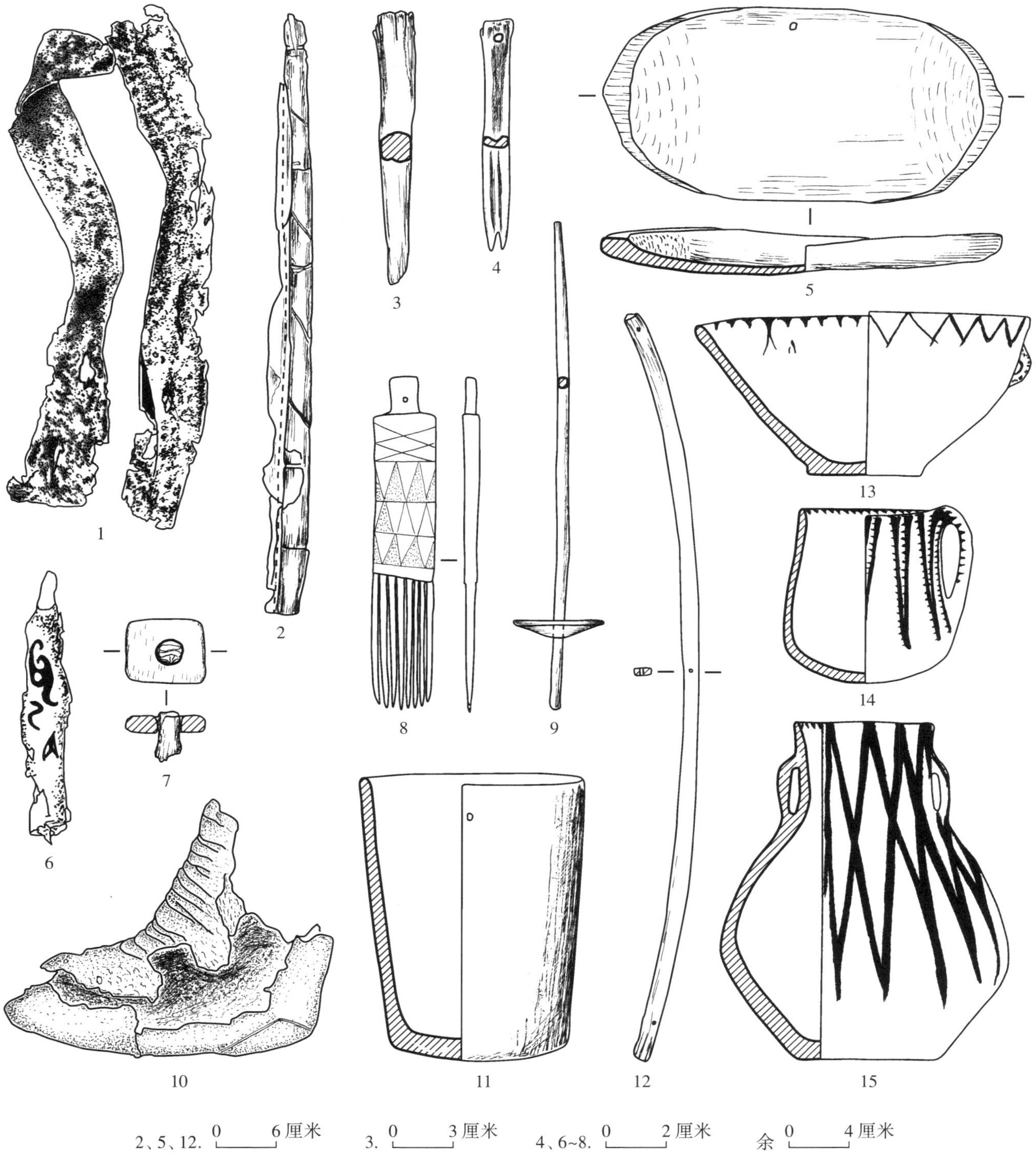

图一五五 ⅠM87随葬品

1. 皮带（ⅠM87：14） 2. 皮弓箭袋（ⅠM87：5） 3. 木钉（ⅠM87：4-1） 4. 骨杼（ⅠM87：13） 5. 木盘（ⅠM87：6） 6. 文身（ⅠM87：15） 7. 骨扣（ⅠM87：11） 8. 木梳（ⅠM87：9） 9. 木纺轮（ⅠM87：10） 10. 皮靴（ⅠM87：1） 11. 木桶（ⅠM87：3） 12. 木弓（ⅠM87：12） 13. 陶盆（ⅠM87：8） 14. 陶单耳罐（ⅠM87：7） 15. 陶双耳罐（ⅠM87：2）

10. 木纺轮 圆木削制。圆形线轴两端稍细；纺轮呈圆柄状，面平，底弧拱。线轴长33、直径0.7厘米，轮径6、厚1.2厘米（图一五五，9；图版一七四，5）。

11. 骨扣 骨片加工而成。平面呈长方形，体薄，磨光，中间有圆形穿孔，插有一节牛皮绳。长2.5、宽2.1、厚0.55厘米（图一五五，7；图版一九〇，6）。

12. 木弓 用自然树枝条削成扁平状。呈弧拱形，弓面钻有三个小孔。长77、宽1.6、厚0.9厘米（图一五五，12）。

13. 骨杼 骨片磨制。前端为两齿状，后端钻小圆孔。通体光滑。长7.9、宽1.1厘米（图一五五，4；图版一九三，9）。

14. 皮带　牛皮制。残长73.2、宽4.4厘米（图一五五，1）。

15. 文身　男性左手食指背上，墨线画涡纹。长9、宽1.6厘米（图一五五，6；图版二一一，6）。

16. 披风　红黄蓝格纹斜褐。残破为七片，分别为：ⅠM87∶16–1，长67、宽71厘米。ⅠM87∶16–2，长62、宽134厘米。ⅠM87∶16–3，长44、宽52厘米。ⅠM87∶16–4，长47、宽46厘米。ⅠM87∶16–5，长8、宽37厘米。ⅠM87∶16–6，长23、宽47厘米。ⅠM87∶16–7，长17、宽19厘米。其中ⅠM87∶16–7的一端折边缝合，上面缝缀着斜向的黄色编织带，与其他服饰相对照，应是披风（图版二四六，3）。

17. 披巾　红黄蓝色方格纹。残破严重，可拼对成两块。织物一端保存有流苏，应为披巾。ⅠM87∶17–1，长40、宽21厘米。ⅠM87∶17–2，长20、宽7厘米（图版二四六，2）。

18. 毛纺织物　红蓝色条纹褐残片。棕色经线和红、蓝色纬线，以1/1的平纹原组织法相交织。较致密的纬线覆盖了经线，由纬线现出织物表面的红蓝色条纹。长19、宽36、厚0.108厘米（图版二四五，7）。

19. 毛纺织物　蓝地红黄色条纹斜褐残片。织物表面呈现出蓝地黄红色纵向条纹，相间交织一组黄色或红色条纹，如此循环。已残为三片：ⅠM87∶19–1，长55、宽24厘米。ⅠM87∶19–2，长26、宽22厘米。ⅠM87∶19–3，长31、宽20厘米（图版二四五，3）。

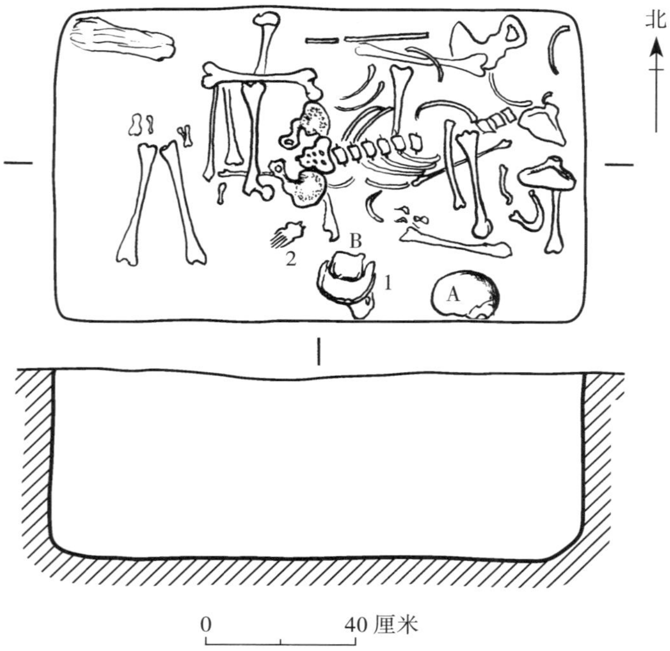

图一五六　ⅠM88平、剖面图

1. 陶单耳杯　2. 木梳

20. 毛纺织物　黄色斜褐残片。幅边处由三根经线合并与纬线交织。长63、宽27.5厘米（图版二四五，4）。

21. 毛编织带　绿地红黄色散花纹。编织带的表面由经向线显出绿地红黄色纹样。编织带中央有一排竖向红色六瓣花纹，两侧为黄色点状纹。残长22、宽6、厚0.183厘米（图版二四五，6）。

22. 毛编织带　深红地蓝色折线纹宽编织带。由深红、蓝两种毛线编织而成，显出蓝色折线纹。这件编织带中的每条蓝色折线都有七个折向点。残长35、宽11厘米（图版二四五，5）。

23. 毛毯　红蓝色菱格纹鞍毯。鞍毯由四层白色毡和最上面的一层栽绒毯叠压缝缀而成。其幅边是由四根经线合并与地纬相交织，幅宽74厘米。鞍毯残长40、宽78厘米，地纹部分厚0.1厘米，栽绒部分厚0.4厘米（图版二四五，8）。

24. 毛纺织物　红蓝色条格纹褐残片。这是一件红、蓝、黄三色经线与红、蓝、黄三色纬线以平纹组织法相交的条格纹褐，红、蓝两种色泽条格纹中间，再织入四根黄色经、纬线，构成红、蓝色条格中间加饰黄色条格的几何纹样。已残为三片：ⅠM87∶24–1，长36、宽26厘米。ⅠM87∶24–2，长21、宽12厘米。ⅠM87∶24–3，长50、宽29厘米（图版二四六，1）。

ⅠM88

墓葬概况

位于墓地中南部，西北邻ⅠM100，西南邻ⅠM136，墓向90°。C型，长方形竖穴土坑墓，直壁。墓葬开口于地表，墓口长1.4、宽0.86米，墓深0.5米。墓底人骨架凌乱，其中A骨架依靠于墓北壁，脚穿皮靴，左腿骨在膝处增生，股骨、胫骨、髌骨生长在一起，呈150°夹角，不能伸直。乱骨右侧墓南壁下有两个头骨，东面一个壮年男性，可与A骨架的增生腿骨相对应，为一个个体。西面的为B，颅顶残破，男性，未成年，年龄11~13岁。陶单耳杯位于墓南壁下残破人头骨旁，木梳位于盆骨旁（图一五六）。

随葬品

出土陶、木器2件。

1. 陶单耳杯　夹砂红陶。敞口，口变形，略呈椭圆形，筒腹，圜底，宽耳由沿翻至腹下。通体素面，露胎。口径6.6~8.4、高7厘米（图一五七，4；图版六九，5）。

2. 木梳　木板刻制。呈纵长方形，柄部亚腰形，顶端刻出两个菱形纽，十齿，为圆锥形。长10.1、宽4.2、厚0.6、齿长2.8厘米（图一五七，1；图版一五〇，9）。

ⅠM89

墓葬概况

位于墓地中南部，西北邻ⅠM90，东邻ⅠM58，墓向100°。C型，长方形竖穴土坑墓，直壁。该墓形制小。墓口距地表深0.16米，墓口长0.92、宽0.6米，墓深0.51米。墓底原铺有芦苇，内葬两人，由于进水，两具人骨不在一个水平面上，骨架凌乱、移位，头骨朽残。性别、年龄不清。墓室中部出倒置的陶单耳罐和陶盆残片，陶单耳杯出土于墓底西北淤土中（图一五八；图版一二，5）。

随葬品

出土陶器3件。

1. 陶单耳杯　夹砂红陶。敞口，腹壁较直，圜底，单耳由沿翻至腹部。内沿抹红陶衣，饰三角纹，外沿至腹饰大三角纹，耳饰黑彩竖向带纹。器腹一侧被火烧成黑色。口径8.3、高7.4厘米（图一五七，2；图版六九，6）。

2. 陶单耳罐　夹砂红陶。敞口，圆唇，球形腹，圜底，沿下单耳残。内、外沿饰锯齿纹，上、下腹饰两组曲波纹。器表有烟熏痕迹。口径8.2、腹径12.2、高13.6厘米（图一五七，3；图版五九，1）。

3. 陶盆残片　夹砂红陶。可复原。敞口，斜直腹，平底。内沿饰三角纹，内壁彩绘斜向双带纹，外沿饰连续折线纹。复原口径24、复原底径10.6、高9厘米（图一五七，5）。

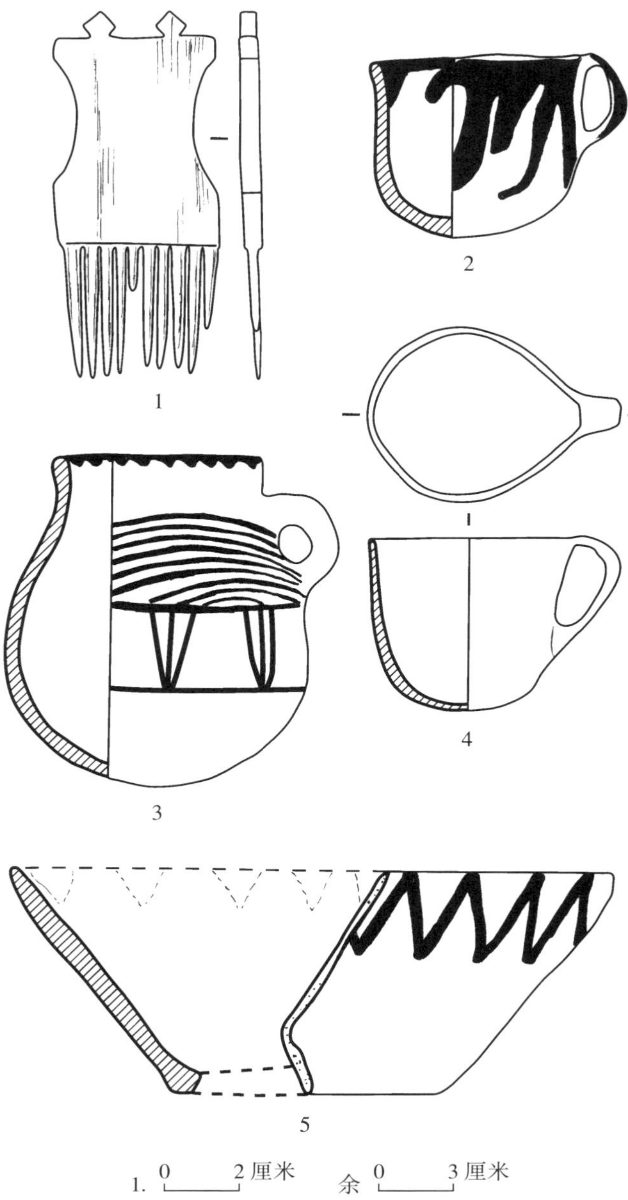

图一五七　ⅠM88、ⅠM89随葬品

1. 木梳（ⅠM88：2）　2、4. 陶单耳杯（ⅠM89：1、ⅠM88：1）　3. 陶单耳罐（ⅠM89：2）　5. 陶盆残片（ⅠM89：3）

ⅠM90

墓葬概况

位于墓地中南部，东南邻ⅠM89，西北邻ⅠM97，墓向103°。B型，长方形竖穴土坑墓，两长边有二层台。地表为戈壁沙砾层，厚0.15米，墓口开在表土层下打破生土层。墓口近长方形，长2.2、宽1.6~1.78米；二层台宽0.15~0.2、深0.7米；墓底长方形，长2.2、宽1.4米，墓深2.09米。墓内填土为黄色细沙质土，夹有毛纺织物残片、芦苇、草屑等。墓底中部安放一只四足木床，床足用四根等长的圆木，高0.3米。双帮、四撑和床足之间均用榫卯接合，上面竖向排铺细木棍。木床长1.78、宽0.8米。木床的四根短足放置在四个挖出的小圆洞内，床上有一具中年男性骨架A，年龄45~55岁，仰身直肢，下肢部分缺失，原因不明。身下原铺毡片大部分腐烂，腿部存两根短草绳。墓底西南角另有一具人骨架B，为壮年女性，年龄大于30岁，骨骼堆放凌乱，疑为二次葬，但从有的骨骼如胫、腓骨在一起的情况看，不排除有坐姿埋葬的可能。

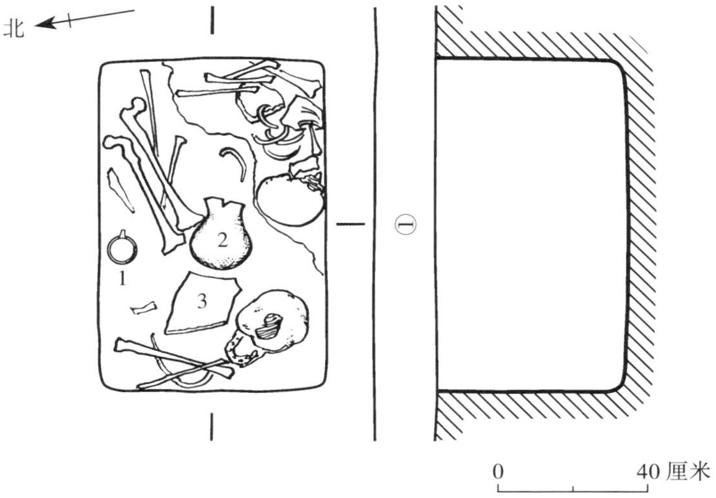

图一五八　ⅠM89平、剖面图

1. 陶单耳杯　2. 陶单耳罐　3. 陶盆残片

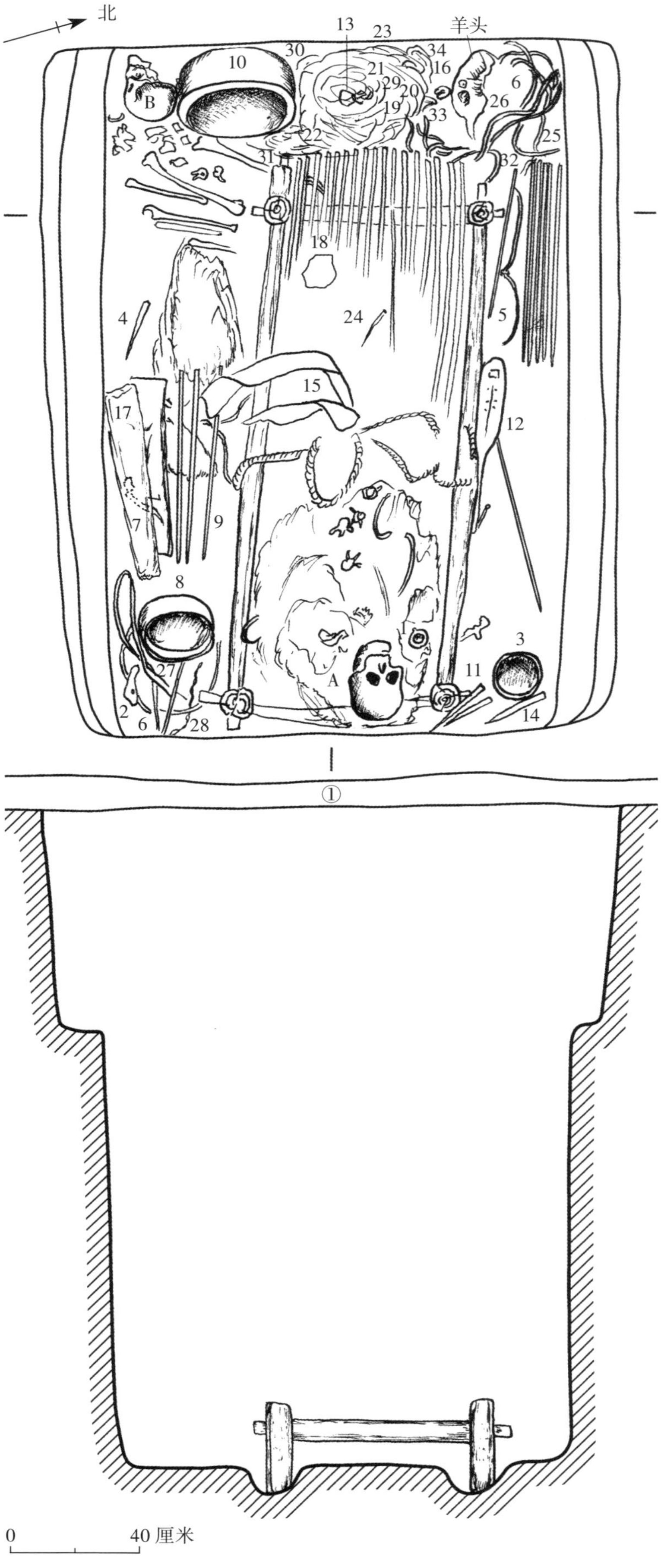

图一五九　ⅠM90平、剖面图

1、3. 陶单耳罐　2、13. 皮袋　4、14、24. 木钉　5. 木鞭　6、25~28. 皮辔头　7. 角锥（小觿）　8. 皮编草篓　9. 木箭　10. 木盆　11. 木橛　12. 木竖琴　15、19~22、30、32~34. 毛编织带　16. 皮扳指（指套）　17. 皮弓箭袋　18. 陶器残片　23. 毛纺织物　29. 长衣　31. 栽绒毯残片

床西有羊头一个。随葬品比较丰富，主要放置于木床两侧和西部墓底。陶单耳罐放在木床上头骨右侧，另有陶单耳罐、木橛和木钉在东北角。皮编草篓内盛满大麻籽叶，与皮辔头、角锥（小觿）、皮袋、木箭和皮弓箭袋置东南角。木盆位于西南角，另皮辔头、皮扳指（指套）、木鞭、皮袋在西北角；木竖琴顺放在尸床北侧。还有木钉、陶器残片、皮衣残片、毛纺织物、栽绒毯残片在床上或西壁边。陶器残片为夹砂红陶，为罐、缸等腹部残片（图一五九；图版一三，1；图版一四，1）。

随葬品

出土陶、木、骨、角、皮、毛等各类器物34件（组）。

1. 陶单耳罐　夹砂红陶。敞口，鼓腹，圜底，耳残。外沿饰菱形网格纹。口径5.8、腹径6.8、高6厘米（图一六〇，11；图版四二，4）。

2. 皮袋　整块羊皮缝制。原呈直筒状，束腰捆扎，现平面呈葫芦形，口小底大。长14、口宽4.7、底7.2厘米（图一六一，5）。

3. 陶单耳罐　泥质红陶。广口，小圆唇，深腹，圜底，近底部有一小乳突。口内沿饰细密的锯齿纹，器表通体绘折线三角纹。口径13.2~14.8、高14厘米（图一六〇，12；图版六一，3）。

4. 木钉　10支，均为圆树枝条削制。一端削尖，呈圆锥状。ⅠM90∶4–1，长18.2、直径1.8厘米（图一六〇，8）。

5. 木鞭　2件。鞭杆为圆树枝条制作，折合缝制的皮鞭梢打结缠捆在鞭杆上部，杆顶端钻孔穿皮条，阻挡鞭梢脱落，根部削扁平，钻孔，鞭杆磨光（图版一六七，7）。ⅠM90∶5–1，鞭杆长47.2、直径1.6、鞭梢长57厘米（图一六〇，6）。

6. 皮辔头　残。窄皮带挽制，衔残佚，骨质镳，为弧形串珠状，每个镳上有三孔，中间孔与衔连接，余两孔与笼头缰绳连接。带宽0.8厘米，镳长17、宽1.5厘米（图一六一，7；图版二二三，2）。

7. 角锥（小觿）　羚羊角加工磨制而成。柄雕马头形，并穿孔系有带活扣的皮绳，角较锐，通体光滑，出土时扣在皮弓箭袋上，俗称解结锥。长17.8、宽1.5厘米（图一六〇，4；图版一九〇，1）。

8. 皮编草篓　中间夹芨芨草，用细皮条编织而成。呈近筒状，平底，提梁残断。通体涂黑色。出土时篓内盛满绿色大麻叶片和籽。最大直径23.6、高23.2厘米（图一六一，10；图版二一二，5）。

9. 木箭　5支。均为圆木削制。箭杆呈圆形，铤后端有0.5厘米“U”形的挂弦槽，箭头呈三棱形，脊线分明，

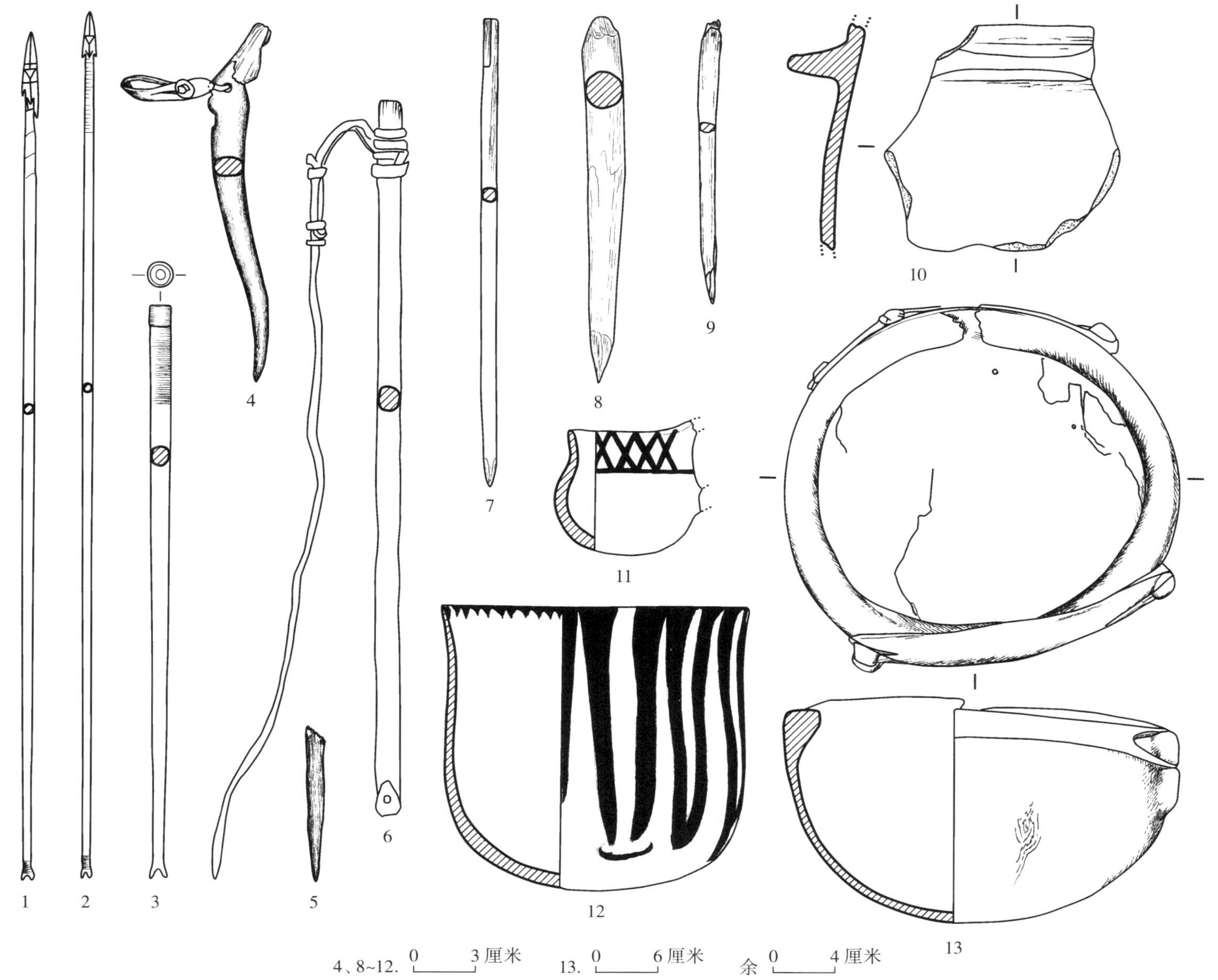

图一六〇 ⅠM90随葬品

1~3. 木箭（ⅠM90：9-2、9-3、9-1） 4. 角锥（ⅠM90：7） 5、8、9. 木钉（ⅠM90：24、4-1、14） 6. 木鞭（ⅠM90：5-1） 7. 木橛（ⅠM90：11-1） 10. 陶器残片（ⅠM90：18） 11、12. 陶单耳罐（ⅠM90：1、3） 13. 木盆（ⅠM90：10）

锋利（图版一六〇，1）。ⅠM90：9-1[1]，前端5厘米未剔皮，并用宽1.4厘米羊皮粘固，插孔呈圆形。杆长38、杆径0.6厘米（图一六〇，3）。ⅠM90：9-2，三翼前后错位分布。通长56、杆径0.7、箭头长5.8厘米（图一六〇，1）。ⅠM90：9-3，三翼前后并列，箭头和铤前端麻丝线缠扎。通长57.2、杆径0.6、箭头长3.1厘米（图一六〇，2）。

10. 木盆　用圆木刻挖而成。呈半球形体，大而厚重。敛口，方唇，圜底，器表乌黑发亮。外腹有一大一小两个成一组的四组銴，小銴用来固定用于加固木盆的牛皮带扣，大銴则为了加固盆体。木盆曾经长期使用，底部已明显变薄，有一道裂纹。上缠扎有一周牛皮条。出土时里面还装有捣碎的大麻籽叶。可见原来是作臼使用的。口径38、高22.4厘米（图一六〇，13；图版一四六，2）。

11. 木橛　3根。将柳树枝条一端削成锥尖状。棒体粗细均匀，未加工，保留原树皮，制作简单。ⅠM90：11-1，长30.8、直径1厘米（图一六〇，7）。

12. 木竖琴　用整块胡杨木刻挖成。基本完整，似经打磨抛光。由音箱、颈、弦杆、弦组成，音箱和颈连为一体，音箱上口平面长圆形，底部正中有三角形发音孔。颈呈圆柱形，颈首为圆角长方体，其上穿圆柱状弦杆。音箱口部蒙羊皮，蒙皮正中竖向穿一根加工好的柽

[1] 此件经研究为钻木取火用的钻柱，粗端经加固的孔为插钻头而设，因与弓箭都装在弓箭袋中，所以仅用同一个编号。

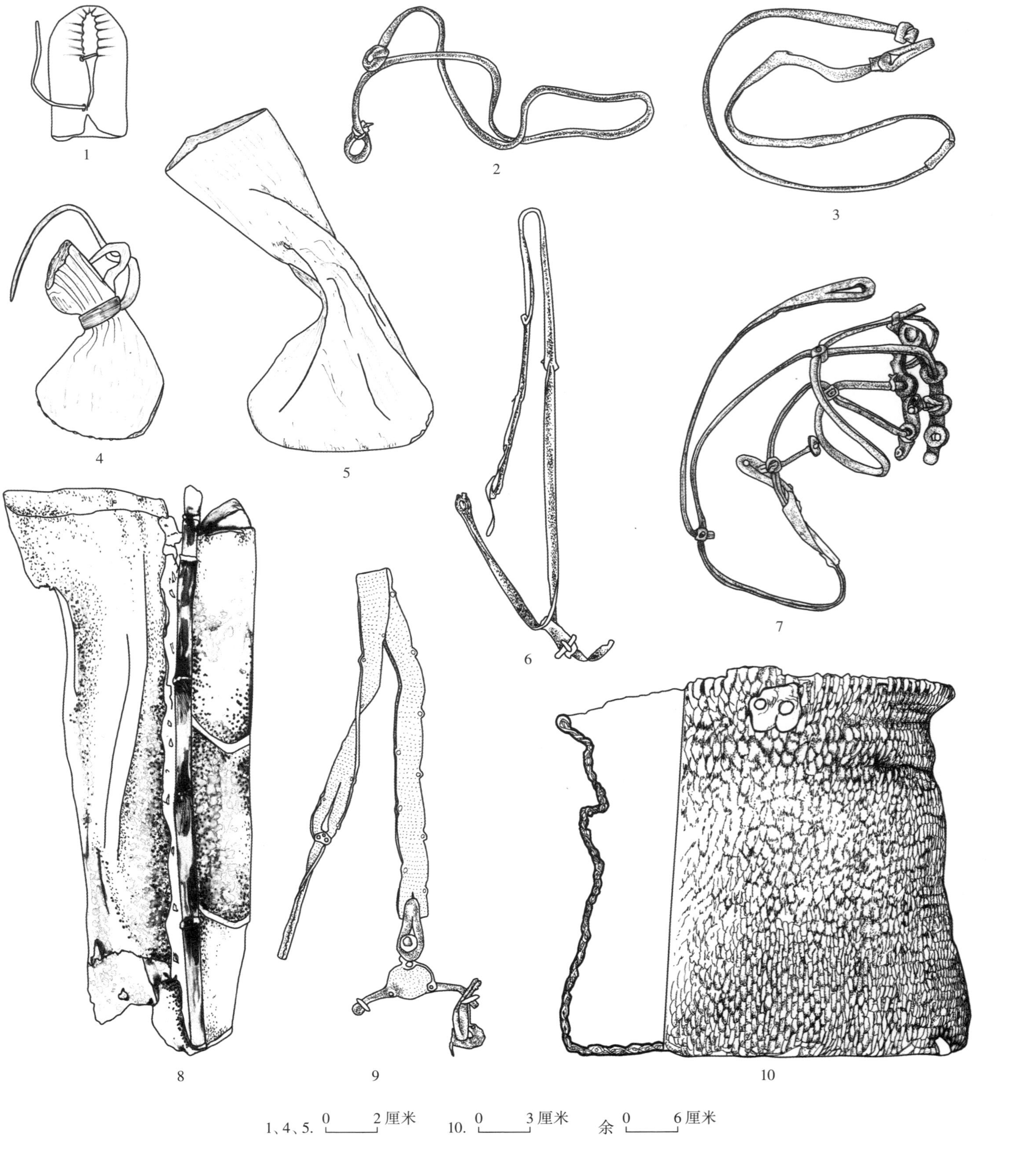

图一六一 ⅠM90随葬品

1. 皮扳指（ⅠM90：16） 2、3、6、7、9. 皮辔头（ⅠM90：25、27、28、6、26） 4、5. 皮袋（ⅠM90：13、2） 8. 皮弓箭袋（ⅠM90：17） 10. 皮编草篓（ⅠM90：8）

柳棍，再用五个小枝等距分别穿在竖棍下，枝、棍交叉呈“十”字形露出蒙皮，再分别引一根用羊肠衣做的琴弦到弦轴上。琴弦仅存一根，但弦轴上有五道系弦磨痕。通长61.8厘米，音箱长30.6、宽9.9、深3.5厘米，弦杆长24.8、直径2.4厘米，颈长22.7、颈首长8.5厘米（图一六二；图版一八二，3）。

13. 皮袋 整块羊皮缝制。口小，底大，用皮条束腰捆扎，呈葫芦形。长8、现口径2、底径5厘米（图

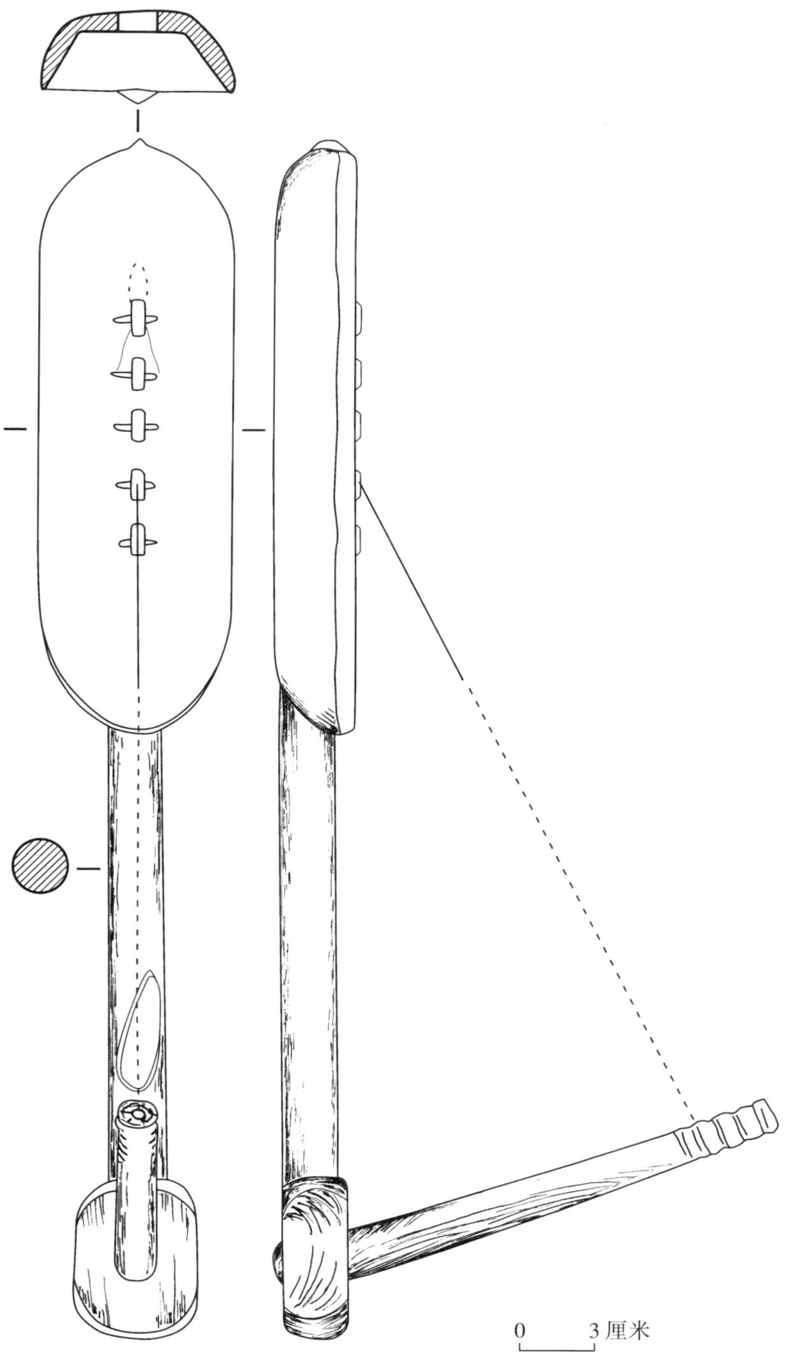

图一六二　ⅠM90 木竖琴（ⅠM90 ： 12）

一六一，4）。

14. 木钉　树枝干削制。一端削尖，呈扁锥状。长14、直径0.6~0.8厘米（图一六〇，9）。

15. 毛编织带　用两股毛线捻成的毛绳交错编织成，残。呈土黄色。残长37、宽2.8厘米（图版二四七，1）。

16. 皮扳指（指套）　整块羊皮仿人手指制作。扳指背面用麻线、皮条作系扣绳。长5.3、宽3厘米（图一六一，1；图版二二二，8）。

17. 皮弓箭袋　用鞣制过的羊皮缝成。一个大袋外附一个小袋，边上有木撑板并在其上安装有牛皮带。长68.8、宽28.4厘米（图一六一，8；图版二二五，7）。

18. 陶器残片　夹砂红陶。残高10厘米（图一六〇，10）。

19. 毛编织带　红底上带连续的横折线纹。残长76、宽6.4厘米（图版二四七，6）。

20. 毛编织带　残段。红地，蓝色连续横折线纹。残长44、宽2厘米（图版二四七，2）。

21. 毛编织带　2段。红地，蓝色连续横折线纹。ⅠM90：21–1，残长19.5、宽7厘米。ⅠM90：21–2，残长17.5、宽7厘米（图版二四七，4）。

22. 毛编织带　褐色底蓝色斜线纹，残损严重。以一上一下的平纹编织法，在褐色地纹上显现出斜向的蓝色斜线纹饰，形如“W”状。现存七段，总长145厘米（图版二四七，3）。

23. 毛纺织物　残片。有幅边，红、蓝方格纹。残长22、宽12厘米（图版二四八，1）。

24. 木钉　用木棍削成。锥形。长10.3、直径1.2厘米（图一六〇，5）。

25. 皮辔头　牛皮革缝制。两端有死扣。长90、宽0.7厘米（图一六一，2；图版二二三，3）。

26. 皮辔头　牛皮革双层缝制。残留其中的一部分，边缘有截出的曲线和骨铆钉，连接一个有三爪的皮块，爪用骨铆钉和骨扣可与其他皮带扣连。长98、宽3.5厘米（图一六一，9；图版二二三，4）。

27. 皮辔头　牛皮革缝制。两端有扣结。长124.8、宽1厘米（图一六一，3；图版二二三，5）。

28. 皮辔头　牛皮革制。上有扣环。长100.8、宽1.2厘米（图一六一，6）。

29. 长衣　蓝色褐饰绯蓝色缂毛开襟长衣残片。残存前襟部分，用蓝色平纹毛纺织物缝制。细而致密的蓝色纬线覆盖了经线，织物表面呈现蓝色。幅宽42厘米。在肩部缝缀一块长30、宽约15厘米，以一上一下平纹为基础组织，运用通经断纬技法缂织成蓝、绯色相间的菱格形图案的缂毛织物。已残为三片：ⅠM90：29–1，长95、宽82厘米（图版二四八，6）。ⅠM90：29–2，长70、宽64厘米。ⅠM90：29–3，长20、宽35厘米。

30. 毛编织带　红地蓝色方格纹编织带。分别在两端编织出三个缨穗。比较完整。通长93、宽8厘米（图版二四七，7）。

31. 栽绒毯残片　以平纹为基础组织，将红、蓝两色绒纬，以马蹄扣法拴结在经线上，平均每10厘米有10排绒头。长30、宽20厘米（图版二四八，2）。

32. 毛编织带　用本色羊毛捻线做经线，用红色、蓝色、黄色缂织出折线和三角纹饰。残长25、宽5厘米（图版二四七，5）。

33. 毛编织带 ⅠM90：33–1，黄棕色地黄色条纹编织带。残长 80、宽 5 厘米。ⅠM90：33–2，为编织带收尾部分，用褐色和橘黄色毛线编织成，将毛编织带分成三股，每股以编辫手法编制，在末端用毛本色线缝合成球形，多余部分呈穗状。长 25、宽 5 厘米（图版二四七，8）。

34. 毛编织带 棕色地绯色斜线纹编织带。残损严重，现存七段，总长 145、残宽 6、厚 0.236 厘米。以一上一下的平纹编织法，在棕色地纹上显现出斜向的绯色条纹，编织到一定的长度时折向原来的方向继续进行编织。

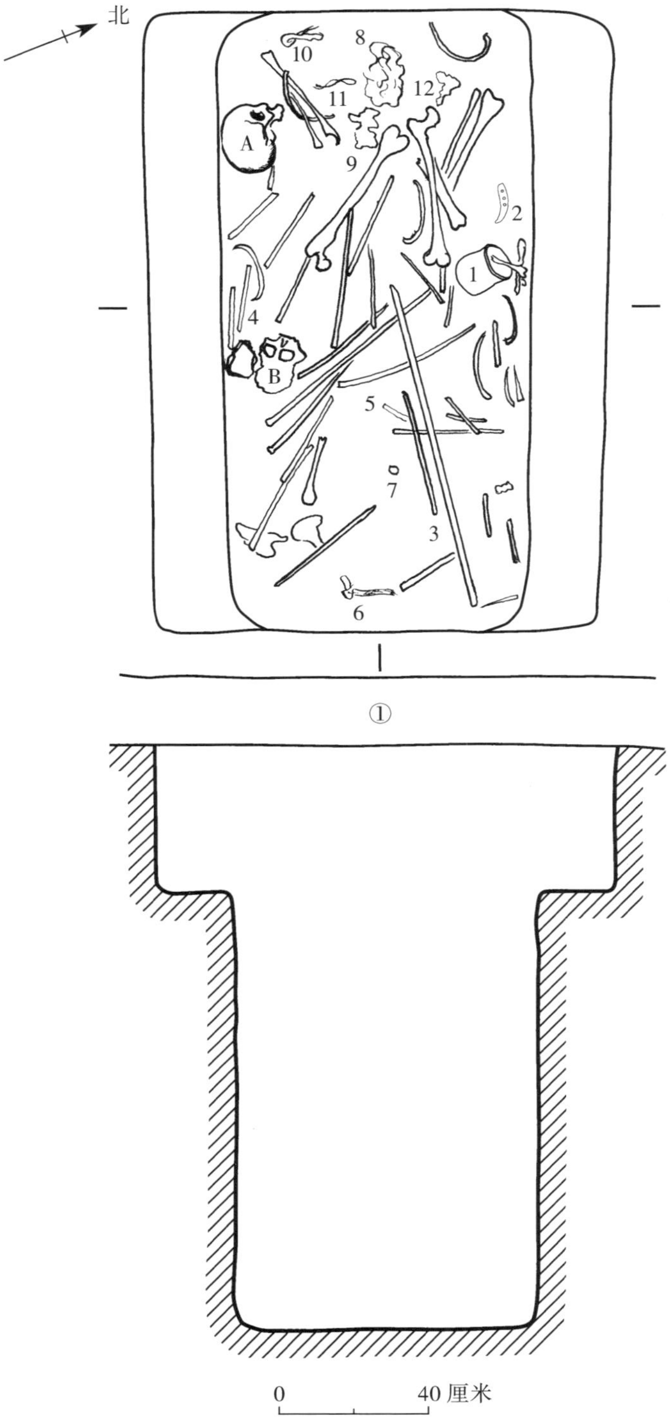

图一六三 ⅠM91 平、剖面图

1. 陶单耳罐 2. 木镳 3. 木棍 4. 木钉 5. 木橛 6. 皮绳 7. 海贝 8. 毛绒线 9. 罽毛织物 10、11. 毛编织带 12. 毛毯残片

ⅠM91

墓葬概况

位于墓地中南部，西北邻坎儿井，南邻ⅠM94，墓向 110°。B 型，长方形竖穴土坑墓，两长边有二层台。墓口距地表深 0.2 米，墓口呈东窄西宽的梯形，长 1.7、宽 1.18~1.2 米；二层台宽 0.2、深 0.42 米；墓底长 1.7、宽 0.8~0.83 米，墓深 1.6 米。墓内填土中含有骆驼刺、芦苇、碎陶片。墓底尸床上残木棍凌乱，骨架残缺不全。两个人头骨乱置于墓室南壁下，A 为成年男性；B 为未成年，年龄 9~10 岁。依骨架残缺来看，为二次葬。随葬品散置于墓底，木棍、皮绳、海贝在东部，毛绒线、毛布、毛编织带和毛毯在西部，陶单耳罐和木镳位于北部，木钉在南壁边，木橛在东南部（图一六三）。

随葬品

出土陶、木、皮质器物和毛纺织物 12 件（组）。

1. 陶单耳罐 夹砂红陶。敞口，垂腹，圜底，近

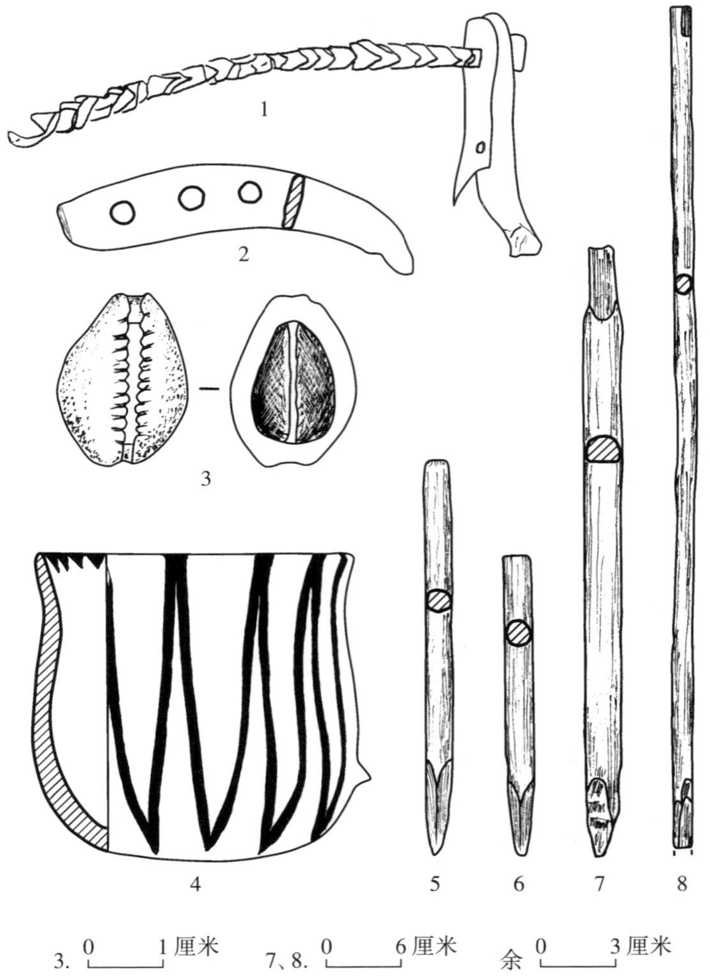

图一六四 ⅠM91 随葬品

1. 皮绳（ⅠM91：6） 2. 木镳（ⅠM91：2） 3. 海贝（ⅠM91：7） 4. 陶单耳罐（ⅠM91：1） 5、6. 木钉（ⅠM91：4–1、4–2） 7. 木橛（ⅠM91：5） 8. 木棍（ⅠM91：3–1）

腹底有一乳突状錾耳。内沿饰连续锯齿纹，器表通体饰连续折线纹。口径12.7、腹径13、高12.9厘米（图一六四，4；图版六一，4）。

2. 木镳　用胡杨木加工而成，一副。呈月牙形。镳上钻有三孔，其中一孔内有麻绳残段，另一镳下部表面涂红色。长14.1、宽3、厚0.6厘米（图一六四，2）。

3. 木棍　10件。残，圆木削制。均为圆木杆。ⅠM91：3–1，残长68.8、直径1.6厘米（图一六四，8）。

4. 木钉　3件。圆木削制，一端削成三角锥状。ⅠM91：4–1，长16.2、直径1.15厘米（图一六四，5）。ⅠM91：4–2，长12.2、直径1.1~1.15厘米（图一六四，6）。

5. 木橛　将圆木一侧削成平面，前端削成四棱状，后端残。残长50、宽2.8厘米（图一六四，7）。

6. 皮绳　皮条编织成麦穗状，一端穿长条皮带。绳表面涂红色颜料。残长21、直径1厘米（图一六四，1）。

7. 海贝　呈椭圆形，中空，中缝呈锯齿状。长2.3、宽1.7厘米（图一六四，3）。

8. 毛绒线　羊毛加捻成一团，可能用作假发（图版二四九，3）。

9. 缂毛织物　残片。褐色、蓝色相间的连续菱形格纹。长56、宽18.8厘米（图版二四八，7）。

10. 毛编织带　残段。黄本色带黑三角纹。长28、宽4.6厘米（图版二四八，4）。

11. 毛编织带　残段。黄本色带紫色菱格纹。长44.4、宽3厘米（图版二四八，3）。

12. 毛毯残片　残片。紫红色，线长1厘米，稀疏。残长16.9、宽10.5厘米（图版二四八，5）。

ⅠM92

墓葬概况

位于墓地南部，东北邻ⅠM56，西南邻ⅠM93，墓向130°。C型，长方形竖穴土坑墓，口大底小。墓口距地表深0.2米，墓口长1.2、宽0.7米，墓底长1.23、宽0.7米，墓深1.02米。填土中含骆驼刺、芦苇草等。墓底有两具人骨架，骨骼残缺较多，A骨架在正中，仰身屈肢，为壮年女性，年龄30~40岁；B为未成年人。东北角有陶无耳杯，墓底还残存有部分缂毛织物和毛编织带（图一六五）。

随葬品

出土陶器和毛纺织物3件。

1. 陶无耳杯　夹砂红陶。敞口，直腹，筒状，平底，两边沿微高出口沿，各钻两孔，为系孔。通体露胎，素面。口径10.2、底径7、高7、通高8.1厘米（图一六六，4；图版九八，5）。

2. 缂毛织物　衣服残片。斜纹，双色相间的连续菱形格纹。长5.5、宽36厘米（图版二四九，1）。

3. 毛编织带　2根。色彩相同，均绑附在黄色马尾上。

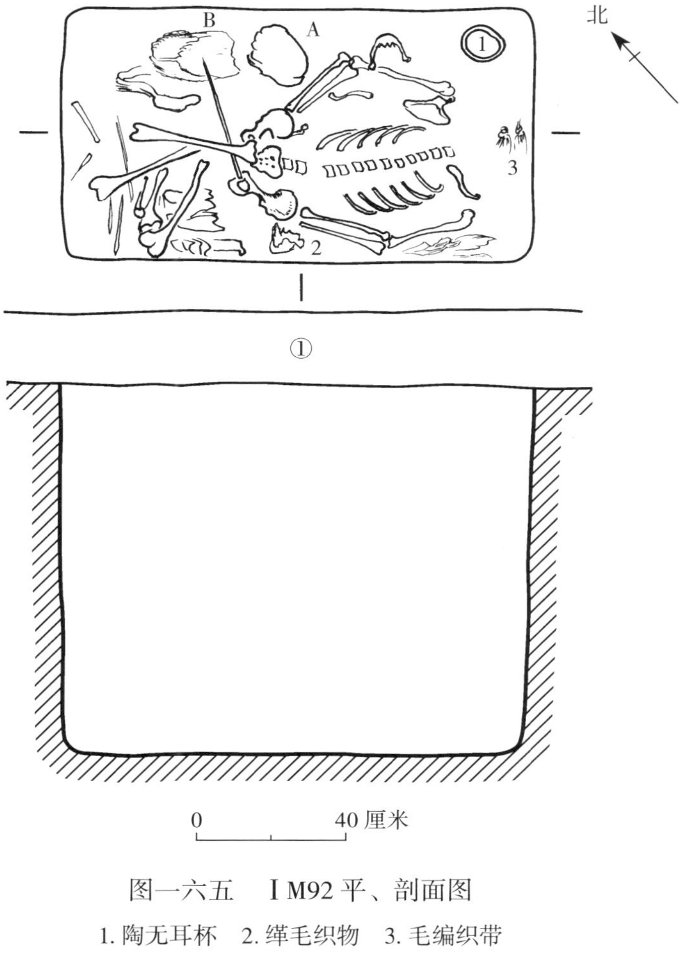

图一六五　ⅠM92平、剖面图

1. 陶无耳杯　2. 缂毛织物　3. 毛编织带

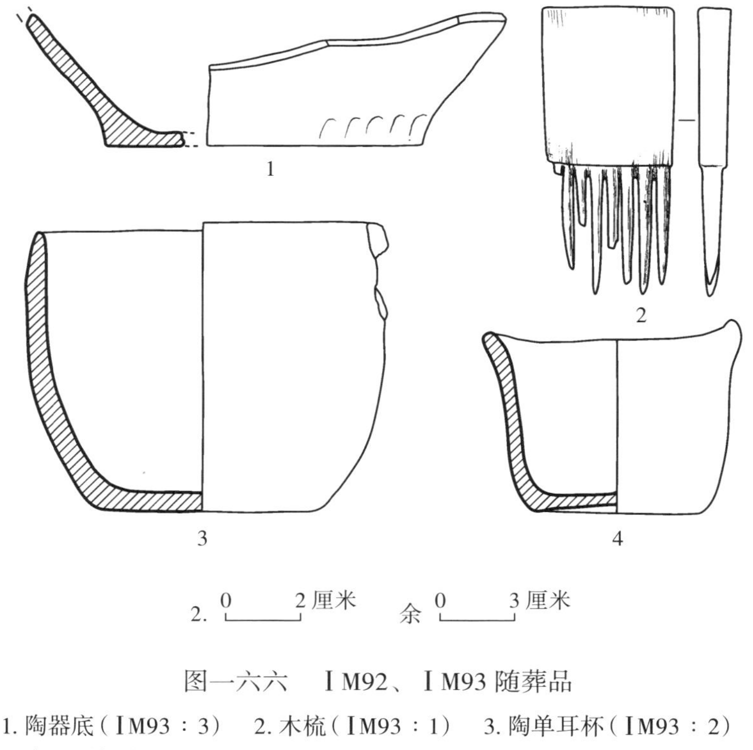

图一六六　ⅠM92、ⅠM93随葬品

1. 陶器底（ⅠM93：3）　2. 木梳（ⅠM93：1）　3. 陶单耳杯（ⅠM93：2）　4. 陶无耳杯（ⅠM92：1）

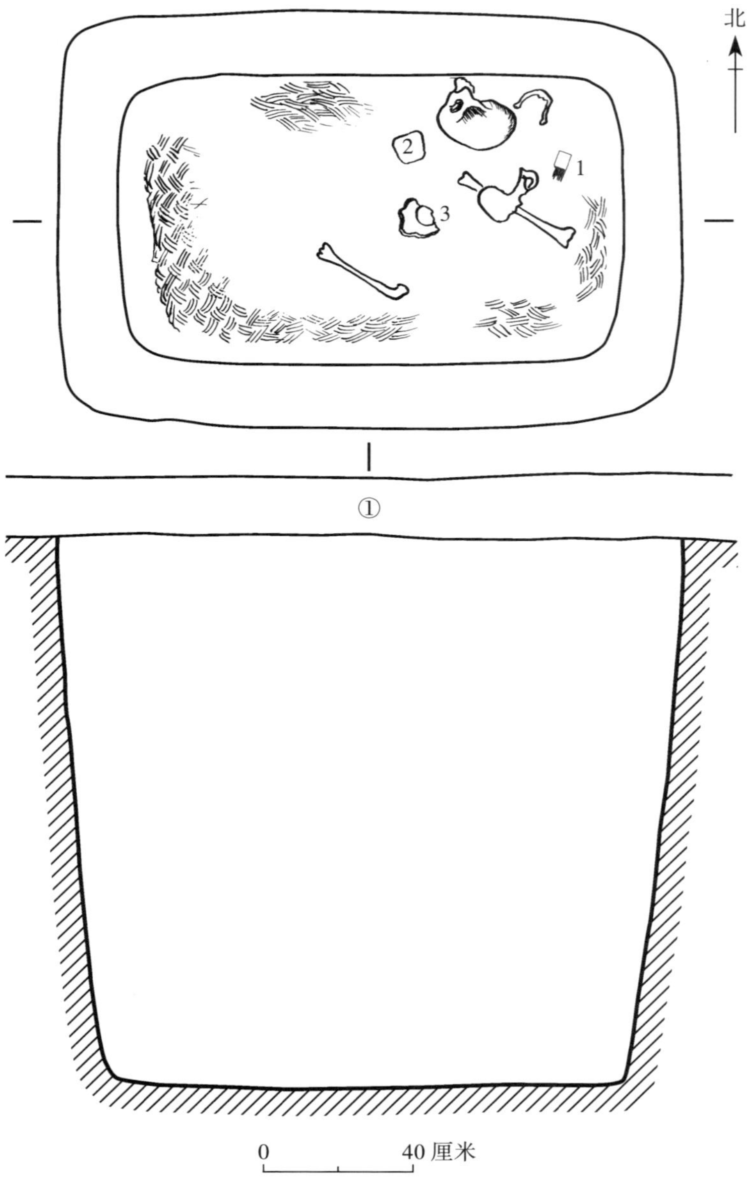

图一六七　Ⅰ M93 平、剖面图

1. 木梳　2. 陶单耳杯　3. 陶器底

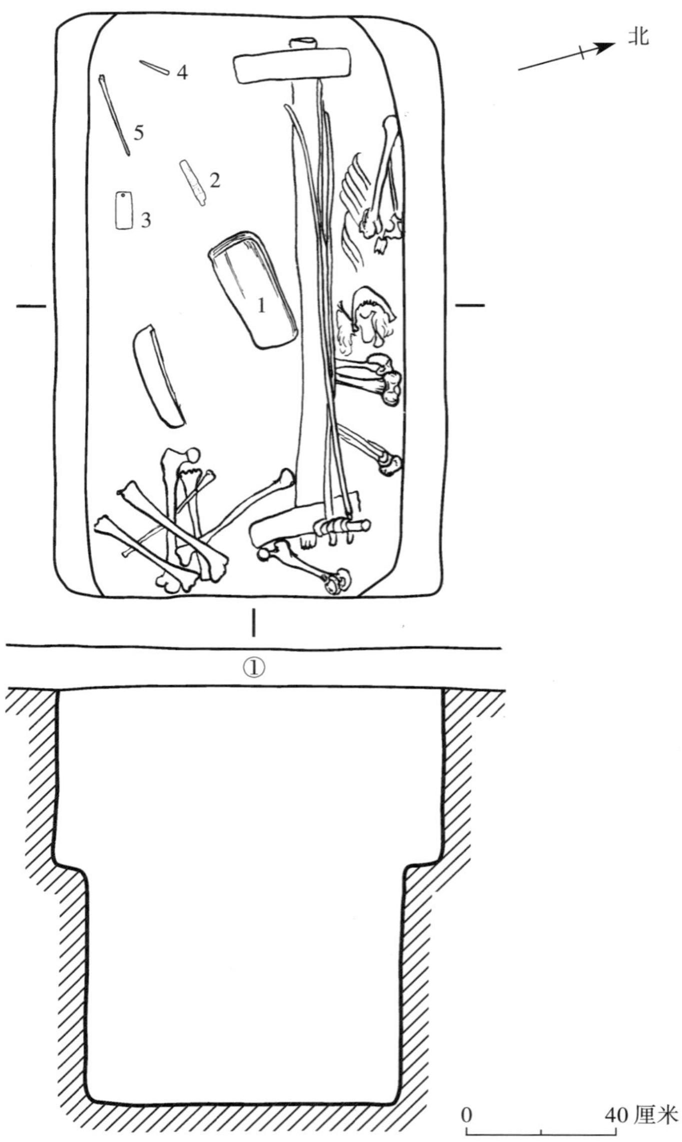

图一六八　Ⅰ M94 平、剖面图

1. 木盘　2. 铜刀　3. 砺石　4. 木钉　5. 木鞭杆

蓝色有白点，两端带红色毛穗（图版二四九，2）。

Ⅰ M93

墓葬概况

位于墓地南部，东邻Ⅰ M57，南邻Ⅰ M89，墓向88°。C 型，圆角长方形竖穴土坑墓，四壁向下斜收，口大底小。墓口距地表深 0.16 米，墓口长 1.65、宽 1.14 米，墓底长 1.34、宽 0.8 米，墓深 1.52 米。填土中有原墓口棚盖物坍塌的草屑、沙土、苦豆子草。墓底铺草席一张，席上有头骨一个和少量肢骨，为成年女性。墓中央有随葬的陶器底、陶单耳杯和木梳（图一六七）。

随葬品

出土陶、木器 3 件。

1. 木梳　由木板削刻而成。呈纵长方形，残存七齿，齿为棱锥形。长 8、宽 3.5、厚 0.9、齿长 3.5 厘米（图一六六，2）。

2. 陶单耳杯　夹砂红陶。敞口，尖圆唇，圆腹，平底，单耳残。器表被烟熏成黑色。口径 13、底径 8.8、高 11.8 厘米（图一六六，3）。

3. 陶器底　夹砂红陶。砂粒较粗。素面（图一六六，1）。

Ⅰ M94

墓葬概况

位于墓地中部，东北邻Ⅰ M91，西邻Ⅰ M76，墓向108°。B 型，长方形竖穴土坑墓，两长边有二层台。墓口距地表深 0.11 米，墓口长 1.6、宽 1.04 米；二层台宽 0.08~0.12、深 0.5 米；墓底长 1.6、宽 0.84 米，墓深 1.14

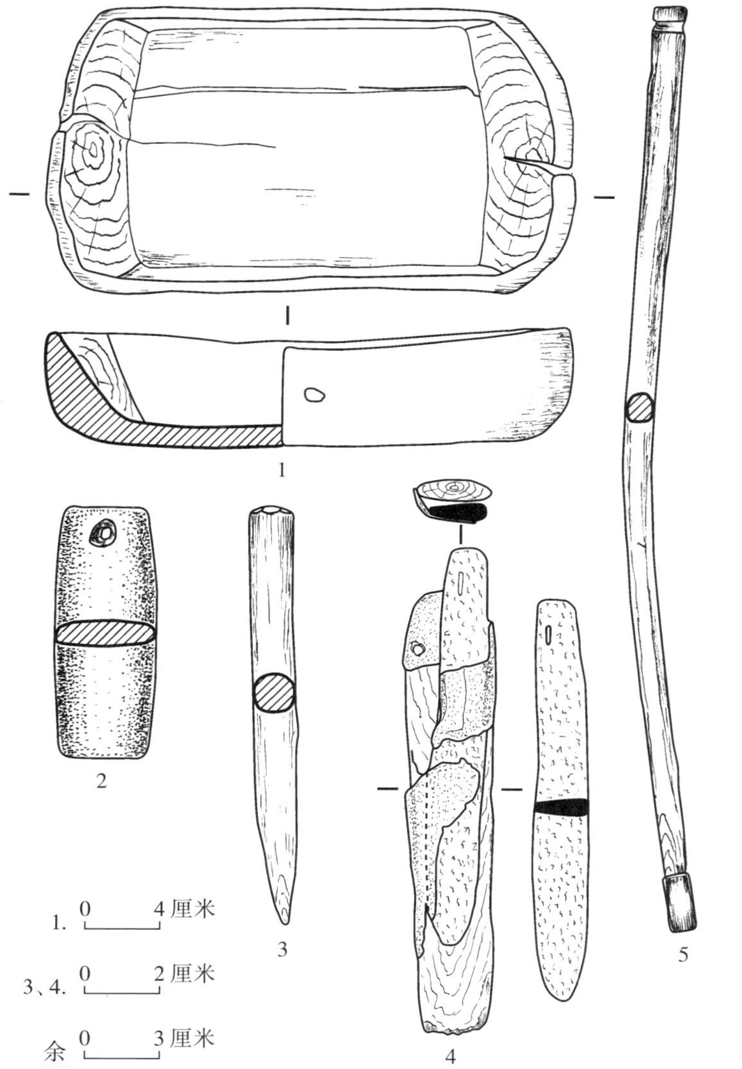

图一六九　ⅠM94随葬品

1. 木盘（ⅠM94：1）　2. 砺石（ⅠM94：3）　3. 木钉（ⅠM94：4）　4. 铜刀（ⅠM94：2）　5. 木鞭杆（ⅠM94：5）

米。该墓被盗扰，墓底有残破木床、芦苇席残片等，散乱的人下肢骨位于墓底东部，未见头骨，有下颌骨和长骨，似一成年男性个体。墓底中部出土木盘，西南部有铜刀、砺石、木钉、木鞭杆（图一六八）。

随葬品

出土木、铜、石器5件。

1. 木盘　圆木刻、挖、削制。呈横长方形，两端弧拱，敞口，腹较深，平底，腹壁有一小方孔。口长28、口宽15.6、底长24.5、底宽12、高6.6厘米（图一六九，1；图版一三四，4）。

2. 铜刀　长条形，单刃，直柄，出土时装刀套内。刀套为羊皮质，后有长方形撑板。长11、宽1.5厘米（图一六九，4；图版一九八，6）。

3. 砺石　长条形，横截面椭圆形，砺石后端钻一圆孔。长10.3、宽4、厚1.05厘米（图一六九，2；图版二〇七，5）。

4. 木钉　圆木削制。呈锥状。长11.5、直径1.1厘米（图一六九，3）。

5. 木鞭杆　柽柳枝条两端削系鞭梢凹槽，杆弯曲。长38、直径1.2厘米（图一六九，5；图版一六七，8）。

ⅠM95

墓葬概况

位于墓地中南部，北邻ⅠM94，南邻ⅠM97，墓向97°。B型，长方形竖穴土坑墓，两长边有二层台。墓口距地表深0.2米，墓口长2.21、宽1.68米；北面二层台宽0.09~0.14、南面宽0.19、深0.4米；墓底长2.21、宽1.4米，墓深1.52米。墓内填土中有砾石、干草等，散乱于木床周围。墓底木床上铺“人”字纹苇席，因盗扰，人骨被弃于床下周边，发现人头骨两个，A头骨位于西边，为中年男性，年龄45~55岁；B头骨位于东南边，为壮年女性，年龄30~40岁。木床东端放置一捆苇秆，床上有苇秆编织的席残片。皮弓箭袋出土于床下东北角，袋内装一束木箭，木搅拌棒、小石球、木镳、木梳、铜片在东北角，角镳、陶单耳罐、海贝、栽绒毯残片、发辫头出在西北角，木钉和木器具出在南边，簸箕残片、双色毛毡出土在墓中间（图一七〇；图版一三，2）。

随葬品

出土陶、木、石、铜、角、贝、毛织器物17件（组）。

1. 皮弓箭袋　牛皮缝制。上宽下窄，一边安装有木撑板，木撑板上系有皮带，以便背或挎在肩上，袋内装有芨芨草棍（仿箭）。长71.2、上宽16、下宽12厘米（图一七一，14）。

2. 木箭　5支。均圆木削制。大多残，箭头呈三棱状，尖钝，箭头较短，有一倒刺，箭杆后端残。ⅠM95：2-1，残长22.1、直径0.4、箭头长0.9厘米（图一七一，8）。

3. 木钉　5支。均圆木削制。一端削尖，呈圆锥状。ⅠM95：3-1，长13.6、直径1.2厘米（图一七一，7）。

4. 木器具　树枝条削制。截面呈圆形，一端削尖，另一端残。残长65、直径1.6厘米（图一七一，13）。

5. 簸箕残片　用羊皮条和芨芨草棍经纬编织“人”字形图案。残长22、残宽14厘米（图一七一，10；图版二一三，3）。

6. 角镳　牛角加工制作，两端残。钻两孔。残长6、宽3.7厘米（图一七一，3）。

7. 木镳　木板刻、削制作而成。长条形，下端削成三角形，镳面钻三孔，中间孔较大，其他两孔穿有皮

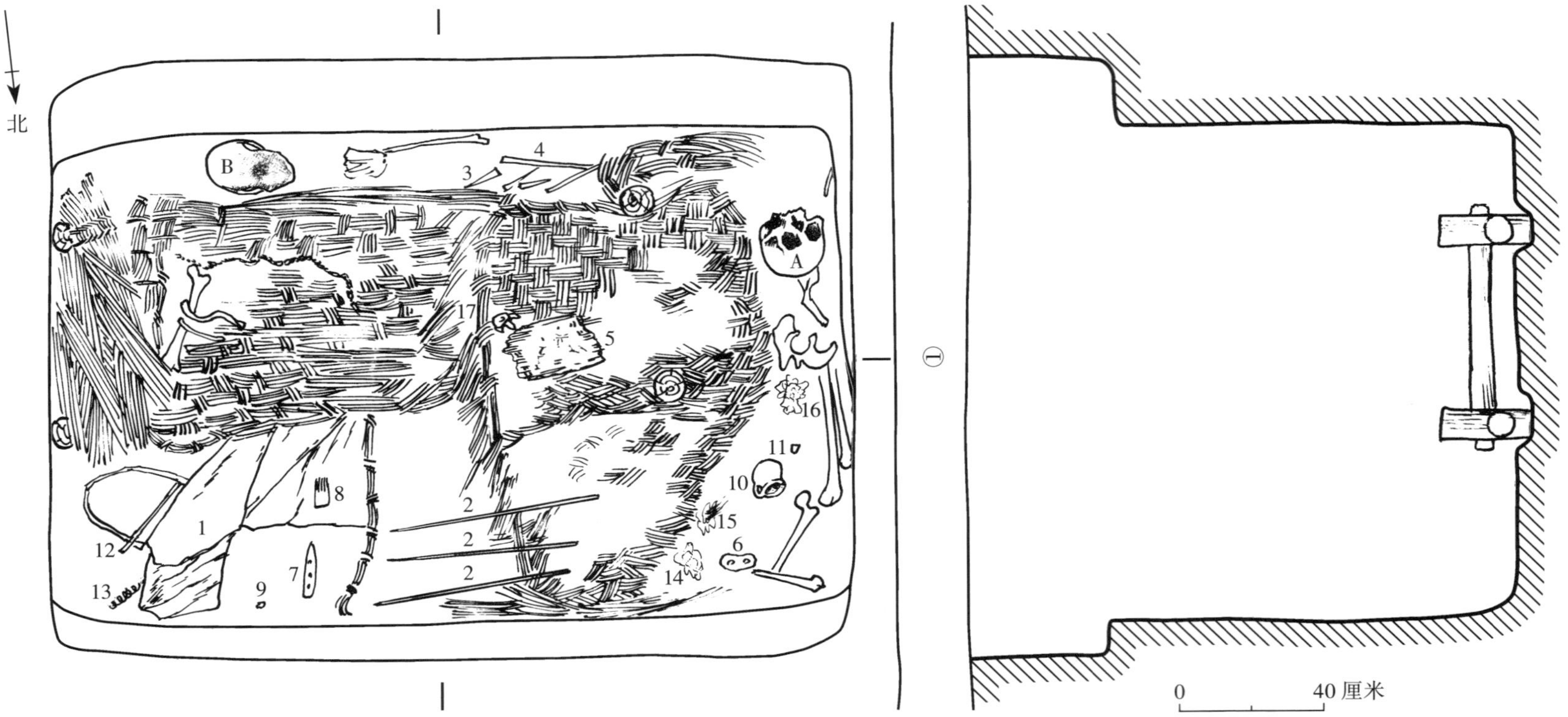

图一七〇　ⅠM95平、剖面图

1. 皮弓箭袋　2. 木箭　3. 木钉　4. 木器具　5. 簸箕残片　6. 角镳　7. 木镳　8. 木梳　9. 小石球　10. 陶单耳罐　11. 海贝　12. 木搅拌棒　13. 铜片　14、15. 栽绒毯残片　16. 发辫头　17. 双色毛毡

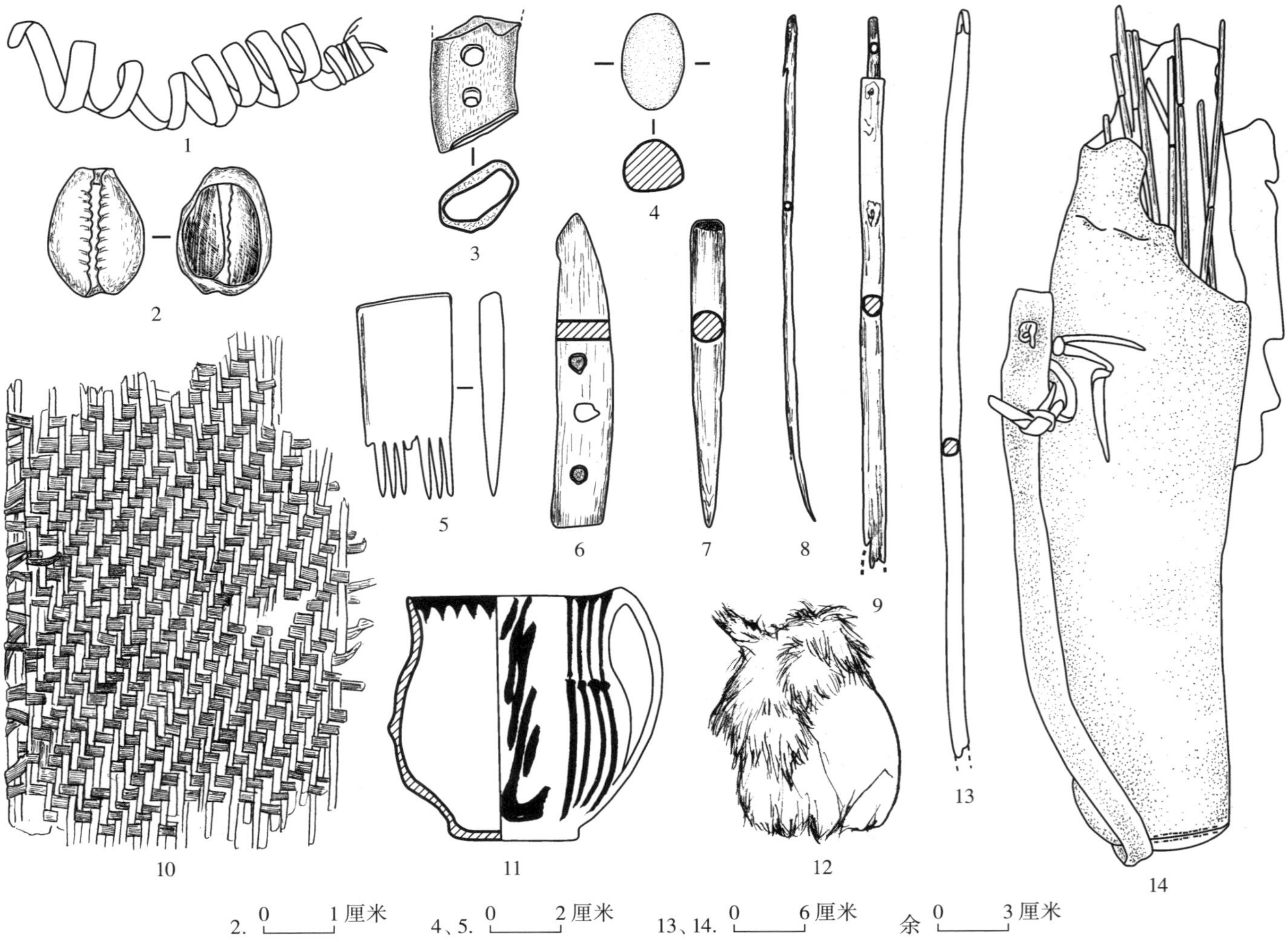

图一七一　ⅠM95随葬品

1. 铜片（ⅠM95：13）　2. 海贝（ⅠM95：11）　3. 角镳（ⅠM95：6）　4. 小石球（ⅠM95：9）　5. 木梳（ⅠM95：8）　6. 木镳（ⅠM95：7）　7. 木钉（ⅠM95：3-1）　8. 木箭（ⅠM95：2）　9. 木搅拌棒（ⅠM95：12）　10. 簸箕残片（ⅠM95：5）　11. 陶单耳罐（ⅠM95：10）　12. 发辫头（ⅠM95：16）　13. 木器具（ⅠM95：4）　14. 皮弓箭袋（ⅠM95：1）

条。长 13.8、宽 2.3、厚 0.8 厘米（图一七一，6；图版一六二，3）。

8. 木梳　木板刻、削制作而成。纵长方形，梳齿较短，残缺不全。长 5.9、宽 2.6、厚 0.6、齿长 1.8 厘米（图一七一，5）。

9. 小石球　呈椭球体。器表光滑。长径 2.8、短径 1.7 厘米（图一七一，4）。

10. 陶单耳罐　夹砂红陶。敞口，尖唇，鼓腹，小平底，微外凸，单耳由口沿下翻至腹底。口沿内饰锯齿纹，器表绘细长变形竖线纹及短斜线纹。口径 8.6、腹径 10.2、底径 5.4、高 10.6 厘米（图一七一，11；图版四六，1）。

11. 海贝　呈椭圆形，中空，中缝呈锯齿状。长 1.9、宽 1.4 厘米（图一七一，2）。

12. 木搅拌棒　柽柳枝条加工制作，残。一端钻孔，孔内插直径为 0.5 厘米柱状的木棒，另一端残。棒体保留原树皮，呈褐色。残长 24、直径 0.8~1 厘米（图一七一，9）。

13. 铜片　扁的长铜片。呈螺旋状，一端用羊皮缠扎成圆筒状。长 16、宽 0.9 厘米（图一七一，1）。

14. 栽绒毯残片　仅存原角一个，在黄本色地上加红、蓝色花纹，似有菱格和折线。残长 41.2、宽 26.8 厘米（图版二五〇，3）。

15. 栽绒毯残片　在黄地上拴结蓝色毛绒线，形成黄蓝相间的竖条纹。最大片长 10.4、宽 8.7 厘米（图版二五〇，4）。

16. 发辫头　发辫的最顶端部分，内夹有黑色羊毛。残长 10、直径 6.8 厘米（图一七一，12）。

17. 双色毛毡　已残为六块，残块拼接起来约有 3 平方米，用各色羊毛擀制而成，用蓝色和红色间隔成连续四方形并绘于毡毯两面，幅边有红色曲线包围。虫蛀严重（图版二五〇，5）。

ⅠM96

墓葬概况

位于墓地南部，西北邻ⅠM91，东北邻ⅠM52，墓向 84°。B 型，长方形竖穴土坑墓，两长边有二层台。墓口距地表深 0.2 米，墓口长 1.52、宽 1.02 米；二层台宽 0.1、深 0.36 米；墓底长 1.52、宽 0.82 米，墓深 1.1 米。该墓被盗扰，填土内含沙砾石、人骨碎片和残陶片等。墓底骨架散乱，人头骨位于墓底中部偏南，老年男性，年龄 50~60 岁。墓底残存苇席片、木床残构件。随葬品有陶单耳罐、骨扣、玛瑙珠饰、陶器底，都位于西北角（图一七二）。

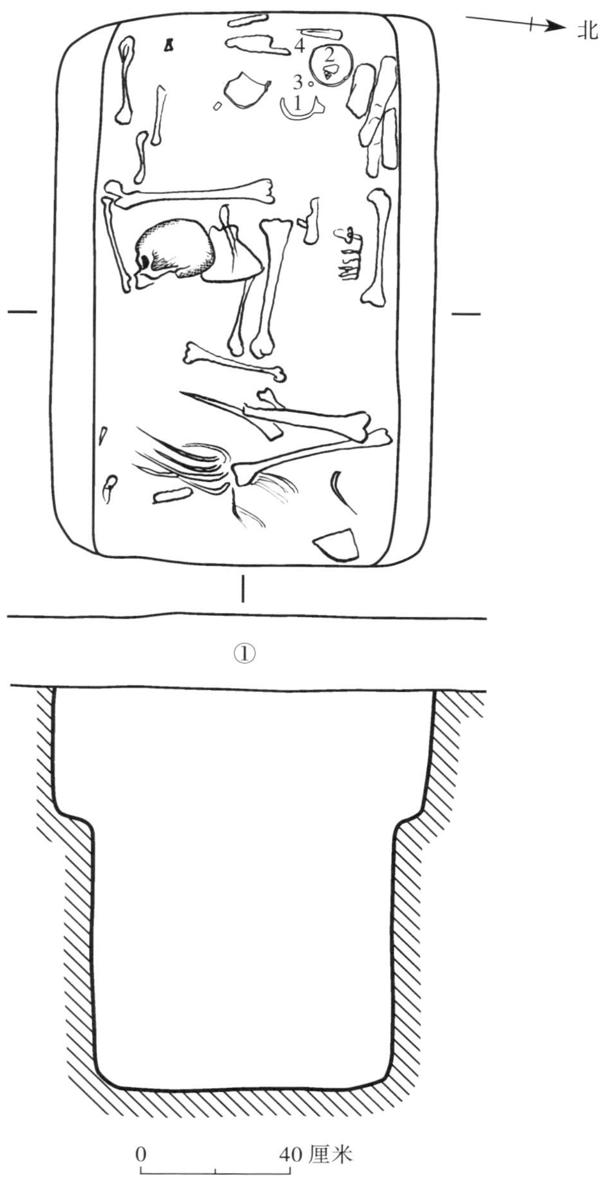

图一七二　ⅠM96 平、剖面图

1. 陶单耳罐　2. 骨扣　3. 玛瑙珠饰　4. 陶器底

随葬品

出土陶、骨、石质器物 4 件。

1. 陶单耳罐　夹砂红陶。敞口，鼓腹，圜底，条带耳由沿翻至腹底。内沿饰红陶衣，彩绘连续锯齿纹。器表通体饰由大三角延伸的条带纹。口径 11.8、最大腹径 14.7、高 12.2 厘米（图一七三，4；图版四六，2）。

2. 骨扣　动物角磨制。呈喇叭形，中部圆孔，穿羊皮条带。上径 1.1、底径 1.4~2、高 1.2 厘米（图一七三，2；图版一九〇，7）。

3. 玛瑙珠饰　米黄色。呈上小下大的圆台状，中有圆孔。通体光滑。上径 0.6、底径 1.1、孔径 0.35、高 0.5 厘米（图一七三，1；图版二〇八，10）。

4. 陶器底　夹砂红陶。器底饰有连续折线纹、三角纹（图一七三，3）。

ⅠM97

墓葬概况

位于墓地南部，西邻ⅠM98，东邻ⅠM69，墓向78°。B型，长方形竖穴土坑墓，两长边有二层台。墓口距地表深0.21米，墓口长1.9、宽1.41米；二层台宽0.14、深0.31米；墓底长1.9、宽1.12米，墓深1.5米。该墓被盗扰，填土中有沙砾、草屑、残陶片等。墓底有四足木床一张，仅存床架，长1.46、宽0.68、高0.24米。四根床腿有两根较细长，两根较粗短，三根横撑，两端的两根横撑卯进床腿和床帮的榫中。人骨架散乱，骨骼缺失较多，一个头骨位于床下北侧，残破，为成年男性，葬式不详。角扣、海贝在西北角，木镳在东北角，木纺轮、珠饰和陶器残片在木床上（图一七四）。

随葬品

出土陶、石、角、木、贝质器物6件（组）。

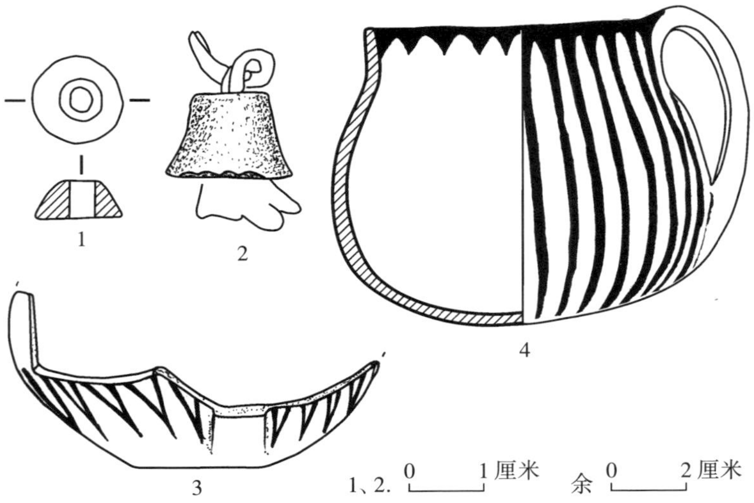

图一七三　ⅠM96随葬品

1. 玛瑙珠饰（ⅠM96：3）　2. 骨扣（ⅠM96：2）　3. 陶器底（ⅠM96：4）
4. 陶单耳罐（ⅠM96：1）

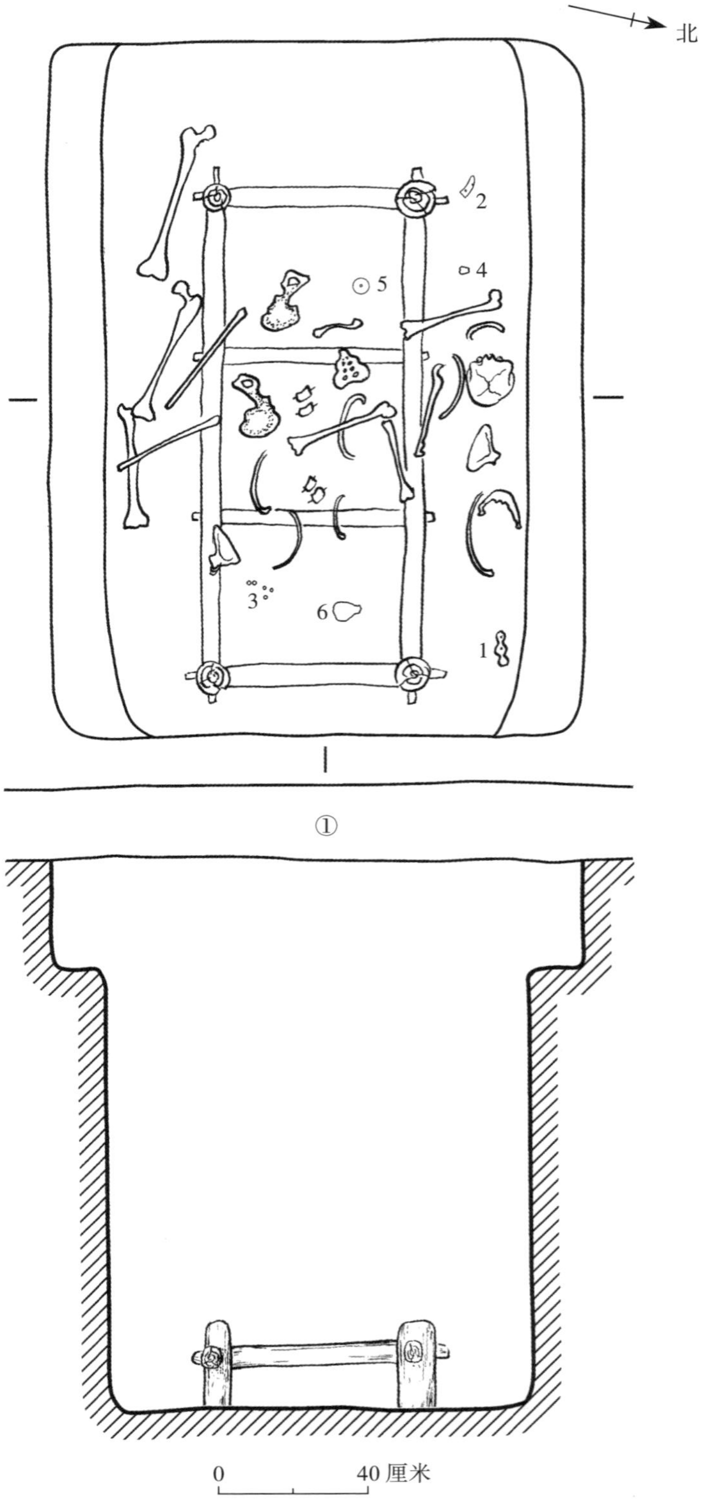

图一七四　ⅠM97平、剖面图

1. 木镳　2. 角扣　3. 珠饰　4. 海贝　5. 木纺轮　6. 陶器残片

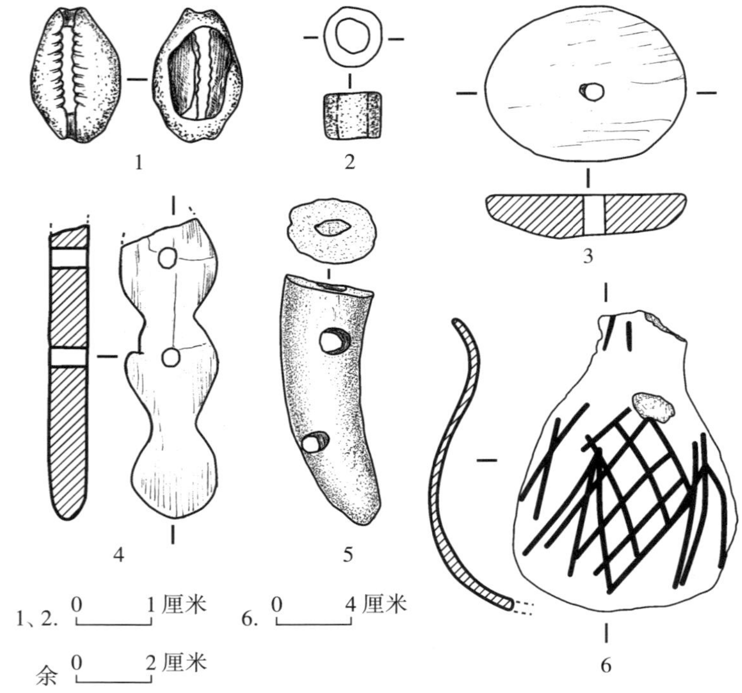

图一七五　ⅠM97随葬品

1. 海贝（ⅠM97：4）　2. 珠饰（ⅠM97：3-1）　3. 木纺轮（ⅠM97：5）
4. 木镳（ⅠM97：1）　5. 角扣（ⅠM97：2）　6. 陶器残片（ⅠM97：6）

1. 木镳　木板削制，残。扁长体，两边作连弧状，呈三圆连体，刻两孔。残长 8.3、宽 1.2~2.5、厚 1 厘米（图一七五，4）。

2. 角扣　动物角加工制作。呈扁锥体，钻两圆孔。长 7、最大径 2.4 厘米（图一七五，5；图版一九二，1）。

3. 珠饰　5 颗。质地为松石，绿色，呈小管状。Ⅰ M97：3–1，直径 0.8、孔径 0.35、高 0.65 厘米（图一七五，2）。

4. 海贝　呈椭圆形，中空，中缝呈锯齿状。长 1.8、宽 1.2 厘米（图一七五，1）。

5. 木纺轮　木板削制。呈椭圆饼状，面平，底弧拱。轮径 4.3~5.3、厚 1.2 厘米（图一七五，3）。

6. 陶器残片　夹砂红陶。残片。直口，鼓腹，圜底，单耳残。通体饰网状纹。残高 16 厘米（图一七五，6）。

Ⅰ M98

墓葬概况

位于墓地中南部，东北邻Ⅰ M79，东南邻Ⅰ M97，墓向 106°。B 型，长方形竖穴土坑墓，单边有二层台。墓口距地表深 0.11 米，墓口平面呈圆角长方形，长 1.24、宽 0.82 米。西壁二层台宽 0.23、深 0.36 米，二层台墓口表层散乱有黑果枸杞，其下层残留有封盖墓口用的木棍、苇秆。墓底长 1.01、宽 0.82 米，墓深 0.96 米。墓底有用芦苇秆编织的草垫，墓内有一具人骨架，侧身屈肢，头东脚西，面向北，未成年人。该墓曾被盗掘，随葬的陶单耳壶和铜镞位于墓室的东南角（图一七六；图版一三，3~5）。

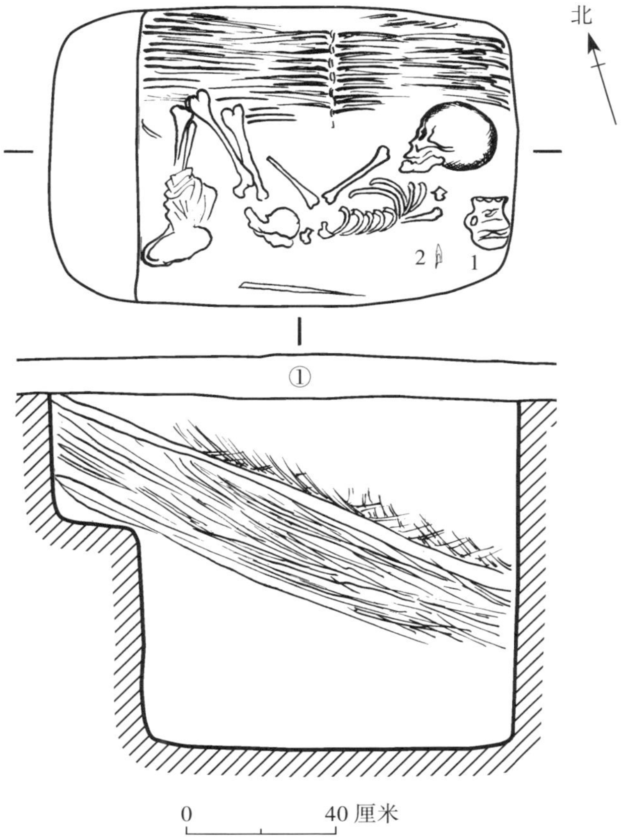

图一七六　Ⅰ M98 平、剖面图

1. 陶单耳壶　2. 铜镞

随葬品

出土陶、铜质器物 2 件。

1. 陶单耳壶　夹砂红陶。敞口，鼓腹，圜底，单耳。内、外沿饰连续三角纹，颈、腹部饰二方连续半同心圆（圆弧）纹。口径 9.2、腹径 13、高 15.6 厘米（图一七七，2；图版一〇一，3）。

2. 铜镞　双翼一边带倒刺，有銎，翼展处有四个血槽。模制。通长 4、宽 1 厘米（图一七七，1；图版二〇〇，2）。

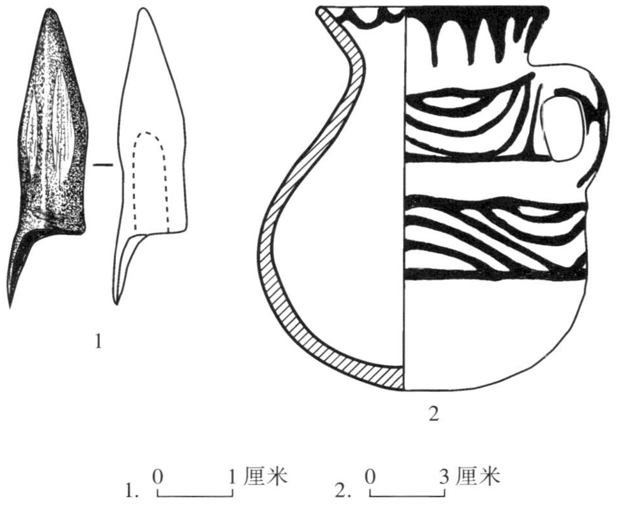

图一七七　Ⅰ M98 随葬品

1. 铜镞（Ⅰ M98：2）　2. 陶单耳壶（Ⅰ M98：1）

Ⅰ M99

墓葬概况

位于墓地南部，东北邻Ⅰ M100，东南邻Ⅰ M136，墓向 81°。B 型，长方形竖穴土坑墓，单边有二层台。地表呈西高东低的缓坡，表层为戈壁沙砾层。墓口开于表层下，距地表深 0.1 米，墓口长 1.37、宽 0.9 米；西壁二层台宽 0.18、深 0.51 米；墓底长 1.1、宽 0.9 米，墓深 1.06~1.2 米。填土内有草屑。墓内埋葬两人，A 在前，为中年男性，年龄 45~55 岁，骨架保存较完整，仰身屈肢，头东脚西，面向上；B 为壮年女性，年龄 30~40 岁，仅留头骨和部分肢骨，肢骨堆放在墓底西南角，为二次葬。女性肢骨旁随葬羊头一个。随葬的陶单耳壶、陶单耳杯、陶单耳罐、木桶残片、角锥（小觿）、皮带、木箭、木钉在东南角；木手杖、木器柄、皮刀鞘、皮囊在东北角；木纺轮、簸箕残片、皮辔头在西南部（图一七八）。

随葬品

出土陶、木、角、皮质器物等16件（组）。

1.陶单耳壶　夹砂红陶。敞口，圆唇，垂腹，小平底，单耳由口沿下翻至肩部，腹部底处有对称双系。口沿内饰一周锯齿纹，器表上部饰四组三个倒三角和一组两个倒三角组成的纹饰，下部饰六组三个倒三角组成的纹饰。口径7、腹径14.7、底径6.6、高16.4厘米（图一七九，11；图版一〇一，4）。

2.木桶残片　下端刻嵌桶底凹槽，上端钻一小圆孔，中部有一周凹槽，桶壁弯曲。残宽5、壁厚0.5~1、高25厘米（图一七九，15）。

3.角锥（小觽）　呈扁体角锥，后端呈长方形，钻孔，系皮条。通体磨制光滑。长11.1、宽1~1.9、厚0.8厘米（图一七九，12；图版一九〇，2）。

4.木箭　6支。均为圆木削制，多残。箭头呈三棱锥状，尖锐，脊线分明，单翼；箭杆圆滑，后端残。ⅠM99：4–1，残长50.4、直径0.8、头长3.8厘米（图一七九，16）。

5.木钉　2件。ⅠM99：5–1，树枝条削制，一端削尖，呈扁锥状。长15.3、直径1.1厘米（图一七九，8）。ⅠM99：5–2，一端削尖，呈扁锥状。长14、直径0.6~1.1厘米（图一七九，9）。

6.陶单耳罐　夹砂红陶。敞口，圆唇，圆腹，圜底近平。口沿内饰连续三角纹，器表饰细长的三角竖条纹直到腹底。口径9.6、腹径11.4、高10厘米（图一七九，5）。

7.木纺轮　圆木线轴残。纺轮呈圆形，面平，底弧拱。线轴残长6.8、直径0.45厘米，轮径5.7、厚0.9厘米（图一七九，13）。

8.陶单耳杯　夹砂红陶。口微敛，球形腹，圜底，小宽耳由沿翻至上腹部。通体素面，器表一侧有烟熏痕迹，内壁沿至腹施红陶衣。口径10.6、高6.5厘米（图一七九，4）。

9.木手杖　由自然圆木加工而成，有一钝角拐把。长90、拐把长12、直径1.34厘米（图一七九，17；图版一七〇，5）。

10.皮刀鞘　牛皮革制，残破。筒状，上面带皮绳。长19.8、直径2.4厘米（图一七九，2）。

11.皮囊　羊皮革缝制。长圆形，扁平状。长10.2、宽6.4、厚1.6厘米（图一七九，1）。

12.簸箕残片　芨芨草作经，羊皮条作纬，编织而成。因为都是残片段，不知何种器物。残长46.8、宽20厘米（图一七九，6）。

13.皮带　牛皮革制，残段。双层，其上缀皮条。残长31.2、宽5.6厘米（图一七九，3）。

14.皮辔头　用牛皮革缝成的皮绳，扎结成，上有多个扣结，残存（图一七九，7）。

15.木器柄　前端削成扁方体，后端为圆柱状。长6.4、直径1.5~2厘米（图一七九，10）。

16.木桶残片　桶壁较直，上端钻一小孔，下端刻嵌木底凹槽。器表减地法刻三角纹。残宽5.3、壁厚1、高22厘米（图一七九，14）。

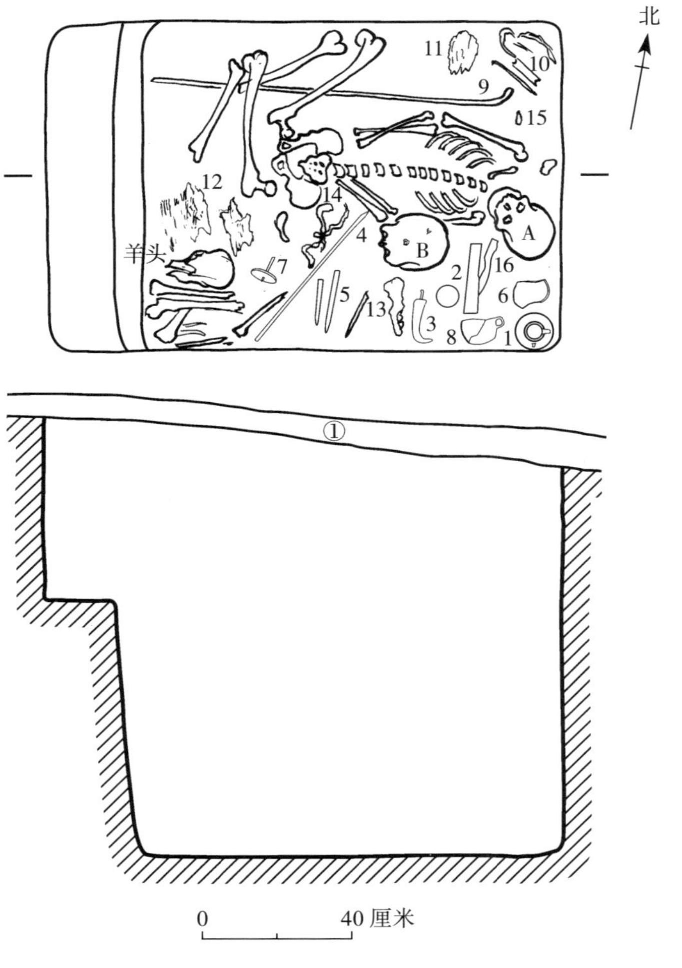

图一七八　ⅠM99平、剖面图

1.陶单耳壶　2.木桶残片　3.角锥（小觽）　4.木箭　5.木钉　6.陶单耳罐　7.木纺轮　8.陶单耳杯　9.木手杖　10.皮刀鞘　11.皮囊　12.簸箕残片　13.皮带　14.皮辔头　15.木器柄　16.木桶残片

ⅠM100

墓葬概况

位于墓地南部，西南邻ⅠM99，东南邻ⅠM88，墓向107°。B型，近方形竖穴土坑墓，四边有二层台。该墓形制较特殊，墓口呈近方形，西边微外弧，地表下墓口处有窄沿（二层台），为棚盖墓口的平台。墓口距地表深0.1米，墓口长、宽均为2.12米；二层台宽0.14~0.18、深0.12米；墓底长1.8、宽1.75米，墓深1.02米。墓底东端残留有苇草编织的草垫，顺东壁横铺着，似作枕垫。墓内人骨凌乱，至少有三个个体。完整头骨一具，A为

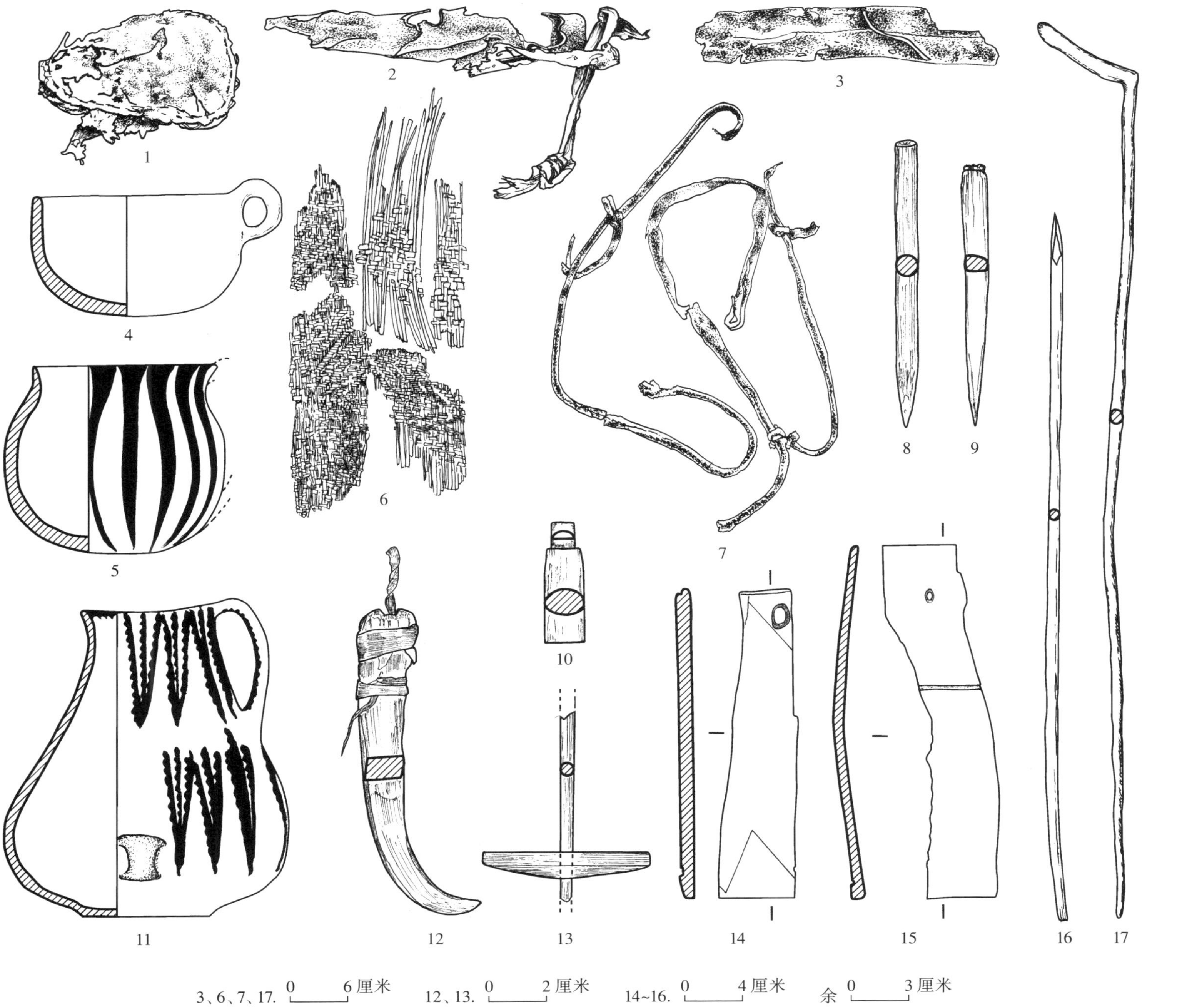

图一七九　ⅠM99随葬品

1. 皮囊（ⅠM99：11）　2. 皮刀鞘（ⅠM99：10）　3. 皮带（ⅠM99：13）　4. 陶单耳杯（ⅠM99：8）　5. 陶单耳罐（ⅠM99：6）　6. 簸箕残片（ⅠM99：12）　7. 皮辔头（ⅠM99：14）　8、9. 木钉（ⅠM99：5-1、5-2）　10. 木器柄（ⅠM99：15）　11. 陶单耳壶（ⅠM99：1）　12. 角锥（ⅠM99：3）　13. 木纺轮（ⅠM99：7）　14、15. 木桶残片（ⅠM99：16、2）　16. 木箭（ⅠM99：4-1）　17. 木手杖（ⅠM99：9）

中年男性，年龄45~55岁，也乱置于人骨中，另两具B和C也为成年男性。似二次葬，也可能为近年扰乱。随葬品也很乱，南面有木箭，中部偏东有木撑板、木棍、陶钵、木橛、木扣，西北角有骨扣和木撑板（图一八〇；图版一四，2）。

随葬品

出土木、陶、骨质器物8件（组），其中有2件雕花木撑板。

1. 骨扣　动物角制作。呈半圆形，中部有圆孔，穿皮带，为马辔饰。直径2.7、厚1厘米（图一八一，5；图版一九〇，8）。

2. 木撑板　长条形木板刻削而成。一端较宽，一端稍窄，一侧齐平，一侧两端起弧，靠齐平一侧有排钻孔三个。板面刻有涡纹图案。长53、宽4厘米（图一八一，2；图版一六三，3）。

3. 木箭　一束，共15支。大多残断，圆箭杆后端有0.5厘米“U”形挂弦凹槽。箭头可分四种：ⅠM100：3-1，长三棱锥体，两侧有翼，脊线分明。残长11、头长7厘

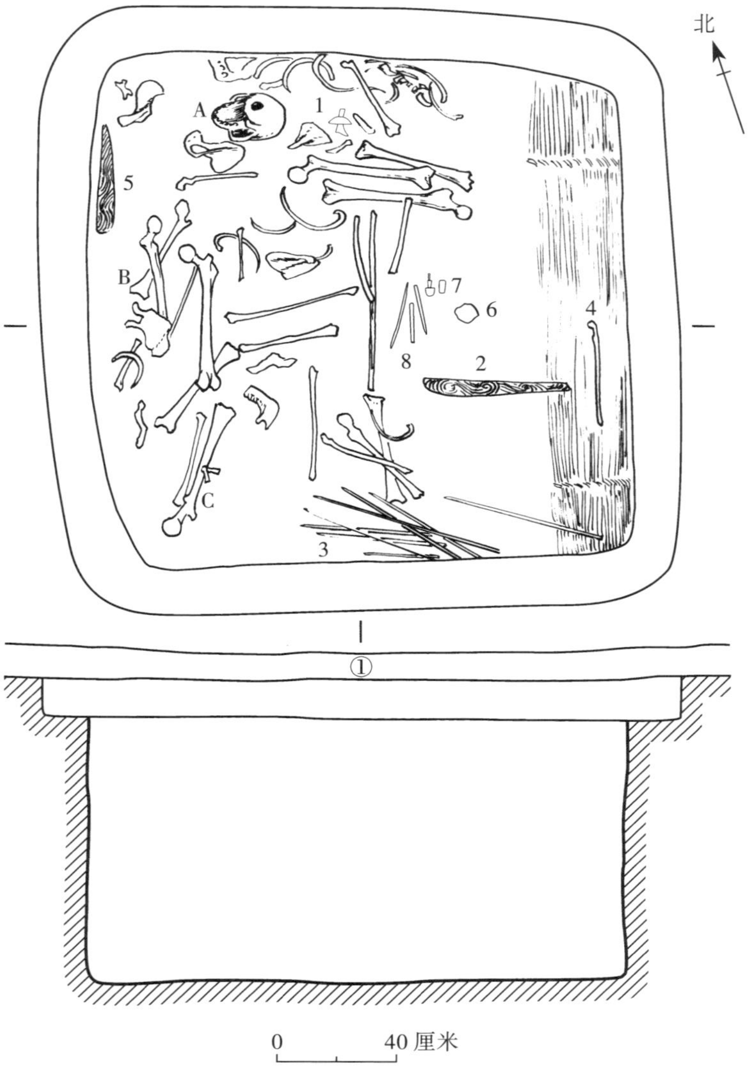

图一八〇　Ⅰ M100平、剖面图

1. 骨扣　2、5. 木撑板　3. 木箭　4. 木棍　6. 陶钵　7. 木扣　8. 木橛

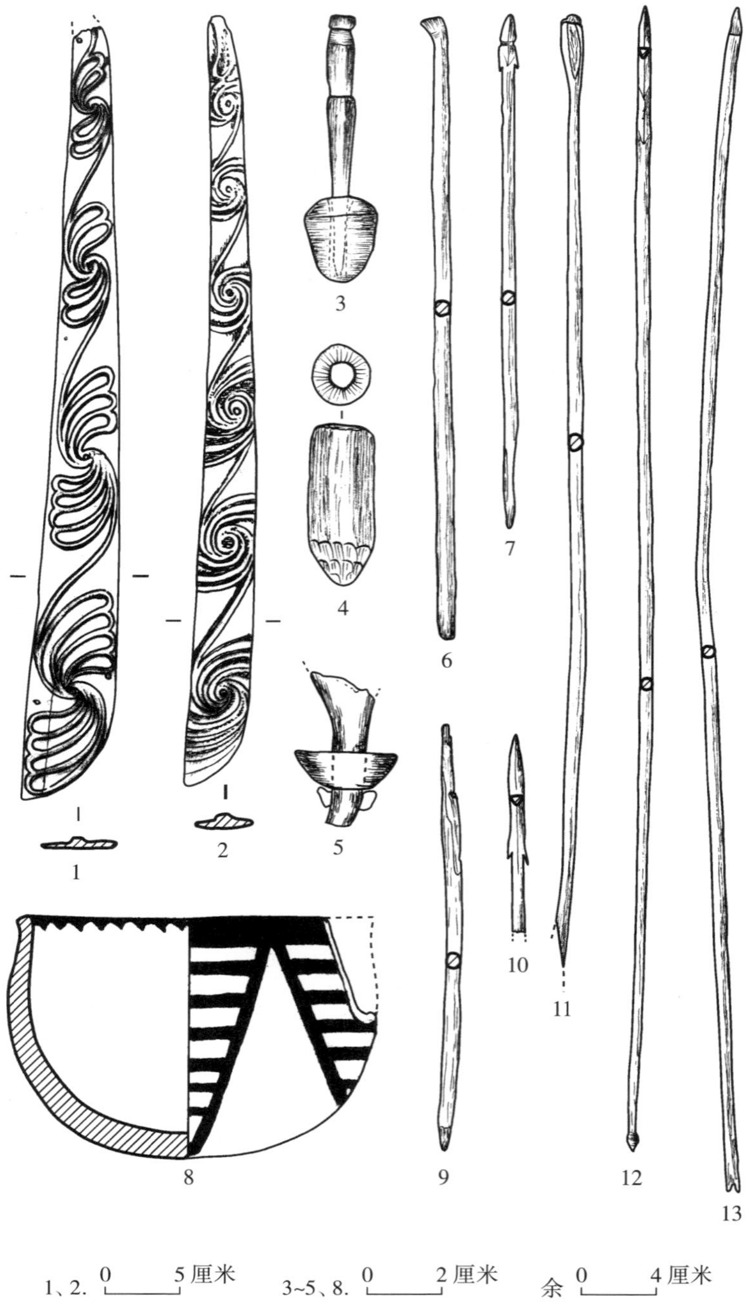

图一八一　Ⅰ M100随葬品

1、2. 木撑板（ⅠM100：5、2）　3、4. 木扣（ⅠM100：7-1、7-2）　5. 骨扣（ⅠM100：1）　6. 木棍（ⅠM100：4）　7、10~13. 木箭（ⅠM100：3-3、3-1、3-5、3-2、3-4）　8. 陶钵（ⅠM100：6）　9. 木橛（ⅠM100：8-1）

米（图一八一，10）。Ⅰ M100：3-2，长三棱锥体，两翼位于同一侧，前后分布。长62.6、头长7.6厘米（图一八一，12）。Ⅰ M100：3-3，短三棱锥体，三翼，位于三侧，箭头中部刻一周凹槽。残长28、头长3厘米（图一八一，7）。Ⅰ M100：3-4，圆锥形，较短。长64.8、头长1.6厘米（图一八一，13）。Ⅰ M100：3-5，呈四棱体，三面中部有凹槽。残长52、头长4、宽1.2厘米（图一八一，11）。

4. 木棍　圆形柽柳木制作。杆体光滑，粗细匀称，一端为树枝结，系鞭梢不易脱落。长34、直径1厘米（图一八一，6）。

5. 木撑板　长条形木板削刻而成。平面呈长方弧形，一端切齐有三钻孔，另一端两头呈弧状。板面阳刻有涡纹图案。残长53.2、宽6厘米（图一八一，1；图版一六三，4）。

6. 陶钵　夹砂红陶。敞口，圆腹，圜底。内沿饰小三角，器表彩绘大三角，三角纹内填平行带纹。复原口径9.3、高6.6厘米（图一八一，8）。

7. 木扣　均为圆木削制。Ⅰ M100：7-1，杆为竹节状圆锥，插入上大下小的圆台状木器内。圆台上径2、下径0.8、孔径0.3厘米，杆径0.7、杆高7.1、通高7.3厘米（图一八一，3；图版一五七，1）。Ⅰ M100：7-2，呈圆锥状。后端钻直径0.7、深1厘米的圆孔，前端锥尖较钝。直径1.5、高4.5厘米（图一八一，4）。

8. 木橛　3件。均为圆木削制。其中两件尖残。一端呈锥尖形。Ⅰ M100：8-1，残长23.4、直径0.9厘米（图一八一，9）。

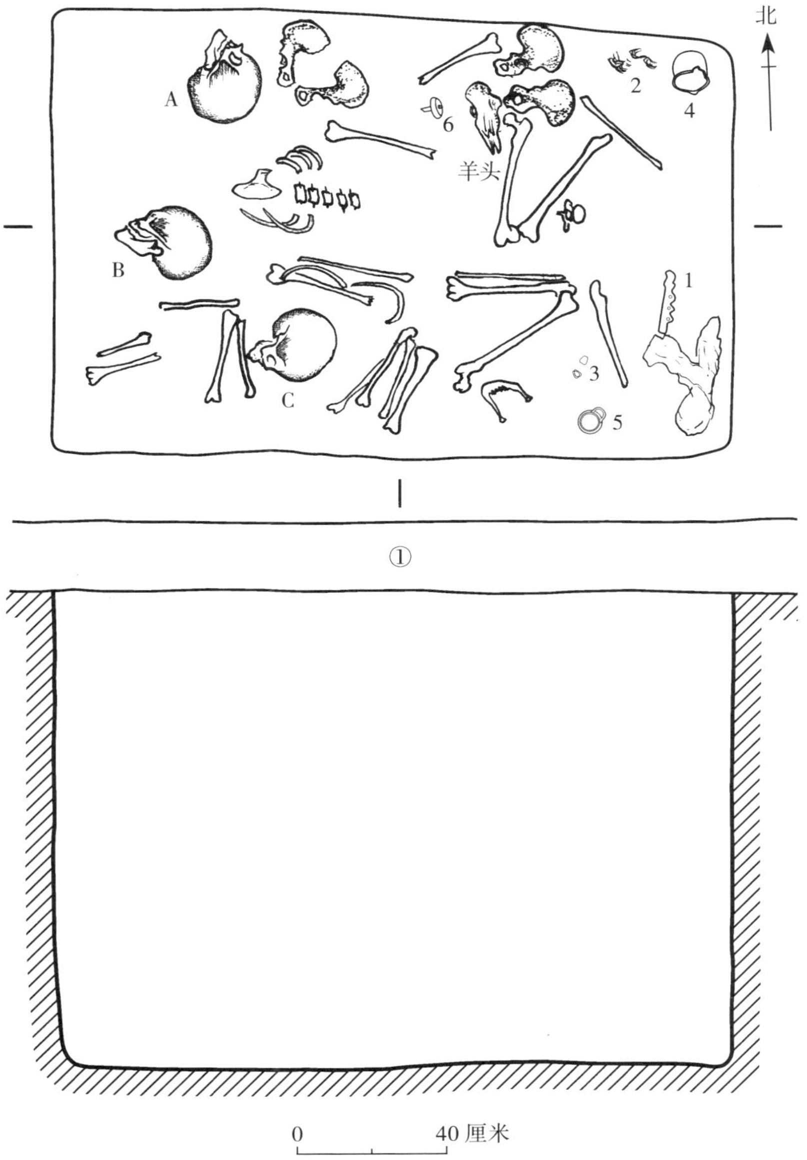

图一八二　ⅠM101平、剖面图

1. 角镳　2. 发辫　3. 海贝　4、5. 陶单耳杯　6. 木纺轮

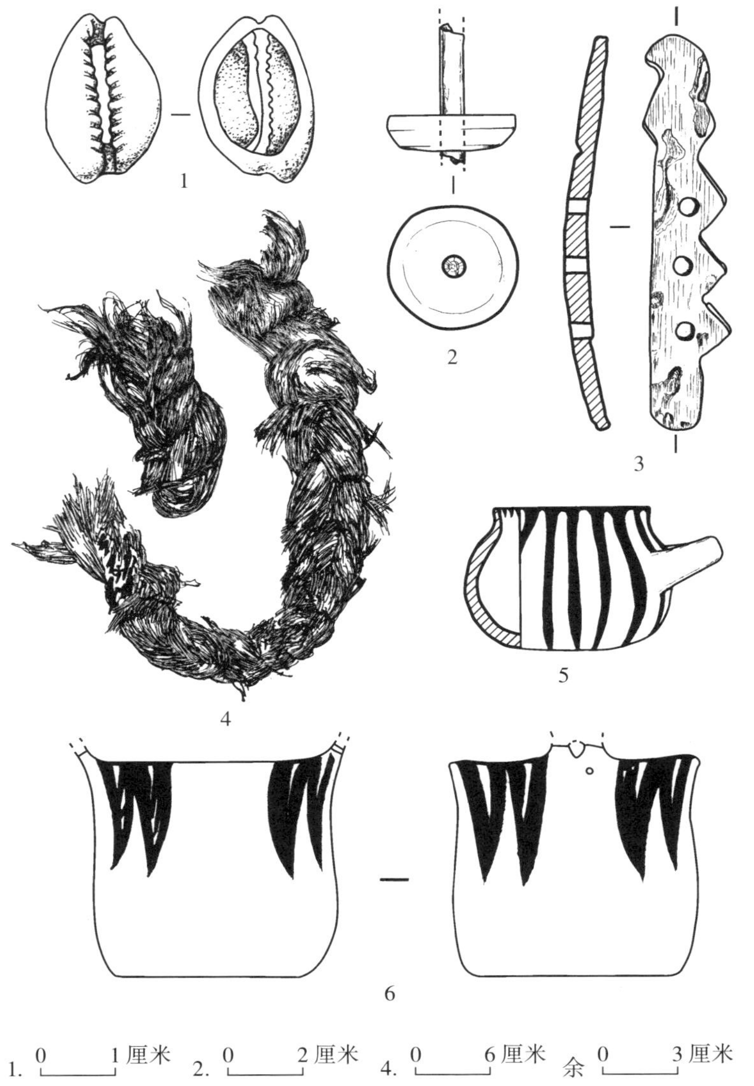

图一八三　ⅠM101随葬品

1. 海贝（ⅠM101：3-1）　2. 木纺轮（ⅠM101：6）　3. 角镳（ⅠM101：1）
4. 发辫（ⅠM101：2-1）　5、6. 陶单耳杯（ⅠM101：5、4）

ⅠM101

墓葬概况

位于墓地南部，西邻ⅠM41，东北邻ⅠM102，墓向93°。C型，长方形竖穴土坑墓，直壁。墓口距地表深0.2米，表层为戈壁沙砾层。墓口东窄西宽，墓口长1.81、宽1.13~1,21米，墓深1.31米。填土内夹有芦苇秆、碎陶片等。墓底人骨架凌乱，为盗扰所致，三个人头骨呈三角分布于墓底西部，北面A为中年男性，中间B为成年男性，C为壮年女性。还随葬羊头一个。角镳、海贝、陶单耳杯在东南角，发辫、陶单耳杯在东北，木纺轮在偏北中间位置（图一八二）。

随葬品

出土角、陶、木、贝质等器物6件（组）。

1. 角镳　角骨加工制作。呈长条形，微弧拱，镳首呈鸟首状，一边刻成锯齿状，镳面有规整的三个圆孔。长16.4、宽1.9~3.1、厚1厘米（图一八三，3；图版一八五，9）。

2. 发辫　2根，其中1根残断。在浅色毛发中加辫红色毛线。ⅠM101：2-1，长66.2、粗径6.8厘米（图一八三，4）。

3. 海贝　2件。呈椭圆形，背中缝为锯齿状，中空。通体光滑，保存完好。ⅠM101：3-1，长2.35、宽1.47厘米（图一八三，1）。

4. 陶单耳杯　夹砂红陶。敞口，沿上两对称立耳残，筒形腹，平底。内沿饰连续细锯齿纹，外沿至腹中部饰四组两两相连三角纹，大三角内填竖式斜线。口径10.5、底径7.4、高8.9、残通高9.4厘米（图一八三，6；图版八六，5）。

5. 陶单耳杯　夹砂红陶。敞口，球形腹，平底，上腹横向桥形耳微上扬。内沿饰锯齿纹，器表饰由大三角延伸的条带纹，耳彩绘。口径 6.2、高 5.9 厘米（图一八三，5；图版八二，6）。

6. 木纺轮　轮呈圆饼状，外沿抹棱，中有一圆孔，孔内插圆柱状木线轴（残）。线轴残长 3.8、直径 0.6 厘米，轮径 3.4、厚 0.9 厘米（图一八三，2）。

Ⅰ M102

墓葬概况

位于墓地南部，西南邻Ⅰ M101，北邻Ⅰ M105，墓向 87°。C 型，长方形竖穴土坑墓。东西两壁向下斜收，口大底小。地表为东高西低的戈壁沙砾层，地表遗留有人的骨骼。墓口距地表深 0.18~0.22 米，墓口长 1.77、宽 1 米，墓底长 1.66、宽 1 米，墓深 1.27~1.42 米。填土中含有火烧过的芦苇秆、人骨、彩陶杯片、木桶残片。该墓早年被盗掘。墓底人骨凌乱，东北角有一残破头骨，但考察所有人骨骼，似只有一个成年男性。墓底铺有苇草，残留有毛纺织物、皮质衣服残片。陶单耳杯、木钉、木桶残片、陶釜残片、陶器残片在墓葬的东半部，陶单耳罐在西北部，西南部有皮靴（图一八四）。

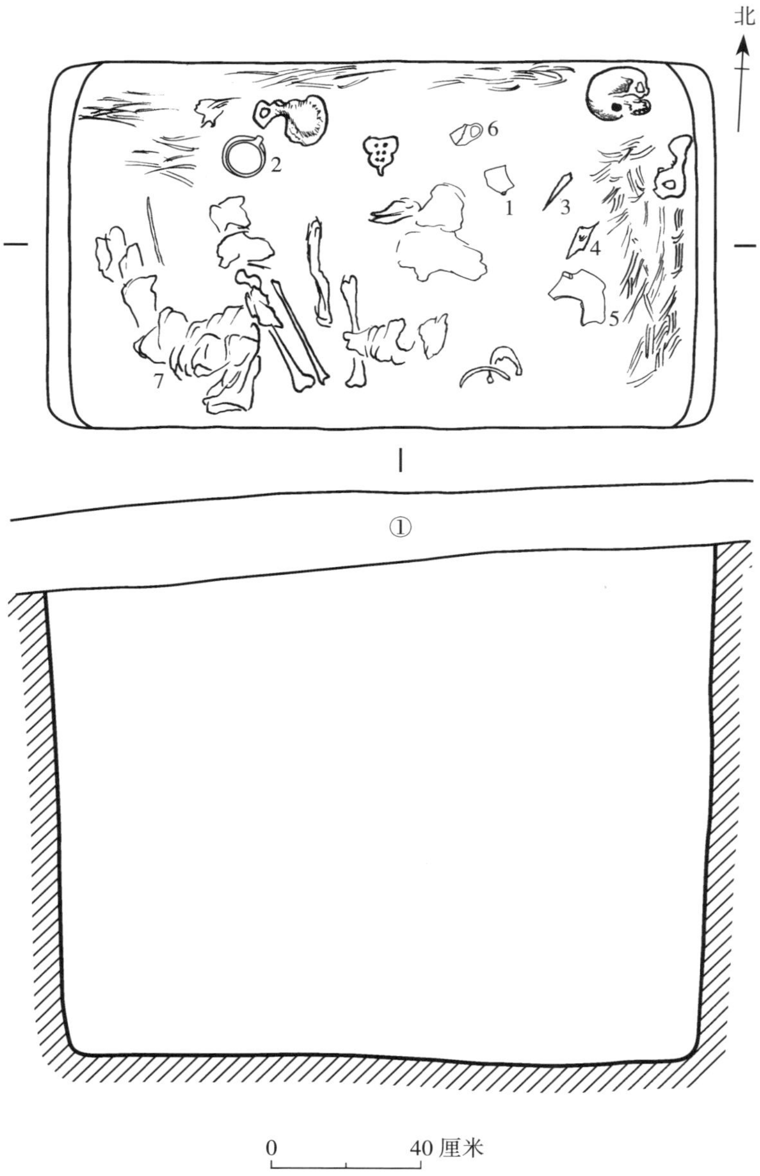

图一八四　Ⅰ M102 平、剖面图

1. 陶器残片　2. 陶单耳罐　3. 木钉　4. 木桶残片　5. 陶釜残片　6. 陶单耳杯　7. 皮靴

随葬品

出土陶、木、皮质器物 7 件。

1. 陶器残片　夹砂红陶。残。敞口，深腹，平底，腹有小桥形耳。器表口沿至腹部饰连续粗折线纹。残高 10.6 厘米（图一八五，7）。

2. 陶单耳罐　夹砂红陶。敞口，圆唇，束颈，鼓腹，

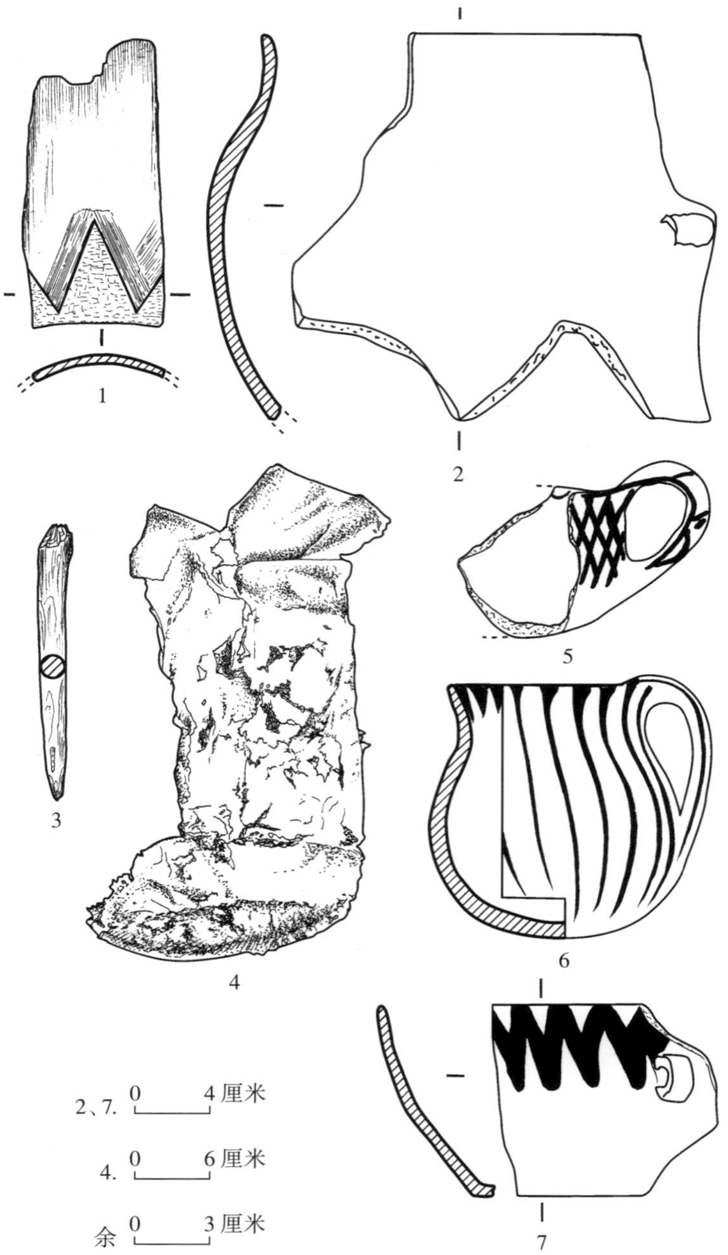

图一八五　Ⅰ M102 随葬品

1. 木桶残片（Ⅰ M102：4）　2. 陶釜残片（Ⅰ M102：5）　3. 木钉（Ⅰ M102：3）　4. 皮靴（Ⅰ M102：7）　5. 陶单耳杯（Ⅰ M102：6）　6. 陶单耳罐（Ⅰ M102：2）　7. 陶器残片（Ⅰ M102：1）

圜底，单耳由沿下翻至腹底。口沿内饰锯齿纹，通体饰由三角纹延伸的细长条纹。口径7.9、腹径10、高10.4厘米（图一八五，6）。

3. 木钉　圆木削制。前端削尖，后端倒棱。长11.4、直径1厘米（图一八五，3）。

4. 木桶残片　残存口沿至中腹部分，上口外表减地法雕刻三角纹。现宽5.5、高11.7厘米（图一八五，1）。

5. 陶釜残片　夹砂红陶。口沿残片。敞口，圆唇，腹部有一耳残。残高21厘米（图一八五，2）。

6. 陶单耳杯　夹砂红陶。残。敞口，鼓腹，大耳。沿下有折线网状纹。残高7.6厘米（图一八五，5）。

7. 皮靴　脚部牛皮，腿部羊皮缝制。残破。筒长41、底长22厘米（图一八五，4）。

ⅠM103

墓葬概况

位于墓地南部，北邻ⅠM102，南邻ⅠM47，墓向133°。B型，长方形竖穴土坑墓，两边有二层台。地表为戈壁沙砾层。墓口距地表深0.14米，墓口长2、宽1.48米；二层台宽0.1~0.15、深0.3米；墓底长2、宽1.06米，墓深1.6米。墓内填土中有土坯块，一部分还十分完整，这些土坯面上多有用手指或木棍所作划纹图案标记（图版三六，7、8；图版三七，1~4）。有上下两层人骨，上层距地表深0.9米，仅见人的胫骨、股骨和髋骨各一根，骨架下铺芦苇草编织的席子，无随葬品；下层位于墓底，人骨残缺不全，头骨位于东南部，股骨和腓骨位

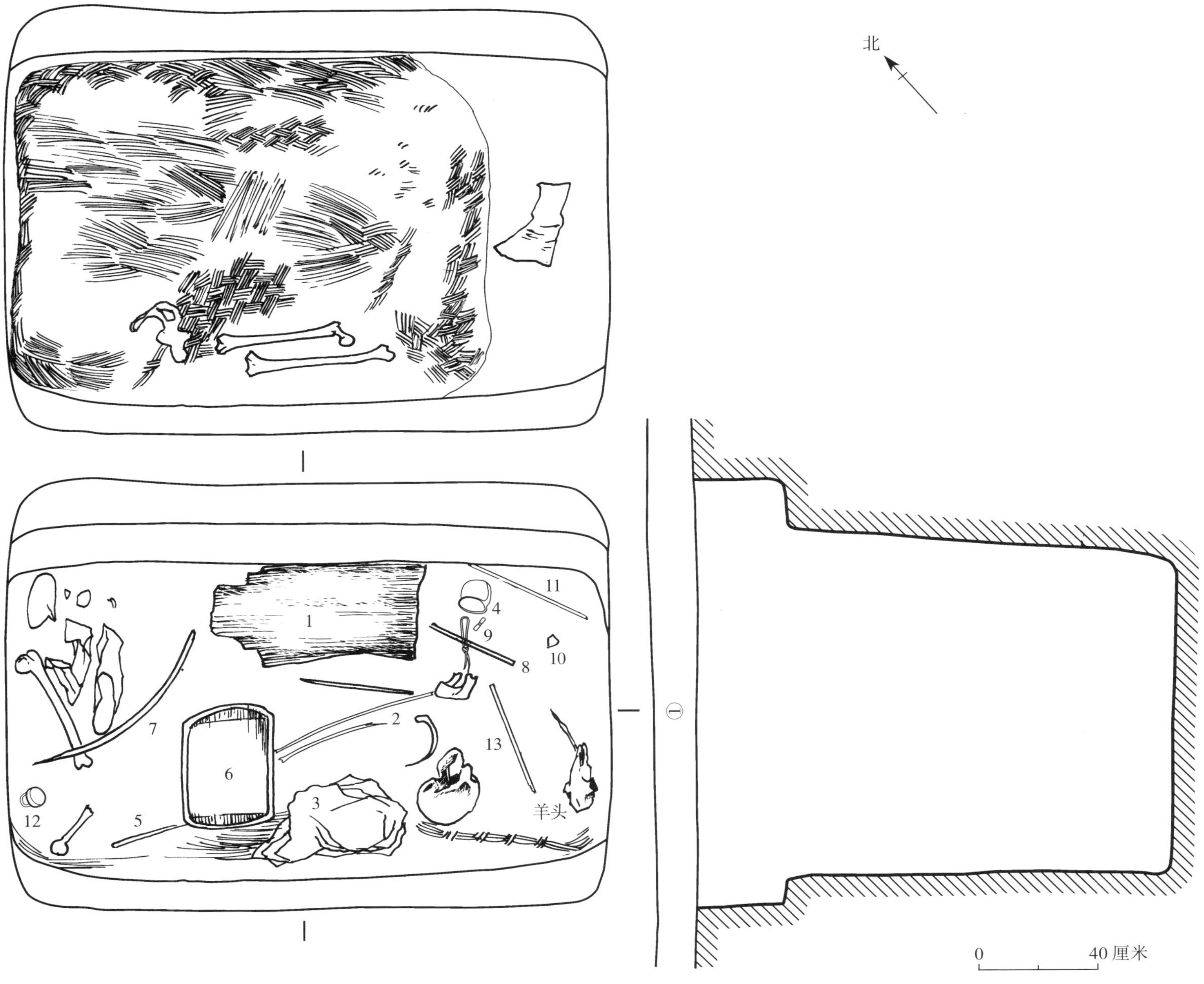

图一八六　ⅠM103平、剖面图

1. 草席　2、11. 木箭杆　3. 皮衣袖　4. 陶单耳罐　5. 木弓　6. 木盘　7. 复合弓　8. 木棍　9. 木扣和皮绳　10. 陶器残片　12. 陶单耳杯　13. 木鞭杆

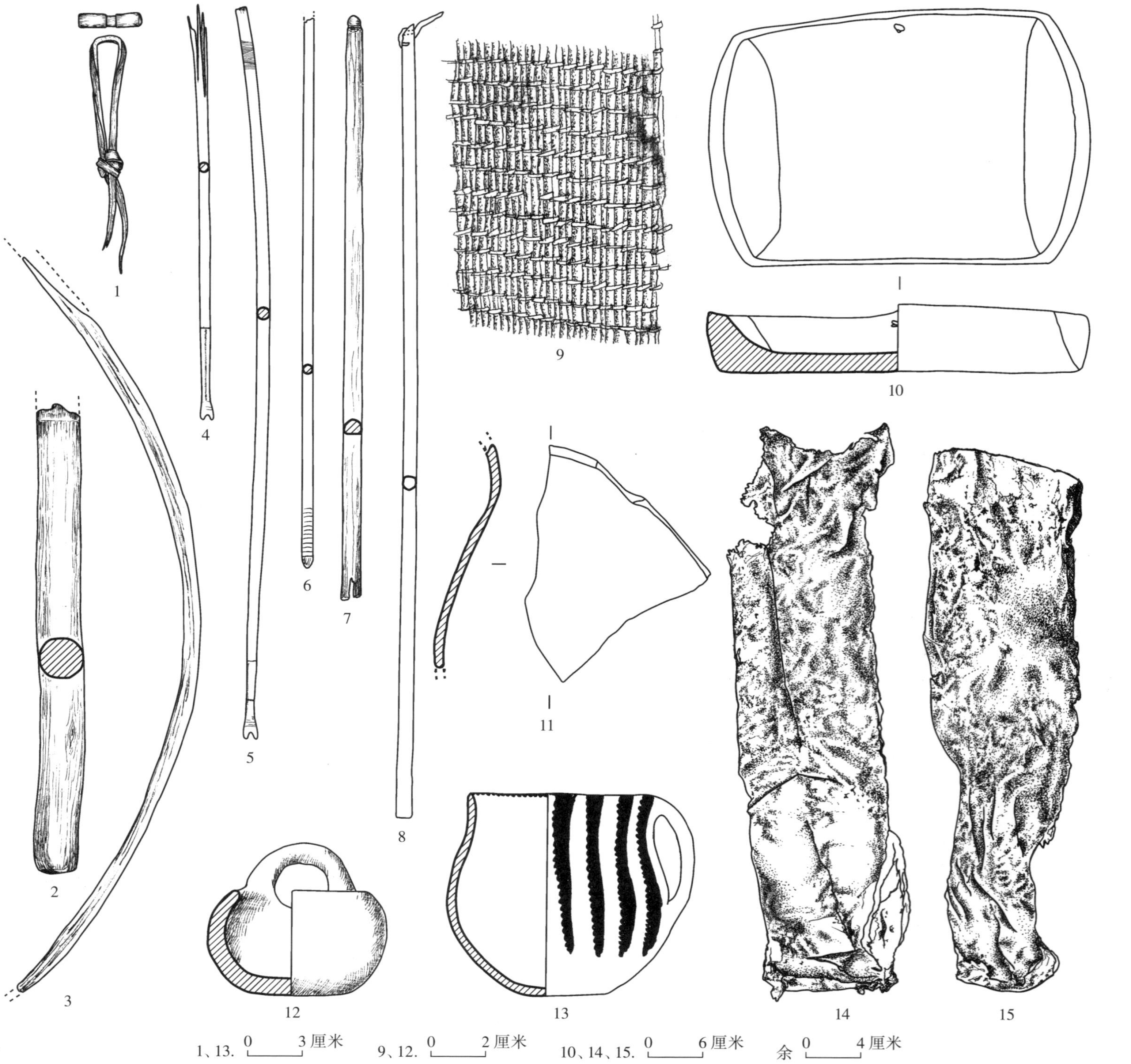

图一八七　ⅠM103随葬品

1. 木扣和皮绳（ⅠM103：9）　2. 木棍（ⅠM103：8）　3. 复合弓（ⅠM103：7）　4~6. 木箭杆（ⅠM103：2-1、2-2、11）　7. 木弓（ⅠM103：5）　8. 木鞭杆（ⅠM103：13）　9. 草席（ⅠM103：1）　10. 木盘（ⅠM103：6）　11. 陶器残片（ⅠM103：10）　12. 陶单耳杯（ⅠM103：12）　13. 陶单耳罐（ⅠM103：4）　14、15. 皮衣袖（ⅠM103：3右、3左）

于西端，为青年男性，年龄17~20岁。南部有羊头一个，骨架下铺有芦苇席（朽残）。墓室东部有陶单耳罐、木棍、木箭杆、木鞭杆、木扣、皮绳和陶器残片，西部有木盘、陶单耳杯、木弓、复合弓和皮衣袖（图一八六；图版一四，4）。

随葬品

出土器物13件（组），均出土于墓底。

1. 草席　残。用皮条和细木棍编织而成。木棍粗径0.3、细径0.2厘米（图一八七，9；图版二一三，1、2）。

2. 木箭杆　2件。均残，为带尾槽的后段。ⅠM103：2-1，残长31.4、直径0.72厘米（图一八七，4）。ⅠM103：2-2，残长54.8、直径1厘米（图一八七，5）。

3. 皮衣袖　用鞣制过的羊皮缝制而成。筒状。长65厘米（图一八七，14、15）。

4. 陶单耳罐　夹砂红陶。敞口，圆唇，圆腹，小平底，沿至下腹有带状耳。口沿内饰细密的锯齿纹，器表通体饰细长倒三角锯齿纹，耳面饰两条对称的锯齿纹。口径10、腹径12、底径4、高11.4厘米（图一八七，13；图版四二，5）。

5. 木弓　圆枝条削制。后端残。前端削成半圆状，刻有阴槽，系弓弦之用。通体磨光。残长43.6、直径1.2厘米（图一八七，7）。

6. 木盘　圆木刻、挖、削制。呈横长方形，两端起弧，敞口，口沿高低不平，大方沿，斜腹，平底。口长径41、短径28、高7.8厘米（图一八七，10；图版一三四，5）。

7. 复合弓　木弓内外侧粘牛角，再用牛筋缠扎，残。弓弰刻束腰形挂弦槽，外侧牛筋残。残长55、宽2.6、厚1.2厘米（图一八七，3）。

8. 木棍　圆形树枝干制作，残。粗细均匀，棍表面有剁痕。残长35、直径3.3厘米（图一八七，2）。

9. 木扣和皮绳　呈四棱状，双股中间打结，与皮绳同出的有一木扣，呈亚腰形圆柱状。木扣长3.4、直径0.8厘米，皮绳长约30、宽0.4厘米（图一八七，1；图版一五七，2）。

10. 陶器残片　夹砂红陶。仅存器腹。素面（图一八七，11）。

11. 木箭杆　残。尾端削有弓弦凹槽，箭杆粗细均匀，光滑。残长41、直径0.8厘米（图一八七，6）。

12. 陶单耳杯　夹砂红陶。敛口，圆腹，圜底近平，口沿处有一弧拱形立耳。口径4.8、高4、通高5.8厘米（图一八七，12）。

13. 木鞭杆　圆形木杆，上端刻系鞭绳凹槽，杆体浑圆，上端稍细。通体打磨光滑。长59.2、直径1.1厘米（图一八七，8）。

ⅠM104

墓葬概况

位于墓地南部，西北邻ⅠM47，东邻ⅠM46，墓向120°。C型，长方形竖穴土坑墓，直壁。墓口距地表深0.23米，墓口长1.3、宽0.8米，墓深1米。该墓被盗掘，单人葬，人骨架散乱移位，头被弃于北壁下，为壮年男性，年龄25~30岁，葬式不详。随葬的陶单耳杯、木纺轮、木镳、木鞭杆均分布于墓室东部（图一八八）。

随葬品

出土陶、木器4件。

1. 陶单耳杯　泥质红陶。圆唇，折沿，球形腹，圜底，肩部有拱形立耳。口沿内外饰三角纹，腹部绘上下交汇

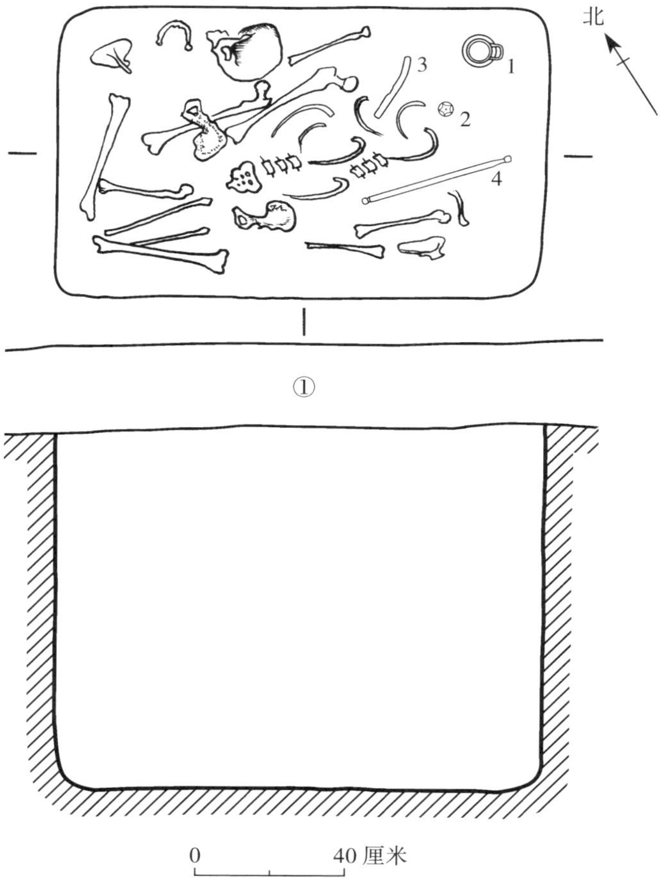

图一八八　ⅠM104平、剖面图

1. 陶单耳杯　2. 木纺轮　3. 木镳　4. 木鞭杆

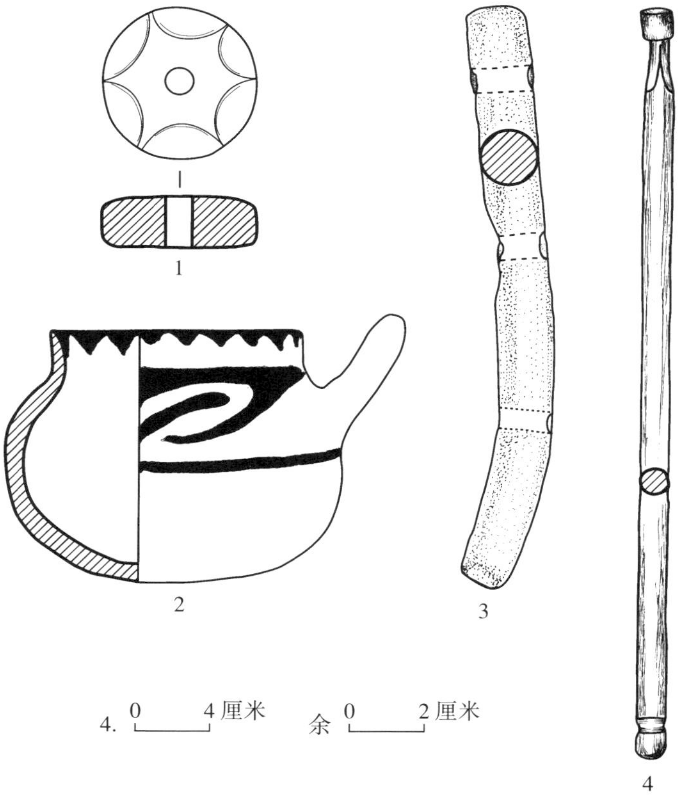

图一八九　ⅠM104随葬品

1. 木纺轮（ⅠM104：2）　2. 陶单耳杯（ⅠM104：1）　3. 木镳（ⅠM104：3）　4. 木鞭杆（ⅠM104：4）

的涡纹，腹部一侧有烟炱。口径6.7、腹径8.9、高6.8、通高7.6厘米（图一八九，2；图版八四，2）。

2. 木纺轮　呈圆饼状，中间有圆孔。轮正面为减地法雕刻的六连弧纹，背面线刻五连弧纹。轮径4.2、厚1.4厘米（图一八九，1；图版一七九，1）。

3. 木镳　用木棒磨制。呈圆棒状，下端弯曲，钻三孔，一孔内残存皮革。长16、直径1.5厘米（图一八九，3；图版一六二，4）。

4. 木鞭杆　圆木削制。两端削盖帽，棒粗细均匀。长41、直径1.4厘米（图一八九，4）。

ⅠM105

墓葬概况

位于墓地南部，南邻ⅠM102，西南邻ⅠM140，墓向78°。C型，长方形竖穴土坑墓，直壁。墓口距地表深0.23米，墓口长1.8、宽1.09米，墓深1.02米。该墓曾被水淹，人骨朽残移位，两个人头颅位于北壁下，东面为A，西面为B，均为成年女性。东北角有羊头一个。墓底有四足木尸床，长1.44、宽0.78、高0.27米，现已残破。南壁边有草垫一段，上置木盘。陶单耳杯、陶双耳杯、木钉、木钵、木牌饰在东部，另外一件陶单耳杯在墓中央（图一九〇）。

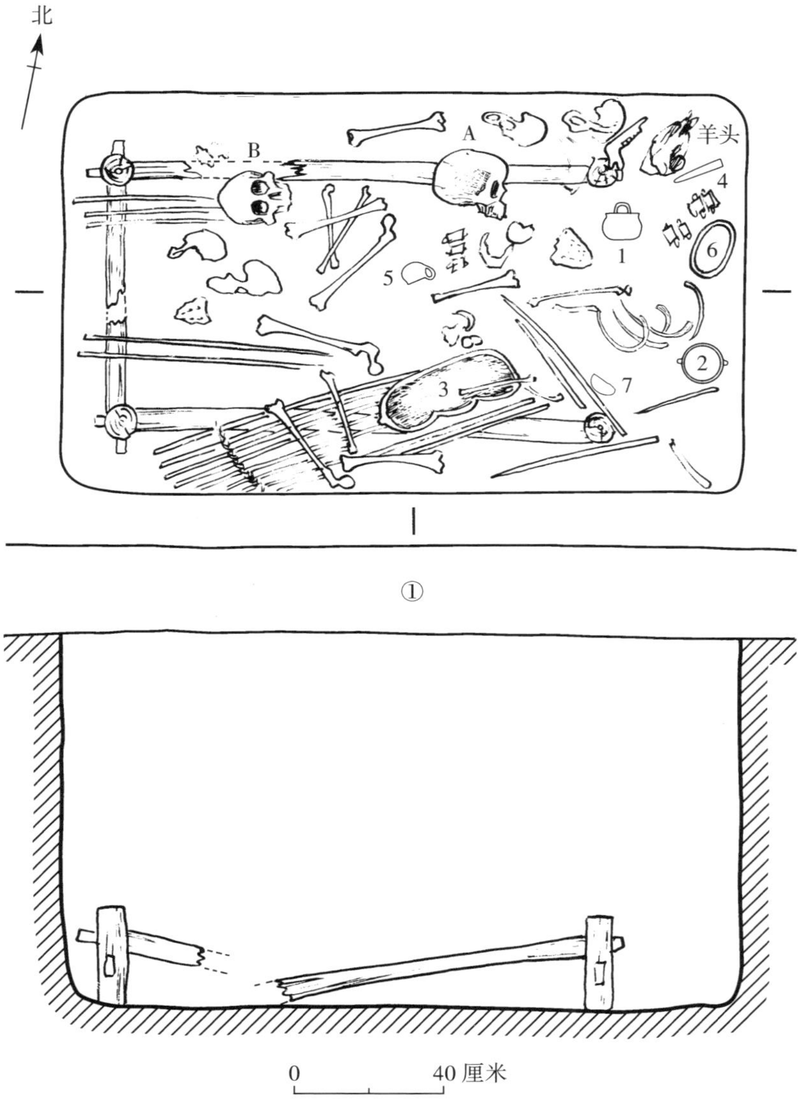

图一九〇　ⅠM105平、剖面图

1、5. 陶单耳杯　2. 陶双耳杯　3. 木盘　4. 木钉　6. 木钵　7. 木牌饰

随葬品

出土陶、木质器物7件（组），散布于墓底乱骨中。

1. 陶单耳杯　泥质红陶。敞口，方唇，折沿，圆腹，圜底，沿下上腹有一环状横耳。口内沿饰三角纹，外沿至腹绘网格纹。口径9、高7.4、通高9.2厘米（图一九一，6；图版八四，3）。

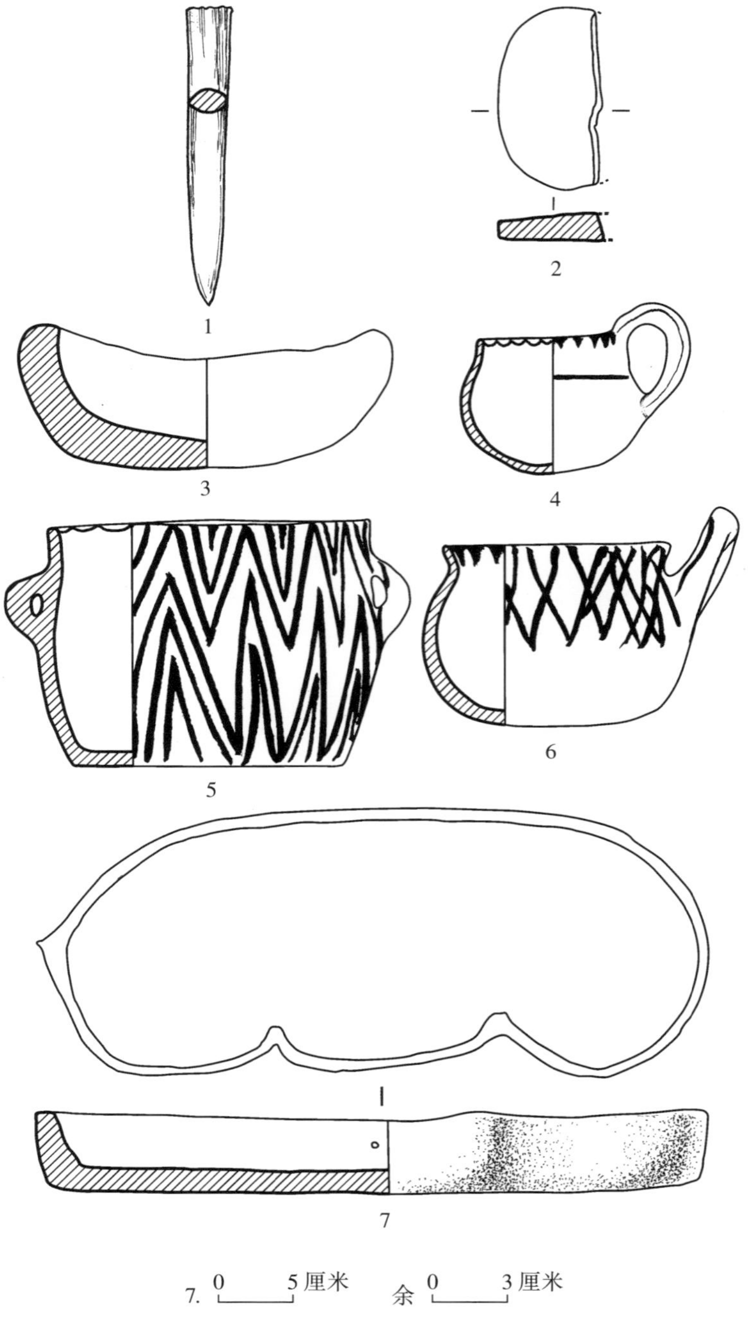

图一九一　ⅠM105随葬品

1. 木钉（ⅠM105：4-1）　2. 木牌饰（ⅠM105：7）　3. 木钵（ⅠM105：6）　4、6. 陶单耳杯（ⅠM105：5、1）　5. 陶双耳杯（ⅠM105：2）　7. 木盘（ⅠM105：3）

2. 陶双耳杯　夹砂红陶。直口，圆唇，腹壁微鼓，大平底，沿下上腹有对称的双耳。内沿饰垂帐纹，器表通体绘复合三角折线纹。口径 12.6、底径 10.7、高 10.1 厘米（图一九一，5；图版九六，3）。

3. 木盘　方木刻挖制作。略呈扁长体，其中一长边波折呈连弧形，另一长边壁中部钻一小圆孔。敞口，浅腹，平底。素面。口长径 44.5、短径 15~18.4、底长 43、宽 14.2~16.5、高 6 厘米（图一九一，7；图版一三四，6）。

4. 木钉　5 件，由木枝条削制而成锥形。末端有打击痕迹。长 11.5~25 厘米（图一九一，1）。

5. 陶单耳杯　夹砂红陶。直口，鼓腹，圜底，宽带耳由沿翻至腹部，上扬。内沿饰垂帐纹，外沿饰连续小三角纹，肩部彩绘一周带纹黑色，耳彩绘双线折线纹。口径 5.9、高 5.6、通高 7.1 厘米（图一九一，4；图版七〇，1）。

6. 木钵　圆木削挖制成。呈椭圆形，敞口，浅弧腹，圜底，沿有三角形缺口，似安柄口。口长径 14.9、短径 12.2、高 6 厘米（图一九一，3）。

7. 木牌饰　木板刻制。残。呈椭圆形，底弧面凹。磨制光滑。长 7.5、残宽 4.2、厚 0.8~1.2 厘米（图一九一，2）。

ⅠM106

墓葬概况

位于墓地南部，西邻ⅠM103，东南邻ⅠM107，墓向 88°。C 型，长方形竖穴土坑墓，直壁。墓口距地表深 0.15 米，墓口东边呈斜弧状。墓口长 1.81、宽 0.9 米，墓深 1.2 米。该墓被盗，填土中有封盖墓口的芦苇秆、土坯碎块等。墓底人骨凌乱，其中靠东南角人颅骨 B，头向东，面向上，仰身，下肢错位，颅顶骨上有四个方形穿孔；另一头骨 A 位于穿孔头骨西端。两人均为成年男性。腿骨下随葬有羊头一个，骨架中残存有木尸床框架残节。两张复合弓、木钎、两件陶钵、两件木盘、皮靴底在东半部，陶单耳杯、陶器耳、木箭在中部，海贝、石珠饰、木钉在西部（图一九二）。

随葬品

出土陶、木、石、皮质器物 14 件（组）。

1. 复合弓　弓弰刻挂弦浅槽，木弓两边粘牛角，再用牛筋缠扎，截面呈椭圆形。长 108.8、宽 2.8、厚 2 厘米（图一九三，14）。

2. 木钎　杨树枝条剔皮制作。棍弯曲，两端削尖，棍体深红色。长 83.6、直径 1.4 厘米（图一九三，11）。

3. 木箭　2 支。均圆木削制。箭杆微弯曲，杆后端有“U”形挂弦凹槽，杆通体磨制光滑；箭头呈四棱锥体，单翼。ⅠM106：3–1，通长 64、铤径 0.7、头长 6 厘米（图一九三，12）。

4. 陶钵　夹砂红陶。口微敛，深腹，圜底，腹部有横向鋬耳。内沿涂深褐色陶衣，通体素面。口径 7.5、高 4.5 厘米（图一九三，5；图版一一二，2）。

5. 陶钵　夹砂红陶。敛口，方唇，圆腹，圜底，腹部有一横耳上扬，耳上沿有圆乳丁。内沿连续大小相间的锯齿纹，上腹饰涡纹。口径 15.1、高 6.4 厘米（图一九三，6；图版一一二，3）。

6. 木盘　呈横长方形，两端起弧。敞口，方沿，浅腹，底横向近平，纵向为圜底，边壁有一小圆孔。口长径 22.4、短径 15.2、高 3.5 厘米（图一九三，7；图版一三四，7）。

7. 木钉　圆木削制。呈圆锥状。长 16、直径 1 厘米（图一九三，8）。

8. 木盘　圆木刻、挖、削制作。横长方形，两端起弧，口沿高低不平。敞口，浅腹，底横向近平，纵向为圜底，

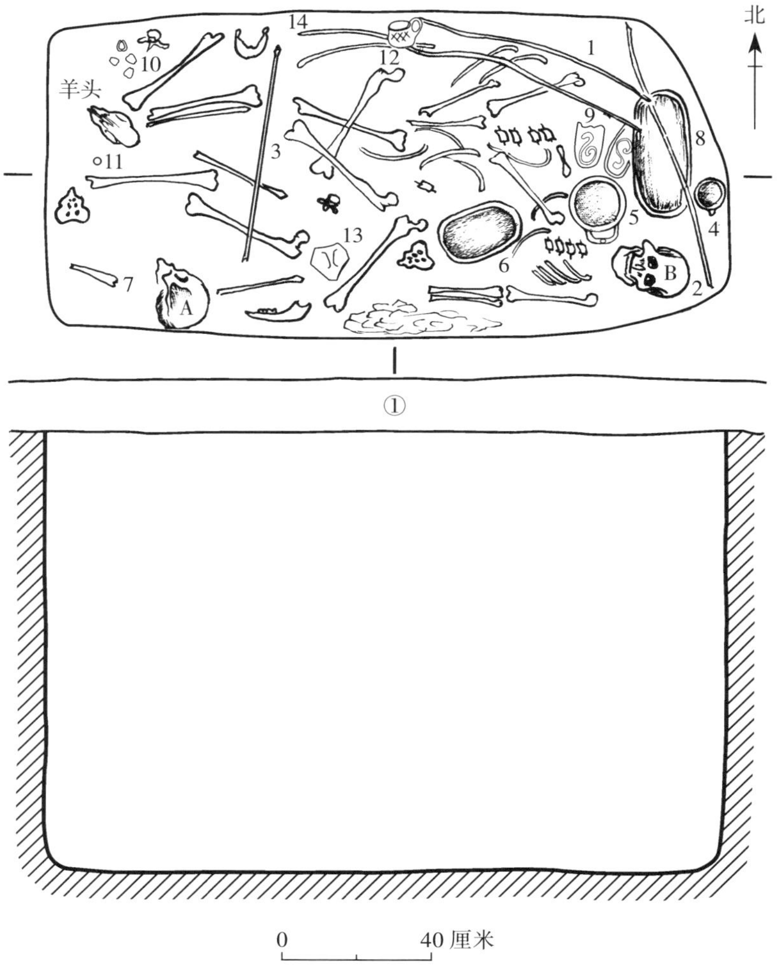

图一九二　ⅠM106 平、剖面图

1、14. 复合弓　2. 木钎　3. 木箭　4、5. 陶钵　6、8. 木盘　7. 木钉　9. 皮靴　10. 海贝　11. 石珠饰　12. 陶单耳杯　13. 陶器耳

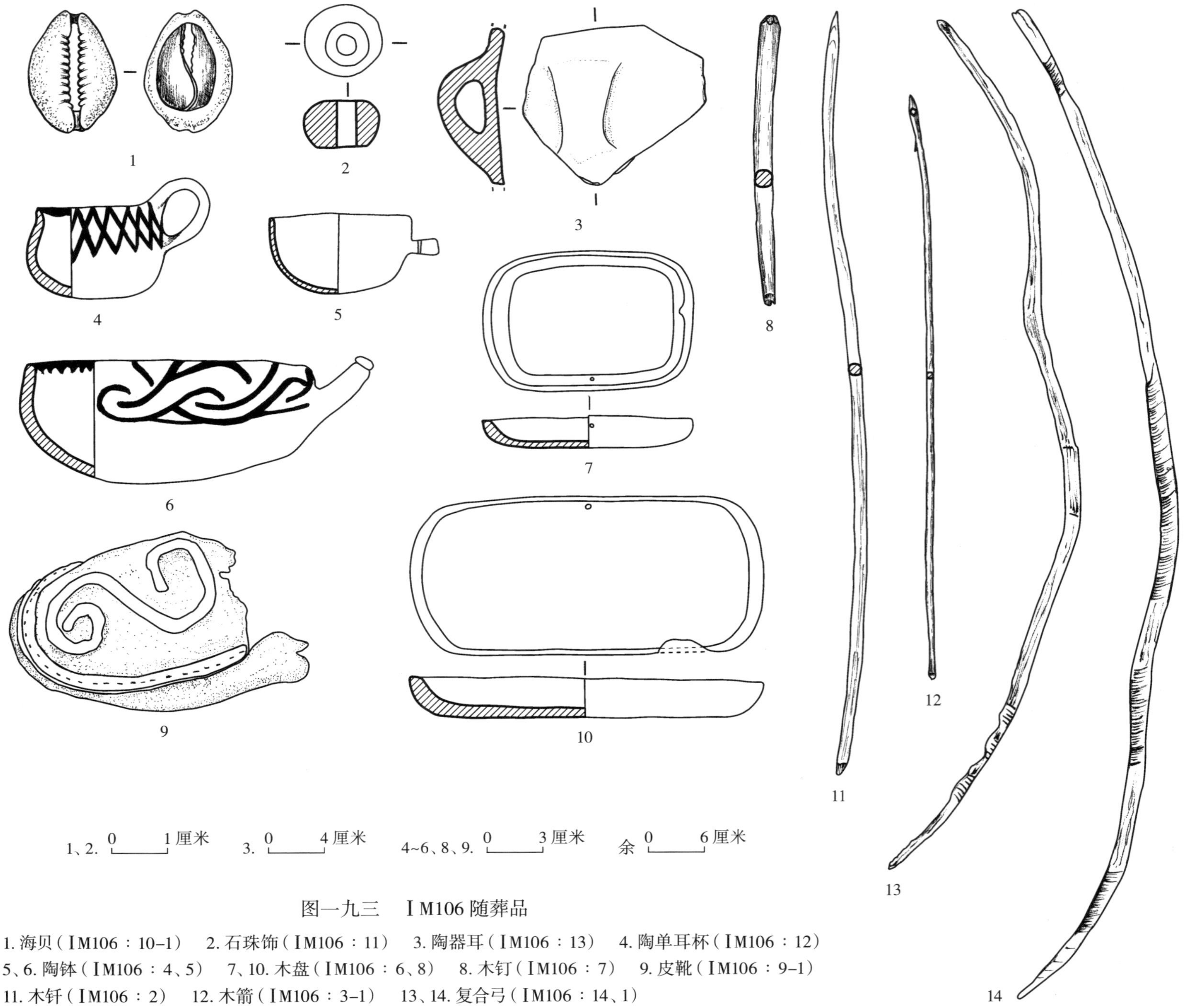

图一九三　Ⅰ M106 随葬品

1. 海贝（ⅠM106：10–1）　2. 石珠饰（ⅠM106：11）　3. 陶器耳（ⅠM106：13）　4. 陶单耳杯（ⅠM106：12）　5、6. 陶钵（ⅠM106：4、5）　7、10. 木盘（ⅠM106：6、8）　8. 木钉（ⅠM106：7）　9. 皮靴（ⅠM106：9–1）　11. 木钎（ⅠM106：2）　12. 木箭（ⅠM106：3–1）　13、14. 复合弓（ⅠM106：14、1）

边壁有一小圆孔。口长径 37.6、短径 17.2、高 4.5 厘米（图一九三，10）。

9. 皮靴　2 件。均残。ⅠM106：9–1，鞋底有窄带缝制的“S”纹图案（图一九三，9）。

10. 海贝　4 件。呈椭圆形，背中缝为锯齿状，中空。通体光滑。ⅠM106：10–1，长 2.2、宽 1.6 厘米（图一九三，1）。

11. 石珠饰　天蓝色。呈圆台状，中间钻小孔，圆珠腹两侧有浅黄色圆，中间为天蓝色。直径 1.4、高 0.8 厘米（图一九三，2；图版二〇八，11）。

12. 陶单耳杯　夹砂红陶。敞口，球形腹，圜底，单耳上扬，由沿翻至腹中。内沿涂褐红色陶衣，外沿至上腹彩绘网格纹，耳彩绘，器表有烟熏痕迹。口径 6.6、通高 6.7 厘米（图一九三，4；图版七一，3）。

13. 陶器耳　夹砂红陶。宽带桥形耳，耳旁腹壁有红彩。宽 13、残高 11.6 厘米（图一九三，3）。

14. 复合弓　中间为木质，内外粘牛角，并用细牛筋线缠扎，弓弰扁平反翘。长 92.8、宽 2.2、厚 1.5 厘米（图一九三，13；图版一八三，3）。

ⅠM107

墓葬概况

位于墓地南部，西邻ⅠM106，东邻ⅠM178，墓向 113°。B 型，长方形竖穴单边二层台墓。地表为沙砾石，

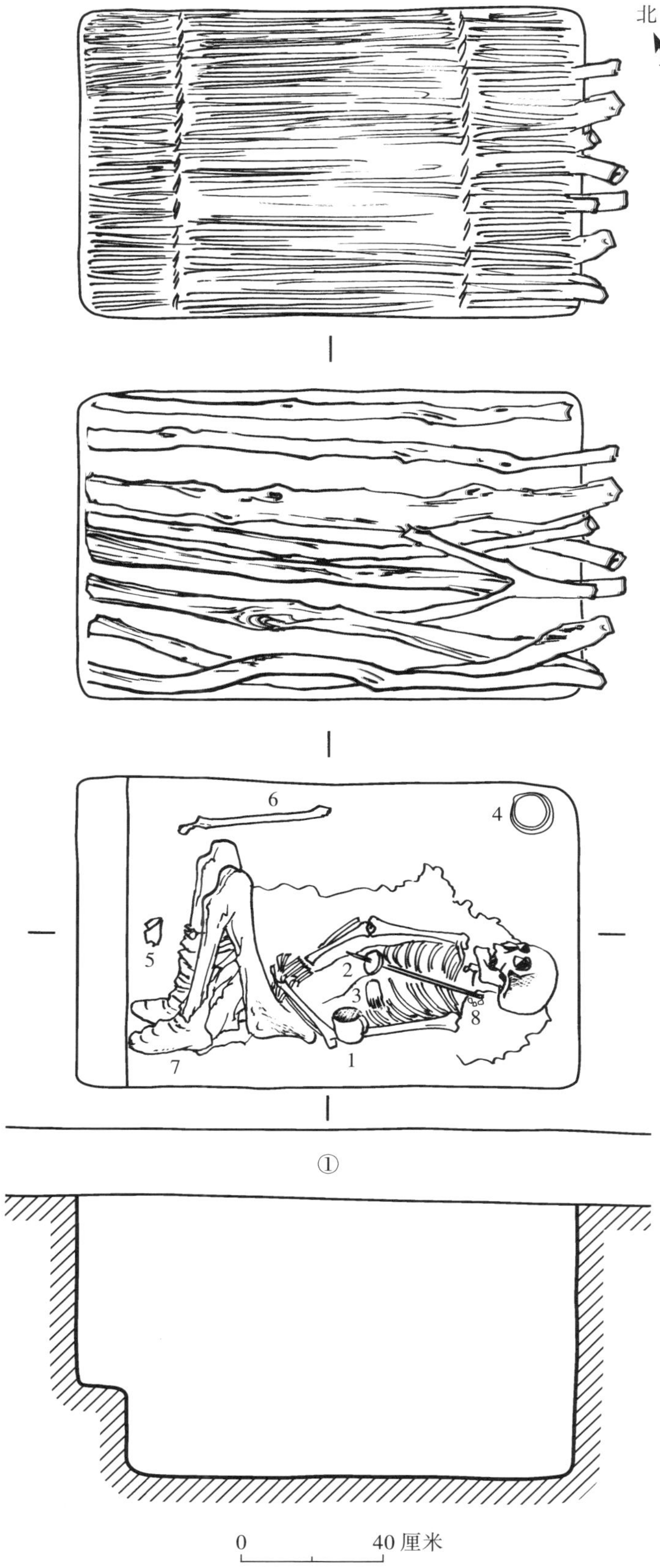

图一九四　ⅠM107平、剖面图

1. 陶单耳杯　2. 木纺轮　3. 木梳　4. 陶单耳罐　5. 皮射鞲　6. 木棍　7. 皮靴　8. 骨扣

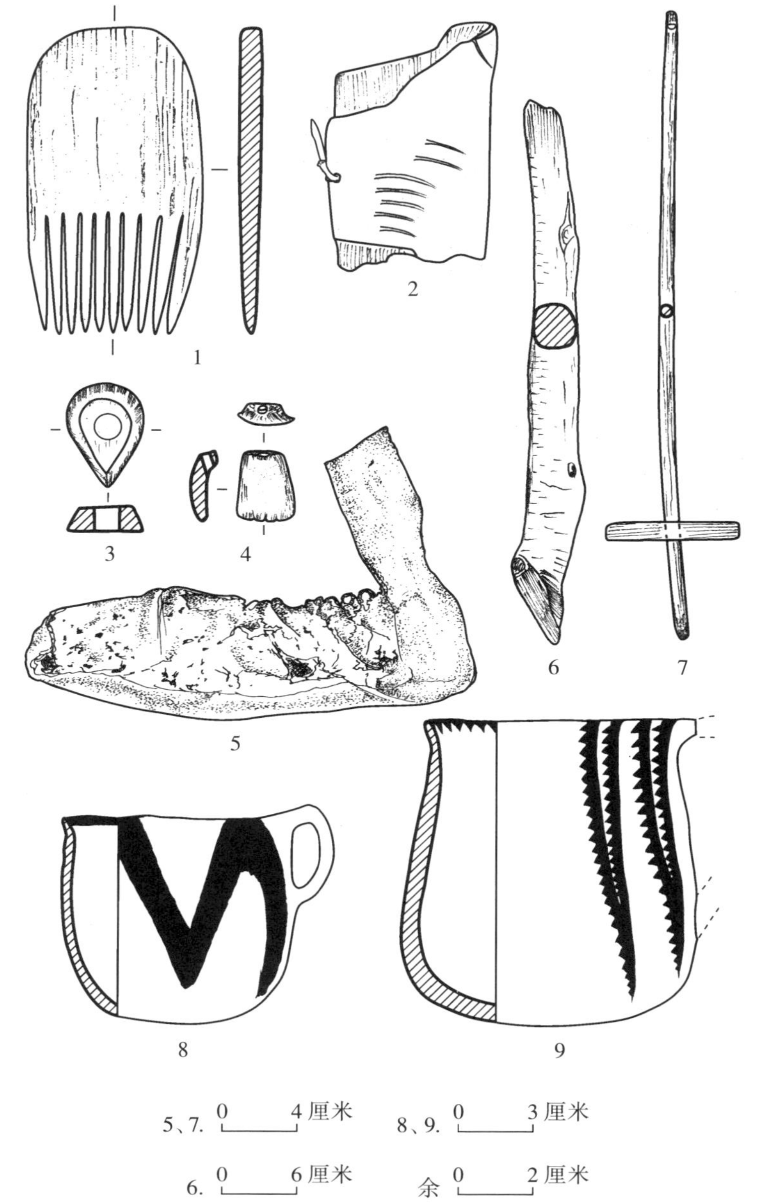

图一九五　ⅠM107随葬品

1. 木梳（ⅠM107：3）　2. 皮射鞲（ⅠM107：5）　3、4. 骨扣（ⅠM107：8-1、8-2）　5. 皮靴（ⅠM107：7）　6. 木棍（ⅠM107：6）　7. 木纺轮（ⅠM107：2）　8. 陶单耳杯（ⅠM107：1）　9. 陶单耳罐（ⅠM107：4）

墓口距地表深0.2米，墓口长1.4、宽0.87米，二层台宽0.14、深0.55米，墓底长1.25、宽0.87米，墓深0.8米。二层台至对面墓边先搭棚圆木，棚木上铺芦苇帘，帘上覆盖干草。墓底有人骨一具，为中年女性，年龄40~50岁，头东脚西，侧身屈肢，面北，双脚穿长靿皮靴，双手置于腹部。骨架保存完整，骨架下有干草垫（已朽）。身边左肘处有陶单耳杯，左肩部有骨扣2件，胸部有木纺轮、木梳，皮射鞲在脚下方，头右侧墓东北角有陶单耳罐，木棍在北壁边（图一九四；图版一五）。

随葬品

出土陶、木、皮质器物8件（组）。

1. 陶单耳杯　夹砂红陶。口微敞，尖唇，深腹小平底，外凸，单耳由口沿下翻至腹部。器表饰折线纹。口径9、高8.4厘米（图一九五，8）。

2. 木纺轮　圆线轴两端稍细，通体磨光。纺轮木板刻制，呈圆饼形。线轴长34.4、直径0.7厘米，轮径7、

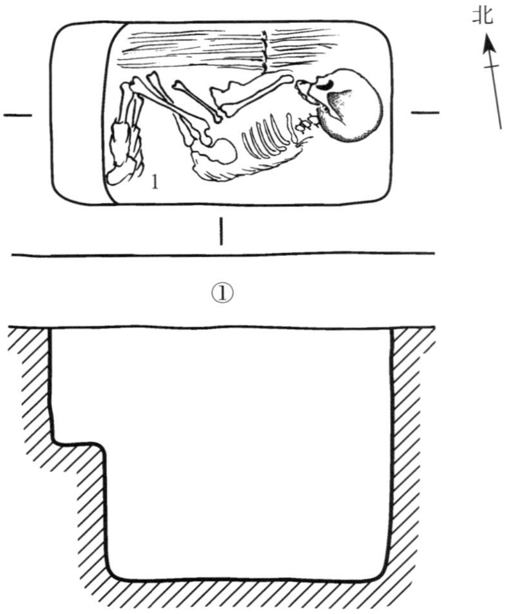

图一九六 ⅠM108 平、剖面图
1. 皮靴

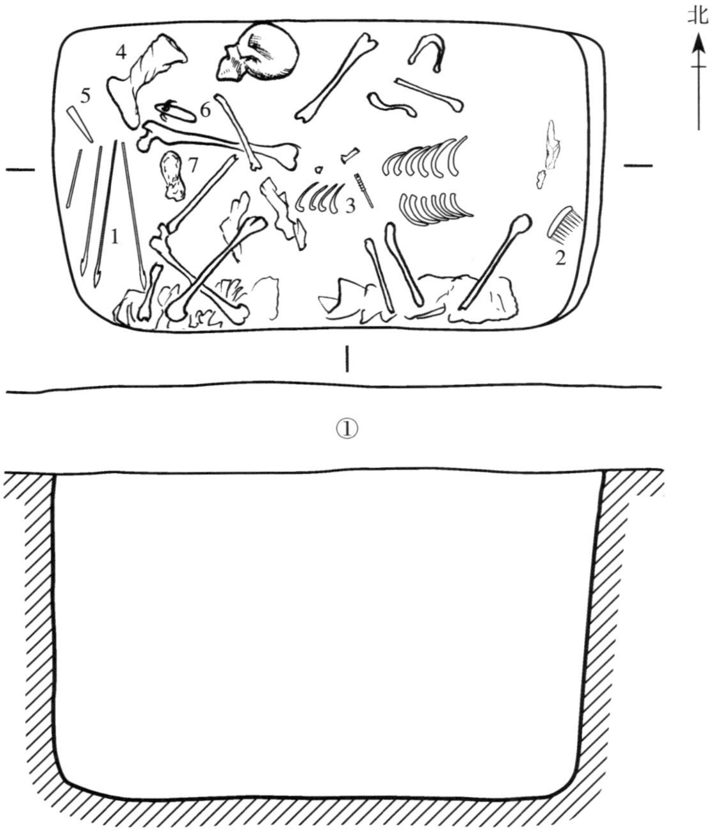

图一九七 ⅠM109 平、剖面图
1. 木箭 2. 木梳 3. 木簪 4、7. 皮靴 5. 木钉 6. 砺石

厚 1 厘米（图一九五，7）。

3. 木梳 木板刻制。呈纵长条形，梳背呈圆弧形，齿呈扁锥体，粗短。长 8.4、宽 4.7、厚 0.6、齿长 3.3 厘米（图一九五，1；图版一五一，1）。

4. 陶单耳罐 夹砂红陶。敞口，口沿变形，略呈椭圆形，垂腹，圜底，耳残。内沿饰细密的小三角纹，器表通体饰锯齿纹，两条为一组，从上到下渐变为一条。器表有烟熏痕迹。口径 9.2~10.4、腹径 12、高 12.5 厘米（图一九五，9；图版四二，6）。

5. 皮射鞲 呈纵长方形，长方形牛皮对折，开口处用羊皮系结。宽 4.5、残高 6.9 厘米（图一九五，2）。

6. 木棍 树干制作。上细下粗（根部），其上有节结，树皮保存完好。长 44.4、直径 3.7~4.7 厘米（图一九五，6）。

7. 皮靴 一只。仅存牛皮革制造的部分，有底、帮和后跟，上部残破不存。长 24、高 15.8 厘米（图一九五，5）。

8. 骨扣 3 件（图版一九〇，9）。ⅠM107：8–1，呈水滴形，中部圆孔。直径 2~2.5、孔径 0.65、高 0.7 厘米（图一九五，3）。ⅠM107：8–2，呈喇叭形，中部有孔。上径 1、下径 1.5、孔径 0.2、高 1.95 厘米（图一九五，4）。

ⅠM108

墓葬概况

位于墓地南部偏东，西邻ⅠM46，东邻ⅠM172，墓向 98°。B 型，长方形竖穴单边二层台墓。墓口距地表深 0.2 米，墓口长 0.9、宽 0.5 米；二层台宽 0.14、深 0.32 米；墓底长 0.76、宽 0.5 米，墓深 0.68 米。填土中有芦苇、草屑、砾石等。墓底铺有用草绳编织的芦苇草垫，垫上有一具婴儿骨架，头东脚西，侧身屈肢，面北。身上皮衣残朽，脚穿皮靴（图一九六）。

随葬品

出土皮靴一双。

1. 皮靴 一双。靴筒微残，底和帮由牛皮缝制，筒为羊皮。长 17.2、高 15.2 厘米（图一九八，7、8；图版二一八，4）。

ⅠM109

墓葬概况

位于墓地南部，西邻ⅠM27，东邻ⅠM170，墓向 90°。C 型，长方形竖穴土坑墓，口大底小。地表为东高西低的斜坡状戈壁沙砾层。墓口距地表深 0.23 米，墓口

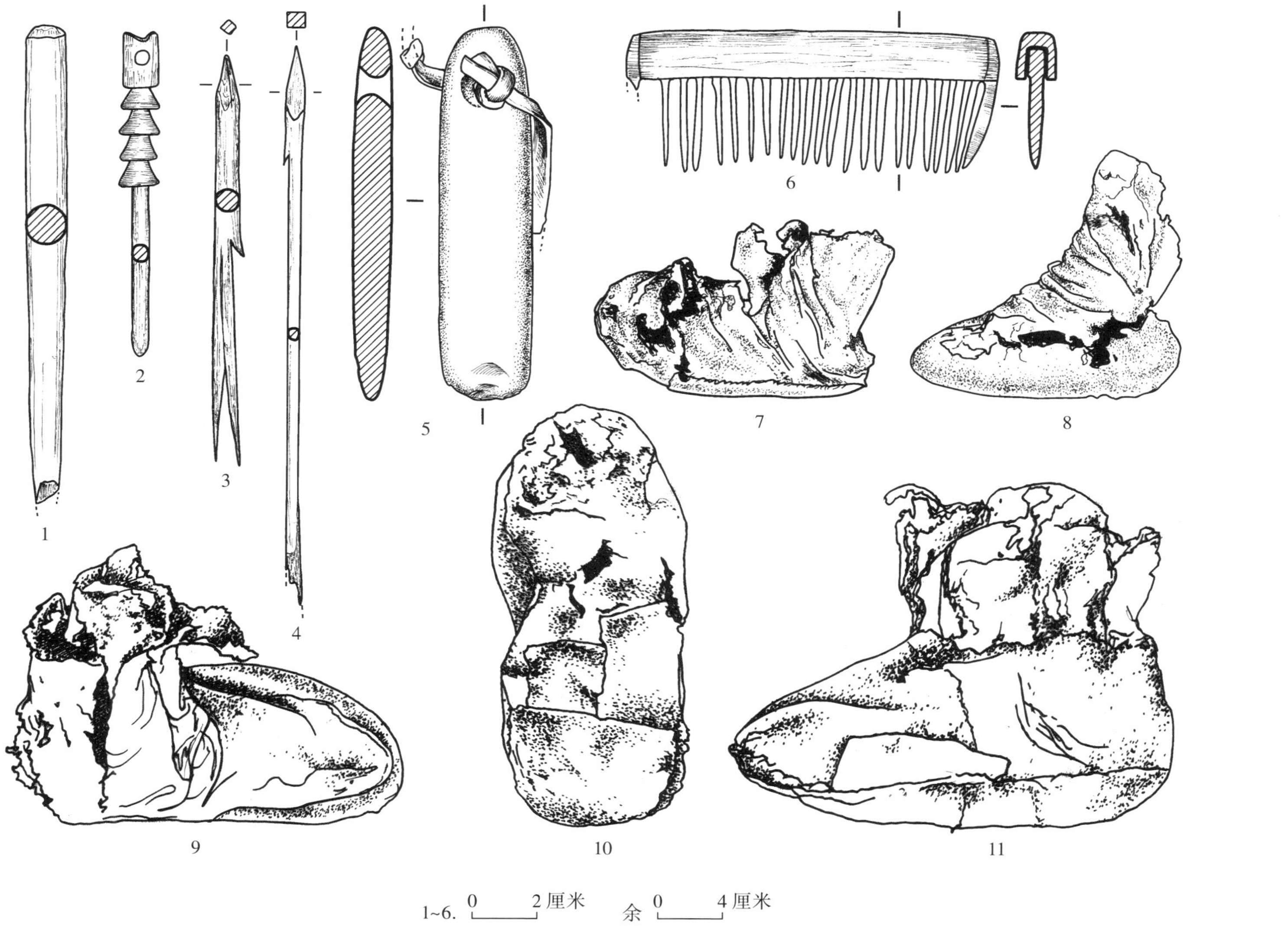

图一九八　ⅠM108、ⅠM109随葬品

1. 木钉（ⅠM109：5）　2. 木簪（ⅠM109：3）　3、4. 木箭（ⅠM109：1-1、1-2）　5. 砺石（ⅠM109：6）　6. 木梳（ⅠM109：2）　7~11. 皮靴（ⅠM108：1左、ⅠM108：1右、ⅠM109：7左、ⅠM109：4右、ⅠM109：4左）

长1.45、宽0.84米，底长1.38、宽0.84米，墓深0.88米。墓底有散乱错位的人骨一具，头骨位于北壁下，从肋骨来看，应为仰身，该骨架的凌乱与进水有关，墓主为壮年男性，年龄30~35岁。木箭、木簪、木钉、砺石、皮靴一双在墓室西部，木梳在东壁边（图一九七）。

随葬品

出土陶、木、石、皮质器物7件（组）。

1. 木箭　5支。均圆木削制。圆形箭杆，杆后端均残，按箭头形制可分二种。ⅠM109：1-1，箭头较短，呈四棱锥体，单翼稍偏后，离箭尖较远。杆刻三角形缺口。残长12.8、直径0.7厘米（图一九八，3）。ⅠM109：1-2，箭头稍长，呈四棱锥体，单翼。残长17.6、直径0.4厘米（图一九八，4）。

2. 木梳　呈横长条形，梳背为“U”形凹槽，梳齿单个加工，齿呈扁锥体，后端呈长方形，嵌入梳背凹槽内，粘拼，两端梳齿后端呈半弧形，封堵凹槽，齿长短不齐，边齿较粗，现存22根。长11.4、宽4.5、厚0.4、齿长2.9厘米（图一九八，6；图版一五四，1）。

3. 木簪　圆木削制而成。簪前半部为圆锥状，后半部为喇叭形竹节状，柄呈长方形，上端有“U”形凹槽，长方形柄钻小圆孔。通体磨制光滑。通长10.2、直径0.5~1.2、柄长1.8、柄宽1.1厘米（图一九八，2；图版一五五，1）。

4. 皮靴　一双。底和帮用牛皮、筒用羊皮皮条缝制，呈竖皮块相连。长26.5、高21.4厘米（图一九八，10、11）。

5. 木钉　圆木削制。呈圆锥状，尖残。残长15、直径1.2厘米（图一九八，1）。

6. 砺石　长条扁体，上端钻孔，内穿皮条，皮条两端打结。长11.8、宽2.8、厚1.15厘米（图一九八，5；图版二〇七，6）。

7. 皮靴　一只。底为牛皮，帮和筒为羊皮，用皮

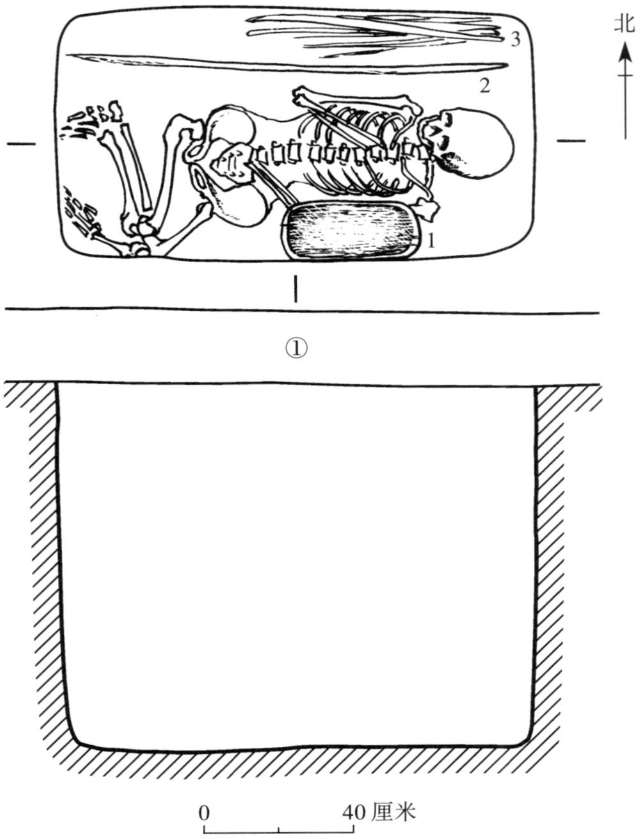

图一九九 ⅠM110平、剖面图
1. 木盘 2. 复合弓 3. 木箭

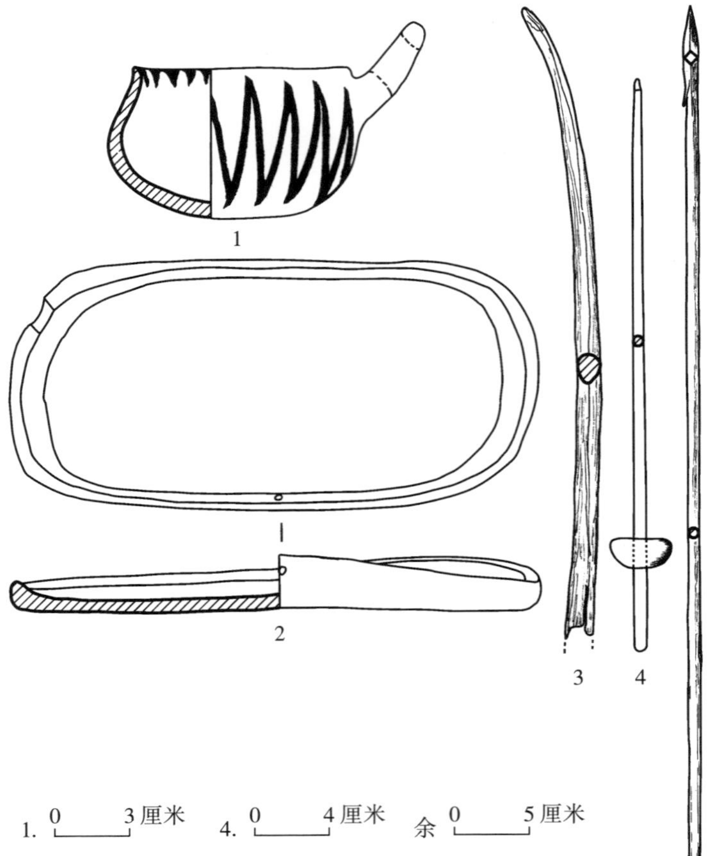

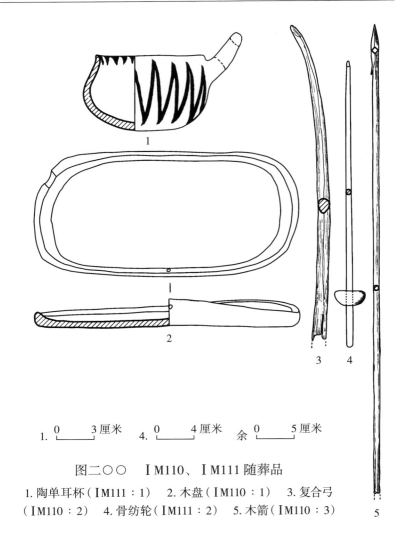

图二〇〇 ⅠM110、ⅠM111随葬品
1. 陶单耳杯（ⅠM111：1） 2. 木盘（ⅠM110：1） 3. 复合弓（ⅠM110：2） 4. 骨纺轮（ⅠM111：2） 5. 木箭（ⅠM110：3）

绳缝制。长24、高17.6厘米（图一九八，9；图版二一八，5）。

ⅠM110

墓葬概况

位于墓地中部，北邻ⅠM111，南邻ⅠM112，墓向90°。C型，长方形竖穴土坑墓，直壁。墓地表为平坦戈壁砾石层。墓口开于表土层下，距地表深0.2米，墓口长1.26、宽0.68米，墓深1米。墓底有人骨一具，头东，仰身，下肢上屈依靠于墓南壁，右上臂上屈于胸前，左手置于腹部。为青年男性，年龄20~25岁，骨架保存完整。左臂旁放置木盘，右侧放木箭和复合弓（图一九九；图版一四，3）。

随葬品

出土木器3件。

1. 木盘 圆木刻、挖、削制而成。长方形，两端呈弧形。方沿，浅腹，近平底，口沿高低不平，扭曲变形。口长径35.2、口短径17.6、高3.8厘米（图二〇〇，2；图版一三二，3）。

2. 复合弓 残段，弓弰反翘，并削出系弦浅槽，弓背粘牛筋，截面呈椭圆形。残长43、宽2、厚1.6厘米（图二〇〇，3）。

3. 木箭 圆箭杆末端稍细，挂弦槽残，箭杆打磨光滑，箭头呈四棱锥体，尖锐，脊线锋利成刃，单翼上翘。残长64、杆径0.7~0.9、头长7厘米（图二〇〇，5）。

ⅠM111

墓葬概况

位于墓地中部，南邻ⅠM110，东邻ⅠM30，墓向78°。C型，长方形竖穴土坑墓，直壁。墓口距地表深0.22米。该墓窄长，墓长1.4、宽0.6米，墓深0.91米。墓被盗掘过。墓底有人骨一具，仰身，下肢上屈，头颅残失，在骨架右侧有下颌骨，为成年女性，骨架下苇草席朽迹。在腿骨中出土有陶单耳杯，左肩外侧见骨纺轮（图二〇一）。

随葬品

出土陶、木器2件。

1. 陶单耳杯 夹砂红陶。敛口，圆唇，鼓腹，圜底，沿下横向环状耳。口沿内饰三角纹，器表面绘有细长形连续折线纹，腹一侧有烟炱。口径8.6、高6.2、通高8.2厘米（图二〇〇，1；图版八四，4）。

2. 骨纺轮 纺轮体骨制，圆饼状，一面平，一面起

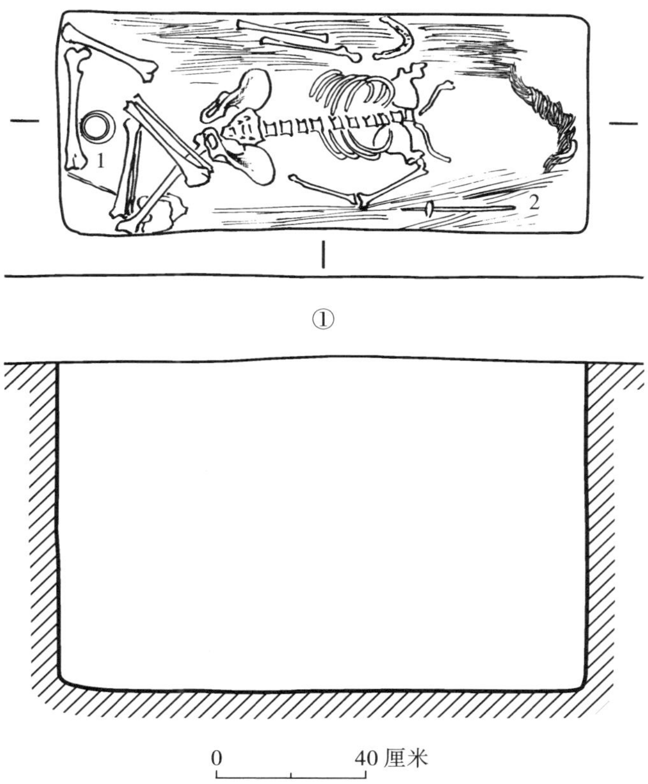

图二〇一 ⅠM111平、剖面图
1. 陶单耳杯 2. 骨纺轮

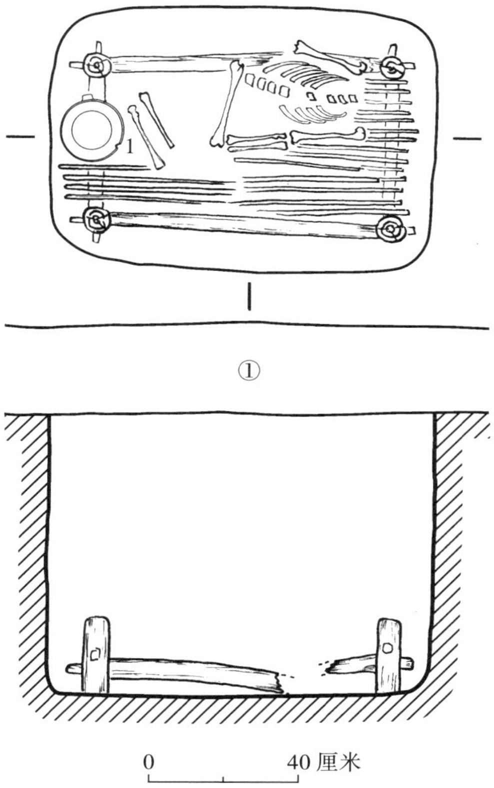

图二〇二 ⅠM112平、剖面图
1. 陶盆

弧。线轴木质，细长圆木棍。线轴长31.3、直径0.6厘米，轮径3.2、厚1.6厘米（图二〇〇，4）。

ⅠM112

墓葬概况

位于墓地中部，西北邻ⅠM110，东邻ⅠM161，墓向80°。C型，圆角长方形竖穴土坑墓，直壁。墓口距地表深0.25米，墓长1.02、宽0.72米，墓深0.77米。该墓形制较小，内葬一未成年儿童，仰身屈肢，未见头骨，骨架朽残严重。骨架下有四足木尸床，床面铺细木棍，木床朽残，长0.88、宽0.52、高0.22米。未成年儿童骨架脚下木床框上出土陶盆（图二〇二）。

随葬品

出土陶器1件。

1. 陶盆　夹砂红陶。敛口，翻沿，深腹，小平底，上腹有一宽耳。内沿饰垂帐纹，器表素面，有烟熏痕迹。口径19.2、底径10、高9.2厘米（图二〇四，6；图版一〇六，8）。

ⅠM113

墓葬概况

位于墓地中部，西南邻ⅠM114，东南邻ⅠM115，墓向112°。B型，长方形竖穴土坑墓，四边有二层台。地表四周较高，中间低凹，表层为沙砾土。墓口距地表深0.19米，墓口长1.94、宽1.1米；短边二层台宽0.2~0.24、长边二层台宽0.15、深0.2米；墓底长1.5、宽0.8米，墓深1.25米。该墓被盗掘过，填土为黄色细腻的流沙，夹含有碎土坯块、人骨、陶片等遗物。墓底有骨架两具，A骨架保存较好，为壮年女性，年龄25~35岁，侧身屈肢，头向东，面向北，双手置于腹部，身上毛织衣物朽烂，脚穿皮靴；B骨架位于女性右侧，头移位至脚下，为成年男性，侧身屈肢。骨架保存较差。一件木纺轮、木盘、陶单耳罐和陶碗等器物在北壁边，另一件木纺轮和一些陶器残片位于头部（图二〇三；图版一四，5）。

随葬品

出土陶、木质器物7件。

1. 木纺轮　圆饼形，底起弧，中部有小圆孔。轮径4.2~4.7、厚1厘米（图二〇四，2）。

2. 木纺轮　圆木削制而成。圆形线轴两端稍细，通体光滑。纺轮呈圆饼形，面、底平整。线轴长31.2、直径0.8厘米，轮径6、厚0.8厘米（图二〇四，7；图版一七四，6）。

3. 木盘　呈横长方形，两端起弧，敞口，浅腹，平底，边壁有一小圆孔。口长径42、口短径19、高5.6厘米（图二〇四，8）。

4. 陶单耳罐　夹砂红陶。敞口，束颈，垂腹，圜底，

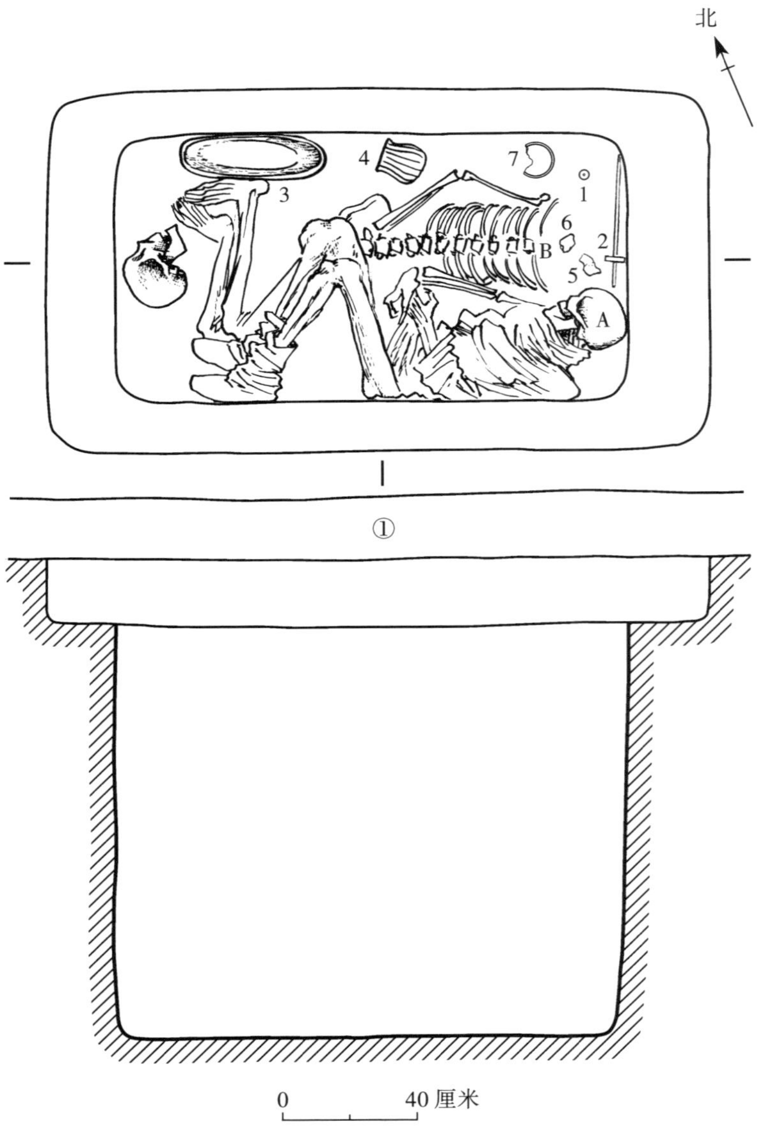

图二〇三　ⅠM113平、剖面图

1、2. 木纺轮　3. 木盘　4. 陶单耳罐　5、6. 陶器残片　7. 陶碗

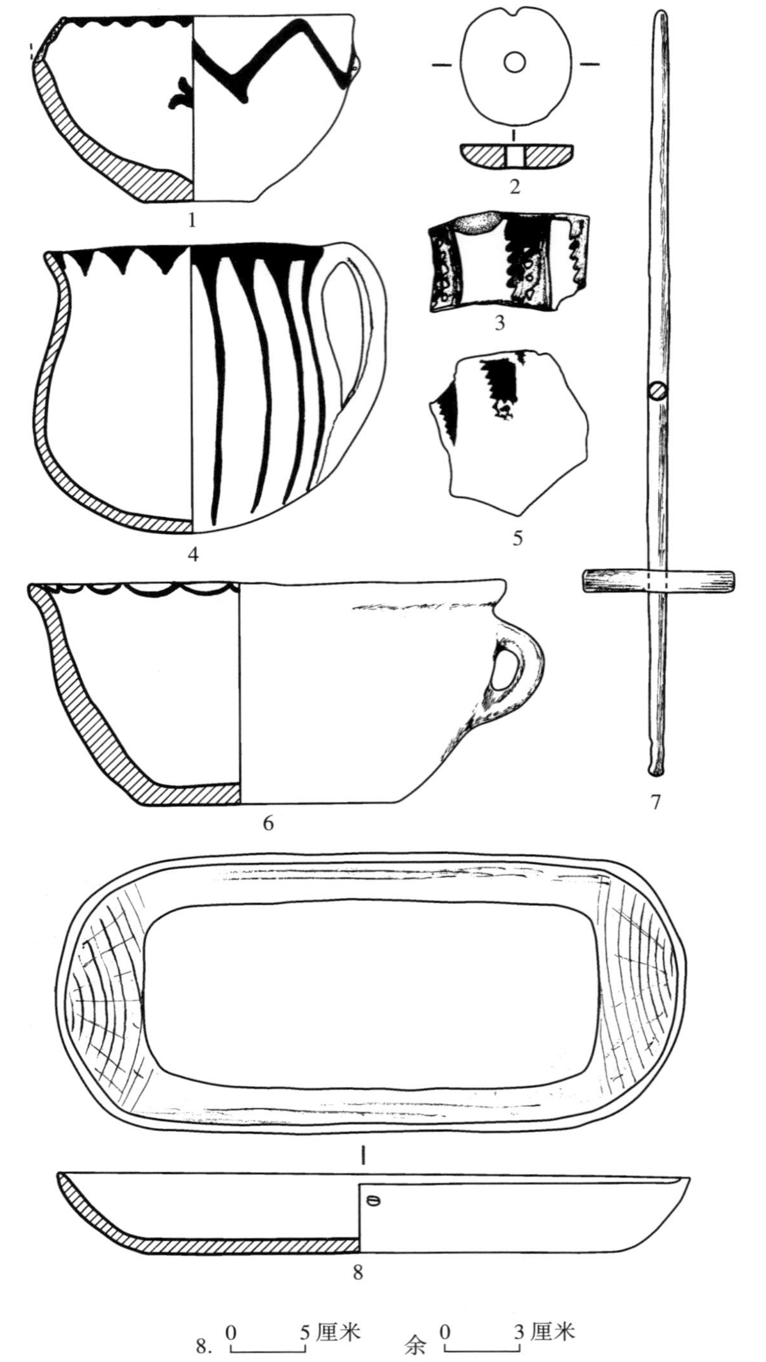

图二〇四　ⅠM112、ⅠM113随葬品

1. 陶碗（ⅠM113：7）　2、7. 木纺轮（ⅠM113：1、2）　3、5. 陶器残片（ⅠM113：5、6）　4. 陶单耳罐（ⅠM113：4）　6. 陶盆（ⅠM112：1）　8. 木盘（ⅠM113：3）

长条耳由沿翻至腹底。内沿饰连续三角纹，器表饰由大三角纹延伸的细条带纹。耳彩绘两组斜向平行短线，每组三条。口径11、高11.8厘米（图二〇四，4；图版四六，3）。

5. 陶器残片　夹砂红陶。内口沿有连续的三角锯齿纹。长6.3、宽4厘米（图二〇四，3）。

6. 陶器残片　陶杯的口沿。沿下有连续的三角锯齿纹。长6.8、宽6.2厘米（图二〇四，5）。

7. 陶碗　敞口，圆唇，斜腹急收，小平底，腹部有一鼻纽。内沿饰连续三角纹，外沿下饰一周连续折线纹。口径12.7、底径4.5、高7.6厘米（图二〇四，1）。

ⅠM114

墓葬概况

位于墓地中部，南邻ⅠM111，东北邻ⅠM113，墓向102°。C型，长方形竖穴土坑墓，直壁。墓口呈圆角长方形，墓口距地表深0.14米，墓长1.53、宽0.64米，墓深1.11米。该墓被盗掘过，并被水淹（雨水积聚），填土板结成块状，质地坚硬，墓底人骨凌乱，不见头骨，男女双人合葬，均为成年。在墓底乱骨中南壁下出角镳两件和木纺轮，陶单耳杯出自西北角（图二〇五）。

随葬品

出土陶、木器3件（组）。

1. 陶单耳杯　夹砂褐陶。敞口，垂腹，圜底，横耳位于上腹。通体素面，一侧有烟迹。口径6.3、高6.5厘米

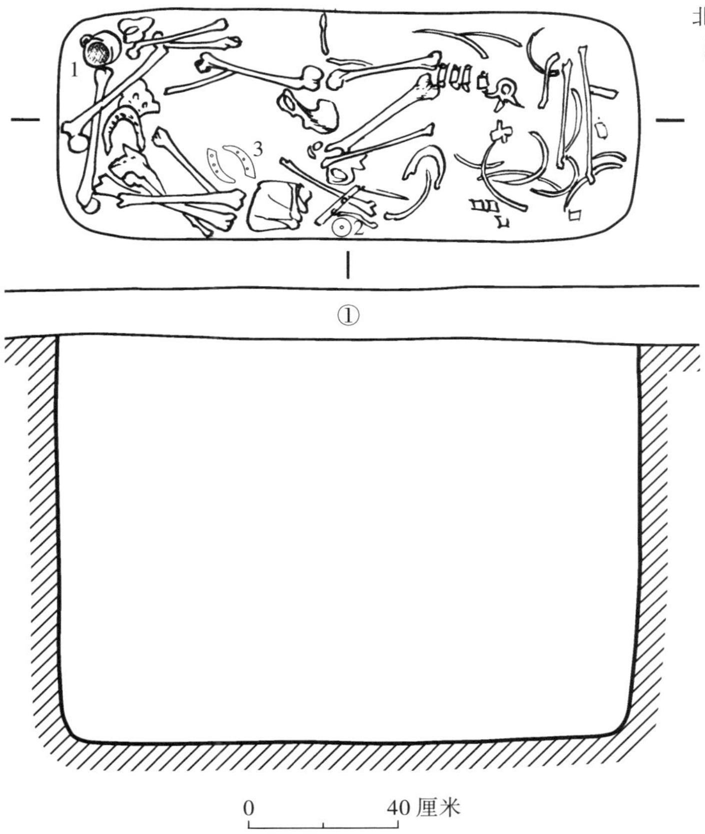

图二〇五　ⅠM114 平、剖面图

1. 陶单耳杯　2. 木纺轮　3. 角镳

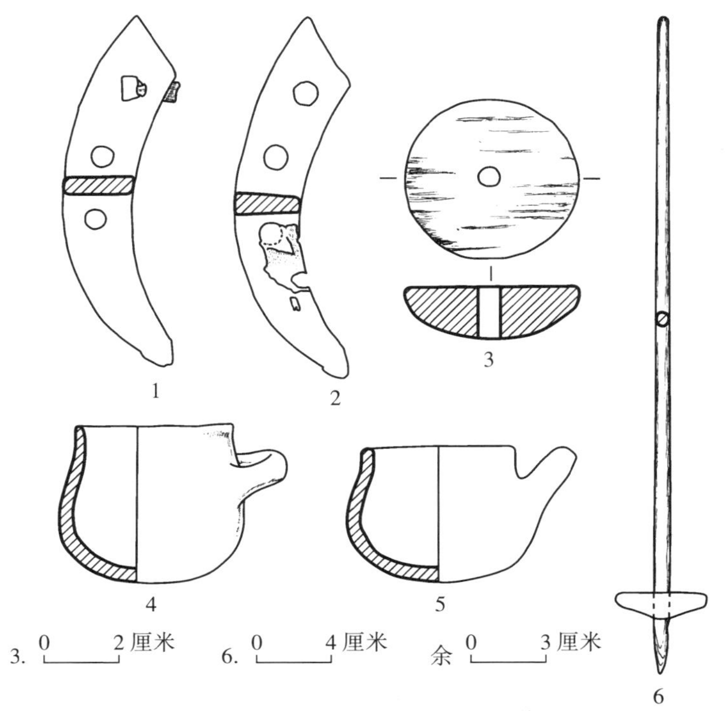

图二〇六　ⅠM114、ⅠM115 随葬品

1、2. 角镳（ⅠM114：3–1、3–2）　3. 木纺轮（ⅠM114：2）　4、5. 陶单耳杯（ⅠM114：1、ⅠM115：1）　6. 陶纺轮（ⅠM115：2）

米（图二〇六，4；图版八三，1）。

2. 木纺轮　呈半球状，中部钻有穿线轴的圆孔，线轴残佚。轮径 4.6、厚 1.4 厘米（图二〇六，3；图版一七九，2）。

3. 角镳　2 件。均木板刻制。扁角锥形，镳面有三个圆孔，其中一件孔内有皮绳（图版一八六，3）。ⅠM114：3–1，长 14.3、宽 2.8、厚 0.8 厘米（图二〇六，1）。ⅠM114：3–2，长 14.7、宽 2.8、厚 0.8 厘米（图二〇六，2）。

ⅠM115

墓葬概况

位于墓地中部，东邻ⅠM117，北邻ⅠM119，墓向 80°。C 型，长方形竖穴土坑墓，直壁，西壁略弧。墓口距地表深 0.17 米，墓口长 1.5、宽 1.02 米，墓深 1.27 米。该墓早年被盗，墓底四腿木尸床朽残，仅存框架，长 1.35、宽 0.91、高 0.28 米。墓底人骨凌乱，头骨位于西壁下，为成年女性。墓葬填土中夹有苇草。墓底出土陶单耳杯、陶纺轮（图二〇七）。

随葬品

出土陶器 2 件。

1. 陶单耳杯　夹砂褐陶。敞口，球形腹，圜底，肩部

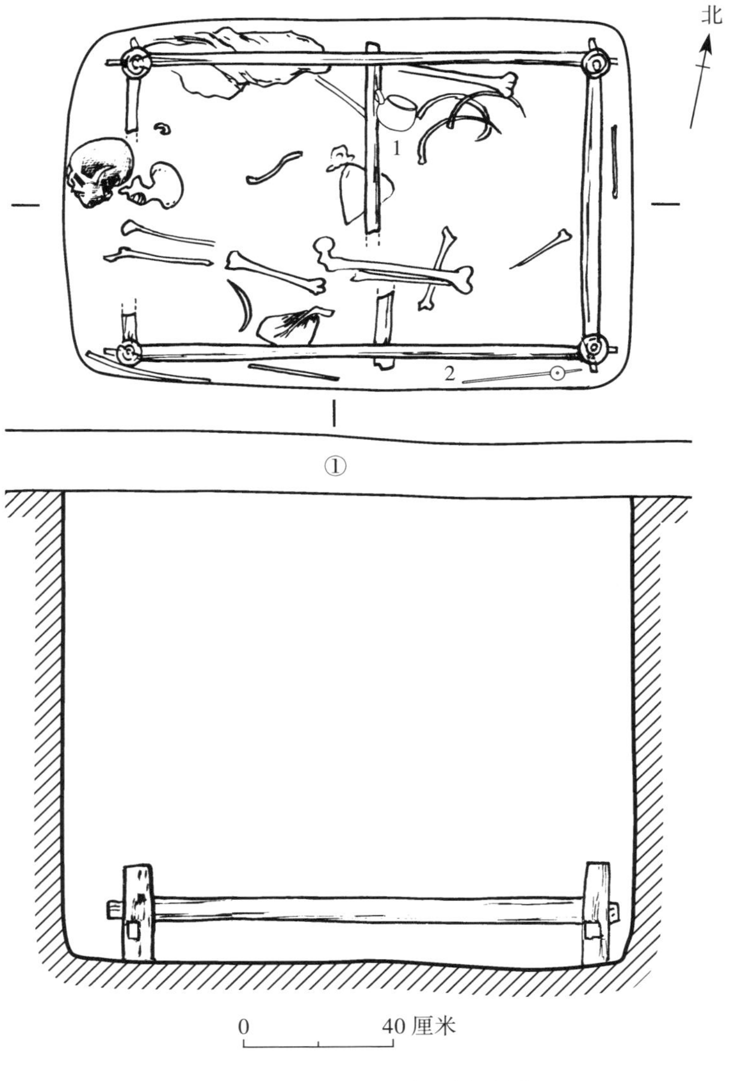

图二〇七　ⅠM115 平、剖面图

1. 陶单耳杯　2. 陶纺轮

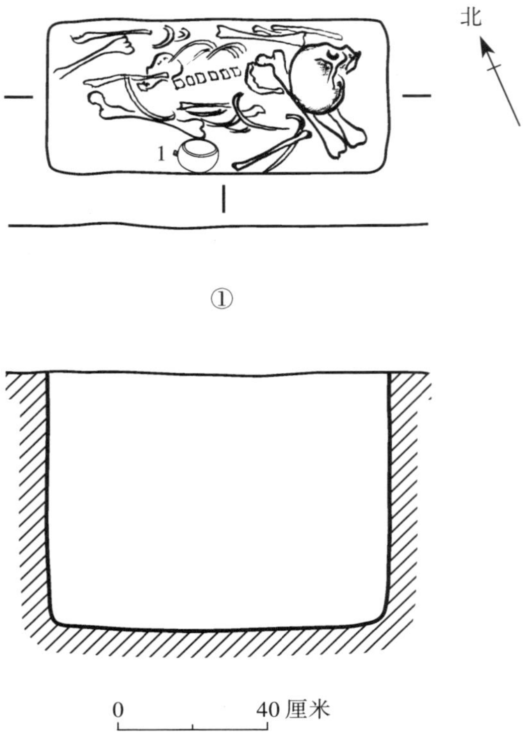

图二〇八　Ⅰ M116平、剖面图
1. 木钵

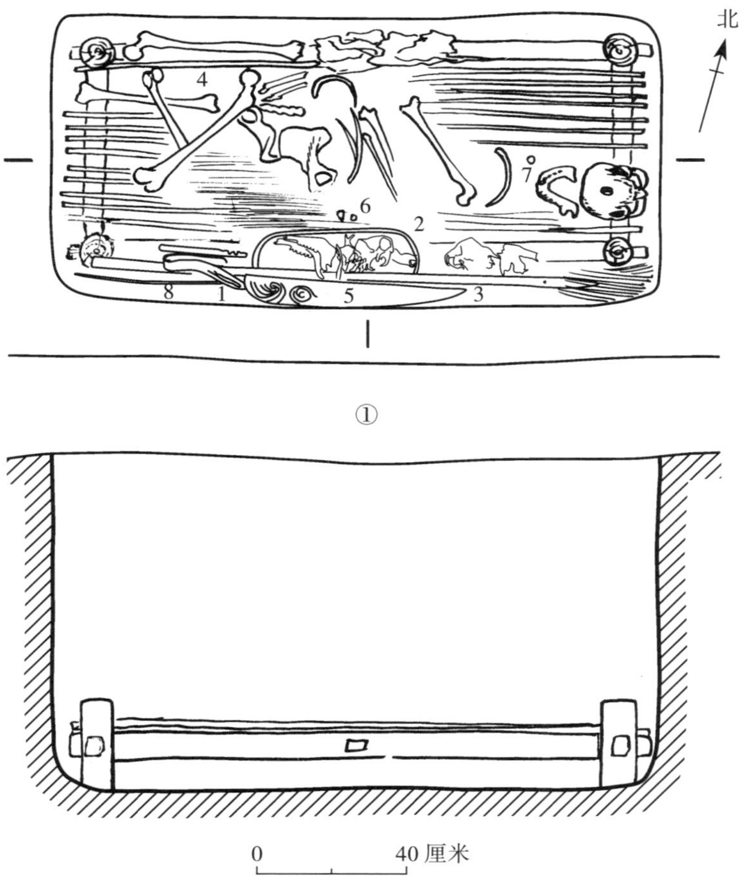

图二〇九　Ⅰ M117平、剖面图
1. 皮带　2. 木盘　3. 木标枪　4. 木取火棒　5. 木撑板　6. 复合弓残件　7. 海贝　8. 木箭杆

有横向桥形耳，耳上挺。通体露胎，素面，器表有烟熏痕迹。口径6.2、高5.8厘米（图二〇六，5；图版八四，5）。

2. 陶纺轮　夹砂红陶。圆饼状，一面平，一面起弧。线轴为木质，细长圆木棍，一端削尖。线轴长36、直径0.7厘米，轮径4.8、厚1.4厘米（图二〇六，6）。

Ⅰ M116

墓葬概况

位于墓地中部，西南邻Ⅰ M113，东北邻Ⅰ M120，墓向105°。C型，长方形竖穴土坑墓，直壁，墓葬很小。地表为平坦戈壁沙砾石。墓口距地表深0.4米，墓口长0.89、宽0.42米，墓深0.7米。填土为黄色细流沙。墓底有未成年人骨架一具，年龄6~7岁，头骨移位至肩部，四肢骨凌乱移位。骨架左侧随葬木钵（图二〇八）。

随葬品

出土木钵1件。

1. 木钵　圆木掏挖、刻削而成。敛口，呈椭圆形，尖唇，鼓腹，单耳，厚平底。裂缝处有锔眼。口径9.6、腹径12.3、高7.6厘米（图二一〇，7；图版一四二，4）。

Ⅰ M117

墓葬概况

位于墓地中部，西南邻Ⅰ M118，西北邻Ⅰ M115，墓向75°。C型，长方形竖穴土坑墓，直壁，四角呈圆弧形。墓口距地表深0.28米，墓长1.6、宽0.8米，墓深0.93米。墓曾被盗掘，填土中有零星碎骨块、草编席子等。墓底有四足木尸床一张，床面平铺细木棍，床长1.52、宽0.64、高0.24米。床东沿有人头骨一个，为中年男性，年龄45~50岁，其他骨骼散乱，葬式不明。木取火棒在西北角，海贝在头骨旁，皮带、木盘、木撑板、木标枪、复合弓残件、木箭杆两支在墓中间偏南部。木盘中有羊腿骨（图二〇九；图版一六，1）。

随葬品

出土木、皮质器物和海贝8件（组）。

1. 皮带　宽皮带卷边，用牛筋线缝制。在宽带中部刻口，穿窄皮带，带的一端打一直径0.8厘米的圆孔。残长60、宽带宽4、窄带宽0.8厘米（图二一〇，2）。

2. 木盘　圆木掏挖、削刻而成。平面呈长方形，敞口，短边沿较宽，浅腹，平底。底面有刀剁痕，长边一侧有穿孔。口长径52.5、短径19.2、高7.2厘米（图二一〇，9；图版一三二，4）。

3. 木标枪　圆木剔皮削制。粗细均匀，一端削成扁锥状，并钻小孔，孔内穿皮绳，扁尖后部有一圆孔。前端原来安装有金属尖形器（矛）。长132、直径2、尖长12厘米（图二一〇，10；图版一七〇，2）。

4. 木取火棒　柽柳木枝条，中间剔皮，两端钻直径为0.7、深6.4厘米的圆孔，木棒粗细均匀。长52.4、直径1.5厘米（图二一〇，8；图版一六六，6）。

5. 木撑板　长条形，一边呈弧刃状，一端宽，一端窄。板面原裹有皮革，半段皮革残损，板面刻涡纹图案。长57、宽8.5厘米（图二一〇，6；图版一六三，5）。

6. 复合弓残件　牛角质。圆柱状，虫蛀成齿状。长5.8、直径1厘米（图二一〇，3）。

7. 海贝　呈卵圆形，中缝呈锯齿状，中空。通体磨光。长1.9、宽1.2厘米（图二一〇，1）。

8. 木箭杆　2支，均残。箭杆圆滑。ⅠM117：8-1，后端有深0.5厘米的“U”形挂弓弦的凹槽，后端着黑色。残长23、直径0.7厘米（图二一〇，4）。ⅠM117：8-2，残长39、直径0.6厘米（图二一〇，5）。

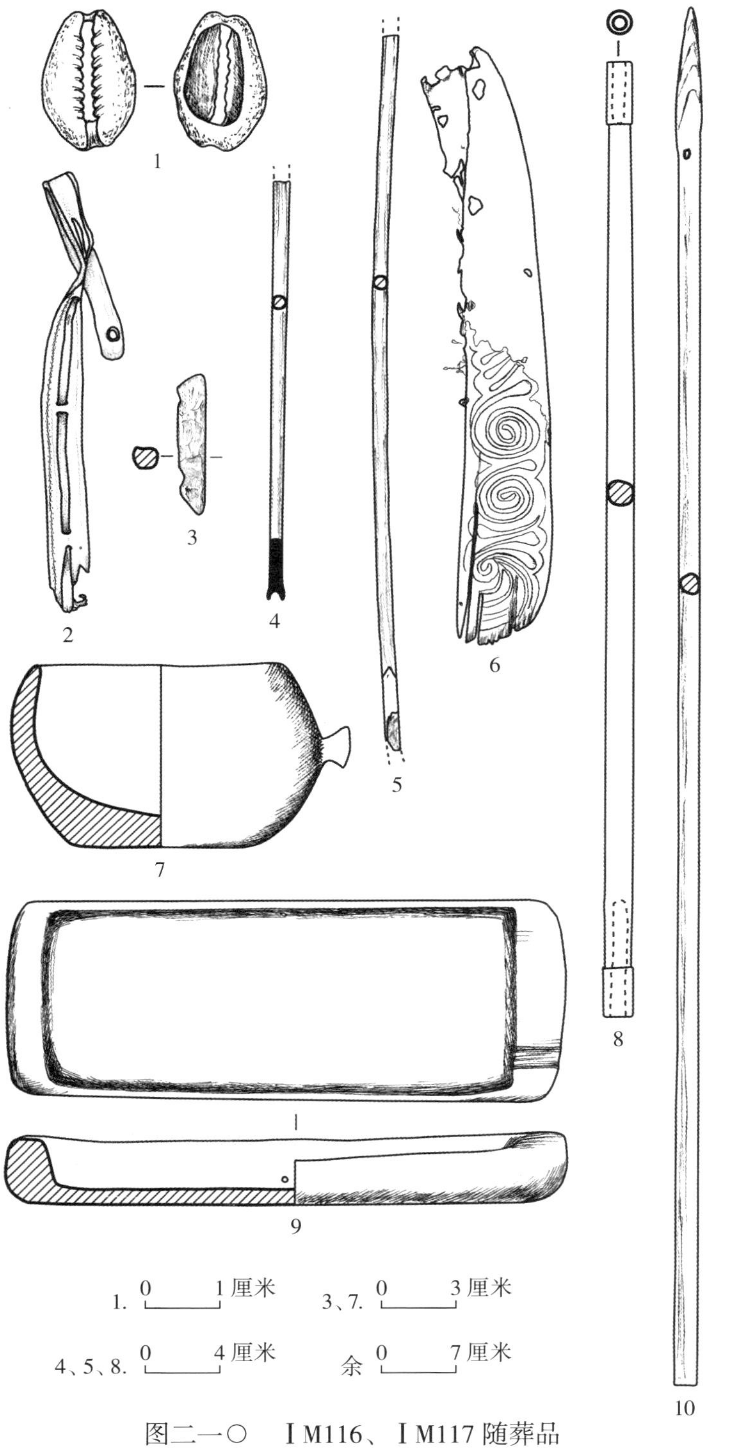

图二一〇　ⅠM116、ⅠM117随葬品

1. 海贝（ⅠM117：7）　2. 皮带（ⅠM117：1）　3. 复合弓残件（ⅠM117：6）　4、5. 木箭杆（ⅠM117：8-1、8-2）　6. 木撑板（ⅠM117：5）　7. 木钵（ⅠM116：1）　8. 木取火棒（ⅠM117：4）　9. 木盘（ⅠM117：2）　10. 木标枪（ⅠM117：3）

ⅠM118

墓葬概况

位于墓地中部，东北邻ⅠM117，西南邻ⅠM29，墓向80°。B型，长方形竖穴土坑墓，四边有二层台。墓开口于地表，墓口长1.52、宽1.08米；短边二层台宽0.1米，长边二层台宽0.14米，二层台距地表深0.4米；墓底长1.3、宽0.8米，墓深0.92米。墓内上层填土为风刮入的黄色细沙。墓葬早年被盗，二层台上未发现墓口棚盖物遗迹。人骨堆放于墓底南壁和西北角，在墓葬的西南角落发现A头骨一个，中年女性，年龄约50岁，从残存肢骨节数来看，应为双人葬，还有一个成年男性个体B。随葬的木纺轮、木弓、木箭在头骨旁，木梳在北边，陶双耳罐置于东南角人骨中（图二一一）。

图二一一　ⅠM118平、剖面图

1. 木纺轮　2. 木梳　3. 木箭　4. 陶双耳罐　5. 木弓

随葬品

出土陶、木质器物5件。

1. 木纺轮　纺轮呈圆饼形中厚，一面平，一面弧拱。木线轴中间较粗两端细，一端有刻槽，通体光滑。线轴长37.2、直径0.6厘米，轮径5.2、厚1厘米（图二一二，1）。

2. 木梳　木板削刻制作而成。扁长体，束腰，梳齿呈圆锥状，共八根，其中两边两根残，现存六根。长6.3、宽2、厚0.4、齿长2.5厘米（图二一二，4；图版一四九，4）。

3. 木箭　圆木削制而成。圆箭杆残，弯曲；箭头呈四棱形，单翼。残长31、箭杆直径0.8、箭头长2厘米（图二一二，3）。

4. 陶双耳罐　夹砂红陶。敞口，高颈，垂腹，圜底，沿下颈部有两对称的小耳。内沿饰细密小锯齿纹，器表饰复式连续折线纹，构成三角、菱形组合图案。口径7.1、腹径13.2、高17.4厘米（图二一二，5；图版六二，5）。

5. 木弓　仅存弓的一半，前端削成圆锥状，弓体截面呈半圆形。残长39、宽1.6、厚0.9厘米（图二一二，2）。

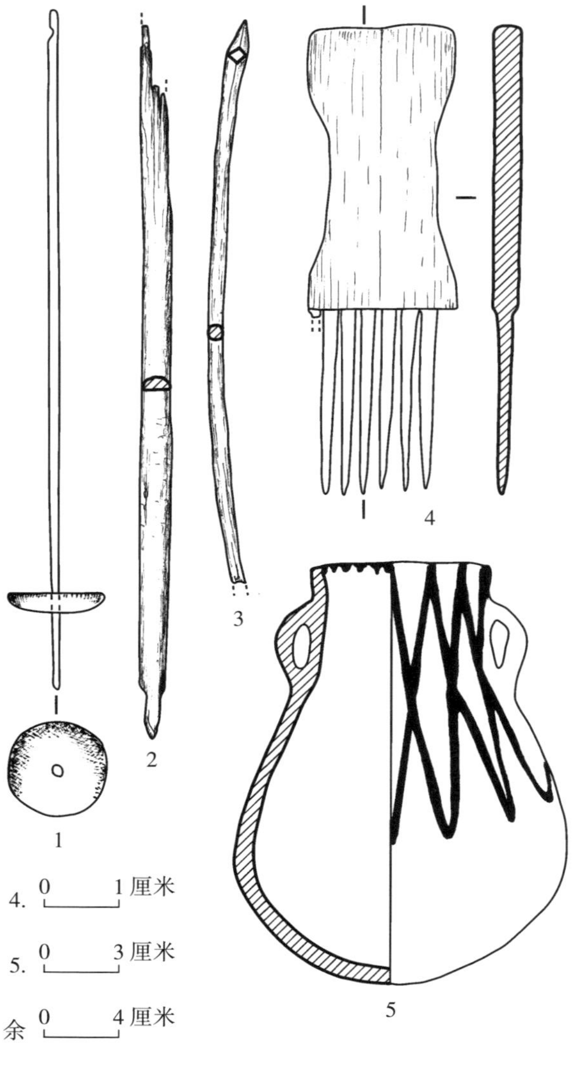

图二一二　ⅠM118随葬品

1. 木纺轮（ⅠM118：1）　2. 木弓（ⅠM118：5）　3. 木箭（ⅠM118：3）　4. 木梳（ⅠM118：2）　5. 陶双耳罐（ⅠM118：4）

ⅠM119

墓葬概况

位于墓地中部，西邻ⅠM113，东南邻ⅠM117，墓向115°。C型，长方形竖穴土坑墓，直壁。墓口距地表深0.2米，墓长1.6、宽0.88米，墓深0.75米。墓内填土中有大量的芦苇残节。墓底有四足木尸床一张，床面铺细木棍，木棍上再铺苇草。木尸床长1.52、宽0.59、高0.25米。床上仅见零星人骨，人头骨位于床下南侧，为成年男性。该墓或为单人二次葬。床上有皮衣残片。头骨旁随葬羊头一个。木钵、木盘、木钉在墓西部，皮射韝、木鞭和骨镳在木床中间，木鞭杆、木箭、木器具、陶器残片、皮刀鞘等位于墓葬东部和散于木尸床下周围（图二一三；图版一六，2）。

随葬品

出土陶、木、骨、皮质器物12件（组）。

1. 木钵　圆木削挖制作。呈半椭圆形，壁较厚，圜底。底背面有刀剜痕。口径18.7~29.7、高11.2厘米（图

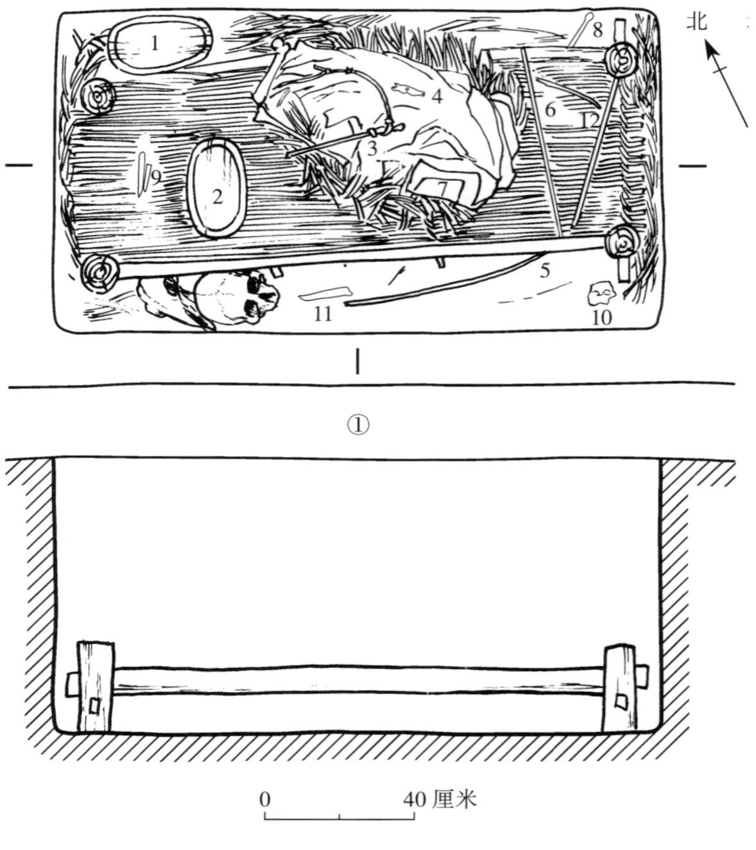

图二一三　ⅠM119平、剖面图

1. 木钵　2. 木盘　3. 木鞭　4. 骨镳　5. 木鞭杆　6、12. 木器具　7. 皮射韝　8. 木箭　9. 木钉　10. 陶器残片　11. 皮刀鞘

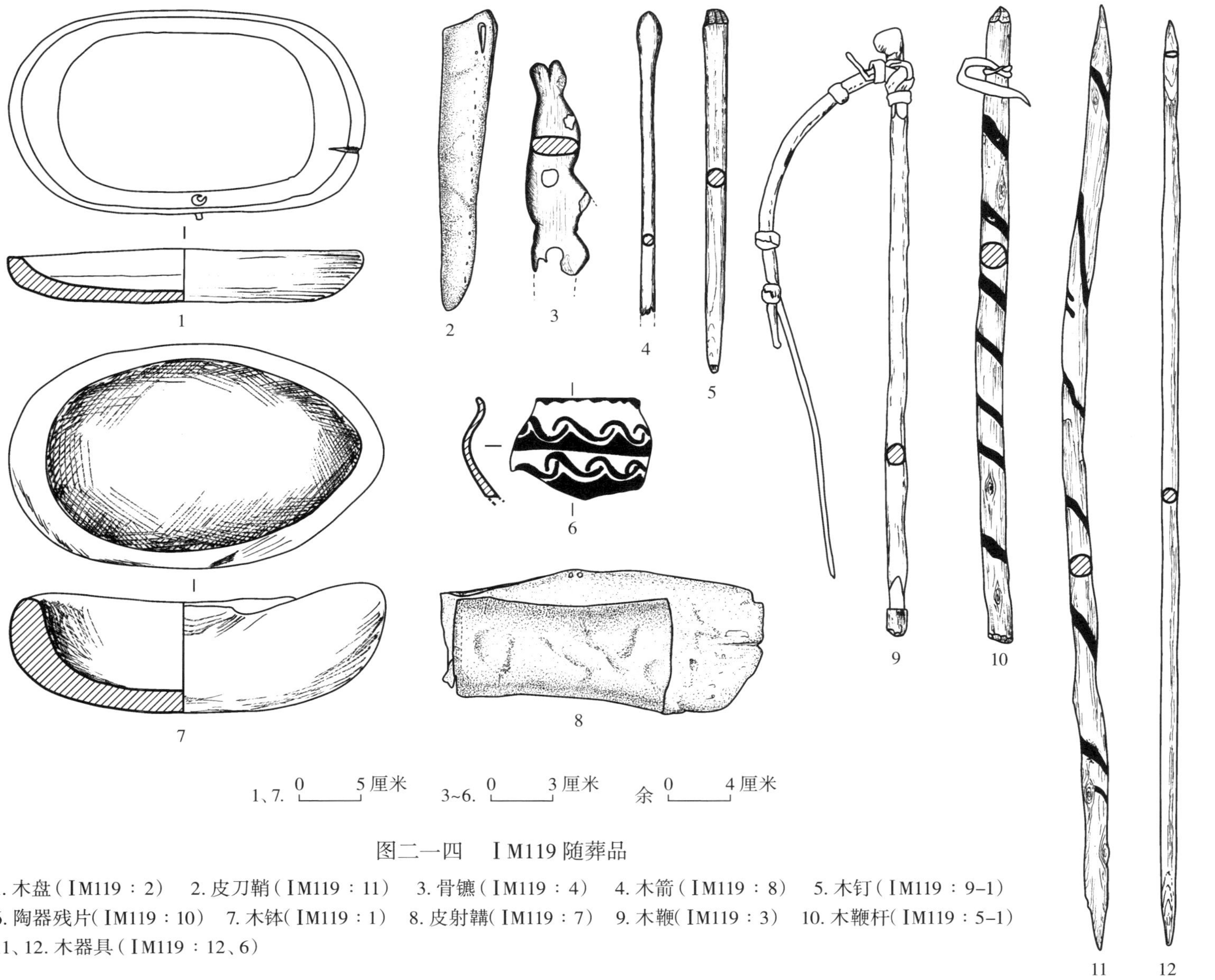

图二一四　ⅠM119随葬品

1. 木盘（ⅠM119：2）　2. 皮刀鞘（ⅠM119：11）　3. 骨镳（ⅠM119：4）　4. 木箭（ⅠM119：8）　5. 木钉（ⅠM119：9-1）　6. 陶器残片（ⅠM119：10）　7. 木钵（ⅠM119：1）　8. 皮射韝（ⅠM119：7）　9. 木鞭（ⅠM119：3）　10. 木鞭杆（ⅠM119：5-1）　11、12. 木器具（ⅠM119：12、6）

二一四，7；图版一四三，4）。

2. 木盘　圆木刻、挖、削制而成。呈横长方形，两端起弧，方沿，口沿不平，浅腹，底横向近平，纵向呈圜底，边壁有一小圆孔，孔内穿羊皮条。口长径28.4、口短径16.8、高4.8厘米（图二一四，1）。

3. 木鞭　鞭杆由自然圆木稍作加工而成，两端刻有槽，一端系有皮质鞭梢。杆长40.2、杆径1.17厘米（图二一四，9；图版一六八，1）。

4. 骨镳　根据原骨形状稍作加工后磨制而成。残。一端似兽头，中间存两孔，一孔残。长10.7、宽3.2、厚0.8厘米（图二一四，3）。

5. 木鞭杆　2件。圆木削制。一件一端削短尖，系皮条，另一件两端削尖。棍体饰红色彩绘螺旋带纹。ⅠM119：5-1，长42、直径1.7厘米（图二一四，10；图版一六八，2）。

6. 木器具　圆枝条削制。两端削尖，呈扁锥状，尖锐。长61.4、直径1厘米（图二一四，12）。

7. 皮射韝　为牛皮折合缝制。两面大小不一，略呈筒状，牛筋线缝制。淡红色。长20.6、宽9.4厘米（图二一四，8；图版二二七，7）。

8. 木箭　尾部残，另一端呈弹头状，用作箭头。通体光滑。残长15、杆径0.6厘米（图二一四，4）。

9. 木钉　2件。圆木削制。一端削尖，呈圆锥状。ⅠM119：9-1，长18、直径0.9厘米（图二一四，5）。ⅠM119：9-2，尖残。

10. 陶器残片　为罐的口沿部分。沿下连续三角纹，腹部又排二方连续水波纹。可能是填土混入。残高5厘米（图二一四，6）。

11. 皮刀鞘　为牛皮折合缝制。刀套，仿刀形缝制，套口沿刻条形孔。长19.4、宽3.6厘米（图二一四，2；图版二二五，1）。

12. 木器具　圆木削制。棍体彩绘红色螺旋带纹，两

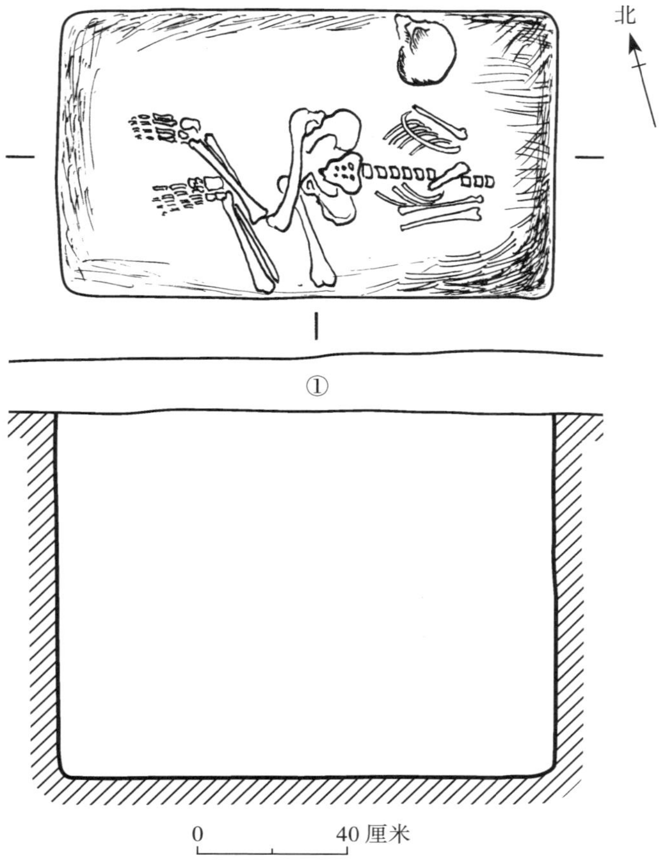

图二一五　ⅠM120 平、剖面图

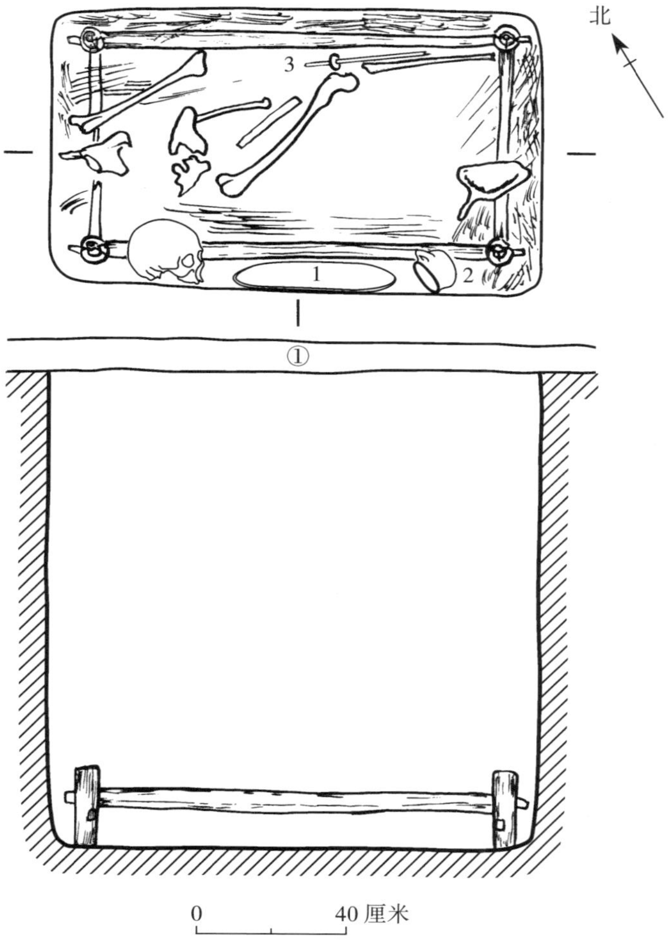

图二一六　ⅠM121 平、剖面图
1. 木盘　2. 陶单耳杯　3. 木纺轮

端削尖。长 62.6、直径 1.5 厘米（图二一四，11；图版一七二，8）。

ⅠM120

墓葬概况

位于墓地中部，北邻ⅠM121，西南邻ⅠM116，墓向 105°。C 型，长方形竖穴土坑墓，直壁。地表为平坦的戈壁沙砾层，墓口距地表深 0.17 米，墓长 1.3、宽 0.78 米，墓深 0.99 米。墓被盗掘，墓底残留人骨一具，侧身屈肢，头被弃于北壁下，为成年男性。骨架下有苇草编织的席子，残朽严重。未见随葬品（图二一五）。

随葬品

无随葬品。

ⅠM121

墓葬概况

位于墓地北部，南邻ⅠM120，西北邻ⅠM124，墓向 120°。C 型，长方形竖穴土坑墓，直壁。墓口距地表深 0.14 米，墓长 1.3、宽 0.78 米，墓深 1.3 米。该墓被盗，墓底有木床一张，长 1.2、宽 0.65、高 0.21 米。床面上铺细木棍和苇草，人骨残缺较多，下肢乱堆在一起，头骨弃于床西南角，为成年女性。在床南沿上出土木盘、陶单耳杯，木纺轮位于床北沿（图二一六）。

随葬品

出土陶、木质器物 3 件。

1. 木盘　圆木掏挖、削刻而成。平面略呈长方形，长边较直，短边起弧，沿稍宽。敞口，浅腹，平底，长边一侧有一穿孔，插有牛皮绳。底面有刀剁痕。口长径 39.8、口短径 18.6、高 4.8 厘米（图二一七，5；图版一三二，5）。

2. 陶单耳杯　夹砂红陶。直口，圆唇，圆腹，圜底，腹部有横耳。素面。口径 9.2、高 8 厘米（图二一七，1）。

3. 木纺轮　圆柱形线轴上端稍细，并刻浅槽，磨制光滑。纺轮体用木板削制，呈圆饼形，面平，底微有弧拱。线轴长 26、直径 0.7 厘米，轮径 4.5、厚 1 厘米（图二一七，4；图版一七四，7）。

ⅠM122

墓葬概况

位于墓地中部偏西，南邻ⅠM123，北邻ⅠM125，墓向 130°。A 型，椭圆形竖穴土坑墓。墓口距地表 0.2 米，墓长 0.78、宽 0.36 米，墓深 0.38 米。内葬未成年一人，侧身屈肢，头东脚西，面北，脚穿皮靴，皮衣朽烂。无随葬品（图二一八；图版一六，3）。

随葬品

无随葬品。

ⅠM123

墓葬概况

位于墓地北部偏西，北邻ⅠM122，东邻ⅠM116，墓向120°。C型，长方形竖穴土坑墓，北面两个角略弧，直壁。地表为戈壁沙砾层，凹凸不平。墓口距地表深0.2米，墓长1.3、宽0.61米，墓深1.01米。墓底有人骨架一具，头东脚西，仰身屈肢，面北，为成年男性，无葬具。在头右侧随葬陶四足盘，右臂旁出土木梳（图二一九）。

随葬品

出土陶、木器2件。

1. 陶四足盘　夹砂红陶。直口微敛，圆唇，浅腹，平底，底有四柱状足，口沿下有一横鋬，上有穿孔。器内外通体涂黑。口径23、高8.5厘米（图二一七，3；图版一二五，2）。

2. 木梳　纵长方形，梳背呈亚腰形，齿较长，呈扁锥形。长3.2、宽9.4、厚0.4、齿长4.5厘米（图二一七，2）。

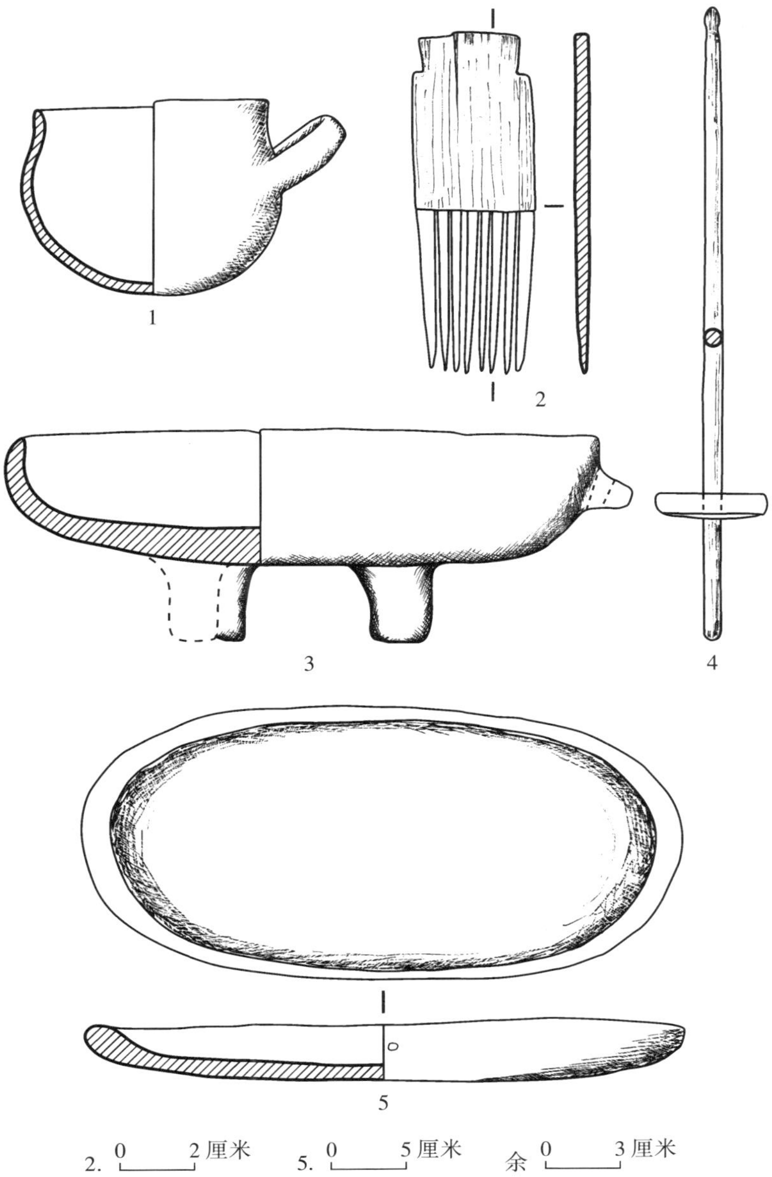

图二一七　ⅠM121、ⅠM123随葬品

1. 陶单耳杯（ⅠM121：2）　2. 木梳（ⅠM123：2）　3. 陶四足盘（ⅠM123：1）　4. 木纺轮（ⅠM121：3）　5. 木盘（ⅠM121：1）

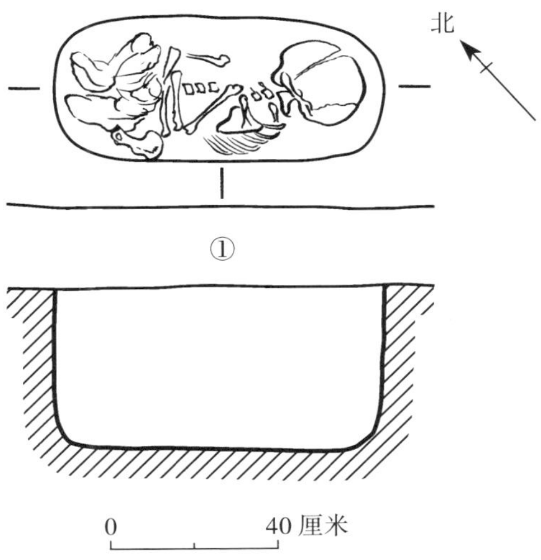

图二一八　ⅠM122平、剖面图

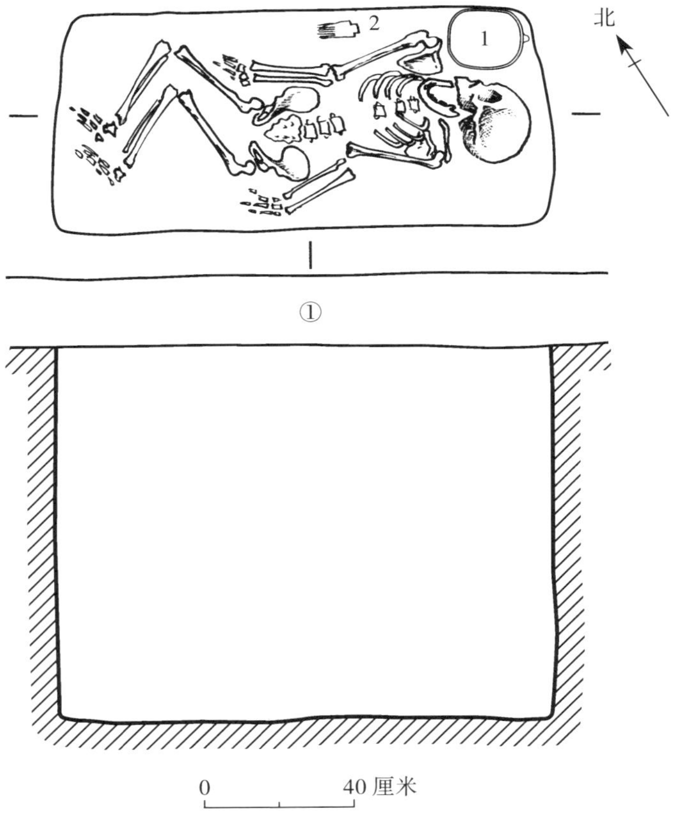

图二一九　ⅠM123平、剖面图

1. 陶四足盘　2. 木梳

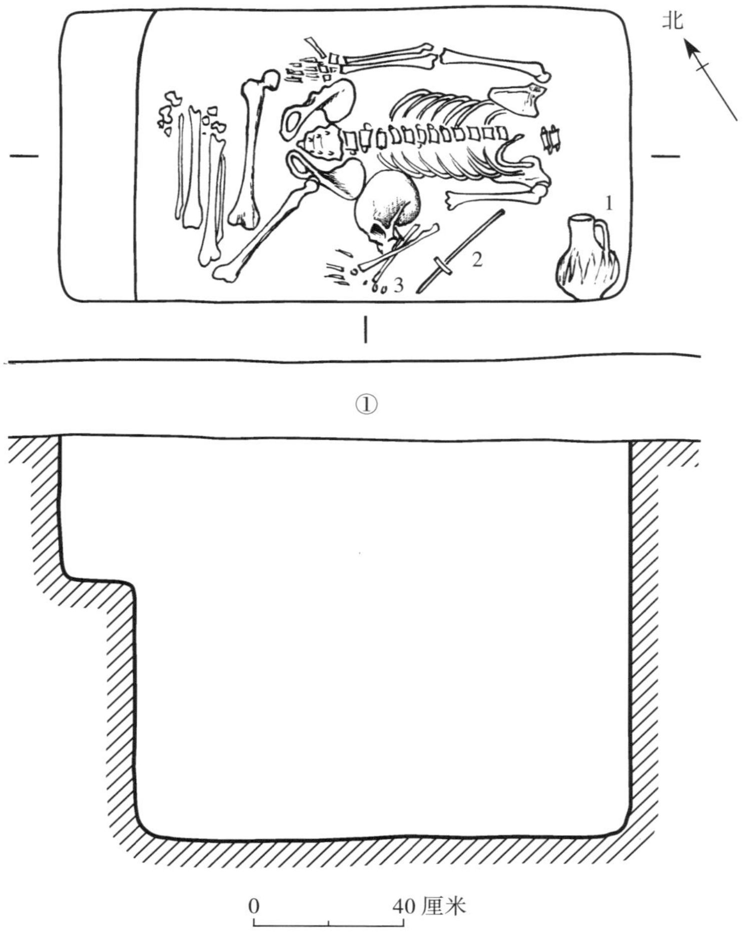

图二二〇 ⅠM124平、剖面图

1. 陶单耳壶 2. 木纺轮 3. 海贝

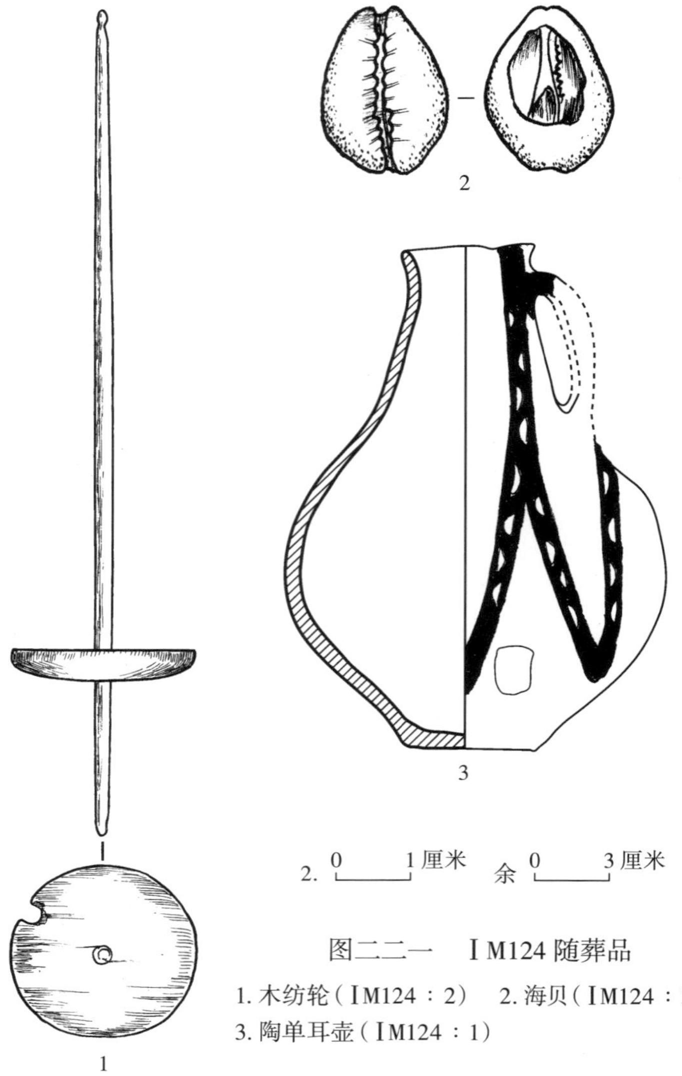

图二二一 ⅠM124随葬品

1. 木纺轮（ⅠM124：2） 2. 海贝（ⅠM124：3-1） 3. 陶单耳壶（ⅠM124：1）

ⅠM124

墓葬概况

位于墓地中部，西南邻ⅠM125，东南邻ⅠM121，墓向120°。B型，长方形竖穴土坑墓，单边有二层台。墓口距地表深0.2米，墓口长1.52、宽0.8米。二层台位于西壁，二层台宽0.2、深0.4米。墓底长1.3、宽0.8米，墓深1.1米。该墓被盗掘，填土中含有碎陶片。墓底有人骨一具，侧身屈肢，脚朝西，头移位到左小臂与腰椎之间，为壮年女性，年龄25~35岁。墓东南角出土陶单耳壶，左臂旁有木纺轮，左手旁出土海贝两枚（图二二〇；图版一六，4）。

随葬品

出土陶、木质器物和海贝3件（组）。

1. 陶单耳壶 夹砂红陶。小口，细颈，鼓腹，小平底，颈肩间有带形耳，腹下部有对称的小纽。内沿饰细小的锯齿纹，外沿至下腹饰双线分岔条带纹，双线内填充连续折线纹，颈部呈竖向条带纹。口径5.2、腹径15、底径5.5、高20.6厘米（图二二一，3；图版九九，3）。

2. 木纺轮 木片削成。圆形，正中有圆形穿孔，内穿木杆，杆上端有凹槽。线轴长33.9、直径0.8厘米，轮径7.5、厚1.3厘米（图二二一，1；图版一七四，8）。

3. 海贝 2枚。一枚完整，另一枚残。ⅠM124：3-1，平面略呈卵圆形，口部掏空，一面有锯齿状合缝。长2.3、宽1.7厘米（图二二一，2）。

ⅠM125

墓葬概况

位于墓地中部，南邻ⅠM122，东北邻ⅠM124，墓向115°。C型，长方形竖穴土坑墓，直壁。地表为凹凸不平的戈壁沙砾层，墓开口于沙砾层下。墓口距地表深0.2米，墓长1.25、宽0.65米，墓深0.89米。墓曾被盗掘，填土中含有人骨、杂草、沙石等。墓底有人骨架一具，仰身，下颌骨在东边，下肢骨移位到肋骨上，髋骨弃于股骨上，性别、年龄不详。骨架底有苇草席残迹。西南角随葬羊头一个。仅在羊头旁发现木梳，而且朽残严重（图二二二）。

随葬品

出土木器1件。

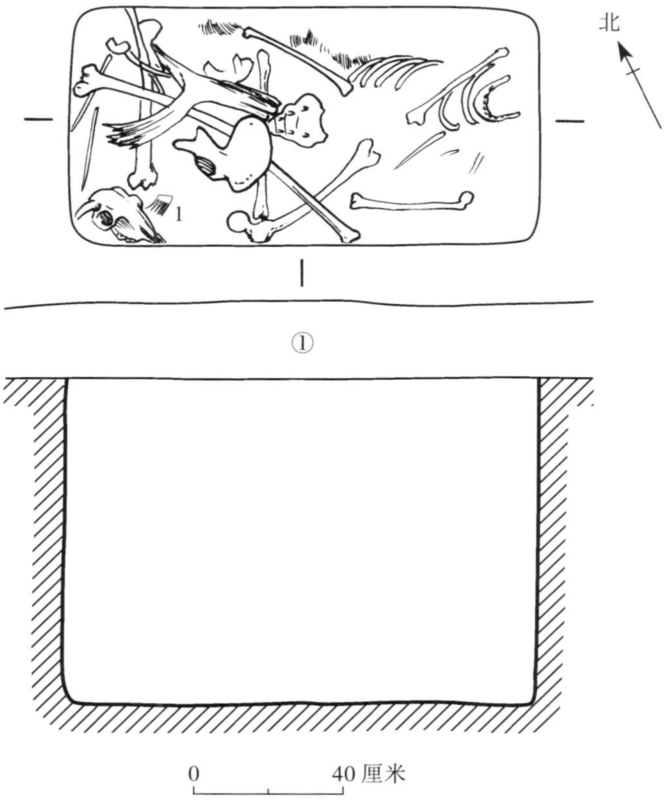

图二二二　ⅠM125平、剖面图

1. 木梳

1. 木梳　残，木板削制。梳背呈弧形，扁锥齿细长，参差不齐，个别齿菱形。长4、残宽5.7、厚0.8、齿长4.3厘米（图二二三，1）。

ⅠM126

墓葬概况

位于墓地中北部，东邻ⅠM127，北邻ⅠM128，墓向115°。C型，长方形竖穴土坑墓，直壁。地表为戈壁砾石层，墓开口于表层下。墓口距地表深0.2米，墓长0.84、宽0.56米，墓深0.7米。单人葬，未成年人，年龄3岁左右，头向东，侧身屈肢，面向侧下，肢骨纤细，骨骼残缺不全。头右侧放置陶盆，盆内装有条状粟类食物（图二二四；图版一六，5）。

随葬品

出土陶器1件。

1. 陶盆　夹砂红陶。敞口，尖唇，圆深腹，平底，腹部有小錾，錾面钻孔。口沿内饰锯齿纹，口沿外绘有连续折线三角纹。口径19.4、底径10、高11.25厘米（图二二三，2；图版一〇五，6）。

ⅠM127

墓葬概况

位于墓地中北部，西邻ⅠM126，东南邻ⅠM129，墓

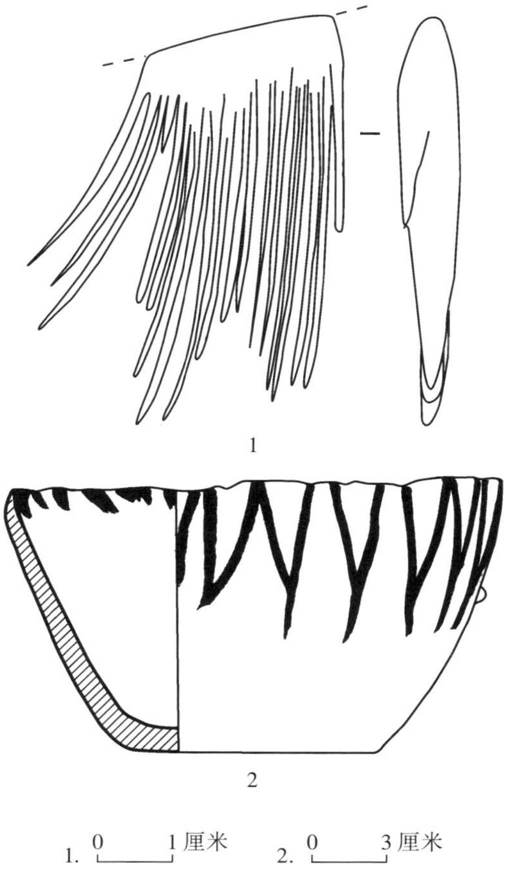

图二二三　ⅠM125、ⅠM126随葬品

1. 木梳（ⅠM125：1）　2. 陶盆（ⅠM126：1）

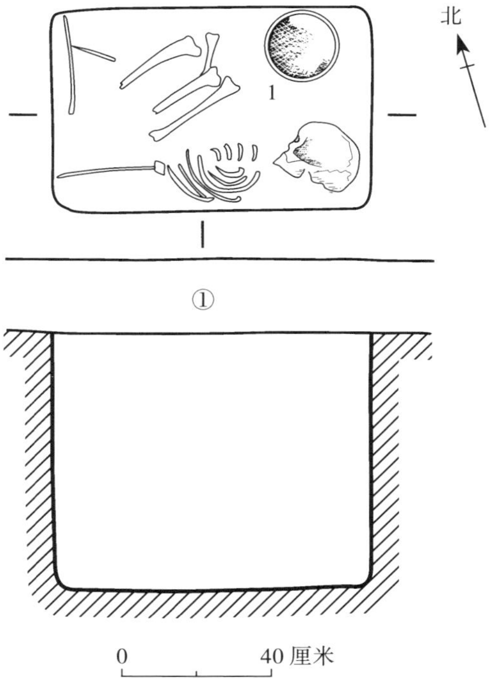

图二二四　ⅠM126平、剖面图

1. 陶盆

向95°。C型，长方形竖穴土坑墓，西北角微缩进，直壁。地表东高西低，为戈壁沙石层。墓口距地表深0.15米，墓长1.32、宽0.82米，墓深0.72~0.8米。墓底有干尸一具，为成年女性，头东脚西，仰身，上肢下垂，下肢向左屈，身上毛织衣服朽烂，脚穿高靿皮靴。干尸保存较好。头下有芦苇秆朽迹，应为葬具。头后放置陶盆，面前有木梳、陶双耳罐，左臂内侧有陶单耳杯（图二二五；图版一七，1）。

随葬品

出土陶、木、皮质器物5件（组）。

1. 陶盆　夹砂红陶。敞口，小方唇，圆腹，小平底，上腹有一对称的小錾耳。沿内朱绘锯齿纹，内壁绘朱红圆点，外沿下朱绘大三角纹。口径28、底径9.5、高15.2厘米（图二二六，5；图版一〇五，7）。

2. 木梳　木片刻削而成。一端弧形，梳齿细长而密，十五齿。长3.25、宽6.1、厚0.54、齿长2.5厘米（图二二六，1；图版一五一，2）。

3. 陶双耳罐　夹砂红陶。敞口，鼓腹，小平底，颈部有两对称的小耳。器表饰交叉连续折线纹，构成菱形三角形组合图案。口径9.1、腹径17、底径5.4、高22.2厘米（图二二六，3；图版六二，6）。

4. 陶单耳杯　夹砂红陶。侈口，圆腹，近筒状，圜

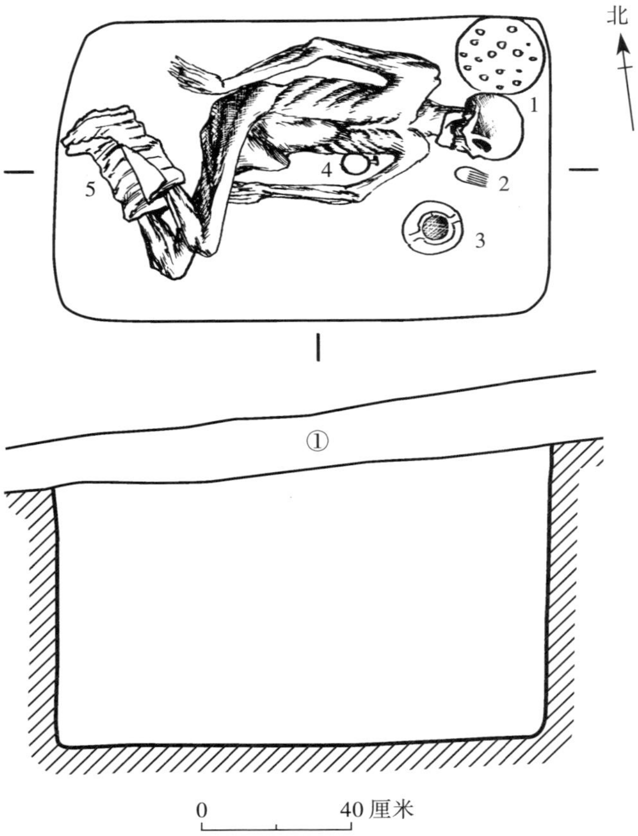

图二二五　ⅠM127平、剖面图

1. 陶盆　2. 木梳　3. 陶双耳罐　4. 陶单耳杯　5. 皮靴

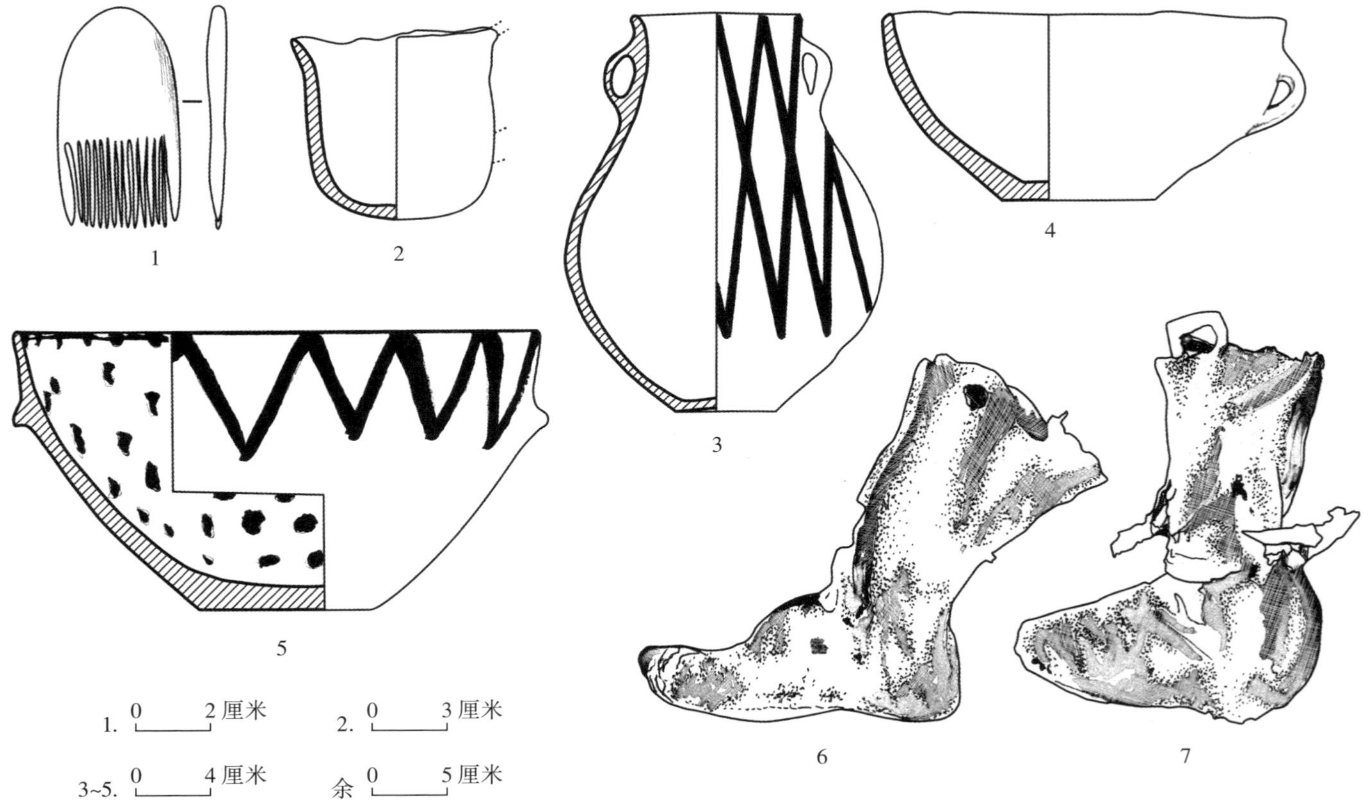

图二二六　ⅠM127、ⅠM128随葬品

1. 木梳（ⅠM127：2）　2. 陶单耳杯（ⅠM127：4）　3. 陶双耳罐（ⅠM127：3）　4、5. 陶盆（ⅠM128：1、ⅠM127：1）　6、7. 皮靴（ⅠM127：5左、5右）

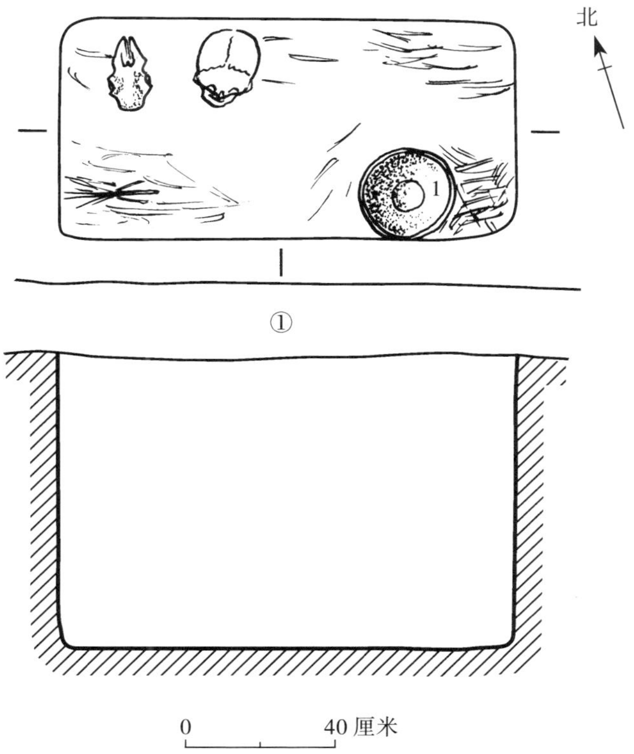

图二二七　ⅠM128 平、剖面图
1. 陶盆

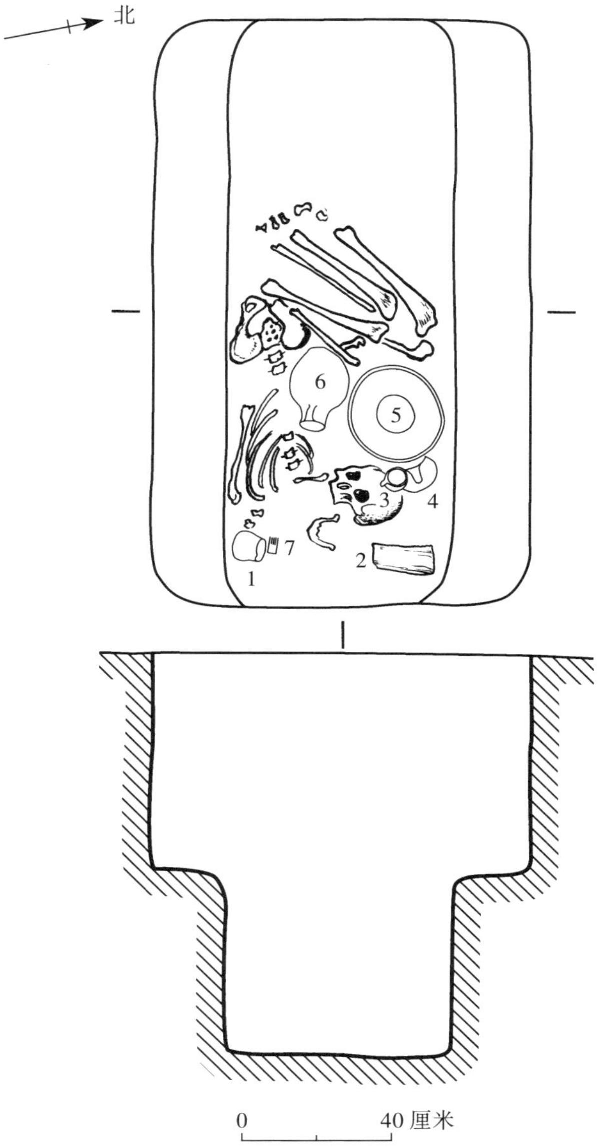

图二二八　ⅠM129 平、剖面图
1. 陶无耳杯　2. 木桶　3. 陶单耳杯　4. 陶单耳罐　5. 陶盆　6. 陶单耳壶　7. 木梳

底近平，从口沿至下腹之间原有一单耳，现残佚。器表有烟炱。口径 8.2、高 8.1 厘米（图二二六，2）。

5. 皮靴　一双。牛皮革缝制。短鞠，开口互压，脚脖处系皮带（图版二一八，6）。左靴长 21.25、高 25 厘米（图二二六，6）。右靴长 20.5、高 28 厘米（图二二六，7）。

ⅠM128

墓葬概况

位于墓地中北部，东南邻ⅠM127，北邻ⅠM182，墓向 105°。C 型，长方形竖穴土坑墓，直壁。地表为黄沙砾石，厚 0.2 米。墓开口于砾石层下。墓长 1.22、宽 0.6 米，墓深 0.8 米。该墓被严重盗扰，填土中为黄色细流沙，内含芦苇、人骨等。墓底仅存未成年人头颅一个，未见其他骨骼，在人头颅西侧随葬羊头一个。墓底有苇草席残迹。墓底东南角出土陶盆，盆内盛有粟类食物（图二二七）。

随葬品

出土陶器 1 件。

1. 陶盆　夹砂红褐陶。敞口，深腹，小平底，上腹有单耳。通体露胎，素面。口径 21.4、底径 8.2、高 10.4 厘米（图二二六，4；图版一〇五，8）。

ⅠM129

墓葬概况

位于墓地中北部，西北邻ⅠM127，西邻ⅠM121，墓向 100°。B 型，长方形竖穴土坑墓，两长边有二层台，该墓保存较好。因表土层被破坏，故墓开口于地表，墓口长 1.6、宽 1 米。二层台宽 0.2、距墓口深 0.6 米。二层台上有完好的棚盖，棚盖底层为一排圆木作棚木，圆木上铺苇草席，席上填土封盖。墓底长 1.62、宽 0.6、深 1.12 米。墓底有人骨架一具，侧身屈肢，下肢上屈，右腿靠在墓北壁上，头骨移位到胸前，为成年女性。无葬具。陶无耳杯、木梳在东南角，陶盆、陶单耳壶、陶单耳杯、陶单耳罐在墓中间头骨旁，木桶在东北角（图二二八；图版一七，3）。

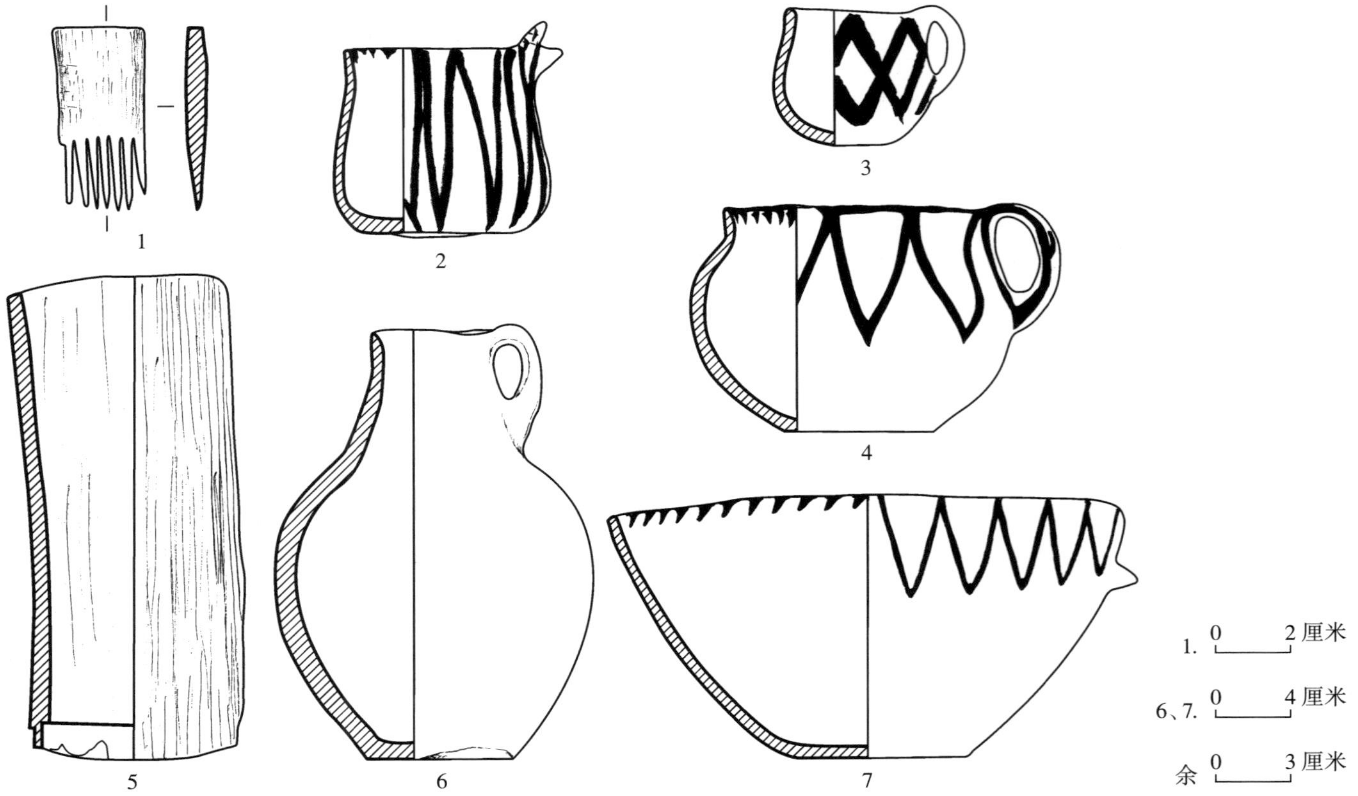

图二二九　ⅠM129随葬品

1. 木梳（ⅠM129：7）　2. 陶无耳杯（ⅠM129：1）　3. 陶单耳杯（ⅠM129：3）　4. 陶单耳罐（ⅠM129：4）　5. 木桶（ⅠM129：2）　6. 陶单耳壶（ⅠM129：6）　7. 陶盆（ⅠM129：5）

随葬品

出土陶、木质器物7件。

1. 陶无耳杯　夹砂红陶。敞口，方唇，垂腹，平底，口沿处有两个尖状突起，上有一穿孔。口沿内饰锯齿纹，通体饰折线纹。口径7.2、高7.8厘米（图二二九，2；图版九八，6）。

2. 木桶　圆木刻、挖、削制。桶径较小，桶体瘦高，镶嵌木底残，口沿处有两个对称小孔，桶外壁保留红柳树皮。残破严重。直径8.5、高19.6厘米（图二二九，5）。

3. 陶单耳杯　夹砂红陶。直口，圆唇，垂腹，圜底，单耳。通体朱绘菱形网格纹。口径5.2、高5.7厘米（图二二九，3；图版七〇，2）。

4. 陶单耳罐　夹砂红陶。敞口，圆唇，鼓腹，小平底，耳从沿翻至腹部。内沿饰连续三角纹，外沿至腹部饰连续折线纹，耳两侧有锯齿纹。口径10.5、腹径13、底径6、高9.4厘米（图二二九，4；图版五七，4）。

5. 陶盆　夹砂红陶。敛口，深腹，小平底，上腹有鋬形小耳。内沿饰连续细锯齿纹，器表上腹饰连续折线纹。器表局部有烟熏痕迹。口径27.4、底径9.2、高14.3厘米（图二二九，7；图版一〇六，1）。

6. 陶单耳壶　夹砂红陶。敞口，圆唇，长颈，鼓腹，平底，沿颈间有小耳。通体素面。露胎。口径6.5、腹径16.8、底径8、高23.6厘米（图二二九，6；图版九九，4）。

7. 木梳　呈纵长方形，齿较短，共七根。通体磨光。长5.1、宽2.4、齿长2厘米（图二二九，1）。

ⅠM130

墓葬概况

位于墓地南部，南邻ⅠM13，墓向123°。B型，长方形竖穴土坑墓，两长边有二层台。地表平坦，表层为戈壁沙砾石，墓开口于表层下，距地表深0.12米。墓口为规则的圆角长方形，长2.05、宽1.38米。二层台宽0.15~0.2、深0.38米，台面保存完好，外低内高，台面上残留芦苇秆和圆木。墓底长2.04、宽1.01米，墓深1.68米。墓内填土分两层，上层是因刮风落入的黄色细沙，下层为黄土和少量杂草。墓底有一张保存完好的四足木尸床，长1.32、宽0.73、高0.3米，床面铺有等粗的细木棍。床上有一具未成年人骨架，年龄6~7岁，尸骨凌乱，头颅移位于床下墓底的东南部。床下西端随葬一个牛头在南，五个羊头排列在北。随墓品散乱分布于尸床周围，陶单耳杯残片、弓弦和肚奶袋在床北，海贝和木箭杆在床南，陶器座和皮辔头在牛头两侧，还有一些皮衣残片和毛纺织物在床上（图二三〇）。

随葬品

出土陶、木、皮、贝质器物和毛纺织物18件（组）。

1. 陶单耳杯 夹砂红陶。敞口，鼓腹，底、耳均残。内沿饰小三角纹，器表饰竖向条带纹。残高5.6、复原口径7.2厘米（图二三一，8）。

2. 海贝 4件。呈扁桃形，中空，有锯齿纹中缝。磨制光滑。ⅠM130：2-1，长2.2、宽1.5厘米（图二三一，2）。

3. 陶器座 夹砂红陶。圆饼状，截面呈喇叭状。残高3.3厘米（图二三一，6）。

4. 木箭杆 5支，均残。圆铤杆下端有深0.6厘米挂弦凹槽。ⅠM130：4-1，残长32、直径0.8厘米（图二三一，9）。

5. 弓弦 用牛皮条拧成细长条，似弓弦。长83厘米（图二三一，3）。

6. 牛角 牛的老角，直接从牛头上取下，底呈自然状封住。长7.4厘米（图二三一，5）。

7. 肚奶袋 用整个的羊肚皮制成，上口捆绑串在木棍上。旁边留有一小口用来倒出奶液。残长20、口宽5厘米（图二三一，1；图版二三一，4）。

8. 皮辔头 用牛皮条缝制。上有多个皮扣和一个木扣（图二三一，4；图版二二三，6）。

9. 皮衣残片 皮大衣（外衣）残片。用鞣制过的羊皮制成，表面有连续的红色“十”字纹。残长58厘米（图二三一，7）。

10. 毛纺织物 蓝色褐残片。经、纬线均为Z捻，单股。平纹组织，平均经密10根/厘米，纬密15根/厘米。残长23、宽15厘米（图版二五一，3）。

11. 披巾 红地蓝色条纹，由红、蓝色经线与棕色纬线相交织而成，表面呈现纵向的红、蓝色条纹。残存流苏。幅边为2根经线合捻与纬线相交织（图版二五一，5）。

12. 毛纺织物 红色斜褐残片。经、纬线均为红色，由四根经线合并与纬线交织成幅边。在红色斜褐地下端装饰一条宽1.5厘米边饰。边饰用通经回纬法缂织在深蓝色地上，显出浅蓝色斜向三角纹，呈二方连续式伸展（图版二五一，2）。

13. 毛纺织物 蓝地红色条纹斜褐残片。织物残破严重。由红、蓝色经线和蓝色纬线交织成蓝地纵向红色条纹。较大片长30、宽13、厚0.138厘米（图版二五一，1）。

14. 缂毛织物 棕地蓝色花瓣纹缂毛残片。平纹组织法交织基础组织，蓝、棕两色纬线以通经回纬法缂织，在棕色地上显出连续的花瓣状纹样，缂织的整体图案似为梯形。长29、宽22厘米（图版二五一，4）。

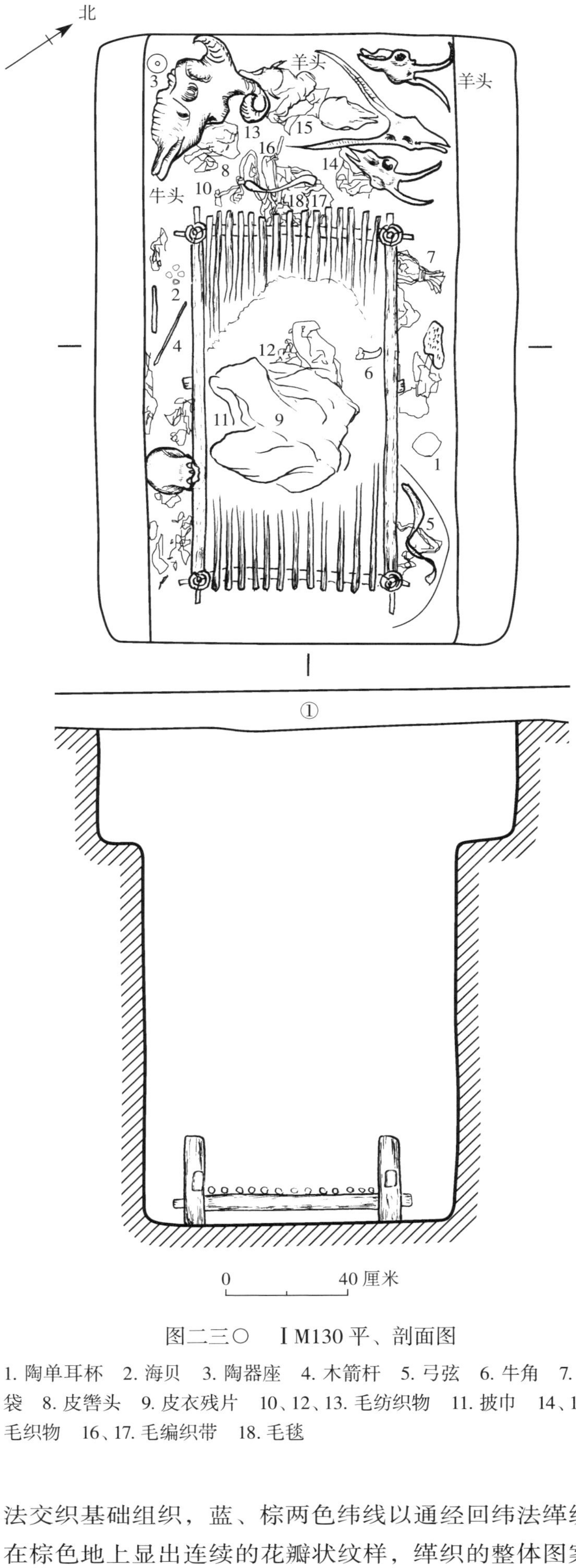

图二三〇 ⅠM130平、剖面图

1. 陶单耳杯 2. 海贝 3. 陶器座 4. 木箭杆 5. 弓弦 6. 牛角 7. 肚奶袋 8. 皮辔头 9. 皮衣残片 10、12、13. 毛纺织物 11. 披巾 14、15. 缂毛织物 16、17. 毛编织带 18. 毛毯

15. 缂毛织物 红色斜褐残片的边饰，可能是衣服

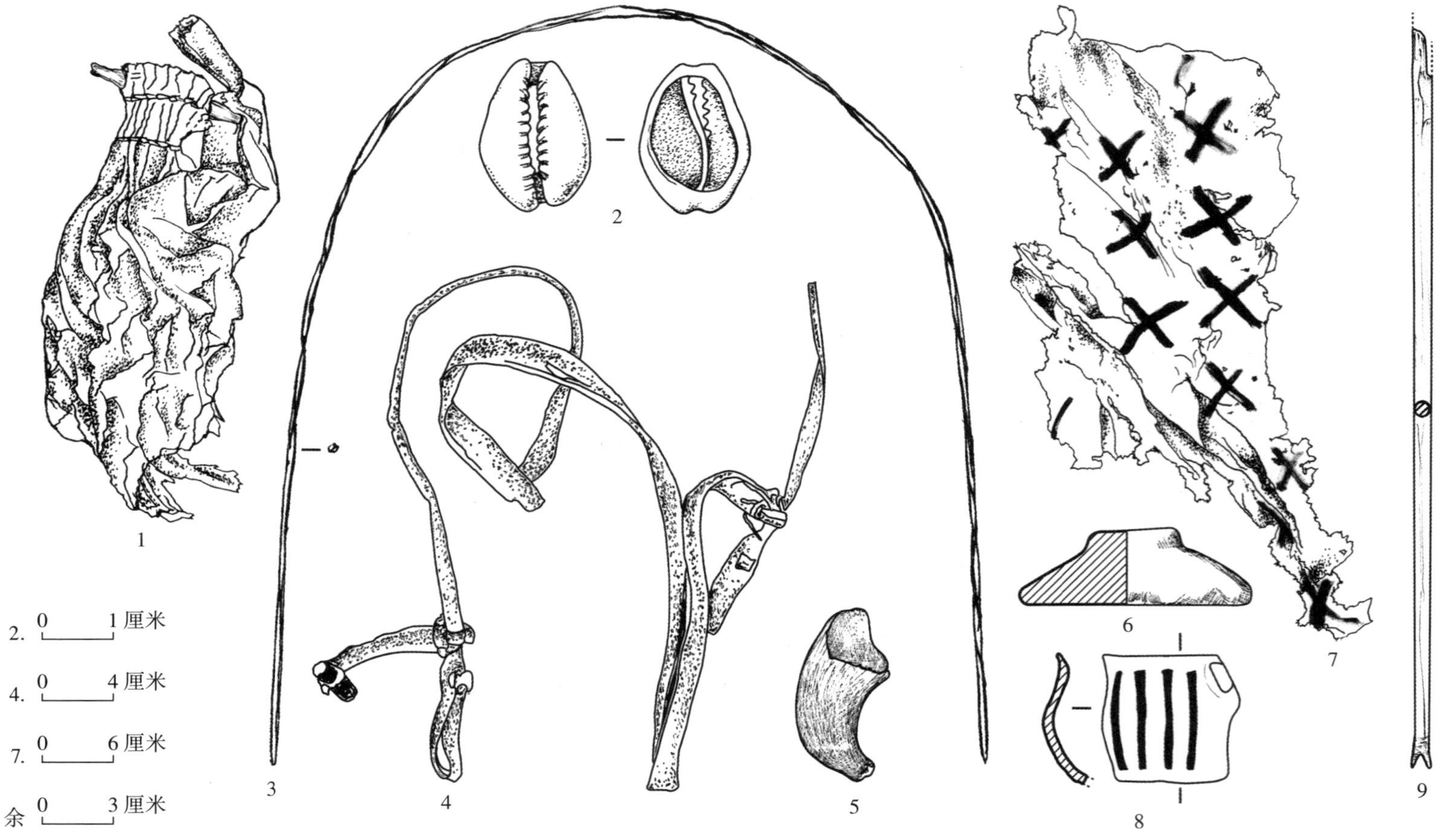

图二三一 ⅠM130随葬品

1. 肚奶袋（ⅠM130：7） 2. 海贝（ⅠM130：2–1） 3. 弓弦（ⅠM130：5） 4. 皮辔头（ⅠM130：8） 5. 牛角（ⅠM130：6） 6. 陶器座（ⅠM130：3） 7. 皮衣残片（ⅠM130：9） 8. 陶单耳杯（ⅠM130：1） 9. 木箭杆（ⅠM130：4–1）

的残片，原织物为双面加强斜纹组织。边饰由红色经线与深蓝、蓝色纬线相交织，在深蓝色地上缂织出一排斜向的浅蓝色三角形图案，呈二方连续式延伸（图版二五一，7）。

16. 毛编织带 棕色，已残为两段。长11+5厘米，宽4厘米（图版二五〇，1）。

17. 毛编织带 黄棕色，残为五段。长8+5+7+5+1厘米，宽4厘米（图版二五〇，2）。

18. 毛毯 平纹，厚实紧密。用多根黑色毛线做经线，用每两根细线搓成红线和蓝线做纬线，采用一上一下，一压一的方法织成，在其中一块残片上还可看出有红色经线跳跃三根纬线后编织所形成的一组三角纹（图版二五一，6）。

ⅠM131

墓葬概况

位于墓地南部，南邻ⅠM134，东北邻ⅠM13，墓向118°。B型，长方形竖穴土坑墓，两长边有二层台。地表为黄色沙砾层，墓口开于表层下，墓口距地表深0.19米，墓口长1.38、宽0.8米。二层台宽0.12、深0.19米。墓底长1.38、宽0.6米，墓深1.11米。墓底人骨朽残缺失较多，东北角有两个人头骨，其中A为中年女性，年龄大于40岁；B为中年男性，年龄40~45岁。均为二次葬。墓底有苇秆残节。木箭在东部，牛角杯、陶钵、陶四足盘、羊角、毛线团分散放置于墓底西半部（图二三二）。

随葬品

出土陶、木、角、毛质器物6件（组）。

1. 木箭 箭头与箭杆分作，然后用斜卯插粘在一起，头呈四棱锥状，尖锐，脊线刃锋利，一侧翼有倒钩刺，圆箭杆后端刻有挂弦“U”形槽，杆变形，弯曲。长68.6、直径0.84、头长5.8厘米（图二三三，5；图版一五九，2）。

2. 牛角杯 牛角剥皮加工制作。杯体呈弧拱形，口大，底小，底为椭圆形木塞，塞周边钻六孔，与杯壁用圆钉固定，杯壁一侧残破，杯表有大小不等的小凹坑。口径6.6、底径5、高20.2厘米（图二三三，3）。

3. 陶钵 夹砂红陶。器形小，口呈五边形，浅腹，圜底。通体裸胎，素面。口径5.8、高3.9厘米（图二三三，2；图版一一二，4）。

4. 陶四足盘 夹砂红陶。直口，浅腹微鼓，平底，

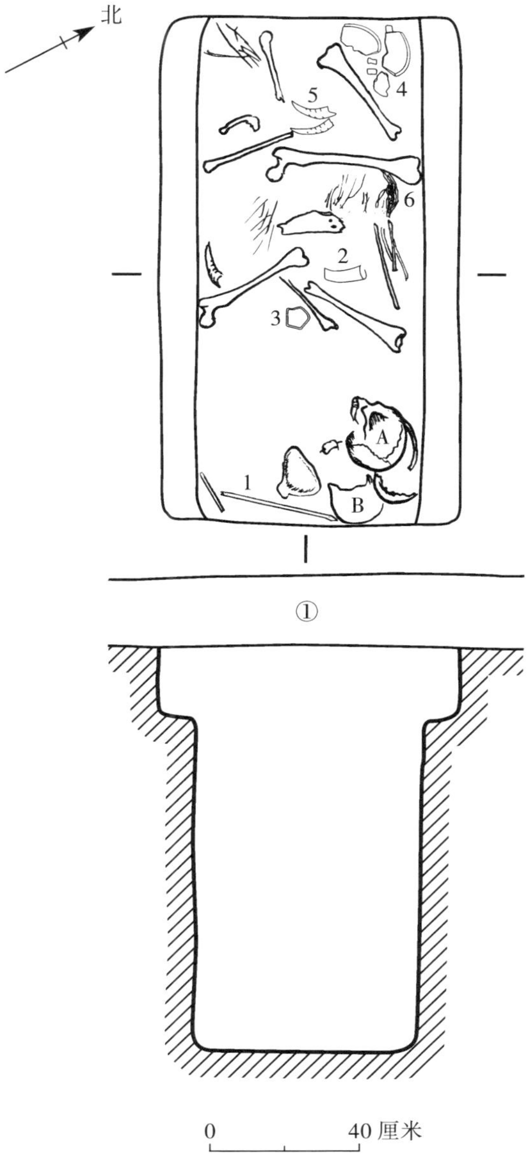

图二三二 ⅠM131 平、剖面图

1. 木箭 2. 牛角杯 3. 陶钵 4. 陶四足盘 5. 羊角 6. 毛线团

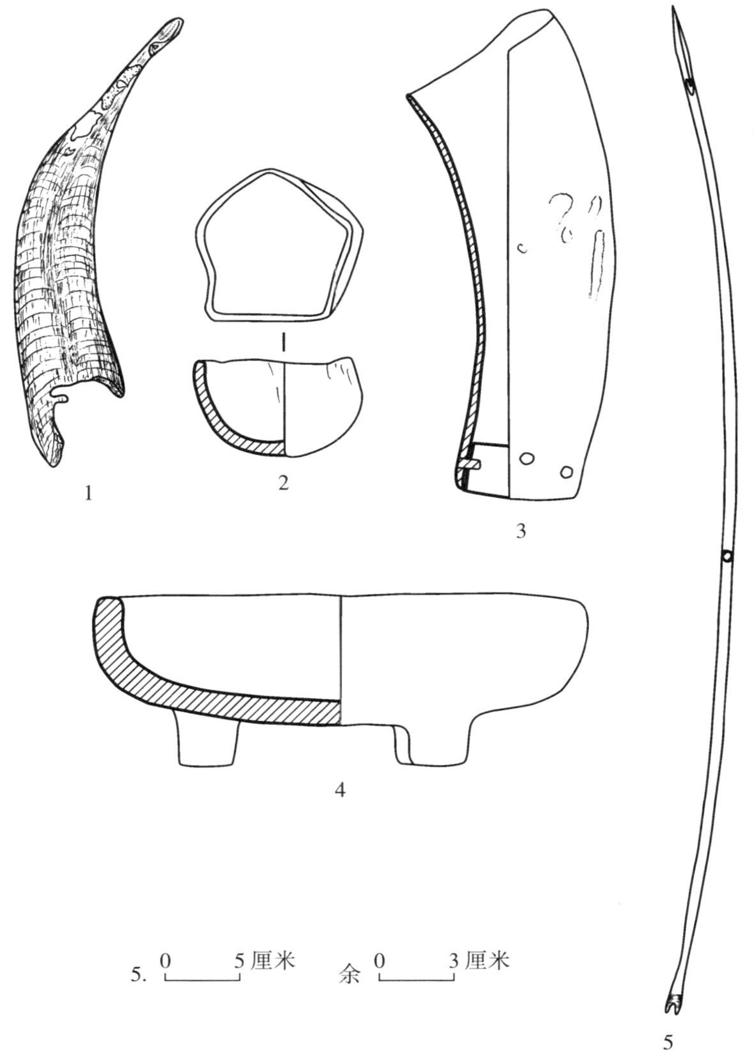

图二三三 ⅠM131 随葬品

1. 羊角（ⅠM131：5-1） 2. 陶钵（ⅠM131：3） 3. 牛角杯（ⅠM131：2）
4. 陶四足盘（ⅠM131：4） 5. 木箭（ⅠM131：1）

四足柱状。内壁施红陶衣，外壁露胎，通体素面。口径20、底径16、足高2.4、高7.3厘米（图二三三，4）。

5. 羊角 2件。羊角剔皮。角前端一侧加工成齿状凹槽，后端均残。ⅠM131∶5-1，长18.4、最宽处3.8厘米（图二三三，1）。

6. 毛线团 棕黄色毛线。长15厘米。

ⅠM132

墓葬概况

位于墓地南部偏东，西邻ⅠM70，东北邻ⅠM4，墓向82°。C型，长方形竖穴土坑墓，两短边略呈弧形，口大底小。地表为沙土路面，墓口距地表深0.11米，墓口长2.05、宽1.04米，墓底长1.96、宽1米，墓深1.53米。填土中夹有草屑。墓底木尸床已朽，有人骨一具，仰身屈肢，头东脚西，面南，为壮年男性，年龄30~35岁。人骨左侧随葬有羊下颌骨。随葬的陶单耳罐、陶盆和骨锥位于西南角，陶单耳壶和陶碗在东面（图二三四；图版一七，4）。

随葬品

出土陶、骨质器物5件。

1. 陶单耳罐 夹砂红陶。口微敞，尖唇，垂腹，圜底，单耳由口沿向下翻至腹底。口沿内饰锯齿纹，器表绘连续折线组成的网状纹。口径10、高14厘米（图二三五，4；图版四三，1）。

2. 陶盆 夹砂红陶。敞口，内沿折棱，腹壁斜收，小平底，小单耳由沿翻至上腹部。内沿饰连续锯齿纹，内腹壁彩绘三组平行细条带纹，整组图案近呈菱形。外沿饰连续折线纹，耳饰柳叶纹。口径26.1、底径9.5、高9厘米（图二三五，1；图版一〇六，2）。

3. 陶单耳壶 夹砂红陶。小口，细颈，下垂腹，小平底，

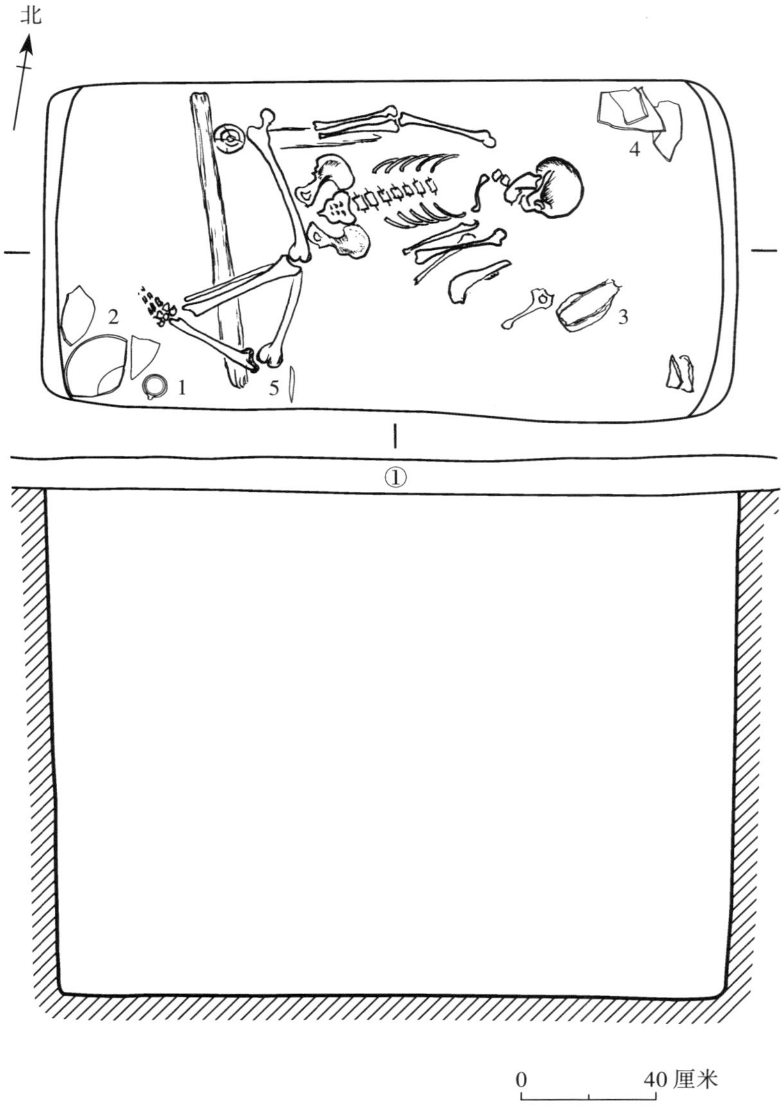

图二三四 ⅠM132平、剖面图

1. 陶单耳罐 2. 陶盆 3. 陶单耳壶 4. 陶碗 5. 骨锥

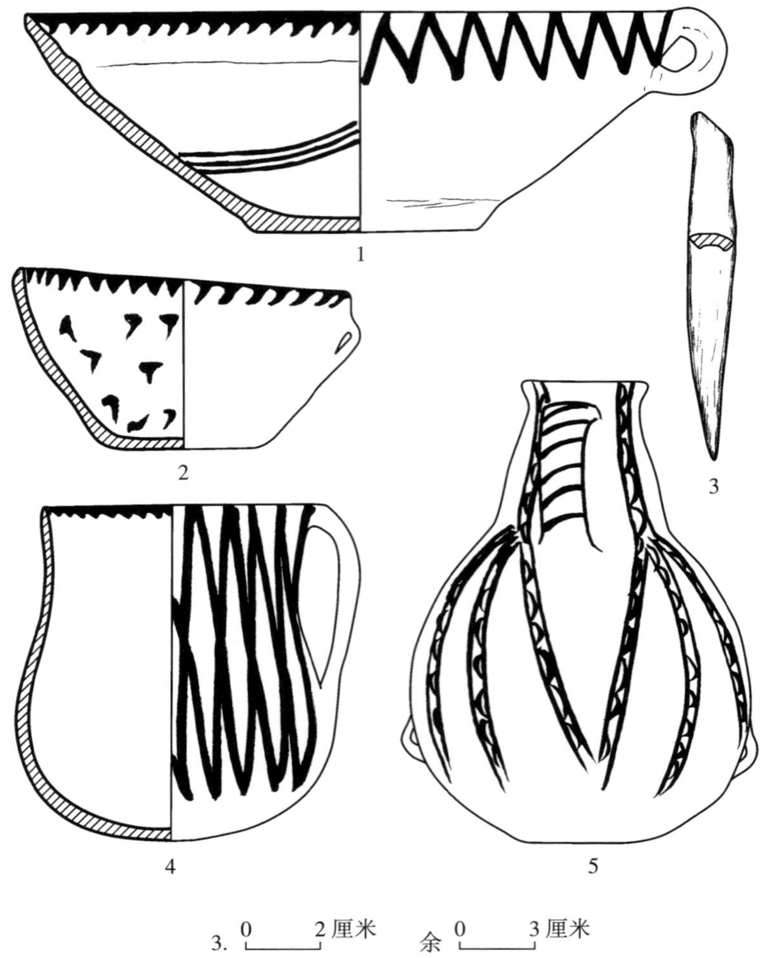

图二三五 ⅠM132随葬品

1. 陶盆（ⅠM132：2） 2. 陶碗（ⅠM132：4） 3. 骨锥（ⅠM132：5） 4. 陶单耳罐（ⅠM132：1） 5. 陶单耳壶（ⅠM132：3）

颈肩间有带形耳，下腹最大处有一对称的鼻形纽。内沿饰细密的锯齿纹，沿、颈肩饰双线条带纹，肩至腹底饰有一条双线条带纹分变成三条双线条带纹，双线间填小三角纹，耳彩绘斜向平行短线。口径5、腹径13.5、底径5.5、高19.1厘米（图二三五，5；图版九九，5）。

4. 陶碗 夹砂红陶。敞口，圆腹，小平底，沿下有小鼻耳。通体施红陶衣，口沿内外饰锯齿纹，内壁饰菱形三角纹。口径13.1、底径6、高7.4厘米（图二三五，2）。

5. 骨锥 动物肢骨磨制。呈扁锥体，尖锐。通体光滑。最大宽1.3、厚0.35、高9.5厘米（图二三五，3）。

ⅠM133

墓葬概况

位于墓地南部，西北邻ⅠM135，东邻ⅠM11，墓向95°。B型，长方形竖穴土坑墓，三边有二层台，地表为平坦戈壁黑沙砾石。墓口距地表深0.2米，墓口长2.2、宽1.38米。二层台宽0.2~0.25、深0.62米。墓底长2、宽0.96米，墓深2.17米。墓内填土有封盖墓口的棚盖物残块、芦苇秆、骆驼刺、土坯块（面上有戳印的纹样）。墓底人骨凌乱，两个人头颅分别位于墓底东北角（A）和东南角（B），头上均残留有部分头发。A为青年女性，年龄20~25岁；B为中年男性，年龄40~50岁。墓底原有木尸床现已朽。随葬品丰富，陶单耳壶、陶碗、陶单耳杯、木桶、木鞭杆、毛纺织物等在东部，陶盆、陶器残片、木梳、木纺轮、木扣、骨锥散置在墓底西部，中间还有木箭（图二三六）。

随葬品

出土陶、木、骨、毛质器物23件（组）。

1. 陶单耳壶 夹砂红陶。小口，细长颈，垂腹，平底，颈肩处有小桥形耳。器表彩绘剥蚀不清。口径6.8、腹径18.6、底径7.8、高22.2厘米（图二三七，1；图版九九，6）。

图二三六　ⅠM133 平、剖面图

1. 陶单耳壶　2. 木桶　3. 陶盆　4. 木箭　5、6. 木梳　7. 陶单耳杯　8. 陶碗　9、11. 木纺轮　10. 陶器残片　12. 木扣　13. 骨锥　14. 陶器底片　15. 木鞭杆　16. 木线轴　17~19、23. 毛纺织物　20. 长衣残片　21. 毛编织带　22. 披巾

2. 木桶　圆木挖制。桶体浑圆，口沿刻有菱形小耳，耳中部钻一穿系小孔，底近椭圆形，用木钉固定。桶表面涂红彩。口径 15.8、底径 15.7、高 16.7、通高 18.2 厘米（图二三八，8；图版一二七，3）。

3. 陶盆　夹砂红陶。敞口，深腹，小平底，沿下有鼻形纽。内沿饰连续细密锯齿纹，内壁彩绘三组锯齿纹，内底饰五条为一组的锯齿纹，外沿至上腹彩绘连续折线纹。口径 19、底径 7、高 8.5 厘米（图二三七，6；图版一〇六，3）。

4. 木箭　12 支。圆箭杆光滑，末端有深约 0.5 厘米“U”形挂弦凹槽（图版一五九，3）。其中有 2 支带三棱锥体箭头，脊线分明，三翼前后错位分布，头瘦长。ⅠM133：4–1，长 57.5、杆径 0.8、头长 6 厘米（图二三八，13）。ⅠM133：4–2，残长 53.5、杆径 0.7、头长 5.3 厘米（图二三八，11）。另外有 9 支的箭头呈圆锥状，原可能安有金属镞。ⅠM133：4–3，长 56、杆径 0.9、头长 1.8 厘米（图二三八，12）。此外还有 1 支的箭头残佚，铤呈圆柱状，尾端有挂弦的“U”形凹槽。

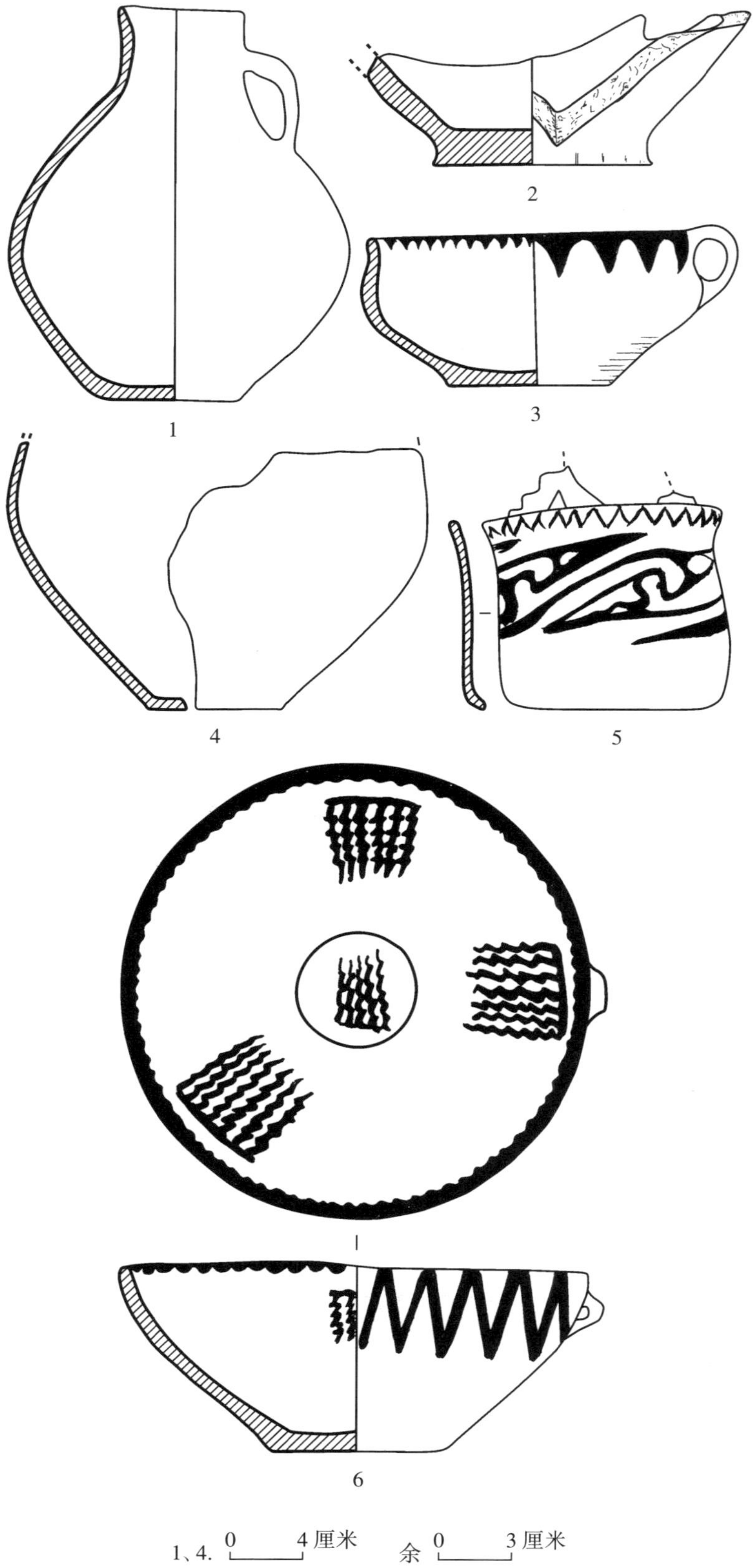

图二三七　ⅠM133陶器

1. 陶单耳壶（ⅠM133：1）　2. 陶器底片（ⅠM133：14）　3. 陶碗（ⅠM133：8）　4. 陶器残片（ⅠM133：10）　5. 陶单耳杯（ⅠM133：7）　6. 陶盆（ⅠM133：3）

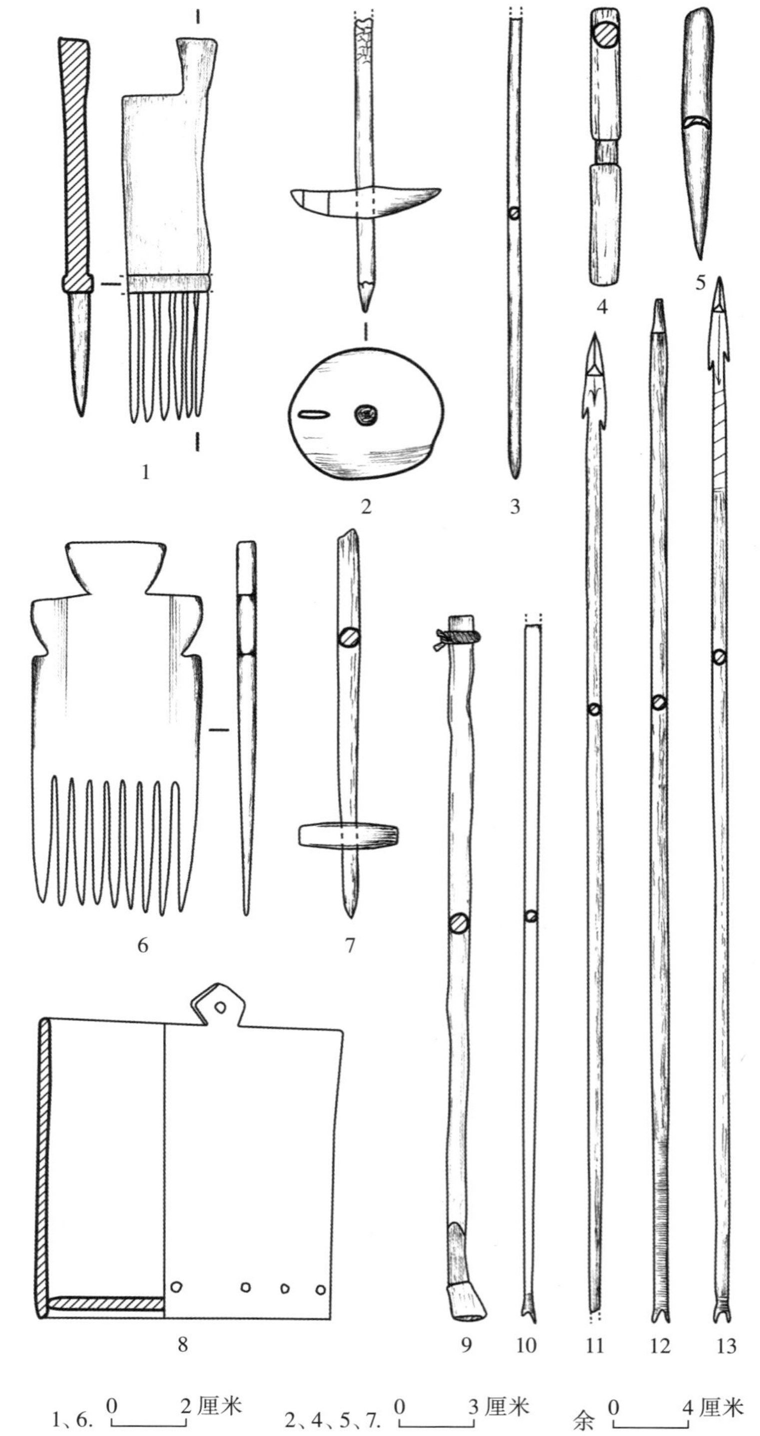

图二三八　ⅠM133木器、骨器

1、6. 木梳（ⅠM133：5、6）　2、7. 木纺轮（ⅠM133：9-1、11）　3. 木线轴（ⅠM133：16）　4. 木扣（ⅠM133：12-1）　5. 骨锥（ⅠM133：13）　8. 木桶（ⅠM133：2）　9. 木鞭杆（ⅠM133：15）　10~13. 木箭（ⅠM133：4-4、4-2、4-3、4-1）

ⅠM133：4-4，槽深0.6、残长38.2、铤径0.8厘米（图二三八，10）。

5. 木梳　残。呈纵长方形，梳后端呈亚腰形，齿呈扁三角体，现存六根。通体光滑。长10.6、残宽2.3、厚0.5~0.7、齿长3.6厘米（图二三八，1）。

6. 木梳　呈竖长方形，柄上刻出对称的凹槽，呈束腰形。通体长10.2、宽4.5、厚0.5、齿长3.6厘米（图二三八，6；图版一五一，3）。

7. 陶单耳杯　夹砂红陶。敞口，圆唇，直腹大平底，耳上有三个三角形孔。口沿内外饰锯齿纹，腹部绘一圈连续变形涡纹。口径 9.6、底径 8.2、高 8.8、现高 10.6 厘米（图二三七，5；图版八七，1）。

8. 陶碗　夹砂红陶。敞口，圆唇，上腹微鼓，下腹斜收，小平底，宽耳由沿翻至腹部。内沿饰小锯齿纹，外沿饰大锯齿纹。口径 13.2、底径 6.2、高 6.4 厘米（图二三七，3；图版一一八，3）。

9. 木纺轮　2 件。ⅠM133：9–1，由圆柱状线轴和半球形纺轮组成，线轴残，一端削尖。线轴残长 12、直径 0.6 厘米，轮径 6、厚 1.1 厘米（图二三八，2）。ⅠM133：9–2，仅存木线轴，下端残，上端有挂线浅槽。

10. 陶器残片　夹砂红陶。鼓腹，小平底。不可复原（图二三七，4）。

11. 木纺轮　圆线轴上端残，下端稍细。纺轮呈圆饼形，面微拱。线轴残长 16、直径 0.8 厘米，轮径 4、厚 1.2 厘米（图二三八，7）。

12. 木扣　2 件。红柳枝条削制。呈亚腰形圆棒。ⅠM133：12–1，长 11.4、直径 1.2 厘米（图二三八，4）。另一件扣上套有皮革。

13. 骨锥　骨片磨制而成。表面光滑，锥尖锐利。长 10.3 厘米（图二三八，5；图版一八七，7）。

14. 陶器底片　夹砂红陶。下腹斜收，小平底。底径 9.1、残高 6.75 厘米（图二三七，2）。

15. 木鞭杆　柳枝条削制而成。微弯曲，两端削系鞭梢凹槽，一端拴鞭绳。长 38.8、直径 1 厘米（图二三八，9；图版一六八，3）。

16. 木线轴　杆呈圆柱状，下端残，上端有挂线浅槽，杆体光滑。残长 25.2、直径 0.6 厘米（图二三八，3）。

17. 毛纺织物　原黄色斜褐。整体显现出厚实的斜条带。有帽边。残长 50、宽 38 厘米（图版二五二，5）。

18. 毛纺织物　深蓝色平纹组织毛布残片。不规则形。残长 28、宽 24 厘米（图版二五二，1）。

19. 毛纺织物　蓝色斜褐残片。残为五片，其中较大的长 57、宽 20 厘米。残存一侧幅边，由两根 Z 捻的经线合捻（S 向）而成（图版二五二，3）。

20. 长衣残片　彩色条纹斜褐残衣。残为四片，其中，ⅠM133：20–1，长 60、宽 43 厘米；ⅠM133：20–2，长 58.4、宽 36.8 厘米；ⅠM133：20–3，长 30、宽 62 厘米；ⅠM133：20–4，长 60、宽 31 厘米。这是长衣的下摆部分。以深红、大红、蓝色、黄绿色、棕四种色彩的经线顺序排列，与棕红色纬线相交，织物表面呈现纵向的彩色条纹（图版二五二，2）。

21. 毛编织带　棕黄色宽幅。残为两段。编织法为提一压一的平纹法，编织成棕、黄色平行四边形。长 56、宽 9 厘米（图版二五二，4）。

22. 披巾　红地蓝色条纹褐。一端残存流苏。由红、蓝色经线和棕色纬线相交成一上一下的平纹组织。织物表面在红地上显出纵向蓝色条纹（图版二五二，6）。

23. 毛纺织物　原棕色斜褐粗毯残片。残损严重。棕色经纬线以三上一下（3/1）组织法相交。幅边由三根合捻的经线组成。织物的一端保存织物起点的经头：由两股 S 捻向的毛纱以 Z 向合捻。

ⅠM134

墓葬概况

位于墓地南部，北邻ⅠM131，东邻ⅠM135，墓向 110°。C 型，长方形竖穴土坑墓。表层为戈壁沙石。墓葬形制小，墓口距地表深 0.2 米，墓长 0.8、宽 0.5 米，墓深 0.6 米。墓口上层铺有一层杂草，草上盖压小砾石。墓底铺苇草席，西北角有一具堆放在一起的儿童骨架，头向东，面上。无随葬品（图二三九）。

随葬品

无随葬品。

ⅠM135

墓葬概况

位于墓地南部，东南邻ⅠM133，西邻ⅠM134，墓向 250°。B 型，长方形竖穴土坑墓，单壁有二层台。墓口位于 0.15 米沙砾石表层下。墓口长 0.9、宽 0.56 米。

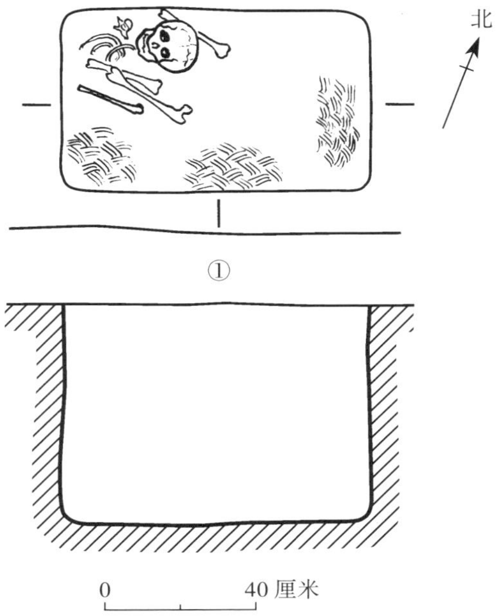

图二三九　ⅠM134 平、剖面图

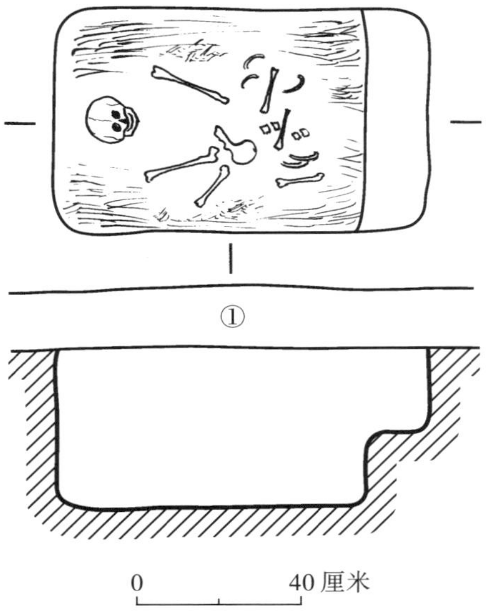

图二四〇　I M135 平、剖面图

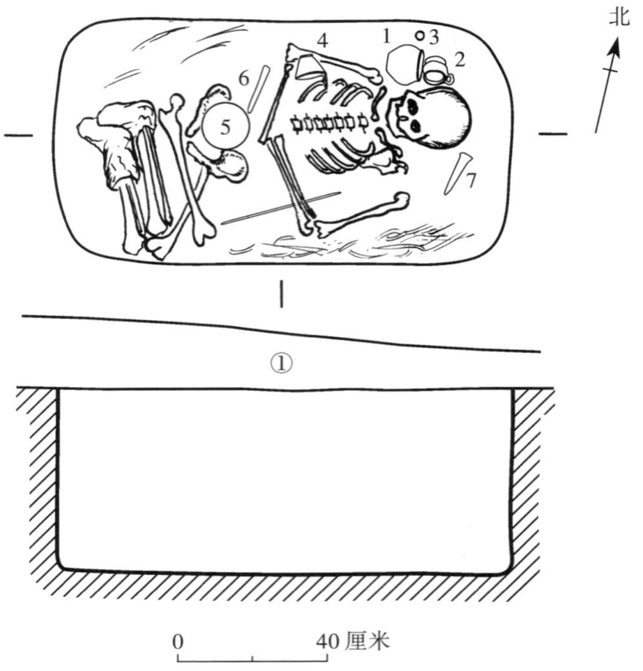

图二四一　I M136 平、剖面图

1. 陶单耳罐　2. 陶圈足罐　3. 木纺轮　4. 陶单耳杯　5. 木钵　6. 木钉　7. 骨锥

位于东壁的二层台宽 0.15、深 0.2 米。墓底长 0.75、宽 0.56 米，墓深 0.39 米。二层台上残留封盖墓口的骆驼刺、土坯块、苇席等。墓底铺苇席，席上有 3 岁左右未成年人残骨架一具，头向西，其他骨骼凌乱。无随葬品（图二四〇）。

随葬品

无随葬品。

I M136

墓葬概况

位于墓地南部，西北邻 I M99，东北邻 I M88，墓向 77°。C 型，圆角长方形竖穴土坑墓，直壁，两短边呈弧形。地表为沙子路面，呈西高东低的斜坡状。墓口距地表深 0.1~0.2 米，墓长 1.2、宽 0.66 米，墓深 0.5 米。墓底铺草垫，草垫有人骨架一具，头东脚西，仰身，下肢上屈，倒靠在墓南壁上，为中年女性，年龄 40~50 岁。头顶有发辫，发辫上别有骨锥（发笄），腰系红、蓝、白色编织的腰带，脚穿低靿皮靴。头右侧有陶圈足罐、陶单耳罐、木纺轮，腰右侧有陶单耳杯，腹部倒扣木钵，木纺轮装在陶单耳罐内，木钉散落在墓中间，骨锥位于发辫上（图二四一）。

随葬品

出土陶、木、骨质器物 7 件（组）。

1. 陶单耳罐　泥质红陶。敞口，方唇，圆鼓腹，平底，单耳。口沿内饰锯齿纹，器表绘由三角延伸的细长条带纹。口径 9.8、底径 5.3、高 10.3 厘米（图二四二，7；图版四三，2）。

2. 陶圈足罐　夹细砂红陶。侈口，束颈，球形腹，

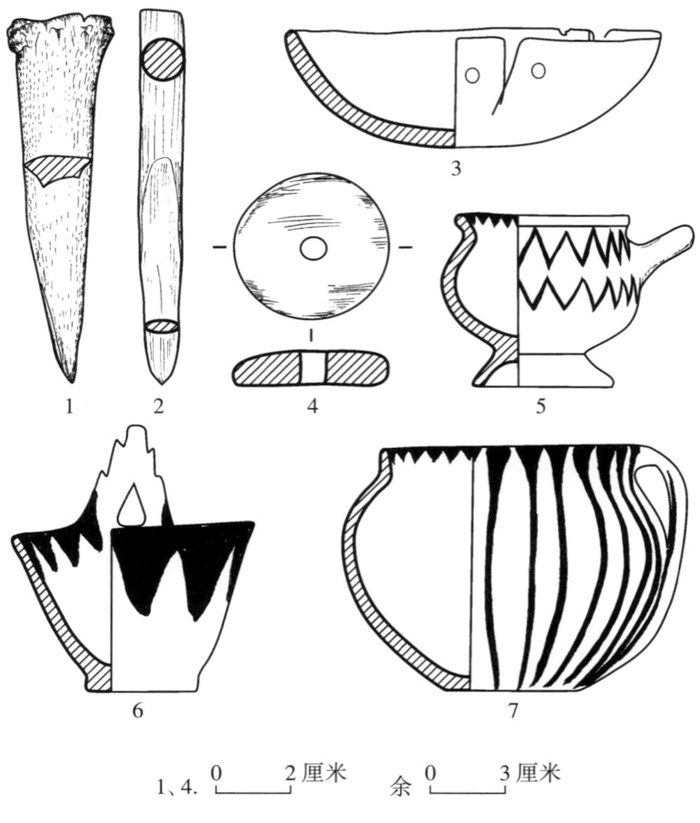

图二四二　I M136 随葬品

1. 骨锥（I M136：7）　2. 木钉（I M136：6）　3. 木钵（I M136：5）　4. 木纺轮（I M136：3）　5. 陶圈足罐（I M136：2）　6. 陶单耳杯（I M136：4）　7. 陶单耳罐（I M136：1）

喇叭形圈足，肩部横向立耳。内沿饰细锯齿纹，外沿至上腹饰两组上下对称的连续折线纹，耳部彩绘条带纹。口径7.1、足径5.5、高7.3厘米（图二四二，5；图版六四，3）。

3. 木纺轮　木板削制。一侧平，一侧起弧。轮径4.15、厚9.7厘米（图二四二，4）。

4. 陶单耳杯　泥质红陶。敞口，圆唇，大斜壁，假圈足。口内沿饰三角纹，口外沿至腹部绘大三角纹。立耳中部镂三角形孔。口径9.5、足径4.4、高7.06、通高11.1厘米（图二四二，6；图版八六，6）。

5. 木钵　圆木刻、挖、削制作。敞口，圆唇，浅腹，圜底，靠近口沿处有两个小圆孔，孔内穿皮绳。口径15、高4.7厘米（图二四二，3；图版一四三，5）。

6. 木钉　4支。圆木削制。ⅠM136：6-1，一端削成扁锥体，上端保留原树皮。长15.5、直径1.7厘米（图二四二，2）。另三支均为圆锥形。

7. 骨锥　动物骨骼磨制。呈多棱形锥状，尖较锐。长10.2、最宽处2.8、厚0.6~0.9厘米（图二四二，1；图版一八七，8）。

ⅠM137

墓葬概况

位于墓地南端，西北邻ⅠM138，西南邻ⅠM139，墓向98°。B型，长方形竖穴土坑墓，两长边有二层台。墓口距地表深0.18米，墓口呈圆角长方形，长1.58、宽1.26米；二层台宽0.22、距墓口深0.33米；墓底长1.58、宽0.82米，墓深0.98米。原封盖墓口的草席坍塌到墓内填土中，席上有带菱格纹的毛毡一块。墓底有两具残朽的人骨架，南北并排陈放，头东脚西，仰身屈下肢，北面A为壮年男性，年龄20~30岁，南面B为壮年女性，年龄25~30岁。在两人头中间出土陶圈足罐（图二四三）。

随葬品

出土陶器1件。

1. 陶圈足罐　泥质红陶。敞口，尖唇，圆腹下垂，矮圈足，口沿至腹部有细长条带状单耳。口内沿饰细密的锯齿纹，器表绘长条带状纹间三联锯齿纹，耳面上绘斜行锯齿纹。口径10、足径6.8、高9.5厘米（图二四五，10）。

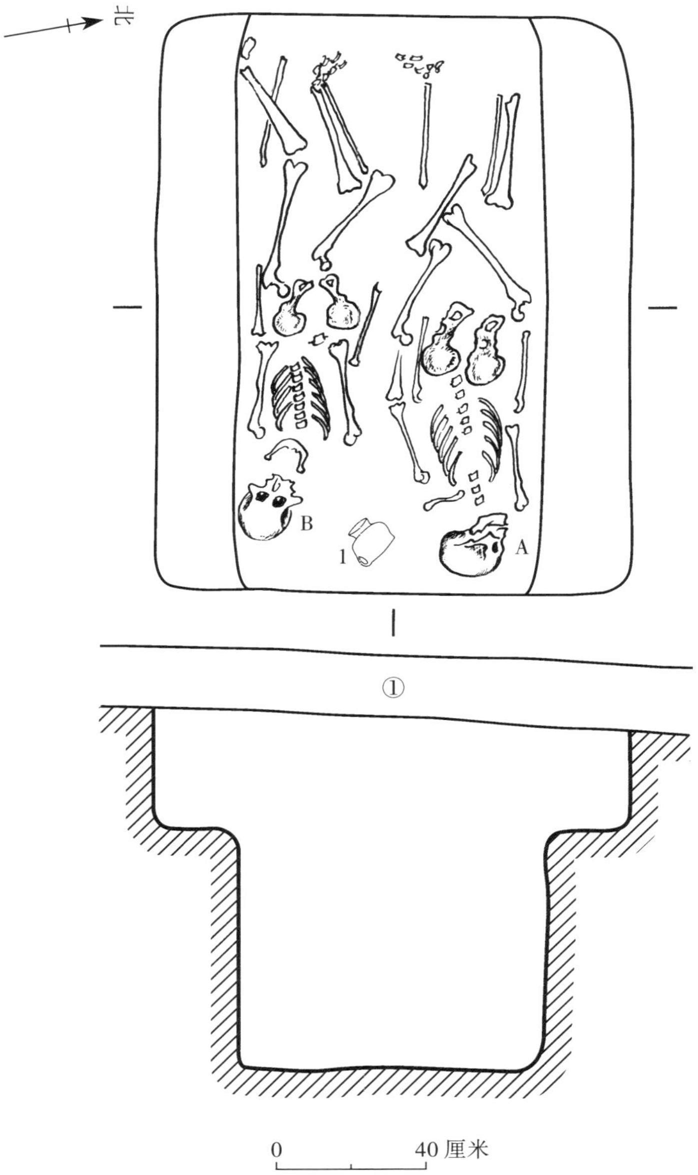

图二四三　ⅠM137平、剖面图

1. 陶圈足罐

ⅠM138

墓葬概况

位于墓地南端，东南邻ⅠM137，西南邻ⅠM139，墓向105°。B型，长方形竖穴土坑墓，三边有二层台。墓口距地表深0.2米，墓口长2.12、宽1.4米；二层台宽0.2~0.3、深0.6米；墓底长1.82、宽1米，墓深1.71米。该墓被水侵扰，骨架凌乱，从肢骨数量来看为二人葬，性别、年龄、葬式不详。陶单耳杯和木器具在东北角，木取火板在东南角，陶碗、木盘、木箭、木撑板、木取火棒等散乱于墓底中西部（图二四四）。

随葬品

出土陶、木器和毛纺织物11件（组）。

1. 陶器底　夹砂红陶。上部残，似豆足，圈足呈喇叭状。底部边缘有火烧的黑烟迹。圈足直径6.8、高5.3厘米（图二四五，9）。

2. 陶碗　夹砂红陶。敞口，小折沿，圆唇，小腹急收，小平底。口沿内饰锯齿纹，器表面装饰大三角纹，内填交叉线纹。口径16、底径6.8、高10厘米（图二四五，

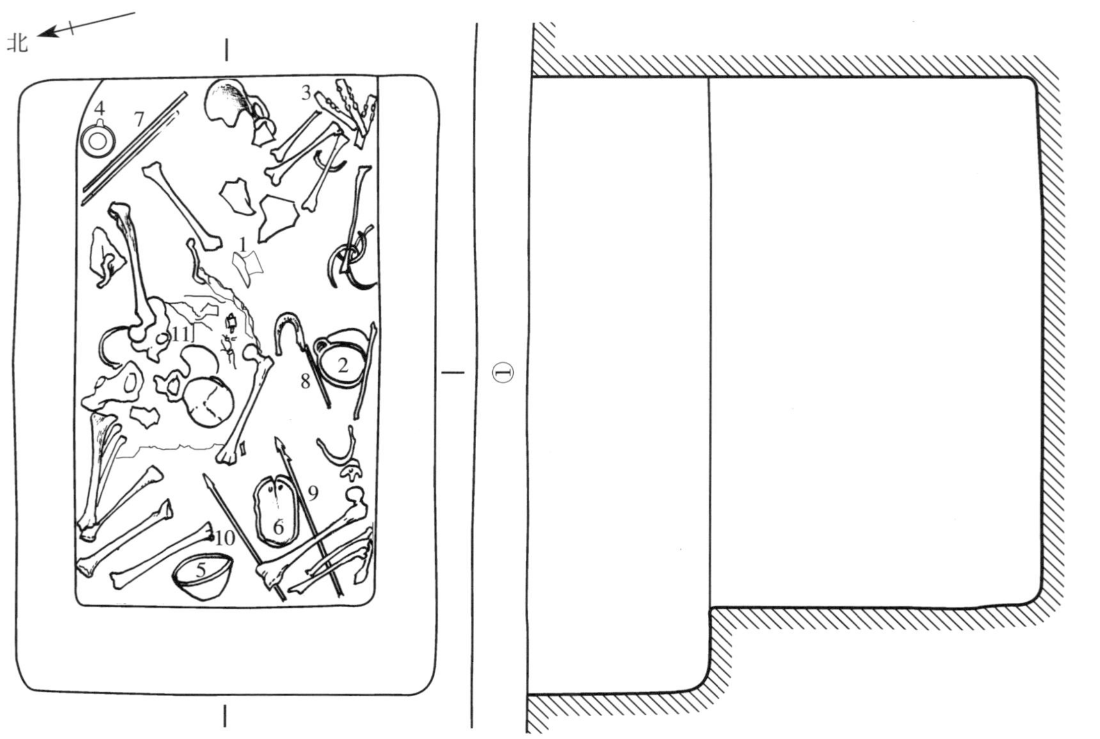

图二四四 ⅠM138平、剖面图

1. 陶器底 2. 陶碗 3. 木取火板 4. 陶单耳杯 5. 陶盆 6. 木盘 7、10. 木取火棒 8. 木撑板 9. 木箭 11. 栽绒毯

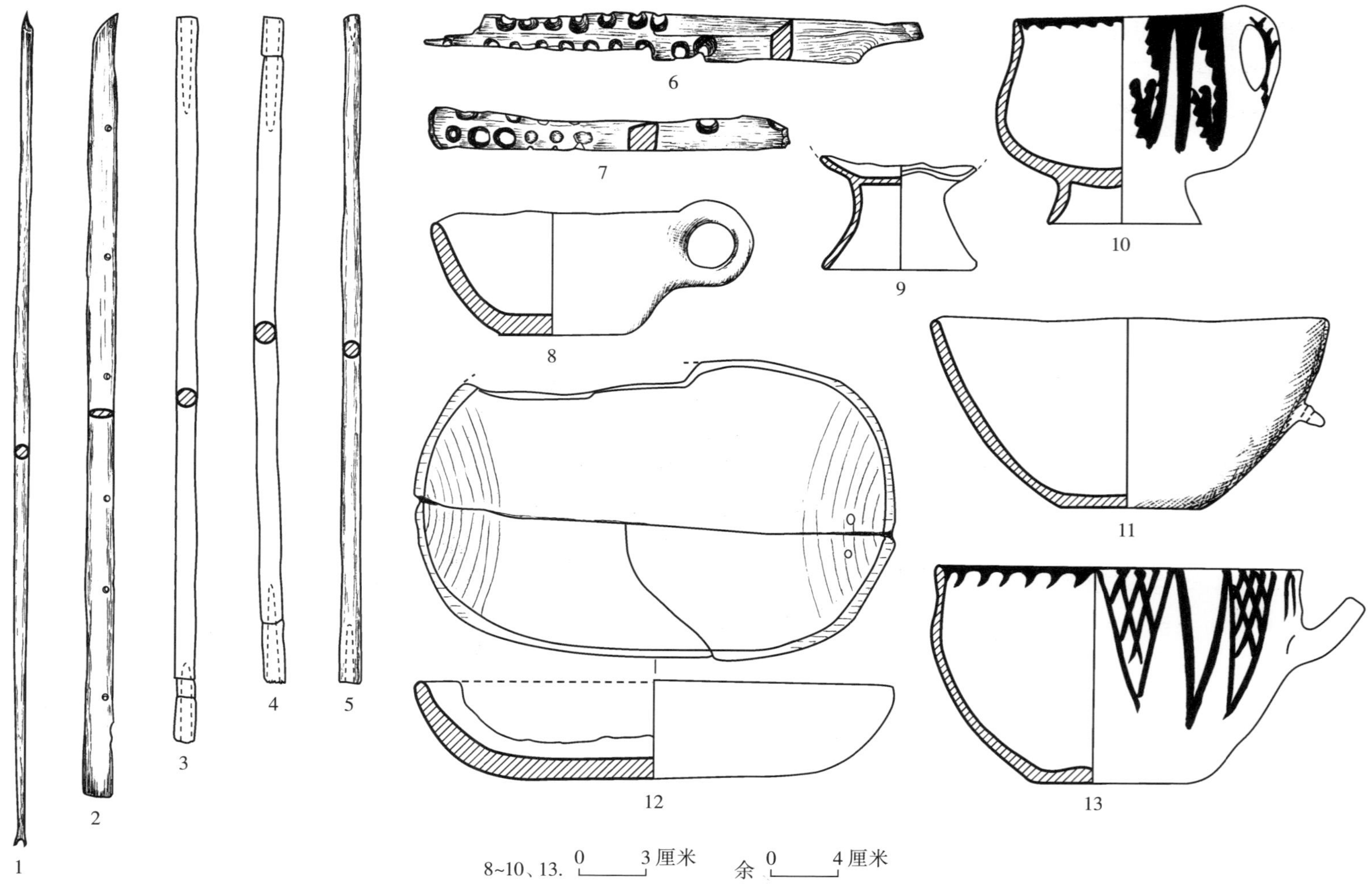

图二四五 ⅠM137、ⅠM138随葬品

1. 木箭（ⅠM138：9） 2. 木撑板（ⅠM138：8） 3~5. 木取火棒（ⅠM138：7-1、7-2、10） 6、7. 木取火板（ⅠM138：3-2、3-1） 8. 陶单耳杯（ⅠM138：4） 9. 陶器底（ⅠM138：1） 10. 陶圈足罐（ⅠM137：1） 11. 陶盆（ⅠM138：5） 12. 木盘（ⅠM138：6） 13. 陶碗（ⅠM138：2）

13；图版一一八，4）。

3. 木取火板　2件。均呈长条形，板两侧有钻孔（图版一六五，7）。ⅠM138：3–1，板面共六个钻孔，其中三孔较小，一侧有锯口。长21.6、宽2.6、厚1.8厘米（图二四五，7）。ⅠM138：3–2，板两侧共有钻孔十六个，均呈半圆形。长29.5、宽3、厚1.2厘米（图二四五，6）。

4. 陶单耳杯　夹砂红陶。敞口，圆唇，浅腹，小平底，单耳由沿下翻至腹部。口径10.9、底径5.6、高5.6厘米（图二四五，8）。

5. 陶盆　夹砂红陶。敞口，小方唇，圆腹，小平底，一侧腹部有鋬，鋬面钻孔。口径23、底径8.3、高12厘米（图二四五，11）。

6. 木盘　圆木刻、挖、削制。平面近椭圆形，敞口，浅腹，圜底。盘横向裂缝，有一对加固孔，素面。口径18.4~28.2、高6厘米（图二四五，12）。

7. 木取火棒　2件。圆树枝剔皮。ⅠM138：7–1，一端一周削宽1.1、深0.1厘米浅槽，顶端钻圆孔，深4.8厘米，另一端钻圆锥形孔，深6厘米。长44.5、直径1.2厘米（图二四五，3）。ⅠM138：7–2，两端钻圆孔，深6~7厘米，上端浅槽缠细皮绳。长41、直径1.3厘米（图二四五，4；图版一六六，7）。

8. 木撑板　呈扁长条，横截面呈椭圆形，上端一边削斜面，呈斜刃状，板一边钻七个小孔。长48、宽1.6、厚0.4厘米（图二四五，2）。

9. 木箭　圆箭杆上端削尖，下端刻“U”形挂弦凹槽，通体光滑。长51、直径0.8厘米（图二四五，1；图版一六一，7）。

10. 木取火棒　圆树枝条剔皮制作。两端钻圆形小孔。孔径0.3~0.4、深1.2~3.6厘米，棍长41、直径1~1.2厘米（图二四五，5）。

11. 栽绒毯　原棕色经线、原棕色地纬为单股，两者相交成平纹基础组织，红、蓝两色绒头，以马蹄扣法拴结在经线上，平均每10厘米有10排结扣。织物表面由红、蓝色绒头显出相错的三角形纹饰，并在每个三角形的角端拴结2~4个加以点缀。长43、宽53厘米（图版二五三，4）。

ⅠM139

墓葬概况

位于墓地南端，东北邻ⅠM137和ⅠM138，墓向60°。B型，近长方形竖穴土坑墓，两边有二层台，西北部凹进。墓口长1.73~1.92、宽1.2米。由于处在斜坡上，地面风蚀，墓口露出地表。二层台宽0.11~0.19、深0.15米。墓底长1.71~1.9、宽0.88米，墓深1.34米。该墓早年被盗扰，填土中有草屑和土坯块，完整者面上有双杠指划纹（图版三七，5）。骨架凌乱，从髋骨和骶骨数量来看为男女二人合葬，均成年，葬式不详。墓底有木质四足尸床，已残，其上铺有整张草席。滑石珠饰和陶轮在东南角，木箭和木取火板在西北角（图二四六）。

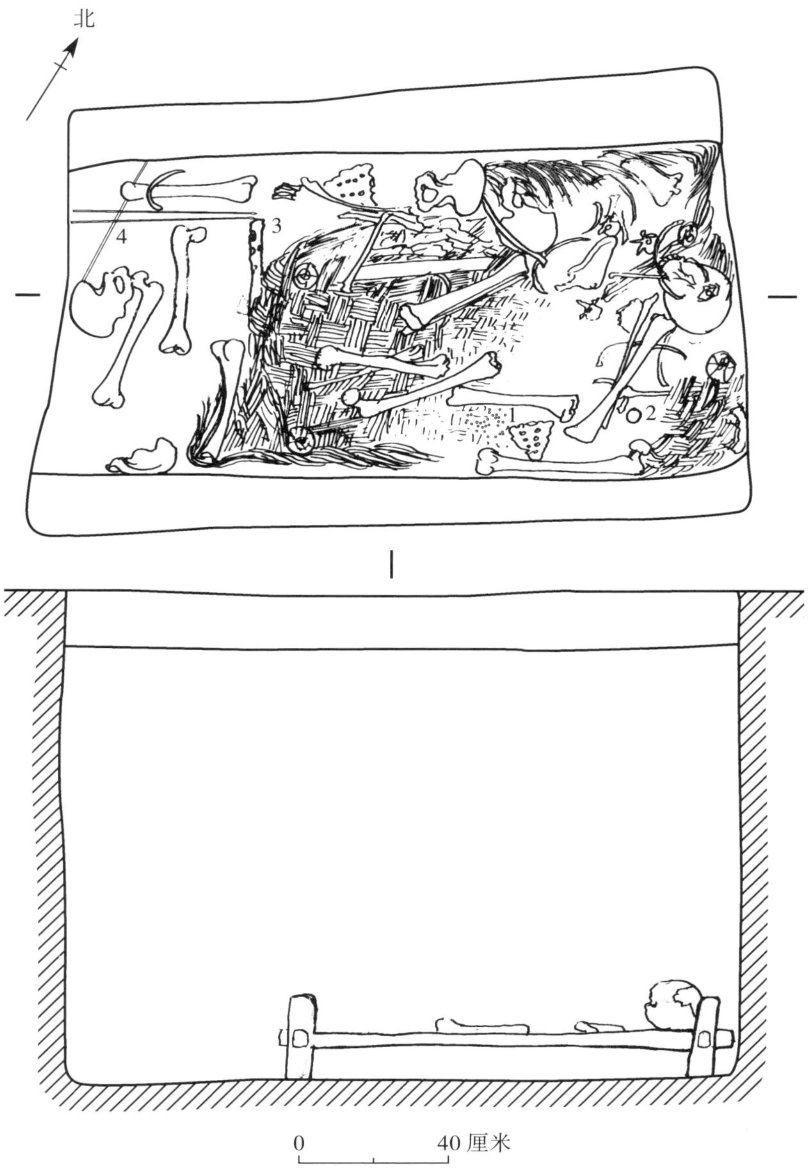

图二四六　ⅠM139平、剖面图

1. 滑石珠饰　2. 陶轮　3. 木取火板　4. 木箭

随葬品

出土陶、石、木质器物4件（组）。

1. 滑石珠饰　83个。白色，大小形状相似。滑石质，呈管状，管径及长短不等。管高0.2~1、外径0.4~0.55、内径0.2~0.26厘米。ⅠM139：1–1，高1、外径0.55、内径0.26厘米（图二四七，1；图版二〇九，2）。

2. 陶轮　夹砂红陶。圆饼形，侧棱刻“U”形凹槽，槽内原缠有毛绳，轮正面微凹，底面较平。直径4、厚1.1厘米（图二四七，7；图版一二五，4）。

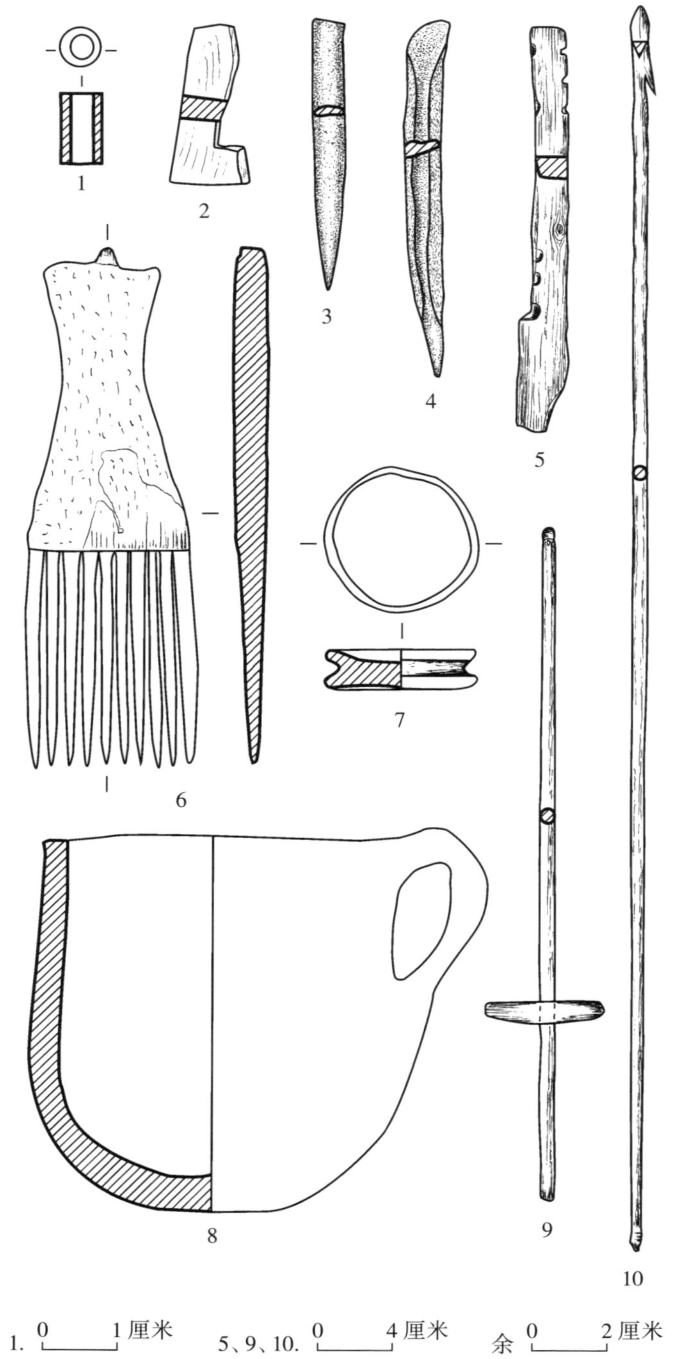

图二四七　ⅠM139、ⅠM140随葬品

1. 滑石珠饰（ⅠM139：1-1）　2. 木构件（ⅠM140：6）　3、4. 骨锥（ⅠM140：5、4）　5. 木取火板（ⅠM139：3）　6. 木梳（ⅠM140：2）　7. 陶轮（ⅠM139：2）　8. 陶单耳杯（ⅠM140：1）　9. 木纺轮（ⅠM140：3）　10. 木箭（ⅠM139：4-1）

3. 木取火板　木制。呈长方形，板两侧有钻孔，为钻木取火器的一件。板左侧有半圆形钻孔五个，右侧有刻槽三处。长22.4、宽1.8~2.8、厚1.2厘米（图二四七，5；图版一六五，8）。

4. 木箭　一束共8支。均圆木削制。铤通体磨光，后端有“U”形挂弦凹槽，箭头呈三棱锥状，单翼。ⅠM139：4-1，通长68.2、铤径0.7、箭头长5厘米（图二四七，10）。

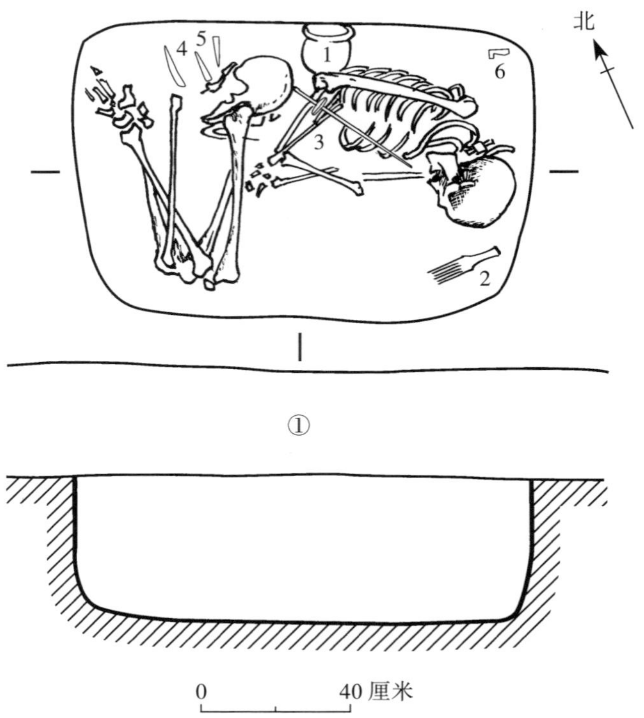

图二四八　ⅠM140平、剖面图

1. 陶单耳杯　2. 木梳　3. 木纺轮　4、5. 骨锥　6. 木构件

ⅠM140

墓葬概况

位于墓地中南部，西南邻ⅠM41，东南邻ⅠM101，墓向110°。C型，竖穴土坑墓，墓口呈不规则的圆角长方形。墓口距地表深0.3米，地表层为沙砾石。墓口长1.23、宽0.8米，墓深0.4米。墓底有一具人骨架，头东脚西，侧身屈肢，双手合十于腹部，面向南，为壮年女性，年龄25~30岁，骨架保存较完整。陶单耳杯位于臀部，木纺轮置于胸部，木梳位于头顶，两件骨锥出土于脚下，还有一个木构件位于东北角（图二四八；图版一七，2）。

随葬品

出土陶、木、骨器6件。

1. 陶单耳杯　夹砂红陶。口微侈，腹壁稍直，最大腹径为下部，圜底，长耳残。素面，器表被烟熏成黑色。口径9.2、高10.3厘米（图二四七，8）。

2. 木梳　梳齿单个加工，粘拼组装，呈纵长方形，束腰，背顶有圆柱，已残，用羊皮缠裹，并涂褐红色，齿呈四棱锥形，共十根，齿较长，尖锐。长14.3、宽2.2~4.3、厚0.8、齿长5.9厘米（图二四七，6；图版一四九，5）。

3. 木纺轮　圆木线轴两端稍细，光滑，上端钻小孔；纺轮呈圆饼形，底平，面弧拱。线轴长36.8、直径0.8厘米，轮径6.2、厚1.2厘米（图二四七，9；图版一七五，1）。

4. 骨锥　兽骨加工而成。锥体呈扁形，锥尖较锐，锥体弯曲。长 9.8、宽 1 厘米（图二四七，4；图版一八七，9）。

5. 骨锥　兽骨片加工而成。呈扁锥体，尖锐。长 7.5、宽 0.8、厚 0.2 厘米（图二四七，3；图版一八七，10）。

6. 木构件　在梯形木板一边刻“L”形缺口，器形呈直角勾状。用途不详。长 4.4、宽 1.2~2.2、厚 0.7 厘米（图二四七，2）。

ⅠM141

墓葬概况

位于墓地中南部，东邻ⅠM41，东北邻ⅠM140，墓向 110°。C 型，长方形竖穴土坑墓，直壁。地表为戈壁沙砾石，凹凸不平。墓口距地表深 0.24~0.3 米，墓长 1.46、宽 1 米，墓深 0.84~0.92 米。该墓被盗掘。墓底人骨凌乱、错位，左腿骨置于肋骨上，两个人头骨移位到东北角，墓内由于进过水，骨架不在一个层面上，从人骨的数量看是二人合葬，颅骨在墓葬东部，一双皮靴底在西部，但性别、年龄不详。随葬的陶碗、木弓、木箭杆、木梳、木橛、铜耳环和带皮条的骨扣、木器具等散落在墓底中央。同时，还见有毛纺织物碎片（图二四九）。

随葬品

出土陶、木、皮、骨及毛纺织物 12 件（组）。

1. 陶碗　夹砂红陶。直口，圆唇，浅腹，平底，腹部有桥形耳。内沿饰垂帐纹，外沿饰连续折线纹。口径 14.4、底径 9、高 6.5 厘米（图二五〇，5；图版一一八，5）。

2. 木弓　残存弓弰，呈圆弧形，近顶部刻凹槽。残长 21、宽 1.2、厚 0.7 厘米（图二五〇，3）。

3. 木箭杆　残。圆杆通体光滑，粗细均匀，后端有深 0.5 厘米“U”形挂弦凹槽。残长 44、直径 0.7 厘米（图二五〇，10）。

4. 木器具　残。圆木削呈棒状，并刻半圆形凸棱，一端磨成弧形斜面，另端残。残长 10.5、直径 1.4 厘米（图二五〇，1）。

5. 骨扣　骨片磨制。呈梯形，钻三孔，其中两孔未钻透，另孔内穿羊皮条。高 1.7、上宽 1、下宽 1.6 厘米（图二五〇，2；图版一九〇，10）。

6. 木梳　单齿加工，粘拼组装，用羊皮缠裹，呈纵长条形，束腰，梳背有高 2.8、直径 0.4 厘米圆柄；齿呈四棱锥体，尖锐，共九根，一根残。通长 14.2、宽 1.8~4.5、厚 0.4、齿长 4.7 厘米（图二五〇，9；图版一四九，6）。

7. 皮靴底　一双。底部加缝皮条，用以耐磨和防滑。

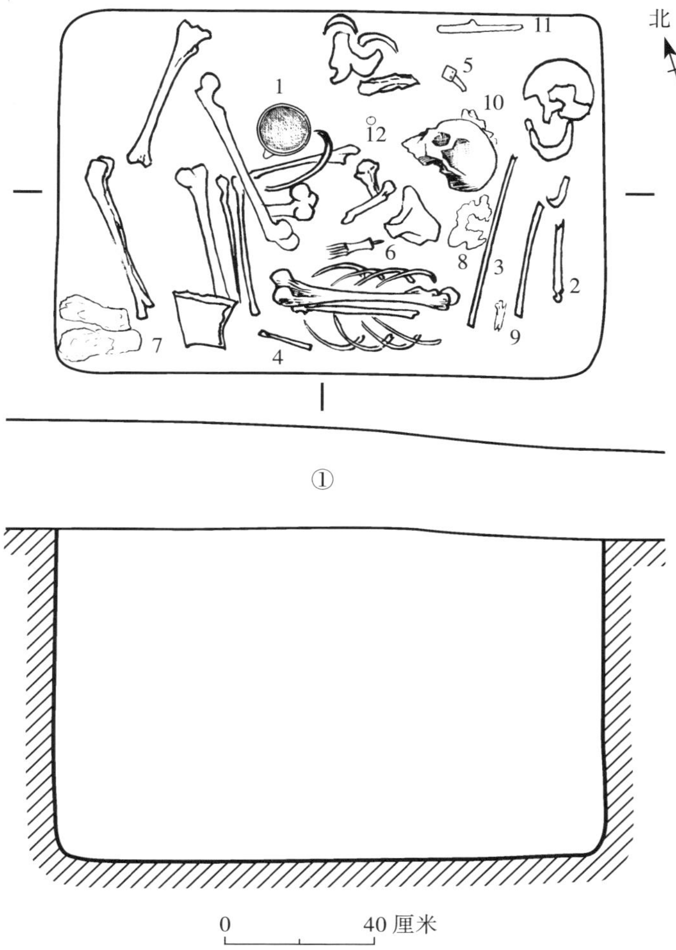

图二四九　ⅠM141 平、剖面图

1. 陶碗　2. 木弓　3. 木箭杆　4. 木器具　5. 骨扣　6. 木梳　7. 皮靴底　8~10. 毛纺织物　11. 木橛　12. 铜耳环

两只花纹不同。一只为六枚人字形纹中间加竖条，另一只为“W”和“U”的组合。长 28.6 厘米（图二五〇，7、8；图版二一八，7）。

8. 毛纺织物　残片。连续短斜线方格纹，方格内为紫、红、蓝色相间，内往往隐藏黄双线纹。长 20、宽 15 厘米（图版二五三，1）。

9. 毛纺织物　平纹，带编织的幅边，红、蓝、紫三色。残长 11、宽 4 厘米（图版二五三，2）。

10. 毛纺织物　斜纹，出土时蒙在人颅骨上，为红、蓝、褐色相间的条带纹（图版二五三，3）。

11. 木橛　圆形树枝干。一端残，棍体有树节结，通体光滑。残长 23.9、直径 1.3 厘米（图二五〇，4）。

12. 铜耳环　细铜条弯曲成环状。直径 2.03~2.36、细铜条直径 0.2 厘米（图二五〇，6）。

ⅠM142

墓葬概况

位于墓地南部偏北，东邻ⅠM42，北邻ⅠM41，墓向 108°。B 型，长方形竖穴土坑墓，四边有二层台。地表平坦，

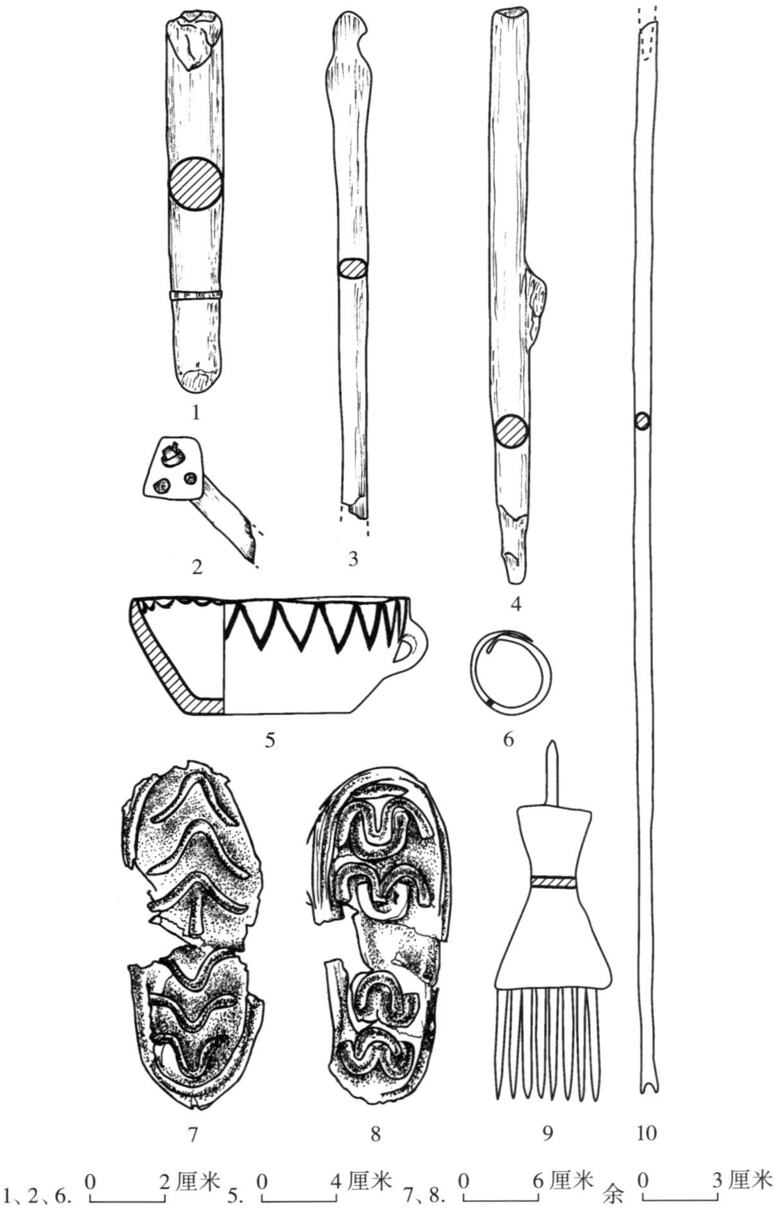

图二五〇 ⅠM141随葬品

1. 木器具（ⅠM141：4） 2. 骨扣（ⅠM141：5） 3. 木弓（ⅠM141：2） 4. 木橛（ⅠM141：11） 5. 陶碗（ⅠM141：1） 6. 铜耳环（ⅠM141：12） 7、8. 皮靴底（ⅠM141：7左、7右） 9. 木梳（ⅠM141：6） 10. 木箭杆（ⅠM141：3）

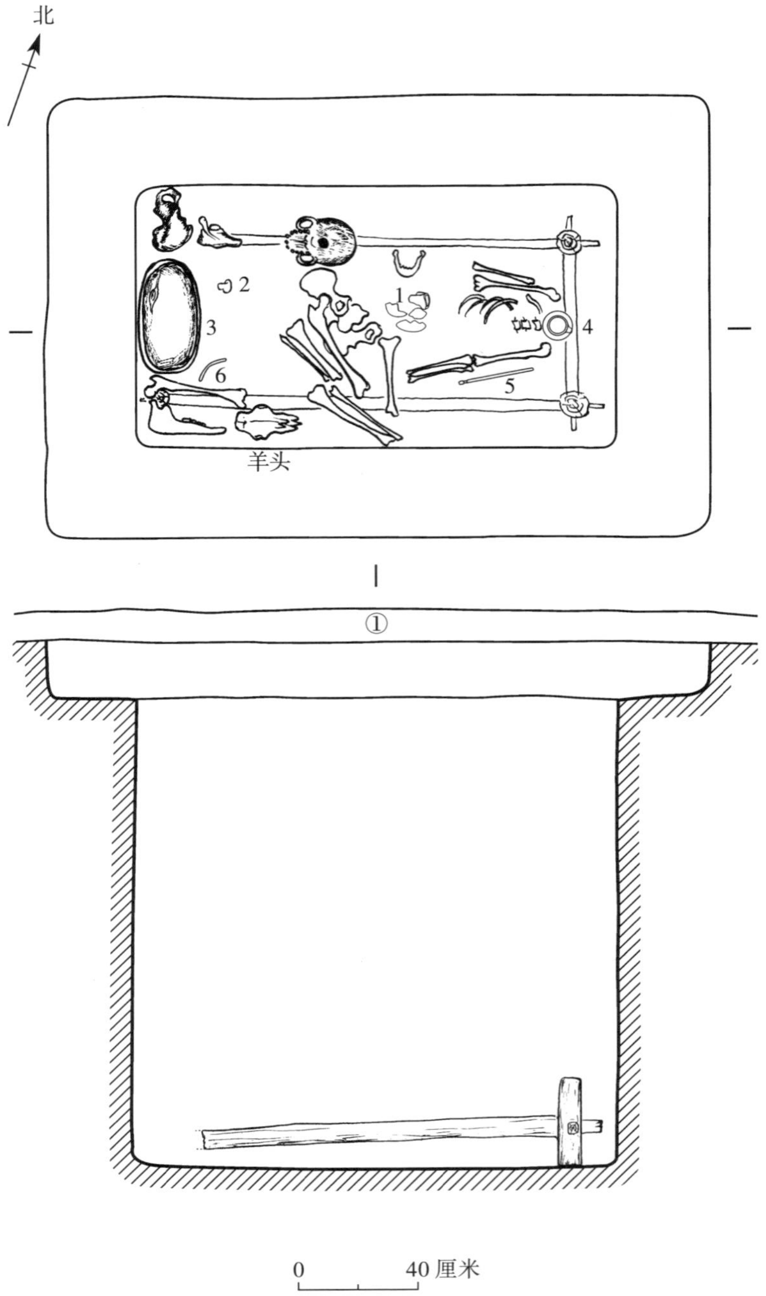

图二五一 ⅠM142平、剖面图

1、4. 陶单耳罐 2. 石扣 3. 木盘 5. 木鞭杆 6. 骨镳

地表为戈壁沙砾石层。墓口距地表深0.1米，墓口呈规则的长方形，长2.2、宽1.5米。四边二层台宽0.3、深0.2米，台面上残留芦苇杆。墓底长1.6、宽0.9米，墓深1.8米。墓底有木制尸床，长1.52、宽0.72、高0.31米，床面木棍已朽，仅残留木床架，床架上和床脚下有散乱的人肢骨，头骨位于床架北边沿，骨骼缺失较多，为成年男性。床沿下西南角随葬有狗骨架、羊头。随葬的两件陶单耳罐位于中东部，两个石扣、木盘和骨镳在西边，木鞭杆在东南角（图二五一）。

随葬品

出土陶、石、木、骨质器物6件（组）。

1. 陶单耳罐 夹砂红陶。敞口，颈微束，鼓腹，圜底，条带耳由沿翻至腹底。内沿饰连续锯齿纹，器表饰由大三角延伸的细条带纹，器耳饰横向复式折线纹。口径11.1、腹径12.9、高12.4厘米（图二五二，4；图版四六，4）。

2. 石扣 2件（图版二〇六，5）。ⅠM142：2-1，圆形，凸面，背面有桥形纽，通体光滑。直径2.4厘米（图二五〇，1）。ⅠM142：2-2，呈梯形，上沿直角拐一柄，柄有圆孔。长2.4、宽1.7~2.1、厚0.6厘米（图二五二，2）。

3. 木盘 圆木加工而成。呈椭圆形，敞口，圆唇，浅腹，圜底。口长径39、口短径21.1、高6厘米（图二五二，3）。

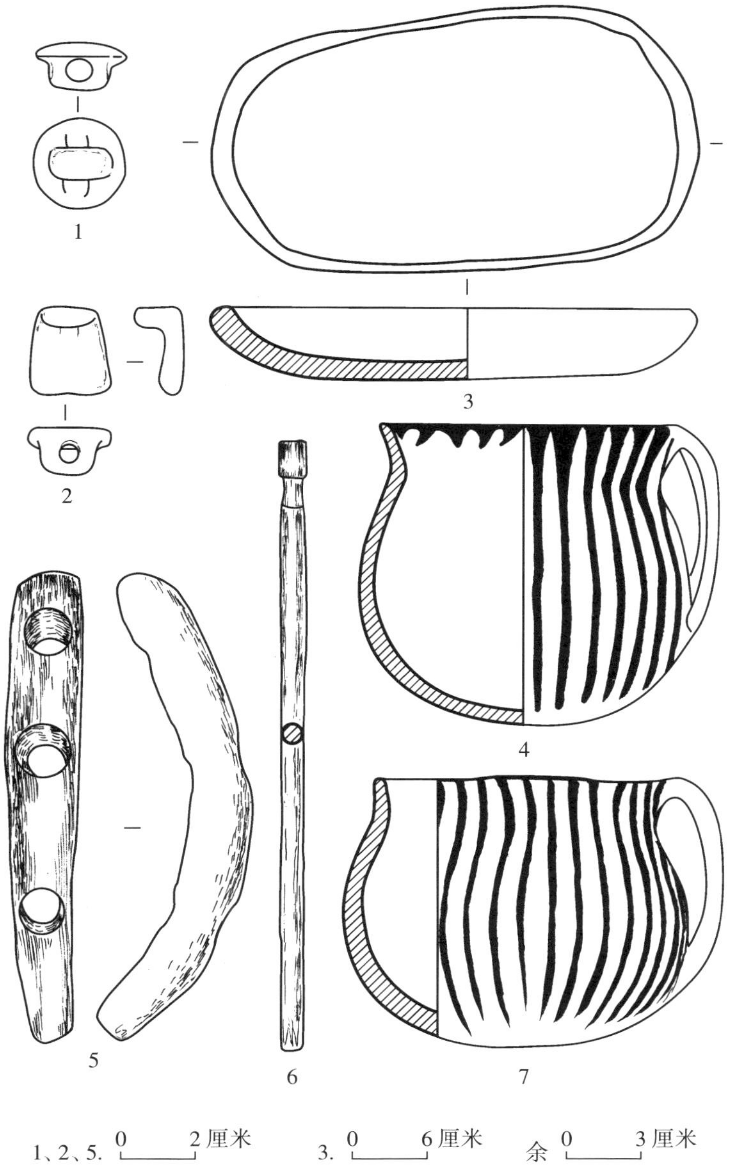

图二五二　ⅠM142随葬品

1、2. 石扣（ⅠM142：2–1、2–2）　3. 木盘（ⅠM142：3）　4、7. 陶单耳罐（ⅠM142：1、4）　5. 骨镳（ⅠM142：6）　6. 木鞭杆（ⅠM142：5）

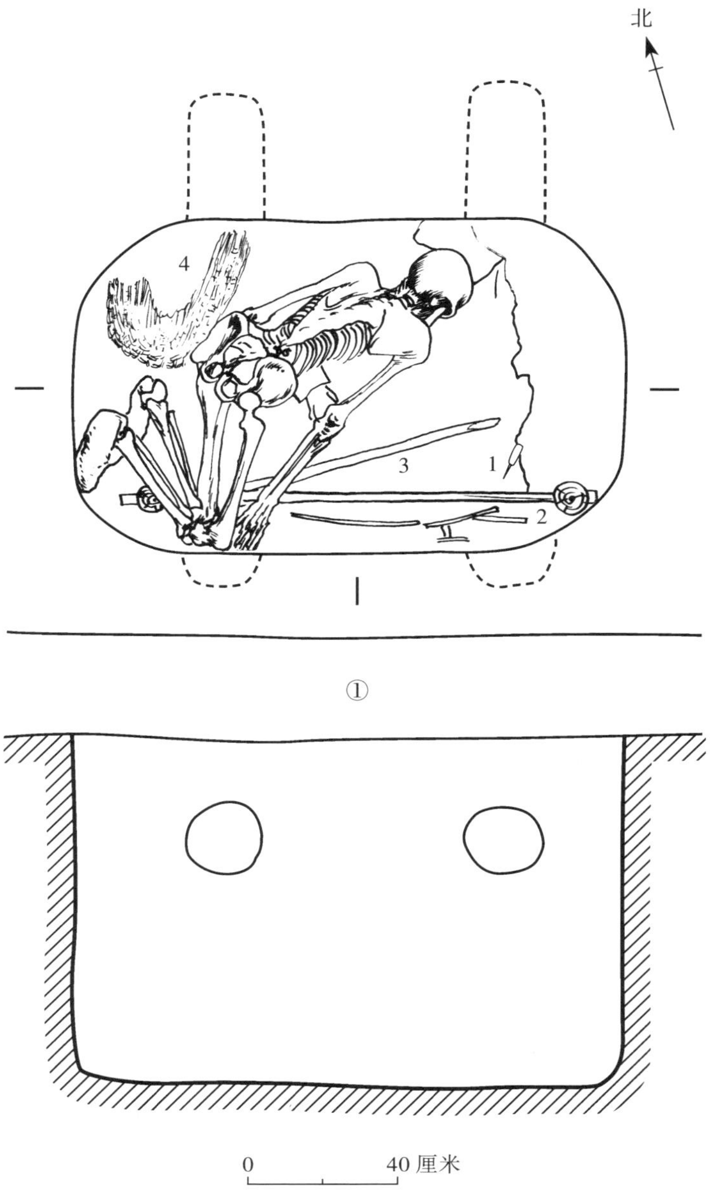

图二五三　ⅠM143平、剖面图

1. 铜锥　2. 木弓　3. 木橛　4. 簸箕

4. 陶单耳罐　夹砂红陶。敞口，方唇，鼓腹，圜底，长条耳由沿翻至服下。内沿涂红陶衣，彩绘三角纹，器表通体饰由三角延伸的斜向条带纹，耳彩绘斜向条带纹。口径11.5、腹径13.4、高11厘米（图二五二，7；图版四六，5）。

5. 木鞭杆　圆木削制。一端削帽盖，阻挡鞭梢脱落，通体光滑。长25、直径0.8厘米（图二五二，6）。

6. 骨镳　圆木加工而成。呈角锥形，弯成弧形，表面钻三孔。长12.9、直径1.9厘米（图二五二，5；图版一八五，2）。

ⅠM143

墓葬概况

位于墓中部偏西，北邻ⅠM212，东邻ⅠM211，墓向110°。A型，椭圆形竖穴土坑墓。地表为戈壁沙石。墓口距地表深0.28米，口长径1.48、短径0.9、底深0.95米。墓南北两壁各有两个圆洞，直径0.2米，北壁进深0.35~0.38米，南壁进深0.1米，为棚木梁洞，洞上口距墓口0.17米。墓底有成年男性骨架一具，俯身屈肢，下肢上屈，依靠于南壁，脚穿皮鞋。骨架下有残朽的四足木床，长1.25、高0.32米。在木床南侧出土木弓，附近有铜锥和木橛，西北角有残破的簸箕（图二五三）。

随葬品

出土铜、木器4件。

1. 铜锥　木柄呈圆柱状，锥呈四棱尖状，锥尖较短，尖锐。通长8、柄长6.4、尖长1.6厘米（图二五四，1；图版二〇〇，6）。

2. 木弓　呈弧拱形，两端削尖，系弦，弓截面呈扁椭圆形。残长 55.4、宽 1.3~1.6、厚 0.6 厘米（图二五四，4；图版一五八，4）。

3. 木橛　柽柳棍砍削成。一头扁尖，一端圆钝。长 69.8、直径 2.16 厘米（图二五四，5）。

4. 簸箕　用皮条和芨芨草编制。大部分保存完好。残长 40、宽 30.3 厘米（图二五四，8）。

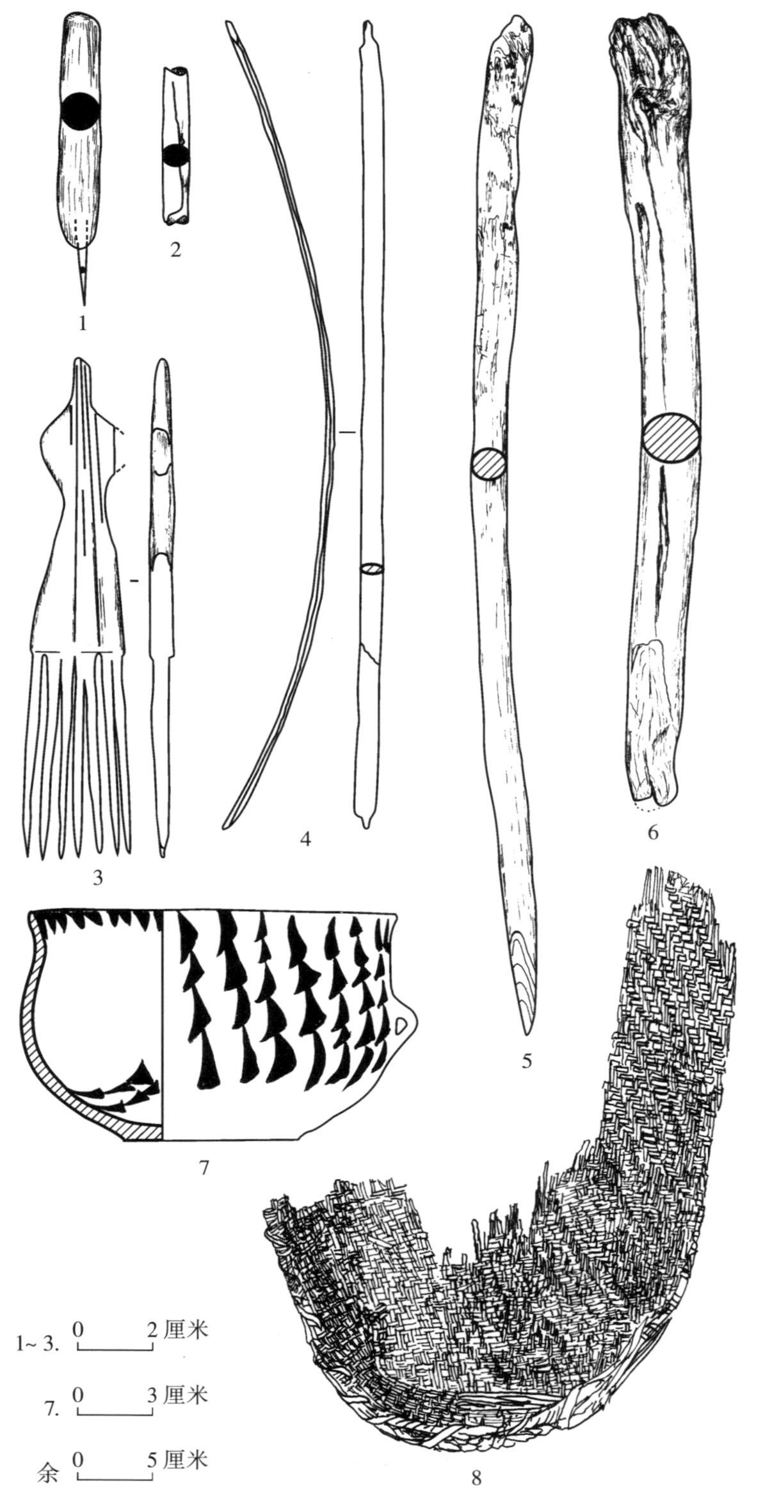

图二五四　ⅠM143、ⅠM144 随葬品

1. 铜锥（ⅠM143：1）　2. 铜管（ⅠM144：1–1）　3. 木梳（ⅠM144：2）　4. 木弓（ⅠM143：2）　5、6. 木橛（ⅠM143：3、ⅠM144：4）　7. 陶碗（ⅠM144：3）　8. 簸箕（ⅠM143：4）

ⅠM144

墓葬概况

位于墓地中部偏西，西邻ⅠM145，南邻ⅠM211，墓向 105°。C 型，长方形竖穴土坑墓，直壁。地表呈东高西低的斜坡状，坡度较陡，地表为戈壁沙砾层，墓口距地表深 0.24 米，墓长 1.2、宽 0.72 米，墓深 0.36~0.79 米。墓底有一具女性尸骨，无头，侧身屈肢，脚向西，穿短靿皮靴，脚前随葬有羊头。尸骨南侧放置铜管、木梳、陶碗、木橛、毛穗（图二五五）。

随葬品

出土陶、铜、木器共 4 件（组）。

1. 铜管　4 节。均呈细管状，为铜片卷曲焊接而成，管一侧有明显焊缝。ⅠM144：1–1，长 4.3、直径 0.7 厘米（图二五四，2）。

2. 木梳　梳齿单作，然后拼粘在一起，呈纵长条形，背呈束腰状，背顶有呈圆柱状杆，扁锥齿较长，共七齿。长 13.78、宽 2.4、厚 0.64、齿长 5.6 厘米（图二五四，3；图版一四九，7）。

3. 陶碗　夹砂红陶。敞口，尖唇，折沿，圆腹，小平底，腹中部有小鼻耳。内沿饰三角纹，器表竖行绘三角纹。口径 14.6、底径 7、高 9.6 厘米（图二五四，7；图版一一八，6）。

4. 木橛　柽柳棍削成。长 53、直径 4 厘米（图二五四，6）。

ⅠM145

墓葬概况

位于墓地中部偏西，东邻ⅠM144，北邻ⅠM146，墓向 112°。A 型，椭圆形竖穴土坑墓，周壁有收分，口大底小。地表为戈壁沙砾石，墓口距地表深 0.25 米，墓口长径 1.5、短径 1.4 米，墓底长径 1.4、短径 1.3 米，墓深 0.72~0.81 米。墓底有一具无头干尸，男性，年龄约 35 岁。侧身屈肢，脚向西，两手置于腿部，左手背刺有文身。脚穿皮靴。前有骨针和木钵，背后有双齿骨杼，木橛在墓口盖木上（图二五六）。

随葬品

出土骨、木器及毛纺织物 6 件。

1. 骨针　磨制。尾部有穿线小孔，尖锐，通体光滑，保存完整。长 6.45、直径 0.15 厘米（图二五七，3；图版一九二，10）。

2. 骨杼　骨片磨制。后端穿孔，前端刻两齿。长 8.1、宽 1 厘米（图二五七，6；图版一九四，1）。

3. 木钵　圆木刻挖制作。口呈椭圆形，方唇，深腹，圜底，沿下有一组形耳。素面。口径 13.1~16.2、高 6.76 厘米（图二五七，10；图版一四二，5）。

4. 木橛　用柽柳枝削制而成。一头扁尖。长 63.8、直径 3.6 厘米（图二五七，7）。

5. 文身　手背和手指的背面饰等距成排的黑色带对角延长线的菱格纹（图二五七，1、2、9；图版二一一，1）。

6. 长衣　原黄色平纹长衣残片。以平纹为基础组织，保存有幅边，幅边宽 6.5 厘米。黄色做经线，棕红色与普蓝色做纬线织出。蓝底上两条平行的棕红色线作为边饰，边饰一边缝接褐色毛绦。长 101、宽 71.4 厘米（图版二五四，1）。

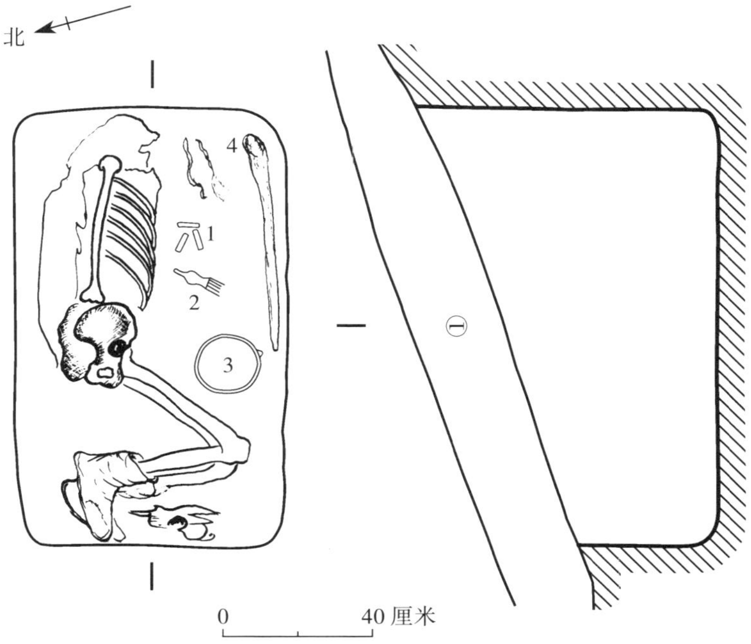

图二五五　Ⅰ M144 平、剖面图
1. 铜管　2. 木梳　3. 陶碗　4. 木橛

Ⅰ M146

墓葬概况

位于墓地中部偏西，南邻Ⅰ M145，北邻Ⅰ M147，墓向 120°。A 型，椭圆形竖穴土坑墓，南北两壁有搭建棚盖木梁的圆洞。地表为东高西低的斜坡，表层为戈壁黑砾石。墓口距地表深 0.2 米，墓长径 1.55、短径 0.96 米，墓深 0.4~0.56 米。墓底有无头干尸一具，侧身屈肢，脚向西，手置于腿上，左手背上有连续彩绘。身着毛织衣物已残朽，脚穿皮靴，为成年男性。尸骨下铺有毛毡，现已朽残。颈部出土串饰，身前出土木钵、三齿骨杼和草编饰。身后出土有毛纺织物和罽毛织物的残片。柽柳木橛在填土中（图二五八）。

随葬品

出土石、骨、木器及毛纺织物 8 件（组）。

1. 木钵　圆木削制。呈半球状，尖唇，圜底。口径 14.2、腹径 14.4、高 6.8 厘米（图二五七，12；图版一四二，6）。

2. 骨杼　骨片磨制。前端刻有三个齿，后端钻穿孔。长 6.1、宽 1 厘米（图二五七，4；图版一九四，2）。

3. 串饰　用细毛线穿连管状白色骨质串珠和红色石质串珠，线多朽，串珠大多零散。长 14.1 厘米（图二五七，5；图版二〇九，1）。

4. 草编饰　4 件。苇皮编制。呈菱锥状。Ⅰ M146 : 4–1，长 2.15、宽 1.6 厘米（图二五七，11）。

5. 木橛　用柽柳棍削制。一头扁尖状。长 71.4、直径 2.6 厘米（图二五七，8）。

6. 毛纺织物　深棕地浅棕色条纹斜褐残片。这件织物由深、浅两种棕色经、纬线相交成 2/2 双面加强斜纹组织，织物表面形成深棕色地上，现出横向浅棕色条纹，

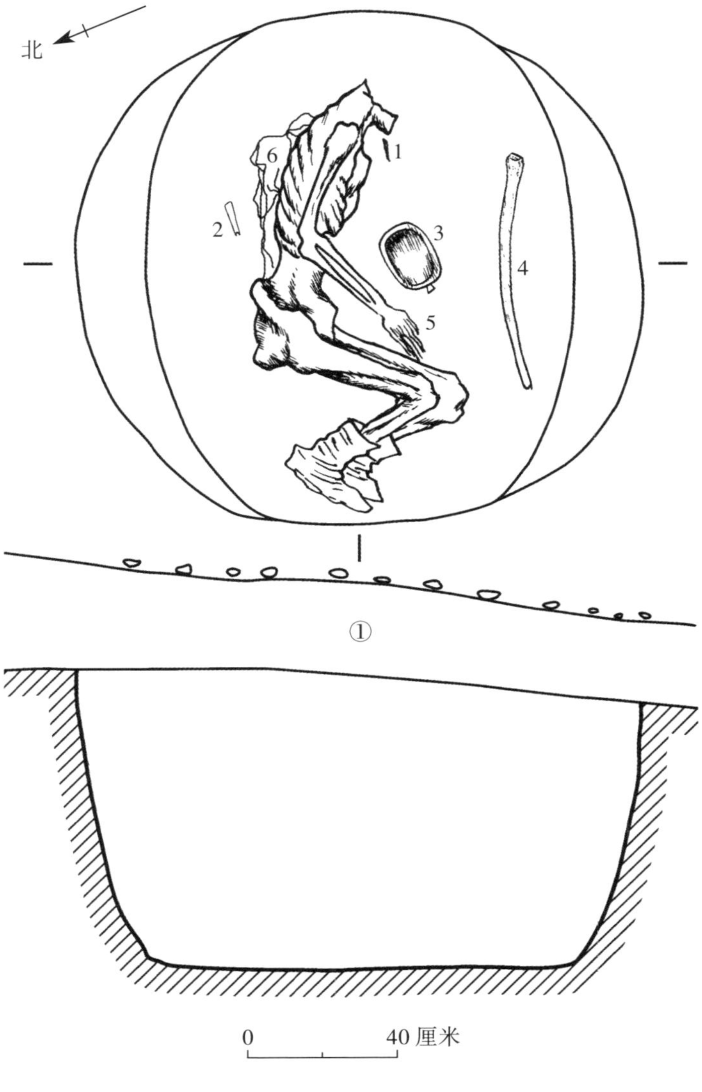

图二五六　Ⅰ M145 平、剖面图
1. 骨针　2. 骨杼　3. 木钵　4. 木橛　5. 文身　6. 长衣

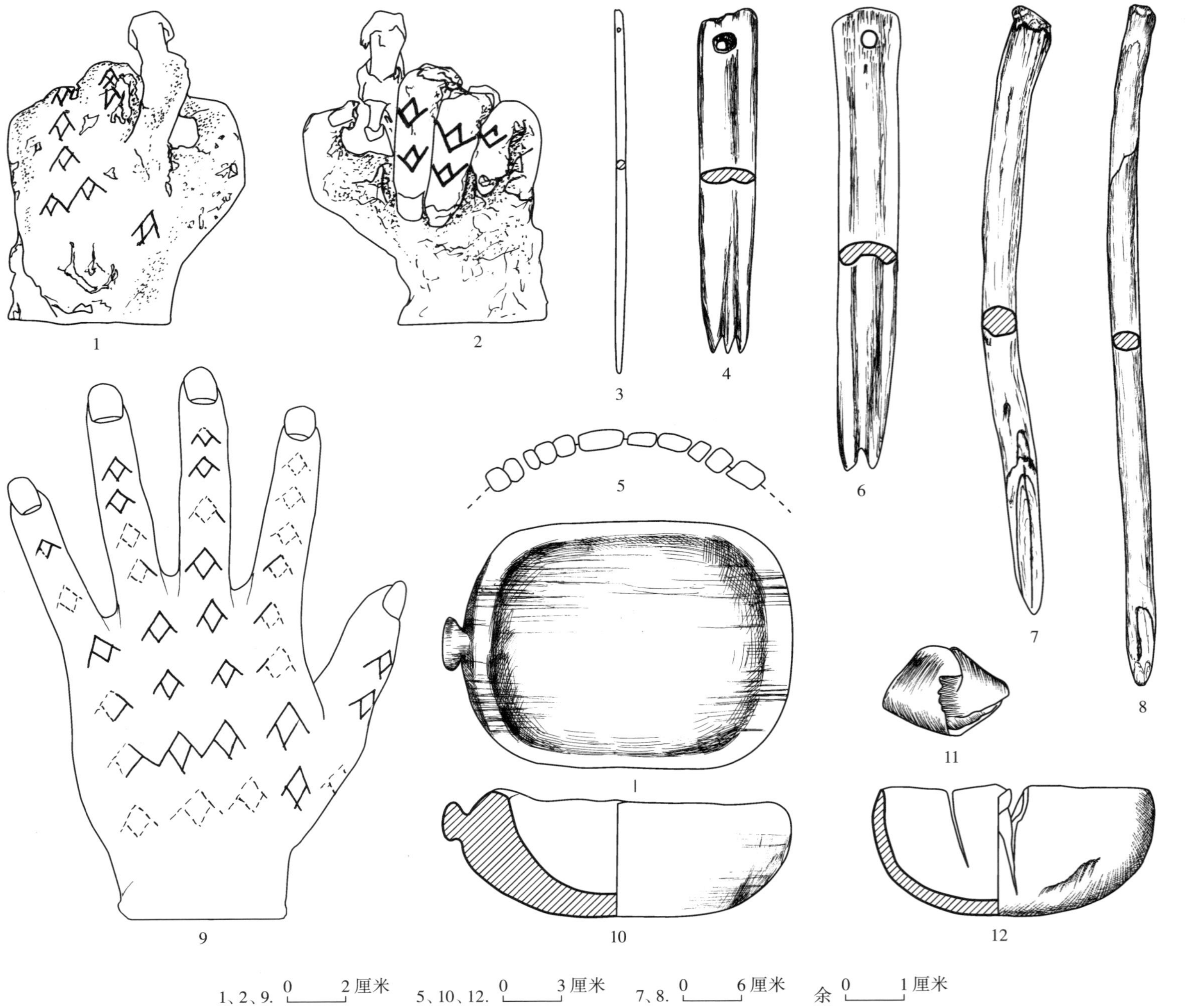

图二五七　ⅠM145、ⅠM146随葬品

1、2、9. 文身（ⅠM145：5，1为手背纹样，2为手指纹样，9为文身复原图）　3. 骨针（ⅠM145：1）　4、6. 骨杼（ⅠM146：2、ⅠM145：2）　5. 串饰（ⅠM146：3）　7、8. 木橛（ⅠM145：4、ⅠM146：5）　10、12. 木钵（ⅠM145：3、ⅠM146：1）　11. 草编饰（ⅠM146：4-1）

现存条纹八组，每组五根。长103、宽79厘米（图版二五四，2）。

7. 缂毛织物　棕色地黄色菱形涡旋纹缂毛残片。以平纹为基础组织，运用通经断纬的方法，缂织出斜向的宽折线、小菱格等不规则的纹饰，曲折回旋组成菱形式涡旋纹样。保存有幅边，由五根经线合捻与纬线交织，以增加织物的牢固度。长85.8、宽44.5厘米（图版二五四，3）。

8. 缂毛织物　深棕地缂浅棕色锯齿纹斜褐残片。以斜纹为基础组织，再在深棕色地上，用通经断纬法缂织出棕色地黄色锯齿纹图案。每个图案有五根纬线，现存八组图案，每组图案间距1.5~1.8厘米。以六根经线合捻与纬线相交成幅边。长25、宽18厘米（图版二五四，5）。

ⅠM147

墓葬概况

位于墓地中部偏西，南邻ⅠM146，北邻ⅠM213，墓向113°。B型，长方形竖穴土坑墓，一短边有二层台。地表层为沙质土，厚0.27米。墓口在表土层下，长1.89、宽1米；二层台宽0.17、深0.4米；墓底长1.72、宽1米，墓深1.9~2米。该墓曾被盗扰，人骨架横向俯卧在墓的东侧，下肢残失，头向北，侧身，面向东，为成年

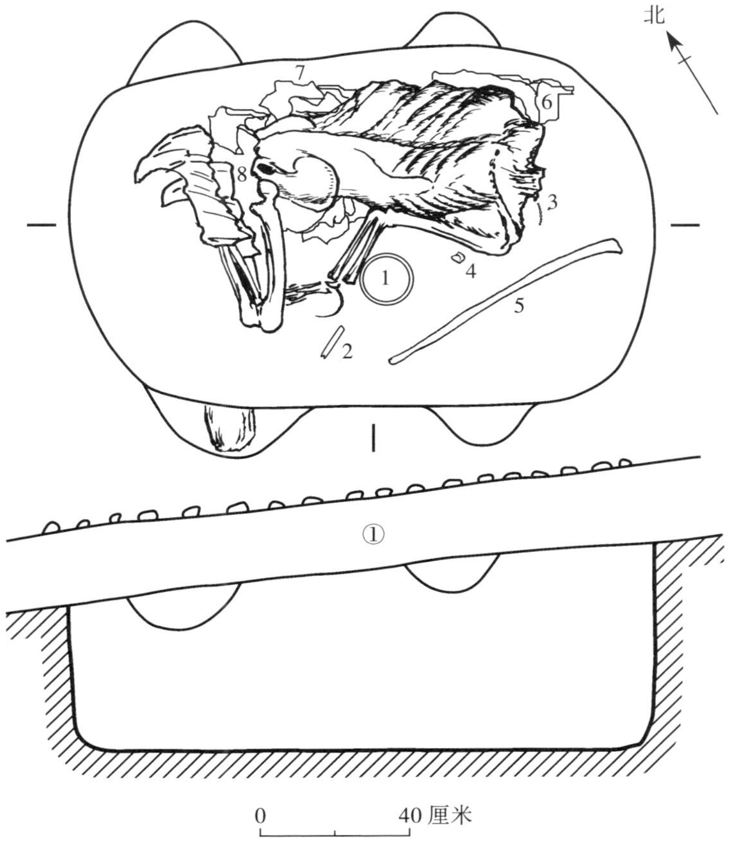

图二五八　ⅠM146平、剖面图

1. 木钵　2. 骨杼　3. 串饰　4. 草编饰　5. 木橛　6. 毛纺织物　7、8. 缂毛织物

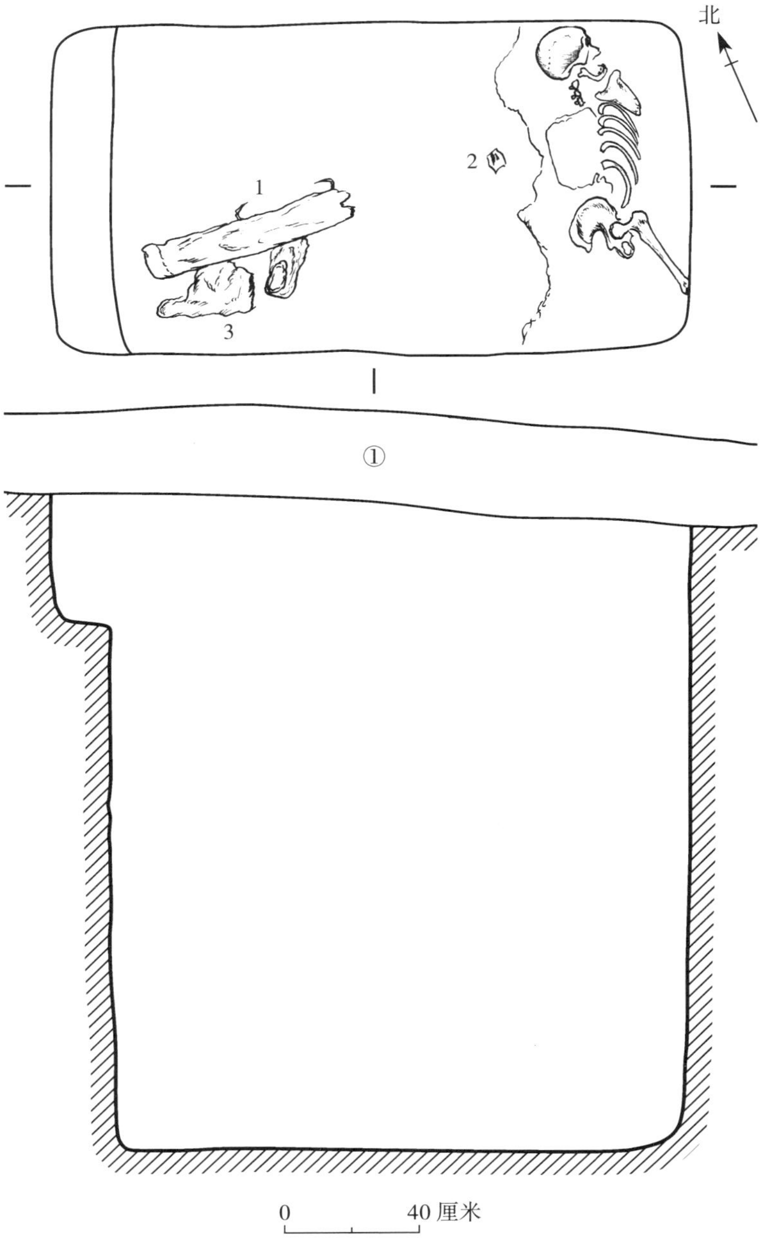

图二五九　ⅠM147平、剖面图

1. 皮弓箭袋　2. 陶器残片　3. 皮靴

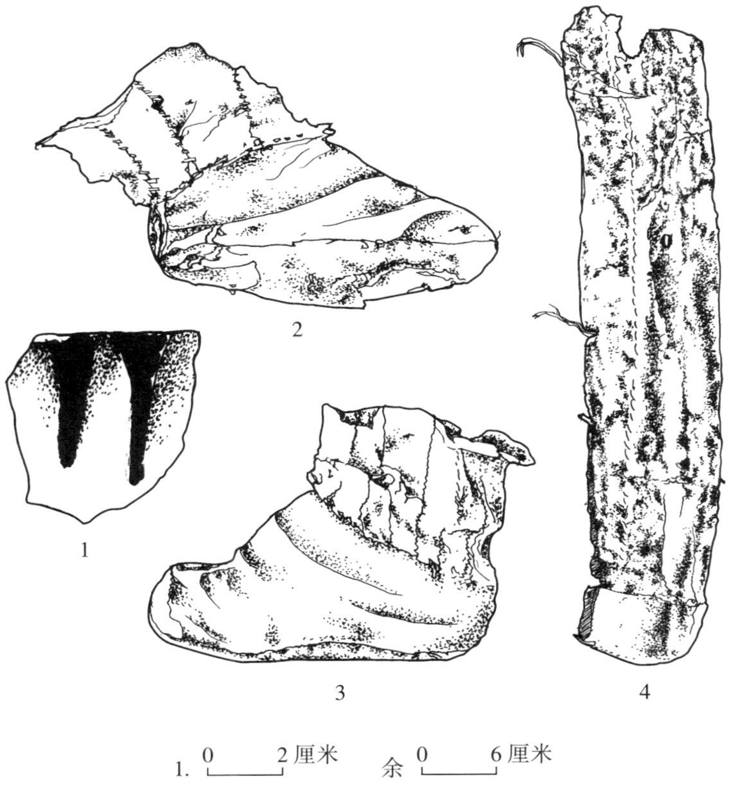

图二六〇　ⅠM147随葬品

1. 陶器残片（ⅠM147：2）　2、3. 皮靴（ⅠM147：3右、3左）　4. 皮弓箭袋（ⅠM147：1）

男性。墓主背后有陶器残片，西边有皮弓箭袋和皮靴（图二五九）。

随葬品

出土陶、皮质器物3件（组）。

1. 皮弓箭袋　羊皮革缝制，尾端有牛皮套头，一边有系带，用于捆绑木撑板。长54、宽11厘米（图二六〇，4；图版二二五，8）。

2. 陶器残片　为陶器口沿部分。饰长三角锯齿纹。长5.1、宽4.9厘米（图二六〇，1）。

3. 皮靴　一双。短靿，底和帮为牛皮缝制，靿为羊皮制，用宽长条的羊皮竖接成（图版二一九，1）。右靴长28、高22厘米（图二六〇，2）；左靴长28、高21厘米（图二六〇，3）。

ⅠM148

墓葬概况

位于墓地中部，西邻ⅠM214，东北邻ⅠM149，墓向90°。C型，圆角长方形竖穴土坑墓，墓壁较直。该墓地表由于风蚀作用，较平坦。开口于表土下，表土层厚0.11米，墓口长1.44、宽0.92米，墓深1.27米。墓底有四个放置木床腿的圆洞，洞直径0.2、深0.19米。填土为沙土，

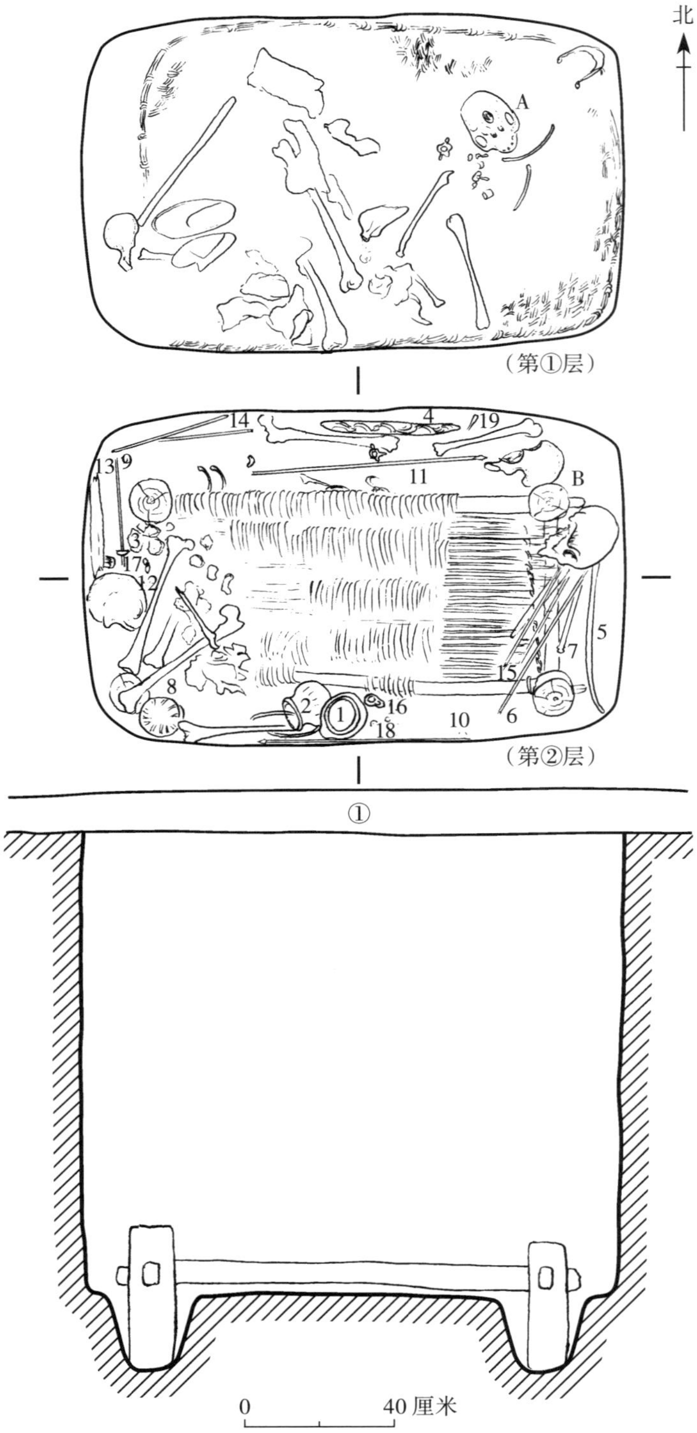

图二六一　ⅠM148平、剖面图

1、2. 陶单耳罐　3、8、16. 陶单耳杯　4. 木撑板　5. 复合弓　6、10、11、14、15. 木箭　7. 木鞭杆　9. 木纺轮　12. 牙扣　13. 木橛　17. 木梳　18. 珠饰　19. 木钉

土质松散，掺杂有黑色小砾石、芦苇秆、骆驼刺、黑果枸杞枝。有两层人骨架。第①层：深0.48米，有一张编织的草席，上有零散人骨，编号A。人头骨与下颌骨分离在东北部，盆骨在西部，肢骨散乱，盆骨东侧有一双皮鞋。性别、年龄、葬式不详。第②层：共两具人骨架。严重盗扰，骨架散乱。B人头骨、盆骨、胫骨位于尸床东端，为成年女性。C人骨架头骨、肢骨堆于木床西侧，为成年男性。木床用榫卯结构，四角有四根床腿，下置于墓底床腿洞中，立柱直径约0.1、高0.33厘米。床腿之间用木框连接，上排铺有木条，并用皮条捆扎固定，木条上留有树皮。上面铺有芦苇叶、秸秆。随葬的木箭、木鞭杆、复合弓在墓室东部，木撑板、木钉、木箭在北壁边，木纺轮、木橛、牙扣、陶单耳杯、木梳在西部，陶单耳杯、陶单耳罐、木箭、珠饰在南壁边（图二六一）。

随葬品

出土陶、木、牙、石质器物19件（组）。

1. 陶单耳罐　夹砂红陶。敞口，圆唇，短颈，圆腹，圜底，单耳由口沿下翻至底部。器表及口沿内部施红色陶衣，黑彩，口沿内饰锯齿纹，器表绘细长的三角竖条纹直至腹底。器内盛有野西瓜籽。口径11.4、腹径13.2、高12厘米（图二六二，7；图版四六，6）。

2. 陶单耳罐　夹砂红陶。敞口，圆唇，短颈，圆鼓腹，圜底，单耳由口沿下翻至器底。器表至口沿内部施红色陶衣，绘彩，口沿内饰锯齿纹，器表绘细长的三角竖条纹直至腹底，耳部绘变形涡纹。器内盛有半罐大麻籽、刺山柑果实及其茎、叶。口径9.4、腹径12.8、高11.6厘米（图二六二，5；图版四七，1）。

3. 陶单耳杯　夹砂红陶。敞口，圆唇，圆腹，圜底。器表有烟炱痕。口径9.2、腹径10.1、高7.2厘米（图二六二，4）。

4. 木撑板　起支撑皮弓箭袋作用，包缝在皮弓箭袋的边缘。木板单面浅浮雕连续的羽状涡纹。长56.78、宽5.1、厚0.9厘米（图二六三，1；图版一六三，6）。

5. 复合弓　残。长条形微曲，用绣线菊木条作骨定形，内侧粘贴牛角，外侧粘牛筋。残长54.12、宽1.08、厚0.64厘米（图二六三，7）。

6. 木箭　3支。残。木棍削制打磨光滑，箭头截面三棱形，有倒刺，箭杆尾端有粘尾羽的痕迹，刻有挂弦的槽。ⅠM148：6-1，长61.2、直径0.8厘米（图二六三，9）。

7. 木鞭杆　残。圆木棍削制而成。一端刻槽，顶部削成圆形。表面用红彩绘有一道螺旋形线条。长33.2、直径2.8厘米（图二六三，6；图版一六八，4）。

8. 陶单耳杯　夹砂红陶。敞口，圆唇，短颈，腹圆鼓，

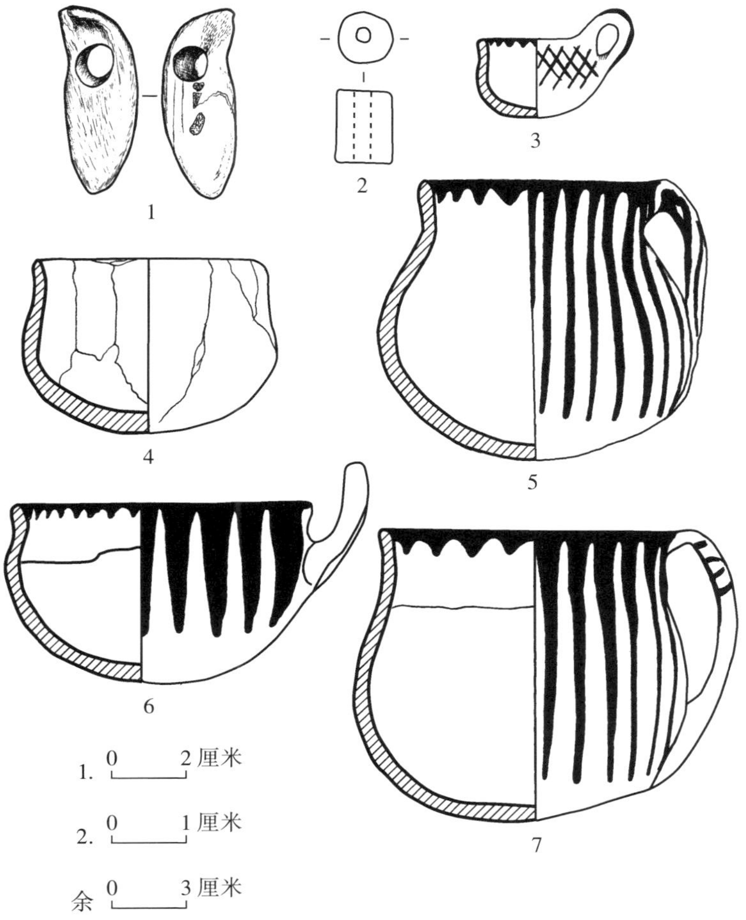

图二六二　ⅠM148 随葬品

1. 牙扣（ⅠM148：12）　2. 珠饰（ⅠM148：18）　3、4、6. 陶单耳杯（ⅠM148：16、3、8）　5、7. 陶单耳罐（ⅠM148：1、2）

圜底，口沿下有单横耳，上翘超过口沿。器表及口沿内部施红色陶衣，口沿内饰黑色彩绘锯齿纹，器表绘连续三角竖条纹。口径 12、高 7.4、通高 9 厘米（图二六二，6；图版八四，6）。

9. 木纺轮　木线轴打磨光滑，中间粗，两端细，尾端刻有一浅槽。纺轮圆饼状，一面略有起弧。线轴长 35.6、直径 0.6 厘米，轮径 5、厚 1 厘米（图二六三，5；图版一七五，2）。

10. 木箭　箭头为骨质，截面近菱形，有对称的倒刺，与箭杆用皮条缠扎。箭杆为木棍削制打磨光滑，尾有用以挂弦的倒刺。长 61.2、直径 0.8 厘米（图二六三，8）。

11. 木箭　残。箭头截面呈三棱形，有一高一低两个倒刺，箭尾有挂弦的槽。残长 58.8、直径 0.6 厘米（图二六三，10）。

12. 牙扣　兽牙加工而成。打磨光滑，一端钻有一穿孔。长 5.1、宽 1.9 厘米（图二六二，1；图版一九六，6）。

13. 木橛　5 根。圆木棍削制而成。一端砍断，截面留有刀剁痕，且有砸痕，一端削成尖锥状。长 49.6、直径 4 厘米（图二六三，2）。

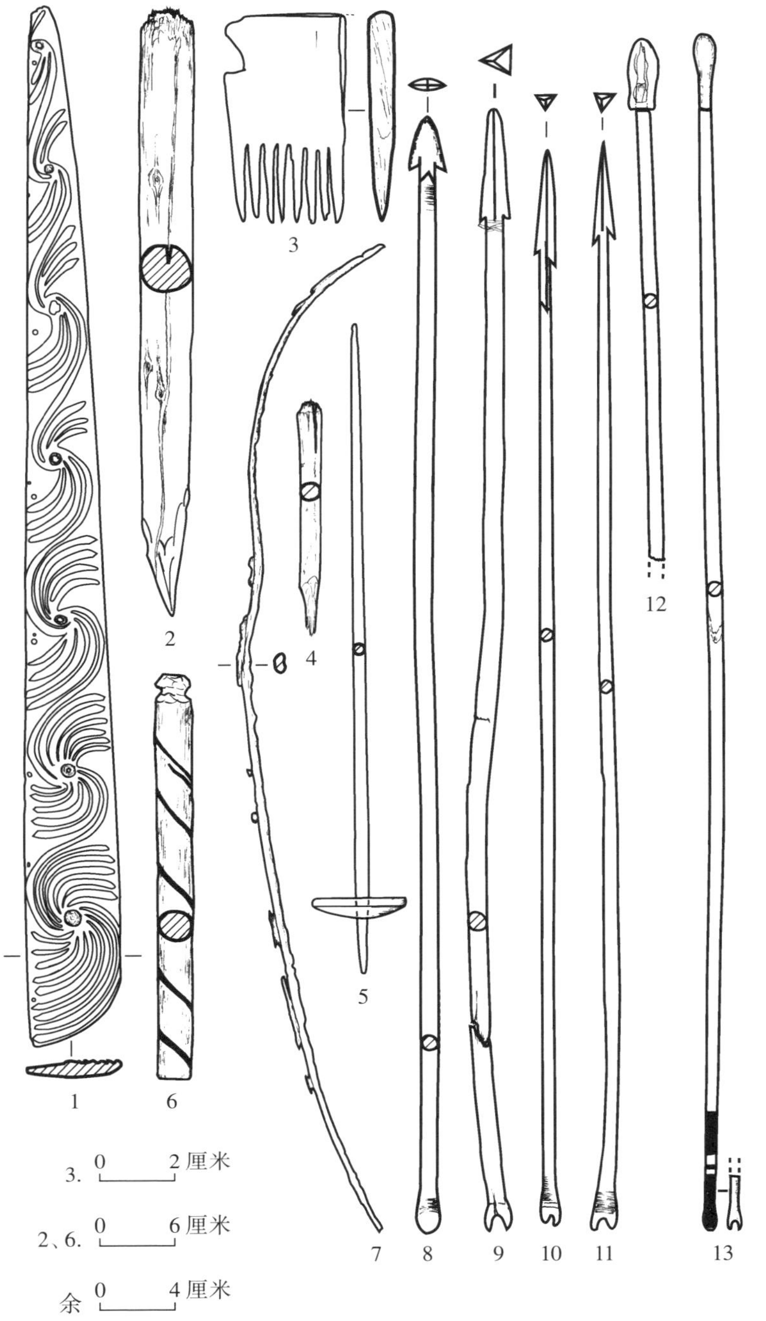

图二六三　ⅠM148 随葬品

1. 木撑板（ⅠM148：4）　2. 木橛（ⅠM148：13）　3. 木梳（ⅠM148：17）　4. 木钉（ⅠM148：19）　5. 木纺轮（ⅠM148：9）　6. 木鞭杆（ⅠM148：7）　7. 复合弓（ⅠM148：5）　8~13. 木箭（ⅠM148：10、6-1、11、15、14-1、14-2）

14. 木箭　4 支（图版一五九，4）。残。三支箭头为木质，一支箭头为骨质，截面均为圆形，其中两支为复合式。ⅠM148：14-1，残长 28.4 厘米（图二六三，12）。ⅠM148：14-2，箭尾完好，涂有黑、黄、红三色，尾有用以挂弦的槽。长 65.8、直径 0.8 厘米（图二六三，13）。

15. 木箭　2 支。残。箭头呈三棱尖锥状，有两个倒刺，箭尾有挂弦的槽。长 59.6、直径 0.7 厘米（图二六三，11）。

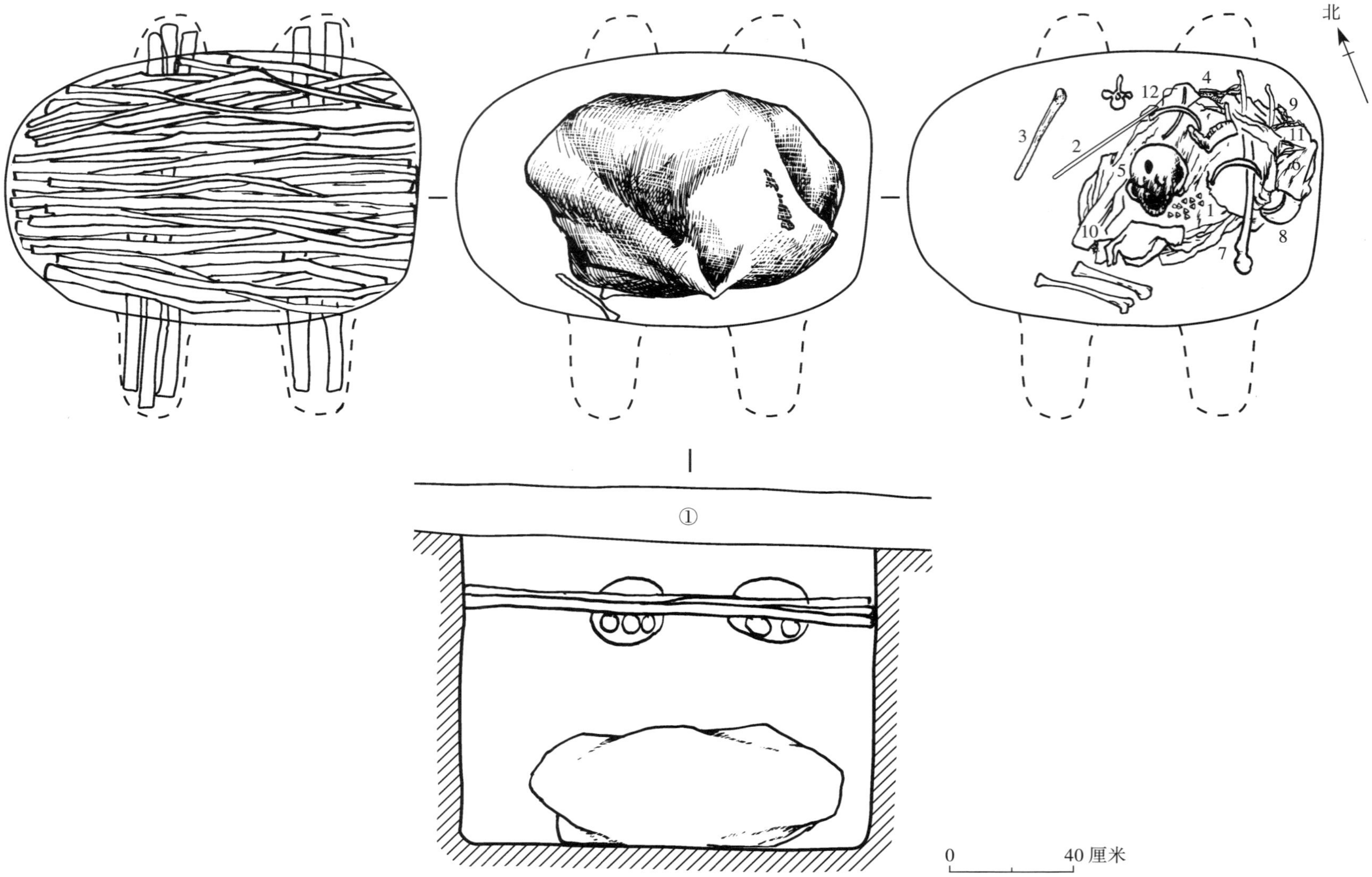

图二六四　ⅠM149 平、剖面图

1. 草编串饰　2. 木鞭杆　3. 木橛　4. 毛穗　5. 毛纺织物　6. 长衣　7、9~12. 毛编织带　8. 木钵

16. 陶单耳杯　夹砂红陶。敞口，弧腹，平底，单耳由口沿上扬后下翻至腹底。器表及内口沿施红色陶衣，口沿内饰锯齿纹，器表面饰网格纹。口径 4、底径 2、高 3.2、通高 4.6 厘米（图二六二，3；图版七〇，3）。

17. 木梳　木板削制而成。残存一半。亚腰形，残留八齿。表面磨光。长 5.3、宽 3.5、齿长 2.2 厘米（图二六三，3）。

18. 珠饰　残。管状，打磨光滑。高 1、外径 0.7、内径 0.2 厘米（图二六二，2）。

19. 木钉　2 件。树枝削制而成。一端砍断，截面不平，留有刀剁痕，一端削成尖锥状。完整的那件顶部有击打痕迹。长 12.8、最大直径 1.4 厘米（图二六三，4）。

ⅠM149

墓葬概况

位于墓地中部偏西，北邻ⅠM157，东邻ⅠM153，墓向 110°。A 型，椭圆形竖穴土坑墓。墓口长径 1.32、短径 0.9 米，墓口距地表深 0.18 米。在距墓口下 0.12 米处，南北两壁各有两个圆柱洞，五根横向木梁三、两分别嵌入两面墓壁内，木梁上排放柳木棍，木棍上封盖土坯，然后用黄沙土填至墓口。墓底长径 1.3、短径 0.9 米，墓深 1.02 米。墓底有一具毛毡包裹的人骨。打开毛毡，见骨骼移位凌乱，头在中间，为壮年男性，年龄 20~30 岁。随葬的木橛、木鞭杆在毛毡外，草编串饰、木钵与人骨包在一起，里面还有毛织衣物残片（图二六四；图版一八，1~3）。

随葬品

出土草、木器及毛纺织物 12 件（组）。

1. 草编串饰　用金黄色篾皮编织。粽子状，用细毛线穿连，似装饰品。直径 1.2~1.6 厘米（图二六五，1；图版二一四，2）。

2. 木鞭杆　一端刻槽，拴皮条，棍体朱绘螺旋状

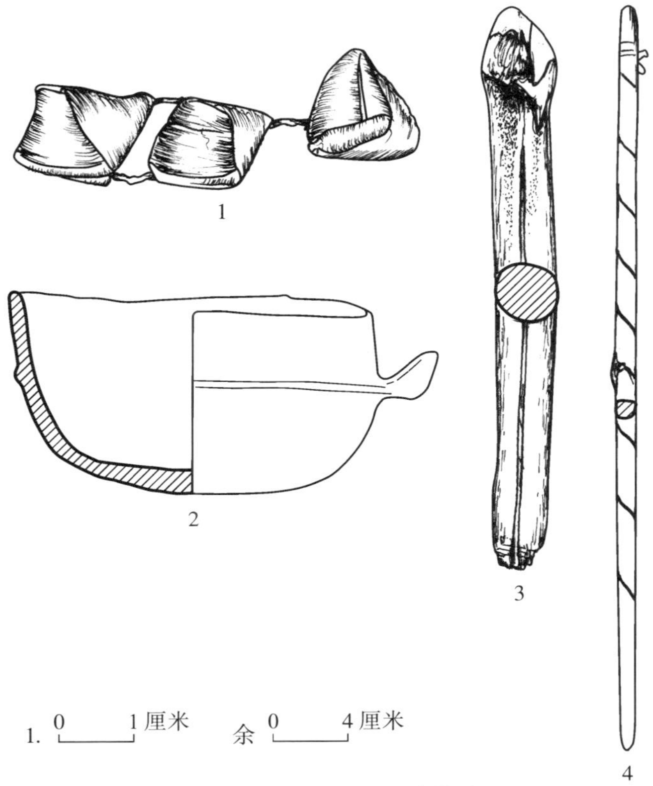

图二六五　ⅠM149 随葬品

1. 草编串饰（ⅠM149：1）　2. 木钵（ⅠM149：8）　3. 木橛（ⅠM149：3）　4. 木鞭杆（ⅠM149：2）

条带纹。长 40.6、直径 1 厘米（图二六五，4；图版一六八，5）。

3. 木橛　柽柳棍削制。带表皮，残断。残长 31、直径 3.2 厘米（图二六五，3）。

4. 毛穗　残为若干条。褐色与蓝色两种，墓中采集（图版二五五，7）。

5. 毛纺织物　黄地横向蓝色条纹破斜纹毛纺织物。已残为两片：ⅠM149：5–1，长 25.5、宽 38 厘米。ⅠM149：5–2，长 36、宽 39 厘米。织物的一端为黄色，主体部分是在蓝色地上显出黄色条纹（图版二五五，4）。

6. 长衣　黄地几何纹缂毛开襟长外衣。将两幅以平纹为基础组织的缂毛织物对折，形成前、后身，后身以两幅相缝缀，前面两幅分别为左右前襟，再分别缝缀袖子。袖子为单独织制的整幅缂毛织物对折而成。在衣服肩、胸和背部，包括整个袖子，均以通经回纬的缂毛技法织出条格和折线纹图案，条格边沿形成锯齿纹或斜向的菱格纹。出土时，左右两半身已经分离。两半身残存的部分不同，宽度有异，缂织图案也有区别。左半身用黄地红、蓝色长方格纹和折线纹缂毛织物缝制，右半身用黄地蓝色宽条和折线纹缂毛织物缝制。在长衣下摆终端和袖口处，织出宽 5 厘米的边饰。身长 112、宽 95.5 厘米，通袖长 147.1 厘米，袖长 25.5~26.5 厘米（图版二五四，6）。

7. 毛编织带　ⅠM149：7–1，蓝色。残长 40.5、宽 1.8 厘米。编织带的一端缝缀红、蓝色两个缨穗。ⅠM149：7–2，红、蓝色两个缨穗。残长 14 厘米（图版二五五，6）。

8. 木钵　圆木削挖制作。直口，方唇，圜底，上腹刻一圈凸棱与錾相连。口径 19.2、高 11 厘米（图二六五，2；图版一四二，7）。

9. 毛编织带　红色。长 66、宽 2 厘米（图版二五五，9）。

10. 毛编织带　棕地红色菱格纹编织带。棕、红色毛纱以斜编法进行编织。编织带表面在棕色地上显现出红色菱格纹饰。利用编织带的毛纱，在其一端装饰五个缨穗。长 235.5、宽 5、厚 0.2 厘米。

11. 毛编织带　黄地棕色菱格纹编织带。黄色地上显现出棕色菱格纹图案。带子的一端残留由黄棕色线组成的流苏。长 184.5、宽 4.5 厘米（图版二五五，8）。

12. 毛编织带　棕地黄色纹编织带残段。长 24、宽 3 厘米（图版二五五，5）。

ⅠM150

墓葬概况

位于墓地中部，南邻ⅠM158，东邻ⅠM155，墓向 105°。A 型，椭圆形竖穴土坑墓，直壁。地表四周较高，中部稍低，表层为戈壁沙砾层，厚 0.11 米。墓口开于该层下。墓口长径 1.33、短径 0.82 米，墓深 1.12 米。墓口被盗掘者挖开，但未盗到墓底。内填黄沙土，并夹有土坯、草、骆驼刺等。在距墓口深 0.23 米处有一层用细圆木条搭建的棚木，棚木下有两根粗圆木作横梁，在南北两壁上掏洞，将横梁两端插入洞中，保存完好。墓底有一具青年男性尸骨，年龄 20~25 岁，头东脚西，侧身屈肢，外穿毛皮大衣（已朽），内穿毛织衣裤，脚穿高靿皮靴，无葬具。随葬的木钵、铜斧在墓室中部，皮弓箭袋位于墓室南壁中部，箭、木箭、木弓箭、木钩、木棍、木橛都位于东北部，皮射韝佩戴在左小臂上。西北角随葬羊头骨一个（图二六六；图版一八，5）。

随葬品

出土木、铜、皮质器物 11 件（组）。

1. 木钵　圆木刻挖制作。口沿呈椭圆形，敞口，深腹，沿下有一小圆孔。通体素面。口径 18~23.2、高 8.8 厘米（图二六七，11；图版一四五，3）。

2. 铜斧　平面略呈梯形，弧形刃，椭圆形銎，木柄呈拐角形。斧正面靠近銎处有小纽，有皮条与木柄系结。斧长 8、刃宽 4.4、銎径 2.2~3.2、柄长 42 厘米（图

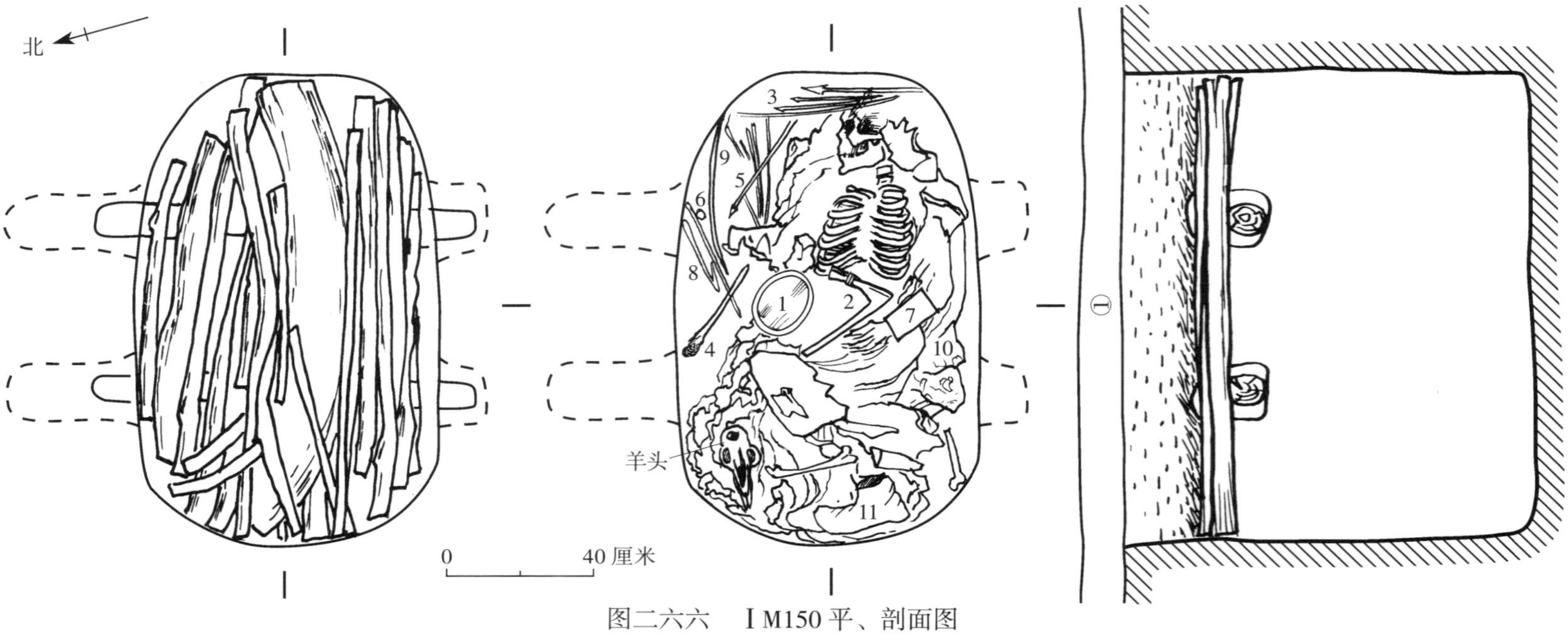

图二六六　ⅠM150 平、剖面图

1. 木钵　2. 铜斧　3. 木箭　4. 木橛　5. 铜镞　6. 木棍　7. 皮射鞲　8. 木钩　9. 木弓、箭　10. 皮弓箭袋　11. 皮靴

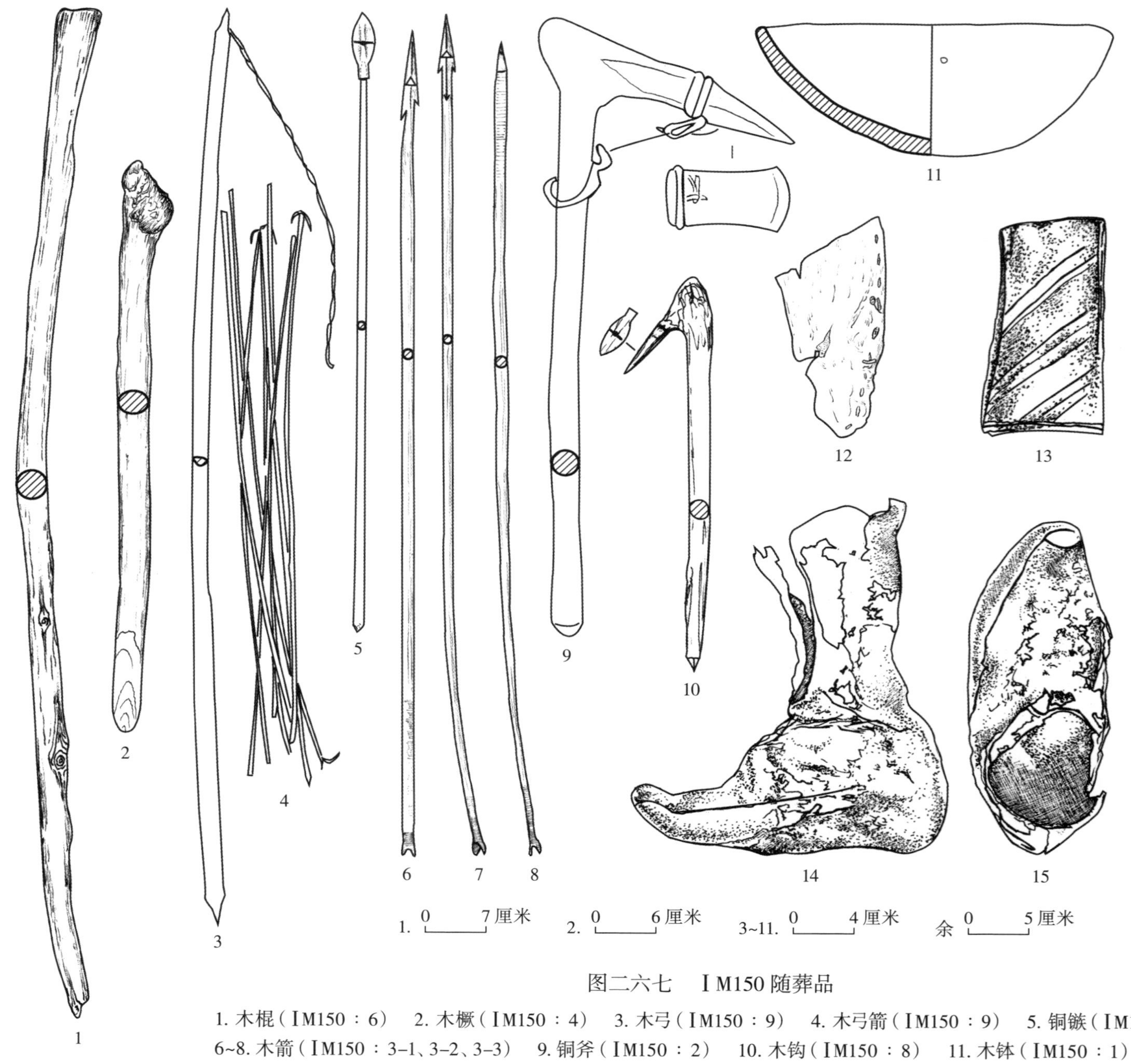

图二六七　ⅠM150 随葬品

1. 木棍（ⅠM150：6）　2. 木橛（ⅠM150：4）　3. 木弓（ⅠM150：9）　4. 木弓箭（ⅠM150：9）　5. 铜镞（ⅠM150：5）　6~8. 木箭（ⅠM150：3-1、3-2、3-3）　9. 铜斧（ⅠM150：2）　10. 木钩（ⅠM150：8）　11. 木钵（ⅠM150：1）　12. 皮弓箭袋（ⅠM150：10）　13. 皮射鞲（ⅠM150：7）　14、15. 皮靴（ⅠM150：11 右、11 左）

二六七，9；图版一九九，7）。

3. 木箭　8 支。均圆木削制（图版一五九，5）。圆铤，杆后端有挂弦凹槽。ⅠM150：3–1，箭头呈三棱锥状，脊线锋利，尖锐，两翼位于两侧，前后错位。长 56、杆径 0.7、头长 6.3 厘米（图二六七，6）。ⅠM150：3–2，箭头呈三棱锥状，脊线分明，三翼，箭杆弯曲。长 57、杆径 0.6、头长 6 厘米（图二六七，7）。ⅠM150：3–3，箭头呈圆锥状，较短，铤杆后端弯曲。长 54.8、铤径 0.8、头长 2 厘米（图二六七，8）。

4. 木橛　柽柳树干制作。一端带有树根，另端削扁尖，未剔皮。长 58 厘米（图二六七，2；图版一七一，3）。

5. 铜镞　铜镞安装在木箭杆上。呈柳叶形，两面起脊。箭杆圆木削成。杆长 37.6、直径 0.7 厘米，镞长 4.4、宽 1.5 厘米（图二六七，5；图版二〇〇，3）。

6. 木棍　未剔皮的树枝。弯曲。采集 ^{14}C 标本。长 120、直径 3.6 厘米（图二六七，1）。

7. 皮射鞲　整块红色牛皮革缝制。呈筒状。一面压印出三组凹弦纹。长 18.25、直径 9.6 厘米（图二六七，13；图版二二七，3）。

8. 木钩　木钩为带杈的树枝削成。铜镞装在木钩上，呈柳叶形，两面起脊。木钩长 26.6、直径 1.1 厘米，铜镞长 3.6、宽 1.2 厘米（图二六七，10；图版一七二，5）。

9. 木弓箭　圆木削成。有弓、弦和一束箭杆。弓弦牛皮条制成。弓为单体。箭杆为芨芨草秆。弓长 61.8、宽 1.3、厚 0.56 厘米（图二六七，3、4）。

10. 皮弓箭袋　用鞣制过的羊皮革缝制。平面呈三角形。长 18.8、宽 9.3 厘米（图二六七，12）。

11. 皮靴　一双。用鞣制过的牛皮革缝制。底和帮部较厚，平底，靴尖微上翘。右脚长 26、高 30 厘米（图二六七，14）；左脚残（图二六七，15）。

ⅠM151

墓葬概况

位于墓地中部，南邻ⅠM153，西南邻ⅠM157，墓向 95°。C 型，长方形竖穴土坑墓，直壁。所在位置地表呈东高西低的斜坡，表层为戈壁沙砾层。墓口距地表深 0.28 米，墓长 1.1、宽 0.71 米，墓深 0.72~0.86 米。墓底有一具人骨，凌乱移位，性别、年龄、葬式不详，骨架下铺有芦苇。随葬的木盒、木橛、木棍位于墓室东北部（图二六八）。

随葬品

出土木器 3 件。

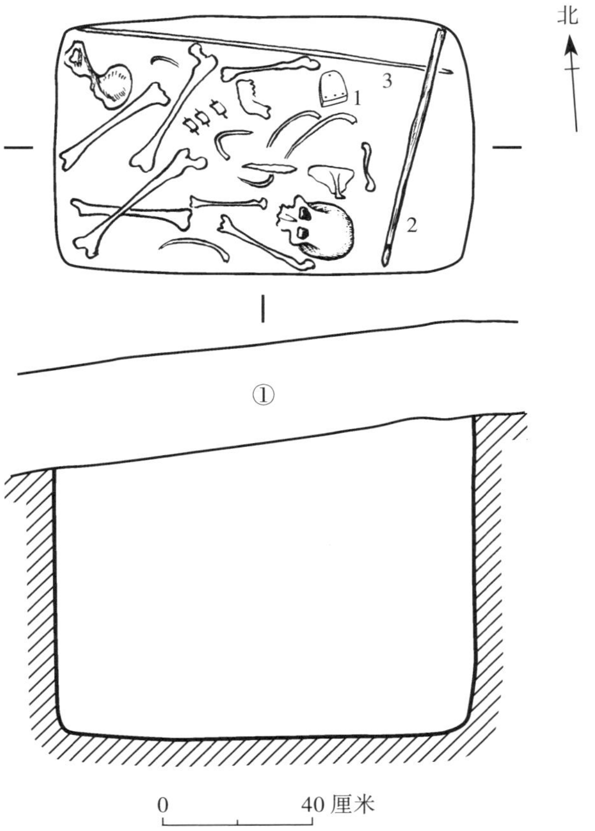

图二六八　ⅠM151 平、剖面图
1. 木盒　2. 木橛　3. 木棍

1. 木盒　由盒体和盖组成。盒体用圆木刻制而成，盖用骨片磨制而成。长方形，一头呈弧形。长 8、宽 6.1、高 3.2 厘米（图二六九，2；图版一四五，4）。

2. 木橛　用柽柳木棍削制。一端扁尖，棍体截面呈椭圆形，通体保留柽柳皮。长 71、直径 2.4 厘米（图二六九，4）。

3. 木棍　采用较直的树枝剔皮而成。长 101、直径 3.2 厘米（图二六九，6）。

ⅠM152

墓葬概况

位于墓地中部，西邻ⅠM156，北邻ⅠM154，墓向 100°。A 型，椭圆形竖穴土坑墓，直壁。墓口距地表深 0.19 米，墓口长径 1.23、短径 0.82 米，墓深 0.94 米，在距墓口下 0.1 米处有一层棚木，棚木下为两根粗圆木横梁，横梁两端插入墓南北两壁圆洞中，棚木上铺有苇草、骆驼刺，然后用沙土覆盖。墓底有一具保存完整的女性干尸，成年，头东脚西，侧身屈肢，面向南，左手置于腹部，右手臂压于身下，身穿毛织衣裤已朽残，脚穿高靿皮靴。尸骨下有已朽烂的毛毡。脚下有一羊头骨。腹部置放陶碗，木梳位于头顶部，木棍位于背部（图二七〇；图版一七，5）。

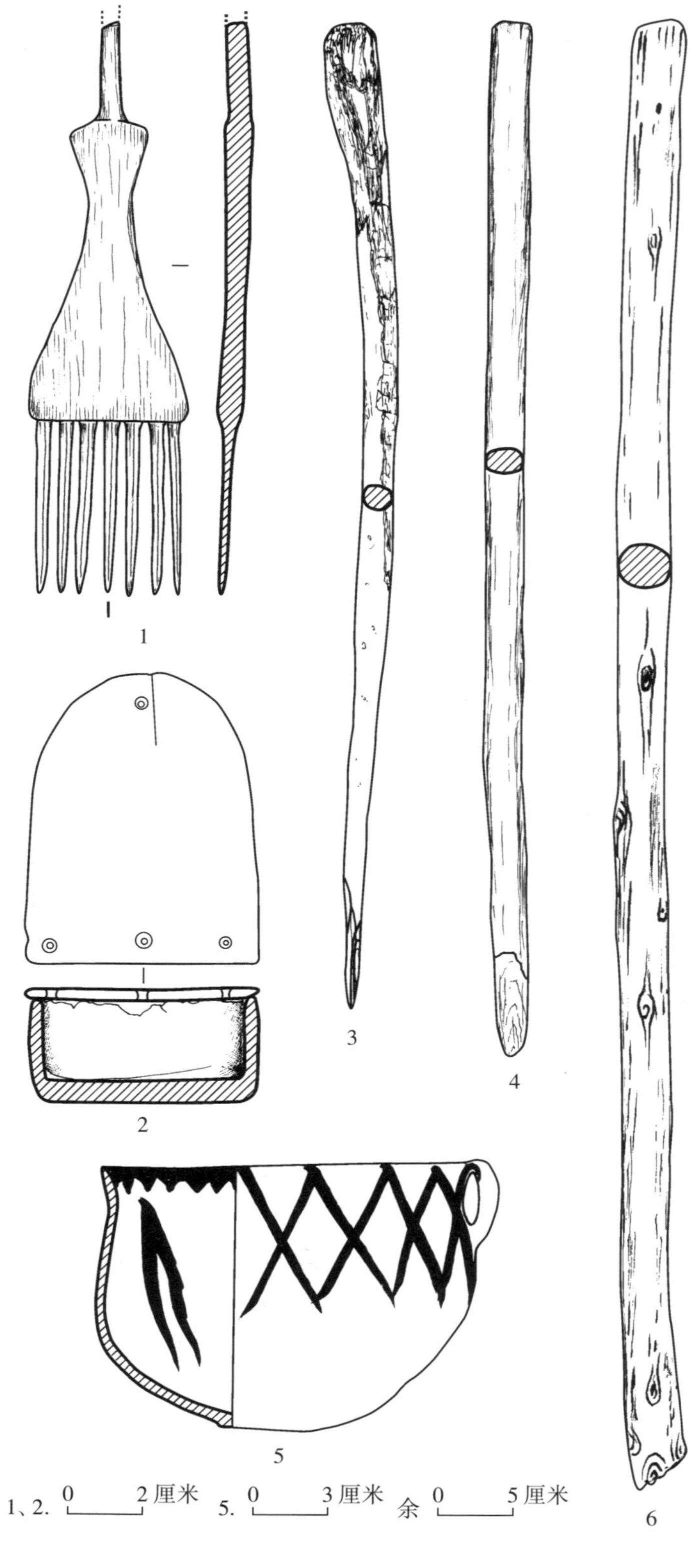

图二六九　ⅠM151、ⅠM152随葬品

1. 木梳（ⅠM152：2）　2. 木盒（ⅠM151：1）　3、4. 木橛（ⅠM152：3、ⅠM151：2）　5. 陶碗（ⅠM152：1）　6. 木棍（ⅠM151：3）

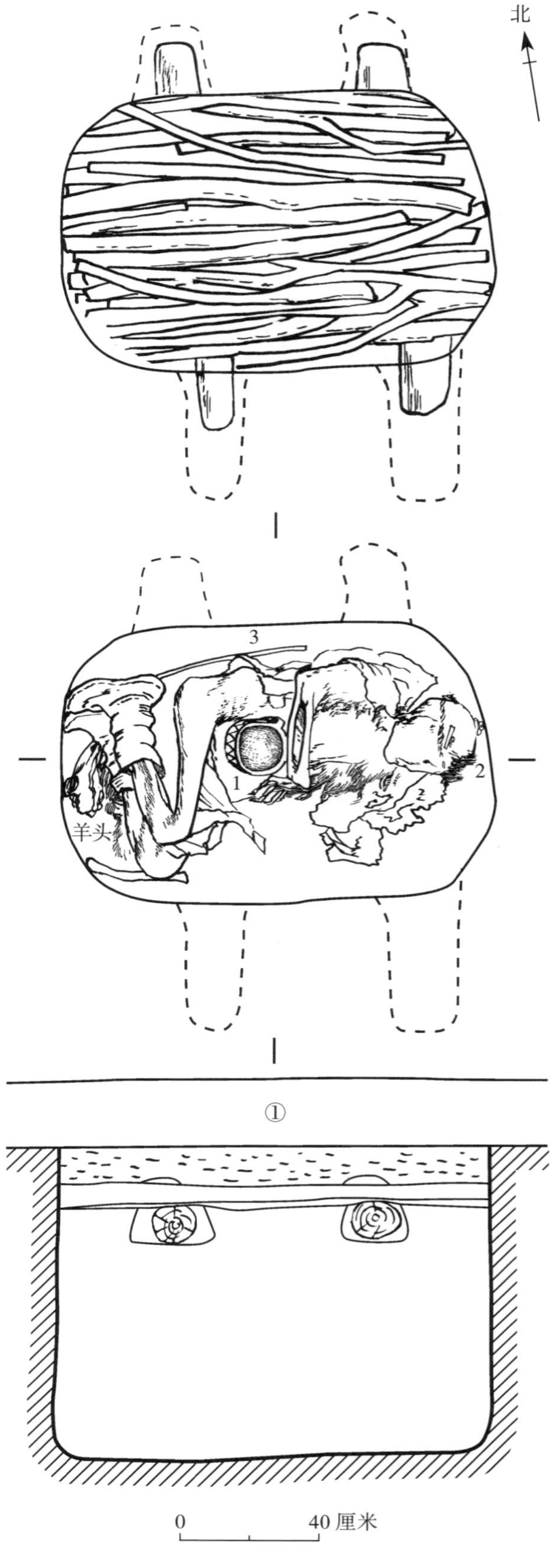

图二七〇　ⅠM152平、剖面图

1. 陶碗　2. 木梳　3. 木橛

随葬品

出土陶、木器3件。

1. 陶碗　夹砂红陶。敞口，尖唇，鼓腹，小平底，口沿下有小耳。口沿内饰锯齿纹及三组竖长条纹，器表饰网格纹。口径15.2、底径3.6、高11.25厘米（图二六九，5；图版一一八，7）。

2. 木梳　单齿加工，粘拼组装，将梳背削成细长腰状，背顶端削圆柱状柄，再用羊皮缠裹梳背。梳齿稀疏，齿呈长四棱锥体。长 15.7、宽 1.2~4.1、齿长 4.7 厘米（图二六九，1；图版一四九，8）。

3. 木橛　柽柳树枝条剥皮制作。一端削扁尖。长 67.5、直径 2 厘米（图二六九，3）。

ⅠM153

墓葬概况

位于墓地中部，北邻ⅠM151，东南邻ⅠM154，墓向 102°。A 型，椭圆形竖穴二层台墓，二层台宽 0.13~0.17、深 0.24 米。地表为黄流沙，墓口上层被破坏，黄沙层下为墓口棚木，棚木下有两根粗圆木横梁，棚木上填土中含有芦苇草、骆驼刺等。墓口长径 1.32、短径 0.9 米，墓底长 1.04、宽 0.61 米，墓深 0.85 米。墓底有一具成年女性尸骨，头东脚西，侧身屈肢，身上穿的皮衣、皮裤均朽烂成片状，脚穿高靿皮靴。右手旁出土骨杼，面前还有木棍和木橛。未见葬具（图二七一；图版一八，4）。

随葬品

出土骨、木器 3 件。

1. 骨杼　骨片加工而成。体扁平，较薄，磨光，一端有圆形钻孔，一端为二尖齿。长 7.6、宽 0.9 厘米（图二七三，1）。

2. 木棍　柽柳枝削制。带皮，两端平齐。长 69.4、直径 0.66 厘米（图二七三，5）。

3. 木橛　胡杨木棍。一头削成扁尖状。长 59.6、直径 3 厘米（图二七三，3）。

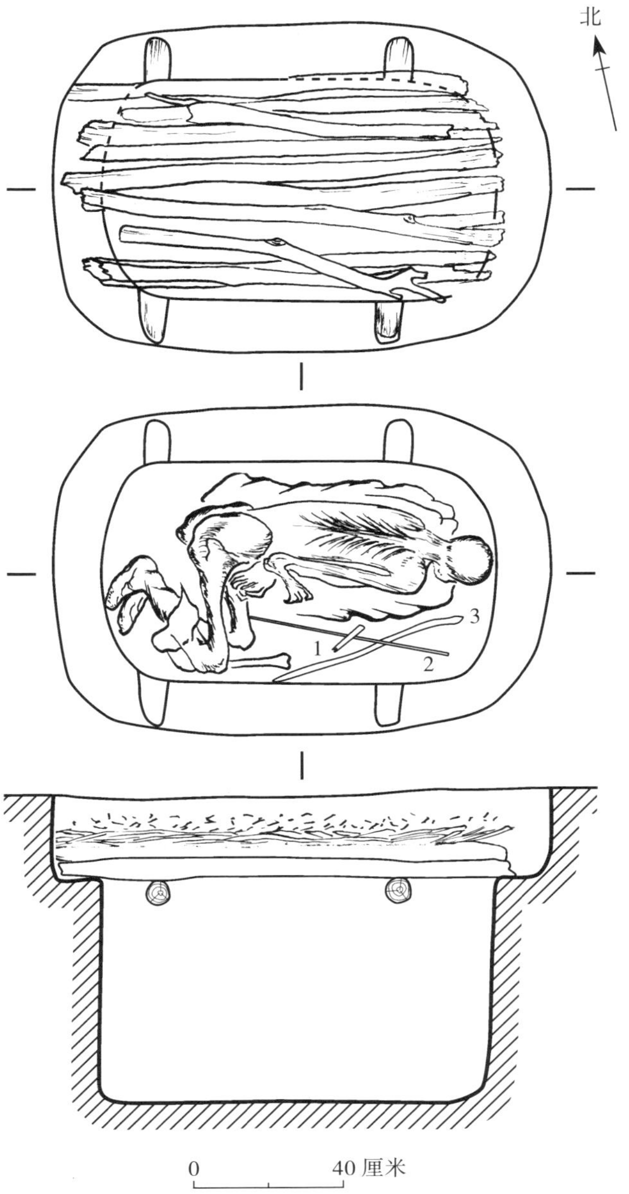

图二七一　ⅠM153 平、剖面图

1. 骨杼　2. 木棍　3. 木橛

ⅠM154

墓葬概况

位于墓地中部，西北邻ⅠM153，南邻ⅠM152，墓向 100°。A 型，椭圆形竖穴土坑墓。墓口暴露于地表，墓口长径 1.32、短径 0.71 米，墓深 0.82 米。在深 0.12 米处有一层棚木，棚木下有两根木梁，梁两端插入墓南北两壁圆洞中，棚木原铺有苇草。墓底有一女性尸骨，成年，头东脚西，侧身屈肢，带铜耳环，身上毛织衣物朽烂，脚穿高靿皮靴，尸骨下有毛毡残片，尸骨保存完整。双膝前放置陶盆，盆内放木梳，一件木棍位于左臂处，木橛和另一件木棍位于背后（图二七二；图版一九，1）。

随葬品

出土陶、铜、木器 6 件（组）。

1. 陶盆　夹砂红陶。口微敞，浅腹，小平底，有单鋬，已残。上腹饰交叉斜线纹，口沿内侧饰一周锯齿纹。口径 26.4、底径 8.4、高 12 厘米（图二七三，9；图版一〇五，1）。

2. 木梳　亚腰，瘦长形，柄顶端有柱状小柄，柄部通体用羊皮包裹，圆锥齿较稀疏，齿参差不齐。长 13.6、宽 5.1、厚 0.8、齿长 4.1 厘米（图二七三，2；图版一四九，9）。

3. 铜耳环　两件一对，均用圆柱状铜条弯曲而成，近椭圆形（图版二〇一，3）。ⅠM154：3-1，环径 3.3~5、丝径 0.37 厘米（图二七三，6）。ⅠM154：3-2，环径 3.8~5.4、丝径 0.37 厘米（图二七三，7）。

4. 木棍　用胡杨树枝剥皮制成。一端略削呈尖状，通体浑圆，似拐杖。长 84.5、直径 1.6 厘米（图二七三，8）。

5. 木橛　11 支。均用柽柳枝制作。一端削扁尖，通体未剥皮。ⅠM154：5-1，长 64、直径 2.7 厘米（图二七三，4）。

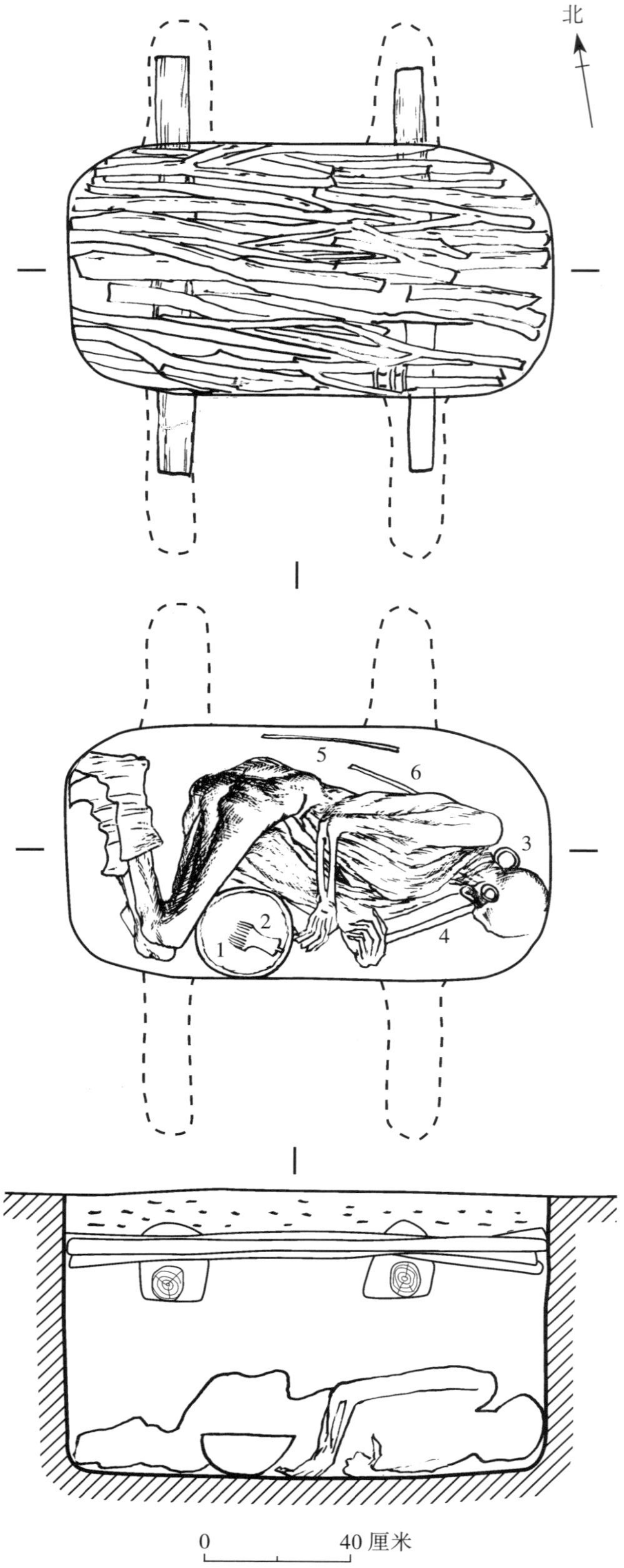

图二七二 ⅠM154平、剖面图

1. 陶盆 2. 木梳 3. 铜耳环 4、6. 木棍 5. 木橛

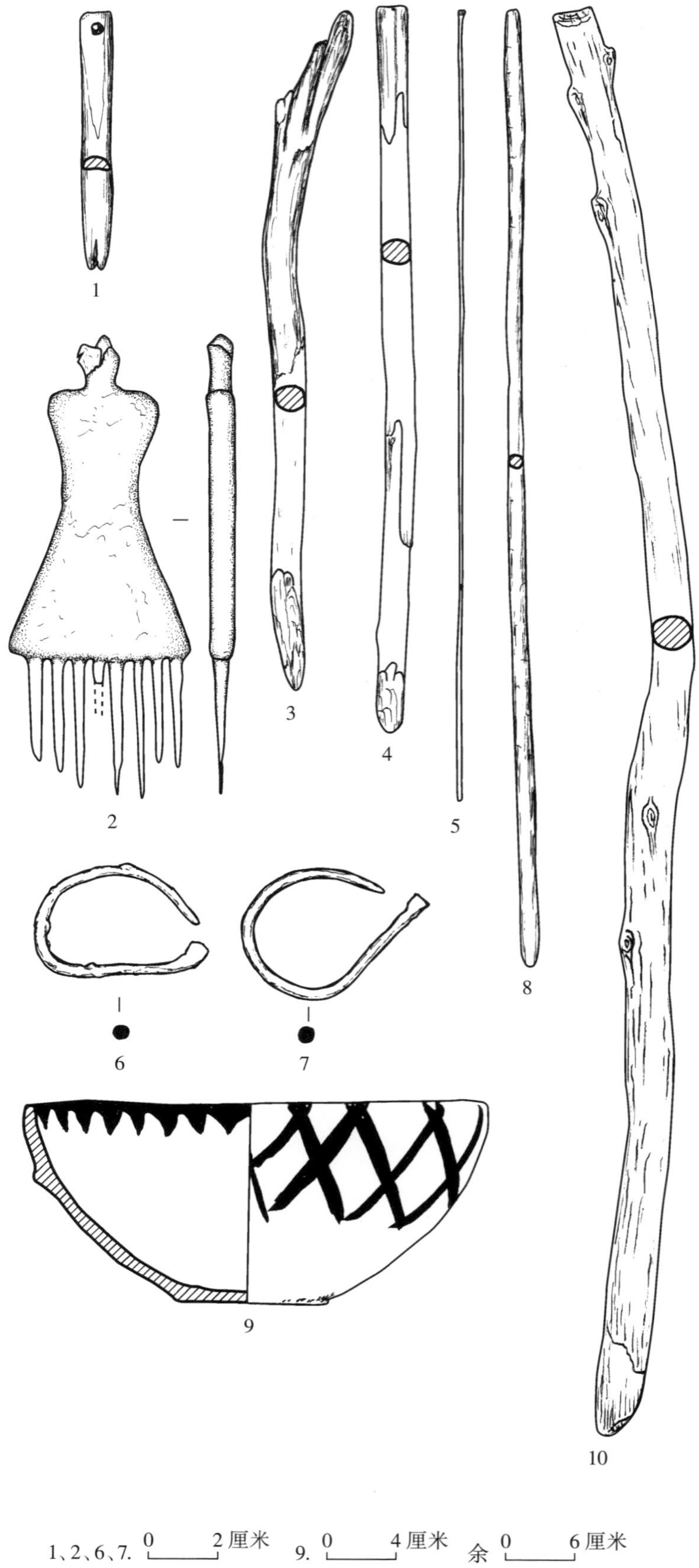

图二七三 ⅠM153、ⅠM154随葬品

1. 骨杼（ⅠM153：1） 2. 木梳（ⅠM154：2） 3、4. 木橛（ⅠM153：3、ⅠM154：5–1） 5、8、10. 木棍（ⅠM153：2、ⅠM154：4、ⅠM154：6） 6、7. 铜耳环（ⅠM154：3–1、3–2） 9. 陶盆（ⅠM154：1）

6. 木棍　未剥皮的树枝干。弯曲，有节结。长 126.4、直径 3.3 厘米（图二七三，10）。

ⅠM155

墓葬概况

位于墓地中部，北邻ⅠM156，西邻ⅠM150，墓向 112°。C 型，圆角长方形竖穴土坑墓，直壁。该墓地表呈东高西低缓坡状，开口于表土下，表土层厚 0.18~0.26 米。墓室长 1.91、宽 1.39 米，墓深 1.6~1.63 米。填土为沙土，土质松散，掺杂有芦苇秆、蒲草席、骆驼刺、黑果枸杞。墓南壁坍塌处，有草绳编织的蒲草帘和芦苇帘，其上铺有一层黑果枸杞枝和骆驼刺，其下铺有一层南北向柽柳树枝。墓西南角柽柳树枝下，有两根南北向木棍，木棍上包裹羊皮，应为墓口上撑柽柳树枝、蒲草帘和芦苇帘的横梁。埋葬上下两层。

第①层干尸 A 距地表深 1.14 米，保存较完好，仰身直肢，头向西，面向上，头戴帽，帽上有毡制冠饰，头顶残存有黑色发辫和发罩，身穿羊皮衣，脚穿羊皮靴，其身上残留有织物残迹，右手握有一骨梳，为成年女性，年龄不详。

第②层有两具骨架，均散乱，保存不完整。北侧为人骨架 B，头残失，双腿呈“八”字形叉开，脚向西，下颌骨位于墓底西北角，为成年女性。骨架上残留有羊皮衣和彩色衣物残片，脚穿羊皮靴。C 骨架位于墓底中部，B 骨架南，且叠压 B 骨架，头残失，脚向北，双腿呈“八”字形叉开，穿有羊皮靴，为成年男性。

木纺轮在墓室填土中，陶单耳罐、陶单耳杯、陶碗、冠饰、铁簪出土于上层 A 个体头顶和两侧，角梳出在右髋处。陶双耳杯和另一件陶单耳杯位于墓底东部，木鞭、木钉在墓室西部，木纺轮、木鞭杆、皮辔头、蚌饰、木盘、木箭位于墓室中部（图二七四；图版一九，2、3、5）。

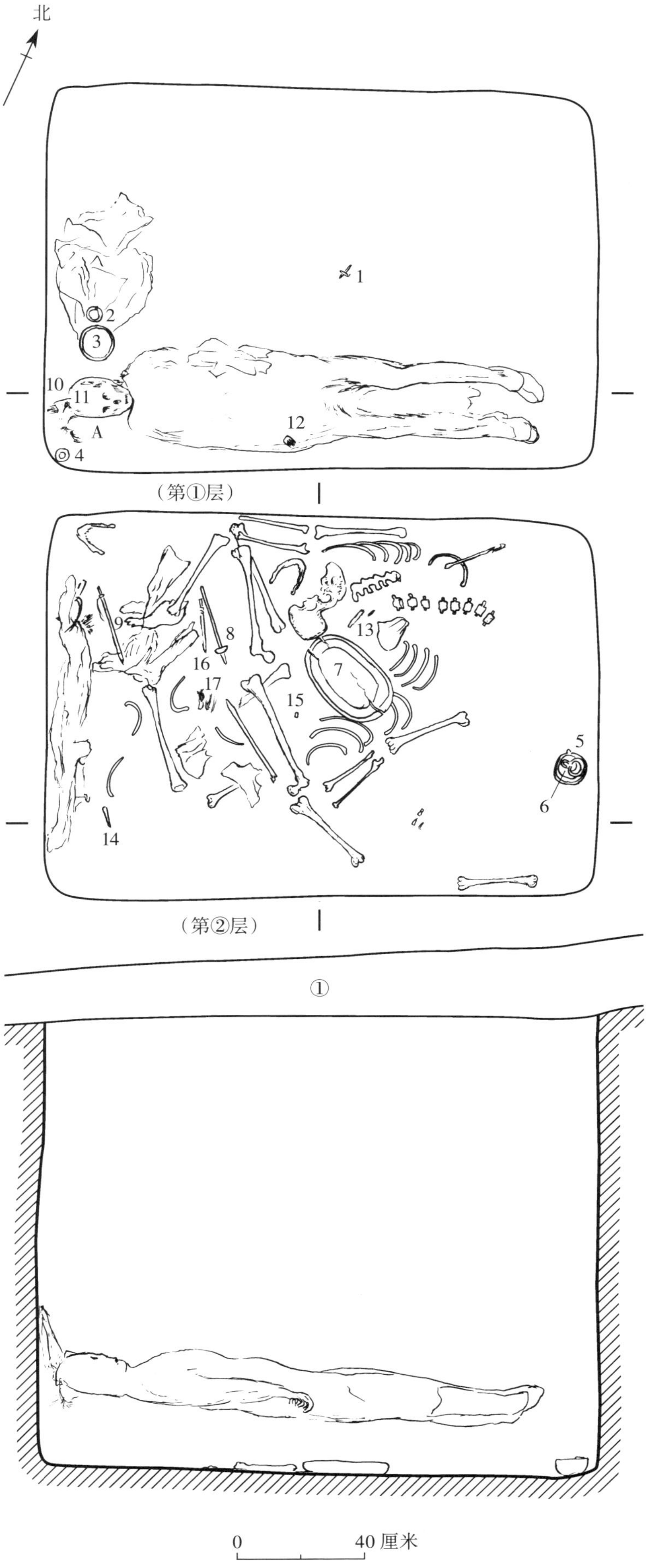

图二七四　ⅠM155 平、剖面图

1、8. 木纺轮　2、6. 陶单耳杯　3. 陶碗　4. 陶单耳罐　5. 陶双耳杯　7. 木盘　9. 木鞭　10. 冠饰　11. 铁簪　12. 角梳　13. 木箭　14. 木钉　15. 蚌饰　16. 木鞭杆　17. 皮辔头

随葬品

出土陶、木、蚌、铁、骨、皮质器物 17 件。

1. 木纺轮　木线轴残，纺轮扁平。线轴残长 11.8、直径 0.6 厘米，轮径 4.4、厚 0.65 厘米（图二七五，9）。

2. 陶单耳杯　残。敞口，圆鼓腹，圜底，单耳。口沿段残。器表有烟炱痕。口径 8.7、腹径 10、高 9.7 厘米（图二七五，6；图版七〇，4）。

3. 陶碗　残。直口稍残，腹内收，底近平。器表及口沿内有烟炱痕。口径 13、底径 6.6、高 8.5~9.4 厘米（图二七五，11）。

4. 陶单耳罐　口残，圆鼓腹，圜底近平。腹径 8.3、残高 5.8 厘米（图二七五，2）。

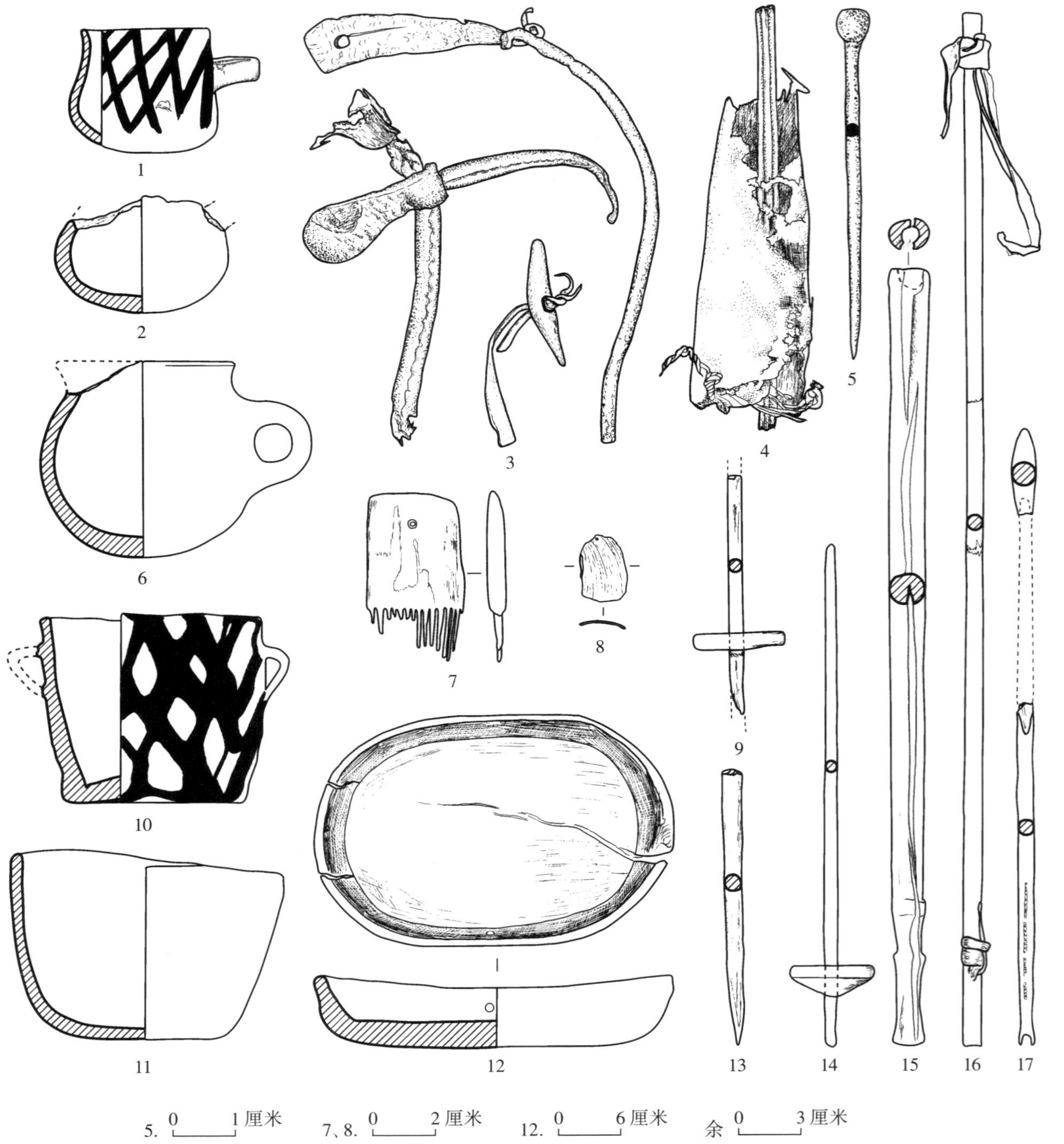

图二七五　ⅠM155随葬品

1、6. 陶单耳杯（ⅠM155：6、2）　2. 陶单耳罐（ⅠM155：4）　3. 皮辔头（ⅠM155：17）　4. 冠饰（ⅠM155：10）　5. 铁簪（ⅠM155：11）　7. 角梳（ⅠM155：12）　8. 蚌饰（ⅠM155：15）　9、14. 木纺轮（ⅠM155：1、8）　10. 陶双耳杯（ⅠM155：5）　11. 陶碗（ⅠM155：3）　12. 木盘（ⅠM155：7）　13. 木钉（ⅠM155：14）　15. 木鞭杆（ⅠM155：16）　16. 木鞭（ⅠM155：9）　17. 木箭（ⅠM155：13）

5. 陶双耳杯　敞口，圆唇，斜直壁，深腹平底，内底凸。口沿下有对称双桥形耳。一耳残。器表绘网格纹，施红彩。口径10.4、底径8.4、高9.3厘米（图二七五，10；图版九六，4）。

6. 陶单耳杯　口微敞，圆唇，短颈，鼓腹，圜底，横耳。器表绘网格纹，黑底红彩。口径6、腹径7.1、高6.1厘米（图二七五，1）。

7. 木盘　残。圆木掏挖成。敞口，浅腹，平底，有裂缝，平面近椭圆形，长边一侧有穿孔。底面有刀剁痕。口长径34.4、短径22.8、高7.6厘米（图二七五，12；图版一三四，8）。

8. 木纺轮　纺轮纵截面呈半圆形。木线轴光滑，两头较钝。线轴长24.75、直径0.7厘米，轮径4、厚1.5厘米（图二七五，14）。

9. 木鞭　鞭杆由圆木削制而成，两端缠羊皮，一端皮带较长，应为顶端。长50.7、杆径0.9厘米（图二七五，16）。

10. 冠饰　残。用毛毡围成三棱锥状，冠内填满沙土，插有五根木条，应为固定头发之用。长 20.76、宽 5.48 厘米（图二七五，4）。

11. 铁簪　锥状，顶部有圆突。出土于冠饰上。长 5.8、直径 0.2 厘米（图二七五，5；图版二〇五，1）。

12. 角梳　残。纵长形，柄部有一穿孔，十四齿残。长 5.6、宽 3.1、厚 0.6、齿残长 1.8 厘米（图二七五，7）。

13. 木箭　残存箭杆尾部及箭头。箭头为纺锤状，箭杆尾部有凹槽，用以挂弦。杆径 0.8、残长 16.8 厘米，箭头径 1.2、残长 4.1 厘米（图二七五，17）。

14. 木钉　由木条削制而成。锥状顶部有锤打痕迹。长 13.6、直径 0.8 厘米（图二七五，13）。

15. 蚌饰　残。蚌壳的一部分制成。一端钻有一小孔，可能用作装饰品。长 2.2、宽 1.4 厘米（图二七五，8）。

16. 木鞭杆　残。胡杨木削制。鞭杆打磨光滑，一端有一穿孔，截面上钻有一洞，另一端削制成亚腰形柄。残长 38.2、直径 1.1~2 厘米（图二七五，15；图版一六八，6）。

17. 皮辔头　牛皮缝制。残存一小部分残节，其中一节上系有一兽牙扣，打磨光滑。牙扣长 6.36、直径 1.2 厘米；其中一节辔头残长 33 厘米（图二七五，3）。

Ⅰ M156

墓葬概况

位于墓地中部，东北邻Ⅰ M154，东南邻Ⅰ M152，墓向 100°。A 型，椭圆形竖穴土坑墓，直壁。地表为戈壁沙石和黄沙层。墓口距地表深 0.18 米，墓口长径 1.26、短径 0.96 米，墓深 0.72 米。由于墓壁上层位于沙石层中，易坍塌不便搭棚横梁，故墓口砌土坯补修。墓口上有一层棚木，两根圆木南北向作横梁，木梁上东西向铺木棍，木棍上再铺苇席和草屑，然后用黄沙土覆盖填平。墓底葬成年男性一人，头东脚西，侧身屈肢，双手置于胸前，面朝南。身上毛织衣物朽烂，脚穿皮靴。头顶部出土木梳，胸前出土木锥柄和木橛（图二七六）。

随葬品

出土木器 3 件。

1. 木锥柄　呈圆柱状，上端倒棱，下端减刻呈束腰状，并有嵌器圆孔。通体光滑。长 11.6、直径 1.2 厘米（图二七七，1；图版一八〇，7）。

2. 木梳　单齿加工，粘拼组装。梳背削呈亚腰形，背顶端呈圆锥状，再用羊皮缠裹，齿稀疏，长齿呈四棱。长 15、宽 1.7~4.3、厚 0.6、齿长 5.2 厘米（图二七七，2；图版一五〇，1）。

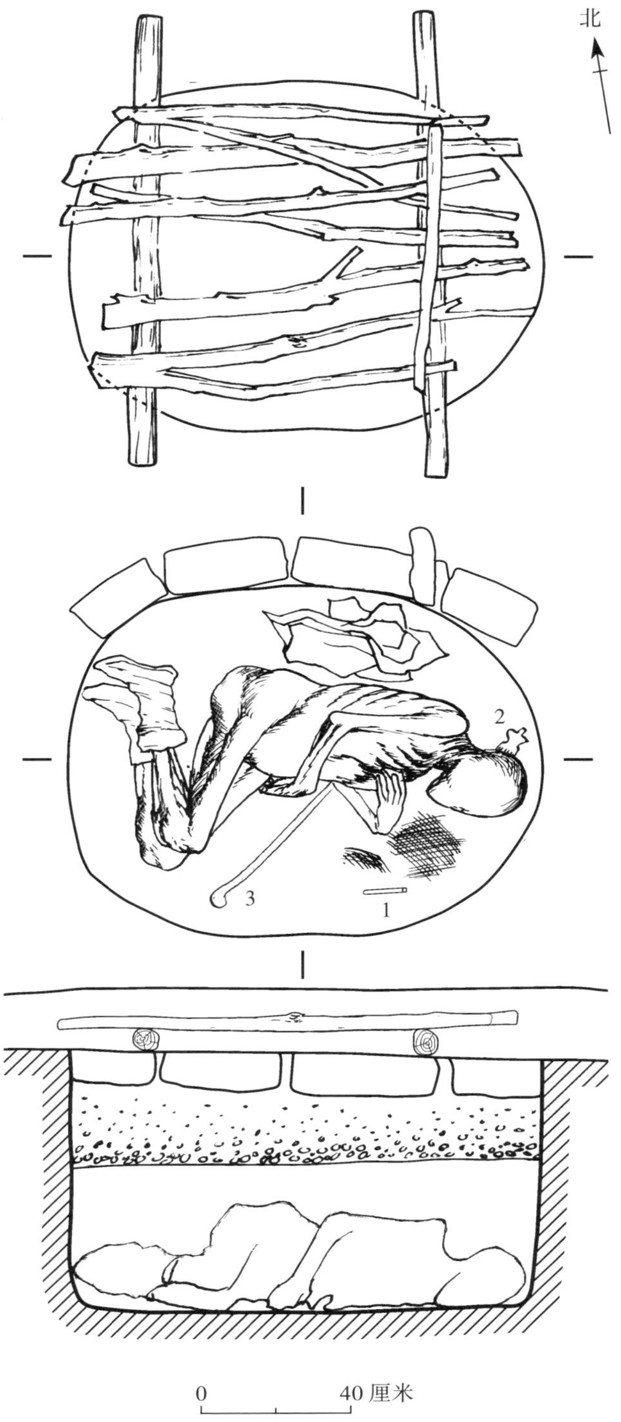

图二七六　Ⅰ M156 平、剖面图
1. 木锥柄　2. 木梳　3. 木橛

3. 木橛　柽柳棍削制。一头扁尖状。长 72、直径 4 厘米（图二七七，3）。

Ⅰ M157

墓葬概况

位于墓地中部，东北邻Ⅰ M151，南邻Ⅰ M149，墓向 98°。B 型，圆角长方形竖穴土坑墓，两边带二层台。地表为戈壁沙砾层。墓口已经露出地表。墓口长 1.52、宽 1.06

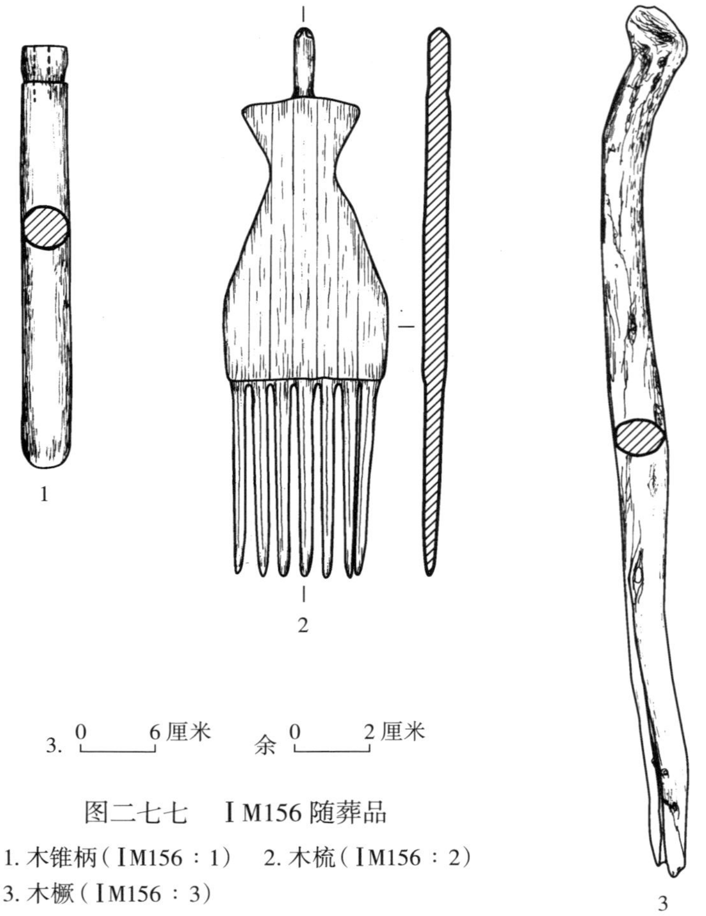

图二七七　ⅠM156随葬品
1. 木锥柄（ⅠM156：1）　2. 木梳（ⅠM156：2）
3. 木橛（ⅠM156：3）

米；二层台宽0.1、深0.9米；墓底长1.52、宽0.86米，墓深2.62米。墓壁地层多沙石，局部用土坯补砌。在距墓口深1.75米处有一层棚木，两根圆木南北向作横梁，两端插入墓壁中，木梁上东西向铺木棍，木棍上再铺苇席和草屑，然后用黄沙土覆盖填平。四足木尸床上葬一中年男性，年龄40岁左右，头东脚西，侧身屈肢，双手置于胸前，面朝北。身上着皮衣、毛裤，脚穿皮靴，上缀饰铜扣。头戴冠饰和缀有海贝的彩色毛编织带，颈系石串珠，左手臂戴皮射鞲，东南角有木鞭杆、木橛、残弓、皮弓箭袋、毛编织带和草编饰，胸前有木器柄、皮球、毛穗和木盘，马尾缨穗在胫骨处。西北角随葬绵羊头。墓葬西边有一儿童祔葬坑，近长方形，长0.84、宽0.64米，直壁平底，深0.6米。内葬1~2岁未成年一人，侧身屈肢，头向东（图二七八；图版二〇，1、2、4）。

随葬品

出土木、皮、毛、铜器及毛纺织物18件（组）。

1. 木冠饰　用一根细柽柳棍弯曲成型后插入芨芨草束中，外包裹黑色细毛毡，下半部用鬃绳、上半部用毛线绳（单股，直达梢端）缠紧定型。梢微前曲，微残断。残高41、最大直径3.3厘米（图二七九，11）。

2. 毛编织带　为了保存原形态，与头骨连在一起，完整的绦带。用红、黄、蓝三色毛线编织成，上面缀三两成组的海贝，现存为出土时戴在一男性额头上的情形。长88、宽5厘米（图二七九，15；图版二五六，1）。

3. 皮射鞲　红色牛皮制成。圆筒形，有系带用于捆扎，一面有压出的三排成组的斜平行线。长18、直径7.2厘米（图二七九，13）。

4. 皮球　羊皮缝制。呈椭圆形，束口，底部红色宽线画成“十”字纹。直径8.6、厚5.2厘米（图二七九，4；图版二三一，5）。

5. 皮靴　一双。其中一只残，底、帮、面各由一块牛皮革缝制。筒用羊皮，尖头，无后跟，尖面上缀有铜扣。长26.5、高26厘米（图二七九，18、19；图版二一九，2）。

6. 马尾缨穗　原为马尾上的装饰，直接从马身上割下，还残存一截马的尾骨。马尾上缠有毛绦带，带梢有各色缨穗，绦带外又缠铜片条带。马尾长26.8厘米（图二七九，7；图版二五六，3）。

7. 木鞭杆　为树枝削制。杆两端削槽，系皮带，圆杆体上有黑彩线段，与皮带缠绕的轨迹相同。长36.8、直径1.3厘米（图二七九，9；图版一六八，7）。

8. 皮弓箭袋　羊皮革缝制。一边带有木撑板。长51.2、宽18厘米（图二七九，17）。

9. 木橛　柽柳棍一端削四棱尖状，棍体略弯曲。长55.4、直径2.4~3.6厘米（图二七九，16；图版一七一，4）。

10. 铜扣　铸造。中间凸出，圆形，一周有花边，背有纽。直径1.9、厚0.6厘米（图二七九，5）。

11. 复合弓　仅存一截弓弰和弓弦，上面缠皮条。弓以复合材料制成。弓弦残长21.2厘米（图二七九，12）。

12. 木盘　圆木削、刻、挖制作。呈长方形，敞口，浅腹，圜底，反扣底为砧板，边壁有一小圆孔。短径17、长径23.9、高4厘米（图二七九，14）。

13. 珠饰　7件。均呈管状。其中椭圆形管状绿松石1件，圆管状绿松石2件，圆管状月白色珠饰4件（图版二〇九，3）。ⅠM157：13-1，椭圆形管状绿松石。高1、直径0.4~0.78厘米（图二七九，3）。ⅠM157：13-2，圆管状绿松石。高0.48、直径0.45厘米（图二七九，1）。ⅠM157：13-3，圆管状月白色珠饰。高0.35、直径0.7厘米（图二七九，2）。

14. 长裤　绿地红黄格纹斜褐。残存一条裤腿。缝制此裤的毛纺织物是由相间排列的黄、棕色经线与黄色纬线相交成裤子的臀部和裤脚。裤腿部分使用相同的经线，与绿色纬线交织成深浅不同的方格，再横向织入黄色和红色纬线形成绿地黄红格纹；然后，缝缀黄地棕色条纹的“十”字形裤裆。裤脚下端缝饰绿色编织带。残

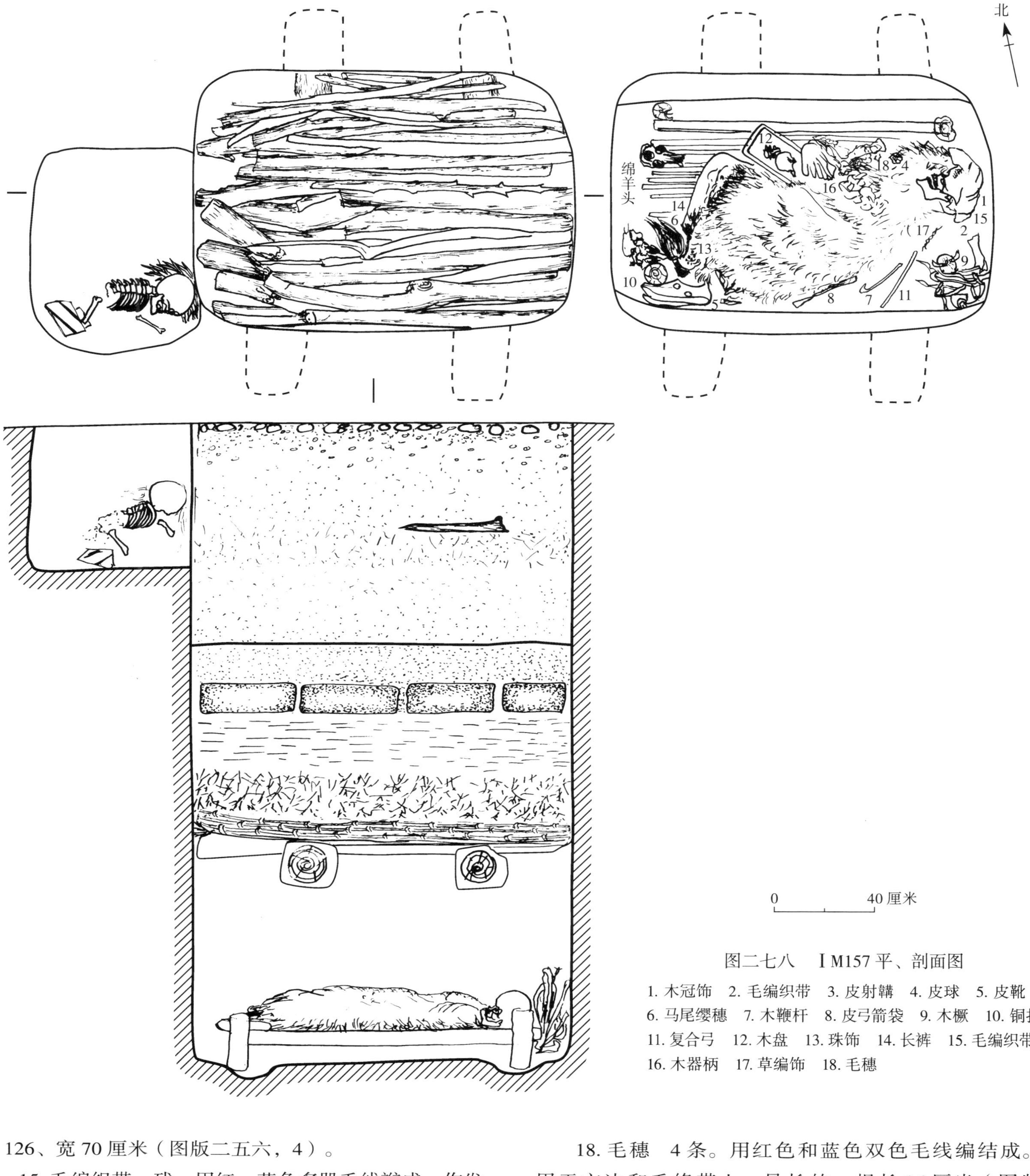

图二七八　ⅠM157平、剖面图

1. 木冠饰　2. 毛编织带　3. 皮射韝　4. 皮球　5. 皮靴　6. 马尾缨穗　7. 木鞭杆　8. 皮弓箭袋　9. 木橛　10. 铜扣　11. 复合弓　12. 木盘　13. 珠饰　14. 长裤　15. 毛编织带　16. 木器柄　17. 草编饰　18. 毛穗

长126、宽70厘米（图版二五六，4）。

15. 毛编织带　残。用红、蓝色多股毛线辫成，作发辫装饰。长40、宽2.5厘米（图版二五六，2）。

16. 木器柄　为树枝削制。钩尖削制，锐利。长27、直径0.7厘米（图二七九，10；图版一七二，4）。

17. 草编饰　金黄色，手编。呈多棱体。高1.7、宽1.1厘米（图二七九，6）。

18. 毛穗　4条。用红色和蓝色双色毛线编结成。用于衣边和毛绦带上。最长的一根长26厘米（图版二五六，5）。

ⅠM158

墓葬概况

位于墓地中部偏西，北邻ⅠM150，西邻ⅠM211，墓

图二七九　ⅠM157随葬品

1~3. 珠饰（ⅠM157：13-2、13-3、13-1）　4. 皮球（ⅠM157：4）　5. 铜扣（ⅠM157：10）　6. 草编饰（ⅠM157：17）　7. 马尾缨穗（ⅠM157：6）　8、15. 毛编织带（ⅠM157：15、2）　9. 木鞭杆（ⅠM157：7）　10. 木器柄（ⅠM157：16）　11. 木冠饰（ⅠM157：1）　12. 复合弓（ⅠM157：11）　13. 皮射韝（ⅠM157：3）　14. 木盘（ⅠM157：12）　16. 木橛（ⅠM157：9）　17. 皮弓箭袋（ⅠM157：8）　18、19. 皮靴（ⅠM157：5右、5左）

向95°。C型，长方形竖穴土坑墓，直壁。由于表层土遭破坏，墓口开于地表，墓口长1.42、宽0.9米，墓深1.5米。墓底有人骨两具，头向东，似侧身屈肢，但骨架凌乱。A位于南面，为青年男性，年龄15~18岁，小腿上缠有毛编织带；B为中年女性，年龄35~45岁。不见葬具。随葬的两件木桶位于墓中间的南北两边，两件木梳在墓室中部，两件木纺轮在墓室中北部，骨镞出在东北角，珠饰位于A头骨北部，木橛顺放在南壁边（图二八〇；图版一九，4）。

随葬品

出土木、石、骨、毛纺织物10件（组）。

1. 木桶　圆木刻、挖、削制。口略呈椭圆形，桶壁裂缝，钻孔穿绳加固。桶底呈椭圆形，底弧拱，面微凹，似纺轮半成品。口径15~18.4、高21厘米（图二八一，9；图版一二七，4）。

2. 木梳　呈横长形，直背，背较窄。扁锥齿单体制作，然后拼粘在一起，齿参差不齐。高4.8、宽8、厚0.9、齿长2.6厘米（图二八一，2；图版一五四，2）。

3. 木桶　圆木刻、挖、削制。半成品，桶体内径未作完，桶体外面刀痕凹凸不平。直径9.8、高21厘米（图二八一，8）。

4. 木纺轮　由纺轮和线轴组成。纺轮为圆饼状，木线轴细长。线轴长42、直径0.8厘米，轮径4.5、厚0.8厘米（图二八一，11；图版一七六，2）。

5. 木梳　木板刻制。呈纵长方形，后端呈亚腰形，扁锥状梳齿参差不齐。通体磨光。长7、宽4.2、厚0.4、齿长2~2.4厘米（图二八一，1；图版一五一，4）。

6. 木纺轮　由纺轮和线轴组成。圆柱状木线轴后端残，前端稍细。纺轮呈圆饼形，面平，底微拱。线轴残长17、直径0.8厘米，轮径4.5、厚1厘米（图

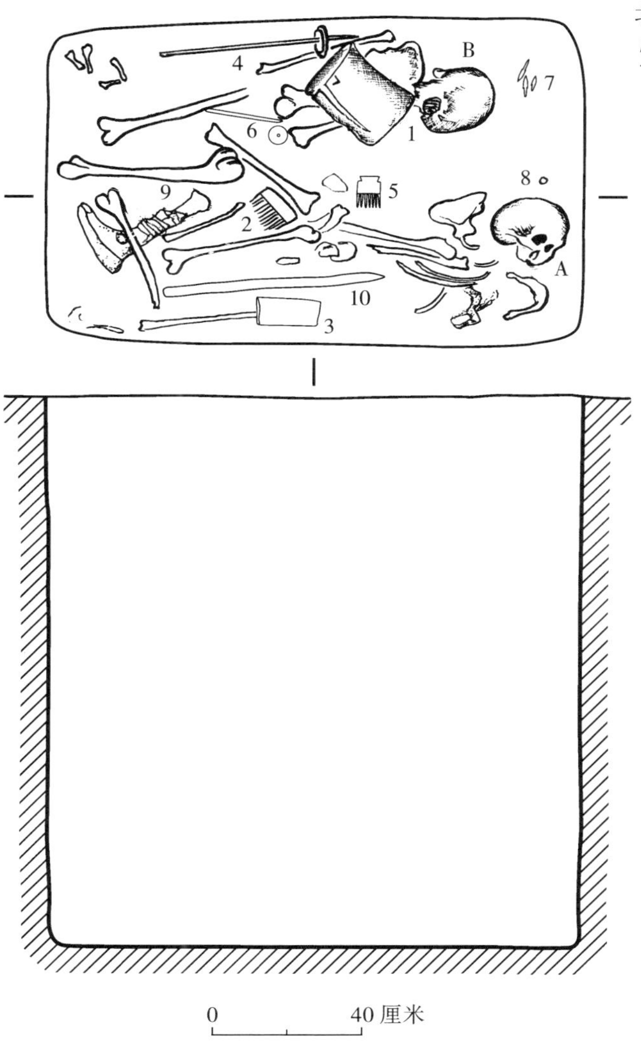

图二八〇　ⅠM158平、剖面图

1、3. 木桶　2、5. 木梳　4、6. 木纺轮　7. 骨镞　8. 珠饰　9. 毛编织带　10. 木橛

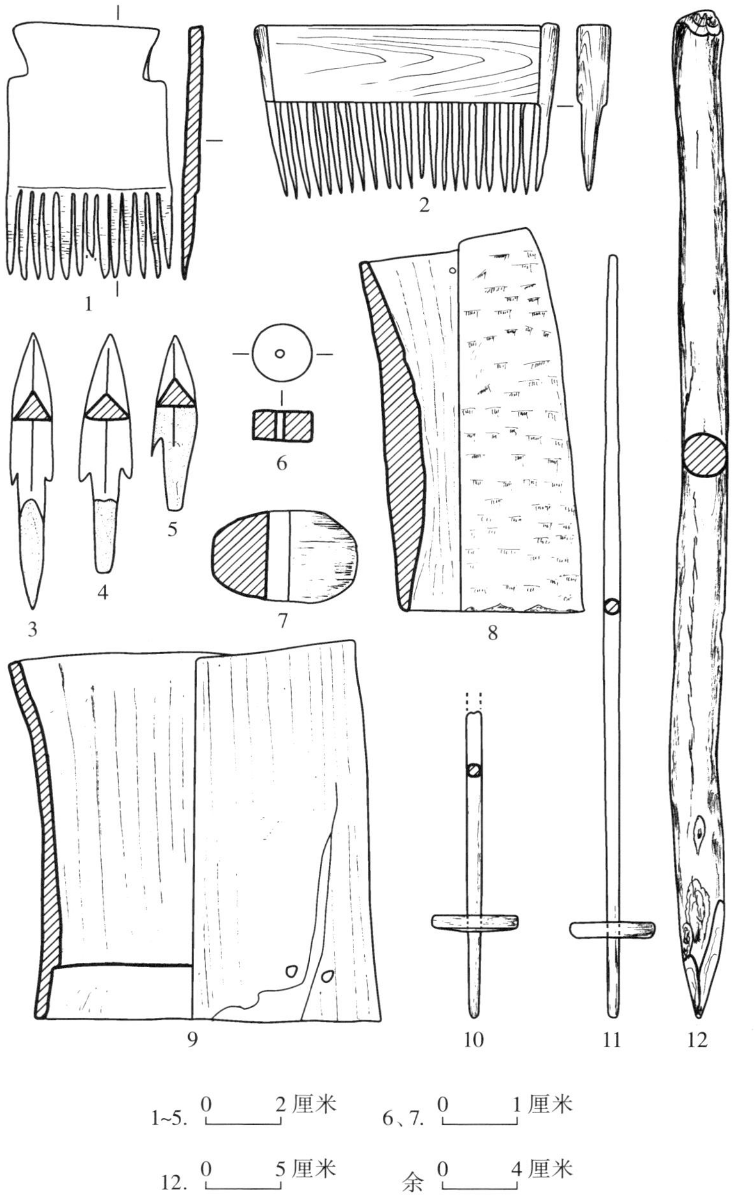

图二八一　ⅠM158随葬品

1、2. 木梳（ⅠM158：5、2）　3~5. 骨镞（ⅠM158：7-1~7-3）　6、7. 珠饰（ⅠM158：8-2、8-1）　8、9. 木桶（ⅠM158：3、1）　10、11. 木纺轮（ⅠM158：6、4）　12. 木橛（ⅠM158：10）

二八一，10）。

7. 骨镞　3件。动物骨骼磨制。均呈三棱锥状，脊线分明，双翼或单翼，铤呈扁长条形，后端成刃（图版一九三，7）。ⅠM158：7–1，双翼。长7.6、头长4.2厘米（图二八一，3）。ⅠM158：7–2，双翼。长6.6、头长4厘米（图二八一，4）。ⅠM158：7–3，单翼。长4.9、头长3.2厘米（图二八一，5）。

8. 珠饰　2件（图版二〇九，4）。ⅠM158：8–1，浅绿玉石，玉质光滑细腻，呈椭圆形，侧棱钻圆孔。长1.9、宽1.2、厚1.3厘米（图二八一，7）。ⅠM158：8–2，黑色，呈圆形，中钻圆孔。高0.4、直径0.8厘米（图二八一，6）。

9. 毛编织带　黄色与褐色相间的菱格纹。残长43、宽2.4厘米（图版二五七，2）。

10. 木橛　圆木棍削尖一头，另一头有打击痕。长69.3、直径3.3厘米（图二八一，12）。

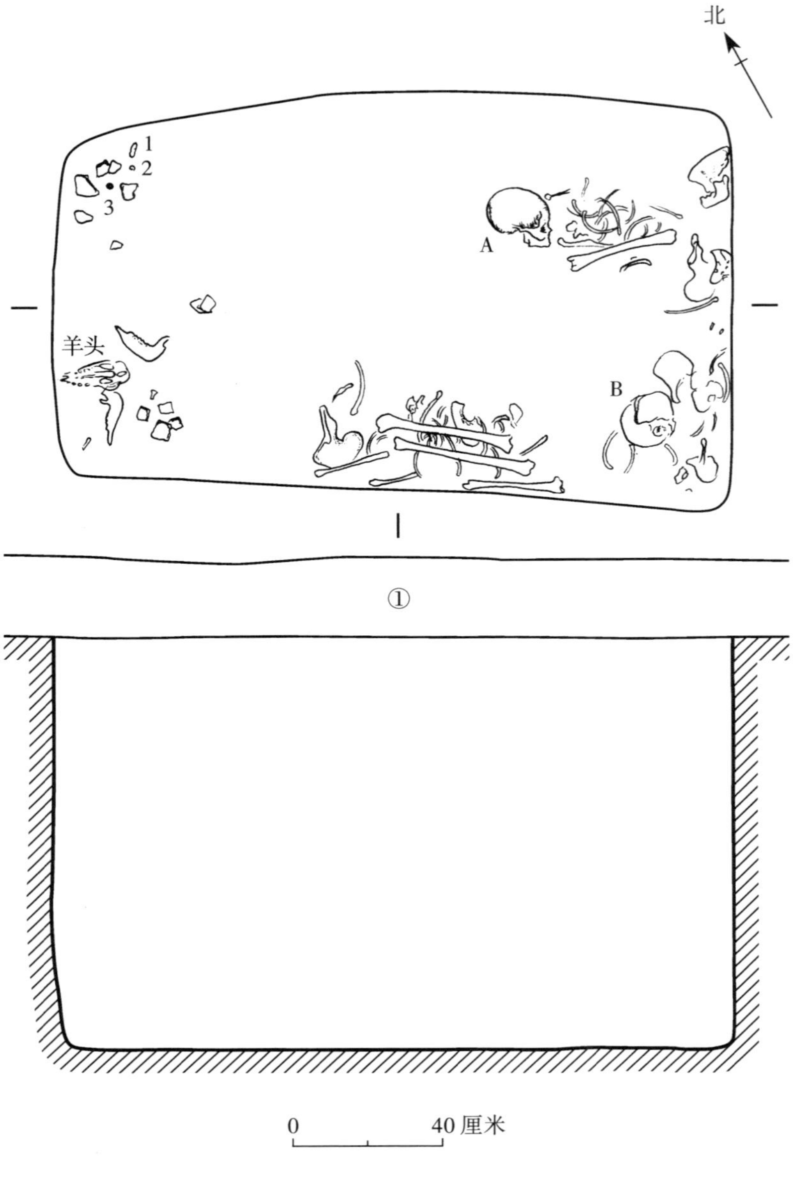

图二八二　ⅠM159平、剖面图
1. 铜刀　2. 铜管　3. 骨扣

ⅠM159

墓葬概况

位于墓地中部，西北邻ⅠM152，西望ⅠM158，墓向117°。C型，长方形竖穴土坑墓，西北方向为圆角。该墓葬地表呈东高西低缓坡状。开口于表土层下，表土层厚0.24米，墓口长2、宽1.2米，墓深1.26米。填土为黄沙土，土质较硬。严重盗扰，人骨架散乱，有两个人头骨，骨骼均不完整，均为成年男性。墓底东北的头骨、盆骨、散乱肢骨为A骨架。B骨架在南壁下，中部有一左侧盆骨和骶骨，由于病变或其他原因已长在一起，东南角有头骨、盆骨。西南角有一羊头骨。随葬的铜刀、铜管、骨扣均分布在墓室西北角（图二八二）。

随葬品

出土铜、骨器3件（组）。

1. 铜刀　青铜铸制。残留刀部前端，直刃。长5.5、宽1.2厘米（图二八三，3）。

2. 铜管　2件。青铜质。管状，器表有一近纵向凸棱，稍残。高2、直径1.4厘米（图二八三，2；图版二〇〇，8）。

3. 骨扣　扁平，近圆形，孔偏向一侧，近椭圆形。外径1.7、内径0.5、高0.2厘米（图二八三，1；图版一九一，1）。

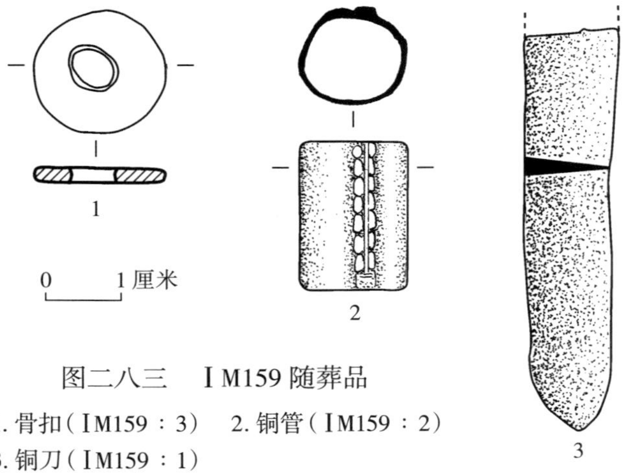

图二八三　ⅠM159随葬品
1. 骨扣（ⅠM159：3）　2. 铜管（ⅠM159：2）
3. 铜刀（ⅠM159：1）

ⅠM160

墓葬概况

位于墓地中部，东邻ⅠM168，东南邻ⅠM169，墓向110°。B型，长方形竖穴土坑墓，四边有二层台。由于地表遭破坏，墓开口于地表，墓口长1.6、宽0.9米。四壁二层台面宽窄不一，两短边二层台较窄，宽0.06米，两长边二层台宽0.11米，深0.9米，台面上残留有土坯、苇秆、干草残节，完整的土坯上有划出的对角斜线。墓底长 1.5、宽 0.7 米，墓深 1.82 米。墓底人骨凌乱，有一头颅位于西南角，下颌骨残缺，为成年男性，葬式不明，墓底东北角随葬有一羊头，乱骨中夹有朽烂的皮衣残片。东南角斜立一截粗圆木，似为封盖墓口所用部分木梁。随葬的陶盆、陶单耳陶壶在墓室中部，木桶底、木箭和木棍在南壁边，中北部有木棒和木橛（图二八四；图版二〇，5）。

随葬品

出土陶、木器 7 件。

1. 陶单耳壶　泥质红陶。小口，尖唇，细长颈，垂腹，大平底，颈部有小单耳。内沿饰小三角纹，外沿下饰竖长条状锯齿纹，三条为一组。颈腹部分别饰三条带为一组的斜条带纹。耳下颈部饰一组两条竖锯齿纹。口径 4.3、腹径 13.8、底径 7.8、高 16.7 厘米（图二八五，3；图版一〇〇，1）。

2. 陶盆　夹砂红陶。口微敛，上腹微鼓，下腹急收，小平底，耳由沿翻至上腹。内壁施红陶衣，器表上半部施红陶衣，并饰长三角纹。口径 19.8、底径 7.4、高 10.1 厘米（图二八五，6；图版一〇六，4）。

3. 木桶底　木板削制而成。平面近椭圆形。长径 14、短径 12.4 厘米（图二八五，1）。

4. 木棍　柽柳树枝干。未剔皮，弯曲。长 52.7、直径 1.3~1.8 厘米（图二八五，4）。

5. 木箭　圆木削制。圆箭铤后端残，箭头呈四棱锥体，单翼。与此同出的还有木弓残节。残长 52、铤径 0.8、箭头长 8.6 厘米（图二八五，5）。

6. 木棒　带皮柳树枝干。长 38、直径 7 厘米（图二八五，2）。

7. 木橛　带皮的柽柳棍。一头削成扁尖，另一头有重砸痕。长 66.4、直径 3 厘米（图二八五，7）。

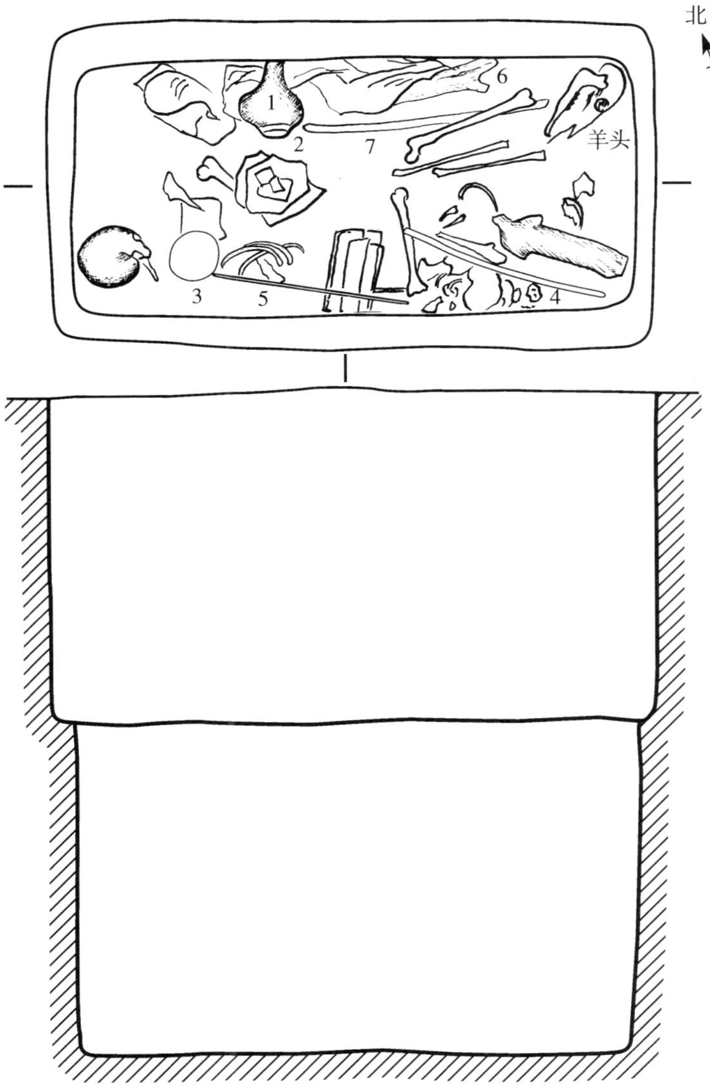

图二八四　ⅠM160 平、剖面图

1. 陶单耳壶　2. 陶盆　3. 木桶底　4. 木棍　5. 木箭　6. 木棒　7. 木橛

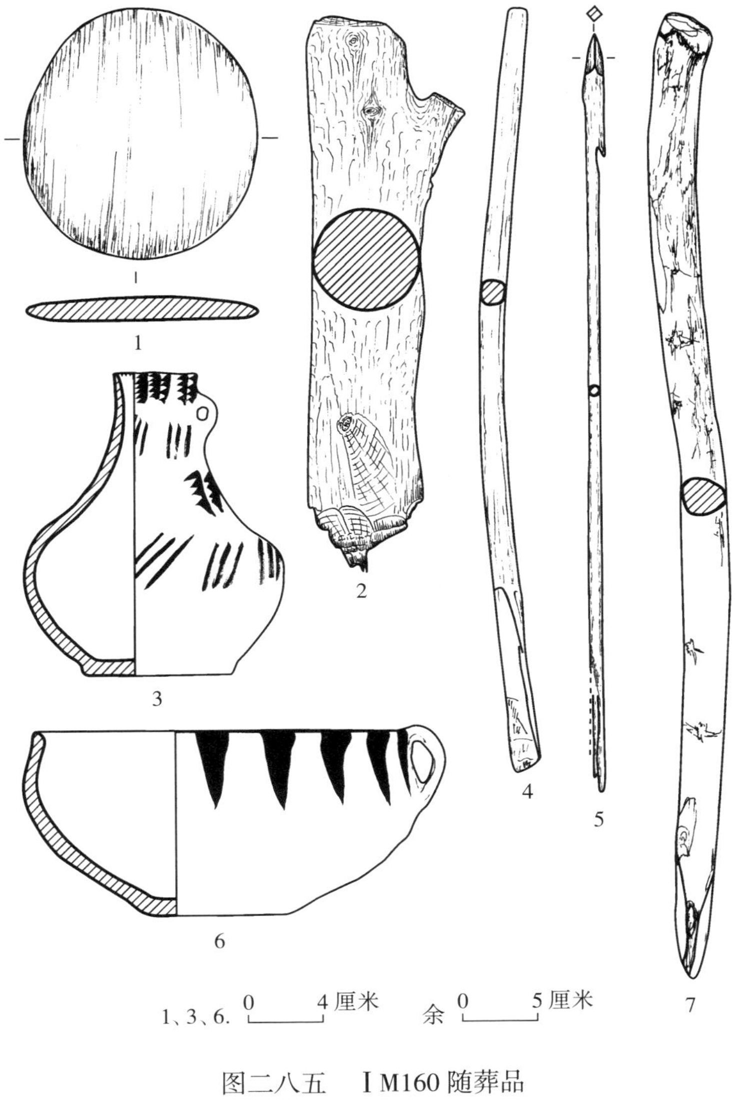

图二八五　ⅠM160 随葬品

1. 木桶底（ⅠM160：3）　2. 木棒（ⅠM160：6）　3. 陶单耳壶（ⅠM160：1）　4. 木棍（ⅠM160：4）　5. 木箭（ⅠM160：5）　6. 陶盆（ⅠM160：2）　7. 木橛（ⅠM160：7）

Ⅰ M161

墓葬概况

位于墓地中部偏东，东南邻ⅠM163，北邻ⅠM162，墓向118°。B型，长方形竖穴土坑墓，两长边有二层台。由于表土层遭破坏，现存墓口开于地表，墓口长1.05、宽0.87米。二层台宽0.16、深0.41米。北面的二层台上砌有完整土坯两块，一块上划双弧线，另一块上有右手五指尖戳出的标记（图版三七，6）。其中一块土坯上还放置陶单耳罐，填土中出土陶碗残片。墓底长1.05、宽0.55米，墓深0.81米。墓底有人骨一具，骨架凌乱，残缺较多，头颅位于西南角，为未成年人，性别、年龄、葬式不明，骨架下有苇席残迹（图二八六）。

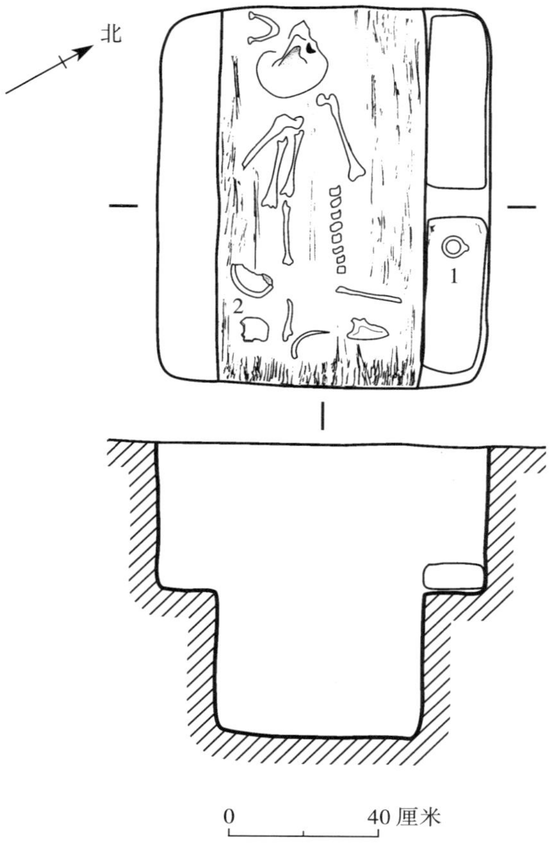

图二八六　ⅠM161平、剖面图
1. 陶单耳罐　2. 陶碗

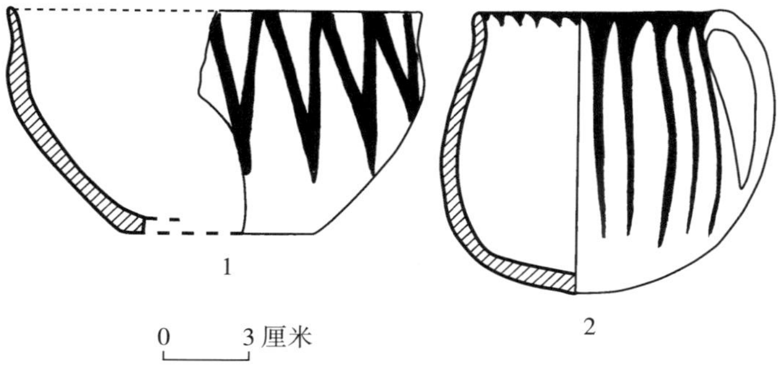

图二八七　ⅠM161随葬品
1. 陶碗（ⅠM161：2）　2. 陶单耳罐（ⅠM161：1）

随葬品

出土陶器2件。

1. 陶单耳罐　口微侈，小鼓腹，最大径靠近底部，圜底，长条耳由沿翻至腹底。内沿饰连续锯齿纹，器表绘由连续三角延伸向下的条带纹至腹底，器耳上绘两组平行条带纹，平行条带纹中填两条短线纹。口径8.2、最大腹径10.4、高10厘米（图二八七，2）。

2. 陶碗　夹砂红陶。残。敞口，鼓腹，平底。内口沿涂抹深褐色陶衣，器表彩绘连续折线纹。口径14.4、底径6.5、高8.2厘米（图二八七，1）。

Ⅰ M162

墓葬概况

位于墓地中部偏东，南邻ⅠM161，西邻ⅠM29，墓向118°。C型，长方形竖穴土坑墓，直壁。地面平坦，为戈壁沙砾层，厚0.18米，墓开口于表土层下。墓口长1.2、宽0.6米，墓深0.8米。墓底有人骨一具，头东脚西，面向上，仰身下肢上屈，倒靠于墓坑北壁上，为成年女性，无葬具。骨架保存较差。在人头顶左侧放置木桶，腿旁随葬木盘，木纺轮位于头北侧，骨管出土于左手臂内侧（图二八八；图版二〇，3）。

随葬品

出土木、骨器4件。

1. 木桶　圆木刻、挖、削制。朽残严重，桶体微弯曲，木底保存较好。直径12、高19厘米（图二八九，1）。

2. 木盘　圆木刻、挖、削制。呈不规则形，敞口，浅腹，圜底，口沿高低不平。口长径27.2、短径9~16、高5.6厘米（图二八九，4）。

3. 骨管　呈四棱状，内径近似椭圆形，管通体光滑。长9.7、直径0.8~1.2厘米（图二八九，3；图版一九三，5）。

4. 木纺轮　呈圆饼形，上面微拱，底平。轮径5.5、厚0.6~0.9厘米（图二八九，2）。

Ⅰ M163

墓葬概况

位于墓地中部偏东，北邻ⅠM161，南邻ⅠM167，墓向120°。B型，长方形竖穴土坑墓，四边有二层台。地表为黄色流沙，夹有小石块。由于风力毁坏墓口暴露于地表，墓口长2.82、宽2.2米。二层台宽窄不一，东边二层台宽0.39、北边二层台宽0.3、西边二层台宽0.5、南边二层台宽0.43米，台面距墓口深0.42米；墓底长1.92、宽1.47米，墓深1.82米。墓底有四足木尸床，长1.77、宽 1.09、高 0.41 米，床面上铺芦草，人骨堆放在木尸床东部，头骨位于床西北角，残破不全，似单人二次葬，为成年男性。木尸床南边随葬羊头一个。随葬的带流木桶在墓室西北角，木手杖柄、角镳、木镳、铜衔在西部，一件木橛和骨扣、角衔、木撑板、海螺壳饰件在北部，另一件木橛及木箭、牛角杯在南部（图二九〇；图版四〇，2）。

随葬品

出土木、角、骨、铜器及海螺壳 13 件（组）。

1. 木桶　圆木刻、挖、削制。口、底呈椭圆形，口部有流，敞口，直腹，平底，素面。口长径 22.8、短径 12.6、底长径 20、短径 17.4、高 26 厘米（图二九一，15；图版一二七，5）。

2. 木手杖柄　呈圆饼形，有一斜向木柄残。柄双面用浅浮雕法刻出图案，一面为卷曲兽纹，一面为站立兽纹。长 6.3、直径 6、厚 3.1 厘米（图二九一，12；图版一七一，1）。

3. 铜衔　两端各有双环，中间圆环相套，顶面平，相套的两环内各有一突，两端环均马镫形，一圆孔和一不规则方孔。通长 16.5、直径 0.8 厘米（图二九一，14；图版二〇一，6）。

4. 角镳　2 件。均鹿角剔皮加工制作。镳面钻三个圆孔。长 18、宽 2.9、厚 1.2 厘米（图二九一，6；图版一八六，4）。

5. 木撑板　圆枝条削制。一端稍细，棍笔直，光滑。长 59、直径 1.2 厘米（图二九一，16）。

6. 木橛　2 件。圆枝条削制。剔皮，一端削尖。ⅠM163：6-1，呈圆锥状。长 24.4、直径 1.6 厘米（图二九一，4）。ⅠM163：6-2，呈扁锥状。长 18.5、直径 1.2~1.7 厘米（图二九一，5）。

7. 木箭　3 支。均残，圆木削制。圆箭杆打磨光滑，箭头为三棱锥体。ⅠM163：7-1，箭头较长，缠有丝线，单翼。残长 19.6、杆径 0.7、头长 6.9 厘米（图二九一，8）。ⅠM163：7-2，脊线锋利，双翼位于两侧。残长 10.2、杆径 0.8、头长 4.5 厘米（图二九一，9）。

8. 牛角杯　牛角剔皮制作。口、底均残。残高 19.6、残口径 6.2、残底径 2.6 厘米（图二九一，7）。

9. 骨扣　3 件（图版一九一，2）。ⅠM163：9-1，骨质。呈圆锥状，镂斜向圆孔，通体磨制光滑。高 1.8、直径 1.7 厘米（图二九一，1）。ⅠM163：9-2，骨质。呈亚腰形扁锥状。长 4.9、宽 1.1~1.2、厚 0.2 厘米（图二九一，2）。ⅠM163：9-3，骨质。亚腰形扁长体，通体光滑。长 4.1、宽 1.2~1.4、厚 0.5~0.7 厘米（图二九一，3）。

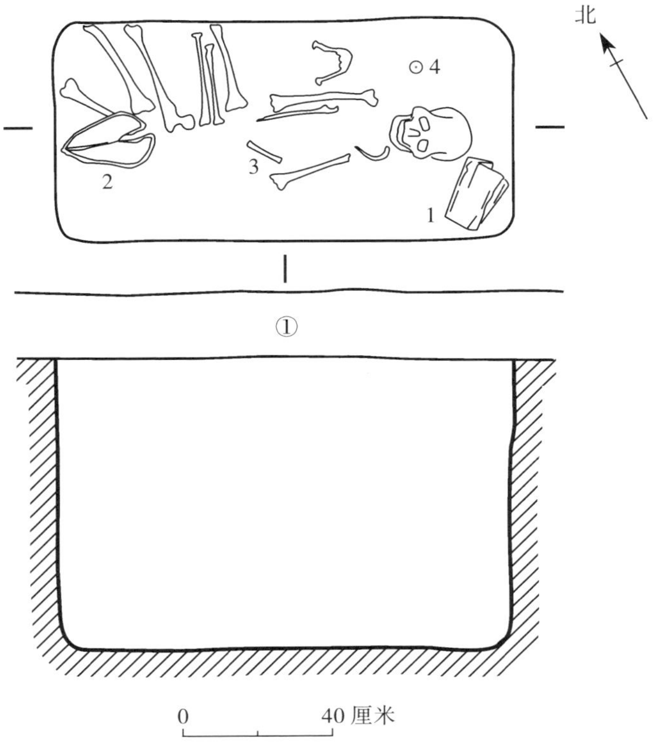

图二八八　ⅠM162 平、剖面图
1. 木桶　2. 木盘　3. 骨管　4. 木纺轮

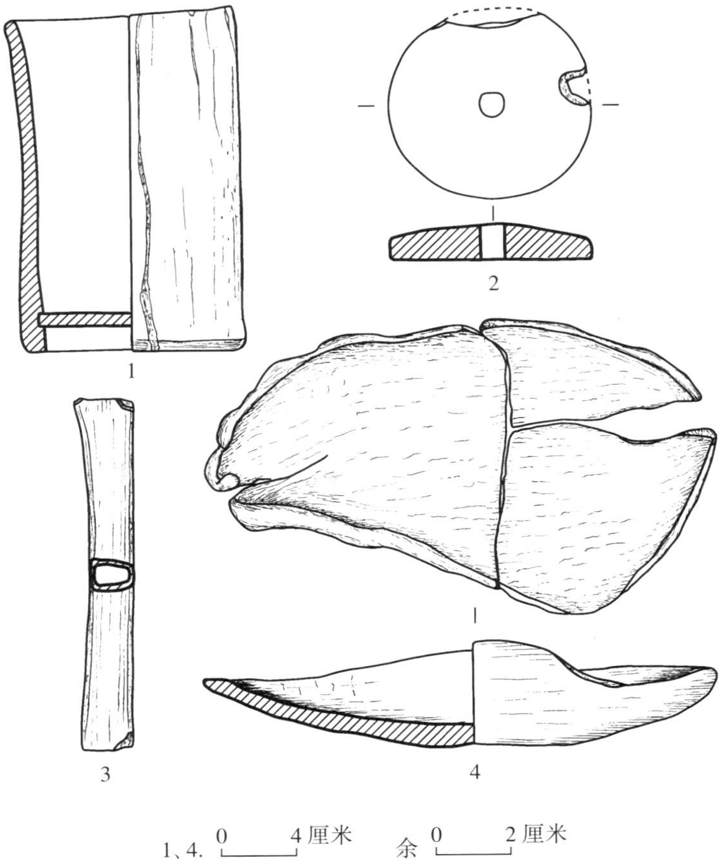

图二八九　ⅠM162 随葬品
1. 木桶（M162：1）　2. 木纺轮（M162：4）　3. 骨管（M162：3）　4. 木盘（M162：2）

10. 海螺壳饰件　呈圆形，中部钻一圆孔，通体磨制光滑。高 1.6、直径 6.3 厘米（图二九一，10；图版二一五，4）。

11. 木橛　圆木削制。后端残，仅存圆锥尖，尖锐。残长 5、直径 1.2 厘米（图二九一，17）。

12. 角衔　残。圆木削制。长方柱状体，两头加宽加厚并分别穿圆形孔。残长 12.5、宽 1.2~2.2、厚 0.7 厘米（图二九一，13）。

13. 木镳　残。圆木削制成长条状。圆头，上存两个近方形孔。残长 9、宽 2.9、厚 0.4~0.7 厘米（图二九一，11）。

Ⅰ M164

墓葬概况

位于墓地中部东边缘，西邻ⅠM168，东北邻ⅠM165，墓向 130°。C 型，长方形竖穴土坑墓，直壁。

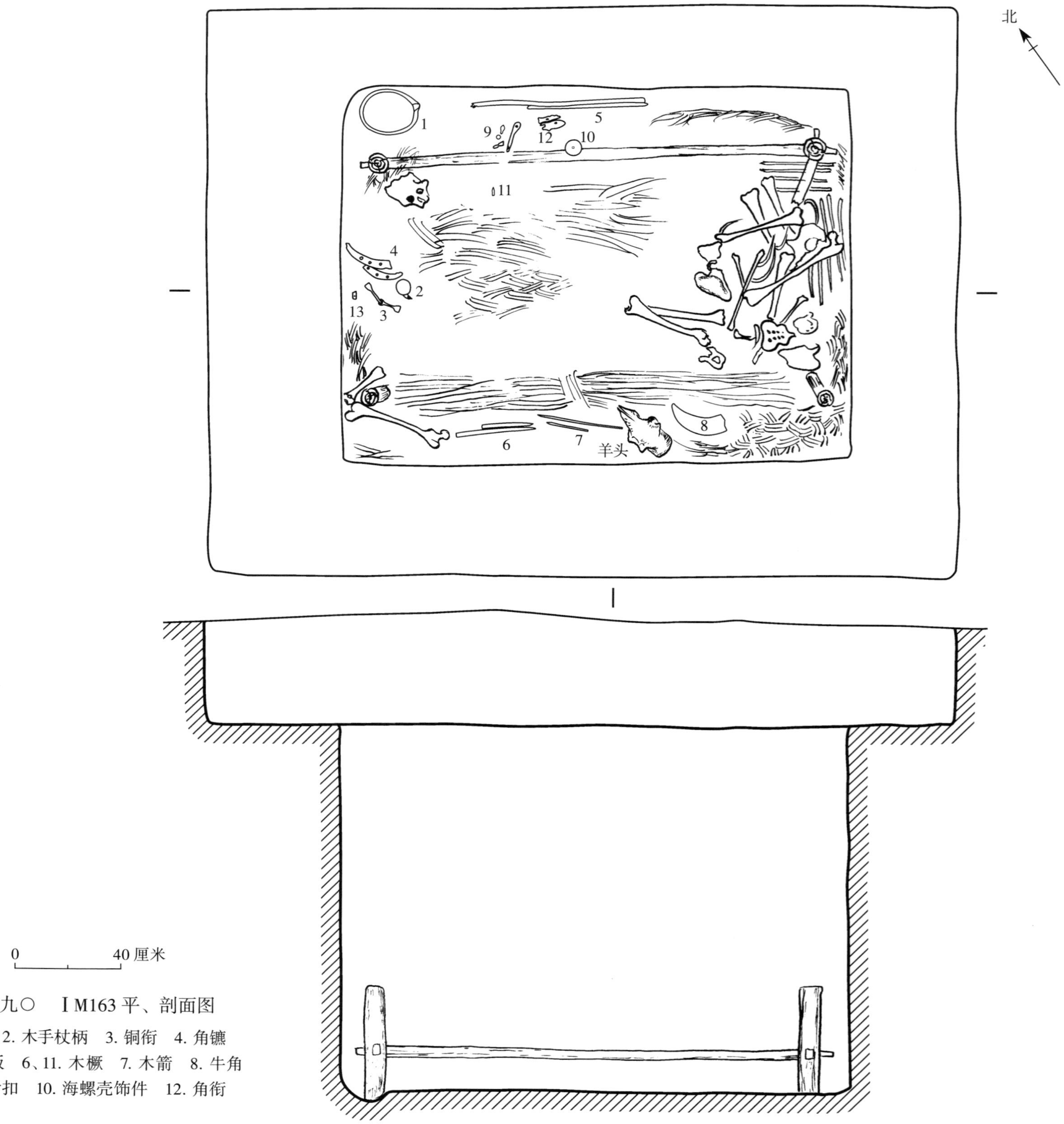

图二九〇　ⅠM163 平、剖面图

1. 木桶　2. 木手杖柄　3. 铜衔　4. 角镳　5. 木撑板　6、11. 木橛　7. 木箭　8. 牛角杯　9. 骨扣　10. 海螺壳饰件　12. 角衔　13. 木镳

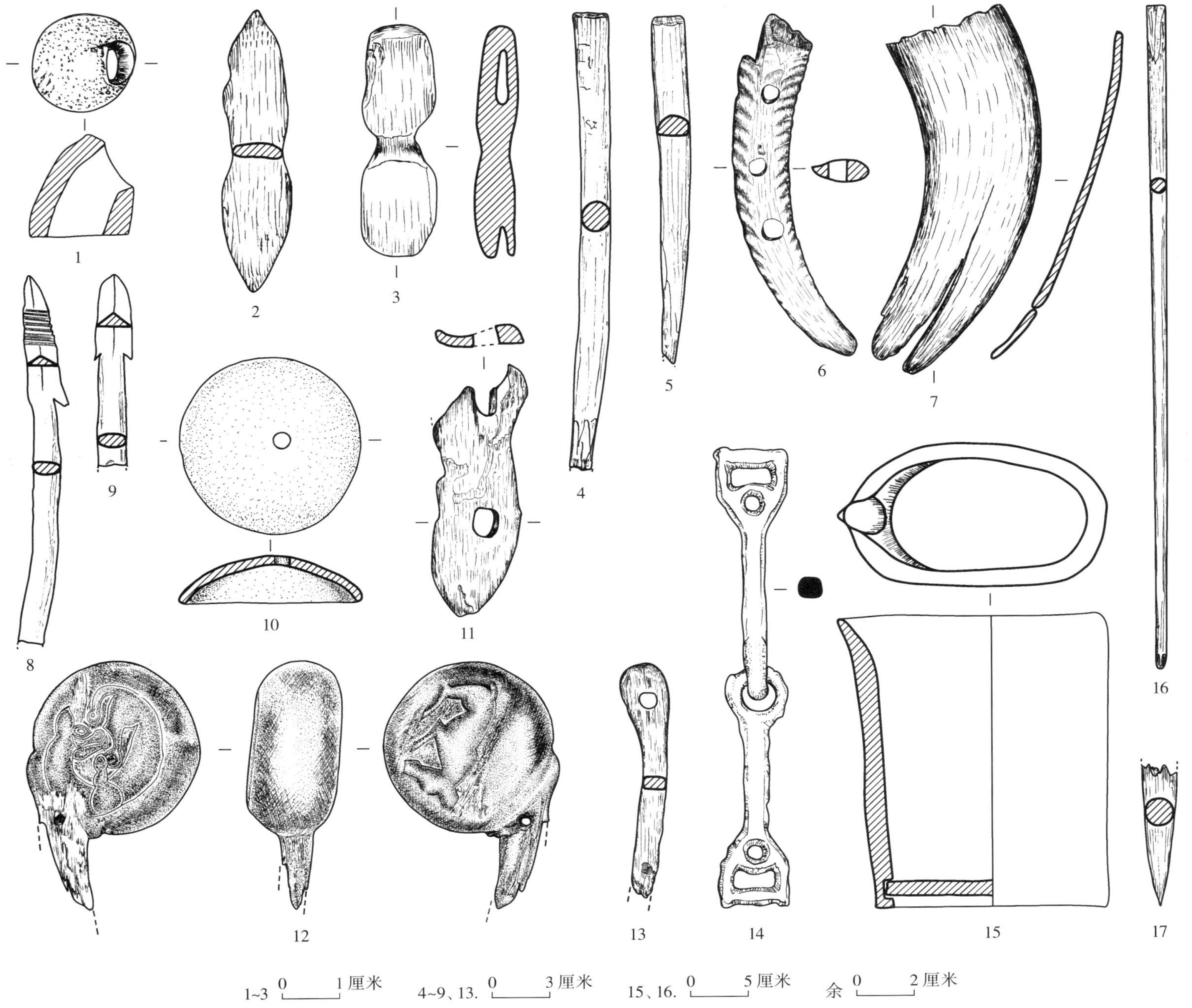

图二九一　ⅠM163 随葬品

1~3. 骨扣（ⅠM163：9–1、9–2、9–3）　4、5、17. 木橛（ⅠM163：6–1、6–2、11）　6. 角镳（ⅠM163：4）　7. 牛角杯（ⅠM163：8）　8、9. 木箭（ⅠM163：7–1、7–2）　10. 海螺壳饰件（ⅠM163：10）　11. 木镳（ⅠM163：13）　12. 木手杖柄（ⅠM163：2）　13. 角衔（ⅠM163：12）　14. 铜衔（M163：3）　15. 木桶（ⅠM163：1）　16. 木撑板（ⅠM163：5）

由于上层被破坏，墓口暴露于地表，地面西高东低，墓长 1.6、宽 0.82 米，墓深 1.37~1.57 米。墓底有一具尸骨 A，为壮年男性，年龄 20~30 岁，头东脚西，仰身，下肢上屈，倒靠于墓北壁，身着皮大衣已朽成片状，脚穿皮靴。另有一个成年女性人头骨 B 位于墓南壁下，未见其他骨骼，似二次葬，无葬具。随葬的皮辔头、木钵、木撑板、皮弓箭袋、复合弓、陶单耳壶和两件皮带在男性骨架左侧，木钉、角镳在东北角，石珠项链和草籽项链在男性颈下，还有毛编织带、毛绳在腿部。长衣、编织带残片、毛编织毯残片、栽绒毯残片、裤子等都随身穿着，但基本上都是残片（图二九二；图版二一，1）。

随葬品

出土陶、木、石、角器物和毛纺织物、草籽项链等 24 件（组）。

1. 皮辔头　残缺不全。皮辔头上存有两枚铜节约。残长 36、带宽 1.2 厘米（图二九三，8）。

2. 皮带　带羊皮窄带，残成节状。残长 21、宽 2、厚 0.3 厘米（图二九三，2）。

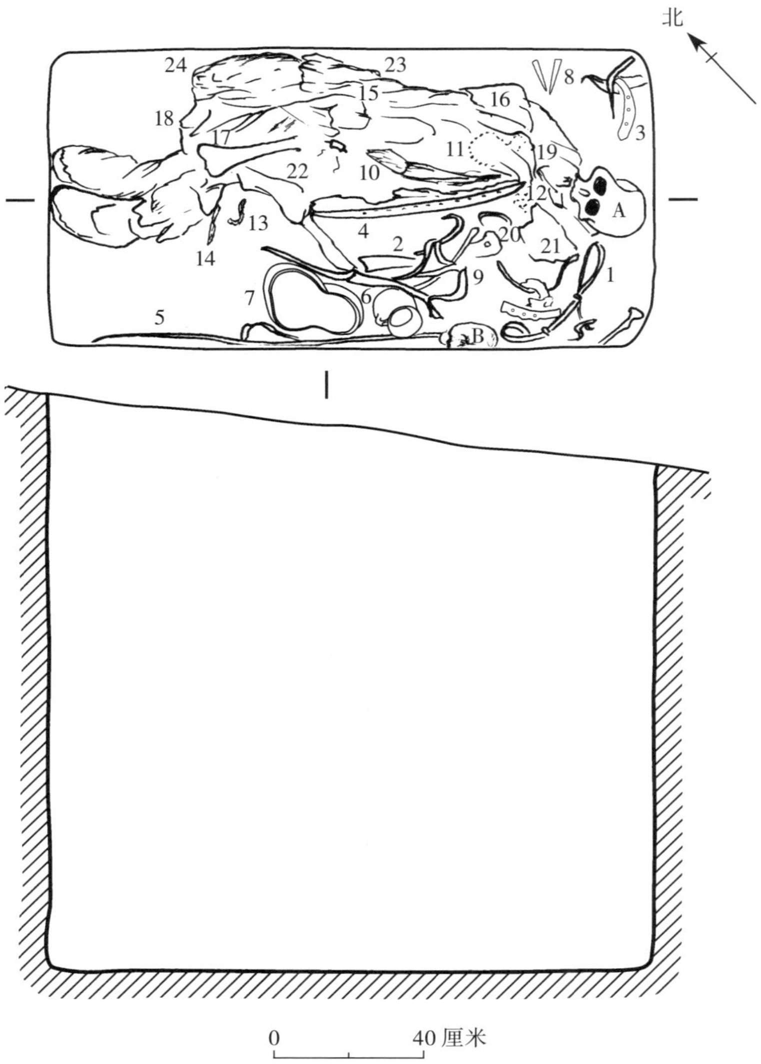

图二九二　ⅠM164平、剖面图

1.皮簪头　2、9.皮带　3.角镳　4.木撑板　5.复合弓　6.陶单耳壶　7.木钵　8.木钉　10.皮弓箭袋　11.草籽项链　12.石珠项链　13、19~21.毛编织带　14.毛绳　15、16.长衣　17.裤子　18.栽绒毯　22、23.毛纺织物　24.毛编织毯

3.角镳　2件（图版一八五，10）。动物角加工制作。ⅠM164：3-1，呈扁长体，一边作锯齿状，后端中孔用角骨封堵，顶端削三角形缺口，镳面钻三个圆孔。长15.6、宽1.7~3.5、厚0.9~1.7厘米（图二九三，6）。ⅠM164：3-2，呈扁角锥形，镳面钻有三圆孔，中间孔内穿有牛皮绳。长16.8、宽1.5~3、厚1厘米（图二九三，7）。

4.木撑板　长条形，两端窄，中部宽板面裹有鞣制羊皮囊残片，其作用是支撑皮弓箭袋。长60、宽2厘米（图二九三，12；图版一六三，7）。

5.复合弓　中间为韧木片，上下贴有牛角片，外面包一层牛筋片，缠有牛筋绳，弓弰呈三角形，有倒钩，以挂弦，一端还系有残断的弦，弦由牛筋合成，有扣。弓体已变形。长113厘米（图二九三，13；图版一八三，4）。

6.陶单耳壶　夹砂红陶。敞口，圆唇，束颈，圆鼓腹，圜底，颈肩间有一四棱状单耳，耳上有乳突。口内沿绘锯齿纹，颈、腹部绘两组平行水波纹。口径10、腹径13.5、高15厘米（图二九三，9；图版一〇三，1）。

7.木钵　圆木刻挖制作。平面呈葫芦形，敞口，弧腹，圜底。在腹部有一圆孔，内有皮带残节。口长径22.8、短径9.5~16.2、高9厘米（图二九三，5；图版一四三，6）。

8.木钉　2支。圆枝条削制。尖较锐。ⅠM164：8-1，长14.7、直径1.13厘米（图二九三，3）。

9.皮带　牛皮革制。系于腰部佩戴物品。用双层牛皮缝制。上系木钩和粗细皮条结合。一端接圆柱形皮条，上有连续的穿扣孔。长122.5、宽4.4厘米（图二九三，11；图版二二四，2）。

10.皮弓箭袋　用羊皮革缝制，边缘夹牛筋绳。残破，仅存底部。残长46.8、宽14.6厘米（图二九三，10）。

11.草籽项链　薏苡籽实穿连而成。直径31.6厘米（图二九三，1；图版二一四，3）。

12.石珠项链　石珠用麻细麻绳穿连，由白色管状、黑色圆球状、浅绿色管状石珠组合而成。出土时麻绳已朽残。项链残长21厘米（图二九三，4；图版二〇九，5）。

13.毛编织带　用红、蓝毛线编成，连续的横折线纹呈“W”状。残长15.6、宽3.8厘米（图版二五七，3）。

14.毛绳　用黄、蓝、紫、红四色毛线编织而成，一头分成双穗。长22.4、直径1.3厘米（图版二五七，1）。

15.长衣　黄色褐长衣残片。已残为五片，但保存有后身的大部分和前襟局部，最大片为长100、宽95厘米。织物表面较平整，为平纹组织，三根经线合并与纬线交织形成幅边，幅宽48.5厘米（图版二五八，4）。

16.长衣　黄色褐长衣残片。仅残存两片，ⅠM164：16-1，长84、宽50厘米。ⅠM164：16-2，长53、宽73厘米。缝制该衣的毛纺织物是由黄色经线与黄色纬线相交而成的平纹组织织物（图版二五八，2）。

17.裤子　黄色褐长裤。破损十分严重，仅存残长28、宽20厘米的裤片和长75、宽26厘米的裤裆。用黄色经纬线织制的平纹毛纺织物缝制裤腿，并缝入以平纹组织法织制的“阶梯”形裤裆（图版二五八，1）。

18.栽绒毯　残片。红蓝色菱格纹。经线、地纬均为原黄色。采用马蹄扣法拴结绒纬，经线和地纬交织成平纹基础组织。残存长13、宽13厘米，绒纬长2厘米（图版二五七，5）。

19.毛编织带　黄色编织带。残为四段。长29+21+11+8=69厘米，宽1.9厘米。黄色线编织而成（图版二五七，7）。

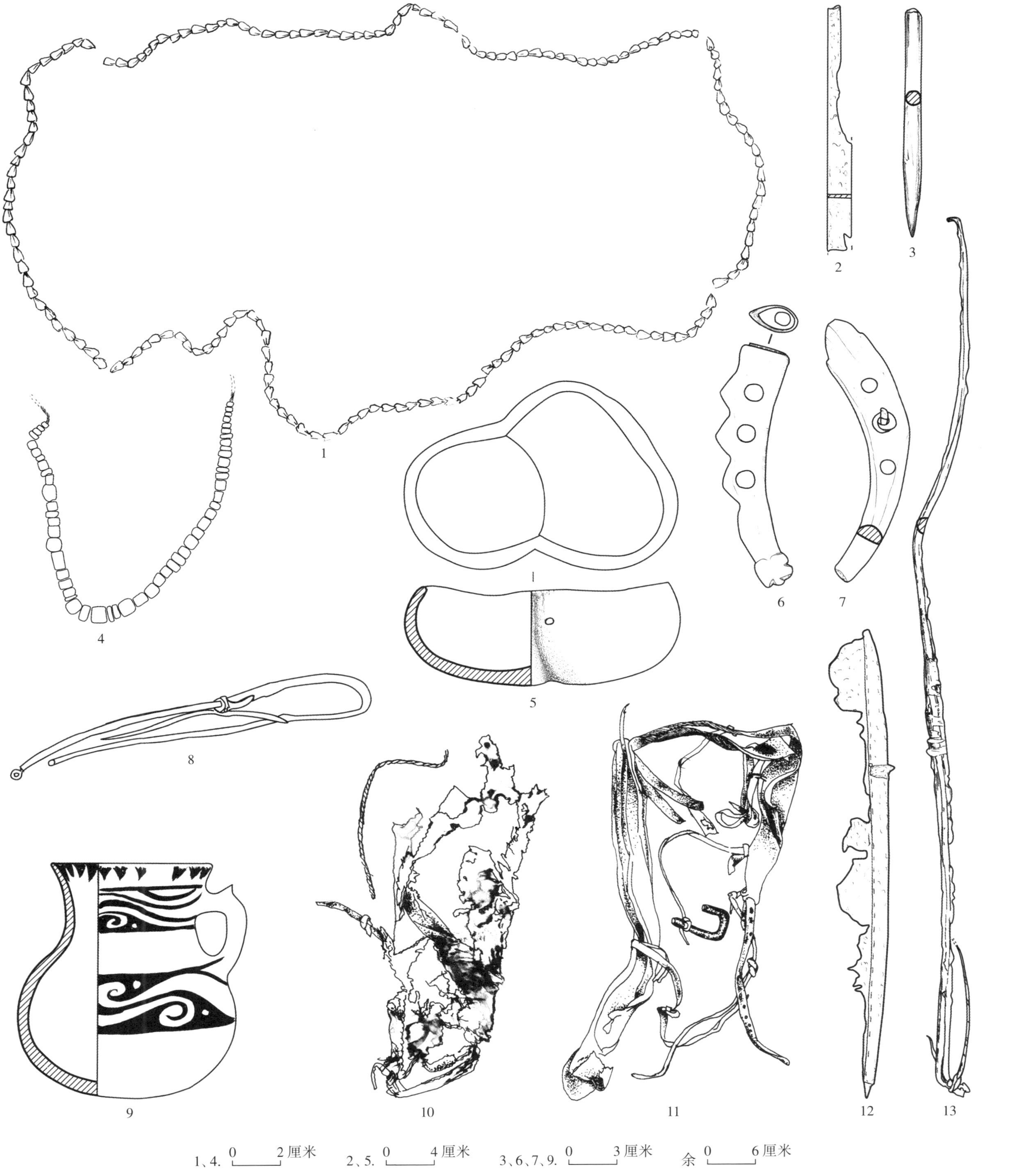

图二九三　ⅠM164随葬品

1. 草籽项链（ⅠM164：11）　2. 皮带（ⅠM164：2）　3. 木钉（ⅠM164：8-1）　4. 石珠项链（ⅠM164：12）　5. 木钵（ⅠM164：7）　6、7. 角镳（ⅠM164：3-1、3-2）　8. 皮辔头（ⅠM164：1）　9. 陶单耳壶（ⅠM164：6）　10. 皮弓箭袋（ⅠM164：10）　11. 皮带（ⅠM164：9）　12. 木撑板（ⅠM164：4）　13. 复合弓（ⅠM164：5）

20. 毛编织带　红绿色编织带。残断为四截。长 11+6+9+8.5=34.5 厘米，宽 2~3 厘米。红、绿两色线，显现红绿两色折向纹（图版二五七，4）。

21. 毛编织带　黄色毛线编织。残长 28、宽 2.8 厘米（图版二五七，7）。

22. 毛纺织物　原黄色褐残片。平纹组织法，纬线覆盖了经线。长 64、宽 47 厘米（图版二五八，3）。

23. 毛纺织物　黄色褐残片。这件织物的特点是经、纬线均以"S"向加捻，平纹组织。长 15、宽 46 厘米（图版二五八，5）。

24. 毛编织毯　用细线做经线，粗线做纬线，采用平纹编织方法编织，粗糙厚实。残块长 20、宽 15 厘米（图版二五七，6）。

ⅠM165

墓葬概况

位于墓地中部东边缘，北邻ⅠM167，西南邻ⅠM164，墓向 80°。C 型，长方形竖穴土坑墓，直壁。由于风力破坏，墓口位于地表，墓口长 1.4、宽 0.93 米，墓深 1.4 米。墓底有四足木尸床，长 1.32、宽 0.91、高 0.31 米，床面铺有苇席。仅在床边沿和床下发现有髋骨残块和零星肢骨节，北壁有一头骨，为中年女性，年龄 45~55 岁。葬式不详。该墓曾被盗掘，填土为黄色细流沙，夹含有地表戈壁黑砾石。出土的木钉、角镳、木箭、陶单耳壶都位于墓葬中北部（图二九四）。

随葬品

出土木、角、陶器 4 件（组）。

1. 木钉　3 支。均圆枝条剥皮削制。一端削尖，尖较锐（图版一七九，10）。ⅠM165：1-1，长 19.6、直径 1.6 厘米（图二九五，4）。

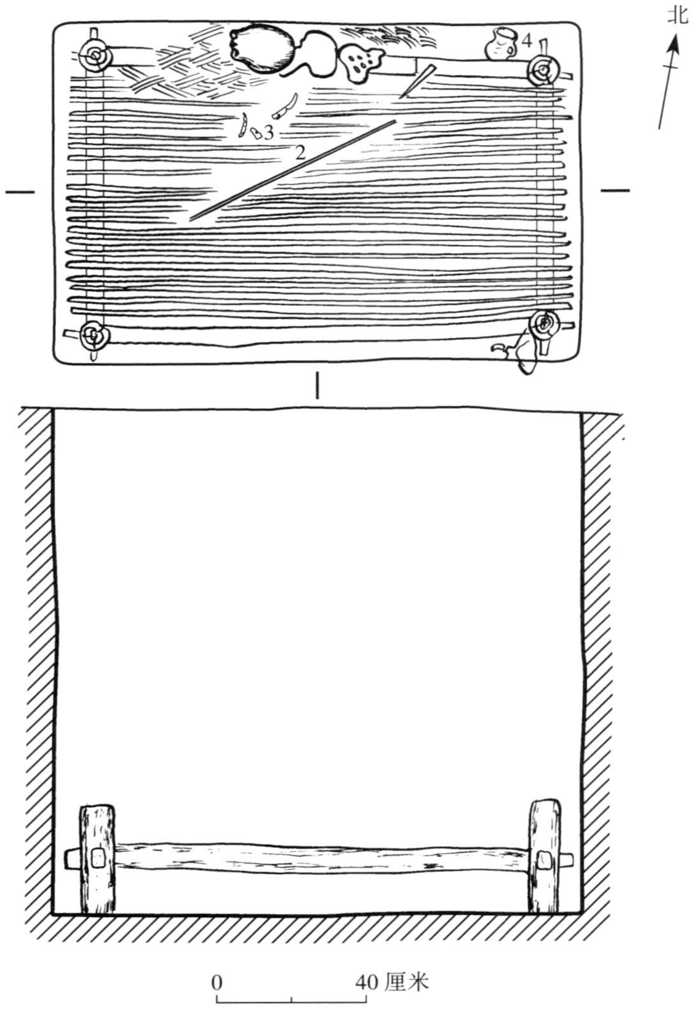

图二九四　ⅠM165 平、剖面图

1. 木钉　2. 木箭　3. 角镳　4. 陶单耳壶

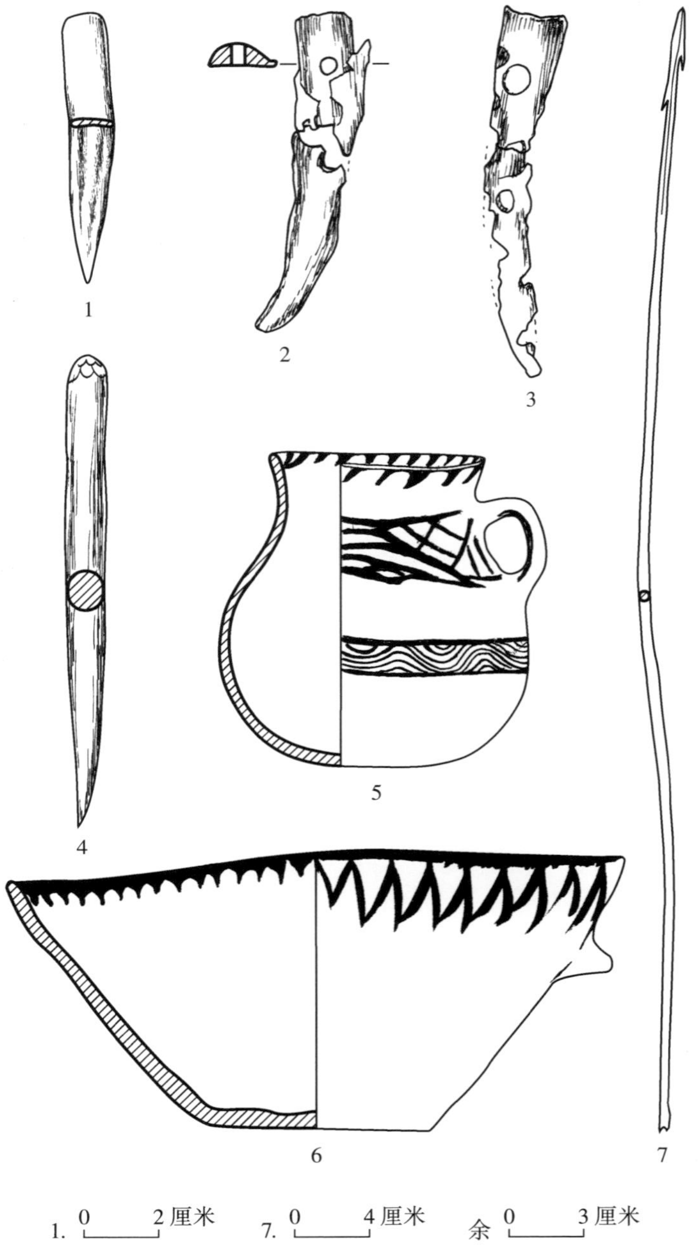

图二九五　ⅠM165、ⅠM166 随葬品

1. 骨锥（ⅠM166：2）　2、3. 角镳（ⅠM165：3-1、3-2）　4. 木钉（ⅠM165：1-1）　5. 陶单耳壶（ⅠM165：4）　6. 陶盆（ⅠM166：1）　7. 木箭（ⅠM165：2）

2. 木箭　圆箭杆弯曲变形，后端挂弦，槽残缺；箭头呈四菱形，两翼倒钩刺，前后错位。通长61.8、杆径0.8、箭头长5.8厘米（图二九五，7；图版一五九，6）。

3. 角镳　2件。动物角制作，均残损严重。ⅠM165：3-1，角内插有一截木棒，并钻有两个穿孔。残长13、宽2.7、厚1厘米（图二九五，2）。ⅠM165：3-2，钻有两个穿绳孔。残长14.8、宽2.4、厚1厘米（图二九五，3）。

4. 陶单耳壶　夹砂红陶。敞口，圆唇，圆鼓腹，圜底，颈至上腹间有耳。口沿内外饰锯齿纹，颈肩处绘曲波纹，腹部绘水波纹。口径8.5、腹径12.3、高13厘米（图二九五，5）。

ⅠM166

墓葬概况

位于墓地中部偏东，北邻ⅠM169，南邻ⅠM201，墓向100°。C型，长方形竖穴土坑墓，壁微斜收。墓口距地表深0.2米，墓口长1.3、宽0.8米，墓底长1.24、宽0.76米，墓深0.91米。墓底有人骨一具，为壮年女性，年龄25~35岁。头东脚西，侧身屈肢，肢骨腐朽残缺，脚穿皮靴，身着皮衣已残朽。无葬具。在骨架右侧出土陶盆，盆内放有骨锥和食物（图二九六）。

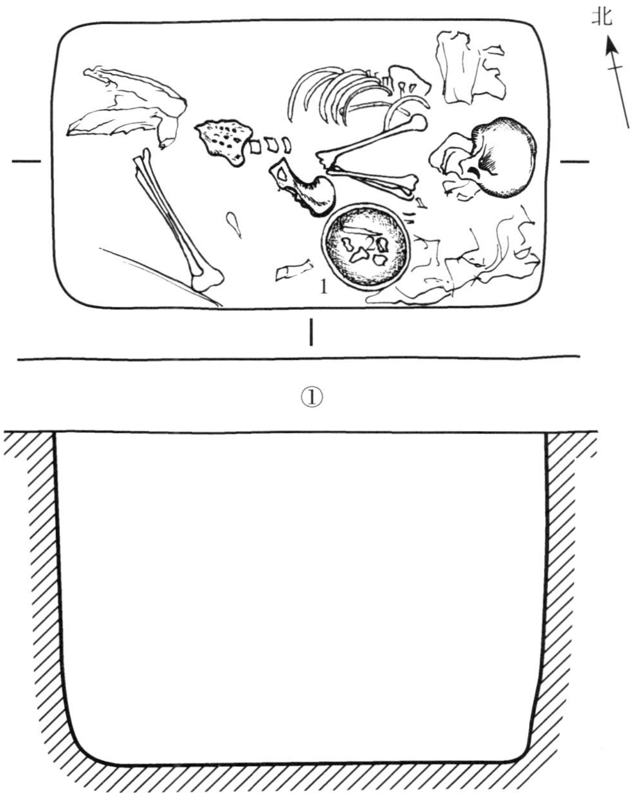

图二九六　ⅠM166平、剖面图

1. 陶盆　2. 骨锥

随葬品

出土陶、骨器2件。

1. 陶盆　夹砂红陶。敞口，方唇，圆深腹，小平底。口沿内饰锯齿纹，外沿饰连续折线纹。口径24.6、底径8.8、高11.6厘米（图二九五，6；图版一〇六，5）。

2. 骨锥　骨片磨制。扁锥体，尖较锐。长7.35、宽1.25、厚0.2厘米（图二九五，1；图版一八八，1）。

ⅠM167

墓葬概况

位于墓地中部东边缘，西北邻ⅠM163，南邻ⅠM165，墓向110°。C型，长方形竖穴土坑墓，直壁。墓口距地表深0.1米，墓口长1.83、宽1.2米，墓深1.19米。墓底有四足木床，长1.52、宽0.82米。床面铺苇席，席上再铺干草。床中间有人头骨A，为中年男性，年龄

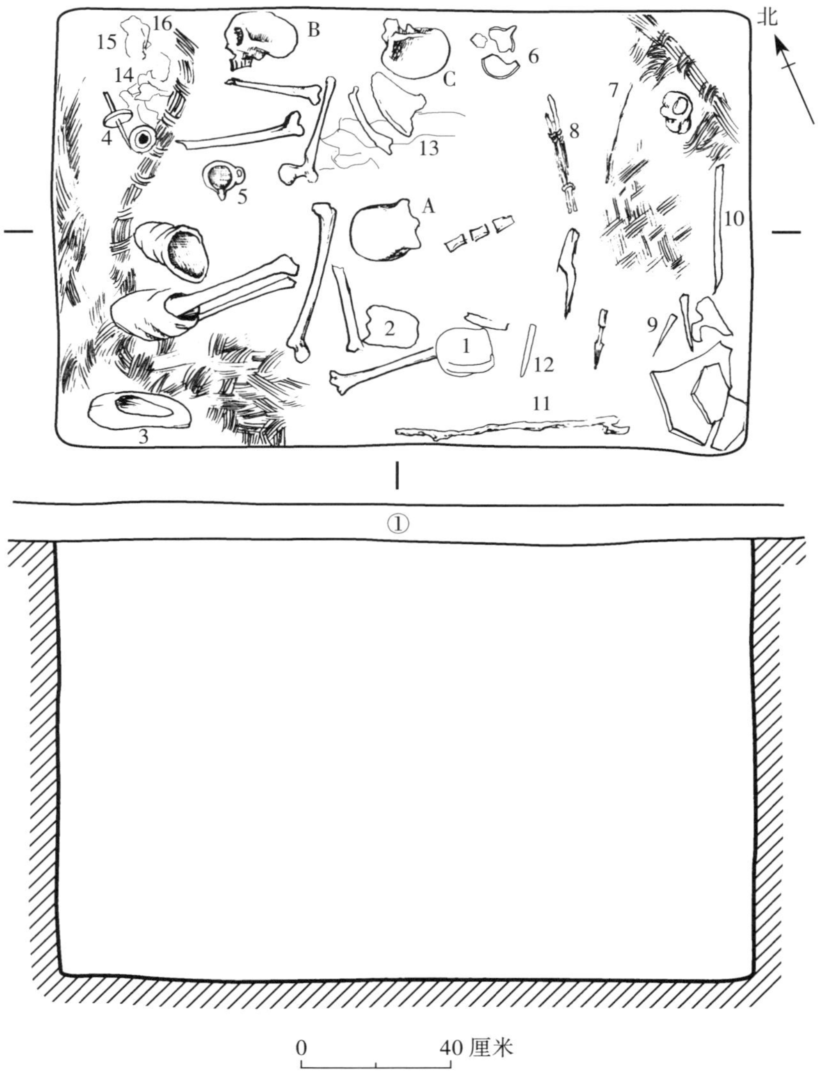

图二九七　ⅠM167平、剖面图

1. 陶单耳罐　2. 皮盒　3. 皮鞋　4. 木纺轮　5、6. 陶带流杯　7. 木棍　8、12. 木器具　9. 木钉　10、11. 木橛　13. 缂毛织物　14、15. 毛纺织物　16. 毛编织带

30~45 岁。床下北侧有 B、C 头骨两个，B 为成年男性，C 为成年女性。肢骨散乱于床上，残缺不全，其中一具骨架脚上穿的一只皮鞋保存较好。随葬的陶单耳罐、皮盒、两件陶带流杯、木棍、木器具在墓室中部，一件木橛位于南壁中部，另一件木橛位于东壁中部，木钉位于墓室东南，木纺轮位于西北角（图二九七；图版二一，4）。

随葬品

出土陶、木、皮质器物和毛纺织物 16 件（组）。

1. 陶单耳罐　夹砂红陶。敞口，鼓腹，圜底，长耳由沿翻至腹底。内沿饰连续锯齿纹，器表饰三条延伸的竖向细条带纹，延伸到腹底，耳彩绘变形涡纹。口径 10.5、最大腹径 13.1、高 13 厘米（图二九八，11；图版四三，3）。

2. 皮盒　平面近长方形，带盖，盖较大，扣盖在盒体上，分里外两层，里层为一个封闭的长方形盒，上面刻有图案；外层是一个上部开口的方形皮盖，并由皮

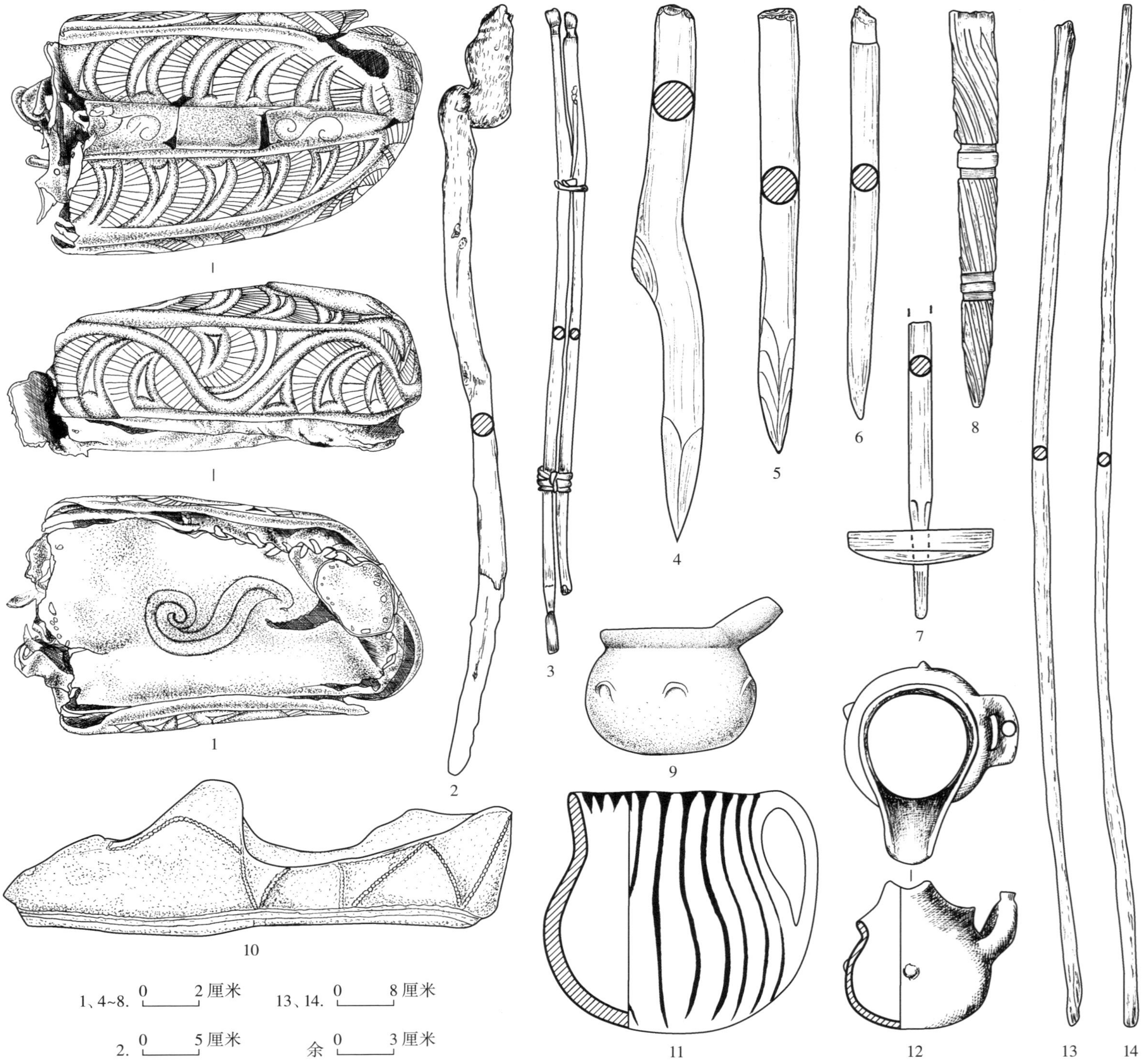

图二九八　ⅠM167 随葬品

1. 皮盒（ⅠM167：2）　2、4. 木橛（ⅠM167：11、10）　3、8. 木器具（ⅠM167：8–1、12）　5、6. 木钉（ⅠM167：9–1、9–2）　7. 木纺轮（ⅠM167：4）　9、12. 陶带流杯（ⅠM167：6、5）　10. 皮鞋（ⅠM167：3）　11. 陶单耳罐（ⅠM167：1）　13、14. 木棍（ⅠM167：7–1、7–2）

条将里外两层缝合在一起，其他面都压出内填细密平行线的螺旋纹图案。长14.3、宽8.2、高6.2厘米（图二九八，1；图版二二八，6）。

3. 皮鞋　鞋底为整皮缝制，鞋面、鞋帮为数块皮缝制，皮革较厚，呈土黄色。长27、宽7~9、高8.4厘米（图二九八，10；图版二二一，5）。

4. 木纺轮　圆柱状木线轴前端削细，后端残。纺轮呈椭圆形饼状，上面平，底弧拱。线轴残长11、直径0.8厘米，轮径4.6~5.6、厚1.2厘米（图二九八，7）。

5. 陶带流杯　夹砂红陶。侈口，圆唇，球形腹，圜底近平。口沿带细长流，腹部立有半环形耳，腹部有三颗乳丁，耳顶部有一乳丁。口径6.4、流长2.9、宽2.5、高8.1厘米（图二九八，12；图版九七，4）。

6. 陶带流杯　夹砂红陶。侈口，圆唇，口沿梯形流上扬，球形腹，圜底。腹部有五个对称拱形纽紧贴杯腹。器表有烟熏痕迹。口径7.2、最大腹径9、高7、通高8.8厘米（图二九八，9；图版九七，5）。

7. 木棍　2支。树枝剔皮削制。较长，微弯曲。ⅠM167：7–1，长146.4、直径2.4厘米（图二九八，13）。ⅠM167：7–2，长148.8、直径1.7厘米（图二九八，14）。

8. 木器具　2根。用皮条将柽柳枝条捆绑在一起，柽柳棍的两端削斜向浅槽，棍体弯曲，未剔皮，呈褐色。ⅠM167：8–1，长35.4、直径0.6厘米（图二九八，3；图版一七二，9）。ⅠM167：8–2，长31.8、直径0.5厘米。

9. 木钉　2件。圆树枝条剔皮削制。一端削尖，呈锥状。ⅠM167：9–1，长16.2、直径1.4厘米（图二九八，5）。ⅠM167：9–2，长14.9、直径1.1厘米（图二九八，6）。

10. 木橛　树枝干剔皮削制。尖呈三棱锥状。长19.6、直径1.5厘米（图二九八，4）。

11. 木橛　用自然生长成形的柳树枝制作。一端削成扁锥状，后端留有树根部。长70.5、直径2.5厘米（图二九八，2）。

12. 木器具　锥形，用小木棍雕刻成。通体饰竖螺旋纹，两个横槽将锥体均分为三截。长14.4、最大直径1.7厘米（图二九八，8）。

13. 缂毛织物　黄地红蓝色鹿纹缂毛褐残片。残为多片，保留图案的有三件：ⅠM167：13–1，长32、宽25厘米，缂织两只鹿纹。ⅠM167：13–2，长19、宽27厘米，四处残存不完整鹿纹。ⅠM167：13–3，长22、宽24厘米，存有两只鹿纹。经、纬线均为黄色，经、纬线相交成平纹基础组织。用通经回纬法在黄色平纹地上缂织出红、蓝色鹿纹。鹿呈跪卧状，长角，体态自然。由于织物过于残破，看不出红、蓝色鹿的排列次序来，好似斜向排列，有的又像相向而卧（图版二五九，3）。

14. 毛纺织物　黄棕色褐残片。残断为两片：ⅠM167：14–1，长31、宽24厘米。ⅠM167：14–2，长26、宽28厘米。这件织物的特点在于：每根经、纬线都用黄、蓝两色羊毛加捻，当两种色泽的纤维在织物表面相遇时，形成黄棕色，且稍带有晕䌹效果（图版二五九，1）。

15. 毛纺织物　红棕色褐残片。红棕色经、纬线均Z捻，仅存一侧幅边，由三根经线合并。长18、宽15厘米（图版二五九，2）。

16. 毛编织带　多色毛织带残段。已残为三段，总长为17+7+6厘米，宽1厘米。编织线为双股合并，以2/2斜编法编织（图版二五九，5）。

ⅠM168

墓葬概况

位于墓地中部偏东，东南邻ⅠM169，西邻ⅠM160，墓向100°。C型，长方形竖穴土坑墓。该墓开挖在沙土层中，故墓室四壁上部用土坯断断续续错缝平砌修补，

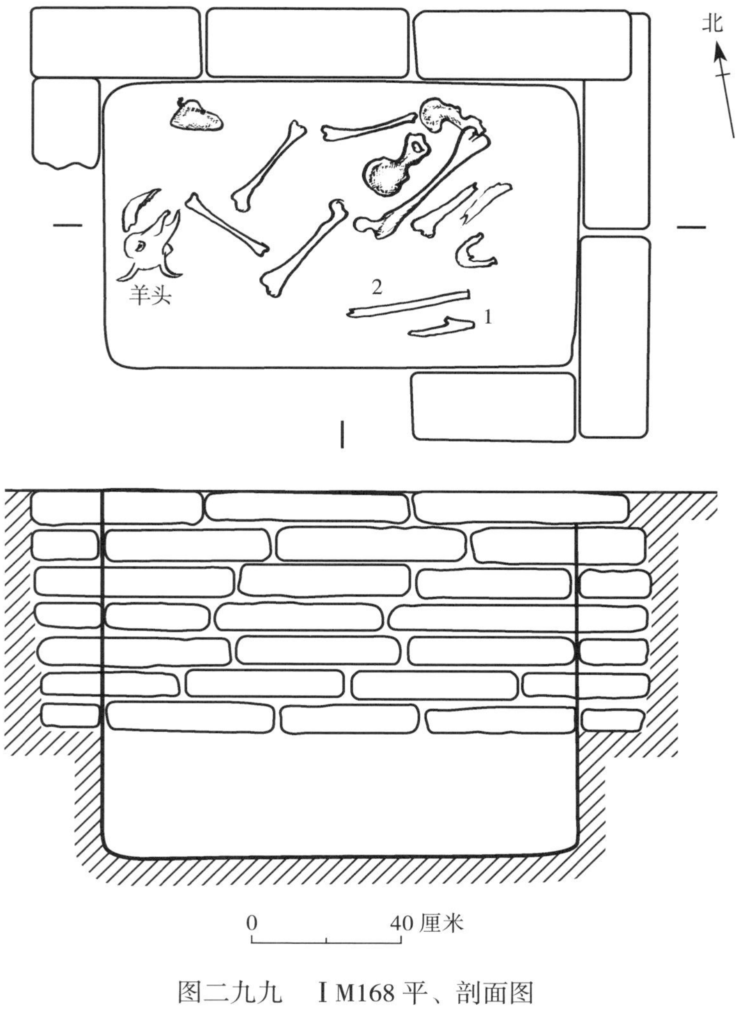

图二九九　ⅠM168平、剖面图

1. 木鞭杆　2. 木橛

最多处有七层，土坯长 0.56、宽 0.2、厚 0.08 米。由于风蚀作用，墓口位于地表，墓口长 1.26、宽 0.8 米，墓深 1 米。墓底仅见凌乱的人肢骨残节，未见头颅。西壁下有羊头一只，骨架下铺苇草，从残存肢骨来看为单人葬，性别、年龄不清楚。仅见南壁边有半截木鞭杆（带刻槽的木棍）和木橛（图二九九）。

随葬品

出土木器 2 件。

1. 木鞭杆　用树枝剔皮削制。单体，一端刻有浅槽。长 32.6、直径 1.2 厘米（图三〇〇，5）。

2. 木橛　枝条削制。上有节疤，一端呈锥状。长 16.5、直径 1.2 厘米（图三〇〇，3）。

ⅠM169

墓葬概况

位于墓地中部偏东，西北邻ⅠM168，南邻ⅠM166，墓向 90°。C 型，长方形竖穴土坑墓，直壁。墓口距地表深 0.12 米，墓口长 1.4、宽 0.8 米，墓深 1.09 米。墓底铺苇草，内葬中年男性一人，年龄 40~50 岁，头东脚西，仰身，下肢上屈，右腿旁有羊头一个。人骨右侧放置陶碗、陶圈足盘，左肩部出土木扣（图三〇一）。

随葬品

出土陶、木器 3 件。

1. 陶碗　夹砂红陶。敞口，上腹微鼓，下腹斜收，小平底，肩部有横耳。内外沿均饰锯齿纹。口径 13.2、腹径 13.6、底径 5.7、高 7.5 厘米（图三〇〇，2；图版一一八，8）。

2. 陶圈足盘　夹砂红陶。圆唇，折腹，喇叭形圈足，沿腹间有宽带耳。口内沿饰锯齿纹，器表绘细长倒三角竖条纹，竖条间隔饰“×”纹，耳面绘“×”纹。口径 19.7、足径 13.8、高 13.6 厘米（图三〇〇，4；图版一二三，3）。

3. 木扣　圆木削制。呈亚腰圆柱形。长 7、直径 1.6~2.2 厘米（图三〇〇，1）。

ⅠM170

墓葬概况

位于墓地南部，西邻ⅠM109、东邻ⅠM171，墓向

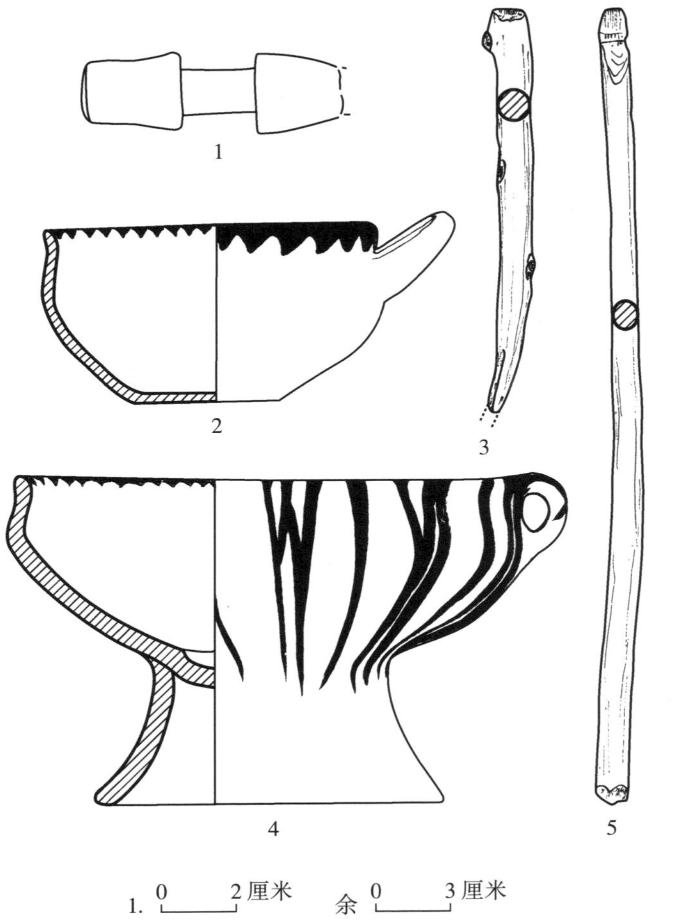

图三〇〇　ⅠM168、ⅠM169 随葬品

1. 木扣（ⅠM169：3）　2. 陶碗（ⅠM169：1）　3. 木橛（ⅠM168：2）
4. 陶圈足盘（ⅠM169：2）　5. 木鞭杆（ⅠM168：1）

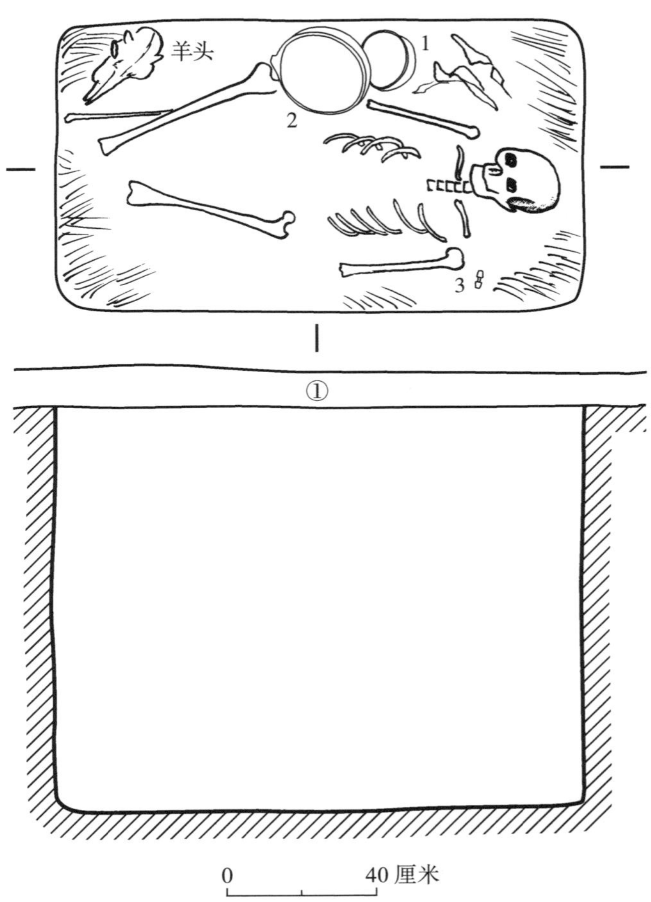

图三〇一　ⅠM169 平、剖面图

1. 陶碗　2. 陶圈足盘　3. 木扣

77°。C型，近长方形竖穴土坑墓，直壁。开口于表土层下。墓顶上有“S”形划纹土坯（图版三七，7）。墓口距地表深0.1米，墓西北角内收进，底不平。墓口长1.63~1.75、宽0.9~1.01米，墓深0.98~1.13米。墓底有一具男性人骨架，人骨架较散乱，仰身屈肢，头向东，面向北。身穿羊皮大衣，脚穿羊皮鞋，残存鞋底和部分鞋帮。人骨架腰部随葬有羊头骨（有角）。在骨架下铺有“人”字形编织的苇席，苇席长0.94、宽0.64米。墓底层清理出植物种子。墓底东南角随葬木盘，人骨架右侧有陶单耳罐，墓底西北角有木桶（残），西南角有六根木棍残节（图三〇二；图版二一，2）。

随葬品

出土陶、木器3件。

1. 木盘　圆木削刻而成。较完整，平面近长方形，平沿，浅腹，长边一侧有钻孔，短边沿面中部有修补，其中一边用于修补的骨片还在，一边破损。底有轻微刀剁痕，应是反扣过来当砧板使用的痕迹。口长径40.4、短径18.4~19.3、高5.3厘米（图三〇三，1；图版一三五，1）。

2. 陶单耳罐　夹砂红陶。口微敞，方唇，短颈，圆腹，圜底，单耳从口沿下翻至腹部。口沿内饰锯齿纹，口沿外为网格纹，腹部饰变形涡纹。口径8.4、腹径11.6、通高11.4厘米（图三〇三，2）。

3. 木桶　圆木挖、削而成。直筒形，口沿上有对称小穿孔，口、底部雕刻连续三角纹。底部内侧挖刻一周凹槽用于装底，底残失不存。残为六块。口径13.2、底径11.6、高24厘米（图三〇三，3）。

ⅠM171

墓葬概况

位于墓地南部东边缘，北邻ⅠM173，西邻ⅠM170，墓向130°。A型，椭圆形竖穴墓，周边有二层台，直壁。由于风蚀表土层，墓口位于地表，地表为黄细沙土。墓口长1.94、宽1.4米，二层台宽0.3、深0.2米，墓底长1.3、宽0.8米，墓深1.3米。墓底有一具壮年女性人骨架，年龄25~35岁，头东脚西，骨架保存较好，头稍有移位，上身微侧，右手屈放于腹部，左小臂上举，头上缠毛编织带，左耳戴铜耳环，脚穿短鞠皮靴，下着红绿相间的

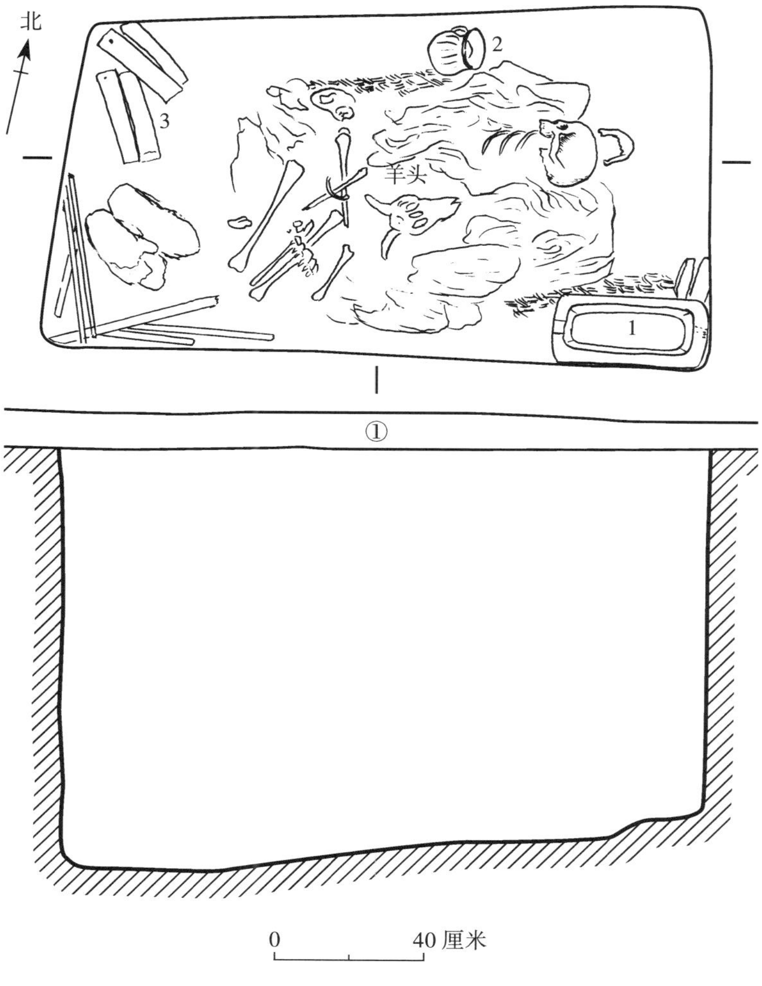

图三〇二　ⅠM170平、剖面图

1. 木盘　2. 陶单耳罐　3. 木桶

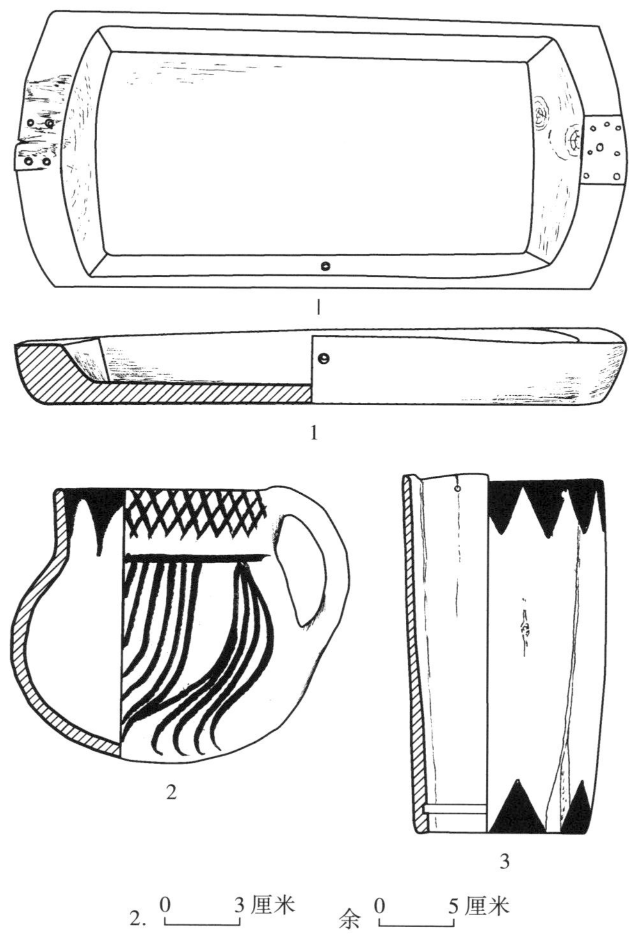

图三〇三　ⅠM170随葬品

1. 木盘（ⅠM170：1）　2. 陶单耳罐（ⅠM170：2）　3. 木桶（ⅠM170：3）

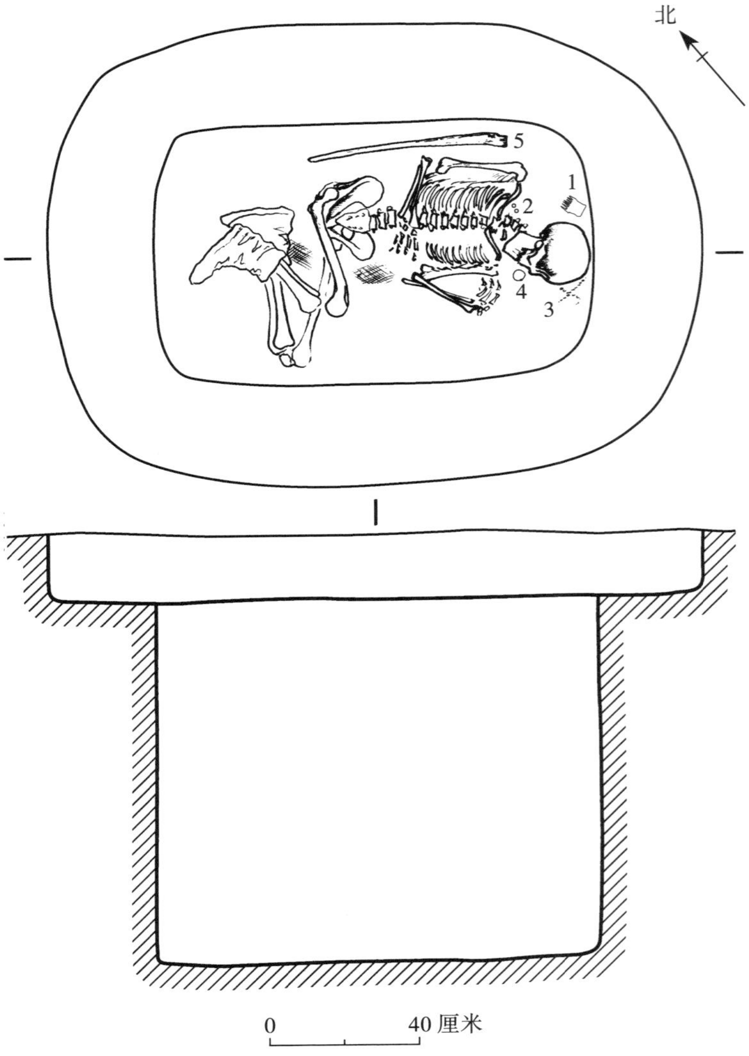

图三〇四　Ⅰ M171 平、剖面图

1. 骨梳　2. 石珠饰　3. 项链　4. 铜耳环　5. 木橛

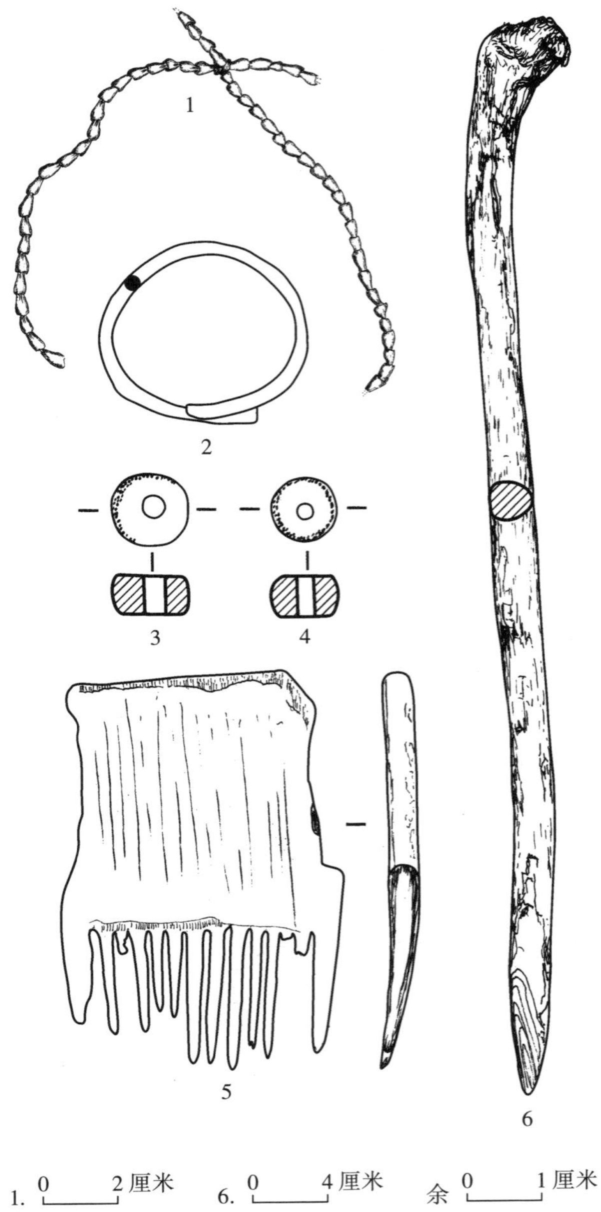

图三〇五　Ⅰ M171 随葬品

1. 项链（ⅠM171：3）　2. 铜耳环（ⅠM171：4）　3、4. 石珠饰（ⅠM171：2–1、2–2）　5. 骨梳（ⅠM171：1）　6. 木橛（ⅠM171：5）

彩色毛布裙（已朽，仅存碎片）。头部有骨梳，颈戴石珠饰和用薏苡壳做的项链，木橛顺放在右侧（图三〇四）。

随葬品

出土铜、石、骨、木器 5 件（组）。

1. 骨梳　动物骨刻制。直背，扁锥齿较短，且参差不齐，通体光滑。长 5.5、宽 3.8、厚 0.4、齿长 2 厘米（图三〇五，5；图版一九四，3）。

2. 石珠饰　2 件。近圆柱形，中有圆孔。红褐色（图版二一〇，1）。Ⅰ M171：2–1，高 0.6、直径 1、孔径 0.3 厘米（图三〇五，3）。Ⅰ M171：2–2，高 0.6、直径 0.9、孔径 0.2 厘米（图三〇五，4）。

3. 项链　薏苡壳用细毛线绳穿连制作。出土时残断成节，链两端用红毛线绳绑扎。残长 28 厘米（图三〇五，1）。

4. 铜耳环　圆铜丝弯制。呈环状，首尾叠压。直径 2.8、铜丝直径 0.15 厘米（图三〇五，2；图版二〇一，2）。

5. 木橛　柽柳棍一头削成扁尖状。长 58.6、直径 2.2 厘米（图三〇五，6）。

Ⅰ M172

墓葬概况

位于墓地南部偏东，东邻Ⅰ M173，西邻Ⅰ M108，墓向 82°。C 型，圆角长方形竖穴土坑墓，口大底小。地表为斜坡沙土，墓口距地表深 0.2 米，墓口长 1.4、宽 1 米，墓底长 1.18、宽 0.76 米，墓深 0.96~0.99 米。墓底有人骨一具，为壮年女性，年龄 30~35 岁，头东脚西，侧身屈肢，面向南，人骨上残留单羊皮衣和彩色毛布残片。无葬具。头顶部出土木梳，身后有木橛（图三〇六）。

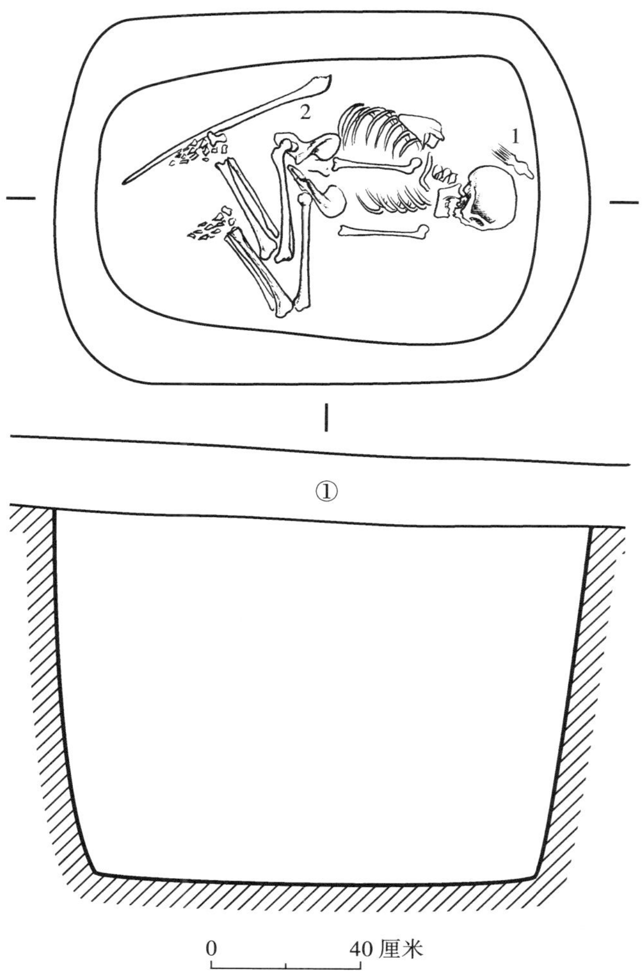

图三〇六　ⅠM172平、剖面图
1. 木梳　2. 木橛

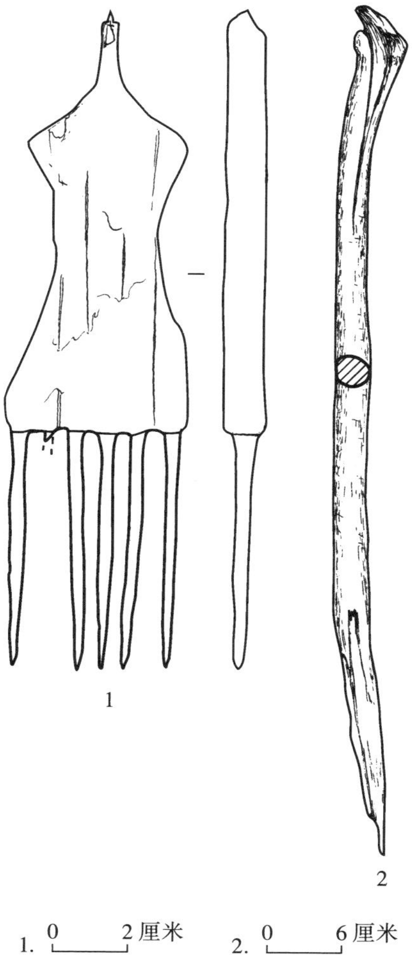

图三〇七　ⅠM172随葬品
1. 木梳（ⅠM172：1）　2. 木橛（ⅠM172：2）

随葬品

出土木器2件。

1. 木梳　呈亚腰纵长方形，单齿加工然后挤对在一起，外用羊皮缠裹，共六齿，间隙较疏松，齿呈菱形锥体。长18、宽2.9~4.8、厚1、齿长6.4厘米（图三〇七，1；图版一五〇，2）。

2. 木橛　柽柳棍一头削成扁尖。长69.6、直径2.7厘米（图三〇七，2）。

ⅠM173

墓葬概况

位于墓地南部东边缘，西邻ⅠM172，东南邻ⅠM171，墓向104°。C型，长圆形竖穴袋状墓，口小底大。墓口距地表深0.26米，墓口长1.48、宽0.84米，墓底长1.9、宽1米，墓深0.94~1.02米。墓底有尸骨一具，为壮年男性，年龄25~35岁，头东脚西，仰身，下肢上屈，膝盖处用粗芦苇秆斜向支撑，脚穿皮靴，身着皮大衣已朽。头左侧有陶单耳罐，墓室南部有木盘、陶釜残片和木棍，墓室北部有皮弓箭袋、复合弓、木箭，木旋镖位于西部（图三〇八；图版二一，5）。

随葬品

出土陶、木器及皮质器物8件（组）。

1. 陶单耳罐　夹砂红陶。敞口，球形腹，圜底，带状细长耳。口沿内饰连续三角纹，器表饰细长三角纹从口沿直到腹底，耳表面绘"十"字纹。口径8.4、腹径11.8、高11.8厘米（图三〇九，1）。

2. 木盘　圆木刻、挖、削制。平面呈长方形，两端起弧，敞口，浅腹，底微圜，盘中部有裂缝，钻孔，穿皮绳加固，反扣底为砧板，有刀剁痕。口长径44.6、短径23.6、高4厘米（图三〇九，3；图版一三二，6）。

3. 皮弓箭袋　鞣制羊皮缝制。呈长条形，袋一侧装有撑木，另一侧朽。出土时袋内装有木弓、箭、木棍等7件。残长77、宽11.4厘米（图三〇九，9；图版二二五，6）。

4. 木旋镖　木板削制而成。表面经打磨光滑，端部呈扁圆弧状，另一边由粗渐细，削刻出手握的把手，折角处刻出圆形突起。角度100°。把长47.5、宽4.1、

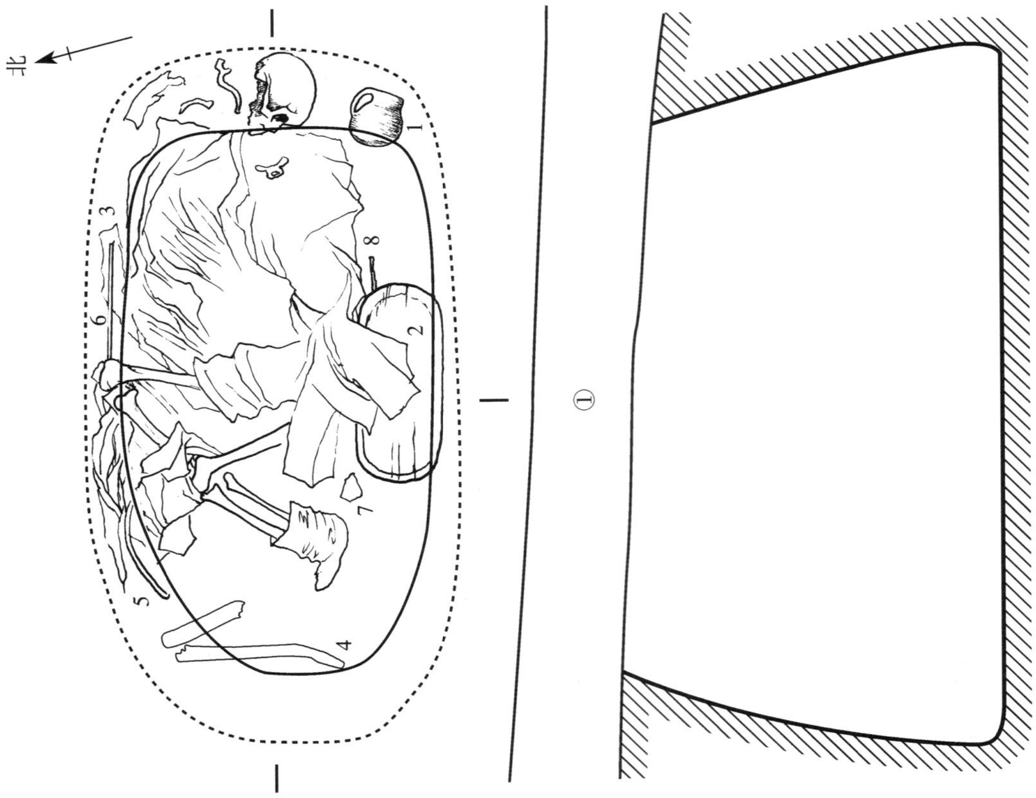

图三〇八 ⅠM173平、剖面图

1. 陶单耳罐 2. 木盘 3. 皮弓箭袋 4. 木旋镖 5. 复合弓 6. 木箭 7. 陶釜 8. 木棍

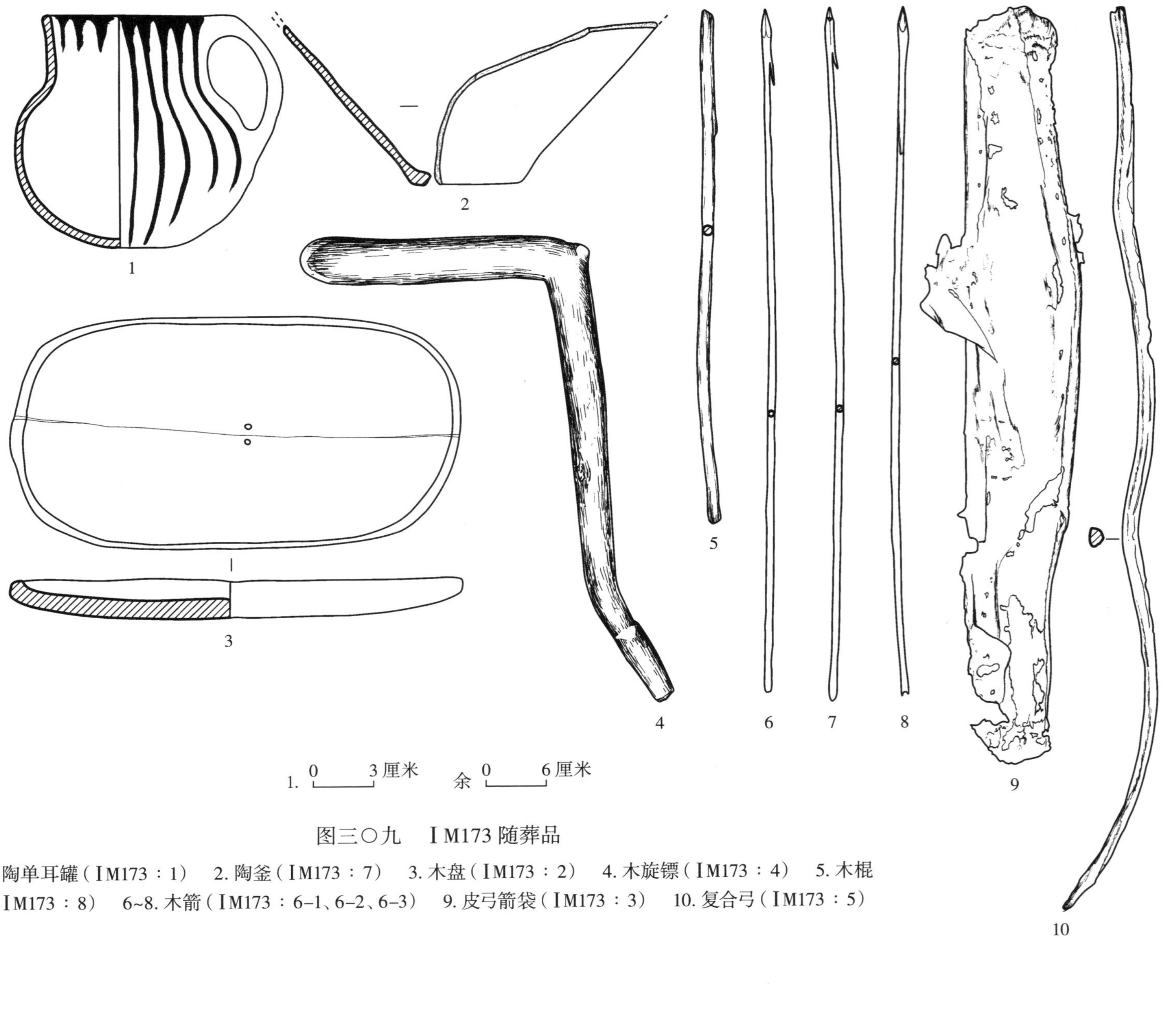

图三〇九 ⅠM173随葬品

1. 陶单耳罐（ⅠM173：1） 2. 陶釜（ⅠM173：7） 3. 木盘（ⅠM173：2） 4. 木旋镖（ⅠM173：4） 5. 木棍（ⅠM173：8） 6~8. 木箭（ⅠM173：6-1、6-2、6-3） 9. 皮弓箭袋（ⅠM173：3） 10. 复合弓（ⅠM173：5）

端部长 28.8、宽 5.5 厘米（图三〇九，4；图版一六九，4）。

5. 复合弓　三曲。楔木片粘接成三连弧形，弓背粘牛角片，弓体中部略呈三角形，两端为扁平状，一端稍残，另一端作“凸”字形，弓体弧度较小。长 92、宽 1.6~2.2 厘米（图三〇九，10；图版一八三，5）。

6. 木箭　3 件（图版一五九，7）。ⅠM173：6–1，圆木削制。箭头呈四棱锥状，脊线锐利，一翼后侧有倒刺，圆铤杆后端挂弦槽残。长 70、直径 0.8、头长 7.6 厘米（图三〇九，6）。ⅠM173：6–2，箭头和箭铤杆分别制作，然后作斜卯榫粘接在一起，箭头呈四棱锥状，脊线分明，翼后有一倒钩刺，圆铤杆后端有一挂弦“U”形槽。长 70.8、直径 0.7、头长 6.4 厘米（图三〇九，7）。ⅠM173：6–3，圆木削制。头呈三棱锥状，脊线锐利，一翼后侧有倒刺，圆铤杆后端有“U”形挂弦槽残。长 70.5、直径 0.8、头长 2.4 厘米（图三〇九，8）。

7. 陶釜　夹砂红陶。仅存残片腹至底部，腹壁斜直，平底。素面。底径 10.5、残高 16 厘米（图三〇九，2）。

8. 木棍　用杨树枝剥皮制作。似鞭杆。长 53、直径 1.3 厘米（图三〇九，5）。

ⅠM174

墓葬概况

位于墓地中南部东边缘，西南邻ⅠM175，西北邻ⅠM171，墓向 105°。A 型，椭圆形竖穴土坑墓，直壁。地表为黄色细流沙。墓口距地表深 0.2 米，墓口长径 1.18、短径 1 米，墓深 0.8 米。填土中有原墓口棚盖坍塌后的遗留物柽柳棍、芦苇、骆驼刺等。墓底有一具无头尸骨，为成年女性，侧身屈肢，脚向西，身着羊皮大衣和毛纺织长衣（均已残）。尸骨底下残留有毛毡残片（图三一〇；图版二一，3）。

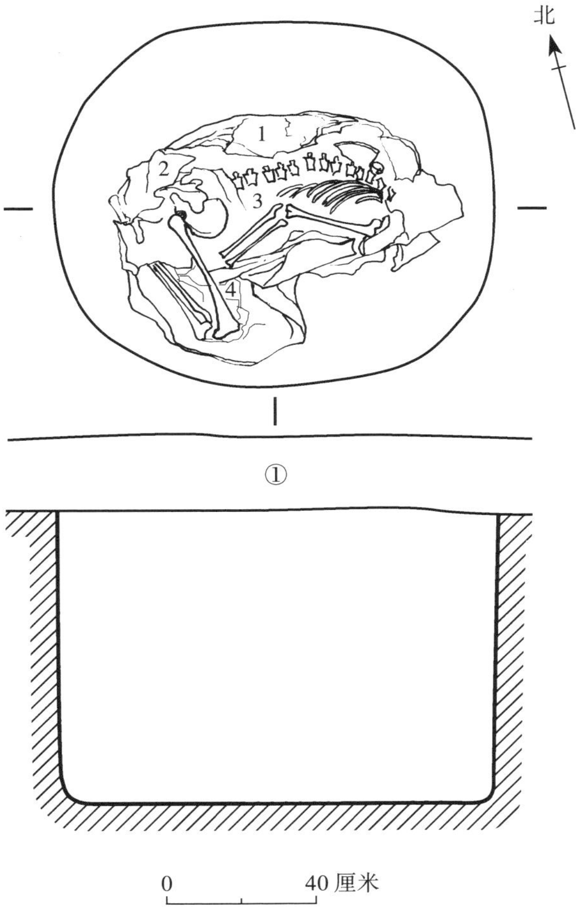

图三一〇　ⅠM174 平、剖面图

1、2. 长衣　3. 毛纺织物　4. 毛编织带

随葬品

出土毛纺织物 4 件。

1. 缂毛织物　残片。一边有毛穗和锯齿纹。幅边有紫、蓝相间的三角纹。残长 19、宽 15 厘米。

2. 长衣　黄地棕色条纹斜褐衣残片。存三片：ⅠM174：2–1，长 50、宽 30 厘米。ⅠM174：2–2，长 42、宽 25 厘米。ⅠM174：2–3，长 33、宽 16 厘米，织物厚 0.053 厘米。其中ⅠM174：2–1，为左袖和左肩部分，袖残长 28、宽 21 厘米。衣服样式不清晰，仅知织物以黄、棕色经线与黄色纬线以 2/2 相交织为左斜纹（图版二六〇，3）。

3. 毛纺织物　棕色褐残片。经线为黄、棕色，纬线棕色。平纹组织。残长 31、宽 22 厘米。

4. 毛编织带　原黄色，残为三截。编织成 2/2 斜向编织带。总长为 13+12+8 厘米，宽 3 厘米（图版二六〇，2）。

ⅠM175

墓葬概况

位于墓地中南部东边缘，东北邻ⅠM174，西面有ⅠM80，墓向 45°。A 型，椭圆形竖穴土坑墓，带二层台（墓形特殊，且仅此一座，归类于此）。地表为风化的黄细沙覆盖层。墓口距地表深 0.2 米，长径 1.45、短径 1.14 米。二层台平面呈月牙形，宽 0.34、深 0.43 米。墓底为较规整的椭圆形，长径 1.12、短径 0.9 米，墓深 0.94 米。墓底有男性壮年骨架一具，年龄 25~30 岁，脚朝西，俯身屈肢，头移位到骨架右侧。仅在头部位置见毛织衣服残片和石珠饰。无葬具（图三一一）。

随葬品

出土毛纺织物、珠饰 2 件（组）。

1. 长衣　深棕地蓝色折线纹缂毛上衣残片。从现已残破的左袖和前身左半部分可知是一件上衣的局部。ⅠM174：1–1，带有袖子。长 65、宽 55、厚 0.056 厘米（图

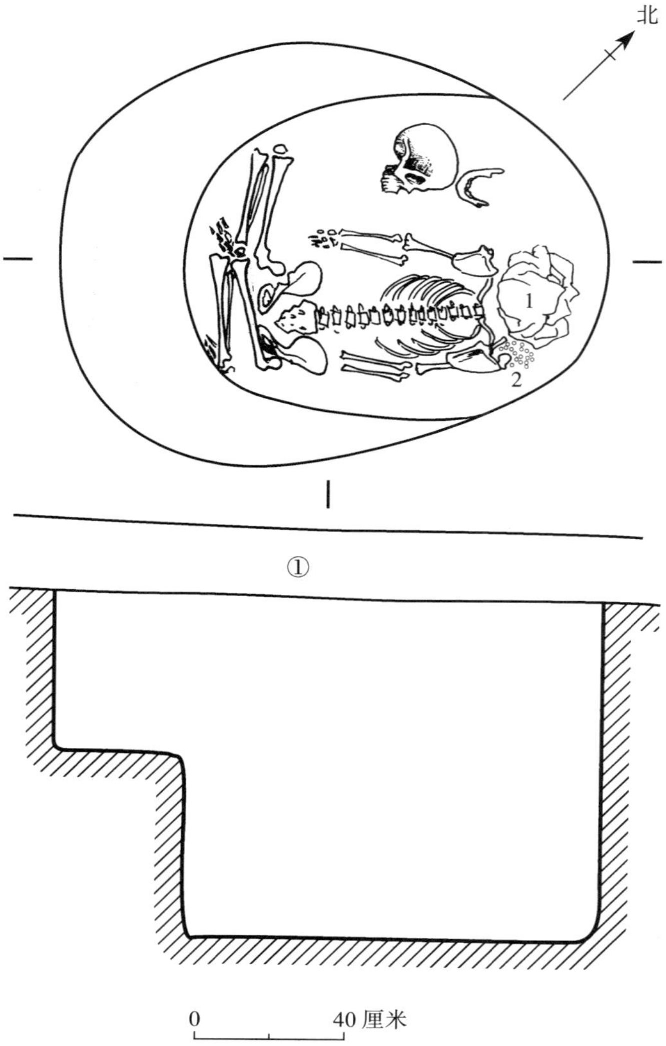

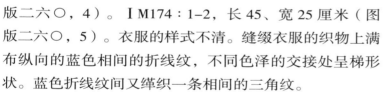

图三一一　Ⅰ M175 平、剖面图
1. 石珠饰

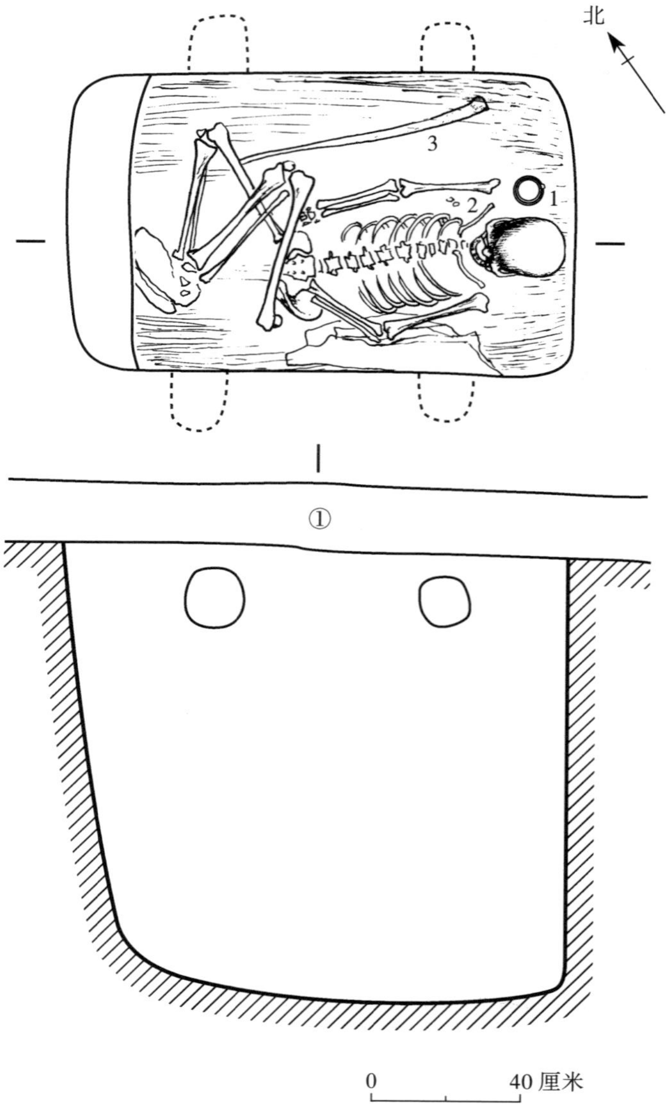

图三一二　Ⅰ M176 平、剖面图
1. 陶单耳罐　2. 珠饰　3. 木橛

版二六〇，4）。Ⅰ M174：1–2，长 45、宽 25 厘米（图版二六〇，5）。衣服的样式不清。缝缀衣服的织物上满布纵向的蓝色相间的折线纹，不同色泽的交接处呈梯形状。蓝色折线纹间又纬织一条相间的三角纹。

2. 珠饰　用绿松石和玛瑙加工而成，均圆柱形，中间穿孔。其中两枚较大的为红色玛瑙，其余皆为绿松石。Ⅰ M175：2–1，高 0.35、直径 0.5 厘米（图三一三，3）。Ⅰ M175：2–2，高 0.5、直径 0.45 厘米（图三一三，4）。Ⅰ M175：2–3，高 0.4、直径 0.6 厘米（图三一三，5）。Ⅰ M175：2–4，高 0.55、直径 1 厘米（图三一三，6）。

Ⅰ M176

墓葬概况

位于墓地中部，西南邻Ⅰ M177，东邻Ⅰ M205，墓向 124°。B 型，长方形竖穴土坑墓带横梁，西壁向下斜收，口大底小。墓口距地表深 0.17 米，墓口长 1.35、宽 0.82 米，墓底长 1.17、宽 0.82 米，墓深 1.24 米。墓南北两壁有插木梁的圆洞，直径 0.16、进深 0.2 米。墓底有人骨架一具，为壮年男性，年龄 30~35 岁，头东脚西，侧身屈肢，脚穿皮靴，骨架旁有皮衣残片，骨架底铺苇席。在人头右侧随葬陶单耳罐，脖颈处有珠饰，骨架右侧顺放木橛（图三一二）。

随葬品

出土陶、石、木器 3 件（组）。

1. 陶单耳罐　夹砂红陶。敞口，圆唇，垂腹，圜底，小耳由沿翻至颈部。内沿饰细密的锯齿纹，器表饰复式连续折线纹。口径 9、最大腹径 10.5、高 11.6、通高 12.2 厘米（图三一三，7；图版五七，5）。

2. 珠饰　2 件。Ⅰ M176：2–1，红色玛瑙。呈管状。高 1.1、直径 0.6 厘米（图三一三，1）。Ⅰ M176：2–2，铜质。呈不规则圆珠，中有圆管状孔。高 0.6、直径 0.65 厘米（图三一三，2）。

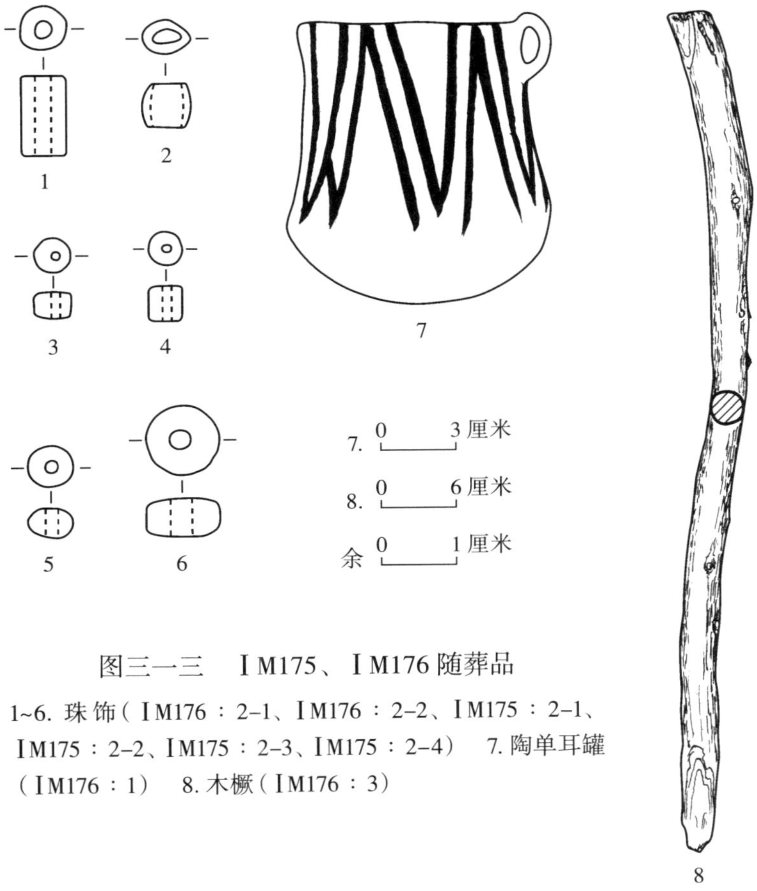

图三一三　ⅠM175、ⅠM176随葬品

1~6. 珠饰（ⅠM176：2–1、ⅠM176：2–2、ⅠM175：2–1、ⅠM175：2–2、ⅠM175：2–3、ⅠM175：2–4）　7. 陶单耳罐（ⅠM176：1）　8. 木橛（ⅠM176：3）

3. 木橛　柽柳棍一头削成扁尖状。长69、直径2.5~3.6厘米（图三一三，8）。

ⅠM177

墓葬概况

位于墓地中南部，东北邻ⅠM176，西南邻ⅠM179。A型，椭圆形竖穴土坑墓，直壁，东西两边呈圆弧形。墓口距地表深0.2米，墓口长径1.4、短径0.8米，墓深1.3~1.38米。墓南北两壁有插木梁的圆洞，洞径0.13~0.16、进深0.14~0.2、高0.36米。墓底有壮年男性骨架一具，年龄25~35岁，头东脚西，侧身屈肢，面向北，脚穿短靿皮靴，皮靴上打补丁。骨架旁有毛织衣服残片。头右侧放置木杯，脖颈处发现两颗玻璃珠饰（图三一四；图版二二，1）。

随葬品

出土木、玻璃质器物2件（组）。

1. 木杯　圆木掏、挖、削而成。圆唇，小折沿，腹微鼓，圜底。表面经打磨光滑。口径11.4、高10.8厘米（图三一五，4；图版一四七，1）。

2. 玻璃珠饰　2颗。绿色。呈鼓形，中有圆孔，通体光滑。ⅠM177：2–1，高0.54、直径0.51厘米（图三一五，3）。

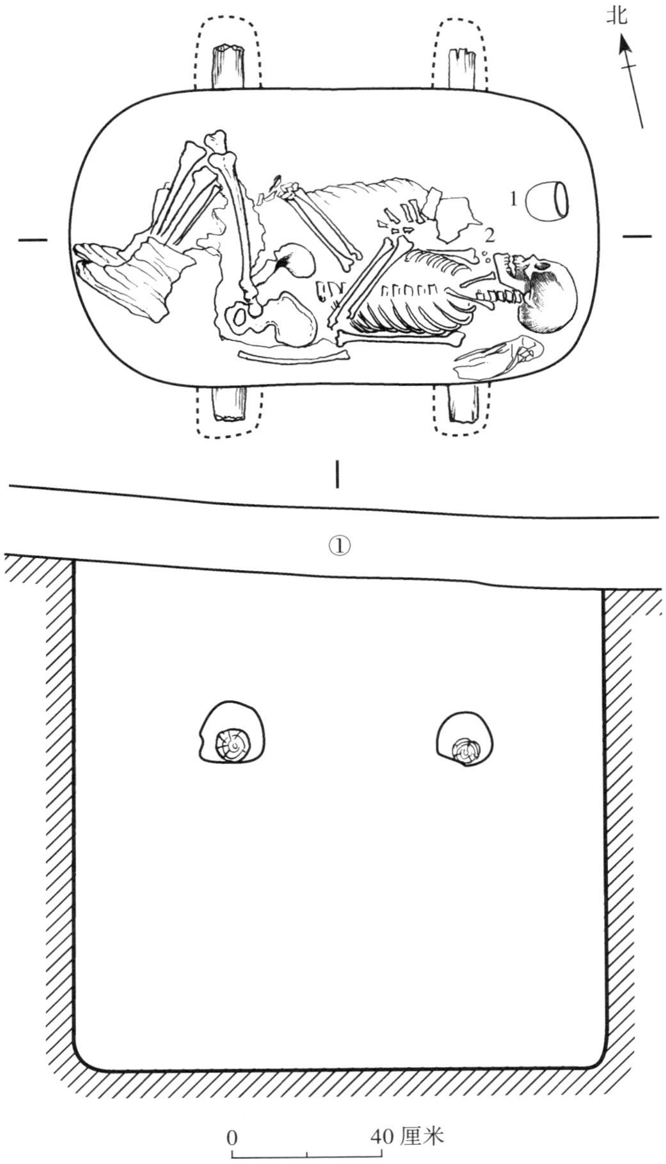

图三一四　ⅠM177平、剖面图

1. 木杯　2. 玻璃珠饰

ⅠM178

墓葬概况

位于墓地南部偏东，西邻ⅠM107，南邻ⅠM172，墓向111°。A型，椭圆形竖穴土坑墓，周边有二层台。墓口距地表深0.15~0.18米。墓口长径1.51、短径1.06米。周边二层台宽0.25~0.28、深0.07~0.09米。二层台上有土坯五块，土坯下压糜子草，草下为芦苇，芦苇下是竖放的圆木梁。墓底亦呈椭圆形，形制很小，长径0.97、短径0.6米，墓深0.71米。墓底有一青年女性骨架，年龄20~25岁，头东脚西，侧身屈肢，无葬具。头前有几块食物，胸前有海贝（图三一六）。

随葬品

出土海贝1件。

1. 海贝　呈椭圆形，中空，背缝有锯齿纹，通体光滑。长2.2、宽1.6厘米（图三一五，1）。

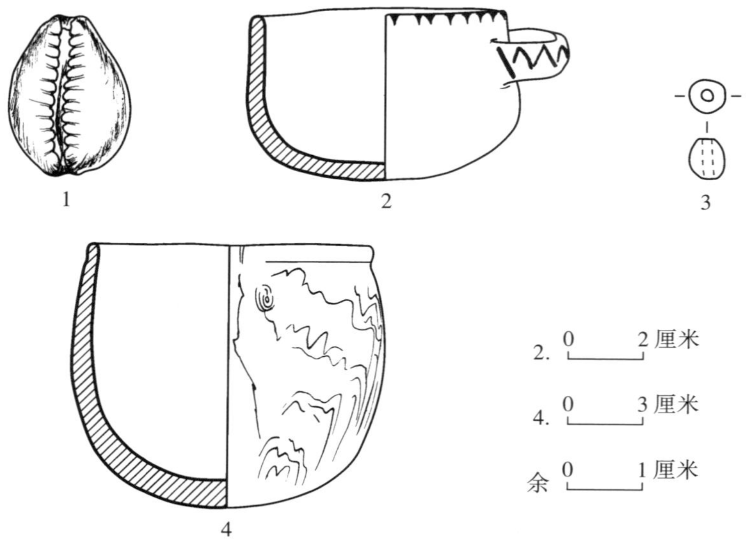

图三一五　ⅠM177、ⅠM178、ⅠM179 随葬品

1. 海贝（ⅠM178：1）　2. 陶单耳杯（ⅠM179：1）　3. 玻璃珠饰（ⅠM177：2-1）　4. 木杯（ⅠM177：1）

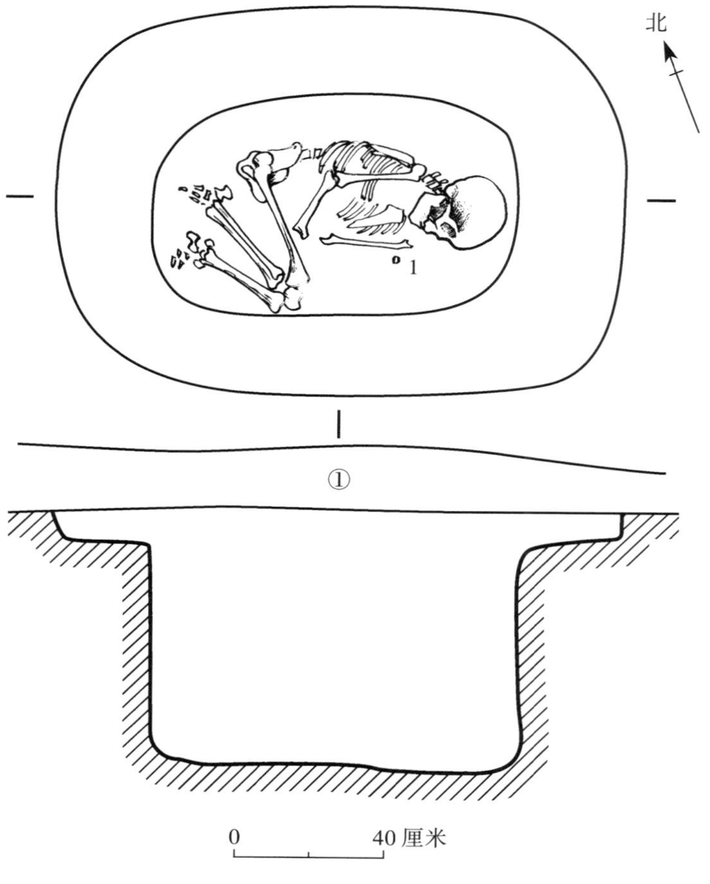

图三一六　ⅠM178 平、剖面图

1. 海贝

ⅠM179

墓葬概况

位于墓地中南部，南邻ⅠM107，东北邻ⅠM177，墓

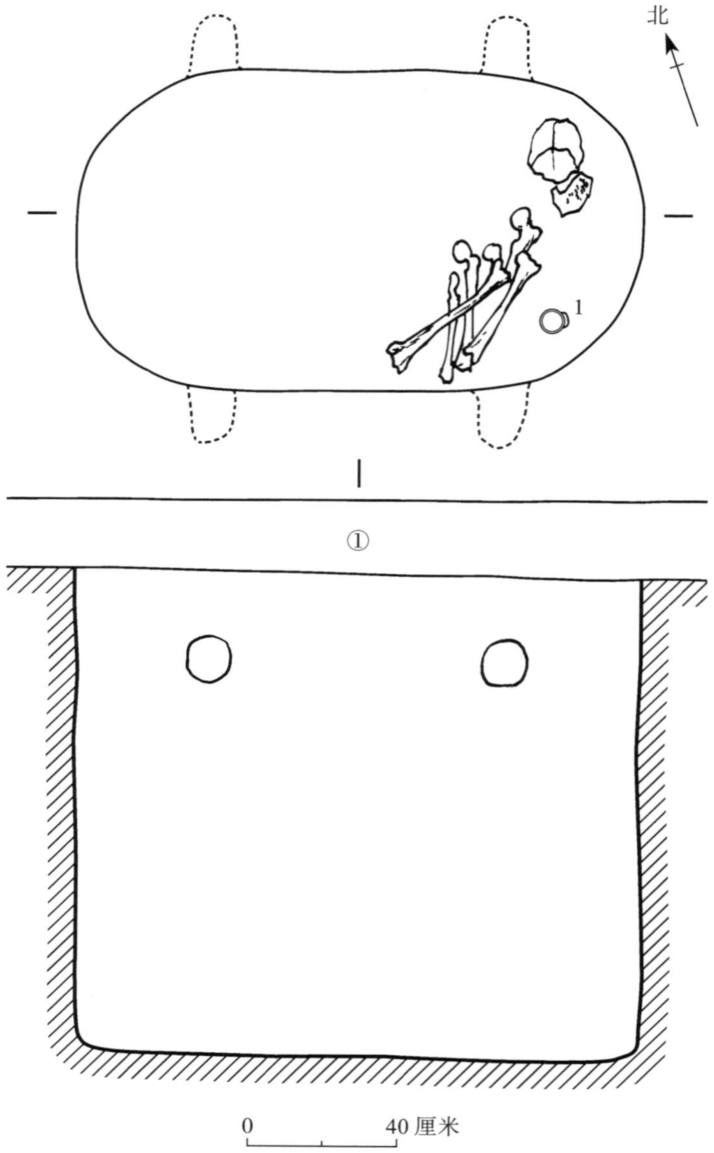

图三一七　ⅠM179 平、剖面图

1. 陶单耳杯

向 108°。A 型，椭圆形竖穴土坑墓，直壁。墓口距地表深 0.2 米，墓口长 1.5、宽 0.88 米，墓深 1.32 米。墓南北两壁有两个插木梁的圆洞，深 0.18 米，洞径 0.12、进深 0.16 米，孔内留有细芦苇秆。填土中有土坯，其中一块面上有“十”字形纹（图版三七，8）。墓底有人骨一具，下肢骨堆放在一起，头骨位于东北角，未见其他骨骼，为壮年女性，年龄 30~40 岁，为单人二次葬。下肢骨旁出土陶单耳杯（图三一七）。

随葬品

出土陶器 1 件。

1. 陶单耳杯　夹砂红陶。敞口，垂腹，圜底，沿下有一横向桥形耳。外沿彩绘小三角纹，耳彩绘连续折线纹。杯表面有烟熏痕迹。口径 6.8、腹径 7.3、高 4.7 厘米（图三一五，2；图版八三，2）。

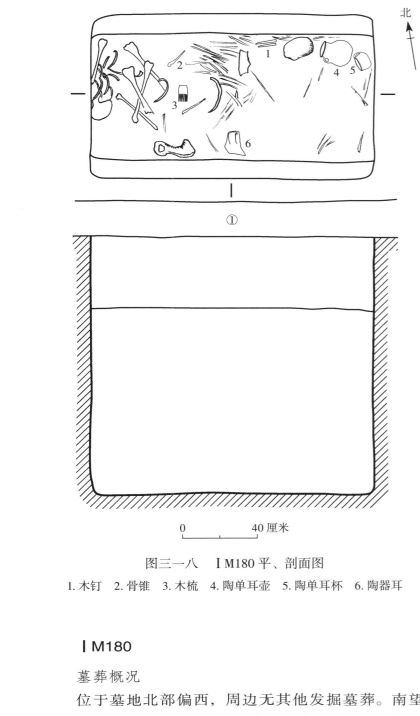

图三一八　ⅠM180平、剖面图

1. 木钉　2. 骨锥　3. 木梳　4. 陶单耳壶　5. 陶单耳杯　6. 陶器耳

ⅠM180

墓葬概况

位于墓地北部偏西，周边无其他发掘墓葬。南望ⅠM187，墓向100°。B型，长方形竖穴土坑墓，两长边有二层台。地表为戈壁沙砾层，墓口距地表深0.2米，墓口长1.5、宽0.9米，墓深1.4米。两长边二层台宽0.1、深0.39米，台面上有芦苇、骆驼刺等，棚盖倒塌填土中。墓底铺草席，人头骨位于东北部，其他骨骼堆放于墓底西北，为壮年女性，年龄20~30岁。随葬的陶单耳壶、陶单耳杯、木钉在东北角头骨旁，骨锥和木梳在墓室西部，陶器耳在墓室南部（图三一八）。

随葬品

出土木、骨、陶器6件（组）。

1. 木钉　5支。其中2支粗，3支细，均为树枝削制，一端削尖，呈锥状。ⅠM180：1–1，长16.4、直径1.1~1.4厘米（图三一九，1）。ⅠM180：1–2，长14.2、直径0.9

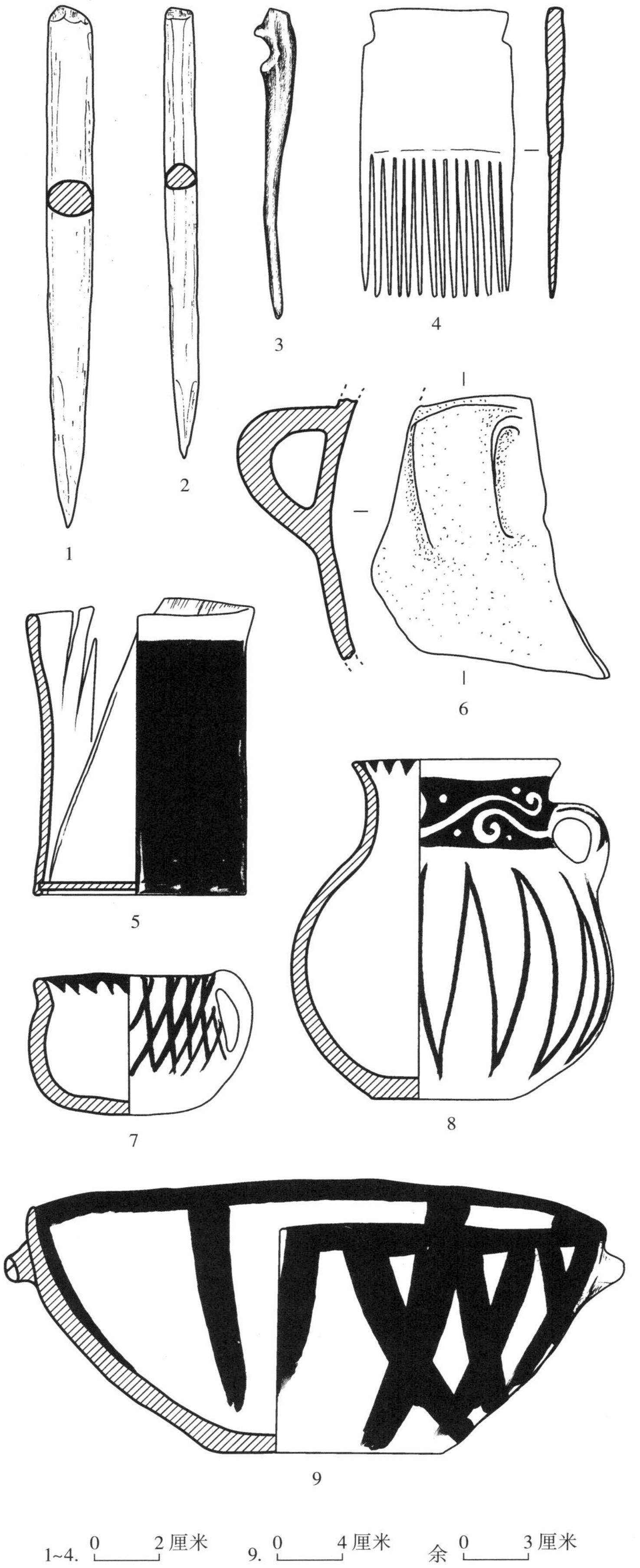

图三一九　ⅠM180、ⅠM181随葬品

1、2. 木钉（ⅠM180：1–1、1–2）　3. 骨锥（ⅠM180：2）　4. 木梳（ⅠM180：3）　5. 木桶（ⅠM181：2）　6. 陶器耳（ⅠM180：6）　7. 陶单耳杯（ⅠM180：5）　8. 陶单耳壶（ⅠM180：4）　9. 陶盆（ⅠM181：1）

厘米（图三一九，2）。

2. 骨锥　骨片磨制而成。一头较粗，另一头逐渐变细呈锥状。长 9.8、最大直径 1.3 厘米（图三一九，3；图版一八八，2）。

3. 木梳　纵长方形，梳背呈亚腰形，梳齿共 14 根。通体磨制光滑，保存完整。长 9.2、宽 4.7、厚 0.5、齿长 4.4 厘米（图三一九，4；图版一五一，5）。

4. 陶单耳壶　泥质灰陶。侈口，圆唇，束颈，鼓腹，小平底，颈肩有小单耳。口沿内饰三角纹，颈部绘曲波纹，腹部饰折线。口径 9.6、腹径 14.6、底径 6.3、高 16.2 厘米（图三一九，8；图版一〇一，5）。

5. 陶单耳杯　夹砂红陶。敞口，腹微鼓，圜底，单耳由口沿翻至腹底。内沿饰锯齿纹，器表饰菱形网格纹。口径 8.3、腹径 9.2、高 6.8 厘米（图三一九，7）。

6. 陶器耳　夹砂红陶。仅存耳部，宽耳，呈拱形。耳高 6.5、宽 3.5、厚 1.1~1.5 厘米（图三一九，6）。

Ⅰ M181

墓葬概况

位于墓地中北部，东北邻Ⅰ M126，南邻Ⅰ M124，墓向 120°。B 型，长方形竖穴土坑墓，两长边有二层台。墓开口于地表，墓口长 1.7、宽 1.15 米，二层台宽 0.18、深 0.32 米，墓底长 1.7、宽 0.8 米，墓深 1.13 米。墓曾被盗掘，人骨凌乱，两个人头骨移位到墓底东北角陶盆内，A 为成年女性，B 为未成年人。墓底铺苇草。西北角放置陶盆、木桶，相同位置还见毛纺织物残片（图三二〇）。

随葬品

出土陶、木器和毛纺织物 4 件。

1. 陶盆　夹砂红陶。圆唇微敛，斜腹，小平底。口沿内饰一周黑色彩绘和几道竖条纹，器表饰复式折线纹组成的菱形网格纹。口沿下有对称鋬。口径 35.2、底径 14、高 17.2 厘米（图三一九，9；图版一〇六，6）。

2. 木桶　圆木削挖制作。桶体残裂，沿钻两个对称的小孔，桶底残佚。器表涂红色。高 14、口径 10.4 厘米（图三一九，5）。

3. 毛纺织物　绯色褐残片。经、纬线均为单股，一上一下的平纹组织法相交织。织制完成后匹染为绯色（图版二六〇，6）。

4. 毛编织带　红棕色折线。红、棕色毛纱编织而成。这件编织带折线的宽度基本相同，表面形成红棕色相间的斜向折线纹饰，极似横向的“V”形。残长 30、宽 2.5 厘米（图版二六〇，1）。

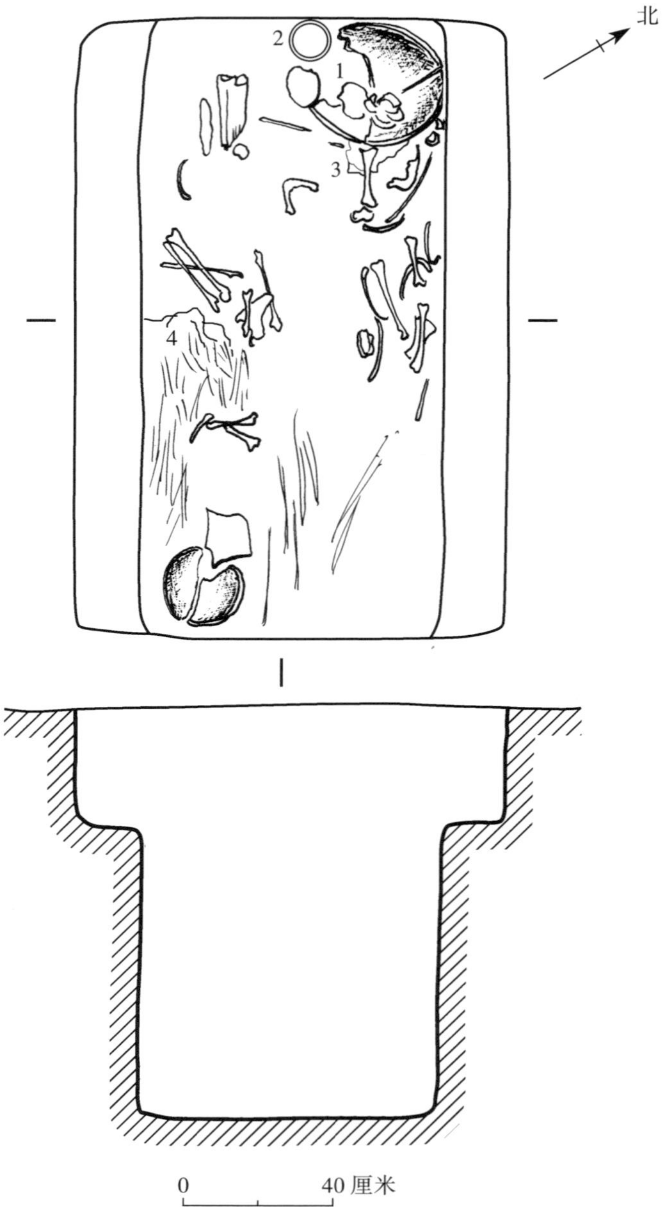

图三二〇　Ⅰ M181 平、剖面图

1. 陶盆　2. 木桶　3. 毛纺织物　4. 毛编织带

Ⅰ M182

墓葬概况

位于墓地中北部，南邻Ⅰ M128，北邻Ⅰ M184，墓向 106°。C 型，长方形竖穴土坑墓，直壁。墓口平面呈东窄西宽的梯形。墓口距地表深 0.1 米，墓口长 1.25、东边宽 0.5、西边宽 0.74 米，墓深 0.8 米。墓底有两层人骨架：第①层骨架下铺有苇席，席子的尺寸大于墓底尺寸，周边向上卷曲，席上有一成年女性骨架，头西脚东，仰身屈肢，面向上，南壁边出土有两件陶单耳杯；第②层人骨架位于草席下，为青年男性，年龄 18~22 岁，骨架朽残缺失较多，人头骨位于墓底东部。在南壁边随葬陶双耳杯、骨纺轮，北壁边随葬陶碗、木梳（图三二一；图版二二，4）。

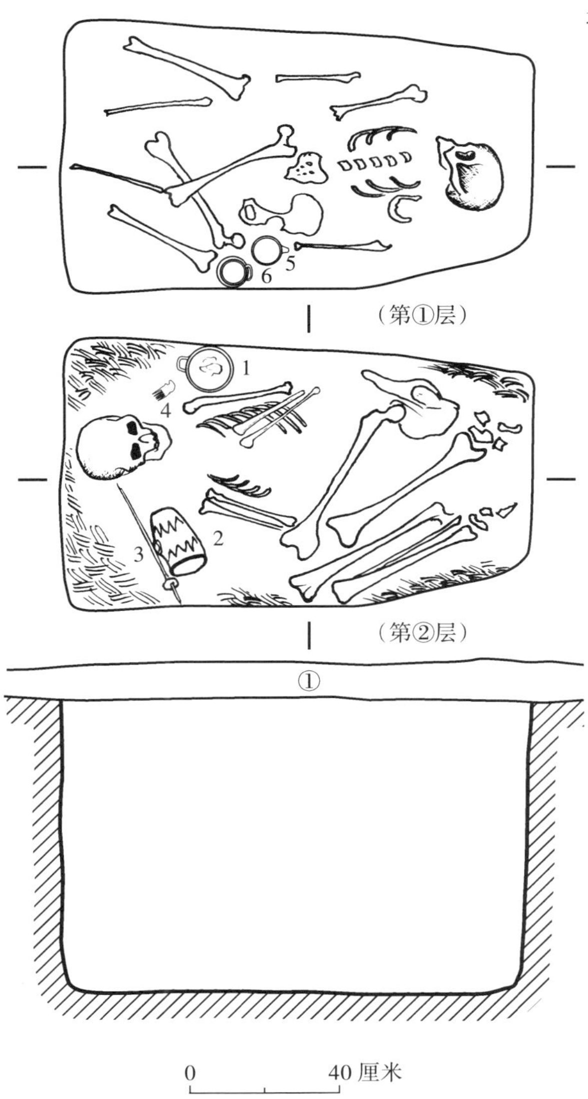

图三二一 ⅠM182平、剖面图

1. 陶碗 2. 陶双耳杯 3. 骨纺轮 4. 木梳 5、6. 陶单耳杯

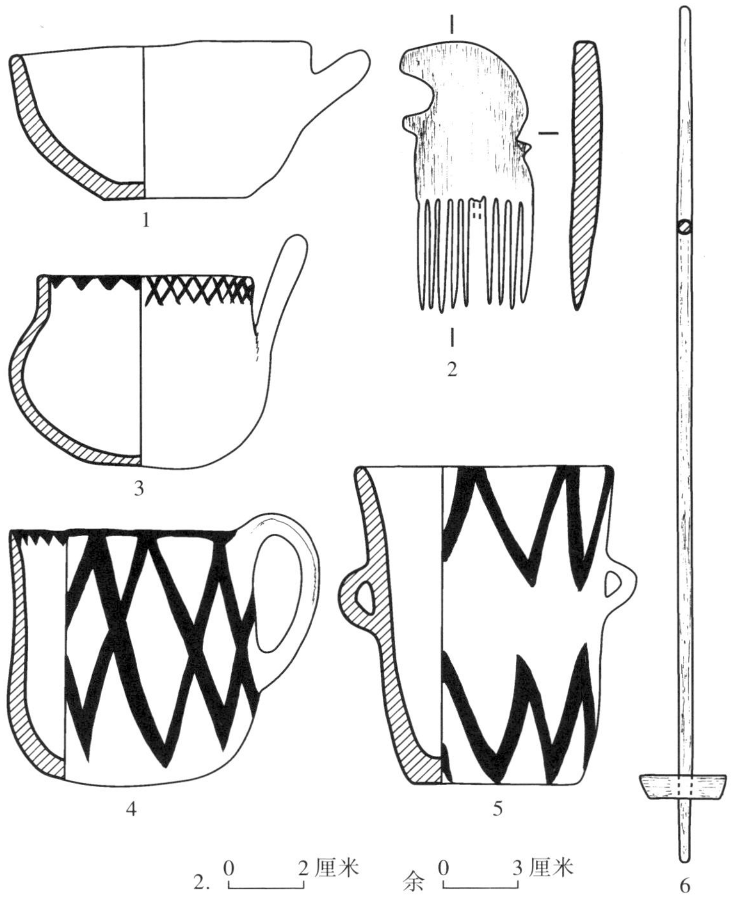

图三二二 ⅠM182随葬品

1. 陶碗(ⅠM182∶1) 2. 木梳(ⅠM182∶4) 3、4. 陶单耳杯(ⅠM182∶6、5) 5. 陶双耳杯(ⅠM182∶2) 6. 骨纺轮(ⅠM182∶3)

随葬品

出土陶、骨、木器6件。

1. 陶碗 夹砂红陶。敞口，圆唇，斜腹，小平底，横耳上挺，位于上腹。通体素面，未施陶衣。口径12、底径5.6、高6.3厘米（图三二二，1；图版一一九，1）。

2. 陶双耳杯 泥质红陶。敞口，圆唇，圆深腹，腹壁直平底，腹部有对称的两个小耳。器表上下各绘两排连续大折线纹。口径10.3、底径6.6、高13厘米（图三二二，5；图版九六，5）。

3. 骨纺轮 圆木线轴两端稍细，通体光滑。圆形骨质纺轮，截面呈梯形，轮外沿磨制光滑。线轴长35、直径0.6厘米，轮径3.4、厚0.9厘米（图三二二，6；图版一九二，8）。

4. 木梳 木板刻制。梳上端作弧拱状，一侧刻一半圆缺口，另一侧近齿处刻两个三角缺口。梳齿呈扁锥状，中齿残缺，残存九根。通体磨制光滑。长7.5、宽3.3、厚0.7、齿长3.1厘米（图三二二，2；图版一五一，6）。

5. 陶单耳杯 夹砂红陶。敞口，尖唇，器壁稍直，腹微鼓，圜底，大器耳从沿上翻折至腹中部偏下。内沿饰连续锯齿纹，通体饰由复式折线纹组合成的菱形网格纹。口径9.5、腹径10、高10.5、通高11.3厘米（图三二二，4；图版七〇，5）。

6. 陶单耳杯 泥质红陶。直口，方唇，鼓腹，圜底，腹部有一横向桥状耳。口内沿饰三角纹，外沿饰网格纹。口径8.6、腹径10.2、高7.8、通高9.7厘米（图三二二，3；图版八五，1）。

ⅠM183

墓葬概况

位于墓地中北部，东邻ⅠM182，西北邻ⅠM189，墓向117°。C型，长方形竖穴土坑墓，直壁。地表为戈壁沙砾层，墓口距地表0.2米。该墓形制小，墓口长0.9、宽0.46米，墓深0.8米。墓底有一具成年男性骨架，头东脚西，仰身，下肢上屈，倒靠于墓北壁，头骨移位到肋骨旁，朽残。无葬具。随葬的陶盆、陶单耳罐在西部脚下，陶钵和木鞭在东部，角梳、木弓、木箭头、各种质地的毛纺织物、毛编织帽位于中北部（图三二三）。

随葬品

出土陶、木、角器和毛纺织物 14 件。

1. 陶盆　夹砂红褐陶。敛口，上腹微鼓，下腹急收，小平底，沿下有两对称的小鋬耳。通体素面，器底及腹局部有火烧烟熏痕迹。口径 20.3、底径 9.6、高 8.4 厘米（图三二四，7；图版一〇七，1）。

2. 陶单耳罐　夹砂红褐陶。敞口，鼓腹，圜底，宽耳由沿翻至腹中部。内沿饰三角纹，外沿饰水波纹，腹部饰变形涡纹，内填曲线。口径 9.7、腹径 13、高 12.8 厘米（图三二四，3；图版四八，2）。

3. 陶钵　夹砂褐陶。直口，鼓腹，圜底，沿下有一小圆孔。通体素面，被火烧成灰褐色。口径 14.8、腹径 15.2、高 7.3 厘米（图三二四，4；图版一一二，5）。

4. 角梳　用牛角刻制。梳体较薄，呈纵长方形，略呈拱形，梳背中部钻一孔。齿呈扁锥体，残三根，现存十二根。长 7.8、宽 4.7、厚 0.4、齿长 3.8 厘米（图三二四，2；图版一九四，4）。

5. 木箭头　仅存箭头，呈子弹头状，箭杆残。头长 3.6、直径 1.2 厘米（图三二四，1）。

6. 木弓　用柳条枝杆制作。仅存一半。中部呈圆柱状，两端截面呈半圆形，弓弰削束腰形挂弦槽。长 66、直径 1.9 厘米（图三二四，6）。

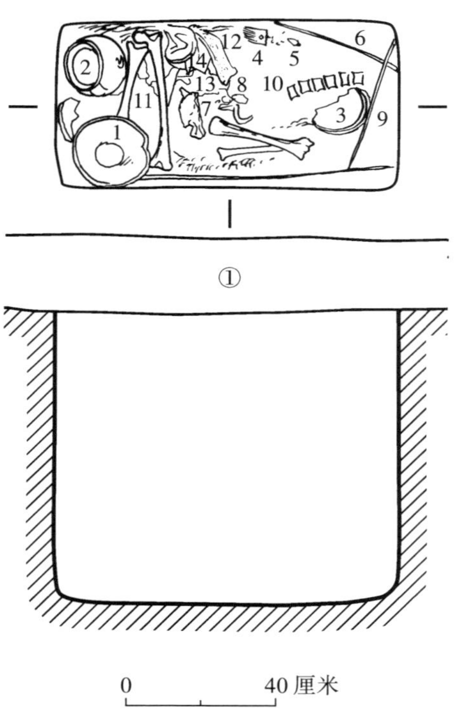

图三二三　I M183 平、剖面图

1. 陶盆　2. 陶单耳罐　3. 陶钵　4. 角梳　5. 木箭头　6. 木弓　7、8、10~13. 毛纺织物　9. 木鞭　14. 毛编织帽

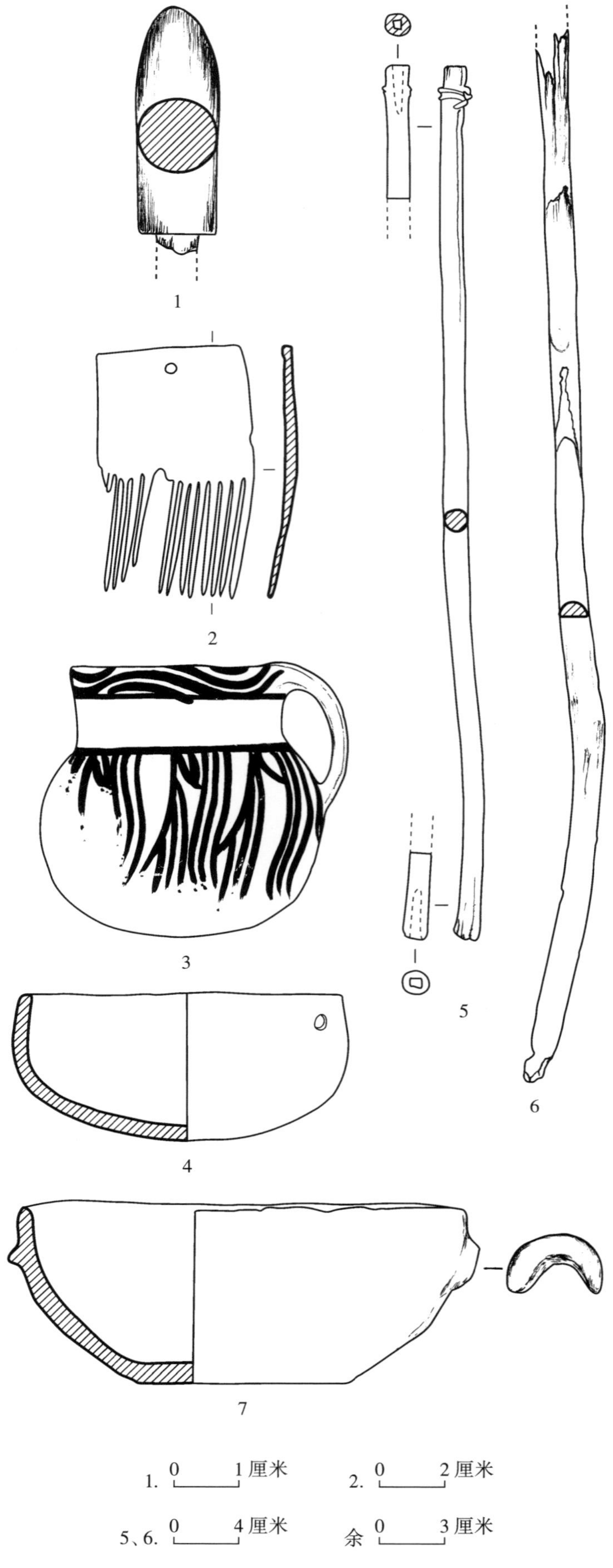

图三二四　I M183 随葬品

1. 木箭头（I M183：5）　2. 角梳（I M183：4）　3. 陶单耳罐（I M183：2）　4. 陶钵（I M183：3）　5. 木鞭（I M183：9）　6. 木弓（I M183：6）　7. 陶盆（I M183：1）

7. 毛纺织物　裤、裙的残片。黄色斜纹，有幅边。长 30.2、宽 40.8 厘米（图版二六一，5）。

8. 毛纺织物　残片。两种，均织出条带纹，一种黄地呈竖条，另一种红、蓝相间。长 20 厘米（图版二六一，4）。

9. 木鞭　鞭杆为杨树枝干剔皮制作，皮鞭用细皮绳捆扎杆上端，杆两端有小孔，孔深 0.8、直径 0.1~0.2 厘米。杆长 54.7、直径 1.3、皮鞭绳长 55 厘米（图三二四，5）。

10. 毛纺织物　残片。黄色斜褐。残存三片：ⅠM183∶10–1，长 48、宽 87 厘米。ⅠM183∶10–2，长 94、宽 60 厘米。ⅠM183∶10–3，长 70、宽 50 厘米。经、纬线均为黄色毛纱。织物表面显得粗糙松散。

11. 毛纺织物　原黄色褐织物残片。由原黄色经、纬线以一上一下的组织法相交而成的平纹毛纺织物。长 90、宽 33 厘米（图版二六一，1）。

12. 毛纺织物　原黄色褐残片。经、纬线同是单股，但捻向不同，经线为 Z 向，纬线为 S 向。以一上一下平纹组织法相交织，平纹织物采用不同捻向的经、纬线交织仅见这一件。长 56、宽 54 厘米（图版二六一，3）。

13. 毛纺织物　黄色褐残片。纬线是棕色，经线由黄、棕色两种以“S”向加捻交织。平纹组织法。长 88、宽 34、厚 0.192 厘米（图版二六一，2）。

14. 毛编织帽　残破严重。残存为长 37、宽 23 厘米的片状。由“Z”向加捻的棕色毛线，从顶端开始勾编，每两针间增加一针，逐渐增大，形成圆形的编织帽。

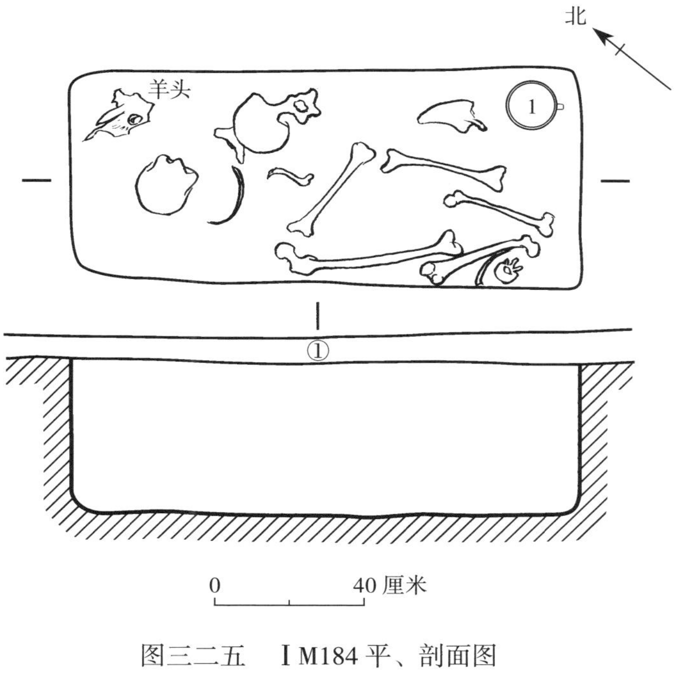

图三二五　ⅠM184 平、剖面图

1. 陶钵

ⅠM184

墓葬概况

位于墓地中北部。南邻ⅠM182，北邻ⅠM186，墓向 140°。C 型，长方形竖穴土坑墓，直壁。墓窄长，距地表浅。墓口距地表深 0.06~0.08 米，墓口长 1.35、宽 0.59 米，墓深 0.42 米。该墓被盗掘，墓底仅见人下肢骨和残颅骨，性别、年龄不详。随葬的羊头位于墓室西北角。墓室东北角出土陶钵（图三二五）。

随葬品

出土陶器 1 件。

1. 陶钵　泥质灰陶。敞口，圆唇，圆浅腹，圜底，一侧沿下有鋬耳，鋬中钻孔。素面。口径 14、高 6.3 厘米（图三二七，4；图版一一二，6）。

ⅠM185

墓葬概况

位于墓地中北部，西南邻ⅠM189，东邻ⅠM186，墓向 100°。C 型，长方形竖穴土坑墓，直壁。墓口距地表深 0.2 米，墓口长 1.46、宽 0.68 米，墓深 1.05 米。墓底有人骨架一具，缺颅骨，为成年男性，仰身，下肢上屈，

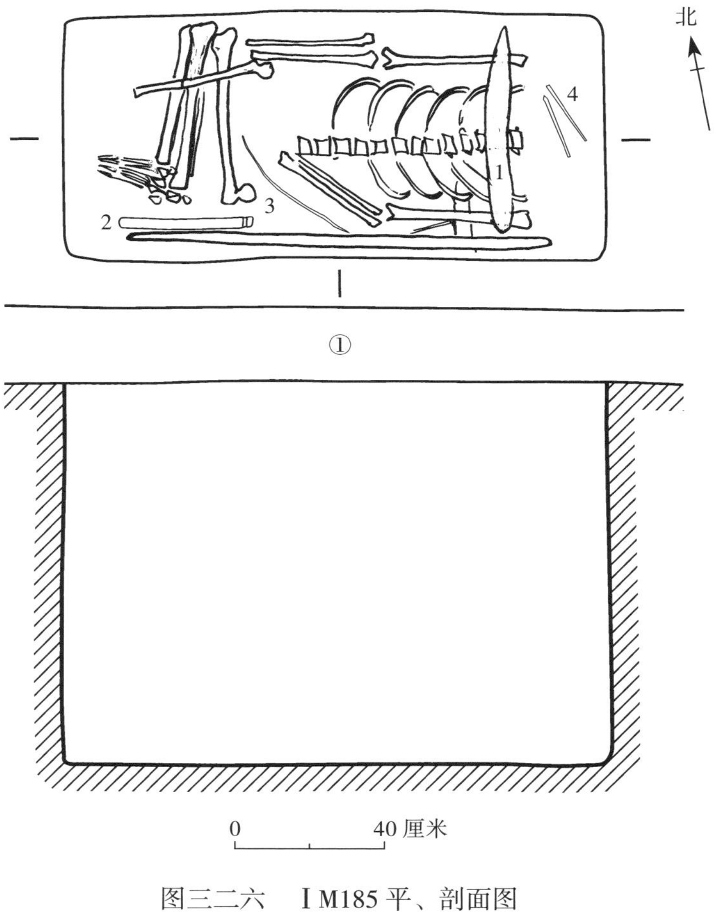

图三二六　ⅠM185 平、剖面图

1. 木撑板　2. 木棍　3. 木弓　4. 木箭

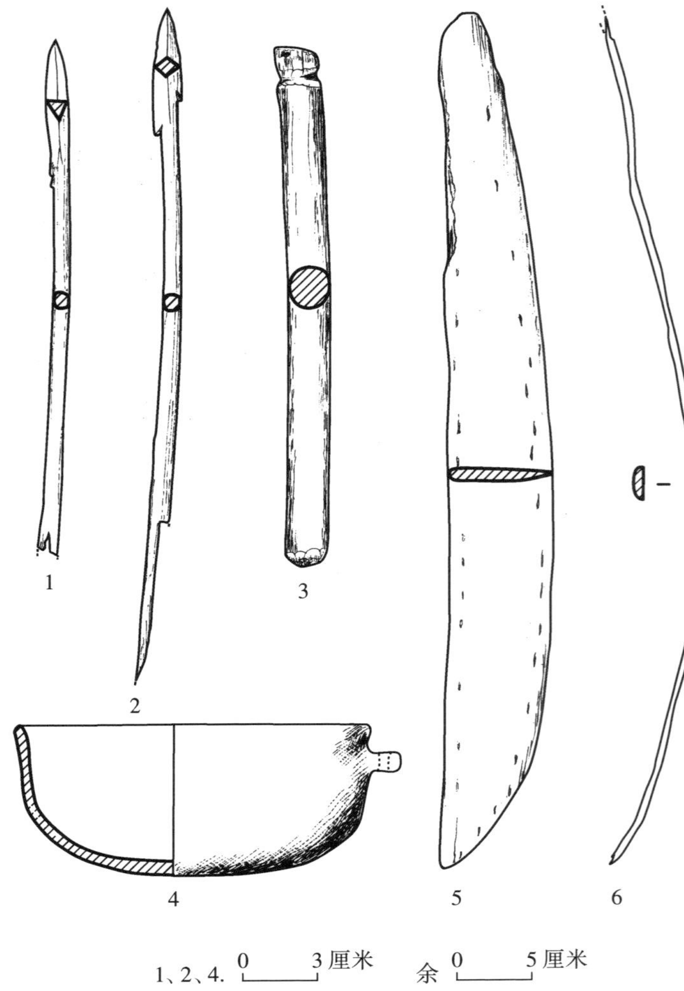

图三二七　ⅠM184、ⅠM185 随葬品

1、2. 木箭（ⅠM185：4-1、4-2）　3. 木棍（ⅠM185：2）　4. 陶钵（ⅠM184：1）　5. 木撑板（ⅠM185：1）　6. 木弓（ⅠM185：3）

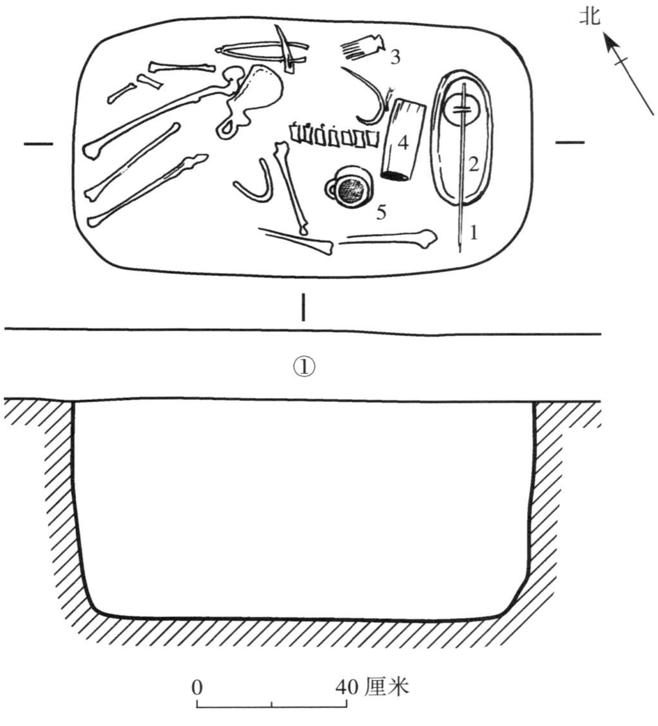

图三二八　ⅠM186 平、剖面图

1. 木纺轮　2. 木盘　3. 木梳　4. 木桶　5. 陶单耳杯

倒靠于墓北壁。无葬具。随葬的木撑板、木箭在墓室东部，木棍、木弓在墓室南部（图三二六）。

随葬品

出土木器 4 件（组）。

1. 木撑板　薄杨木板制作。一边呈弧刃状，另一边为直边，两边钻小孔。长 58.4、宽 7、厚 0.9 厘米（图三二七，5）。

2. 木棍　用杨树枝剔皮制作。上端刻浅凹槽，似鞭杆。长 35.5、直径 2.8 厘米（图三二七，3）。

3. 木弓　绣线菊木制作。残，仅存弓弰一段。呈扁平状，弓弰刻束腰形挂弦浅槽。残长 58、宽 2、厚 0.64 厘米（图三二七，6）。

4. 木箭　8 支。多残，均为圆木削制。圆箭杆光滑。ⅠM185：4-1，箭头呈三棱锥体，双翼位于两侧，脊线锋利。残长 21、杆径 0.7、头长 6 厘米（图三二七，1）。ⅠM185：4-2，箭头呈四棱锥体，双翼。残长 27.5、杆径 0.8、头长 5.2 厘米（图三二七，2）。

ⅠM186

墓葬概况

位于墓地中北部，西邻ⅠM185，南邻ⅠM184，墓向 120°。C 型，圆角长方形竖穴土坑墓，直壁。墓口距地表深 0.2 米，墓口长 1.21、宽 0.72 米，墓深 0.6 米。该墓曾进水，填土板结成块状，质地坚硬，填土中夹杂有芦苇秆。墓底一具人骨，朽残严重，不见头骨，从骨架整体来看，应为侧身屈肢，为成年女性。无葬具。随葬的陶单耳杯、木盘、木桶位于胸部，木纺轮放在木盘内，木梳位于骨架右侧（图三二八）。

随葬品

出土木、陶器 5 件。

1. 木纺轮　轮呈圆饼状，圆木线轴后端残，前端呈尖状，通体光滑。线轴残长 24.7、直径 0.76 厘米，轮径 6.5、厚 0.9 厘米（图三二九，5）。

2. 木盘　圆木削制。呈长椭圆形，浅腹，圜底，底背面有刀剁痕，一侧边沿有穿绳小孔。口长径 35.5、短径 15.8、高 7.1 厘米（图三二九，3；图版一三二，7）。

3. 木梳　纵长方形，梳背末端呈亚腰形。梳齿共十四根，齿呈扁锥体，通体光滑。长 9.1、宽 4.8、厚 0.6、齿长 4.4 厘米（图三二九，2；图版一五一，7）。

4. 木桶　圆木刻、挖、削制。残。桶壁斜直，口沿钻有系绳小圆孔，底刻有嵌底的凹槽。高 20.2 厘米（图三二九，1）。

5. 陶单耳杯　夹砂褐陶。敞口，鼓腹，圜底，肩部

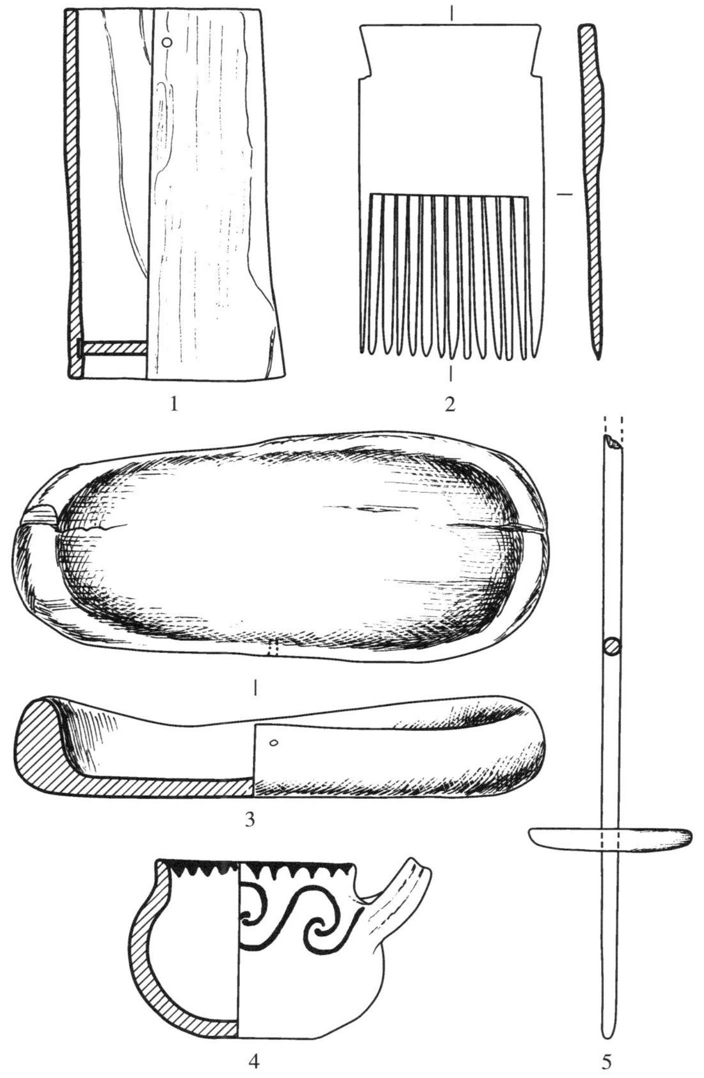

1. 0　4厘米　2. 0　2厘米　3. 0　5厘米　余 0　3厘米

图三二九　ⅠM186随葬品

1. 木桶（ⅠM186：4）　2. 木梳（ⅠM186：3）　3. 木盘（ⅠM186：2）
4. 陶单耳杯（ⅠM186：5）　5. 木纺轮（ⅠM186：1）

横形立耳。内沿饰连续锯齿纹，外沿饰连续三角纹，上腹饰涡纹。器表有烟熏痕迹。口径8、最大腹径10.2、高7.2厘米（图三二九，4；图版八五，2）。

ⅠM187

墓葬概况

位于墓地中北部，西南邻ⅠM186，南邻ⅠM188，墓向105°。C型，长方形竖穴土坑墓，直壁。由于风蚀作用，墓口位于地表，墓口长1.31、宽0.84米，墓深1.1米。墓底有人骨架一具，侧身屈肢，头倒置于脖颈部，头向西，面向上，肢骨纤细，为未成年女性。墓底有芦苇秆残段。随葬的陶碗位于头前，陶单耳杯、陶器残片、木纺轮、陶盆位于胸部，木梳位于东北角，木桶在东南角（图三三〇；图版二二，5）。

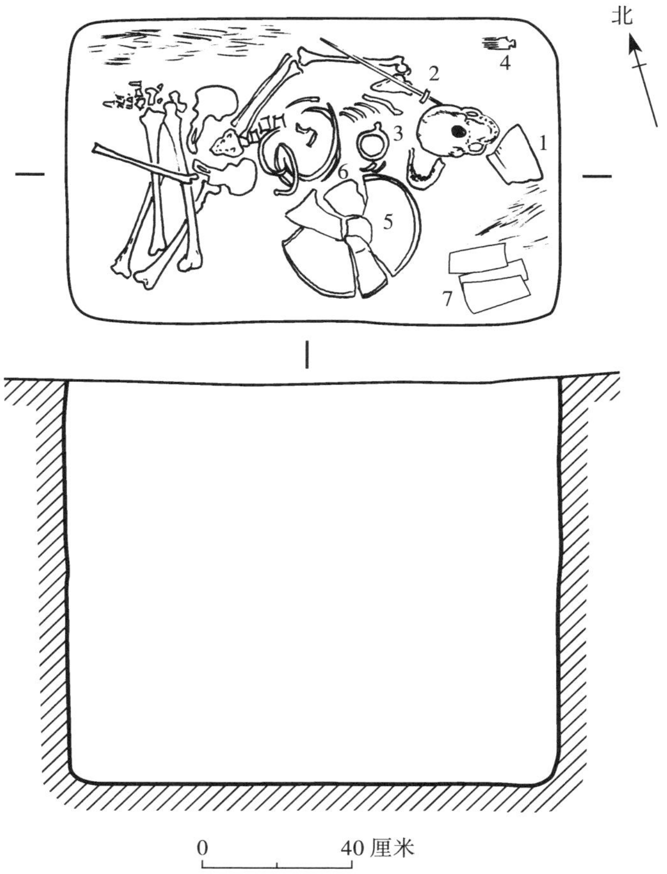

图三三〇　ⅠM187平、剖面图

1. 陶碗　2. 木纺轮　3. 陶单耳杯　4. 木梳　5. 陶盆　6. 陶器残片　7. 木桶

随葬品

出土陶、木器7件。

1. 陶碗　夹砂红陶。敞口，方唇，深腹，小平底。口沿外饰三角纹。口径14、底径9.6、高7.3厘米（图三三一，7；图版一一九，2）。

2. 木纺轮　圆木线轴两端稍细，杆通体光滑。纺轮呈圆形，轮径较小。线轴长36.5、直径0.6厘米，轮径3、厚1厘米（图三三一，8；图版一七六，3）。

3. 陶单耳杯　夹砂褐陶。敞口，鼓腹，圜底，耳由沿翻至腹部。内沿饰反向锯齿纹（锯齿向上），器表饰连续折线交叉形成的菱形方格纹。口径8.6、最大腹径10.3、高8.8厘米（图三三一，5；图版七〇，6）。

4. 木梳　呈纵长方形，柄呈亚腰三角形，并钻一小孔。梳齿八根，较短，齿端呈弧形，两边齿短，中齿较长。通体磨制光滑。长8.6、宽3.1、厚0.6、齿长1.7~2.1厘米（图三三一，2）。

5. 陶盆　夹砂红陶。敞口，圆唇，弧腹斜收，小平底，沿下有两个对称的耳。器变形，口沿高低不平。内壁红彩绘连续折线纹，外壁绘大三角纹。口径35、底径14、高16.4厘米（图三三一，4）。

6. 陶器残片　夹砂红陶。敞口，深腹，底残。内沿

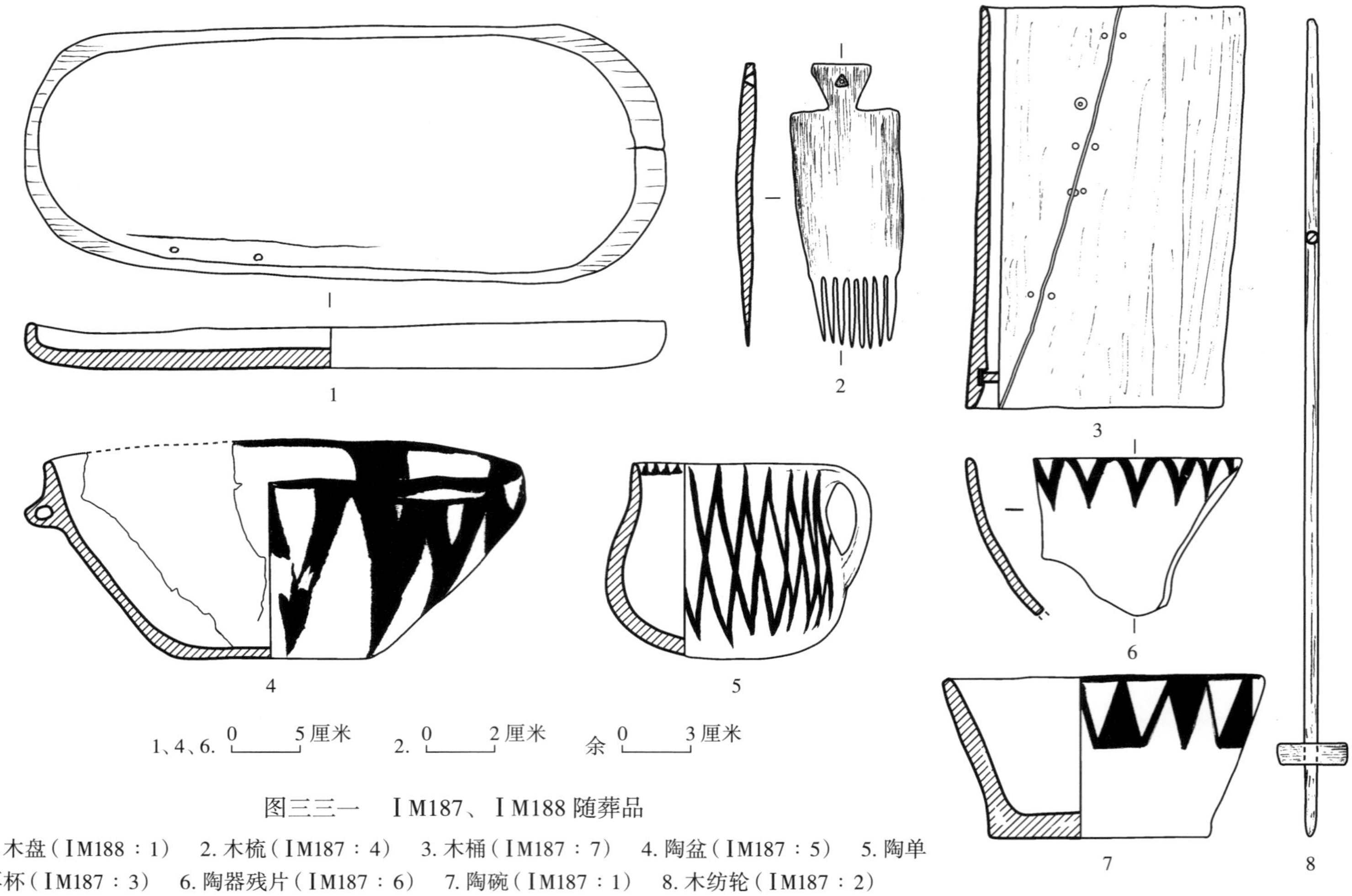

图三三一 ⅠM187、ⅠM188随葬品

1. 木盘（ⅠM188：1） 2. 木梳（ⅠM187：4） 3. 木桶（ⅠM187：7） 4. 陶盆（ⅠM187：5） 5. 陶单耳杯（ⅠM187：3） 6. 陶器残片（ⅠM187：6） 7. 陶碗（ⅠM187：1） 8. 木纺轮（ⅠM187：2）

饰细密锯齿纹，外沿饰连续粗线纹，下腹未涂红陶衣，露胎（图三三一，6）。

7. 木桶 圆木刻、挖、削制。桶体呈椭圆状，残破成几块，桶壁钻孔，穿皮绳加固。直径8~11.4、高18厘米（图三三一，3）。

ⅠM188

墓葬概况

位于墓地中北部，东北邻ⅠM187，西邻ⅠM184，墓向100°。C型，长方形竖穴土坑墓，直壁。地表为戈壁沙砾层，凹凸不平。墓口距地表深0.15米，墓口长1.51、宽0.87米，墓深1.44米。该墓被盗掘，墓底有四足木尸床，仅存床框架，床长1.48、宽0.56、高0.24米。床架上下有凌乱的人骨，两个人头骨分别位于西北角（A）和东北角（B），A为青年女性，年龄16~18岁，B为成年男性，年龄不详。葬式不详。木尸床外北侧随葬木盘（图三三二）。

随葬品

出土木器1件。

1. 木盘 平面呈椭圆形。敞口，方沿，浅腹，平底。盘扭曲变形，口沿高低不平，反扣底面为砧板，有剁痕。口长径46.2、短径18.8、高3.6厘米（图三三一，1；图版一三二，8）。

ⅠM189

墓葬概况

位于墓地中北部西缘，东南邻ⅠM183，东邻ⅠM184，墓向113°。C型，圆角长方形竖穴土坑墓，直壁。墓口距地表深0.12米，墓口长1.58、宽0.98米，墓深1.09米。墓被盗扰，墓底有两具凌乱的人骨架，两个人头颅分别位于墓底南北壁下，骨骼残缺不全，北面A为中年男性，年龄40~50岁；南面B为成年男性，年龄不详。葬式不明，无葬具。随葬的木盘、木碗、木箭、栽绒毛毯、复合弓、木箭、弓弦、角镳位于西部，木钉、木器具、木橛、木鞭杆、铜环饰、皮辔头等位于东南部，铜衔在中部（图三三三）。

随葬品

出土木、铜、角、皮质和毛纺织器物17件（组）。

1. 木箭 2件。ⅠM189：1-1，圆木削制。圆铤杆后端残，箭头呈四棱锥体，单翼。残长18.3、头长3.6厘米（图三三四，6）。ⅠM189：1-2，骨质箭头，铤残，箭头呈扁锥状，一侧脊线锋利，单翼。残长5.3、头长2.9厘米（图

图三三二　ⅠM188 平、剖面图

1. 木盘

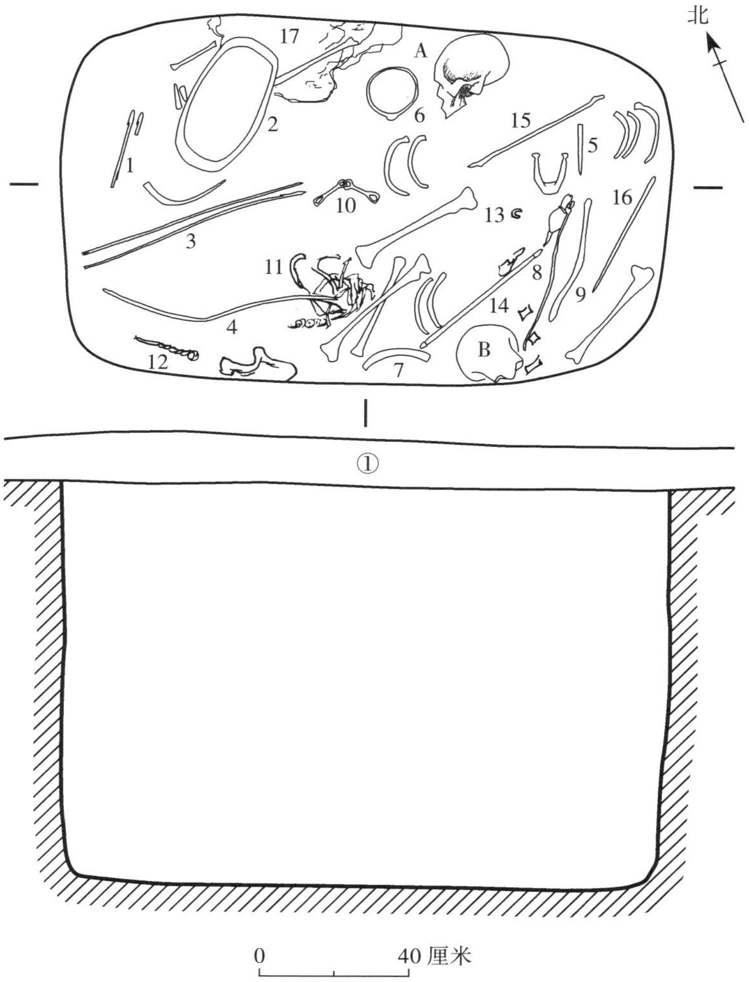

图三三三　ⅠM189 平、剖面图

1、3. 木箭　2. 木盘　4. 复合弓　5. 木钉　6. 木碗　7. 角镳　8、11. 皮辔头　9、16. 木橛　10. 铜衔　12. 弓弦　13. 铜环饰　14. 木鞭杆　15. 木器具　17. 栽绒毛毯

三三四，7）。

2. 木盘　平面呈长条形，两端起弧，敞口，斜腹，平底，边壁有小圆孔。口长径 35.8、短径 13.8、高 5.7 厘米（图三三四，10；图版一三三，1）。

3. 木箭　5 支，其中 2 支残。圆箭杆后端有挂弦凹槽，箭杆通体光滑。箭头形制可分为两种：ⅠM189：3-1，箭头呈小锥状，较短。长 62、杆径 0.7、头长 1.3 厘米（图三三四，18）。ⅠM189：3-2，箭头呈四棱锥体，较短，单翼，头、翼间缠细皮绳。长 62、杆径 0.6、头长 7 厘米（图三三四，19）。

4. 复合弓　残节。截面呈半圆形，弓弰较细。残长 62.8、直径 0.8~1.6 厘米（图三三四，16）。

5. 木钉　一端削尖，为树枝条削制。长 14、直径 1 厘米（图三三四，17）。

6. 木碗　圆木刻、挖、削制。敞口，小平底，口沿有小鋬，小鋬下钻一小圆孔，制作粗糙。口径 12.6~14、高 9.6 厘米（图三三四，1）。

7. 角镳　2 件（图版一八六，5）。动物角磨制。ⅠM189：7-1，呈规整的四棱体，钻三孔。镳面阴刻卷云纹。长 16.6、宽 2、厚 1.1 厘米（图三三四，2）。ⅠM189：7-2，呈四棱角锥形，钻三孔。素面。长 16、宽 1.4、厚 1.2 厘米（图三三四，3）。

8. 皮辔头　马具，窄皮带套栓宽皮带，宽带后端残，前端呈三角形。窄带长 43.5、宽 0.6 厘米；宽带残长 11.8、宽 3 厘米（图三三四，14）。

9. 木橛　柽柳枝条一端剔皮削尖。橛弯曲，截面呈不规则的三棱状。长 36.8、直径 1.6~2.6 厘米（图三三四，15）。

10. 铜衔　双环相套接，外端近梯形孔。通长 20、宽 2.7 厘米（图三三四，9；图版二〇一，8）。

11. 皮辔头　用牛皮条绑接成。残。有些用结扣做装饰。皮条宽 0.3~0.9 厘米（图三三四，5）。

12. 弓弦　用牛筋拧成。端头有环，可挂在弓弰上。残断。残长 9.7、直径 0.4 厘米（图三三四，4）。

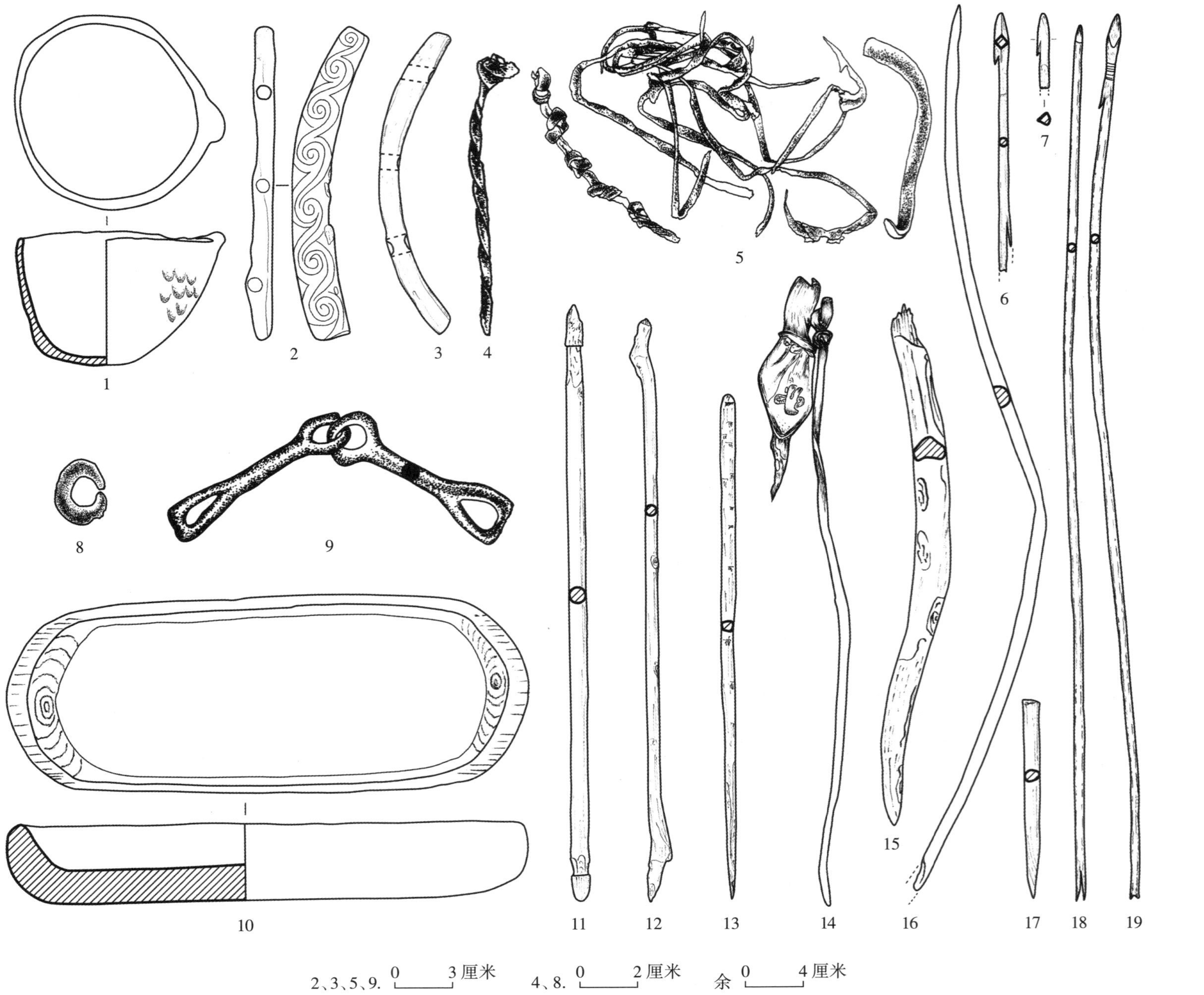

图三三四　Ⅰ M189随葬品

1. 木碗（M189：6）　2、3. 角镳（M189：7-1、7-2）　4. 弓弦（M189：12）　5、14. 皮辔头（M189：11、18）　6、7、18、19. 木箭（M189：1-1、1-2、3-1、3-2）　8. 铜环饰（M189：13）　9. 铜衔（M189：10）　10. 木盘（M189：2）　11. 木鞭杆（M189：14）　12. 木器具（M189：15）　13、15. 木橛（M189：16、9）　16. 复合弓（M189：4）　17. 木钉（M189：5）

13. 铜环饰　锻打成，椭圆环形薄片。长径2.3、厚0.1厘米（图三三四，8；图版二〇三，7）。

14. 木鞭杆　树枝条削制。剔皮，两端削斜槽。长42、直径1.2厘米（图三三四，11）。

15. 木器具　柽柳枝条削制。剔皮，两端有树节结，体呈紫红色。长41.2、直径0.8厘米（图三三四，12）。

16. 木橛　柽柳树枝削制而成。一端削尖锥状。长35.8、直径0.9厘米（图三三四，13）。

17. 栽绒毛毯　红蓝色变体水波纹栽绒毯。残存两块：Ⅰ M189：17-1，长53、宽49.5厘米。Ⅰ M189：17-2，长20.2、宽15.3厘米。原白色经线以“Z”向加捻，双股合并；地纬为单股，“S”向加捻。红、蓝、黄、绿色绒头，以马蹄扣法拴结在经线上，在红地上显出蓝、绿、黄色变体水波纹纹样（图版二六二，1）。

Ⅰ M190

墓葬概况

位于墓地北部，南邻Ⅰ M199，东邻Ⅰ M194，墓向105°。C型，长方形竖穴土坑墓，墓壁向下斜收，口大底小。地面为平坦的戈壁沙砾层。墓口距地表深0.2米，墓口长 1.4、宽 1 米，墓底长 1.32、宽 0.82 米，墓深 1.61 米。墓口原有棚盖，已朽，向下坍塌于墓内，填土中有棚盖的芦苇、木棍等。墓底有残缺不全的人骨一具，头位于东壁下，左下肢上屈，为老年女性，年龄 55 岁以上。无葬具。头左侧出土陶单耳罐，脚部出土皮靴，还有陶器残片和陶器底在西北角位置（图三三五）。

随葬品

出土陶、皮质器物 4 件。

1. 陶单耳罐　夹砂红陶。敞口，圆唇，折腹，平底，单耳上扬。器表有烟炱。口径 6.7、底径 6.3、高 9.7 厘米（图三三六，1；图版五六，2）。

2. 皮靴　牛皮制作，用牛筋线缝制。平底，高帮，内为毛绒，靴帮残破。长 12.8、宽 5.6、残高 7.6 厘米（图三三六，3）。

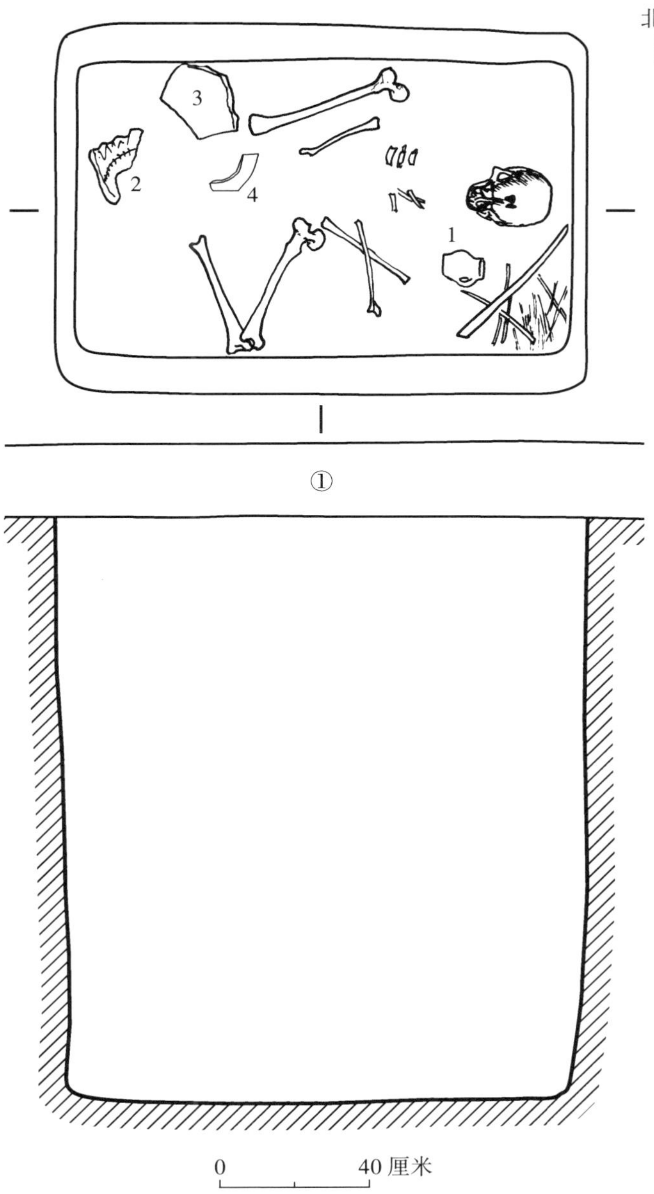

图三三五　ⅠM190 平、剖面图

1. 陶单耳罐　2. 皮靴　3. 陶器残片　4. 陶器底

3. 陶器残片　夹砂红陶。有单耳，是陶釜的一块腹片。宽 19.6、高 20.1 厘米（图三三六，4）。

4. 陶器底　夹砂红陶。鼓腹，平底，为陶釜的底片。底径 8.5、残高 10.2 厘米（图三三六，2）。

ⅠM191

墓葬概况

位于墓地北端东边缘，西邻ⅠM198，西南邻ⅠM193，墓向 110°。C 型，长方形竖穴土坑墓，直壁。地表为平坦的戈壁沙砾层。墓口距地表深 0.2~0.23 米，墓口长 1.4、宽 0.8 米，墓深 1.18 米。墓内填土中杂有墓口棚盖的坍塌物如骆驼刺、芦苇等。墓底有两具人骨，均为头东脚西，并排安放，仰身屈肢，南侧 A 为中年男性，年龄 35~40 岁，北侧 B 为壮年女性，年龄 25~35 岁，无葬具。骨架严重朽残。在两个头颅中间放置陶器底，靠北侧人头旁有一发辫，南侧人骨旁放置复合弓（图三三七）。

随葬品

出土陶、木器和发辫（上有用于捆绑的毛绳）3 件。

1. 复合弓　仅剩中部一段。内木片，外粘牛角片，用皮条缠扎，截面呈椭圆形。残长 38.4、直径 1.2~1.6 厘米（图三三八，5）。

2. 发辫　人发三股辫，辫根用毛线缠扎。长 27、宽

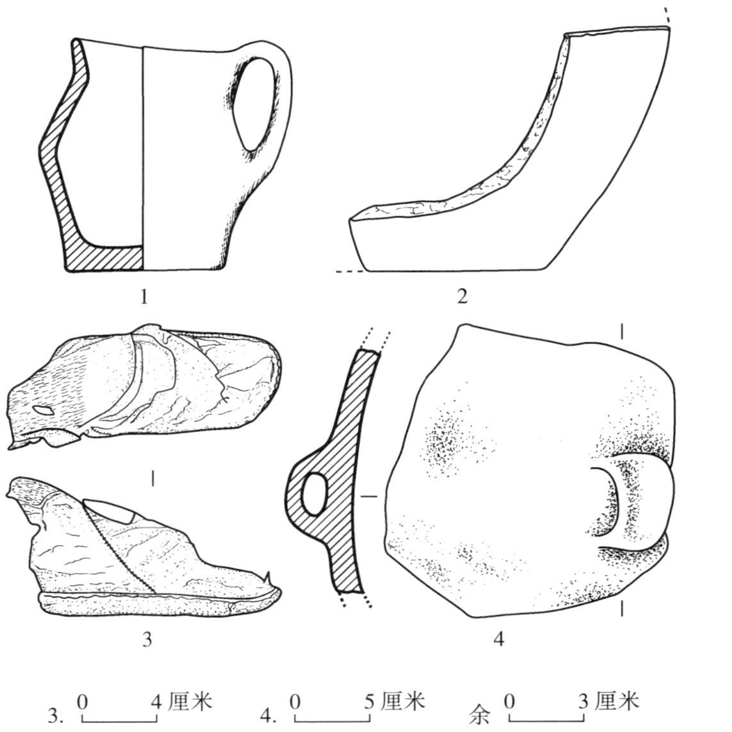

图三三六　ⅠM190 随葬品

1. 陶单耳罐（ⅠM190：1）　2. 陶器底（ⅠM190：4）　3. 皮靴（ⅠM190：2）　4. 陶器残片（ⅠM190：3）

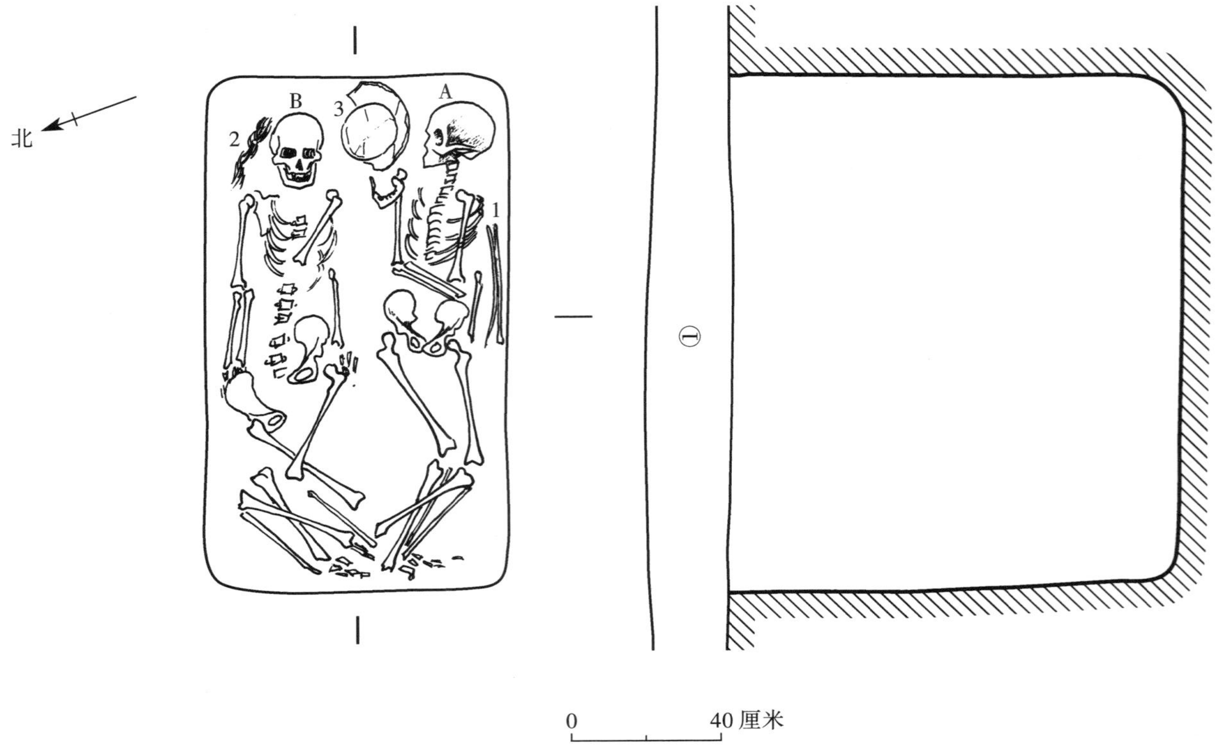

图三三七 ⅠM191平、剖面图
1. 复合弓 2. 发辫 3. 陶器底

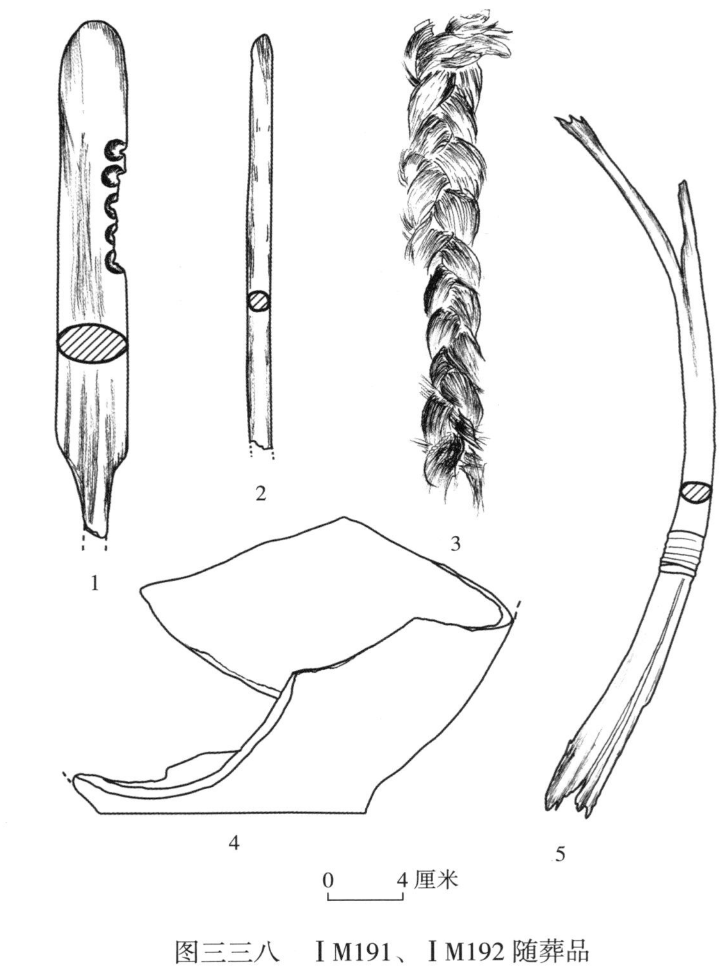

图三三八 ⅠM191、ⅠM192随葬品
1. 木取火板（ⅠM192：1） 2. 木取火棒（ⅠM192：2） 3. 发辫（ⅠM191：2） 4. 陶器底（ⅠM191：3） 5. 复合弓（ⅠM191：1）

4厘米（图三三八，3）。

3. 陶器底 夹砂红陶，残。仅存下腹至底，圆腹急收，小平底。底径14.4、残高16厘米（图三三八，4）。

ⅠM192

墓葬概况

位于墓地北端，东北邻ⅠM199，东南邻ⅠM197，墓向92°。C型，长方形竖穴土坑墓，口大底小。地表为平坦的戈壁沙砾层。墓口距地表深0.18米，墓口长1.4、宽0.9米，墓底长1.29、宽0.88米，墓深1.11米。墓底人骨移位，骨骼残缺较多，头位于北壁下，肋骨、脊骨保存较好，下肢错位，从残状来看，仰身屈肢，单人葬，墓主为中年男性。墓底西部残存毛织衣服碎片。在腿骨旁出土钻木取火器一套，有木取火板和木取火棒（图三三九）。

随葬品

出土木器2件。

1. 木取火板 用铁线莲木棍削成。截面呈椭圆形，后端有圆柱状手柄，板一侧有一排五个取火钻孔。残长28.8、宽3.7、厚2.3厘米（图三三八，1）。

2. 木取火棒 用铁线莲木棍截成。一端有使用形成的炭化痕，另一端残。残长23、直径1.24厘米（图三三八，2）。

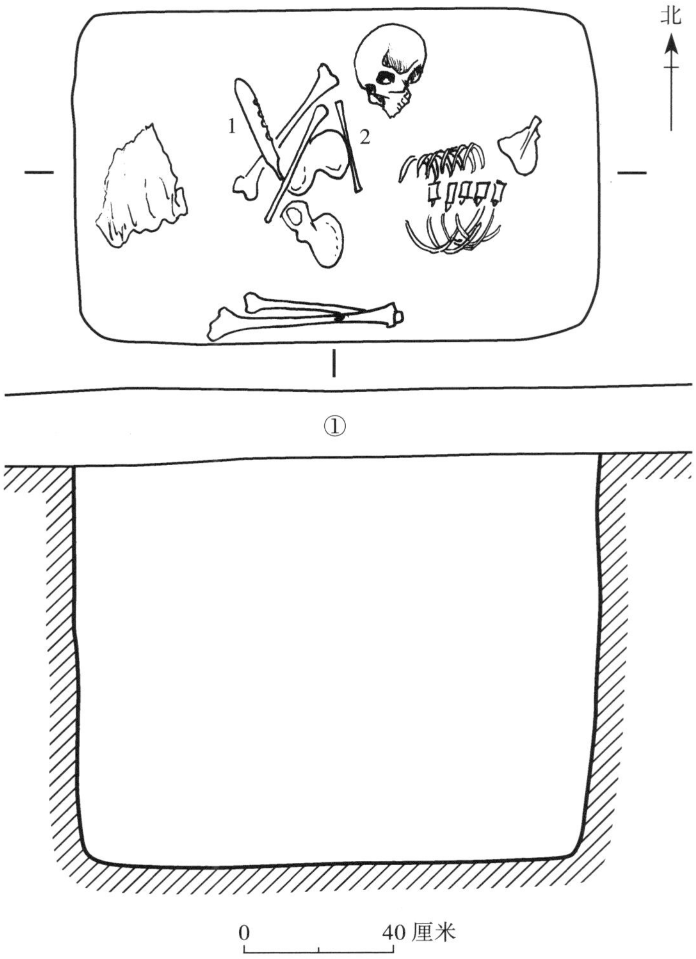

图三三九　ⅠM192平、剖面图

1. 木取火板　2. 木取火棒

图三四〇　ⅠM193平、剖面图

1. 木梳　2. 发辫　3. 木纺轮　4. 复合弓　5. 木棍　6. 皮靴

ⅠM193

墓葬概况

位于墓地北端，北邻ⅠM198，西南邻ⅠM197，墓向93°。C型，长方形竖穴土坑墓，直壁。地表为平坦的戈壁沙砾层。墓口距地表深0.11米，墓口长1.48、宽0.81米，墓深1.42米。墓底铺苇草，人骨凌乱，残缺不全。两个人颅骨位于北壁下。A为壮年男性，年龄20~30岁；B为成年女性，因扰乱葬式不明。该墓曾进水，填土板结，质地坚硬。木纺轮在北壁边，沿墓底中轴线从东向西依次有发辫、木梳、复合弓、木棍、皮靴（图三四〇）。

随葬品

出土木、皮质器物和发辫6件（组）。

1. 木梳　木板刻制。梳背后端呈“凸”字形，扁锥齿较短，个别齿残断。长8、宽4.8、厚0.6、齿长3.2厘米（图三四一，1）。

2. 发辫　人发三股交错编织，上粗下细，上部用毛线绳绑扎。长19.4、宽4.4厘米（图三四一，2）。

3. 木纺轮　圆木线轴一端较细，另端残纺，轮呈圆饼状。线轴残长28.6、直径0.75厘米，轮径4.1、厚0.7厘米（图三四一，4）。

4. 复合弓　为中间的残段，由木、牛角和筋制成，外面刷胶。残长46.8、直径1.3厘米（图三四一，3）。

5. 木棍　细长、光洁的圆木棍，一头有尖。断为五截。连起来长115、直径1.3厘米（图三四一，7）。

6. 皮靴　一双。羊皮革制。个体小，尖头，平底。长7.8、高7.8厘米（图三四一，5、6；图版二一九，3）。

ⅠM194

墓葬概况

位于墓地北端，南邻ⅠM198，西邻ⅠM190，墓向90°。C型，长方形竖穴土坑墓，口大底小。地表为平坦的戈壁沙砾层，厚0.2米，墓葬开口于表层下。墓口长1.51、宽1.12米，墓底长1.4、宽1.08米，墓深1.3米。墓口有用于封盖的棚盖物苇席、骆驼刺、芦苇秆残迹，现已朽并坍塌。在墓底东部发现人颅骨四个，从北向南依次为A、B、C、D，其他部分的骨骼凌乱，且缺失较多，

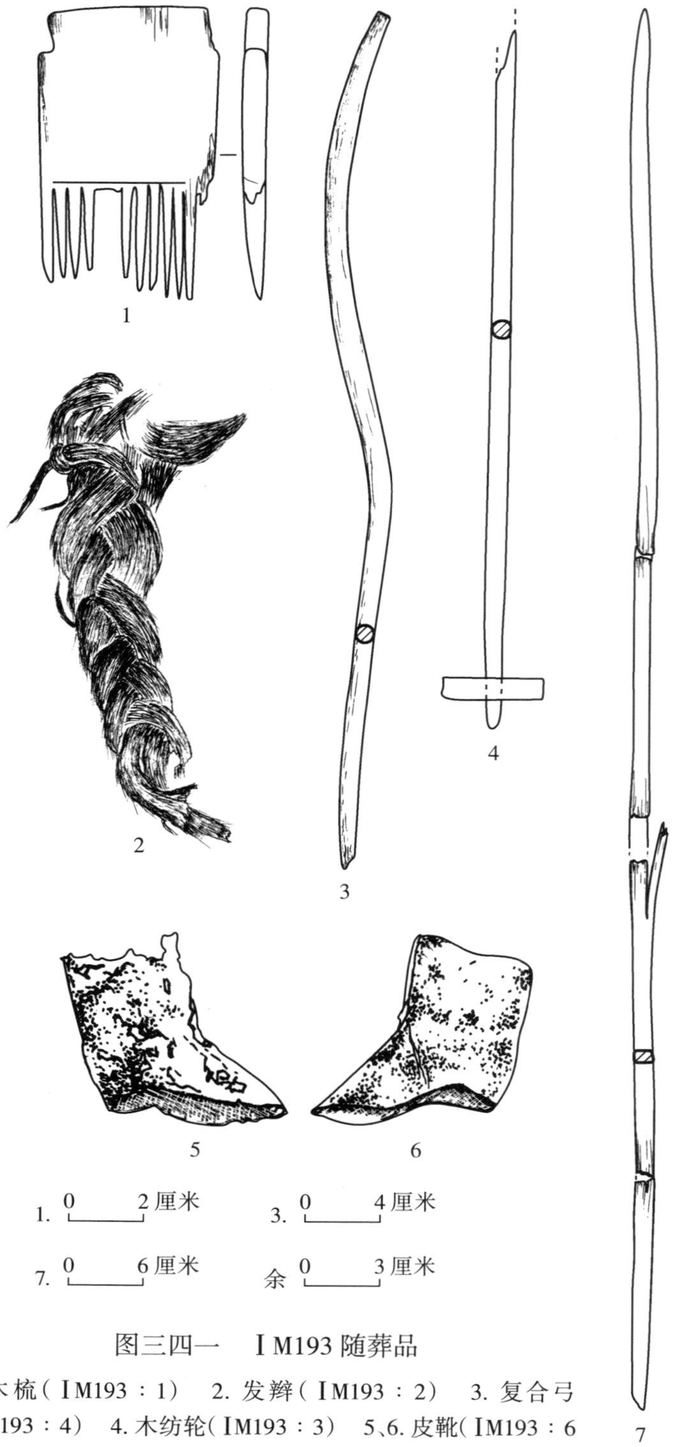

图三四一　ⅠM193随葬品

1. 木梳（ⅠM193：1）　2. 发辫（ⅠM193：2）　3. 复合弓（ⅠM193：4）　4. 木纺轮（ⅠM193：3）　5、6. 皮靴（ⅠM193：6左、6右）　7. 木棍（ⅠM193：5）

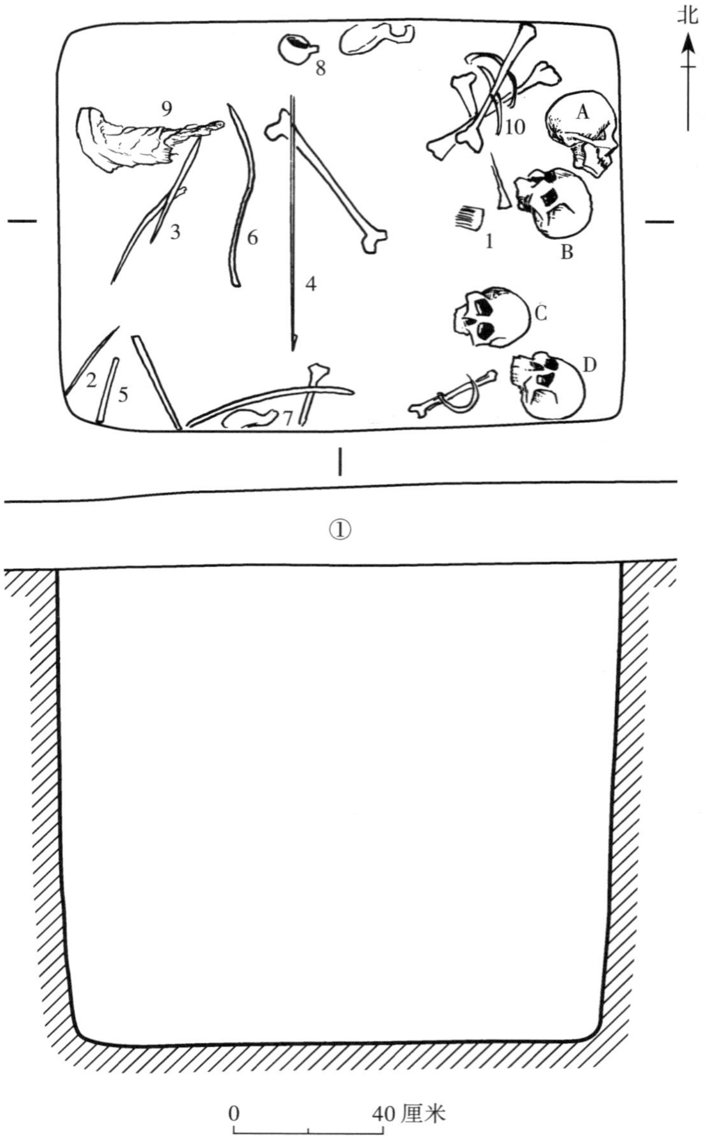

图三四二　ⅠM194平、剖面图

1. 木梳　2、4. 木箭　3. 木弓　5. 木取火棒　6. 复合弓　7. 木器具　8. 陶单耳杯　9. 皮靴　10. 木钉

应为二次葬。A为中年男性，年龄35~40岁；B为青年女性，年龄18~25岁；另两具（C和D）也都成年，但具体年龄和性别不明。随葬品都散乱于墓底，其中木梳在B头骨旁，陶单耳杯在北壁中部，复合弓、木弓、木箭和皮靴在中部偏西，另一件木箭、木取火棒和木器具在西南角（图三四二）。

随葬品

出土木、陶、皮质器物共计10件（组）。

1. 木梳　木板削刻而成。亚腰形，十四齿，部分齿尖残。长6.2、宽5.2、厚1、齿长2.4厘米（图三四三，7）。

2. 木箭　圆箭杆后端残，箭头呈圆锥状。残长24、杆径0.6、头长2厘米（图三四三，3）。

3. 木弓　圆木削制。残，仅剩弓弰一段。呈扁平状，弓弰刻束腰形挂弦槽。残长68、直径1.4~2.2厘米（图三四三，8）。

4. 木箭　箭头呈棱锥状，截面三角形，三翼均有倒钩刺，并有皮绳扎痕，圆铤杆后端有挂弦槽，铤杆弯曲变形。长58.4、直径0.6、头长5.5厘米（图三四三，2）。

5. 木取火棒　棍体粗细均匀，一端钻深1.6厘米的圆孔，外粘有牛皮套。长25.4、直径1.2厘米（图三四三，4）。

6. 复合弓　残，仅剩弓中部一段。由楔形木片，牛角片复合而成，截面呈圆形。间隔用牛皮条缠扎。残长45.6、直径2.2厘米（图三四三，5）。

7. 木器具　用自然树枝削皮制作。两端呈圆锥状。

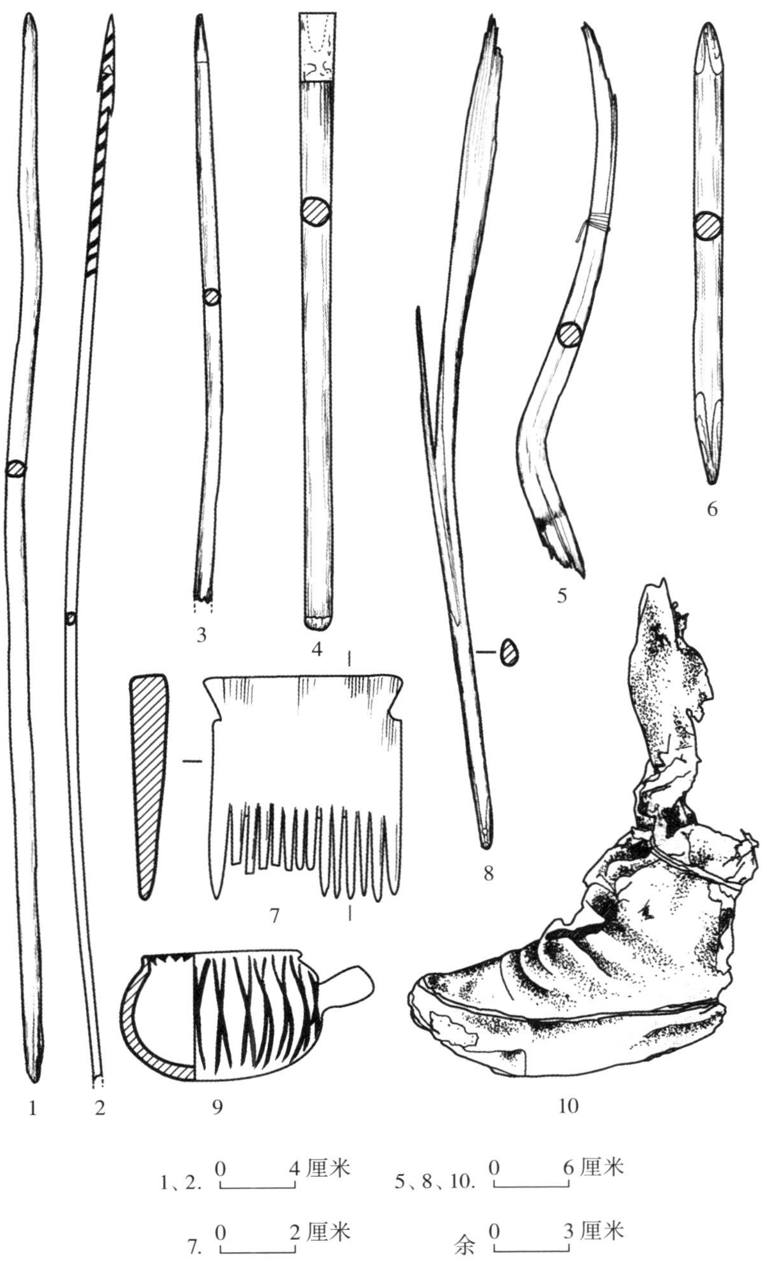

图三四三　ⅠM194随葬品

1. 木器具（ⅠM194：7）　2、3. 木箭（ⅠM194：4、2）　4. 木取火棒（ⅠM194：5）　5. 复合弓（ⅠM194：6）　6. 木钉（ⅠM194：10-1）　7. 木梳（ⅠM194：1）　8. 木弓（ⅠM194：3）　9. 陶单耳杯（ⅠM194：8）　10. 皮靴（ⅠM194：9）

长58.4、直径1厘米（图三四三，1）。

8. 陶单耳杯　泥质红陶。敛口，圆唇，折沿，鼓腹，圜底，肩部有横向拱耳。口内沿饰锯齿纹，器表通体绘菱格纹。口径6.3、腹径8、高5.4厘米（图三四三，9；图版八三，3）。

9. 皮靴　一只。牛皮缝制。筒残，脚踝部位系皮条。长25.5、残高41厘米（图三四三，10）。

10. 木钉　6根。残，均圆木削制。其中ⅠM194：10-1两端削成圆锥状，其余五件均为圆杆残节。ⅠM194：10-1，长18.9、直径1.1厘米（图三四三，6）。

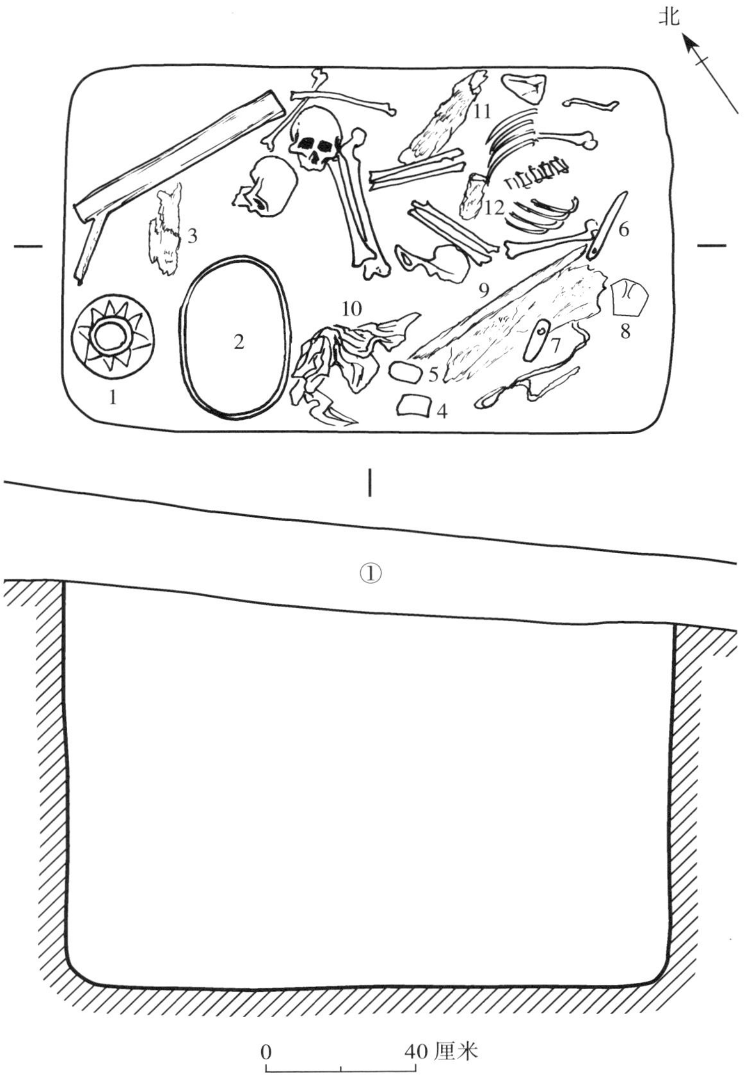

图三四四　ⅠM195平、剖面图

1. 陶单耳壶　2. 木盘　3. 皮靴　4、5、7. 砺石　6. 铜刀　8. 陶器耳　9、10. 皮弓箭袋　11. 皮衣袖　12. 皮射鞲

ⅠM195

墓葬概况

位于墓地最北端，东南邻ⅠM194和ⅠM190，墓向123°。C型，长方形竖穴土坑墓，直壁。地表呈西高东低的斜坡状，表层为戈壁沙砾层。墓口距地表深0.18~0.25米，墓口长1.62、宽1米，墓底长1.55、宽1米，墓深1~1.09米。填土中含有干草、骆驼刺、芦苇秆、土块及碎陶片等。墓底人骨凌乱，在人的股骨旁出土两个人头颅，东面A为壮年男性，年龄20~30岁，西面B为壮年女性，年龄35岁左右，骨骼缺失多，葬式不明。墓底有干草屑。陶单耳壶、木盘、皮靴在西部，砺石、铜刀、皮弓箭袋、陶器耳位于东南部，皮衣袖和皮射鞲在东北部（图三四四）。

随葬品

出土陶、石、铜、木、皮质器物12件。

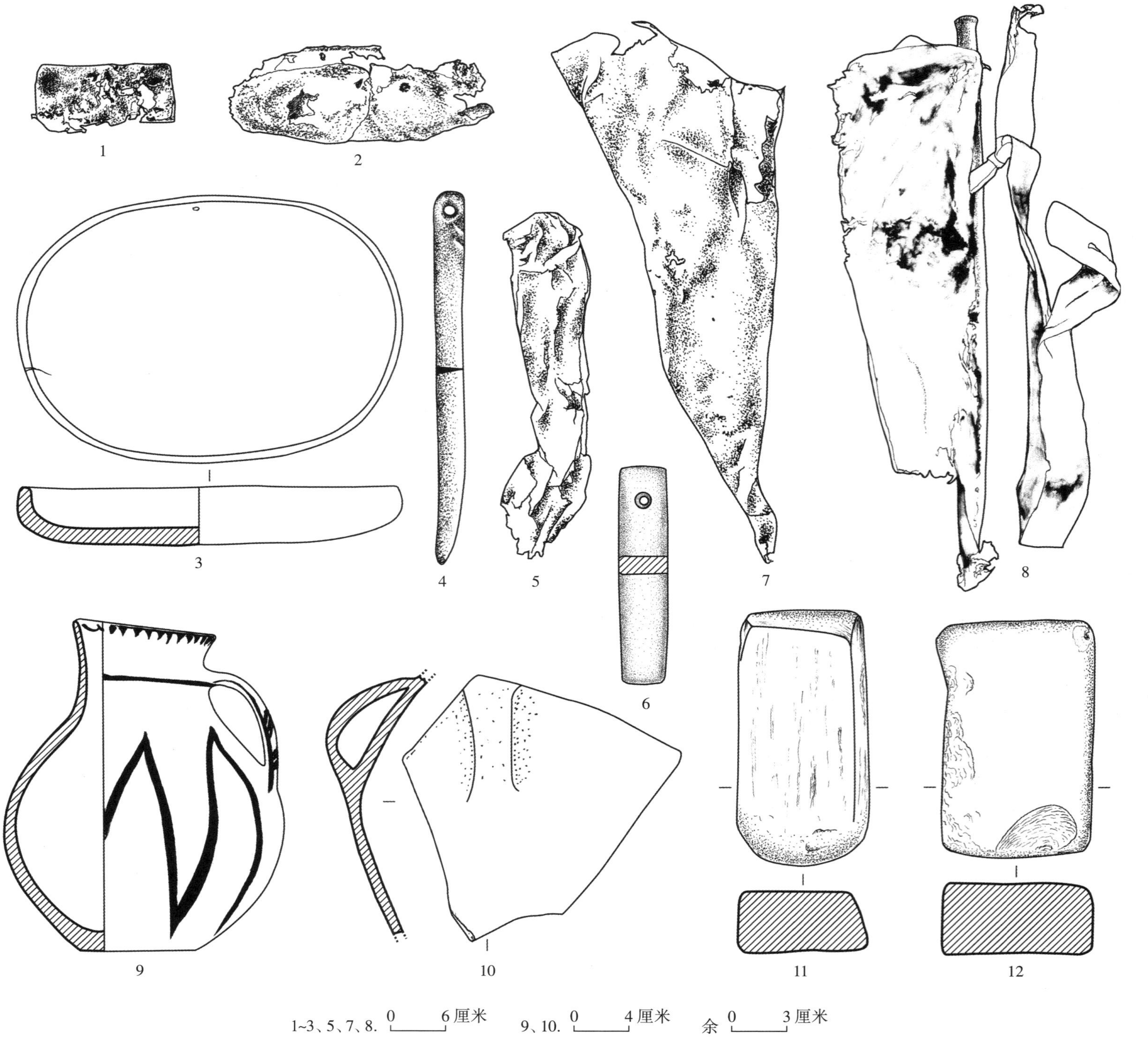

图三四五 ⅠM195随葬品

1. 皮射鞲（ⅠM195：12） 2. 皮靴（ⅠM195：3） 3. 木盘（ⅠM195：2） 4. 铜刀（ⅠM195：6） 5. 皮衣袖（ⅠM195：11） 6、11、12. 砺石（ⅠM195：7、5、4） 7、8. 皮弓箭袋（ⅠM195：10、9） 9. 陶单耳壶（ⅠM195：1） 10. 陶器耳（ⅠM195：8）

1. 陶单耳壶 夹砂红陶。敞口，方唇，长颈，鼓腹，颈肩有单耳。内沿饰垂帐纹，外沿饰锯齿纹，颈部绘一周线纹，腹部饰折线纹，耳面绘两族斜线纹。口径10.2、腹径20.3、高24.4厘米（图三四五，9；图版一〇二，1）。

2. 木盘 圆木刻、挖、削制。平面呈椭圆形，敞口，浅腹，平底。边壁有一小圆孔，底反扣为砧板，有剁痕，保存完整。口长径41.5、短径29.5、高6.4厘米（图三四五，3；图版一三五，2）。

3. 皮靴 一只。牛皮革缝制。靴底有补丁。底长29厘米（图三四五，2）。

4. 砺石 黑砂石。呈长方形，一面因研磨而凹陷。通体光滑。长13.2、宽8、厚4厘米（图三四五，12）。

5. 砺石 黑砂石。略呈楔形。通体光滑。长14.2、宽7、厚3.3厘米（图三四五，11；图版二〇七，7）。

6. 铜刀 长条形，直柄，直刃微弧，圆首，有穿。

长 20.7、宽 1.6 厘米（图三四五，4；图版一九八，8）。

7. 砺石　呈长方形，后端钻一圆孔。石质细腻。长 12.1、宽 2.7、厚 1 厘米（图三四五，6；图版二〇七，8）。

8. 陶器耳　夹砂红陶。仅存耳部残片，宽带状耳。高 20、宽 20、厚 0.8 厘米（图三四五，10）。

9. 皮弓箭袋　羊皮革缝制。一边绑有圆木棍制作的支撑木，上系牛皮带。长 64.2、宽 16 厘米（图三四五，8；图版二二六，2）。

10. 皮弓箭袋　羊皮革缝制。下尖上宽，近三角形。仅存盛弓的部分，缺箭袋和撑板。长 59.2、宽 25.2 厘米（图三四五，7；图版二二六，3）。

11. 皮衣袖　羊皮缝制。筒形，为一件皮大衣的部分。长 39、直径 8.3 厘米（图三四五，5）。

12. 皮射韝　用牛皮革制成。整块对折缝合。长 15.2、宽 7 厘米（图三四五，1）。

ⅠM196

墓葬概况

位于墓地北端，东北邻ⅠM199，东南邻ⅠM192，墓向 93°。C 型，长方形竖穴土坑墓，口大底小。地表为平坦的戈壁沙砾层，墓口距地表深 0.2 米，墓口长 1.61、宽 0.9 厘米，墓底长 1.4、宽 0.78 米，墓深 0.8 米。填土中有芦苇、苦豆子、骆驼刺等。墓底有两具尸骨，用毛毡包裹，骨骼残缺不全，有头骨 2 个，A 颅骨在西边，为成年女性；B 为青年男性，年龄 17~22 岁，包裹在毛毡中，葬式不明。墓底东部木盘内有羊头一个，还有陶单耳杯、木鞭杆、木扣也在东边，木线轴在中南部，串饰、木梳、铜扣位于西南角女性头骨旁（图三四六）。

随葬品

出土木、陶、石、铜器 8 件（组）。

1. 木盘　圆木刻、挖、削制。敞口，斜腹，近平底。平面略呈长方形，一端起弧，另端呈三角形，并有横向方耳，耳刻长方形孔，孔内有皮革。口长径 28.8、短径 17.4、高 4.8~6 厘米（图三四七，11；图版一三五，3）。

2. 陶单耳杯　夹砂红陶。敞口，垂腹，圜底，横耳残。素面。口径 6.7、腹径 7.4、高 5.6 厘米（图三四七，8）。

3. 木鞭杆　树枝干剔皮削制。残成两段。两端刻凹槽，系皮鞭梢。长 44、直径 1.2 厘米（图三四七，10）。

4. 木梳　呈纵长方形，后端呈亚腰形，齿呈扁锥体，尖锐。通体磨制光滑。长 7.8、宽 4、厚 0.4、齿长 2.5 厘米（图三四七，7；图版一五一，8）。

5. 木线轴　圆杆微弯曲，一端稍细，并刻有一周浅槽。通体光滑。长 43.2、直径 0.7 厘米（图三四七，9）。

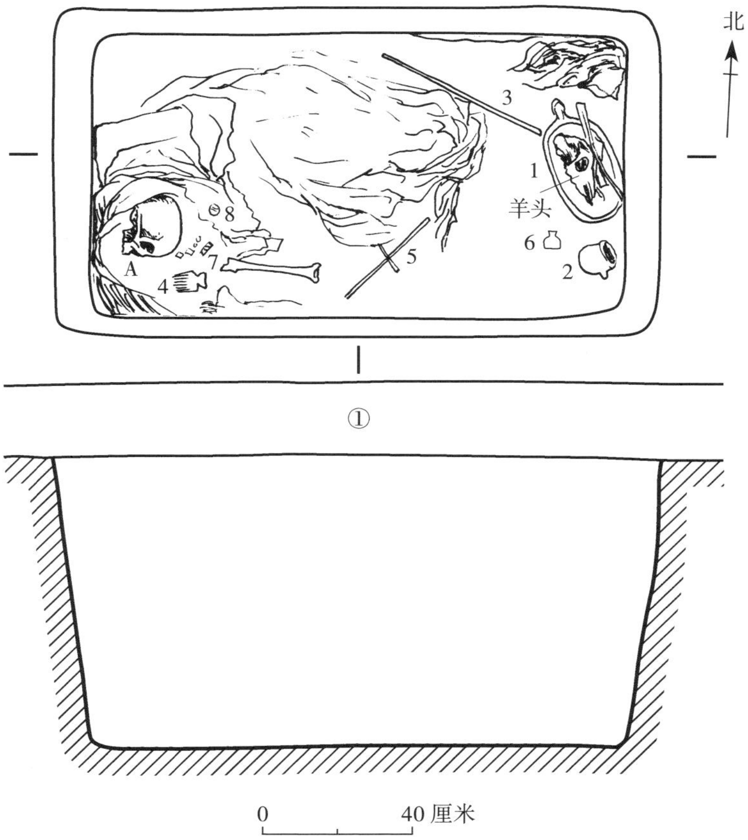

图三四六　ⅠM196 平、剖面图

1. 木盘　2. 陶单耳杯　3. 木鞭杆　4. 木梳　5. 木线轴　6. 木扣　7. 串饰　8. 铜扣

6. 木扣　用圆木刻挖制作。敞口，深腹，喇叭形圈足，杯底钻孔穿羊皮绳。通体磨光。口径 3.3、足径 1.5、高 4 厘米（图三四七，5；图版一五七，3）。

7. 串饰　12 件。可分四类。第一类，深绿色松石，1 件，呈圆球状，中钻孔。ⅠM196：7–1，高 0.9、直径 1.3 厘米（图三四七，4）。第二类，浅绿松石，7 件，呈圆管状，高低不等。ⅠM196：7–2，高 0.3、直径 0.7 厘米（图三四七，1）。第三类，骨质，1 件，呈细管状。ⅠM196：7–3，高 0.6、直径 0.4 厘米（图三四七，2）。第四类，黑色骨质，2 件，呈螺旋管状，管内穿黄色毛线绳。ⅠM196：7–4，高 2.3、直径 0.5~0.7 厘米（图三四七，3）。

8. 铜扣　圆形，桥形纽，器型较小。素面。直径 3.5、高 0.9 厘米（图三四七，6；图版二〇三，1）。

ⅠM197

墓葬概况

位于墓地北端，东北邻ⅠM193，西北邻ⅠM192，墓向 120°。C 型，长方形竖穴土坑墓，直壁。地表为平坦的戈壁砾石层。墓口距地表深 0.18 米，墓口长 1.22、宽 0.71 米，墓深 0.91 米。填土中有棚盖朽塌后的沙石、芦苇、骆驼刺等遗留物。墓底铺苇草，仅见人头颅和下肢骨，

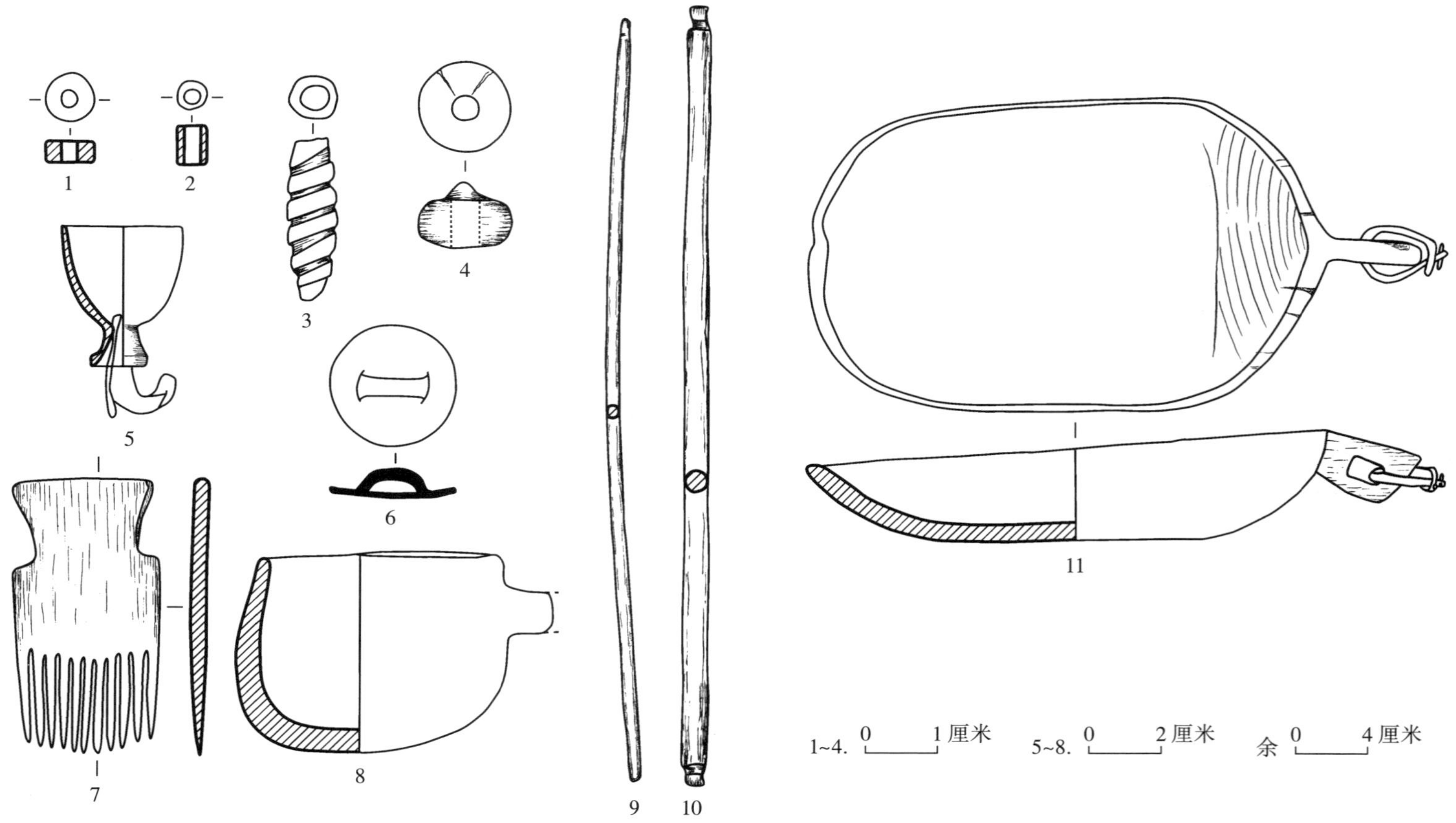

图三四七　ⅠM196随葬品

1~4. 串饰（ⅠM196：7-2、7-3、7-4、7-1）　5. 木扣（ⅠM196：6）　6. 铜扣（ⅠM196：8）　7. 木梳（ⅠM196：4）　8. 陶单耳杯（ⅠM196：2）　9. 木线轴（ⅠM196：5）　10. 木鞭杆（ⅠM196：3）　11. 木盘（ⅠM196：1）

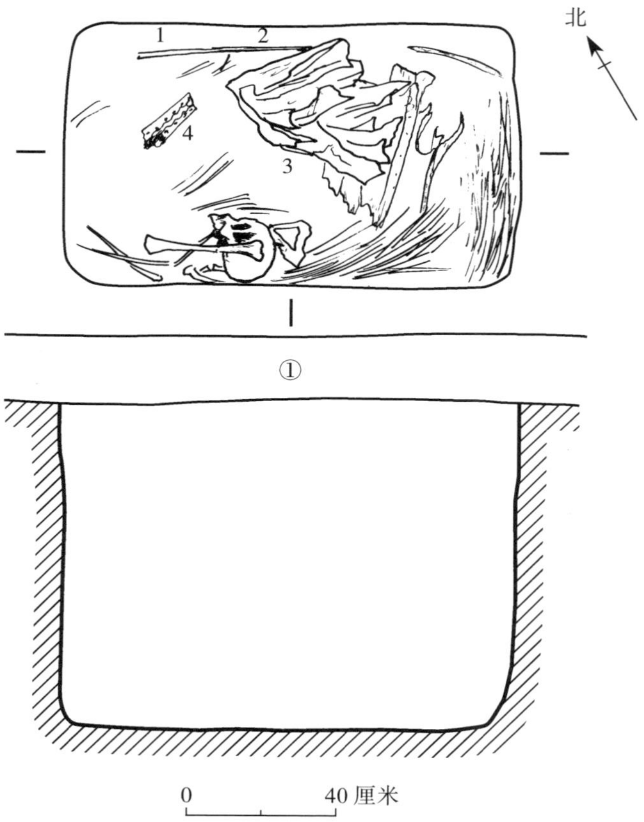

图三四八　ⅠM197平、剖面图

1. 木撑板　2. 木箭　3. 皮靴筒　4. 皮带

其他骨骼腐朽残佚。为单人葬，青年男性，年龄16~18岁。墓底北部有木撑板、木箭，皮靴筒和皮带也在旁边（图三四八）。

随葬品

出土木、皮质器物4件。

1. 木撑板　板中间钻有穿孔，用于固定弓袋。长74.5、宽4.8厘米（图三四九，1；图版一六三，9）。

2. 木箭　圆木削制。头呈三棱形，一侧翼有倒钩刺，圆箭杆后端有挂弦槽。长58.8、铤径0.6、头长4厘米（图三四九，2）。

3. 皮靴筒　羊皮制。靴底和帮残，仅存上筒部分。斜口，外高内低，最高处穿有一孔，用皮条系于腰带上。长65.6、宽29厘米（图三四九，4）。

4. 皮带　牛皮革制。仅存残段。双层，上有孔。长8.1、宽3厘米（图三四九，3）。

ⅠM198

墓葬概况

位于墓地北端，西邻ⅠM199，东邻ⅠM191，墓向93°。C型，长方形竖穴土坑墓，直壁。地表为风成的平

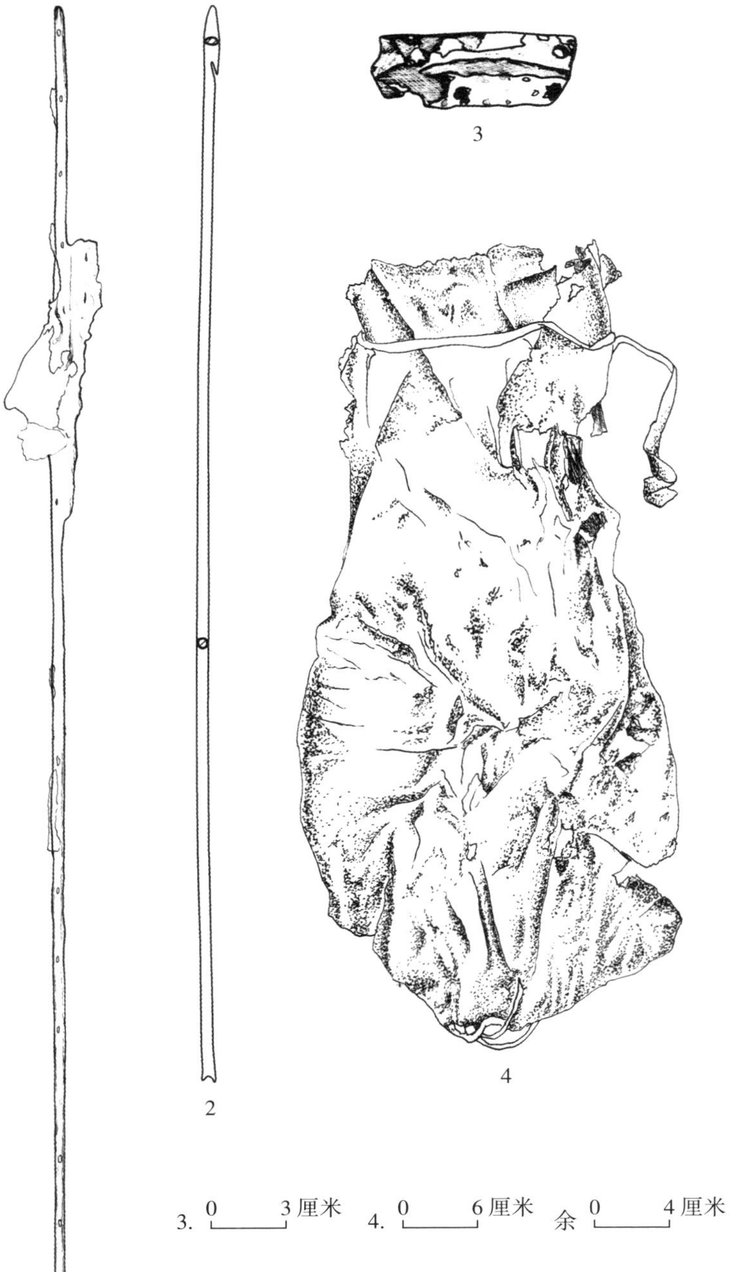

图三四九　ⅠM197随葬品

1. 木撑板（ⅠM197：1）　2. 木箭（ⅠM197：2）　3. 皮带（ⅠM197：4）　4. 皮靴筒（ⅠM197：3）

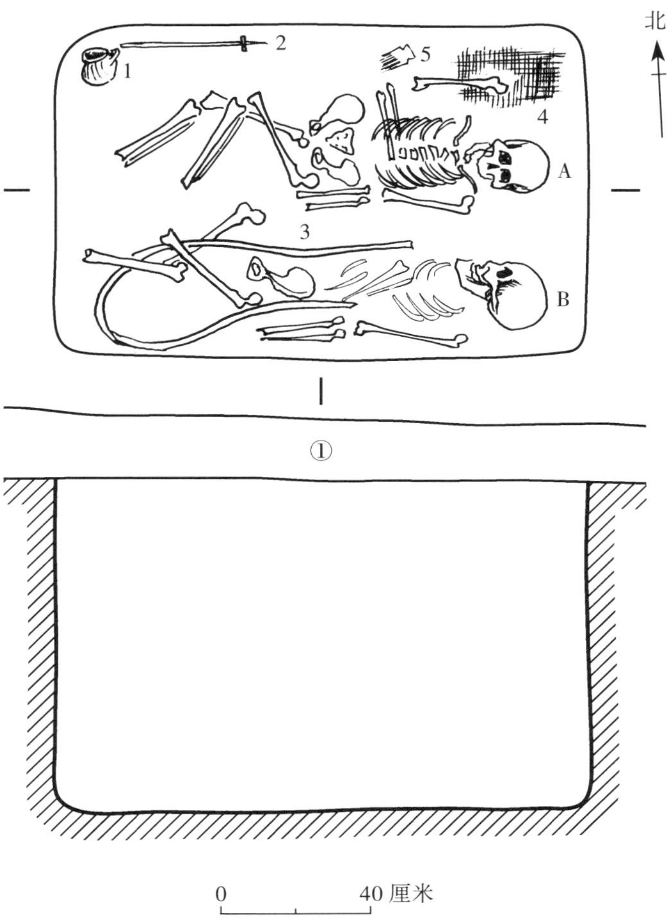

图三五〇　ⅠM198平、剖面图

1. 陶单耳杯　2. 木纺轮　3. 复合弓　4. 簸箕残片　5. 木梳

坦沙砾层。墓口距地表深0.18米，墓口长1.42、宽0.92米，墓深0.9米。墓内填土中夹有沙石、骆驼刺、芦苇、苇席等。墓底铺有草席（已朽），男女两人合葬，头东脚西，北面A为成年女性，仰身屈肢；南面B为中年男性，年龄35~40岁，侧身屈肢。复合弓位于B骨架右侧，陶单耳杯、木纺轮、簸箕残片、木梳均位于A骨架右侧（图三五〇）。

随葬品

出土陶、木器5件。

1. 陶单耳杯　夹细砂红陶。敞口，圆唇，圆腹，圜底，横耳位于沿下腹部。器表饰由大三角延续的条带纹，条带纹下端相邻连接呈三角纹，器耳饰两组上下错位的三角纹。器壁较薄，腹部一侧有烟熏痕迹。口径6.8、最大腹径8、高6.5厘米（图三五一，6；图版八三，4）。

2. 木纺轮　纺轮残，平面呈近方形。圆木线轴一端粗，一端细，细端有刻槽，表面磨光。线轴长35.2、直径0.7厘米，轮径2.5、厚1.2厘米（图三五一，4；图版一七六，4）。

3. 复合弓　残为两段。ⅠM198：3-1，木弓背粘牛角，再用皮绳缠扎。弓截面呈椭圆形，弓弰削呈细尖状。残长76、直径2~2.4厘米（图三五一，3）。ⅠM198：3-2，由楔形木片、骨板、牛角等复合而成，现仅存弓弰的一端。弓弰刻拴弦凹槽。残长65、最宽2.3、厚1.2厘米（图三五一，1）。

4. 簸箕残片　现呈长方形，用苇秆作经皮条作纬编成，边沿苇秆较粗。残长37、宽19.8厘米（图三五一，5；图版二一三，4）。

5. 木梳　呈纵长方形，梳背后部两侧刻凹槽，扁锥齿较短。长7.6、宽4.28、厚0.67厘米（图三五一，2；图版一五一，9）。

ⅠM199

墓葬概况

位于墓地北端，北邻ⅠM190，东邻ⅠM198，墓向120°。C型，长方形竖穴土坑墓，口大底小，四壁微斜。地表层为平坦的戈壁沙砾层。墓口距地表深0.2米，墓口长1.52、宽0.9米，墓底长1.32、宽0.8米，墓深1.1米。填土中有原墓口棚盖的干草、苦豆子、芦苇秆等朽残物。墓底有一中年女性尸骨，年龄40~45岁，头东脚西，面向上，仰身屈肢，右臂上屈，手置于腹部，身穿毛织衣物已朽残，脚穿高靿皮靴，尸骨下铺苇席。人头旁有发辫，在墓底东南角，陶圈足罐倒扣于陶单耳杯之上，皮靴一双穿着在女主人脚上（图三五二；图版二二，2）。

随葬品

出土陶、皮制品和发辫共4件（组）。

1. 陶单耳杯　夹砂红陶。直口，筒形腹，圜底，单耳上抬，由沿翻至腹下。通体素面，未施陶衣。器表有火烧烟熏痕迹。口径7.2、高7.6、通高8.4厘米（图三五三，2）。

2. 陶圈足罐　夹砂红陶。敞口，方唇，鼓腹，圜底，喇叭口圈足，口沿下有横立耳，已残。口沿内外饰锯齿纹，通体饰折线纹。口径9、腹径10.4、底径5.3、高8.6厘米（图三五三，3）。

3. 发辫　浅色头发三股辫成，内夹少许皮条和褐色毛线。长38、宽3.8厘米（图三五三，1）。

4. 皮靴　一双。残，底和帮用牛皮，靴筒用羊皮革缝制。右靴长27.36、高32厘米（图三五三，4）；左靴长29.6、高36厘米（图三五三，5；图版二一九，5）。

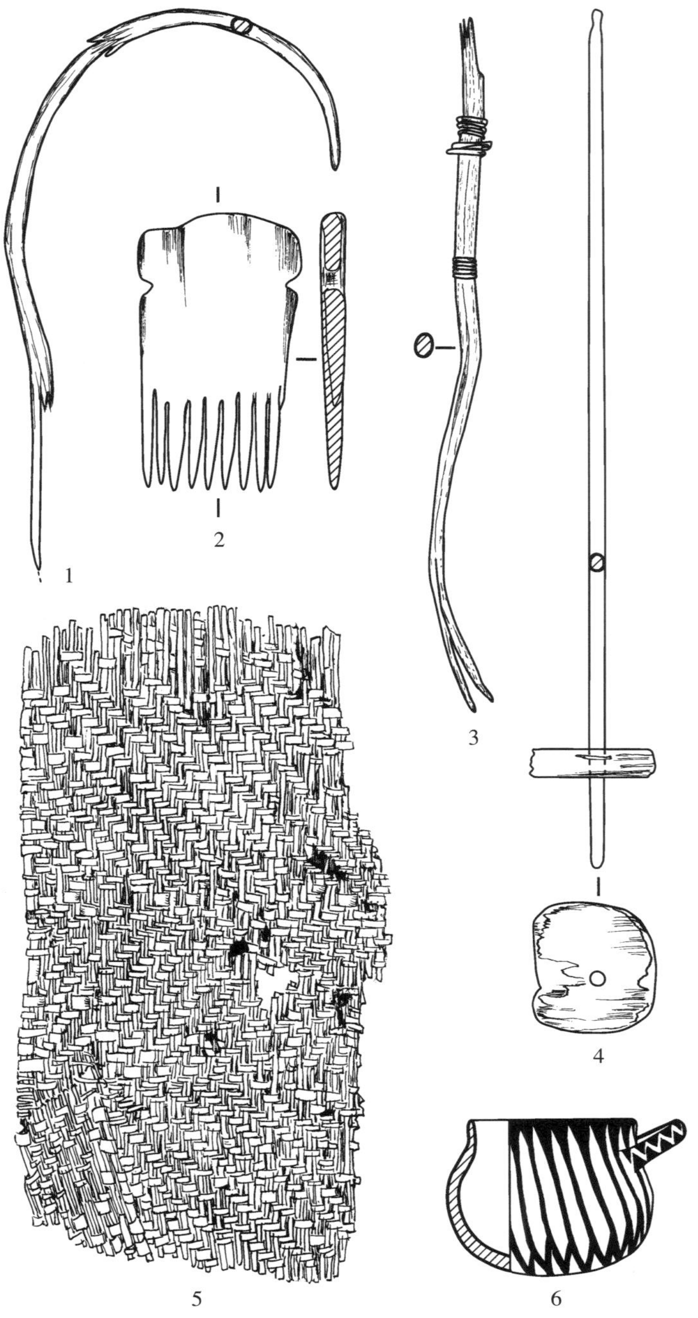

1、3. 0　8厘米　2. 0　2厘米　5. 0　4厘米　余 0　3厘米

图三五一　ⅠM198随葬品

1、3. 复合弓（ⅠM198：3-2、3-1）　2. 木梳（ⅠM198：5）　4. 木纺轮（ⅠM198：2）　5. 簸箕残片（ⅠM198：4）　6. 陶单耳杯（ⅠM198：1）

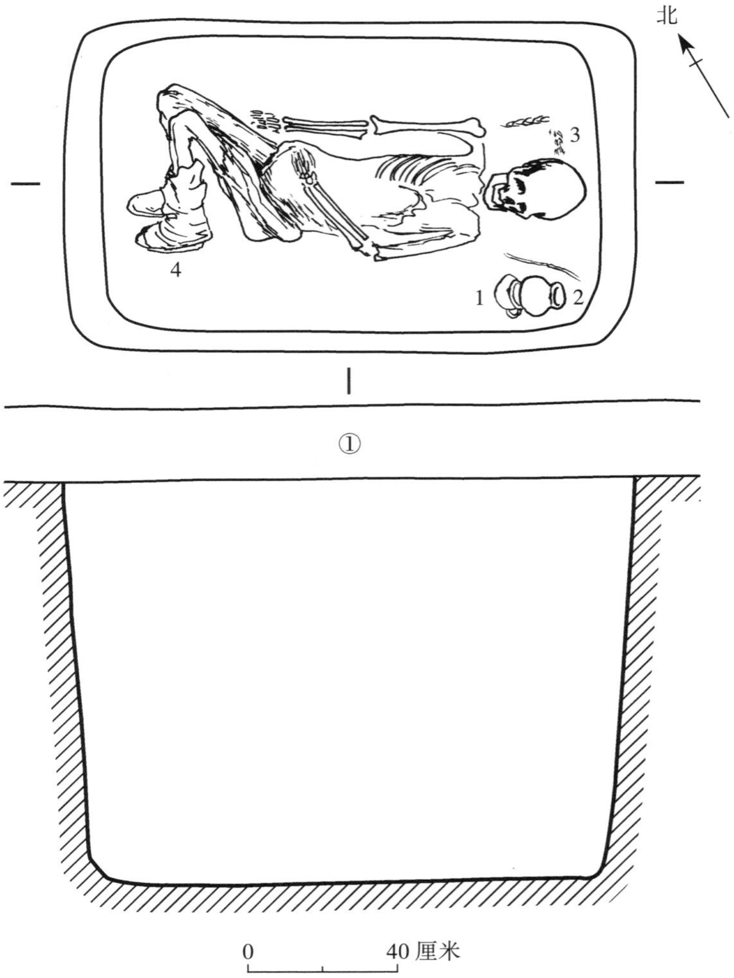

图三五二　ⅠM199平、剖面图

1. 陶单耳杯　2. 陶圈足罐　3. 发辫　4. 皮靴

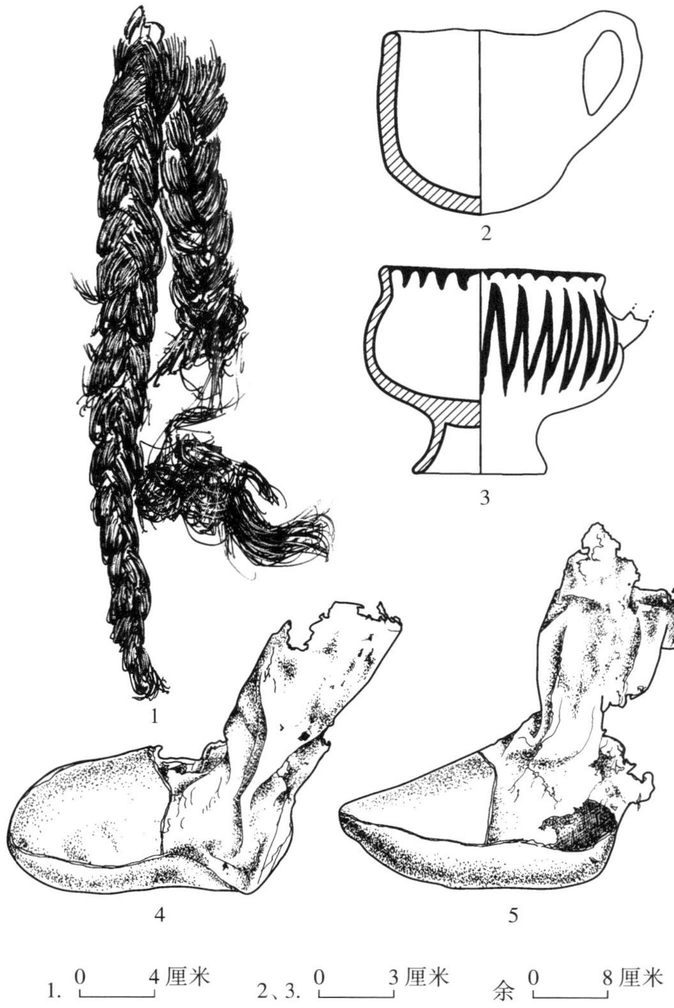

图三五三　ⅠM199随葬品

1. 发辫（ⅠM199：3）　2. 陶单耳杯（ⅠM199：1）　3. 陶圈足罐（ⅠM199：2）　4、5. 皮靴（ⅠM199：4右、4左）

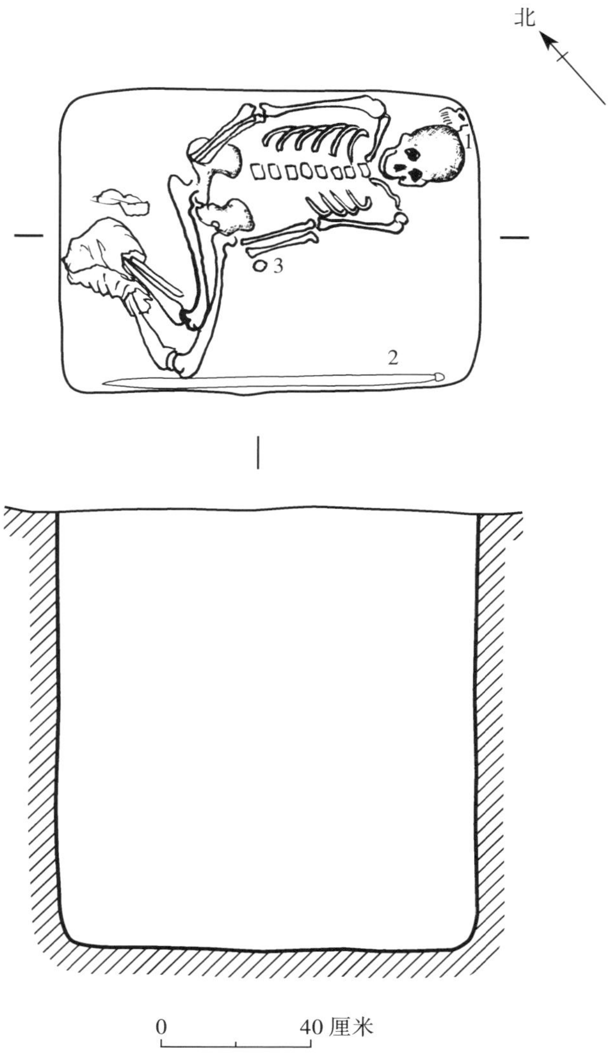

图三五四　ⅠM200平、剖面图

1. 木梳　2. 木器具　3. 铜铃

ⅠM200

墓葬概况

位于墓地中部偏东，西邻ⅠM202，东邻ⅠM207，墓向130°。C型，长方形竖穴土坑墓，直壁。由于风蚀作用，墓口位于地表。墓口长1.1、宽0.82米，墓深1.2米。填土中有棚盖墓口用的木棍、草席片和土坯碎块等。有的土坯上戳印窝纹。墓底葬一人，为壮年女性，年龄25~30岁，头东脚西，仰身屈肢，面向上，脚穿高靿皮靴，骨架保存完整。头顶出土木梳，靠近南壁处出土木器具，铜铃位于左手腕处（图三五四；图版二二，3）。

随葬品

出土铜、木器3件。

1. 木梳　木板刻制而成。柄部为圆环形，扁锥齿较粗，齿参差不齐，共10个齿。长12.7、宽5.4、环径3.8、厚1.1、齿长4.8厘米（图三五五，2；图版一五二，1）。

2. 木器具　树枝干削制。下端呈四棱锥状，后端削圆盖帽。通体光滑。长90.4、直径3.2厘米（图三五五，3）。

3. 铜铃　铸制。呈圆塔顶状，顶有小孔，下腹镂三个三角形孔，其中一个三角形孔旁镂有小圆孔。口径3.3、高4厘米（图三五五，1；图版二〇三，4）。

ⅠM201

墓葬概况

位于墓地中部偏东，西邻ⅠM207，东北邻ⅠM166，东南为坎儿井，墓向115°。C型，长方形竖穴土坑墓，直壁。表层为戈壁沙质土，墓口距地表深0.2米，墓口长1.51、宽0.83米，墓深1.2米。填土中有土坯，在完整的土坯偏向一短边划平行线戳印纹（图版三八，1）。该墓曾进水，墓底四足木尸床已残，木床长1.36、宽0.69米，床上人骨移位，头位于墓东端，为壮年女性，年龄25~35岁，葬式不明。尸床西端有一羊头。木桶、木梳位于头颅右侧，木尸床下北侧随葬有两件陶单耳杯和陶

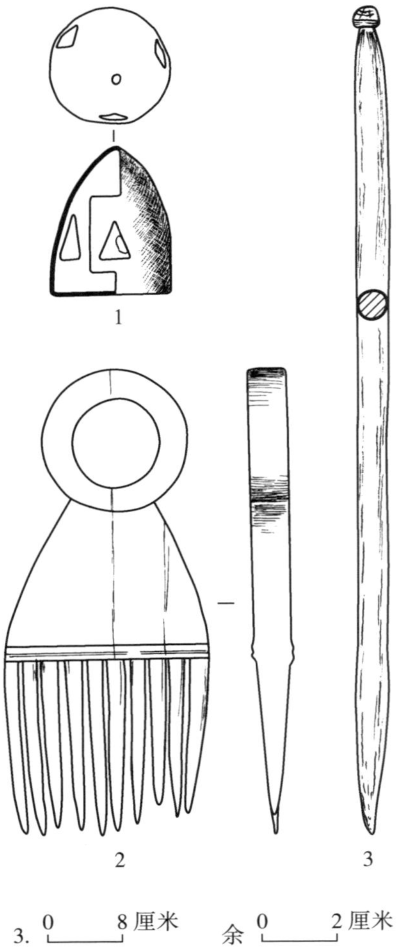

图三五五 ⅠM200随葬品

1. 铜铃（ⅠM200：3） 2. 木梳（ⅠM200：1） 3. 木器具（ⅠM200：2）

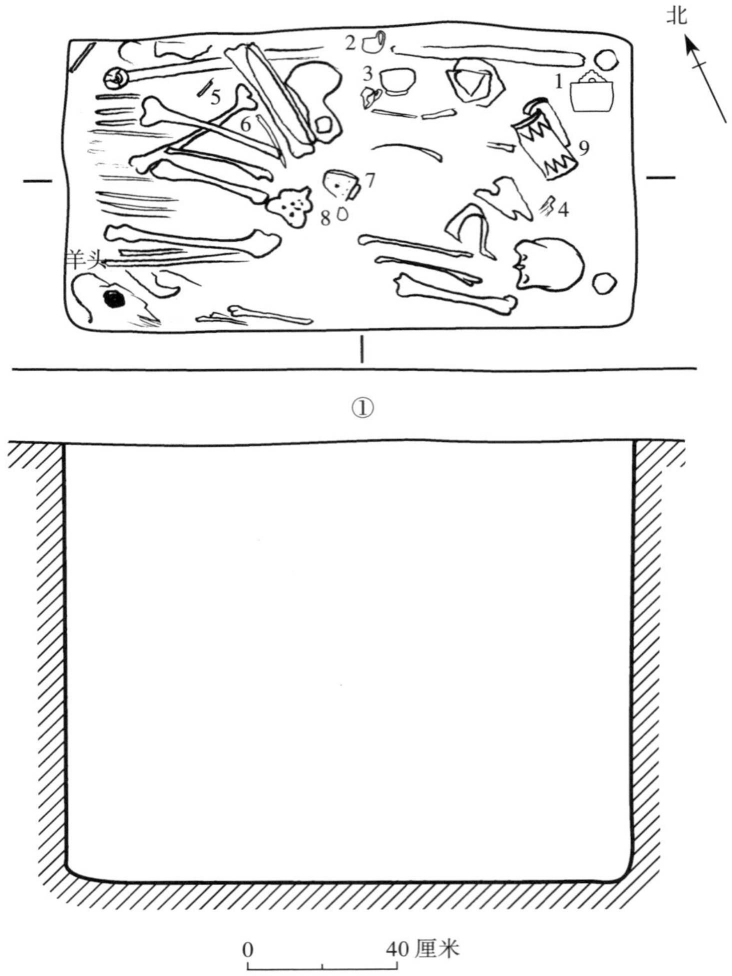

图三五六 ⅠM201平、剖面图

1、2. 陶单耳杯 3. 陶圈足罐 4. 木梳 5. 骨锥 6. 木钉 7. 木盒 8. 海贝 9. 木桶片

圈足罐，木盒、海贝、骨锥、木钉等散置于中西部（图三五六）。

随葬品

出土陶、木、骨质器物和海贝9件（组）。

1. 陶单耳杯 泥质红陶。直口，圆唇，筒腹，大平底，沿上有阶梯状立耳。口沿内外饰锯齿纹，腹部绘一周上下交错的涡纹。口径11、底径9.2、高8.07、通高11.46厘米（图三五七，9；图版八七，2）。

2. 陶单耳杯 夹砂红陶。敞口，球形腹，圜底，单耳上扬高抬，从沿翻折至腹底。通体素面。口径4.1、腹径4.9、高4、通高6.12厘米（图三五七，1；图版七一，1）。

3. 陶圈足罐 夹砂红陶。敞口，方唇，弧腹，圜底近平，有矮圈足，口沿下有横立耳。口沿内外饰锯齿纹，腹部饰平行线纹，内填水波纹。口径9.6、足径6.2、高6、通高6.3厘米（图三五七，2；图版六四，4）。

4. 木梳 2件。木板刻制。呈纵长条形，梳背呈昂头卧禽形，齿存三根，呈扁锥体。ⅠM201：4-1，长7.4、宽2.6、厚0.4、齿长2.5厘米（图三五七，6）。

5. 骨锥 动物肢骨制作。呈扁锥体。长11、宽1.1、厚0.4厘米（图三五七，7）。

6. 木钉 树枝条削制。微弯曲，尖较锐。长16.6、直径1.2厘米（图三五七，8）。

7. 木盒 由骨质盒盖和木质合体组成。盒体为圆木削刻制成，呈长方形，一端呈弧形，方沿，浅腹，平底；盒盖为动物骨骼磨制，其形状与盒体相同，一面磨光，另面为原状，盖方头钻三孔，弧端钻一孔。高2.7、长7.8、宽6.6厘米（图三五七，4；图版一四五，5）。

8. 海贝 呈椭圆形。中空，中缝呈锯齿状。通体晶莹光滑。长2.4、宽1.8厘米（图三五七，5；图版二一五，5）。

9. 木桶片 残成片状。斜沿，直腹，腹底刻有镶底板的凹槽。外沿及腹底有减地发雕刻的三角纹。高21.2、壁厚0.6~1.5厘米（图三五七，3）。

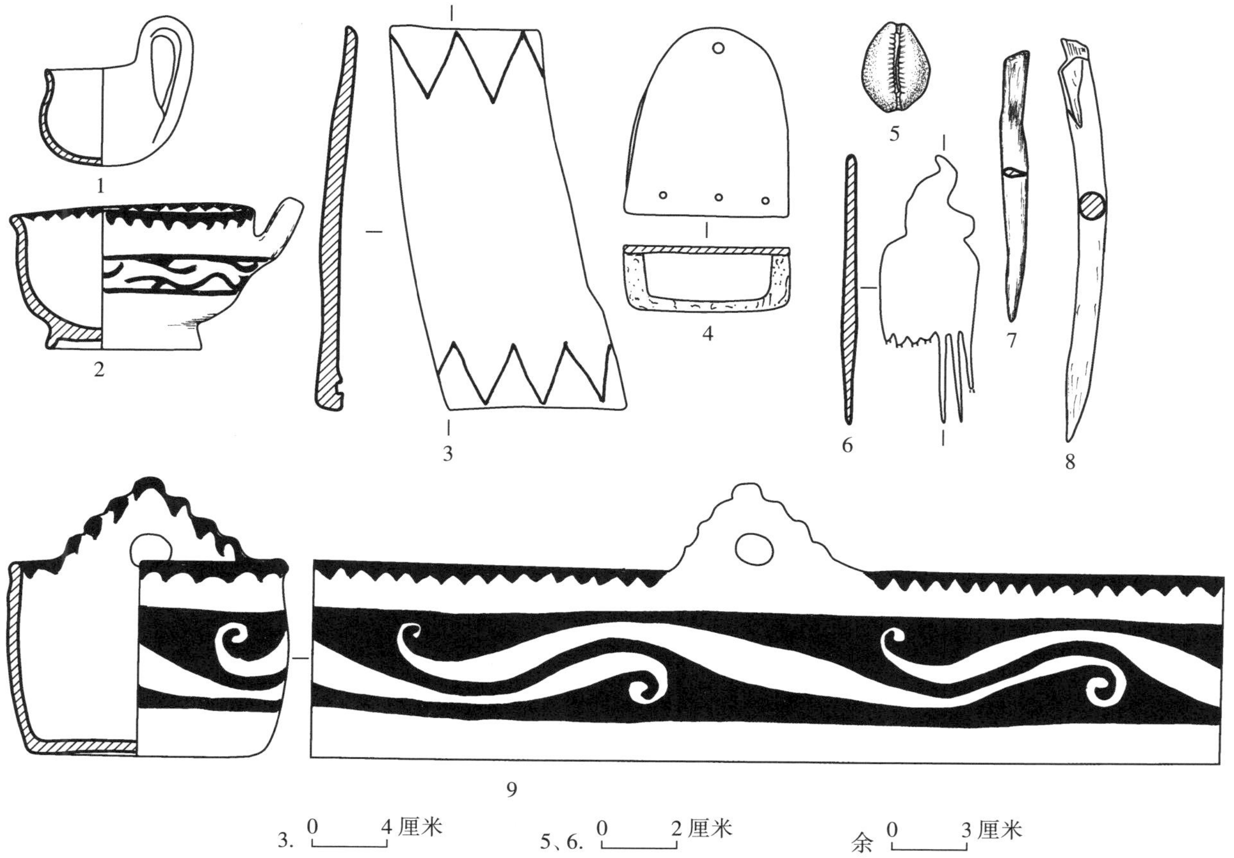

图三五七　ⅠM201随葬品

1、9. 陶单耳杯（ⅠM201：2、1）　2. 陶圈足罐（ⅠM201：3）　3. 木桶片（ⅠM201：9）　4. 木盒（ⅠM201：7）　5. 海贝（ⅠM201：8）　6. 木梳（ⅠM201：4-1）　7. 骨锥（ⅠM201：5）　8. 木钉（ⅠM201：6）

ⅠM202

墓葬概况

位于墓地中部，南邻ⅠM203，东邻ⅠM200，墓向110°。C型，长方形竖穴土坑墓，直壁。由于风蚀，墓口位于地表。墓口长1.5、宽0.9米，墓深1米。墓底铺有苇草，内葬一人，为成年女性，骨架凌乱，头颅移位到北面木钵内，木盆旁有陶器残片，西南角随葬有一羊头，西北角堆放毛织衣服残片（图三五八）。

随葬品

出土陶、木器2件。

1. 木钵　口呈椭圆形，方唇，深腹，圜底，单鋬上有小孔，底反扣为砧板，有刀剁痕。高10、口径21.6~24厘米（图三五九，2；图版一四四，2）。

2. 陶器残片　夹砂红陶。为罐残片，仅存上腹部，器表有深红彩，墨线绘上下交错的变相涡纹。残高9、残宽12.6厘米（图三五九，1；图版一〇四，6）。可能是后期混入。

图三五八　ⅠM202平、剖面图

1. 木钵　2. 陶器残片

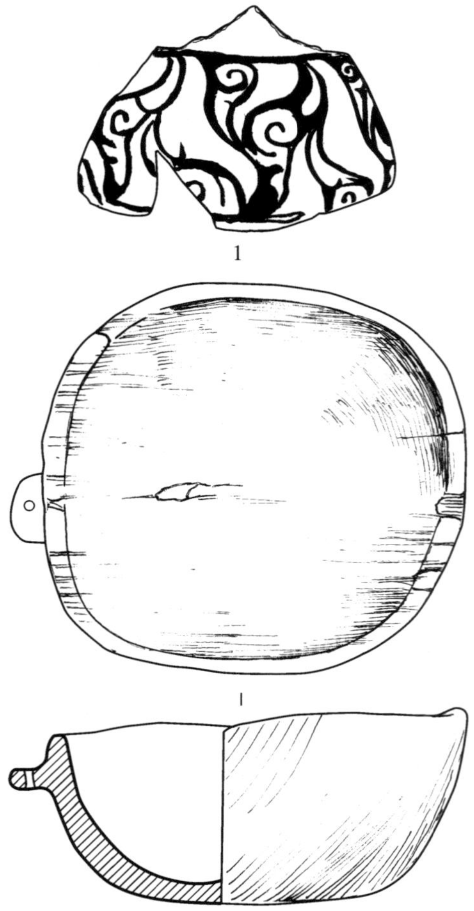

图三五九 ⅠM202随葬品

1. 陶器残片（ⅠM202：2） 2. 木钵（ⅠM202：1）

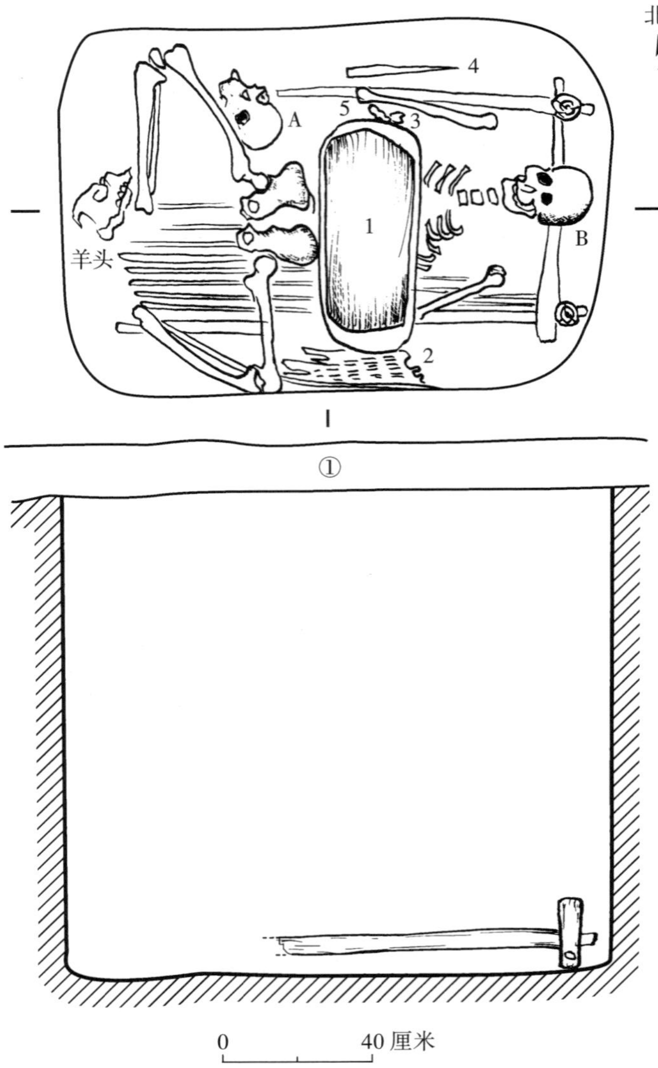

图三六〇 ⅠM203平、剖面图

1. 木盘 2. 簸箕残片 3. 木扣 4. 木钉 5. 砗磲扣

ⅠM203

墓葬概况

位于墓地中部，北邻ⅠM202，东邻ⅠM208，墓向100°。C型，圆角长方形竖穴土坑墓，直壁。墓口距地表深0.15米，墓口长1.44、宽1米，墓深1.32米。墓内有两层人骨，上层人骨A已朽，骨骼缺失严重，头颅落于下层人右腿旁，为中年男性。下层骨架B位于墓底四足木床上，头东脚西，仰身，下肢上屈，向两边倒靠在墓南北两壁，脚穿皮靴，为壮年女性，年龄25~30岁。下层中部放置木盘，木床两侧出土簸箕残片、木钉、木扣、砗磲扣。B骨架脚下有羊头（图三六〇；图版二三，1）。

随葬品

出土木、石器5件。

1. 木盘 圆木刻、挖、削制。呈长条形，两端起弧，盘体扭曲，口沿不平，敞口，方沿，平底，底反扣为砧板，有剁痕。口长径54.6、短径24、高8.2厘米（图三六一，5；图版一三三，2）。

2. 簸箕残片 残。用芨芨草和窄羊皮条经纬编织而成。残长33.4、残宽14.4厘米（图三六一，4）。

3. 木扣 圆木削制。亚腰形，截面呈半圆形。长3.5、直径1.2、厚0.7厘米（图三六一，1）。

4. 木钉 圆木削制。两端削尖，粗端尖锐。长16.5、直径1~1.3厘米（图三六一，3）。

5. 砗磲扣 白色。截面呈半圆形，两端呈圆锥形，中间有两道凸棱。长3.7、宽1.4、厚1.1厘米（图三六一，2）。

ⅠM204

墓葬概况

位于墓地中部，西北邻ⅠM208，南邻ⅠM205，墓向120°。C型，长方形竖穴土坑墓，直壁。墓口距地表深0.2米，墓口长1.7、宽1米，墓底长1.64、宽0.98米，墓深1.2米。填土中有封盖墓口的草席。墓底铺草席，席上人骨凌乱，

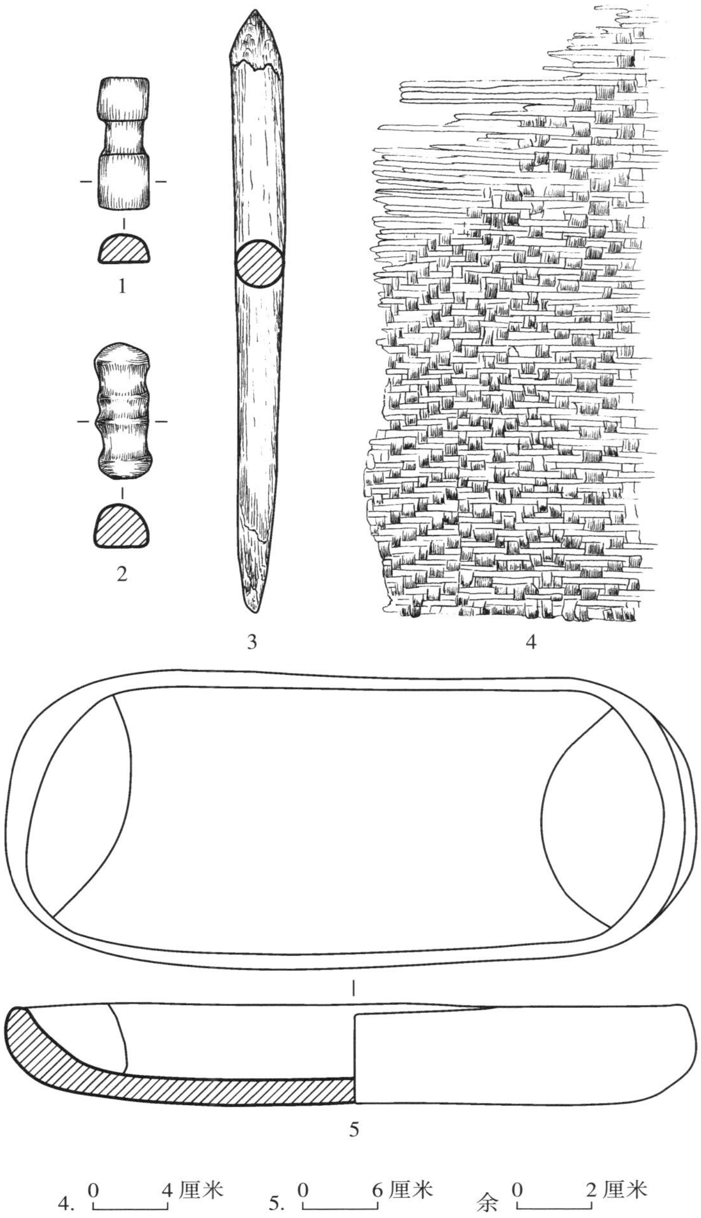

图三六一　ⅠM203 随葬品

1. 木扣（ⅠM203：3）　2. 砗磲扣（ⅠM203：5）　3. 木钉（ⅠM203：4）　4. 簸箕残片（ⅠM203：2）　5. 木盘（ⅠM203：1）

头位于东部，为一中年男性，年龄40~50岁，葬式不明。随葬的木梳、木鞭杆、木橛、皮纺轮位于墓室东南部，在头颅旁随葬皮辔头，腿骨下有削尖木橛，木桶和木钵在中间，两件陶单耳杯在东北部，兽牙饰在墓室中部（图三六二；图版二三，2）。

随葬品

出土陶、木、皮质器物及兽牙饰11件（组）。

1. 木桶　圆木掏、挖而成。口沿上有对称倒梯形立耳，耳内有三角形穿孔。底内侧刻槽一周，以装木桶底。上口与底部刻出一周连续的三角纹。口径18、底径18.5、高24.36、通高29.4厘米（图三六三，3；图版一二八，1）。

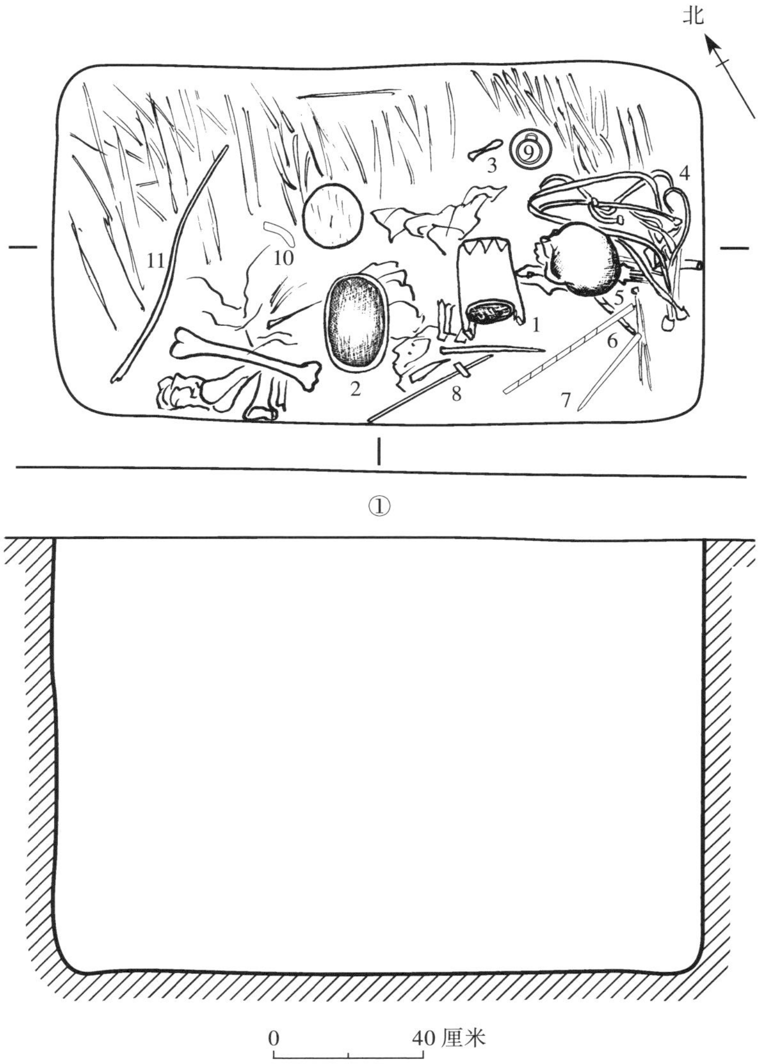

图三六二　ⅠM204平、剖面图

1. 木桶　2. 木钵　3、9. 陶单耳杯　4. 皮辔头　5. 木梳　6. 木鞭杆　7. 木橛　8. 皮纺轮　10. 兽牙饰　11. 木橛

2. 木钵　呈半椭球体，方唇，浅腹，圜底。底背面有刀剁痕。口径19.8~28.1、高8.5厘米（图三六三，8；图版一四三，7）。

3. 陶单耳杯　泥质红陶。敞口，圆唇，筒腹，平底，沿上有阶梯状立耳。口沿内饰一周垂帐纹，耳面饰彩条纹，器表绘涡纹，空白处以水波纹填充。口径10.5、底径8.8、高6.7、通高11.2厘米（图三六三，6；图版八七，3）。

4. 皮辔头　保存较完整，为缝制的窄皮带挽制，衔和镳为木制，呈扁三角形，微弯曲，镳面有三孔，中间孔与木质衔连接，余两孔与笼头缰绳连接。衔长15、宽1.1、镳长17、宽2厘米（图三六三，1；图版二二三，7）。

5. 木梳　呈纵长方形，梳背两侧呈锯齿状，齿呈扁锥状，尖锐。通体光滑。长11、宽5、厚0.5、齿长4.7厘米（图三六三，2；图版一五二，2）。

6. 木鞭杆　柳木剔皮。棍体饰红彩螺旋纹，并拴系羊皮条。长42、直径1.4厘米（图三六三，10；图版

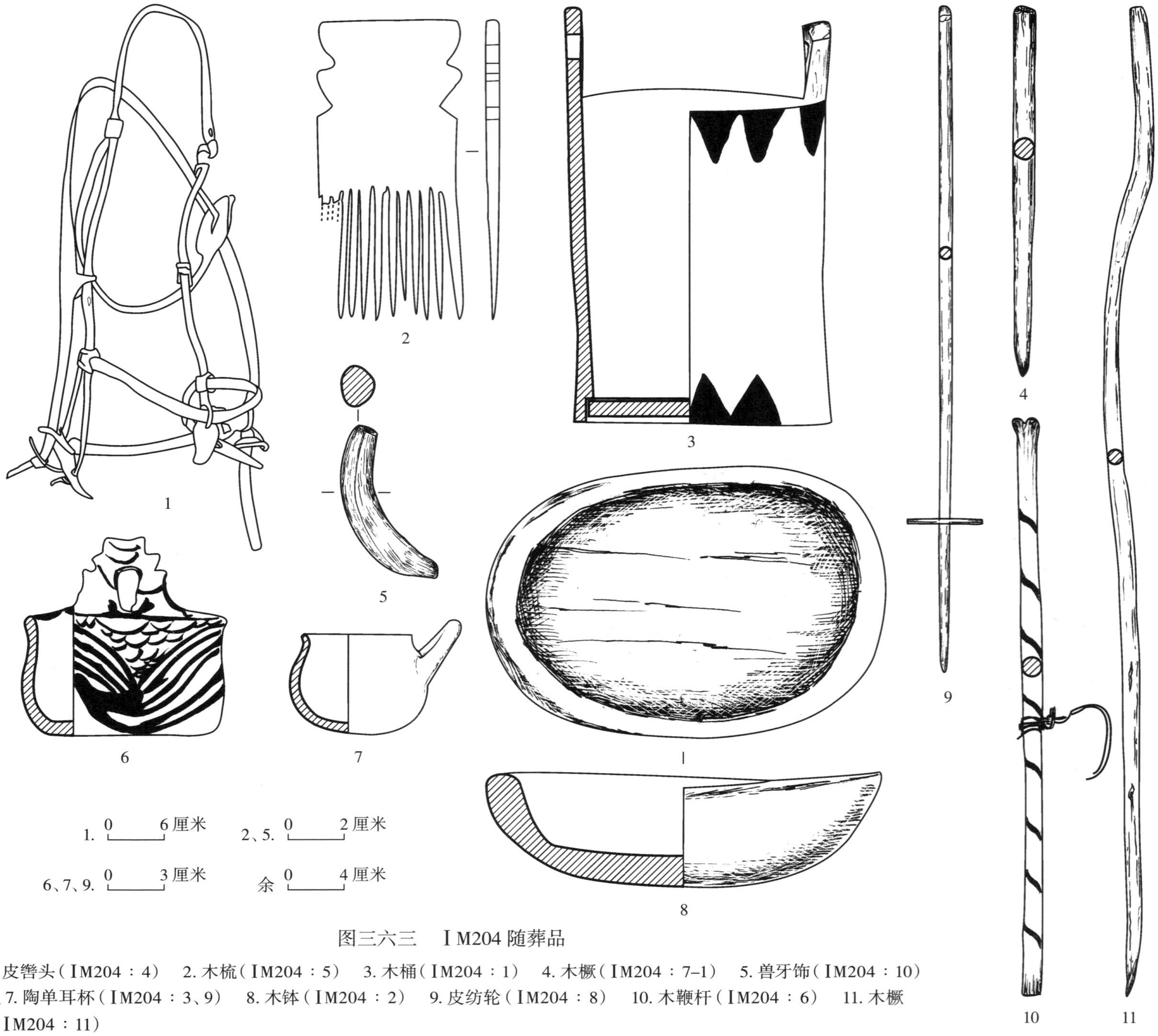

图三六三 ⅠM204随葬品

1. 皮辔头（ⅠM204：4） 2. 木梳（ⅠM204：5） 3. 木桶（ⅠM204：1） 4. 木橛（ⅠM204：7–1） 5. 兽牙饰（ⅠM204：10） 6、7. 陶单耳杯（ⅠM204：3、9） 8. 木钵（ⅠM204：2） 9. 皮纺轮（ⅠM204：8） 10. 木鞭杆（ⅠM204：6） 11. 木橛（ⅠM204：11）

一六八，8）。

7. 木橛 5支。树枝干削制。呈圆锥状。ⅠM204：7–1，长27.2、直径1.6厘米（图三六三，4）。

8. 皮纺轮 圆木线轴下端削细，后端刻斜浅槽。皮质纺轮呈薄饼状。线轴长36.4、直径0.6~0.7厘米，轮径4、厚0.2厘米（图三六三，9；图版二二八，2）。

9. 陶单耳杯 夹砂红陶。敞口，方唇，球形腹，圜底，横立耳位于沿下肩部。口径6、最大腹径7.2、高5.3、通高6.4厘米（图三六三，7；图版八五，3）。

10. 兽牙饰 动物牙齿制作。通体磨光，呈角锥形。长6、直径1.2~1.5厘米（图三六三，5；图版一九七，4）。

11. 木橛 柽柳枝干制作，未剥皮。弯曲，一端削尖。长72.4、直径1厘米（图三六三，11）。

ⅠM205

墓葬概况

位于墓地中部，北邻ⅠM204，东邻ⅠM206，墓向110°。C型，圆角长方形竖穴土坑墓，直壁。地表呈东高西低。墓口距地表深0.19米，墓口长1.3、宽0.8米，墓深0.79~0.87米。填土中有骆驼刺、草席等棚盖遗留朽残物。墓底有已朽残的四足木尸床，床上有一具凌乱的人骨，头骨A放于床东南角，为中年男性，年龄45~55岁，北部还有一个壮年女性头骨B，年龄20~30岁，葬式不明。

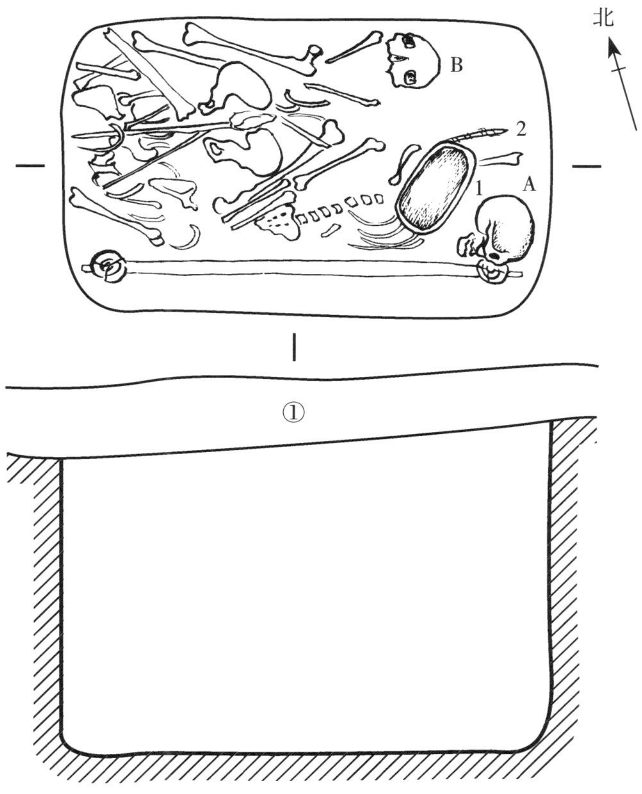

图三六四　ⅠM205 平、剖面图

1. 木盘　2. 木鞭杆

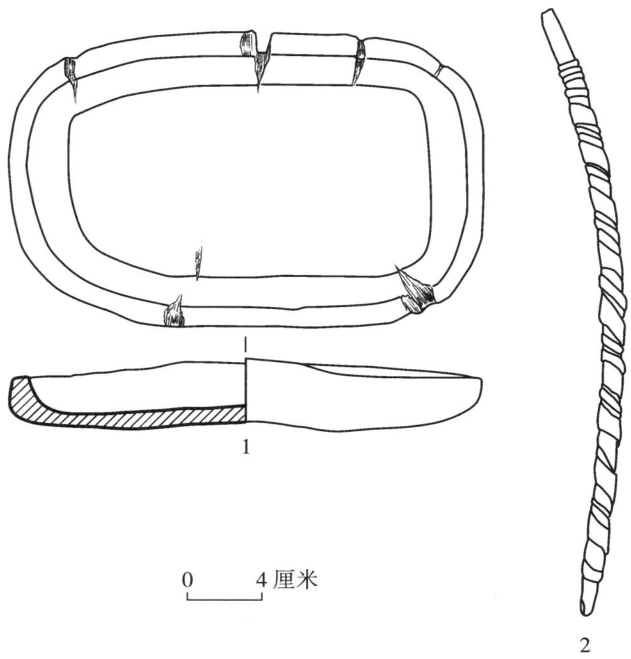

图三六五　ⅠM205 随葬品

1. 木盘（ⅠM205：1）　2. 木鞭杆（ⅠM205：2）

在A头颅下方出土木盘和木鞭杆（图三六四）。

随葬品

出土木器 2 件。

1. 木盘　圆木刻、挖、削制。略呈长方形，敞口，浅腹，底凹凸不平，残裂严重，口高低不平。口长径 25、短径 16、高 4 厘米（图三六五，1）。

2. 木鞭杆　圆木削制。略呈弧拱形，棒用宽 1 厘米薄铜皮和宽 0.4 厘米皮筋螺旋缠绕。长 33、直径 1 厘米（图三六五，2）。

ⅠM206

墓葬概况

位于墓地中部偏东，西邻ⅠM205，东北邻坎儿井封堆，墓向 110°。C 型，长方形竖穴土坑墓，直壁。墓口距地表深 0.2 米，墓口长 1.2、宽 0.9 米，墓深 1.04 米。墓底有一具保存完好的人骨架，头东脚西，侧身屈肢，面向南，脚穿皮靴（已朽），为未成年女性，年龄 14~16 岁。未见葬具。人骨左侧随葬有陶盆和两件皮编簸箕（图三六六；图版二三，3）。

随葬品

出土陶、木器 2 件（组）。

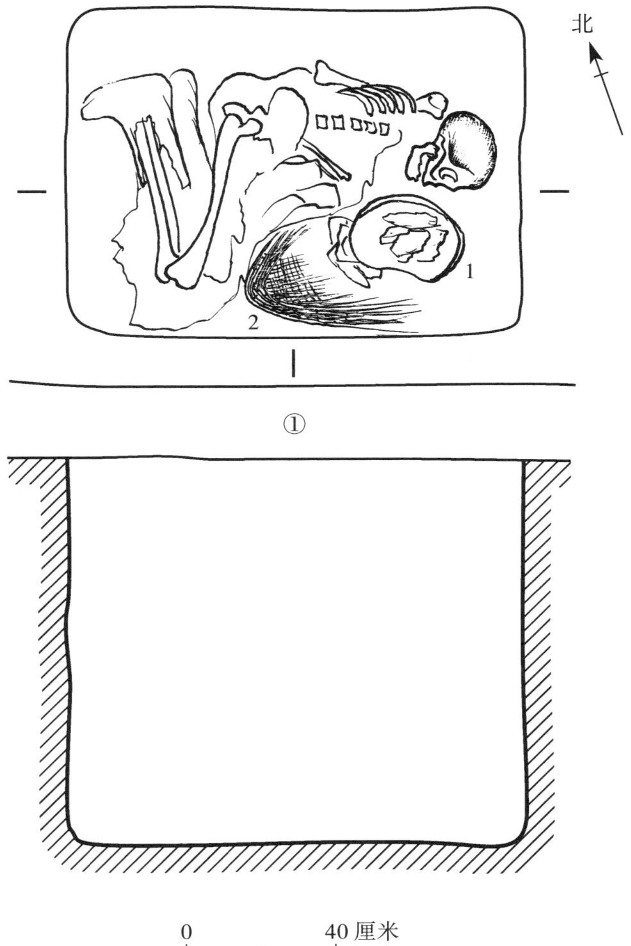

图三六六　ⅠM206 平、剖面图

1. 陶盆　2. 簸箕

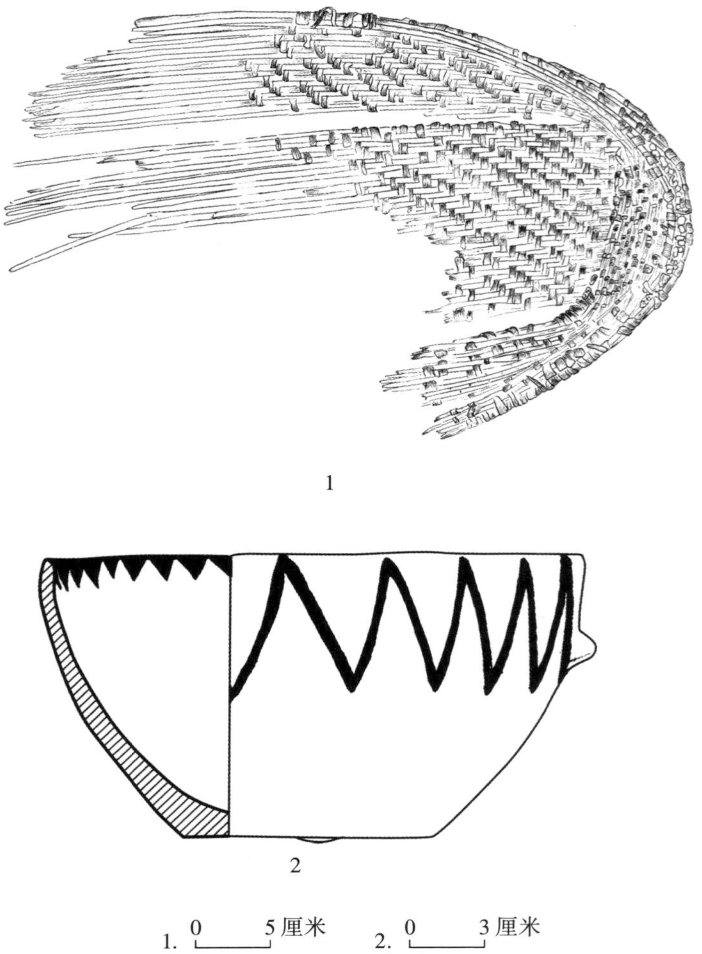

图三六七 ⅠM206随葬品

1. 簸箕（ⅠM206：2-1） 2. 陶盆（ⅠM206：1）

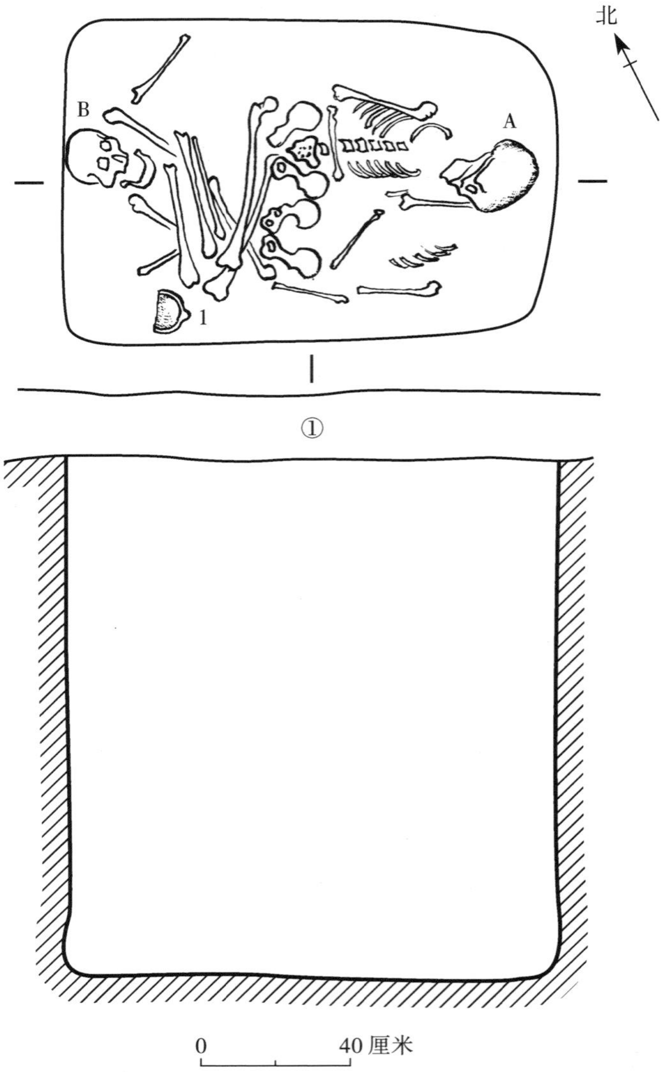

图三六八 ⅠM207平、剖面图

1. 陶单耳罐

1. 陶盆 夹砂红陶。直口，深腹，小平底，上腹有小鋬耳。内沿饰连续锯齿纹，外沿至腹中部饰连续折线纹。器形较大。口径21.6、底径9.6、高11.6厘米（图三六七，2；图版一〇七，2）。

2. 簸箕 2件。一大一小，前端均残。用皮带和芨芨草秆经纬编织，前宽后窄，底残缺不全。ⅠM206：2-1，后帮高11、残长45.8、后宽29.4厘米（图三六七，1）。ⅠM206：2-2，后帮高7、残长41、后宽22厘米。

ⅠM207

墓葬概况

位于墓地中部偏东，西邻ⅠM200，东邻ⅠM201，墓向115°。C型，长方形竖穴土坑墓，直壁。墓口东边呈弧形。墓口距地表深0.2米，墓口长1.3、宽0.88米，墓深1.4米。填土中夹有苇席残片。墓底有两具人骨，呈叠压状。上层人骨架A头东脚西，侧身屈肢，面向南，为中年女性，年龄35~45岁；下层人骨头向西，面向上，位于上层人腿骨下，其他骨骼缺失，为壮年男性，年龄25~30岁。上层人骨架膝盖前出土陶单耳罐（图三六八）。

随葬品

出土陶器1件。

1. 陶单耳罐 夹砂红陶。敞口，鼓腹，圜底，单耳由沿翻至腹底。内沿涂深红色陶衣，饰连续锯齿纹，器表饰由大三角延伸的条带纹。口径9.7、最大腹径12.5、高11.7厘米（图三七〇，9）。

ⅠM208

墓葬概况

位于墓地中部偏东，西邻ⅠM203，南邻ⅠM204，墓向130°。C型，长方形竖穴土坑墓，西壁呈弧形。地表为平坦的戈壁沙砾层。墓口距地表深0.2米，墓口长1.52、宽0.84米，墓底长1.48、宽0.84米，墓深1.03米。

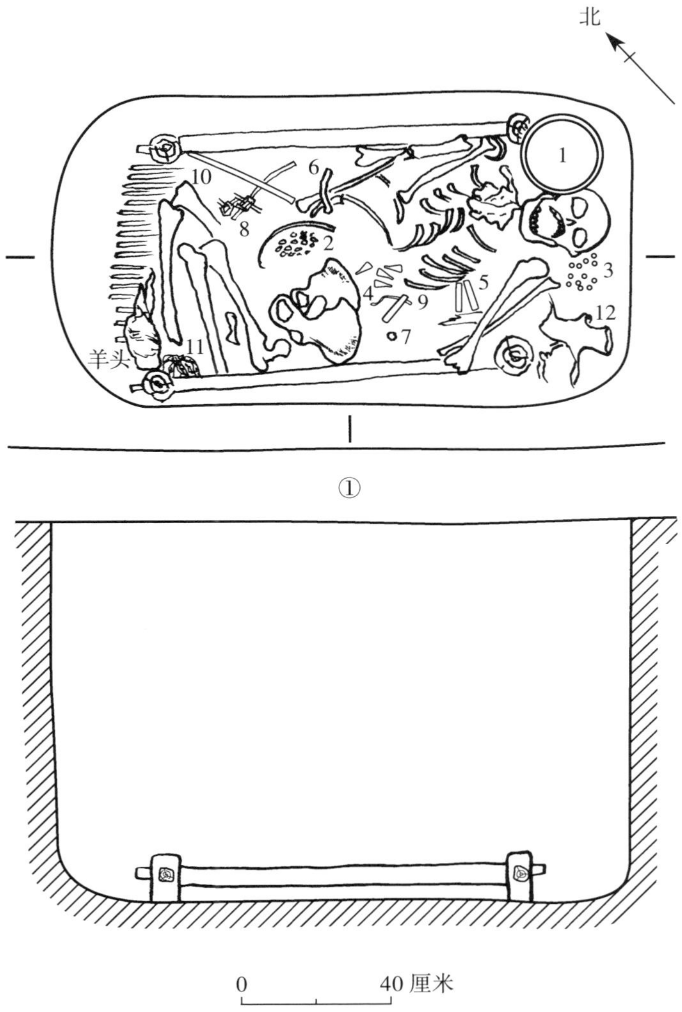

图三六九　ⅠM208 平、剖面图

1. 陶盆　2. 海贝　3. 珠饰　4. 铜铃　5. 木镳　6. 木鞭杆　7. 铜扣　8. 皮辔头　9. 木镳　10. 木器具　11. 毛编织带　12. 木枝丫

填土中有苇席残片。墓底有四足木尸床一张，已残，长1.16、宽0.72、高0.14米。床上有一具青年男性骨架，年龄20~25岁，头东脚西，面向上，仰身屈肢，骨架朽残，脚下随葬一羊头。珠饰和陶盆位于人头骨左右两侧，海贝、铜铃、铜扣、木镳、木器具、木枝丫、皮辔头、木鞭杆位于墓葬中部，在西南角人的腿骨旁有毛编织带（图三六九；图版二三，4）。

随葬品

出土陶、铜、木、石质器物12件（组）。

1. 陶盆　夹砂红陶。口微敛，深腹，平底，腹中部有对称的桥形耳，一耳残。通体素面。口径25、底径10、高13厘米（图三七〇，8；图版一〇六，7）。

2. 海贝　13枚。呈椭圆形，中缝呈锯齿状，中空，通体光滑（图版二一五，6）。ⅠM208：2-1，长2、宽1.3厘米（图三七〇，3）。

3. 珠饰　12颗。其中浅绿、深绿、白色各一颗，其余皆为褐红色。均呈圆管状，高低、粗细不一（图版二一〇，6）。ⅠM208：3-1，高0.7、直径0.7厘米（图三七〇，1）。ⅠM208：3-2，高0.7、直径0.85厘米（图三七〇，2）。

4. 铜铃　7件。呈反漏斗形（瓶口状），中空，部分有对称穿孔。ⅠM208：4-1，长3.8、直径1.6厘米（图三七〇，4）。

5、6. 木镳　2件相似（图版一六二，2）。呈圆柱状，两端及正中部各刻有浅槽。ⅠM208：5，长13、直径1.8厘米（图三七〇，7）。

7. 木鞭杆　圆木棍两端刻浅槽。长42.8、直径1.3厘米（图三七〇，10）。

8. 铜扣　2件。半圆形，内有桥形纽环。ⅠM208：8-1，高0.4、直径2厘米（图三七〇，6）。

9. 皮辔头　残。存一个“十”字形结，由皮节约固定，牛皮缝成的皮条制成（还有两个残段）。残长26.5、宽1.1厘米（图三七〇，5）。

10. 木器具　木棍制成。上缠绕细铜片四圈。残长37.5、直径1.2厘米（图三七〇，11；图版一七三，1）。

11. 毛编织带　三个残段，用彩色毛线编成。红、黄、蓝三色组成连续的云雷（回）纹。最长的一件长27、宽3厘米（图版二六二，2）。

12. 木枝丫　带杈的树枝剔皮削制。立靠在墓壁上，用来挂皮辔头等。长63.6、直径4.2厘米（图三七〇，12）。

ⅠM209

墓葬概况

位于墓地中部偏西，北邻ⅠM211，西北邻ⅠM143，墓向112°。A型，椭圆形竖穴土坑墓，直壁。由于风蚀作用，墓开口于地表，墓口长径1.2、短径0.7米，墓深0.8米。墓口上层深0.27米处有插木梁圆洞。该墓曾被盗掘，填土中有草屑和土坯，土坯面上有用双指所作成排的戳印纹及马蹄形纹（图版三八，2~4）。人骨架和随葬品想来也挪动了位置，仅残存人头骨、下肢骨斜靠于墓壁，为青年男性，年龄20~25岁，双脚都穿着皮靴，身着毛布衣服也大片残存下来。木弓和木钉在墓室西部，陶器残片和木鞭在东北部，皮弓箭袋、木弓、皮球、皮射鞲在东南部（图三七一）。

随葬品

出土陶、皮、木器和毛纺织物18件。

1. 木弓　圆木削制。一头有槽。残长28、直径2.3厘米（图三七二，6）。

2. 陶器残片　夹砂红陶。彩陶杯的残片。敛口，鼓腹，

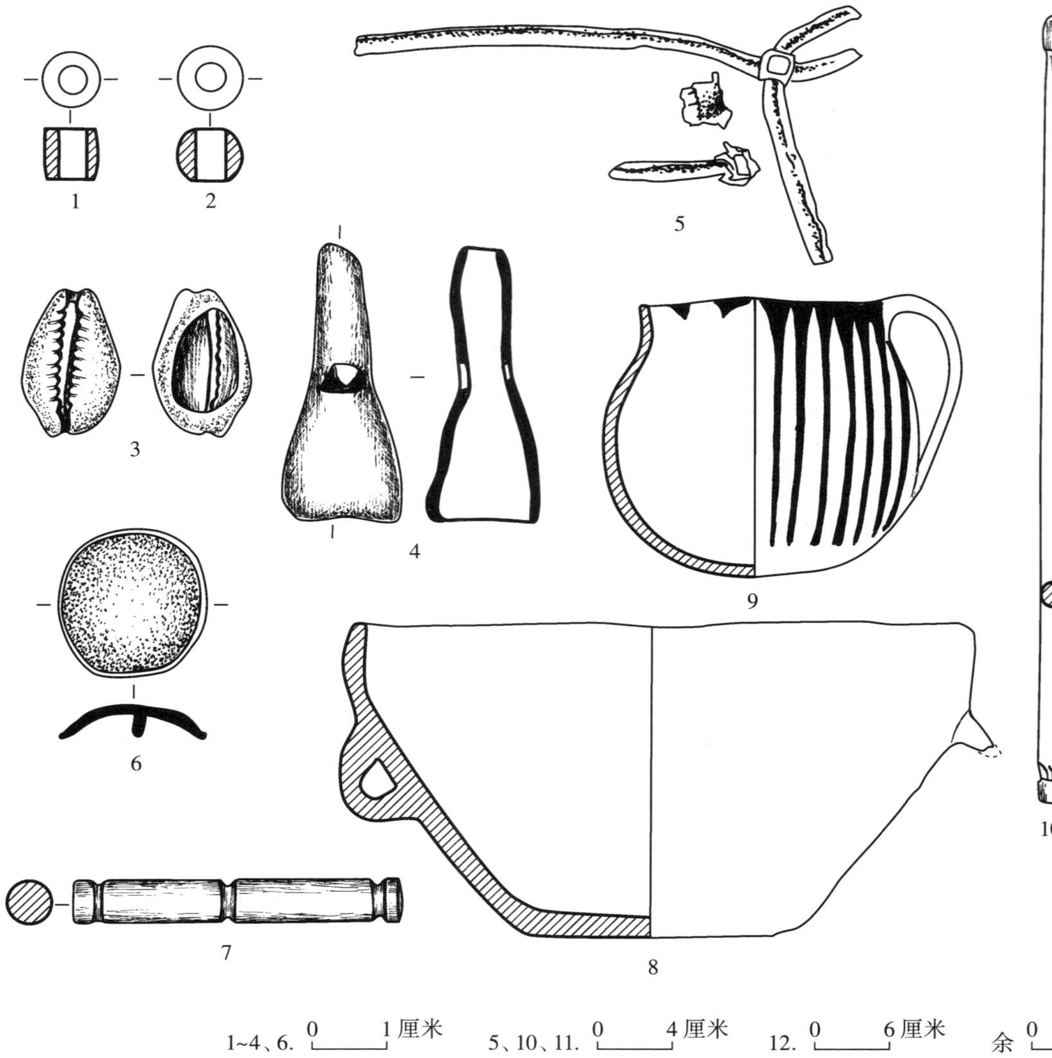

图三七〇 ⅠM207、ⅠM208随葬品

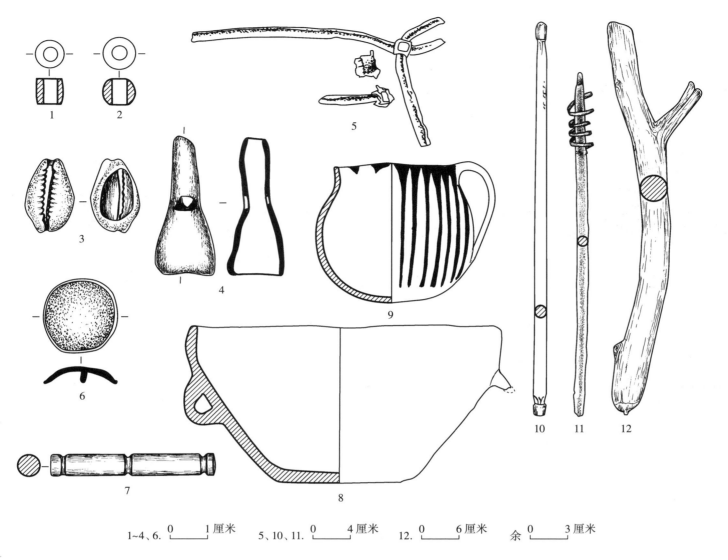

1、2. 珠饰（ⅠM208：3-1、3-2） 3. 海贝（ⅠM208：2-1） 4. 铜铃（ⅠM208：4-1） 5. 皮辔头（ⅠM208：9） 6. 铜扣（ⅠM208：8-1） 7. 木镳（ⅠM208：5） 8. 陶盆（ⅠM208：1） 9. 陶单耳罐（ⅠM207：1） 10. 木鞭杆（ⅠM208：7） 11. 木器具（ⅠM208：10） 12. 木枝丫（ⅠM208：12）

通体饰网状纹。长5.1、宽5.1厘米（图三七二，2）。

3. 木钉 柽柳枝削成。微曲，一头尖锐。长10.7、直径0.8厘米（图三七二，3）。

4. 皮球 羊皮缝制。椭圆体，内装碎皮革。直径7.4、厚4.7厘米（图三七二，1）。

5. 皮射鞲 红色牛皮革制。筒状，口部有系带。半面有压出的两组各三条斜平行线。长16、大径12厘米（图三七二，7；图版二二七，4）。

6. 皮弓箭袋 羊皮缝制。仅存一部分，呈长三角形。正面有一大红色“十”字纹。高31、宽11厘米（图三七二，4；图版二二七，1）。

7. 木弓 圆木削制成扁平状，残。一端留有系弦的槽。残长37、宽1.4厘米（图三七二，8）。

8. 木鞭 残段，圆木棍削制。上缠铜片和皮条。残长16、直径1厘米（图三七二，5）。

9. 缂毛织物 棕地黄色回纹缂毛褐。残存两片。ⅠM209：9-1，长44、宽20厘米。ⅠM209：9-2，长42、宽33厘米。在棕色地上，缂织出主体为“十”字形的变体图案，并由这种图案组成大小相套的菱格纹样，极似“回”字。呈四方连续循环，布满织物整体。残存一侧幅边，由三根经线合并。

10. 缂毛织物 残片。褐色地上显蓝色连续三角纹组成的大“回”字纹。残长32.6、宽21.5厘米（图版二六二，5）。

11. 毛穗 红色，残段。毛编织带的端头饰，上有结扣。残长13.2、宽1.2厘米（图版二六三，4）。

12. 毛纺织物 残片。褐色斜纹地上显三条黄线组成的竖条纹。残长21.6、宽16.2厘米（图版二六二，3）。

13. 毛纺织物 黄地棕色条纹斜褐。现已残为三片。ⅠM209：13-1，长45、宽39厘米。ⅠM209：13-2，长35、宽17厘米。ⅠM209：13-3，长43、宽8厘米。由黄、棕色经线和黄色纬线，以2/2斜纹组织法织制而成，

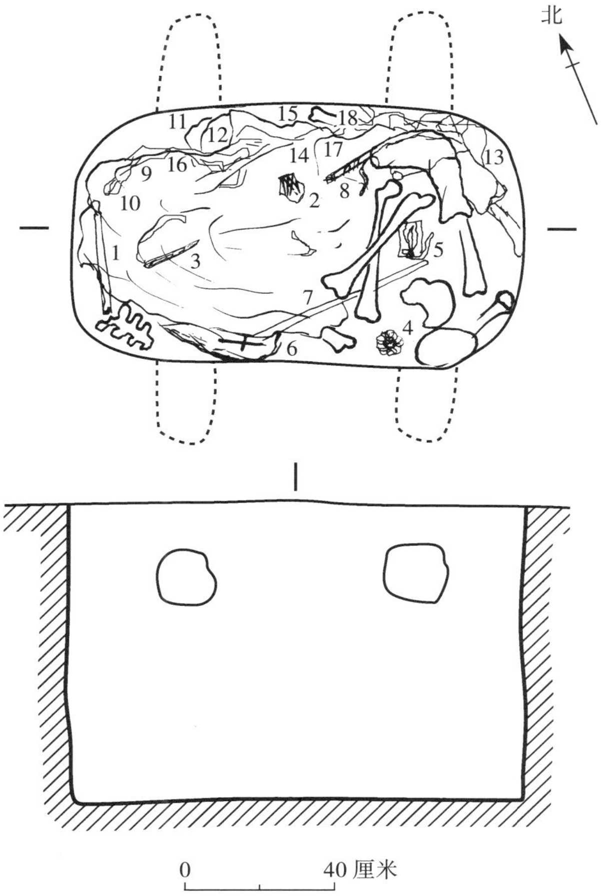

图三七一 ⅠM209 平、剖面图

1、7. 木弓 2. 陶器残片 3. 木钉 4. 皮球 5. 皮射鞲 6. 皮弓箭袋 8. 木鞭 9、10. 缂毛织物 11. 毛穗 12、13. 毛纺织物 14~18. 毛编织带

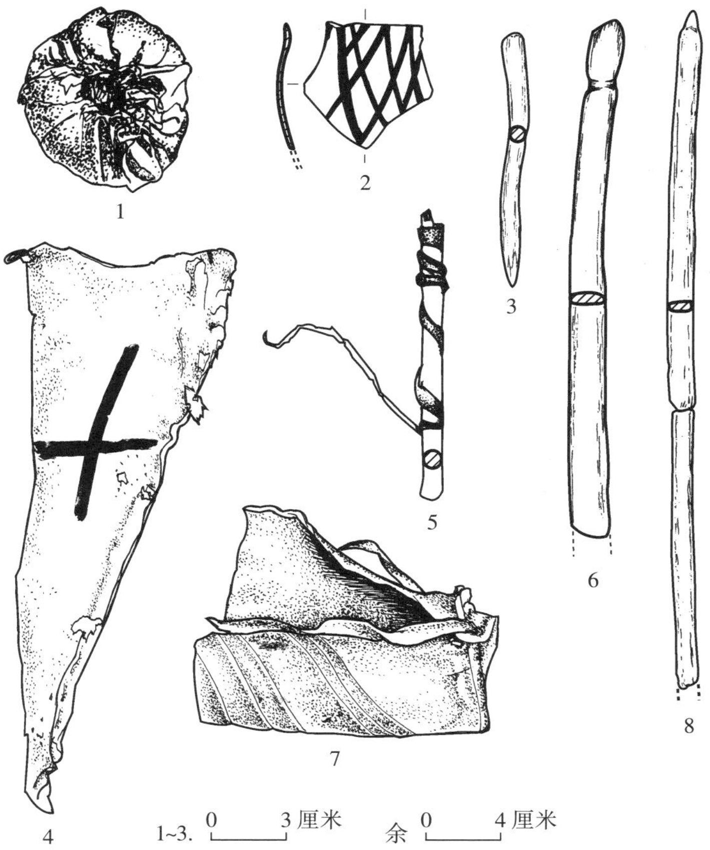

图三七二 ⅠM209 随葬品

1. 皮球（ⅠM209：4） 2. 陶器残片（ⅠM209：2） 3. 木钉（ⅠM209：3） 4. 皮弓箭袋（ⅠM209：6） 5. 木鞭（ⅠM209：8） 6、8. 木弓（ⅠM209：1、7） 7. 皮射鞲（ⅠM209：5）

在黄色地上，显出六条棕色条纹为一组，织物为右斜纹（图版二六二，4）。

14. 毛编织带 原黄色，残存两截。长 26+14、宽 3 厘米。三股合并进行编织，编织法为 1/1 绕编（图版二六三，1）。

15. 毛编织带 绿边红色编织带。残存两截，其中一条一端残存流苏。现存长 21+20、宽 3.5 厘米。编织线有红、绿、棕色三种，红、绿两色经向编织线，将绿色排列在两侧。纬向编织线为棕色，以 1/1 绕编。经向编织线完全覆盖了纬向线，编织带表面显现出饰绿色边的红色。一端由经向编织线编织成两根，下垂流苏。流苏长 5 厘米（图版二六三，7）。

16. 毛编织带 棕红色。已残为两截。长 11+12、宽 3 厘米。编织带表面为在棕色地上显出棕红色折线纹样（图版二六三，3）。

17. 毛编织带 棕地黄色直线纹编织带。残长 15、宽 3 厘米。经向编织线有黄、棕两色，纬向编织线是棕色。编织带表面在棕色地上显现出不规则的黄色直线组成的图案（图版二六二，6）。

18. 毛编织带 红色棕边编织带。现存长 12、宽 4 厘米，残损严重。经向编织线为红、棕两色，“Z”向加捻。棕色纬线为单股，围绕经线，以 1/1 法编织。编织带表面形成两侧饰棕色边的红色编织带。

ⅠM210

墓葬概况

位于墓地中部西边缘，南邻ⅠM215，东邻ⅠM157，墓向 114°。A 型，椭圆形竖穴土坑墓，底呈弧形。墓口位于地表，形制小，距地表浅。墓口长径 0.78、短径 0.53 米，墓深 0.26 米，为一座未成年小孩墓，头东脚西，侧身屈肢，骨架保存完整。无随葬品（图三七三）。

随葬品

无随葬品。

ⅠM211

墓葬概况

位于墓地中部偏西，南邻ⅠM209，北邻ⅠM144，墓向 95°。C 型，长方形竖穴土坑墓，平底。墓葬在边坡上，墓口位于地表，东高西低。墓口长 1.43、宽 0.89 米，墓底长 1.43、宽 0.89 米，墓深 1.28~1.49 米。单人

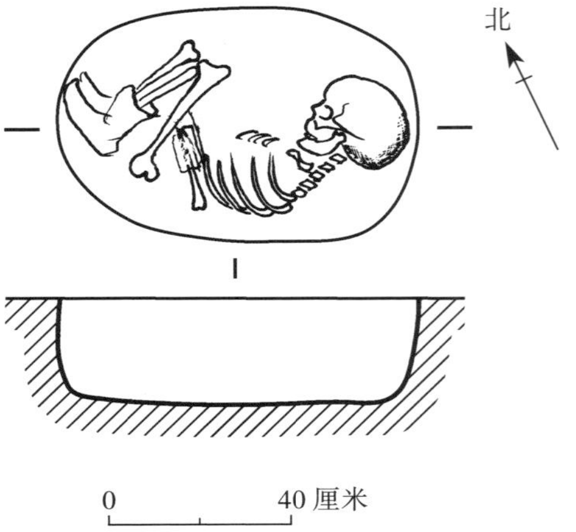

图三七三　ⅠM210 平、剖面图

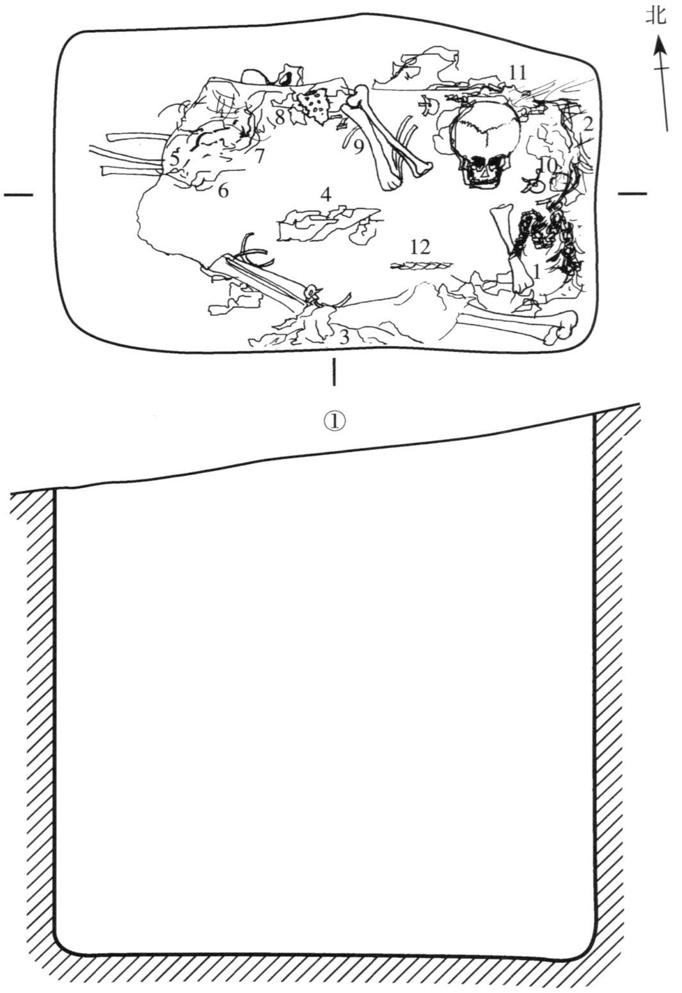

图三七四　ⅠM211 平、剖面图

1. 发辫　2、3. 长衣　4. 毛纺织物　5. 裤子　6、8. 缂毛织物　7、9~12. 毛编织带

葬，骨架混乱，见头骨、骶骨和长骨，为壮年女性，年龄 25~35 岁，发辫和头骨在墓室东部，有些长骨上还残存毛纺织物碎片。骨架下铺毛毡和树枝条、草屑（图三七四）。

随葬品

出土毛纺织物 12 件（组）。

1. 发辫　2 根。三股头发加紫色毛线辫成。头发呈棕色。长 48.8、宽 3.6 厘米（图三七六，7）。

2. 长衣　蓝棕色菱格纹缂毛开襟长外衣。破损严重，现仅存半身和一只较完整的袖子，衣长 89、宽 45 厘米；袖长 31、宽 16~20 厘米。这是一件由通身为缂毛织物缝制而成的长外衣。以平纹为基础组织相交织成棕色、蓝色相间的纵式菱格状纹缂毛织物，现只有蓝色菱格纹保存较好，棕色菱格纹仅存个别纹样，但经线仍存（图版二六四，3）。

3. 长衣　红蓝色几何纹缂毛开襟长外衣。衣身残破严重，另存袖子一只，经拼对后仍可看出衣服的样式，是以缂毛法“织成”缝制的长外衣。残长 158、宽 62、厚 0.07 厘米。袖长 40、袖口宽 17 厘米。织物用棕色经线与红、蓝两色纬线相交，以平纹为基础组织，并用通经断纬法缂织出褐、蓝相间的宽条纹，图案两侧形成锯齿状纹。袖口处缝褐蓝色编织绦以装饰（图版二六四，1）。

4. 毛纺织物　蓝地棕红黄色条纹斜褐边饰。可能是一件长衣的残片。现存长 83、宽 55 厘米。棕、红、黄色经线与蓝色纬线，交织成双面加强斜纹织物。织物表面在蓝地上显出纵向棕、红、黄色条纹。在织物下端织出 5 厘米宽的纬重平织物，并以此为基础组织，采用通经断纬技法缂织一列由三排“V”形相互叠压的图案（图版二六四，2）。

5. 裤子　棕地黄色横条纹斜褐裤。仅存一条不完整的裤腿和“十”字形裤裆。裤长 72、腰围残存 64 厘米；裤裆长 22、宽 38 厘米（图版二六五，1）。

6. 缂毛织物　蓝地红色锯齿纹缂毛褐。已残为两片，其中最大片残长 27、宽 10 厘米。以平纹组织法相交，并用通经回纬法在蓝色地上缂织出一条红色两侧为锯齿状的条带。

7. 毛编织带　棕黄色。长 58、宽 3 厘米。编织线为双股合并进行编织，编织带表面是在棕色地上，显出变体三角纹（图版二六三，8）。

8. 缂毛织物　棕色蓝红条纹地锯齿纹缂毛斜褐残片。残为三片。ⅠM211：8–1，长 29、宽 43 厘米。ⅠM211：8–2，长 27、宽 24 厘米。ⅠM211：8–3，长 16、宽 19 厘米。棕色经线与深棕、浅棕两色纬线织成深棕色地蓝红色条纹织物（图版二六四，4）。

9. 毛编织带　红色，残为三段。总长 51+21+17、宽 3 厘米。一单股线进行编织。其中加入棕色加捻绳，使其在红地上显出棕色的"∞"纹（图版二六三，6）。

10. 毛编织带　彩色毛线编织成圆筒状，有红、黄和蓝色。长 18.4、直径 1.3 厘米（图版二六三，2）。

11. 毛编织带　蓝红色，残存结扣处。长 120、宽 3~4 厘米。蓝红色编织线为单股，表面呈斜向的蓝红色条纹和纵向折线纹（图版二六三，5）。

12. 毛编织带　浅黄色。残长 39、宽 3.5 厘米。经、纬向编织线均为黄色单股。绕编法编织（图版二六三，9）。

ⅠM212

墓葬概况

位于墓地中部西边缘，东北邻ⅠM145，南邻ⅠM143，墓向 101°。A 型，椭圆形竖穴土坑墓，口大底小，由于风蚀，墓口位于地表。墓口长径 1.2、短径 0.84 米，墓底长径 1.14、短径 0.82 米，墓深 0.56 米。墓底有人骨架一具，头东脚西，侧身屈肢，头很不自在，本应面北却扭向南，脚穿皮靴，头旁存发辫，人骨由干肉相连，为青年男性，年龄 14~16 岁，无葬具。左手旁放置陶钵，脖子下出土三颗珠饰，东北部还有皮囊、皮弓箭袋残片、木橛（图三七五）。

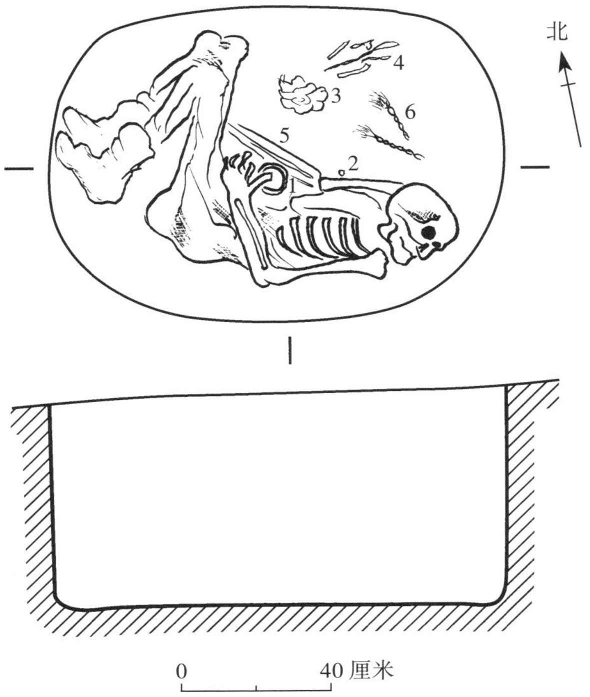

图三七五　ⅠM212 平、剖面图
1. 陶钵　2. 珠饰　3. 皮囊　4. 皮弓箭袋　5. 木橛　6. 发辫

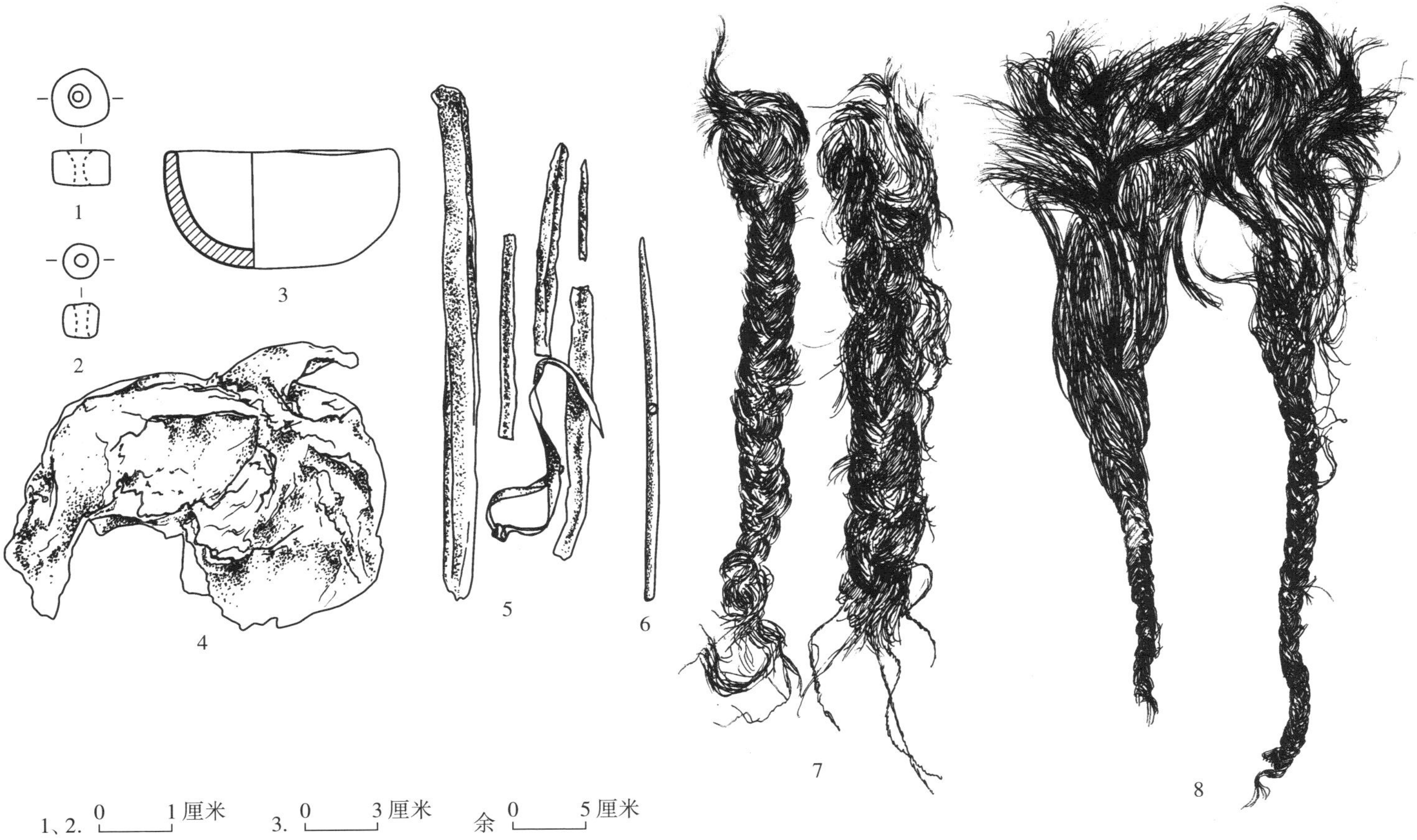

图三七六　ⅠM211、ⅠM212 随葬品
1、2. 珠饰（ⅠM212：2-1、2-2）　3. 陶钵（ⅠM212：1）　4. 皮囊（ⅠM212：3）　5. 皮弓箭袋（ⅠM212：4）　6. 木橛（ⅠM212：5）　7、8. 发辫（ⅠM211：1、ⅠM212：6）

随葬品

出土陶、皮、木器和珠饰等6件（组）。

1. 陶钵　夹砂红陶。口微敛，浅腹，圜底。器内底有工具印痕，通体素面。口径9.5、高5.1厘米（图三七六，3）。

2. 珠饰　3颗。质地为松石，均呈圆管状，其中两颗管径较粗，呈草绿色。ⅠM212：2–1，高0.55、直径0.8厘米（图三七六，1）。ⅠM212：2–2，管径较细。高0.45、直径0.5厘米（图三七六，2）。

3. 皮囊　残。口捆扎住。残长26.4厘米（图三七六，4）。

4. 皮弓箭袋　残。有撑板、皮带、弓弦等。其上一边有凹槽。木撑板长36.4、宽2.4厘米（图三七六，5）。

5. 木橛　柽柳树枝削制而成。一端削尖，通体光滑。长26、直径0.8厘米（图三七六，6）。

6. 发辫　在黄色发辫上加编红色毛线。长56厘米（图三七六，8；图版二六五，1）。

ⅠM213

墓葬概况

位于墓地中部西边缘，东邻ⅠM214，南邻ⅠM147，墓向130°。B型，圆角长方形竖穴土坑墓，直壁。墓口距地表深0.2米，墓口长1.2、宽0.8米，墓深0.78米。墓南北两壁有插木梁的圆洞，洞径0.2~0.3、进深0.2~0.25米，北壁东面的洞内有一个人头颅，疑为盗墓所为。由于盗扰，人骨凌乱，单人葬，墓主为老年男性，年龄55~65岁。脚穿有皮靴，身边有毛布衣残片。皮辔头在东南角，木棍和木鞭杆在西北，木梳、木橛、木撑板和木鞭在中南部（图三七七）。

随葬品

出土木、皮质器物和毛纺织物8件。

1. 木橛　树枝干剔皮。一端略扁平，另一端呈柱状。两端均残。残长121.6、宽2.4~4、厚1厘米（图三七八，7）。

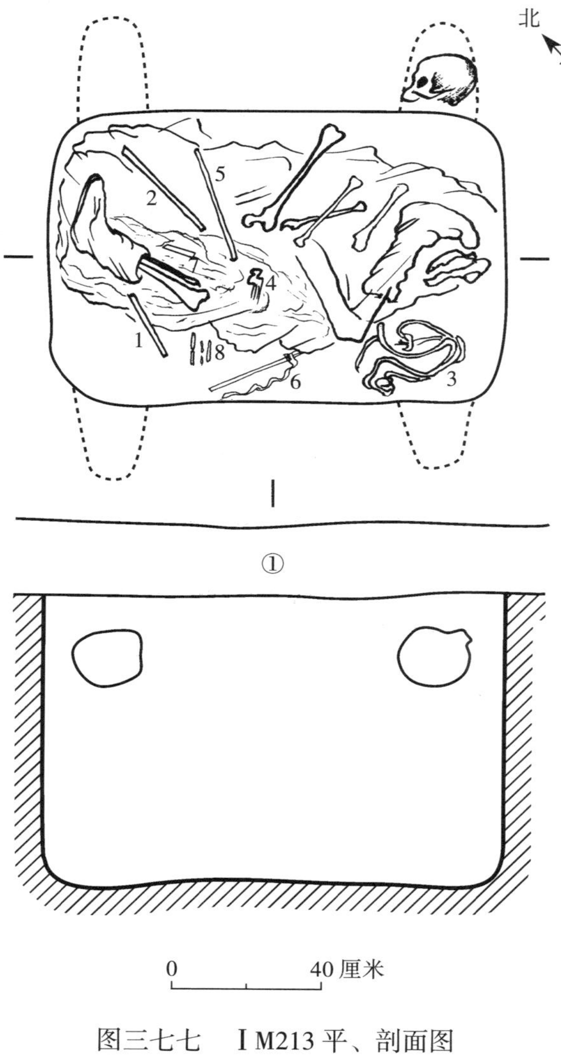

图三七七　ⅠM213平、剖面图

1. 木橛　2. 木棍　3. 皮辔头　4. 木梳　5. 木鞭杆　6. 木鞭　7. 木撑板　8. 毛纺织物

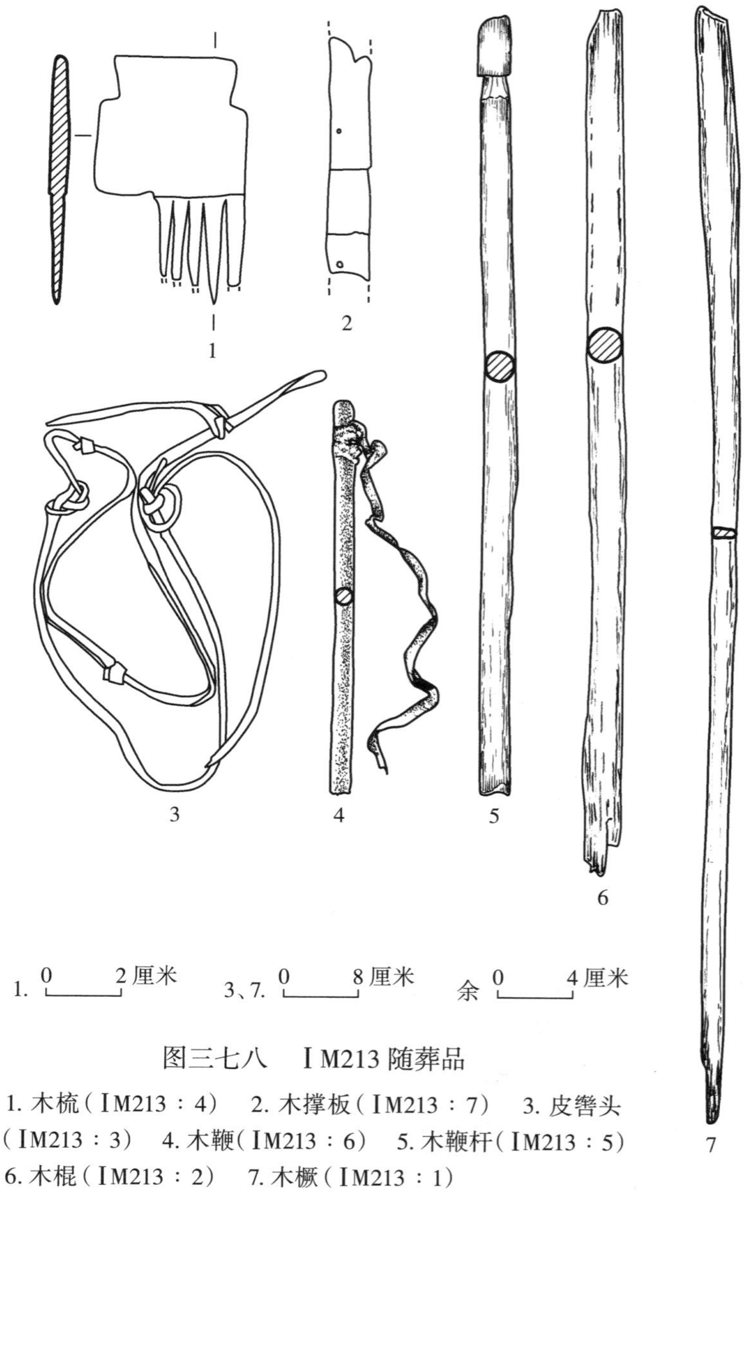

图三七八　ⅠM213随葬品

1. 木梳（ⅠM213：4）　2. 木撑板（ⅠM213：7）　3. 皮辔头（ⅠM213：3）　4. 木鞭（ⅠM213：6）　5. 木鞭杆（ⅠM213：5）　6. 木棍（ⅠM213：2）　7. 木橛（ⅠM213：1）

2. 木棍　树枝干削制。粗细均匀。残长 47、直径 1 厘米（图三七八，6）。

3. 皮辔头　仅剩笼头，其他残佚。用对折缝制的羊皮条挽制。皮条宽 1 厘米（图三七八，3）。

4. 木梳　木板刻制。纵长方形，梳背呈亚腰形，齿呈扁锥体，现存五根齿。长 6.9、宽 4、厚 0.6、齿长 2.8 厘米（图三七八，1）。

5. 木鞭杆　胡杨树枝干制作，未剔皮。一端削斜槽，棍体粗细均匀，后端残，应为鞭杆。残长 42.6、直径 1.7 厘米（图三七八，5）。

6. 木鞭　木杆皮鞭，系皮鞭处刻槽。杆残长 21.6、直径 1.1 厘米（图三七八，4；图版一六八，9）。

7. 木撑板　残。用细圆木削成。残长 13.2、宽 2.4 厘米（图三七八，2）。

8. 毛纺织物　淡黄色，平纹，为毛布裙的一部分。残长 90、宽 50 厘米（图版二六五，3）。

ⅠM214

墓葬概况

位于墓地中部偏西，西邻ⅠM213，东邻ⅠM148，墓向 127°。A 型，近椭圆形竖穴土坑墓。地表呈东高西低的斜坡，表层为戈壁沙砾层。墓口距地表深 0.18 米，墓口长径 1.18、短径 0.78 米，墓底长 1.14、宽 0.76 米，墓深 0.16~0.19 米。墓底有一具无头尸骨，呈东西向，上半身骨骼残缺，下肢上屈，脚穿皮靴，为成年男性（图三七九）。

随葬品

出土皮质器物 1 件，另有发辫和手背文身。

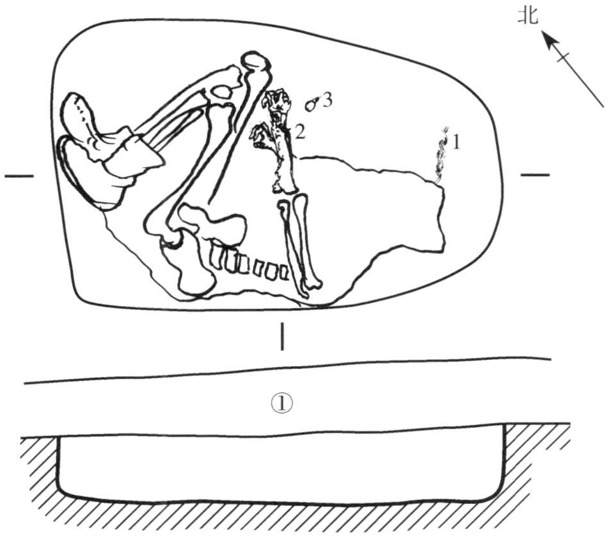

图三七九　ⅠM214 平、剖面图

1. 发辫　2. 手背文身　3. 皮球

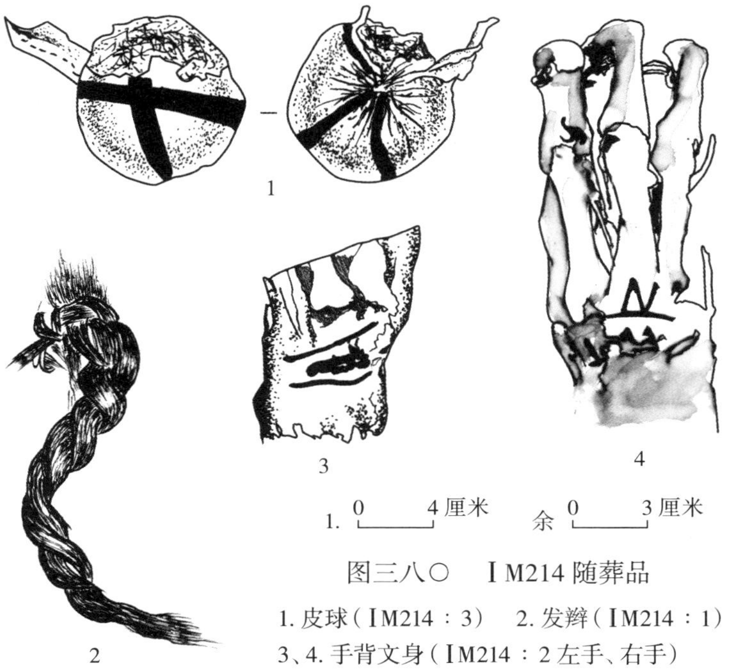

图三八〇　ⅠM214 随葬品

1. 皮球（ⅠM214：3）　2. 发辫（ⅠM214：1）
3、4. 手背文身（ⅠM214：2 左手、右手）

1. 发辫　人发双股编织。残长 15 厘米（图三八〇，2）。

2. 手背文身　在左手背腕处画红色横条纹（图三八〇，3；图版二一一，3）；在右手背腕处画红色三角纹（图三八〇，4）。

3. 皮球　羊皮革缝制。扁圆形，内装满碎皮块。底画一红色“十”字纹。直径 9.2 厘米（图三八〇，1；图版二三一，6）。

ⅠM215

墓葬概况

位于墓地中部偏西，北邻ⅠM210、西南邻ⅠM214，墓向 119°。A 型，椭圆形竖穴土坑墓，直壁。地表为戈壁砾石。墓口距地表深 0.3 米，墓口长径 1.08、短径 0.8 米，墓深 0.5 米。墓南北两壁掏挖有插木梁用的圆洞，进深 0.2 米。墓底有一具成年男性骨架，头东脚西，侧身屈肢，上肢前屈伸，置于腿部，脚穿皮鞋，脚下随葬一羊头。胸前放置陶单耳罐（图三八一）。

随葬品

出土陶、皮质器物等 3 件（组）。

1. 陶单耳罐　夹砂红陶。敞口，鼓腹，圜底，最大腹部有小鼻纽。器表彩绘双折线纹。口径 10.4、最大腹径 11.8、高 9 厘米（图三八二，2；图版四一，2）。

2. 皮靴　一双。底和帮牛皮革缝制，筒由羊皮制，上存少许毛编织带。尖头，细筒。长 23.5、高 30 厘米（图三八二，3、4；图版二一九，4）。

3. 手背文身　成年男性左手，食指和手背上有红

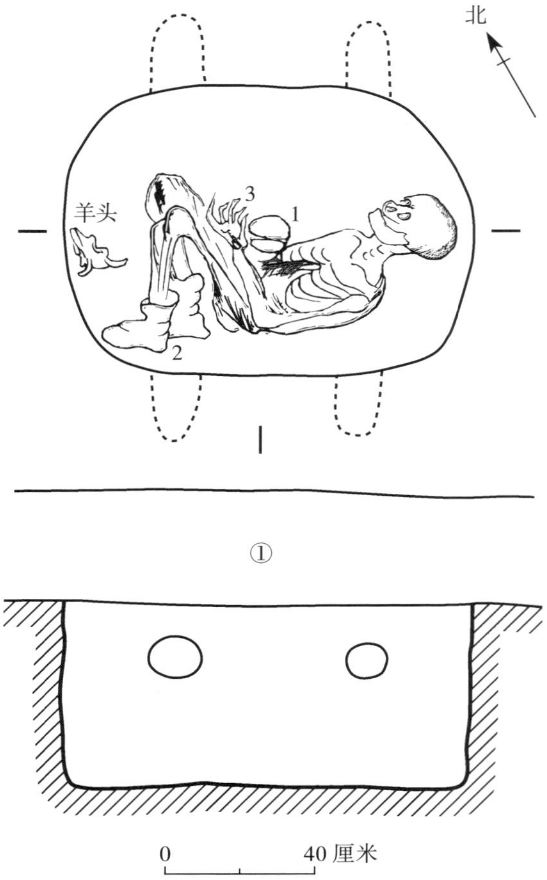

图三八一　ⅠM215平、剖面图
1. 陶单耳罐　2. 皮靴　3. 手背文身

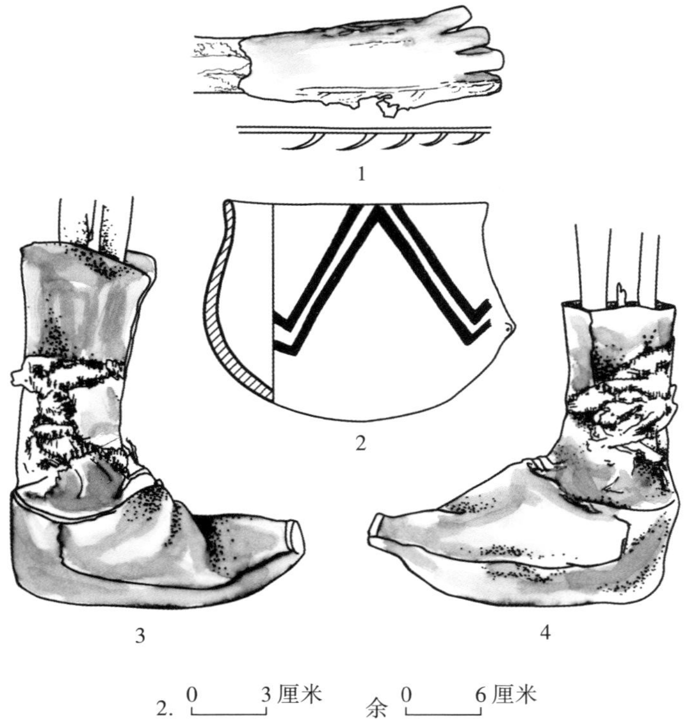

图三八二　ⅠM215随葬品
1. 手背文身（ⅠM215：3）　2. 陶单耳罐（ⅠM215：1）　3、4. 皮靴（ⅠM215：2右、2左）

色彩绘，一条直线上连锯齿纹（图三八二，1；图版二一一，5）。

ⅠM216

墓葬概况

位于墓地南部，北邻ⅠM12，南邻ⅠM75，墓向117°。B型，圆角长方形竖穴土坑墓，可看出两长边有二层台残留，但破坏严重。该墓葬地表呈东高西低缓坡状。开口于表层下，表土层厚0.1~0.13米。墓口长1.18、宽0.76米，墓深0.54米。填土为黄沙土，土质较硬。盗扰严重，人骨架散乱，骨骼不完整，为一男性成年个体，其中左侧髋骨与骶骨由于病变或其他原因已长在一起，东南部有一人头骨和盆骨。墓底西南部有一羊头骨。随葬的玻璃珠饰和木器具散落于墓室东部（图三八三）。

随葬品

出土木器具和珠饰2件（组）。

1. 玻璃珠饰　环形。3颗为绿色，1颗为米黄色。饰有黑、白相嵌的圆点。外径1~1.2、内径0.4、厚0.7~0.8厘米（图三八四，1~4；图版二一〇，2）。

2. 木器具　木板削制而成。平面呈长方形，上凿五个穿孔，其中两个穿孔插有木条。长18.2、宽1.9、孔径0.7厘米（图三八四，5）。

ⅠM217

墓葬概况

位于墓地南部，南邻ⅠM84、西邻ⅠM94，墓向99°。B型，长方形竖穴土坑二层台墓。地表地势呈南高北低，墓开口于表层土下，表土层厚0.12~0.28米。墓口长1.4、宽1.02米，墓深1.48米。南北两长边有二层台，距墓口深0.3、台宽0.18米。二层台上横向担有11根棚木，棚木上覆盖编织的苇秆帘和苇秆。墓底面用白灰特殊处理，表面很平整。有一尸床，尸床木制，榫卯连接，四足均埋于墓底，东北角一只足比其他三足高，木床长0.8、宽0.45米（图版三九，2~4）。尸床上铺有柽柳树枝，其上再铺有一张苇席（图版三九，1）。床上有一具男性骨架，仰身屈肢，头向东，面向北，年龄12~14岁。腿和脚部用黄、蓝色织物缠裹。墓西有羊头骨一个和羊肢骨。木鞭杆、木箭在东壁边，珠饰、角镳、海贝在头左侧，木盘在右胸部，木弓、拱弧形木器、木器残片在北面，铜铃在羊头旁，木钉三枚钉在东壁上（图三八五；图版二四，1、2）。

随葬品

出土木、铜、角器和海贝11件（组）。

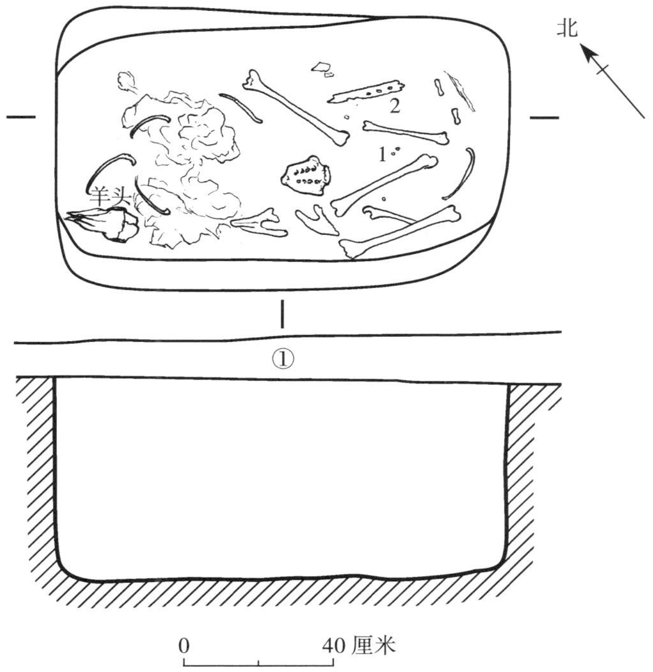

图三八三 ⅠM216平、剖面图

1. 玻璃珠饰 2. 木器具

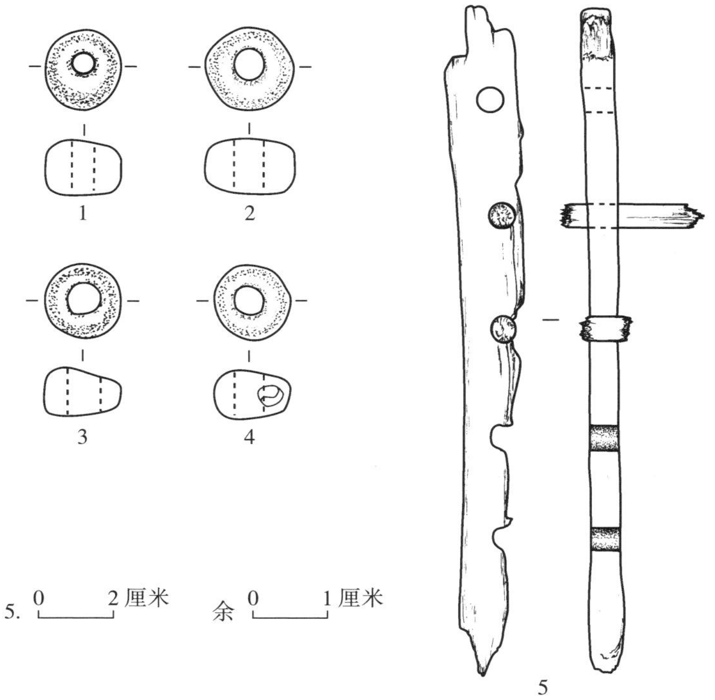

图三八四 ⅠM216随葬品

1~4. 玻璃珠饰（ⅠM216：1-1~1-4） 5. 木器具（ⅠM216：2）

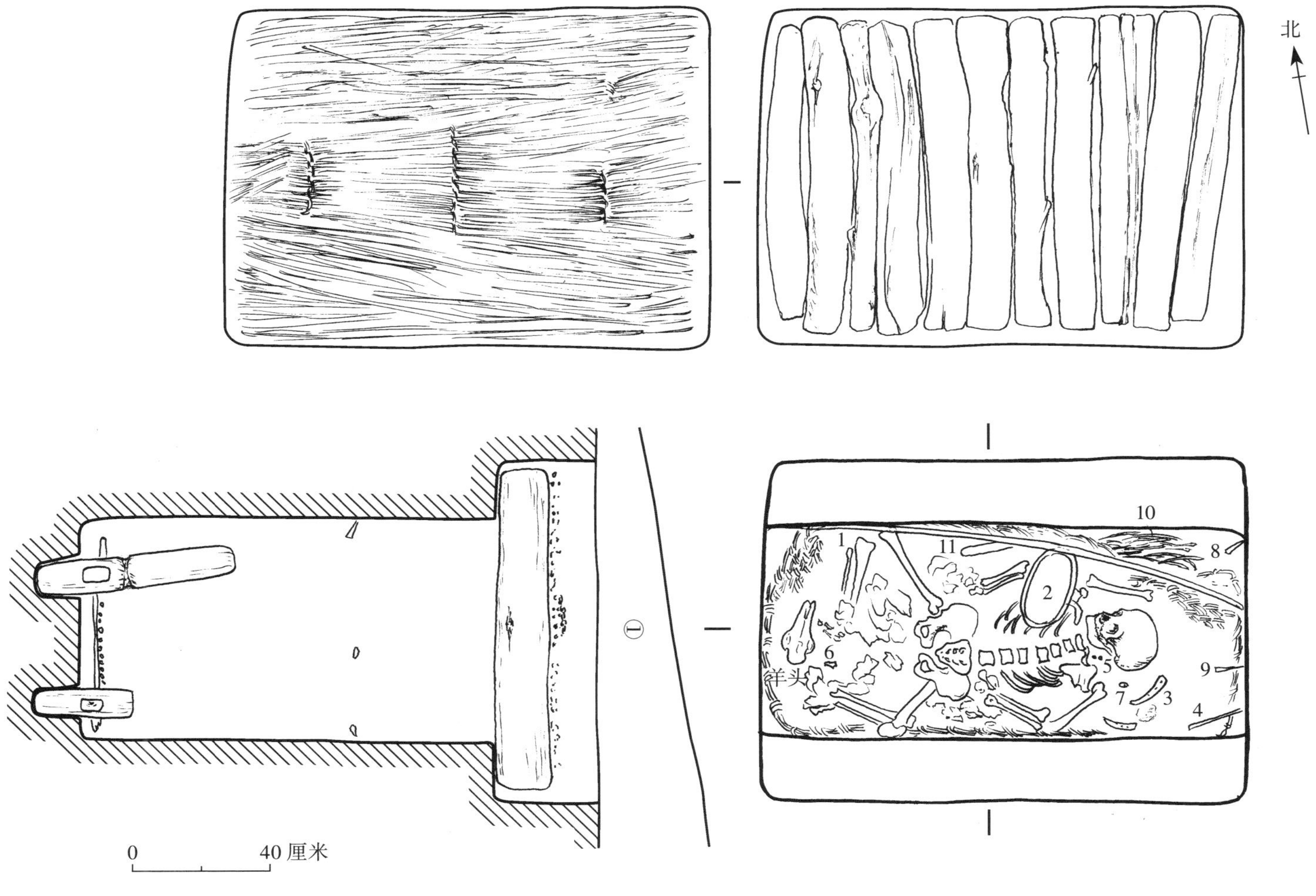

图三八五 ⅠM217平、剖面图

1. 木弓 2. 木盘 3. 角镳 4. 木鞭杆 5. 玻璃珠饰 6. 铜铃 7. 海贝 8. 木箭 9. 木钉 10. 拱弧形木器 11. 木器残片

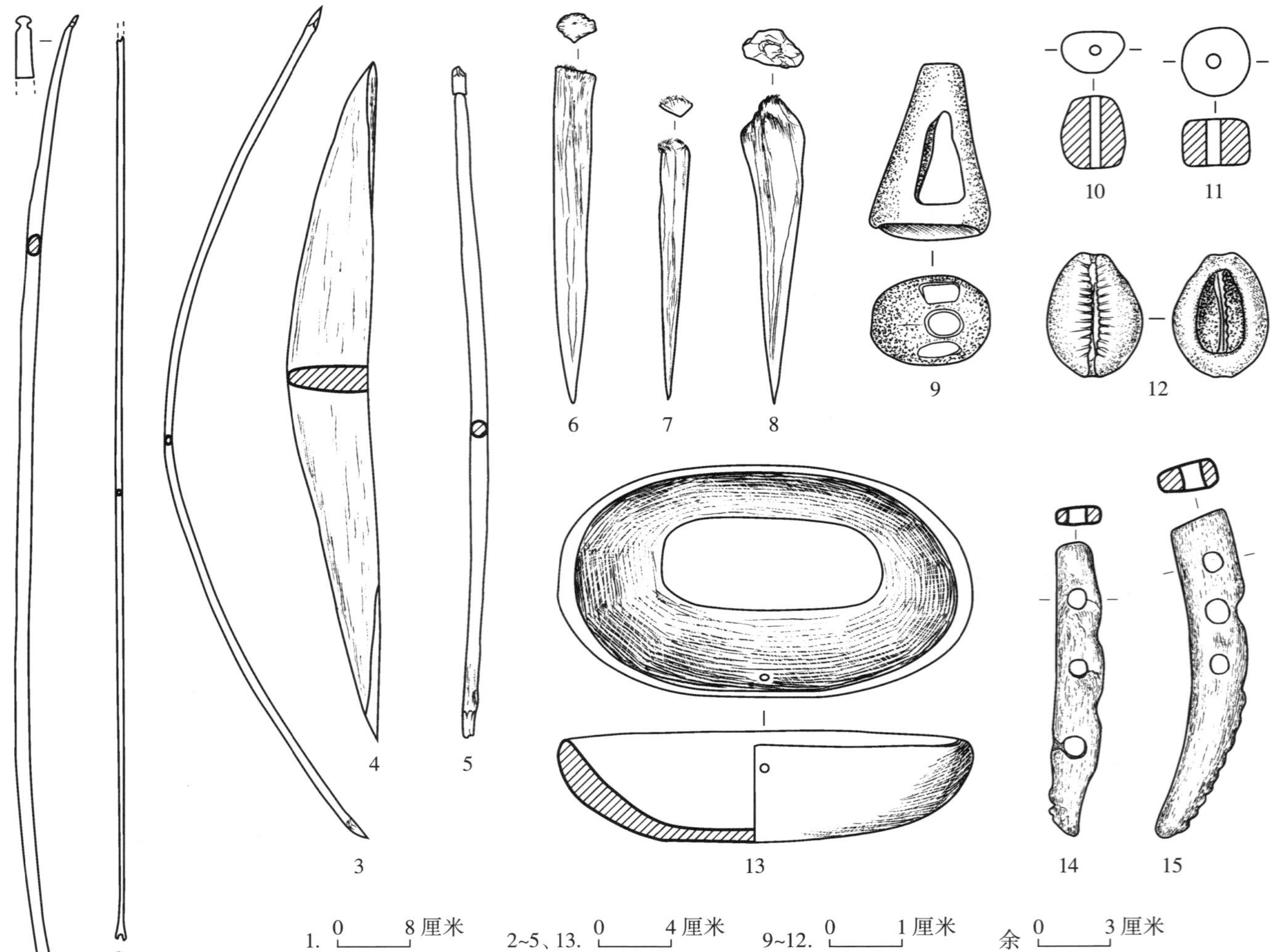

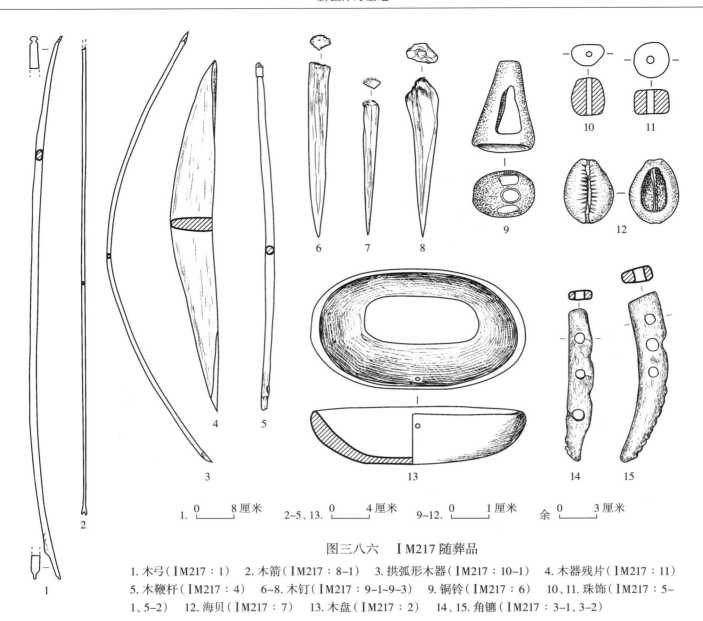

图三八六 ⅠM217随葬品

1. 木弓（ⅠM217：1） 2. 木箭（ⅠM217：8-1） 3. 拱弧形木器（ⅠM217：10-1） 4. 木器残片（ⅠM217：11） 5. 木鞭杆（ⅠM217：4） 6~8. 木钉（ⅠM217：9-1~9-3） 9. 铜铃（ⅠM217：6） 10、11. 珠饰（ⅠM217：5-1、5-2） 12. 海贝（ⅠM217：7） 13. 木盘（ⅠM217：2） 14、15. 角镳（ⅠM217：3-1、3-2）

1. 木弓 树枝削制而成。通体较光滑。两端均有挂弓弦刻槽。呈弧拱形。长118.8、直径1.6~2.4厘米（图三八六，1；图版一五八，5）。

2. 木盘 用圆木刻挖而成。平面呈椭圆形。敞口，圆唇，浅腹，沿下有一穿孔，底近平。口长径22.8、短径13、高6.2厘米（图三八六，13）。

3. 角镳 2件。角质，加工制作。根据原骨形状加工磨制而成，一端似兽头（图版一八六，6）。ⅠM217：3-1，长条形，面钻有三个穿孔。长12.4、宽2厘米（图三八六，14）。ⅠM217：3-2，弯曲形，一边作锯齿状，面钻有三个穿孔。长13.9、宽2.4厘米（图三八六，15）。

4. 木鞭杆 树枝条削制。剥皮，两端刻浅槽。长38、直径0.95厘米（图三八六，5）。

5. 珠饰 2颗（图版二一〇，5）。ⅠM217：5-1，玻璃珠，绿色，鼓形，近椭圆形。高1、直径0.6~0.9、孔径0.15厘米（图三八六，10）。ⅠM217：5-2，石珠，呈圆台状。高0.65、直径0.95、孔径0.2厘米（图三八六，11）。

6. 铜铃 铸制。圆塔顶状，顶有小孔，下腹镂空两个三角孔。高2.5、口径0.55~1.6厘米（图三八六，9；图版二〇三，5）。

7. 海贝 呈椭圆形，中空，中缝呈锯齿状。通体光滑。长1.8、宽1.3厘米（图三八六，12；图版二一五，7）。

8. 木箭 2支。箭头残失，杆体圆滑，箭尾刻有挂弦的凹形槽，深0.4厘米。ⅠM217：8-1，长51.6、直径0.6厘米（图三八六，2）。

9. 木钉 3件。树枝削制。均呈四棱锥体，钉后端有砸痕。ⅠM217：9-1，长14.5厘米（图三八六，6）。ⅠM217：9-2，长11厘米（图三八六，7）。ⅠM217：9-3，长13厘米（图三八六，8）。

10. 拱弧形木器 2根。树枝两端削尖，弧拱形。ⅠM217：10-1，长46.4、直径0.6厘米（图三八六，3）。

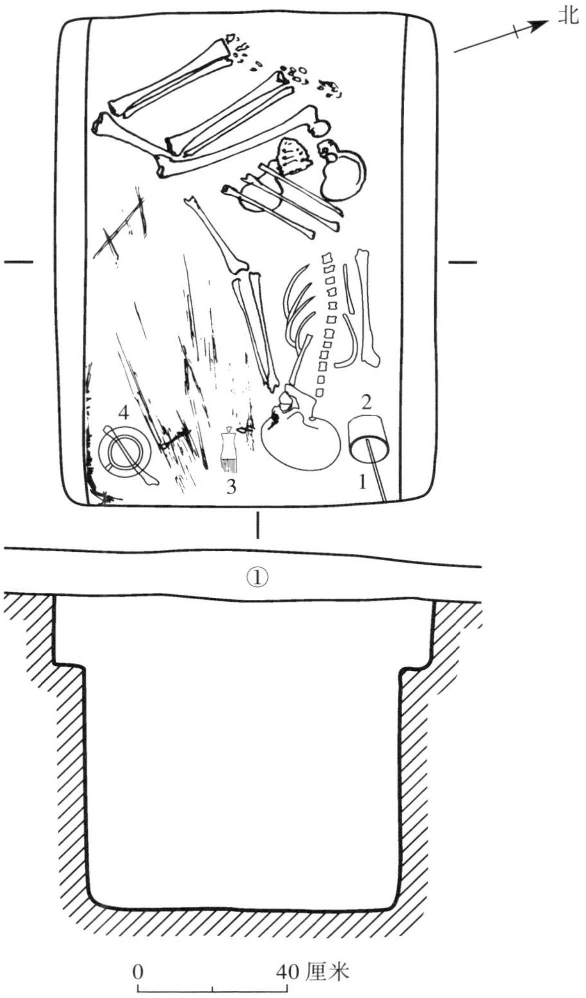

图三八七　ⅠM218 平、剖面图

1. 木线轴　2. 木桶　3. 木梳　4. 陶单耳罐

11. 木器残片　残长 38.4、宽 4.44、厚 1.52 厘米（图三八六，4）。

ⅠM218

墓葬概况

位于墓地南部，南邻ⅠM81，西邻ⅠM44，墓向 109°。B 型，长方形竖穴土坑二层台墓。地表地势呈南高北低，墓开口于表层土下，表土层厚 0.11~0.13 米。墓口长 1.35、宽 1.01 米。墓口向下 0.19 米处南北两长边有二层台，二层台宽 0.1 米，台上棚盖物不存。墓底长 1.35、宽 0.82 米，墓深 0.85 米。墓底铺树枝和干草。墓中有一成年女性骨架，侧身屈肢，头向东，面向南。

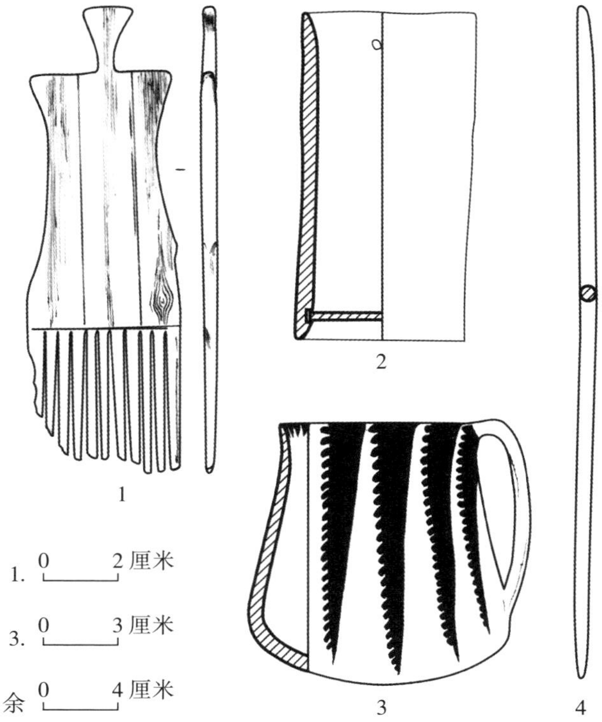

图三八八　ⅠM218 随葬品

1. 木梳（ⅠM218：3）　2. 木桶（ⅠM218：2）　3. 陶单耳罐（ⅠM218：4）　4. 木线轴（ⅠM218：1）

头北侧有木线轴、木桶，头南侧有木梳和陶单耳罐（图三八七）。

随葬品

出土木、陶器 4 件。

1. 木线轴　柽柳棍削制。直而光滑。长 36.8、直径 0.9 厘米（图三八八，4）。

2. 木桶　圆木刻、挖、削制。桶形细高，敞口，直腹，嵌木底残，口沿下有一小圆孔。通体素面。口径 9、底径 9、壁厚 0.8、高 18 厘米（图三八八，2；图版一二八，2）。

3. 木梳　木板刻削而成。平面呈纵长方形，梳背亚腰形，顶有三角形纽。有十一齿，已残。长 12.8、宽 4、厚 0.5、齿长 3.9 厘米（图三八八，1；图版一五〇，3）。

4. 陶单耳罐　夹砂红陶。敞口，垂腹，圜底，长耳由沿翻下至腹下部。内沿饰细密的锯齿纹，器表通体饰竖向锯齿纹，每组锯齿纹有三条渐变成一条锯齿纹，耳两侧饰锯齿纹。口径 7.8、高 10.6 厘米（图三八八，3；图版四三，4）。

第四章　Ⅱ号墓地

Ⅱ号墓地位于Ⅰ号墓地之东，台地中心点北纬42° 48′ 407″，东经89° 39′ 078″，海拔 –45米。最近处仅相距38米，呈东北－西南走向。西端略尖，台地虽呈不规则形，但是墓葬分布区总体看来略呈长方形，最宽处100米，最窄处也有80米，长300米，面积2.58万平方米。整个台地上基本都布满了墓葬，分布均匀，布局疏密相宜，井然有序。依据中部探方发掘所得数据，墓葬平均间隔4~5米，每座墓葬平均占地面积17平方米，Ⅱ号墓地墓葬分布的密集程度仅次于Ⅰ号墓地，计有墓葬1500余座。

发掘墓葬编号为ⅡM1~ⅡM223，其中B型墓1座，D型墓5座，其余墓葬全部为C型墓（图三八九）。

ⅡM1

墓葬概况

位于墓地（指Ⅱ号墓地，下同）西北部，东南邻ⅡM2，东北邻ⅡM3，墓向82°。C型，圆角长方形竖穴土坑墓，直壁。地表层为戈壁沙砾石和黄沙土。墓口距地表深0.3米，墓口长1.18、宽0.68米，墓深0.86米。该墓曾多次渗进雨水，墓室内积土板结坚硬。为单人葬，人骨腐朽严重，可见头东脚西，成年女性，缺颅骨，下颌骨移位到东南角，仰身，下肢上屈，倚靠于墓室的北壁上。在墓底东南角下颌骨前出土陶碗，人骨架左侧放置木盘，右侧有木纺轮，靠近人骨处有毛纺织物残片（图三九〇）。

随葬品

出土陶、木器和毛纺织物4件。

1. 木盘　用圆木掏挖、刻削而成。平面呈圆角长方形，短边起拱外鼓，敞口，圆唇，浅腹。背面有刀剁、刻划痕迹，上面还残留有干、碎的植物叶片，当为翻过来做砧板之用。长边一侧中部有用于穿绳的小孔。口长径56、短径32.1、高8厘米（图三九一，2；图版一三三，3）。

2. 陶碗　夹砂红陶。敛口，方唇，鼓腹，平底，沿上方耳残。唇及外沿彩绘一周宽带纹，器表及内底露胎，未施陶衣。口径12、腹径13.4、底径5.6、高7厘米（图三九一，1；图版一一九，3）。

3. 木纺轮　薄木片削制。中间钻孔，带线轴。线轴长24.8、直径0.7厘米，轮径5、厚0.4厘米（图三九一，3）。

4. 毛纺织物　仅存残片。用较粗的毛线织成，黑褐色。残长5.5、宽4.2厘米。

ⅡM2

墓葬概况

位于墓地西北部，西北邻ⅡM1，东邻ⅡM4，墓向113°。C型，长方形竖穴土坑墓，直壁。墓口距地表深0.2米，墓口长1.4、宽0.64米，墓深1.18米。该墓被严重盗扰，填土中夹有芦苇和人骨残段，墓底人骨凌乱，骨骼不全，仅有部分腰椎在原位置，似头向东，颅骨挪位于西北角，为单人葬，中年男性，年龄40~50岁。骨架下铺草席，已朽，仅存东南角一小片。随葬的复合弓在东北部，木盘、木取火板、木取火棒、木梳在东面，另一件木盘和木镳、陶圈足罐在墓室中南部（图三九二；图版二四，3）。

随葬品

出土陶、木器8件。

1. 复合弓　多种材料制成，中间为厚约1厘米的韧木片，两边粘牛角片、骨板。弓弰三角形，有刻槽，便于挂弦，另一端残，骨板与木片黏合处已裂开，缠有牛皮绳。残长107.2、最大径1.6厘米（图三九三，7；图版一八三，6）。

2. 木盆　用圆木刻、挖、削制。口部平面略呈椭圆形，敞口，深腹，圜底，沿下有纵向鋬耳，鋬上钻有小圆孔，将盆反扣时底可作砧板，其上有刀切痕。口径22.7~26.3、高8.2厘米（图三九三，5）。

3. 木盘　圆木削、挖制作。口部平面呈圆角长方形，

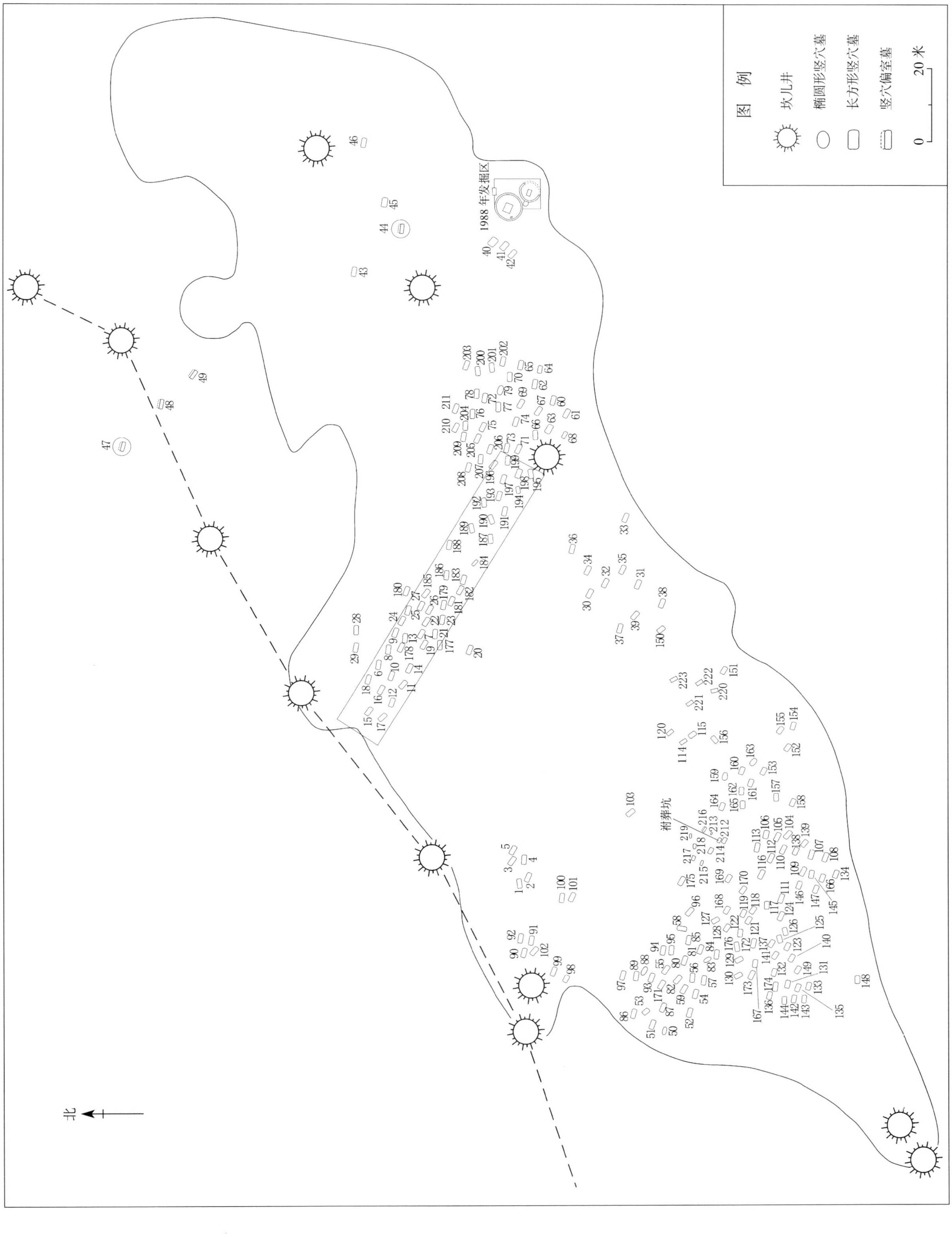

图二八九　Ⅱ号墓地墓葬平面分布示意图（图中数字为墓号）

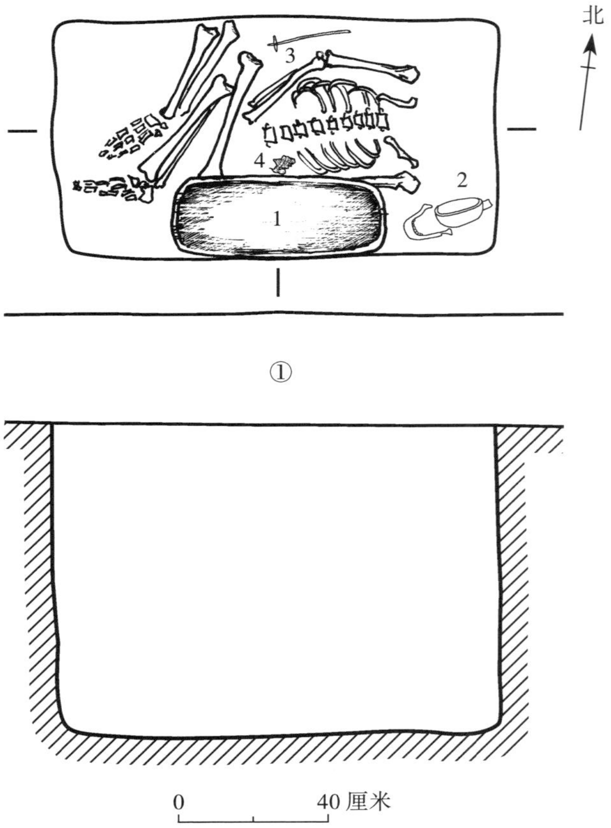

图三九〇　ⅡM1 平、剖面图

1. 木盘　2. 陶碗　3. 木纺轮　4. 毛纺织物

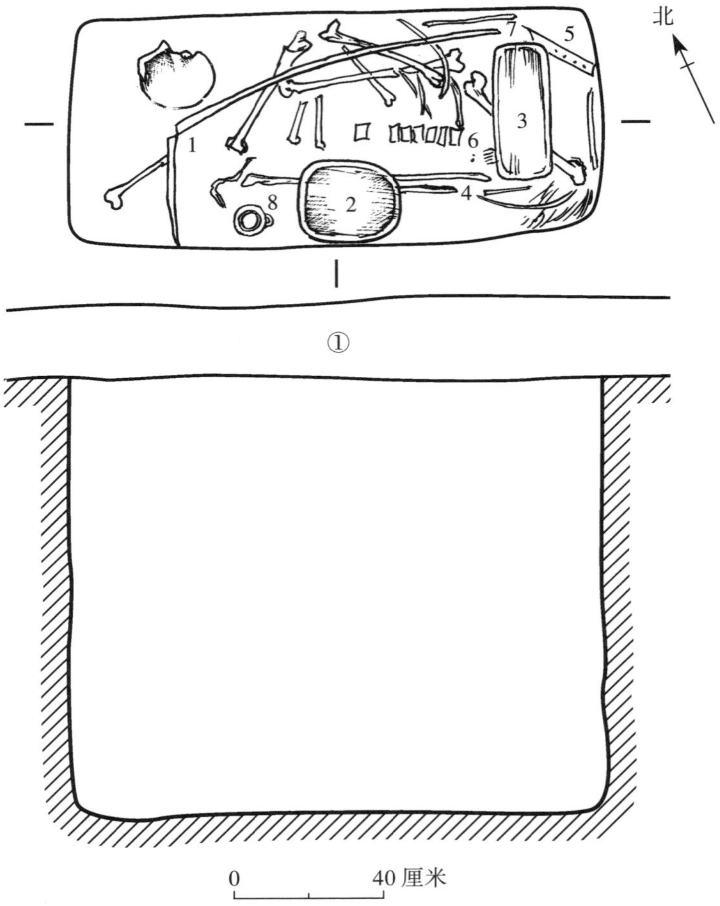

图三九二　ⅡM2 平、剖面图

1. 复合弓　2. 木盆　3. 木盘　4. 木镳　5. 木取火板　6. 木梳　7. 木取火棒　8. 陶圈足罐

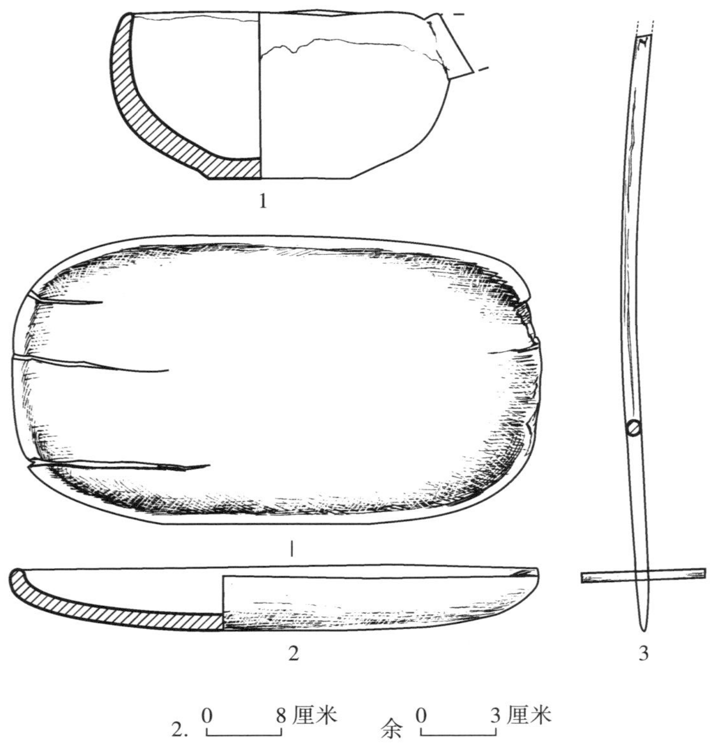

图三九一　ⅡM1 随葬品

1. 陶碗（ⅡM1：2）　2. 木盘（ⅡM1：1）　3. 木纺轮（ⅡM1：3）

短边起拱，方沿，浅腹，底略呈弧形，长边壁上有一圆形小孔，内穿皮条。底上有密集的刀砍痕迹，为翻过来做砧板之用。长 37.9、宽 15.3、高 4.4 厘米（图三九三，4）。

4. 木镳　呈长圆柱形，钻有三孔，孔口有穿绳时的磨损痕迹。器表打磨光滑。长 12.5、直径 1.45、孔径 0.6 厘米（图三九三，6；图版一六二，5）。

5. 木取火板　圆木削刻而成。一端有细长柄，板上一侧底端部钻有六个取火孔，上有燃烧后的炭化痕，另一侧有一个取火孔，也有炭化痕。长 29.5、宽 2.9 厘米（图三九三，3；图版一六六，1）。

6. 木梳　纵长方形，梳脊末端呈亚腰形，残存 15 齿，齿呈扁锥体，通体光滑。长 7.5、宽 4.5、厚 0.58、齿长 3.8 厘米（图三九三，2；图版一五二，3）。

7. 木取火棒　圆形细长木条（铁线莲科植物）削刻而成。一端微凸。残长 54.5、直径 1 厘米（图三九三，8）。

8. 陶圈足罐　圈足全部残失，仅存上部罐形部分。小敞口，圆唇，球形腹，一侧有横立耳，耳顶有乳丁形纽。口沿内饰锯齿纹，器表饰一周折线三角纹。口径 8.4、腹径 10.3、残高 9.3 厘米（图三九三，1；图版六四，5）。

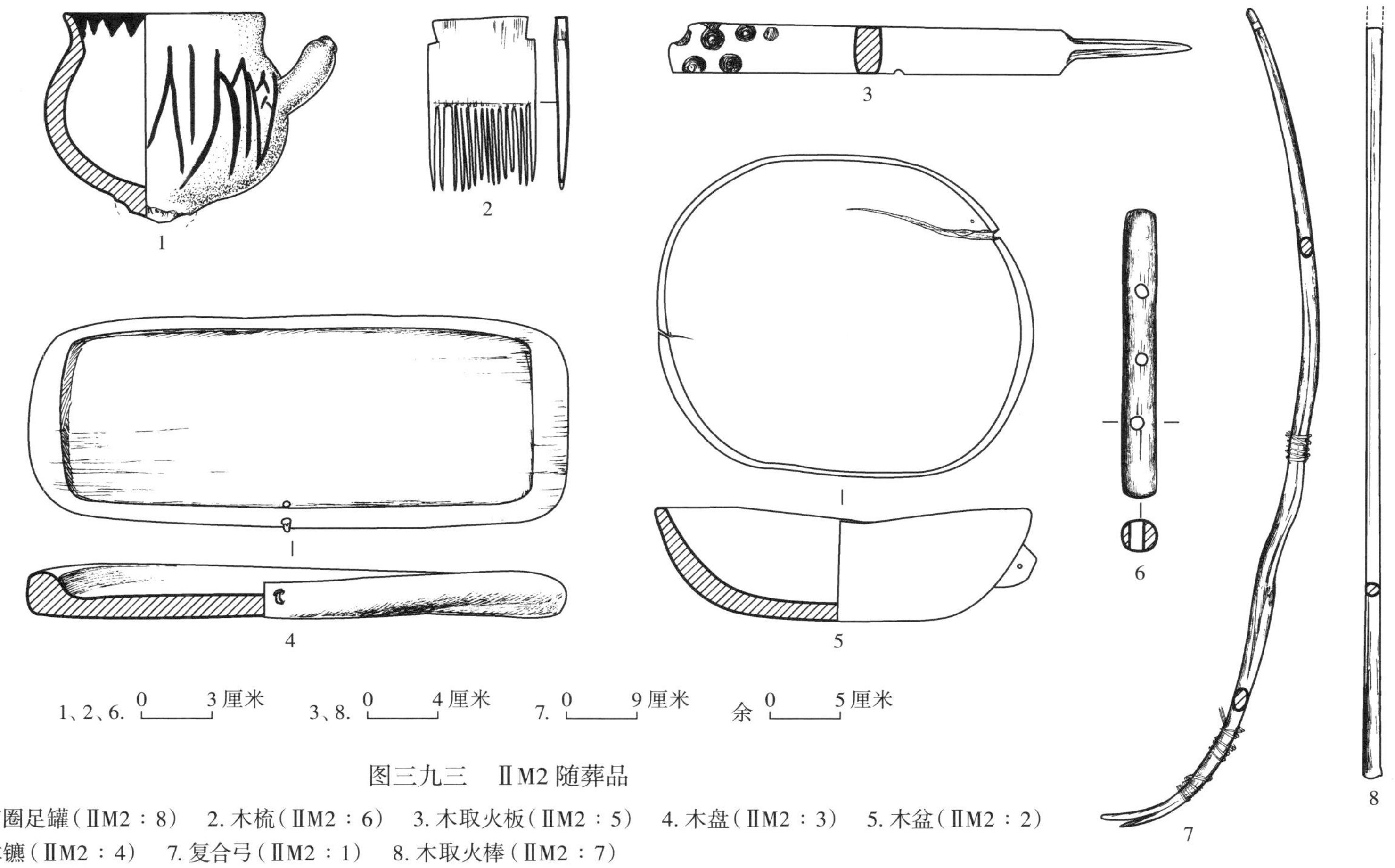

图三九三　ⅡM2随葬品

1. 陶圈足罐（ⅡM2∶8）　2. 木梳（ⅡM2∶6）　3. 木取火板（ⅡM2∶5）　4. 木盘（ⅡM2∶3）　5. 木盆（ⅡM2∶2）　6. 木镳（ⅡM2∶4）　7. 复合弓（ⅡM2∶1）　8. 木取火棒（ⅡM2∶7）

ⅡM3

墓葬概况

位于墓地西北部，南邻ⅡM4，东邻ⅡM5，墓向125°。C型，圆角长方形竖穴土坑墓，直壁。墓口距地表深0.2米，墓长1.38、宽0.54米，墓深1.06米。墓已被盗掘，墓底仅见人肢骨残节，还有部分人骨包裹在毛毡中，墓主年龄、性别、葬式不明。墓底偏东部出土木纺轮、木箭，西南角有羊下颌骨，还有发辫、毛纺织物等也都有包裹在毛毡内（图三九四）。

随葬品

出土木器、发辫、毛纺织物11件。

1. 木纺轮　圆木线轴两端较细，微曲。纺轮呈圆饼形，上大下小，底、面均平整。线轴长36、直径0.7厘米，轮径5、厚0.8厘米（图三九五，3；图版一七五，3）。

2. 木箭　残，箭头与箭杆单体制作，箭头尾端插入箭杆，加胶后用筋线缠扎，箭头截面为五棱形，尖锐无锋，有倒刺。残长42.8、直径0.69厘米（图三九五，4）。

3. 发辫　在人的深棕色发辫上加黄色毛绳，作假发辫（图三九五，2）。

4. 发辫　在人的头发中加黄色毛绳，充作发辫（图三九五，1）。

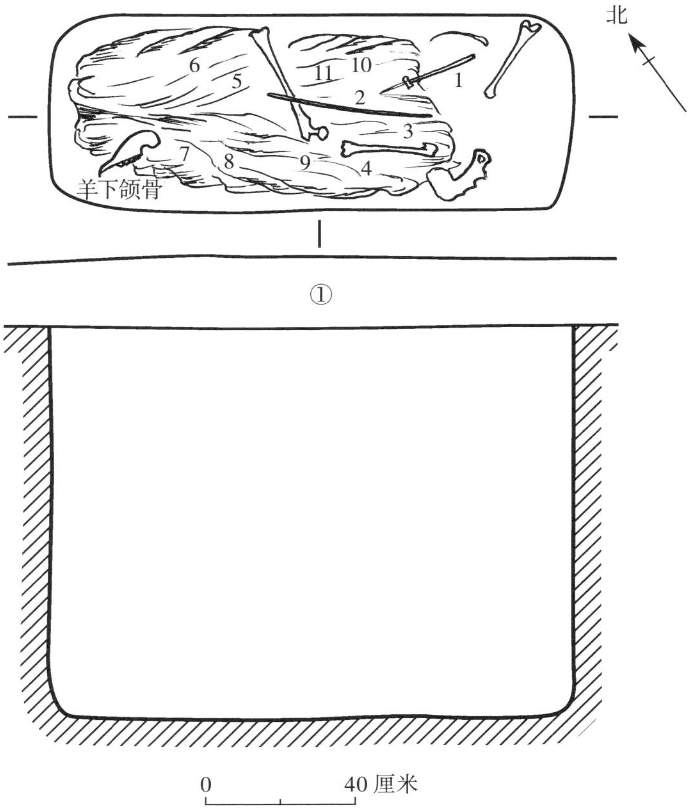

图三九四　ⅡM3平、剖面图

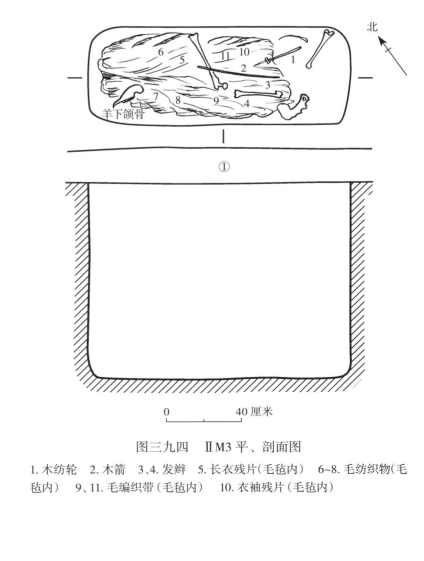

1. 木纺轮　2. 木箭　3、4. 发辫　5. 长衣残片(毛毡内)　6~8. 毛纺织物(毛毡内)　9、11. 毛编织带(毛毡内)　10. 衣袖残片(毛毡内)

5. 长衣残片　黄棕色斜褐长衣。现残存一块衣身和一截衣袖，残长 96、宽 76 厘米，袖长 18、袖口残宽 13 厘米。这块残片是用两整幅 2/2 斜纹组织的斜褐接缝而成的衣身局部，再缝缀专门织成的衣袖。长衣下端缂织 5 厘米宽的红绿色变体回向几何纹，袖口处缝缀用“S”向加捻的绿色线点缀（图版二六六，6）。

6. 毛纺织物　黄棕地绿条纹褐。平纹组织，现残存两片。ⅡM3：6–1，长 45、宽 43 厘米；ⅡM3：6–2，长 55、宽 36 厘米。黄棕色、绿色经线和黄棕色纬线相交织成平纹织物。织物保存有幅边，幅宽 42 厘米（图版二六六，5）。

7. 毛纺织物　深棕地浅棕色条纹褐残片。长 68、宽 44 厘米。整体条纹的布局可分为三组，中央部分两侧以红色条纹为间隔，在浅棕色地上织出深棕色条纹。两侧是在深棕色地上，显出浅棕色条纹（图版二六六，4）。

8. 毛纺织物　棕地红黄蓝色条纹褐残片。由两幅缝缀而成，总长 36、宽 65 厘米。以黄色经线与棕、黄、红、蓝四色纬线相交织成平纹织物。幅宽 43 厘米，仍残存幅边。现存条纹的色泽循环为：以棕色为地，织入四行黄色，再依次织入红、蓝色条纹各两行（图版二六六，7）。

9. 毛编织带　棕黄色，残存结扣部分，为“麻花”辫式编织的带子。左为衣带，亦为 7 号毛纺织物的一部分。长 44 厘米（图版二六六，2）。

10. 衣袖残片　斜纹毛布，棕黄色。长 13.5、宽 11.2 厘米（图版二六六，1）。

11. 毛编织带　棕黄色，整体有编织出的褐色折线。长 35、宽 6.5 厘米（图版二六六，3）。

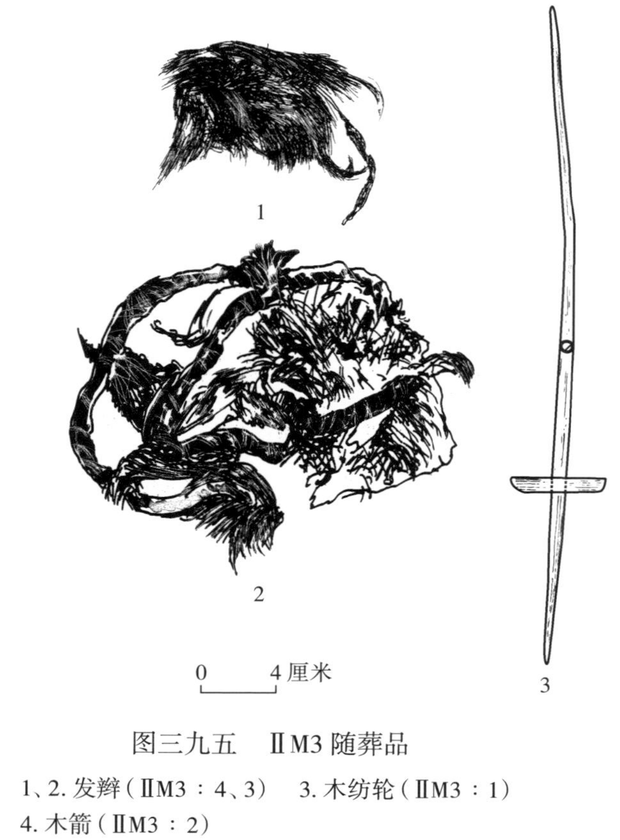

图三九五　ⅡM3 随葬品

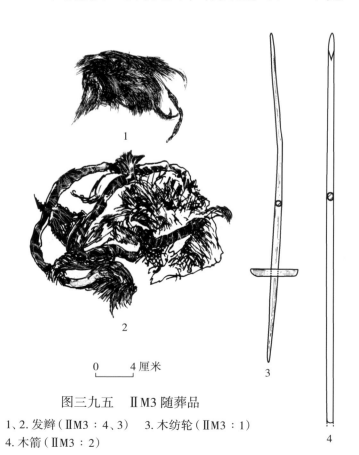

1、2. 发辫（ⅡM3：4、3）　3. 木纺轮（ⅡM3：1）　4. 木箭（ⅡM3：2）

ⅡM4

墓葬概况

位于墓地西北部，北邻ⅡM3，西邻ⅡM2，墓向 94°。C 型，长方形竖穴土坑墓，直壁。墓口距地表深 0.18 米，墓长 1.66、宽 0.94 米，墓深 1.5 米。墓葬被严重盗扰，墓底有四足木尸床，床面所铺细木棍多已朽残，仅东部保存较多，床腿为圆木，床架为方木制作，腿、架用榫卯连接，床架中部有两根横撑。木床长 1.4、宽 0.61、高 0.24 米。人骨被弃于床下北部堆放，不见颅骨和盆骨，年龄、性别不明。西北角床腿旁有一羊头。墓底铺苇席。未发现随葬品（图三九六；图版二四，4）。

随葬品

无随葬品。

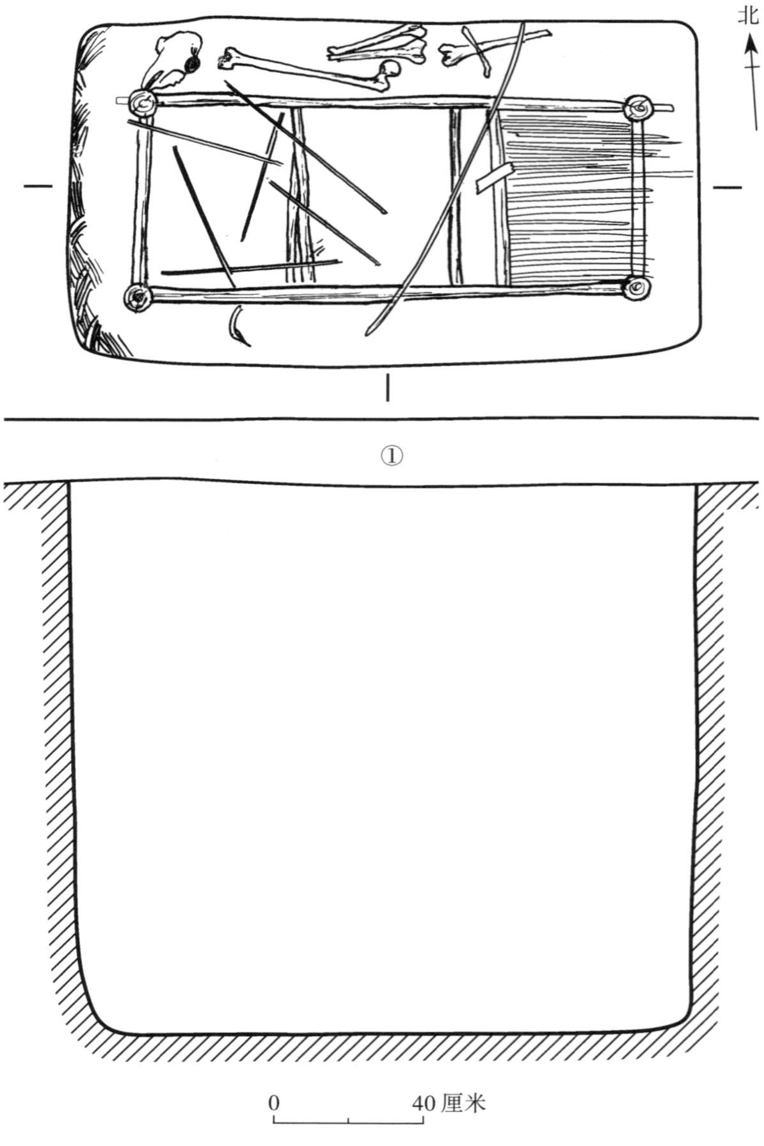

图三九六　ⅡM4 平、剖面图

ⅡM5

墓葬概况

位于墓地西北部，西邻ⅡM3，西南邻ⅡM4，墓向118°。C型，长方形竖穴土坑墓，直壁。墓口距地表深0.12米，墓口呈弧角长方形，墓长1.38、宽0.72米，墓深1.14米。墓被盗扰，墓底人骨凌乱，皮衣被撕成碎片，与人骨堆放在一起，头骨被弃于北壁偏西处，其他骨骼不全。单人葬，青年女性，年龄20~25岁。随葬的木盘和骨杼在东部，木钩和木纺轮位于墓室北部。无葬具。在西部木纺轮旁有羊头骨（图三九七）。

随葬品

出土木、骨器4件。

1. 木盘　用圆木挖、刻、削制，呈长方形，两端起弧，敞口，浅腹，横向平底，纵向底呈圜形，边壁有小圆孔（系绳）。长17.7、宽10.8、高3.6厘米（图三九八，3；图版一三五，4）。

2. 木纺轮　圆饼状，底面起拱，中部有一圆孔。轮径4.4、厚0.8~1.3、圆孔径0.7厘米（图三九八，2）。

3. 骨杼　骨片磨制，微弯曲，单面刃锋利，条形柄。长15.3、刃宽1.1、厚0.2厘米（图三九八，4）。

4. 木钩　用自然树枝弯曲削制。钩柄后端削出一圈凹槽，系皮条。长7.7、直径1厘米（图三九八，1；图版一七二，6）。

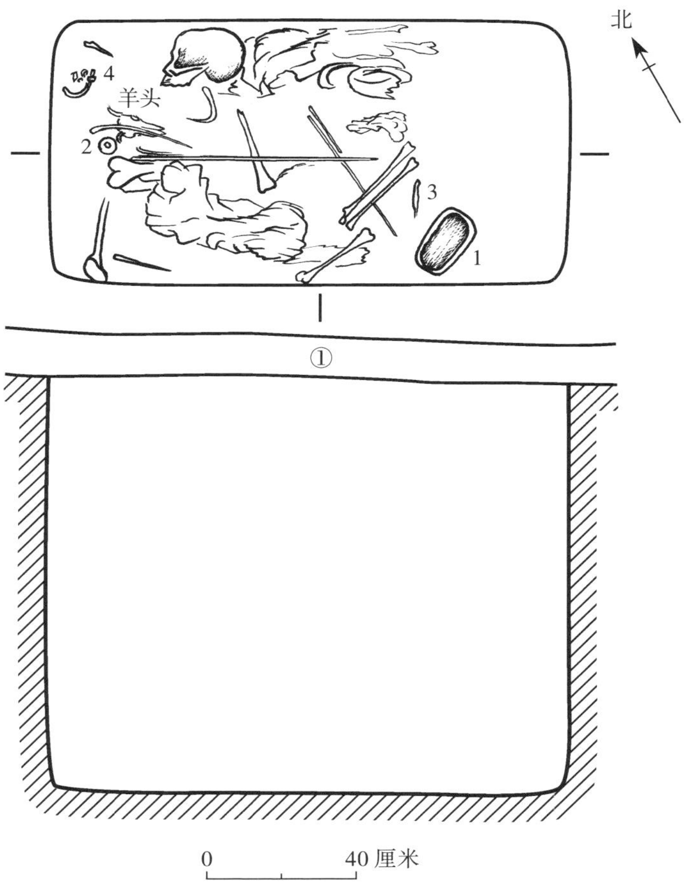

图三九七　ⅡM5平、剖面图

1. 木盘　2. 木纺轮　3. 骨杼　4. 木钩

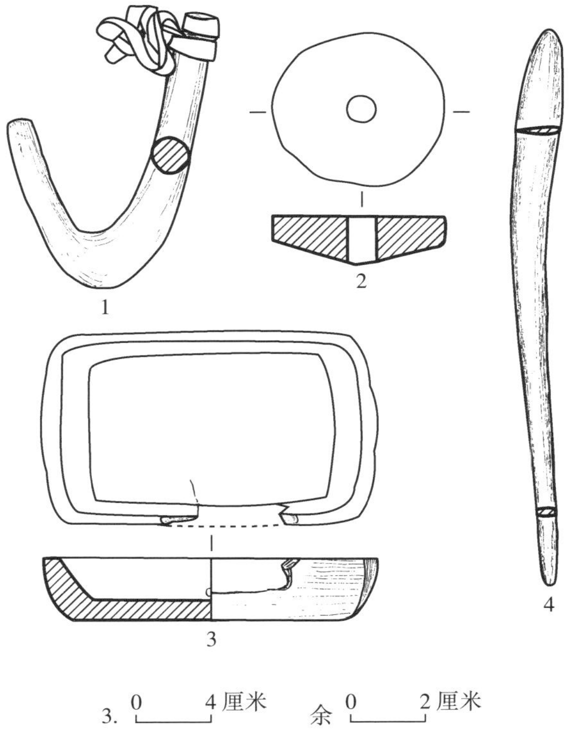

图三九八　ⅡM5随葬品

1. 木钩（ⅡM5：4）　2. 木纺轮（ⅡM5：2）　3. 木盘（ⅡM5：1）　4. 骨杼（ⅡM5：3）

ⅡM6

墓葬概况

位于墓地中部探方内，西北邻ⅡM18，东南邻ⅡM8，墓向98°。C型，圆角长方形竖穴土坑墓，直壁，规模较小。墓口长0.81、宽0.42米，墓深0.68米。墓被盗扰，填土中有碎羊皮块和人骨残块，墓底未见完整的人骨，仅见骨渣，年龄、性别不明。墓底铺“人”字纹苇席。随葬的陶单耳杯、陶单耳壶、角扣在墓底西部，木橛顺放在北部（图三九九）。

随葬品

出土陶、木、角器4件。

1. 陶单耳杯　夹砂红陶。敞口，方唇，圆腹，圜底，单耳。器表通体绘网格纹。口径9.5、高8.1厘米（图四〇〇，3；图版七二，5）。

2. 陶单耳壶　夹砂红陶。喇叭口，圆唇，长颈，球形腹，圜底近平，颈肩间有一小耳。口内外沿饰连续三角纹，颈、腹部绘菱格网状纹。口径6.7、腹径8.9、底径5、高12.1厘米（图四〇〇，2；图版一〇二，3）。

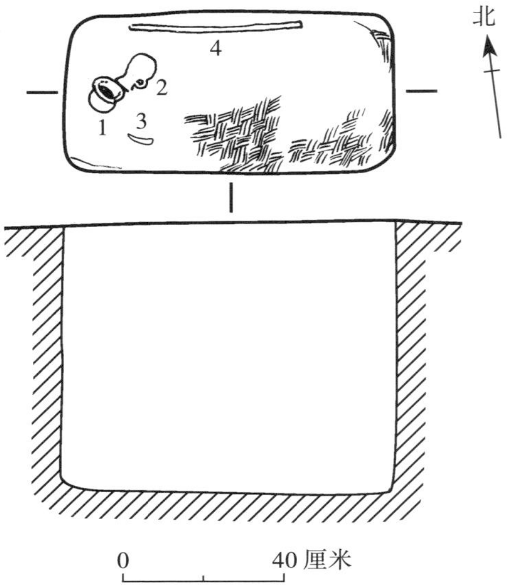

图三九九　ⅡM6 平、剖面图

1. 陶单耳杯　2. 陶单耳壶　3. 角扣　4. 木橛

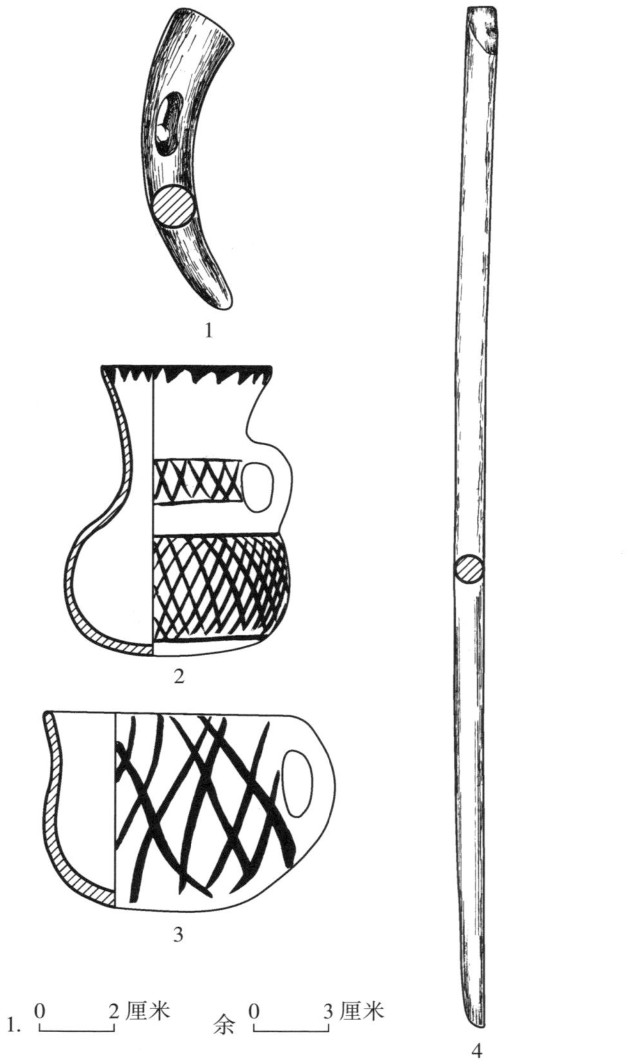

图四〇〇　ⅡM6 随葬品

1. 角扣（ⅡM6：3）　2. 陶单耳壶（ⅡM6：2）　3. 陶单耳杯（ⅡM6：1）
4. 木橛（ⅡM6：4）

3. 角扣　截动物角前端制作。刻扁圆形穿绳孔，通体光滑。长 8.4、最大径 1.8 厘米（图四〇〇，1；图版一九二，2）。

4. 木橛　圆木削制。呈圆杆形，一端残，削斜向浅槽，另一端削斜面。长 42、直径 1.3 厘米（图四〇〇，4）。

ⅡM7

墓葬概况

位于墓地中部探方内，西北邻ⅡM13，西南邻ⅡM19，墓向 120°。C 型，长方形竖穴土坑墓，直壁。墓葬规模较小，墓口距地表深 0.12 米，墓口长 0.56、宽 0.44 米，墓深 0.18 米。墓内仅存一个头骨和零星长骨，为未成年人墓，似仰身屈肢。无葬具。在头骨两边出土陶单耳罐和陶单耳杯，南壁边有木器具（图四〇一）。

随葬品

出土陶、木器 3 件。

1. 陶单耳罐　夹砂红陶。敞口，短颈，鼓腹，圜底，单耳由沿上翻至腹部。口径 8.6、腹径 12.2、高 11.8、通高 12.2 厘米（图四〇二，2；图版四八，3）。

2. 陶单耳杯　夹砂红陶。直口，方唇，弧腹，圜底，单耳由口沿上扬后下翻至腹部。一侧有小流。口径 6.1、腹径 6.8、高 4.8、通高 5.9 厘米（图四〇二，1；图版七二，6）。

3. 木器具　由木枝条刻削而成。一端实心，另一端空心。外表光滑。残长 40、直径 1.43 厘米（图四〇二，3）。

ⅡM8

墓葬概况

位于墓地中部探方内，西北邻ⅡM6，东南邻ⅡM9，墓向 97°。C 型，圆角长方形竖穴土坑墓，直壁。墓葬

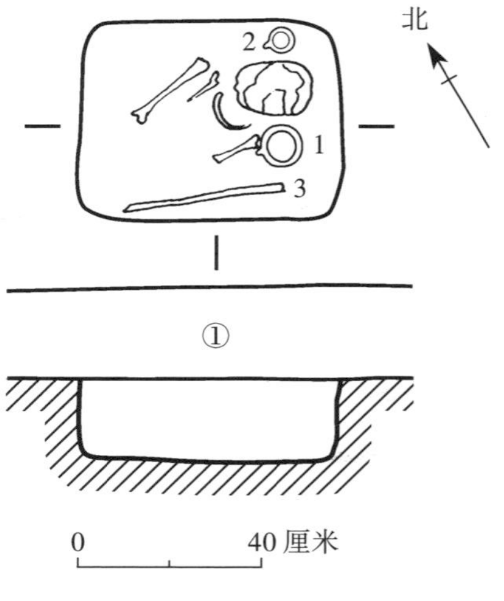

图四〇一　ⅡM7 平、剖面图

1. 陶单耳罐　2. 陶单耳杯　3. 木器具

规模较小，距地表也浅。墓口距地表深0.2米，墓口长0.74、宽0.4米，墓深0.3米。颅骨残破，骨架朽残不全，为一未成年人，年龄4~6岁。无葬具。颅骨右侧随葬陶单耳杯（图四〇三）。

随葬品

出土陶器1件。

1. 陶单耳杯　夹砂红陶。敞口，束颈，鼓腹，圜底，单耳由口沿先上扬后下翻至腹部。口径7、腹径8.4、高6、通高6.6厘米（图四〇四，2；图版七三，1）。

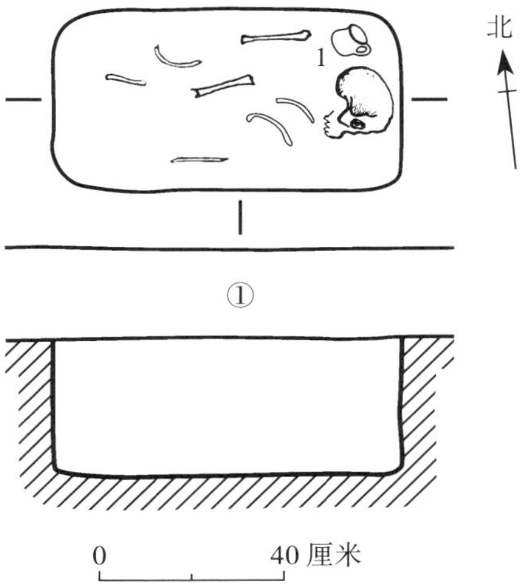

图四〇三　ⅡM8平、剖面图

1. 陶单耳杯

ⅡM9

墓葬概况

位于墓地中部探方内，西北邻ⅡM8，东南邻ⅡM24，墓向111°。C型，长方形竖穴土坑墓，直壁。墓口长1.52、宽0.96米，墓深1.1米。墓底有一张保存完好的四足木尸床，床面铺芦苇秆编扎的草垫，木床长1.3、宽0.6、高0.22米。墓被盗，床上靠西部堆放着人的下肢骨，颅骨被弃于东南角床下，单人葬，壮年男性，年龄30~40岁。葬式不明。在床上人腿骨旁出土铜扣，床下头骨旁有陶单耳罐和木箭，床北面有另外两支木箭。在尸床西北角有羊头骨（图四〇五；图版二五，1）。

随葬品

出土陶、木、铜器3件（组）。

1. 陶单耳罐　夹砂红陶。口微敞，方唇，圆腹，圜底，宽耳由口沿连至腹部。口沿内外饰连续三角纹。器

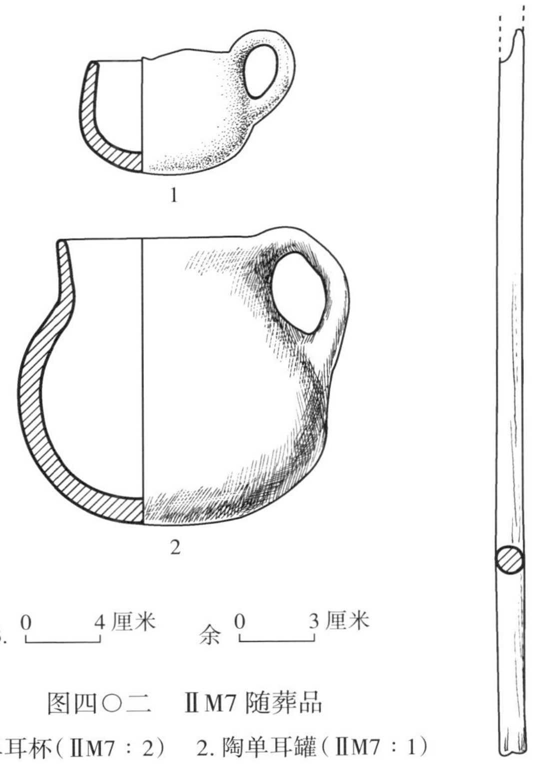

图四〇二　ⅡM7随葬品

1. 陶单耳杯（ⅡM7：2）　2. 陶单耳罐（ⅡM7：1）
3. 木器具（ⅡM7：3）

图四〇四　ⅡM8、ⅡM9随葬品

1. 铜扣（ⅡM9：3）　2. 陶单耳杯（ⅡM8：1）　3. 陶单耳罐（ⅡM9：1）
4. 木箭（ⅡM9：2）

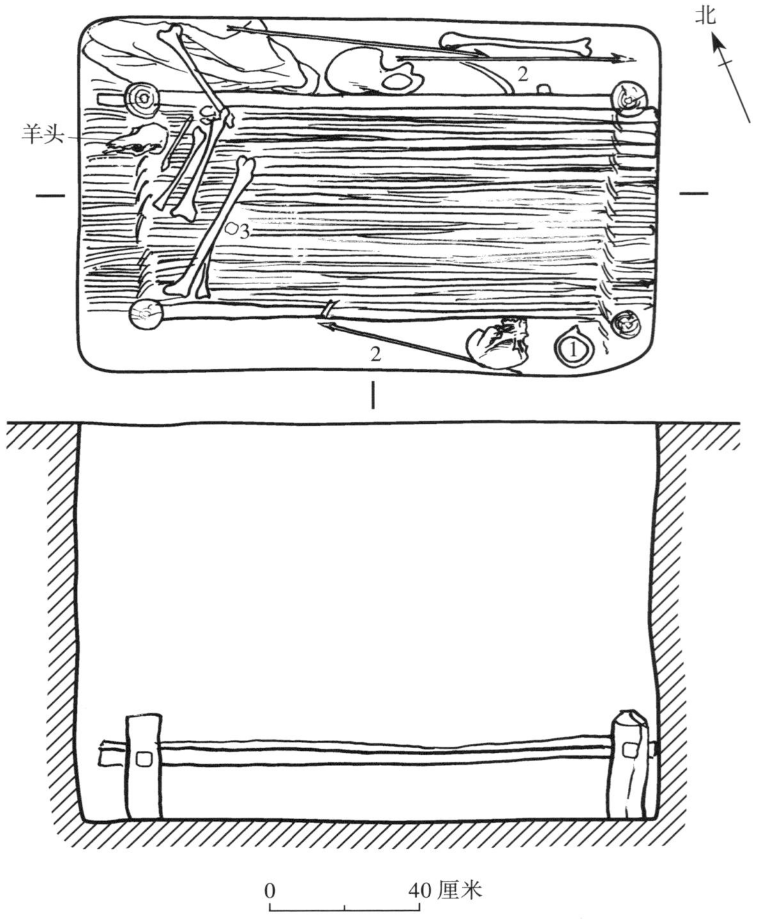

图四〇五　ⅡM9 平、剖面图

1. 陶单耳罐　2. 木箭　3. 铜扣

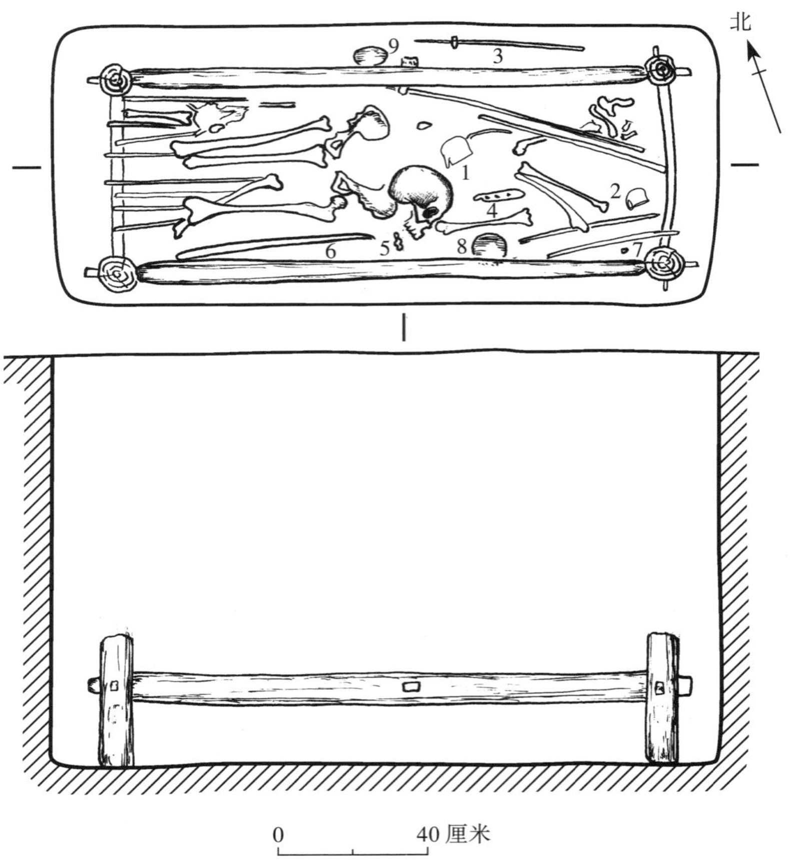

图四〇六　ⅡM10 平、剖面图

1、2. 陶单耳杯　3. 木纺轮　4. 角镳　5. 砗磲扣　6. 木撑板　7. 珠饰　8. 木桶底　9. 木花押

物腹部饰扭曲三角纹，正倒互相间隔，三角纹内填条带纹。口径 10.6、腹径 16.2、高 16.6 厘米（图四〇四，3；图版四八，4）。

2. 木箭　3 支。残，箭头不存，仅存箭杆。尾部有用以挂弦的凹槽，槽下有细绳缠扎的痕迹。箭杆打磨光滑。残长 76、直径 1 厘米（图四〇四，4；图版一六一，8）。

3. 铜扣　平面近圆形，中空，背有桥形纽。正面有圆形、弧线形阴刻纹饰。最大径 3.35、高 0.8 厘米（图四〇四，1；图版二〇二，4）。

ⅡM10

墓葬概况

位于墓地中部探方内，西邻ⅡM12，东邻ⅡM8，墓向 109°。C 型，长方形竖穴土坑墓，直壁。墓长 1.76、宽 0.76 米，墓深 1.12 米。墓底有四腿木尸床，呈长方形，长 1.62、宽 0.63、高 0.26 米。床面上木棍大多残断，床面上原铺有苇席，也残。床的中南部有一个颅骨和同一个体的长骨，为老年男性，年龄 50~60 岁，单人葬。在床的中南部有陶单耳杯、角镳、砗磲扣、木撑板、木桶底，东南角有另一件陶单耳杯、珠饰，木床北、墓中部有木纺轮和木花押。在尸床西北角有羊头骨（图四〇六；图版二四，5）。

随葬品

出土陶、木、骨器和珠饰 9 件（组）。

1. 陶单耳杯　夹砂红陶。敞口，方唇，鼓腹，圜底。口沿下有横立耳。口径 7.9、腹径 9.2、高 7.9 厘米（图四〇七，7；图版八五，4）。

2. 陶单耳杯　夹砂红陶。敞口，束颈、圜底，宽带耳由沿上举后下翻至腹部。口径 6.8、高 6.2、通高 7.2 厘米（图四〇七，6）。

3. 木纺轮　纺轮由木板削制而成。圆饼形，一面平，一面微弧，中间厚，缘薄，中有插杆圆孔。线轴呈圆棍形，两端细，中间粗，表面光滑。线轴长 45.9、直径 0.9 厘米，轮径 5.6、厚 1.2 厘米（图四〇七，9；图版一七六，5）。

4. 角镳　兽骨制成。相同的两件为一副。呈长四棱体，钻有三孔。表面磨光。长 12.75、宽 1.25、厚 1、孔径 0.8 厘米（图四〇七，4）。

5. 砗磲扣　动物肢骨磨制。呈近圆柱体，中部刻三

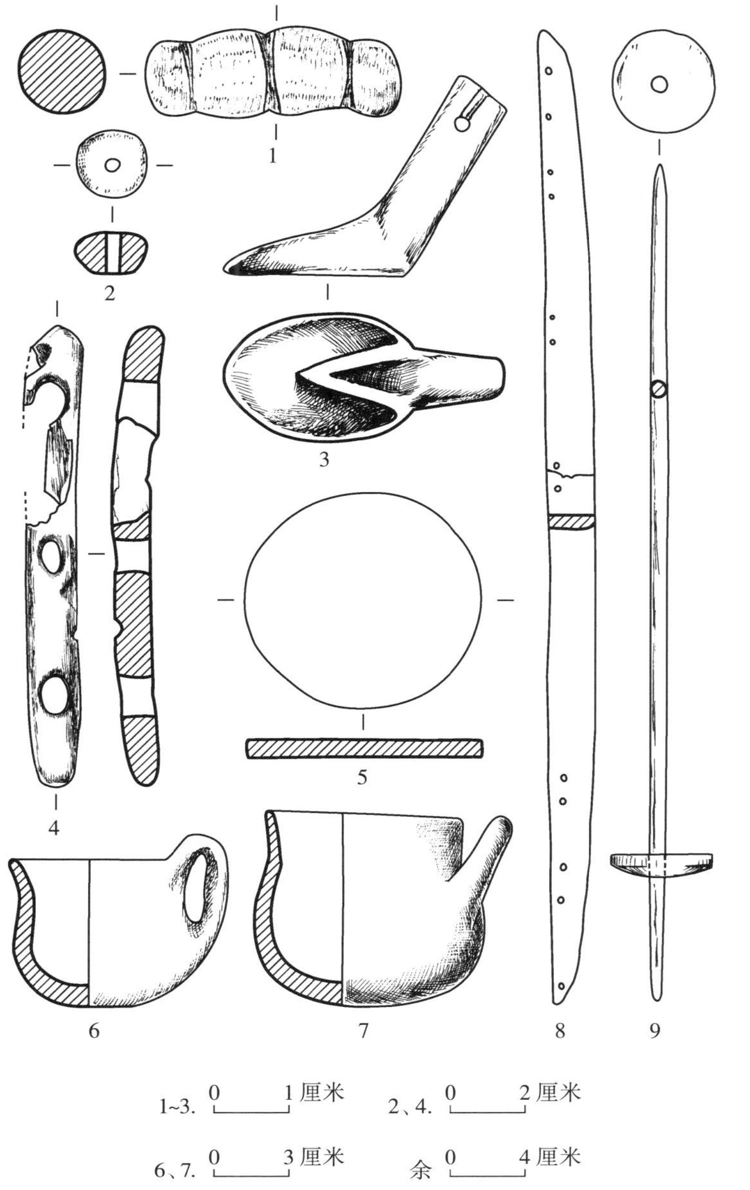

图四〇七　ⅡM10随葬品

1. 砗磲扣（ⅡM10：5）　2. 珠饰（ⅡM10：7）　3. 木花押（ⅡM10：9）　4. 角镳（ⅡM10：4-1）　5. 木桶底（ⅡM10：8）　6、7. 陶单耳杯（ⅡM10：2、1）　8. 木撑板（ⅡM10：6）　9. 木纺轮（ⅡM10：3）

道凹槽。通体磨光。长3.4、直径1.1厘米（图四〇七，1）。

6. 木撑板　呈窄长条形，一边略起弧，两端呈弧尖状，板面边沿钻一排共十三个小圆孔，多为两孔一组，孔内有皮革残余。板面深红色。长53、宽2.4、厚0.5厘米（图四〇七，8）。

7. 珠饰　呈黄色。平面呈圆形，中有孔，腹部有折棱。通体光滑。直径0.93、孔径0.2、高0.54厘米（图四〇七，2）。

8. 木桶底　木板刻制。椭圆形。直径11.7~12.6、厚1厘米（图四〇七，5）。

9. 木花押　圆木刻削而成。呈马蹄形，底面刻出一个“V”形，顶端有穿孔及凹槽。高2.8、宽1.8厘米（图四〇七，3；图版一八一，5）。

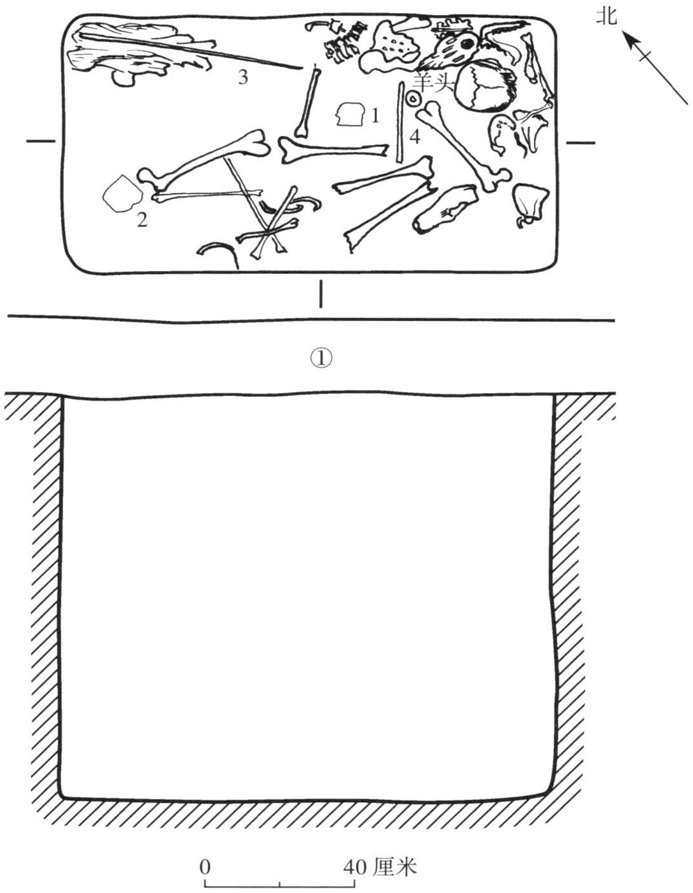

图四〇八　ⅡM11平、剖面图

1. 陶单耳罐　2. 陶碗　3. 木棍　4. 木纺轮

ⅡM11

墓葬概况

位于墓地中部探方内，东北邻ⅡM10，西北邻ⅡM12，墓向130°。C型，长方形竖穴土坑墓，直壁。墓口距地表深0.2米，墓口长1.3、宽0.7米，墓深1.12米。墓被盗扰，人骨凌乱的弃于墓底，脊椎骨、肋骨与颅骨堆放于东北角，为成年女性，单人葬，无葬具。西北角有皮衣残片和一根木棍，墓室中部有陶单耳罐和木纺轮，西南角有陶碗。东北角随葬有羊头骨（图四〇八）。

随葬品

出土陶、木器4件。

1. 陶单耳罐　夹砂红陶。敞口，束颈，鼓腹，圜底近平，耳残，位于腹部。口径10、腹径10.2、高8厘米（图四〇九，1）。

2. 陶碗　夹砂红陶。残存1/2。敞口，圆唇，圆腹，平底。口沿内饰锯齿纹，外表绘由三个倒三角组成一个大三角的连续纹饰。口径11、底径8、高9.6厘米（图四〇九，2）。

3. 木棍　胡杨枝剥皮制作。一端略削尖，用途不明。

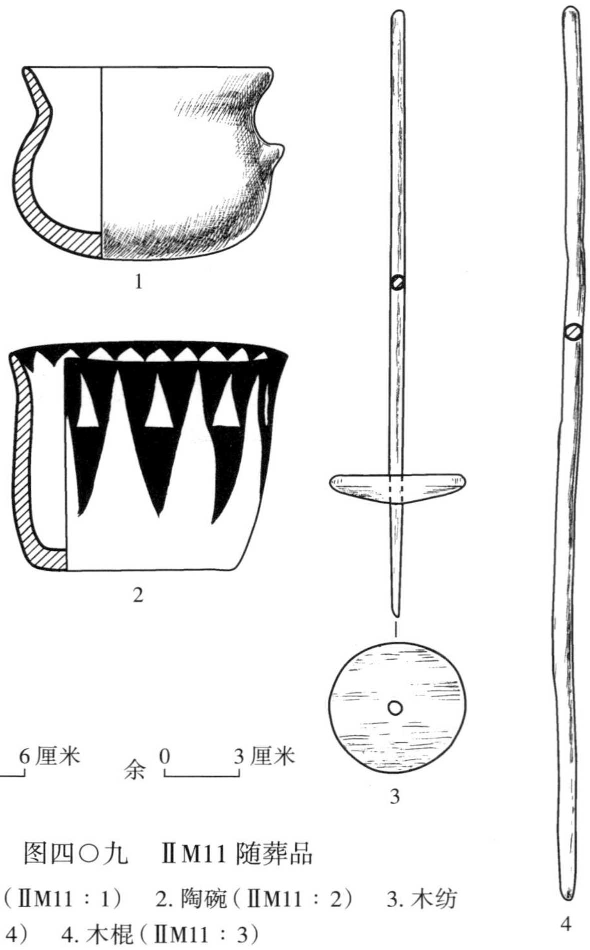

图四〇九　ⅡM11随葬品

1. 陶单耳罐（ⅡM11：1）　2. 陶碗（ⅡM11：2）　3. 木纺轮（ⅡM11：4）　4. 木棍（ⅡM11：3）

图四一〇　ⅡM12平、剖面图

1. 海贝　2. 陶单耳杯　3、7. 木纺轮　4. 木箭　5. 木器具　6. 复合弓　8. 骨锥　9. 皮盒　10. 角杯　11. 缂毛织物

长73、直径1.5厘米（图四〇九，4）。

4. 木纺轮　带线轴，轮体圆饼形，中间有孔。线轴长25、直径0.6厘米，轮径5.4、厚1.2厘米（图四〇九，3；图版一七六，6）。

ⅡM12

墓葬概况

位于墓地中部探方内，东北邻ⅡM16，西北邻ⅡM17，墓向108°。C型，长方形竖穴土坑墓，直壁。墓口长1.54、宽0.8米，墓深1.11米。墓被盗扰，墓底有苇席残迹和木尸床腿一个，仅见人股骨，年龄、性别、葬式不明。北部偏东有海贝、陶单耳杯、木箭、复合弓、骨锥、皮盒、缂毛织物，西北角有木纺轮，南部有木纺轮和木器具。西南角随葬羊头骨一个（图四一〇）。

随葬品

出土海贝和陶、木、骨、皮质器物等11件（组）。

1. 海贝　2枚。平面略呈椭圆形，中空，接缝为两排锯齿纹状。ⅡM12：1-1，长1.95、宽1.4厘米（图四一一，5）。

2. 陶单耳杯　泥质红陶。敞口，方唇，圆腹，大平底，沿上有阶梯状立耳，耳中部镂空呈三角形，腹部有对称的四个鼻状小系。口内外沿和耳沿饰三角纹，器表饰吉祥纹（火焰纹）。口径9.2、底径7.8、高6、通高9.8厘米（图四一一，6；图版八七，4）。

3. 木纺轮　纺轮为圆饼形，一面平，一面微起拱。线轴一端残，呈圆锥形。线轴长20.7、直径0.7厘米，轮径5.7、厚1厘米（图四一一，1）。

4. 木箭　箭头呈四棱锥状，后端倒钩刺，杆呈圆柱状，后端刻有“U”形挂弦槽。长74、直径0.65、箭头长7.7厘米（图四一一，10；图版一六一，9）。

5. 木器具　由木枝条削制而成。一端截面为圆形，另端截面为环形。长34.1、直径1.52厘米（图四一一，4）。

6. 复合弓　残，用复合材料制作。中间为木片，上涂皮胶，两面粘牛角和牛筋。弓弰呈三角形倒钩状，用于挂弦。残长42.6、宽2.8、厚1.6厘米（图四一一，8）。

7. 木纺轮　纺轮为圆饼形，一面平，一面微呈弧形。线轴已残，为圆锥形。线轴残长22.6、直径0.7厘米，轮径5.4、厚0.8厘米（图四一一，3）。

8. 骨锥　骨片磨制。呈扁锥体。通体光滑。长8.0、宽0.6厘米（图四一一，2）。

9. 皮盒　平面呈梯形，短边弧形，底面插有一根尖头的扁木条。侧面和器底部都压出涡纹。通长17.4、宽10.2、高4.3厘米（图四一一，9；图版二二八，7）。

10. 角杯　用羊角剔皮制作。杯口沿残缺不全。口径

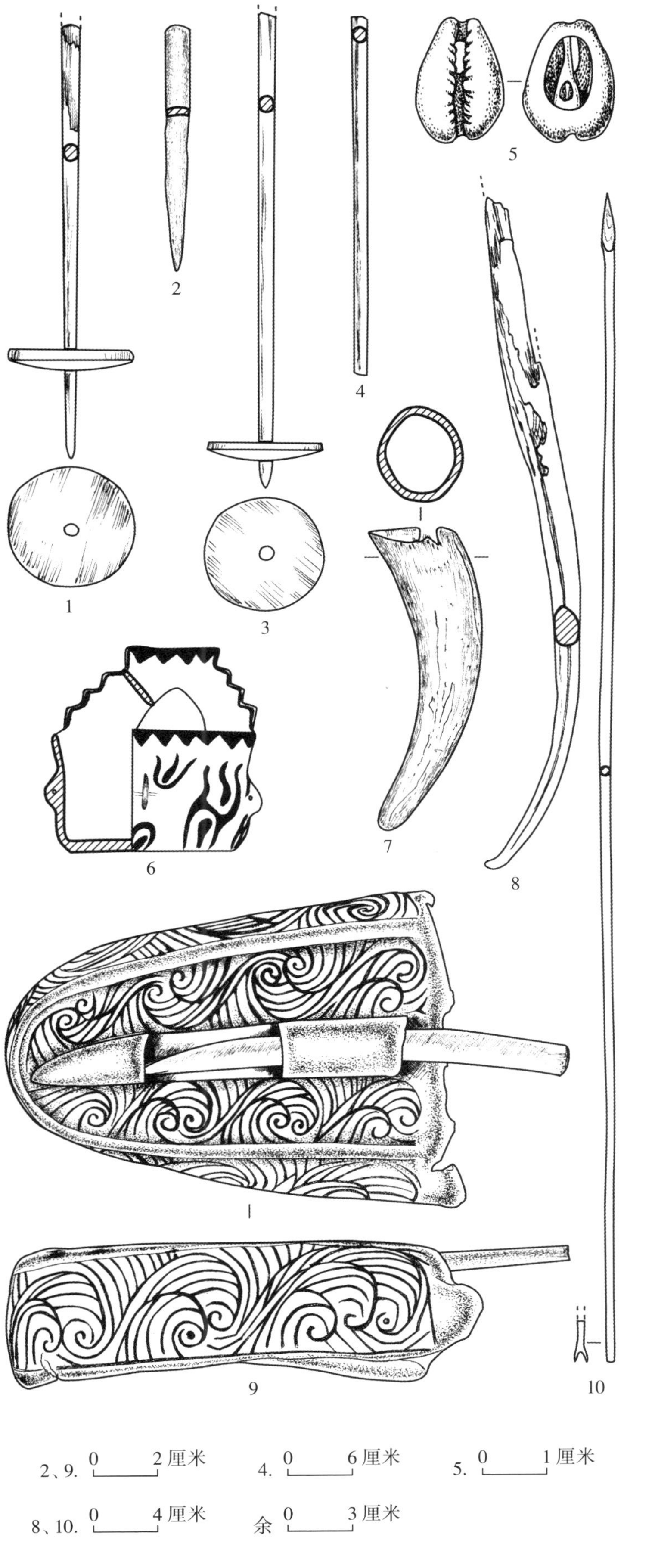

图四一一　ⅡM12随葬品

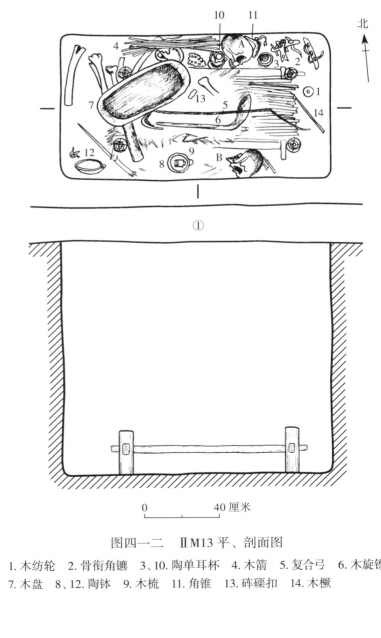

1、3. 木纺轮（ⅡM12：3、7）　2. 骨锥（ⅡM12：8）　4. 木器具（ⅡM12：5）　5. 海贝（ⅡM12：1-1）　6. 陶单耳杯（ⅡM12：2）　7. 角杯（ⅡM12：10）　8. 复合弓（ⅡM12：6）　9. 皮盒（ⅡM12：9）　10. 木箭（ⅡM12：4）

3.8~4.5、高14.4厘米（图四一一，7；图版一九五，2）。

11. 缂毛织物　绿、黑、黄、红四色相间的连续折线纹。残长21.5、宽11.4厘米（图版二六七，1）。

ⅡM13

墓葬概况

位于墓地中部探方内，西邻ⅡM178，北邻ⅡM9，墓向95°。C型，长方形竖穴土坑墓，直壁。墓口距地表深0.2米，墓口长1.42、宽0.8米，墓深1.26米。墓被盗扰，墓内上层填土中含有少量芦苇秆。墓底有四足木尸床，保存完好，木床长0.96、宽0.44、高0.15米。床面上铺有芦苇草。人的骨骼分散放置于床的周围，南北两侧各有一个颅骨，北侧为A，中年男性，年龄40~50岁；南侧颅骨B为青年女性，年龄18~22岁，下颌骨在床上，并压在木盘下。随葬的木纺轮、骨衔角镳、两件陶单耳杯、木橛、角锥在东北部，床上有复合弓、木旋镖、砗磲扣、木盘，北部有木箭，南部有木梳、两件陶钵（图四一二；图版二五，2）。

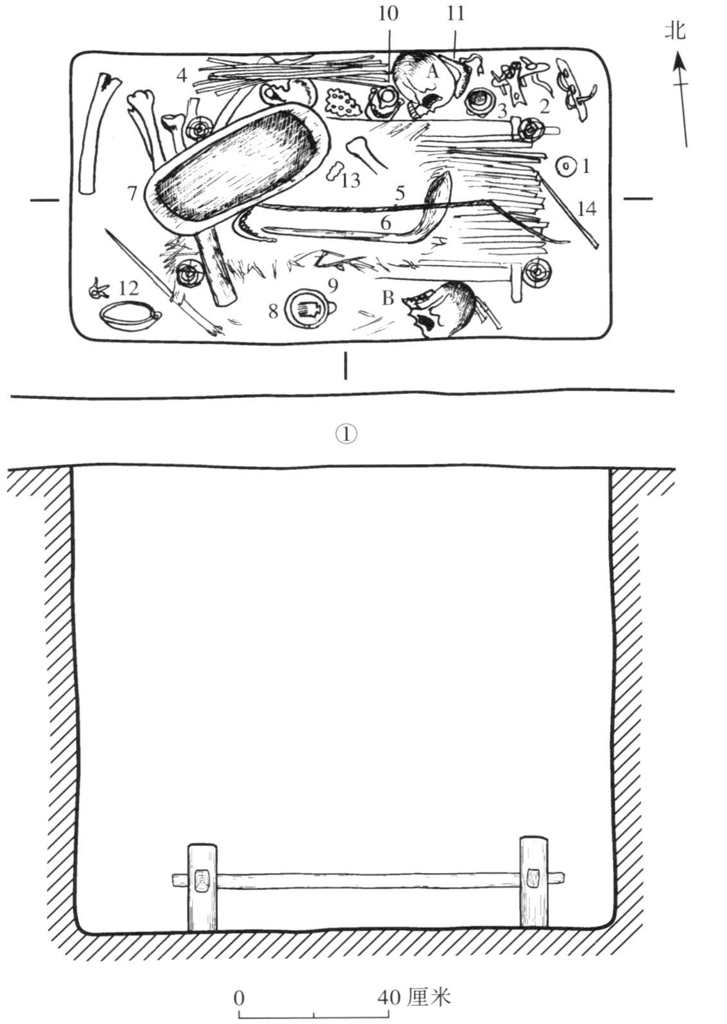

图四一二　ⅡM13平、剖面图

1. 木纺轮　2. 骨衔角镳　3、10. 陶单耳杯　4. 木箭　5. 复合弓　6. 木旋镖　7. 木盘　8、12. 陶钵　9. 木梳　11. 角锥　13. 砗磲扣　14. 木橛

随葬品

出土木、骨、陶器14件（组）。

1. 木纺轮　纺轮呈圆饼形，一面磨光，略外弧。线轴中间粗，两端细，表面磨光，一端刻有凹槽。线轴长43.6、直径0.5厘米，轮径5.3、厚0.85厘米（图四一三，11；图版一七五，4）。

2. 骨衔角镳　衔用动物肢骨制作而成，上有穿孔。镳用羚羊角钻孔制作。均用牛皮条连接。衔长15.6厘米，镳长15.7、19.8厘米（图四一三，6；图版一八六，7）。

3. 陶单耳杯　夹砂红陶。口微敞，方唇，鼓腹，圜底，单耳已残。口径5.6、腹径7.0、高5.6厘米（图四一三，2）。

4. 木箭　23支。形状有别。ⅡM13：4-1，箭头呈三棱形，其中一个棱角上有向后延伸的倒刺。长66.5、直径1.1厘米（图四一三，16；图版一六〇，2）。ⅡM13：4-2，残存箭杆。残长24.4、直径0.8厘米（图四一三，14）。ⅡM13：4-3，圆木箭杆尾端有凹槽，用以挂弦。残长45.2、直径0.8厘米（图四一三，15）。

5. 复合弓　用复合材料制作。中间为木片，上涂牛皮胶，两面粘牛角和牛筋。呈弧拱形，一曲，弓弰为两侧带刻槽形式，用于挂弦，弓体截面呈扁平状。长112.8、宽2.1、厚1.2厘米（图四一三，13；图版一八三，7）。

6. 木旋镖　依自然形状柽柳木加工而成。扁平，弯曲，短边较宽，长端截面近椭圆形，端部有圆形握手。个体较小而粗糙，夹角115°。长边46.8、短边19、厚2.1厘

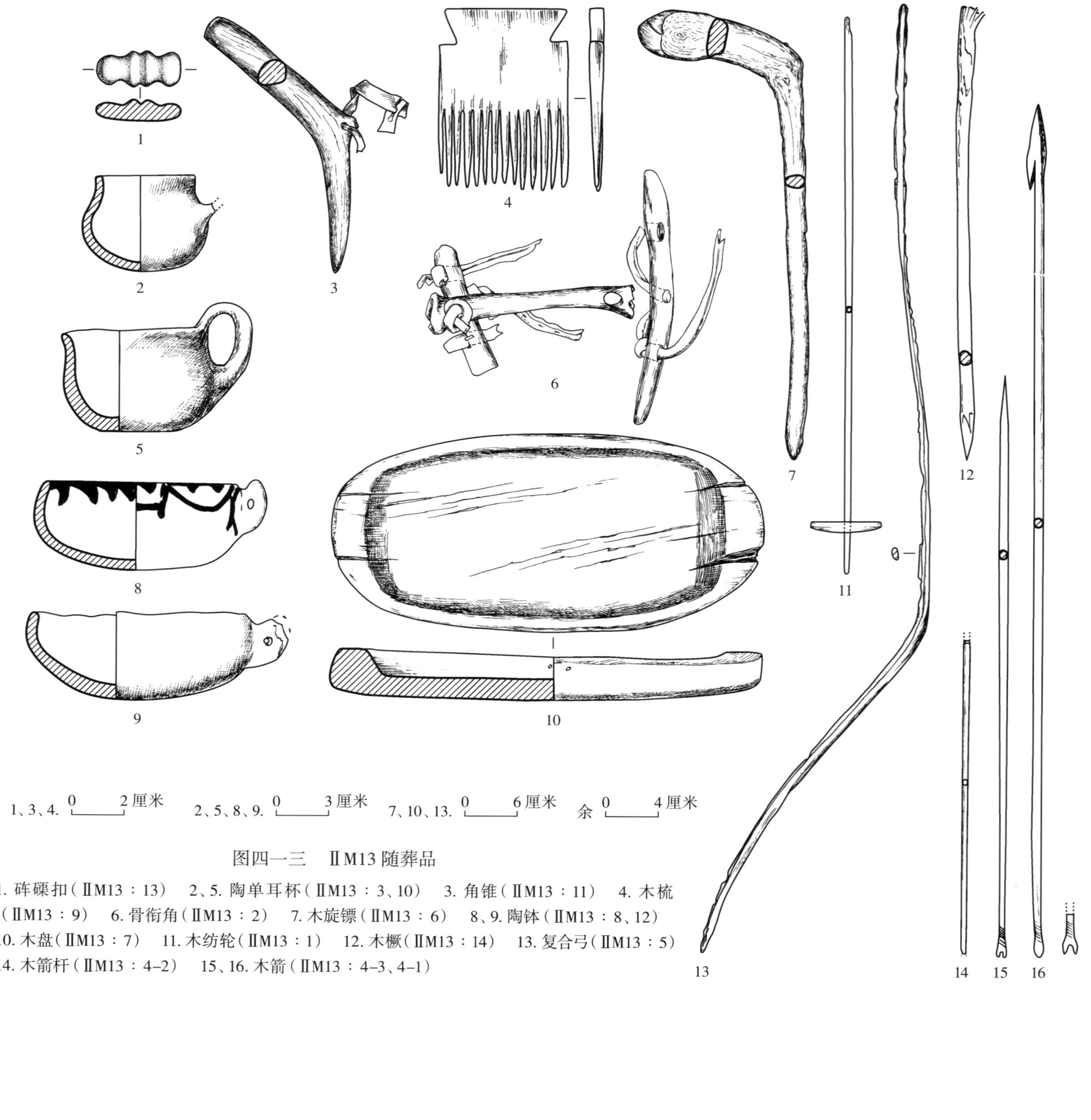

图四一三　ⅡM13随葬品

1. 砗磲扣（ⅡM13：13）　2、5. 陶单耳杯（ⅡM13：3、10）　3. 角锥（ⅡM13：11）　4. 木梳（ⅡM13：9）　6. 骨衔角（ⅡM13：2）　7. 木旋镖（ⅡM13：6）　8、9. 陶钵（ⅡM13：8、12）　10. 木盘（ⅡM13：7）　11. 木纺轮（ⅡM13：1）　12. 木橛（ⅡM13：14）　13. 复合弓（ⅡM13：5）　14. 木箭杆（ⅡM13：4-2）　15、16. 木箭（ⅡM13：4-3、4-1）

米（图四一三，7；图版一六九，5）。

7. 木盘　圆木掏挖、刻削而成。平面略呈椭圆形，敞口，平沿，短边沿较宽，浅腹，平底。底部外侧有刀刻划痕迹，应是反扣作砧板用。口长径 48.8、短径 23、高 5.6 厘米（图四一三，10；图版一三三，4）。

8. 陶钵　夹砂红陶。敞口，圆唇，浅腹，圜底，口沿下有单耳，耳上有穿孔。口沿内外饰锯齿纹，外侧口沿下饰波纹和不规则形纹。口径 10.2、腹径 11.6、高 5.4 厘米（图四一三，8；图版一一二，7）。

9. 木梳　平面呈纵长方形，梳柄长于梳齿部分，有肩。共 14 齿，截面呈三角形。长 7.15、宽 4.8、厚 0.55、齿长 3.1 厘米（图四一三，4；图版一五二，4）。

10. 陶单耳杯　夹粗砂红陶。敞口，小平底，单耳由口沿上扬再下翻至腹部。口径 7.6、底径 4.2、高 6、通高 7.7 厘米（图四一三，5；图版七三，2）。

11. 角锥　动物角制成。呈弧拱形，有锥尖，拱部有穿孔，穿有牛皮绳。长 10.9、直径 1.3 厘米（图四一三，3；图版一九〇，3）。

12. 陶钵　夹细砂红陶。敛口，浅腹，圜底，一侧有扁形柄，上有穿孔。口径 12.4、腹径 12.8、高 5.2 厘米（图四一三，9；图版一一二，8）。

13. 砗磲扣　形如指骨，米黄色，磨制光滑。长 3.2、宽 1.4、厚 0.8 厘米（图四一三，1；图版二〇六，10）。

14. 木橛　长木条制成。圆锥形，末端分叉。长 35.5、直径 1 厘米（图四一三，12）。

ⅡM14

墓葬概况

位于墓地中部探方内，东邻ⅡM178，北邻ⅡM10，墓向 115°。C 型，圆角长方形竖穴土坑墓，直壁。墓口长 1.63、宽 0.9 米，墓深 1.2 米。墓内填土中夹有芦苇。墓被盗掘，墓底有木尸床，床仅存框架，床面已残朽无存，木床长 1.18、宽 0.49、高 0.2 米。单人葬，人骨架落于床下，颅骨在床外东北角，面向下，中年男性，年龄 40~50 岁。北部有木取火棒、铜衔、骨镳、角镳、木扣，复合弓在床中间；木撑板在东头；带杆骨镞和木取火棒在南边（图四一四）。

随葬品

出土木、骨、铜器 9 件（组）。

1. 木取火板　呈圆角长方形，一端残，现存钻火孔七个，圆形，孔内有黑色炭迹。残长 27.6、宽 2.8 厘米（图四一五，6；图版一六五，9）。

2. 铜衔　由两部分组成，接处为圆环套接，另一端为扁状呈马镫形，中有圆形镂孔。残长 20.1、直径 1.6 厘米（图四一五，4；图版二〇一，7）。

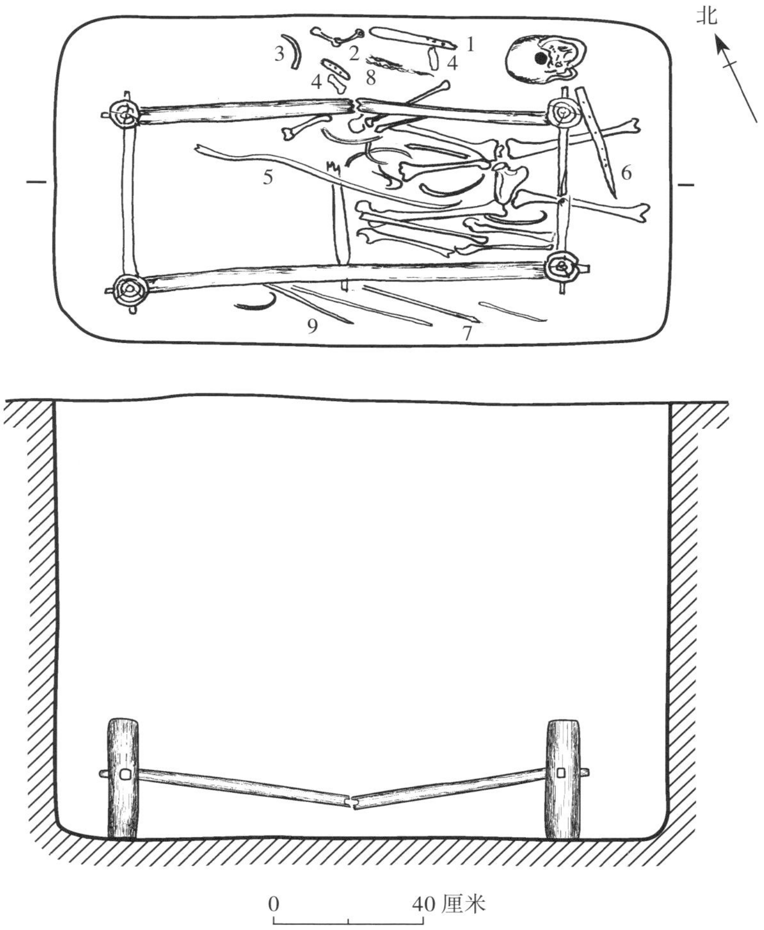

图四一四　ⅡM14 平、剖面图

1. 木取火板　2. 铜衔　3. 角镳　4. 木扣　5. 复合弓　6. 木撑板　7. 骨镞　8. 骨镳　9. 木取火棒

3. 角镳　角形。一端截面为方形，一端截面为圆形，有尖，钻有三孔，上穿有牛筋绳。表面磨光。长 14、直径 1.6 厘米（图四一五，8；图版一八七，2）。

4. 木扣　2 件。木条削刻而成（图版一五七，6）。ⅡM14：4-1，纵截面呈“工”字形（图四一五，2）；ⅡM14：4-2，呈“凹”字形。长 5.3~5.5、直径 0.7~1.2 厘米（图四一五，3）。

5. 复合弓　残。中间为韧木片，上下贴以骨胶片，外面包有牛筋片，再缠以牛筋绳，其外又包有牛筋片。长 70.4、宽 2.4、厚 1.6 厘米（图四一五，10）。

6. 木撑板　长方弧脊形，一头宽一头窄，上有钻孔十四个，呈折线状分布。长 48.8、宽 2.2、厚 0.8 厘米（图四一五，9；图版一六三，10）。

7. 骨镞　带木箭杆，接口处用线捆绑后刷胶。箭头呈三棱形，略显尾翼，上面涂抹有黑色物质。残长 32、直径 0.7、镞长 3.4 厘米（图四一五，5）。

8. 骨镳　圆柱体，两端亦弧。钻有三孔。通体光滑。

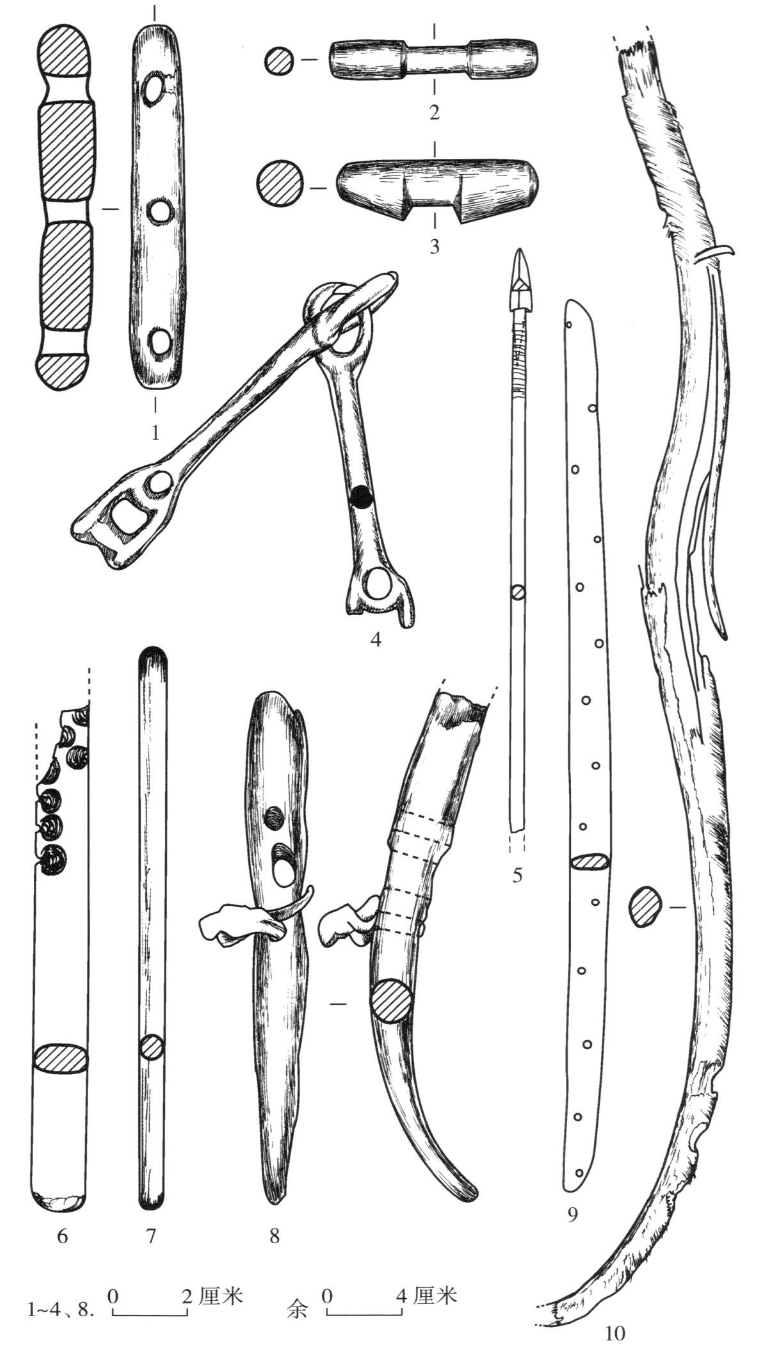

图四一五　ⅡM14 随葬品

1. 骨镳（ⅡM14：8）　2、3. 木扣（ⅡM14：4-1、4-2）　4. 铜衔（ⅡM14：2）
5. 骨镞（ⅡM14：7）　6. 木取火板（ⅡM14：1）　7. 木取火棒（ⅡM14：9）
8. 角镳（ⅡM14：3）　9. 木撑板（ⅡM14：6）　10. 复合弓（ⅡM14：5）

长 10、直径 1.5 厘米（图四一五，1；图版一八五，3）。

9. 木取火棒　木取火棒截面为圆形，两端呈圆弧状，上有碳迹。杆长 30.8、直径 1.2 厘米（图四一五，7）。

ⅡM15

墓葬概况

位于墓地中部探方内最西端，西南邻ⅡM17，东邻ⅡM18，墓向 125°。C 型，圆角长方形竖穴土坑墓，直壁。墓窄小，距地表浅，墓长 1.3、宽 0.62 米，墓深 0.5 米。

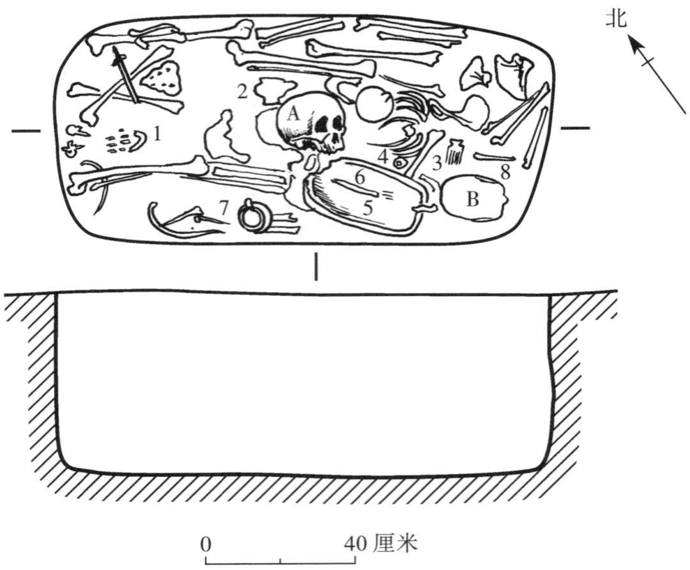

图四一六　ⅡM15 平、剖面图

1. 木纺轮　2. 陶圈足罐　3. 木梳　4. 陶纺轮　5. 木钉　6. 陶盘　7. 陶单耳杯　8. 骨锥

该墓曾进水，填土板结成块状，质地坚硬，墓底人骨凌乱，所有椎骨缺失，从长骨和颅骨看，共有两个个体，A 颅骨位于墓东南角，成年男性，年龄 20~25 岁。中部颅骨为 B，壮年女性，年龄 25~35 岁。随葬的木梳、陶纺轮、木钉、陶盘、骨锥在东南角，木纺轮、陶圈足罐和陶单耳杯位于墓室西部（图四一六）。

随葬品

出土木、陶、骨器 8 件。

1. 木纺轮　圆线轴上端残，下端稍细。纺轮呈圆形，面平，底弧拱。线轴残长 13.4、直径 0.6 厘米，轮径 3.4、厚 1.4 厘米（图四一七，4）。

2. 陶圈足罐　夹砂红陶。直口，方唇，鼓腹，矮圈足，口沿下有鋬，作绵羊头像，角、耳、眼、嘴等雕塑逼真。口径 8.4、腹径 10.2、足径 6.8、高 8、通高 8.4 厘米（图四一七，8；图版六四，6）。

3. 木梳　木板刻削而成。平面呈纵长方形，梳柄较长，亚腰形，齿呈圆锥形。有 11 齿。长 8.1、宽 4、厚 0.78、齿长 3 厘米（图四一七，2；图版一五二，5）。

4. 陶纺轮　夹粗砂红陶。圆饼形。直径 4.1、厚 1.4 厘米（图四一七，1；图版一二五，7）。

5. 木钉　木枝条削制而成。末端已被打击分叉。长 17、直径 1 厘米（图四一七，5）。

6. 陶盘　夹砂红陶。平面呈椭圆形。直口，平沿，浅腹，平底。残长径 34.4、短径 18、高 4.2 厘米（图四一七，6）。

7. 陶单耳杯　夹砂红陶。直口，圆唇，垂腹，圜底，单耳由沿微上扬，下翻至腹部。口径 6.6、腹径 8.6、高 6.9、通高 7.6 厘米（图四一七，7）。

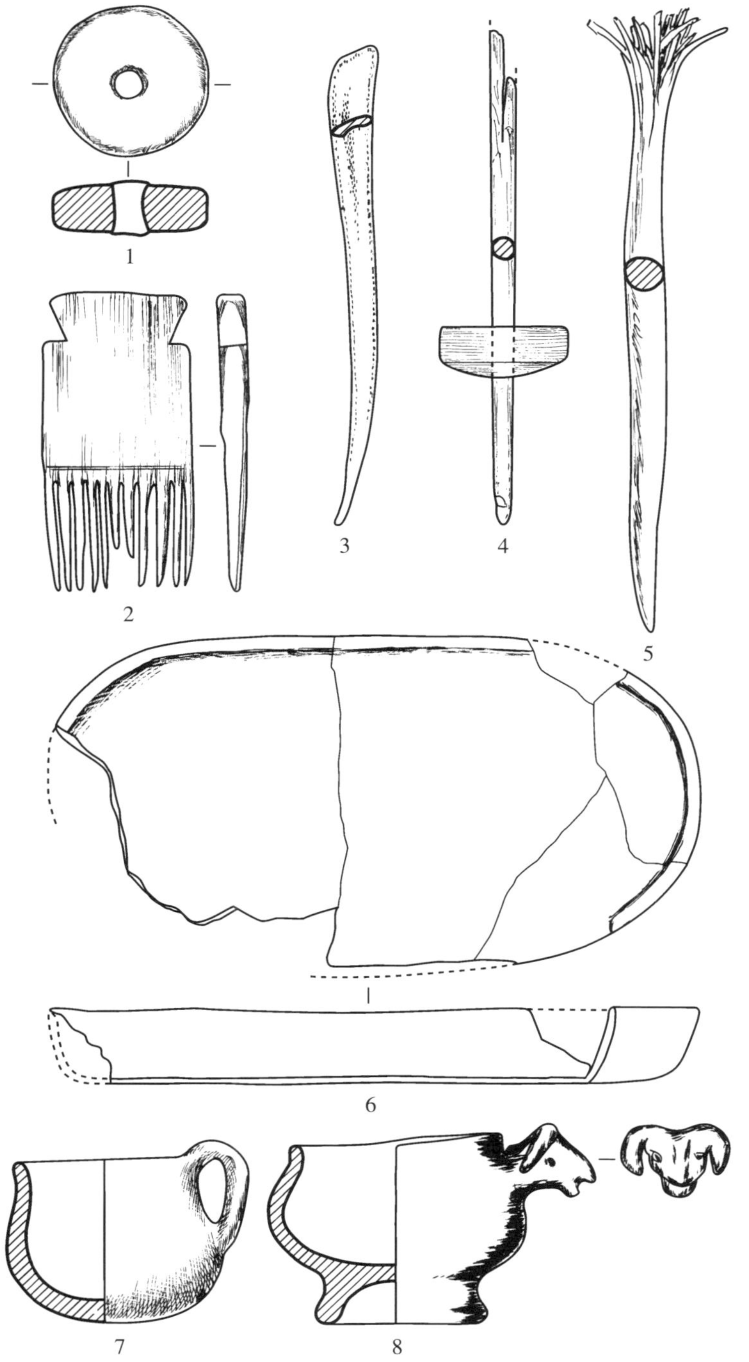

图四一七　ⅡM15随葬品

1. 陶纺轮（ⅡM15：4）　2. 木梳（ⅡM15：3）　3. 骨锥（ⅡM15：8）
4. 木纺轮（ⅡM15：1）　5. 木钉（ⅡM15：5）　6. 陶盘（ⅡM15：6）
7. 陶单耳杯（ⅡM15：7）　8. 陶圈足罐（ⅡM15：2）

8. 骨锥　扁状，表面光滑，锥尖锐利。长13.2、宽1.2厘米（图四一七，3；图版一八八，3）。

ⅡM16

墓葬概况

位于墓地中部探方内，东邻ⅡM6，西南邻ⅡM12，墓向118°。C型，圆角长方形竖穴土坑墓，直壁。墓口距地表深0.2米，墓口长1.8、宽0.78米，墓深1.24米。墓口填土中有干芦苇和土坯残块。墓被盗扰，人骨散乱残缺，单人葬，头骨位于东北部，面向东，中年男性，年龄35~45岁。无葬具。两支木箭和陶碗在中部，骨锥在东头，木钉在西端。随葬的绵羊头骨在西南角（图四一八）。

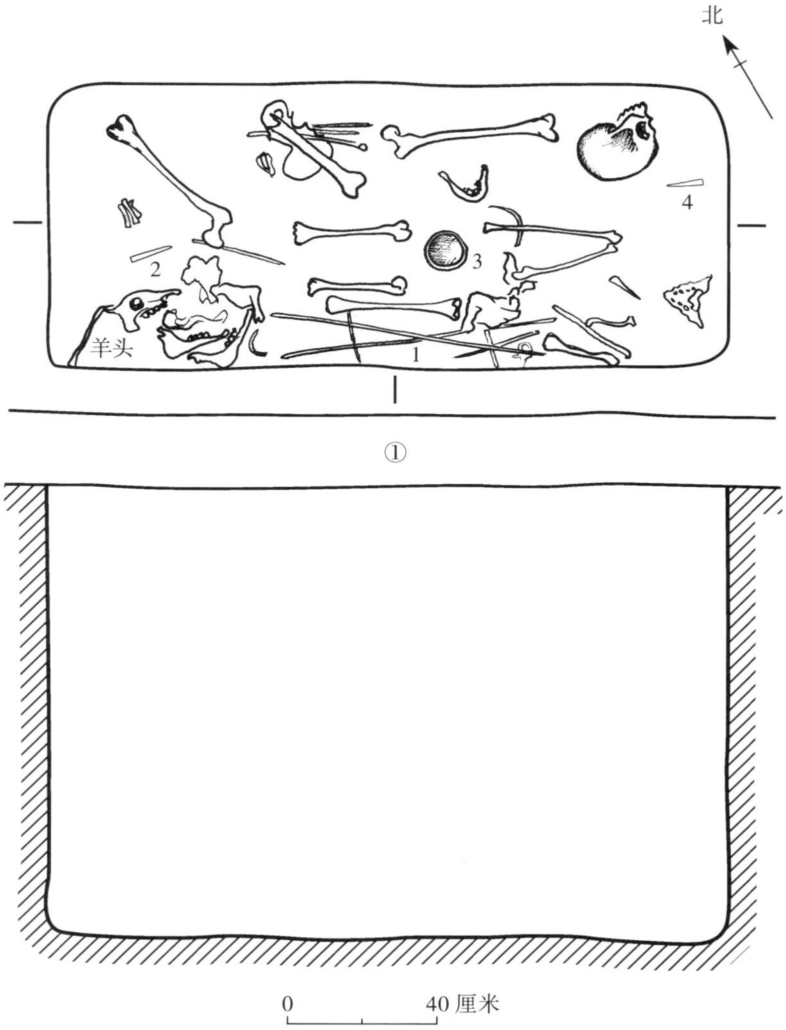

图四一八　ⅡM16平、剖面图

1. 木箭　2. 木钉　3. 陶碗　4. 骨锥

随葬品

出土木、陶、骨器4件（组）。

1. 木箭　2支。ⅡM16：1-1，箭头截面呈菱形，有倒刺。圆箭杆尾端有槽，以挂弦，尾端有用牛筋绳缠绕。长63.4、直径0.8、箭头长5.3厘米（图四一九，4）。

2. 木钉　圆木削制而成。呈圆锥状。长14.3、直径1.1厘米（图四一九，1）。

3. 陶碗　夹砂红陶。敞口，束颈，弧腹，平底。腹部有小单耳。器表内外涂有红陶衣，口沿内饰锯齿纹，器表饰从口沿处延伸的大三角纹，纹内有一块小三角留白。口径10.8、底径6.2、高7.8厘米（图四一九，3）。

4. 骨锥　动物骨加工而成。表面磨制光滑，锥尖锐利。

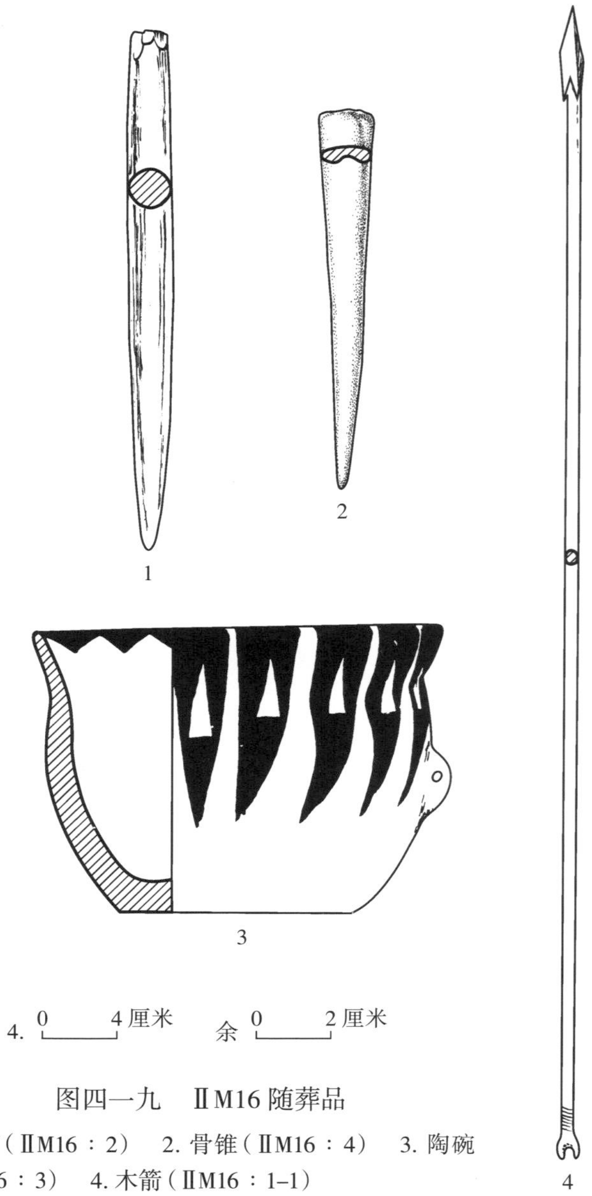

图四一九　ⅡM16随葬品

1. 木钉（ⅡM16：2）　2. 骨锥（ⅡM16：4）　3. 陶碗（ⅡM16：3）　4. 木箭（ⅡM16：1–1）

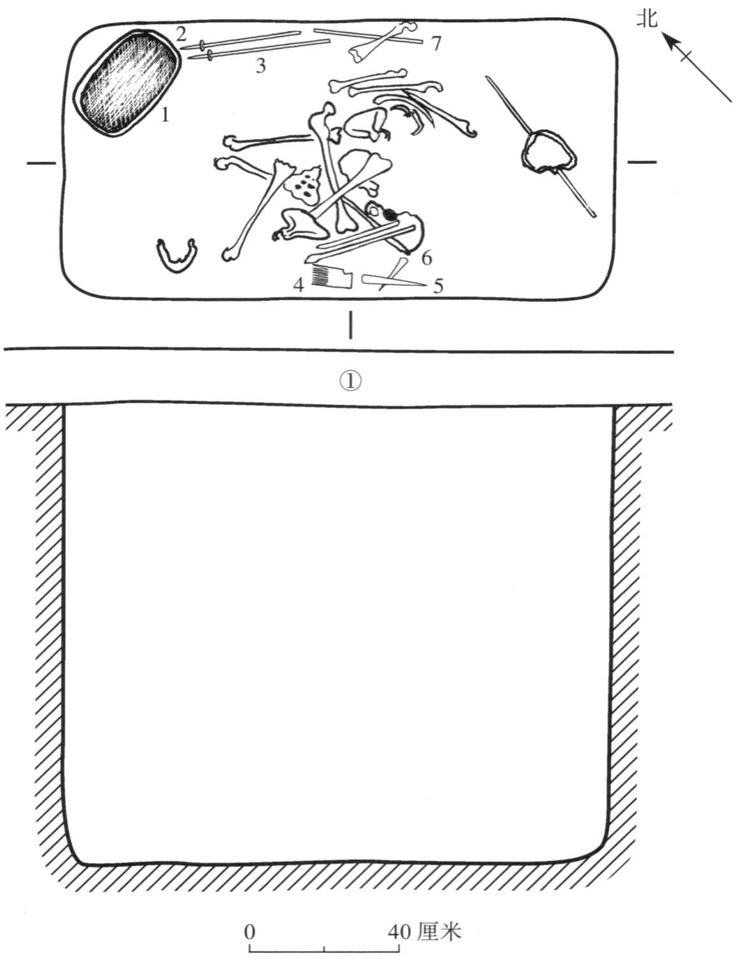

图四二〇　ⅡM17平、剖面图

1. 木四足盘　2、3. 木纺轮　4. 木梳　5、6. 骨锥　7. 木棍

长10.3厘米（图四一九，2；图版一八八，4）。

ⅡM17

墓葬概况

位于墓地中部探方内，东北邻ⅡM15，东南邻ⅡM12，墓向134°。C型，长方形竖穴土坑墓，直壁。墓口距地表深0.15米，墓口长1.46、宽0.76米，墓深1.25米。墓被盗掘，人骨架集中堆放在墓底中部，未见颅骨，但从髋骨和尾骨看，为成年女性。无葬具。随葬的木四足盘、木纺轮两件在西北角，木棍在北部中间，木梳、骨锥两件在南部（图四二〇）。

随葬品

出土木、骨器7件。

1. 木四足盘　圆木掏挖、刻削而成。平面呈圆角长方形，短边起拱，沿稍宽。圆唇，浅腹，长边一侧有小穿孔，底有四足。底面有刀剁痕。长33、宽22.9、高6.8厘米（图四二一，4；图版一四二，1）。

2. 木纺轮　纺轮为圆饼形。线轴中间略粗，两端细，一端有刻槽。线轴长40、直径0.8厘米，轮径4.8、厚0.9厘米（图四二一，5；图版一七六，7）。

3. 木纺轮　纺轮为圆饼状，一面平，一面微弧。线轴一端稍尖，另端有凹槽。线轴长40.8、直径0.6厘米，轮径5.2、厚0.8厘米（图四二一，6；图版一七六，8）。

4. 木梳　呈纵长方形，齿为圆锥形，11齿。长7.8、宽3.9、齿长3.4厘米（图四二一，1；图版一五二，6）。

5. 骨锥　骨片磨制。呈扁锥体，尖残。通体光滑。残长13.1、宽0.3~1.4、厚0.3厘米（图四二一，3；图版一八八，5）。

6. 骨锥　呈扁锥体，尖锐，后端有穿系小孔。通体磨光。长11.2、宽1.1、厚0.2厘米（图四二一，2；图版一八八，6）。

7. 木棍　呈长圆柱形，其上钻有十三个小孔，无规则，

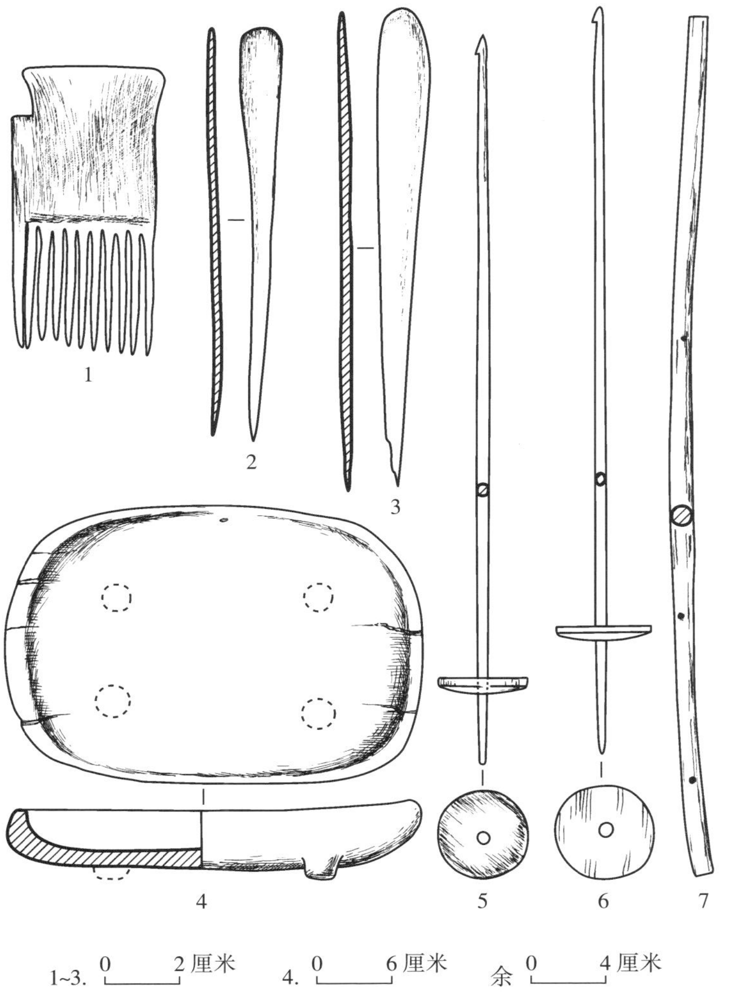

图四二一　ⅡM17随葬品

1. 木梳（ⅡM17：4）　2、3. 骨锥（ⅡM17：6、5）　4. 木四足盘（ⅡM17：1）　5、6. 木纺轮（ⅡM17：2、3）　7. 木棍（ⅡM17：7）

图四二二　ⅡM18平、剖面图

1. 木箭　2. 木鞭杆　3. 木盘　4. 木梳　5. 陶单耳罐　6. 复合弓　7. 木线轴　8. 皮靴

未钻透。可能为弓箭袋木撑板。长46.6、直径1.17厘米（图四二一，7）。

ⅡM18

墓葬概况

位于墓地中部探方内，西南邻ⅡM16，东南邻ⅡM6，墓向121°。C型，圆角长方形竖穴土坑墓，直壁。墓口长1.65、宽0.96米，墓深1.2米。墓口和墓内填土中有芦苇。墓底有人骨一具，上肢和头颅已扰乱，下肢呈盘屈状，脚穿皮靴，羊皮大衣已残成碎片，置于散乱人骨中，骨架下铺苇草，单人葬，壮年男性，年龄25~35岁。随葬的木盘、陶单耳罐、复合弓在东南部，木箭、木梳在中西部，木鞭杆和木线轴在西北角（图四二二）。

随葬品

出土木、陶器和皮制品8件（组）。

1. 木箭　箭头呈三棱锥状，一侧有倒钩刺；圆箭杆后端有挂弦槽。长73、直径0.8、箭头长7.2厘米（图四二三，7）。

2. 木鞭杆　长木杆削制而成。两端有系绳刻槽。长54、直径1.27厘米（图四二三，5）。

3. 木盘　圆木掏挖、刻削而成。平面呈圆角长方形，短边起拱，方唇，浅腹，平底，长边一侧有穿孔。底部外侧有刀剁痕。长43.3、宽23.8、高5.8厘米（图四二三，6；图版一三五，5）。

4. 木梳　平面呈纵长方形，梳柄后端为亚腰形，梳齿为圆锥状。长7、宽4、厚0.6、齿长3.1厘米（图四二三，1）。

5. 陶单耳罐　夹砂红陶。口微敞，圆唇，短颈，鼓腹，圜底，单耳由沿下翻至腹部。口沿内饰垂帐纹，器表饰双线条交叉纹，耳部饰“X”纹。口径9、腹径13、通高11.9厘米（图四二三，2；图版四八，5）。

6. 复合弓　残。复合式，中间为厚约1厘米的韧木片，一边粘牛角，外面包有牛筋片，再外面缠有牛筋绳。残长40、宽1.98、厚1厘米（图四二三，3）。

7. 木线轴　由长木杆刮削而成。一端残，一端有刻槽。线轴残长42.6、直径0.8厘米（图四二三，4）。

8. 皮靴　一双。底、帮牛皮制，筒用长方形羊皮革块缝制，均未带毛。针脚细密。长28.68、高27.2厘米（图四二三，8、9）。

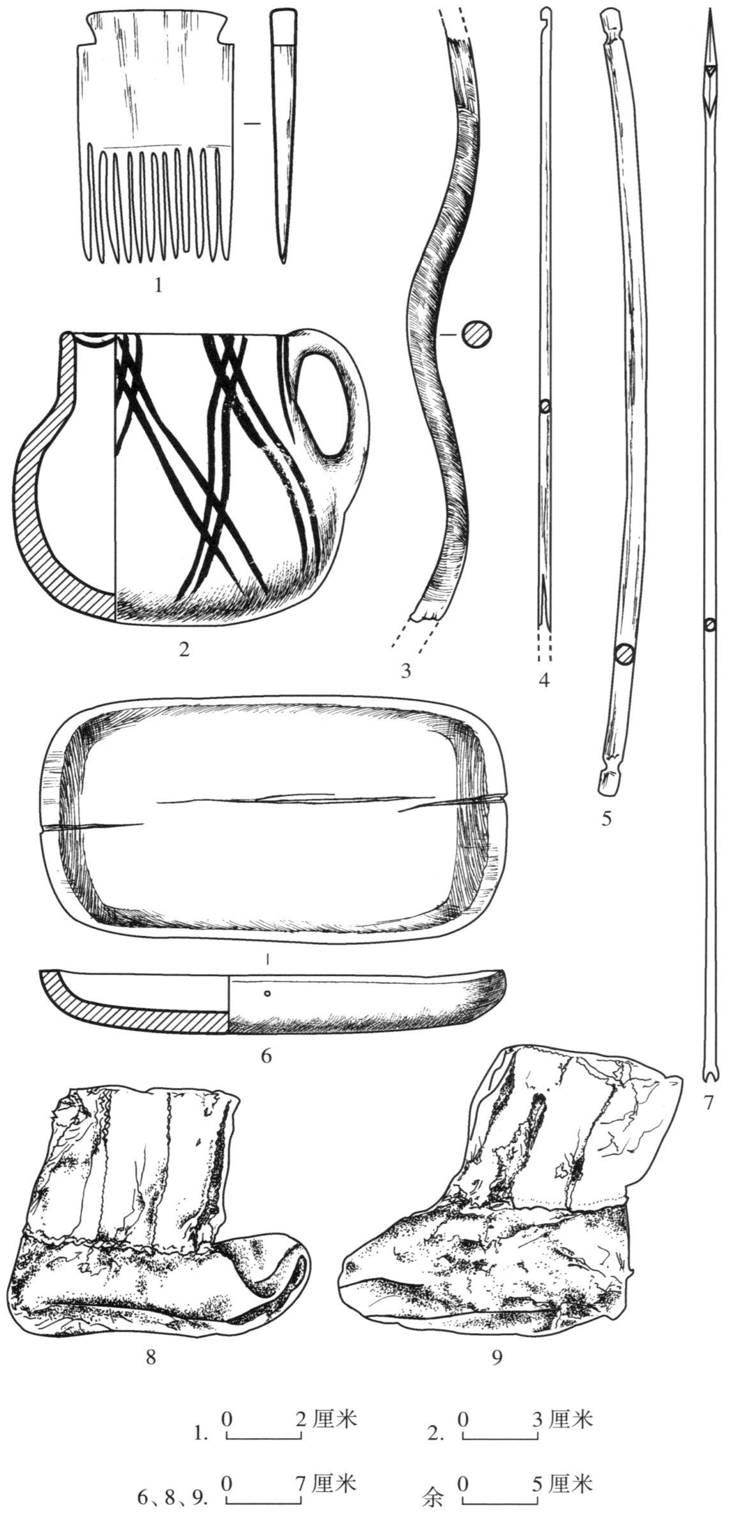

图四二三　ⅡM18随葬品

1. 木梳（ⅡM18：4）　2. 陶单耳罐（ⅡM18：5）　3. 复合弓（ⅡM18：6）　4. 木线轴（ⅡM18：7）　5. 木鞭杆（ⅡM18：2）　6. 木盘（ⅡM18：3）　7. 木箭（ⅡM18：1）　8、9. 皮靴（ⅡM18：8左、8右）

ⅡM19

墓葬概况

位于墓地中部探方内，南邻ⅡM177，东邻ⅡM7，墓向120°。C型，长方形竖穴土坑墓，直壁。墓口距地表深0.2米，墓长1.52、宽0.76米，墓深1.02米。墓口和墓内填土中夹有芦苇。墓被盗，两具经翻动过的人骨被弃于墓底西面南北两边，其中一个颅骨B在西北角，青年男性，年龄18~22岁；另一个颅骨A位于南壁下人腿骨旁，中年女性，年龄35~45岁。无葬具。墓葬西南角有羊皮大衣，已成碎片。随葬的陶圈足罐在北部，木纺轮和骨锥在中西部，陶单耳壶、木梳、毛编织带在西南角（图四二四）。

随葬品

出土木、陶、骨器和毛织品6件。

1. 木纺轮　纺轮为圆饼形，一面平，一面微弧。线轴一端为锥形。线轴长36、直径0.8厘米，轮径5.2、厚1.2厘米（图四二五，5；图版一七七，1）。

2. 陶单耳壶　夹砂红陶。敞口，方唇，球形腹，小平底，颈肩处有小单耳。内沿饰锯齿纹，外沿下饰网状纹，颈

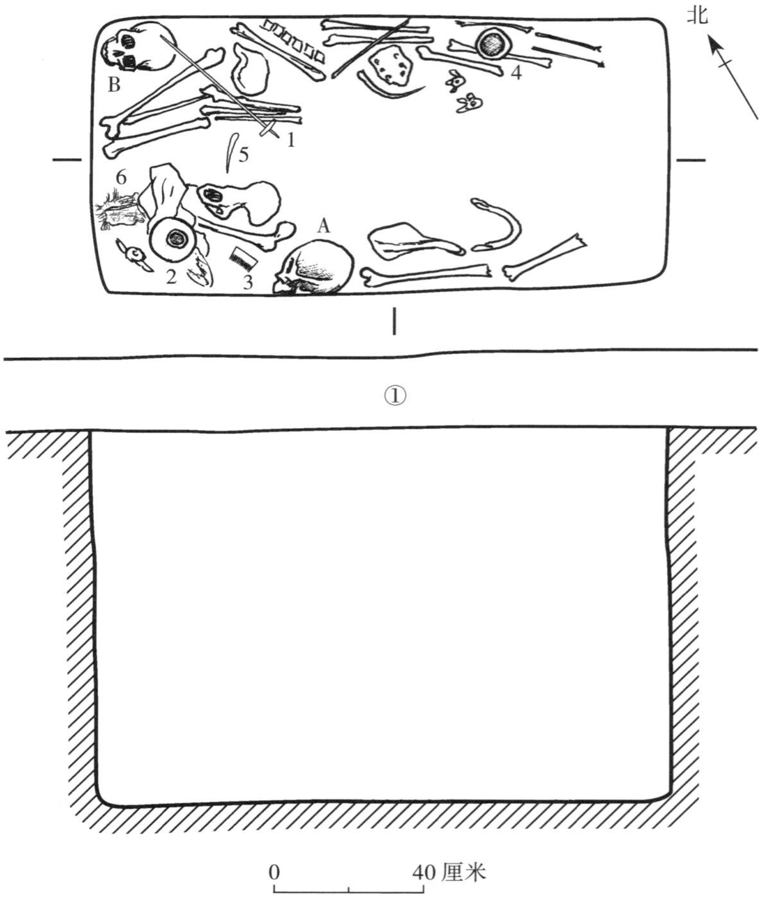

图四二四　ⅡM19平、剖面图

1. 木纺轮　2. 陶单耳壶　3. 木梳　4. 陶圈足罐　5. 骨锥　6. 毛编织带

部饰双横线，横线内填饰涡纹，腹部双横线内饰须状涡纹。口径 8、腹径 15.8、底径 6.6、高 18.8 厘米（图四二五，3；图版一〇二，4）。

3. 木梳　呈横长方形，直背，背较窄。扁锥齿单体制作，然后拼粘在一起，用薄木板粘制成梳柄，共计 22 齿，齿尖锐利，使用齿参差不齐。长 4.2、宽 7.24、厚 0.95、齿长 2.1 厘米（图四二五，2；图版一五四，4）。

4. 陶圈足罐　夹砂红陶。敞口，小圆唇，束颈，圆垂腹，喇叭形小圈足，沿至下腹有细长条状单耳。口沿内外饰锯齿纹，腹部饰连续折线纹，耳饰三道横线。口径 8.2、腹径 9.8、足径 4.9、高 10.2 厘米（图四二五，1；图版六五，1）。

5. 骨锥　磨制光滑。一端扁状，一端尖锐。长 13.5、宽 1.35 厘米（图四二五，4；图版一八八，7）。

6. 毛编织带　用毛线编织而成，绿、黄色毛编织带缝缀在一起。长 10.3、宽 7.5 厘米。

ⅡM20

墓葬概况

位于墓地中部探方南侧，北邻ⅡM177，墓向 110°。C 型，长方形竖穴土坑墓，直壁。墓口距地表深 0.15~0.18 米，墓口长 1.76、宽 0.99 米，墓深 1.42 米。墓被盗，墓口和墓内填土中夹有芦苇秆、黄色细沙。墓底铺有芦苇草，人骨移位，凌乱残缺不全，两个人颅骨分别位于墓底西部和东北部。东部颅骨 A 为中年女性，年龄 35~40 岁；偏西部的颅骨 B 为中年男性，年龄 35~40 岁。墓底西端有皮衣残片。西南角随葬羊头一个。在墓底西端出土木盘，中部有木盆、皮盒、陶单耳罐、木扣、木钉（图四二六）。

随葬品

出土木、陶、皮质器物 6 件。

1. 木盘　圆木刻削而成。平面为椭圆形，敞口，宽沿，浅腹，底平。底原有四足，均残缺。口沿下有一穿孔。口长径 24.6、短径 19.4、底径 16、高 4.4 厘米（图四二七，3；图版一三五，6）。

2. 陶单耳罐　夹砂红陶。敞口，圆唇，短颈，鼓

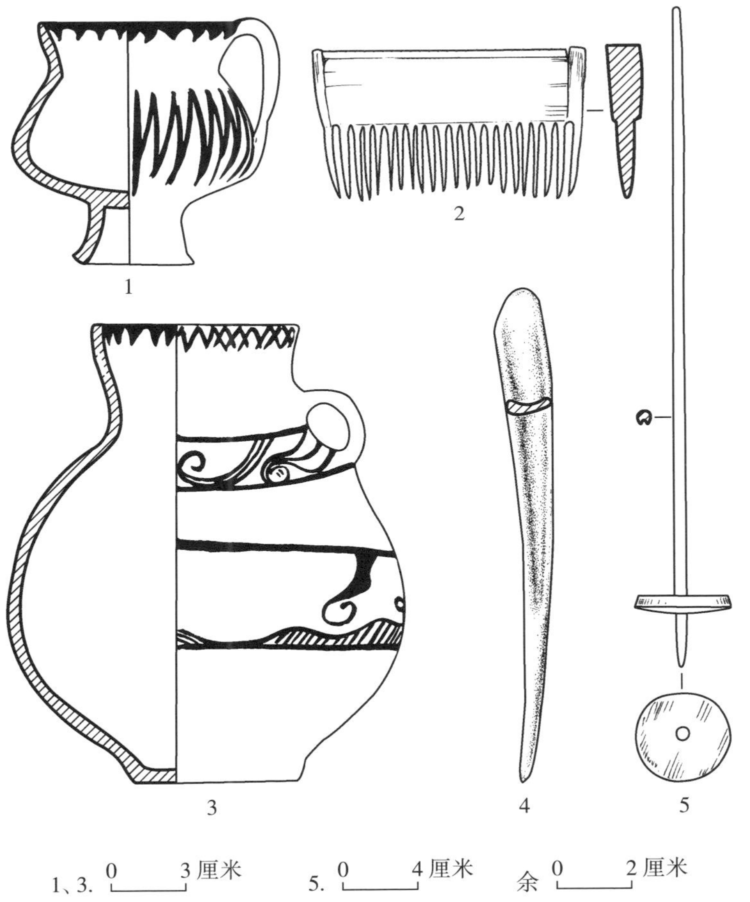

图四二五　ⅡM19 随葬品

1. 陶圈足罐（ⅡM19：4）　2. 木梳（ⅡM19：3）　3. 陶单耳壶（ⅡM19：2）　4. 骨锥（ⅡM19：5）　5. 木纺轮（ⅡM19：1）

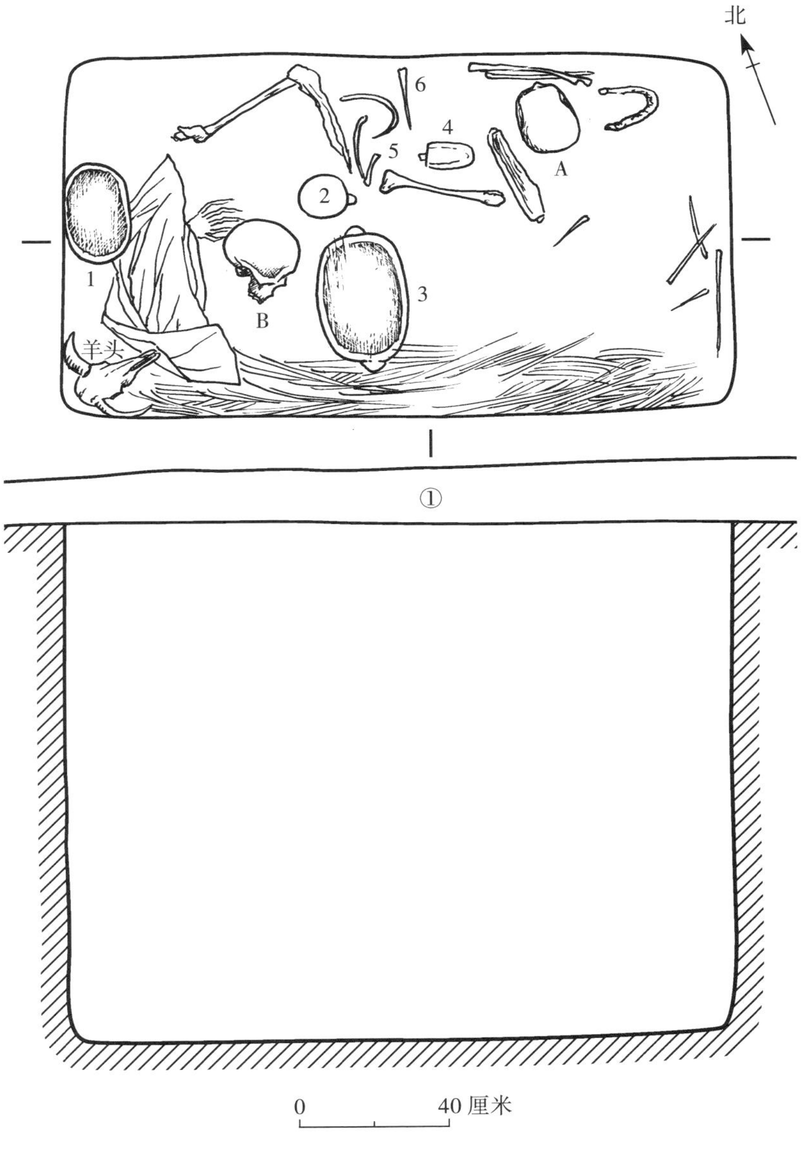

图四二六　ⅡM20 平、剖面图

1. 木盘　2. 陶单耳罐　3. 木盆　4. 皮盒　5. 木扣　6. 木钉

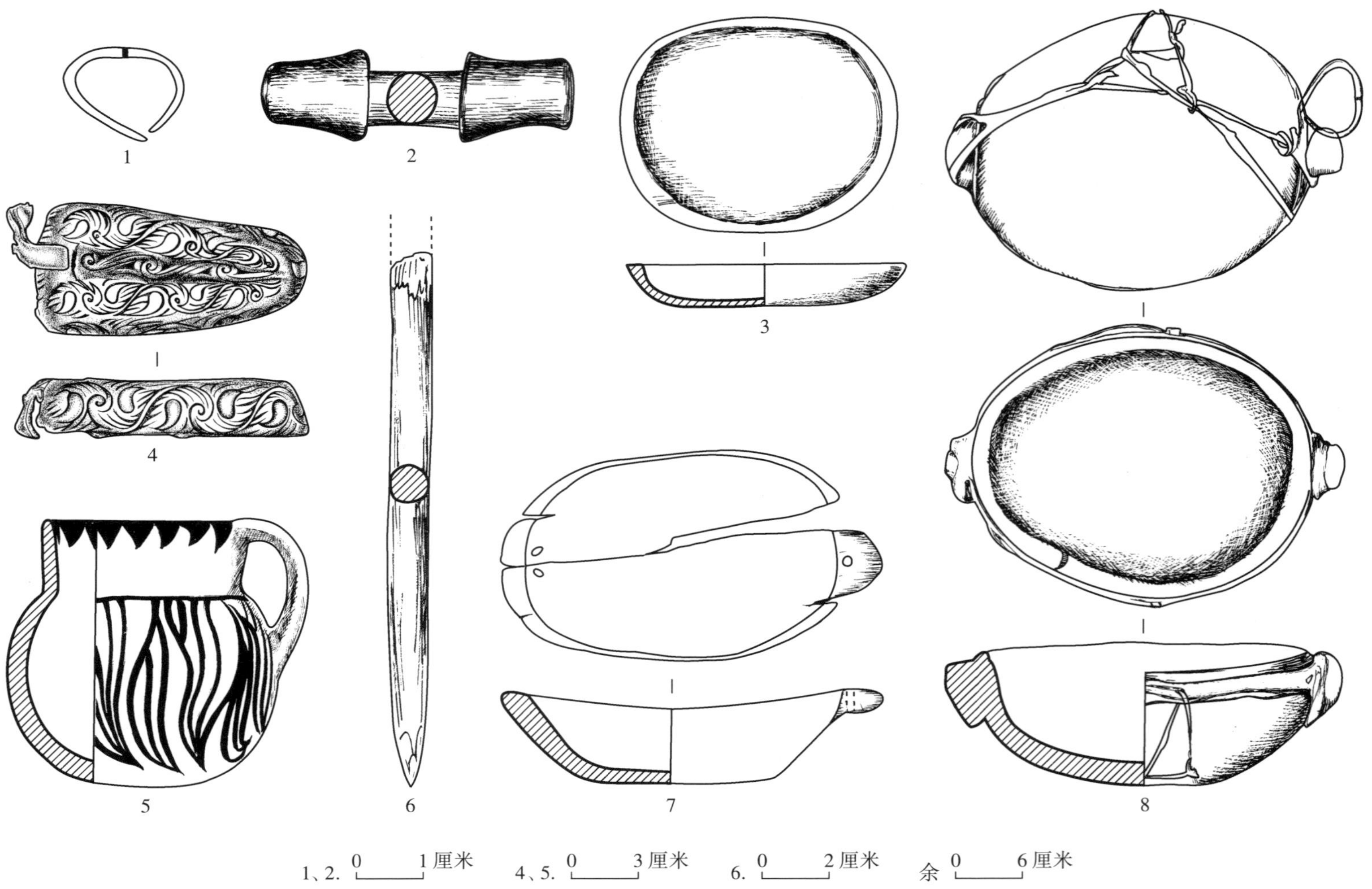

图四二七 ⅡM20、ⅡM21随葬品

1. 金耳环（ⅡM21：2） 2. 木扣（ⅡM20：5） 3、7. 木盘（ⅡM20：1、ⅡM21：1） 4. 皮盒（ⅡM20：4） 5. 陶单耳罐（ⅡM20：2） 6. 木钉（ⅡM20：6） 8. 木盆（ⅡM20：3）

腹，底近平，单耳由口沿下翻至腹底。口沿内外饰连续细密的锯齿纹，器表饰由颈部向下延伸的细条带纹。口径8.2、腹径11.8、高12.3厘米（图四二七，5；图版四八，6）。

3. 木盆 圆木掏挖、刻削而成。平面近椭圆形，直口，腹较深，圜底，沿下有对称双鋬，以鋬作支点在盆外捆绑皮条加固盆体。有一侧被磨穿了。口长径30、短径25.2、高12.8厘米（图四二七，8；图版一四六，3）。

4. 皮盒 平面呈近梯形，短边弧形，上面无盖，中空。长边穿有皮条。器表压出螺旋纹，内填平行线。长13.5、宽5.6、高3厘米（图四二七，4；图版二二九，1）。

5. 木扣 圆木棍削制。束腰状，个体较小，多用在马具、弓箭袋、皮盒上。长4.5、直径0.8~1.3厘米（图四二七，2；图版一五七，4）。

6. 木钉 6件。木条削制而成。圆锥形。长16.1、直径1.2厘米（图四二七，6）。

ⅡM21

墓葬概况

位于墓地中部探方内，西邻ⅡM177，北邻ⅡM7，墓向94°。C型，长方形竖穴土坑墓。墓口窄长，墓长1.16、宽0.52米，墓深0.76米。墓底人骨残朽缺失较多，但可看出呈东西向，颅骨稍有错位，在东北角，侧身屈肢，为一未成年人（女？），年龄10~12岁。无葬具。随葬的木盘在中北部，金耳环在东部下颌骨旁（图四二八）。

随葬品

出土木、金器2件。

1. 木盘 圆木刻、挖、削制。口呈椭圆形，一端有三角形木柄，柄上钻有系绳小孔，敞口，浅腹，圜底，两端沿较厚，反扣为砧板，底有刀剁痕。口长径30、短径19.2、高8.8厘米（图四二七，7）。

2. 金耳环 用扁形金条弯制成环状，两端不闭合。环径1.4~1.8、丝径0.15厘米（图四二七，1）。

ⅡM22

墓葬概况

位于墓地中部探方内，东邻ⅡM26，南邻ⅡM23，墓向127°。C型，圆角长方形竖穴土坑墓，四边略起弧。墓口长1.56、宽0.92米，墓深1米。墓底有人骨一具，骨架保存较差，头东脚西，侧身屈肢，下肢侧上屈依靠于墓室南壁，为中年男性，年龄40~50岁。无葬具。脚下随葬一羊头。随葬的复合弓、木撑板、皮带均位于墓葬的中北部稍偏东处，在人颅骨的东北角放置木盘、陶单耳罐，木盘内有木箭残段（图四二九；图版二五，3）。

随葬品

出土陶、木、皮质器物6件。

1. 木盘　圆木掏、挖、削制而成。平面呈近长方形。敞口，圆唇，短边沿较宽，浅腹，圜底，底面有刀剁痕，反扣为砧板。一侧长边中部有穿孔。长42.5、宽13.8、高8.4厘米（图四三〇，1；图版一三五，7）。

2. 木箭　箭头呈菱形锥体，尖锐，脊线分明，一侧翼有倒刺；圆柱状箭杆后端残断。残长23、直径0.65、箭头长6.4厘米（图四三〇，3）。

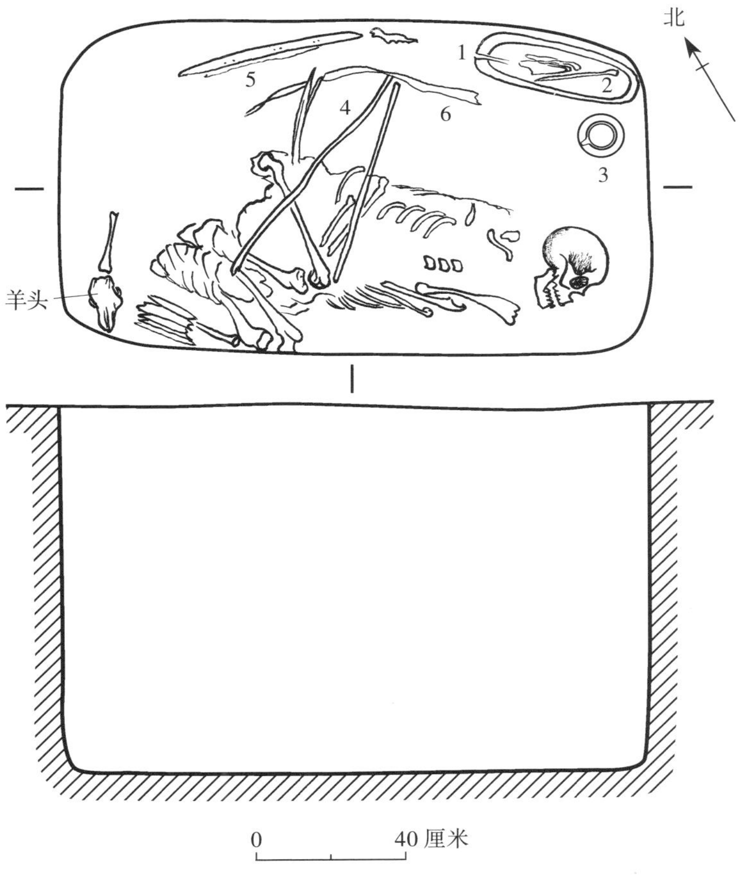

图四二九　ⅡM22平、剖面图

1. 木盘　2. 木箭　3. 陶单耳罐　4. 复合弓　5. 木撑板　6. 皮带

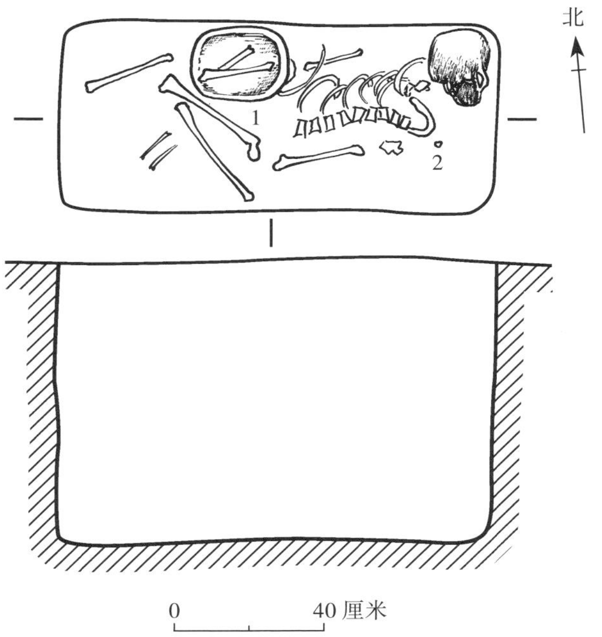

图四二八　ⅡM21平、剖面图

1. 木盘　2. 金耳环

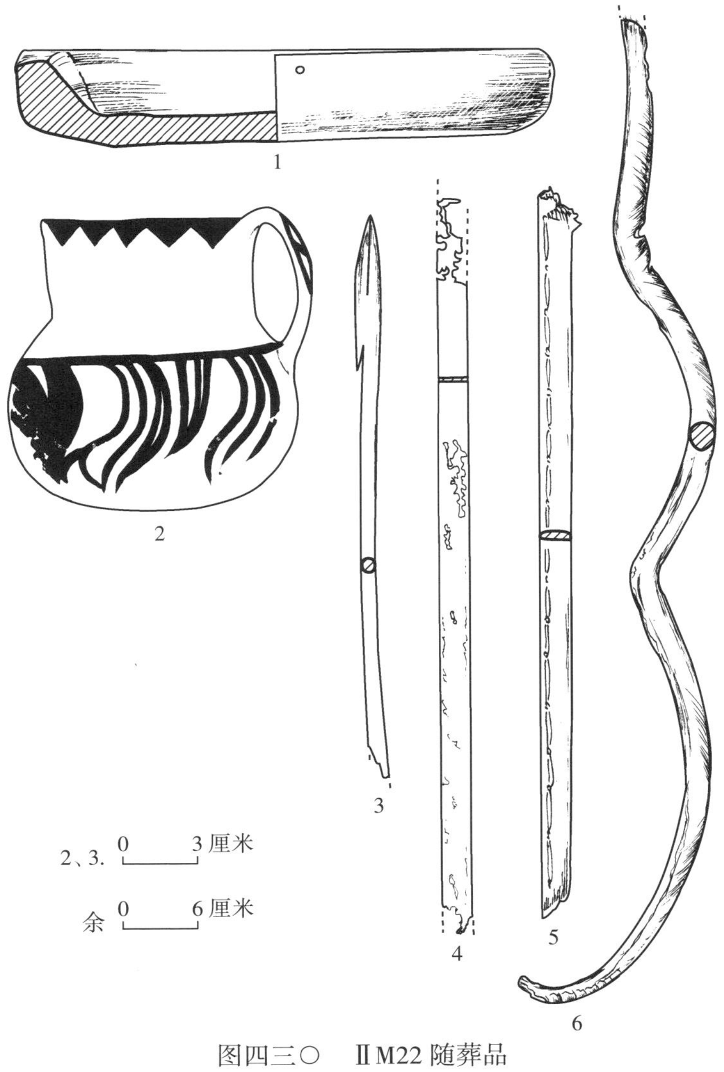

图四三〇　ⅡM22随葬品

1. 木盘（ⅡM22：1）　2. 陶单耳罐（ⅡM22：3）　3. 木箭（ⅡM22：2）　4. 皮带（ⅡM22：6）　5. 木撑板（ⅡM22：5）　6. 复合弓（ⅡM22：4）

3. 陶单耳罐　夹砂红陶。敞口，圆唇，短颈，鼓腹，圜底，宽带形耳由口沿上下翻至腹底。口沿内饰锯齿纹，器表通体饰纵向窄带纹，耳部有“×”纹。口径 8.4、腹径 11.5、高 12.1、通高 12.5 厘米（图四三〇，2；图版四九，1）。

4. 复合弓　一端残，五曲。用绣线菊木定型做胎，牛筋板、牛角片复合制作而成，外缠牛筋线，弓背部分呈黄色。弰端呈“凸”字形，以便拴系弓弦。残长 81、最大径 2 厘米（图四三〇，6；图版一八三，10）。

5. 木撑板　呈近长条形，一头起弧，一头有榫状突，上面钻有一排孔，共十八个。孔内穿有牛皮条。长 60、宽 2.2、厚 0.8 厘米（图四三〇，5；图版一六四，1）。

6. 皮带　由一片羊皮对折为双层缝制而成。上有穿孔，可能是弓箭袋上的系带。残长 60、宽 2.4、厚 0.3 厘米（图四三〇，4）。

ⅡM23

墓葬概况

位于墓地中部探方内，西北邻ⅡM21，东邻ⅡM179，墓向 100°。C 型，长方形竖穴土坑墓，墓口窄长。墓口长 1.4、宽 0.6 米，墓底长 1.36、宽 0.58 米，墓深 1.05 米。墓内填土中有土坯碎块和芦苇秆。墓底人骨凌乱，骨架残缺不全，有两个颅骨，颅骨 A 在东北边，青年男性，年龄 18~22 岁；颅骨 B 在西面，青年女性，年龄 20~30 岁。在乱骨中有皮衣和毛织衣服残片。无葬具。皮扣、食物（馕饼）、骨锥、毛绳和毛织衣物在东北边，陶纺轮和木扣在东南部，陶单耳杯和木钉在中南部，木盘、陶单耳罐、地毯和毛编织带接裙在西北部（图四三一）。

随葬品

出土陶、木、骨、皮器和毛织品 13 件（组）。

1. 陶单耳杯　夹砂红陶。敞口，方唇，鼓腹，圜底近平。口沿上有圆形立耳。口径 10、腹径 11.8、高 8.7、通高 13.5 厘米（图四三二，5；图版八九，5）。

2. 木钉　3 支。用细木棍削制（图版一八〇，1）。呈圆锥状，尖端残损，尾部有击打痕。ⅡM23∶2–1，长 16.4、直径 0.8 厘米（图四三二，7）。

3. 陶单耳罐　口部残。敞口，短颈，圆腹，小平底。单耳由口沿下翻至腹部。罐内有一皮囊，皮囊内装有结晶状粉末。腹径 10、底径 6、通高 11.2 厘米（图四三二，4）。

4. 陶纺轮　纺轮为夹砂红陶。圆饼状，一面较平，微内凹，上刻有圆心圈纹，一面微弧。线轴通体打磨光滑。线轴长 37.4、直径 0.7 厘米，轮径 4、厚 1.2 厘米（图四三二，8；图版一二五，5）。

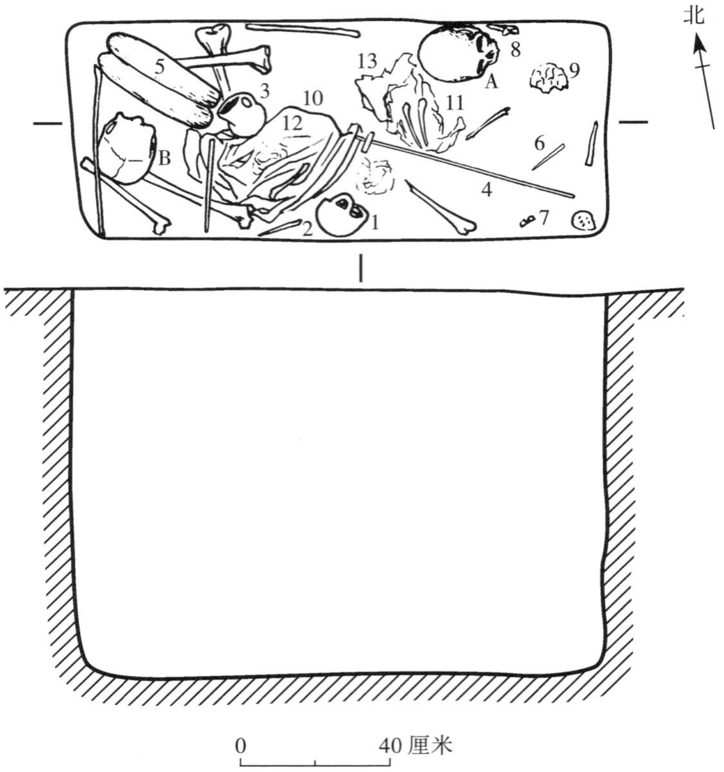

图四三一　ⅡM23 平、剖面图

1. 陶单耳杯　2. 木钉　3. 陶单耳罐　4. 陶纺轮　5. 木盘　6. 骨锥　7. 木扣　8. 皮扣　9. 馕饼　10. 毛编织带接裙　11. 毛绳残段　12. 地毯　13. 毛纺织物

5. 木盘　平面为近长方形，长边较直，短边起弧。敞口，平沿，浅腹，平底，底面有刀剁痕，反扣为砧板。长边一侧有穿孔，穿有牛皮绳。盘已裂成两片，裂缝两侧有钻孔，用以加固。长 35、宽 13.2、高 6.4 厘米（图四三二，9；图版一三六，1）。

6. 骨锥　用带弧的骨片削刻而成。一端宽扁，一端尖锐。通体磨光。长 13.3、宽 1.2 厘米（图四三二，6；图版一八八，8）。

7. 木扣　用短木棍削制。中部有刻槽。长 4.4、高 0.8 厘米（图四三二，1；图版一五七，7）。

8. 皮扣　牛皮革缝制。残断，其中有套缝的部分，扣眼处较宽。残长 14.4、宽 3.5 厘米（图四三二，3；图版二二二，5）。

9. 馕饼（食品）　用粟粉团成。圆形厚片状，上有许多裂纹。直径 11.4、厚 4.2 厘米（图四三二，2）。

10. 毛编织带接裙　红地蓝绿色编织带接裙残片。从上而下为 2/2 斜编织法的红、蓝、红、绿和红棕色毛编织带，纵向沿侧边缝缀，成为横向的红地蓝绿条纹裙。残长 36、宽 104 厘米（图版二六七，5）。

11. 毛绳残段　现存两截，彩色，为多色毛纱编织而成的彩色带子。ⅡM23∶11–1，长 35、宽 1 厘米。

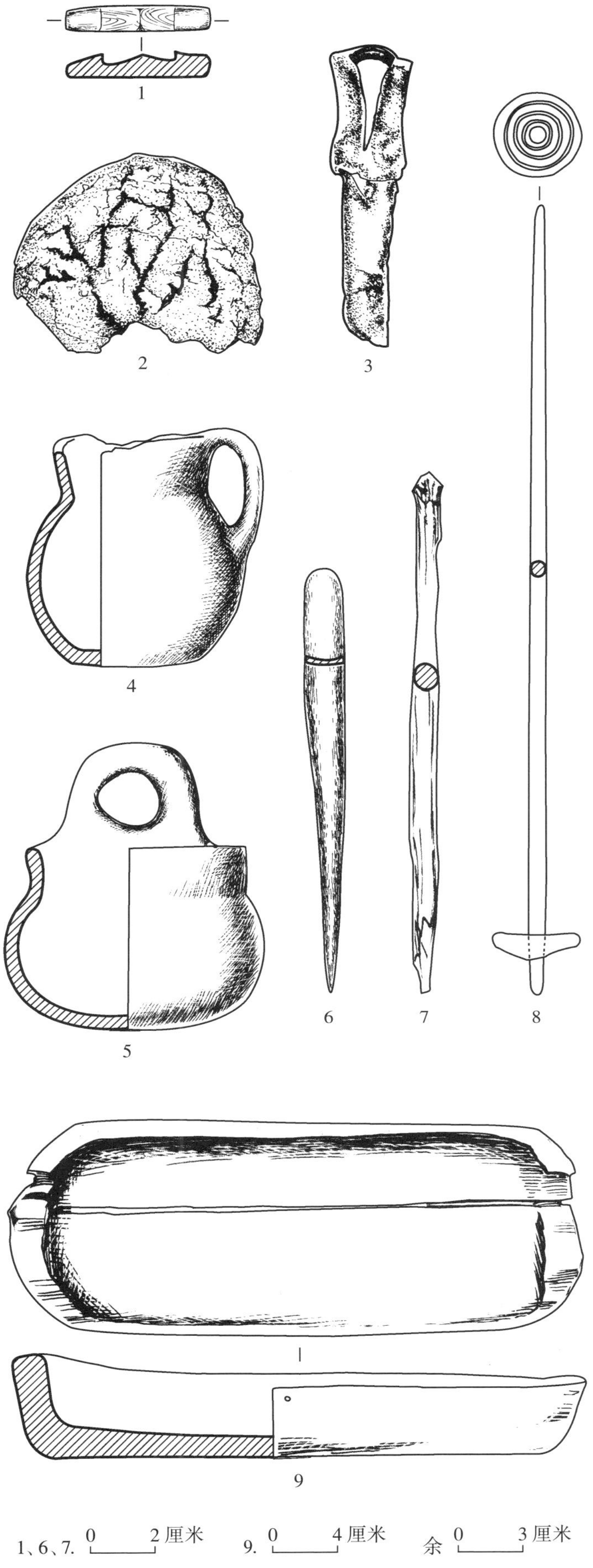

图四三二　ⅡM23随葬品

1. 木扣（ⅡM23：7）　2. 馕饼（ⅡM23：9）　3. 皮扣（ⅡM23：8）　4. 陶单耳罐（ⅡM23：3）　5. 陶单耳杯（ⅡM23：1）　6. 骨锥（ⅡM23：6）　7. 木钉（ⅡM23：2–1）　8. 陶纺轮（ⅡM23：4）　9. 木盘（ⅡM23：5）

ⅡM23：11–2，长 20、宽 1 厘米（图版二六七，4）。

12. 地毯　深棕色织物残片。勾编法，残破严重，无法分析，类似帽子。长 37、宽 31 厘米（图版二六七，2）。

13. 毛纺织物　残片，深棕色，残破为数片。面积均为 10 平方厘米（图版二六七，3）。

ⅡM24

墓葬概况

位于墓地中部探方内，东南邻ⅡM25，西北邻ⅡM9，墓向 118°。C 型，圆角长方形竖穴土坑墓，直壁。墓长 1.5、宽 0.88 米，墓深 0.8 米。墓口有芦苇残节。墓底铺一张“人”字纹苇席，席上有一具青年女性尸骨，年龄 20~25 岁，头东脚西，仰身上屈肢，外穿羊皮大衣（已朽残），脚穿皮靴（已残）。腿骨旁有毛织衣服残片，木盘和陶单耳杯在南侧，木纺轮和木梳在北面，两件不知作何用的木器具在脚的右边（图四三三；图版二五，4）。

随葬品

出土木、陶器 6 件。

1. 木盘　平面呈长方形，长边较直，短边起拱。直口，平沿，浅腹，平底，底面反扣为砧板，有刀剁痕。长边一侧有穿孔。长 33.5、宽 13.5、高 4.4 厘米（图四三四，3）。

2. 陶单耳杯　夹砂红陶。敞口，圆唇，圆腹，圜底。单耳由口沿下翻至腹部，已残。口径 7.4、腹径 9.6、高 9、

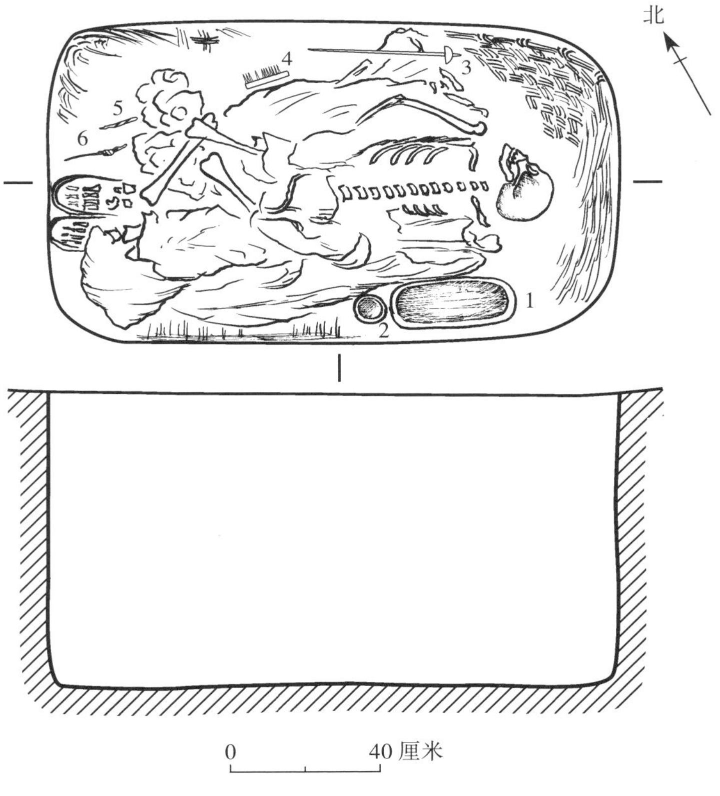

图四三三　ⅡM24平、剖面图

1. 木盘　2. 陶单耳杯　3. 木纺轮　4. 木梳　5、6. 木器具

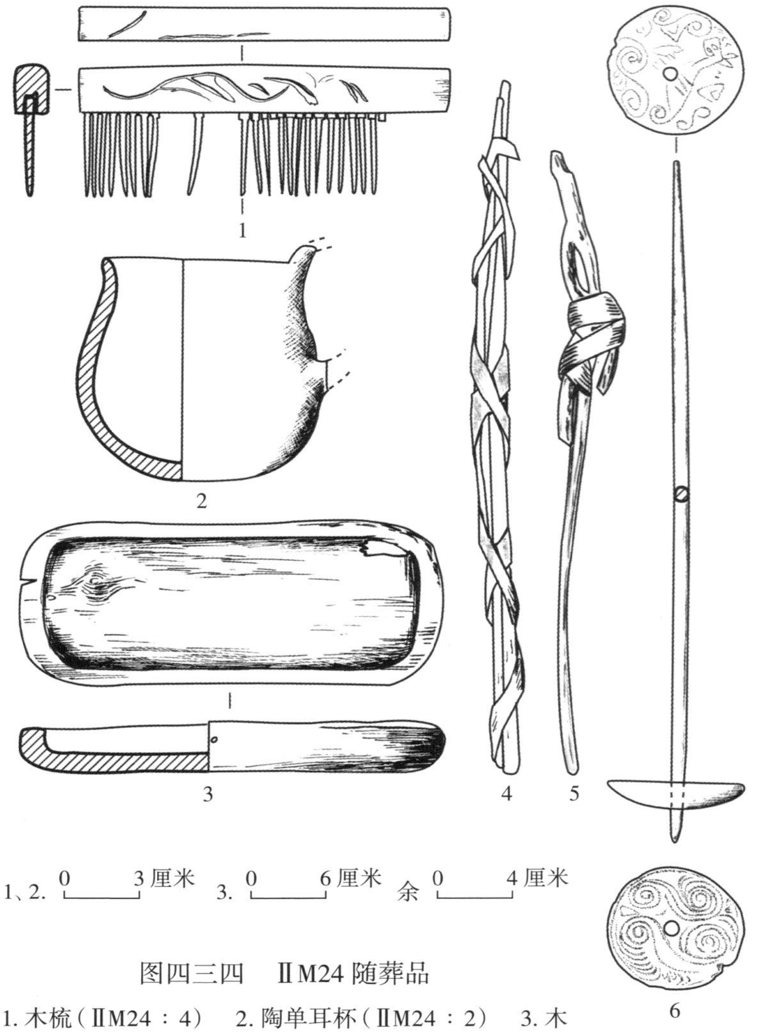

图四三四　ⅡM24随葬品

1. 木梳（ⅡM24：4）　2. 陶单耳杯（ⅡM24：2）　3. 木盘（ⅡM24：1）　4、5. 木器具（ⅡM24：5、6）　6. 木纺轮（ⅡM24：3）

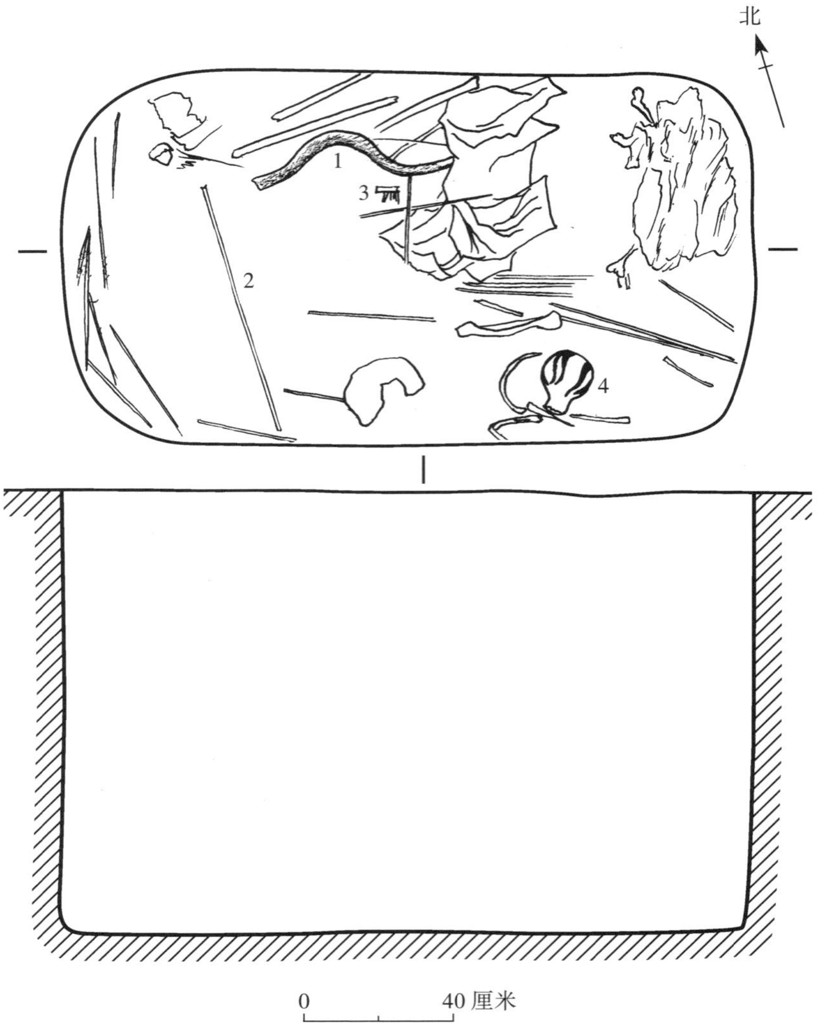

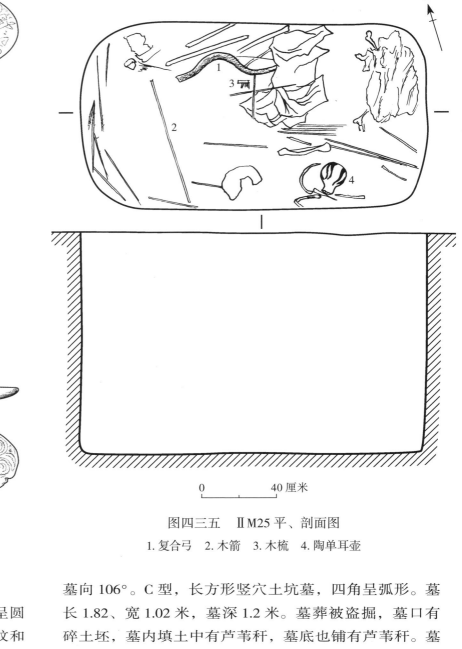

图四三五　ⅡM25平、剖面图

1. 复合弓　2. 木箭　3. 木梳　4. 陶单耳壶

通高9.4厘米（图四三四，2）。

3. 木纺轮　线轴两端稍细，表面磨制光滑。轮呈圆饼状，周边部薄中间厚，底面呈弧形，并线刻卷云纹和一动物纹（似驴），纺轮上面平直，线刻卷云纹和羽状纹。线轴长37.2、直径0.8厘米，轮径7.4、厚1.4厘米（图四三四，6；图版一七七，2；图版一七九，3、4）。

4. 木梳　梳柄平面为长方形，一侧开有凹槽，以插梳齿，面上刻有藤蔓纹。梳齿为扁状锥形，残存24齿。长14.8、宽2、厚1.4、齿长4厘米（图四三四，1；图版一五四，5）。

5. 木器具　三根木枝条呈“品”字叠压，外缠有皮条。长38厘米（图四三四，4；图版一七三，2）。

6. 木器具　树枝条，上缠有皮条。长34、直径0.5厘米（图四三四，5）。

ⅡM25

墓葬概况

位于墓地中部探方内，西北邻ⅡM24，东邻ⅡM180，墓向106°。C型，长方形竖穴土坑墓，四角呈弧形。墓长1.82、宽1.02米，墓深1.2米。墓葬被盗掘，墓口有碎土坯，墓内填土中有芦苇秆，墓底也铺有芦苇秆。墓内仅见已残破的颅骨和部分肢骨，因此年龄、性别、葬式不明（从随葬器物来看，应为成年男女合葬墓）。墓底北部有皮衣残片、复合弓残段、木梳，木箭在西面，东南角有陶单耳壶（图四三五）。

随葬品

出土木、陶器4件。

1. 复合弓　中间以绣线菊木片做胎，内侧贴牛角，外侧贴动物筋，外面还缠有牛筋绳，其外又包有牛皮条。弓弰呈三角形，刻有挂弦槽。残长65.5、直径2.2厘米（图四三六，3；图版一八四，1）。

2. 木箭　箭头近四棱锥形，有倒刺；圆箭杆尾端有刻槽，其外有缠扎的绳子留下的黑色印迹。长70.5、直径0.56~0.78、箭头长6厘米（图四三六，4；图版一五九，8）。

3. 木梳　梳柄长方体，一侧刻凹槽，以插梳齿，

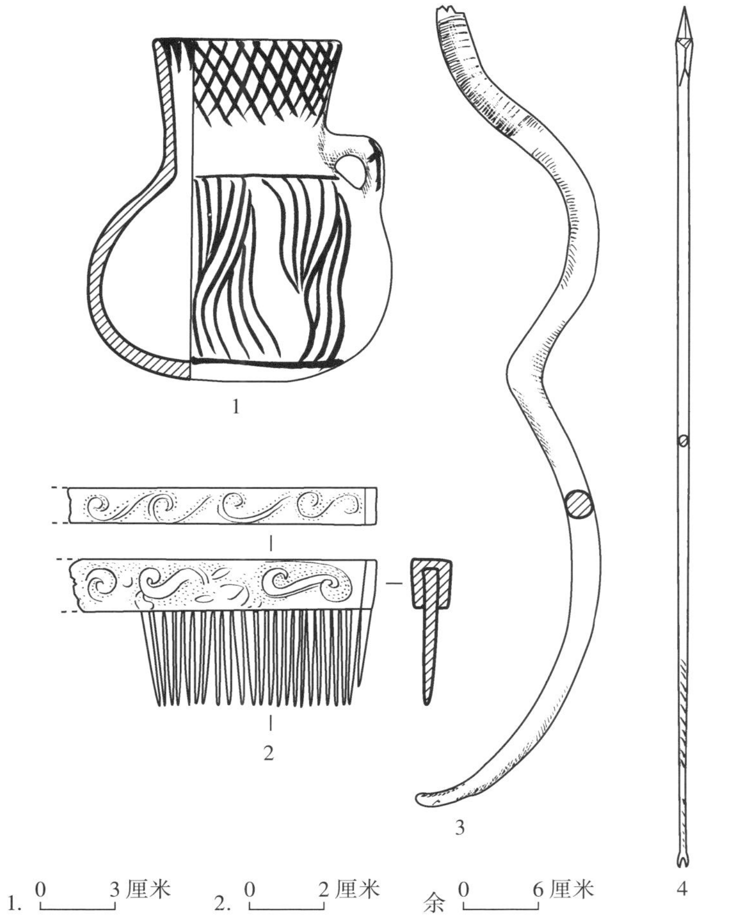

图四三六　ⅡM25随葬品

1. 陶单耳壶（ⅡM25：4）　2. 木梳（ⅡM25：3）　3. 复合弓（ⅡM25：1）　4. 木箭（ⅡM25：2）

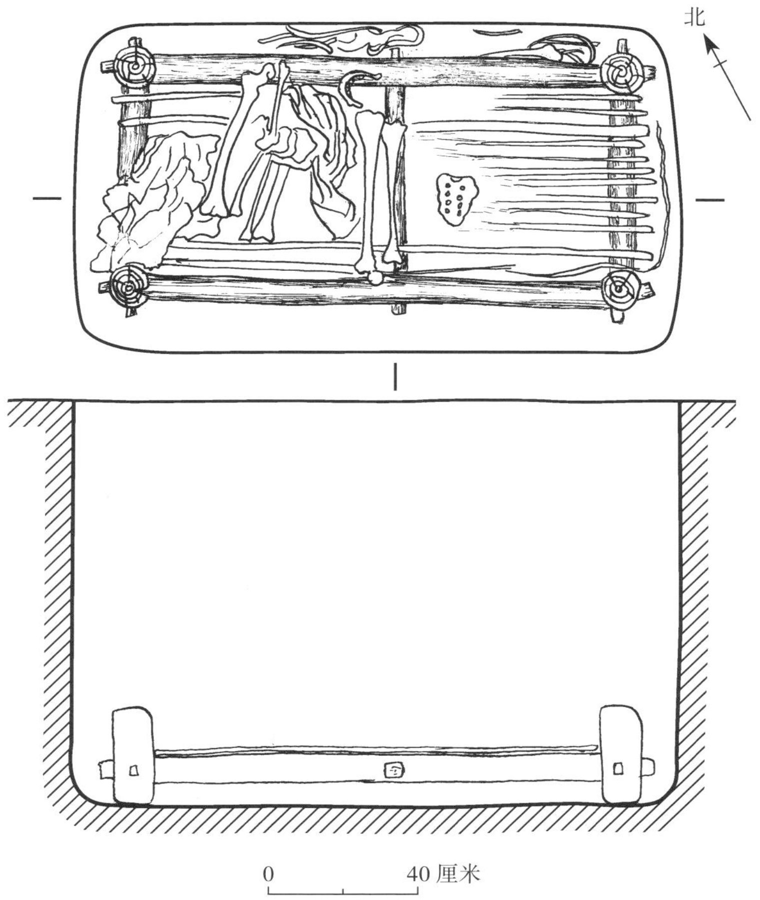

图四三七　ⅡM26平、剖面图

梳体上部和顶部刻有卷云纹和锥刺纹；梳齿为扁状锥形，残存24齿，最外面的齿为直接贴在梳柄外侧。长8.1、宽1.35、厚1、齿长3.6厘米（图四三六，2；图版一五四，3）。

4. 陶单耳壶　夹砂红陶。敞口，圆唇，高领，圆腹，近平底，颈下有小耳。口沿内饰一周锯齿纹，口沿外至颈部饰菱形网状纹，颈下及腹底各饰一周相向的扭动三角纹，其内饰平行线纹。口径7.4、腹径12、高14厘米（图四三六，1；图版一〇二，5）。

ⅡM26

墓葬概况

位于墓地中部探方内，西邻ⅡM22，南邻ⅡM179，墓向118°。C型，圆角长方形竖穴土坑墓，直壁。墓长1.6、宽0.9米，墓深1.12米。墓口填土中夹有芦苇、杂草。墓被盗掘，墓底有四足木尸床，长1.46、宽0.68、高0.24米，床面用细木棍铺成。床上西部仅见人的下肢骨和下颌骨，肢骨旁有残破的皮衣碎片，东部有骶骨，床北面沿下有凌乱的肋骨，未见颅骨。从肢骨数量推判为单人葬，年龄、性别、葬式不明。无随葬品（可能被盗）（图四三七；图版二五，5）。

随葬品

无随葬品。

ⅡM27

墓葬概况

位于墓地中部探方内，北邻ⅡM25，东南邻ⅡM185，墓向115°。C型，长方形竖穴土坑墓，直壁。墓口距地表深0.2米，墓口长1.74、宽0.88、深1.06米。墓口填土中有土坯残块。墓底长宽尺寸与墓口相同。墓底人骨架散乱，残缺不全，颅骨残破，中年男性，年龄35~45岁。无葬具。墓底偏东南处有人的髋骨、陶单耳杯，复合弓、木箭和木撑板在中南部，木盘和另一件陶单耳杯位于西北部（图四三八）。

随葬品

出土陶、木器6件（组）。

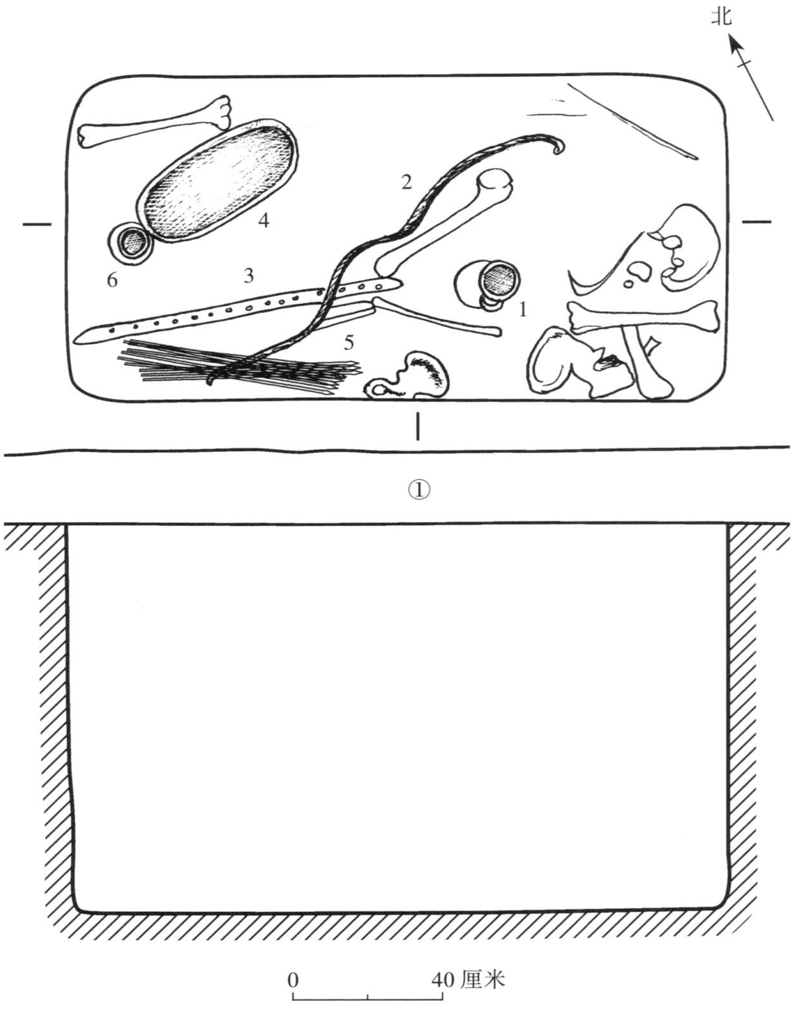

图四三八　ⅡM27平、剖面图

1、6. 陶单耳杯　2. 复合弓　3. 木撑板　4. 木盘　5. 木箭

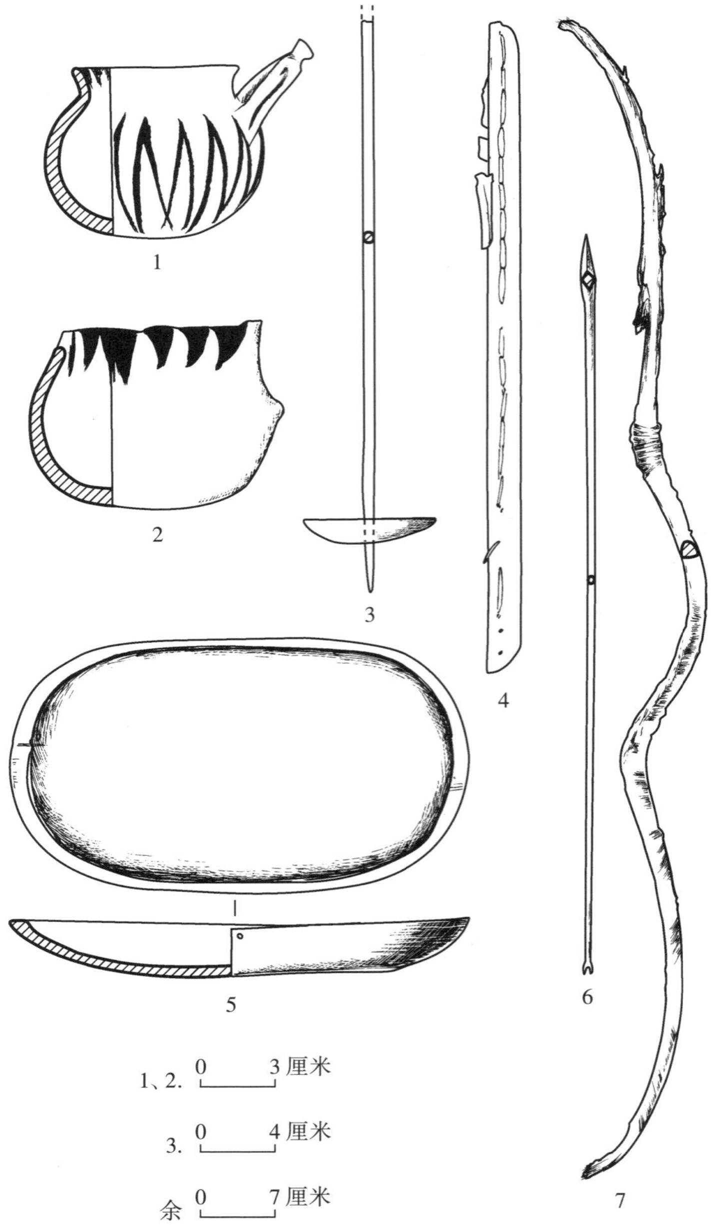

图四三九　ⅡM27、ⅡM28随葬品

1、2. 陶单耳杯（ⅡM27：1、6）　3. 木纺轮（ⅡM28：1）　4. 木撑板（ⅡM27：3）　5. 木盘（ⅡM27：4）　6. 木箭（ⅡM27：5–1）　7. 复合弓（ⅡM27：2）

1. 陶单耳杯　夹砂红陶。敞口，方唇，圆腹，圜底，肩部有一桥形横耳，耳顶有一蘑菇状丁。口沿内有一周锯齿纹，器物腹部饰连续的大折线纹。口径6.6、腹径8.6、高7.1、通高8.2厘米（图四三九，1；图版八五，5）。

2. 复合弓　弓一端残破，五曲，两端弓弰上有挂弦的槽，弓体中部截面呈三角形。长111、直径2.5厘米（图四三九，7；图版一八四，2）。

3. 木撑板　平面呈近长方形，一端切平，一端两头起弧，上钻有一排小孔，共22枚。孔内穿有牛皮条。长62.4、宽3厘米（图四三九，4；图版一六四，2）。

4. 木盘　敞口，口呈椭圆形，平沿，浅腹，底近平。底面有刀剁痕，长边一侧有穿孔。口长径42.8、短径24.4、高5.8厘米（图四三九，5；图版一三六，2）。

5. 木箭　10支。箭头截面为三角形或菱形，有倒刺；圆箭杆尾端有凹槽，其外有牛筋线缠扎痕。ⅡM27：5–1，长71、直径0.8厘米（图四三九，6）。

6. 陶单耳杯　夹砂红陶。敞口，圆唇，鼓腹，圜底近平。原有单耳由口沿下翻至腹部，已残。口沿内外饰锯齿纹。口径7.8、腹径9.6、高7.5厘米（图四三九，2；图版七三，3）。

ⅡM28

墓葬概况

位于墓地中部探方外北侧，西邻ⅡM29，东面有大片未发掘墓葬，墓向91°。C型，圆角长方形竖穴土坑墓，直壁。墓长1.32、宽0.76米，墓深1.08米。墓底有人骨一具，呈东西向，颅骨已移位到其脚下，下颌骨在南壁边，仰身，下肢上屈，上肢骨凌乱，未成年，年龄10~12岁。下肢骨旁有朽残的皮衣碎片，脚下有木纺轮。无葬具（图四四〇）。

随葬品

出土木器 1 件。

1. 木纺轮　纺轮为圆饼形，一面稍平略内凹，一面起弧，中有圆形穿孔。线轴一端残，另端较细。线轴长 31.5、直径 0.6 厘米，轮径 7、厚 1.3 厘米（图四三九，3；图版一七七，3）。

ⅡM29

墓葬概况

位于墓地中部探方外北侧，东邻ⅡM28，墓向 100°。C 型，圆角长方形竖穴土坑墓。该墓距地表浅，形制小。墓长 0.92、宽 0.48 米，墓深 0.31 米。墓底有人骨一具，头东脚西，仰身，下肢上屈倚靠于墓北壁，双臂内屈，下颌脱离颅骨，双手置于腹部，手旁置陶单耳壶，身穿皮衣裤，脚穿皮鞋（皮制品均残）。为一未成年人，年龄 6 岁左右，尸骨下铺苇草席，骨架保存较好（图四四一）。

随葬品

出土陶器 1 件。

1. 陶单耳壶　夹砂红陶。敞口，圆唇，短颈，圆腹，小平底，单耳。口沿内外饰锯齿纹，颈部饰两道平行线纹，内填波形纹。口径约 7.3、腹径 11.2、通高 13.6 厘米（图四四二，5）。

ⅡM30

墓葬概况

位于墓地中南部，东南邻ⅡM32，东邻ⅡM34，墓向 117°。C 型，长方形竖穴土坑墓，直壁。地表为戈壁砾石和黄细沙。墓口距地表深 0.12 米，墓口长 1.36、宽 0.8 米。填土中有芦苇秆、碎土坯块、沙石等。墓底长 1.36、宽 0.76 米，墓深 1.02 米。墓底人骨凌乱，集中于西部，颅骨位于西壁下，从肢骨数量来看为单人葬，青年女性，年龄 18~20 岁。乱骨中有羊头一个，上肢骨上有皮衣残片。未发现葬具。木盘位于墓底西南角，陶单耳罐在西北角，木纺轮、陶单耳杯、木钉在偏东北角，木箭位于西部散乱人骨中（图四四三）。

随葬品

出土木、陶器 6 件（组）。

1. 木纺轮　圆饼形，一面平，一面微弧，中有圆形穿孔。线轴残佚。轮径 6.6、厚 1 厘米（图四四二，1）。

2. 陶单耳罐　夹砂红陶。敞口，方唇，鼓腹，圜底近平，单耳。口沿内外饰锯齿纹，腹部饰三条弧线加圆点纹。口径 6.5、腹径 8.8、高 9 厘米（图四四二，2；图版五九，2）。

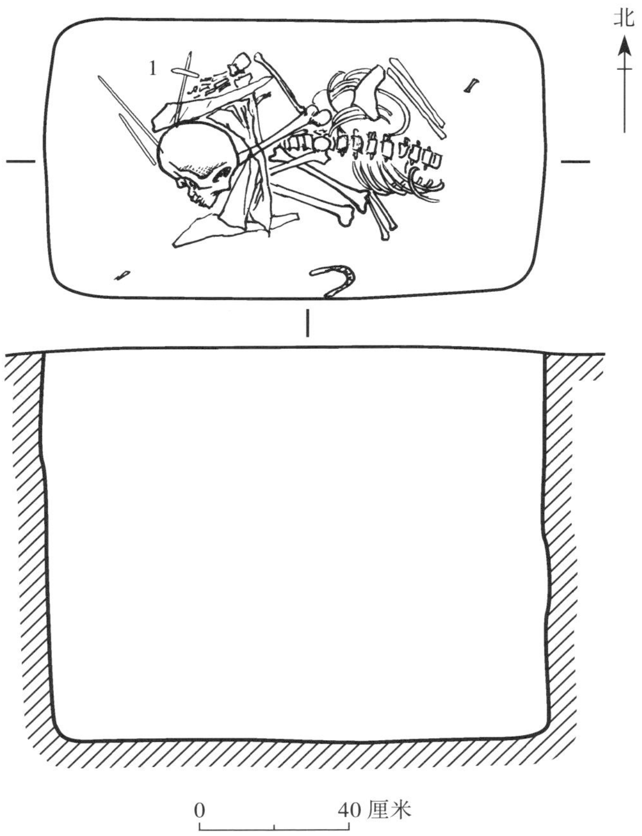

图四四〇　ⅡM28 平、剖面图

1. 木纺轮

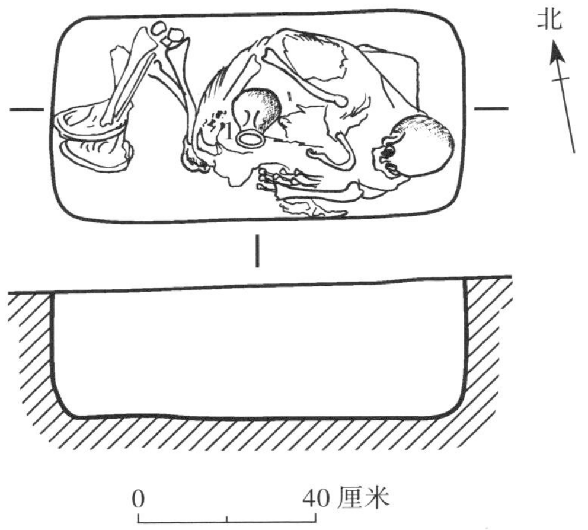

图四四一　ⅡM29 平、剖面图

1. 陶单耳壶

3. 木箭　箭头已残佚，箭杆尾端有凹槽，外缠绕有细牛筋绳。残长 43.4、直径 0.8 厘米（图四四二，7）。

4. 木盘　平面呈近长方形，长边较直，短边微弧，短边沿较宽。敞口，圆唇，浅腹，平底，底面反扣为砧板，有刀剁痕，长边一侧有一凹槽。盘内有火烧后留下的炭化痕迹。长 38.3、宽 13.6、高 5.5 厘米（图四四二，8；图版一三六，3）。

5. 陶单耳杯　夹砂红陶。敞口，方唇，腹壁斜收，平底，

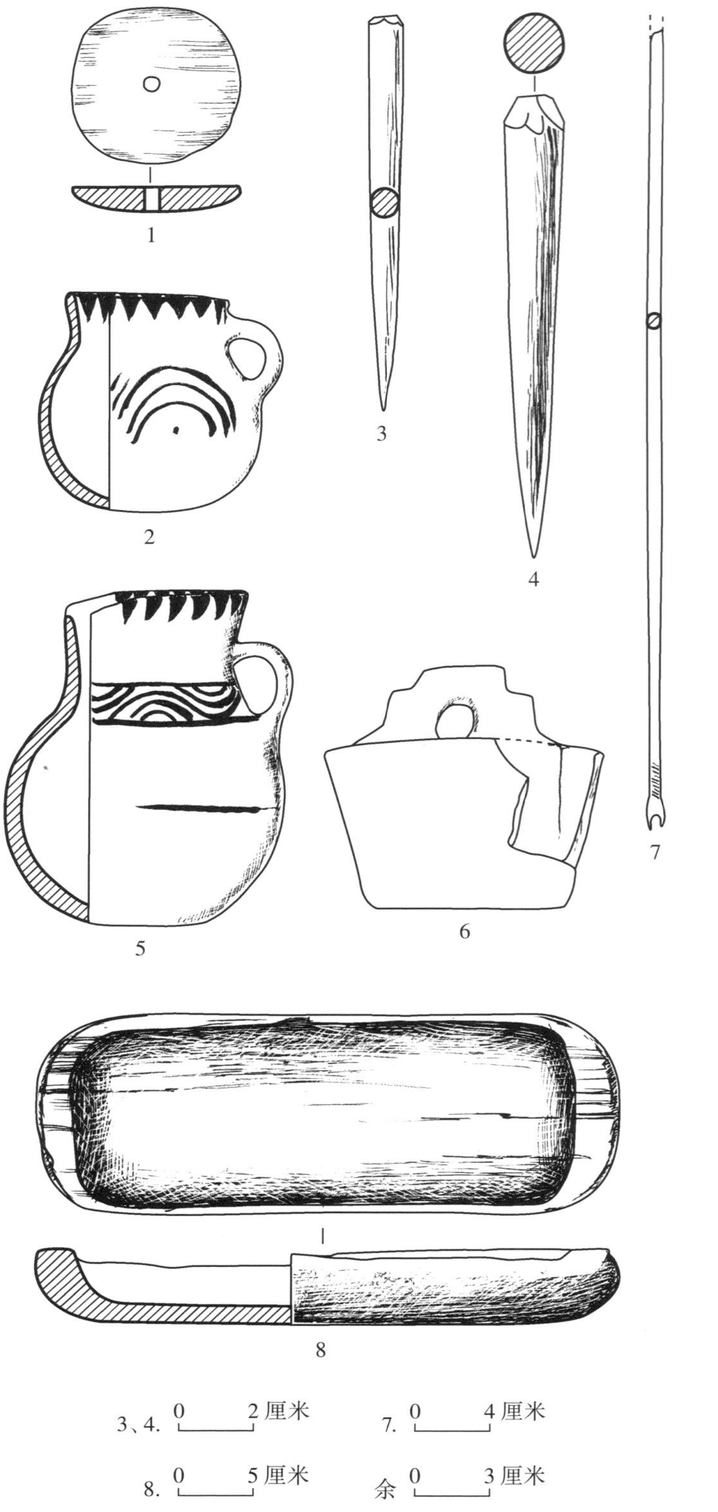

图四四二 ⅡM29、ⅡM30随葬品

1. 木纺轮（ⅡM30：1） 2. 陶单耳罐（ⅡM30：2） 3、4. 木钉（ⅡM30：6-1、6-2） 5. 陶单耳壶（ⅡM29：1） 6. 陶单耳杯（ⅡM30：5） 7. 木箭（ⅡM30：3） 8. 木盘（ⅡM30：4）

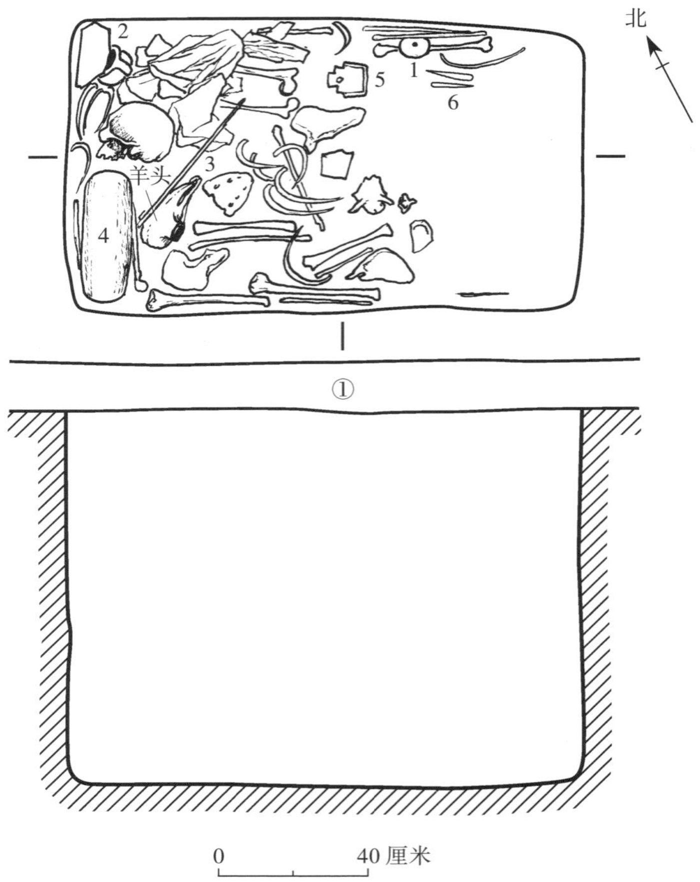

图四四三 ⅡM30平、剖面图

1. 木纺轮 2. 陶单耳罐 3. 木箭 4. 木盘 5. 陶单耳杯 6. 木钉

口沿上有两边呈阶梯状的“凸”字形立耳，中间有圆形耳孔。口径11、高7、通高9.9厘米（图四四二，6）。

6. 木钉 2件。木条削制而成。一粗一细，呈圆锥形。ⅡM30：6-1，长10.7、直径0.8厘米（图四四二，3）。ⅡM30：6-2，长12.6、直径1.6厘米（图四四二，4）。

ⅡM31

墓葬概况

位于墓地中南部，东北邻ⅡM35，西南邻ⅡM38，墓向112°。C型，圆角长方形竖穴土坑墓，直壁。墓口距地表深0.16米，地表为戈壁砾石。墓长1.5、宽1米，墓深1.2米。墓被盗掘，填土中有芦苇残节。墓底人骨已移位，且残缺不全，未见颅骨，下肢骨斜置于墓底中部，骨架下有芦苇编成的草席残迹。单人葬，成年男性。墓底东南角出土陶单耳壶，北壁下出土木撑板，铜刀位于中部偏东（图四四四）。

随葬品

出土木、铜、陶器3件。

1. 木撑板 平面呈长方形，一端起弧，另一端残，在一个边上钻有一排穿孔，残留5枚。残长17.8、宽2.4、厚0.92厘米（图四四五，3）。

2. 铜刀 长条形，刀体较薄，直柄，单刃。长15.8、宽1.4、厚0.4厘米（图四四五，2；图版一九九，2）。

3. 陶单耳壶 夹砂红陶。口及耳部残，鼓腹，平底。口沿内侧饰连续三角纹，口沿外侧饰折线纹，腹部饰三

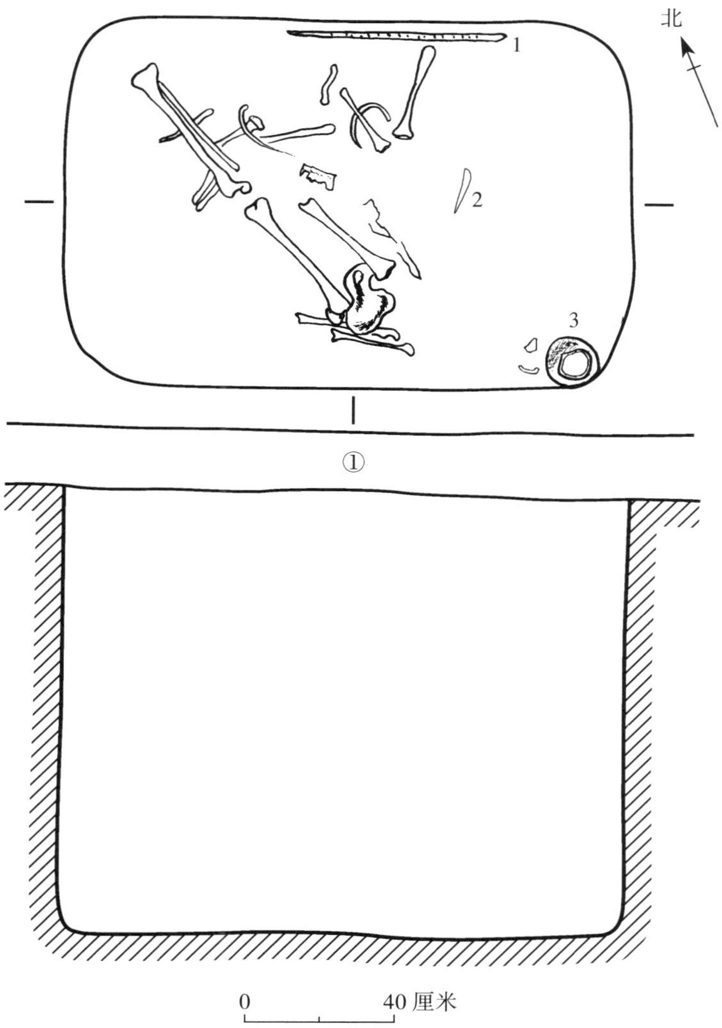

图四四四　ⅡM31 平、剖面图

1. 木撑板　2. 铜刀　3. 陶单耳壶

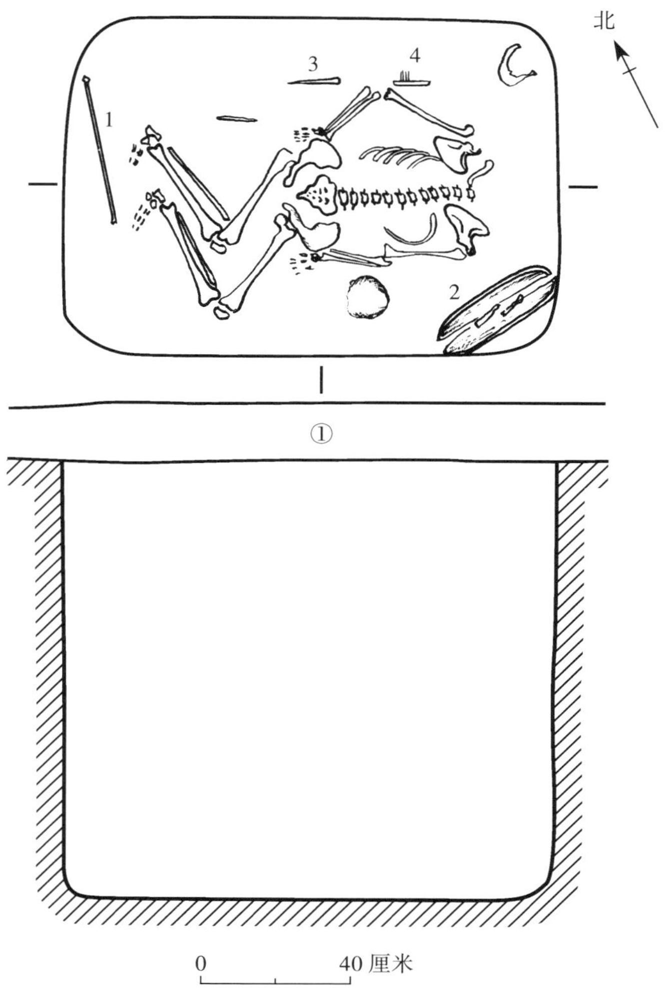

图四四六　ⅡM32 平、剖面图

1. 木箭　2. 木盘　3. 木钉　4. 木梳

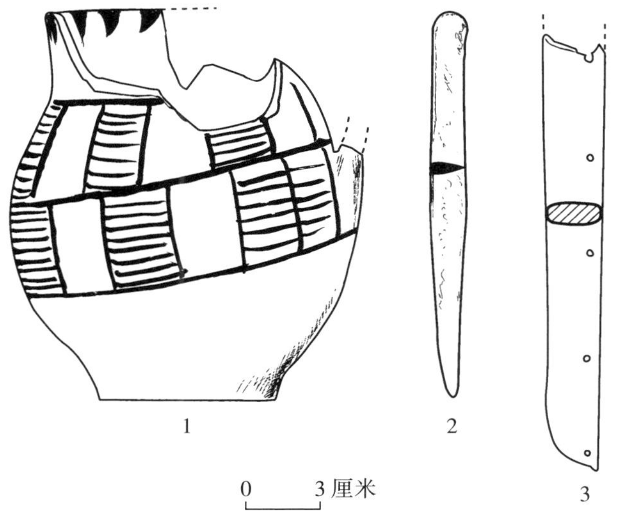

图四四五　ⅡM31 随葬品

1. 陶单耳壶（ⅡM31：3）　2. 铜刀（ⅡM31：2）　3. 木撑板（ⅡM31：1）

周平行线纹，每两条线纹间的矩形格中饰平行线纹。口径 9.5、腹径 13.8、底径 7、高 16 厘米（图四四五，1）。

ⅡM32

墓葬概况

位于墓地中南部，西北邻ⅡM30，东南邻ⅡM35，墓向 116°。C 型，圆角长方形竖穴土坑墓，直壁。墓口距地表深 0.16 米，墓口长 1.3、宽 0.93 米。填土中有芦苇秆、芦苇席残片。墓底长 1.26、宽 0.9 米，墓深 1.2 米。墓底有人骨一具，呈东西向，脚西，头已经移位到骨架南侧，仰身屈肢，右上臂微屈。下颌骨移位到东北角。为青年女性，年龄 17~20 岁。无葬具。木盘位于东南角，木箭杆位于脚下，右臂旁出土有木钉、木梳（图四四六）。

随葬品

出土木器 4 件。

1. 木箭　圆箭杆尾端有凹槽，外面缠扎细牛筋绳。残长 36.8、直径 0.67 厘米（图四四七，4）。

2. 木盘　残。平面呈椭圆形，敞口，圆唇，浅腹，平底。

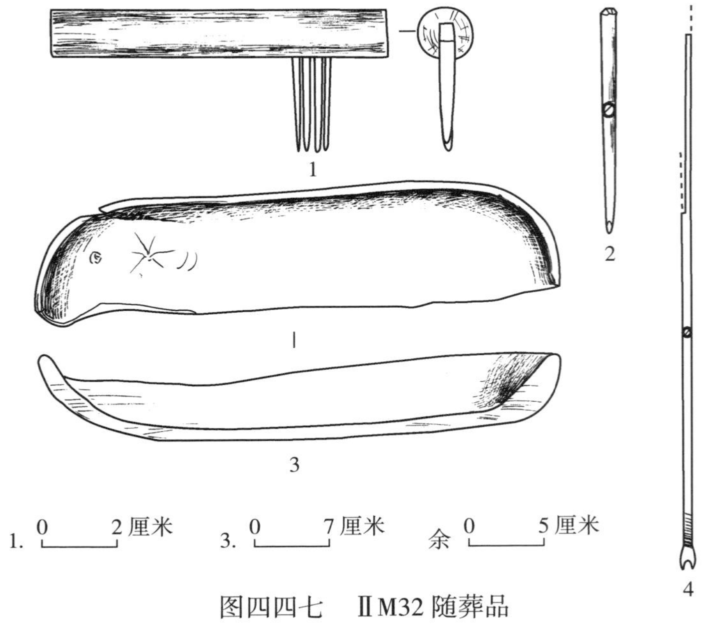

图四四七 ⅡM32随葬品

1. 木梳（ⅡM32：4） 2. 木钉（ⅡM32：3） 3. 木盘（ⅡM32：2） 4. 木箭（ⅡM32：1）

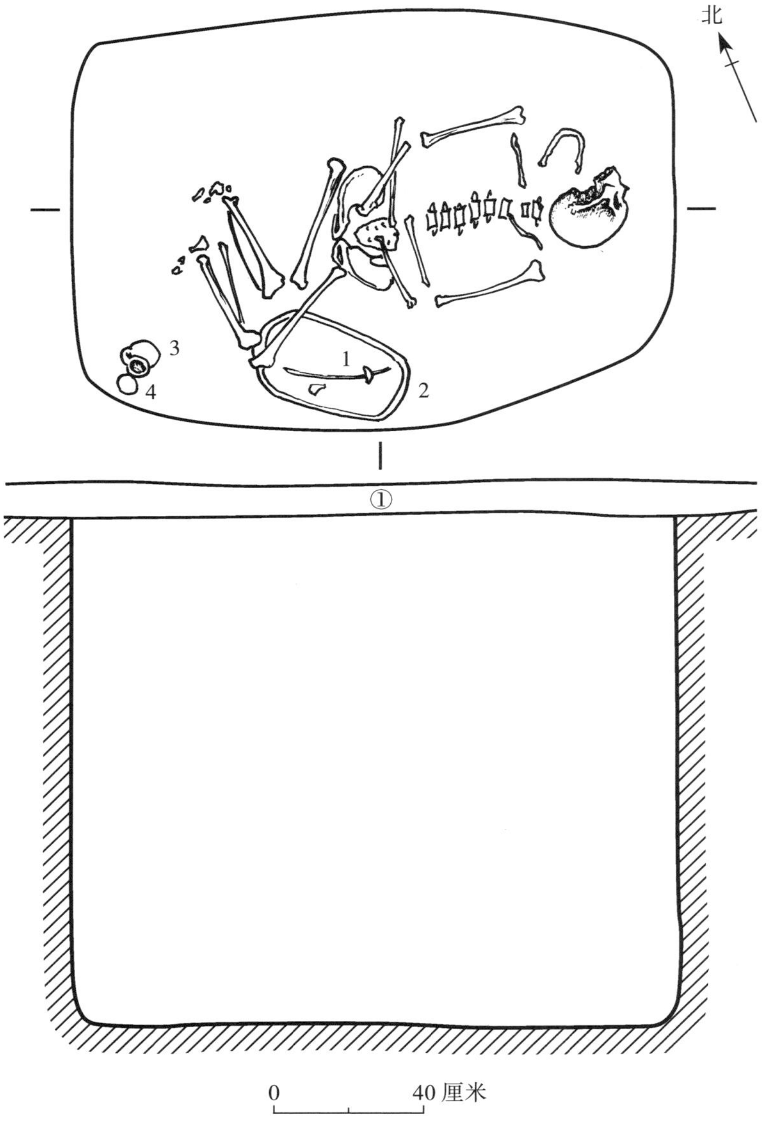

图四四八 ⅡM33平、剖面图

1. 木纺轮 2. 木盘 3. 陶单耳罐 4. 木桶底

反扣为砧板，有刀剁痕。口长径48.3、短径12.4、高3.8厘米（图四四七，3）。

3. 木钉 圆木刻削而成，呈圆锥状，锥尖已残。长15.4、直径0.8厘米（图四四七，2）。

4. 木梳 梳柄为圆柱形，其上开出一道凹槽，内嵌梳齿；梳齿为扁体锥形，从两旁依次装入，现残存四齿。长4.0、宽9.0、厚1.5、齿长2.5厘米（图四四七，1）。

ⅡM33

墓葬概况

位于墓地中部南面边沿，西北邻ⅡM36，西邻ⅡM35，墓向112°。C型，竖穴土坑墓，直壁。墓口呈不规则的长方形，南北两边略呈弧形，东窄西宽。墓口距地表深0.1米，墓口长1.6、东宽0.8、中宽1.15、西宽0.92米。填土中有砾石、土坯残块和芦苇秆。墓底长1.54、宽1.02米，墓深1.4米。墓底有人骨架一具，头东脚西，仰身屈肢，头稍有移位，面向东，下颌骨脱落，中年女性，年龄40~50岁。骨架下铺芦苇草席，残。在人腿骨左侧放置木盘，盘内有纺轮，陶单耳罐、木桶底位于脚下西南角（图四四八）。

随葬品

出土陶、木器4件。

1. 木纺轮 纺轮呈圆饼形，一面平，另一面弧拱。线轴一端尖锐。线轴长29.2、直径0.6厘米，轮径4、厚1.2厘米（图四四九，3）。

2. 木盘 口呈近长方形，长边较直，短边起弧。直口，窄平沿，浅腹，平底，反扣为砧板，外底面有刀剁痕。长边一侧沿下有一个穿孔。长45、宽24、高6.4厘米（图四四九，4；图版一三六，4）。

3. 陶单耳罐 夹砂红陶。敞口，圆唇，深腹，平底，口沿有单耳下翻至腹部。口径7.8、腹径9.4、底径4.2、通高11.8厘米（图四四九，2；图版五七，6）。

4. 木桶底 薄木片，平面近圆形。长径6.8、短径6.2、厚0.82厘米（图四四九，1）。

ⅡM34

墓葬概况

位于墓地中南部，东北邻ⅡM36，西邻ⅡM30，墓向115°。C型，长方形竖穴土坑墓，直壁。墓口距地表深0.12~0.18米，地表为戈壁沙石，周围高，中间低。墓口长1.6、宽1.1米，墓深1.25米。墓葬被盗掘过，墓上层填土为黄沙，夹有芦苇秆、砾石块等。墓底木尸床被毁，床面上木棍被掀起，人骨架凌乱，颅骨位于床下，为青

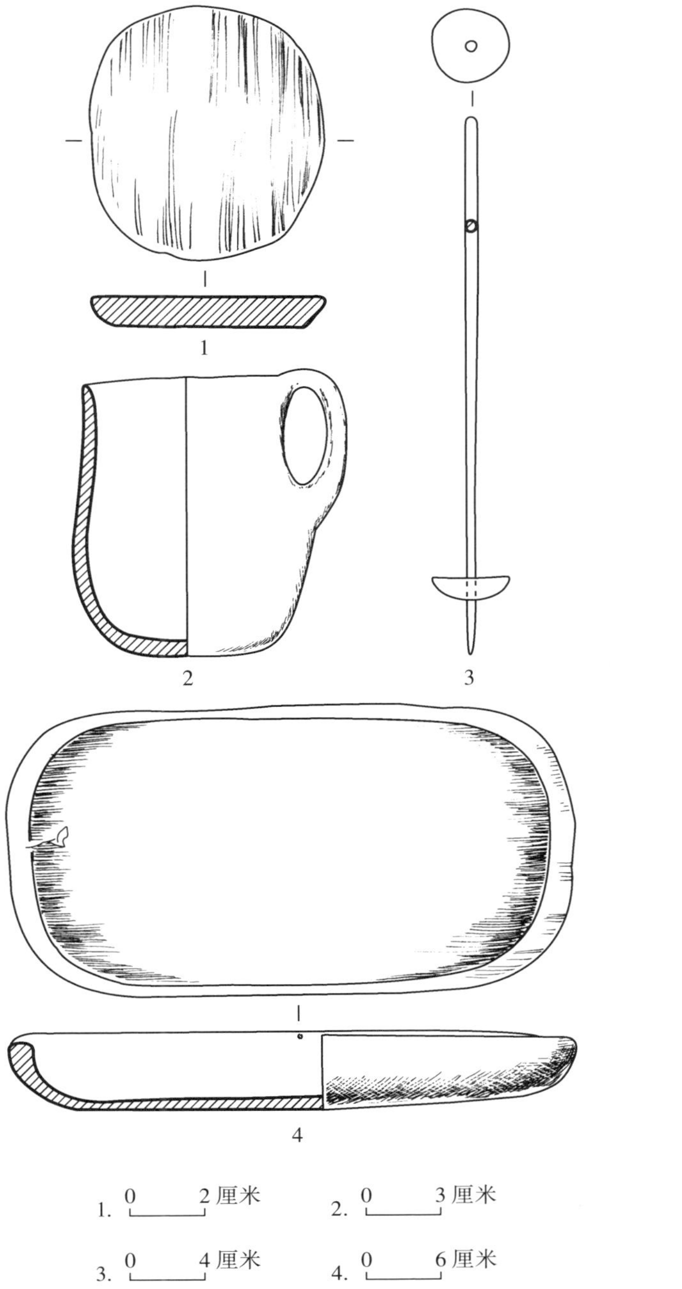

图四四九　ⅡM33随葬品

1. 木桶底（ⅡM33：4）　2. 陶单耳罐（ⅡM33：3）　3. 木纺轮（ⅡM33：1）　4. 木盘（ⅡM33：2）

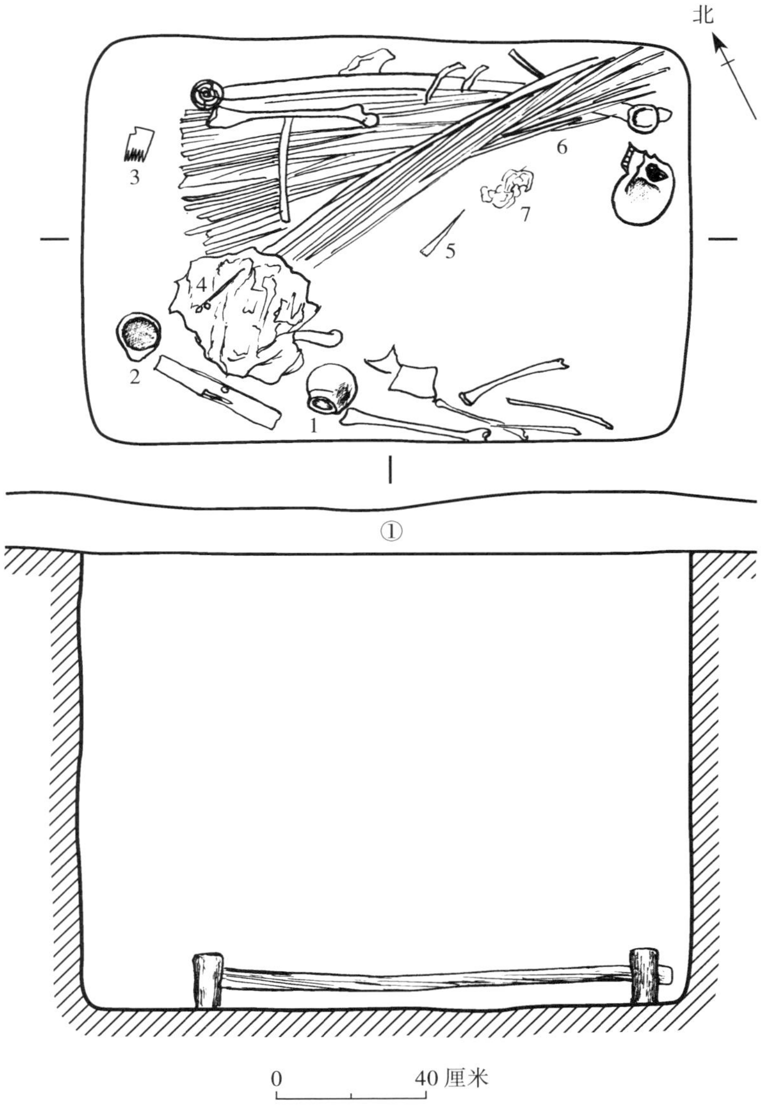

图四五〇　ⅡM34平、剖面图

1. 陶单耳罐　2. 陶单耳杯　3. 木梳　4. 木簪　5. 木钉　6. 木橛　7. 皮带

年男性，年龄15~18岁，葬式不明。床西南角有皮衣残片。随葬的陶单耳罐、木簪、陶单耳杯在西南角，木梳在西北面，木橛、木钉、皮带在东北部（图四五〇）。

随葬品

出土陶、木、皮器7件（组）。

1. 陶单耳罐　夹砂红陶。敞口，圆唇，短颈，圆腹，圜底，单耳由口沿下翻腹部。口沿内外饰锯齿纹，腹部饰两道平行线纹，内填变形涡纹，涡纹内填曲线，耳部饰斜线。口径7.6、腹径13、高11.3、通高11.6厘米（图四五一，6；图版四九，2）。

2. 陶单耳杯　残，夹砂红陶。敞口，圆唇，鼓腹，圜底，宽带耳由口沿下翻至腹底。口径9.2、腹径10.6、通高9.1厘米（图四五一，7）。

3. 木梳　残，木板刻削而成。平面呈纵长方形，梳柄后端一侧呈亚腰形，梳齿呈圆锥状，残存10齿。长7.3、残宽3.4、厚0.85、齿长2.8厘米（图四五一，1；图版一五二，7）。

4. 木簪　红柳枝制成。基本为枝条的原始状态，唯在尖部作了削制。长17.5厘米（图四五一，3；图版一五五，2）。

5. 木钉　2支（图版一八〇，2）。ⅡM34：5-1，木条削制而成。呈圆锥状。表面被染成了红色。长18.6、直径1.42厘米（图四五一，4）。ⅡM34：5-2，木条刻削而成。呈圆锥状，尾端部有尖状突。长19、直径1.39厘米（图四五一，5）。

6. 木橛　用自然柳木棍制作。下端削尖，上端粗根部略加工成握柄。长96.5、直径1.8厘米（图四五一，8）。

7. 皮带　牛皮带上连一个石墨质的扣。带长 6.7、宽 1.4 厘米（图四五一，2）。

ⅡM35

墓葬概况

位于墓地中南部，西北邻ⅡM32，西南邻ⅡM31，墓向 115°。C 型，圆角长方形竖穴土坑墓，直壁。墓口距地表深 0.15 米，墓长 1.6、宽 1.08 米，墓深 0.9 米。墓遭严重盗扰，墓内填土中为风蚀成的黄流沙，夹杂有戈壁地表的黑色砾石块。墓底两具人骨凌乱堆放于西部，颅骨 A 位于西北角，壮年男性，年龄 30~35 岁；颅骨 B 位于西南部，老年女性，年龄大于 55 岁。在墓底西端有木盘，盘内盛有两个羊头。未发现葬具（图四五二）。

随葬品

出土木器 1 件。

1. 木盘　由圆木掏挖、刻削而成。平面呈椭圆形。敞口，平沿，浅腹，平底。反扣为砧板，外底面上有密集的剁痕。口长径 49.4、短径 16.7、高 4.8 厘米（图四五三，3）。

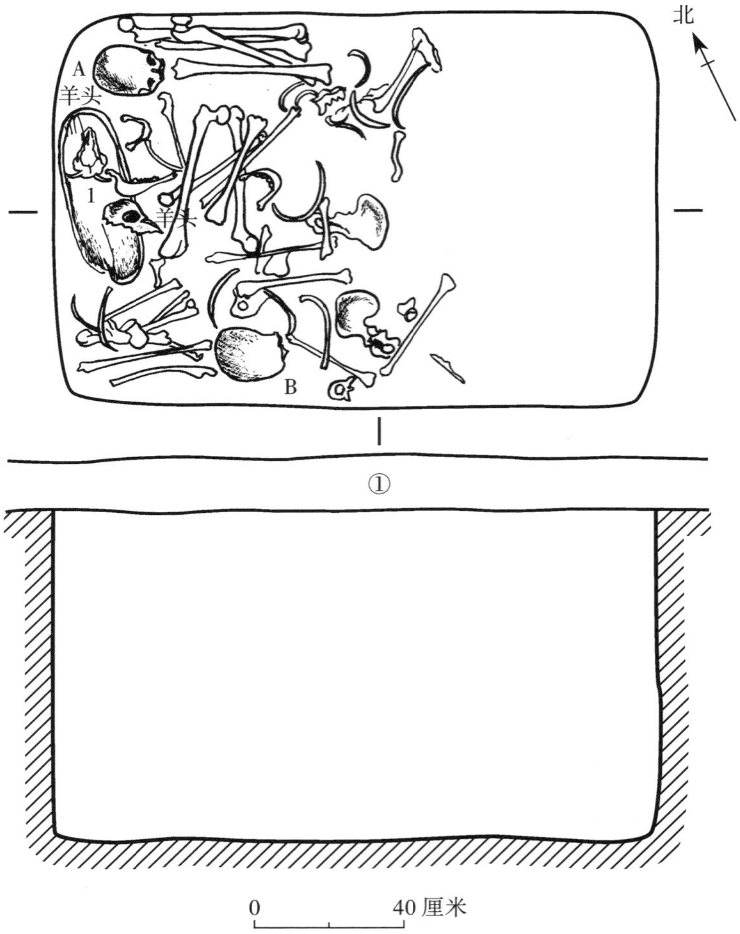

图四五二　ⅡM35 平、剖面图

1. 木盘

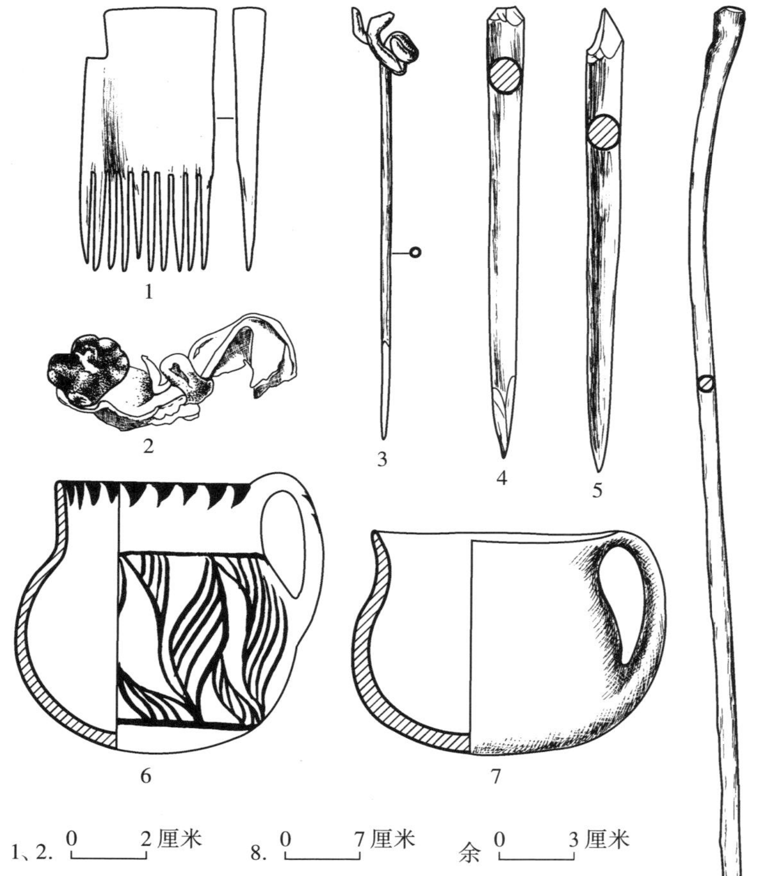

图四五一　ⅡM34 随葬品

1. 木梳（ⅡM34：3）　2. 皮带（ⅡM34：7）　3. 木簪（ⅡM34：4）　4、5. 木钉（ⅡM34：5-1、5-2）　6. 陶单耳罐（ⅡM34：1）　7. 陶单耳杯（ⅡM34：2）　8. 木橛（ⅡM34：6）

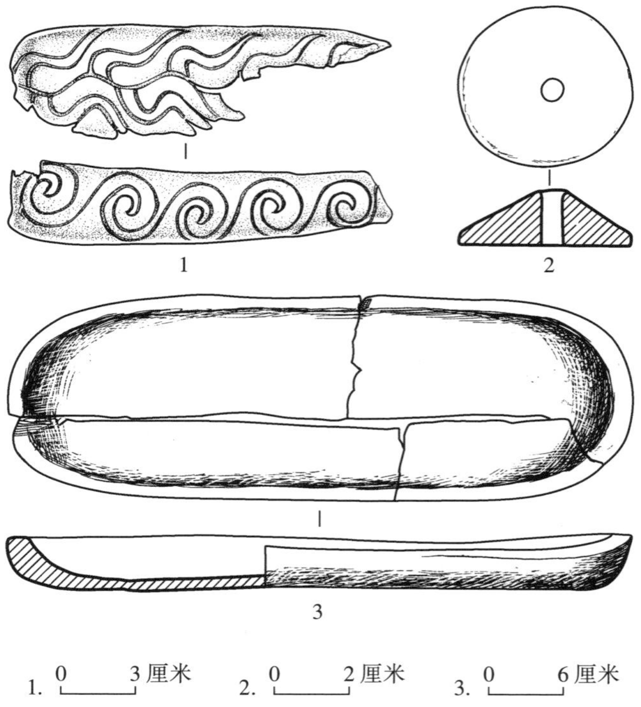

图四五三　ⅡM35、ⅡM36 随葬品

1. 皮盒（ⅡM36：1）　2. 木纺轮（ⅡM36：2）　3. 木盘（ⅡM35：1）

ⅡM36

墓葬概况

位于墓地中南部，东南邻ⅡM33，西南邻ⅡM34，墓向104°。C型，长方形竖穴土坑墓，口小底大，呈袋状。墓口距地表深0.18米，墓口长1.62、宽0.88米。填土中含有土坯残块、芦苇秆、沙石等。墓底长1.86、宽1.17米，墓深1.32米。墓底仅有一部分人的下肢骨、左臂骨骼、下颌骨和几根肋骨，脚穿皮靴，其他骨骼缺失，下肢上屈，倒向墓北壁。性别、年龄不详。无葬具。仅在左侧髋部出土皮盒，墓室中北部发现木纺轮（图四五四）。

随葬品

出土皮、木器2件。

1. 皮盒　牛皮制。长方体状，带盖。两侧阴刻连续卷云纹及波纹，底部有角状纹。残长14.7、宽6.8厘米（图四五三，1）。

2. 木纺轮　圆饼形，一侧平，一侧起弧，中有圆形穿孔。线轴残佚。轮径4.6、厚1.53厘米（图四五三，2）。

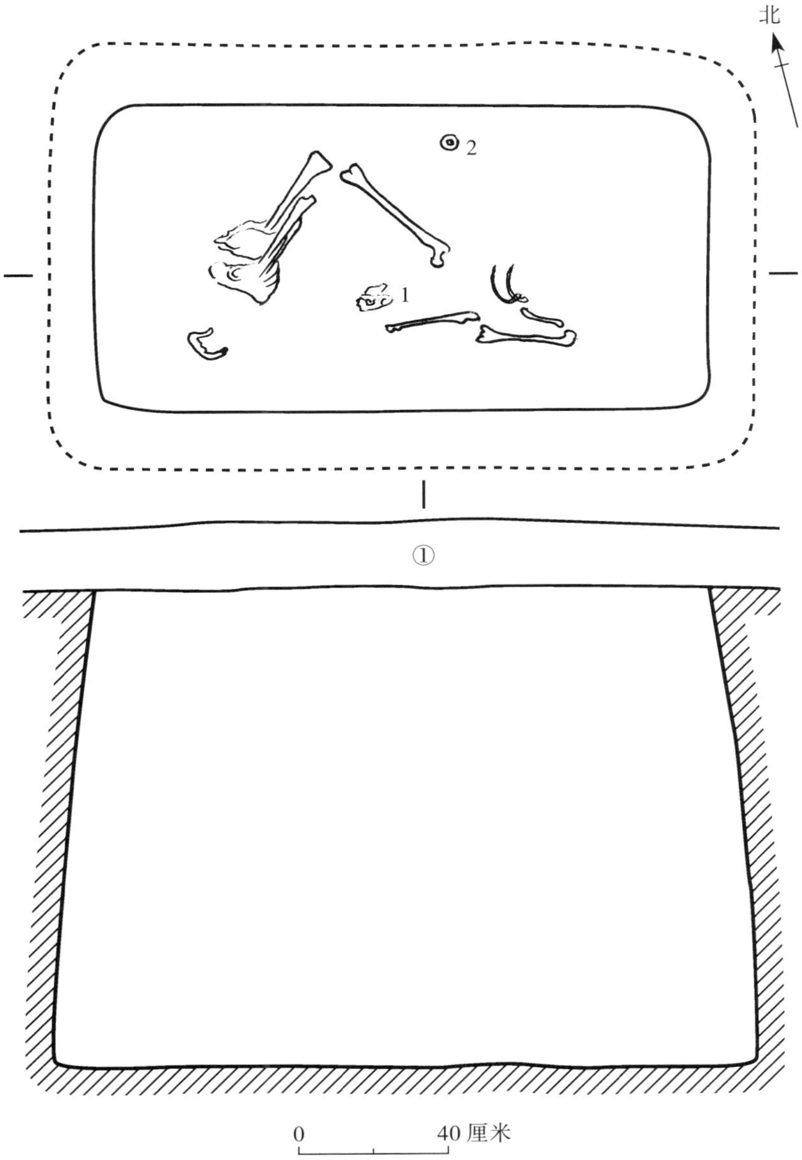

图四五四　ⅡM36平、剖面图
1. 皮盒　2. 木纺轮

ⅡM37

墓葬概况

位于墓地中南部，东南邻ⅡM39，东北邻ⅡM30，墓向104°。C型，长方形竖穴土坑墓。墓口距地表深0.1米，墓口长1.66、宽1.06米。墓被盗掘过，填土为黄色沙土，内含土坯残块。墓底长1.6、宽1米，墓深1.16米。墓底有四腿木尸床，床上人骨凌乱，颅骨破碎，存部分长骨和肋骨，为成年男性。墓底床头西南角出土有复合弓，木撑板、木钉在东南部（图四五五）。

随葬品

出土木器3件。

1. 复合弓　残段，中间为绣线菊木胎，两侧粘贴牛角片和筋线，外面缠牛筋线。弓弰有倒弯，用以挂弦。残长58、直径2.4厘米（图四五六，2）。

2. 木钉　木枝条削制而成。呈近圆锥状。长15.8、

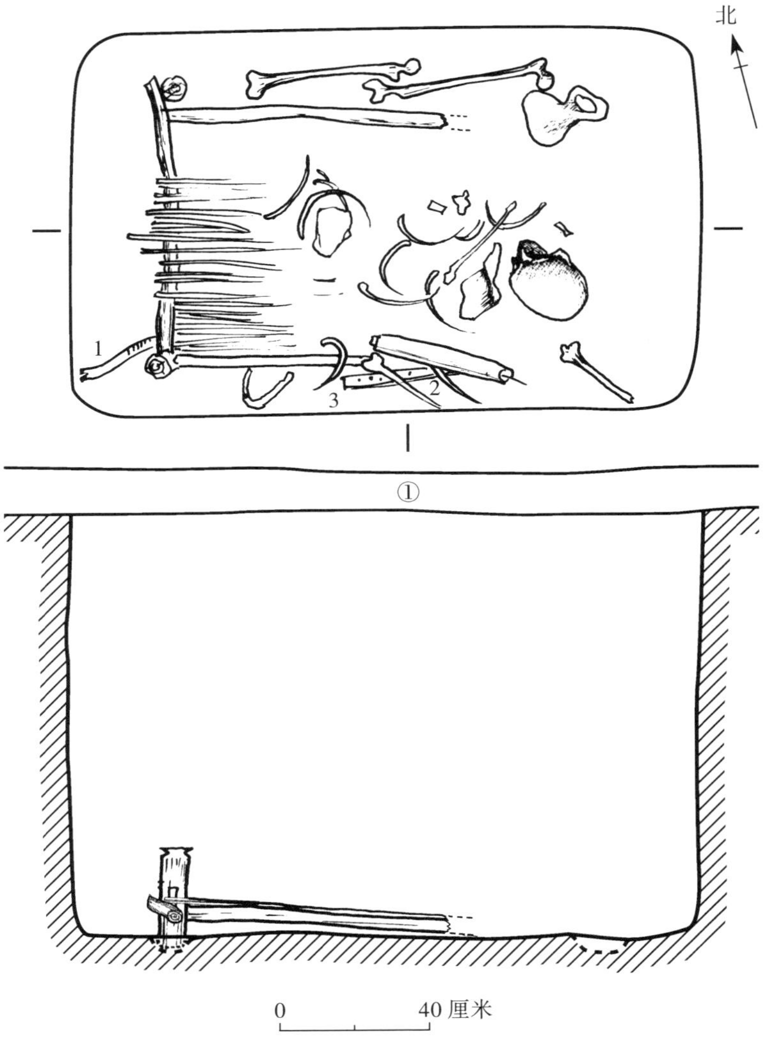

图四五五　ⅡM37平、剖面图
1. 复合弓　2. 木钉　3. 木撑板

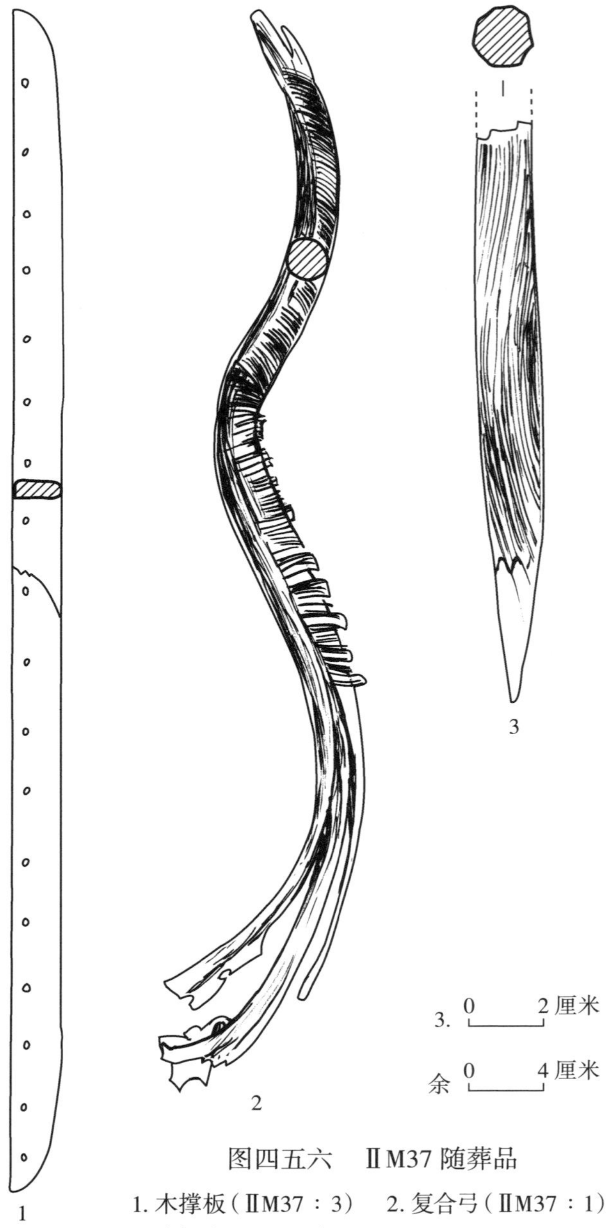

图四五六 ⅡM37 随葬品

1. 木撑板（ⅡM37：3） 2. 复合弓（ⅡM37：1）
3. 木钉（ⅡM37：2）

直径 1.73 厘米（图四五六，3）。

3. 木撑板 平面呈近长方形，两端相同，一侧平直，另一侧两头起弧，平直的一侧钻有一排小孔，共 18 个。长 65、宽 2.6、厚 1 厘米（图四五六，1）。

ⅡM38

墓葬概况

位于墓地中南部，东北邻ⅡM31，西邻ⅡM150，墓向 110°。C 型，长方形竖穴土坑墓，四壁向下斜收，口大底小。墓口距地表深 0.17 米，墓口长 1.66、宽 1.04 米。墓被盗扰，填土中夹有芦苇秆、沙石。墓底长 1.56、宽 0.93 米，墓深 0.96 米。人骨被集中堆放于西南角，下颌骨弃于肢骨中，中北部有髋骨一块。中年女性，年龄 35~45 岁，葬式不明。西北角有羊头一个。无葬具。墓底北壁羊头旁出土发辫、木桶底、陶单耳杯，木纺轮出土于中西部（图四五七）。

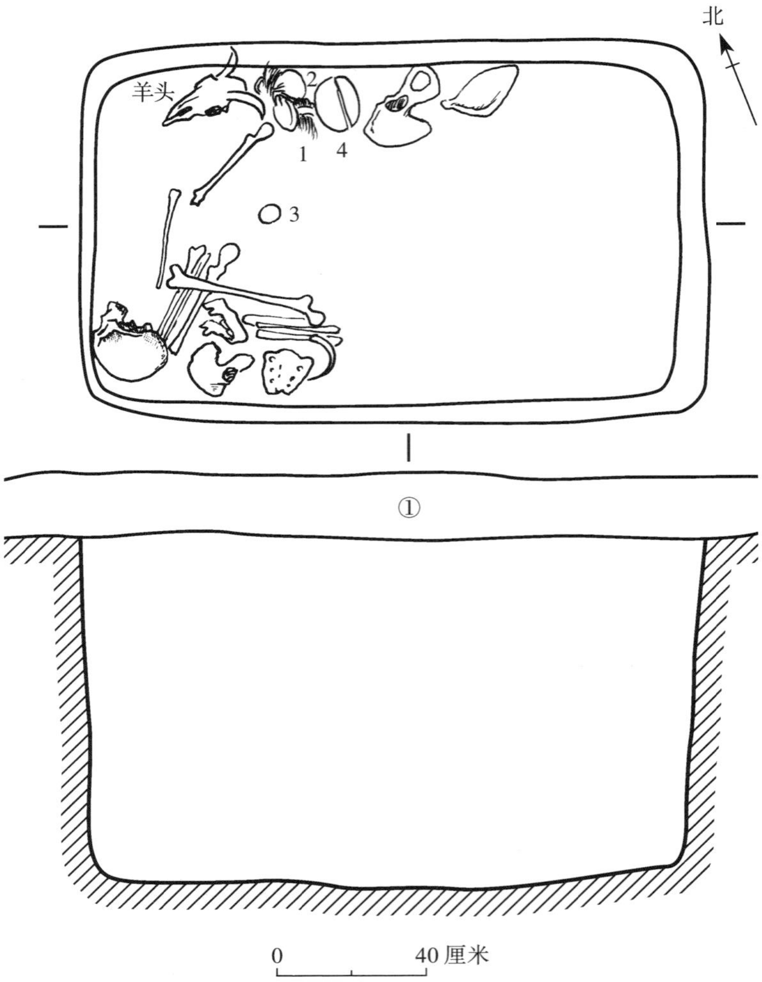

图四五七 ⅡM38 平、剖面图

1. 发辫 2. 陶单耳杯 3. 木纺轮 4. 木桶底

随葬品

出土陶、木器及发辫（毛线绳）等 4 件。

1. 发辫 三股编，内夹红色毛线绳。长 30.5、粗径 6.4 厘米（图四五八，3）。

2. 陶单耳杯 夹砂红陶。直口，圆唇，直腹，平底，口沿上有“凸”字形立耳，耳底部有圆形穿孔。立耳边缘、口沿内、外均饰锯齿纹。口径 10.8、底径 8.4、高 7.2、通高 12.2 厘米（图四五八，4；图版八七，5）。

3. 木纺轮 纺轮为圆饼形，一面切平，一面起弧，中间有圆形穿孔，孔内残留一节木线轴。线轴残长 3.6、直径 0.5 厘米，纺轮直径 5.4、厚 1.2 厘米（图四五八，1）。

4. 木桶底 用薄木板削制。平面呈椭圆形，边缘有一穿孔。长径 12.5、短径 9.7、厚 1.8 厘米（图四五八，2）。

ⅡM39

墓葬概况

位于墓地中南部，西北邻ⅡM37，东邻ⅡM31，墓向 130°。C 型，长方形竖穴土坑墓，东边呈弧形，直壁。

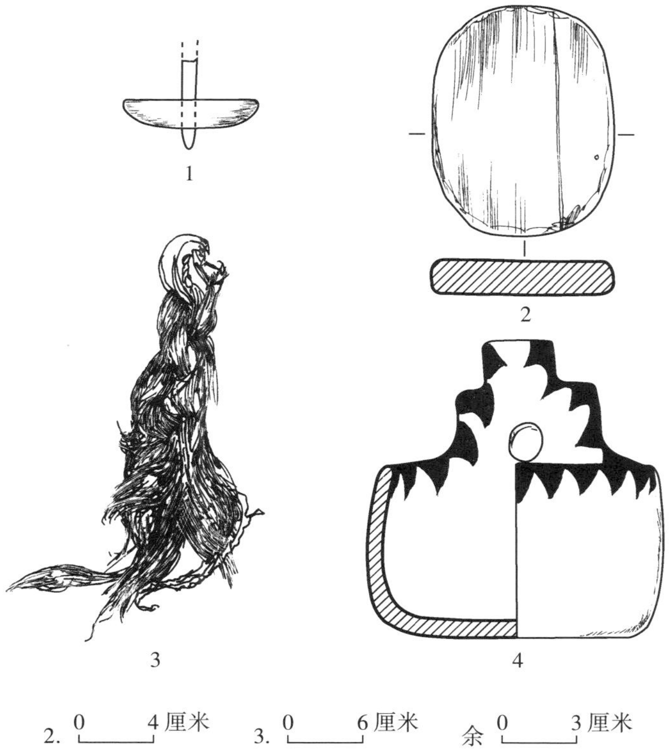

图四五八　ⅡM38随葬品

1. 木纺轮（ⅡM38：3）　2. 木桶底（ⅡM38：4）　3. 发辫（ⅡM38：1）　4. 陶单耳杯（ⅡM38：2）

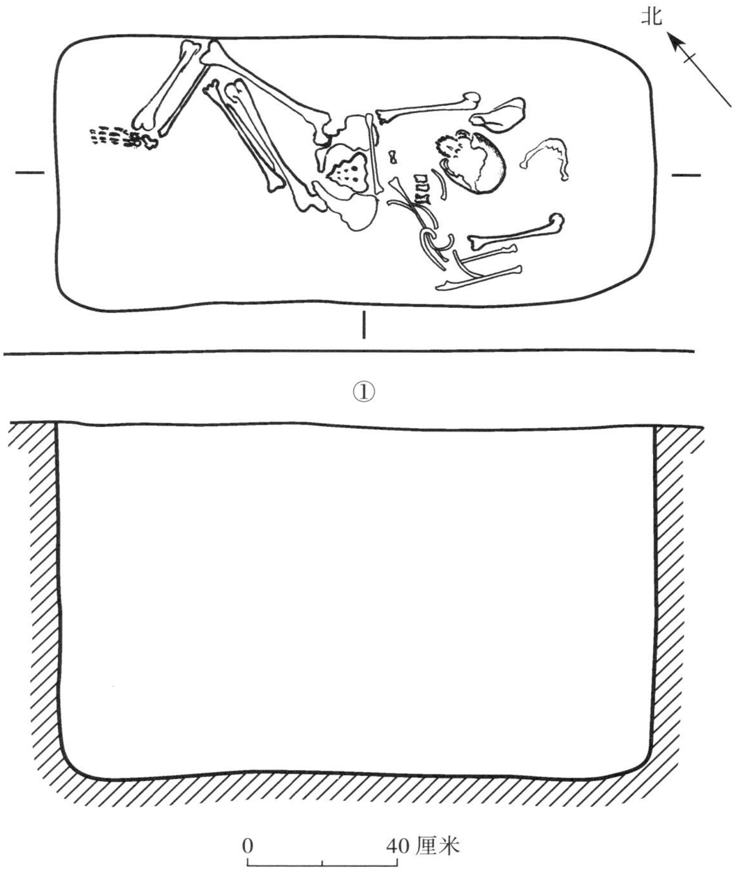

图四五九　ⅡM39平、剖面图

墓口距地表深0.2米，墓口长1.58、宽0.74米。墓室内曾进过雨水，后又被盗掘过。填土中有大量水浸形成的土块。墓底长1.56、宽0.7米，墓深0.96米。墓底人骨残朽，上半部分骨架凌乱，椎骨横置，肋骨散架，头移位到胸部，下肢上屈倚靠于墓北壁，仰身，中年女性，年龄35~45岁。未发现随葬品和葬具（图四五九）。

随葬品

无随葬品。

ⅡM40

墓葬概况

位于墓地东南部，西南邻ⅡM41，东邻1988年发掘区，墓向131°。C型，竖穴土坑墓。该墓规模较大，形状也比较特殊，平面近方形，直壁。墓口暴露于地表。墓长2.2、宽2米，墓深1.92米。墓室被盗掘一空，填土中有土块、草席、干草和人骨残块。墓底仅见人颅骨一个，为壮年男性，年龄30~40岁，其他骨骼极少，葬式不详。墓底南部扰土中出土有木鞭、两支木锥、木扣（图四六〇）。

随葬品

出土木器3件（组）。

1. 木鞭　鞭杆由长木棍削制，后端有系孔，穿有牛皮绳扣。前端也有孔，用于穿、扎鞭绳，鞭绳为牛皮裁制的分段箭头形长条带。鞭杆长30.2、直径0.6厘米，鞭绳长38.2、宽1.2~3.2厘米（图四六一，1；图版一六九，1）。

2. 木锥　2支。木枝条削制。锥状，断面呈三棱形，尖锐利。ⅡM40：2-1，长15.4厘米（图四六一，2）。

3. 木扣　平面呈长方形，两端各有一个凹槽。长13.7、宽2.1、厚0.54厘米（图四六一，3；图版一五七，5）。

ⅡM41

墓葬概况

位于墓地东南部，西南邻ⅡM42，东北邻ⅡM40，墓向130°。C型，长方形竖穴土坑墓，口小底大，呈袋状。墓口距地表深0.2米，墓口长1.88、宽1.13米，墓底长2.3、宽1.51米，墓深1.86米。墓被盗掘，填土为黄色细沙土，其中夹杂有人骨、土坯残块等。随葬的木器具、木钉、皮辔头在东部，皮袋在西北部，角杯、皮帽、皮囊、毛编织带在西南部。墓底未见人骨架（图四六二）。

随葬品

墓底扰土中出土木、骨、皮质器物8件（组）。

1. 木器具　圆木棍，一端刻浅槽，棍体用鞣制过的羊皮条双向缠绕成菱格状。疑为残鞭杆。残长16.8、直径1.2厘米（图四六三，1；图版一七三，3）。

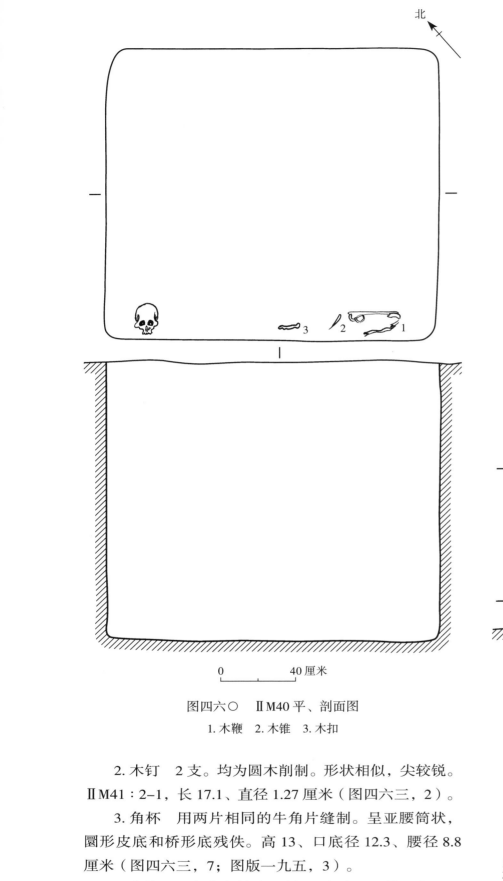

图四六〇 ⅡM40平、剖面图

1. 木鞭 2. 木锥 3. 木扣

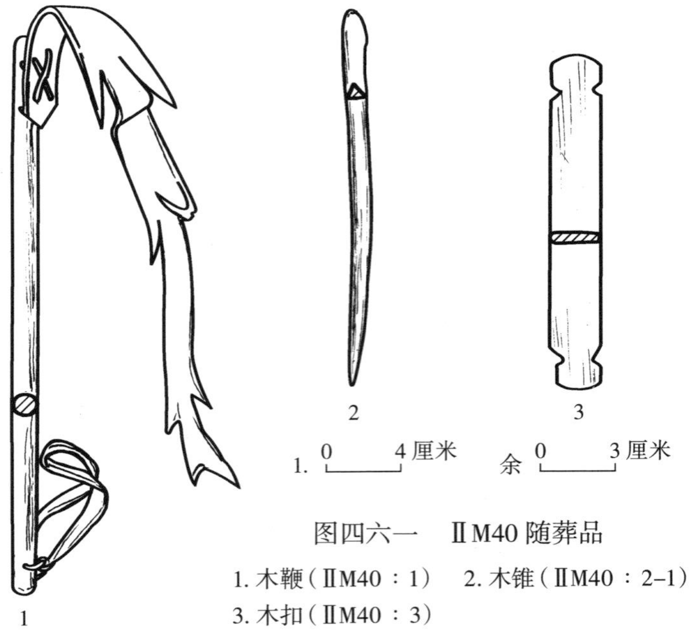

图四六一 ⅡM40随葬品

1. 木鞭（ⅡM40：1） 2. 木锥（ⅡM40：2-1） 3. 木扣（ⅡM40：3）

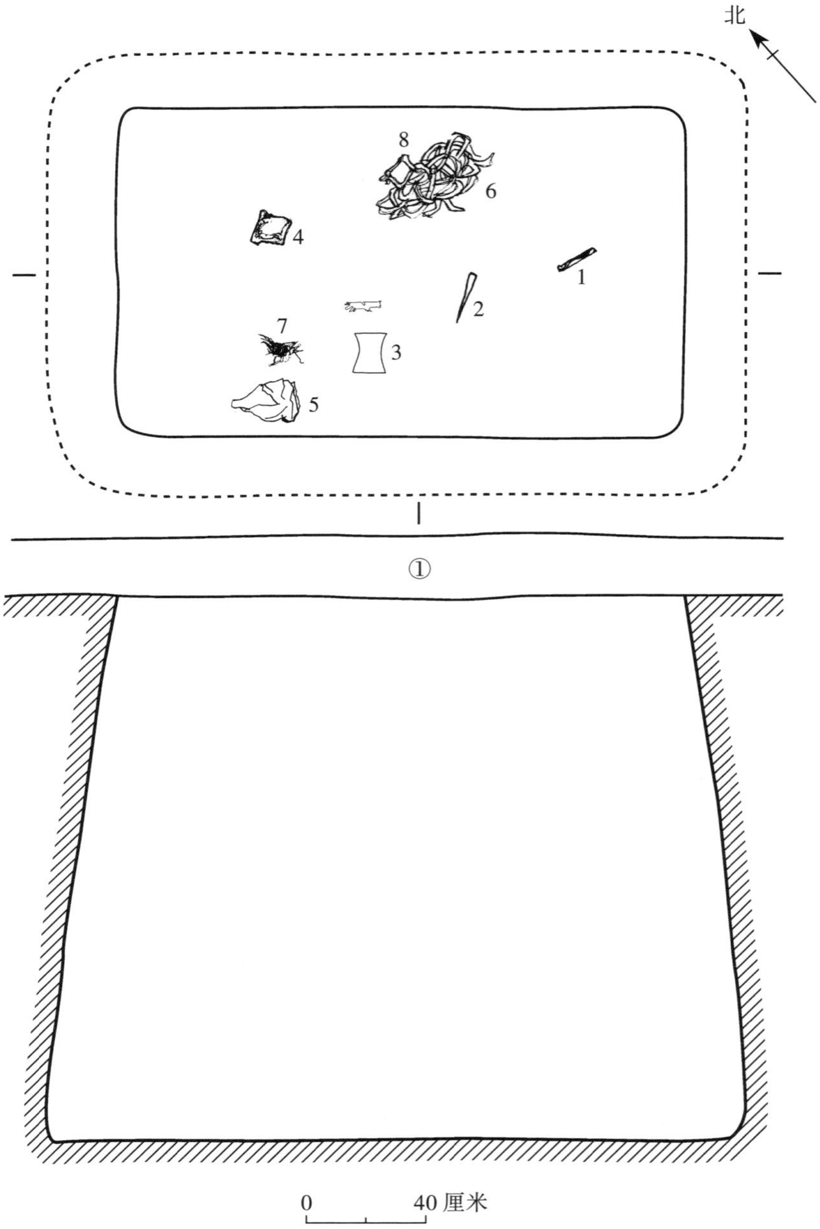

图四六二 ⅡM41平、剖面图

1. 木器具 2. 木钉 3. 角杯 4. 皮袋 5. 皮帽 6. 皮辔头 7. 皮囊 8. 毛编织带

2. 木钉 2支。均为圆木削制。形状相似，尖较锐。ⅡM41：2-1，长17.1、直径1.27厘米（图四六三，2）。

3. 角杯 用两片相同的牛角片缝制。呈亚腰筒状，圜形皮底和桥形底残佚。高13、口底径12.3、腰径8.8厘米（图四六三，7；图版一九五，3）。

4. 皮袋 用白本色羊皮缝制。近长方形，横面有口。长9.8、宽7.4厘米（图四六三，5）。

5. 皮帽 微残，用羊皮缝制。尖顶，有护耳。高29.6、宽26厘米（图四六三，3；图版二二一，7）。

6. 皮辔头 牛皮革制。有结和扣，乱作一团，似为辔头和绳带（图四六三，6）。

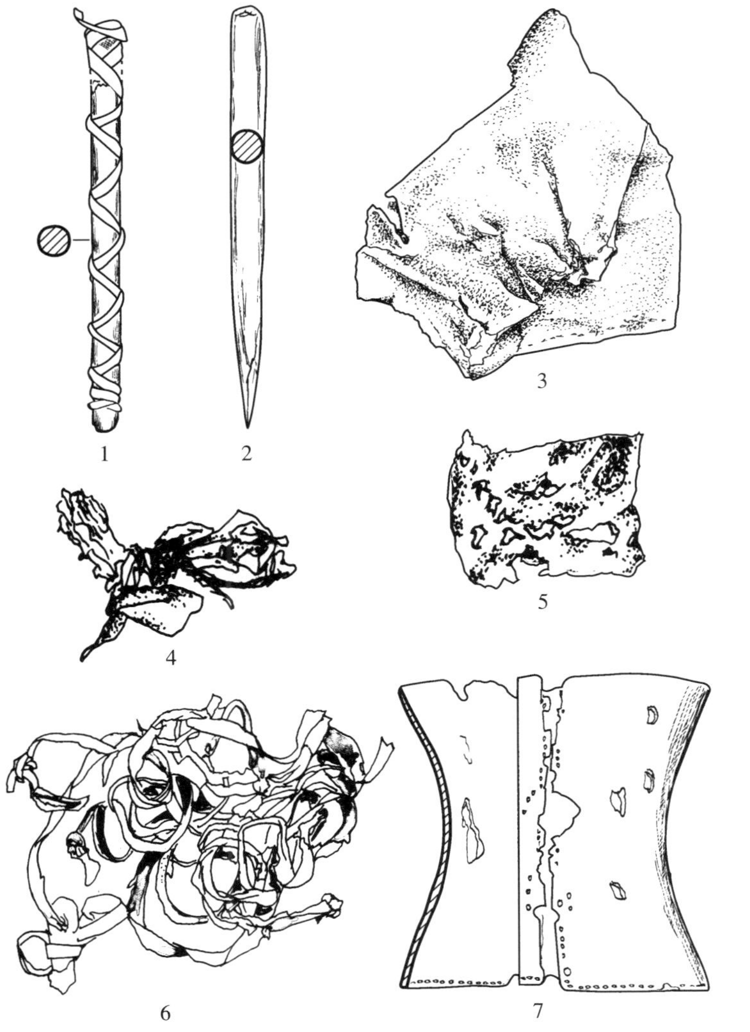

图四六三　ⅡM41随葬品

1. 木器具（ⅡM41：1）　2. 木钉（ⅡM41：2-1）　3. 皮帽（ⅡM41：5）　4. 皮囊（ⅡM41：7）　5. 皮袋（ⅡM41：4）　6. 皮辔头（ⅡM41：6）　7. 角杯（ⅡM41：3）

7. 皮囊　残，仅剩口部一部分。打折后穿木橛封住，旁边留一自然口，为羊肚子制作，用以盛放奶制品。上面还缠有毛线绳一段。残长13厘米（图四六三，4）。

8. 毛编织带　红色编织带。残存两条，分别为长11、宽3厘米和长8、宽2厘米。用线54根，将毛纱从编织带的两侧拉向中央，再以2/2的斜编法与从另一侧拉过来的毛纱相交织后，再拉向编织物的另一侧。如此循环，编织带表面形成中央编织，两侧根根毛纱疏松排列的带子。带子的一端有由编织剩余的毛纱编织的缨穗6条，共用54根毛纱（图版二六八，1）。

ⅡM42

墓葬概况

位于墓地东南部，东北邻ⅡM41，西、南两面为未发掘区，墓向130°。C型，圆角长方形竖穴土坑墓，直壁。墓口位于地表。墓长1.32、宽0.76米，墓深0.82米。墓底人骨凌乱，其中有一人单下肢上屈倚靠于墓北壁，墓内有三个人颅骨，其他骨骼朽残不全。颅骨A位于西南壁边，为壮年男性，年龄20~30岁；颅骨B靠西北，为未成年人，年龄6岁左右；颅骨C为中年男性，年龄35~45岁。东北角出土羊头一个。无葬具。墓底东北角放置陶双耳壶，北壁下放置木四足盘，东南角放木桶，颅骨C旁有木冠饰上的略弯曲成弧拱形的木板（图四六四；图版二六，1）。

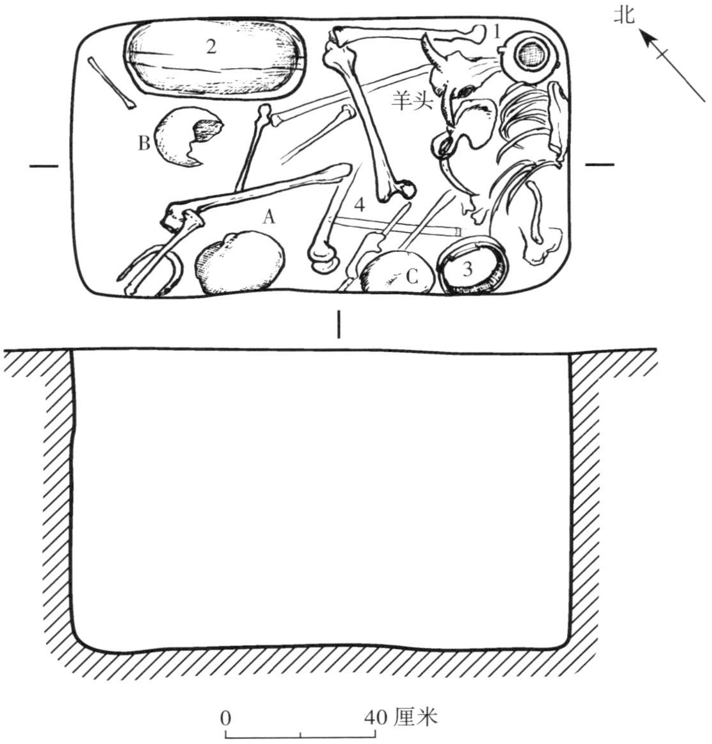

图四六四　ⅡM42平、剖面图

1. 陶双耳壶　2. 木四足盘　3. 木桶　4. 木冠饰

随葬品

出土陶、木器4件。

1. 陶双耳壶　夹砂红陶。口微敞，尖圆唇，细长颈，鼓腹，小平底，上腹部有对称双系耳。外口沿之下饰双横线，中间填网格纹，肩和上腹双横线内填饰上下相交的涡纹，涡纹内填平行斜线，双耳之上饰彩条纹。口径8.9、腹径16.1、底径6.4、高27.5厘米（图四六五，4；图版一〇四，4）。

2. 木四足盘　口呈近长圆形，长边较直，短边起弧。平沿，敞口，浅腹，平底，底有四足，足横截面呈圆形，纵截面呈梯形。翻扣时做砧板，底部有刀剁痕。短边一侧有两个穿孔，穿有牛筋绳。长47、宽24.2、高10厘米（图四六五，2；图版一四二，2）。

3. 木桶　圆木削刻、掏挖而成。直壁，底部有用于

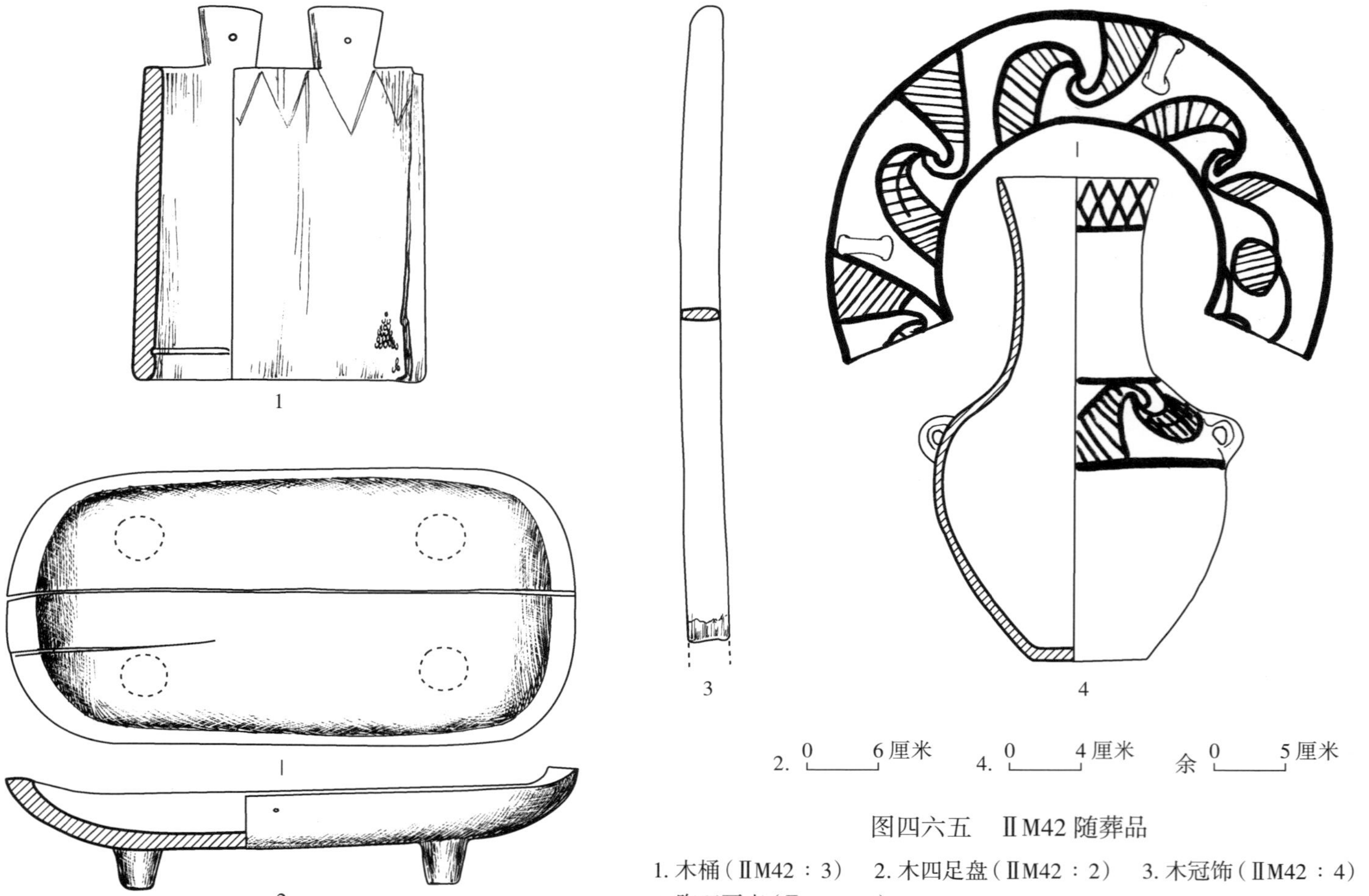

图四六五　ⅡM42随葬品

1. 木桶（ⅡM42∶3）　2. 木四足盘（ⅡM42∶2）　3. 木冠饰（ⅡM42∶4）
4. 陶双耳壶（ⅡM42∶1）

镶嵌底板的凹槽，沿上对称两个立耳。上口沿外刻出连续三角形，内饰黑彩，底部亦有黑彩涂出连续三角纹的痕迹，其中一个三角形内残留有粘贴在上面的小花紫草籽种。直径约19.2、底径20.2、高22.6、通高26.9厘米（图四六五，1；图版一二八，3）。

4. 木冠饰　木板制作。呈长条形，略弯曲成弧拱形，前端削成圭形，后端钻两小孔，孔内有木钉残节，为木冠饰的“双翅”之一。长45.6、宽2.9、厚0.5厘米（图四六五，3）。

ⅡM43

墓葬概况

位于墓地东部，东南望ⅡM44，周围为未发掘墓葬，墓向100°。C型，圆角长方形竖穴土坑墓，口小底大，呈袋状。墓口距地表深0.2米，墓口长1.2、宽1.02米，墓底长1.63、宽1.07米，墓深1.4米。内填黄沙土，夹有碎土坯、芦苇、蒲草屑、骆驼刺等。墓底有三个人的颅骨，均放在墓底北壁下，其他骨骼散乱于墓底各处，颅骨和下颌骨也都不在一起。A为中年男性，年龄35~45岁；B为壮年女性，年龄25~35岁；C也为壮年女性，年龄30~40岁。似二次葬，后又经扰乱。随葬有羊头，乱骨中有皮衣残片，木盘在西北角，陶单耳杯、木手杖、木器具在东北部，复合弓和陶坩埚在西部，陶单耳罐、木钵、木盆（匜）、陶盆、铁刀在东南部（图四六六）。

随葬品

出土木、陶、铁器11件。

1. 木钵　口微敛，方唇，平面为圆形，小平底，单横鋬上有方形穿孔。口径28.2、底径8、高9.2厘米（图四六七，11；图版一四四，3）。

2. 陶单耳杯　夹砂红陶。敞口，圆唇，鼓腹，平底，口沿下有单耳。器表有烟炱痕。口径8.8、腹径11.2、底径7.2、高13厘米（图四六七，2；图版七三，4）。

3. 木手杖　由自然弯曲的木棍加工而成。粗柄细杆，用有韧性的圆木做成。长80.2、直径1.6厘米（图四六七，8）。

4. 木器具　木棍削制而成。一端残，一端呈近三角形，有凹槽。残长47.5、直径3.8厘米（图四六七，7）。

5. 陶单耳罐　夹砂红陶。敞口，圆唇，束颈，鼓腹，圜底，口沿下有环状器耳。口径6.8、腹径9.6、高10.6厘米（图四六七，3；图版五九，3）。

6. 复合弓　中间用绣线菊木做胎，内粘贴牛角片，外面包一层牛筋。截面为三角形。残长55.2厘米（图

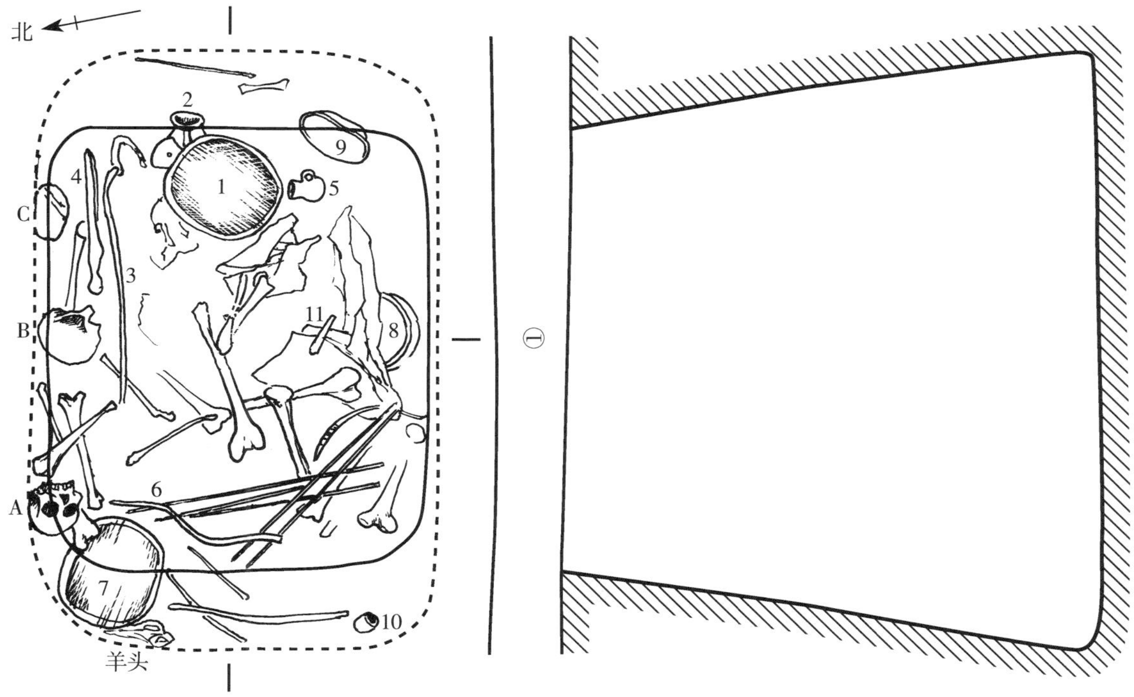

0　40厘米

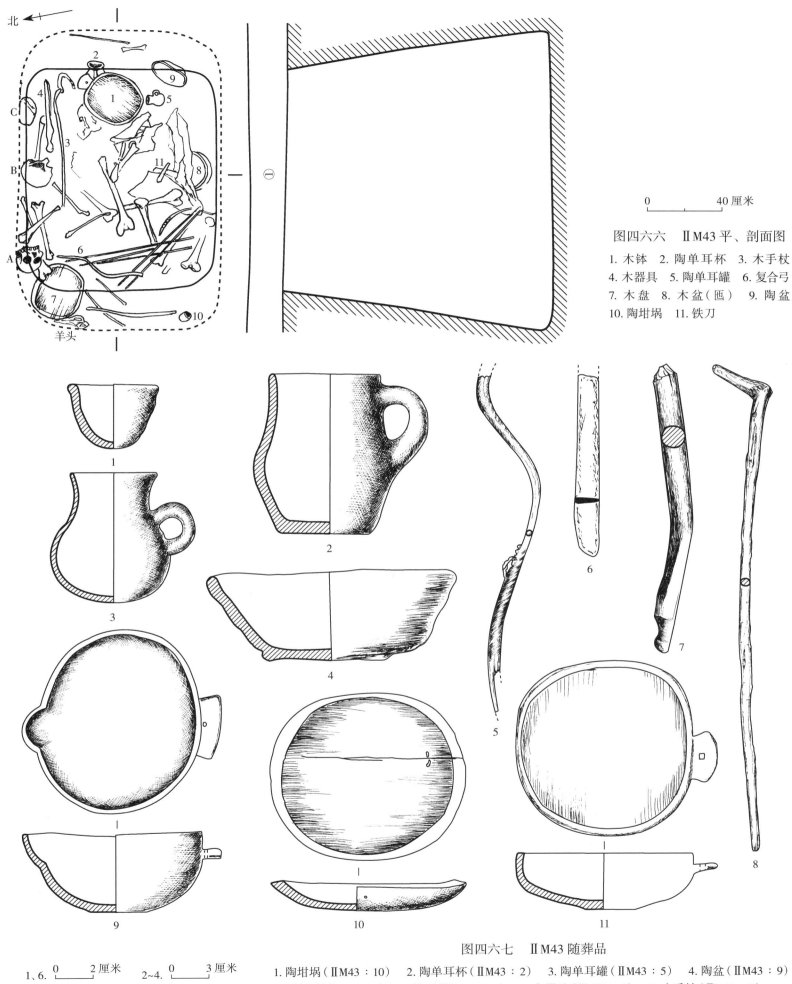

图四六六　ⅡM43平、剖面图

1. 木钵　2. 陶单耳杯　3. 木手杖　4. 木器具　5. 陶单耳罐　6. 复合弓　7. 木盘　8. 木盆（匜）　9. 陶盆　10. 陶坩埚　11. 铁刀

1、6. 0　2厘米　2~4. 0　3厘米　余 0　6厘米

图四六七　ⅡM43随葬品

1. 陶坩埚（ⅡM43：10）　2. 陶单耳杯（ⅡM43：2）　3. 陶单耳罐（ⅡM43：5）　4. 陶盆（ⅡM43：9）　5. 复合弓（ⅡM43：6）　6. 铁刀（ⅡM43：11）　7. 木器具（ⅡM43：4）　8. 木手杖（ⅡM43：3）　9. 木盆（匜）（ⅡM43：8）　10. 木盘（ⅡM43：7）　11. 木钵（ⅡM43：1）

四六七，5）。

7. 木盘　平面近椭圆形，长径方向的沿较宽。敞口，浅腹，近平底，翻扣时做砧板，底面有刀剁痕，口沿下有一穿孔。木盘裂缝处凿有穿孔，穿绳加固。口长径30.8、短径27.5、高4.8厘米（图四六七，10；图版一四〇，5）。

8. 木盆（匜）　由圆木掏挖、刻削而成。平面呈椭圆形，有弧形往外凸的流。敞口，窄平沿，深腹，小平底。口沿下有横鋬，中部有钻孔。口长径30、短径28.4、底径7.2、高13.2厘米（图四六七，8；图版一四六，4）。

9. 陶盆　夹砂红陶。敞口，方唇，斜直腹，假圈足状平底。口径20、底径10、高7.2厘米（图四六七，4；图版一〇八，2）。

10. 陶坩埚　夹砂灰陶。敞口，圆唇，浅腹，圜底。口径4.6、高3.4厘米（图四六七，1）。

11. 铁刀　窄长条形，直柄，单刃，刀把略窄于刀身。残长10、宽1.4、厚0.3厘米（图四六七，6；图版二〇四，5）。

ⅡM44

墓葬概况

位于墓地东部，东北邻ⅡM45，西北望ⅡM43，墓向97°。D型，长方形竖穴偏室墓。墓口距地表深0.2米，长1.48、宽0.8米。墓底北壁掏挖低矮的偏室，墓室长1.48、进深0.3、高0.36米，墓深1.16米。竖穴底有一具仰身屈肢骨架A，头东脚西，面向南，额处有刀伤，枕骨有宽刃器砍痕，为壮年男性，年龄20~30岁。在偏室西北角有两个人颅骨，其中B为青年女性，年龄18~22岁；C为未成年人，年龄11~13岁。在颅骨A两侧各有一个颅骨，D为青年女性，年龄18~22岁；E为未成年男性，年龄12~13岁。五人均为二次葬。墓西部有毛毡残片。随葬品均散置于墓底人骨架周围，北部有陶单耳杯、骨管、箭头、木桶底，东南角颅骨E旁有皮囊、陶碗、陶圈足盘、陶盆，皮带在西部（图四六八）。

随葬品

出土皮、陶、木、骨器9件。

1. 皮囊　用羊皮裹成，封口用羊皮绳缠扎。因未打开，内部所装物品不明。高3.3、宽2.1厘米（图四六九，1）。

2. 陶碗　夹砂红陶。口部残，鼓腹，平底，腹部一侧有单耳，耳残。器表有烟炱痕。底径6.6、残高6.2厘米（图四六九，4）。

3. 陶盆　夹砂红陶。直口，圆唇，小平底。口沿下有对称的鸡冠状鋬。口径18.8、腹径19.6、底径9.2、高10.4厘米（图四六九，8；图版一〇七，3）。

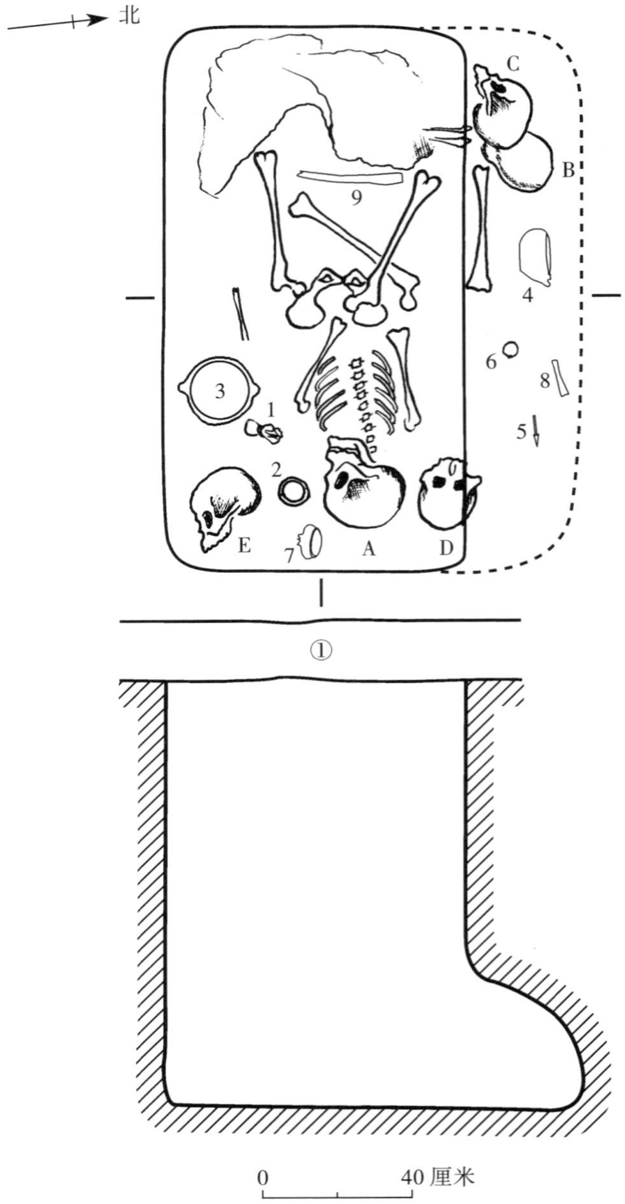

图四六八　ⅡM44平、剖面图

1. 皮囊　2. 陶碗　3. 陶盆　4. 陶单耳杯　5. 木箭头　6. 木桶底　7. 陶圈足盘　8. 骨管　9. 皮带

4. 陶单耳杯　夹砂红陶。敛口，圆唇，鼓腹，平底，口沿上有单竖耳，已残。口径13.2、腹径14.2、底径7.4、高7.6厘米（图四六九，7）。

5. 木箭头　木条削制。箭头呈三棱锥形，箭杆以长楔形与箭头之卯连接。直径0.8、残长10厘米（图四六九，3）。

6. 木桶底　薄木板制作。平面圆形，侧面有四个卯孔。直径6.35、厚1.2厘米（图四六九，2）。

7. 陶圈足盘　夹砂红陶。盘为钵形，直口，圆唇，圆腹，底部有圆形凹坑。底座残。口径9.7、残高6.4厘米（图四六九，5；图版一二四，6）。

8. 骨管　用羊的前肢骨磨制而成。通体打磨光滑。长8.6、直径1.4厘米（图四六九，6；图版一九三，6）。

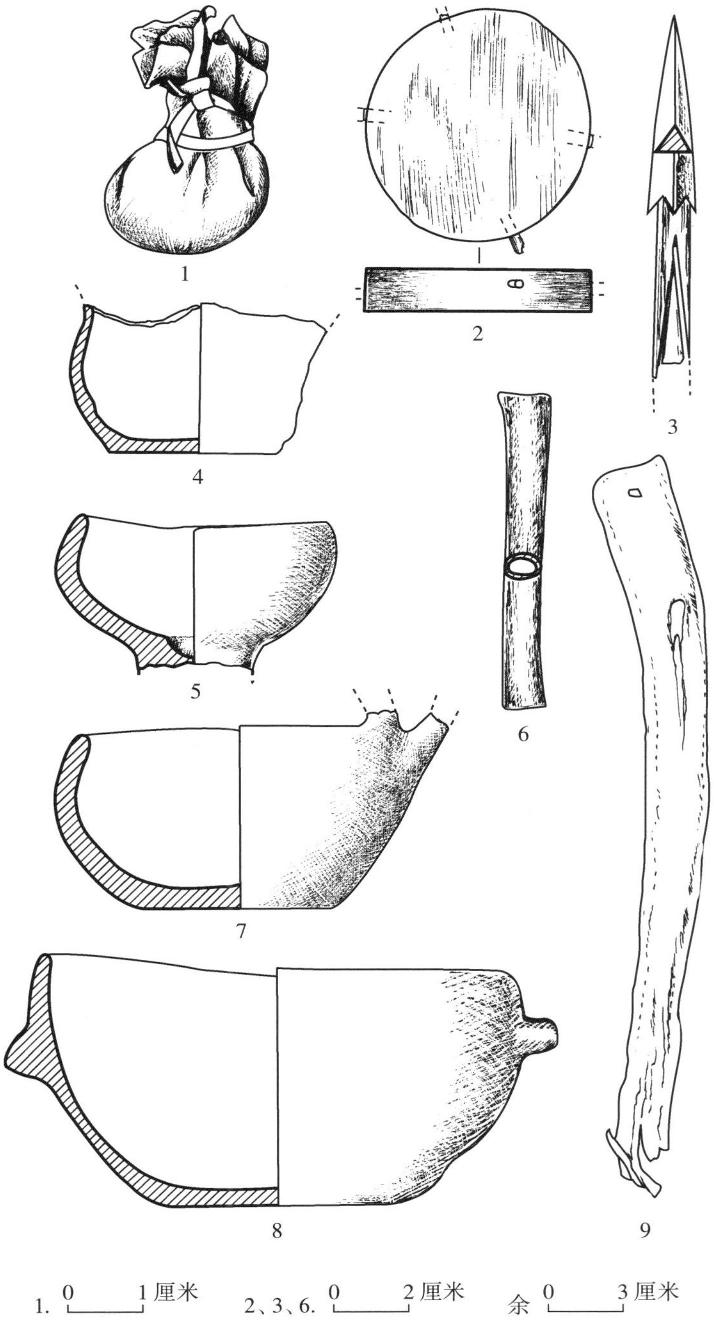

图四六九　ⅡM44 随葬品

1. 皮囊（ⅡM44：1）　2. 木桶底（ⅡM44：6）　3. 木箭头（ⅡM44：5）　4. 陶碗（ⅡM44：2）　5. 陶圈足盘（ⅡM44：7）　6. 骨管（ⅡM44：8）　7. 陶单耳杯（ⅡM44：4）　8. 陶盆（ⅡM44：3）　9. 皮带（ⅡM44：9）

9. 皮带　由三层鞣制的羊皮重叠缝制而成。长条形。长 31、宽 3.1 厘米（图四六九，9）。

ⅡM45

墓葬概况

位于墓地东部，西南邻ⅡM44，东北望ⅡM46，墓向 98°。C 型，长方形竖穴土坑墓，口大底小。墓口距地表深 0.2 米，墓口长 2.02、宽 1.42 米。墓被盗扰，墓内填土中有土坯块、骆驼刺、芦苇草屑、沙石及碎陶片等。墓底长 1.9、宽 1.2 米，墓深 1.38 米。墓底偏中东部有

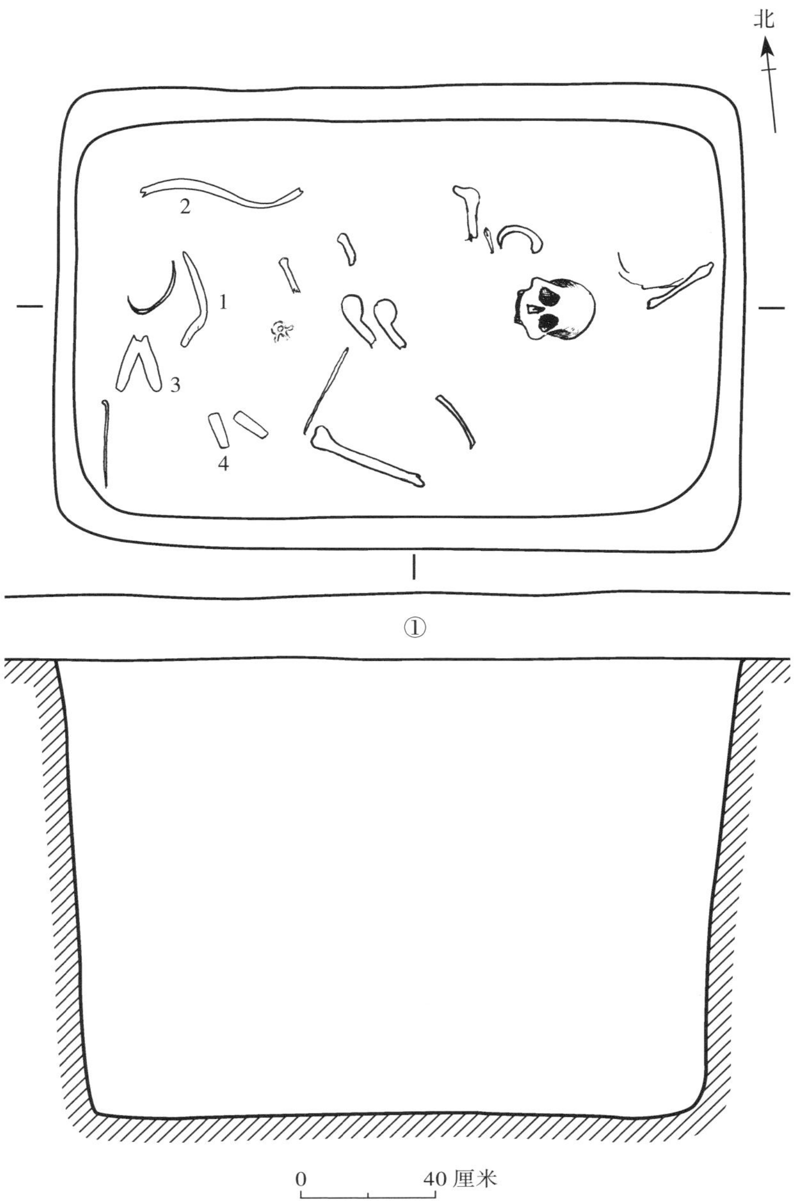

图四七〇　ⅡM45 平、剖面图

1. 木旋镖　2. 复合弓　3. 皮袋　4. 木打磨器

一个人的颅骨，部分肢骨散见于中部，中年男性，年龄 45~55 岁。木旋镖、复合弓、皮袋、木打磨器位于西部。无葬具（图四七〇）。

随葬品

出土木、皮质器物 4 件。

1. 木旋镖　用自然弯曲的柳木棍削制而成。扁体，一端作圆锥体，易于手握。弯角 135°。长端长 36、短端长 20.8、最大径 5.2 厘米（图四七一，3）。

2. 复合弓　两端均残。复合式，中间为韧木片，一边贴牛角片，外面包有牛筋皮，再缠牛筋绳。残长 52.8、直径 1.2~2 厘米（图四七一，4）。

3. 皮袋　用鞣制的牛皮缝制而成。两件长筒状皮袋组合在一起，呈裤子形。长 17.5、单个直径 4.2 厘米（图四七一，5；图版二三〇，6）。

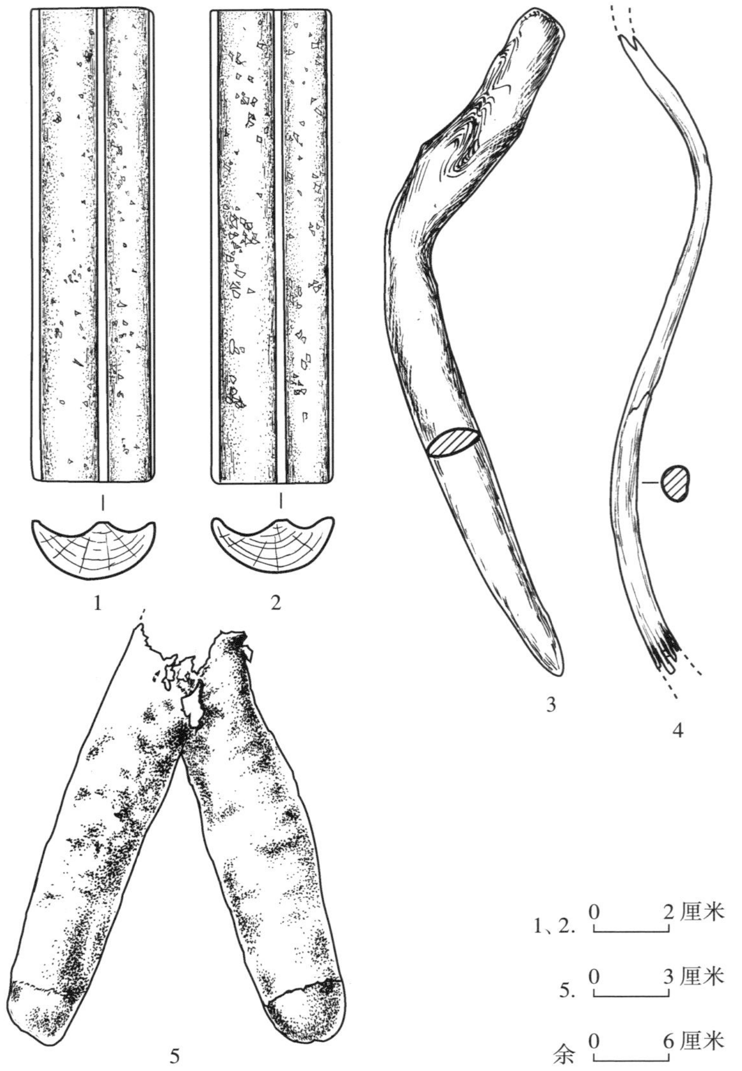

图四七一　ⅡM45 随葬品

1、2. 木打磨器（ⅡM45：4-1、4-2）　3. 木旋镖（ⅡM45：1）　4. 复合弓（ⅡM45：2）　5. 皮袋（ⅡM45：3）

4. 木打磨器　圆形木棒一劈为二，在平面上分别刻挖出两个相同的截面呈半圆形、平面呈长条形的凹槽，两块合并在一起，为双圆管形木器。内管表面粘一层细沙，用于打磨箭杆、拉直纺线轴等。长 13、宽 3.2、管径 1.1~1.5 厘米（图四七一，1、2）。

图四七二　ⅡM46 平、剖面图

1. 陶单耳罐　2. 发辫　3. 皮靴　4. 皮条带　5. 毛纺织物　6. 毛毯残片

ⅡM46

墓葬概况

位于墓地东部，西南望ⅡM45，北面有坎儿井竖井口，周围全是未发掘墓葬，墓向 100°。C 型，长方形竖穴土坑墓，直壁。地表有周边高、中间有凹坑的环状积土石堆，封堆直径 3.2、高 0.32 米。墓口开于环形堆中间的低洼部位。墓口距地表深 0.2 米，墓长 3.1、宽 1.9 米。在墓的西壁上中间有一竖形槽，宽 0.28、深 0.12 米。墓内填土中含有棚盖墓口的芦苇、草屑、土坯块、黄土和沙子等坍塌物。墓底与墓口形状尺寸相同，深 2.65 米。该墓早年被盗，仅见少许人骨。无葬具。西南角出土陶单耳罐，中部碎骨旁有两根长发辫和皮靴，北部有皮条带，西部有毛纺织物，东南角有毛毯残片（图四七二）。

随葬品

出土陶、皮器和发辫、毛纺织物 6 件（组）。

1. 陶单耳罐　夹砂红陶。敞口，小方唇，束颈，球腹，圜底，从口沿至腹有一宽带状耳。器表有烟炱。口径 7.2、腹径 10.4、高 10.3 厘米（图四七三，4）。

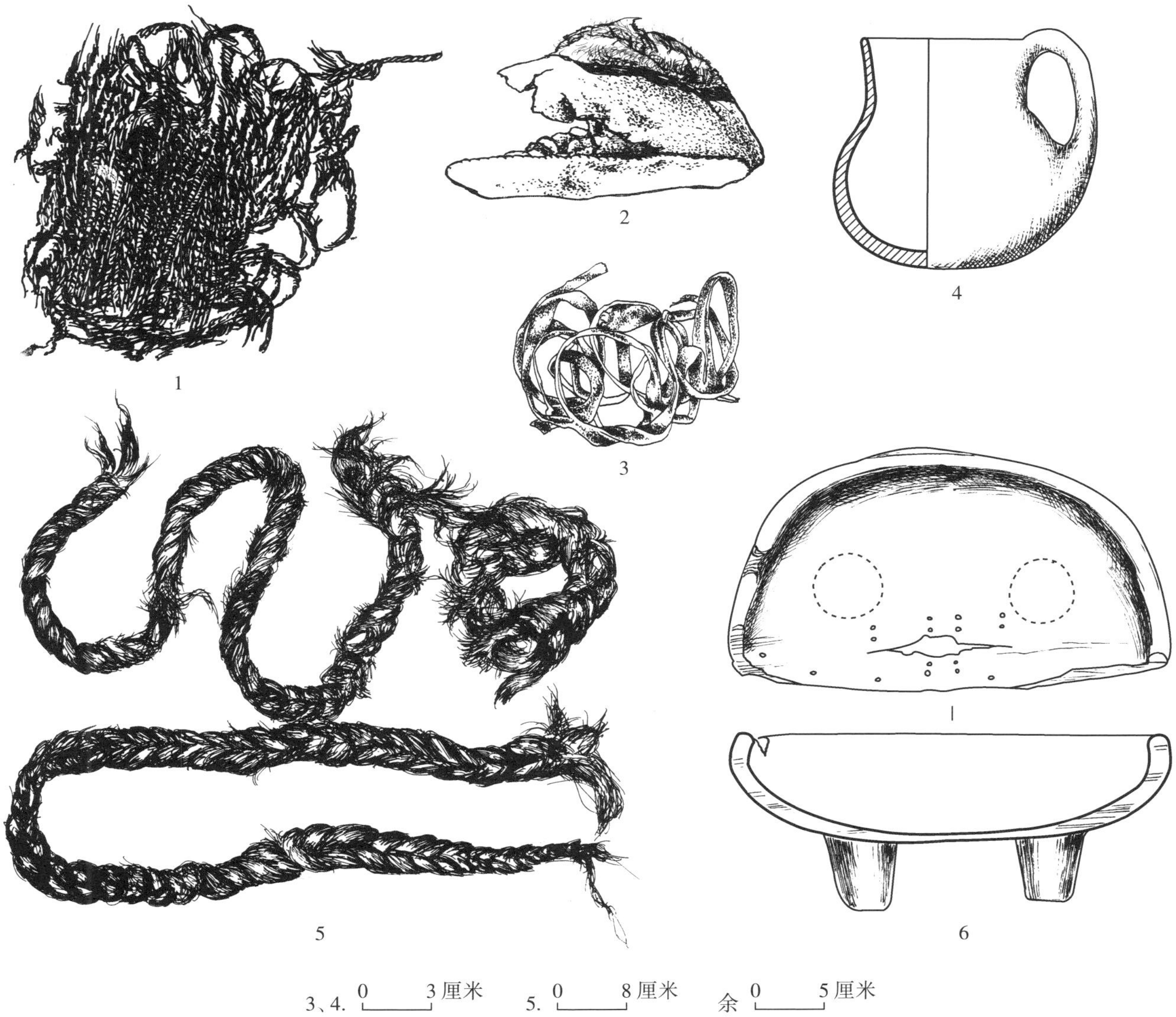

图四七三　ⅡM46、ⅡM47随葬品

1. 毛纺织物（ⅡM46：5）　2. 皮靴（ⅡM46：3）　3. 皮条带（ⅡM46：4）　4. 陶单耳罐（ⅡM46：1）　5. 发辫（ⅡM46：2）　6. 木四足盘（ⅡM47：1）

2. 发辫　相似的2根。三股辫成，黑色，辫梢部渐细。长134、粗径4.5厘米（图四七三，5；图版二一二，2）。

3. 皮靴　残。牛皮作底，带毛的羊皮作帮，用细皮条密针缝制。长23、残高13.6厘米（图四七三，2）。

4. 皮条带　用牛皮割成，团成一团，为马辔头和缰绳。长100、宽0.4~0.6厘米（图四七三，3）。

5. 毛纺织物　残存近圆形一块。褐色，用三股细毛绳织成。残径20厘米（图四七三，1；图版二六八，3）。

6. 毛毯残片　较厚，用白本色羊毛捻成的粗毛线织成，平纹组织。长10、宽6.2厘米（图版二六八，2）。

ⅡM47

墓葬概况

位于墓地东北部边缘，东南望ⅡM48，墓向104°。D型，竖穴偏室墓，地表有环形封土堆积，内夹杂有黑砾石块。平顶，高0.6米，直径8.5~9.13米，中部略有坍陷。清理出部分外围墙，土坯垒制，围墙直径6.9、高0.15米。封土下的墓葬北部有一殉马坑，略呈椭圆形，长径1.68、短径1.16米，深0.42米。竖穴口呈不规则的椭圆形，长径2.8、短径1.58米。周壁向下斜收，底长径2.15、短径1.05、深1.6米。在墓底南壁上掏挖低矮偏室，长2.1、宽0.77、高0.5米。在竖穴墓道底部留生土层台，偏室低于墓道0.2米。偏室内有人骨架一具，仰身直肢，骨骼残缺不全，为成年男性。无葬具。仅在偏室填土中出土残木四足盘（图四七四）。

随葬品

出土木器1件。

1. 木四足盘　圆木掏挖、刻削而成。残存一多半边，直口，平沿，浅腹，平底。外底残留二足，完整时应有四个，呈近圆柱状。器底有十五个小钻孔。口长径31.5、短径17.8、足径3.2~5、足高4.8、通高13.2厘米（图四七三，6）。

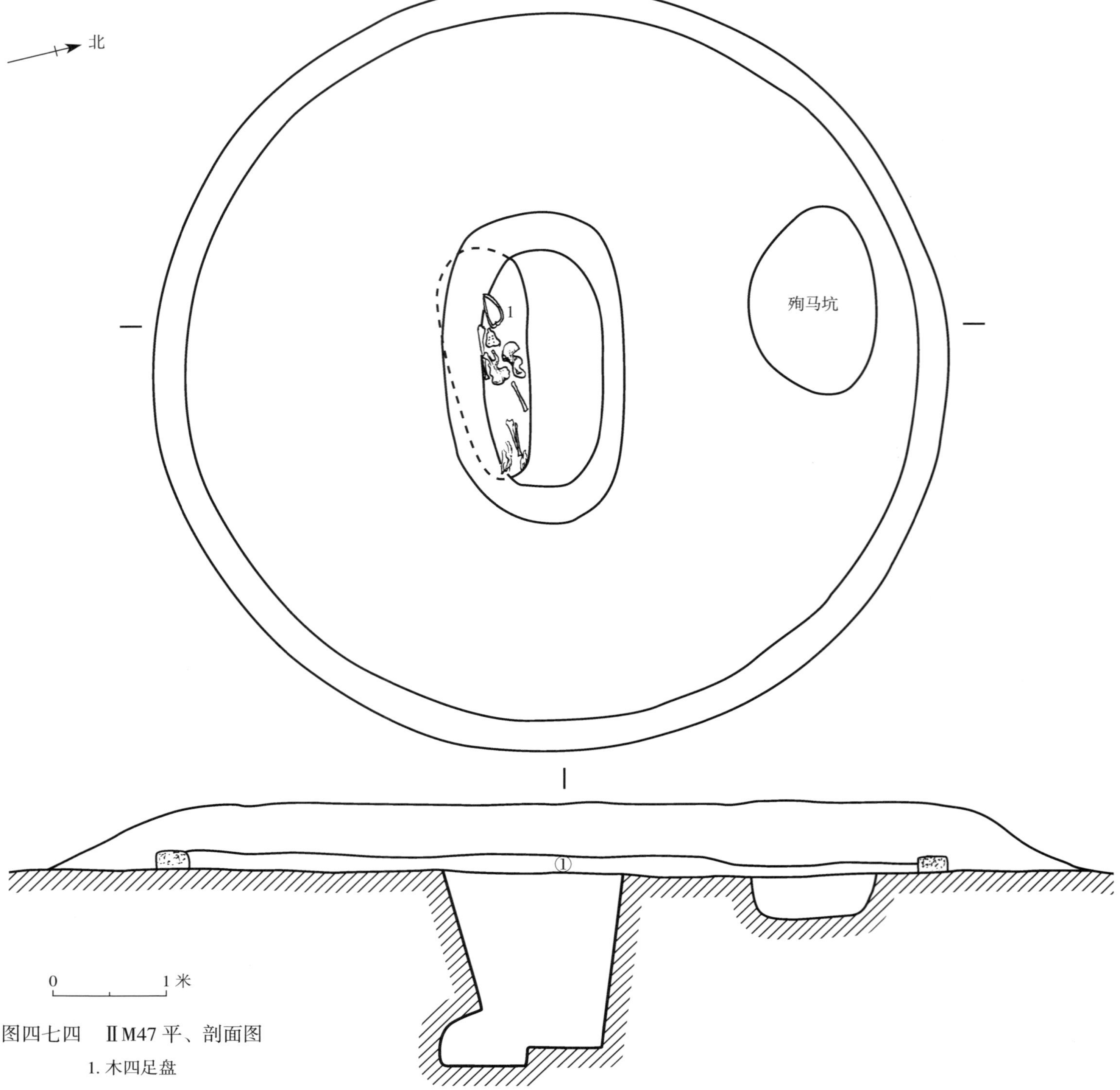

图四七四　ⅡM47平、剖面图
1. 木四足盘

ⅡM48

墓葬概况

位于墓地东北部，西北邻ⅡM47，东南邻ⅡM49，墓向112°。D型，竖穴偏室墓。地表为环状土堆，内夹杂有黑砾石块。墓口位于环状土堆中央，竖穴口呈长方形，墓口距地表深0.42~0.72米，长2.96、宽1.24米，墓道深3.02米。墓道底殉葬马一匹，马骨保存完整，呈蜷曲侧卧状。墓道底北壁掏挖偏室，偏室口斜立一排木棍用于封堵，共有24根，木棍外铺盖苇草。偏室北壁呈弧拱形，长2.96、宽1.86、高1.33米，底距墓口深3.48米。在竖穴墓道底部留生土层台，偏室比墓道底低0.46米。偏室内有四腿木尸床，床长2.01、宽0.96、高0.32米。床面铺木板，木板宽0.2~0.25、厚0.01~0.015米。木板边沿钻小孔系绳与床架联结。床前有人骨一具，仰身直肢，脚向西，颅骨不存，为成年男性。随葬品多在里壁边，自东向西依次有木豆、陶器耳、陶罐、重石，东面床前有陶钵。殉马坑位于主墓室北4.2米处，圆形竖穴土坑，内同样葬马一匹，马骨保存完整，也呈蜷曲侧卧状。表土层厚0.15~0.29米，上大下小，口径1.3、底径1.13米，深1.3米（图四七五；图版二六，2、4）。

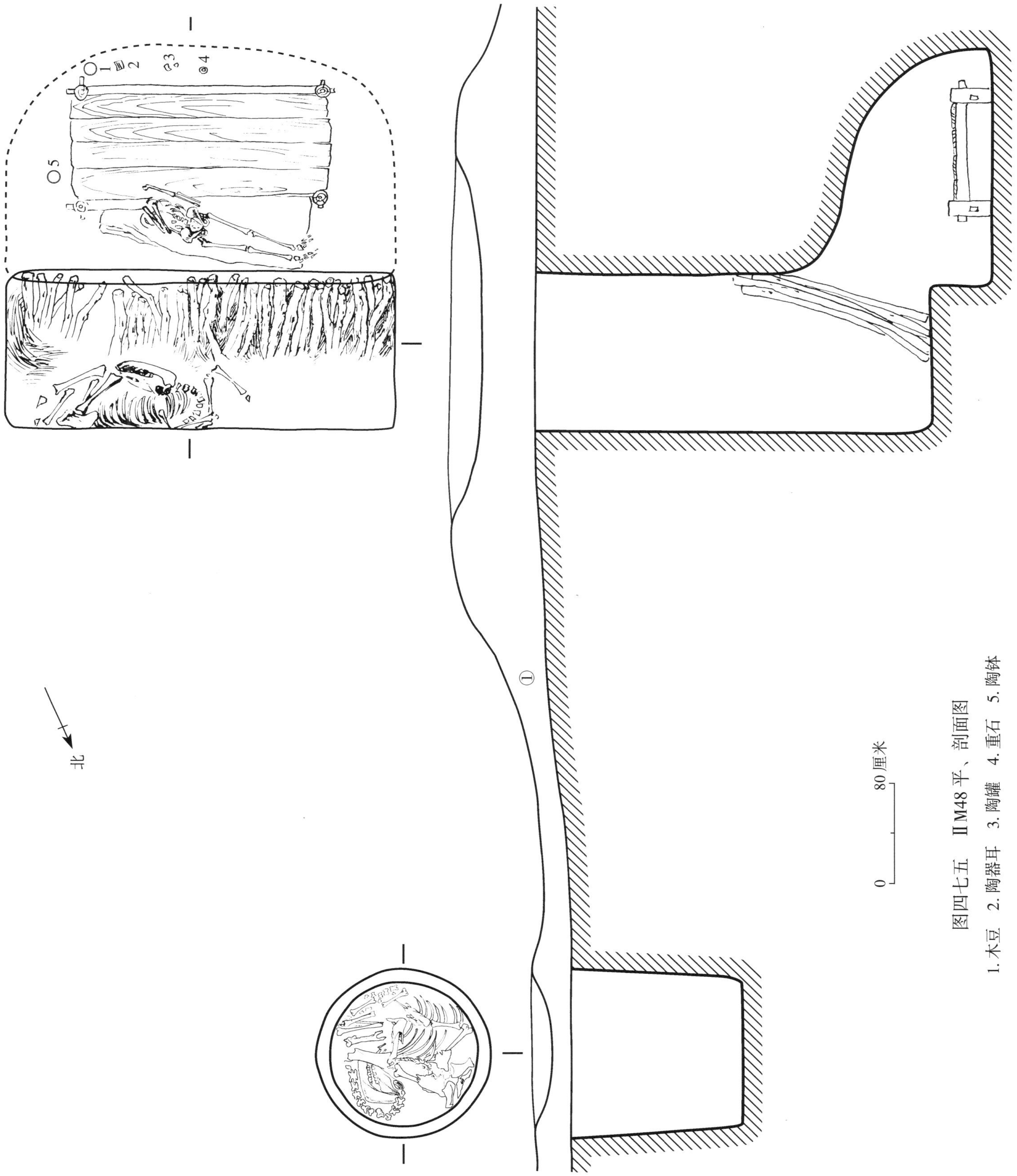

图四七五　ⅡM48平、剖面图

1. 木豆　2. 陶器耳　3. 陶罐　4. 重石　5. 陶钵

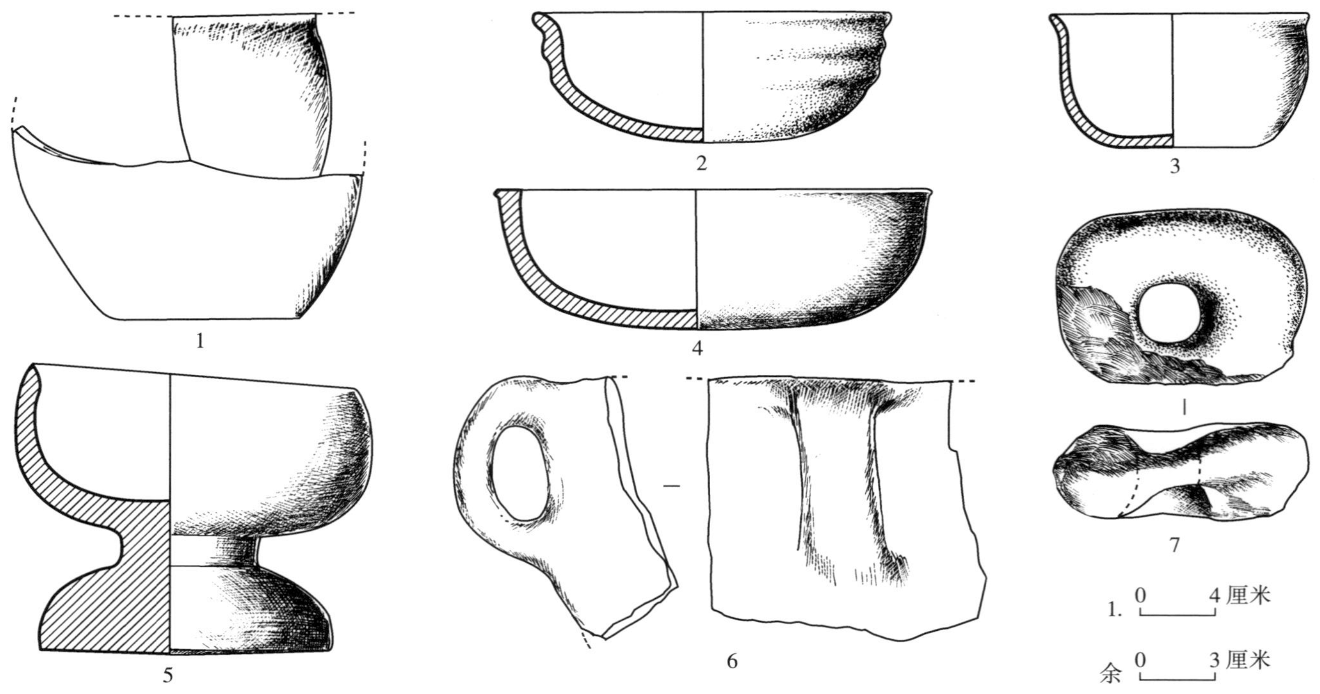

图四七六　ⅡM48、ⅡM49随葬品

1. 陶罐（ⅡM48：3）　2、4. 陶钵（ⅡM48：5、ⅡM49：1）　3. 陶碗（ⅡM49：2）　5. 木豆（ⅡM48：1）　6. 陶器耳（ⅡM48：2）　7. 重石（ⅡM48：4）

随葬品

出土木、陶、石器5件。

1. 木豆　豆盘呈钵状，敛口，鼓腹，内底近平。豆座呈台状，实心。口径12.9、底径11.6、高11.8厘米（图四七六，5；图版一四七，5）。

2. 陶器耳　夹砂红陶。直口，圆唇，口沿处有耳下翻至沿下。残高10.6、残宽11厘米（图四七六，6）。

3. 陶罐　夹砂红陶。残。敛口，圆唇，弧腹，平底。高16.6厘米（图四七六，1）。

4. 重石　砂岩质。平面呈近长方形，中间有圆形钻孔。长10、宽7.2、孔径2.6、厚4.2厘米（图四七六，7；图版二〇八，5）。

5. 陶钵　侈口，有平沿斜向上，浅腹，圜底。口沿下有三周旋纹。口径14.3、高5.4厘米（图四七六，2；图版一一三，1）。

ⅡM49

墓葬概况

位于墓地东北部，西北邻ⅡM48，墓向126°。D型，竖穴偏室墓。地表有环状土石堆，直径9.5、高0.8米，中间有凹坑，深0.64米。土堆下压土坯围墙，圆形，直径7.2、高0.6米，墙宽0.3米。墙用三层土坯加黄泥砌成。墓口在圆形围墙中间，平面呈梯形，长3.9、东头宽1.45、西头宽1.67、底深3.66米。墓口及外围堆积大量半球形“坎土曼”土块（和好泥后堆放在一起，用挖土工具“坎土曼”砍出一块晒干即可，直至目前当地农民还在使用），土块直径0.25~0.3、厚0.15米。墓道内填有土块和沙土。墓道底南壁有侧室，侧室口用成排的圆木封挡，共有21根，其中最粗的立木直径0.3、长2.4米。侧室长3.9、进深2.67、高1.6米，在竖穴墓道底部留生土层台，高0.32米。侧室内有四足木尸床，床面铺木板，发掘时已毁成一堆，人骨架斜向放在木板上，仰身直肢，头向西，为成年男性。偏室内东南角出土陶钵两件。墓口北边围墙内有一椭圆形殉马坑，坑口长径1.32、短径1.04、深1.02米。内底有一完整马骨架，呈蜷曲状（图四七七；图版二六，3、5）。

随葬品

出土陶器2件。

1. 陶钵　夹砂红陶。直口，平沿，浅腹，平底。口径17.4、高5.8厘米（图四七六，4）。

2. 陶碗　夹砂红陶。侈口，浅腹，平底。口径10.3、高5.5厘米（图四七六，3；图版一一九，4）。

ⅡM50

墓葬概况

位于墓地西北部边缘，东北邻ⅡM51，东南邻ⅡM52，墓向100°。A型，椭圆形竖穴土坑墓，墓口平面呈“梭”形。该墓形制小，距地表浅。墓口距地表深0.2~0.28米，墓长径0.91、短径0.4米，墓深0.19米。该墓被扰，墓底仅见单人长骨堆放在一起，未见其他骨

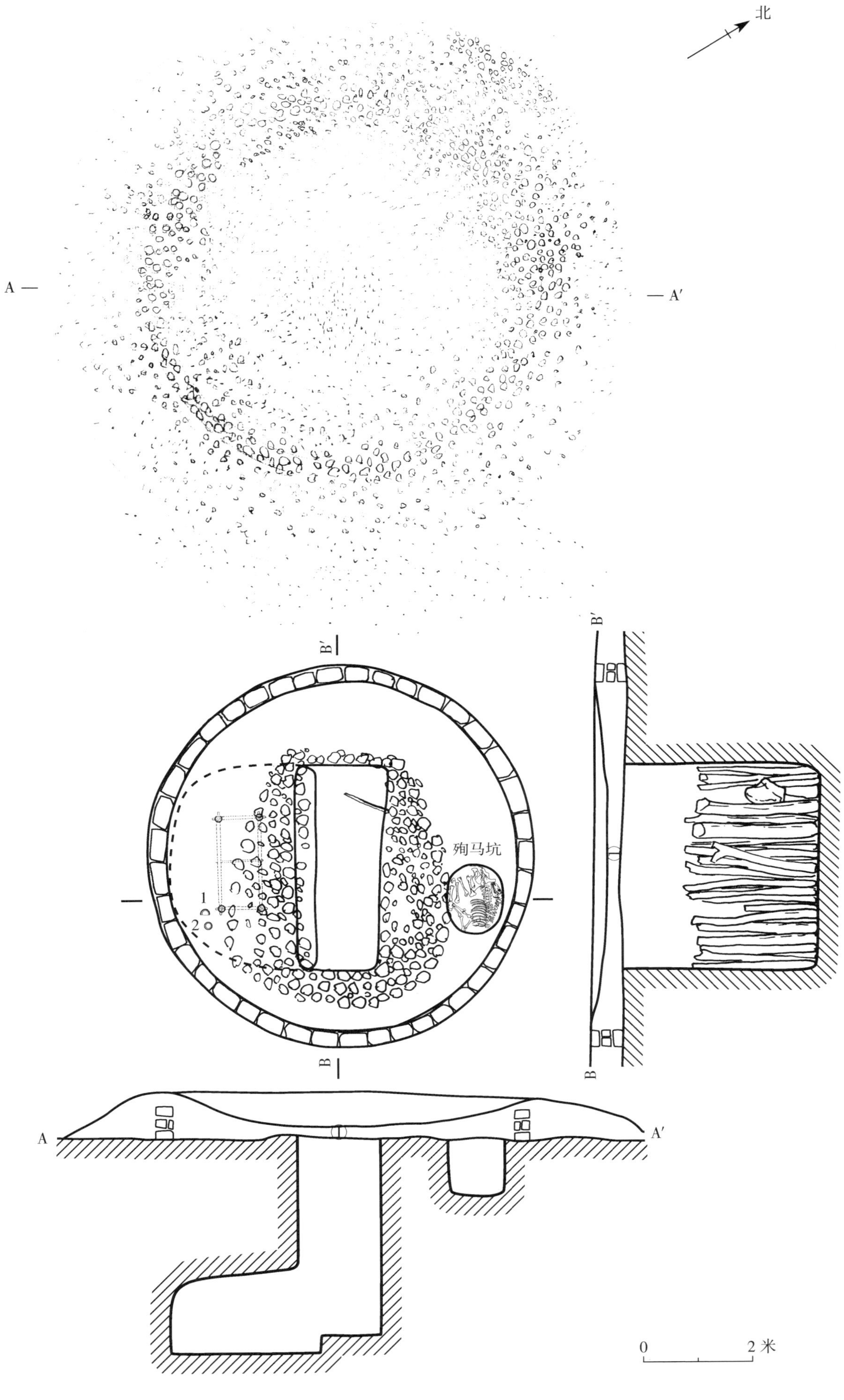

图四七七　ⅡM49平、剖面图
1. 陶钵　2. 陶碗

骼，性别、年龄无法确定。无葬具。墓底东端出土木钵，腿骨旁出土陶单耳罐（图四七八）。

随葬品

出土陶、木器2件。

1. 陶单耳罐 泥质红陶。敞口，圆唇，束颈，圆鼓腹，平底，长条状单耳，上举后下翻至底。内沿饰锯齿纹，外沿及颈部绘网格纹，腹部绘连续折线纹，耳面上绘三条斜向平行线。口径4、底径3.5、高8.4厘米（图四七九，2；图版五八，1）。

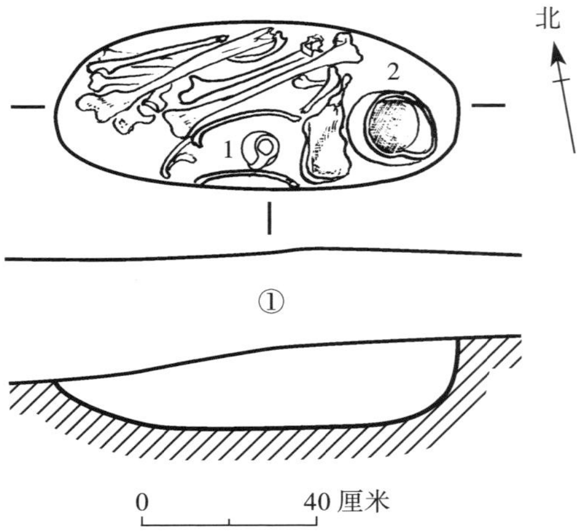

图四七八 ⅡM50平、剖面图

1. 陶单耳罐 2. 木钵

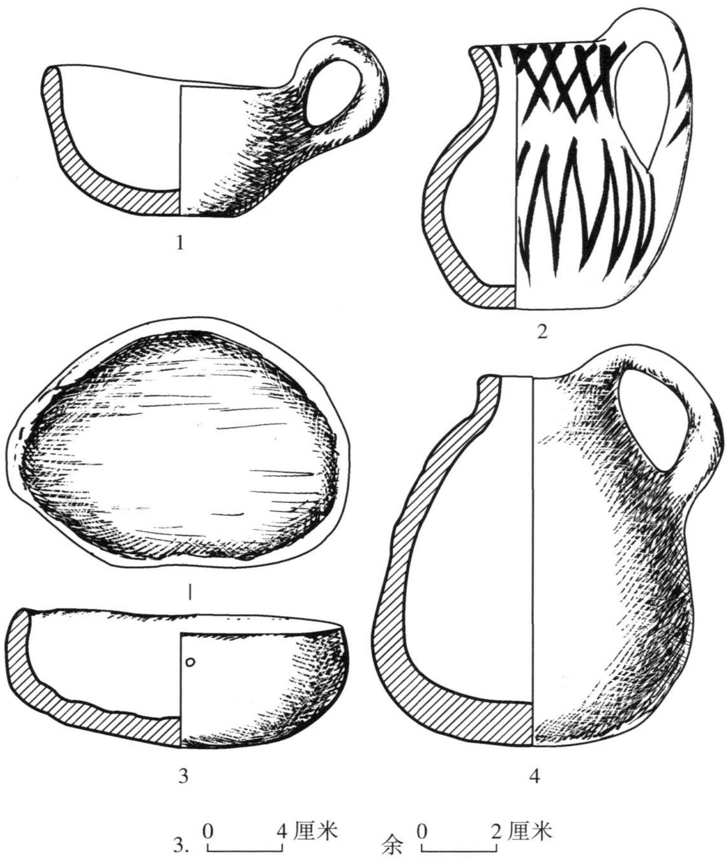

图四七九 ⅡM50、ⅡM51随葬品

1. 陶单耳杯（ⅡM51：2） 2、4. 陶单耳罐（ⅡM50：1、ⅡM51：1） 3. 木钵（ⅡM50：2）

2. 木钵 用圆木挖、削制作。呈不规则椭圆形，直口，圆唇，圜底。口径18、高7.2厘米（图四七九，3；图版一四三，8）。

ⅡM51

墓葬概况

位于墓地西北部边缘，西南邻ⅡM50，东邻ⅡM53，墓向110°。C型，长方形竖穴土坑墓，直壁。地表为戈壁沙砾石。墓口距地表深0.2米，墓口长0.83、宽0.52米，墓深0.5米。墓被盗扰，墓底仅存人的长骨、三根肋骨和头骨残片，为未成年，年龄2~3岁。无葬具。肢骨旁有陶单耳罐、陶单耳杯（图四八〇）。

随葬品

出土陶器2件。

1. 陶单耳罐 泥质灰陶。小直口，方唇，垂腹，圜底，沿至上腹有一带状耳。素面。口径2.8、腹径8.5、高10厘米（图四七九，4；图版五八，2）。

2. 陶单耳杯 夹砂红陶。敞口，圆唇，圆腹，圜底，沿至上腹有一拱形单耳。素面。口径6.5、高4厘米（图四七九，1）。

ⅡM52

墓葬概况

位于墓地西端偏北，西北邻ⅡM50，东邻ⅡM59，墓向106°。C型，圆角长方形竖穴土坑墓，直壁。墓口距地表深0.2米，墓口长1.5、宽0.9米，墓深1.31米。墓底有一具人骨架，头东脚西，仰身，下肢上屈倚靠于

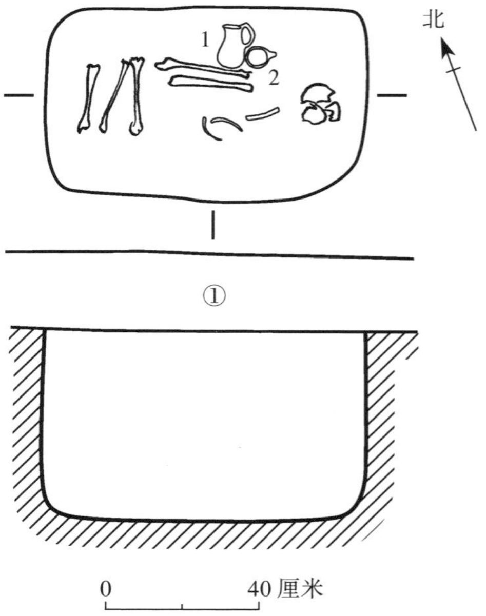

图四八〇 ⅡM51平、剖面图

1. 陶单耳罐 2. 陶单耳杯

墓北壁，面侧向北，为中年男性，年龄 40~50 岁。无葬具。骨架南面有两件木撑板、木取火棒、骨锥，北面自西向东有木桶、木纺轮、陶杯、陶单耳罐、陶单耳杯（图四八一）。

随葬品

出土木、陶、骨器 10 件（组）。

1. 木撑板　呈窄长条形，一头尖，略呈三角形，双边缘较薄，后端残。残长 51、宽 2、厚 0.8 厘米（图四八二，5）。

2. 木取火棒　2 支。呈圆柱状，略有弯曲，两端头钻有圆孔。ⅡM52：2–1，长 44.2、直径 1.4 厘米（图四八二，3）。

3. 木撑板　呈窄长条形，两端倒棱呈斜边状。通体光滑。长 49.5、宽 2.4、厚 0.9 厘米（图四八二，4）。

4. 陶单耳杯　夹砂红陶。直口，圆唇，口沿微有外翻，直壁，大平底，口沿上有台阶状耳，耳中部有三角开孔。器表饰有竖条纹。口径 11.6、底径 8.8、高 8、通高 13.6

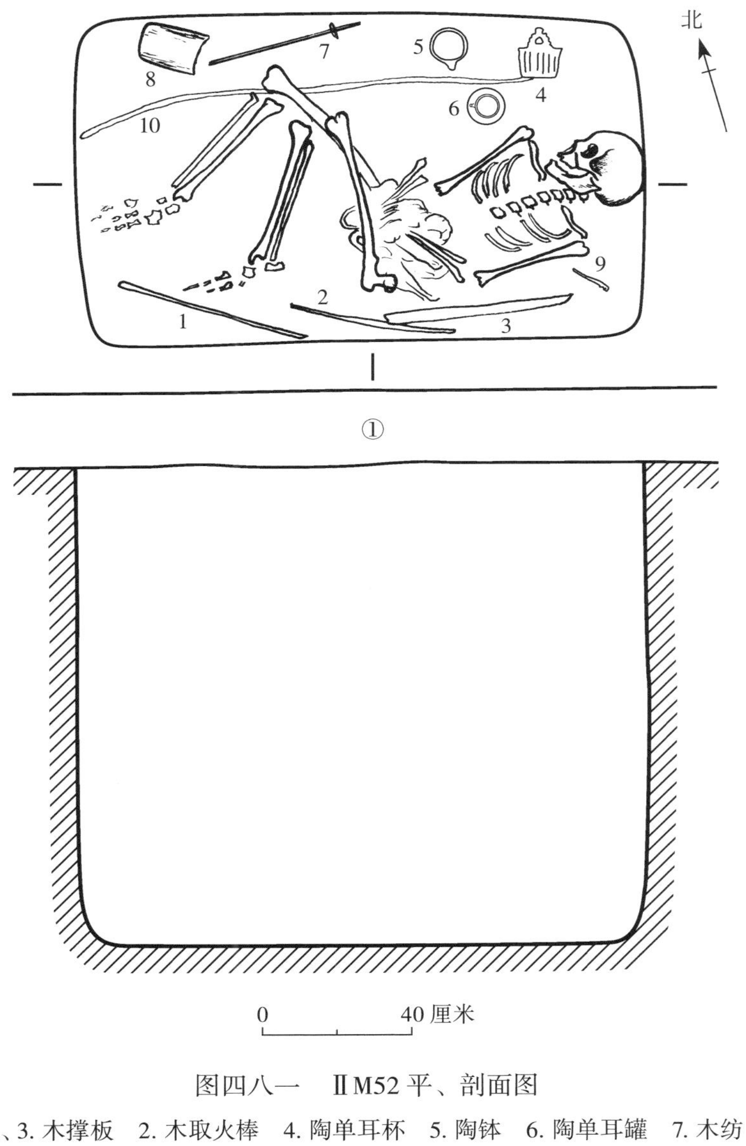

图四八一　ⅡM52 平、剖面图

1、3. 木撑板　2. 木取火棒　4. 陶单耳杯　5. 陶钵　6. 陶单耳罐　7. 木纺轮　8. 木桶　9. 骨锥　10. 复合弓

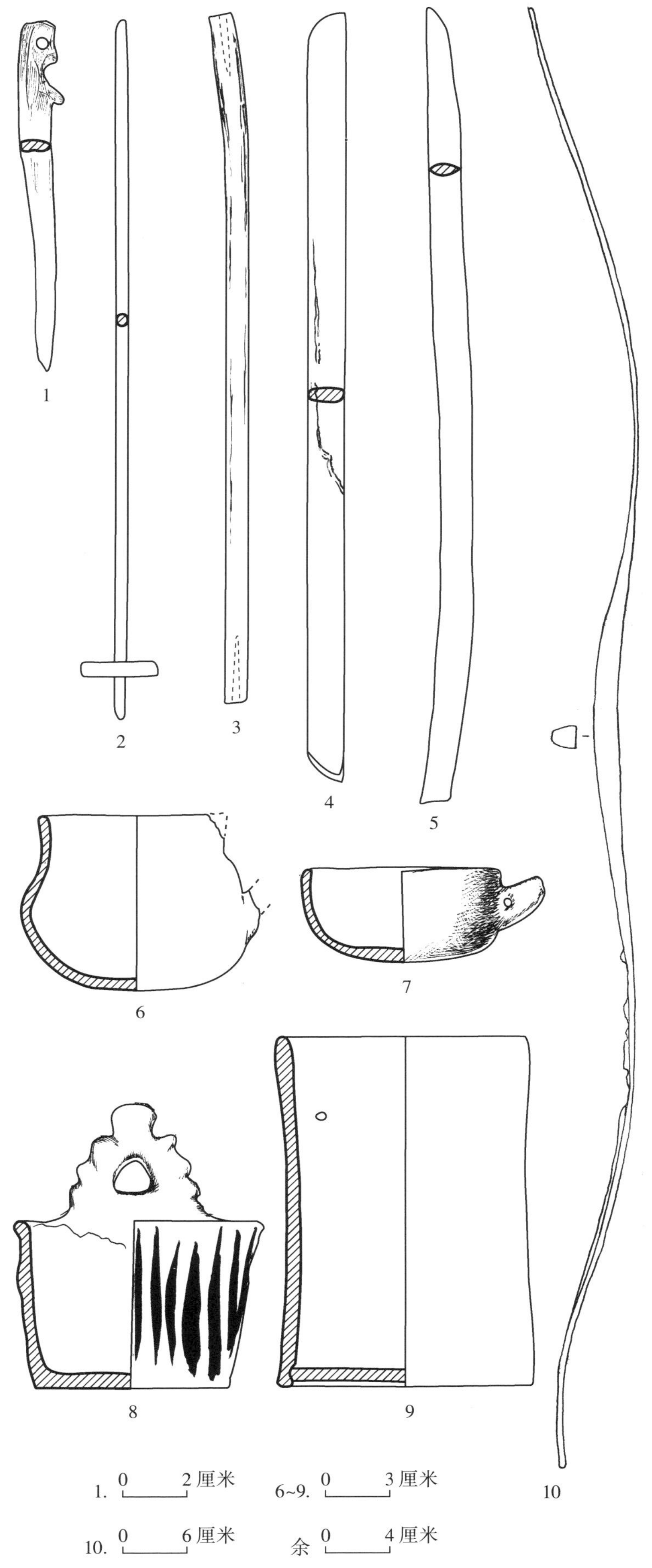

图四八二　ⅡM52 随葬品

1. 骨锥（ⅡM52：9）　2. 木纺轮（ⅡM52：7）　3. 木取火棒（ⅡM52：2–1）　4、5. 木撑板（ⅡM52：3、1）　6. 陶单耳罐（ⅡM52：6）　7. 陶钵（ⅡM52：5）　8. 陶单耳杯（ⅡM52：4）　9. 木桶（ⅡM52：8）　10. 复合弓（ⅡM52：10）

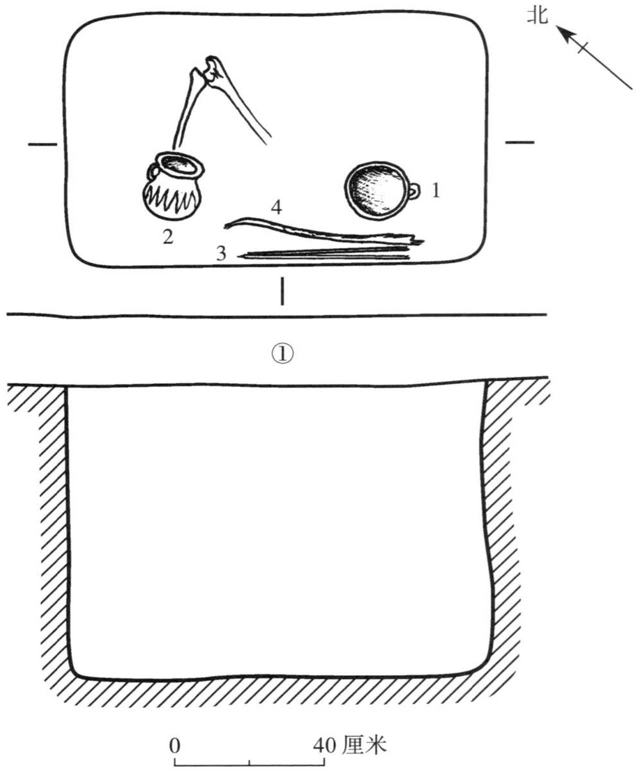

图四八三　ⅡM53平、剖面图

1. 陶钵　2. 陶单耳壶　3. 木箭　4. 木弓

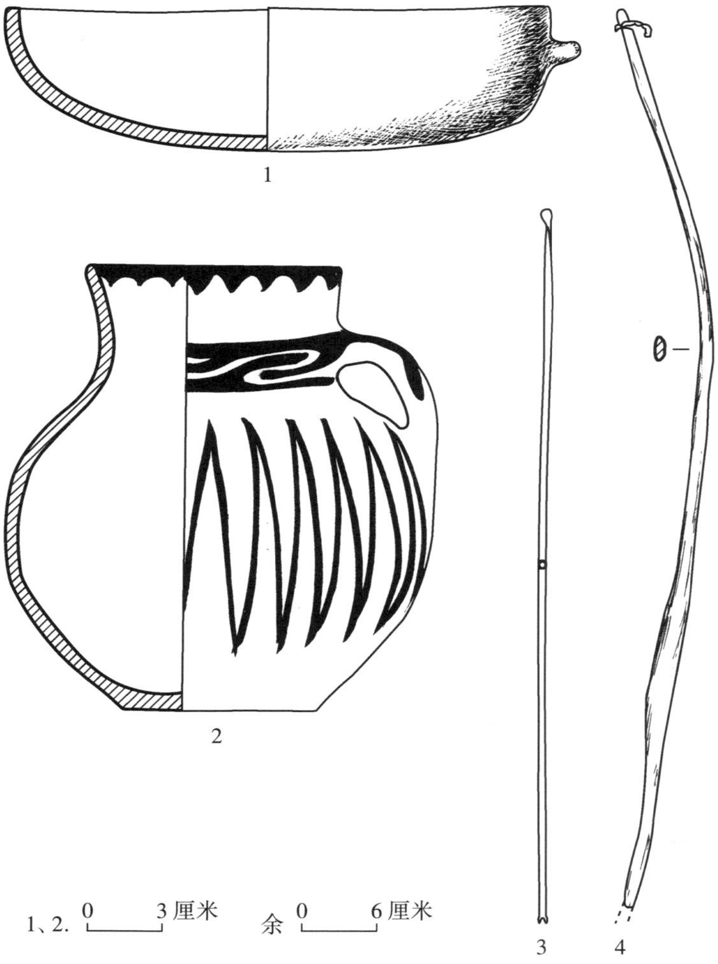

图四八四　ⅡM53随葬品

1. 陶钵（ⅡM53：1）　2. 陶单耳壶（ⅡM53：2）　3. 木箭（ⅡM53：3-1）
4. 木弓（ⅡM53：4）

厘米（图四八二，8；图版八七，6）。

5. 陶钵　夹砂红陶。敛口，圆腹，圜底，腹部有一鋬耳，耳中部钻穿系圆孔。素面。口径9.2、高4.5厘米（图四八二，7；图版一一三，2）。

6. 陶单耳罐　夹砂红陶。口沿及耳残，敞口，圆腹，圜底近平。素面。复原口径8.6、高8.4厘米（图四八二，6）。

7. 木纺轮　圆柱状线轴两端略细，上端刻有挂线浅槽。纺轮呈圆饼状。线轴长44.8、直径1厘米，轮径4.8、厚1.2厘米（图四八二，2）。

8. 木桶　圆木刻挖制作。用圆形木板镶嵌桶底，上腹钻有穿系小孔，残存一半。直径11.6、高16.8厘米（图四八二，9）。

9. 骨锥　动物肢骨磨制。呈扁锥形，锥后端钻一小圆孔，便于穿绳携带。长11.2、宽1、厚0.3厘米（图四八二，1；图版一八八，9）。

10. 复合弓　由楔形木片和牛角片复合制作。三曲，中部略呈梯形，两端呈扁平状，两端刻用以挂弦的束腰形槽，弓体较长。长139.8、中部宽2、厚1.6厘米（图四八二，10）。

ⅡM53

墓葬概况

位于墓地西部偏北，西南邻ⅡM51，北邻ⅡM86，墓向140°。C型，圆角长方形竖穴土坑墓，直壁。墓口距地表深0.2米，墓长1.12、宽0.7米，墓深0.8米。墓被盗扰，仅见上屈的下肢骨，其他骨骼未发现。单人葬，无葬具。墓底南部出土陶钵、陶单耳壶、木弓、木箭（图四八三）。

随葬品

出土陶、木器4件（组）。

1. 陶钵　泥质灰陶。敞口，方唇，浅腹，圜底，上腹有横鋬耳，耳中部钻有穿绳系孔。素面。口径21.4、高5.8厘米（图四八四，1；图版一一三，3）。

2. 陶单耳壶　夹砂红陶。口微敞，方唇，束颈，球形腹，平底，颈腹间有一单耳。内外沿饰锯齿纹，颈部饰上下交错的短涡纹，腹部饰连续的折线纹，耳上饰双面细密的锯齿纹。口径10、底径7.5、高18.5厘米（图四八四，2；图版一〇二，6）。

3. 木箭　2支。圆铤，杆后端存有挂弦凹槽。箭头呈锥状。ⅡM53：3-1，长59、杆径0.68、头长0.8厘米（图四八四，3）。

4. 木弓　一端残，另一端刻有系弦浅槽，弝部较粗，截面呈椭圆形，两端呈扁圆体。残长75.4、直径2厘米（图四八四，4）。

ⅡM54

墓葬概况

位于墓地西部偏北，西邻ⅡM52，东邻ⅡM56，墓向105°。C型，长方形竖穴土坑墓，直壁。墓口距地表深0.2米，墓葬形制规整。墓长1.4、宽0.72米，墓深0.98米。墓被盗扰，墓底铺“人”字纹苇编席，席边缘上卷。席上有凌乱的人骨，单人葬，其中一条腿骨呈上屈状，头骨被弃于墓的东南角，下颌骨残失，为壮年女性，年龄25~35岁。随葬品多出土于墓底西部，有木取火板、木梳、木钵、陶钵、木桶底、木纺轮等，木箭和骨镞位于东北部（图四八五）。

随葬品

出土木、陶、骨器8件（组）。

1. 木取火板　正面呈上小下大的梯形，顶端削刻出倒梯形柄，其上钻系孔，板面下部一侧有一个炭化的圆形取火孔。长12.4、宽2~2.6、厚1.5厘米（图四八六，6；图版一六六，2）。

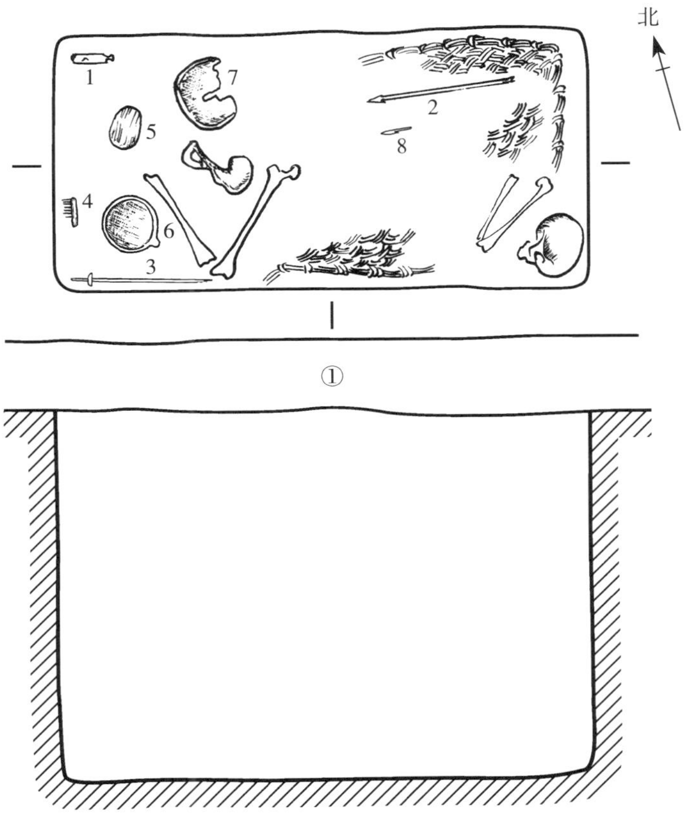

图四八五　ⅡM54平、剖面图

1. 木取火板　2. 木箭　3. 木纺轮　4. 木梳　5. 木桶底　6. 陶钵　7. 木钵　8. 骨镞

2. 木箭　3支。箭头四棱形，一侧有倒钩刺，箭杆圆且直，尾部有“U”形槽，三部分连为一体。ⅡM54：2-1，长72.8、直径1.1、箭头长7.6厘米（图四八六，8）。

3. 木纺轮　木线轴后端削有系线浅槽。纺轮上面平整，底面呈弧形。线轴长36.8、直径0.8厘米，轮径4.4、厚1.2厘米（图四八六，7；图版一七五，5）。

4. 木梳　梳背用长条形木棍刻槽，槽内嵌扁锥状梳齿，齿较密，齿残缺，现存20个。长5.3、宽12.5、厚1、齿长3.6厘米（图四八六，3）。

5. 木桶底　薄木板刻削制成。略呈椭圆形。长径

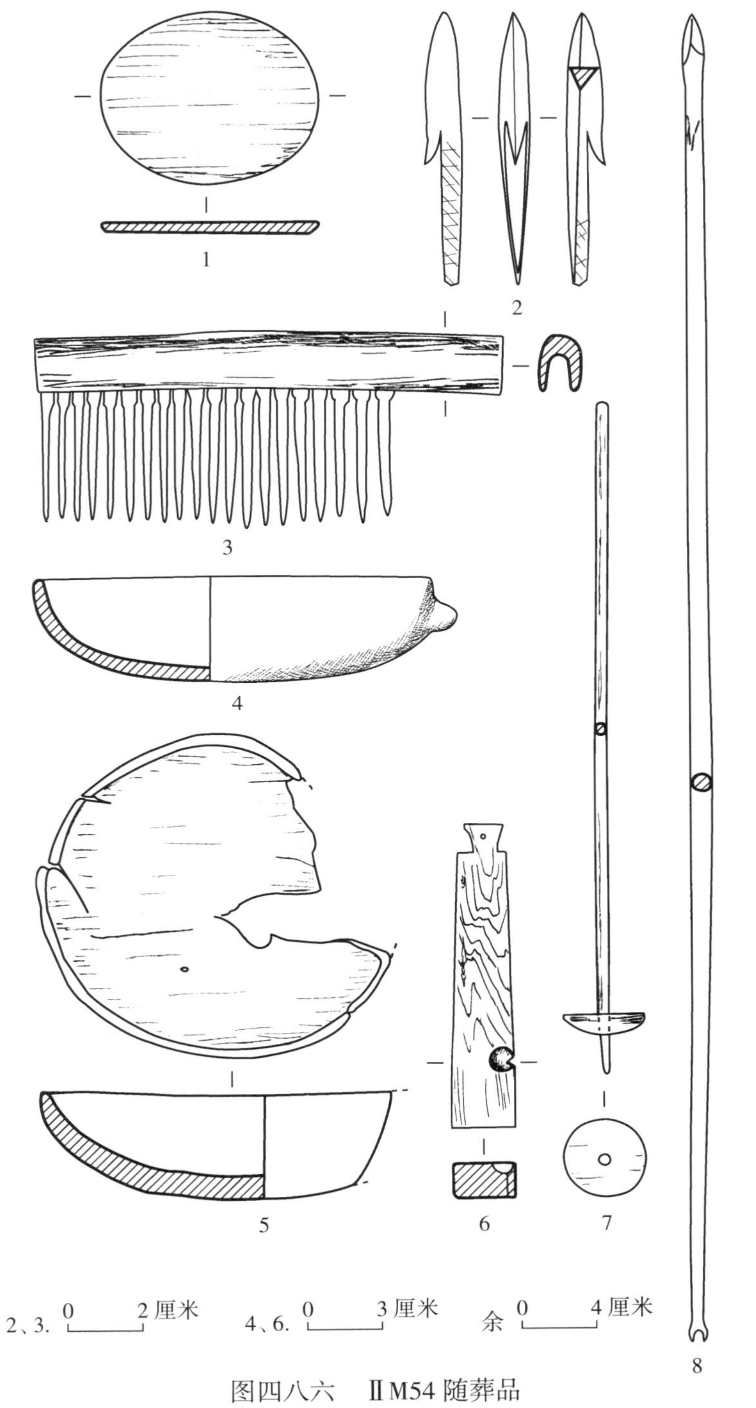

图四八六　ⅡM54随葬品

1. 木桶底（ⅡM54：5）　2. 骨镞（ⅡM54：8）　3. 木梳（ⅡM54：4）　4. 陶钵（ⅡM54：6）　5. 木钵（ⅡM54：7）　6. 木取火板（ⅡM54：1）　7. 木纺轮（ⅡM54：3）　8. 木箭（ⅡM54：2-1）

11.6、短径 9.4、厚 0.75 厘米（图四八六，1）。

6. 陶钵　夹砂灰陶。敞口，方唇，浅腹，圜底，沿下有小錾，錾面上有小竖孔。口径 15.8、高 4.4 厘米（图四八六，4）。

7. 木钵　圆木刻、挖、削制。平面呈圆形，敞口，浅腹，圜底，部分朽残。口径 22.4、高 5.6 厘米（图四八六，5）。

8. 骨镞　前端三棱体，截面呈等腰三角形，扁铤。两刃连接铤上，一刃向后有侧刺。长 7.5、直径 1、铤宽 0.6 厘米（图四八六，2；图版一九三，8）。

ⅡM55

墓葬概况

位于墓地西部偏北，南邻ⅡM80，东邻ⅡM94，墓向 125°。C 型，长方形竖穴土坑墓。墓口开口于地表，长 1.5、宽 0.74 米；墓底长 1.34、宽 0.7、深 1.2 米。墓底有四足木尸床，床面为细木棍铺成，长 1.25、宽 0.64、高 0.23 米。墓被盗扰，三个人颅骨分别位于床两端，床中间和东头堆放着长骨，其他骨骼不全。西面颅骨为 A，中年男性，年龄 35~45 岁；B 在东北，未成年男性，年龄 12~13 岁；C 在东南角，中年女性，年龄 35~45 岁。床下南侧中部出土陶单耳杯，西侧出土木梳（图四八七）。

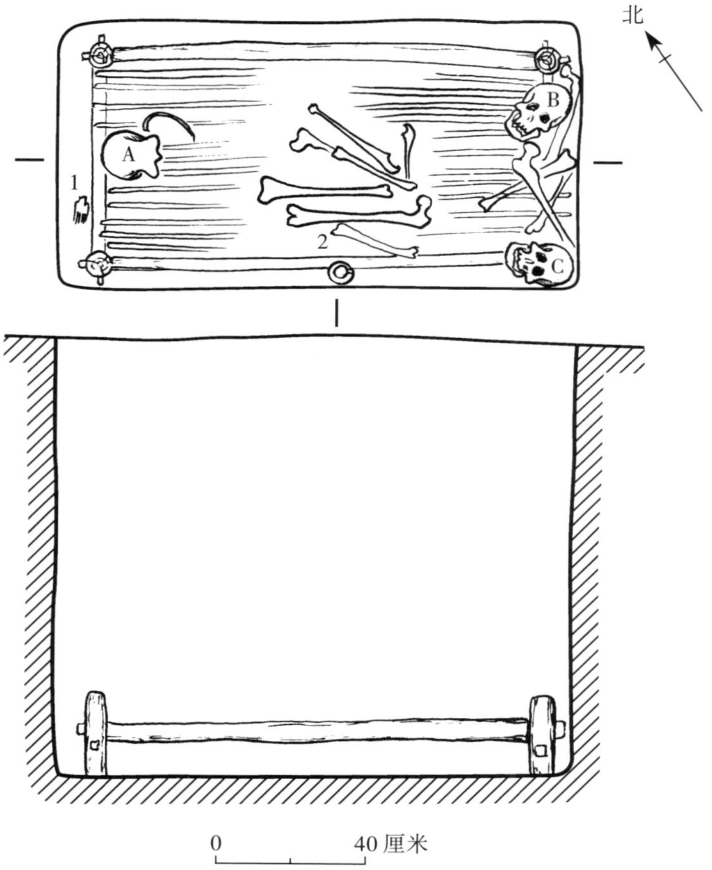

图四八七　ⅡM55 平、剖面图
1. 木梳　2. 陶单耳杯

随葬品

出土木、陶器 2 件。

1. 木梳　呈纵长方形，顶端有肩，呈“凸”字形，扁锥齿参差不齐。通体光滑。长 7.6、宽 4.6、厚 0.6、齿长 3.2 厘米（图四八八，2；图版一五二，8）。

2. 陶单耳杯　夹砂褐陶。口呈不规则椭圆形，敞口，圆腹，圜底，单耳。素面。口径 8.8、高 8.5 厘米（图四八八，6；图版七一，4）。

ⅡM56

墓葬概况

位于墓地西部，东邻ⅡM80，西邻ⅡM54，墓向 95°。C 型，长方形竖穴土坑墓，口小底大，呈袋状。墓口距地表深 0.09 米，墓口呈近长方形，东西两边微起弧，墓口长 1.02、宽 0.38~0.54 米。墓底长 1.12、宽 0.38~0.56 米，墓深 0.46 米。墓底有两具人骨架，均头东脚西，靠北边为 A，未成年儿童，年龄 3 岁左右，保存较好，仰身屈肢，面朝上；靠南边为 B，未成年儿童，年龄 2 岁左右，骨架凌乱。无葬具。在两个儿童颅骨旁随葬有陶

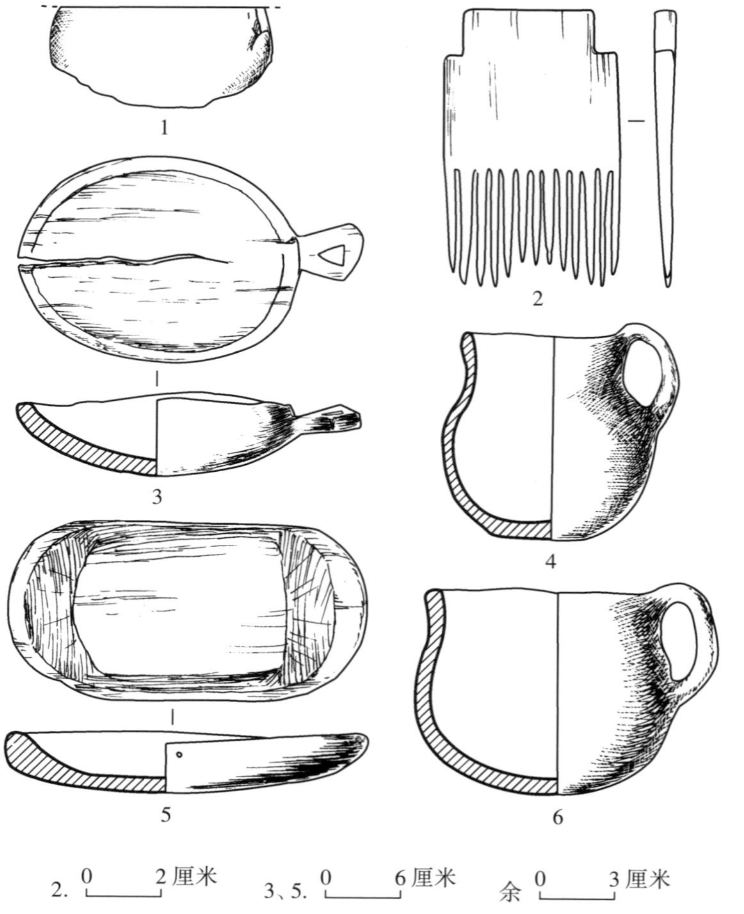

图四八八　ⅡM55、ⅡM56 随葬品
1. 木器残片（ⅡM56：4）　2. 木梳（ⅡM55：1）　3. 木钵（ⅡM56：3）
4. 陶单耳罐（ⅡM56：1）　5. 木盘（ⅡM56：2）　6. 陶单耳杯（ⅡM55：2）

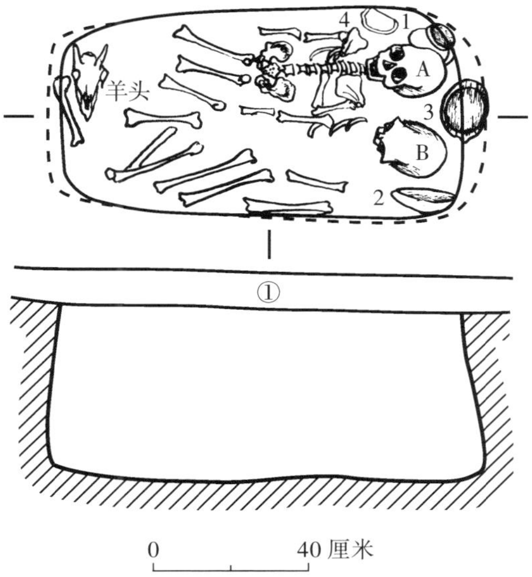

图四八九　ⅡM56 平、剖面图
1. 陶单耳罐　2. 木盘　3. 木钵　4. 木器残片

单耳罐、木盘、木钵、木器残片。西部随葬羊头骨（图四八九）。

随葬品

出土陶、木器 4 件。

1. 陶单耳罐　夹砂红陶。敞口，圆唇，束颈，圆腹，平底，单耳。素面。器表一侧有烟炱。口径 6.5、底径 4、高 8.5 厘米（图四八八，4；图版四九，3）。

2. 木盘　用圆木刻、挖制作。呈椭圆形，圜底，短边沿较宽，长边中部有穿系小孔。口径 14.8~28.6、高 5.2 厘米（图四八八，5；图版一三六，5）。

3. 木钵　口呈椭圆形，敞口，方唇，圜底，短边沿有横鋬状耳，耳中部刻三角形穿系孔。口径 16.8~22.4、高 7 厘米（图四八八，3；图版一四四，4）。

4. 木器残片　敛口，圆唇，底部残。残口径 8.2、残高 4.2 厘米（图四八八，1）。

ⅡM57

墓葬概况

位于墓地西部，北邻ⅡM56，东邻ⅡM83，墓向 98°。C 型，长方形竖穴土坑墓，直壁。地表为戈壁沙砾石，呈西高东低。墓口距地表深 0.2 米，墓长 1.28、宽 0.73 米，墓深 0.9~1 米。墓被盗扰，墓底人骨架呈侧身屈肢，上半身骨骼残缺严重，颅骨弃于脚下，下颌骨在原位置，下肢错位，为青年女性，年龄 15~25 岁，单人葬。无葬具。仅在人胸前位置出土木桶（图四九〇）。

随葬品

出土木器 1 件。

1. 木桶　圆木刻、挖、削制。口沿上有两个对称的立耳，耳中部钻小孔，用圆木板镶嵌成底。口沿及下腹外表线刻连续倒三角纹。口径 18.4、底径 18.2、高 23.2 厘米（图四九一，1；图版一二八，4）。

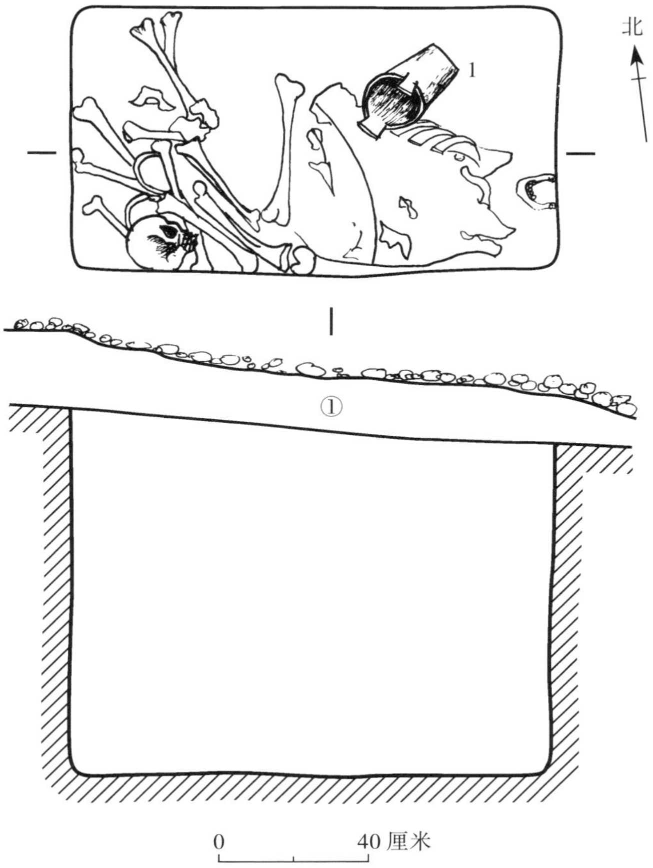

图四九〇　ⅡM57 平、剖面图
1. 木桶

ⅡM58

墓葬概况

位于墓地西部，西邻ⅡM85，东南邻ⅡM96，墓向 100°。C 型，长方形竖穴土坑墓。地表为戈壁砾石，西高东低。墓口呈西窄东宽的梯形，墓口距地表深 0.2 米，长 1.61、宽 0.89~0.98 米，墓深 1.3~1.37 米。墓被盗扰，墓底有四足木尸床，长 1.2、宽 0.58、高 0.22 米，床朽残。床面上有凌乱的人肢骨，颅骨位于床上东南角，其他骨骼被弃于床下周边，从残存的盆骨和颅骨来看，为壮年女性，年龄 20~30 岁。床下西端有羊头一个。随葬的木钵、木桶、木扣、木钉、木器具在墓底西南角（图四九二）。

随葬品

出土木器 5 件。

1. 木钵　用圆木刻、挖、削制。一边残，口呈椭圆形，敞口，方唇，斜腹，平底，沿下有鋬耳，耳上竖钻有穿系小孔。口径 19~20.8、底径 12、高 5.2 厘米（图四九一，2）。

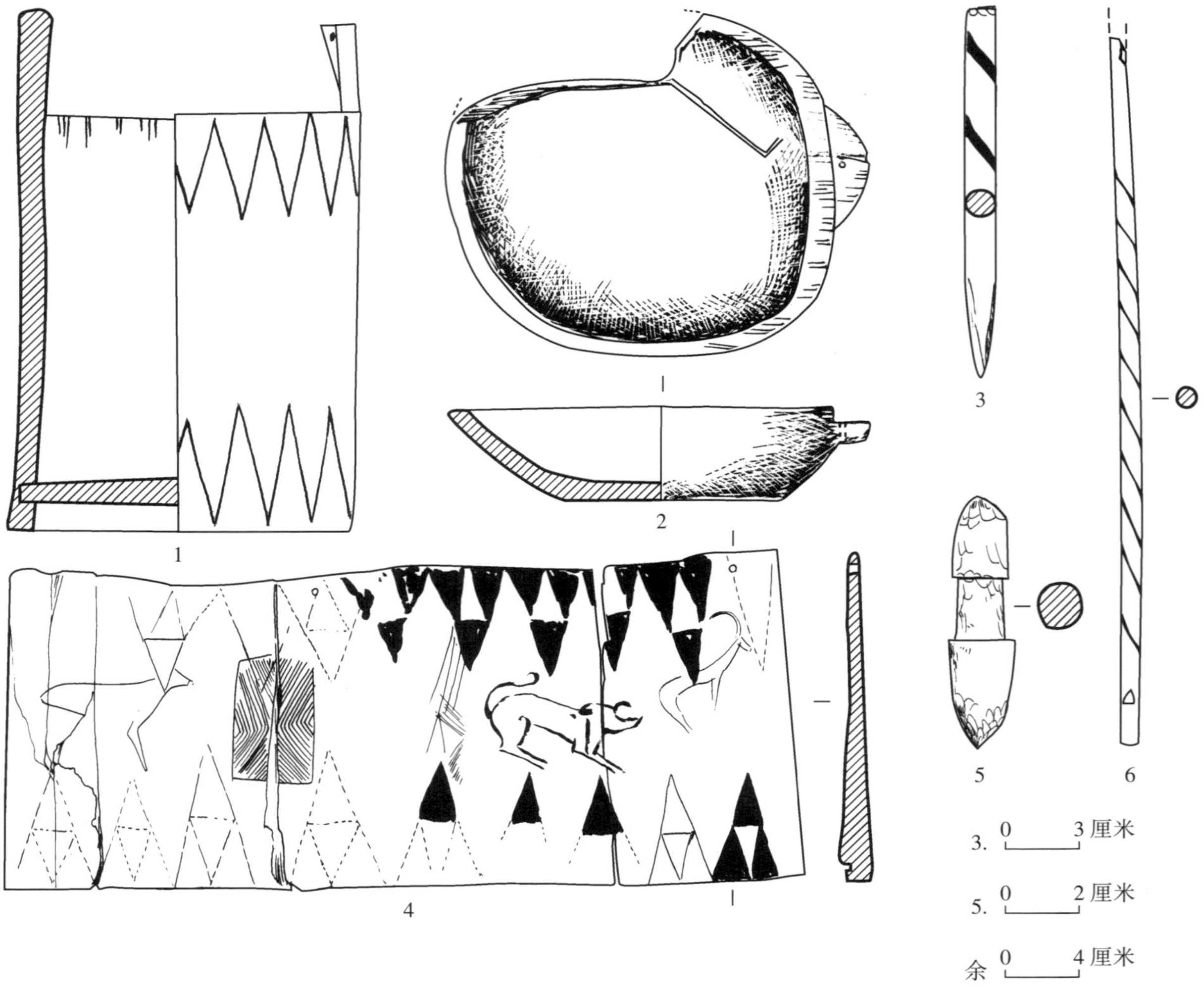

图四九一　ⅡM57、ⅡM58 随葬品

1、4. 木桶（ⅡM57：1、ⅡM58：2）　2. 木钵（ⅡM58：1）　3. 木钉（ⅡM58：4）　5. 木扣（ⅡM58：3）　6. 木器具（ⅡM58：5）

2. 木桶　圆木掏挖而成。桶体呈不规则的椭圆形（因干燥变形），沿上无立耳，有对称的穿系小孔。近底、口部朱绘连续的大三角纹，又将大三角中部涂黑，将大三角均分成四个小三角，桶体中部线刻立状山羊，朱绘犬，两动物之间线刻长方形，内填平行折线。桶径 13.4、高 18.2 厘米（图四九一，4；图版一二八，5）。

3. 木扣　圆木削制。呈亚腰形，两端稍尖。直径 1.2~1.7、高 6.9 厘米（图四九一，5）。

4. 木钉　呈圆锥状，较尖锐。锥体后半部绘带状螺旋纹。直径 1.1、长 15.2 厘米（图四九一，3）。

5. 木器具　木棍两端削浅槽，一端略残。棍体表面绘螺旋纹。残长 39、直径 0.9 厘米（图四九一，6；图版一七三，4）。

ⅡM59

墓葬概况

位于墓地西部，西邻ⅡM52，东邻ⅡM82，墓向 120°。C 型，圆角长方形竖穴土坑墓，直壁。墓口低于地表，墓口距地表深 0.14 米，墓长 1.4、宽 0.7 米，墓深 0.6 米。墓被严重盗扰，墓底仅存残破人颅骨和部分肢骨残节，为中年女性，年龄 35~40 岁。无葬具。墓底扰土中仅出土陶盘（图四九三）。

随葬品

出土陶器 1 件。

1. 陶盘　夹砂红陶。口呈椭圆形，直口，方唇，直壁，大平底。素面。口径 8.4~12.4、高 4.8 厘米（图四九五，9；图版一二二，5）。

ⅡM60

墓葬概况

位于墓地中南部，西南邻ⅡM61，东北邻 M62，墓向 103°。C 型，长方形竖穴土坑墓。墓口距地表深 0.16 米，墓长 1.52、宽 0.84 米，墓深 1.33 米。墓内填满黄沙土，内含土坯块和草屑。墓底有人骨一具，头东脚西，仰身，下肢上屈，双手置于腹部，外披毛皮大衣，内穿红色毛布衣，平纹、线细、稀而薄。壮年男性，年龄 25~35 岁，

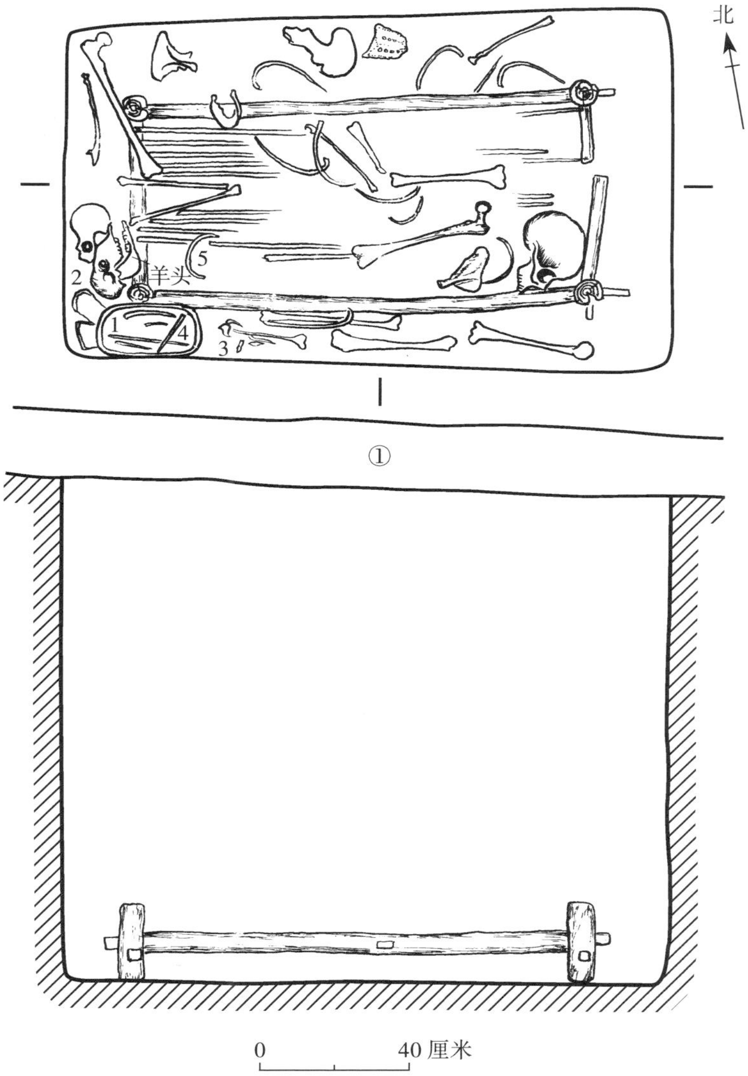

图四九二　ⅡM58平、剖面图

1. 木钵　2. 木桶　3. 木扣　4. 木钉　5. 木器具

单人葬。东南角木盘内盛有羊的头骨和脊椎骨。脚下西北角有一个羊头。墓南面从东向西依次有陶双耳罐、皮具、木钉，陶单耳罐、毛纺织物和毛编织带在中间，陶圈足罐、陶单耳罐、木梳、木纺轮在墓的北壁边（图四九四；图版二七，1）。

随葬品

出土陶、木、皮质器物和毛纺织物12件。

1. 陶双耳罐　夹砂红陶。敞口，方唇，腹微鼓，大平底，上腹部有两个对称的宽带耳。内口沿饰锯齿纹，外沿饰水波纹，腹部饰大三角纹，三角内填菱形格纹。口径12.4、底径9.8、高16.2厘米（图四九五，10；图版六三，1）。

2. 陶单耳罐　夹砂红陶。口部有单耳的一面部分残，敞口，圆唇，颈微束，鼓腹，圜底。口沿内饰锯齿纹，口沿外饰横向条纹，颈下部饰窄带一周，向下连接正反相间的变形涡纹（扭曲三角纹）。口径8.8、腹径11.6、

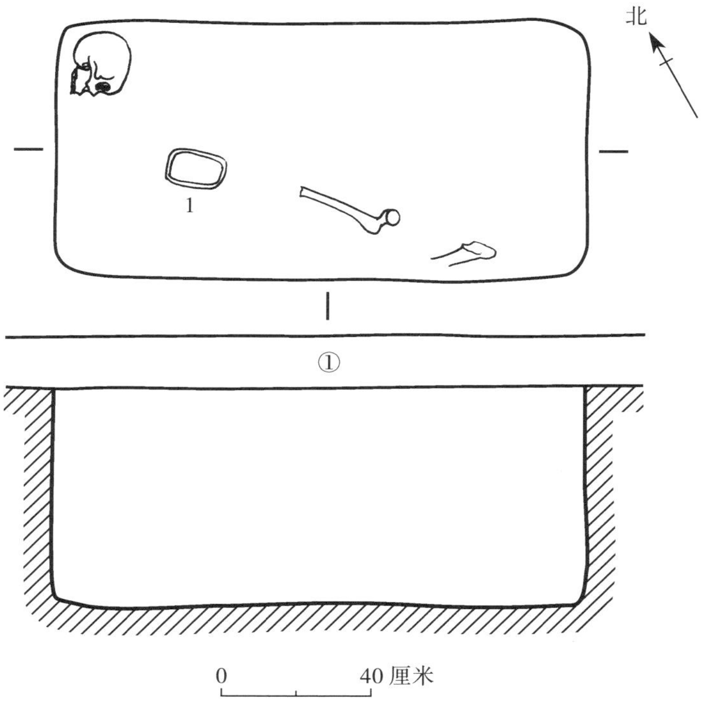

图四九三　ⅡM59平、剖面图

1. 陶盘

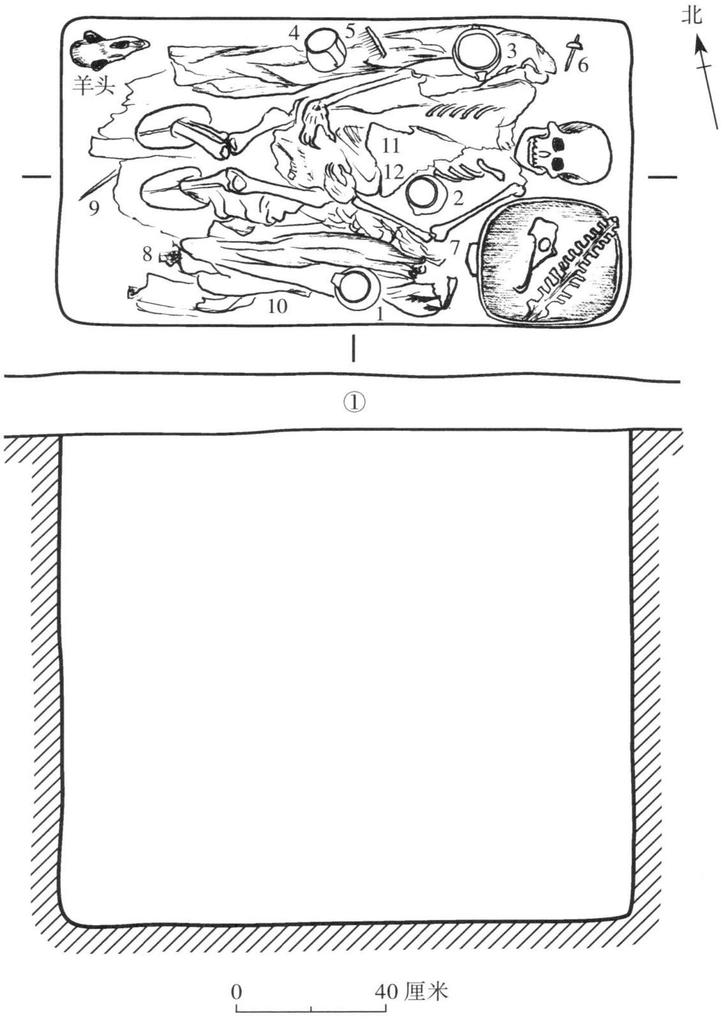

图四九四　ⅡM60平、剖面图

1. 陶双耳罐　2、4. 陶单耳罐　3. 陶圈足罐　5. 木梳　6. 木纺轮　7. 木盘　8. 皮具　9. 木钉　10. 皮衣袖　11. 毛纺织物　12. 毛编织带

高 12.2 厘米（图四九五，8）。

3. 陶圈足罐　夹砂红陶。口微敞，方唇，球形腹，喇叭状矮圈足，腹部有对称盲鼻，单横耳已残。内、外沿饰锯齿纹，腹部饰平行线纹，中间填水波纹。口径 8.8、腹径 10.8、足径 7.4、高 9.9 厘米（图四九五，2；图版六五，2）。

4. 陶单耳罐　夹砂红陶。敞口，圆唇，圆鼓腹，平底，沿至下腹有一带状耳，器表一侧有烟炱。口径 6.8、底径 4.8、高 8 厘米（图四九五，1）。

5. 木梳　梳背为圆棍状，一侧凿嵌齿凹槽，齿均残失。残长 1.2、宽 9.5、厚 1.3 厘米（图四九五，7）。

6. 木纺轮　木线轴残存部分呈锥状。纺轮呈半球形。线轴残长 11.9、直径 0.6 厘米，轮径 3.6、厚 1.4 厘米（图四九五，5）。

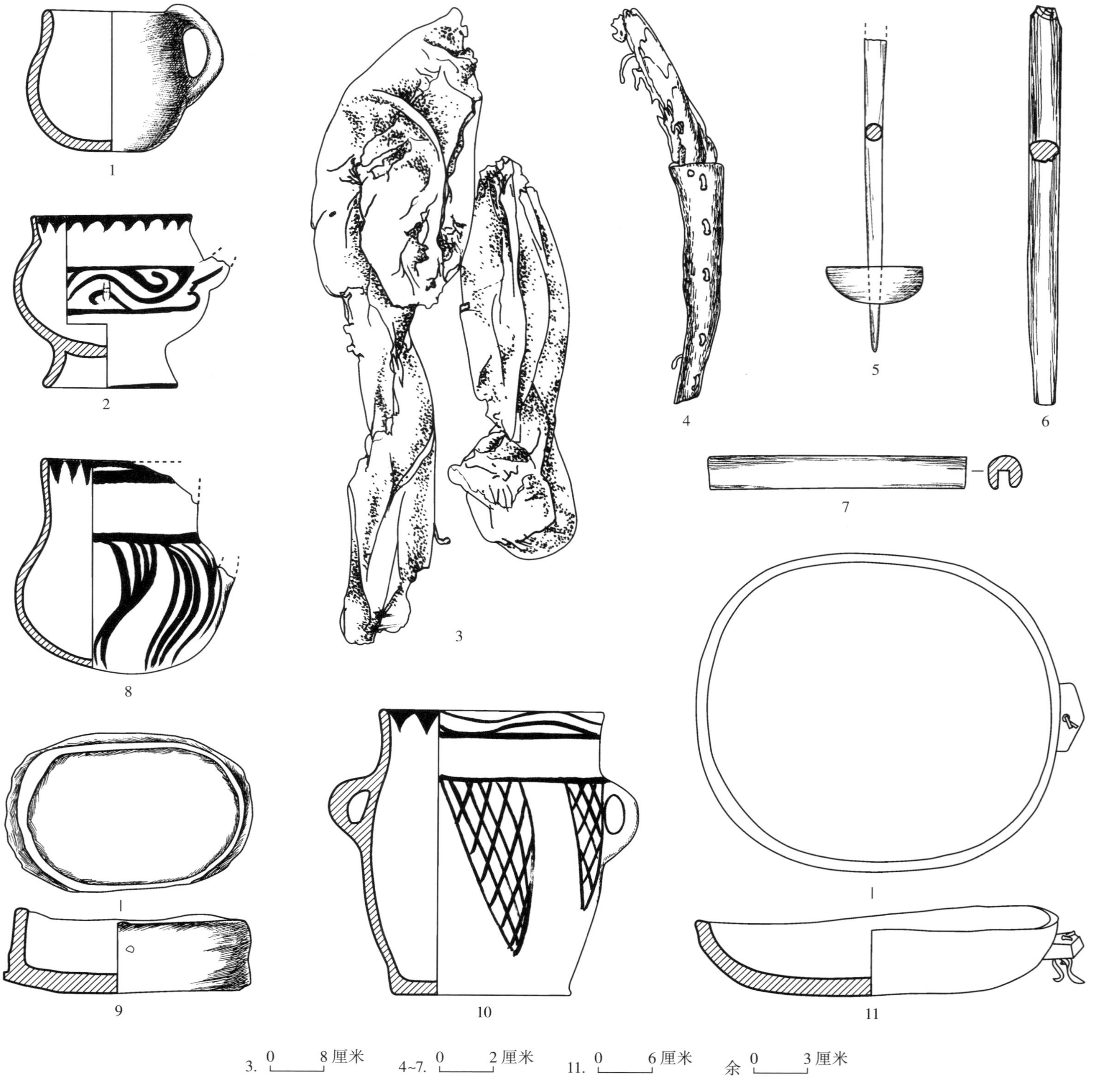

图四九五　ⅡM59、ⅡM60 随葬品

1. 陶单耳罐（ⅡM60：4）　2. 陶圈足罐（ⅡM60：3）　3. 皮衣袖（ⅡM60：10）　4. 皮具（ⅡM60：8）　5. 木纺轮（ⅡM60：6）　6. 木钉（ⅡM60：9）　7. 木梳（ⅡM60：5）　8. 陶单耳罐（ⅡM60：2）　9. 陶盘（ⅡM59：1）　10. 陶双耳罐（ⅡM60：1）　11. 木盘（ⅡM60：7）

7. 木盘 圆木刻、削制作。口略呈椭圆形，方沿，浅腹，圜底，沿下一个横鋬，上有一竖孔，孔内存少许皮带。木盘翻扣为砧板，有刀剁痕。口长径40、短径36.4、高9.2厘米（图四九五，11；图版一三六，6）。

8. 皮具 残。用宽牛皮带对折缝制。呈扁棱状，应为马具。残长15、宽2厘米（图四九五，4）。

9. 木钉 呈多棱锥状，尖较钝。长15、直径0.8~1.2厘米（图四九五，6）。

10. 皮衣袖 用鞣制过的羊皮缝制。存两只，其中右袖口前端缝合封住，在一侧面开一圆形口，上加缝长10厘米的侧袖（用于防寒）。其一残长98厘米（图四九五，3）。

11. 毛纺织物 红色褐残片。平纹组织。匹染为红色。长19、宽29厘米（图版二六八，5）。

12. 毛编织带 黄棕色。残存长45、宽2.5厘米。2/2斜编法，表面呈黄、棕斜向条纹相错排列（图版二六八，7）。

ⅡM61

墓葬概况

位于墓地中部偏南，东北邻ⅡM60，西邻ⅡM68，墓向103°。C型，长方形竖穴土坑墓，直壁。墓口不规整，距地表深0.2米，墓长1.68、宽1米，墓深1.2米。填土中含有碎土坯块、细沙和两片彩陶片。墓底人骨散乱，曾被盗掘，头骨位于东南角。从骨骼分布现状来看为单人仰身屈肢葬，中年男性，年龄35~45岁。无葬具。西南角随葬羊头一个。填土中出土陶器残片，墓底东北部出土皮盒，东南部有木钉，陶器残片、木旋镖柄、石杵、复合弓、皮囊、皮靴和皮靴底都位于西部（图四九六）。

随葬品

出土陶、木、石器和皮制品9件（组）。

1. 陶器残片 夹砂红陶。敞口，圆唇，带状耳。口内沿饰三角纹，器表饰涡纹。残高8.8厘米（图四九七，8）。

2. 木旋镖柄 残，仅存镖柄及部分镖体。镖体上缠扎皮条。残长21、宽3.7厘米（图四九七，2）。

3. 石杵 长石质。呈扁长体，上端呈尖状，下端呈斜刃状。通体光滑。长20.3、宽9、厚4.4厘米（图四九七，7；图版二〇五，6）。

4. 木钉 圆木棍削制。前端剔皮削尖，后端未剔皮，呈柱状。长15、直径1.53厘米（图四九七，1）。

5. 复合弓 残存弓弰一节，呈弯曲状。复合材料制成，内层为木质，外面粘牛角片和筋线复合而成，内

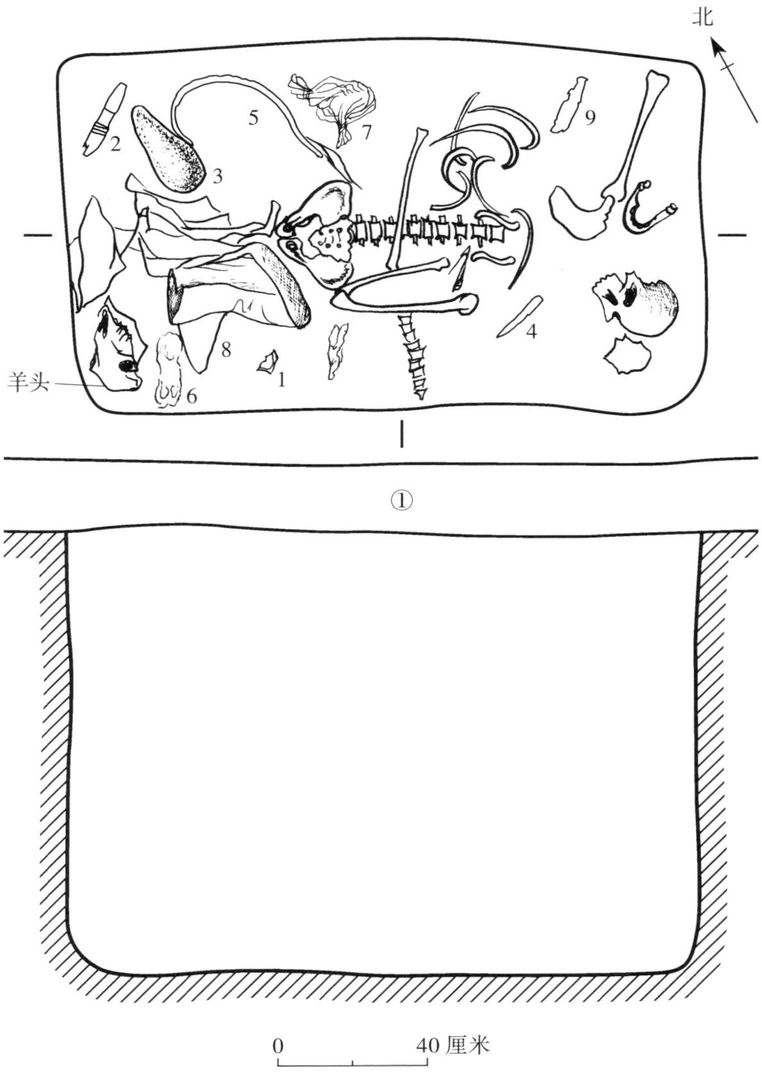

图四九六 ⅡM61平、剖面图

1. 陶器残片 2. 木旋镖柄 3. 石杵 4. 木钉 5. 复合弓 6. 皮靴底 7. 皮囊 8. 皮靴 9. 皮盒

外层现已残破分离。残长30.3、直径1.2~2.2厘米（图四九七，3）。

6. 皮靴底 仅存单只靴底，靴帮残。底面上有用牛皮条缝缀的防滑纹，呈“日”字形。长22.4、宽5.6~7厘米（图四九七，4；图版二二一，4）。

7. 皮囊 羊肚制成。用于装乳制品，大口用木棍穿扎上，用小口倒出（图四九七，5）。

8. 皮靴 一双。用牛皮革缝制，靴面和靴底缝合在一起。长28、高30厘米（图四九七，9、10；图版二一九，6）。

9. 皮盒 用牛皮先压出波状纹，然后用皮条缝制成长方形。已残。长16.6厘米（图四九七，6；图版二二九，2）。

ⅡM62

墓葬概况

位于墓地中南部，东北邻ⅡM65，西邻ⅡM67，墓向

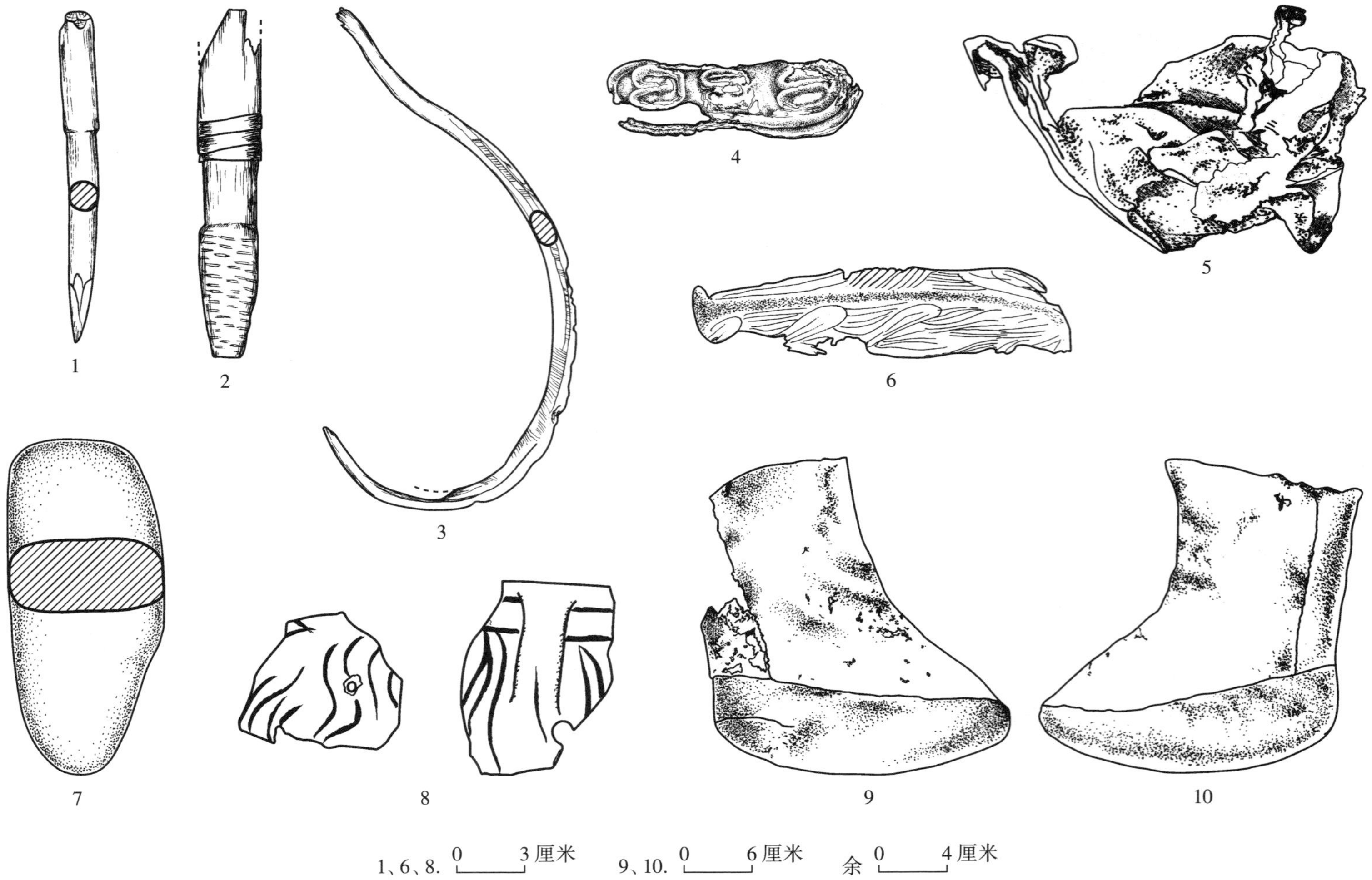

图四九七 ⅡM61随葬品

1. 木钉（ⅡM61：4） 2. 木旋镖柄（ⅡM61：2） 3. 复合弓（ⅡM61：5） 4. 皮靴底（ⅡM61：6） 5. 皮囊（ⅡM61：7） 6. 皮盒（ⅡM61：9） 7. 石杵（ⅡM61：3） 8. 陶器残片（ⅡM61：1） 9、10. 皮靴（ⅡM61：8左、8右）

99°。C型，圆角长方形竖穴土坑墓，直壁。墓口距地表深0.17米，墓长1.9、宽1.22米，墓深1米。墓被盗，填土中有碎陶片，土坯残块。墓底人骨散乱，墓底中部人骨较集中，一块髋骨和股骨位于西端，颅骨和下颌骨位于东南部，为中年男性，年龄45~50岁，墓底有木尸床的残件。颅骨旁有一个羊头。在颅骨南面出土木箭一束共七支，北部出土铜扣，东面有角镳、木弓和木撑板（图四九八）。

随葬品

出土木、铜、角器5件（组）。

1. 木箭 7支。箭杆圆柱状，后端有挂弦凹槽，其中4支箭头残缺，余下的3支为三种形式：ⅡM62：1-1，箭头呈三棱锥状。杆长74.4、直径1、头长3.2厘米（图四九九，3）。ⅡM62：1-2，箭头呈四棱锥状，一侧有倒钩刺。杆长76.4、直径0.8、头长6.8厘米（图四九九，1）。ⅡM62：1-3，残（图四九九，2）。

2. 铜扣 2件。其中一件残，呈圆形，中间有圆孔。ⅡM62：2-1，直径2.4、内径0.9厘米（图四九九，7）。

3. 角镳 角制。残，上有三个圆穿孔，两个完整，一个存一半。残长12、宽2.4厘米（图四九九，6；图版一八六，8）。

4. 木撑板 木棍削制。为皮质弓箭袋上的支撑板，上有穿孔。已断为两截。长46.4、宽1.8厘米（图四九九，5）。

5. 木弓 用绣线菊木棍削制。弓弰尖细，弓体扁圆。残长28.8、宽2厘米（图四九九，4）。

ⅡM63

墓葬概况

位于墓地中南部，西南邻ⅡM68，东北邻M67，墓向120°。C型，长方形竖穴土坑墓。该墓规模较大，但距地表深度较浅。墓口距地表深0.17米，墓长2.38、宽1.7米，墓深1.33米。墓内填土中有土块、芦苇、木棍、骆驼刺、毛纺织物碎屑等。墓底有一保存较好的四足木尸床，

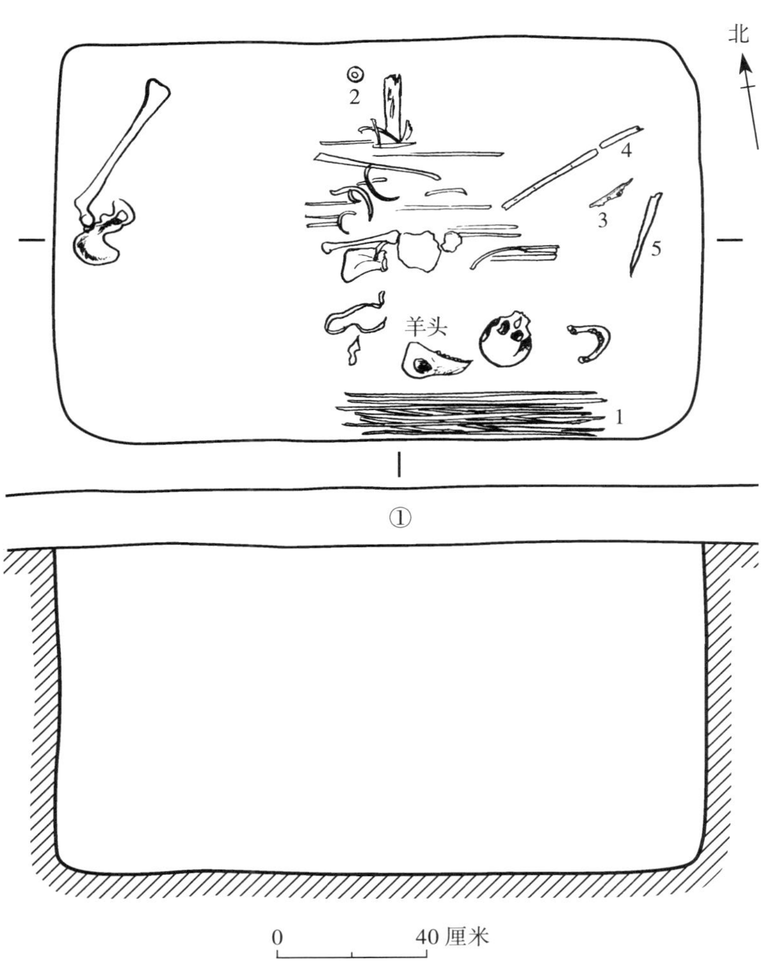

图四九八　ⅡM62 平、剖面图

1. 木箭　2. 铜扣　3. 角镳　4. 木撑板　5. 木弓

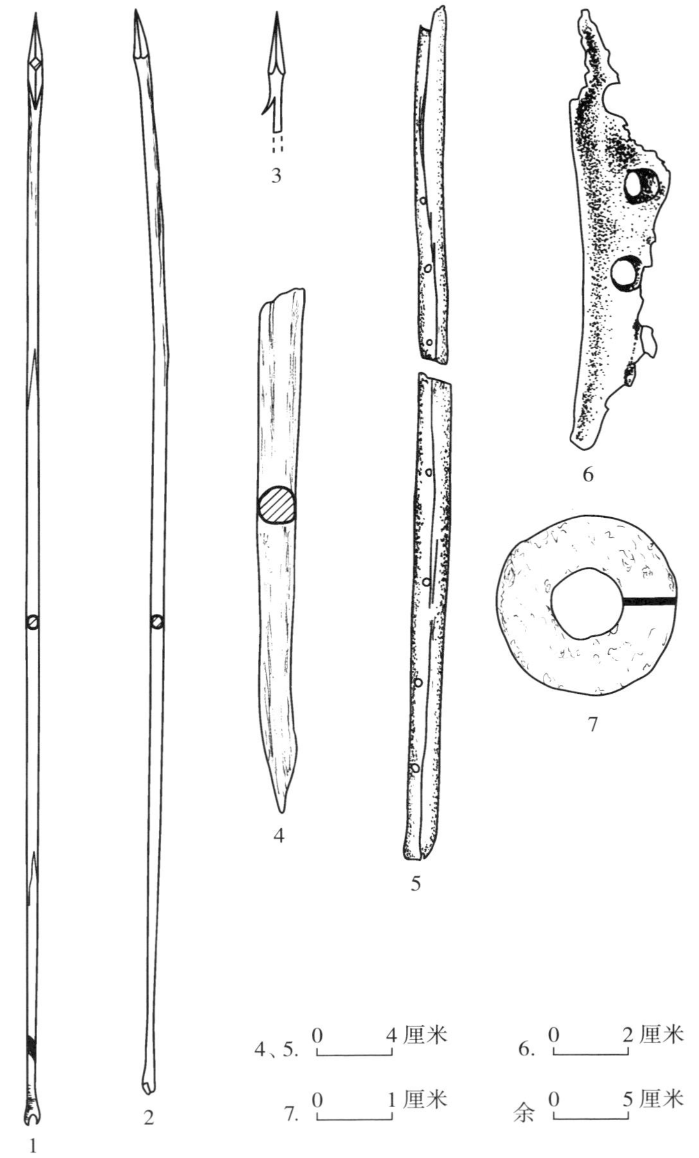

图四九九　ⅡM62 随葬品

1~3. 木箭（ⅡM62：1–2、1–3、1–1）　4. 木弓（ⅡM62：5）　5. 木撑板（ⅡM62：4）　6. 角镳（ⅡM62：3）　7. 铜扣（ⅡM62：2–1）

长 2.02、宽 1.38、高 0.28 米，中间等间距有两根横梃，床面用细木棍铺成。床上中部堆放有人肢骨，颅骨位于床下西南角，为单人二次葬，中年女性，年龄 35~45 岁。木尸床是目前墓地出土发现最大的一个（因该墓葬被盗掘过，原来可能不止葬一人）。在木尸床西南角出土竖琴，出土时竖琴柄端斜靠在床腿上，南壁床下颅骨旁出土陶单耳杯、陶单耳罐，皮辔头在西北角，皮衣袖在南部偏东，木弓、陶器残片、皮靴、毛纺织物、毛线绳等都位于木床上（图五〇〇；图版二七，2）。

随葬品

出土陶、木、皮质器物和毛纺织物 13 件（组）。

1. 竖琴　通体木制。音箱、颈和颈头为一根圆木挖、削成而为一体，颈头凿孔装弦杆。音箱长方形，底部中间有圆形发音孔，箱尾长出呈船舵形，颈和音箱厚度相等，颈头略宽扁，孔中插弦杆。音箱上原有的蒙皮缺失，仅留有固定蒙皮的铆钉，两边各存五个。弦杆用柽柳棍加工成，插入颈头上圆孔中固定，弦杆端头有五道系弦磨痕。弦和弦轴缺失。音箱，用胡杨木挖、削成，长 32.5、高 7.5 厘米；箱尾长 6.8、高 6.3、颈长 35.5、弦杆长 27 厘米；通长 74.8 厘米（图五〇一，1；图版一八二，4）。

2. 陶单耳罐　夹砂红陶。敞口，圆唇，圆鼓腹，圜底。沿至腹有带状单耳。口内、外沿饰倒三角纹，颈部饰横彩带，腹部饰竖向曲波纹。口径 7、腹径 10.4、高 10 厘米（图五〇一，8）。

3. 陶单耳杯　夹砂红陶。敞口，方唇，束颈，圆腹，圜底，单耳。器表有烟炱。口径 4.4、腹径 6.6、高 6.3 厘米（图五〇一，6）。

4. 木弓　圆木条削制。扁平，一端残，另一端有系弦之槽。残长 42、直径 0.8~1.2 厘米（图五〇一，2）。

5. 皮衣袖　羊皮革缝制。右臂，袖口封死，在内侧开口加一个 10 厘米长的侧袖口，为防寒而设。长 44.4、直径 11.5 厘米（图五〇一，5；图版二一七，1）。

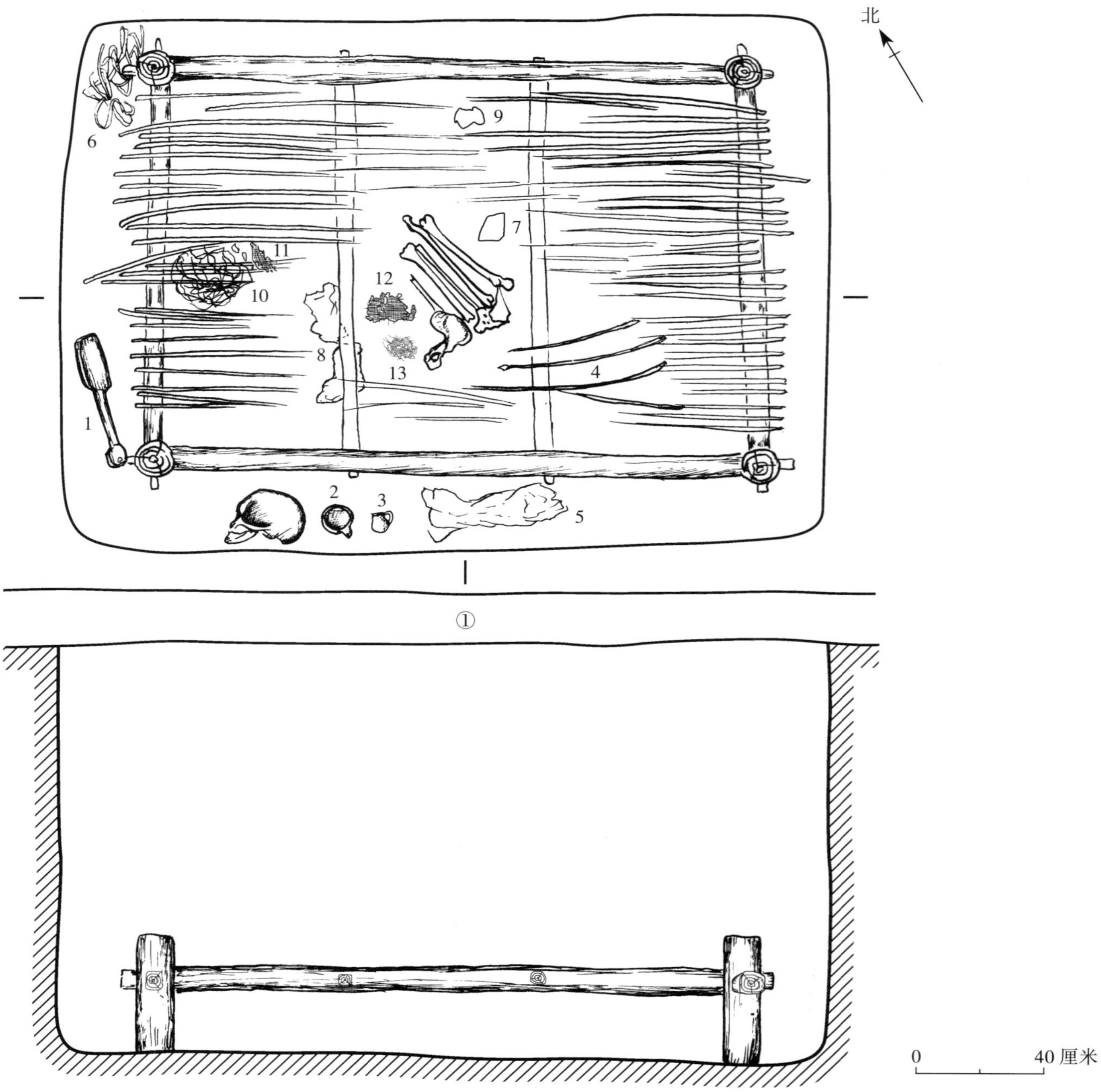

图五〇〇　ⅡM63 平、剖面图

1. 竖琴　2. 陶单耳罐　3. 陶单耳杯　4. 木弓　5. 皮衣袖　6. 皮辔头　7、9. 陶器残片　8. 皮靴　10~12. 毛纺织物　13. 毛线绳

6. 皮辔头　残段，有皮扣和缰绳，还有一些破碎的羊皮革。皮条由牛皮革制作（图五〇一，9）。

7. 陶器残片　夹砂红陶。为陶罐的口沿。敛口，鼓腹。从沿外向下有三个一组的条带纹。长 19.2、宽 17.6 厘米（图五〇一，10）。

8. 皮靴　一双。样式相同，大小略有差别。底、帮、面、筒各一块牛皮革缝制，有明线和暗针之分（图版二一九，7）。ⅡM63：8–1，长 21、高 22 厘米（图五〇一，3）。ⅡM63：8–2，长 23、高 28.2 厘米（图五〇一，4）。

9. 陶器残片　夹砂红陶。为陶杯的一半。敛口，鼓腹，圜底。通体网状纹。口径 9.7、高 8.5 厘米（图五〇一，7）。

10. 毛纺织物　红色，平纹，有幅边。长 73、宽 42 厘米（图版二六九，1）。

11. 毛纺织物　红色斜褐残片。原棕黄色经线，与条染为红色的纬线，以 2/2 组织法相交织。长 12、宽 9 厘米（图版二六八，6）。

12. 毛纺织物　红色斜褐残片。现已残为数片，红色经纬线，以 2/2 组织法交织。ⅡM63：12–1，长 17、宽 21 厘米。ⅡM63：12–2，长 18.5、宽 12 厘米。Ⅱ M63：12–3，长 17.5、宽 9 厘米（图版二六九，2）。

13. 毛线绳　头发与毛绳编成的小辫，毛绳褐色，团成一团（图版二六八，4）。

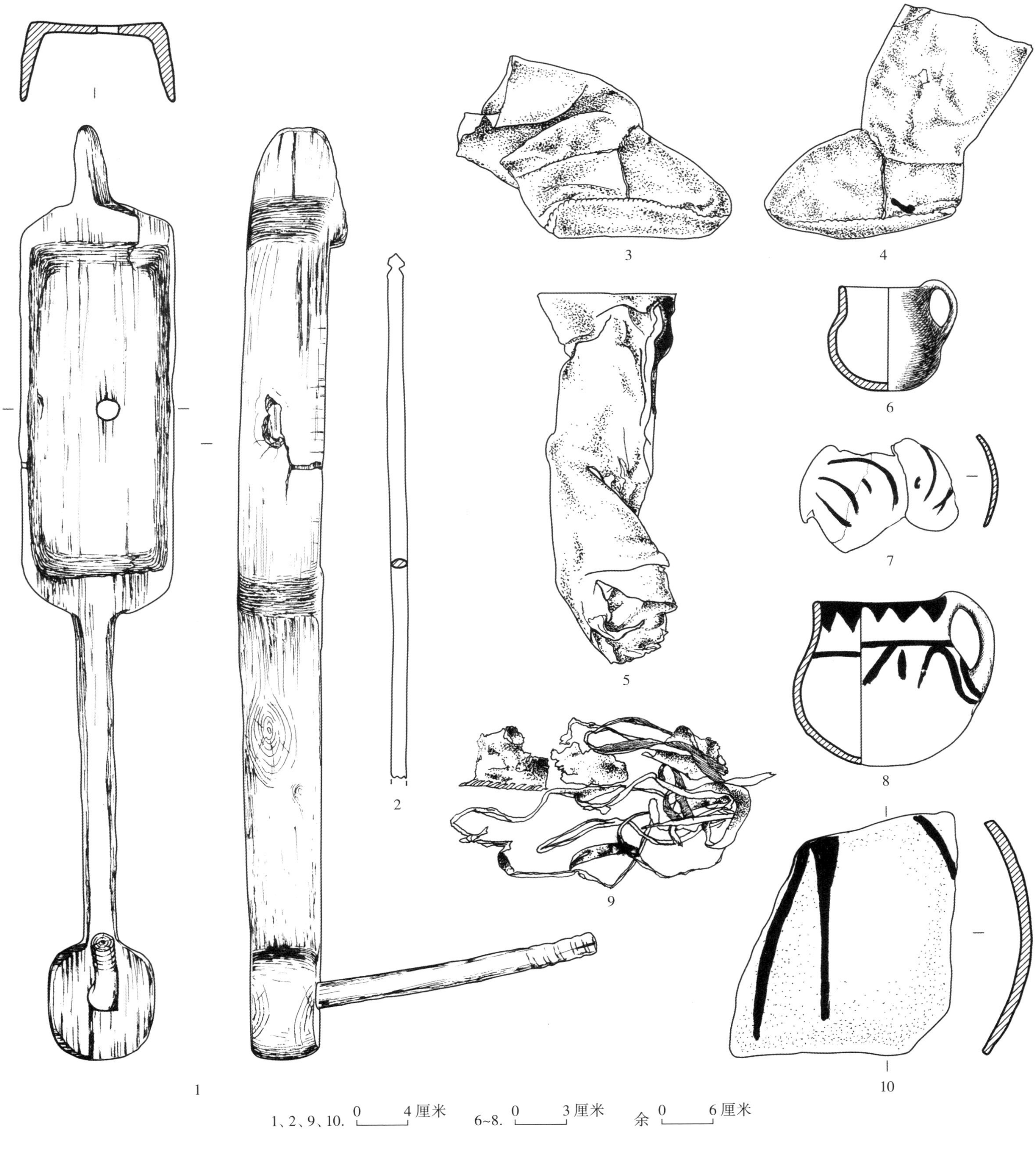

图五〇一　ⅡM63随葬品

1. 竖琴（ⅡM63∶1）　2. 木弓（ⅡM63∶4）　3、4. 皮靴（ⅡM63∶8-1、8-2）　5. 皮衣袖（ⅡM63∶5）　6. 陶单耳杯（ⅡM63∶3）　7、10. 陶器残片（ⅡM63∶9、7）　8. 陶单耳罐（ⅡM63∶2）　9. 皮辔头（ⅡM63∶6）

ⅡM64

墓葬概况

位于墓地中南部，北邻ⅡM65，西邻ⅡM62，墓向98°。C型，长方形竖穴土坑墓。形制小，墓口距地表深0.18米，墓长1.1、宽0.6米，墓深0.38米。墓口盖有土坯，土坯长0.52、宽0.34、厚0.06米，土坯上有指压纹（图版三八，5）。墓底中部堆放有未成年小孩骨骼，年龄11~12岁。似二次葬。无葬具。在墓底西端放置两件陶盆（图五〇二）。

随葬品

出土陶器2件。

1. 陶盆　夹砂红陶。口沿一边残，口微敛，方圆唇，圆腹，平底，沿下有一鋬耳。器表有烟炱。口径14.5、底径9、高9厘米（图五〇三，1）。

2. 陶盆　夹砂红陶。口微敛，方唇，圆腹，平底，沿至上腹有一宽带状耳，另一侧沿下有横鋬耳。素面。口径15.8、底径11.3、高7厘米（图五〇三，2；图版一〇七，4）。

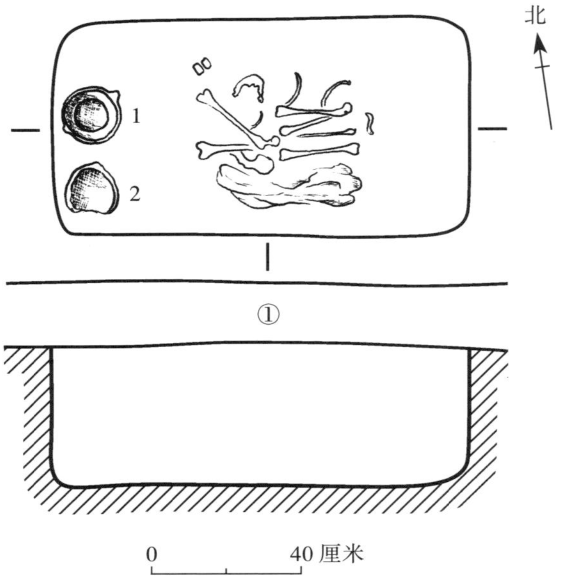

图五〇二　ⅡM64平、剖面图

1、2. 陶盆

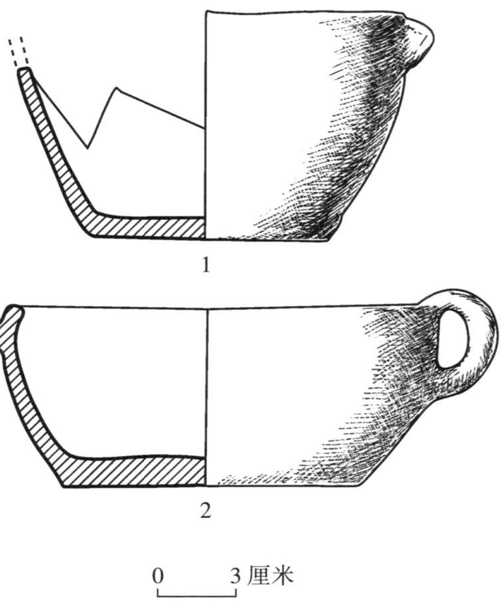

图五〇三　ⅡM64随葬品

1、2. 陶盆（ⅡM64：1、2）

ⅡM65

墓葬概况

位于墓地中南部，南邻ⅡM64，西北邻ⅡM70，墓向101°。C型，圆角长方形竖穴土坑墓，直壁。墓口距地表深0.14米，墓长1.48、宽0.87米，墓深0.7米。墓底有人骨架一具，头东脚西，仰身屈肢，上臂内曲，手置于腹部，面向上，骨架下铺苇草，单人葬，中年女性，年龄40~45岁。骨架保存较完整，颅骨右侧木盘内盛有羊椎骨，木盘两侧各有一件陶单耳罐，颅骨右侧有木梳，腰间有铁刀和皮包，附近还有木梳和皮腰带，骨架南面出土有木纺轮和皮衣袖（图五〇四；图版二七，3）。

随葬品

出土陶、铁、木和皮质器物10件。

1. 陶单耳罐　泥质红陶。敞口，方唇，鼓腹，圜底，宽带状单耳。内外沿饰锯齿纹，腹部绘变形涡纹，耳面亦绘涡纹。口径8.5、腹径10.7、高10.4、通高10.6厘米（图

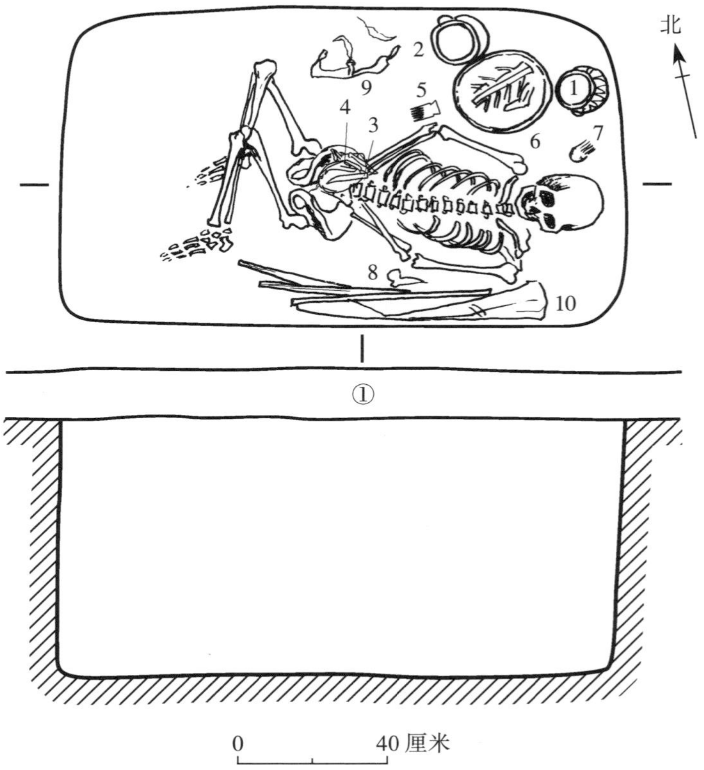

图五〇四　ⅡM65平、剖面图

1、2. 陶单耳罐　3. 铁刀　4. 皮包　5、7. 木梳　6. 木盘　8. 木纺轮　9. 皮腰带　10. 皮衣袖

五〇五，5）。

2. 陶单耳罐　夹砂红陶。敞口，小方唇，圆鼓腹，圜底，沿至下腹有带状耳。器表饰连续竖条带纹，与耳相对的外侧有烟炱。口径 7.6、腹径 10、高 10 厘米（图五〇五，6；图版四九，4）。

3. 铁刀　单面斜刃，柄长条形，柄后端镂一小孔，刃钝。通长 12.2、柄长 7、宽 1.4、厚 0.35、刃长 5.2 厘米（图五〇五，3；图版二〇四，6）。

4. 皮包　牛皮革缝制。包体椭圆形，上有六条系带，在顶端加骨扣铆合。长 22、宽 15.6 厘米（图五〇五，4）。

5. 木梳　木板刻制。呈纵长方形，梳背有双肩，齿呈扁锥体。通体光滑。长 9、宽 5.9、厚 0.7、齿长 4 厘米（图五〇五，2；图版一五二，9）。

6. 木盘　呈圆形，方唇，浅腹，圜底，沿下有穿系小孔，底背面有刀剁痕，翻扣时用为砧板。口径 25.6~26.8、高 6 厘米（图五〇五，8；图版一三六，7）。

7. 木梳　呈纵长方形，直背，扁锥齿。通体光滑。长 7.4、宽 4、厚 0.35、齿长 3.5 厘米（图五〇五，1；图版一五三，1）。

8. 木纺轮　线轴下端较尖细。轮体呈上平下弧的半球形。线轴残长 24.3、直径 0.75 厘米，轮径 3.2、厚 1.4 厘米（图五〇五，7）。

9. 皮腰带　残段，双层牛皮革制。其上缝缀三条较窄的带子下垂。残长 29.4、宽 3.2 厘米（图五〇五，9）。

10. 皮衣袖　羊皮革缝制。表面有两排墨绘的涡纹。长 62.3、宽 16.2 厘米（图五〇五，10；图版二一七，2）。

ⅡM66

墓葬概况

位于墓地中南部，南邻ⅡM63，西邻坎儿井竖井，

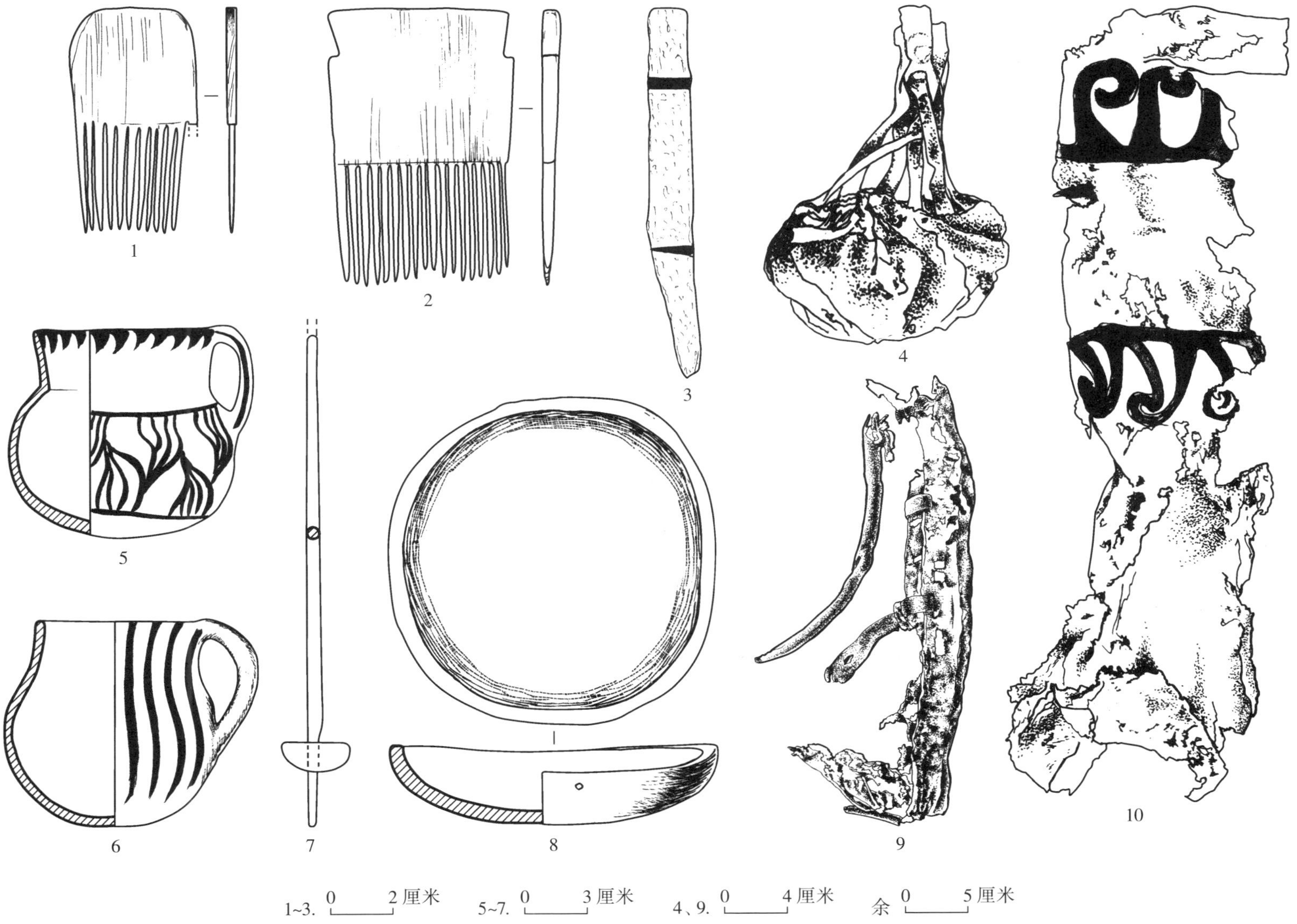

图五〇五　ⅡM65 随葬品

1、2. 木梳（ⅡM65：7、5）　3. 铁刀（ⅡM65：3）　4. 皮包（ⅡM65：4）　5、6. 陶单耳罐（ⅡM65：1、2）　7. 木纺轮（ⅡM65：8）　8. 木盘（ⅡM65：6）　9. 皮腰带（ⅡM65：9）　10. 皮衣袖（ⅡM65：10）

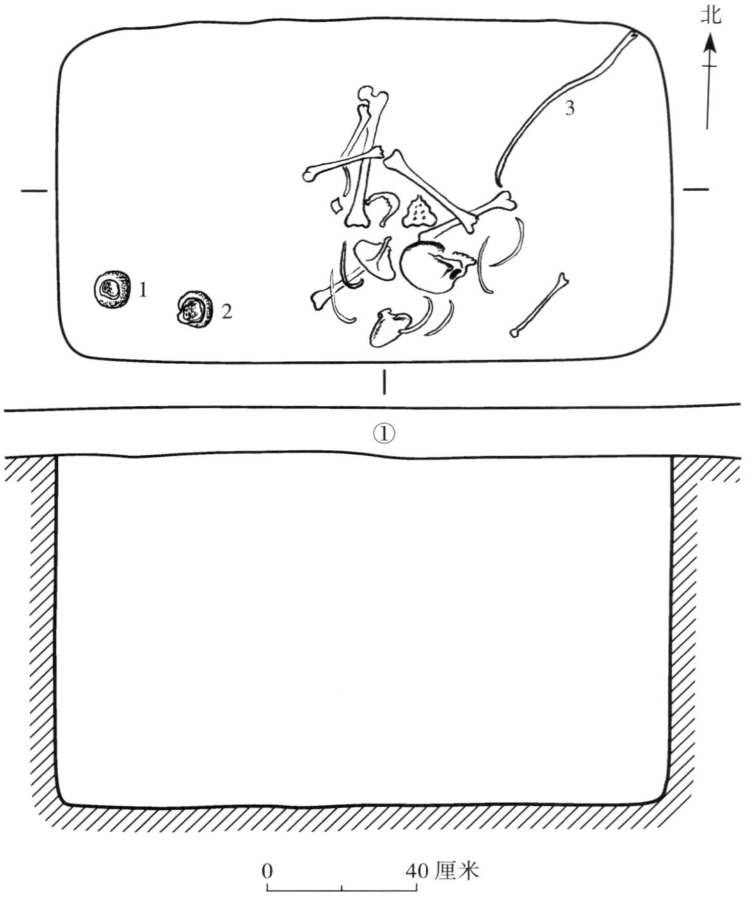

图五〇六 ⅡM66 平、剖面图
1. 陶单耳罐 2. 陶单耳杯 3. 复合弓

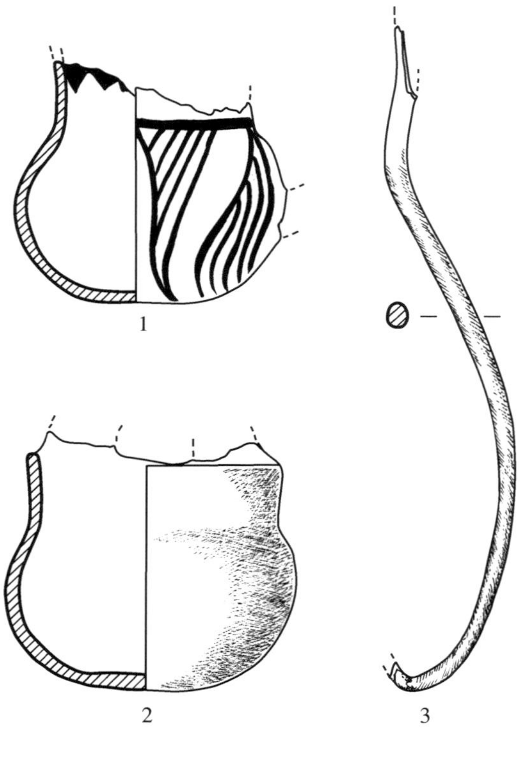

图五〇七 ⅡM66 随葬品
1. 陶单耳罐（ⅡM66：1） 2. 陶单耳杯（ⅡM66：2） 3. 复合弓（ⅡM66：3）

墓向 87°。C 型，圆角长方形竖穴土坑墓。墓口距地表深 0.15 米，墓长 1.8、宽 1.04 米，墓深 1.05 米。墓底人骨在墓中部成堆放置在一起，单人二次葬，壮年女性，年龄 25~30 岁。墓底有苇草席朽迹。在墓底西南角出土陶单耳罐、陶单耳杯，东北角出土复合弓（图五〇六）。

随葬品

出土陶、木器 3 件。

1. 陶单耳罐 夹砂红陶。口、耳均残，圆鼓腹，圜底。内沿饰连续三角纹，器表腹部饰一上一下相间的扭曲三角纹，三角内填饰斜平行线纹。残高 10 厘米（图五〇七，1）。

2. 陶单耳杯 夹砂红陶。口沿一部分残，口微敞，圆唇，圆腹，圜底近平。素面。残口径 10.2、残高 10.5 厘米（图五〇七，2）。

3. 复合弓 残存一半。中间用木条，两侧黏合牛角片、牛筋复合制作而成。弓体截面呈椭圆形，弓弰有挂弦浅槽。残长 55、直径 1.6~2 厘米（图五〇七，3）。

ⅡM67

墓葬概况

位于墓地中南部，西邻ⅡM66，东南邻ⅡM60，墓向 123°。C 型，长方形竖穴土坑墓。两短边呈弧形，墓形制小，距地表浅，为小孩墓。墓口距地表深 0.11~0.14 米，墓长 1.12、宽 0.58 米，墓深 0.6 米。墓底小孩呈头东脚西，面向上，仰身，下肢微上屈，骨骼腐朽严重，年龄 4~6 岁。无葬具。在颅骨左侧放置陶单耳罐（图五〇八）。

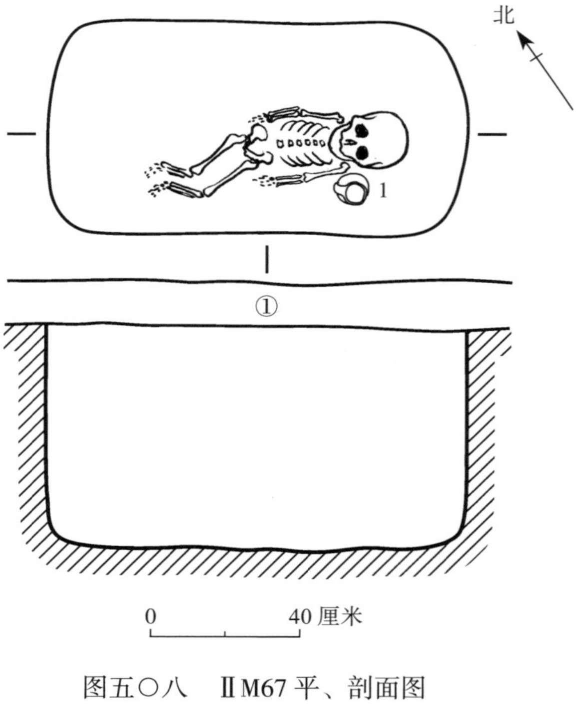

图五〇八 ⅡM67 平、剖面图
1. 陶单耳罐

随葬品

出土陶器1件。

1. 陶单耳罐　夹砂红陶。敞口，小圆唇，束颈，圆鼓腹，圜底，单耳。器表有烟炱。口径6、腹径9、高9.4厘米（图五一〇，1；图版四九，5）。

ⅡM68

墓葬概况

位于墓地中南部，东邻ⅡM61，北邻坎儿井竖井，墓向119°。C型，长方形竖穴土坑墓，形制小且不规整，北壁较短，墓口距地表浅，为一座小孩墓。墓口距地表深0.12米，墓长0.86、宽0.52米，墓深0.43米。小孩呈仰身直肢状，头东脚西，年龄3~4岁。无葬具。在骨架左侧随葬陶圈足盘、陶单耳罐（图五〇九）。

随葬品

出土陶器2件。

1. 陶圈足盘　夹砂红陶。敛口，圆唇，圆腹，内圜底，高圈足，沿至腹有一单耳。内口沿饰锯齿纹，外沿绘连续垂帐纹，耳面绘条带纹。口径10.5、足高5、足径6.9、高10.6厘米（图五一〇，3；图版一二三，6）。

2. 陶单耳罐　夹砂红陶。直口，方圆唇，圆鼓腹，圜底，沿至腹有一单耳。口沿内外饰锯齿纹，器表腹部饰菱形网格纹，器耳上饰弧线纹。口径5.8、腹径8.4、高8.1厘米（图五一〇，2；图版四九，6）。

ⅡM69

墓葬概况

位于墓地中南部，北邻ⅡM77，东北邻ⅡM70，墓向119°。C型，长方形竖穴土坑墓，直壁。墓形制规整，墓口距地表深0.19米，墓长1.64、宽1米，墓深1.1米。墓底人骨凌乱，头骨位于东北部，仰面，长骨中，胫骨和股骨在一起，肱骨和尺骨同处，为中年男性，年龄45~55岁。为单人二次葬，无葬具。随葬的两件陶双系罐和角梳在颅骨旁，木撑板在墓中间，木钉在墓的西头（图五一一）。

随葬品

出土陶、木、角器5件。

1. 陶双系罐　夹砂红陶。手制。敞口，束颈，圆腹，圜底，腹部有两个对称的小鼻耳，器形较小。口径4.4、高5.4厘米（图五一二，1）。

2. 陶双系罐　夹砂红陶。手制。敞口，束颈，圆腹，圜底，腹部有两个对称的小鼻耳，器形较小。口径4.2、高5.2厘米（图五一二，2）。

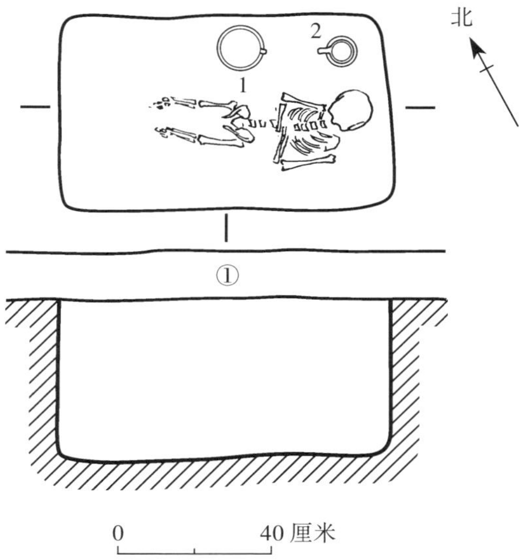

图五〇九　ⅡM68平、剖面图

1. 陶圈足盘　2. 陶单耳罐

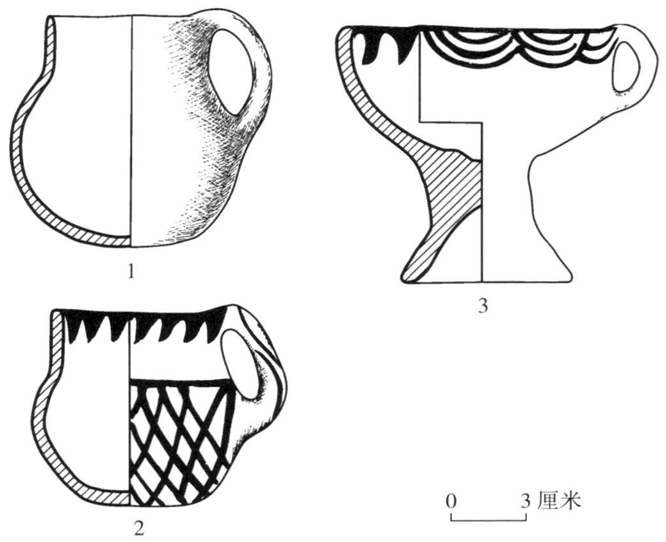

图五一〇　ⅡM67、ⅡM68随葬品

1、2. 陶单耳罐（ⅡM67：1、ⅡM68：2）　3. 陶圈足盘（ⅡM68：1）

3. 木撑板　呈长条形，一侧直边，沿边钻有等距16个小孔，另一侧两端呈弧形。长66.2、宽5.2、厚1.3厘米（图五一二，5；图版一六四，3）。

4. 角梳　动物角制作。直背，背中钻孔，穿皮条系绳；梳齿残断。残长3.2、宽4、厚0.5厘米（图五一二，3）。

5. 木钉　呈圆锥状，尖较锐，锥尖呈螺旋状，因旋转扭曲形成。长18.4、直径1.2厘米（图五一二，4；图版一八〇，3）。

ⅡM70

墓葬概况

位于墓地中南部，西南邻ⅡM69，东南邻ⅡM65，墓向90°。C型，长方形竖穴土坑墓，口大底小。墓口距

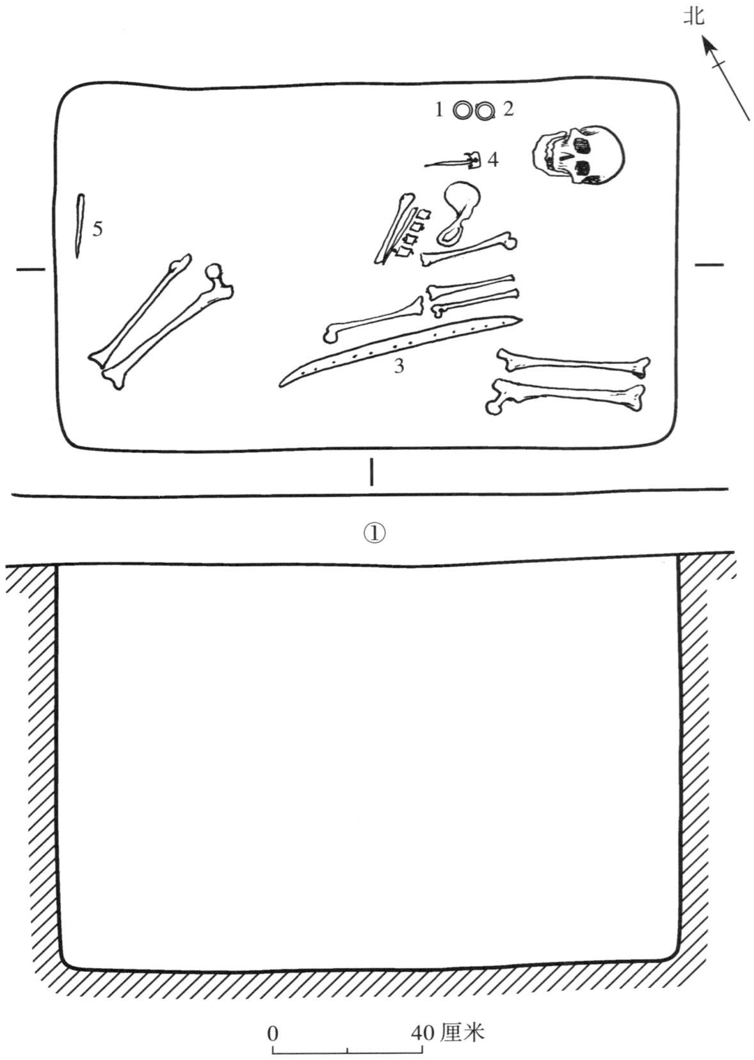

图五一一　ⅡM69 平、剖面图

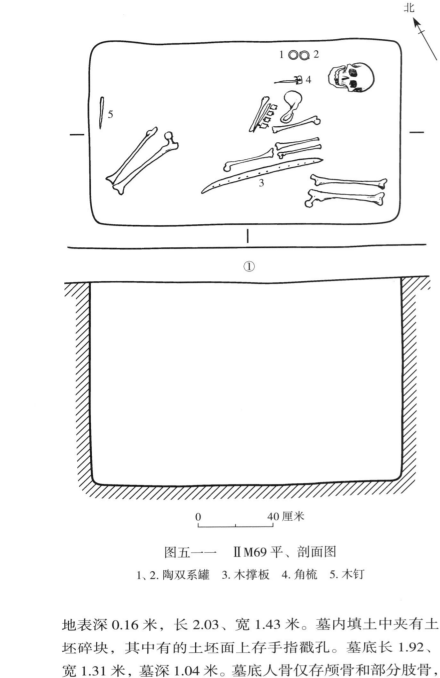

1、2. 陶双系罐　3. 木撑板　4. 角梳　5. 木钉

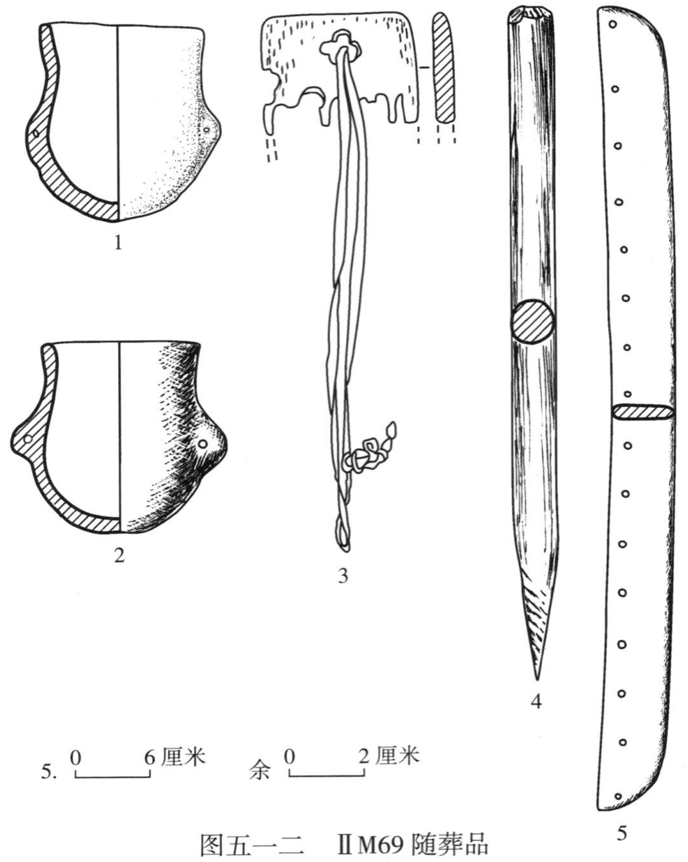

图五一二　ⅡM69 随葬品

1、2. 陶双系罐（ⅡM69：1、2）　3. 角梳（ⅡM69：4）　4. 木钉（ⅡM69：5）　5. 木撑板（ⅡM69：3）

地表深 0.16 米，长 2.03、宽 1.43 米。墓内填土中夹有土坯碎块，其中有的土坯面上存手指戳孔。墓底长 1.92、宽 1.31 米，墓深 1.04 米。墓底人骨仅存颅骨和部分肢骨，骨骼缺失多，为单人二次葬，中年女性，年龄 50~55 岁。墓底西南角随葬有一羊头，无葬具。随葬的木梳、木盘足、木橛、陶盆底片均位于墓底东南部（图五一三）。

随葬品

出土木、陶器 4 件。

1. 木梳　呈纵长方形，背部有双肩，扁锥形齿细密匀称，保存完整。长 7.3、宽 4.2、厚 0.5、齿长 3.3 厘米（图五一四，1；图版一五三，2）。

2. 木盘足　柱状，横截面为椭圆形，纵截面为倒梯形。直径 1.6~4.4、高 6.4 厘米（图五一四，2）。

3. 木橛　木条削制而成。一端残。残长 22.4 厘米（图五一四，4）。

4. 陶盆底片　夹砂红陶。盆上部残，大平底。素面。底径 11.6、残高 4 厘米（图五一四，3）。

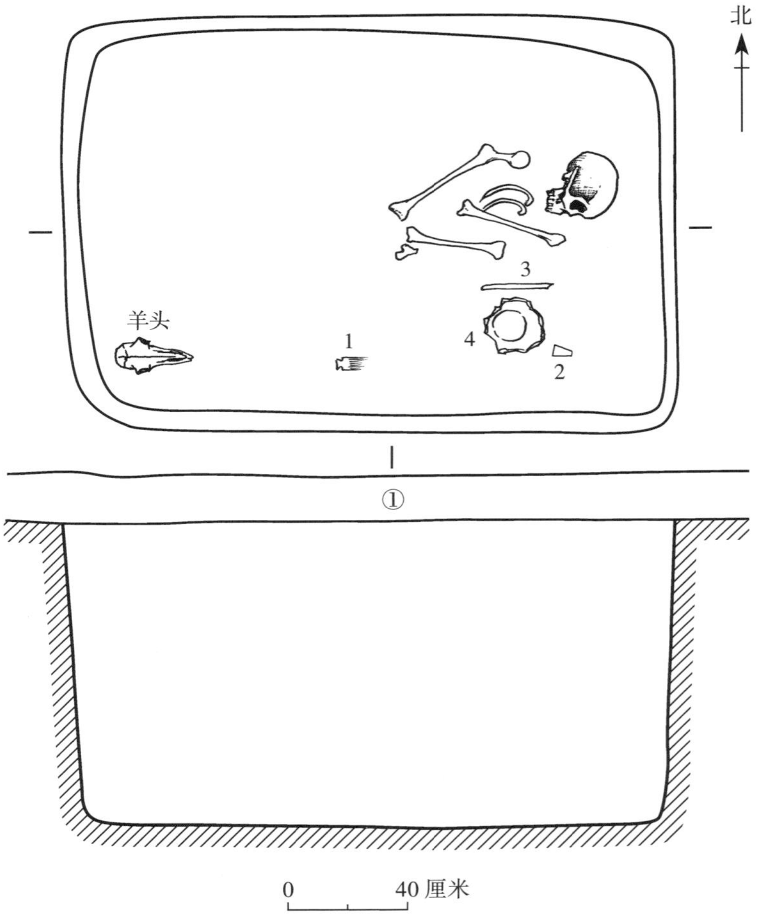

图五一三　ⅡM70 平、剖面图

1. 木梳　2. 木盘足　3. 木橛　4. 陶盆底片

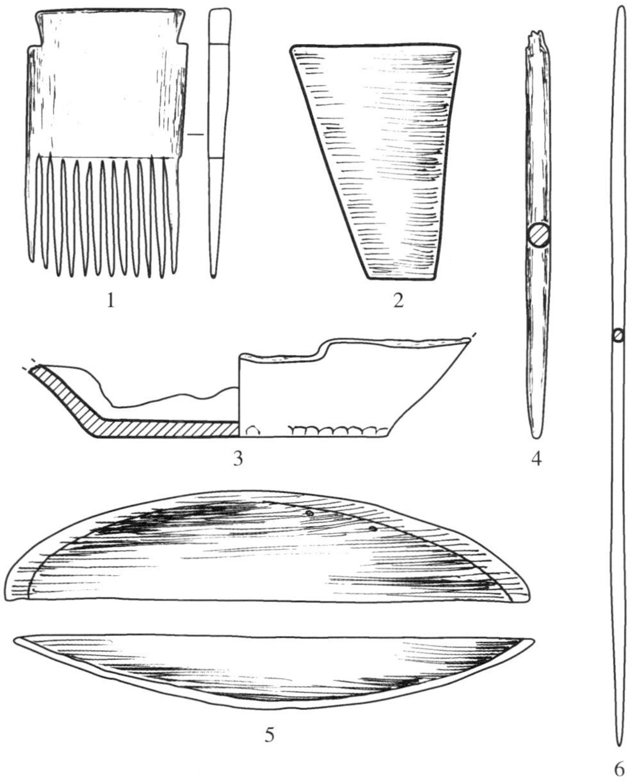

图五一四　ⅡM70、ⅡM71随葬品

1. 木梳（ⅡM70：1）　2. 木盘足（ⅡM70：2）　3. 陶盆底片（ⅡM70：4）
4. 木橛（ⅡM70：3）　5. 木盘（ⅡM71：2）　6. 木线轴（ⅡM71：1）

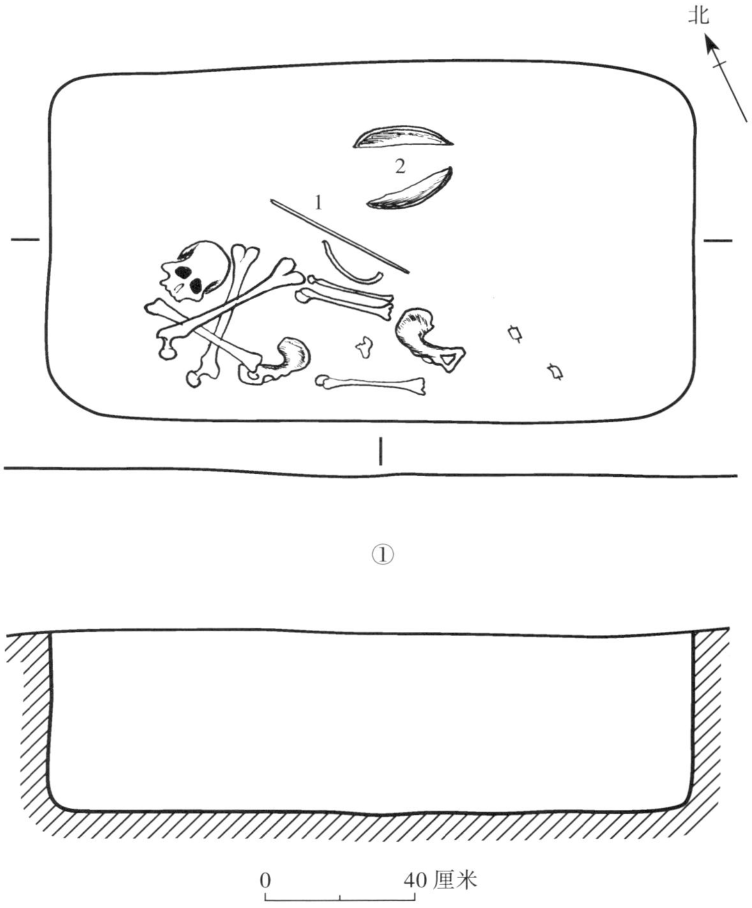

图五一五　ⅡM71平、剖面图

1. 木线轴　2. 木盘

ⅡM71

墓葬概况

位于墓地中南部，北邻ⅡM73，西南邻坎儿井竖井，墓向114°。C型，圆角长方形竖穴土坑墓。地表为挖坎儿井堆积的沙土层，墓口距现地表深0.43米，墓长1.7、宽1米，墓深0.48米。墓底有一具凌乱的人骨，堆放在墓底西南部，骨骼残缺多，头骨置于腿骨之间，为二次葬，女性青年，年龄20~22岁。无葬具。在人骨的东北部出土纺轮木线轴和木盘残片（图五一五）。

随葬品

出土木器2件。

1. 木线轴　纺轮中间的圆杆，两端细，中间稍粗。长40.4、直径0.8厘米（图五一四，6）。

2. 木盘　残片。呈椭圆形，敞口，圆唇，浅腹，口沿下有钻孔，断裂处两边也钻有小孔。残长28.2厘米（图五一四，5）。

ⅡM72

墓葬概况

位于墓地中南部，北邻ⅡM78，东南邻ⅡM79，墓向101°。C型，圆角长方形竖穴土坑墓，直壁。墓口距地表深0.19米，墓口长1.8、宽1.01米，墓深1.1米。墓内填土中夹有大量土坯碎块。墓底葬一人，仰身屈肢，东西向，脚向西，不见颅骨，下颌骨位于墓底西北角，骨架下有单皮衣残片，壮年男性，年龄约30岁。西南角随葬有羊头。无葬具。随葬的木盘位于头骨位置，木盘东部有一陶单耳罐，出土时罐口盖有用陶片加工制作的盖子。木旋镖、复合弓、木箭位于墓葬北部和西北角，中南部有毛纺织物。西南角随葬有羊头骨（图五一六）。

随葬品

出土陶、木器和毛织品6件。

1. 陶单耳罐　夹砂红陶。直口，圆唇，大鼓腹，圜底。内沿饰锯齿纹，外沿网格纹，肩腹部饰波纹。口径6.8、腹径10.4、高10厘米（图五一七，1；图版五〇，1）。

2. 木盘　圆木掏挖、刻削而成。平面为椭圆形，敞口，方唇，浅腹，平底，底面翻用时为砧板，有刀剁痕。长边的一侧口沿下有一穿孔。口长径32.4、短径17.2、高5.4厘米（图五一七，2；图版一三六，8）。

3. 木旋镖　用自然木棍加工而成。扁平，弯曲，器

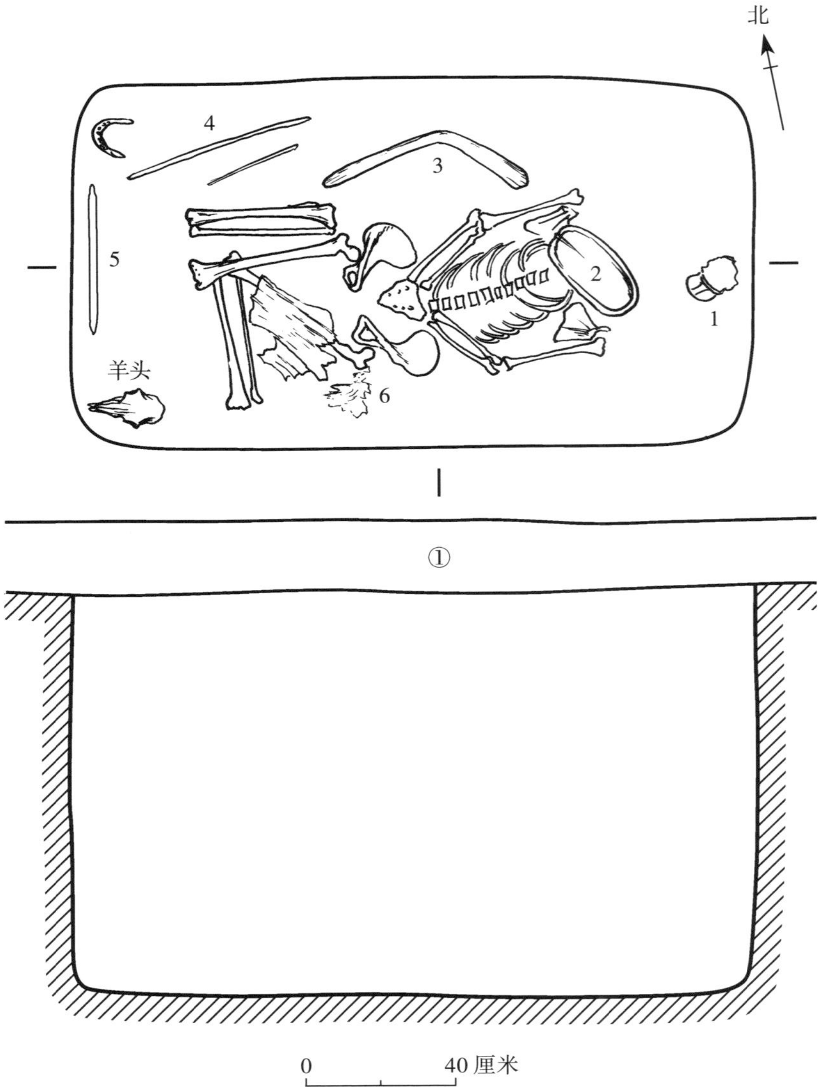

图五一六 ⅡM72平、剖面图

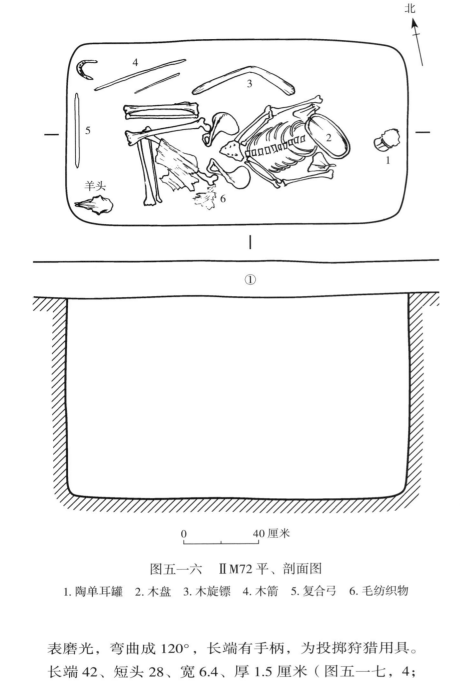

1. 陶单耳罐 2. 木盘 3. 木旋镖 4. 木箭 5. 复合弓 6. 毛纺织物

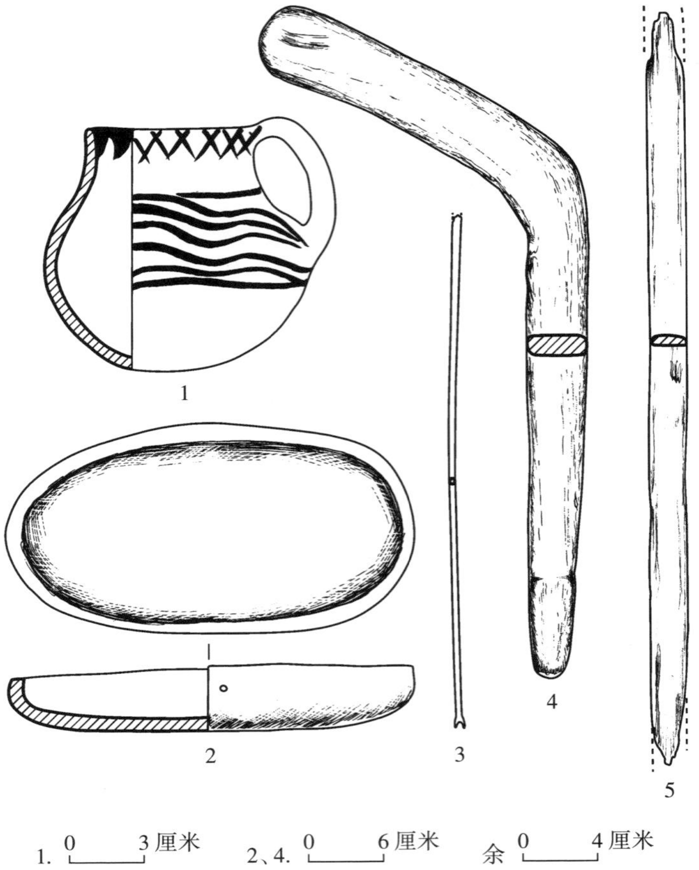

图五一七 ⅡM72随葬品

1. 陶单耳罐（ⅡM72：1） 2. 木盘（ⅡM72：2） 3. 木箭（ⅡM72：4） 4. 木旋镖（ⅡM72：3） 5. 复合弓（ⅡM72：5）

表磨光，弯曲成120°，长端有手柄，为投掷狩猎用具。长端42、短头28、宽6.4、厚1.5厘米（图五一七，4；图版一六九，6）。

4. 木箭 仅存箭杆，杆后端有挂弦凹槽。残长28、直径0.4厘米（图五一七，3）。

5. 复合弓 弓残，仅存中部木片，弓弰削成“凸”字形。残长41、直径0.6~2厘米（图五一七，5）。

6. 毛纺织物 衣服残片，蓝色，平纹织物。长35.6、宽43厘米（图版二六九，3）。

ⅡM73

墓葬概况

位于墓地中南部，南邻ⅡM71，北邻M206，墓向102°。C型，长方形竖穴土坑墓，直壁。墓口距地表深0.2米，墓长1.6、宽0.97米，墓深1.66米。墓内填土中夹有土坯碎块、芦苇、骆驼刺和草屑。墓底人骨分三处放置，北壁下有颅骨和部分下肢骨；西南角有股骨、肋骨、胫骨、脊椎骨；东南部有股骨和髋骨，为一个个体，壮年女性，年龄20~30岁。似二次葬。在墓东南角放置陶釜，西面有2件陶双系罐、木桶、陶单耳罐（图五一八）。

随葬品

出土陶、木器5件。

1. 陶釜 夹砂红陶。广口，方唇，深腹外鼓，大平底，腹径最大处有对称的双鋬耳。器表有烟炱。口径22.4、底径13.6、高30.4厘米（图五一九，5；图版一〇九，1）。

2. 陶双系罐 夹砂红陶。微敞口，方唇，圆腹，圜底。口沿下有对称耳。口径4.6、高5.8厘米（图五一九，4）。

3. 陶双系罐 夹砂红陶。口微敞，方唇，圆腹，圜底。口沿下有对称耳。口径4.6、高5.8厘米（图五一九，3）。

4. 木桶 圆木掏、挖、削制成。木板嵌底，周围用木钉固定，桶沿有两个对称的立耳，耳面钻小孔。通体饰彩，上、下口沿饰连续三角纹，中间线刻上下横向排列的动物，并和三角一起涂抹黑彩，上面一排为两只狼和一只北山羊，持卧姿；下排为三只北山羊，均为奔跑状。直径12、高14.7厘米（图五一九，1；图版一二九，1）。

5. 陶单耳罐 夹砂红陶。口部残缺，圆腹，圜底。

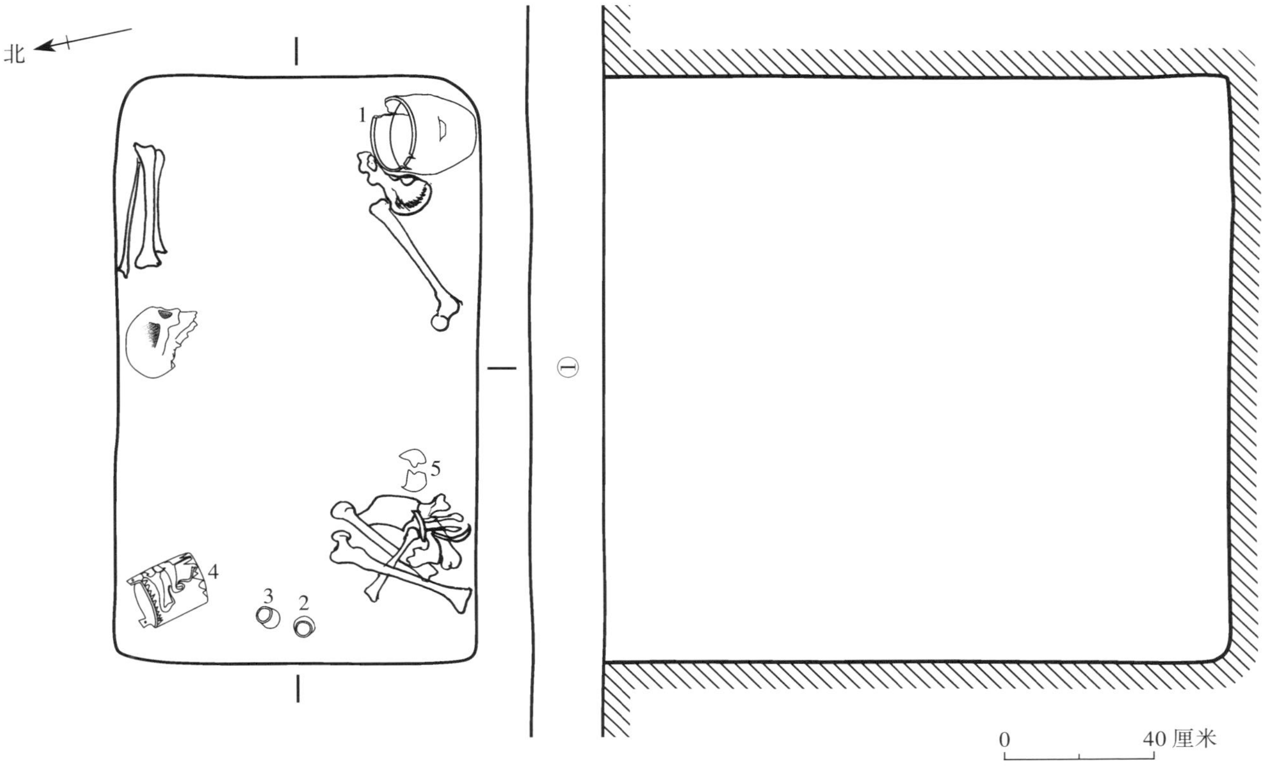

图五一八　ⅡM73平、剖面图

1. 陶釜　2、3. 陶双系罐　4. 木桶　5. 陶单耳罐

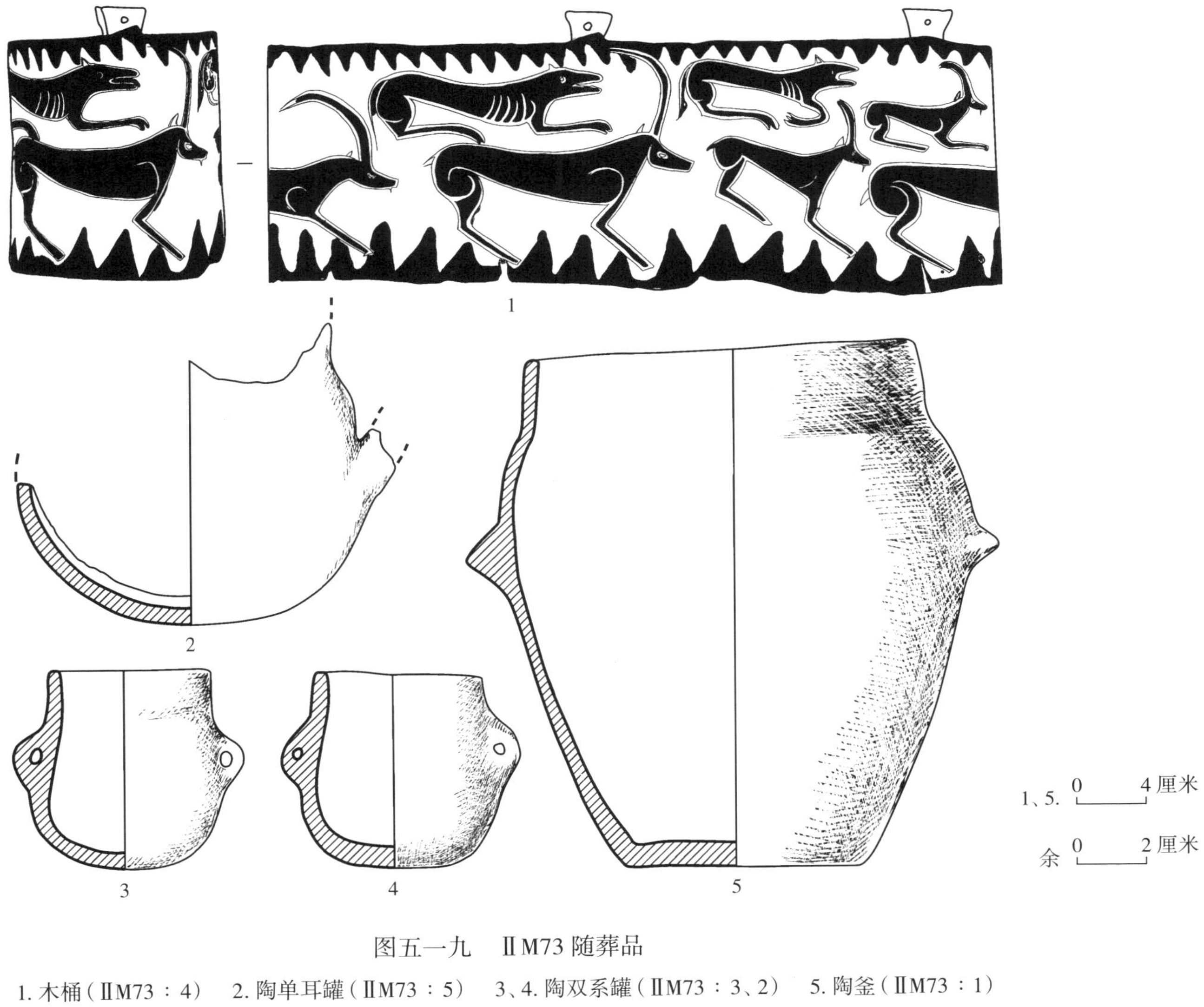

图五一九　ⅡM73随葬品

1. 木桶（ⅡM73：4）　2. 陶单耳罐（ⅡM73：5）　3、4. 陶双系罐（ⅡM73：3、2）　5. 陶釜（ⅡM73：1）

腹部一侧有单耳。耳下有两个钻孔。残高 8.8 厘米（图五一九，2）。

ⅡM74

墓葬概况

位于墓地中南部，西邻ⅡM73，东南邻ⅡM69，墓向 107°。C 型，圆角长方形竖穴土坑墓，直壁。墓口距地表深 0.17 米，墓长 1.6、宽 0.8 米，墓深 1.13 米。墓底人骨凌乱，颅骨位于西部，下颌骨残失，大部分骨骼散见于墓底。单人二次葬，中年男性，年龄 35~45 岁。骨架中有毛织衣服残片。西北角有羊头，墓底有苇草残迹。墓底东南角出土陶单耳罐，北部偏东出土木撑板和复合弓。西南角随葬羊头骨（图五二〇）。

随葬品

出土陶、木器 3 件。

1. 陶单耳罐　夹砂红陶。敞口，方唇，短颈，鼓腹，圜底，单耳由沿下翻至腹部。口沿内饰锯齿纹，口沿外饰波浪纹。颈部饰黑线一周，其下为内填平行线的扭曲三角纹。罐内有一条毛线绳。口径 10.8、腹径 14.4、高 13.8 厘米（图五二一，4）。

2. 木撑板　木板刻削而成。长条形，一端切平，一端两头起弧。上有一排十二个小孔。残长 62.4、宽 2 厘米（图五二一，1）。

3. 复合弓　残，只剩木片与粘在其上的牛角片。残长 18.4 厘米（图五二一，2）。

ⅡM75

墓葬概况

位于墓地中南部，西北邻ⅡM205，东南邻ⅡM77，墓向 295°。C 型，圆角长方形竖穴土坑墓，直壁。墓口距地表深 0.2 米，墓长 1.5、宽 0.8 米，墓深 1.32 米。墓内填土中有大量的土坯碎块。墓底有人骨一具，基本完整，头向西，部分骨骼移位，从残状来看为仰身屈肢，青年男性，年龄 20~25 岁。无葬具。在右手旁出土陶单耳罐（图五二二）。

随葬品

出土陶器 1 件。

1. 陶单耳罐　夹砂红陶。敞口，方唇，短颈，鼓腹，圜底，单耳由口沿下翻至腹部。口沿内饰锯齿纹，口沿外饰波纹，颈部饰黑色彩带一周，其下饰内填平行线的

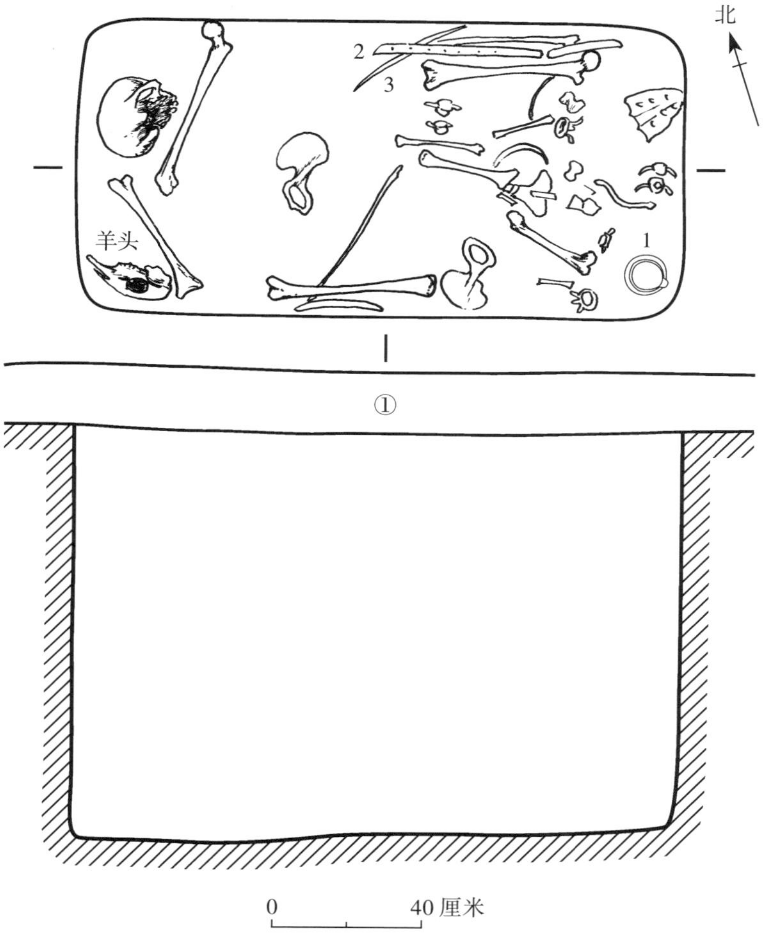

图五二〇　ⅡM74 平、剖面图

1. 陶单耳罐　2. 木撑板　3. 复合弓

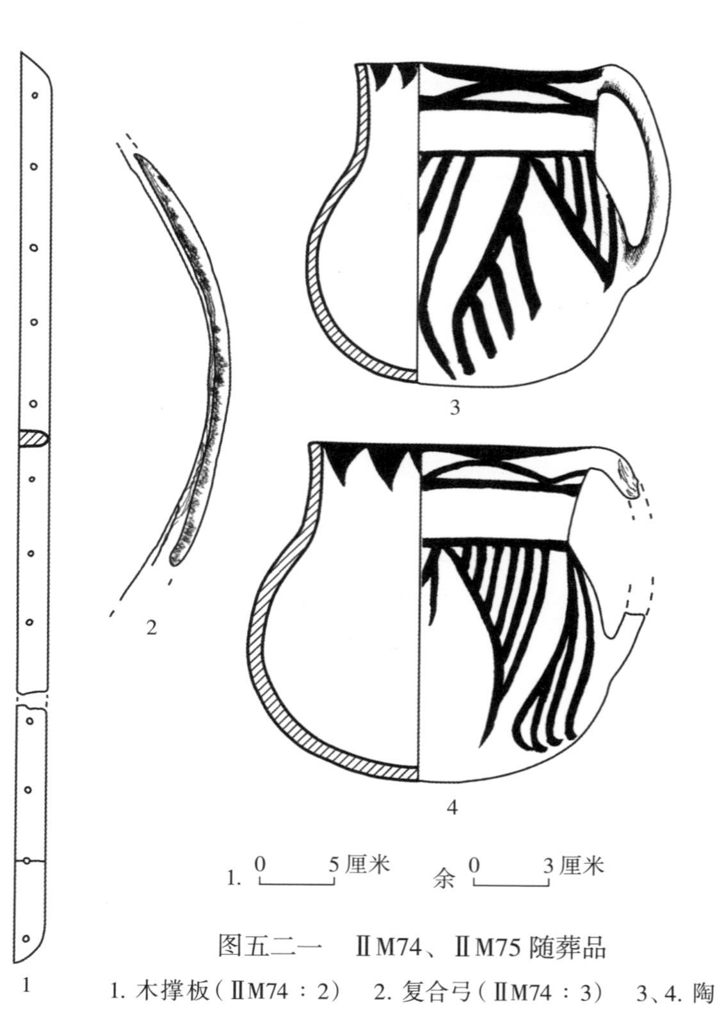

图五二一　ⅡM74、ⅡM75 随葬品

1. 木撑板（ⅡM74：2）　2. 复合弓（ⅡM74：3）　3、4. 陶单耳罐（ⅡM75：1、ⅡM74：1）

图五二二　ⅡM75 平、剖面图
1. 陶单耳罐

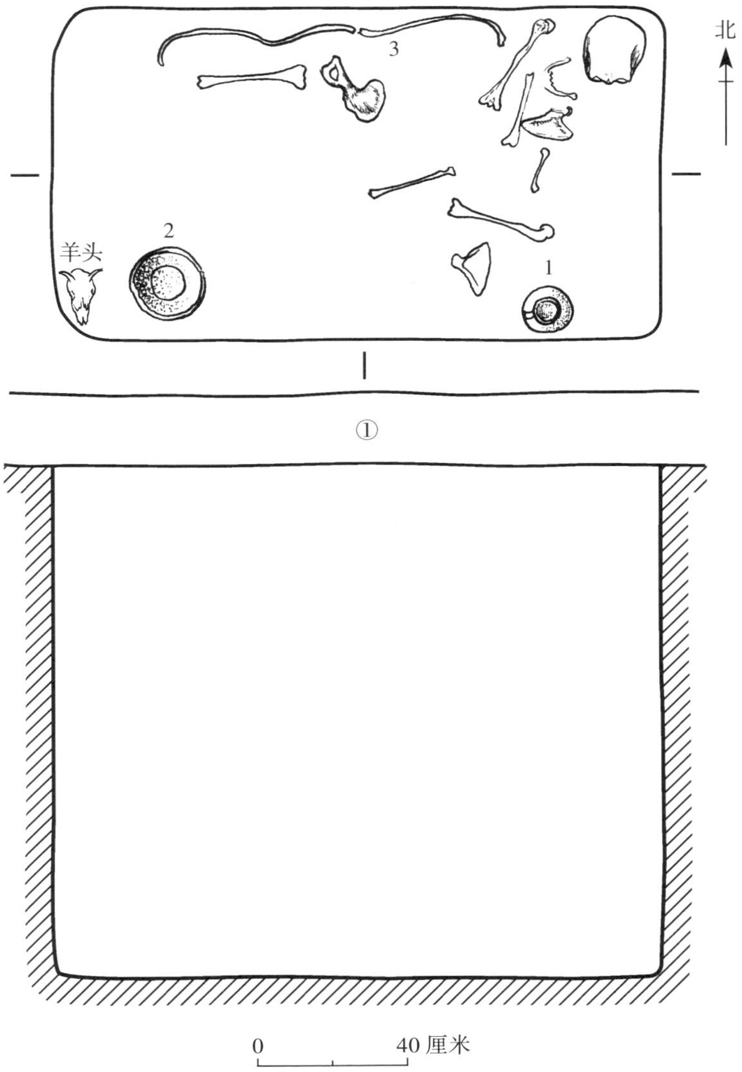

图五二三　ⅡM76 平、剖面图
1. 陶单耳罐　2. 陶盆　3. 复合弓

扭曲三角纹。口径 9.6、高 13.2 厘米（图五二一，3；图版五〇，2）。

ⅡM76

墓葬概况

位于墓地中南部，东邻ⅡM78，西南邻ⅡM75，墓向 92°。C 型，圆角长方形竖穴土坑墓，直壁。墓口距地表深 0.2 米，墓长 1.6、宽 0.91 米，墓深 1.4 米。墓内填土中夹有土坯块。墓底人骨凌乱，残缺不全，头骨位于东北角，其他一些残存的骨骼分布在墓葬的东北部。中年男性，年龄 40 岁左右，为单人二次葬。墓底西南角随葬羊头一个。墓底北壁下出土完整的复合弓，南壁两端分别出土陶单耳罐和陶盆（图五二三）。

随葬品

出土陶、木器 3 件。

1. 陶单耳罐　夹砂红陶。敞口，圆唇，鼓腹，圜底近平，单耳由口沿下翻至腹部。口径 6.8、腹径 10.6、通高 10.4 厘米（图五二四，1；图版五〇，3）。

2. 陶盆　夹砂红陶。口微敛，方唇，深腹，小平底，口沿下有单鋬，与其成 90° 角处有耳的残痕。复原口径 23.2、底径 12、高 15.2 厘米（图五二四，2）。

3. 复合弓　用绣线菊木、骨、牛角片复合而成，外用牛筋缠扎。五曲，中部截面呈椭圆形，两端为扁平状，两端削尖，并有挂弦的小槽。长 81.6、直径 1.8~2.4 厘米（图五二四，3；图版一八四，3）。

ⅡM77

墓葬概况

位于墓地中南部，东北邻ⅡM72，南邻ⅡM69，墓向 90°。C 型，圆角长方形竖穴土坑墓，直壁。墓口距地表深 0.11~0.14 米，墓长 1.5、宽 0.92 米，墓深 1.3 米。墓内有墓口棚盖坍塌的木棍和芦苇。墓底铺细芦苇。墓底人骨散乱，但骨骼较全，为单人二次葬。颅骨位于东南角，其他骨骼，包括下颌骨都位于中间，中年女性，年

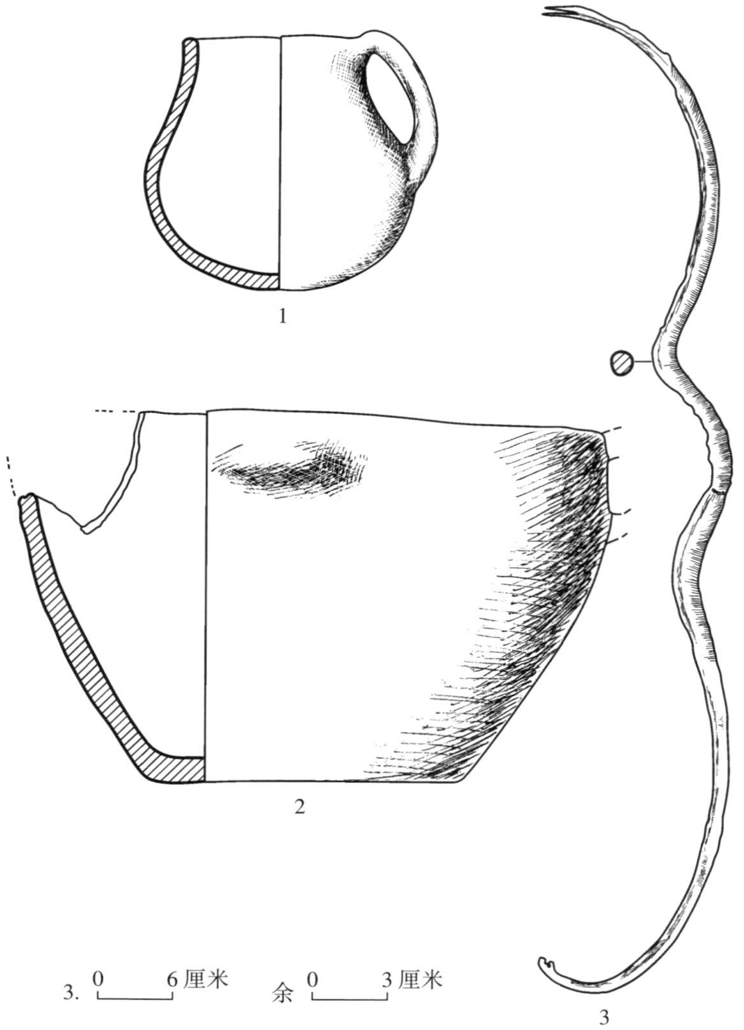

图五二四 ⅡM76随葬品

1. 陶单耳罐（ⅡM76：1） 2. 陶盆（ⅡM76：2） 3. 复合弓（ⅡM76：3）

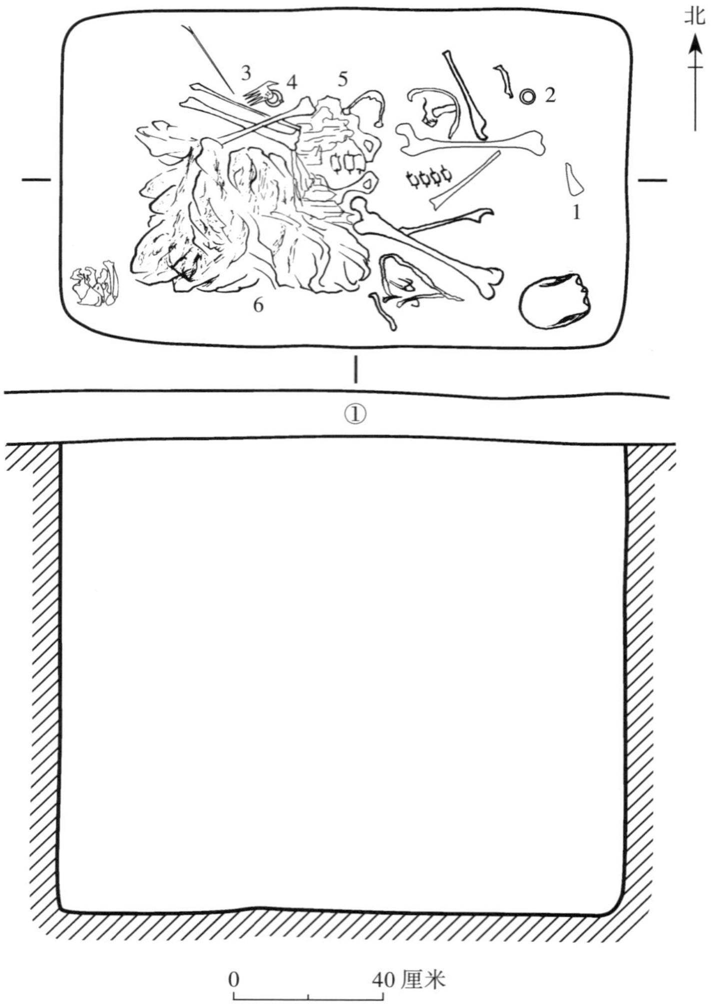

图五二五 ⅡM77平、剖面图

1. 羊角杯 2、4. 陶双系罐 3. 角梳 5. 长裙 6. 长裤

龄40~45岁，骨骼旁有毛纺织物残片和皮衣残片，并堆放在一起，还有残破的毡靴。人骨中有羊的腰椎骨四节。颅骨北侧出土有羊角杯，墓北部有两件陶双系罐、牛角梳、西部有长裙、长裤等（图五二五）。

随葬品

出土陶、角质器物和毛纺织物6件。

1. 羊角杯 中空，尖端实，截面椭圆形。口长径3.6、短径2.8、长16厘米（图五二六，1；图版一九五，4）。

2. 陶双系罐 夹砂红陶。直口，圆唇，圆腹，圜底，口沿下有对称双耳。口径4、高5.2厘米（图五二六，3）。

3. 角梳 牛角刻削而成。平面呈长方形，上部梳柄残，梳齿为四棱锥形，11齿。残长8.5、宽4、齿长4.4厘米（图五二六，2；图版一九四，5）。

4. 陶双系罐 夹砂红陶。口微敞，方唇，圆腹，圜底，口沿下有对称双耳。口径4.4、高5.6厘米（图五二六，4）。

5. 长裙 红地绿黄蓝棕色斜褐接裙残片。长94、最宽200厘米。由七条毛纺织物沿幅边，即纵向缝缀成为

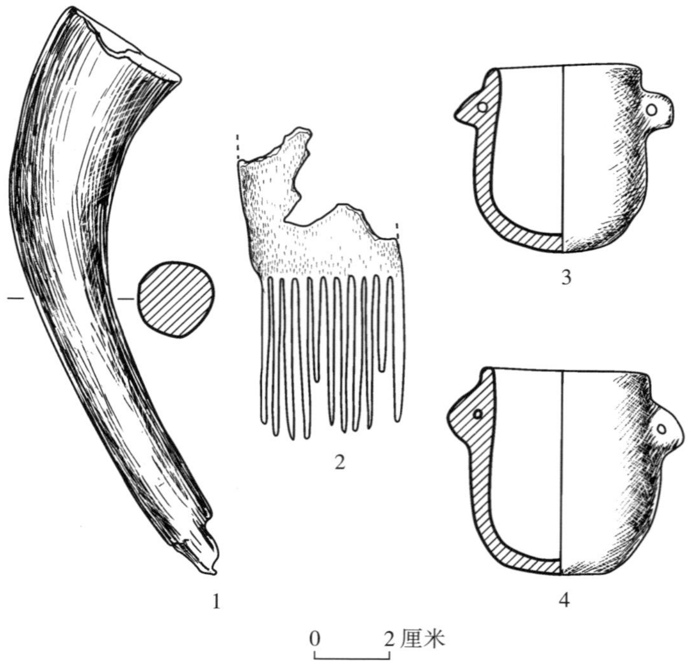

图五二六 ⅡM77随葬品

1. 羊角杯（ⅡM77：1） 2. 角梳（ⅡM77：3） 3、4. 陶双系罐（ⅡM77：2、4）

呈横向排列的红色地绿黄蓝棕色接裙，从上而下依次为红、绿、红、黄、红、蓝、棕色斜褐，是专门为缝接长裙而设计、织制的毛纺织物（图版二六九，5）。

6. 长裤　用原黄色褐缝制。裤腰长 62、裤腿长 116 厘米（图版二七〇，5）。

ⅡM78

墓葬概况

位于墓地中南部，南邻ⅡM72，东邻ⅡM200，墓向 92°。C 型，长方形竖穴土坑墓，直壁。墓口距地表深 0.2 米，墓长 1.36、宽 0.72 米，墓深 0.91 米。墓内填土中有碎土坯块。墓底人骨多数置于东北角，少部分在南壁下，未见颅骨，下颌骨位于靠北壁边。单人二次葬，为未成年人，年龄 10~12 岁，无葬具。墓底西北出土有陶单耳罐，南面从西向东依次有陶双系罐、木杯、陶单耳杯、木钉（图五二七）。

随葬品

出土陶、木器 5 件（组）。

1. 陶单耳杯　夹砂红陶。敞口，圆唇，圆腹，小平底，单耳残。口径 7.2、底径 2、高 7.5 厘米（图五二八，4；图版七三，5）。

2. 陶双系罐　夹砂红陶。直口，圆唇，圆腹，圜底。口径 3.8、高 4.2 厘米（图五二八，2）。

3. 木杯　用原木掏挖、雕刻而成。敛口，圜底，小把手为“格里芬”的鹰首形，上有圆形穿孔。通体圆雕两只盘羊，一只站立，另一只前肢匍匐，后肢扭转。口径 1.7、高 2.1 厘米（图五二八，1；图版一四七，2）。

4. 陶单耳罐　泥质红陶。敞口，斜方唇，鼓腹，圜底，单耳。口沿内外饰大三角纹，腹部饰菱形网格纹。口径 7.2、腹径 10.2、高 10.8 厘米（图五二八，5）。

5. 木钉　2 支。用细木棍削制，呈扁锥状。ⅡM78：5–1，长 13.9、直径 1~1.2 厘米（图五二八，3）。

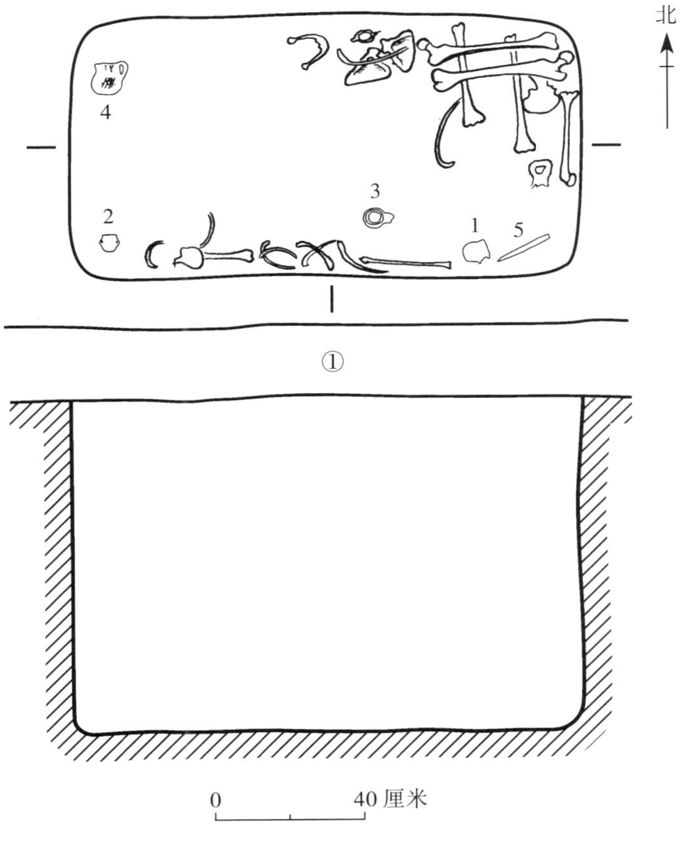

图五二七　ⅡM78 平、剖面图

1. 陶单耳杯　2. 陶双系罐　3. 木杯　4. 陶单耳罐　5. 木钉

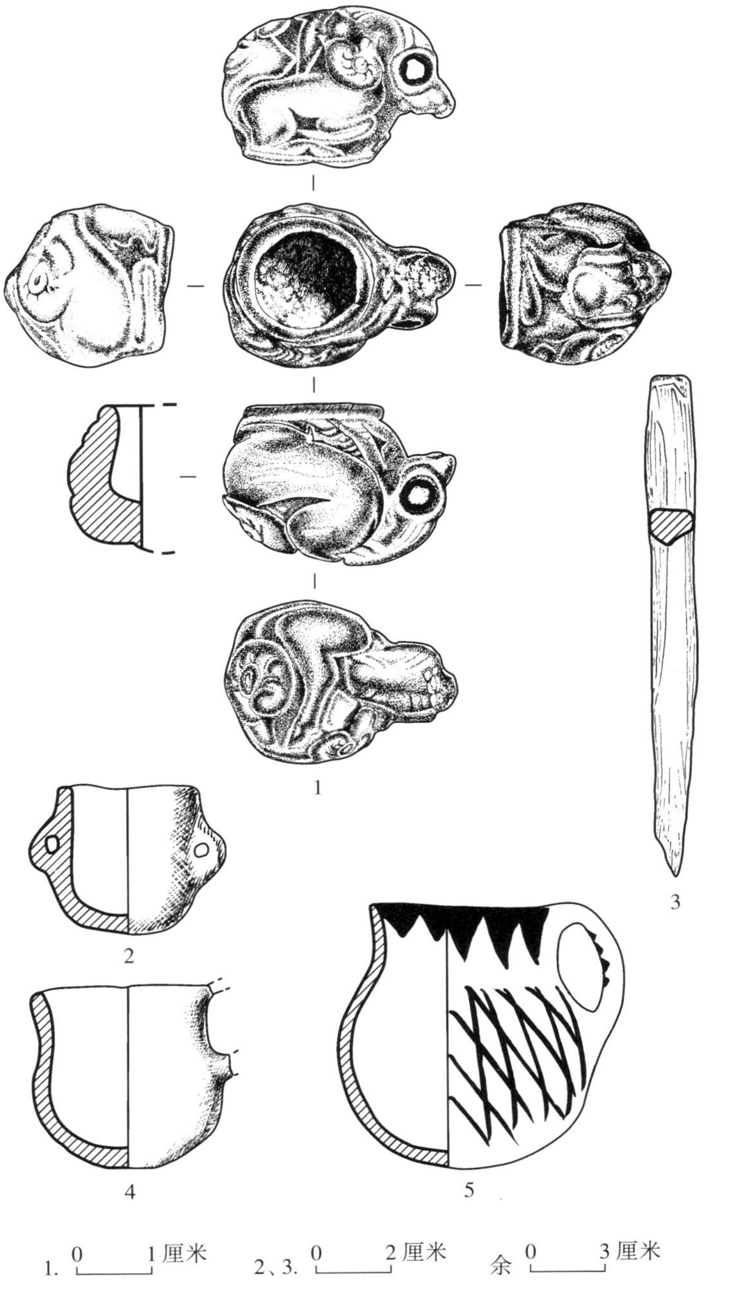

图五二八　ⅡM78 随葬品

1. 木杯（ⅡM78：3）　2. 陶双系罐（ⅡM78：2）　3. 木钉（ⅡM78：5–1）　4. 陶单耳杯（ⅡM78：1）　5. 陶单耳罐（ⅡM78：4）

ⅡM79

墓葬概况

位于墓地中南部，西邻ⅡM77，东南邻ⅡM70，墓向316°。A型，椭圆形竖穴土坑墓。墓口距地表深0.18米，墓长径1.33、短径0.92米，墓深1米。墓内填土中夹有土坯残块、芦苇、骆驼刺等。墓底有一具人骨架，头向西，头已残破，脚向东，仰身屈肢，成年男性，骨架底铺有野草小獐茅。墓地内头向西者甚少。人骨左侧北壁下有木盘，盘内放置皮盒、皮袋，陶单耳罐残片位于人头左侧，木箭在两腿之间（图五二九；图版二七，4）。

随葬品

出土木、皮、陶器5件。

1. 木盘　平面呈圆角长方形。敞口，方唇，浅腹，平底，底面翻扣时为砧板，有刀剁痕。长边一侧有穿孔。长40.8、宽18.1、高5厘米（图五三〇，4；图版一三七，1）。

2. 皮盒　残，牛皮缝制。残长4、残宽2厘米（图五三〇，2）。

3. 皮袋　鞣制的羊皮缝制而成。残长8.4、残宽4.6厘米（图五三〇，1）。

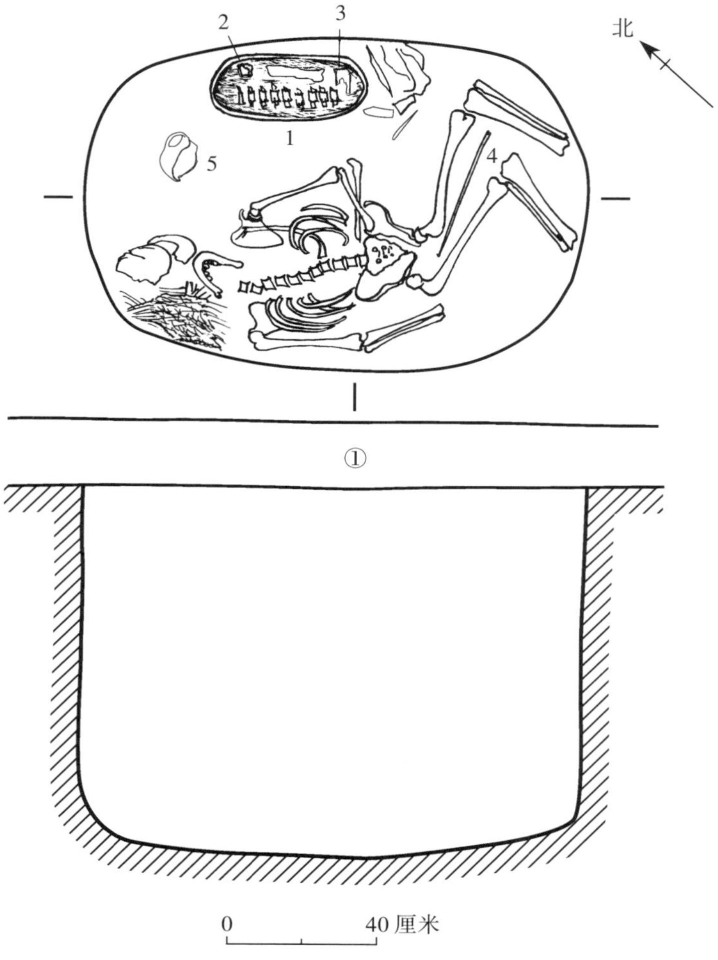

图五二九　ⅡM79平、剖面图

1. 木盘　2. 皮盒　3. 皮袋　4. 木箭　5. 陶单耳罐

4. 木箭　箭杆呈圆柱状，后端残；箭头呈四棱锥状，一边有倒刺。残长32、直径0.8、箭头长4.8厘米（图五三〇，5）。

5. 陶单耳罐　残，夹砂红陶。敞口，圆唇，鼓腹，圜底。有单耳从口沿下翻至肩部。复原口径约7.3、高11.8厘米（图五三〇，3）。

ⅡM80

墓葬概况

位于墓地西部，西南邻ⅡM56，东南邻ⅡM85，墓向108°。C型，长方形竖穴土坑墓，口小底大，呈袋状。墓口距地表深0.22米，墓口长1.2、宽0.76米，墓底长1.25、宽0.82米，墓深0.9~0.94米，内葬一人，呈干尸状，头向东，脚向西，仰身屈肢，下肢上屈倚靠于北壁，头骨移位到腿部，上臂残断，脚穿皮靴。所着皮衣已朽残成片状，尸骨下铺苇草，壮年女性，年龄25~30岁。无随葬品（图五三一）。

随葬品

无随葬品。

ⅡM81

墓葬概况

位于墓地西部，东北邻ⅡM85，西南邻ⅡM83，墓向110°。C型，长方形竖穴土坑墓，直壁。墓形制规整。墓口距地表深0.24米，墓长1.5、宽0.81米，墓深1.4米。墓底有四腿木尸床，床长1.32、宽0.51、高0.31米，床面用细木棍铺成。床上仅存髋骨，床下两侧为凌乱的人骨，两个颅骨集中堆放于床下北侧。东面为A，中年男性，年龄45~55岁；B为壮年男性，年龄不详。木尸床上放置有木盘、木弓、木撑板，木钵位于床沿南侧，木钉集中放置床下东北角（图五三二；图版二七，5）。

随葬品

出土木器5件（组）。

1. 木盘　圆木掏挖而成。平面呈亚腰状，敞口，浅腹，底有一条波状突起。口长径56.4、短径16.4、高8厘米（图五三三，3）。

2. 木钵　圆木刻、挖、削制而成。口平面呈椭圆形，深腹，圜底，短边沿下有横銴耳，耳中间钻有穿系孔。口径18~23.4、高10厘米（图五三三，1；图版一四四，5）。

3. 木撑板　木板制作。呈长条状，两端一边呈弧形，板面直边钻有等距的小圆孔14个。长63、宽3.7、厚1.2厘米（图五三三，4）。

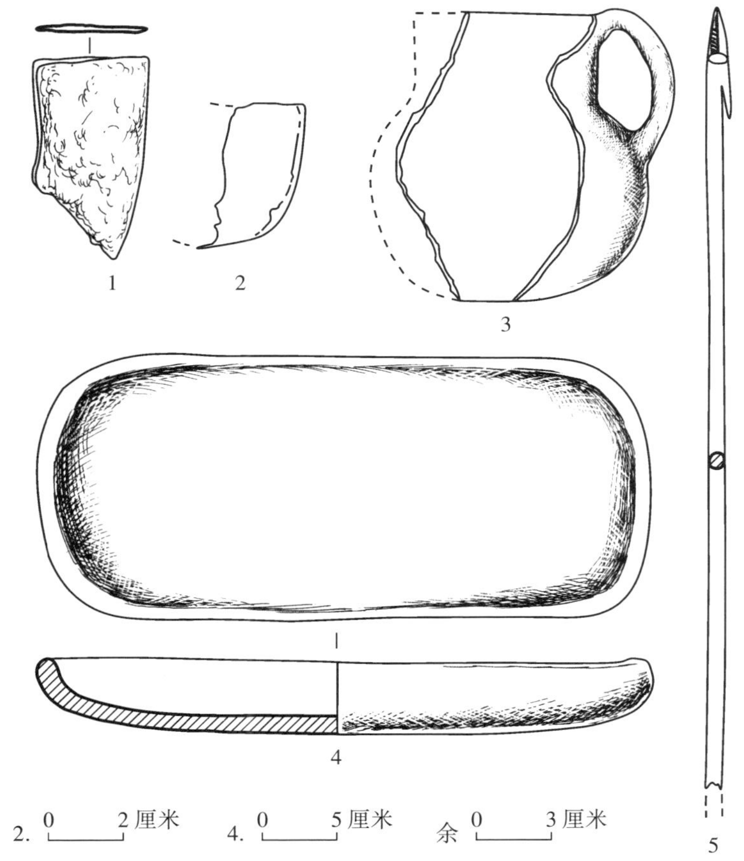

图五三〇　ⅡM79随葬品

1. 皮袋（ⅡM79：3）　2. 皮盒（ⅡM79：2）　3. 陶单耳罐（ⅡM79：5）
4. 木盘（ⅡM79：1）　5. 木箭（ⅡM79：4）

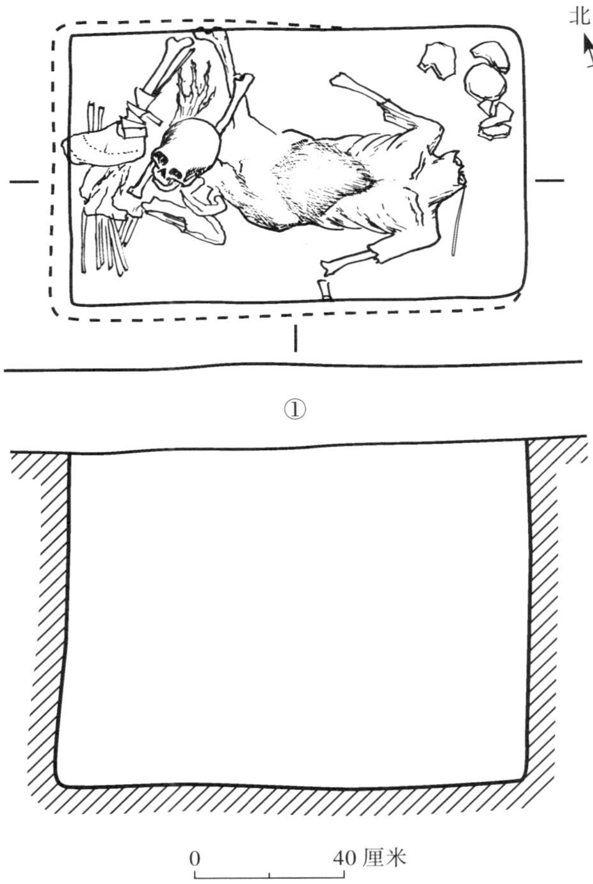

图五三一　ⅡM80平、剖面图

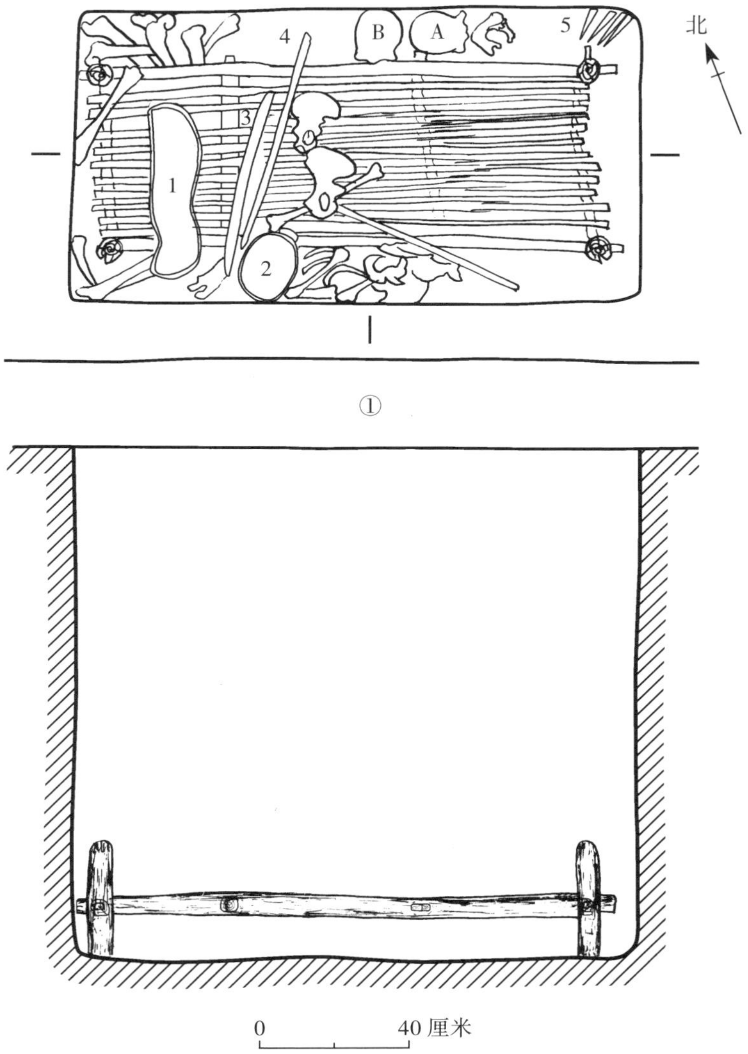

图五三二　ⅡM81平、剖面图

1. 木盘　2. 木钵　3. 木撑板　4. 木弓　5. 木钉

4. 木弓　圆木棍削制。残，一端削刻挂弦凹槽。残长73、直径2.4厘米（图五三三，5）。

5. 木钉　5支。圆木削制。呈圆锥状，尖锐。ⅡM81：5–1，长14.8、直径1.3厘米（图五三三，2）。

ⅡM82

墓葬概况

位于墓地西部，南邻ⅡM56，北邻ⅡM171，墓向130°。C型，竖穴土坑墓，直壁。墓形制小，距地表浅，墓口呈东窄西宽的梯形，墓口距地表深0.2米，墓长0.78、宽0.4~0.51米。墓口有苇草等棚盖物残迹。墓底与墓口形制相同，深0.6米。墓底铺苇草，仅见一未成年人颅骨，年龄11~12岁，未见其他骨骼，为二次葬。西部有一羊头。木盘和复合弓在南面，两支木箭和牙饰在北部（图五三四）。

随葬品

出土木、牙器4件（组）。

1. 木盘　口呈椭圆形，直口，方唇，浅腹，平底，沿下有一穿孔。充分利用器底的椭圆形，阴刻一只蜷曲的怪兽，背和颈部弯曲，有特别夸大的头部和牙齿。口径 12.2~16.2、底径 11.4~15.4、高 3 厘米（图五三五，5；图版一四〇，7、8）。

2. 复合弓　由楔木片和骨板复合制作。呈弧拱形，弓体截面呈扁平状，一端削呈束腰状，另一端呈“凸”字形。长 81.2、直径 1~1.8 厘米（图五三五，8；图版一八三，8）。

3. 木箭　2 支。圆木削制。圆铤杆后端有“U”形挂弦槽，头呈四棱锥状。ⅡM82：3–1，一翼后有倒钩刺。长 62.6、直径 0.7、箭头长 5 厘米（图五三五，6；图版一五九，9）。ⅡM82：3–2，四翼后均由短倒刺。长

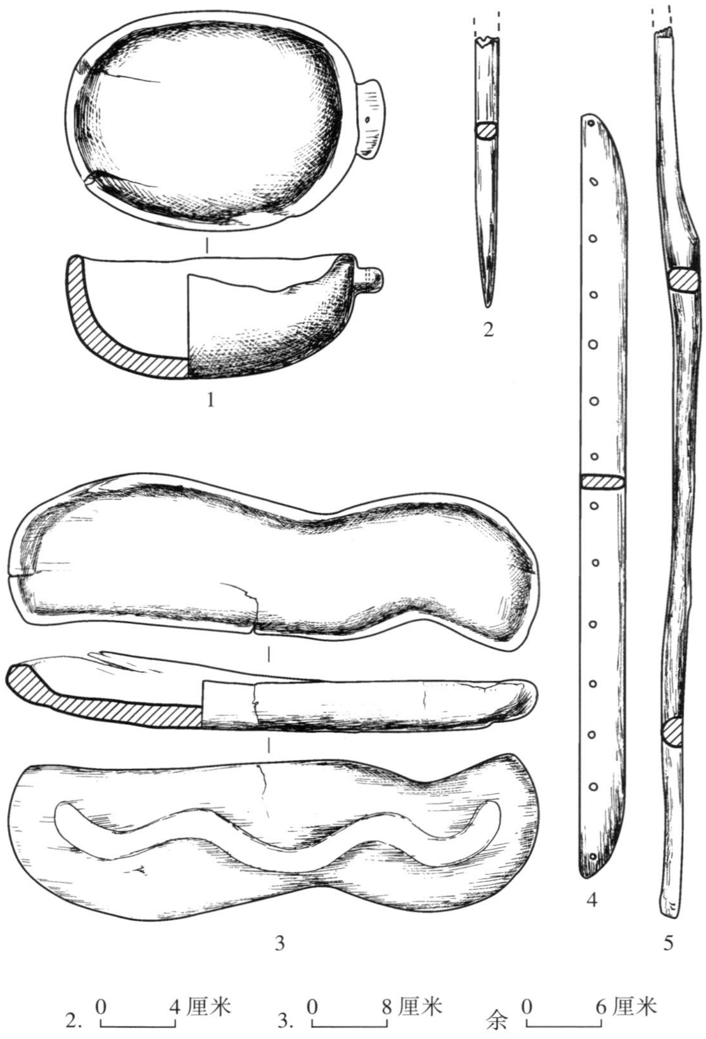

图五三三　ⅡM81 随葬品

1. 木钵（ⅡM81：2）　2. 木钉（ⅡM81：5–1）　3. 木盘（ⅡM81：1）　4. 木撑板（ⅡM81：3）　5. 木弓（ⅡM81：4）

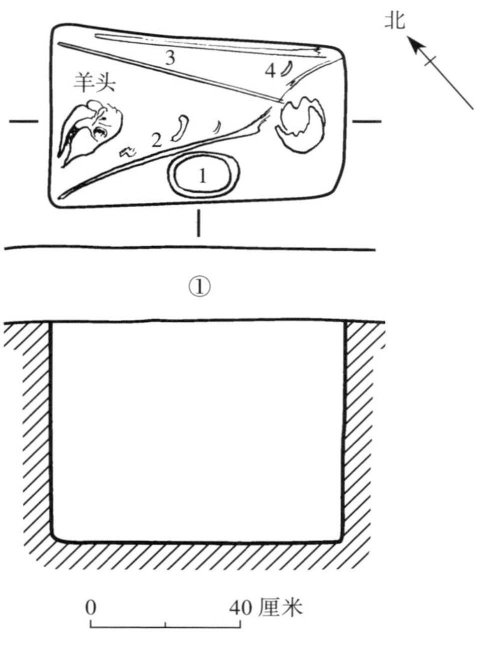

图五三四　ⅡM82 平、剖面图

1. 木盘　2. 复合弓　3. 木箭　4. 牙饰

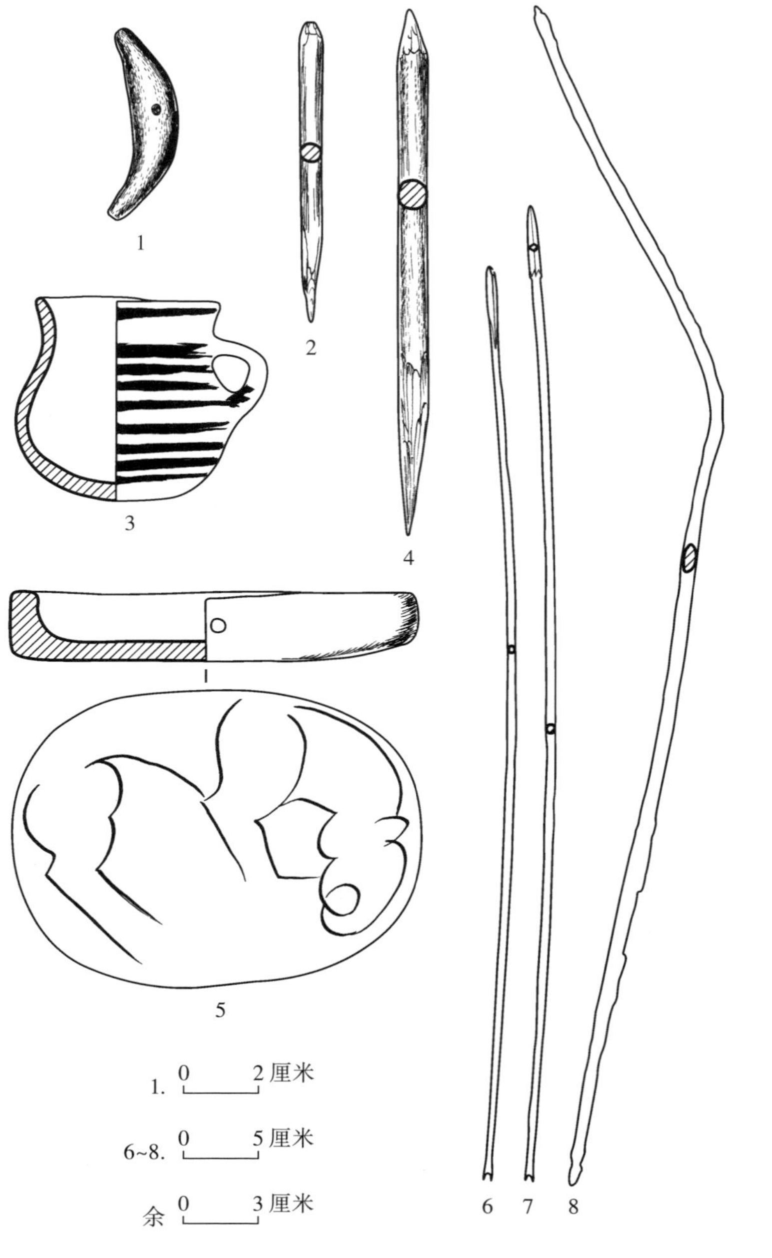

图五三五　ⅡM82、ⅡM83 随葬品

1. 牙饰（ⅡM82：4）　2、4. 木钉（ⅡM83：2–1、2–2）　3. 陶单耳罐（ⅡM83：1）　5. 木盘（ⅡM82：1）　6、7. 木箭（ⅡM82：3–1、3–2）　8. 复合弓（ⅡM82：2）

67、直径 0.8、头长 5 厘米（图五三五，7）。

4. 牙饰　狼（狗）的犬齿磨制而成。呈鱼形，中部有一小穿孔。通体光滑。长 5.2、直径 1.2 厘米（图五三五，1；图版一九七，3）。

ⅡM83

墓葬概况

位于墓地西部，西北邻ⅡM57，东南邻ⅡM84，墓向 150°。A 型，椭圆形竖穴土坑墓。墓形制小，距地表浅，墓口距地表深 0.12 米，墓口长 0.67、宽 0.22~0.37 米，墓深 0.24~0.32 米。墓底小孩呈侧身屈肢状，骨骼移位，仅存下颌骨，不见颅骨，为未成年人墓葬，年龄 3~4 岁。骨骼下铺苇草。随葬的陶单耳罐在中北部，木钉在西北角（图五三六）。

随葬品

出土陶、木器 3 件。

1. 陶单耳罐　夹砂红陶。敞口，圆唇，束颈，鼓腹，底近平，口沿下有单耳。通体饰稀疏的横向曲线纹。口径 7.3、高 8.4 厘米（图五三五，3；图版五九，4）。

2. 木钉　2 支。木条削制而成。近呈圆锥状。ⅡM83：2–1，长 12.4、直径 0.8 厘米（图五三五，2）。ⅡM83：2–2，长 21.6、直径 1.2 厘米（图五三五，4）。

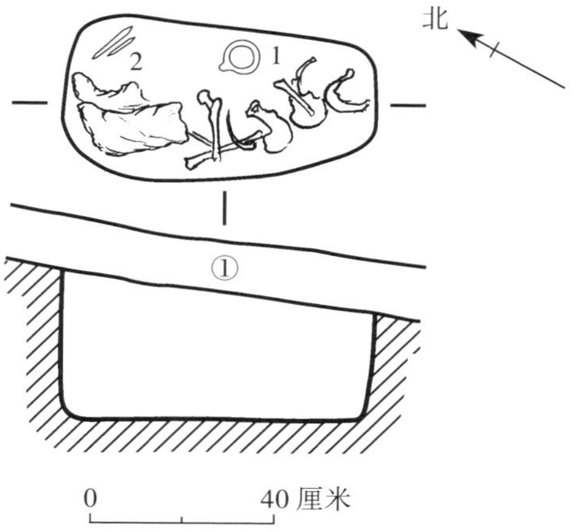

图五三六　ⅡM83 平、剖面图

1. 陶单耳罐　2. 木钉

ⅡM84

墓葬概况

位于墓地西部，西北邻ⅡM83，南邻ⅡM176，墓向 96°。C 型，长方形竖穴土坑墓，口小底大，呈袋状。墓口距地表深 0.2 米，墓口长 1.29、宽 0.74 米，墓底长 1.42、宽 0.83 米，墓深 1.2 米。墓底有四足木尸床，床长 1.26、宽 0.55、高 0.18 米，床面用整齐的细木棍铺成。床上有两具凌乱人骨，两个颅骨分别位于床西南角和东南角，两人腿骨均呈上屈状，倚靠于南、北墓壁上。西南角的 A 为壮年男性，年龄 25~30 岁，脚下有羊头；东南角的 B 为壮年女性，年龄 25~35 岁，脚穿皮靴。两人的上半身骨骼基本都移动了位置。西北部随葬有陶单耳罐两件、陶单耳杯和木盘，南部有木纺轮、皮靴和毛纺织物。在木盘旁有羊头骨（图五三七；图版二八，1）。

随葬品

出土陶、木器、皮质器物和毛纺织物 8 件（组）。

1. 陶单耳罐　泥质红陶。残，仅存一半。敞口，鼓腹，圜底近平，沿至下腹有带状耳。内沿饰锯齿纹，器表饰变形三角长条纹。复原口径 8.6、高 8.6 厘米（图五三八，7；图版四七，2）。

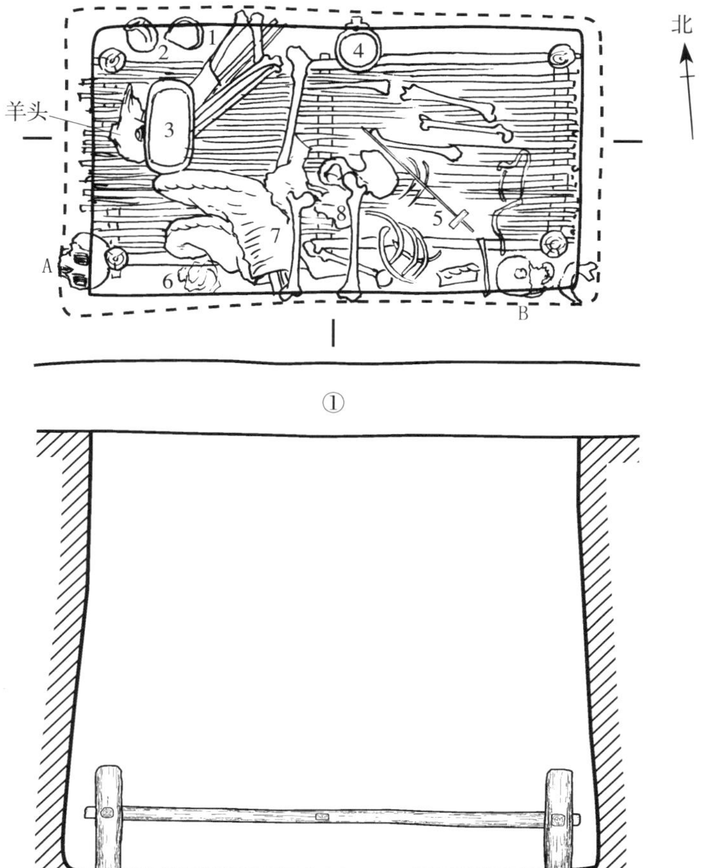

图五三七　ⅡM84 平、剖面图

1、2. 陶单耳罐　3. 木盘　4. 陶单耳杯　5. 木纺轮　6、8. 毛纺织物　7. 皮靴

2. 陶单耳罐　夹砂红陶。直口，圆唇，圆腹，圜底。单耳残。下腹一侧有烟炱。口径 7.8、高 9.2 厘米（图五三八，5）。

3. 木盘　平面呈椭圆形，短边沿较宽，圜底，翻扣时为砧板，底背面有刀剁痕，一侧长边沿有穿系小孔。口长径 27.4、短径 13.2、高 4.4 厘米（图五三八，3；图版一三七，2）。

4. 陶单耳杯　泥质红陶。方唇，筒腹，大平底，沿上有阶梯状立耳，耳中部镂一倒三角形。口沿内绘锯齿纹，器表通体绘三个一组的正倒相间的三角形。口径12、高8.2、通高12厘米（图五三八，6；图版八八，1）。

5. 木纺轮　线轴呈两端稍细，中间略粗的圆柱状，线轴上端刻有挂线浅槽。纺轮呈圆柱形。线轴长41.6、直径0.8厘米，轮径4、厚0.8厘米（图五三八，4；图版一七七，4）。

6. 毛纺织物　平纹，残片，黄本色上织出浅色横条纹。长64.2、宽39.5厘米（图版二七〇，2）。

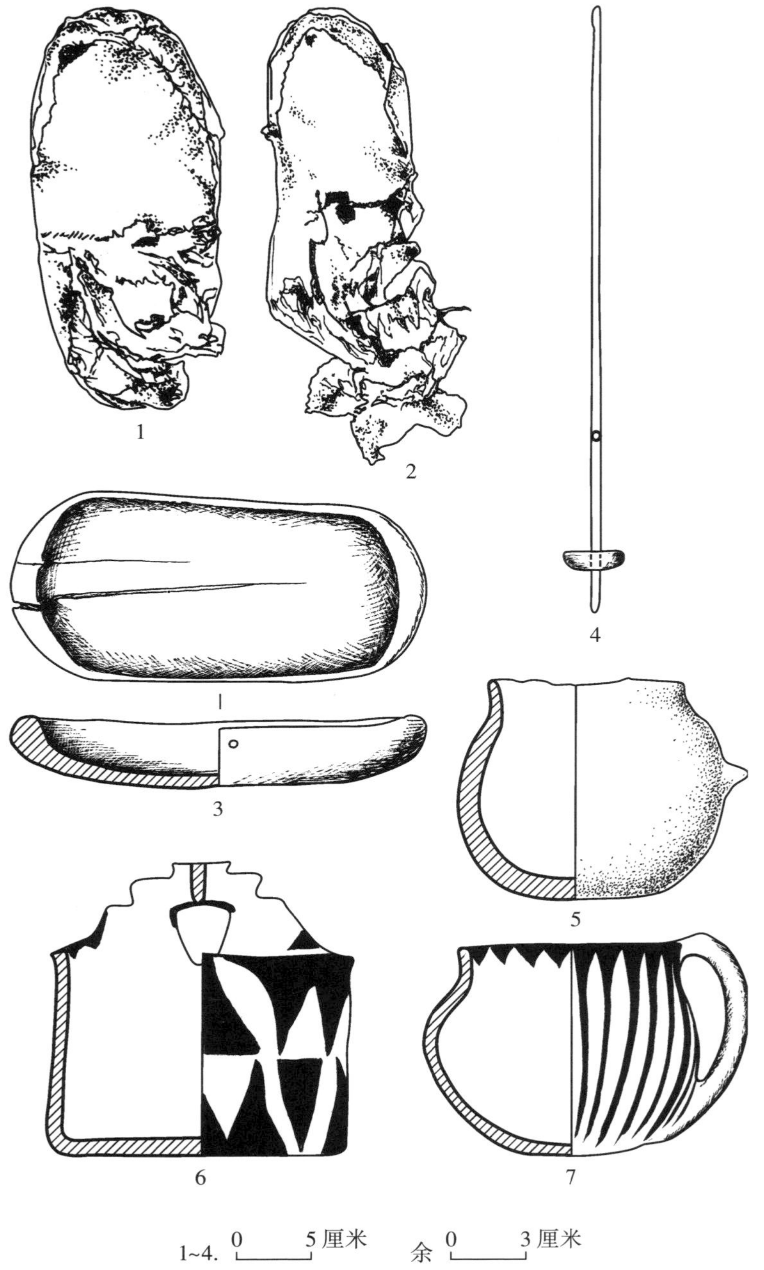

图五三八　ⅡM84随葬品

1、2. 皮靴（ⅡM84：7左、7右）　3. 木盘（ⅡM84：3）　4. 木纺轮（ⅡM84：5）　5、7. 陶单耳罐（ⅡM84：2、1）　6. 陶单耳杯（ⅡM84：4）

7. 皮靴　一双。牛皮缝制。仅存底和帮。靴长27.5、高31.5厘米（图五三八，1、2）。

8. 毛纺织物　残片，平纹，在黄本色平纹底上绞撷、染红色后出现不规则黄色圆形花纹，边幅处有较细蓝色和红色条纹。残长35.5、宽15.3厘米（图版二七〇，1）。

ⅡM85

墓葬概况

位于墓地西部偏北，西南邻ⅡM84，东北邻ⅡM58，墓向100°。C型，长方形竖穴土坑墓，直壁。墓口距地表深0.13米，墓长1.52、宽0.81米，墓深0.9米。墓底有四足木尸床，床面已朽残，长1.39、宽0.71、高0.14米。该墓被盗扰，人骨凌乱，骨骼多在西部，髋骨和颅骨置于东南角，青年女性，年龄20~25岁。墓底还有草屑。木撑板在北部，木纺轮和木桶底在西北部（图五三九）。

随葬品

出土木器3件。

1. 木纺轮　线轴呈锥状，上端刻有挂线浅槽。纺轮呈圆饼形。线轴长36.8、直径0.8厘米，轮径5.2、厚1厘米（图五四〇，7）。

2. 木撑板　木板制作。呈上宽下窄的长条形。板面

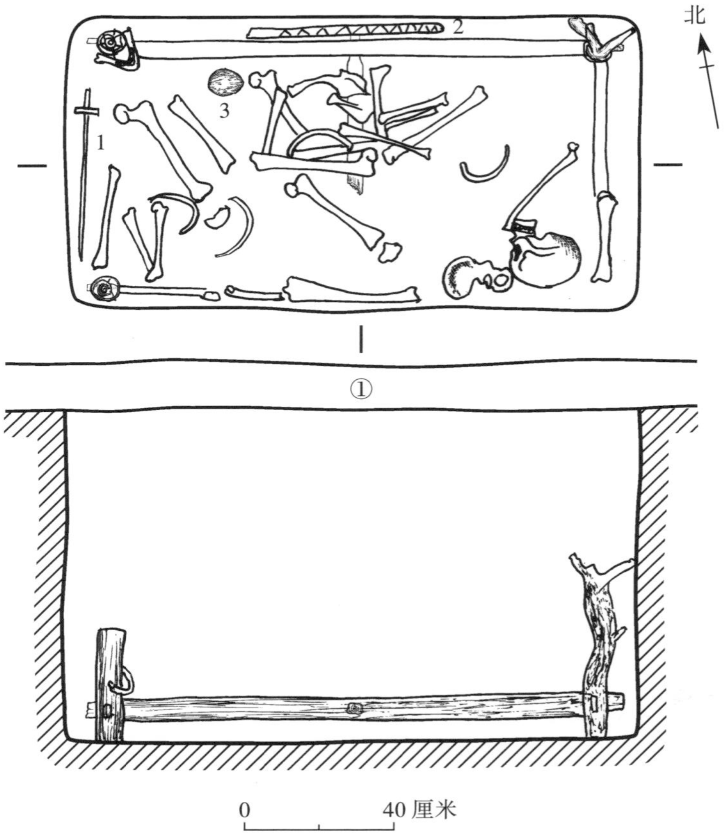

图五三九　ⅡM85平、剖面图

1. 木纺轮　2. 木撑板　3. 木桶底

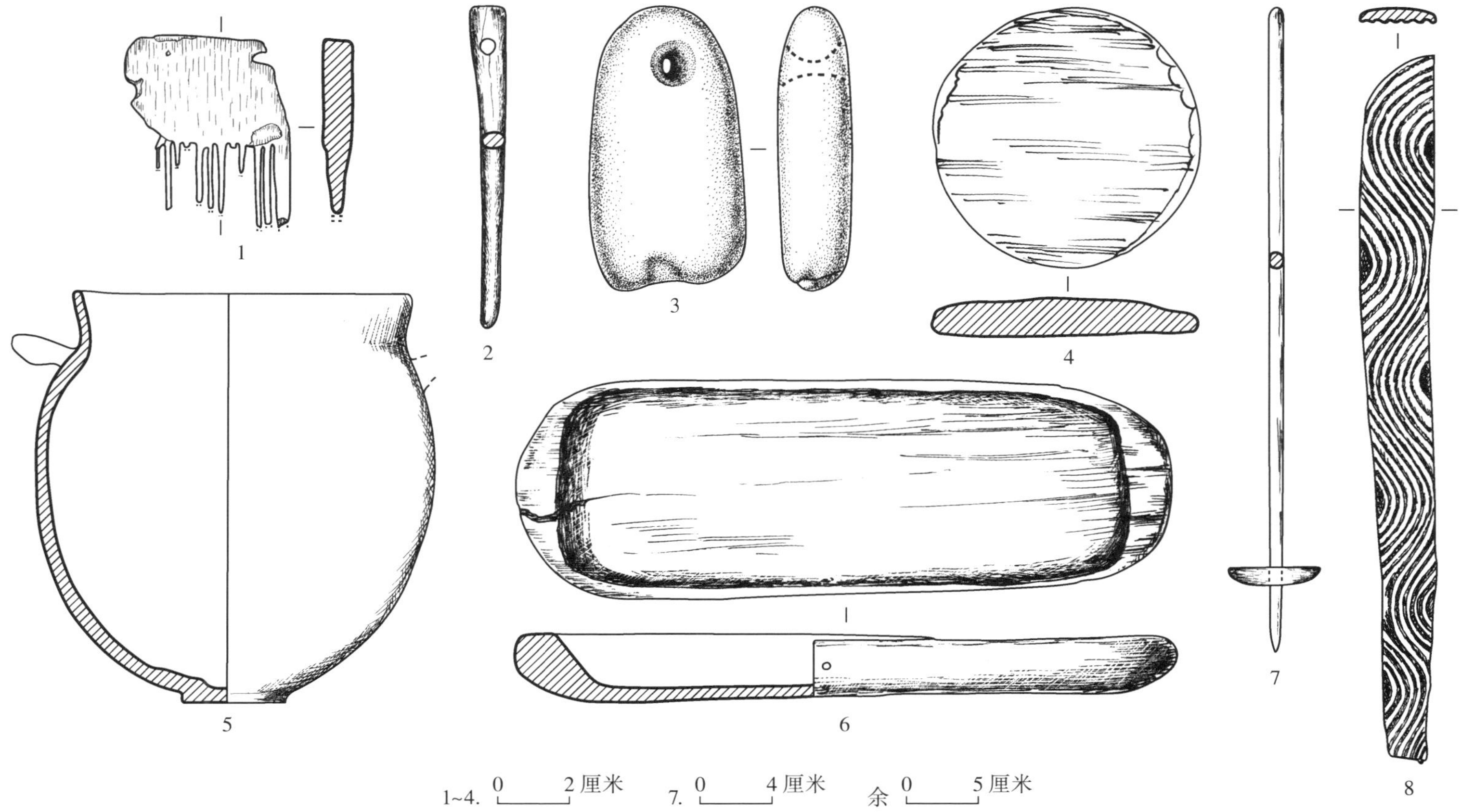

图五四〇　ⅡM85、ⅡM86随葬品

1. 角梳（ⅡM86：2）　2. 骨锥（ⅡM86：5）　3. 砺石（ⅡM86：4）　4. 木桶底（ⅡM85：3）　5. 陶釜（ⅡM86：3）　6. 木盘（ⅡM86：1）　7. 木纺轮（ⅡM85：1）　8. 木撑板（ⅡM85：2）

雕刻曲波纹。残长50.4、宽2.8~5.2、厚1厘米（图五四〇，8；图版一六三，8）。

3. 木桶底　木板制作。呈圆饼状，底背面呈弧拱形。直径7.4、厚1.2厘米（图五四〇，4）。

ⅡM86

墓葬概况

位于墓地西北部边缘，南邻ⅡM53，东邻ⅡM97，墓向105°。C型，长方形竖穴土坑墓。墓口呈东宽西窄的圆角梯形。墓口距地表深0.3米，墓口长1.8、西宽0.7、东宽0.89米，墓底长1.76、宽0.88米，墓深1.21米。墓底放置四足木尸床，床面用细木棍铺成，床长1.43、宽0.59、高0.17米。床北沿中部有一人颅骨，下颌骨脱落，位于头骨东侧，床上及周围散见人肢骨和其他骨骼残块，单人葬，中年男性，年龄35~40岁。床下西边有残朽的皮靴，除陶釜出土于东北角外，木盘、砺石、角梳和骨锥均位于床西部（图五四一）。

随葬品

出土木、骨、角、陶、石器5件。

1. 木盘　平面呈长椭圆形，短边沿较厚，底背面有刀剁痕。口长径45.2、短径15.2、高5厘米（图五四〇，6；图版一三三，5）。

2. 角梳　牛角刻制。呈纵长方形，齿残断严重。长5.4、宽4.5、厚0.8、齿长2.4厘米（图五四〇，1）。

3. 陶釜　夹砂灰陶。敞口，方唇，圆腹较深，假圈足矮小，肩部有一横耳，由于横耳对称的一边残，是否有耳不详。素面。口径23.2、腹径27.2、底径7.2、高29厘米（图五四〇，5）。

4. 砺石　砂岩质。呈椭圆扁体，后端钻有穿系孔。长8.1、宽4.2、厚2厘米（图五四〇，3；图版二〇七，9）。

5. 骨锥　呈扁锥体，后端钻有一个小圆孔，锥尖较钝。通体光滑。长9.1、直径0.5~0.7厘米（图五四〇，2）。

ⅡM87

墓葬概况

位于墓地西部偏北，北邻ⅡM53，西邻ⅡM50，墓向112°。C型，长方形竖穴土坑墓，口小底大，呈袋状。地表呈西高东低的戈壁沙石斜坡。墓口距地表深0.15米，墓口长1.2、宽0.65米，墓底长1.34、宽0.71米，墓深

0.78~0.87米。墓被盗扰，墓底有人骨架一具，头东脚西，仰身屈肢，颅骨被扰乱到西南部，上臂内屈，双手置于腹部，下肢上屈倒靠于墓北壁，左腿骨残失。壮年女性，年龄25~35岁。墓底有芦苇秆残节。随葬的木纺轮、纺轮上的木线轴、木盘位于西北部，陶盆和木梳在东北部（图五四二）。

随葬品

出土木、陶器5件。

1. 木纺轮　线轴呈圆柱状，上端残。纺轮呈圆饼状。

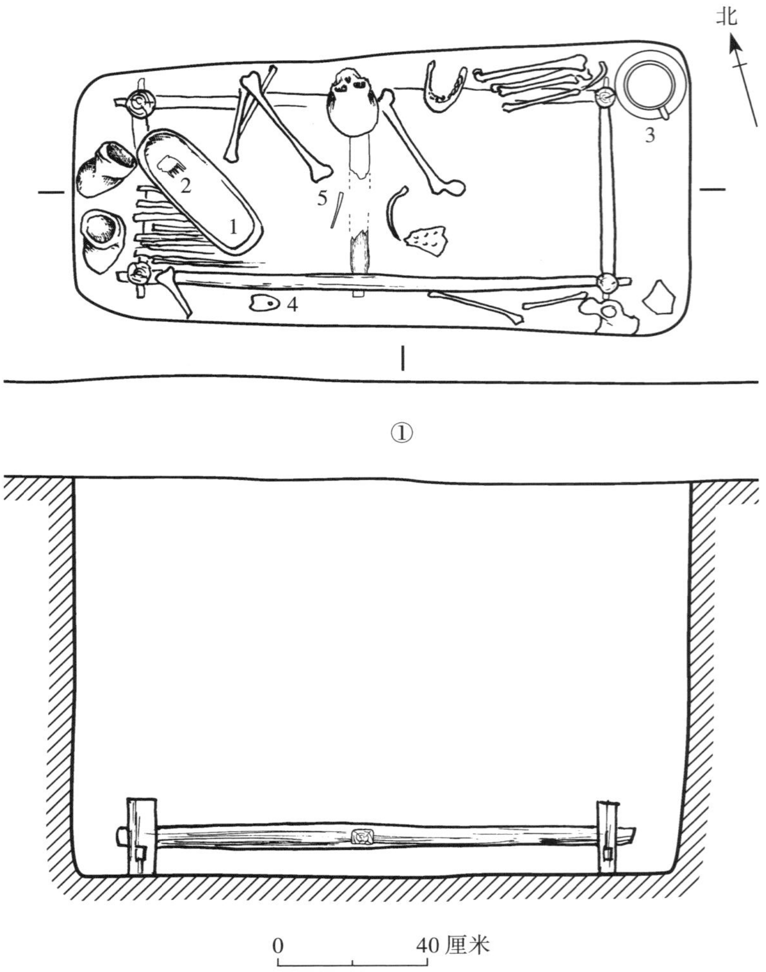

图五四一　ⅡM86平、剖面图

1. 木盘　2. 角梳　3. 陶釜　4. 砺石　5. 骨锥

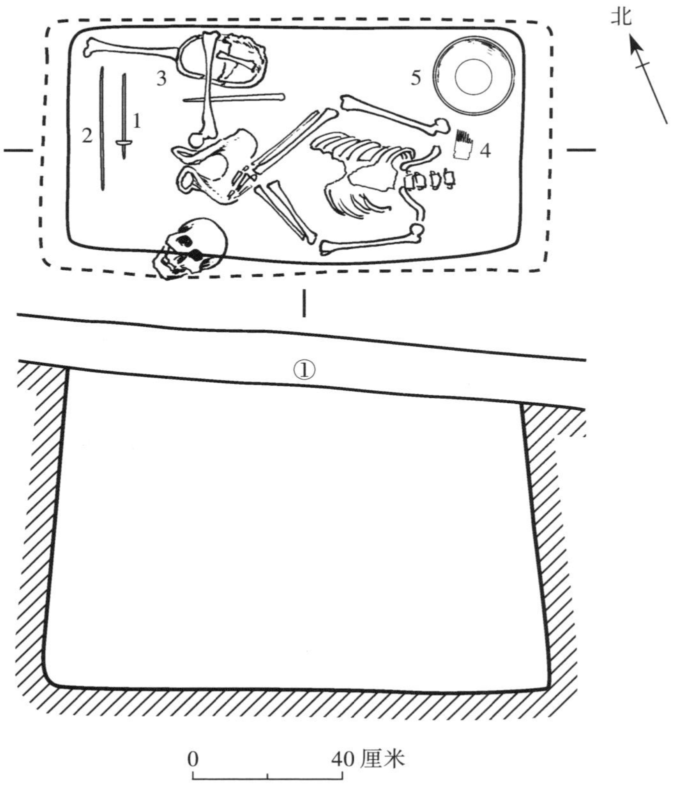

图五四二　ⅡM87平、剖面图

1. 木纺轮　2. 木线轴　3. 木盘　4. 木梳　5. 陶盆

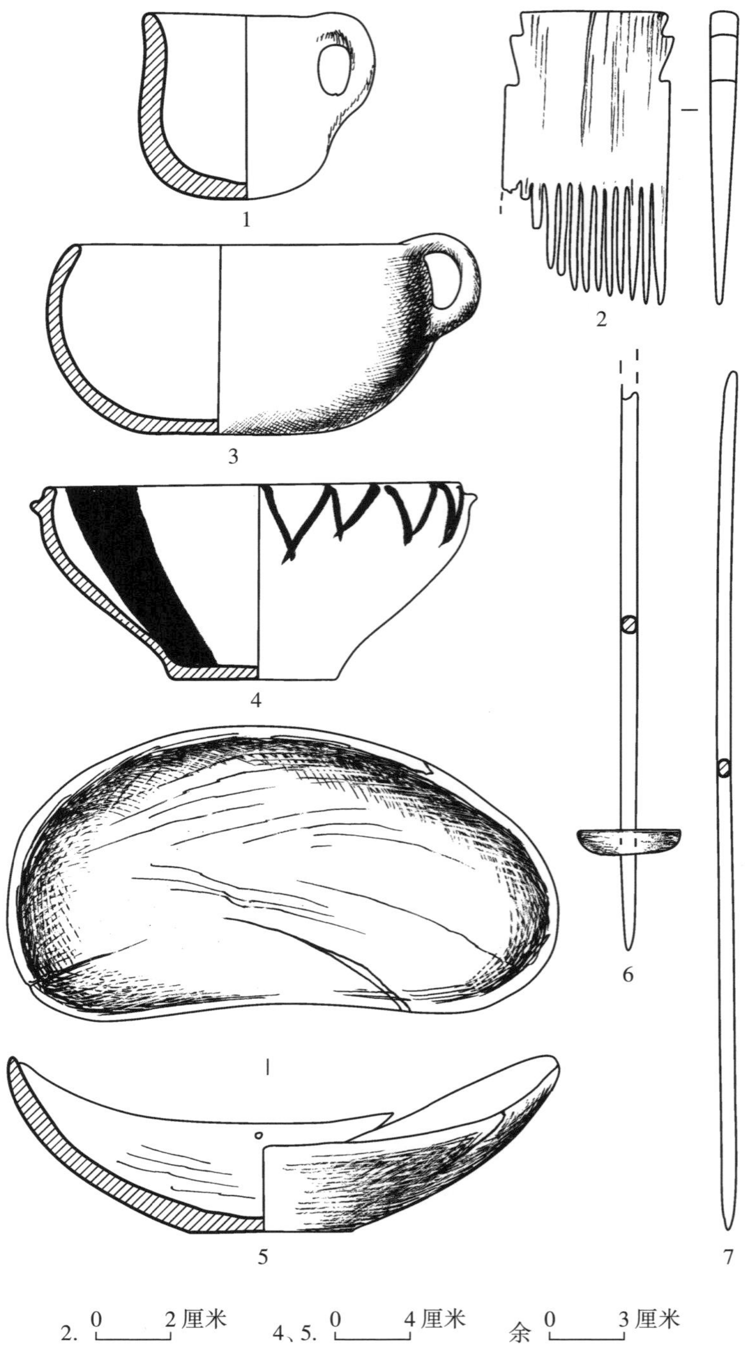

图五四三　ⅡM87、ⅡM88随葬品

1. 陶单耳杯（ⅡM88：1）　2. 木梳（ⅡM87：4）　3. 陶钵（ⅡM88：2）　4. 陶盆（ⅡM87：5）　5. 木盘（ⅡM87：3）　6. 木纺轮（ⅡM87：1）　7. 木线轴（ⅡM87：2）

线轴残长23、直径0.7厘米，轮径4.1、厚1厘米（图五四三，6）。

2. 木线轴　线轴呈两端细，中间略粗的圆柱状，上端刻有挂线浅槽。线轴长35.4、直径0.62厘米（图五四三，7）。

3. 木盘　呈船形，口沿平面近椭圆形，小平底。口径15.2~29、底径7.8、高10厘米（图五四三，5；图版一四一，1）。

4. 木梳　呈长条形，背呈阶梯状，扁锥齿较短，参差不齐，一边齿残短。长8、宽4.5、厚0.6、齿长3.4厘米（图五四三，2；图版一五三，3）。

5. 陶盆　夹砂红陶。敛口，方唇，鼓肩，曲腹，小平底。口沿下饰折线纹。口径22、底径8.8、高10.6厘米（图五四三，4；图版一〇七，5）。

ⅡM88

墓葬概况

位于墓地西部偏北，西南邻ⅡM93，北邻ⅡM89，墓向120°。A型，椭圆形竖穴土坑墓。墓口开口于地表，墓长1.31、宽0.78米，墓深0.6米。内葬一人，仰身，下肢上屈，上肢屈向腹部，未成年人，年龄9~10岁。无葬具。在骨架南侧偏东出土陶单耳杯、陶钵（图五四四）。

随葬品

出土陶器2件。

1. 陶单耳杯　夹砂红陶。敞口，圆唇，圆腹，圜底，带状单耳。素面。口径7、高7.6厘米（图五四三，1）。

2. 陶钵　夹砂红陶。敛口，圆腹，圜底近平，沿至上腹有一宽带耳。素面。口径13.6、高7.8厘米（图五四三，3；图版一一三，4）。

ⅡM89

墓葬概况

位于墓地西部偏北，南邻ⅡM88，北邻ⅡM97，墓向98°。C型，长方形竖穴土坑墓，直壁。墓形制规整。墓口距地表深0.29米，墓口长1.6、宽0.93米，墓深1.12米。墓曾被盗掘，并进水。墓底四足木尸床已残，仅存四条木腿和边框，横木、床面木棍无存。木床长1.42、宽0.55、高0.15米。床上有一具仰身屈肢的人骨架，不见颅骨，为成年男性。墓底南面有陶钵和陶勺，陶单耳罐在东部，骨镳和木钉在北部（图五四五）。

随葬品

出土陶、木、骨器5件。

1. 陶勺　夹砂红陶。敛口，圆腹，圜底，腹中部有

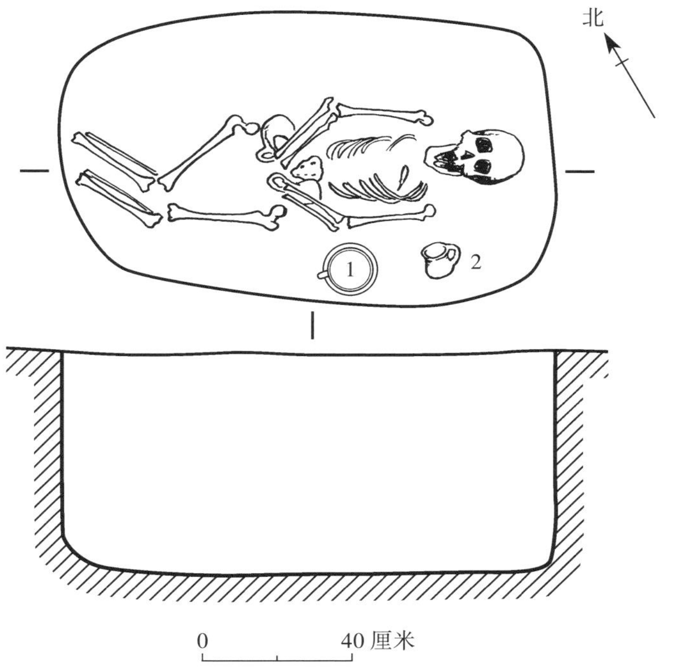

图五四四　ⅡM88平、剖面图

1. 陶单耳杯　2. 陶钵

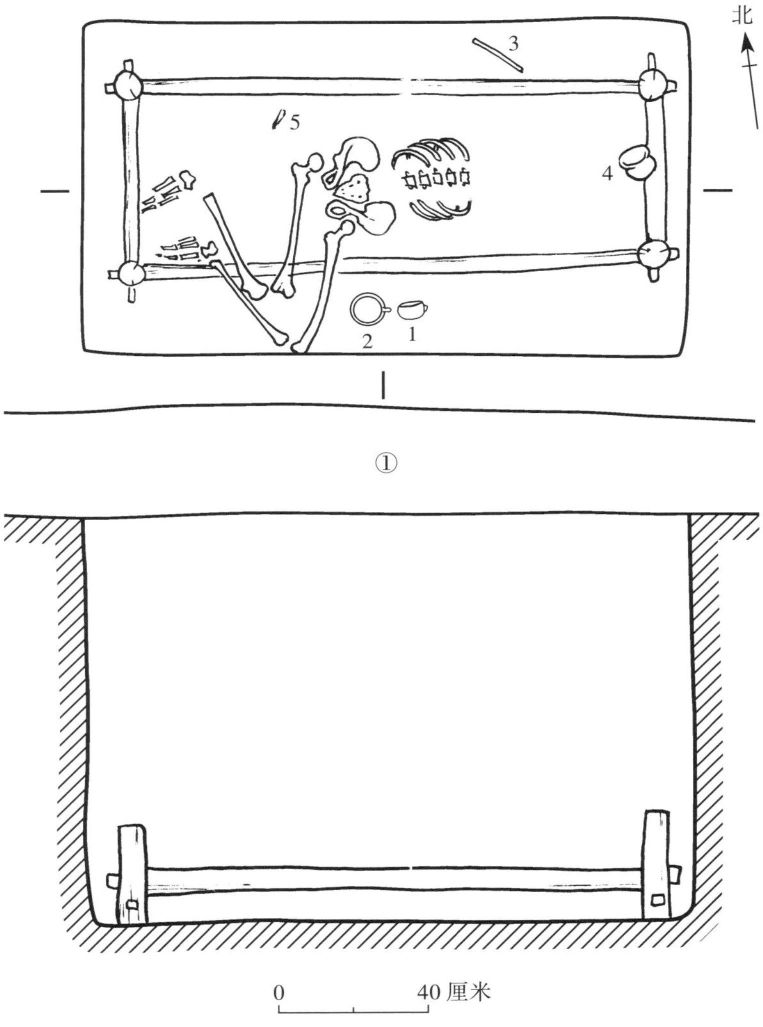

图五四五　ⅡM89平、剖面图

1. 陶勺　2. 陶钵　3. 骨镳　4. 陶单耳罐　5. 木钉

横耳，残。素面。口径 6.6、高 4.8 厘米（图五四六，1）。

2. 陶钵 夹砂红陶。敛口，圆腹，圜底，腹中部有一横耳，耳中部有穿系孔。素面。口径 7.8、高 6 厘米（图五四六，5）。

3. 骨镳 动物肢骨制作。两端钻穿绳孔，镳体中部较细。通体光滑。长 16.6、直径 1.6 厘米（图五四六，3；图版一八五，4）。

4. 陶单耳罐 夹砂红陶。敞口，尖唇，微束颈，垂腹，圜底近平，腹底一侧有小耳。口沿内饰锯齿纹，器表饰大三角纹，内填网格纹。口径 11.2、高 10 厘米（图五四六，6；图版四一，3）。

5. 木钉 圆木削制。整体较粗短。残长 8.4、直径 1.6 厘米（图五四六，4）。

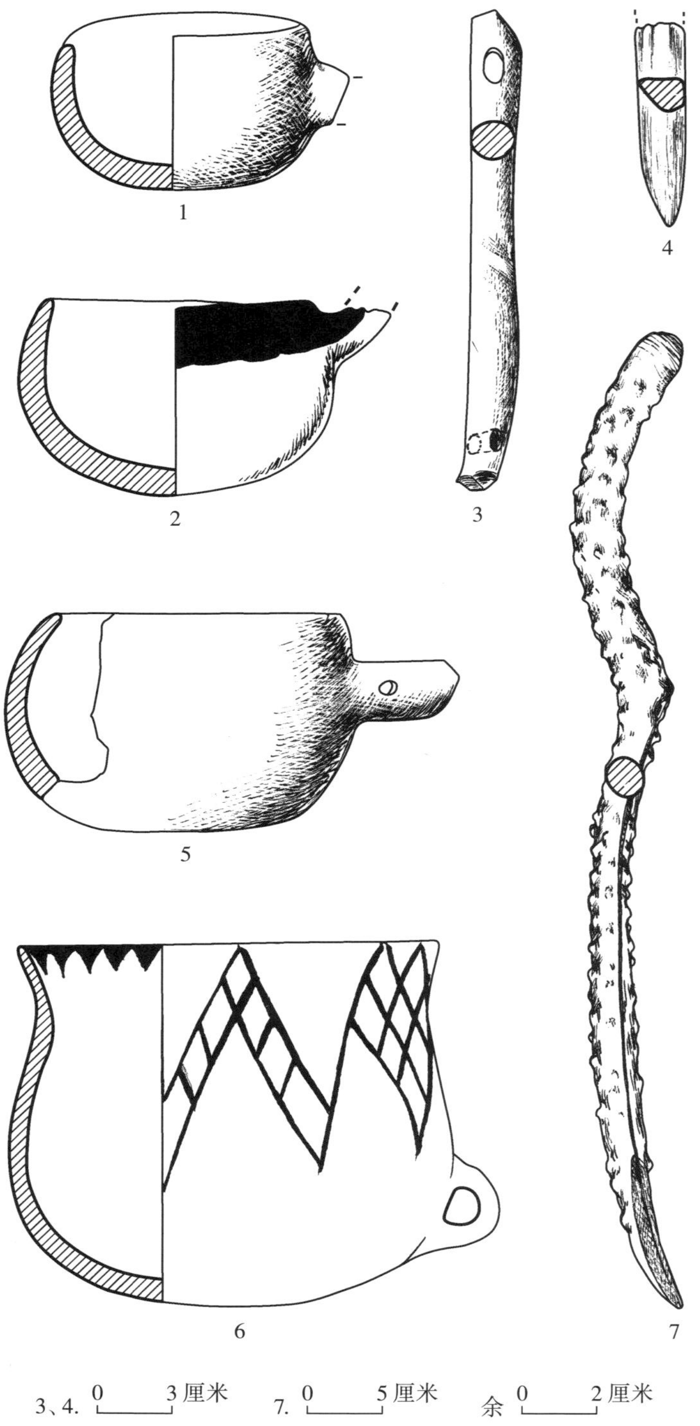

图五四六 ⅡM89、ⅡM90 随葬品

1. 陶勺（ⅡM89：1） 2. 陶单耳杯（ⅡM90：2） 3. 骨镳（ⅡM89：3） 4. 木钉（ⅡM89：5） 5. 陶钵（ⅡM89：2） 6. 陶单耳罐（ⅡM89：4） 7. 木橛（ⅡM90：1）

ⅡM90

墓葬概况

位于墓地西部北边沿，东邻ⅡM92，西邻坎儿井竖井口，墓向 104°。C 型，竖穴土坑墓，口小底大，呈袋状。墓口平面呈圆角长方形，距地表深 0.19 米，长 1.23、宽 0.83 米，墓底长 1.32、宽 0.83 米，墓深 0.82 米。墓底人骨架呈仰身屈肢，头移位到南壁下，上肢内屈，双手置于腹部，下肢移位，下颌骨移动到北壁边，单人仰身屈肢葬，壮年男性，年龄 25~35 岁。无葬具。在墓底东北角出土陶单耳杯，右上臂旁有木橛（图五四七）。

随葬品

出土木、陶器 2 件。

1. 木橛 由类似狼牙棒的木棒削成。前端呈扁体，易于手握。长 67.2、直径 2.4~3.2 厘米（图五四六，7；图版一七一，5）。

2. 陶单耳杯 夹砂红陶。敛口，圆唇，鼓腹，圜底，

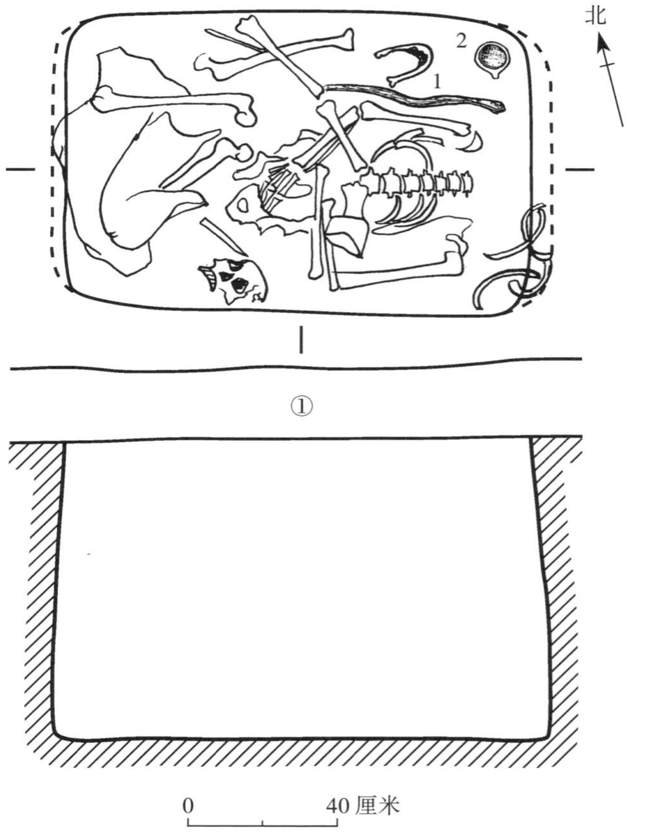

图五四七 ⅡM90 平、剖面图

1. 木橛 2. 陶单耳杯

口沿下有单耳。口径 7.2、高 5.4 厘米（图五四六，2；图版七三，6）。

ⅡM91

墓葬概况

位于墓地中西北部边缘，北邻ⅡM92，西邻ⅡM102，墓向 124°。C 型，长方形竖穴土坑墓，直壁。墓口距地表深 0.2 米，墓长 1.02、宽 0.67 米，墓深 0.81 米。墓底人骨散乱不全，头骨移位到墓底北壁下，仅见几根肢骨，为单人葬，男性中年，年龄 30~40 岁。葬式不明。无葬具。墓底东南角出土木钵和陶单耳罐（图五四八）。

随葬品

出土木、陶器 2 件

1. 木钵　圆木掏挖、削刻而成。平面呈圆角长方形，直口，圆唇，深腹，平底，短边一侧有柄。通长 16.3、宽 10.7、高 7.2 厘米（图五四九，2；图版一四四，6）。

2. 陶单耳罐　泥质红陶。直口，圆唇，鼓腹，平底，沿至上腹有一宽带耳。内沿饰连续锯齿纹，器表通体饰由三角纹延伸的竖条纹，耳饰变形“十”字形纹。口径 9、底径 7.8、高 12.2、通高 12.6 厘米（图五四九，1；图版五〇，4）。

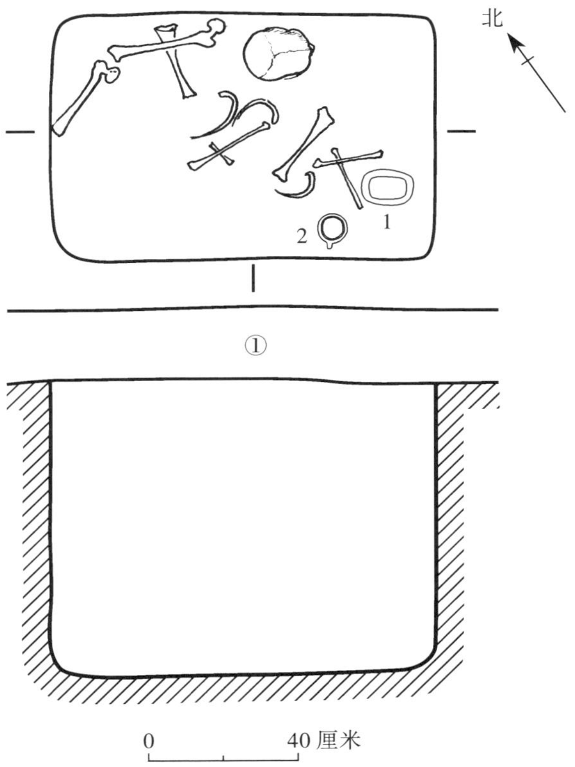

图五四八　ⅡM91 平、剖面图

1. 木钵　2. 陶单耳罐

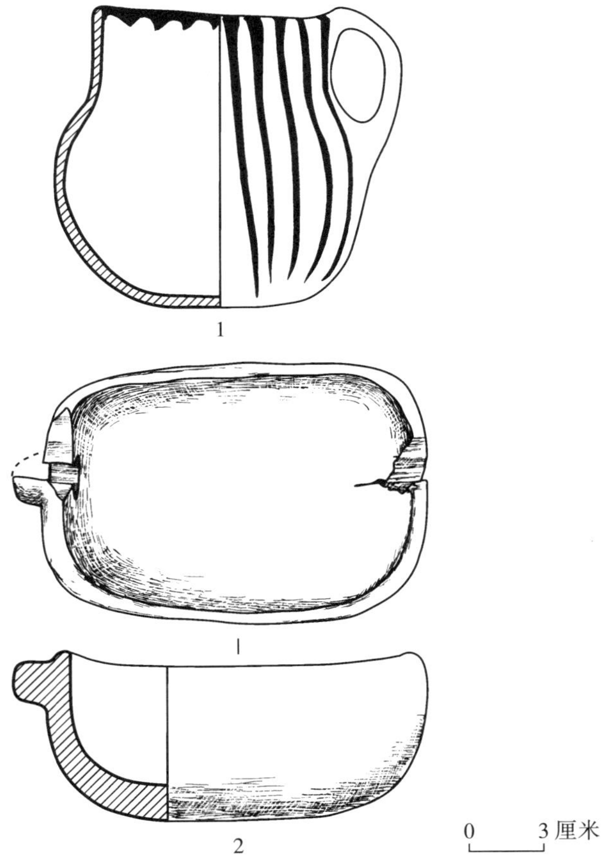

图五四九　ⅡM91 随葬品

1. 陶单耳罐（ⅡM91：2）　2. 木钵（ⅡM91：1）

ⅡM92

墓葬概况

位于墓地西北部边缘，西邻ⅡM90，南邻ⅡM91，墓向 100°。C 型，圆角长方形竖穴土坑墓，直壁。地表为戈壁沙砾。墓口距地表深 0.12 米，墓长 1.3、宽 0.74 米，墓深 0.9 米。墓内填土中有棚盖坍塌后遗留的芦苇、土坯残块等。墓底人骨凌乱，造成骨骼移位、残失的原因可能与水浸有关。两个人颅骨和下颌骨位于墓底东南部，南面 A 为壮年男性，年龄 20~30 岁；B 为中年男性，年龄 40~45 岁。脚下随葬有羊头。随葬品散见于墓底，中间有木盘，东面有木扣、陶单耳罐、木纺轮、木梳、木箭、钻木取火器、砺石、木簪，西面有铁刀、铁锥、木撑板等（图五五〇）。

随葬品

该墓随葬品较为丰富，共出土木、石、铁、陶器 12 件（组）。

1. 木扣　木棍削制而成。截面呈“T”形，两侧刻有竖槽，端部缠牛皮条。长 7.4 厘米（图五五一，8）。

2. 砺石　灰砂岩。长条形，一端有两面对钻而成的穿孔，一面有轻微的磨痕。长 8.2、宽 3.8、厚 2 厘米（图五五一，1）。

图五五〇 ⅡM92平、剖面图

1. 木扣 2. 砺石 3. 木梳 4. 铁刀 5. 铁锥 6. 木纺轮 7. 木箭 8. 木撑板 9. 木盘 10. 陶单耳罐 11. 木簪 12. 钻木取火器

3. 木梳 梳柄为长圆柱形，一侧刻有槽，以嵌梳齿；梳齿为扁状锥形，残存16齿。柄长4、宽10.2、厚1.2、齿长2.6厘米（图五五一，4）。

4. 铁刀 体薄而窄，单面刃，锈蚀严重。残长9.4、宽1.2厘米（图五五一，3）。

5. 铁锥 一截短木棍作柄，铁锥插在木柄上。长5.3、宽1厘米（图五五一，10）。

6. 木纺轮 线轴两端稍细。纺轮为圆台状，中有穿孔。线轴长36、直径0.2厘米，轮径6.8、厚1.8厘米（图五五一，11；图版一七七，5）。

7. 木箭 4支。箭头有三棱形、四棱形的，大多有倒刺。圆箭杆尾端有凹槽。ⅡM92∶7-1，长59、直径0.7、箭头长4.5厘米（图五五一，13）。

8. 木撑板 木板制作而成。平面呈长条形，上有一排钻孔31个，有的孔内仍穿有牛皮绳。长54、宽1.8厘米（图五五一，12；图版一六四，4）。

9. 木盘 平面呈椭圆形，短边沿较宽，底背面有刀剁痕，反扣为砧板。口长径44.6、短径16、高5.2厘米（图

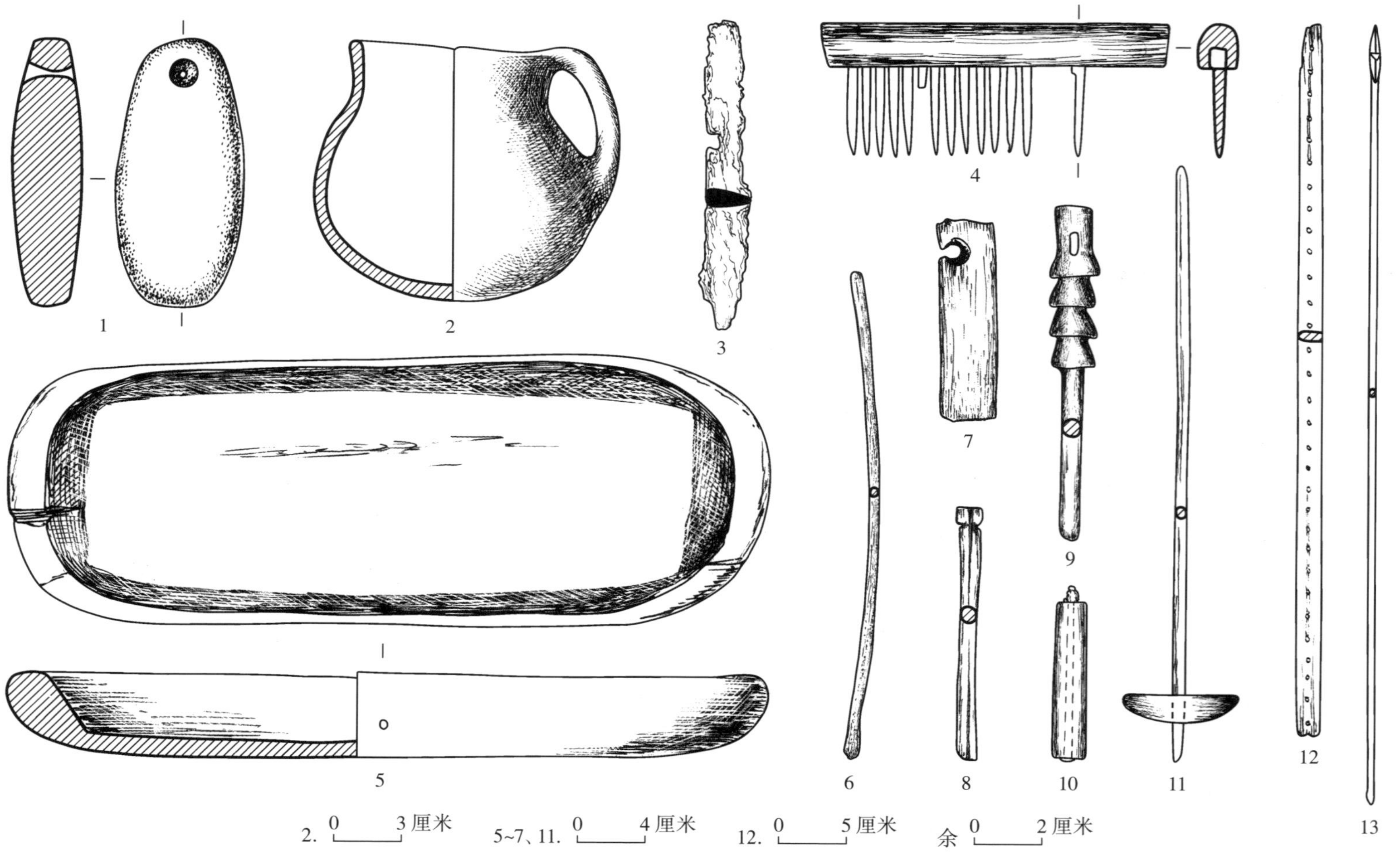

图五五一 ⅡM92随葬品

1. 砺石（ⅡM92∶2） 2. 陶单耳罐（ⅡM92∶10） 3. 铁刀（ⅡM92∶4） 4. 木梳（ⅡM92∶3） 5. 木盘（ⅡM92∶9） 6、7. 钻木取火器（ⅡM92∶12-2、12-1） 8. 木扣（ⅡM92∶1） 9. 木簪（ⅡM92∶11） 10. 铁锥（ⅡM92∶5） 11. 木纺轮（ⅡM92∶6） 12. 木撑板（ⅡM92∶8） 13. 木箭（ⅡM92∶7-1）

五五一，5；图版一三三，6）。

10. 陶单耳罐　夹砂红陶。敞口，圆唇，短颈，鼓腹，圜底近平。单耳由口沿下翻至腹部。口径 8.6、腹径 13.2、高 11.6 厘米（图五五一，2；图版五〇，5）。

11. 木簪　簪体前端呈圆柱状，后端呈伞塔状，柄呈长方形，并凿有长条形穿系孔。通体光滑。长 10.2、直径 0.6~1.4 厘米（图五五一，9；图版一五五，3）。

12. 钻木取火器　一套。均用铁线莲属植物干藤条制成（图版一六六，9）。木取火板用木板削成长方体，上有一个钻孔。木取火棒为细长木棍制，一头有使用痕。ⅡM92：12–1，木取火板。长 12.2、宽 3.2 厘米（图五五一，7）。ⅡM92：12–2，木取火棒。长 29.6、直径 0.8 厘米（图五五一，6）。

ⅡM93

墓葬概况

位于墓地西部偏北，西南邻ⅡM171，东北邻ⅡM88，墓向 110°。C 型，长方形竖穴土坑墓，墓形制规整，直壁。墓口距地表深 0.2 米，墓长 1.41、宽 0.8 米，墓深 1.1 米。墓内填土中有芦苇、骆驼刺、草屑等。墓被盗扰，墓底人骨散乱，骨骼缺失较多，从骨骼分布的大体位置看来，如腰椎的排列情形，应为仰身屈肢葬。两个人颅骨分别位于东北和南壁下，东北为 A，未成年男性，年龄 12~13 岁；南边为 B，未成年男性，年龄 13~15 岁。墓底有苇草残迹。随葬品均位于北部，从西向东依次有陶单耳杯、陶罐、木纺轮、麦穗、骨锥（图五五二）。

随葬品

出土陶、木、骨器和植物标本 5 件。

1. 木纺轮　木板制作。呈圆饼状，中间有穿线轴小圆孔。轮径 5.7、厚 0.9 厘米（图五五三，3）。

2. 陶罐　夹砂红陶。直口，圆唇，鼓腹，圜底。口径 5.9、腹径 7.4、高 7.3 厘米（图五五三，1）。

3. 陶单耳杯　夹砂红陶。直口微敞，圆唇，鼓腹，圜底近平，口沿上有环状单立耳。口径 9.4、腹径 10.8、高 7.2、通高 10.9 厘米（图五五三，5；图版八九，6）。

4. 骨锥　尖部锐利。通体磨光。长 12.4、直径 1.8

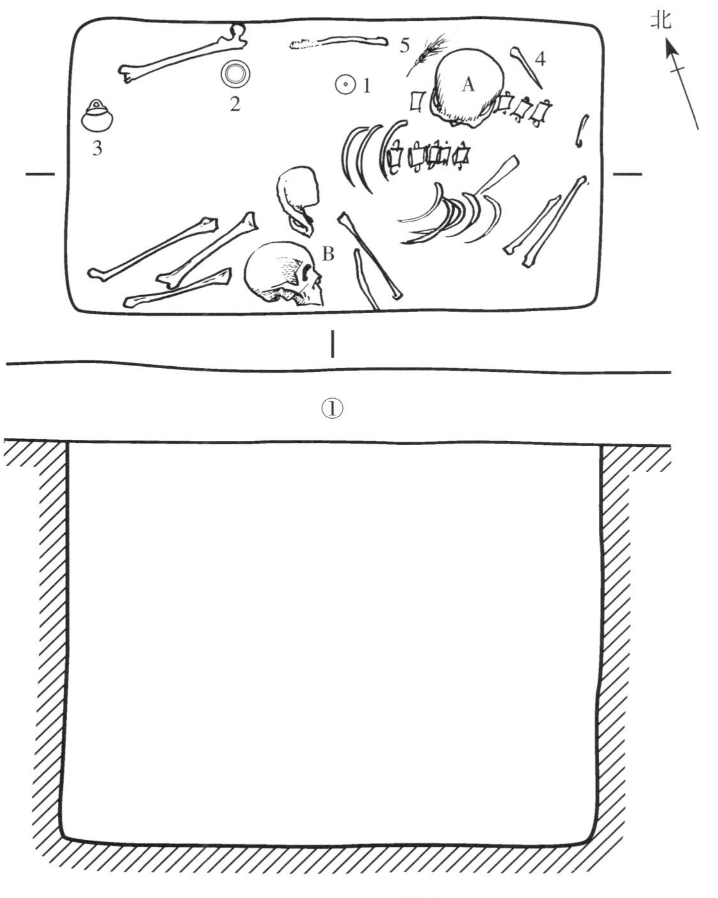

图五五二　ⅡM93 平、剖面图

1. 木纺轮　2. 陶罐　3. 陶单耳杯　4. 骨锥　5. 麦穗

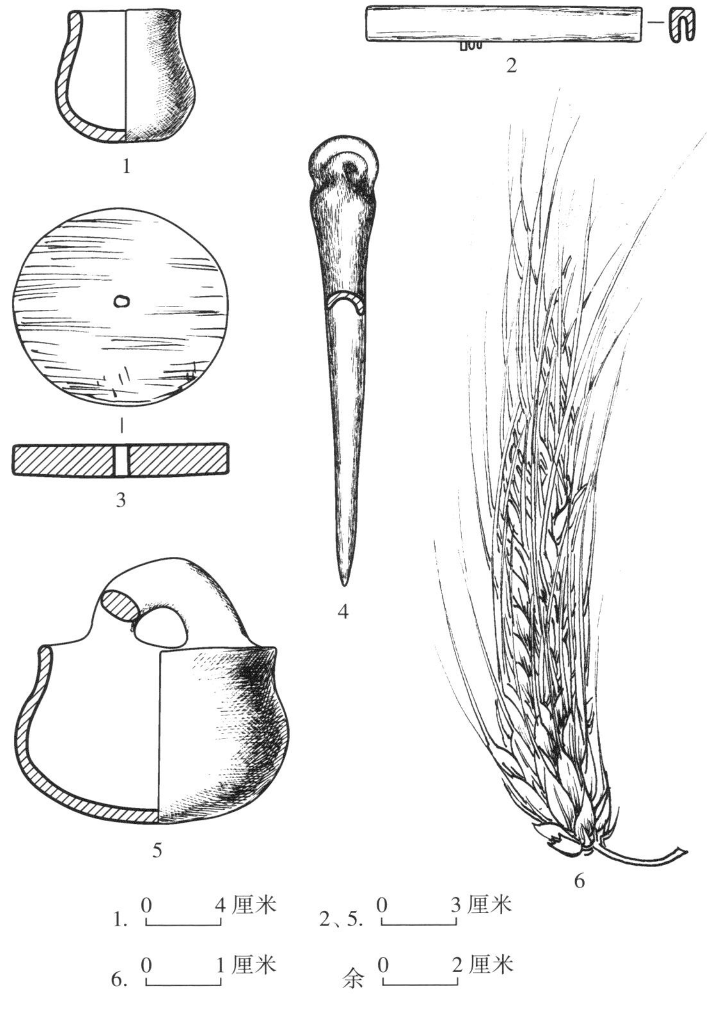

图五五三　ⅡM93、ⅡM94 随葬品

1. 陶罐（ⅡM93：2）　2. 木梳（ⅡM94：1）　3. 木纺轮（ⅡM93：1）
4. 骨锥（ⅡM93：4）　5. 陶单耳杯（ⅡM93：3）　6. 麦穗（ⅡM93：5）

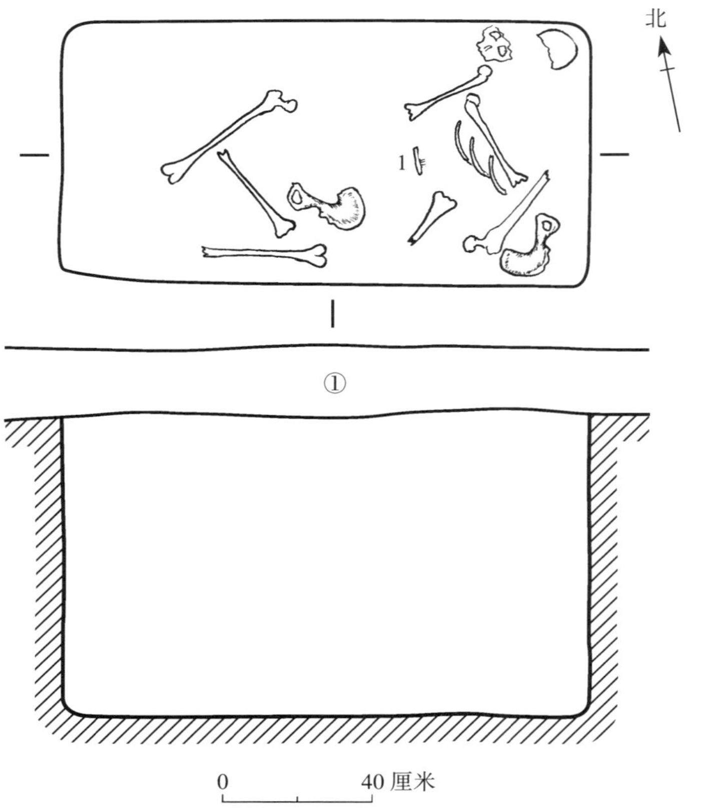

图五五四　Ⅱ M94 平、剖面图
1. 木梳

厘米（图五五三，4；图版一八九，1）。

5. 麦穗　金黄色，麦芒较长。长 9.4 厘米。应为墓口的棚盖物落入墓室中，而非专门的随葬品（图五五三，6；图版二一四，4）。

Ⅱ M94

墓葬概况

位于墓地西部，南邻Ⅱ M95，西邻Ⅱ M55，墓向 100°。C 型，长方形竖穴土坑墓，直壁。墓口距地表深 0.2 米，墓口长 1.4、宽 0.72 米，墓深 0.82 米。该墓被严重盗扰，墓底仅见人部分颅骨、肋骨、肢骨和髋骨，其他骨骼无存，青年男性，年龄 18~20 岁。葬式无法确定。无葬具。仅在墓底中部偏东出土木梳（图五五四）。

随葬品

出土木器 1 件。

1. 木梳　木条削制而成。平面呈长条形，一侧刻有凹槽，以嵌梳齿。长 1.5、宽 11、厚 1 厘米（图五五三，2）。

Ⅱ M95

墓葬概况

位于墓地西部，北邻Ⅱ M94，东南邻Ⅱ M85，墓向 95°。C 型，长方形竖穴土坑墓，直壁。墓形制规整。墓口距地表深 0.12 米，墓长 1.62、宽 0.96 米，墓深 1.4 米。墓底人骨架错位，骨骼残失较多，从骨架出土现状来看为仰身屈肢，中年女性，年龄 35~45 岁。无葬具。随葬的木盘放置在人骨左侧墓壁下，盘内有木桶，木盘西侧有木纺轮。西南角还随葬有羊头一个（图五五五）。

随葬品

出土木器 3 件。

1. 木盘　平面呈长椭圆形，边沿较宽，短边沿有残缺口，长边一侧有穿系小孔，平底，底背面有刀剁痕。口长径 43、短径 24.4、高 7 厘米（图五五六，4；图版一三七，3）。

2. 木桶　直口，方唇，直腹，器底部内有一周凹槽。口沿有对称立耳，为倒梯形，上有穿孔。口径 9.7、通高 17 厘米（图五五六，3）。

3. 木纺轮　圆饼形，截面呈长方形，中有圆形穿孔。轮径 5.3、厚 1.1 厘米（图五五六，2）。

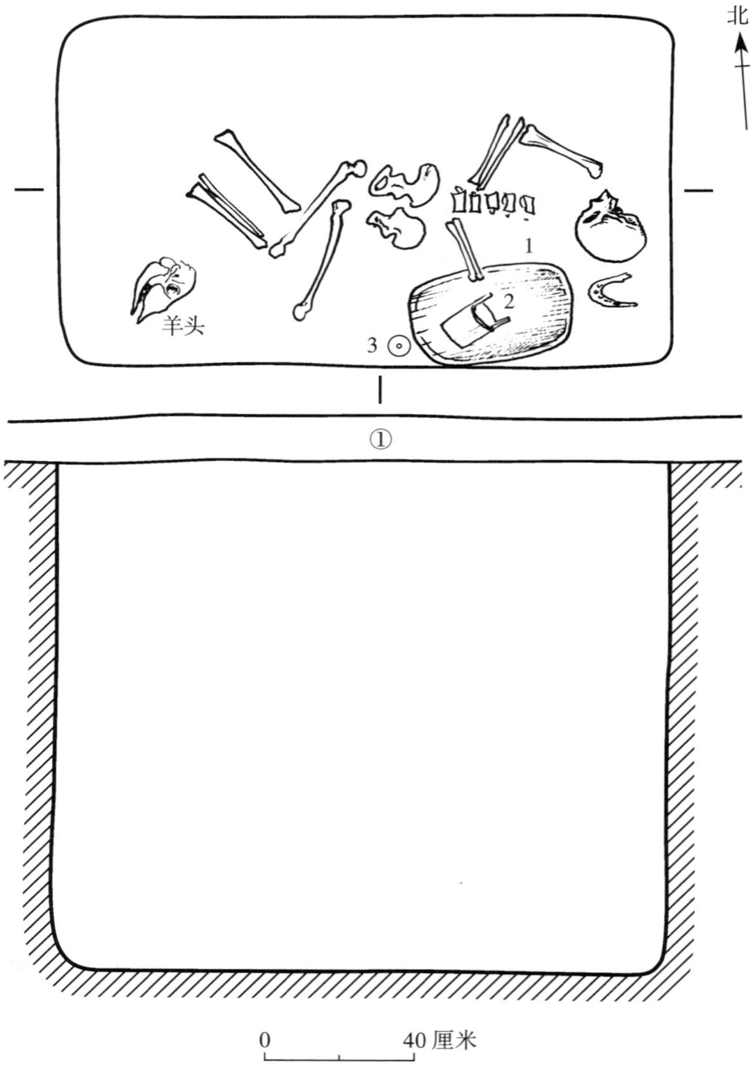

图五五五　Ⅱ M95 平、剖面图
1. 木盘　2. 木桶　3. 木纺轮

ⅡM96

墓葬概况

位于墓地西部，东邻ⅡM175，西北邻ⅡM58，墓向130°。C型，长方形竖穴土坑墓，直壁。形制规整。墓口距地表深0.2米，墓口长1.17、宽0.64米，墓深1.12米。墓被盗扰，墓底残存四足木尸床的框架，长0.98、宽0.52、高0.18米。框架内仅见部分人的肢骨，颅骨位于东部床框上，下颌骨滑落较远，为未成年人个体，年龄6~8岁。脚下出土陶圈足盘残片。木尸床的东北角随葬有羊头骨一个（图五五七）。

随葬品

出土陶器1件。

1. 陶圈足盘　夹砂红陶。仅存圈足和盘的部分陶片。圈足呈喇叭状，上部涂有红彩。圈足盘的上半部分从口沿的连续三角向下细收为条带纹。底径9、残高4.8厘米（图五五六，1）。

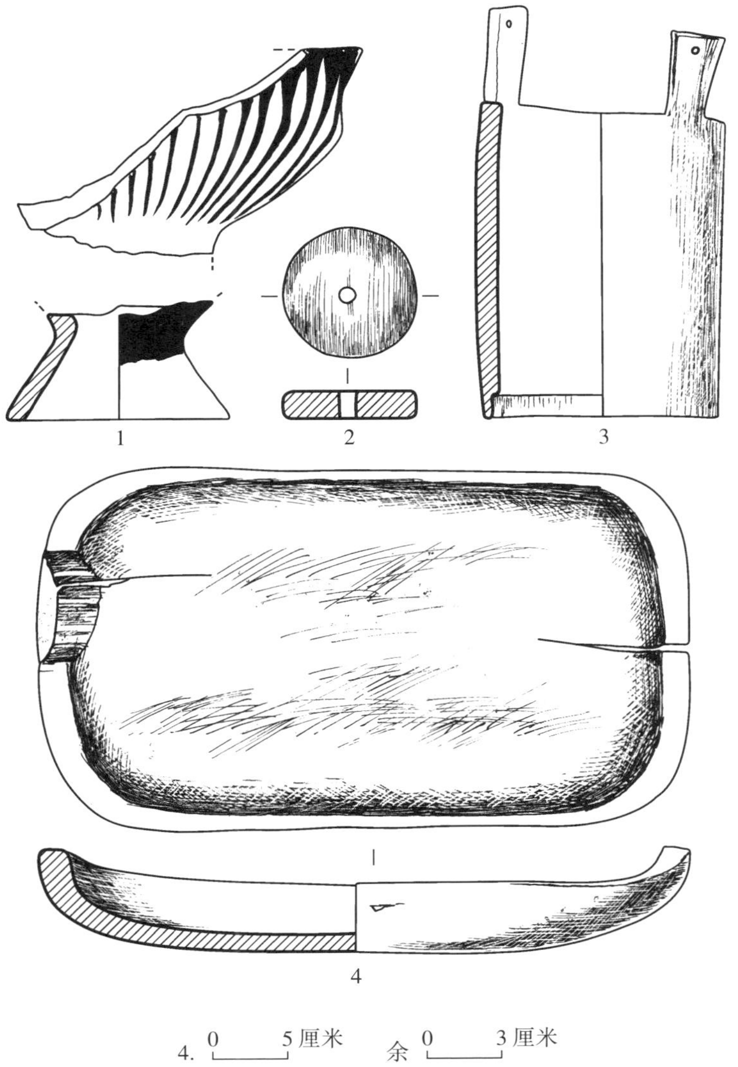

图五五六　ⅡM95、ⅡM96随葬品

1. 陶圈足盘（ⅡM96：1）　2. 木纺轮（ⅡM95：3）　3. 木桶（ⅡM95：2）　4. 木盘（ⅡM95：1）

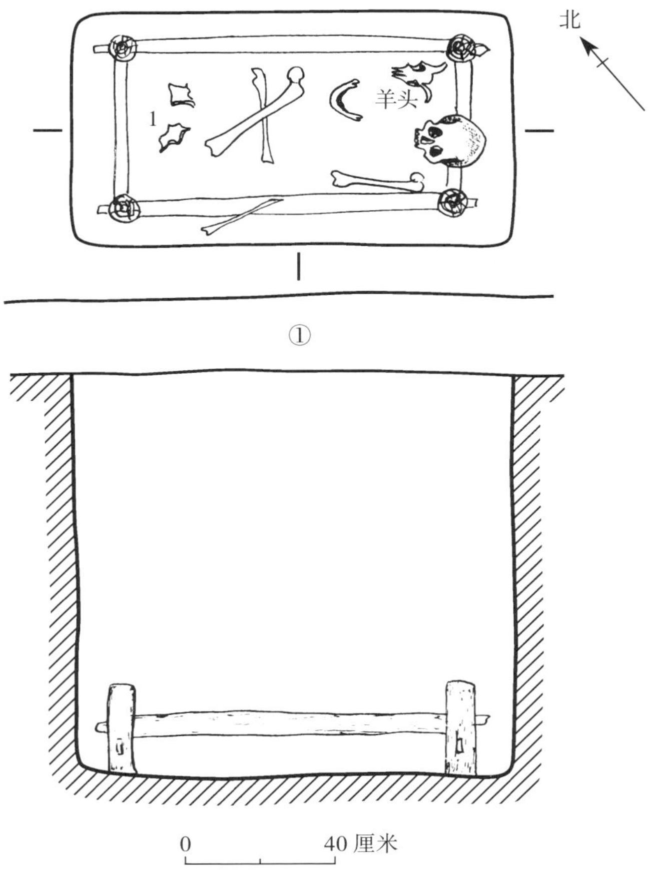

图五五七　ⅡM96平、剖面图

1. 陶圈足盘

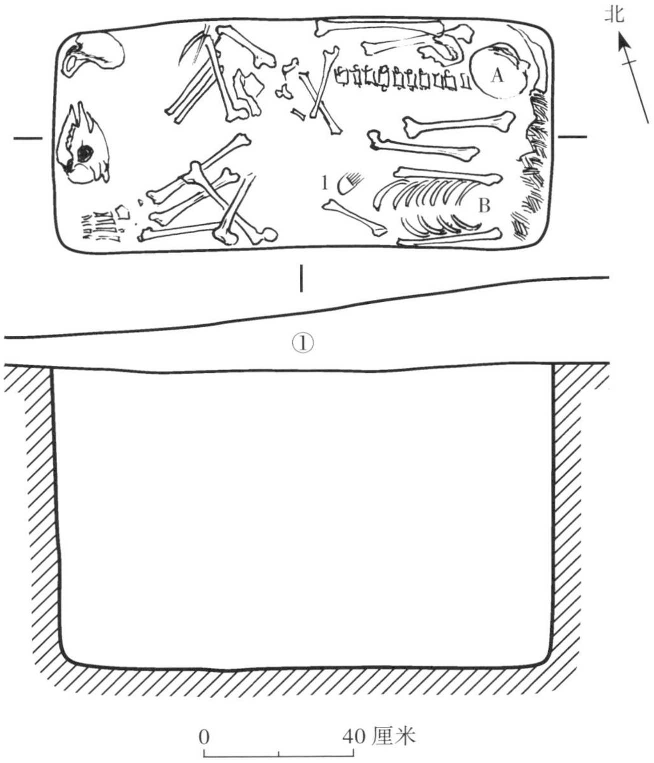

图五五八　ⅡM97平、剖面图

1. 木梳

ⅡM97

墓葬概况

位于墓地西部，南邻ⅡM89，西邻ⅡM86，墓向105°。C型，长方形竖穴土坑墓，直壁。地表呈东高西低的斜坡状，地表为戈壁沙砾石。墓口距地表深0.08~0.23米，墓长1.32、宽0.63米，墓深0.83米。墓口填土中有芦苇、草屑、骆驼刺等原棚盖墓口的坍塌物。墓底有两具人骨架，均头向东脚朝西，仰身屈肢，北面人骨架为A，壮年女性，年龄30~40岁；南面人骨架为B，壮年男性，颅骨不存。骨架下铺有苇草，脚下随葬羊头一个。仅在中南部B骨架腰间有木梳（图五五八）。

随葬品

出土木器1件。

1.木梳　木板刻制。残存一半，梳背顶呈弧拱形，扁锥齿较稠密，边齿厚钝，梳背中部嵌有铜钉。通体磨

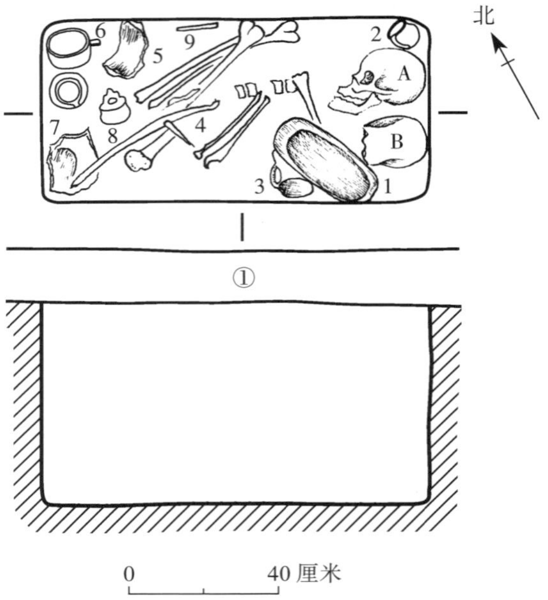

图五五九　ⅡM98平、剖面图

1.木盘　2、8.陶单耳杯　3、7.陶单耳罐　4.复合弓　5.陶器残片　6.陶钵　9.木梳

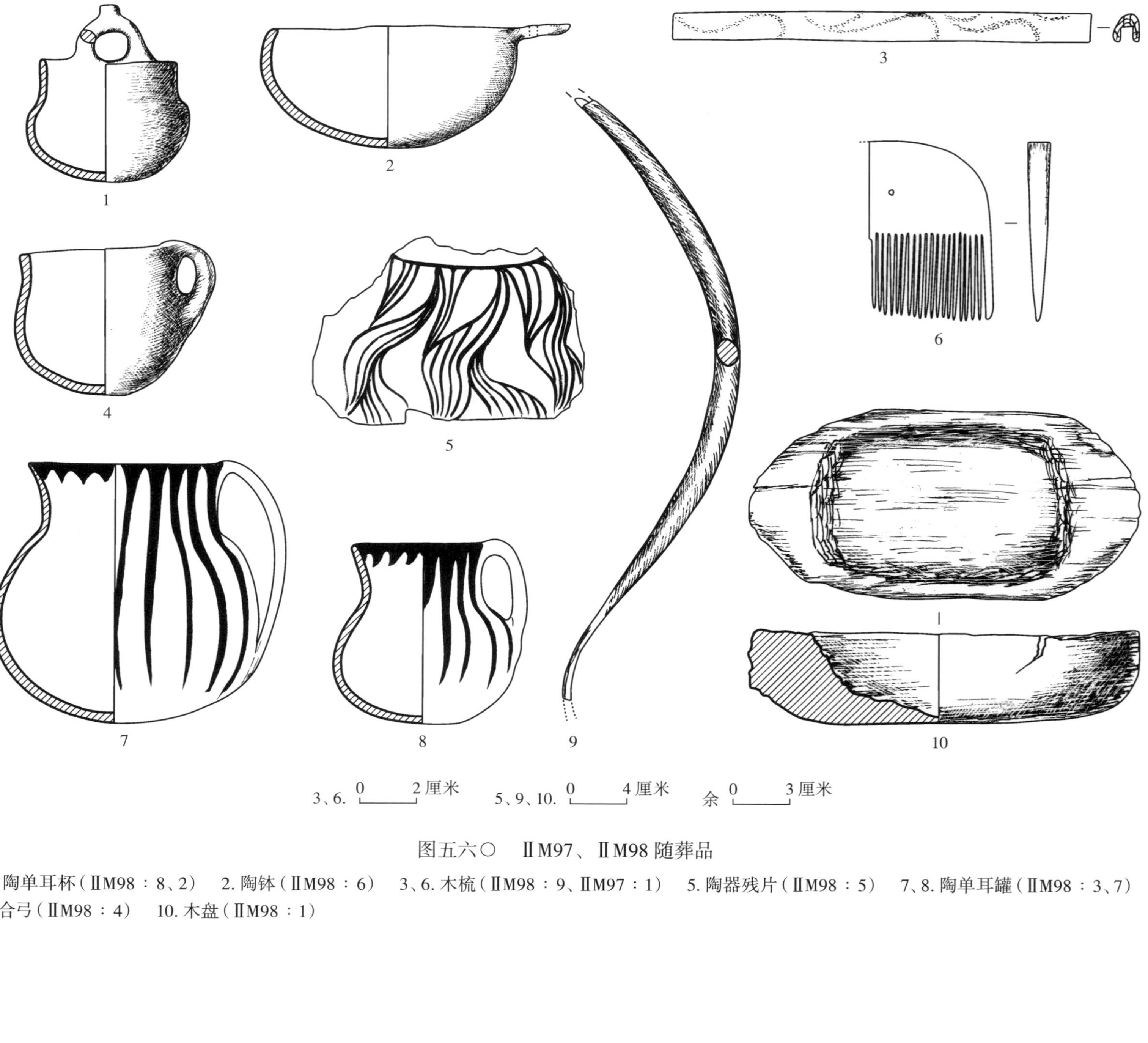

图五六〇　ⅡM97、ⅡM98随葬品

1、4.陶单耳杯（ⅡM98：8、2）　2.陶钵（ⅡM98：6）　3、6.木梳（ⅡM98：9、ⅡM97：1）　5.陶器残片（ⅡM98：5）　7、8.陶单耳罐（ⅡM98：3、7）　9.复合弓（ⅡM98：4）　10.木盘（ⅡM98：1）

制光滑。残边打磨光滑，为二次续用。长 6.4、残宽 4.3、厚 0.76 厘米（图五六〇，6；图版一五三，7）。

ⅡM98

墓葬概况

位于墓地西北部边缘，东北邻ⅡM99，南望ⅡM97，墓向 117°。C 型，长方形竖穴土坑墓，直壁。墓窄小，距地表浅。墓口距地表深 0.14 米，墓长 1.03、宽 0.5 米，墓深 0.55 米。墓内有两个颅骨，均头向东，肢骨错位凌乱。从残迹来看为仰身屈肢，A 颅骨在北面，青年女性，年龄 18~20 岁；B 骨架在南面，未成年人，年龄 12~15 岁。无葬具。随葬的木盘、陶单耳罐在东南角，陶单耳杯位于东北角，复合弓、木梳、陶器残片、另一件陶单耳罐、陶钵在西部（图五五九；图版二八，2）。

随葬品

出土木、陶器 9 件。

1. 木盘　器口呈近椭圆形，短边沿较宽。敞口，浅腹，平底。口长径 27.2、短径 13.6、高 6.4 厘米（图五六〇，10）。

2. 陶单耳杯　夹砂红陶。敞口，方唇，鼓腹，圜底，单耳由口沿下翻至腹部。口径 7.6、通高 8.4 厘米（图五六〇，4；图版七四，1）。

3. 陶单耳罐　夹砂红陶。敞口，小方唇，球形腹，圜底，宽带状单耳。口内沿饰锯齿纹，器表通体饰由三角延伸的竖条状，耳面下部绘“十”字形纹。口径 10、腹径 13.8、高 14 厘米（图五六〇，7；图版五〇，6）。

4. 复合弓　韧木片制成。残长 43.8、直径 1.6~2 厘米（图五六〇，9）。

5. 陶器残片　夹砂红陶。为口沿以下部位。饰有变形涡纹。残宽 19 厘米（图五六〇，5；图版一〇四，5）。

6. 陶钵　夹砂红陶。敛口，圆唇，浅腹，圜底，单鋬上有穿孔。口径 12.6、高 6.6 厘米（图五六〇，2；图版一一三，5）。

7. 陶单耳罐　夹砂红陶。敞口，方唇，束颈，鼓腹，圜底，单耳由口沿下翻至腹部。口沿内饰锯齿纹，器表饰由外口沿大三角向下延伸的条带纹。口径 7、腹径 9.6、高 9.8 厘米（图五六〇，8；图版五一，1）。

8. 陶单耳杯　夹砂红陶。敞口，方唇，鼓腹，圜底。口沿上有环形耳，耳顶有突起。口径 7.2、腹径 8.4、高 6.4、通高 9.6 厘米（图五六〇，1；图版九〇，1）。

9. 木梳　圆柱形长木条，一侧刻槽，原为插梳齿。两面戳刺有横“S”纹。残长 1、宽 14.6、厚 1 厘米（图五六〇，3）。

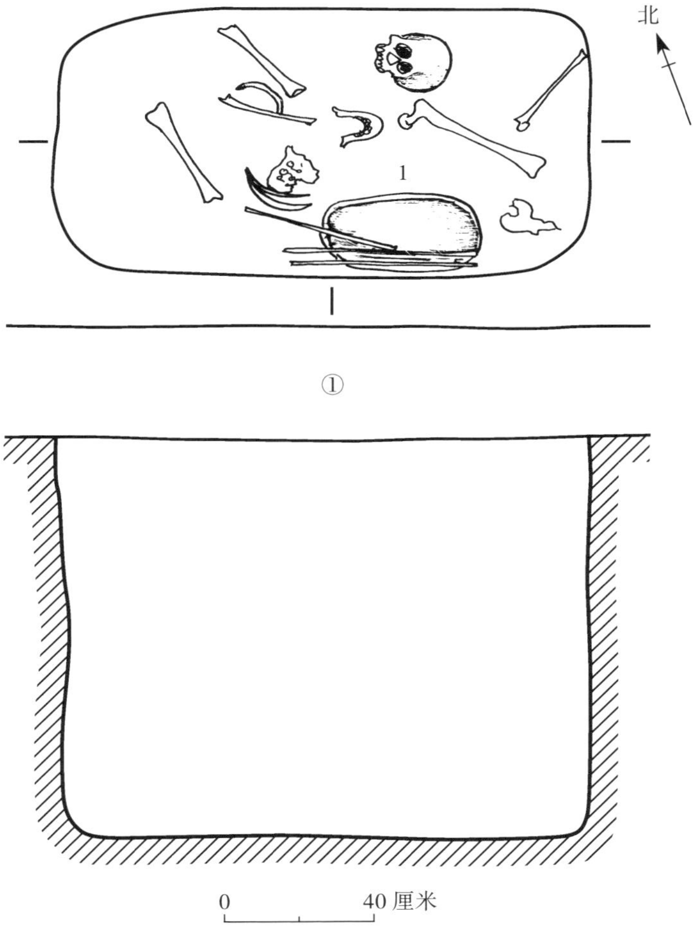

图五六一　ⅡM99 平、剖面图
1. 木盘

ⅡM99

墓葬概况

位于墓地西北部边缘，北邻坎儿井，南邻ⅡM98，墓向 110°。C 型，圆角长方形竖穴土坑墓，直壁。墓口距地表深 0.3 米，墓长 1.42、宽 0.73 米，墓深 1.08 米。墓被盗扰，墓底仅见人头骨、下颌骨和部分肢骨，壮年男性，年龄 30~40 岁。葬式不明，无葬具。在墓底南壁下出土木盘（图五六一）。

随葬品

出土木器 1 件。

1. 木盘　平面呈椭圆形，圜底，底背面有刀剁痕。口径 18.6~33.6、高 3.6 厘米（图五六二，1）。

ⅡM100

墓葬概况

位于墓地西部偏北，南邻ⅡM101，墓向 97°。C 型，长方形竖穴土坑墓，直壁，形制规整。墓口距地表深 0.24~0.26 米，墓长 1.46、宽 0.87 米，墓深 0.88~0.94 米。墓被盗扰，墓底人骨凌乱，颅骨位于东南角，长骨和肋

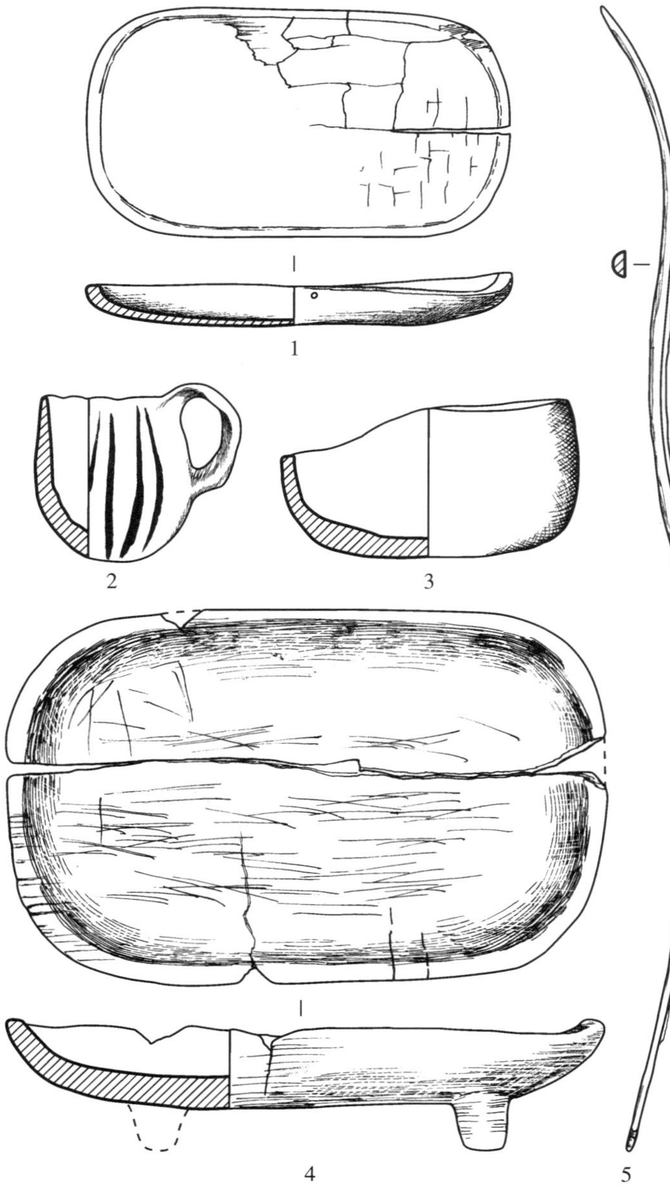

图五六二　ⅡM99、ⅡM100、ⅡM102 随葬品

1. 木盘（ⅡM99：1）　2. 陶单耳杯（ⅡM100：2）　3. 木碗（ⅡM102：2）
4. 木四足盘（ⅡM100：1）　5. 复合弓（ⅡM102：1）

骨在中部，壮年女性，年龄30~40岁。无葬具。在人头骨右侧出土陶单耳杯，西南部墓壁下出土木四足盘（图五六三）。

随葬品

出土木、陶器2件。

1. 木四足盘　圆木刻挖制作。呈椭圆形，方唇，浅腹，圜底，底下有四个对称圆柱状足，底内外有刀剐痕。口径30.8~47.4、足高4、通高10.7厘米（图五六二，4）。

2. 陶单耳杯　夹砂红陶。直口，圆唇，圆腹，圜底，单耳。器表饰竖向条带纹。口径5.4、通高7.3厘米（图五六二，2；图版七四，2）。

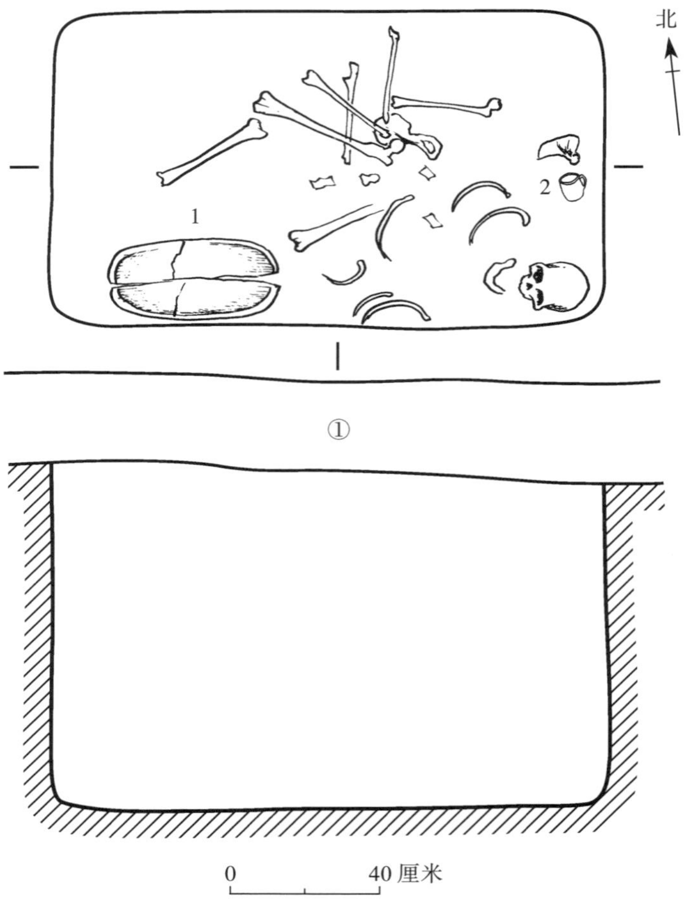

图五六三　ⅡM100平、剖面图

1. 木四足盘　2. 陶单耳杯

ⅡM101

墓葬概况

位于墓地西部偏北，北邻ⅡM100，墓向115°。C型，长方形竖穴土坑墓，直壁。地表呈西低东高的斜坡，墓口距地表深0.18米，墓长1.61、宽0.81米，墓深1.3~1.41米。墓被盗扰，墓底残存四足木尸床框架，长1.21、宽0.54、高0.19米。人骨主要散布于西半部，颅骨也在西南角，老年男性，年龄大于55岁，葬式不明。无随葬品（图五六四）。

随葬品

无随葬品。

ⅡM102

墓葬概况

位于墓地西北部，北邻ⅡM90，西为坎儿井竖井口，墓向130°。B型，长方形两边二层台竖穴土坑墓，圆角，直壁。墓口距地表深0.29米，墓口长1.2、宽1.1米。二层台距墓口深0.15米，南二层台宽0.11、北二层台宽0.19米。墓底长1.2、宽0.8米，墓深1.3米。墓口东部有两根盖墓口的圆木，圆木上铺有苇席，其余棚木由于盗掘

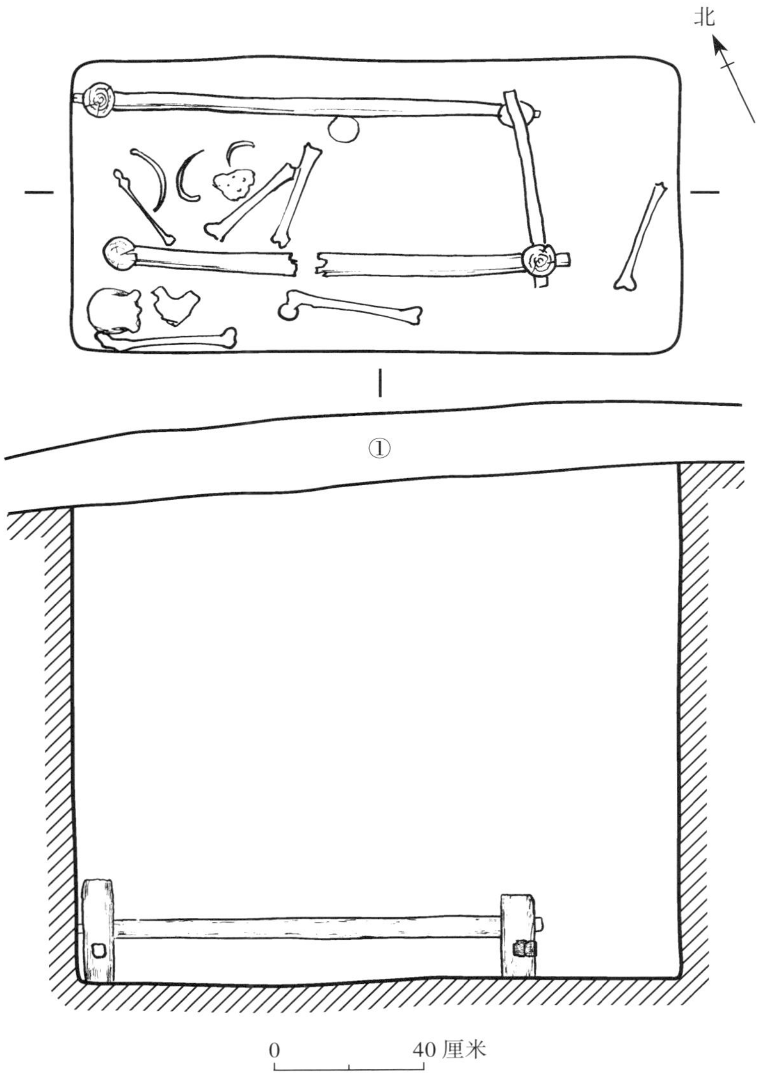

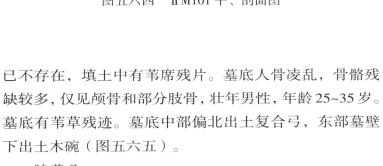

图五六四　ⅡM101 平、剖面图

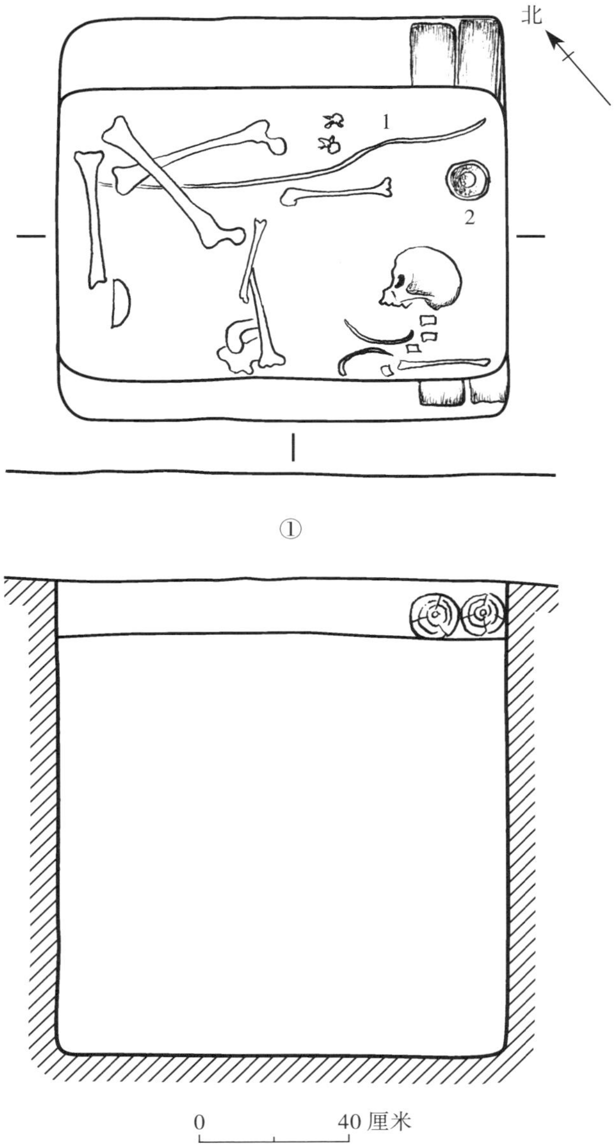

图五六五　ⅡM102 平、剖面图
1. 复合弓　2. 木碗

已不存在，填土中有苇席残片。墓底人骨凌乱，骨骼残缺较多，仅见颅骨和部分肢骨，壮年男性，年龄 25~35 岁。墓底有苇草残迹。墓底中部偏北出土复合弓，东部墓壁下出土木碗（图五六五）。

随葬品

出土木器 2 件。

1. 复合弓　复合制品，中间为韧木片，内外贴骨胶。长 110、直径 1~2.5 厘米（图五六二，5）。

2. 木碗　直口，方唇，浅圆腹，平底。素面。口径 11.4、底径 6、高 6.4 厘米（图五六二，3；图版一四八，3）。

ⅡM103

墓葬概况

位于墓地中西部，西北望ⅡM101，周围为未发掘墓葬，墓向 140°。C 型，长方形竖穴土坑墓，直壁。墓形制规整，墓口距地表深 0.2 米，表层为戈壁沙砾石和风成黄细流沙。墓口长 1.52、宽 0.85 米，墓深 1.3 米。墓被盗扰，墓底两端挖凹槽，中部形成长方形土台，西边槽宽 0.25、东边槽宽 0.28 米，墓深 0.1 米。台上有人骨一具，颅骨位于西部，下颌骨在东南部，其他骨骼也移位，残缺，壮年男性，年龄 35~45 岁。东南凹槽内随葬有一羊头。无其他随葬品（图五六六）。

随葬品

无随葬品。

ⅡM104

墓葬概况

位于墓地西南部，北邻ⅡM105，西邻ⅡM110，墓向 130°。C 型，长方形竖穴土坑墓，直壁。墓口距地表深 0.1 米，墓长 1.57、宽 0.76 米，墓深 1.1 米。墓口填土中

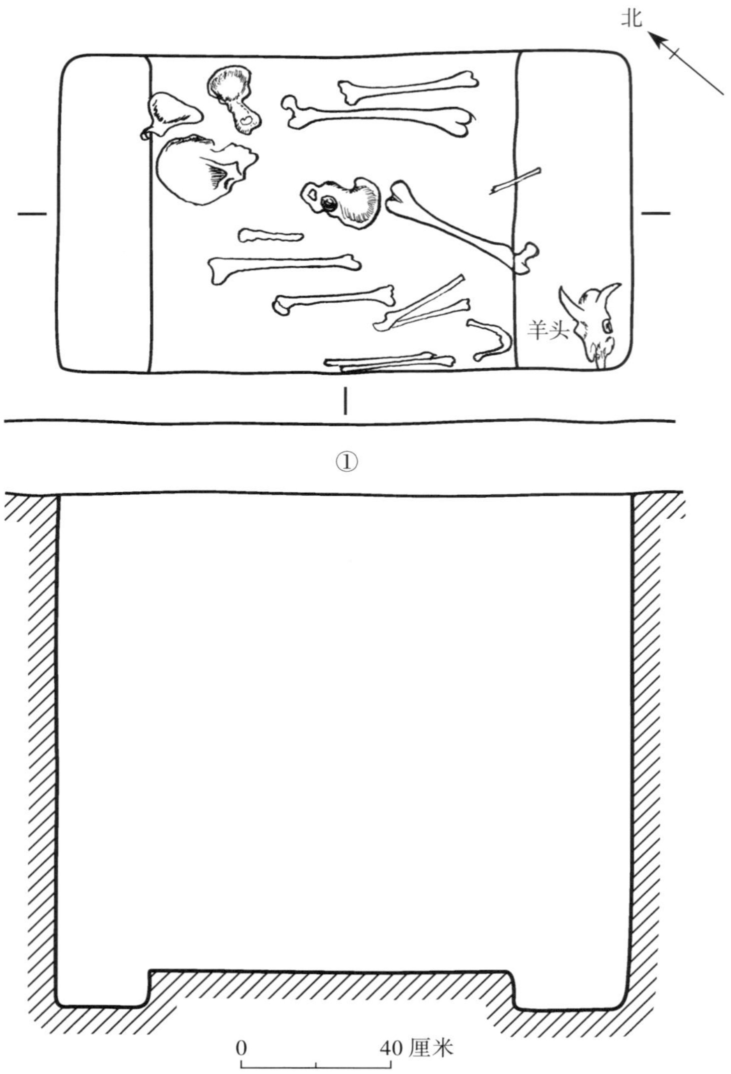

图五六六　ⅡM103 平、剖面图

图五六七　ⅡM104 平、剖面图

1. 木盘　2. 木撑板　3. 皮扣　4. 木取火板　5. 木器具　6. 皮具　7. 马尾

有土坯残块。墓底有人骨架一具，仰身屈肢，头颅移位到东南角，上肢骨残失，下肢骨上屈，壮年男性，年龄25~35 岁。墓底铺苇草。南面有木盘、皮扣、木撑板，北面有木取火板、皮具、木器具，中间有捆扎的马尾（图五六七）。

随葬品

出土木、骨、皮器等 7 件（组）。

1. 木盘　呈椭圆形，短边沿较宽，圜底，底背面有刀剁痕，反扣为砧板，一侧长边有穿系小孔。盘体有横向裂缝，两短边钻孔，原应有用绳加固。口径 18.4~32.8、高 6.8 厘米（图五六八，7；图版一三七，4）。

2. 木撑板　呈长条形，两端略呈弧形，撑板三边都抹去棱角，板面另一边上钻一排等距 26 个小圆孔。长67.2、宽 4.4、厚 0.6 厘米（图五六八，9；图版一六四，5）。

3. 皮扣　6 件（图版二二二，6）。4 件呈圆环状。ⅡM104：3–1，直径 3.1 厘米（图五六八，4）。另 2 件呈扁平状，其中一件穿有皮带，似马具上的扣件。ⅡM104：3–2，长 2.9、宽 3 厘米（图五六八，2）。ⅡM104：3–3，长 6.8、宽 4.8 厘米（图五六八，3）。

4. 木取火板　长条形四棱体，一侧刻十二个凹槽，并钻有十二个小孔，小孔周边刻圆形线槽。长 35.4、宽1.8~2.5、厚 1.8 厘米（图五六八，6；图版一六六，3）。

5. 木器具　呈扁长条状，一端削成斜刃状，周边倒棱。通体光滑。长 51.3、宽 1.5、厚 0.6 厘米（图五六八，8）。

6. 皮具　宽牛皮带制作。有穿孔，皮带一端系木扣。应为马辔头残片。残长 13.8、宽 6.4 厘米（图五六八，1）。

7. 马尾　枣红色马尾的后端部分，上部很规矩地缠裹着毛编织带和铜片，为直接从马尾巴上割下来的。长18.5、直径 2.6 厘米（图五六八，5；图版二七〇，3）。

ⅡM105

墓葬概况

位于墓地西南部，南邻ⅡM104，北邻ⅡM106，墓向115°。C 型，圆角长方形竖穴土坑墓，直壁。墓口距地表深 0.2 米，墓长 1.5、宽 0.76 米，墓深 0.87 米。填土中有土坯、杂草等。墓底有两具人骨架，其中 A 位于墓底中部，仰身屈肢，头移位到东壁下，中年男性，年龄

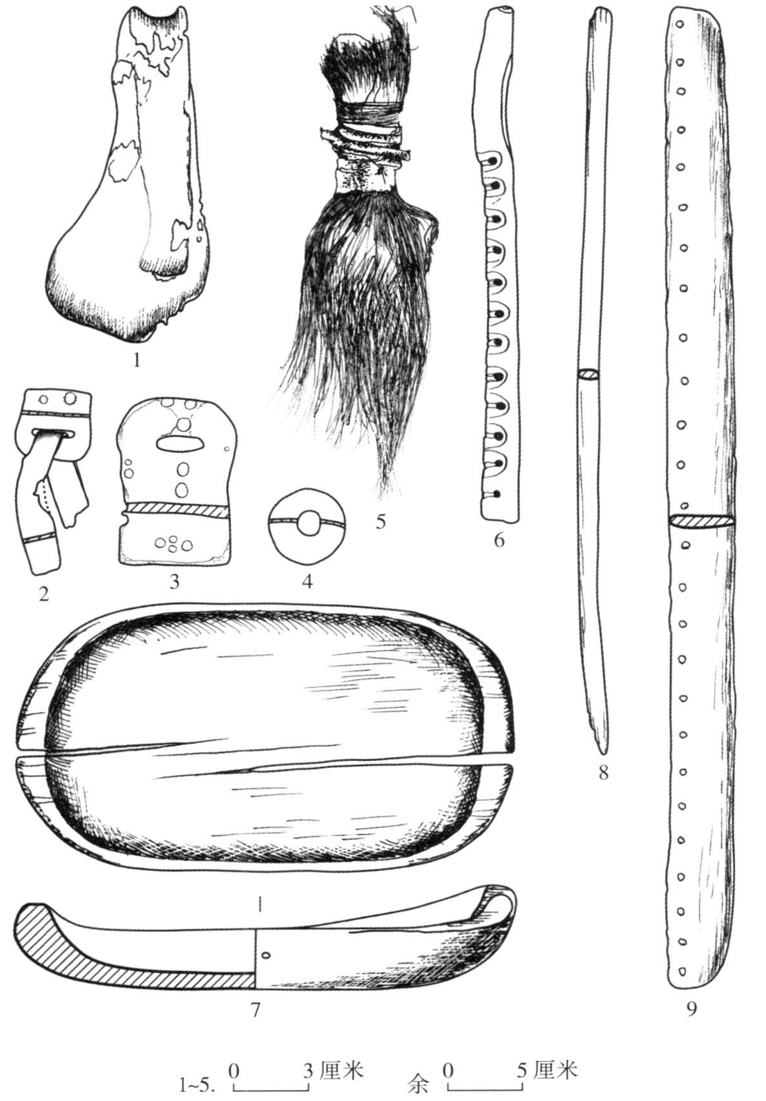

图五六八　ⅡM104随葬品

1. 皮具（ⅡM104：6）　2~4. 皮扣（ⅡM104：3-2、3-3、3-1）　5. 马尾（ⅡM104：7）　6. 木取火板（ⅡM104：4）　7. 木盘（ⅡM104：1）　8. 木器具（ⅡM104：5）　9. 木撑板（ⅡM104：2）

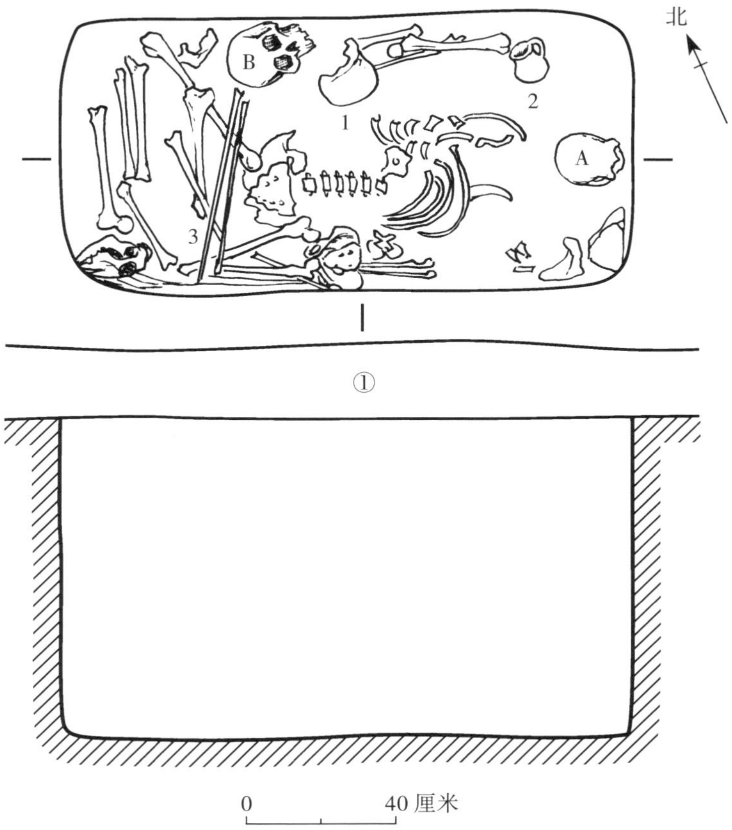

图五六九　ⅡM105平、剖面图

1、2. 陶单耳罐　3. 木箭

45~55岁；另一具B颅骨位于北壁中西部，其肢骨凌乱，在男性骨架之上和两侧，老年女性，年龄55~65岁，似二次葬。骨架底铺有草席。两件陶单耳罐位于男性骨架右上侧，木箭横置于男性腿骨上（图五六九）。

随葬品

出土陶、木器3件。

1. 陶单耳罐　夹砂红陶。口沿及单耳残，圆鼓腹，圜底。口沿内外饰倒三角纹，腹部饰涡纹。腹径13.4、高13.4厘米（图五七〇，2）。

2. 陶单耳罐　直口，方唇，圆鼓腹，圜底，沿至上腹宽带耳上扬。素面。口径8.5、腹径12.7、高10.6、通高11.8厘米（图五七〇，1；图版五一，2）。

3. 木箭　圆木削制。箭头截面呈菱形，锋尖，脊线分明，有倒刺。箭杆尾有用以挂弦的槽，接近凹槽处缠有牛筋绳，以防备槽部断裂。长72.4、直径0.8、箭头长6.6厘米（图五七〇，4）。

ⅡM106

墓葬概况

位于墓地西南部，南邻ⅡM105，西北邻ⅡM113，墓向102°。C型，圆角长方形竖穴土坑墓，南、北、东三边掏进，口小底大。墓口距地表深0.2米，长1.4、宽0.93米。墓底南面掏进0.28米，北壁进深0.18米，东壁进深0.1米。墓底长1.5、宽1.39米，墓深1.1米。内葬两人，均头东脚西，仰身屈肢。A头骨移位在东北角，骨架保存较完整，中年男性，年龄40~50岁；B骨架在南部，骨骼有移动，颅骨移位至东南角，壮年女性，年龄20~30岁。骨架下铺苇席。B骨架旁边有一山羊头骨。仅在女性脚下出土陶釜（图五七一）。

随葬品

仅出土陶器1件。

1. 陶釜　夹砂红陶，陶质火候较低。敞口，斜方唇，束颈，鼓腹，小平底，上腹有两个对称的小耳，其中一耳残，一侧腹部有破洞，补塑较大泥补丁。素面。口径22、底径11.2、高26.8厘米（图五七〇，3；图版一〇九，6）。

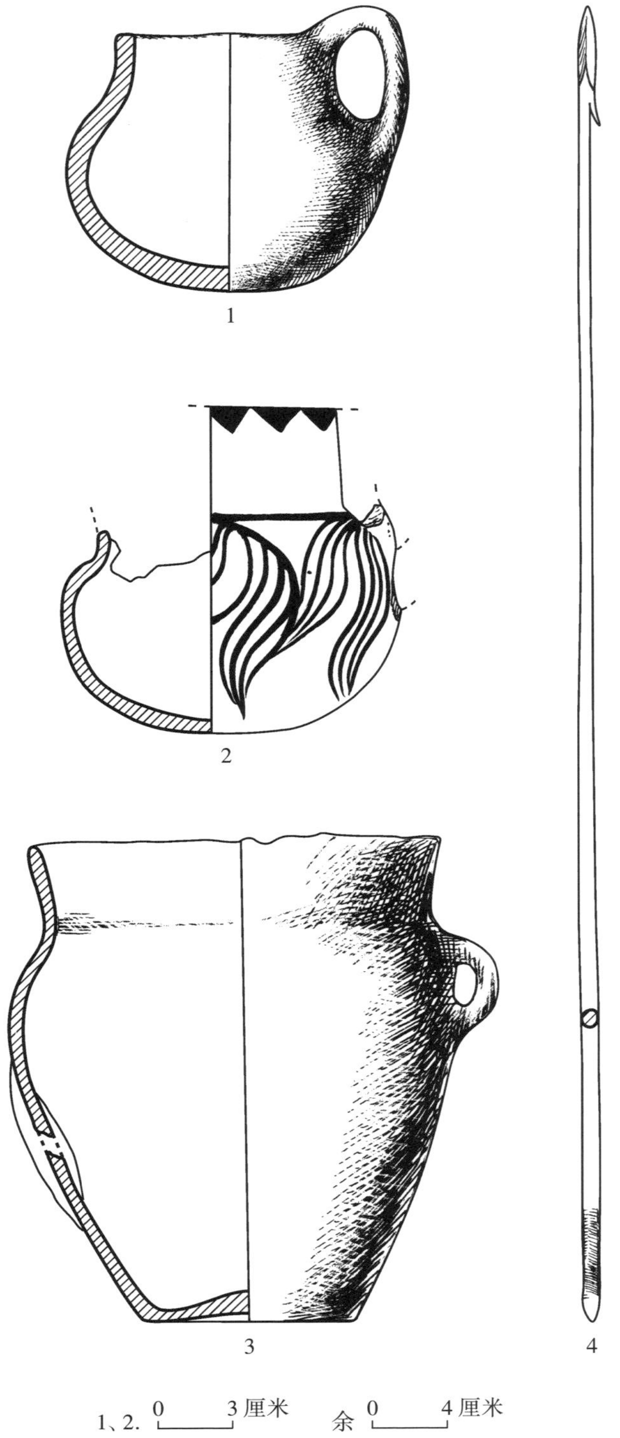

图五七〇 ⅡM105、ⅡM106随葬品

1、2. 陶单耳罐（ⅡM105：2、1） 3. 陶釜（ⅡM106：1） 4. 木箭（ⅡM105：3）

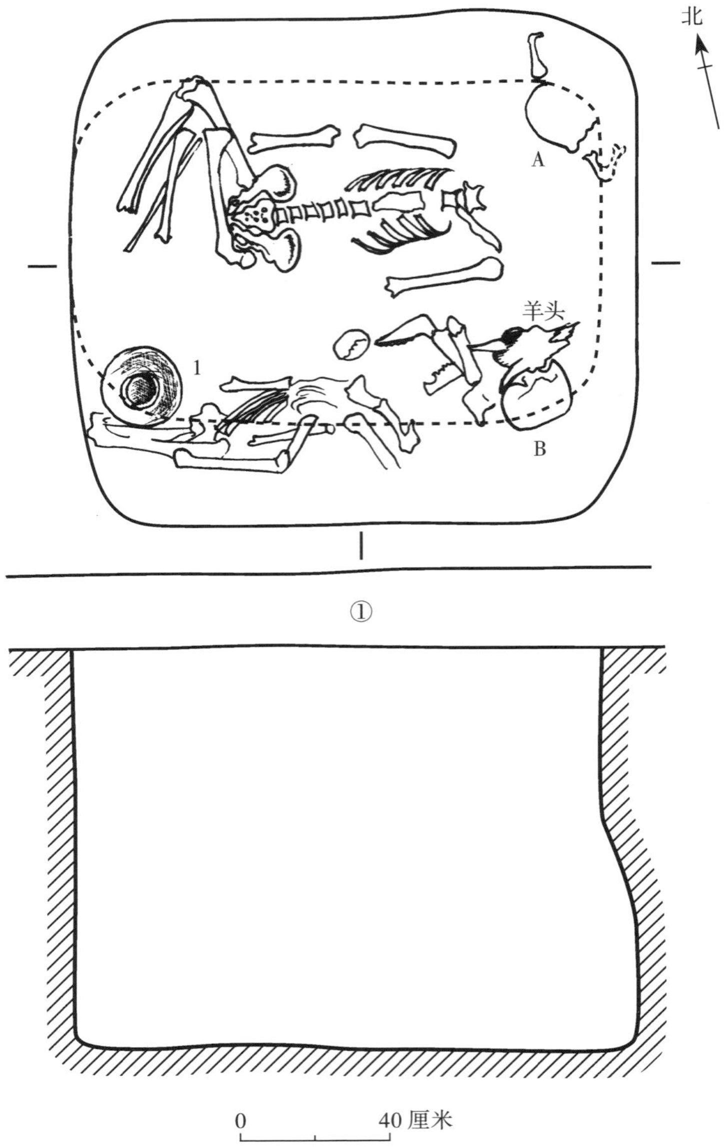

图五七一 ⅡM106平、剖面图

1. 陶釜

ⅡM107

墓葬概况

位于墓地西南部，南邻ⅡM108，东北邻ⅡM139，墓向107°。C型，圆角长方形竖穴土坑墓，直壁。墓口距地表深0.2米，墓口呈窄长方形，墓长1.36、宽0.61米，墓深0.72米。墓底有人骨一具，头东脚西，仰身屈肢，面向上，双手置于腹部，双下肢上屈，倒靠于墓葬南壁上，青年女性，年龄18~22岁，骨架保存完整。无葬具。随葬的陶单耳杯和陶双耳杯都位于墓底中部（图五七二）。

随葬品

出土陶器2件。

1. 陶单耳杯 夹砂红陶。敞口，圆唇，鼓腹，圜底，腹部有圆环形立耳。器表有烟炱。口径10、通高10.4厘米（图五七三，1；图版八五，6）。

2. 陶双耳杯 夹砂红陶。敞口，方唇，壁较直，近筒形，大平底，上腹有对称的双耳。素面。口径12.8、底径11.6、高16.8厘米（图五七三，2；图版九六，6）。

ⅡM108

墓葬概况

位于墓地西南边缘，北邻ⅡM107，西南邻ⅡM134，

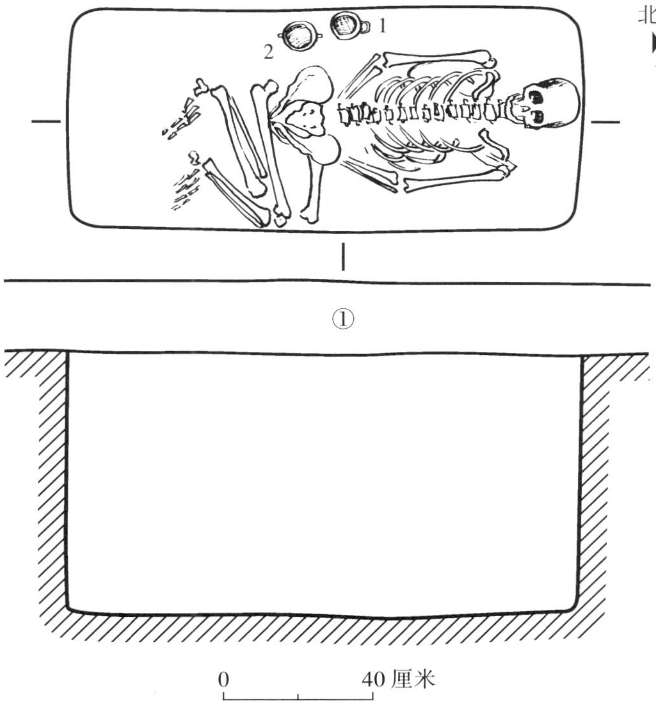

图五七二 ⅡM107 平、剖面图

1. 陶单耳杯 2. 陶双耳杯

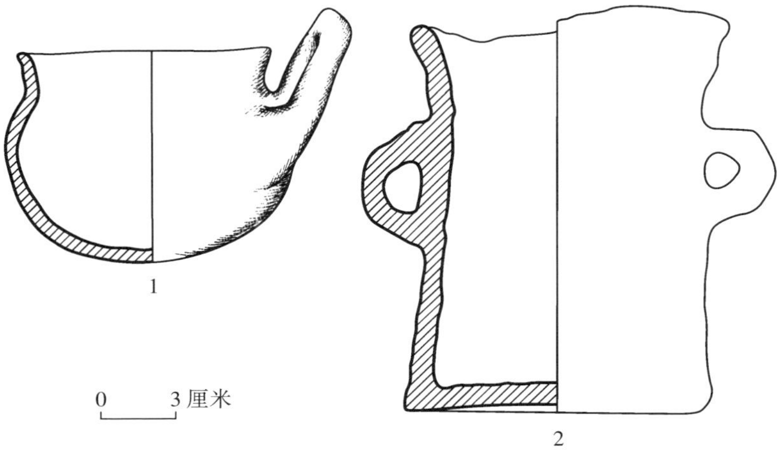

图五七三 ⅡM107 随葬品

1. 陶单耳杯（ⅡM107：1） 2. 陶双耳杯（ⅡM107：2）

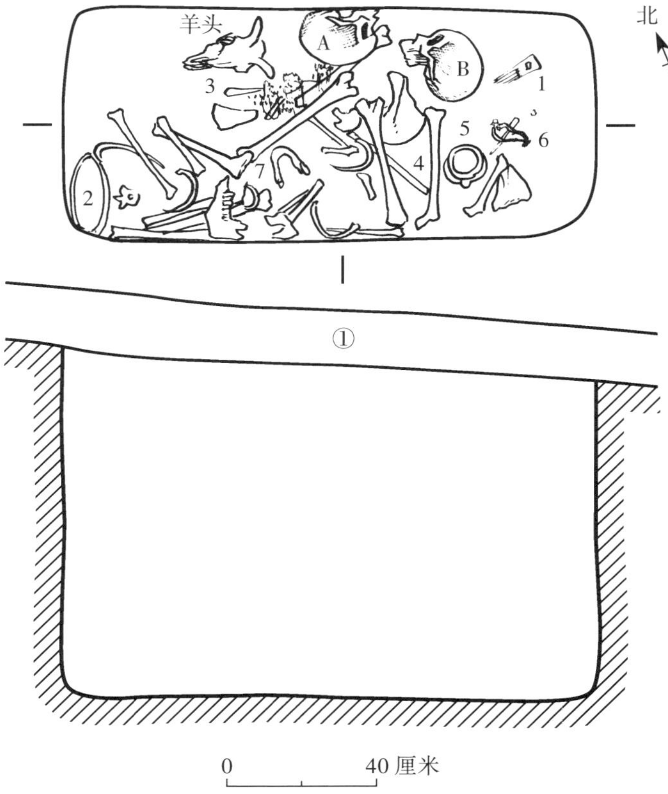

图五七四 ⅡM108 平、剖面图

1. 木梳 2. 木钵 3. 木钉 4. 复合弓 5. 陶钵 6. 皮具 7. 陶器残片

墓向 110°。C 型，圆角长方形竖穴土坑墓，直壁。地表呈西高东低斜坡，表层为戈壁沙石，墓口距地表深 0.15 米。墓长 1.4、宽 0.64 米，墓深 0.88~0.96 米。墓被盗扰，两个人颅骨堆放在一起，位于北壁下，其他骨骼凌乱堆放于墓底中南部。A 颅骨偏西，壮年男性，年龄 30 岁左右；B 颅骨偏东，壮年女性，年龄 20~30 岁。骨架下铺有苇草。A 颅骨旁随葬羊头一个。墓底东部有木梳、皮具、陶钵、复合弓，中部有陶器残片、木钉，木钵位于西南角（图五七四）。

随葬品

出土木、陶、皮具等 7 件（组）。

1. 木梳 呈纵长方形，背微拱，背中部作四方形孔，边齿细长。长 9.1、宽 2.8、厚 0.2、齿长 4.2 厘米（图五七五，3；图版一五三，4）。

2. 木钵 椭圆形木挖、削制作。呈半椭圆形，敞口，方唇，浅腹，圜底，一边沿下钻圆形小孔。口径 11~21.2、高 9 厘米（图五七五，5）。

3. 木钉 4 个。木棍削制而成。圆锥形，末端有打击痕迹。长 13、直径 0.85 厘米（图五七五，6）。

4. 复合弓 残，仅存一节。用木、角、筋复合制成。外用牛筋线缠扎，弓弰刻有挂弦槽。残长 42.4、直径 1.4~2.4 厘米（图五七五，7）。

5. 陶钵 夹砂红陶。敛口，厚唇，圆腹，圜底，沿下单耳残。沿涂黑彩。口径 11、高 5 厘米（图五七五，4；图版一一三，6）。

6. 皮具 窄牛皮带穿孔打结成环状，为马具。长 10.4、宽 1 厘米（图五七五，1；图版二二八，1）。

7. 陶器残片 残，仅存整个器物的 1/3 部分。夹砂红陶。敞口，小方唇，束颈，圆腹，圜底。素面。残高 8.2 厘米（图五七五，2）。

ⅡM109

墓葬概况

位于墓地西南部，西邻ⅡM146，南邻ⅡM145，墓向

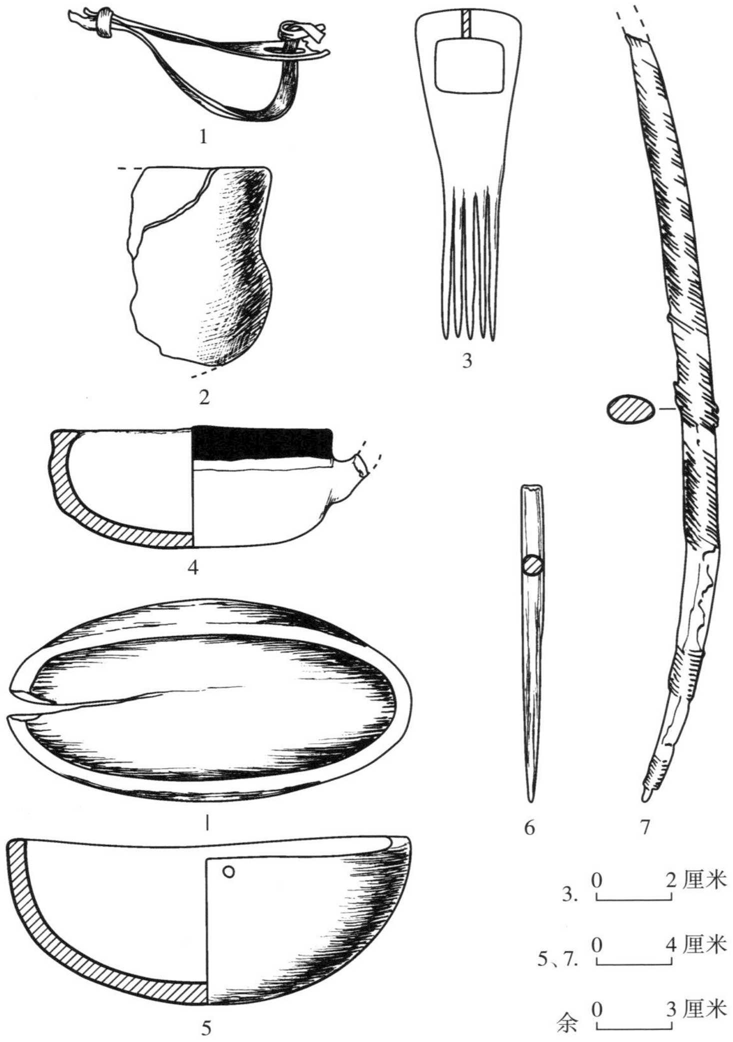

图五七五　ⅡM108 随葬品

1. 皮具（ⅡM108：6）　2. 陶器残片（ⅡM108：7）　3. 木梳（ⅡM108：1）　4. 陶钵（ⅡM108：5）　5. 木钵（ⅡM108：2）　6. 木钉（ⅡM108：3）　7. 复合弓（ⅡM108：4）

图五七六　ⅡM109 平、剖面图

1. 木纺轮　2. 木盘　3. 皮盒　4. 木钉　5. 骨锥　6. 皮靴　7. 毛皮大衣

118°。C 型，长方形竖穴土坑墓，直壁。墓口距地表深 0.2 米，墓长 1.6、宽 0.81 米，墓深 1.03 米。内葬两人，靠墓底北壁为 A，头骨移位到骨架右侧，仰身，下肢上屈，倒靠墓北壁上，壮年男性，年龄 20~30 岁；另一具骨架 B 位于 A 颅骨南侧，肢骨凌乱，骨骼残缺较多，头骨破碎，壮年女性，年龄 25~30 岁，骨架西侧有皮靴一双。男性脚下有羊头一个。为二次葬。木纺轮位于皮靴上，木盘位于西北角，皮盒位于男性腰部，木钉、骨锥位于中南部，皮靴和毛皮大衣也在南部（图五七六）。

随葬品

出土木、皮、骨器和毛织品 7 件（组）。

1. 木纺轮　2 件。线轴呈两端细、中部稍粗的圆柱状，上端刻有挂线浅槽。轮呈圆饼状。线轴长 36、直径 0.65 厘米，轮径 5.7、厚 1.4 厘米（图五七七，15；图版一七七，6）。

2. 木盘　呈椭圆形，浅腹，圜底，盘壁上部钻有一小穿孔，底背面有刀剁痕，反扣为砧板。口径 11~29.2、高 4.4 厘米（图五七七，13；图版一三七，5）。

3. 皮盒　牛皮缝制。残破严重（图五七七，1~8）。

4. 木钉　呈圆锥状，尖较锐，后端有砸痕。长 11.6、直径 1.03 厘米（图五七七，14）。

5. 骨锥　骨片磨制。呈扁锥体，尖锐，后端有穿系小孔，通体磨制光滑。长 12 厘米（图五七七，12；图版一八九，2）。

6. 皮靴　一双。底部牛皮革缝制，上安装羊皮筒。靴底长 26.3、高 21.6 厘米（图五七七，10、11；图版二一九，8）。

7. 毛皮大衣　用带毛的羊皮缝制，线用细羊皮条。圆领，左衽。一只袖残。长 75.2、下摆宽 156 厘米（图五七七，9；图版二一六，3）。

ⅡM110

墓葬概况

位于墓地西南部，西北邻ⅡM112，南邻ⅡM138，墓向 115°。C 型，长方形竖穴土坑墓，直壁。墓口距地表

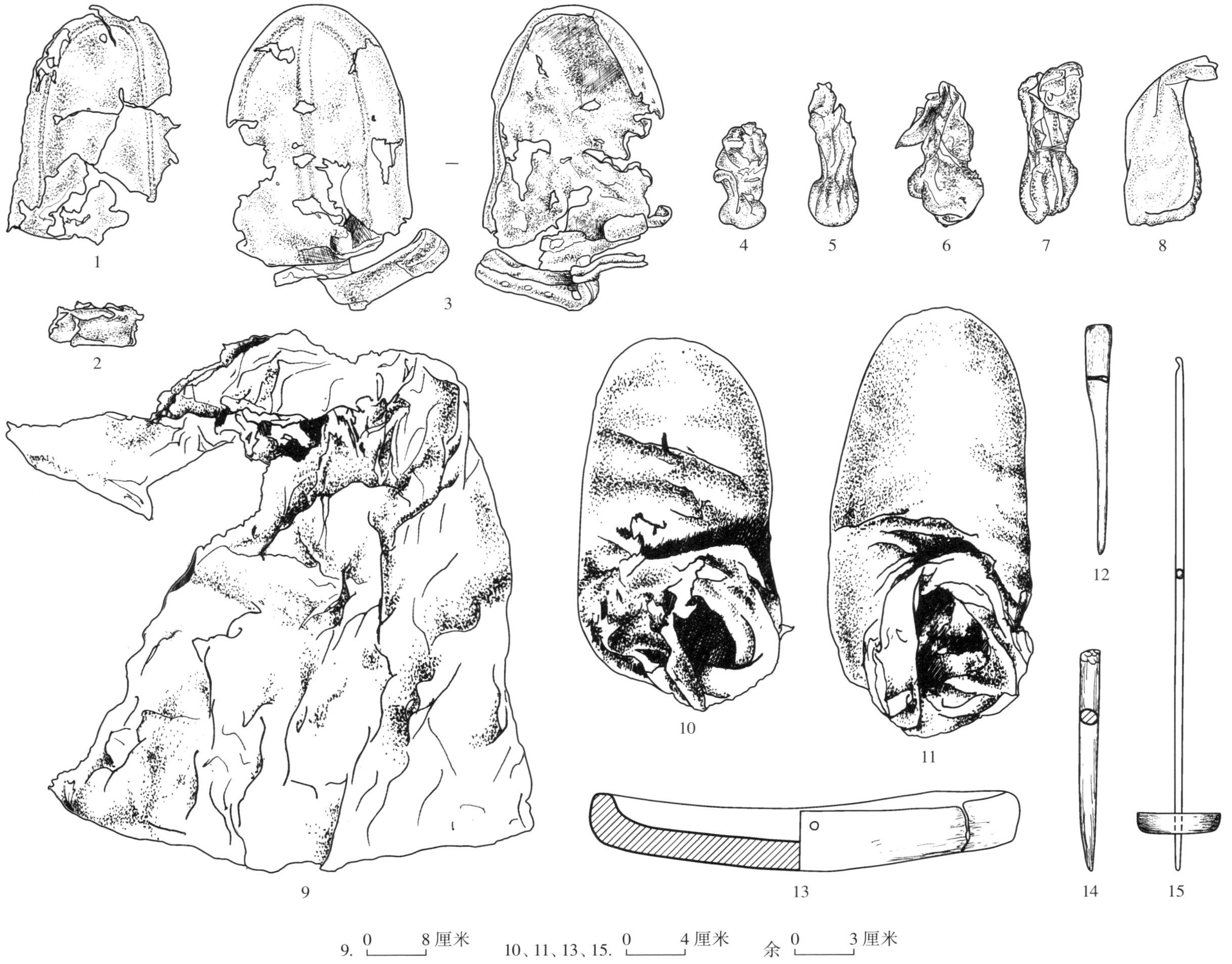

图五七七　ⅡM109 随葬品

1~8. 皮盒（ⅡM109：3）　9. 毛皮大衣（ⅡM109：7）　10、11. 皮靴（ⅡM109：6左、6右）　12. 骨锥（ⅡM109：5）　13. 木盘（ⅡM109：2）　14. 木钉（ⅡM109：4）　15. 木纺轮（ⅡM109：1）

深 0.19 米，墓长 1.71、宽 1.07 米，墓深 1.21 米。墓被盗扰，人骨堆放于墓底南部，颅骨则位于北壁下，壮年男性，年龄 20~30 岁。西北偏中部有羊头一个。无葬具。随葬的木桶、陶单耳杯两件、木纺轮都集中在西北角（图五七八）。

随葬品

出土陶、木质器物 4 件。

1. 木桶　圆木掏挖、刻削而成。直口，沿上原有对称立耳，残存一个，为倒梯形，中有穿孔。底部内侧有凹槽，方便装木桶底，桶底已不存。口径 19.2、高 21.2、通高 26.4 厘米（图五七九，4）。

2. 陶单耳杯　夹砂红陶。敞口，圆唇，鼓腹，圜底，沿上环形立耳。口径 8.8、腹径 10.8、高 9、通高 13.4 厘米（图五七九，1；图版九〇，2）。

3. 陶单耳杯　夹粗砂红陶。直口，方唇，弧腹，平底，口沿一侧有斜边带阶状装饰的三角形立耳，耳中部有一圆孔。口径 9.6、底径 8、高 9.8、通高 13.6 厘米（图五七九，3；图版八八，2）。

4. 木纺轮　薄木板制作。圆饼形。直径 6.1、厚 1 厘米（图五七九，2）。

ⅡM111

墓葬概况

位于墓地西南部，西北邻ⅡM117，西邻ⅡM124，

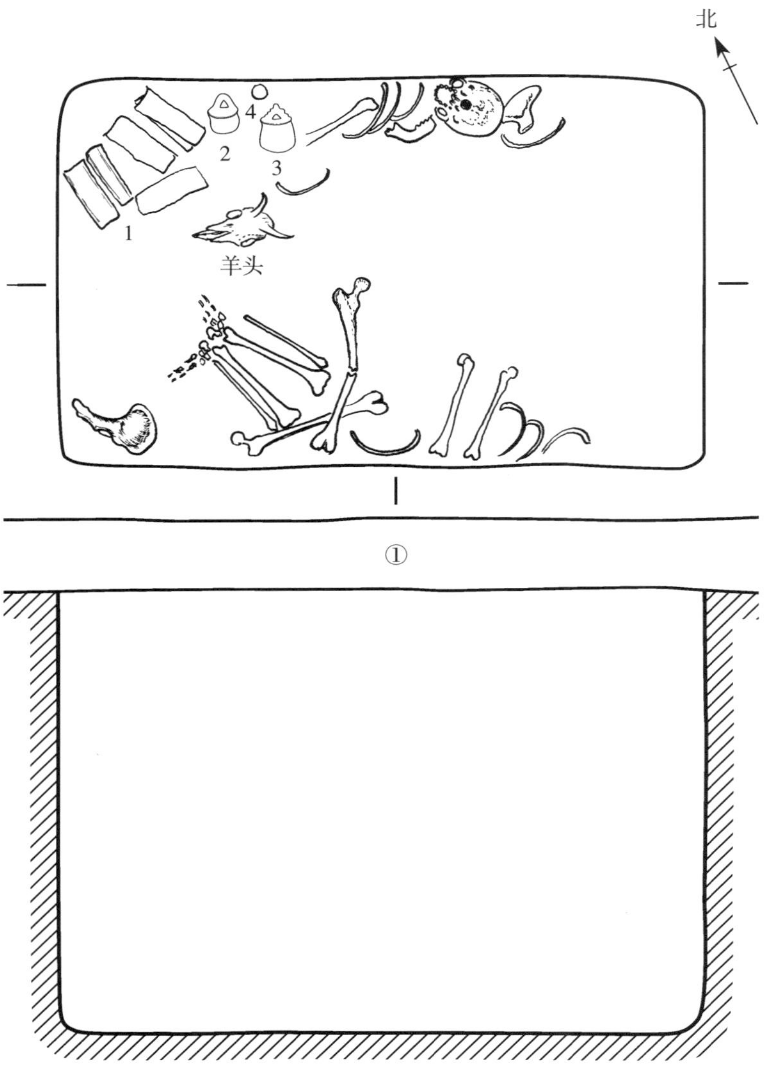

0　40厘米

图五七八　ⅡM110平、剖面图

1. 木桶　2、3. 陶单耳杯　4. 木纺轮

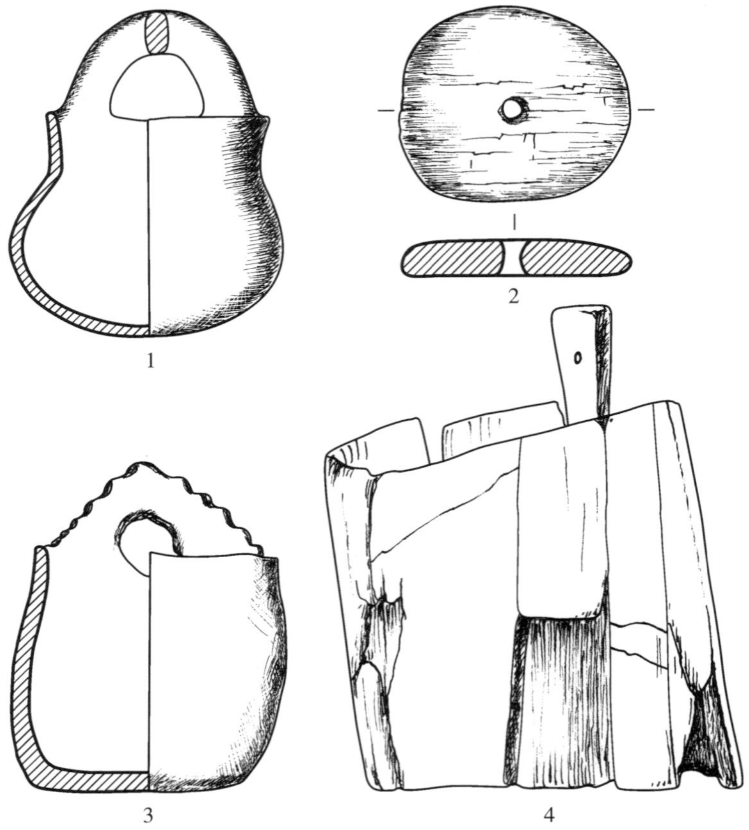

2. 0 2厘米　4. 0 4厘米　余 0 3厘米

图五七九　ⅡM110随葬品

1、3. 陶单耳杯（ⅡM110：2、3）　2. 木纺轮（ⅡM110：4）　4. 木桶（ⅡM110：1）

墓向110°。C型，长方形竖穴土坑墓，直壁。墓口距地表深0.2米，墓长1.52、宽0.73米，墓深1.35米。墓被盗扰，墓底有四腿木尸床，已朽残，仅存边框。木床长1.47、宽0.64、高0.15米。单人葬，人骨凌乱，分布于西半部，多肢骨，颅骨位于北壁下床框上，壮年男性，年龄25~30岁。西南部随葬羊头一个，在墓底西部有复合弓、芦苇管、木钉，东部有毛纺织物碎片（图五八〇）。

随葬品

出土木器、毛织品等4件。

1. 复合弓　残段。扁木棍上下两边夹粘牛角片，再用牛筋缠扎，弓截面呈椭圆形，弓弰削细变尖。残长74、直径2~2.8厘米（图五八一，6）。

2. 木钉　用细木棍削成。呈圆锥状。长19.6、直径1.5厘米（图五八一，2）。

3. 芦苇管　由芦苇秆制成。一端实心。长19.9、直径1.4厘米（图五八一，1）。

4. 毛纺织物　用黄色经线和蓝色纬线织出的平纹毛布，边上残存一段毛绦。长24、高8.6厘米（图版二七〇，4）。

ⅡM112

墓葬概况

位于墓地西南部，东南邻ⅡM110，西北邻ⅡM116，墓向115°。C型，长方形竖穴土坑墓，直壁。墓口距地表深0.2米，墓长1.51、宽0.92米，墓深0.9米。墓底人骨分两处堆放，靠西北角，人腿上屈斜靠墓北壁，南壁下肢骨凌乱，有两个人颅骨，A偏西，壮年男性，年龄25~30岁；颅骨B残破，年龄、性别不清。骨架下铺苇草，为二人葬。在墓底中部出土木盘，盘内放置木梳，木盘北侧出土陶单耳杯。西南角随葬有一羊头骨（图五八二）。

随葬品

出土陶、木器3件。

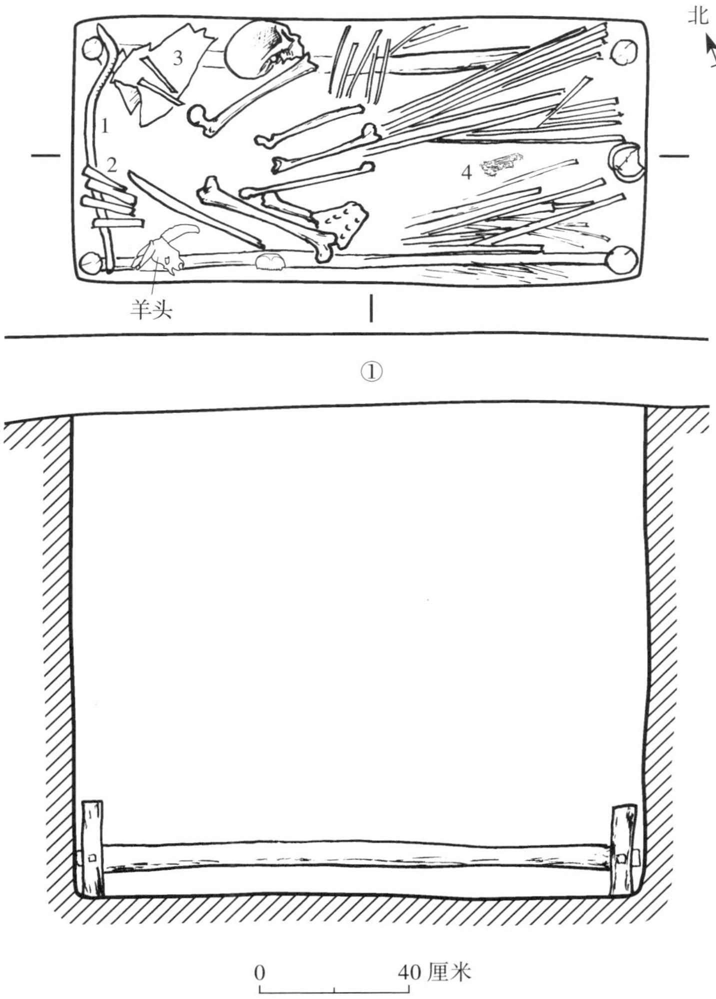

图五八〇 ⅡM111 平、剖面图

1. 复合弓 2. 木钉 3. 芦苇管 4. 毛纺织物

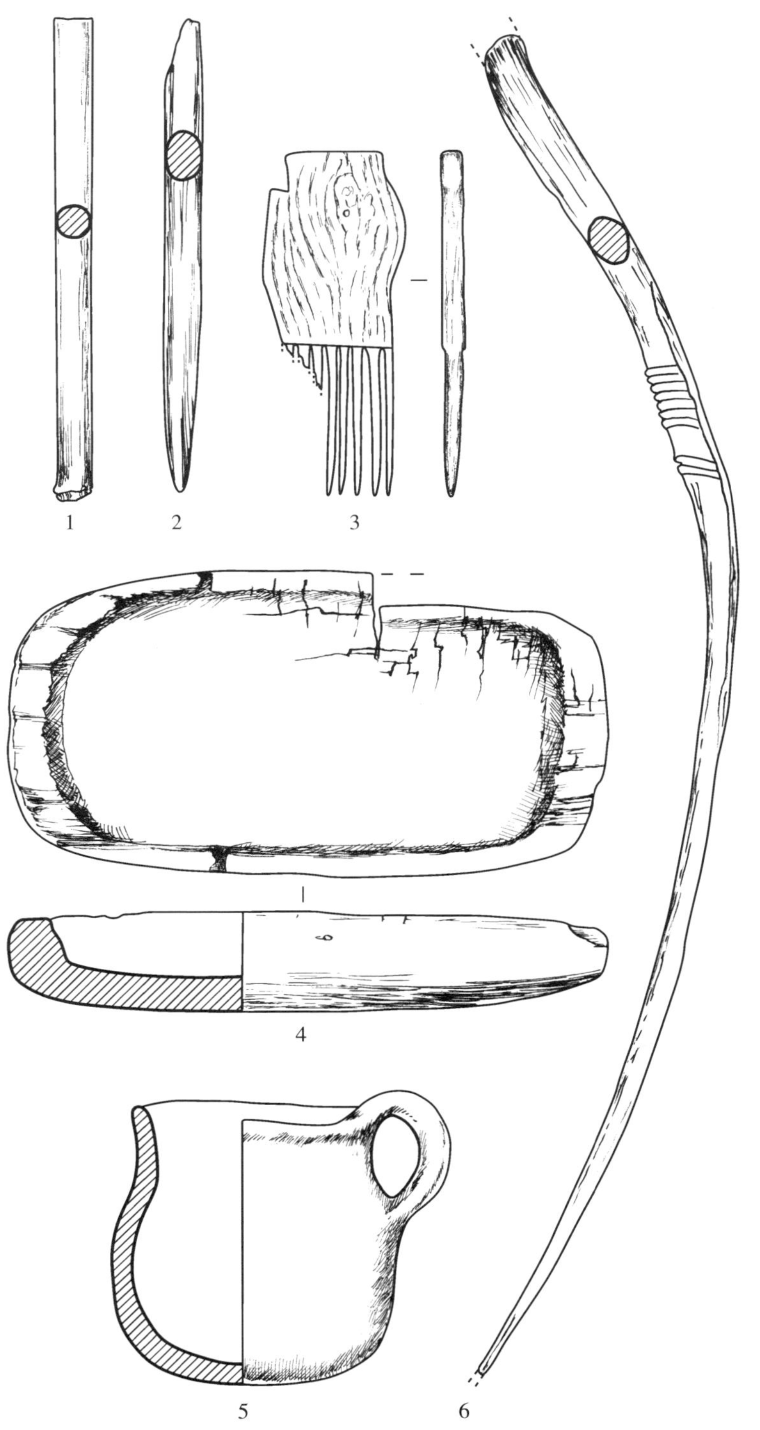

图五八一 ⅡM111、ⅡM112 随葬品

1. 芦苇管（ⅡM111：3） 2. 木钉（ⅡM111：2） 3. 木梳（ⅡM112：3） 4. 木盘（ⅡM112：2） 5. 陶单耳罐（ⅡM112：1） 6. 复合弓（ⅡM111：1）

1. 陶单耳罐 夹砂红陶。敞口，方唇，圜底近平，单耳由口沿下翻至肩部。口径 9.2、高 12 厘米（图五八一，5；图版五一，3）。

2. 木盘 平面呈圆角长方形，短边起拱，浅腹，平底，长边一侧有穿孔。底面有刀剁痕迹，反扣为砧板。口长 39.8、宽 21.2、高 7 厘米（图五八一，4）。

3. 木梳 薄木板刻制。呈纵长方形，梳背减刻成亚腰形，齿呈扁锥体，共八齿，其中三齿残断，齿较疏松。长 9.5、宽 3.8、厚 0.6、齿长 4.1 厘米（图五八一，3）。

ⅡM113

墓葬概况

位于墓地西南部，西邻ⅡM116，东南邻ⅡM106，墓向 102°。C 型，长方形竖穴土坑墓，直壁。墓口距地表深 0.2 米，墓长 1.2、宽 0.71 米，墓深 0.92 米。墓被盗掘，墓口填土中有芦苇，墓底仅存人颅骨和部分肢骨，单人葬，青年男性，年龄 18~22 岁。无葬具。墓底东北部出土陶单耳杯、陶单耳罐（图五八三）。

随葬品

出土陶器 2 件。

1. 陶单耳杯 夹砂红陶。敞口，方唇，束颈，圆腹，圜底近平，沿上有一立耳，耳残。素面。口径 7、高 7.3 厘米（图五八四，1）。

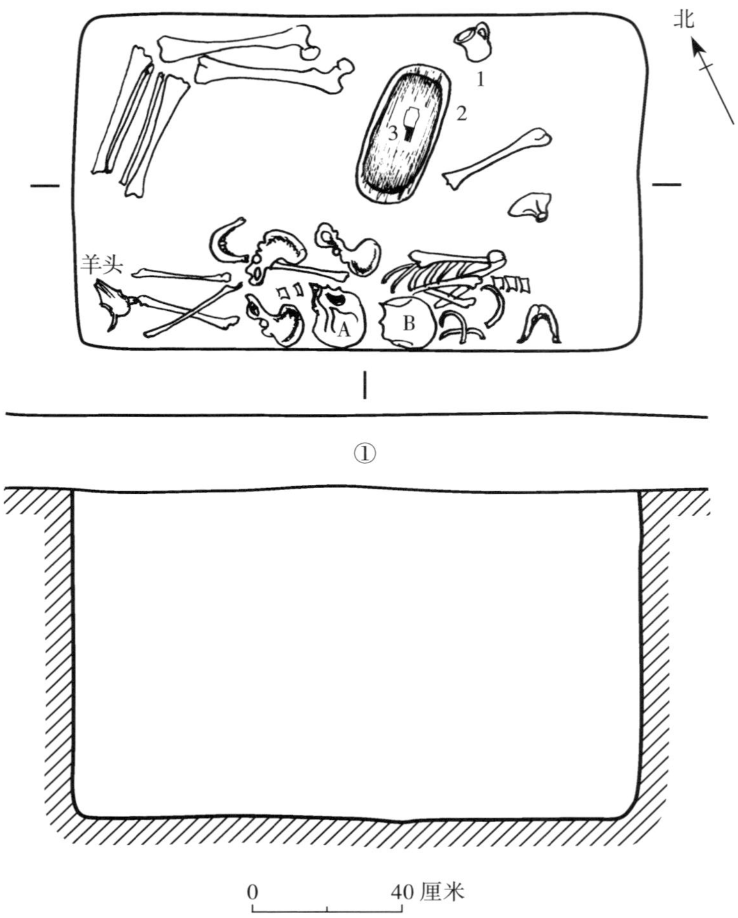

图五八二　ⅡM112 平、剖面图
1. 陶单耳罐　2. 木盘　3. 木梳

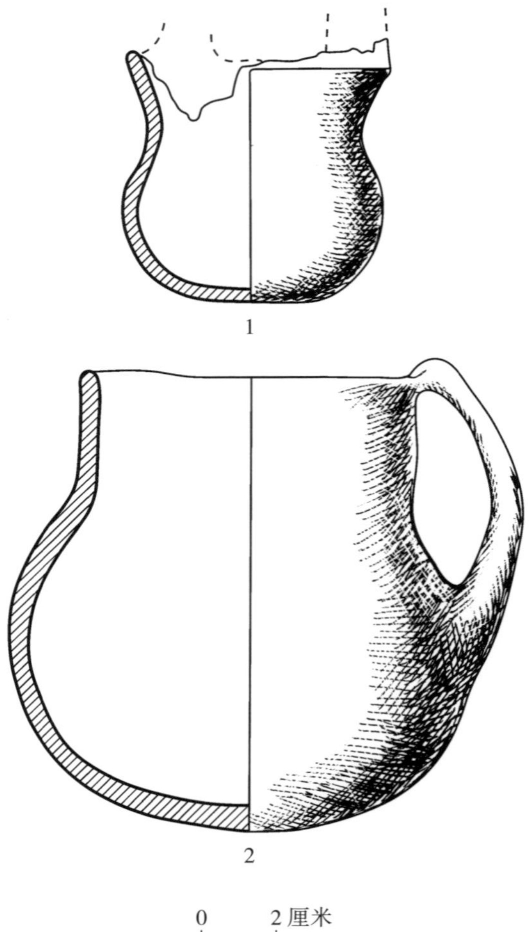

图五八四　ⅡM113 随葬品
1. 陶单耳杯（ⅡM113：1）　2. 陶单耳罐（ⅡM113：2）

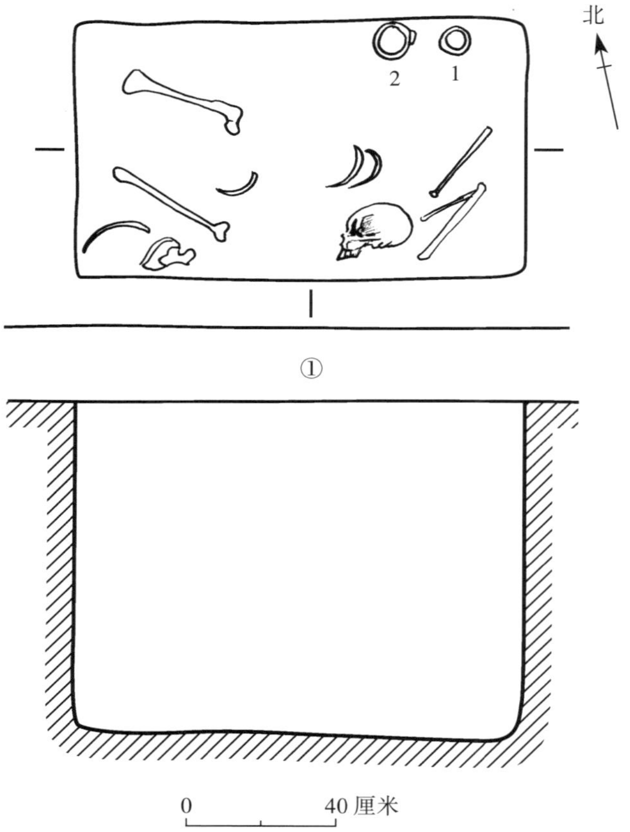

图五八三　ⅡM113 平、剖面图
1. 陶单耳杯　2. 陶单耳罐

2. 陶单耳罐　夹砂红陶。直口，方唇，圆鼓腹，圜底，沿至腹部有一宽带状耳。素面。口径 8.8、高 12.6 厘米（图五八四，2；图版五一，4）。

ⅡM114

墓葬概况

位于墓地中南部，东北邻ⅡM120，东南邻ⅡM115，墓向 123°。C 型，该墓葬地表呈东高西低斜坡状。为一座东南至西北向竖穴土坑墓，平面形状近长方形，四隅圆滑，开口于表土下。墓口距地表 0.1 米，东西长 1.4、南北宽 0.67 米，墓深 0.9 米，在墓口下东部有“人”字形编织的苇席残片，席上铺有芦苇秆。填土为沙土，土质松散，掺杂有芦苇秆，墓葬四壁留有工具痕迹，平底，四角均有木床腿放置过的圆形凹坑。由于盗扰，尸床被破坏，长 1.07、宽 0.52（依据柱洞距离来判断尸床宽度）、柱腿高 0.23 米。木床四角为圆木柱状腿，柱腿中部有纵横卯槽，之间由床梆榫头连接，床梆间加有四道横向木框。该墓由于盗扰，人骨架散乱，颅骨在南壁东部，头向北，面向西，葬式不详。依据盆骨和颅骨初步判断为中年男性，

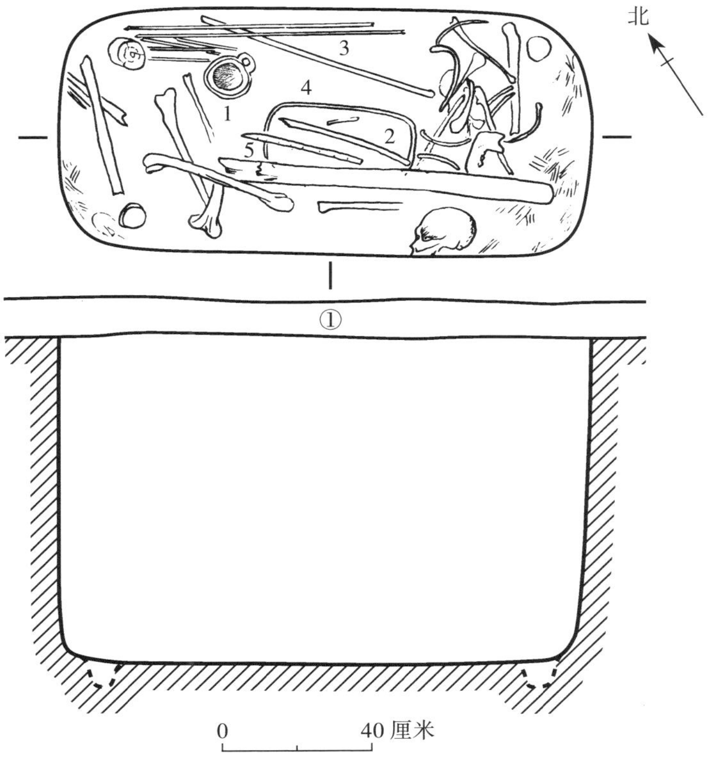

图五八五　ⅡM114平、剖面图

1. 陶圈足罐　2. 复合弓　3. 木箭　4. 木盘　5. 木撑板

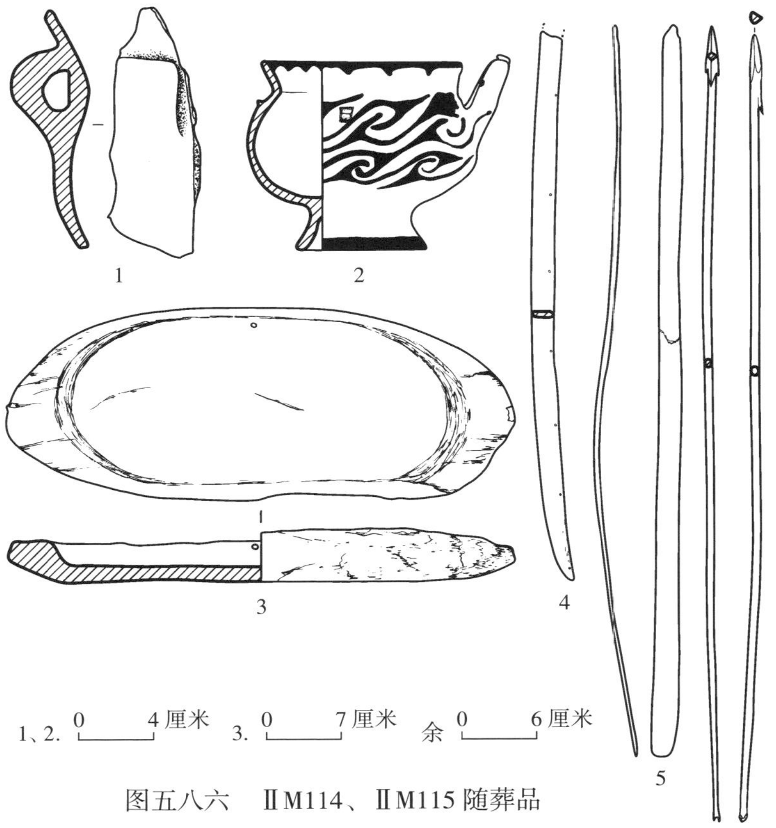

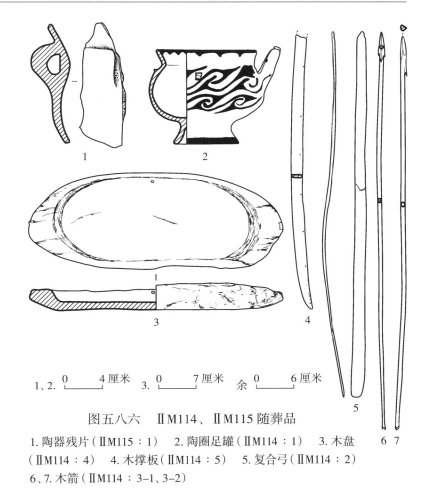

图五八六　ⅡM114、ⅡM115随葬品

1. 陶器残片（ⅡM115：1）　2. 陶圈足罐（ⅡM114：1）　3. 木盘（ⅡM114：4）　4. 木撑板（ⅡM114：5）　5. 复合弓（ⅡM114：2）　6、7. 木箭（ⅡM114：3–1、3–2）

年龄35~45岁。人骨架上清理出织物残片，随葬的陶圈足罐、复合弓、木盘、木箭和木撑板都散置于中间偏西北部（图五八五）。

随葬品

出土陶、木器5件（组）。

1. 陶圈足罐　泥质红陶，手制。敞口，鼓腹，矮圈足为后粘上去的，单横耳，耳顶有乳丁。施红衣黑彩，腹部饰两方连续勾连纹，内外沿饰连续三角纹（锯齿纹）。口径10.6、腹径12.2、底径6.9、高10.5、通高10.8厘米（图五八六，2；图版六五，3）。

2. 复合弓　已断裂成五截。由韧木、牛角、牛筋和皮胶等多种材质制成。一端弓弭呈弯钩，另一端刻槽用以系弦。最长的一段长60.1、直径2厘米（图五八六，5）。

3. 木箭　4支。单根木条削制。仅箭头处稍粗。一种是近三棱形箭头，在柱状体上削平两个面并修尖，下方留出倒刺。一种四棱形箭头，沿一个凸棱下方留出倒刺。长短差别不大。ⅡM114：3–1，长65.2、直径0.7厘米（图五八六，6）。ⅡM114：3–2，长64.7、直径0.76厘米（图五八六，7）。

4. 木盘　用厚木板砍、削成。口呈长圆形，浅盘，弧凸底（圆木表面自然弧度）。盘内外底都有剁划痕，并有油渍浸迹。口长径47.3、短径18.5、高5.3厘米（图五八六，3）。

5. 木撑板　用薄木板削制。长条形，一端头半月牙形，另一端残断沿一边等距分布有七枚锥孔，其中有五枚先锥错位置而劈裂，改动位置或重新锥出。残长45.2、宽1.9、厚0.6厘米（图五八六，4）。

ⅡM115

墓葬概况

位于墓地中南部，西北邻ⅡM114，东邻ⅡM221，墓向126°。C型，该墓葬地表较平坦。为一座东南至西北向竖穴土坑墓，平面形状近长方形，四隅圆滑，开口于表土下。墓口距地表深0.18米，墓长1.32、宽0.64米，墓深1米，在墓口下西部有“人”字形编织的苇席残片。填土为黄沙土，土质松散。接近底层时在墓葬的西南角出土一个颅骨，未成年人，年龄7~8岁。该墓由于盗扰，骨架散乱，葬式不详，采集有下颌骨、左髋骨和骶骨，初步判断与上面颅骨为一个个体。在墓的中部出土陶器残片和毛纺织物残片（图五八七）。

随葬品

出土陶器和毛纺织物2件。

1. 陶器残片　夹砂红陶，手制。敞口，鼓腹，器物较厚重。残高13.7、宽4.9厘米（图五八六，1）。

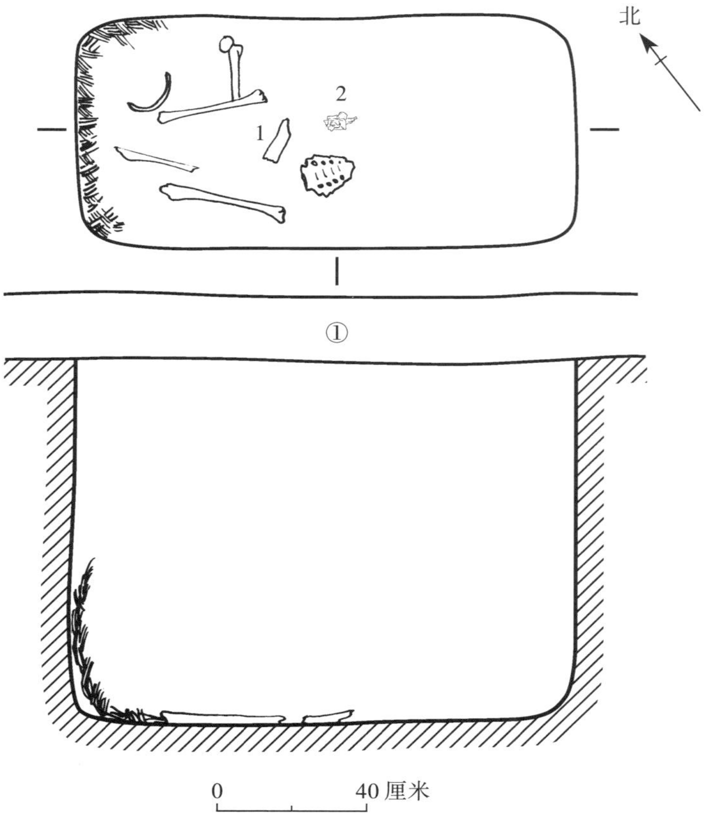

图五八七 ⅡM115 平、剖面图
1. 陶器残片 2. 毛纺织物

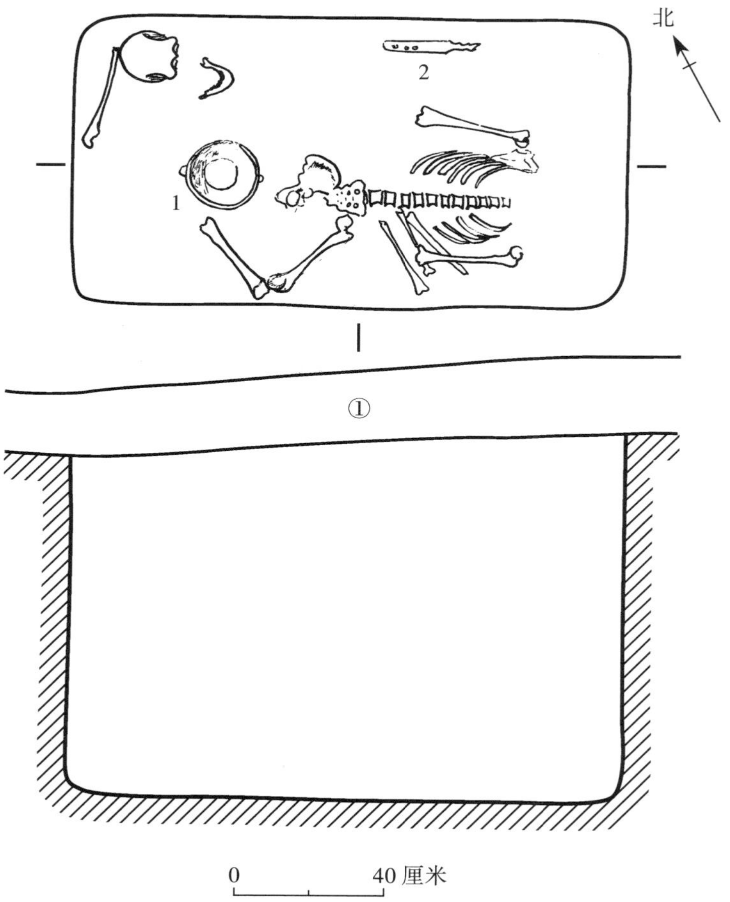

图五八八 ⅡM116 平、剖面图
1. 陶盆 2. 木取火板

2. 毛纺织物　残片。以毛本色毛线做经线，以红色、黄色、褐色、绿色毛线做纬线织出宽窄相间的竖条纹。结构疏松，残破严重。残长 55、宽 50 厘米（图版二七〇，6）。

ⅡM116

墓葬概况

位于墓地西南部，东南邻ⅡM112，西北邻ⅡM170，墓向 116°。C 型，圆角长方形竖穴土坑墓，直壁。地表为戈壁沙石，呈东高西低斜坡。墓口距地表深 0.18~0.2 米，墓长 1.47、宽 0.8 米，墓深 0.92~1 米。内葬一人，仰身屈肢，颅骨和下颌骨移位到西北角，下肢上屈，倒靠于墓的南壁上，壮年男性，年龄 25~30 岁。无葬具。在脚下方出土陶盆，右臂北侧出土木取火板（图五八八）。

随葬品

出土陶、木器 2 件。

1. 陶盆　夹砂红陶。敞口，方唇，斜腹内收，平底，口沿下有对称錾。口径 19、底径 9、高 11 厘米（图五九〇，3；图版一〇七，6）。

2. 木取火板　木板制作。呈长条状，后端为柱状柄，板面一侧有八个锯齿槽，前端四个已启用的圆形取火孔。长 27、宽 2、厚 1.1 厘米（图五九〇，4；图版一六六，4）。

ⅡM117

墓葬概况

位于墓地西南部，北邻 M118，东南邻 M111，墓向 115°。C 型，圆角长方形竖穴土坑墓，直壁。墓口距地表深 0.2 米，墓长 1.36、宽 0.68 米，墓深 1.18 米。墓内填土中含有芦苇、干草等。墓底有四足木尸床，木床长 1.16、宽 0.45、高 0.19 米，床面用细木棍铺成。墓被盗掘过，人骨骼大部分集中堆放于木床西部，东端有一根股骨，单人葬，颅骨位于西部乱骨中，壮年男性，年龄 30 岁左右。木床西部人骨旁出土陶单耳杯，床下北侧出土另一件陶单耳杯（图五八九）。

随葬品

出土陶器 2 件。

1. 陶单耳杯　夹砂红陶。敞口，方唇，斜腹内收，平底，口沿上有台阶状三角形立耳，中有穿孔。口沿内及器表施红陶衣。口径 12.7、底径 9.2、高 7.8、通高 12.2 厘米（图五九〇，2；图版八八，3）。

2. 陶单耳杯　夹砂红陶。直口，鼓腹，圜底，单耳由沿下翻至腹部。高 7.2、口径 6.6 厘米（图五九〇，1）。

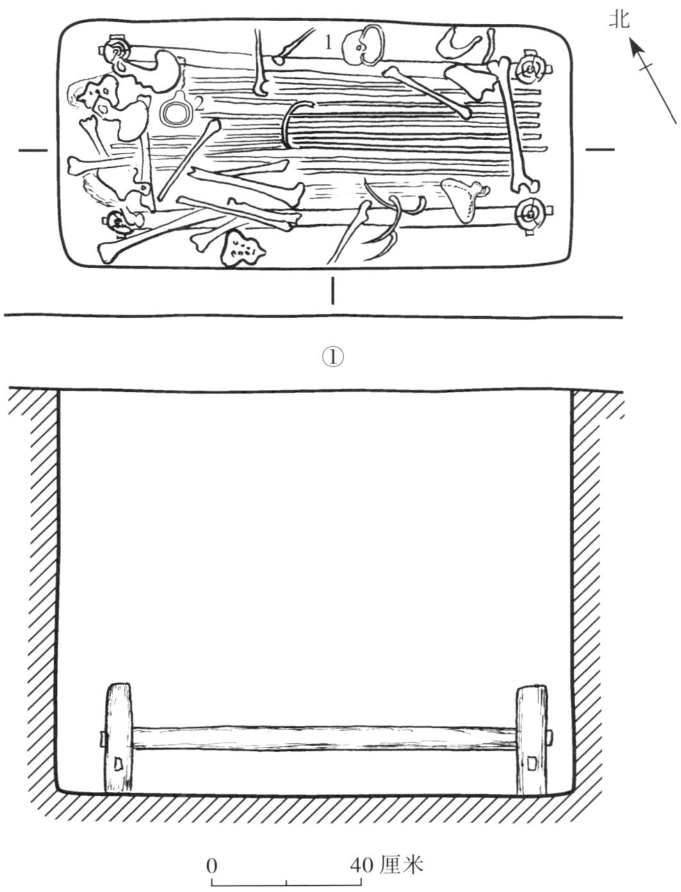

图五八九 ⅡM117平、剖面图

1、2. 陶单耳杯

ⅡM118

墓葬概况

位于墓地西南部，北邻ⅡM119，南邻ⅡM117，墓向125°。C型，圆角长方形竖穴土坑墓，直壁。墓口距地表深0.18米，墓长1.61、宽0.98米，墓深1.1米。墓口填土中夹有草屑。墓底的人骨架部分移位，颅骨位于骨架南侧，从保存现状来看应为仰身屈肢，下肢叉开，单人葬，中年男性，年龄45~55岁。西南角随葬有羊头一个，西北角有马的前腿骨一段。人骨架南侧出土木盘，向东与下颌骨在一起有陶带流杯（图五九一）。

随葬品

出土木、陶器2件。

1. 木盘 平面呈纵长方形，圆角，短边起拱，浅腹平底，底面有刀剁痕，长边一侧有穿孔。长51、宽20.2、高7.2厘米（图五九三，5）。

2. 陶带流杯 夹砂红陶。敞口，圆唇，鼓腹，平底。与耳相对应的一边有开口流，流嘴微上翘。口内沿饰锯齿纹，外沿饰网格纹，上腹饰连续垂帐纹，下腹饰反方

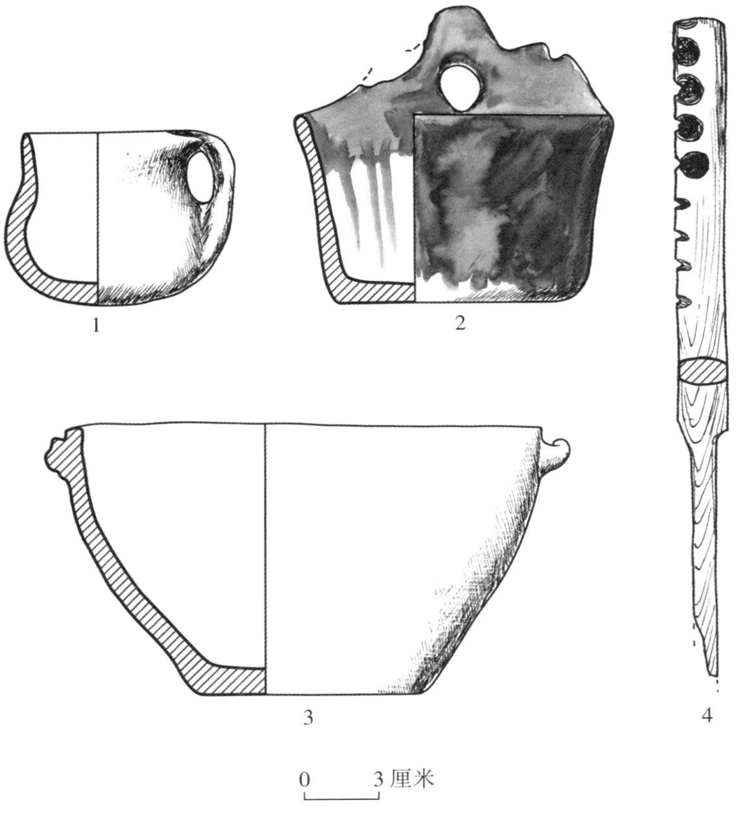

图五九〇 ⅡM116、ⅡM117随葬品

1、2. 陶单耳杯（ⅡM117：2、1） 3. 陶盆（ⅡM116：1） 4. 木取火板（ⅡM116：2）

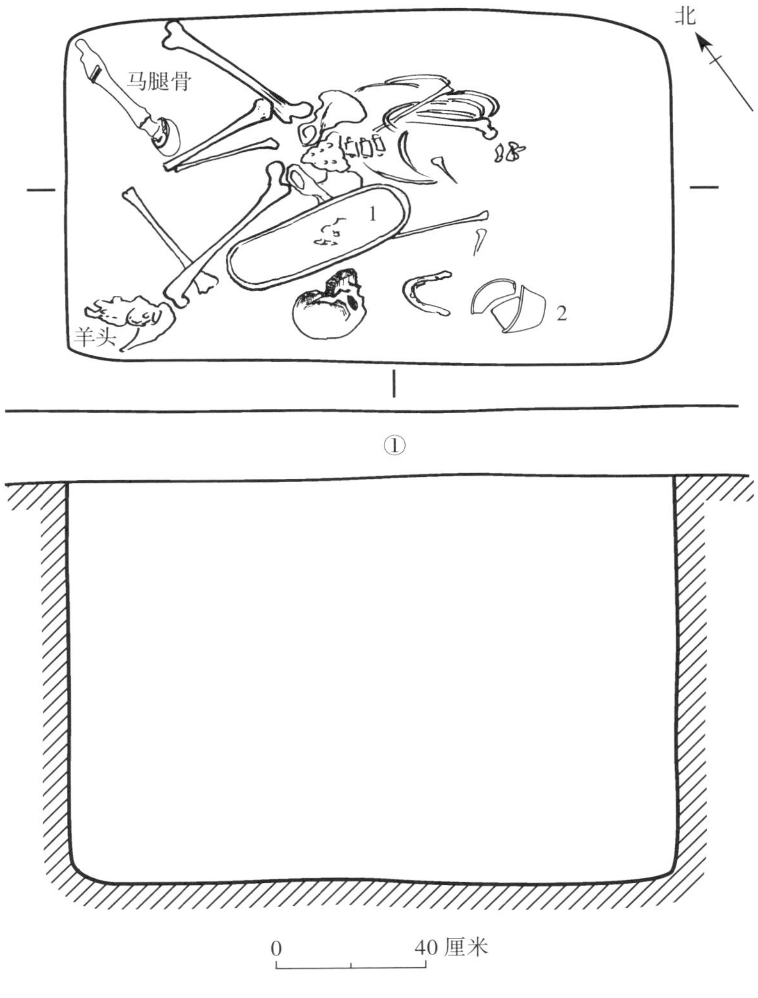

图五九一 ⅡM118平、剖面图

1. 木盘 2. 陶带流杯

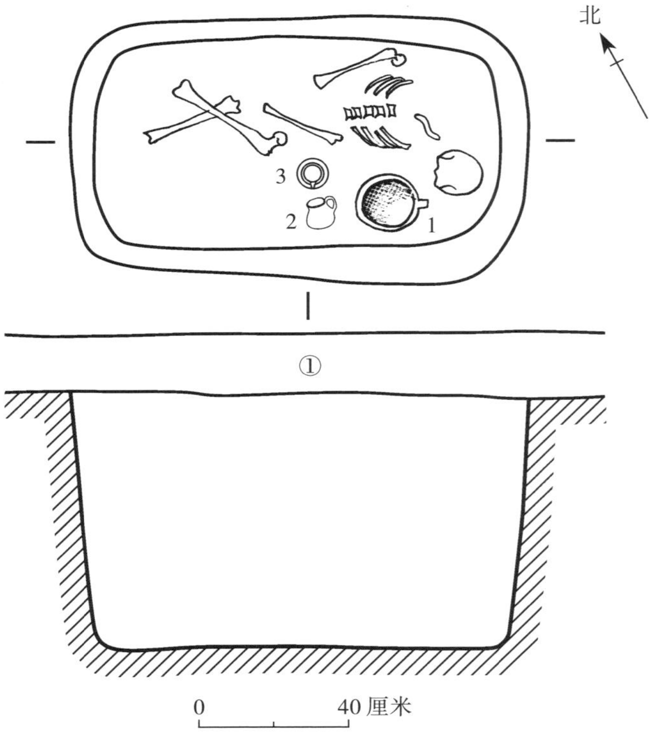

图五九二 ⅡM119平、剖面图

1. 陶钵 2. 陶单耳杯 3. 陶单耳罐

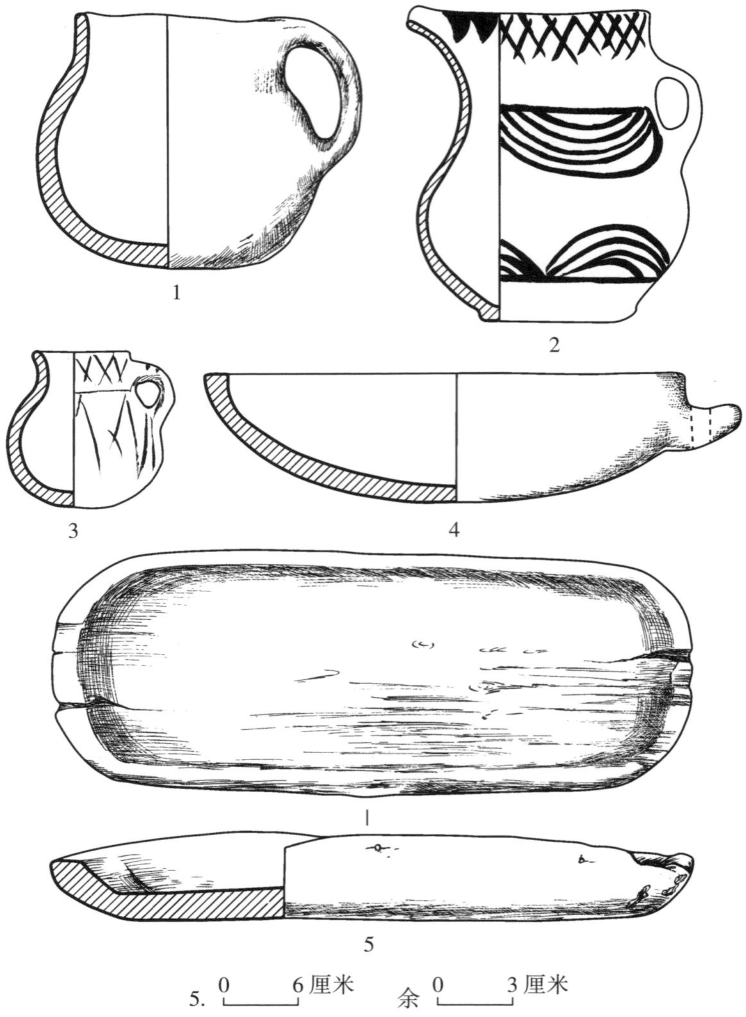

图五九三 ⅡM118、ⅡM119随葬品

1. 陶单耳杯（ⅡM119：2） 2. 陶带流杯（ⅡM118：2） 3. 陶单耳罐（ⅡM119：3） 4. 陶钵（ⅡM119：1） 5. 木盘（ⅡM118：1）

向相同的纹样。口径7.2~9.5、底径6.2、高12.9厘米（图五九三，2；图版九七，6）。

ⅡM119

墓葬概况

位于墓地西南部，南邻ⅡM118，北邻ⅡM168，墓向115°。C型，竖穴土坑墓，口大底小，倒梯形。墓口呈圆角长方形。墓口距地表深0.17米，墓口长1.21、宽0.73米，墓底长1.08、宽0.58米，墓深0.7米。墓底有一具儿童骨架，头骨移位，骨骼缺失较多，从现状来看，为仰身屈肢，未成年男性，年龄11~13岁。无葬具。在骨架南侧出土陶钵、陶单耳杯、陶单耳罐（图五九二）。

随葬品

出土陶器3件。

1. 陶钵 夹砂红陶。口微敞，方唇，浅圆腹，沿下一侧有穿孔横錾。口径19.2、高5.4厘米（图五九三，4；图版一一三，7）。

2. 陶单耳杯 夹砂红陶。直口，弧腹，圜底，单耳由口沿下翻至腹部。口径8、腹径11.2、高10.4厘米（图五九三，1；图版七四，3）。

3. 陶单耳罐 夹砂红陶。小口微敞，方唇，圆鼓腹，圜底，单耳从口沿下翻至肩。口沿下饰折线纹，器表饰大折线纹。口径3.8、高6.5厘米（图五九三，3；图版五九，5）。

ⅡM120

墓葬概况

位于墓地西部，南邻ⅡM115，墓向130°。C型，该墓葬地表较平坦。为一座东南至西北向竖穴土坑墓，平面形状近长方形，四隅圆滑，开口于表土下，表土层厚0.09米，墓长1.28、宽0.56米，墓深0.74米。墓底中部有“人”字形纹编织苇席残片。填土为沙土，土质松散。墓葬四壁留有工具痕迹，平底。墓早年被盗掘破坏，墓内未发现骨架和随葬品（图五九四）。

随葬品

无随葬品。

ⅡM121

墓葬概况

位于墓地西南部，西邻ⅡM172，东南邻ⅡM118，墓向120°。C型，圆角长方形竖穴土坑墓，直壁。墓口距

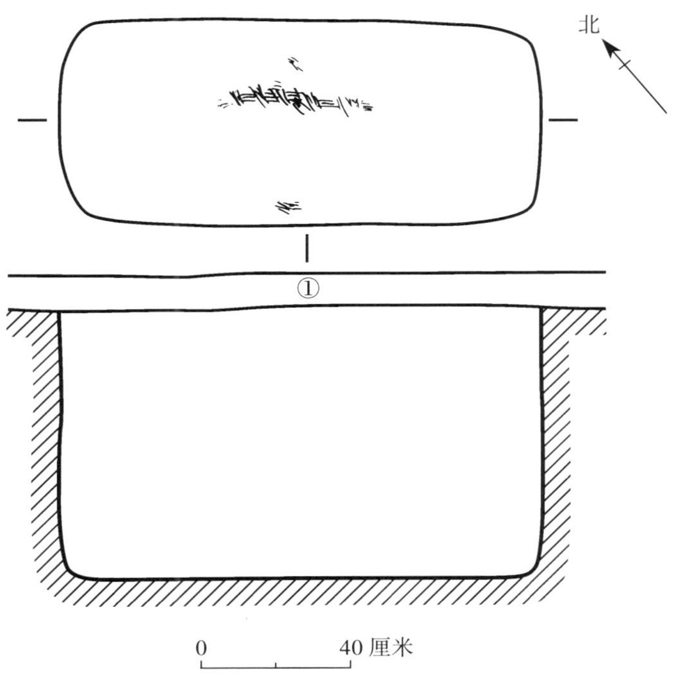

图五九四　ⅡM120 平、剖面图

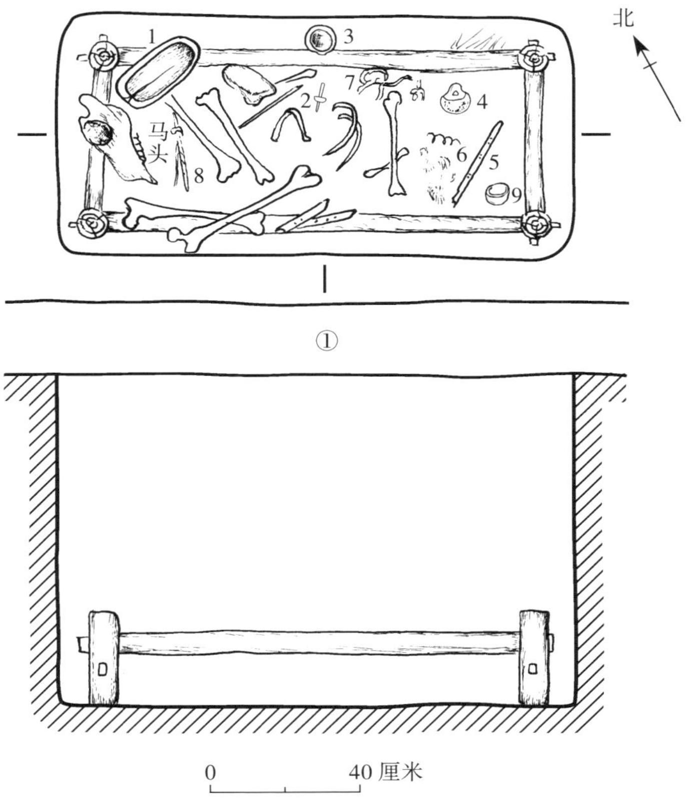

图五九五　ⅡM121 平、剖面图

1. 木盘　2. 木纺轮　3、4. 陶单耳杯　5. 木撑板　6. 毛线穗　7. 皮辔头　8. 复合弓　9. 陶钵

地表深 0.19 米，墓长 1.36、宽 0.66 米，墓深 0.91 米。墓被盗扰，填土中有土坯、芦苇等。墓底有四足木尸床，床面已朽残，仅存床架，长 1.24、宽 0.53、高 0.22 米。床面上人骨凌乱，两个人头骨位于近墓底填土中，其中 A 颅骨开方孔，青年男性，年龄 20~25 岁；B 颅骨青年男性，年龄 14~18 岁。床沿上有苇席残迹。在木尸床上西北部出土有木盘和复合弓，北部有木纺轮、陶单耳杯、皮辔头，东南部有陶单耳杯、木撑板、毛线穗、陶钵。在尸床西部随葬有马头骨（图五九五）。

随葬品

出土木、陶、皮器和毛织品 9 件。

1. 木盘　平面呈纵长方形，短边起拱，敞口，方唇，浅腹，平底，长边一侧有穿孔。长 25.4、宽 13.5、高 5.8 厘米（图五九六，6）。

2. 木纺轮　纺轮呈圆饼形，一面平，一面略弧。线轴残，一端粗，一端细。线轴长 8、直径 0.8 厘米，轮径 3.4、厚 1.4 厘米（图五九六，3）。

3. 陶单耳杯　夹粗砂红陶。口沿残，敞口，圆唇，鼓腹，圜底近平，单耳由口沿下翻至下腹部，已残。口径 7.6、高 6.3 厘米（图五九六，7）。

4. 陶单耳杯　夹砂红陶。敞口，斜腹，平底，口沿上有单立耳。口径 7.4、底径 5.2、高 5.2、通高 7.6 厘米（图五九六，1；图版九〇，3）。

5. 木撑板　残，呈长条形，三边抹棱，板面中钻小孔。残长 29.8、宽 1.84 厘米（图五九六，5）。

6. 毛线穗　一束。蓝红相接，蓬松，还有一铜片原来应是缠在毛线上的。长 27.6 厘米（图版二七一，6）。

7. 皮辔头　残段，有皮条绳，扣和一块牛皮板（图五九六，2）。

8. 复合弓　残存一截，带弓弭，并留有弓弦的一部分。弓为复合弓，由牛角、木和筋合成，弦为牛筋质。系在弓弭槽中。残长 25.6、直径 1.9 厘米（图五九六，4）。

9. 陶钵　夹砂红陶。敛口，圆唇，圆腹，圜底。口径 8.6、腹径 9.6、高 4.7 厘米（图五九六，8；图版一一三，8）。

ⅡM122

墓葬概况

位于墓地西部，南邻ⅡM121，东北邻ⅡM168，墓向 95°。C 型，圆角长方形竖穴土坑墓，直壁。墓口距地表 0.2 米，墓长 1.72、宽 0.95 米，墓深 1.29 米。墓被盗扰，填土中有土坯残块。墓底人骨残缺移位，颅骨移位到西北角，下颌骨移位到南壁下，从肢骨现状看，原来应为仰身屈肢，中年男性，年龄 35~45 岁。墓底铺苇草，西南角随葬绵羊头骨一个。人的腿骨北侧出土陶单耳罐、陶单耳杯，陶双耳杯和骨纺轮在东北角，木盘、木钉、骨扣在南壁边，木桶底在西部羊头附近（图五九七）。

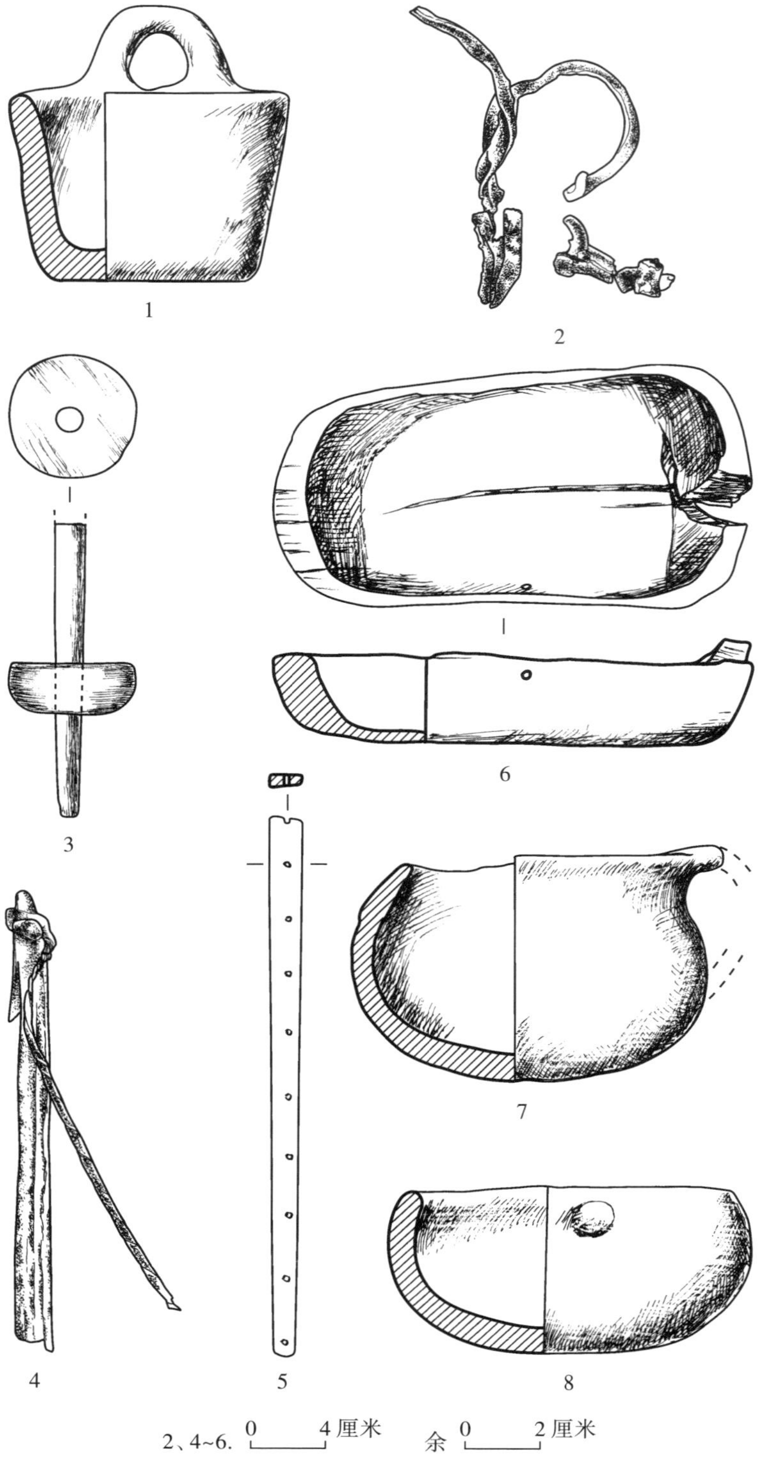

图五九六 ⅡM121随葬品

1、7. 陶单耳杯（ⅡM121：4、3） 2. 皮辔头（ⅡM121：7） 3. 木纺轮（ⅡM121：2） 4. 复合弓（ⅡM121：8） 5. 木撑板（ⅡM121：5） 6. 木盘（ⅡM121：1） 8. 陶钵（ⅡM121：9）

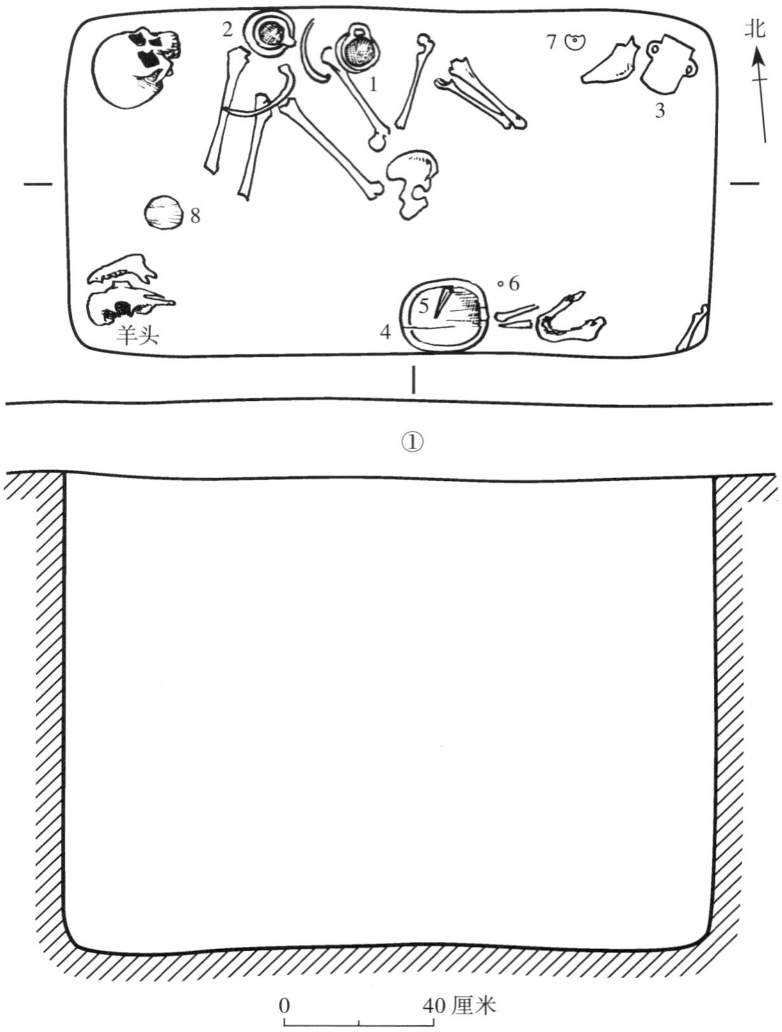

图五九七 ⅡM122平、剖面图

1. 陶单耳杯 2. 陶单耳罐 3. 陶双耳杯 4. 木盘 5. 木钉 6. 骨扣 7. 骨纺轮 8. 木桶底

随葬品

出土陶、木、骨器8件。

1. 陶单耳杯 夹砂红陶。敞口，弧腹，圜底近平，肩部有单横桥形耳。口径8.1、腹径10.1、高9.1厘米（图五九八，4；图版八六，1）。

2. 陶单耳罐 夹砂红陶。敞口，圆唇，垂腹，圜底，单耳，素面。口径6.6、腹径10、高10.2、通高10.4厘米（图五九八，3；图版五一，5）。

3. 陶双耳杯 夹砂红陶。直口微敞，深腹微鼓，平底，腹上部有对称纵向耳。口径7.8、底径9、高13.5厘米（图五九八，5；图版九七，1）。

4. 木盘 平面呈近方形。敞口，浅腹，平底。底面有刀剁痕，反扣作砧板用。口长21.9、宽19.1、高3.4厘米（图五九八，8；图版一三七，6）。

5. 木钉 圆木棍削制而成。呈锥状。长12.6、直径1.4厘米（图五九八，6）。

6. 骨扣 呈梯形台状，中间有圆穿孔，为马辔头上扣件。直径1~1.7、高1.1厘米（图五九八，1；图版一九一，3）。

7. 骨纺轮 呈圆饼状，一边残，中间有穿孔。直径4.3、厚0.38厘米（图五九八，2；图版一九二，7）。

8. 木桶底 用木板削成。椭圆形，原安装在圆形木桶上。直径8.4~10.2、厚1.2厘米（图五九八，7）。

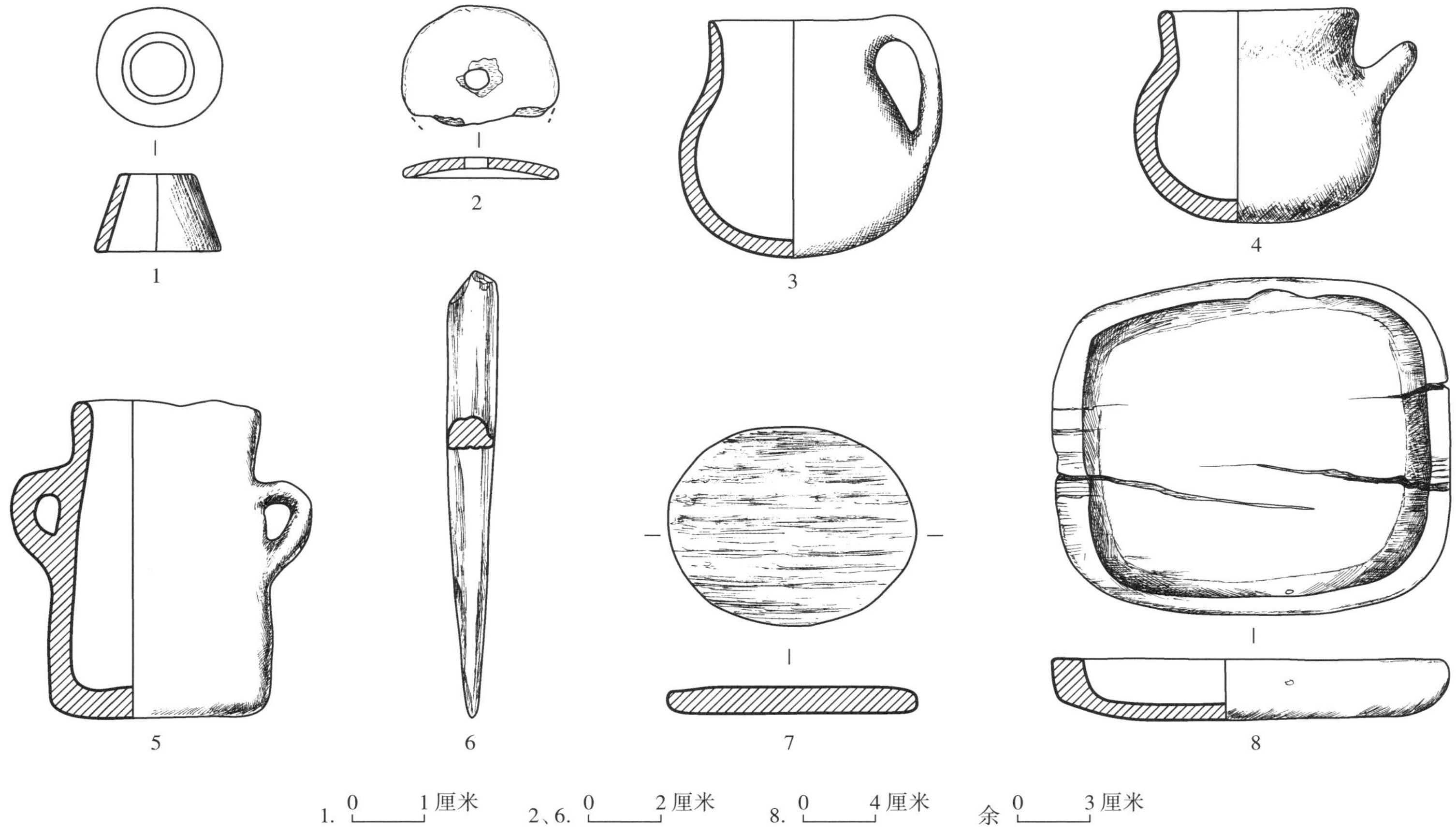

图五九八　ⅡM122随葬品

1. 骨扣（ⅡM122：6）　2. 骨纺轮（ⅡM122：7）　3. 陶单耳罐（ⅡM122：2）　4. 陶单耳杯（ⅡM122：1）　5. 陶双耳杯（ⅡM122：3）　6. 木钉（ⅡM122：5）　7. 木桶底（ⅡM122：8）　8. 木盘（ⅡM122：4）

ⅡM123

墓葬概况

位于墓地西部，西邻ⅡM140，东邻ⅡM126，墓向115°。C型，长方形竖穴土坑墓，直壁。墓口距地表0.2米，墓长1.25、宽0.74米，墓深0.9米。墓被盗扰，墓口填土中有土坯。墓底有四足木尸床，床面细木棍已被扰乱，床框散架，尺寸不明。床上仅见人颅骨和其他骨骼残块，老年女性，年龄大于50岁。在颅骨南面出土陶单耳杯、陶单耳罐，东北角有另一件陶单耳杯（图五九九）。

随葬品

出土陶器3件。

1. 陶单耳罐　夹砂红陶。敞口，圆唇，垂腹，圜底，口沿下有单耳。内口沿饰连续三角纹，外局部为两条横线中波状纹。口径6.7、腹径9.9、高10.5厘米（图六〇〇，3；图版五九，6）。

2. 陶单耳杯　夹砂红陶。敞口，方唇，直腹，平底，口沿上有单耳，耳顶残，呈斜边带阶梯状三角形，中有圆形穿孔。口径9.1、底径6.9、高6.7、通高9.8厘米（图六〇〇，2；图版八八，4）。

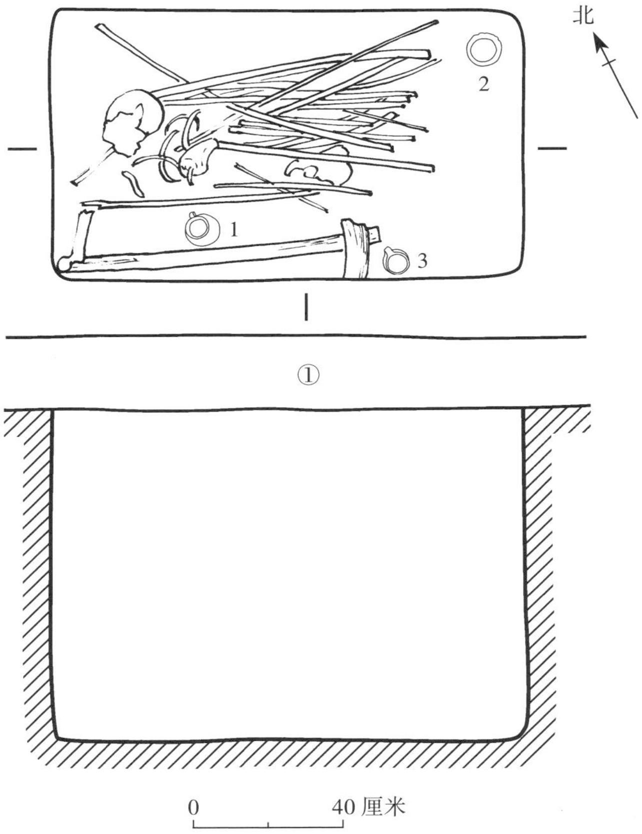

图五九九　ⅡM123平、剖面图

1. 陶单耳罐　2、3. 陶单耳杯

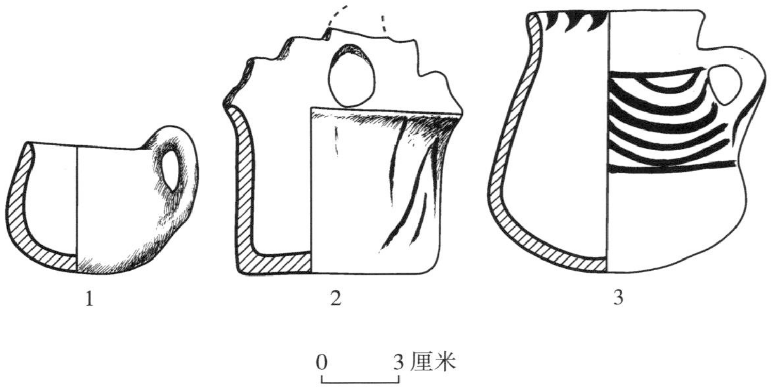

图六〇〇　ⅡM123随葬品

1、2. 陶单耳杯（ⅡM123：3、2）　3. 陶单耳罐（ⅡM123：1）

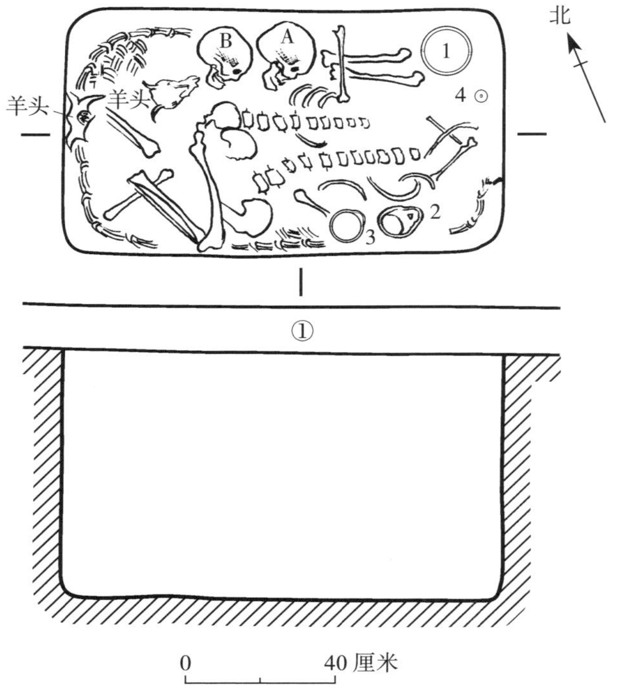

图六〇一　ⅡM124平、剖面图

1. 陶仿木桶杯　2、3. 陶单耳杯　4. 木纺轮

3. 陶单耳杯　夹砂红陶。直口，方唇，圆腹，圜底，单耳由沿上扬下翻至腹部。口径4.6、高5.1、通高6厘米（图六〇〇，1；图版七四，4）。

ⅡM124

墓葬概况

位于墓地西部，西邻ⅡM126，东邻ⅡM111，墓向112°。C型，长方形竖穴土坑墓，直壁。墓口距地表0.13米，墓长1.16、宽0.67米，墓深0.67米。墓底铺苇草席，席上有两具人骨架，骨骼残缺移位，两个人的颅骨位于北壁下，东面颅骨为A，可对应靠北部的人骨架。从残存的肢骨和椎骨来看，均为仰身屈肢，脚向西。A为中年女性，年龄35~45岁；另一人B为未成年人，年龄6~7岁。在墓底东北角随葬陶仿木桶杯和木纺轮，骨架南侧墓壁边放置两件陶单耳杯。在西北部随葬有两个羊头骨（图六〇一）。

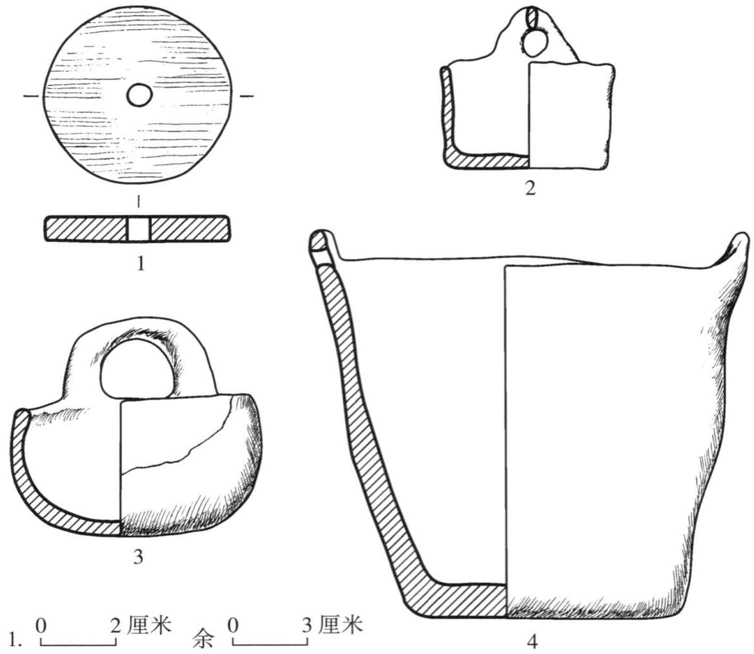

图六〇二　ⅡM124随葬品

1. 木纺轮（ⅡM124：4）　2、3. 陶单耳杯（ⅡM124：3、2）　4. 陶仿木桶杯（ⅡM124：1）

随葬品

出土陶、木器4件。

1. 陶仿木桶杯　夹砂红陶。敞口，圆唇，腹壁斜直，平底。口沿上有对称立耳，上有穿孔。口径16.3、底径10.8、高14.8、通高16厘米（图六〇二，4；图版九八，3）。

2. 陶单耳杯　泥质红陶。敛口，圆唇，圆腹，圜底，口沿上有桥形单立耳。口径9.2、高5.6、通高9厘米（图六〇二，3）。

3. 陶单耳杯　泥质红陶。直口，圆唇，筒形腹，平底，沿上有一穿孔立耳。素面。口径6.9、底径6.2、高4.4、通高6.6厘米（图六〇二，2）。

4. 木纺轮　木板刻制。呈圆饼状，双面都平整。直径4.9、厚0.7厘米（图六〇二，1）。

ⅡM125

墓葬概况

位于墓地西部，东南邻ⅡM126，北邻ⅡM137，墓向75°。C型，长方形竖穴土坑墓，直壁，形制规整。墓口距地表深0.2米，墓长1.4、宽0.84米，墓深1米。墓底仅存一个人颅骨和部分肢骨，为盗扰所致，清理时发现毛绳若干段，墓底原来铺有草席，现已朽残，单人葬，未成年男性，年龄10~13岁。在墓底南部出土复合弓、

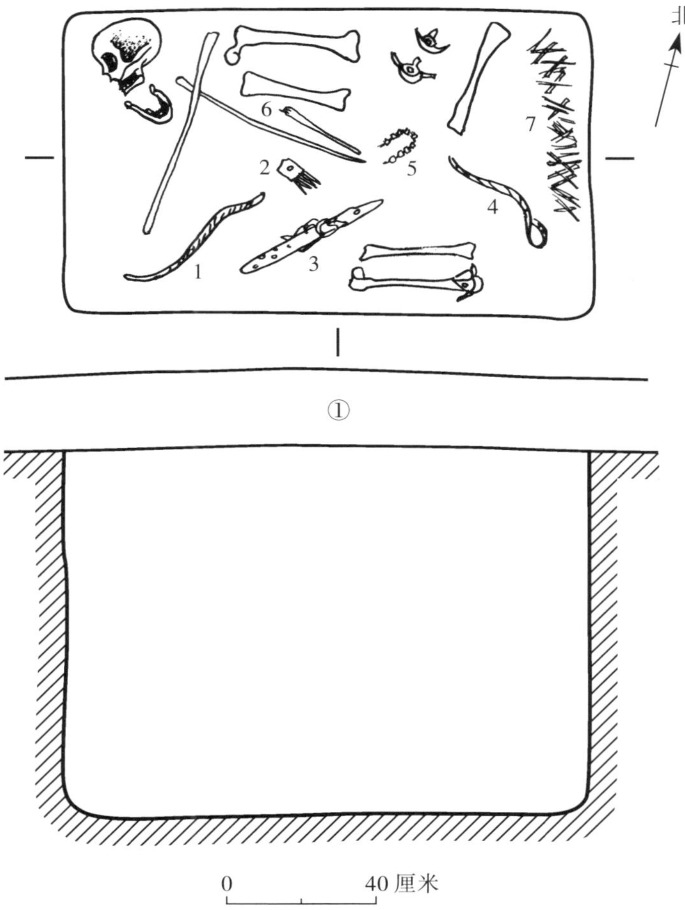

图六〇三　ⅡM125平、剖面图

1. 复合弓　2. 角梳　3. 木撑板　4. 皮带　5. 串珠　6. 木橛　7. 毛绳

角梳、木撑板，偏东北部有木橛两根，石串珠和皮带在偏东部（图六〇三）。

随葬品

出土木、角、皮器和珠饰等7件（组）。

1. 复合弓　残，仅存弓弰端，截面呈椭圆形，弓弰端呈倒钩状。用木楔、牛角片复合制作，外用牛筋线缠扎。残长40、直径2.1厘米（图六〇四，5）。

2. 角梳　动物角制作。呈纵长方形，直背，背中有穿系圆孔，齿呈圆锥状。通体打磨光滑。长7.6、宽2.9、厚0.47、齿长3.5厘米（图六〇四，2；图版一九四，6）。

3. 木撑板　呈长条形，三边抹棱。周边钻有连接皮囊的小孔。板面残留少许皮囊残片。长50、宽2.8厘米（图六〇四，9；图版一六四，6）。

4. 皮带　羊皮扣合缝制。呈长条形。残长43、宽1.5厘米（图六〇四，3）。

5. 串珠　66颗。形状相似。白色，石质。圆形扁薄，中间穿孔。直径0.4、厚0.15厘米（图六〇四，1）。

6. 木橛　2根。细木棍一头削尖。ⅡM125∶6–1，较完整。长57.7、直径1.1厘米（图六〇四，7）。ⅡM125∶6–2，残。残长19、直径1.4厘米（图六〇四，8）。

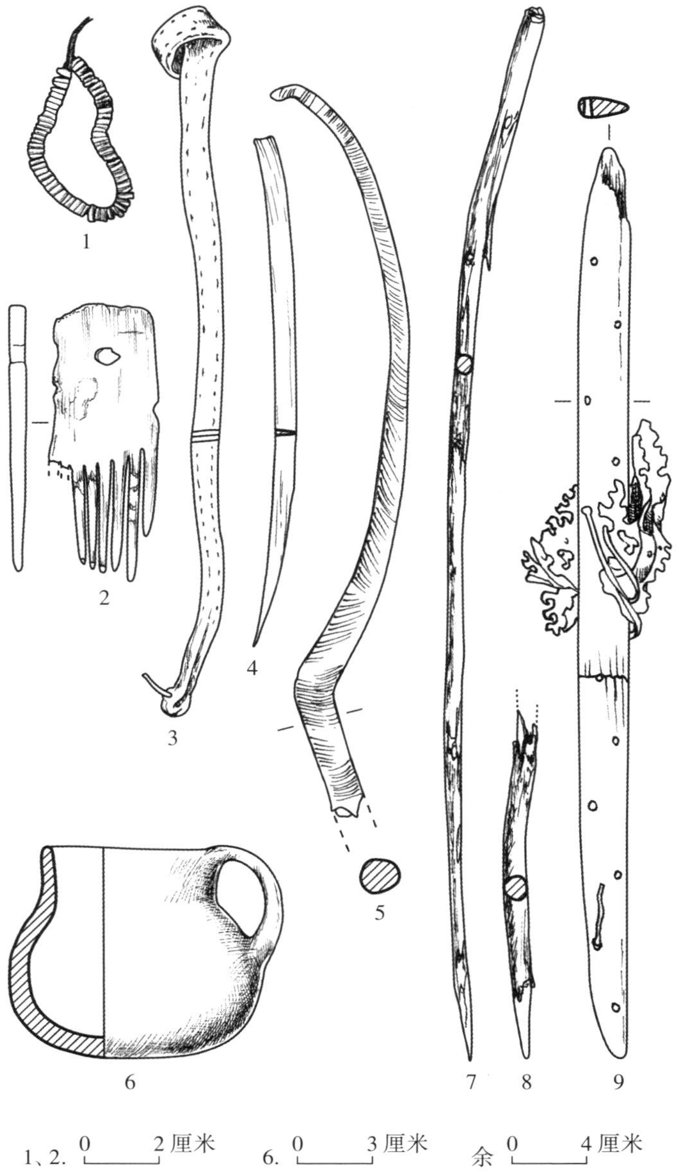

图六〇四　ⅡM125、ⅡM126随葬品

1. 串珠（ⅡM125∶5）　2. 角梳（ⅡM125∶2）　3. 皮带（ⅡM125∶4）　4、5. 复合弓（ⅡM126∶1、ⅡM125∶1）　6. 陶单耳罐（ⅡM126∶2）　7、8. 木橛（ⅡM125∶6–1、6–2）　9. 木撑板（ⅡM125∶3）

7. 毛绳　残成若干段。由黑白相间的三股粗羊毛线编织而成（图版二七一，1）。

ⅡM126

墓葬概况

位于墓地西部，西北邻ⅡM125，东邻ⅡM124，墓向75°。C型，圆角长方形竖穴土坑墓，直壁。墓口距地表深0.27米，墓长1.2、宽0.75米，墓深0.92米。墓被盗扰，墓内填土中夹有草屑。墓底铺芦苇草席，席上人骨凌乱堆放在中部，颅骨残破，位于西北角，从纤细肢骨和颅骨来看，为未成年人，年龄12~16岁，性别不明。墓底西部残存残破的皮靴。其南有羊头骨。墓底北壁下出土残断的复合弓，南壁边有陶单耳罐。西南角随葬一个羊

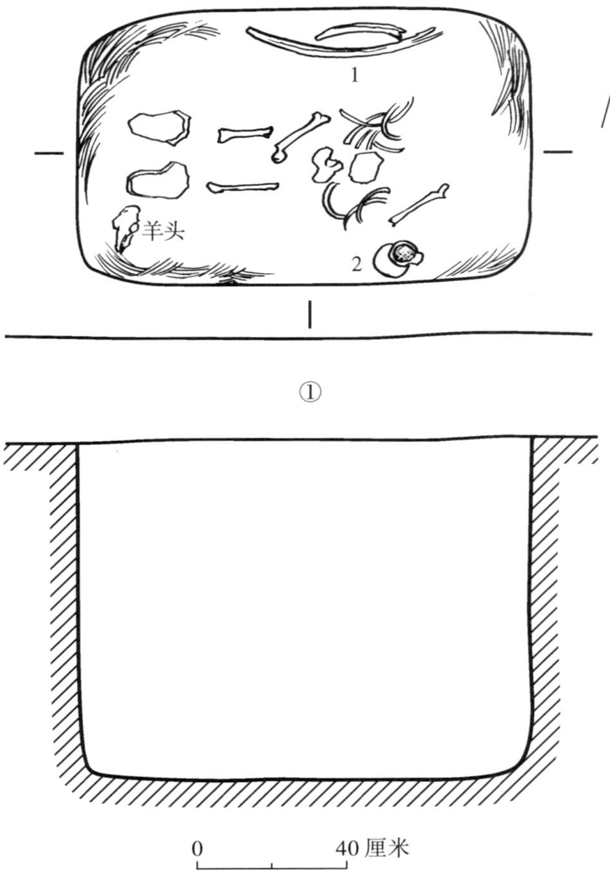

图六〇五 ⅡM126 平、剖面图

1. 复合弓 2. 陶单耳罐

头骨（图六〇五）。

随葬品

出土木、陶器 2 件。

1. 复合弓 残片。呈长条弧刃形。残长 28、宽 1.2、厚 0.4 厘米（图六〇四，4）。

2. 陶单耳罐 夹砂红陶。直口，圆唇，短颈，圆腹，圜底，单耳由沿下翻至腹部。口径 6.6、腹径 10、高 8.6 厘米（图六〇四，6；图版五一，6）。

ⅡM127

墓葬概况

位于墓地西部，西南邻ⅡM128，东北邻ⅡM96，墓向 150°。C 型，长方形竖穴土坑墓，直壁。墓口距地表深 0.2 米，墓长 1.65、宽 0.84 米，墓深 1.32 米。墓底有四足木尸床，长 1.5、宽 0.6、高 0.18 米，床面用细木棍铺成。床上有人的腿骨和髋骨，颅骨移位于床下北侧，单人二次葬，壮年男性，年龄 30 岁左右。中南部有木镳、皮甲及其残片，东部有陶钵、陶单耳罐、骨扣、陶单耳杯，木床北面从东向西依次有木梳、木取火棒、角镳、陶单耳壶、木钉。床西端随葬有羊头（图六〇六；图版二八，3）。

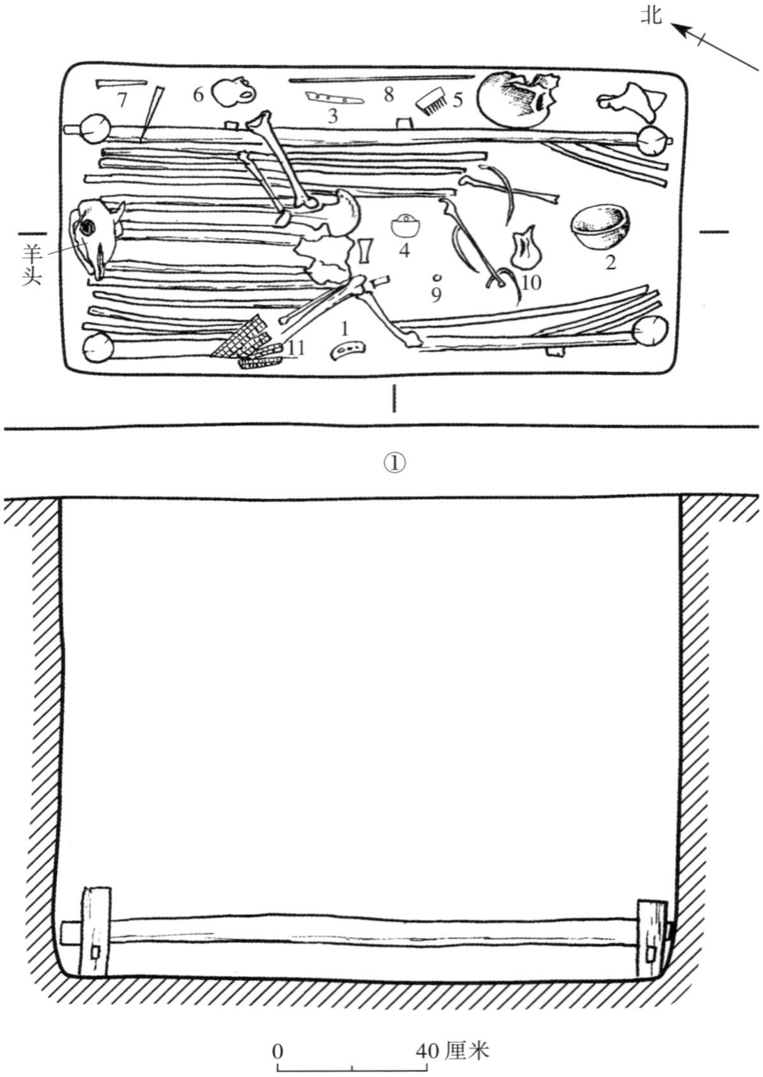

图六〇六 ⅡM127 平、剖面图

1. 木镳 2. 陶钵 3. 角镳 4. 陶单耳杯 5. 木梳 6. 陶单耳壶 7. 木钉 8. 木取火棒 9. 骨扣 10. 陶单耳罐 11. 皮甲

随葬品

出土陶、木、骨器和皮质器物等 11 件（组）。

1. 木镳 木板制作。呈月牙形，板面刻三个圆孔，其中一孔穿有皮绳。高 10.3、宽 3.4、厚 1.1 厘米（图六〇七，7）。

2. 陶钵 夹砂红陶。敛口，圆唇，圆腹，圜底近平，腹部一侧有残口，疑有耳。口径 15.4、高 8.7 厘米（图六〇七，1；图版一一四，1）。

3. 角镳 2 件。动物角加工制作。呈圆锥形，镳面钻三个圆孔。残长 12、直径 1.4 厘米（图六〇七，8）。

4. 陶单耳杯 夹砂褐陶。敛口，圆唇，圆腹，圜底，沿上有拱形立耳，耳中部穿孔。素面。口径 8.1、高 5.3、通高 7.36 厘米（图六〇七，4；图版九〇，4）。

5. 木梳 呈横长方形，梳背为木板刻制而成，齿分体单作，镶嵌背槽内，齿较稠密。长 4.4、宽 7.05、厚 1.7、齿长 2 厘米（图六〇七，2）。

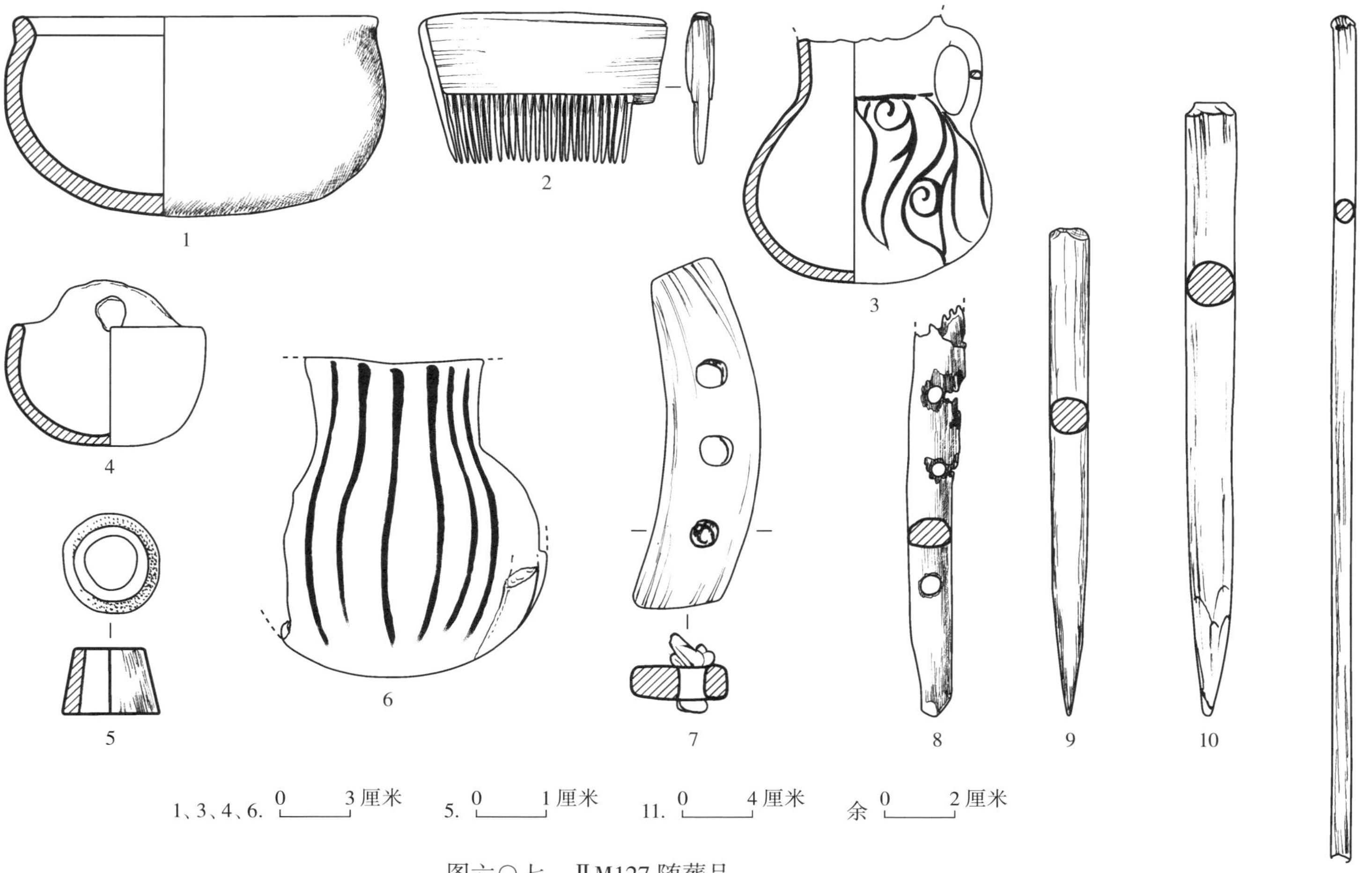

图六〇七 ⅡM127随葬品

1. 陶钵（ⅡM127：2） 2. 木梳（ⅡM127：5） 3. 陶单耳壶（ⅡM127：6） 4. 陶单耳杯（ⅡM127：4） 5. 骨扣（ⅡM127：9） 6. 陶单耳罐（ⅡM127：10） 7. 木镳（ⅡM127：1） 8. 角镳（ⅡM127：3） 9、10. 木钉（ⅡM127：7-1、7-2） 11. 木取火棒（ⅡM127：8）

6. 陶单耳壶 夹砂红陶。口残，束颈，圆垂腹，圜底，单耳。腹部饰变形涡纹。残口径6、腹径10.6、残高11.7厘米（图六〇七，3；图版一〇三，2）。

7. 木钉 5支。ⅡM127：7-1，圆木棍削制。呈圆锥状，尖较锐。长14.3、直径1.2厘米（图六〇七，9）。ⅡM127：7-2，圆枝条一端削尖。长17.9、直径1.4厘米（图六〇七，10）。

8. 木取火棒 为圆形木杆。通体光滑。长49.4、直径1.3厘米（图六〇七，11）。

9. 骨扣 呈上小下大的骨管状。直径1.4~1.55、高1厘米（图六〇七，5；图版一九一，4）。

10. 陶单耳罐 夹砂红陶。残存一半。敞口，圆唇，束颈，圆垂腹，圜底，单耳残。器表饰由三角纹延伸细长条带纹。高14、残宽11.3厘米（图六〇七，6）。

11. 皮甲 2件。ⅡM127：11-1，用两种规格的生牛皮块缝缀而成。一种呈长方形，长2.5、宽1.5厘米。皮块直立，顶端微弯曲，这样形成富有弹性的2厘米厚度。每平方分米横12块，纵10块。另一种皮块亦呈长方形，长7.8、宽1.6厘米。平放叠压缝缀呈横长条形并与上下连接，相当腰带部位。整件皮甲共用5000余块皮块制成。略呈人的上衣状，中前面有缺口，底下皮垫在缺口处上翻成一梯形小块，显示出领部（图版二二四，8）。长109.9、宽75.2厘米（图六〇八，1）。ⅡM127：11-2，可能是从上述皮甲上掉落下的部分。残长56.4、宽33.5厘米（图六〇八，2）。

ⅡM128

墓葬概况

位于墓地西部，东北邻ⅡM127，东邻ⅡM168，墓向123°。C型，长方形竖穴土坑墓，直壁。墓口距地表深0.21米，墓长1.4、宽0.72米，墓深1.2米。墓被盗扰，墓底有朽断的木尸床构件残段。人骨凌乱分布于墓底西部，单人葬，颅骨位于南壁下，其余仅见髋骨和部分腿骨，壮年男性，年龄30~40岁。随葬的陶单耳杯和木梳在东南部，东北角有骨锥，西面有木杯、木橛和木线轴（图六〇九）。

随葬品

出土陶、木、骨器7件。

1. 陶单耳杯 夹砂红陶。敞口，圆唇，圆腹，圜底，单耳残。内沿饰三角纹，器表通体绘菱形网格纹。口径5.7、

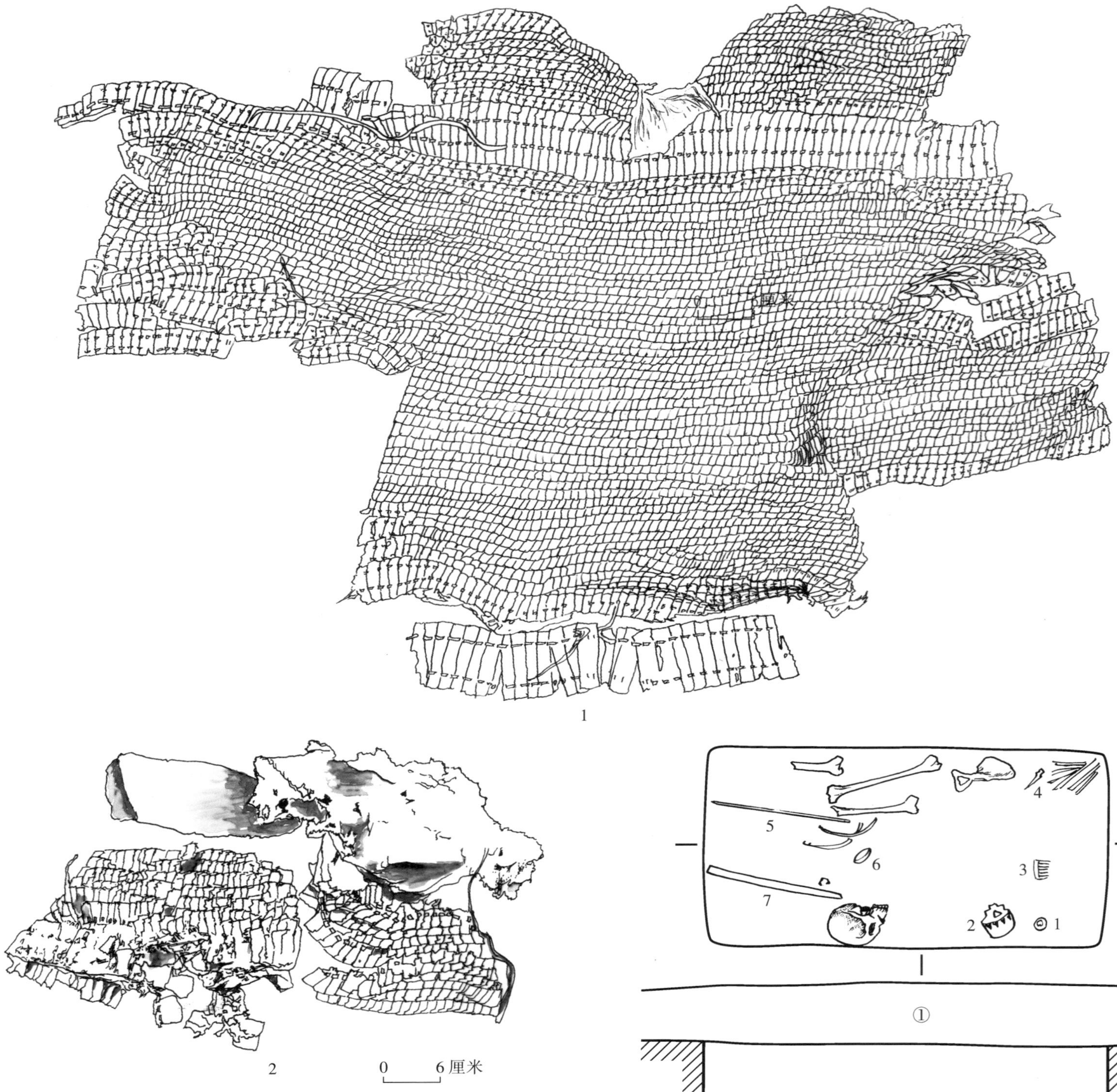

图六〇八　ⅡM127 随葬品

1、2. 皮甲（ⅡM127：11-1、11-2）

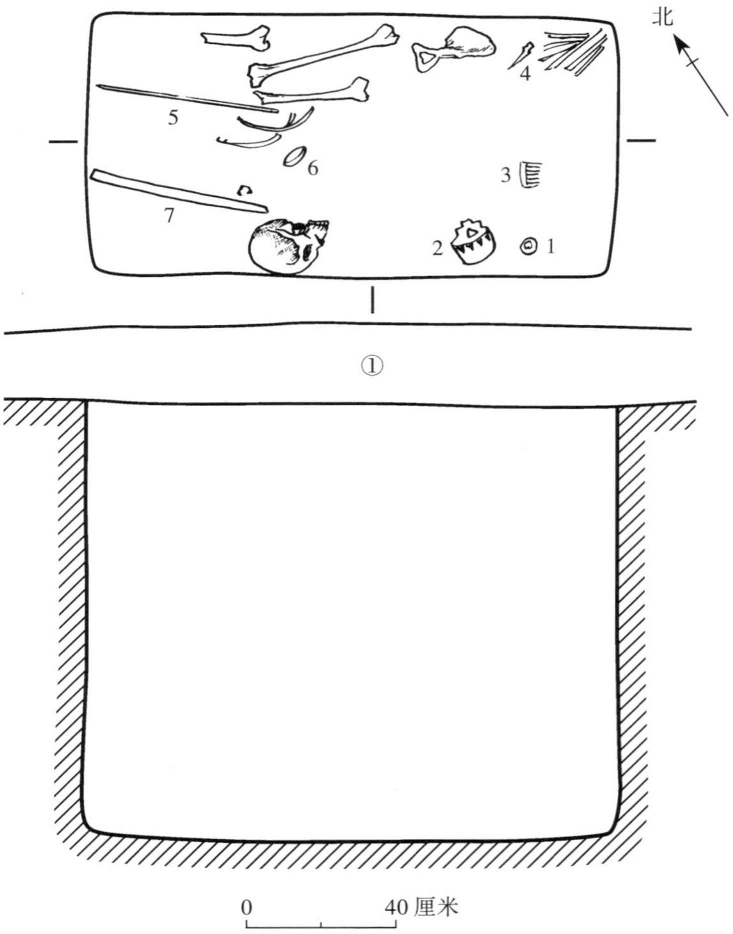

图六〇九　ⅡM128 平、剖面图

1、2. 陶单耳杯　3. 木梳　4. 骨锥　5. 木线轴　6. 木杯　7. 木橛

腹径 6.5、高 6.3、通高 6.54 厘米（图六一〇，3）。

2. 陶单耳杯　夹砂红陶。敞口，圆唇，筒腹，平底，沿上有阶梯状立耳，耳中部有三角形孔。耳、沿内侧饰三角纹，外沿及腹饰三个小三角纹组成的大三角纹。口径 12、底径 10.3、高 8.1、通高 11.4 厘米（图六一〇，5；图版八八，5）。

3. 木梳　呈横长方形，梳背为木板刻制而成，齿分体单作，镶嵌背槽内，齿较稠密。长 4.97、宽 7.2、厚 1.2、齿长 2.8 厘米（图六一〇，1；图版一五四，6）。

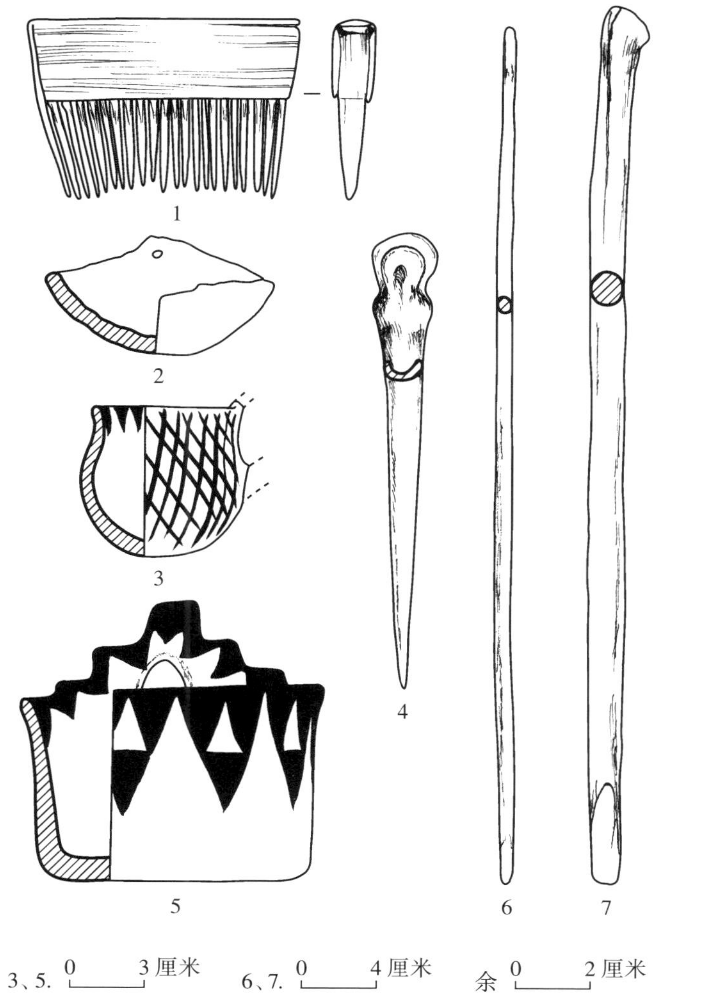

图六一〇　ⅡM128随葬品

1. 木梳（ⅡM128：3）　2. 木杯（ⅡM128：6）　3、5. 陶单耳杯（ⅡM128：1、2）　4. 骨锥（ⅡM128：4）　6. 木线轴（ⅡM128：6）　7. 木橛（ⅡM128：7）

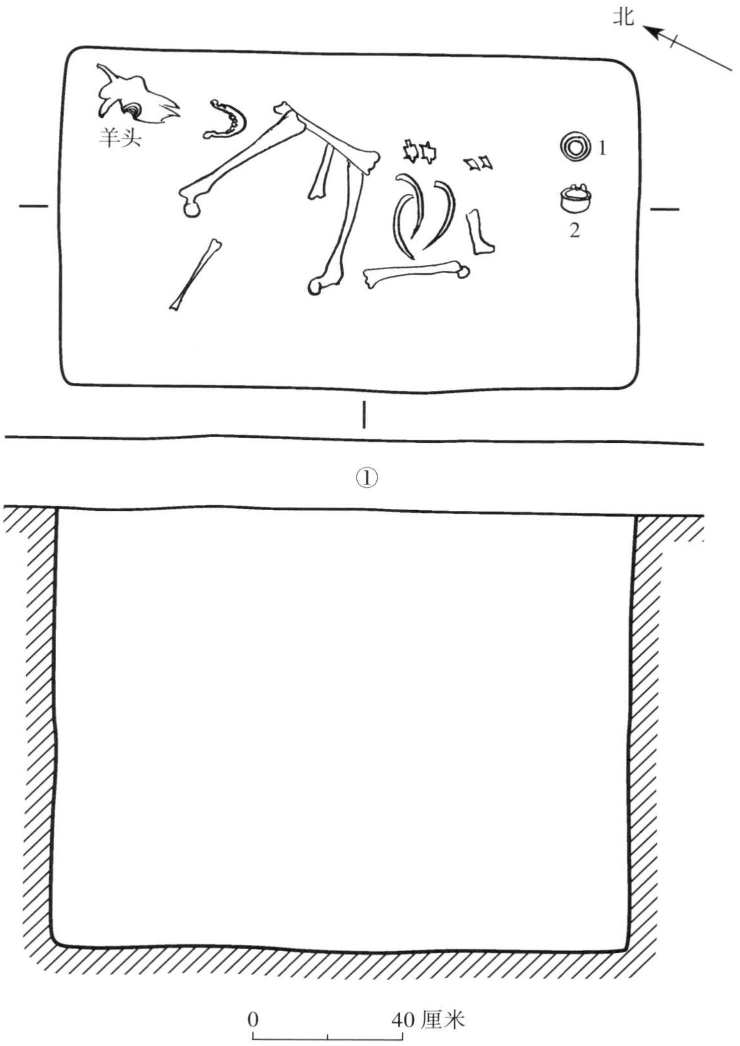

图六一一　ⅡM129平、剖面图

1. 陶单耳罐　2. 陶单耳杯

4. 骨锥　动物肢骨加工制作。呈扁锥体，尖锐。通体磨制光滑。长12.4、宽1.6厘米（图六一〇，4；图版一八九，3）。

5. 木线轴　线轴两端稍细，上端刻有系线槽。通体打磨光滑。线轴长46.7、直径0.95厘米（图六一〇，6）。

6. 木杯　圆木刻挖制作。圆唇，浅腹，圜底，沿边钻一穿系小孔。口径6、高3.2厘米（图六一〇，2）。

7. 木橛　用自然红柳树枝制作。一端削扁刃状，后端为树结。长48、直径1.9厘米（图六一〇，7；图版一七一，6）。

ⅡM129

墓葬概况

位于墓地西部，东邻ⅡM176，西邻ⅡM130，墓向152°。C型，长方形竖穴土坑墓，墓开挖规整，直壁。墓口距地表0.2米，墓长1.53、宽0.92米，墓深1.2米。墓被盗扰，填土中有土坯碎块。墓底仅见部分肢骨和下颌骨，颅骨及其他骨骼缺失，单人葬，性别、年龄、葬式无法确定。西北角随葬有羊头。墓底东端出土陶单耳罐和陶单耳杯（图六一一）。

随葬品

出土陶器2件。

1. 陶单耳罐　夹砂红陶。敞口，圆唇，束颈，鼓腹，圜底，单耳已残。口径7.4、腹径9.6、高9厘米（图六一二，1；图版五二，1）。

2. 陶单耳杯　夹砂红陶。敞口，圆唇，鼓腹，圜底，口沿上有单立耳，耳残。口沿内外饰锯齿纹。口径10.8、高7.5、通高8.1厘米（图六一二，2；图版九〇，5）。

ⅡM130

墓葬概况

位于墓地西部，东邻ⅡM129，南邻ⅡM173，墓向150°。C型，长方形竖穴土坑墓，直壁。地表为戈壁沙

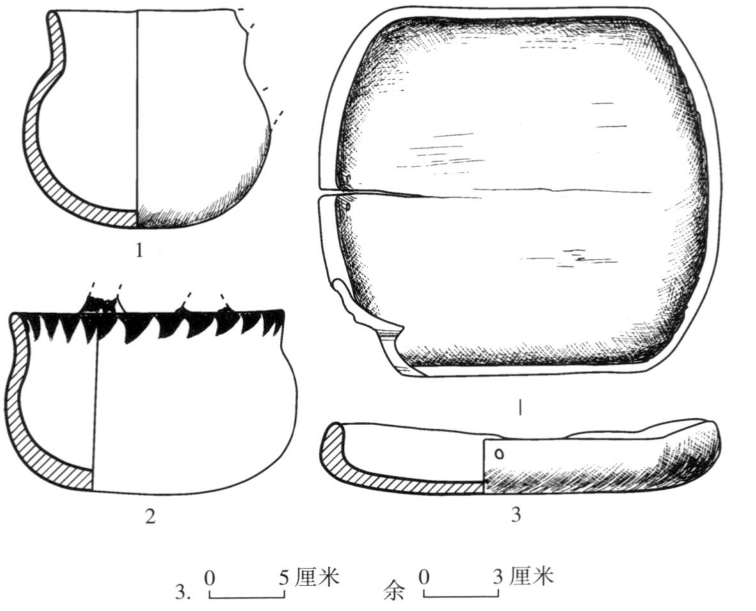

图六一二 ⅡM129、ⅡM130随葬品

1. 陶单耳罐（ⅡM129：1） 2. 陶单耳杯（ⅡM129：2） 3. 木盘（ⅡM130：1）

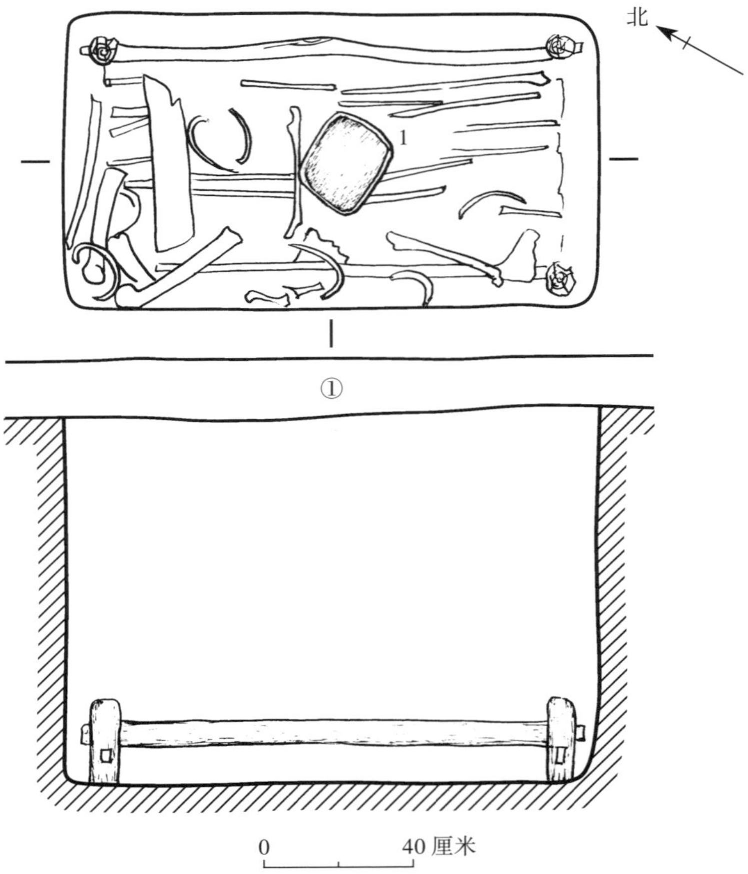

图六一三 ⅡM130平、剖面图

1. 木盘

图六一四 ⅡM131平、剖面图

1. 木纺轮 2. 陶圈足盘 3. 陶罐 4. 木搅拌棒 5. 木梳

砾层，凹凸不平。墓口距地表深0.13~0.16米，墓长1.42、宽0.8米，墓深1.02米。墓遭受盗扰破坏，墓内填土中含有大量土坯残块。墓底有四足木尸床，长1.2、宽0.6、高0.15米，床面被毁，残存部分细木棍。人骨骼被弃于床下周边，未见颅骨，性别、年龄、葬式无法确定，从残存的长骨数量来看，为单人葬。木床正中部出土木盘（图六一三）。

随葬品

出土木盘1件。

1.木盘 平面呈方形，敞口，浅腹，平底，底有刀剁痕，反扣为砧板。口沿下一侧有穿孔。因木盘有裂缝，钻有两组穿孔，用以加固。口长26.9、宽25.2、高5厘米（图六一二，3；图版一三七，7）。

ⅡM131

墓葬概况

位于墓地西部，北邻ⅡM174，南邻ⅡM135，墓向102°。C型，长方形竖穴土坑墓，直壁。墓口距地表深0.25米，墓长1.23、宽0.77米，墓深1.03米。墓被盗扰，墓口填土中有芦苇、土坯等。墓底人骨凌乱，堆放于墓底西部，缺失较多，两个人颅骨堆放在一起，靠北边的一个为A，壮年男性，年龄25~30岁；B为青年女性，年龄18~22岁。人骨西侧有残破皮靴一双，骨骼下有朽残的草编席子。西南角放置羊头一个。在墓底东北角出土陶圈足盘、陶罐，其南部附近有木纺轮和木梳，木搅拌棒位于西部腿骨上（图六一四）。

随葬品

出土木、陶器5件（组）。

1. 木纺轮　2件。线轴较长，微弯曲。轮呈圆饼状。线轴长34.8、直径0.75厘米，轮径5~6.2、厚1.6厘米（图六一五，4）。

2. 陶圈足盘　夹砂红陶。敞口，圆唇，圆腹，矮圈足，单耳。内沿饰连续锯齿纹，器表饰连续大三角纹，内填斜平线。制作工艺较粗糙。口径16.8、足径12.3、高12.7、通高13.3厘米（图六一五，5；图版一二三，5）。

3. 陶罐　夹砂红陶。敞口，圆唇，短颈，圆腹，圜底近平。器表有烟炱痕。口径8.26、腹径10.16、高10.4厘米（图六一五，2；图版六六，2）。

4. 木搅拌棒　在细长木棍上安装固定一个较粗些的短弧形木棍组合而成，用于搅拌乳制品，使之充分均匀发酵。木棍长25.5、直径0.5厘米，弧形木长7.3、直径1.2厘米（图六一五，3；图版一七二，1）。

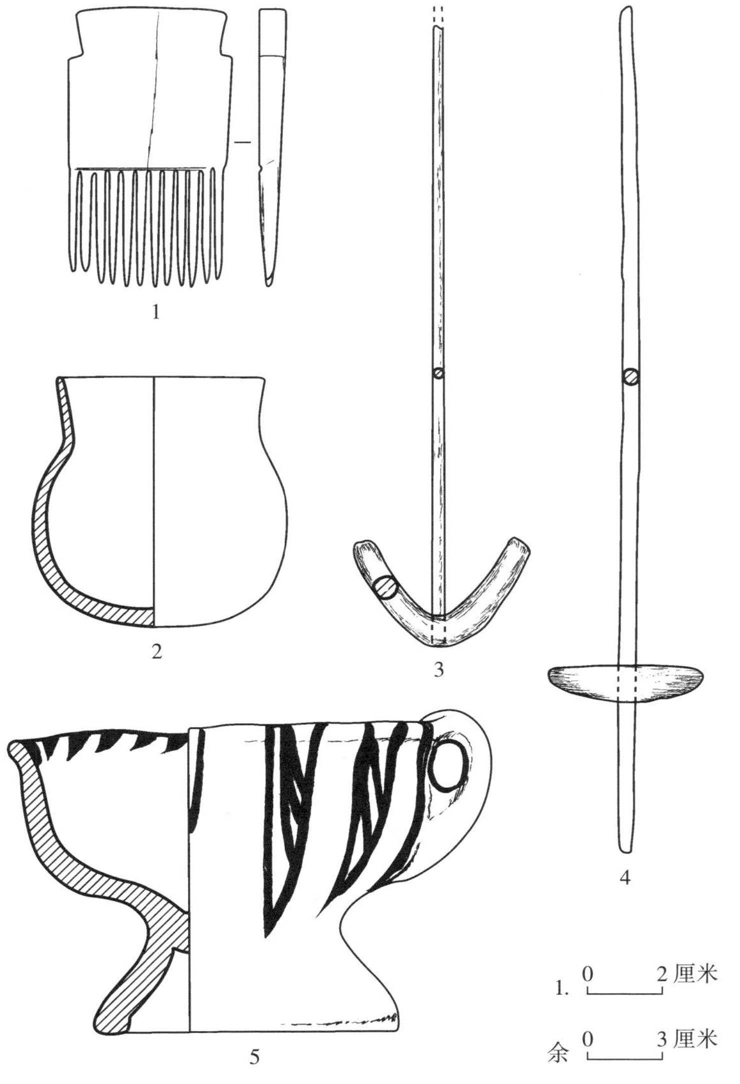

图六一五　ⅡM131随葬品

1. 木梳（ⅡM131：5）　2. 陶罐（ⅡM131：3）　3. 木搅拌棒（ⅡM131：4）　4. 木纺轮（ⅡM131：1）　5. 陶圈足盘（ⅡM131：2）

5. 木梳　木板刻削而成。呈纵长方形，齿为圆锥形，12齿。长7.65、宽4.4、厚0.78、齿长3.2厘米（图六一五，1；图版一五三，5）。

ⅡM132

墓葬概况

位于墓地西部，西邻ⅡM174，东邻ⅡM141，墓向108°。C型，长方形竖穴土坑墓，直壁。墓口距地表深0.24米，墓长1.53、宽0.8米，墓深1.19米。墓口填土中有土坯、草屑等，墓底铺草席。单人葬，墓葬显然被盗扰，仅存下半身骨骼，下肢向南侧屈，上半身骨骼残缺，部分骨骼移位到西北角，颅骨也位于北壁下，中年女性，年龄35~40岁。随葬有木盘、木纺轮、木撑板、木箭、木梳在北部，木橛和两件陶单耳杯在东南部。西北角有羊头骨，其下颌骨在木盘中（图六一六）。

随葬品

出土木、陶器8件。

1. 木盘　平面近方形，短边沿较宽，短边起拱，长边较直。敞口，浅腹，平底。底有刀剁痕。口长42.5、

图六一六　ⅡM132平、剖面图

1. 木盘　2. 木纺轮　3. 木箭　4. 木撑板　5、6. 陶单耳杯　7. 木梳　8. 木橛

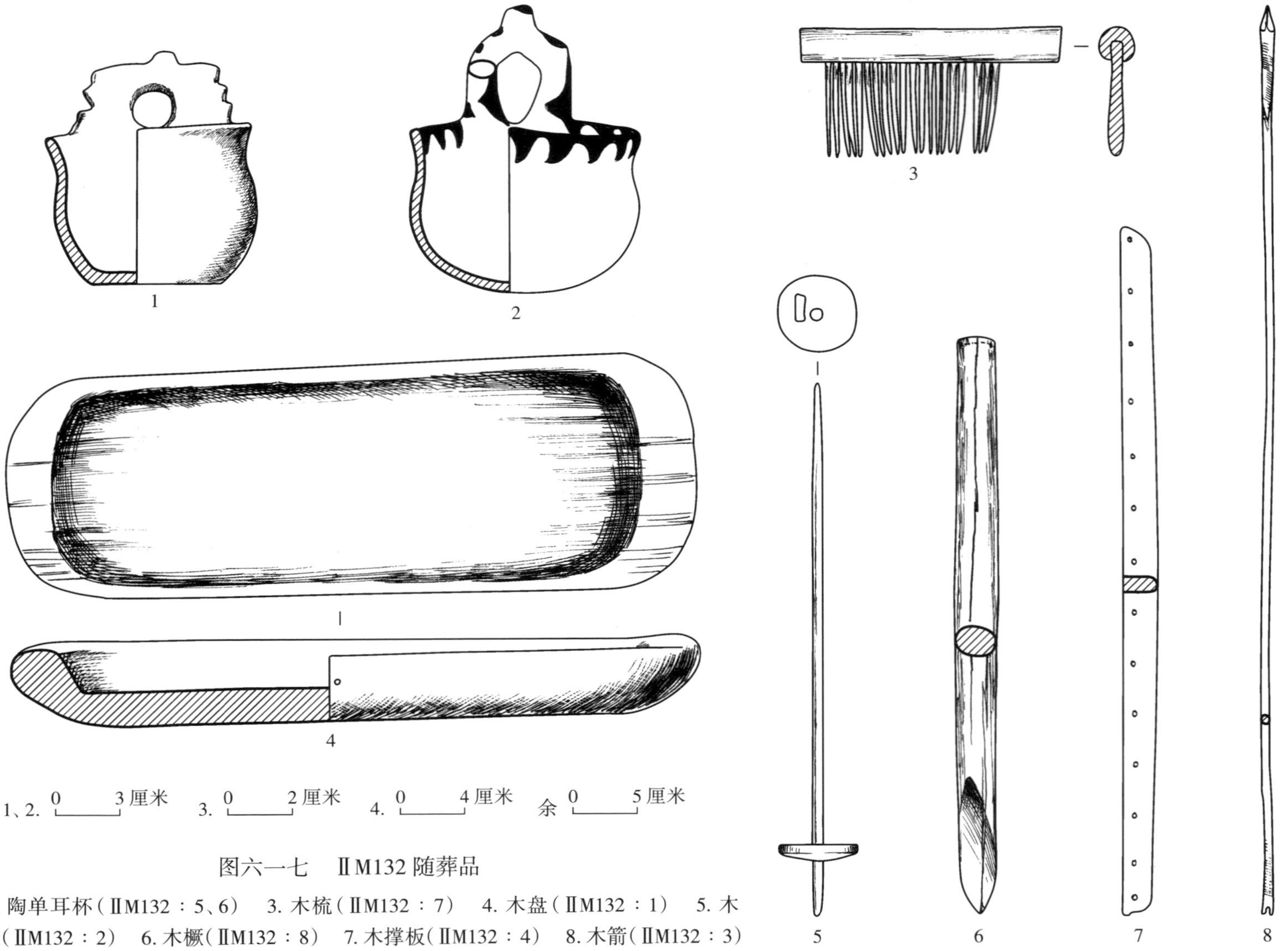

图六一七　ⅡM132随葬品

1、2. 陶单耳杯（ⅡM132：5、6）　3. 木梳（ⅡM132：7）　4. 木盘（ⅡM132：1）　5. 木纺轮（ⅡM132：2）　6. 木橛（ⅡM132：8）　7. 木撑板（ⅡM132：4）　8. 木箭（ⅡM132：3）

宽14.9、高5.5厘米（图六一七，4；图版一三三，7）。

2. 木纺轮　纺轮呈圆饼形，正中有一圆孔，圆孔边沿有一近长方形穿孔。线轴两头稍细。线轴长42.2、杆径1厘米，轮径6.15、厚1.4厘米（图六一七，5；图版一七七，7）。

3. 木箭　箭头较粗，三棱锥形，圆箭杆尾端有挂弦凹槽。长72.2、直径0.8厘米（图六一七，8；图版一五九，10）。

4. 木撑板　为长条形木板，一侧切齐，一侧及两头呈弧形。上凿有一排十四孔。长54.5、宽2.8、厚1.36厘米（图六一七，7；图版一六四，7）。

5. 陶单耳杯　夹砂红陶。敞口，圆唇，弧腹，平底。口沿处有立耳，呈方形，两边为阶梯状，耳顶有小突起。口径9.6、底径6、高7.7、通高11.16厘米（图六一七，1；图版八八，6）。

6. 陶单耳杯　夹砂红陶。敞口，方唇，圆腹，圜底，沿上有立耳。口沿内外饰锯齿纹。口径10.6、高7.8、通高13.7厘米（图六一七，2；图版九〇，6）。

7. 木梳　梳背、齿单体制作，背用圆木棒制作，一侧刻嵌齿槽；齿单体制作，呈扁锥体，然后拼粘在一起，嵌入背槽内，齿稠密，边齿残佚不全。长4.18、宽8.1、厚1.1、齿长3厘米（图六一七，3）。

8. 木橛　木枝条削制而成。一端为扁状，呈楔形，另一端截面为圆形。长46、直径3.3厘米（图六一七，6）。

ⅡM133

墓葬概况

位于墓地西部，北邻ⅡM135，西邻ⅡM143，墓向105°。C型，圆角长方形竖穴土坑墓，直壁。墓口距地表深0.3米，墓长1.61、宽0.8米，墓深1.1米。墓底有人骨架一具，仰身屈肢，头移位到南壁下，骨骼残缺不全，老年男性，年龄大于50岁。无随葬品。墓底有草席残迹（图六一八）。

随葬品

无随葬品。

ⅡM134

墓葬概况

位于墓地西南部边沿，北邻ⅡM166，东北邻ⅡM108，墓向110°。C型，长方形竖穴土坑墓，直壁。墓口距地表深0.2米，墓长1.32、宽0.71米，墓深0.81米。墓内填土中夹有芦苇秆残节。墓底人骨凌乱，有两个腿骨斜靠墓北壁，两个人颅骨分别位于东南角（B）和北壁下肢骨旁（A）。A为中年女性，年龄40~50岁，二次葬；B的腰椎骨和盆骨在原位置，一双皮鞋也平放在西边两脚的位置，下颌骨和颅骨分离位于东北角，中年男性，年龄45~55岁，从肢骨残存情况来看为仰身屈肢。腿骨旁有羊头残块。无葬具。木锥和木桶底在中北部，陶单耳杯在东北角，陶碗在西北角，东南角B颅骨旁有另一件陶单耳杯（图六一九）。

随葬品

出土木、角、陶器5件。

1. 角锥　锥为扁状，尾有穿孔，穿有牛皮，尖端套有牛皮结。长8.8、直径0.85厘米（图六二〇，2；图版一九〇，4）。

2. 陶碗　夹砂红陶。敞口，浅腹，小平底。口径11、底径3.4、高4.4厘米（图六二〇，1）。

3. 陶单耳杯　夹砂红陶。敞口，圆唇，垂腹，平底。口沿有斜边带台阶状装饰的三角形立耳。口沿内饰锯齿纹，外饰连续大三角纹。口径12.2、底径10.6、高8.8、通高13.1厘米（图六二〇，3）。

4. 陶单耳杯　夹砂红陶。敞口，圆唇，圆垂腹，大平底。阶梯状三角形耳立于口沿上，耳中部有一圆孔。通体施红陶衣，内沿饰锯齿纹，器表饰大三角纹。口径13.16、底径12、高8.8、通高13.2厘米（图六二〇，5；图版八九，1）。

5. 木桶底　木板制作。呈椭圆形。直径9.4~12.2、厚1.1厘米（图六二〇，4）。

ⅡM135

墓葬概况

位于墓地西南部，南邻ⅡM133，北邻ⅡM131，墓向110°。C型，长方形竖穴土坑墓，直壁，形制规整。墓口距地表深0.2米，墓长1.31、宽0.66米，墓深1.09米。墓被严重盗扰，填土中有芦苇、骆驼刺、木棍等棚盖朽残物，另有破碎的人颅骨等。墓底铺“人”字纹苇

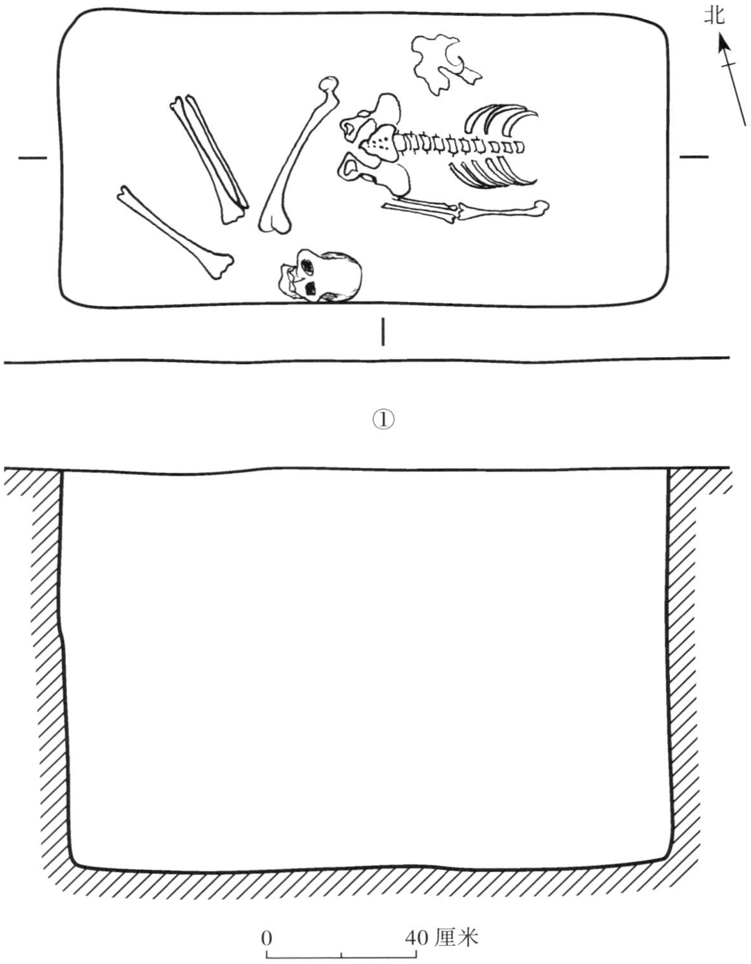

图六一八　ⅡM133平、剖面图

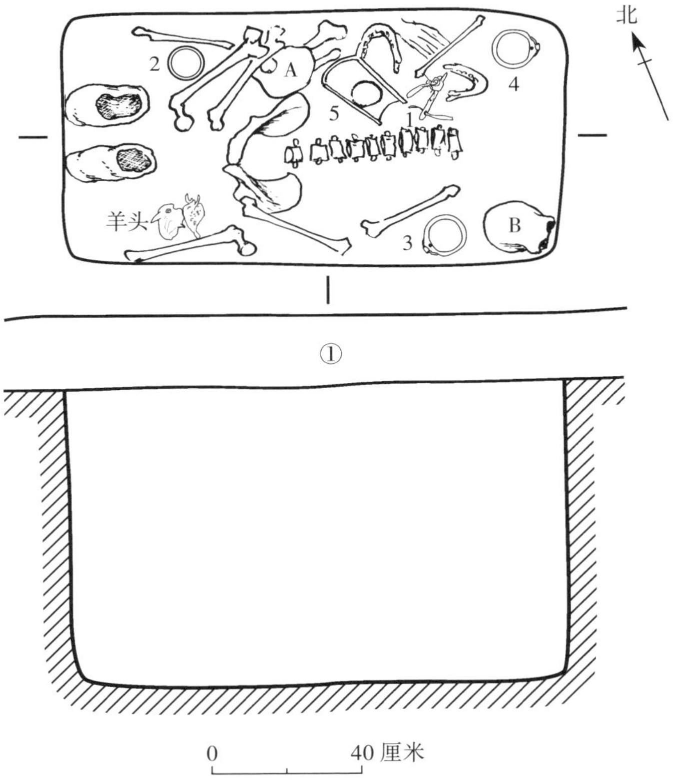

图六一九　ⅡM134平、剖面图

1. 角锥　2. 陶碗　3、4. 陶单耳杯　5. 木桶底

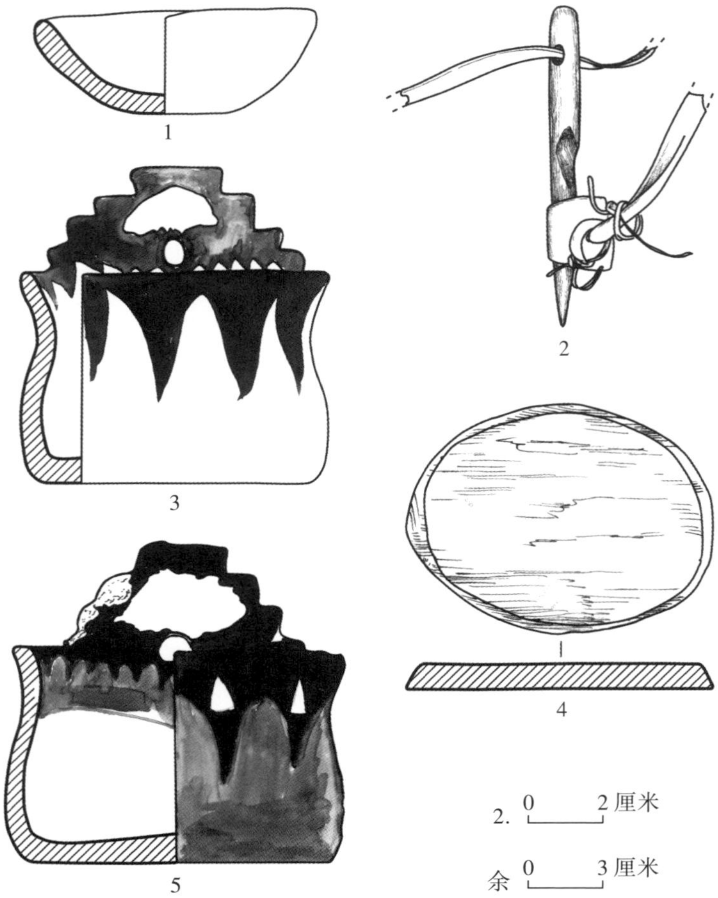

图六二〇 ⅡM134随葬品

1. 陶碗（ⅡM134：2） 2. 角锥（ⅡM134：1） 3、5. 陶单耳杯（ⅡM134：3、4） 4. 木桶底（ⅡM134：5）

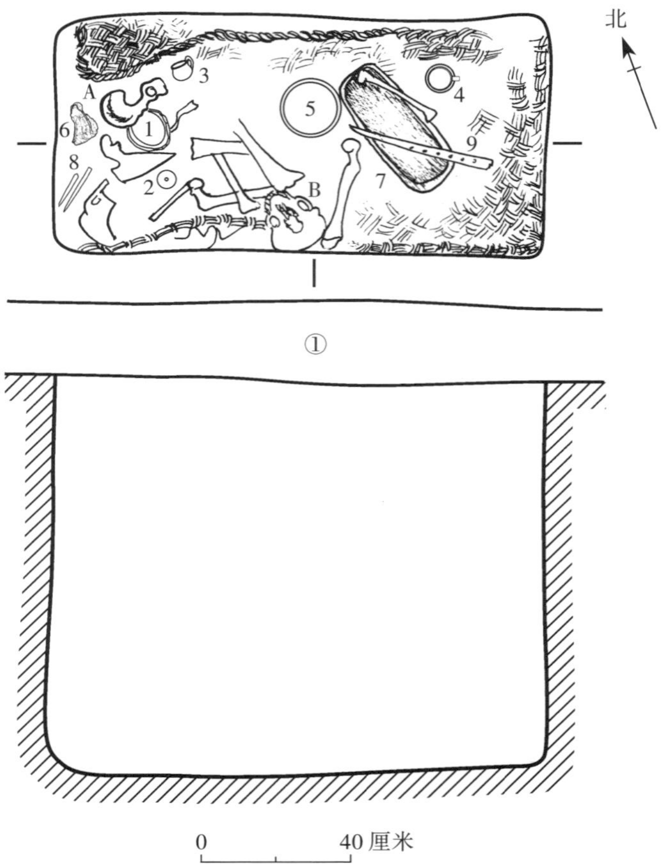

图六二一 ⅡM135平、剖面图

1、3. 陶单耳杯 2. 木纺轮 4. 陶钵 5. 陶碗 6. 皮盒 7. 木盘 8. 木钉 9. 木撑板

席，席上人骨凌乱，A颅骨位于扰土中，壮年男性，年龄25~30岁；B颅骨位于南壁下，与其他骨骼堆放在一起，似二次葬，壮年女性，年龄25~35岁。两件陶单耳杯、皮盒、木纺轮、木钉在墓室西部，陶碗、木盘、木撑板、陶钵在墓室东半部（图六二一）。

随葬品

出土陶、木器和皮制品9件（组）。

1. 陶单耳杯 夹砂红陶。方沿，筒腹，平底，沿上有阶梯状立耳，耳中部有圆穿孔。耳内沿及杯口内沿饰三角纹，器表双线绘三角纹。口径10.3、底径9.56、高6、通高9厘米（图六二二，6；图版八九，2）。

2. 木纺轮 线轴残佚，仅存圆饼状纺轮。轮径5.5~6.2、厚0.94厘米（图六二二，2）。

3. 陶单耳杯 夹砂红陶。敞口，小方沿，圆垂腹，圜底，腹部有桥形立耳，耳顶塑一小圆饼。素面。口径7.4、腹径8.8、高7.5、通高9厘米（图六二二，7；图版八六，2）。

4. 陶钵 夹砂红陶。敞口，圆唇，圆腹，圜底，上腹有横鋬耳，耳中有一穿系圆孔。口径8、腹径9.9、高5.8厘米（图六二二，1；图版一一四，2）。

5. 陶碗 夹砂红陶。敛口，圆唇，上腹圆鼓，下腹急收，假圈足，上腹侧有一横耳残，腹另一侧有一小鼻纽。沿内外饰三角纹。口径14.8、足径8.3、高8.1厘米（图六二二，8）。

6. 皮盒 牛皮缝制而成。微残变形，现状呈不规则长条形。表面用弦纹断开分区，阴刻连续涡状纹的组合图案。残长13.7、残宽10厘米（图六二二，3；图版二二九，4）。

7. 木盘 呈圆角长方形，浅腹，圜底，外底有刀剁痕，反扣为砧板。口长径41.4、短径14.8、高4.9厘米（图六二二，9）。

8. 木钉 3支。呈圆锥状，尖较锐。ⅡM135：8-1，长11、直径1.2厘米（图六二二，4）。ⅡM135：8-2，长14、直径1.14厘米（图六二二，5）。

9. 木撑板 呈窄长条形，两端削尖，一边倒棱，另一边钻小孔，柄残留少许皮革袋残片，板弯曲呈弧拱形。长51.7、宽1.88、厚0.6厘米（图六二二，10）。

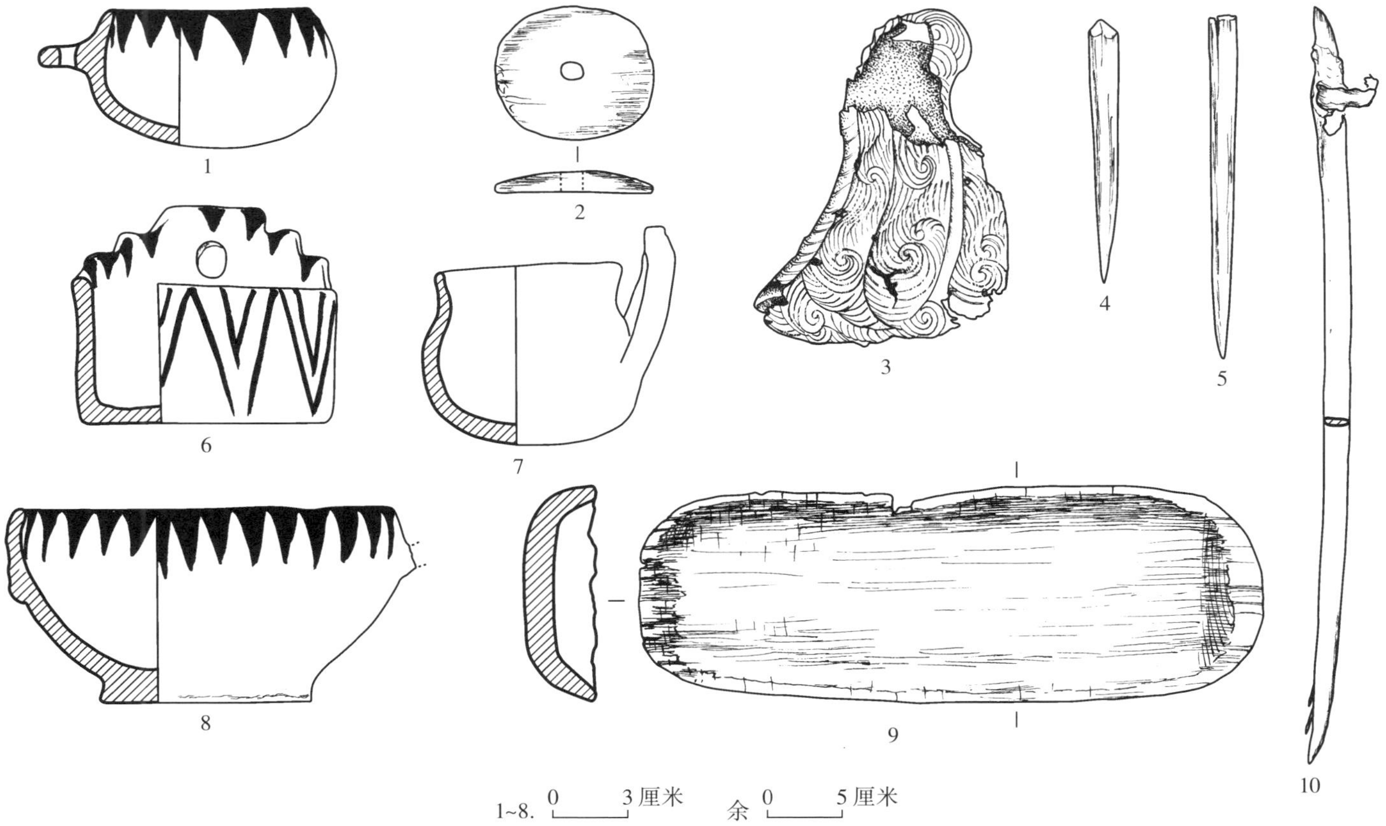

图六二二　ⅡM135随葬品

1. 陶钵（ⅡM135：4）　2. 木纺轮（ⅡM135：2）　3. 皮盒（ⅡM135：6）　4、5. 木钉（ⅡM135：8-1、8-2）　6、7. 陶单耳杯（ⅡM135：1、3）　8. 陶碗（ⅡM135：5）　9. 木盘（ⅡM135：7）　10. 木撑板（ⅡM135：9）

ⅡM136

墓葬概况

位于墓地西部，东邻ⅡM174，南邻ⅡM144，墓向105°。C型，长方形竖穴土坑墓，直壁。墓口距地表深0.27米。墓口呈东窄西宽的梯形，四角呈弧形，墓长1.35、宽0.81米，墓深0.93米。墓被盗扰。墓底人骨凌乱堆放于南北两堆，颅骨位于南壁边，颅骨上有穿孔。为单人葬，老年女性，年龄55~65岁。无葬具。西壁下有羊头一个。木桶位于西壁下，木纺轮、木鞭杆、木撑板、木箭杆、木梳、木钉均位于北部人骨中（图六二三）。

随葬品

出土木器7件。

1. 木桶　圆木刻挖制作。直筒形，沿上有两个对称立耳，从下面镶嵌木底，用木铆钉固定。口沿、底分别线刻连续大三角纹，在线刻三角纹内有红色彩绘两个小三角纹。底径20.7、高22、通高24.5厘米（图六二四，6；图版一二九，4）。

2. 木纺轮　线轴上端刻系线浅槽，光滑。纺轮呈下小上大的圆台状。线轴长34.8、直径0.6厘米，轮径5.5、厚1.6厘米（图六二四，3；图版一七七，8）。

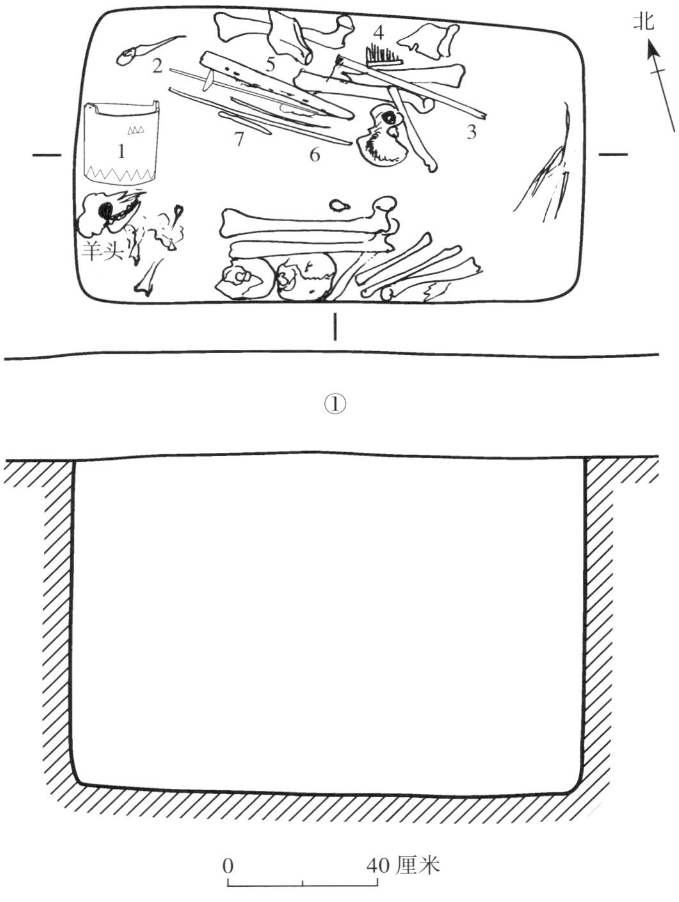

图六二三　ⅡM136平、剖面图

1. 木桶　2. 木纺轮　3. 木鞭杆　4. 木梳　5. 木撑板　6. 木箭杆　7. 木钉

3. 木鞭杆　圆树枝干剔皮制作。一端刻有用于拴鞭绳的浅槽。长 40.9、直径 1.6 厘米（图六二四，2）。

4. 木梳　呈横长方体，背、齿分体单作，背为两个长方形木片，齿呈扁锥体，将齿单体拼粘在一起，然后用长方形木片夹粘，再用麻绳缠扎，齿残断不齐。长 4.1、宽 6.6、背厚 1.3、齿长 2.1 厘米（图六二四，7）。

5. 木撑板　长条形，一边倒棱，一端削尖，一边钻小孔，残留少许鞣制羊皮箭袋残片。长 49.5、宽 2.2、厚 1.1 厘米（图六二四，4；图版一六四，8）。

6. 木箭杆　箭头残失。圆箭杆后端刻有“U”形用于挂弦的凹槽，箭杆微变形弯曲。长 56、直径 0.8 厘米（图六二四，5）。

7. 木钉　圆木棍一端削尖，后端呈束腰状。长 10.5、直径 0.7 厘米（图六二四，1）。

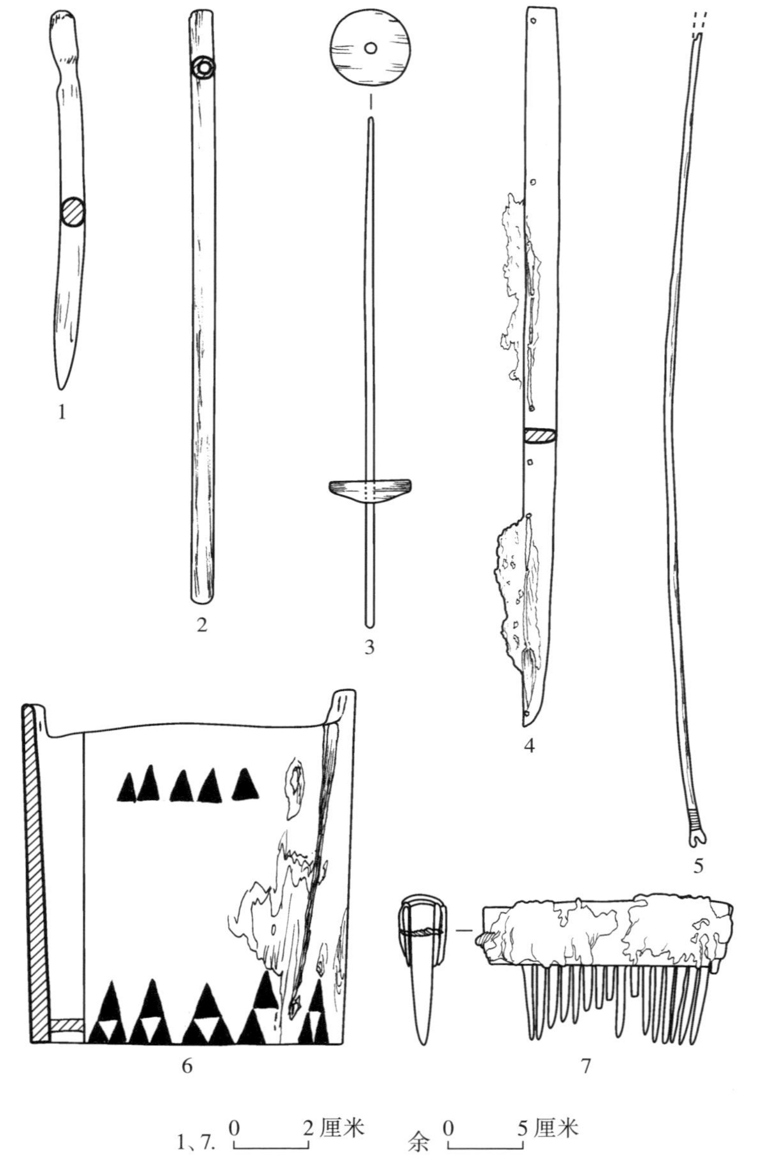

图六二四　ⅡM136 随葬品

1. 木钉（ⅡM136：7）　2. 木鞭杆（ⅡM136：3）　3. 木纺轮（ⅡM136：2）　4. 木撑板（ⅡM136：5）　5. 木箭杆（ⅡM136：6）　6. 木桶（ⅡM136：1）　7. 木梳（ⅡM136：4）

ⅡM137

墓葬概况

位于墓地西南部，南邻ⅡM125，北邻ⅡM172，墓向 120°。C 型，长方形竖穴土坑墓，直壁。墓口距地表深 0.13 米。地表呈西高东低的斜坡，表层为戈壁沙石，墓口窄小，墓长 1.31、宽 0.6 米，墓深 0.9~1.01 米。墓被盗扰，墓内填土中夹有骆驼刺。墓底人骨凌乱，颅骨位于东南部壁下，下颌骨缺失，长骨和骶骨分散于墓底，未成年男性，年龄 12~13 岁。墓底东南角随葬有羊头一个。骨骼下有草席残片。木箭和复合弓在北部，木纺轮和木盘在西部。东南角随葬有一羊头骨（图六二五）。

随葬品

出土木器 4 件。

1. 木箭　圆箭杆一端呈楔形，原应镶有箭头，尾端有凹槽，外有缠扎痕。残长 67.6 厘米（图六二六，3）。

2. 复合弓　三曲，木弓两边夹粘牛角，再用牛筋线缠扎，弓弰较细，刻系弦浅槽，弓体扭曲变形。长 98.7、直径 2.8 厘米（图六二六，4；图版一八三，9）。

3. 木纺轮　纺轮为圆形木棒截取制作。线轴两端稍细，中间略粗，光滑。线轴长 27.5、直径 0.74 厘米，轮径 3、厚 5.8 厘米（图六二六，2；图版一七八，7）。

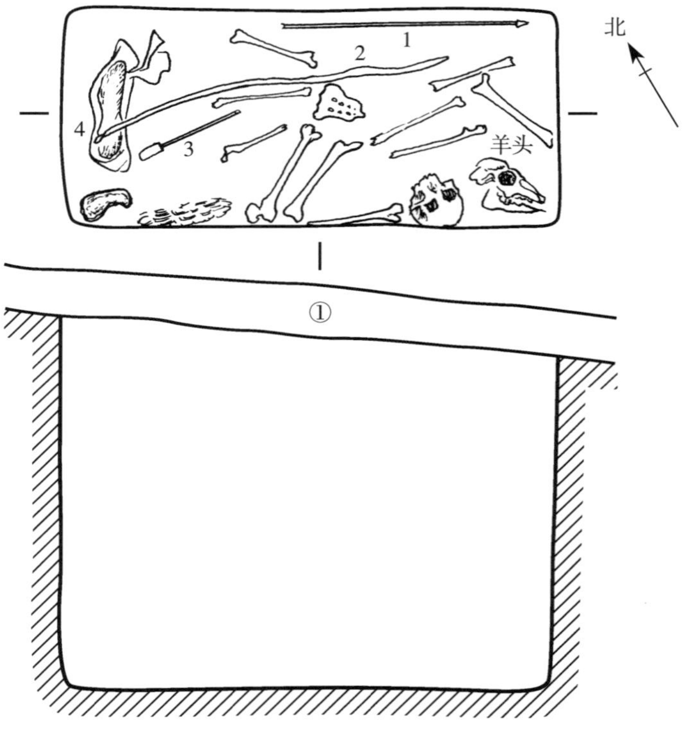

图六二五　ⅡM137 平、剖面图

1. 木箭　2. 复合弓　3. 木纺轮　4. 木盘

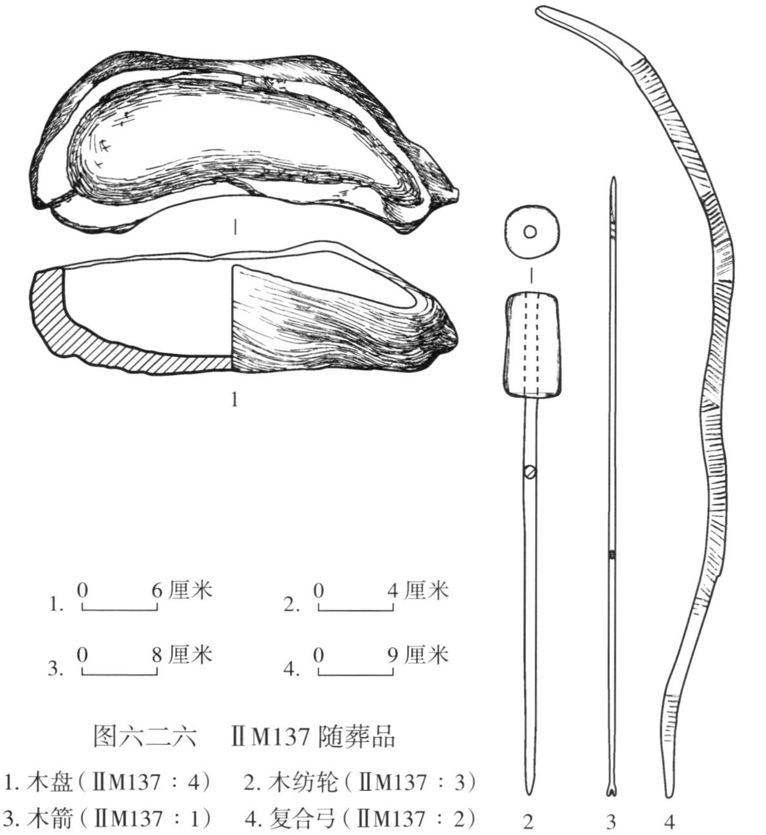

图六二六　ⅡM137 随葬品

1. 木盘（ⅡM137：4）　2. 木纺轮（ⅡM137：3）
3. 木箭（ⅡM137：1）　4. 复合弓（ⅡM137：2）

4. 木盘　用自然圆木挖制。呈不规则长条形，口沿高低不平，圜底。制作粗糙。口径 15.3~34.2、高 10.9 厘米（图六二六，1）。

ⅡM138

墓葬概况

位于墓地西南部，东南邻ⅡM139，北邻ⅡM110，墓向 295°。C 型，圆角长方形竖穴土坑墓，直壁。墓口距地表深 0.2 米，墓长 1.85、宽 1.04 米，墓深 1.27 米。墓口有木梁、芦苇封盖。墓内填黄土，夹有苇席、木盘出土。墓底有四足木尸床，四只短足用圆木制作，边框横木与腿榫卯固定，细木棍铺作床面，然后用皮条捆绑固定在床撑上，其上再铺苇席。床上有骨架一具，仰身，下肢上屈，打开向外倒靠，头向西，中年男性，年龄 35~45 岁。该墓随葬品丰富，东头有木盘、木箭、木取火棒、木鞭、角衔、陶单耳杯、石臼、皮辔头、皮马鞍、两件石杵，木撑板、另一件木取火棒、木箭、木器具、木打磨器、木锉刀在南部，两件木扣、石磨盘、木镳位于中北部（图六二七；图版二八，4）。

随葬品

出土木、陶、皮、石器等 21 件（组）。

1. 木盘　平面呈近长方形，长边较直，短边起拱，敞口，浅腹，平底，底有刀剁痕。长边一侧有一穿

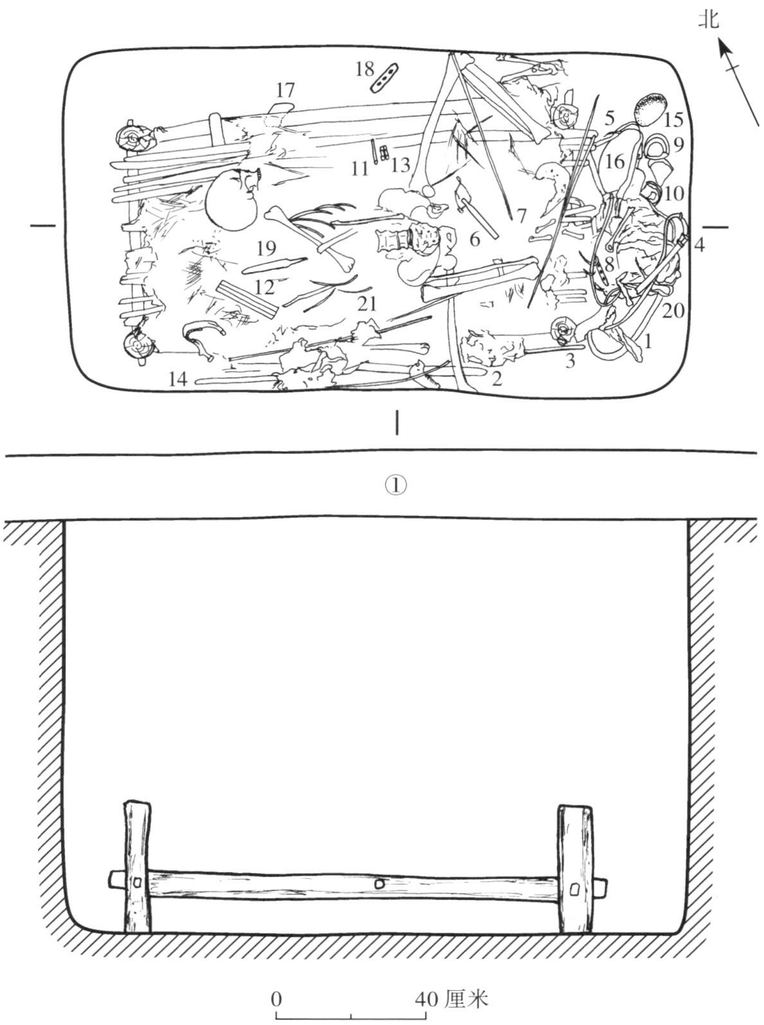

图六二七　ⅡM138 平、剖面图

1. 木盘　2. 木撑板　3、14. 木取火棒　4. 木鞭　5. 皮辔头　6. 木器具　7、21. 木箭　8. 角衔　9. 石臼　10. 陶单耳杯　11、13. 木扣　12. 木打磨器　15、16. 石杵　17. 石磨盘　18. 木镳　19. 木锉刀　20. 皮马鞍

孔。长 49.2、宽 21、高 6.1 厘米（图六二九，8；图版一三七，8）。

2. 木撑板　长方形木板，一端切齐，一端两头起弧，板面上凿有七孔。长 46、宽 2.8 厘米（图六二八，5）。

3. 木取火棍　用铁线莲长木条削制。一端微凸，有炭化痕。长 24.3、直径 1.2 厘米（图六二八，4）。

4. 木鞭　鞭杆为长方形木棍，皮鞭根部加皮套捆绑于鞭杆，双边梢。鞭杆长 26.7、直径 1.5、鞭梢长 67 厘米（图六二八，2；图版一六九，2）。

5. 皮辔头　用鞣制的牛皮挽制而成。带角镳。长 49 厘米（图六二九，5；图版二二三，8）。

6. 木器具　木棍削刻而成。一端残，一端削制成扁状，上钻孔，穿有牛皮绳。长 13.5、直径 1.4 厘米（图六二八，3；图版一七三，5）。

7. 木箭　3 件。箭头均残，圆箭杆尾端有凹槽，外缠有牛筋绳。ⅡM138：7-1，长 47.4、直径 0.72 厘米（图

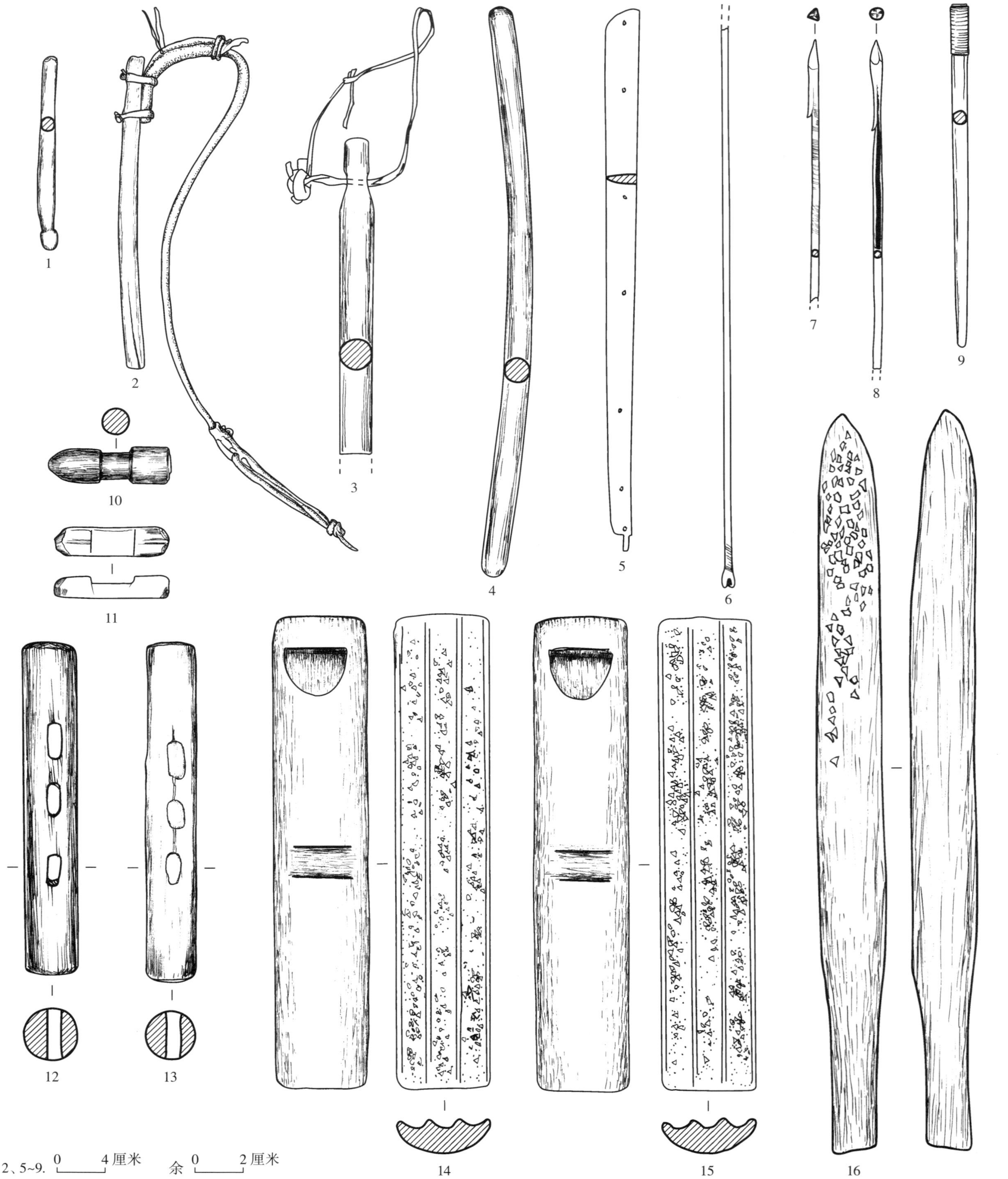

图六二八　ⅡM138随葬品

1、10、11. 木扣（ⅡM138：11、13–1、13–2）　2. 木鞭（ⅡM138：4）　3. 木器具（ⅡM138：6）　4、9. 木取火棒（ⅡM138：3、14）　5. 木撑板（ⅡM138：2）　6~8. 木箭（ⅡM138：7、21–2、21–1）　12、13. 木镳（ⅡM138：18–2、18–1）　14、15. 木打磨器（ⅡM138：12）　16. 木锉刀（ⅡM138：19）

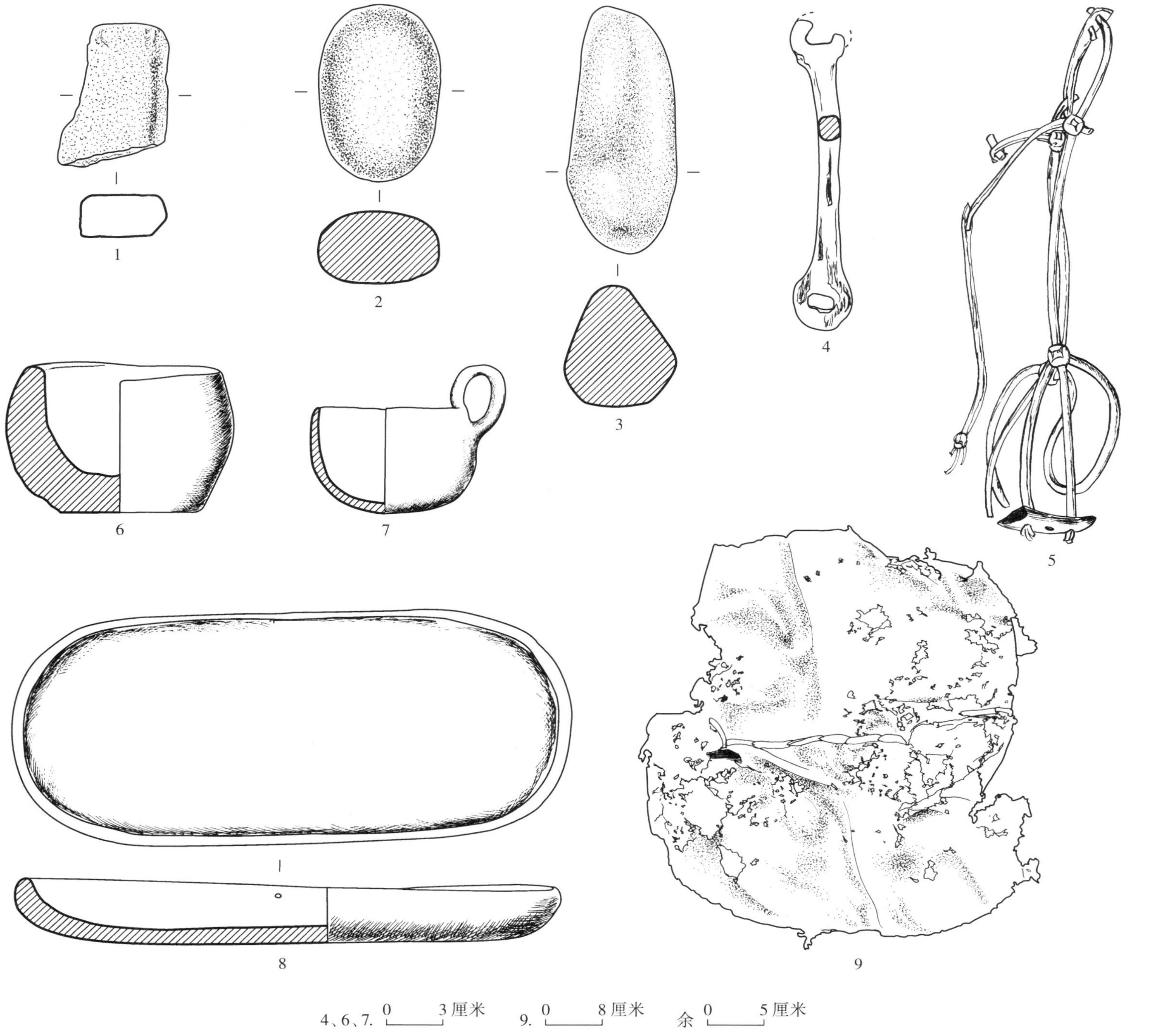

图六二九　ⅡM138随葬品

1. 石磨盘（ⅡM138：17）　2、3. 石杵（ⅡM138：15、16）　4. 角衔（ⅡM138：8）　5. 皮辔头（ⅡM138：5）　6. 石臼（ⅡM138：9）　7. 陶单耳杯（ⅡM138：10）　8. 木盘（ⅡM138：1）　9. 皮马鞍（ⅡM138：20）

六二八，6）。

8. 角衔　动物角磨制。两端呈圆环形，中间呈柱状。长17、最大宽3.2厘米（图六二九，4；图版一八七，3）。

9. 石臼　灰砂岩，琢制。敛口，方唇，平底，口、底略呈椭圆形，器壁较厚。口径8~10、腹径12.1、底径6.8~7.5、高8.16厘米（图六二九，6；图版二〇六，1）。

10. 陶单耳杯　夹砂红陶。敛口，圆唇，圆腹，圜底，口沿处有单耳上扬下翻至肩部。口径7.2、高5.8、通高8.1厘米（图六二九，7）。

11. 木扣　圆木棍削制而成。个体较小，一端削圆纽状。通体磨光。长8.2、直径0.6厘米（图六二八，1）。

12. 木打磨器　圆木一劈为二，中部挖三道凹槽，凹槽内用牛皮胶均匀地粘一层石英砂，背面中部刻浅槽，用于捆绑。为磨制、拉直加工木箭杆、木纺线轴等圆杆形木器的工具。长20.2、宽3.8、厚1.4厘米（图六二八，14、15；图版一八一，6）。

13. 木扣　4件。圆木削刻。ⅡM138：13-1，略呈亚腰圆锥形。长5.05、直径1.5厘米（图六二八，10）。

ⅡM138：13–2，长条形，两端倒棱，中间刻系带凹槽。长 4.7、宽 1.28、厚 0.9 厘米（图六二八，11；图版一五七，8）。

14. 木取火棒　圆杆一端粗，一端细，粗端凿空，其外缠有牛筋绳。长 29.1、直径 1.3 厘米（图六二八，9）。

15. 石杵　取自然鹅卵石使用。椭圆形，一头有敲砸痕。长 16.2、直径 6.5~10.8 厘米（图六二九，2）。

16. 石杵　长圆形砾石，一头有打击劈裂痕。长 22.4、大径 11.3 厘米（图六二九，3）。

17. 石磨盘　不规则形，扁平状，一面已磨平，残。残长 13、宽 9.8 厘米（图六二九，1）。

18. 木镳　2 件。ⅡM138：18–1，呈圆柱状，中部凿三个椭圆形孔。通体光滑。长 14.7、直径 2.1 厘米（图六二八，13）。ⅡM138：18–2，呈圆栓形，两端微凸。上凿一排三孔，孔呈长方形。长 14.4、直径 2.3 厘米（图六二八，12；图版一六二，6）。

19. 木锉刀　木板加工成扁平状，一面平板，上面用牛皮胶均匀地粘一层石英砂粒，另一面微凸。手柄较窄。长 31.4、宽 2.7 厘米（图六二八，16；图版一八〇，9）。

20. 皮马鞍　牛皮革缝制。内填碎革和鹿毛，两扇，中间仅有双层牛革，可上下活动，鞍边缘缀有皮条。长 60、宽 55.7 厘米（图六二九，9；图版二二五，4）。

21. 木箭　2 件。ⅡM138：21–1，圆箭杆后端残，头呈四棱状，头后端一侧有倒钩刺（图版一六一，1）。残长 27.8、直径 0.8、箭头长 7.6 厘米（图六二八，8）。ⅡM138：21–2，圆箭杆后端残，箭头呈三棱锥状，头后端一侧有倒钩刺。箭头与杆分体单作，然后削斜刃槽插嵌在一起，用牛筋线缠扎。杆残长 22.1、直径 0.7、箭头长 6.7 厘米（图六二八，7）。

ⅡM139

墓葬概况

位于墓地西南边缘，西北邻ⅡM138，西南邻ⅡM107，墓向 130°。C 型，圆角长方形竖穴土坑墓，直壁。墓口距地表深 0.29 米，墓长 1.38、宽 0.81 米，墓深 0.79 米。填土中有封盖墓口用的土坯。墓底有四足木尸床，床面用细木棍铺成，木棍上铺草席。内葬一人，仰身屈肢，脚向西，颅骨移动到床北沿下，中年男性，年龄 35~40 岁。骨架残缺较多。床南有木箭，中间有角镳，北面有复合弓残段和木鞭杆（图六三〇；图版二八，5）。

随葬品

出土角、木器等 4 件（组）。

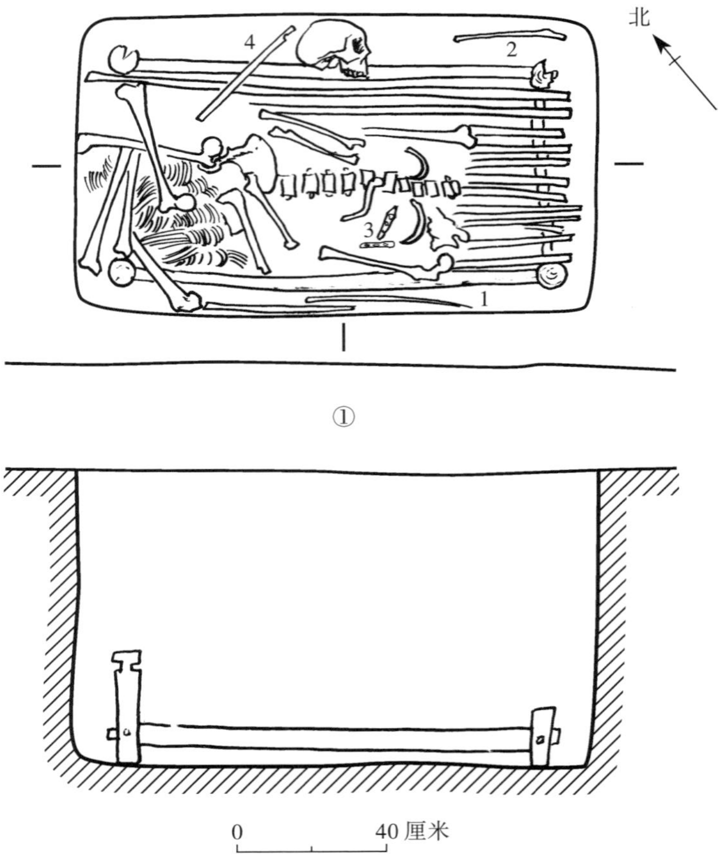

图六三〇　ⅡM139 平、剖面图

1. 木箭　2. 复合弓　3. 角镳　4. 木鞭杆

1. 木箭　2 件。圆箭杆后端残，杆体弯曲变形。箭头为三棱锥状，有倒刺。ⅡM139：1–1，残长 38.1、直径 0.7 厘米（图六三一，3）。

2. 复合弓　残段，为弓的一部分，弓弰呈三角形，有用以挂弦之凹槽。另见脱落的牛角片若干。残长 39.8、宽 2.52、厚 0.8 厘米（图六三一，2）。

3. 角镳　2 件。扁体，一端粗，一端细，上有一排三个钻孔。残长 14.2、直径 2.1 厘米（图六三一，1；图版一八六，9）。

4. 木鞭杆　细长木棍削制而成。一端凸起。长 47.3、直径 1.44 厘米（图六三一，4；图版一六九，3）。

ⅡM140

墓葬概况

位于墓地西部，北邻ⅡM141，东邻ⅡM123，墓向 120°。C 型，长方形竖穴土坑墓，墓口呈西窄东宽的梯形，直壁。墓口距地表深 0.31 米，墓长 1.32、宽 0.8~0.85 米，墓深 1.12 米。填土中有封盖墓口的土坯。墓被盗扰。墓内埋葬两人，骨架缺失，移位凌乱，颅骨 A 在东部中间木盘内，仅有的两根股骨在南部，中年男性，年龄 35~45 岁；颅骨 B 在东北角，有长骨和盆骨，中年女性，

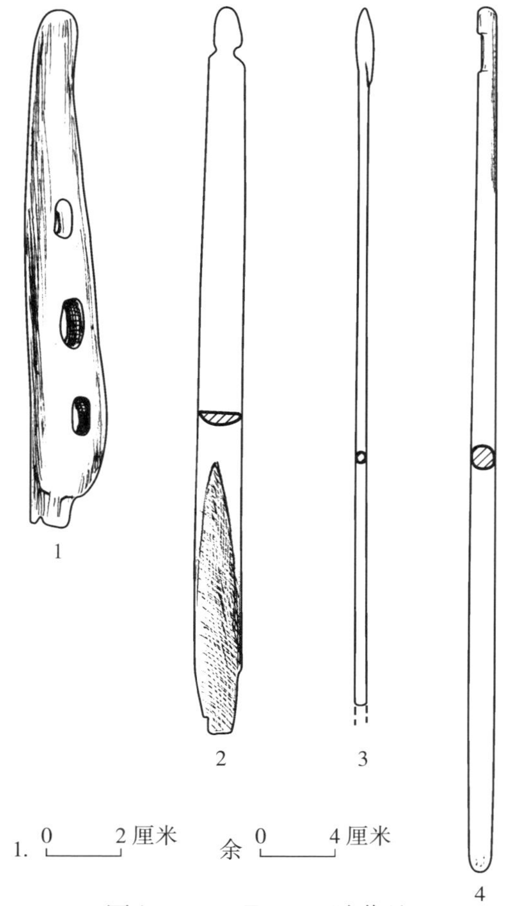

图六三一　ⅡM139随葬品

1. 角镳（ⅡM139：3）　2. 复合弓（ⅡM139：2）　3. 木箭（ⅡM139：1）
4. 木鞭杆（ⅡM139：4）

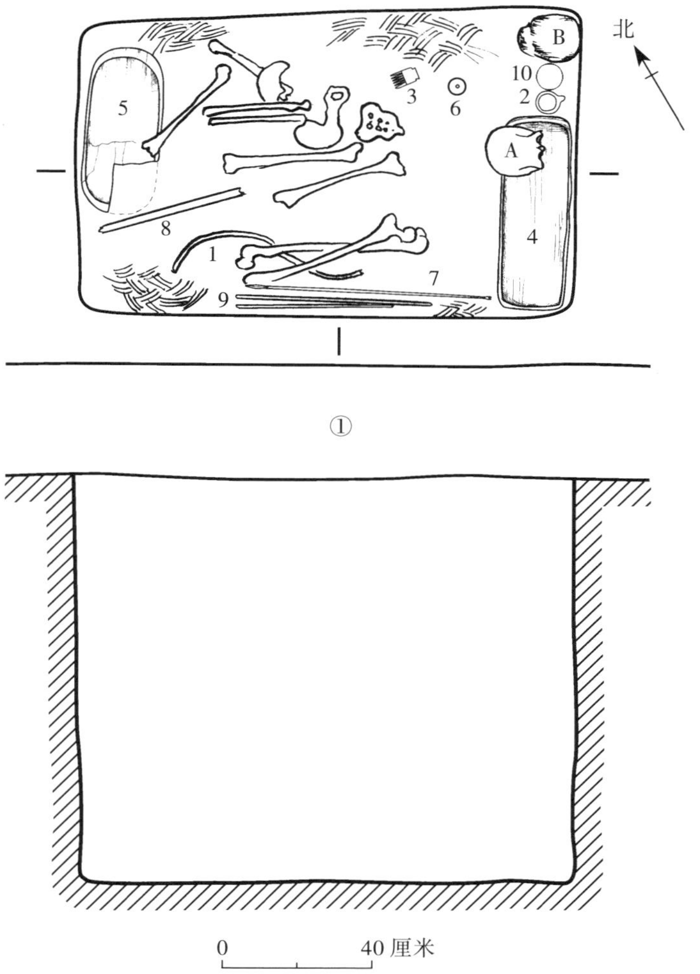

图六三二　ⅡM140平、剖面图

1. 复合弓　2. 陶单耳杯　3. 木梳　4、5. 木盘　6. 木纺轮　7. 木箭
8. 木撑板　9. 木线轴　10. 木桶

年龄35~45岁。骨架下铺苇草席。墓底东部有陶单耳杯、木桶、木盘、木纺轮、木梳，南面有复合弓、木箭、木线轴、木撑板，另一件木盘在西北角（图六三二）。

随葬品

出土陶、木器10件（组）。

1. 复合弓　残节，呈钩状，木胎上、下两面夹粘牛角，再用牛筋缠扎，截面呈椭圆形，弓弰较细。残长37.8、直径2~2.6厘米（图六三三，7）。

2. 陶单耳杯　夹砂红陶。敞口，方唇，弧腹，圜底。单耳由口沿下翻至腹部。口径6.1、高4.3、通高4.9厘米（图六三三，3；图版七一，5）。

3. 木梳　纵长方体，梳背有双肩，齿近圆锥形，十四齿。通体打磨光滑。长8.03、宽4.73、厚0.66、齿长3.6厘米（图六三三，2；图版一五三，6）。

4. 木盘　平面呈长方形，敞口，圆唇，浅腹，底呈拱形。口长57.7、宽20.4、高6.3厘米（图六三三，4；图版一三三，8）。

5. 木盘　平面近长方形，长边较宽，短边起弧。圆唇，短边沿较宽，敞口，浅腹，平底。口长40.6、宽18.1、高4.7厘米（图六三三，1）。

6. 木纺轮　圆木削制。呈圆饼形，面平，底微拱。通体磨制光滑。轮径3.8、厚1.8厘米（图六三三，5）。

7. 木箭　13支（图版一六〇，3）。箭头截面多为三角形或菱形，大部分有倒刺，少数箭头单作后粘接于箭杆上。ⅡM140：7–1，圆箭杆尾端有凹槽，外有缠扎痕。长65.1、直径0.92厘米（图六三三，10）。

8. 木撑板　残，木板削刻，体薄，平面呈近长方形，上有五个穿孔。长40.3、宽1.84、厚0.56厘米（图六三三，8）。

9. 木线轴　线轴两端细，中间粗，一端有凹槽。线轴长43.7、直径0.72厘米（图六三三，9）。

10. 木桶　用圆木掏挖而成。直筒形，沿下有对称两个系绳小孔。沿和底饰连续三角纹，中间阴刻出动物，并施以红、黄二色彩。表现了二狼因抢夺两只北山羊而相斗的场面，画面生动逼真，狼和羊栩栩如生。高18厘米（图六三三，6；图版一二九，2、3）。

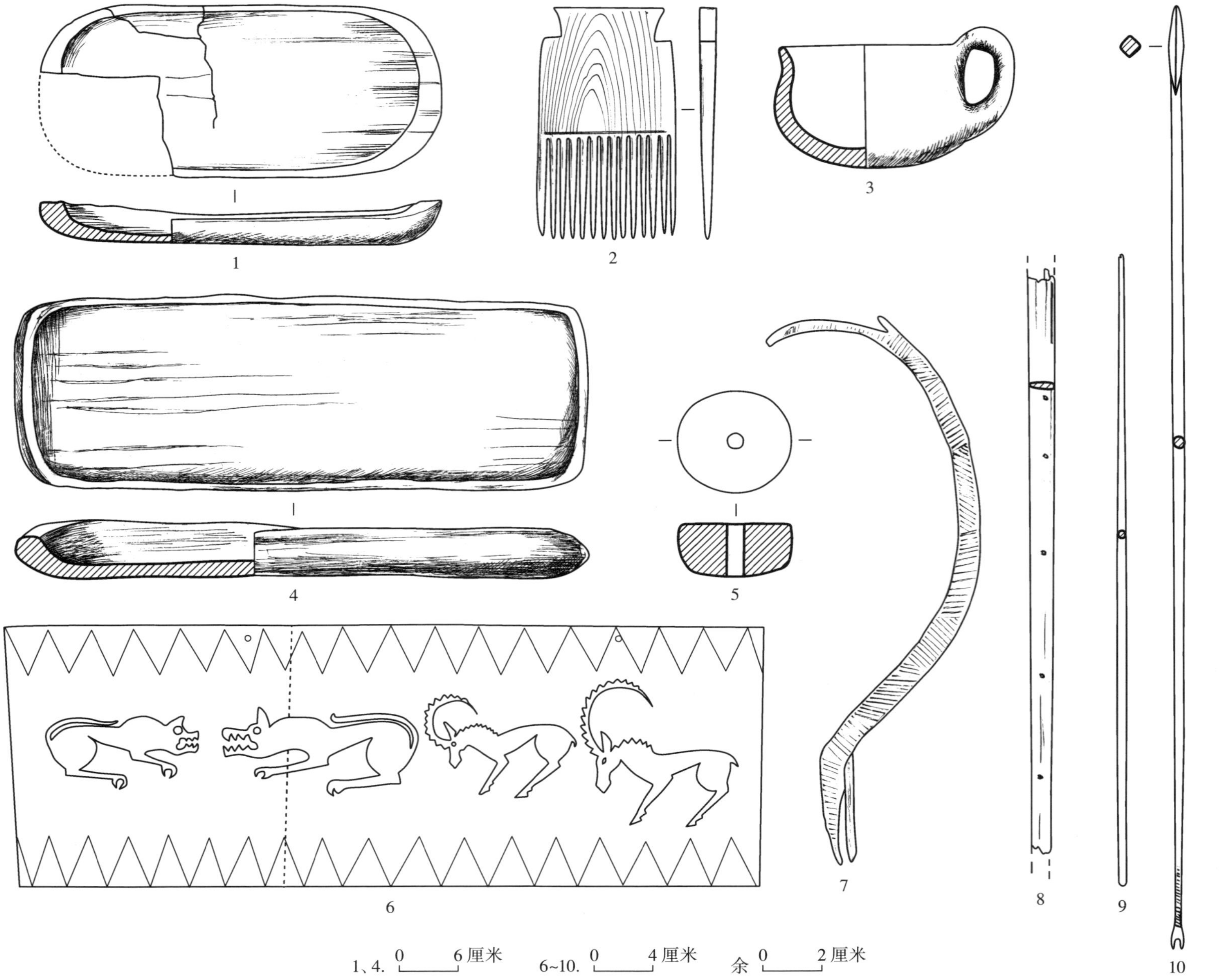

图六三三 ⅡM140随葬品

1、4. 木盘（ⅡM140：5、4） 2. 木梳（ⅡM140：3） 3. 陶单耳杯（ⅡM140：2） 5. 木纺轮（ⅡM140：6） 6. 木桶（ⅡM140：10） 7. 复合弓（ⅡM140：1） 8. 木撑板（ⅡM140：8） 9. 木线轴（ⅡM140：9） 10. 木箭（ⅡM140：7-1）

ⅡM141

墓葬概况

位于墓地西南，南邻ⅡM140，西邻ⅡM132，墓向122°。C型，长方形竖穴土坑墓，直壁。墓口距地表深0.13米。地表为戈壁沙石和黄沙土。墓口呈西窄东宽的梯形，墓长1.15、宽0.52~0.57米，墓深0.6米。填土中含有草屑。墓底两具骨架，仰身屈肢，骨骼缺失较多，下肢凌乱。颅骨A位于北中部，对应南面骨架，壮年女性，年龄20~30岁。骨架B在北面，成年男性，缺颅骨，骨架下铺一层苇草。南面有木梳，两骨架中间有用芨芨草和皮条编织的簸箕残片（图六三四）。

随葬品

出土木器等2件。

1. 木梳 呈纵长方形，梳背末端呈亚腰形，梳齿呈圆锥形，残存10齿。长8.3、宽4.3、厚0.44、齿长4厘米（图六三五，3）。

2. 簸箕残片 芨芨草为地，穿缠以牛皮。长36.1、宽约9.5厘米（图六三五，1；图版二一三，5）。

ⅡM142

墓葬概况

位于墓地西南端，南邻ⅡM143，北邻ⅡM144，墓向285°。C型，长方形竖穴土坑墓，直壁。墓口距地表深

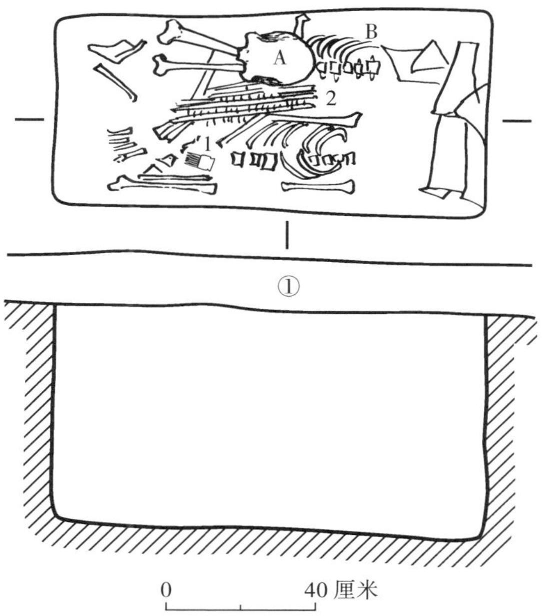

图六三四　ⅡM141 平、剖面图
1. 木梳　2. 簸箕残片

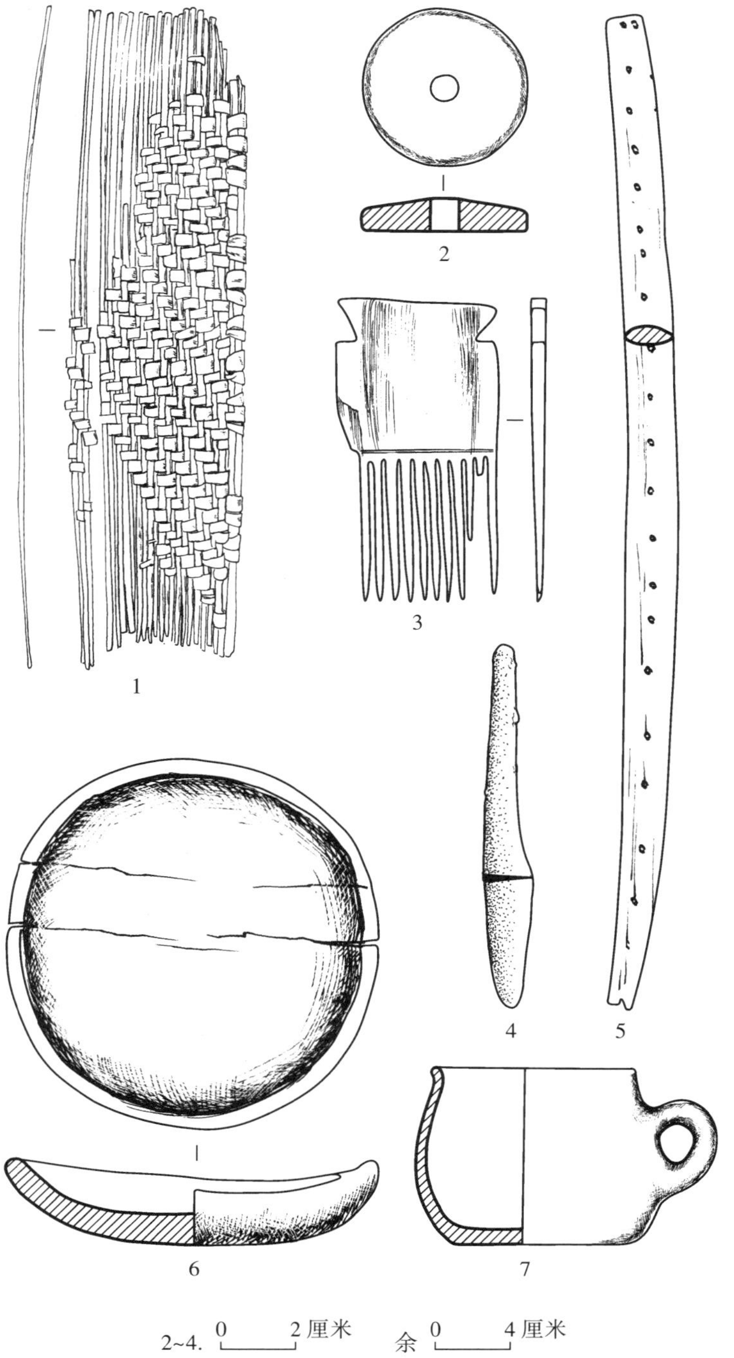

图六三五　ⅡM141、ⅡM142 随葬品
1. 簸箕残片（ⅡM141：2）　2. 木纺轮（ⅡM142：3）　3. 木梳（ⅡM141：1）　4. 铜刀（ⅡM142：5）　5. 木撑板（ⅡM142：4）　6. 木盘（ⅡM142：1）　7. 陶单耳杯（ⅡM142：2）

0.19 米，墓长 1.42、宽 0.67 米，墓深 1.11 米。墓内填土中夹有土坯块和骆驼刺。距墓口深 0.5 米处有上层人骨架，人骨凌乱布满墓室，为盗扰所致，有一男一女两个颅骨和部分肢骨，其中颅骨 A 位于西北角，壮年男性，年龄 30~35 岁，颅上额骨处有方形人工穿孔；颅骨 B 位于东北角，下颌骨在南壁中部，青年女性，年龄 18~25 岁。其他骨骼散乱分布于墓底。随葬的木撑板在东南角，木纺轮在中南部。骨架下平铺一层土坯，土坯下有一层骆驼刺。墓底有下层骨架 C，成年男性，呈干尸状，头西脚东，仰身上屈下肢，身穿皮衣皮裤，脚穿高靿皮靴。头左侧随葬木盘、陶单耳杯，腰间有铜刀。无葬具（图六三六）。

随葬品

出土木、陶、铜器 5 件。

1. 木盘　平面为圆形，敞口，圆唇，平底。口径 19.7、高 4.8 厘米（图六三五，6）。

2. 陶单耳杯　夹砂红陶。敛口，圆唇，鼓腹，平底，口沿下有单耳。器表有烟炱痕。口径 10.6、腹径 12.9、底径 9.2、高 10.8 厘米（图六三五，7；图版七四，5）。

3. 木纺轮　圆饼状，中有圆孔。直径 4.4、高 0.9 厘米（图六三五，2）。

4. 木撑板　为窄长木片，截面椭圆形，一端残，上有两排穿孔，一排穿孔二十二个，一排穿孔三个。残长 54.5、宽 2.8、厚 1.2 厘米（图六三五，5）。

5. 铜刀　直柄，刀身较薄，刀背略宽，刃锋利，刀把稍细。长 10、宽 1.33、厚 0.23 厘米（图六三五，4；图版一九九，3）。

ⅡM143

墓葬概况

位于墓地西南端，北邻ⅡM142，东南邻ⅡM133，墓向 96°。C 型，长方形竖穴土坑墓，直壁。墓口距地表深 0.2 米，墓口呈东窄西宽的梯形。墓长 1.46、宽 0.7~0.82 米，墓深 1.12 米。填土中夹有土坯块。墓被盗扰，墓底有两个人颅骨分别位于中部和西北角，肢骨凌乱，中部为颅

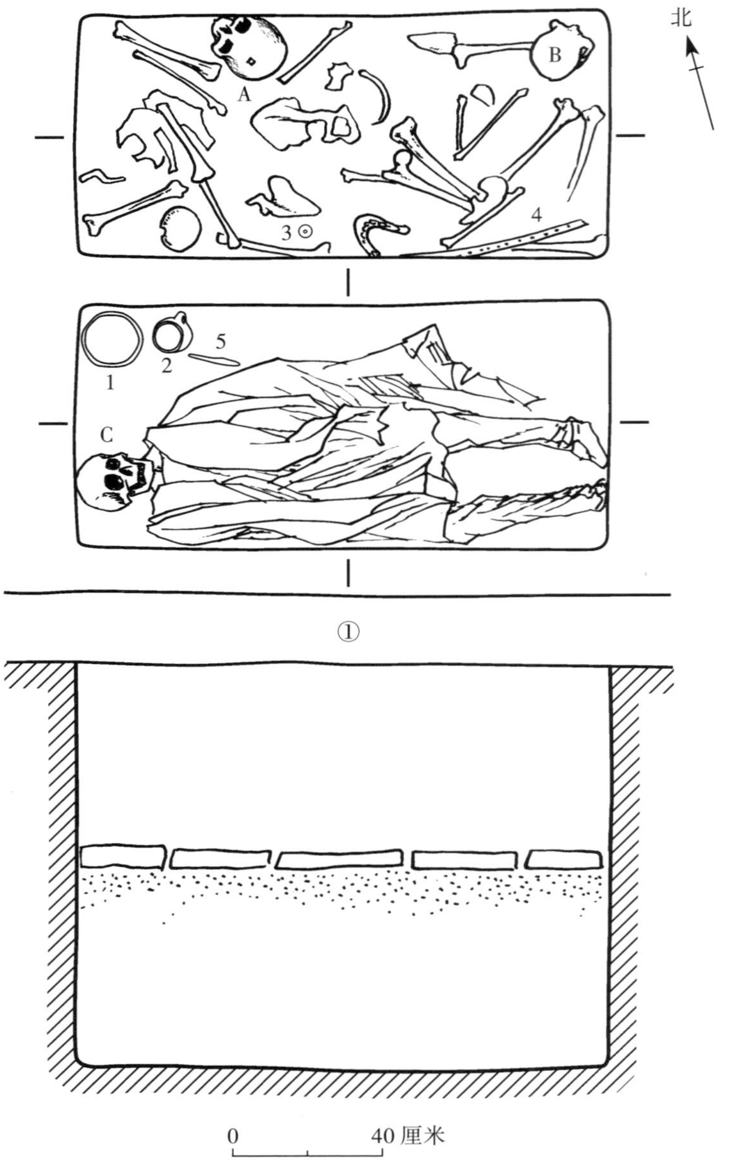

图六三六　ⅡM142 平、剖面图
1. 木盘　2. 陶单耳杯　3. 木纺轮　4. 木撑板　5. 铜刀

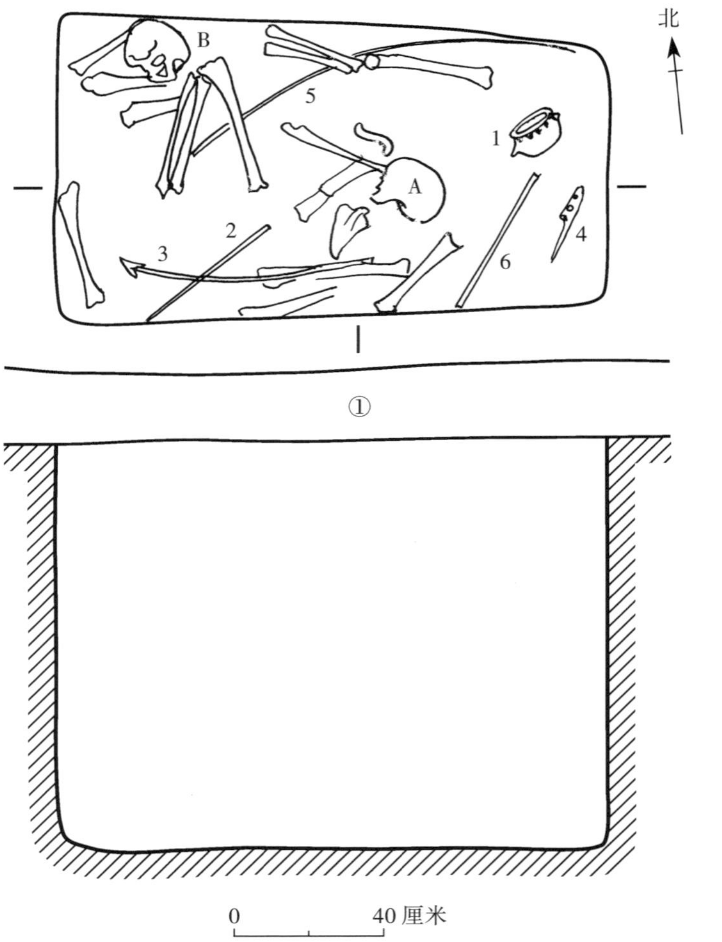

图六三七　ⅡM143 平、剖面图
1. 陶碗　2、6. 木取火棒　3. 木箭　4. 木撑板　5. 木弓

骨 A，下肢上屈，双臂骨和锁骨在正确位置，其余骨骼残缺不全，中年男性，年龄 45~55 岁；西北角颅骨 B 和部分肢骨在一起，青年女性，年龄 20~25 岁。无葬具。随葬的陶碗、木取火棒、木撑板在东部，另一件木取火棒、木箭在西南部，木弓在北部（图六三七）。

随葬品

出土陶、木器 6 件。

1. 陶碗　夹砂红陶。微敛口，圆唇，小平底，口沿下有对称鋬。口沿内外饰锯齿纹。口径 15、底径 8.3、高 8.5 厘米（图六三八，5；图版一一九，5）。

2. 木取火棒　用木箭杆改制。一端微凸，有炭迹。残长 37.7、直径 0.72 厘米（图六三八，2）。

3. 木箭　圆箭杆后端残，杆体弯曲变形。箭头为四棱锥形，有倒刺。残长 36.4、直径 0.77 厘米（图六三八，4）。

4. 木撑板　残，长条形，截面呈椭圆形，板面上钻有穿绳的圆孔。残长 14.9、宽 1.2、厚 0.7 厘米（图六三八，3）。

5. 木弓　残，圆树枝干剔皮削制，弯曲。残长 131.5、直径 1.9 厘米（图六三八，6；图版一五八，6）。

6. 木取火棒　为自然树枝干。圆柱状，笔直，前端镂四棱锥形孔，孔深 3.2 厘米，棒体前端有线刻螺旋纹。长 38.8、直径 1.5 厘米（图六三八，1）。

ⅡM144

墓葬概况

位于墓地西南端，南邻ⅡM142，北邻ⅡM136，墓向 90°。C 型，长方形竖穴土坑墓，直壁，形制规整。墓口距地表深 0.2 米，墓长 1.31、宽 0.91 米，墓深 0.8 米。墓底有两具人骨架，均头东脚西，仰身屈肢，男女合葬。

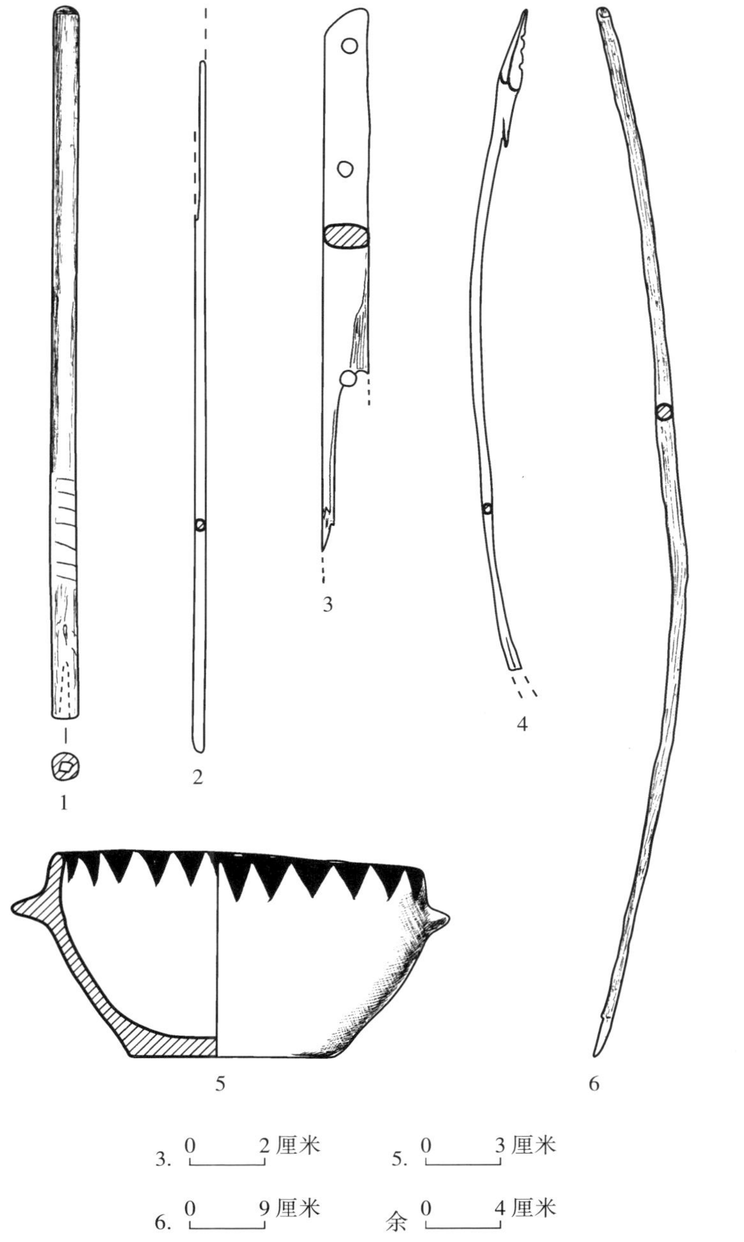

图六三八　ⅡM143 随葬品

1、2. 木取火棒（ⅡM143：6、2）　3. 木撑板（ⅡM143：4）　4. 木箭（ⅡM143：3）　5. 陶碗（ⅡM143：1）　6. 木弓（ⅡM143：5）

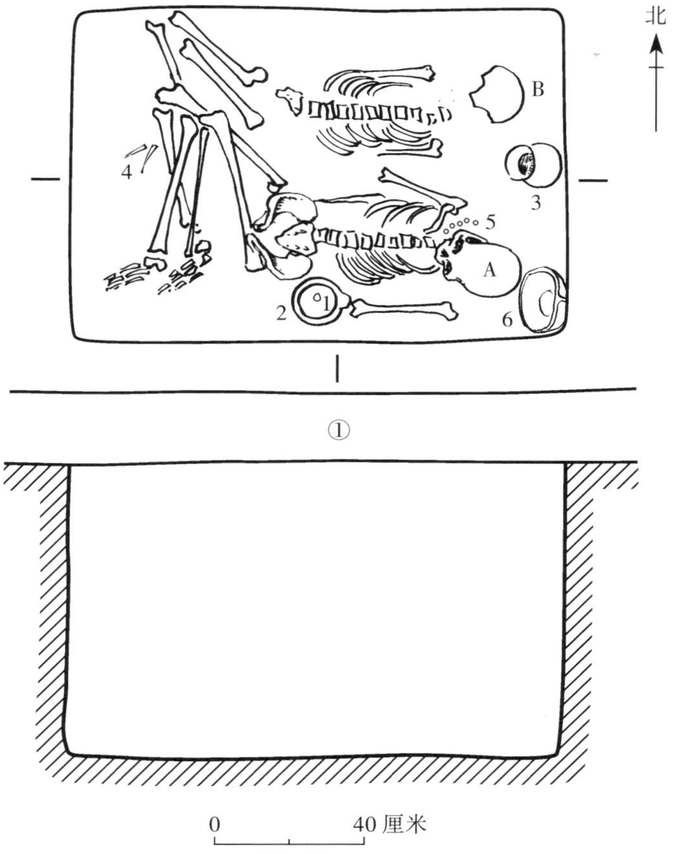

图六三九　ⅡM144 平、剖面图

1. 海贝　2. 陶钵　3. 陶单耳壶　4. 木钉　5. 珠饰　6. 陶圈足盘

南面 A 骨架保存较好，壮年男性，年龄 30~40 岁，下肢微压在 B 骨架上；B 骨架在北部，颅骨残破并稍有移位，成年女性。骨架下铺有草席。在两颅骨间放置陶单耳壶，A 骨架左手旁有陶钵，陶钵内放有海贝，A 骨架上方有陶圈足盘，A 骨架颈下有玛瑙、石料珠，出土时已散乱（图六三九）。

随葬品

出土陶器、木器、海贝、珠饰 6 件（组）。

1. 海贝　椭圆形扁体，中空，另一面有锯齿状中缝。长 2、宽 1.55 厘米（图六四〇，6）。

2. 陶钵　夹砂红陶。敛口，圆唇，平底，沿下一侧有短横鋬，上有穿孔。口径 13.1、底径 7.8、高 5.5 厘米（图六四〇，7；图版一一四，3）。

3. 陶单耳壶　夹砂红陶。敞口，圆唇，束颈，鼓腹，小平底，沿下有纵向桥形耳。口沿内外饰锯齿纹，腹部饰折线纹，耳部饰菱形方格纹。口径 9.2、底径 6.6、高 14.6 厘米（图六四〇，10；图版一〇二，2）。

4. 木钉　2 支。圆木棍削刻而成。尖锐。ⅡM144：4-1，长 11.3 厘米（图六四〇，8）。ⅡM144：4-2，长 11.8、直径 1.1 厘米（图六四〇，9）。

5. 珠饰　红玛瑙珠 4 颗，黄玛瑙珠 2 颗，截面近菱形，有纵向穿孔。直径 0.55~1.1 厘米（图六四〇，5）。料珠 15 颗，有白色、绿色、褐色等，多为管状，有的截面为椭圆形。直径 0.3~0.8 厘米（图六四〇，1~4；图版二一〇，3）。

6. 陶圈足盘　夹砂红陶。直口，折腹，内圜底，圈足残，单耳。内沿饰锯齿纹，器表绘细长倒三角竖条纹，竖条纹两间隔饰“×”纹。口径 22、残高 9.6 厘米（图六四〇，11；图版一二四，7）。

ⅡM145

墓葬概况

位于墓地西南部，南邻ⅡM166，西邻ⅡM147，墓向

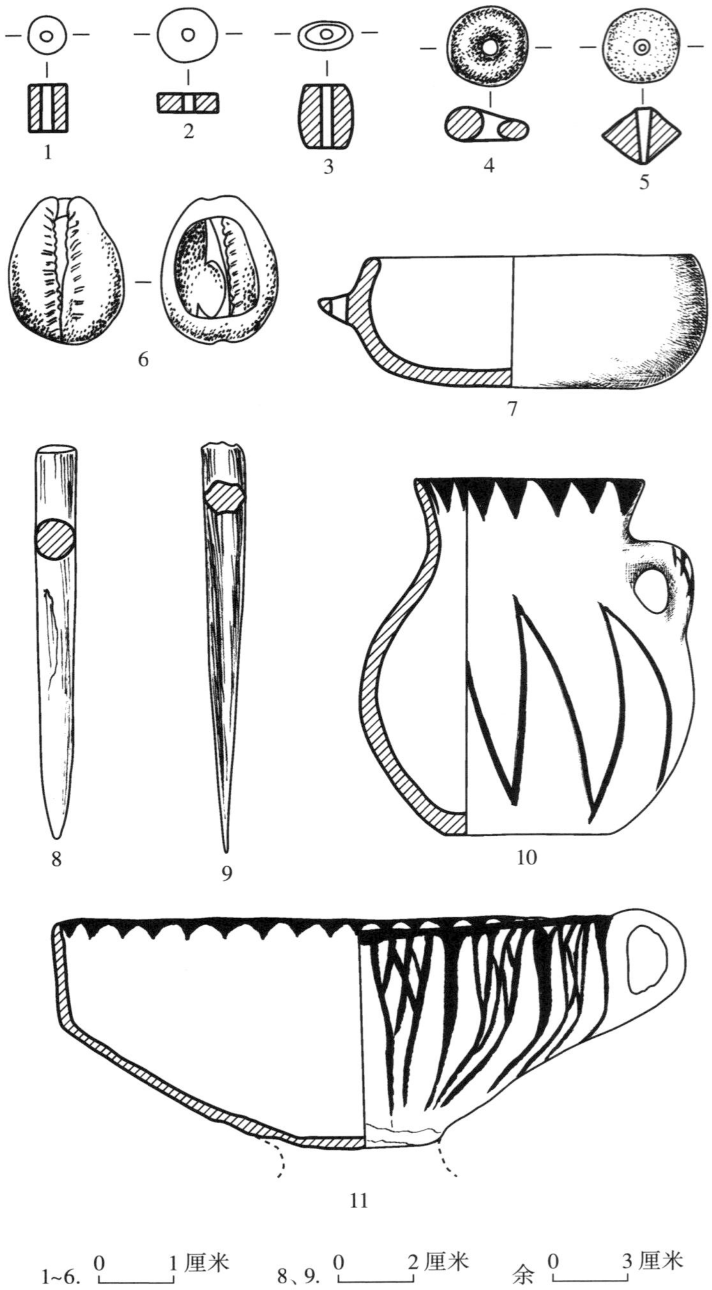

图六四〇　ⅡM144随葬品

1~5. 珠饰（ⅡM144：5-1、5-2、5-3、5-4、5-5）　6. 海贝（ⅡM144：1）　7. 陶钵（ⅡM144：2）　8、9. 木钉（ⅡM144：4-1、4-2）　10. 陶单耳壶（ⅡM144：3）　11. 陶圈足盘（ⅡM144：6）

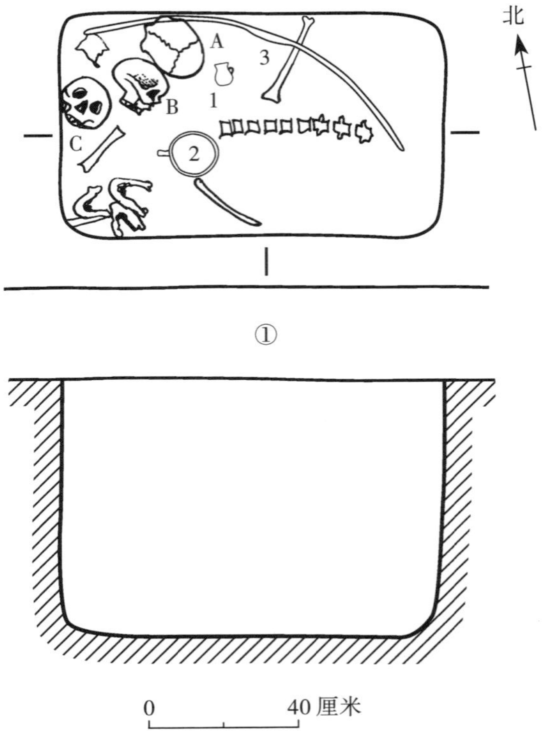

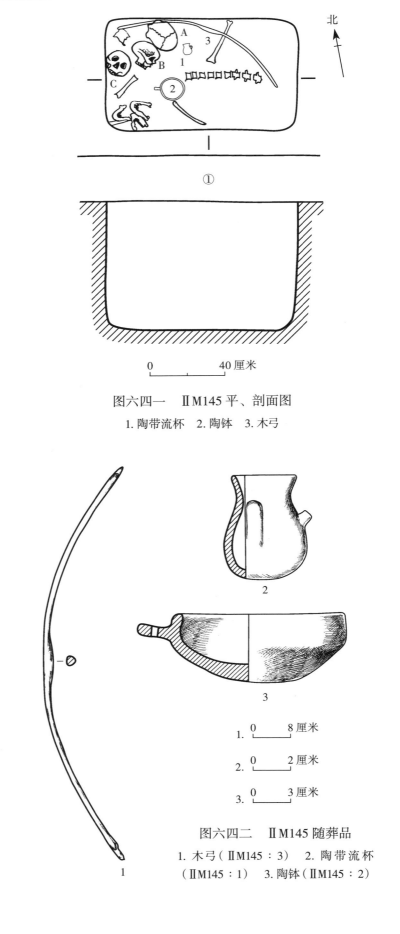

图六四一　ⅡM145平、剖面图

1. 陶带流杯　2. 陶钵　3. 木弓

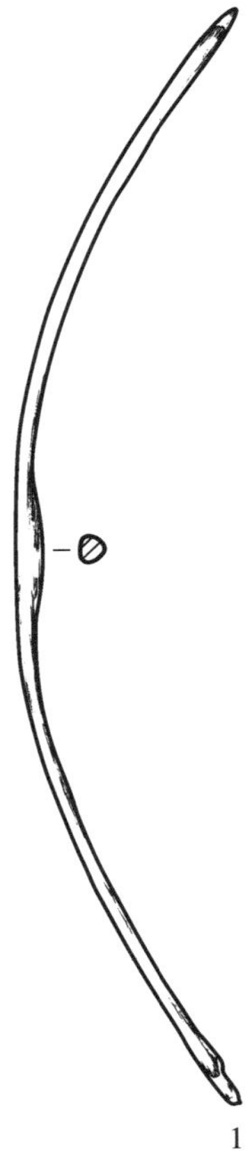

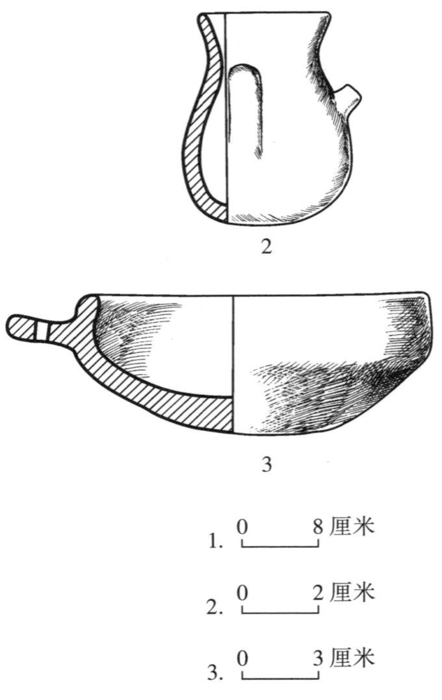

图六四二　ⅡM145随葬品

1. 木弓（ⅡM145：3）　2. 陶带流杯（ⅡM145：1）　3. 陶钵（ⅡM145：2）

100°。C型，圆角长方形竖穴土坑墓，直壁。墓口距地表深0.25米，墓长1.02、宽0.6米，墓深0.7米。墓被盗扰，墓底西北角堆放三个颅骨，三个下颌骨位于西南角，中部仅存椎骨，其他骨骼缺失。A在最北部，中年男性，年龄35~45岁；B在中间，未成年人，年龄7~8岁；C中年女性，年龄45岁左右。似二次葬，无葬具。墓底北部出土木弓，中部有陶带流杯和陶钵（图六四一）。

随葬品

出土陶、木器3件。

1. 陶带流杯　夹砂红陶。敞口，垂腹，圜底，一侧有小单耳，与单耳垂直的腹侧有小短流。口径3.4、腹径4.4、高5.7厘米（图六四二，2；图版九八，1）。

2. 陶钵　夹砂红陶。直口，圆唇，圜底，一侧有长方形短柄，柄上有孔。口径13.4、高5.8厘米（图六四二，3；图版一一四，4）。

3. 木弓　呈弧拱形，中部截面呈半圆形，两端呈扁平状，弓弰两端削成“凸”字形。长 86.2、直径 2.2 厘米（图六四二，1；图版一五八，7）。

ⅡM146

墓葬概况

位于墓地西南部，东南邻ⅡM145，西北邻ⅡM111，墓向 110°。C 型，圆角长方形竖穴土坑墓，直壁。墓口距地表深 0.18~0.23 米，墓长 1.56、宽 0.81 米，墓深 1.4 米。墓被盗扰，人骨凌乱，散置于墓底，长骨在中部，肋骨在北部，头骨残破弃于东部，青年女性，年龄 18~25 岁。骨架西部随葬有羊头一个。墓底西部出土木钉八支，中南部有陶单耳杯、陶钵，中东部有木鞭杆（图六四三）。

随葬品

出土木、陶器 4 件（组）。

1. 陶钵　夹砂红陶。敛口，圆唇，圆腹，圜底，沿下有单横鋬。口径 7.5、腹径 8.6、高 5.6 厘米（图六四四，1；图版一一四，5）。

2. 陶单耳杯　夹砂红陶。敞口，方唇，圆腹，圜底，口沿一侧贴有环形立耳。口沿内外饰锯齿纹。口径 7.8、高 7.2、通高 9.6 厘米（图六四四，2；图版九一，1）。

3. 木钉　8 支。木棍削刻而成。圆锥状，尖端已残。ⅡM146：3-1~3-3，长 12.2~16.2、直径 0.9~1.46 厘米（图六四四，3~5；图版一八〇，4）。

4. 木鞭杆　圆柱状形，两端有刻槽一周。长 36.5、直径 1.16 厘米（图六四四，6）。

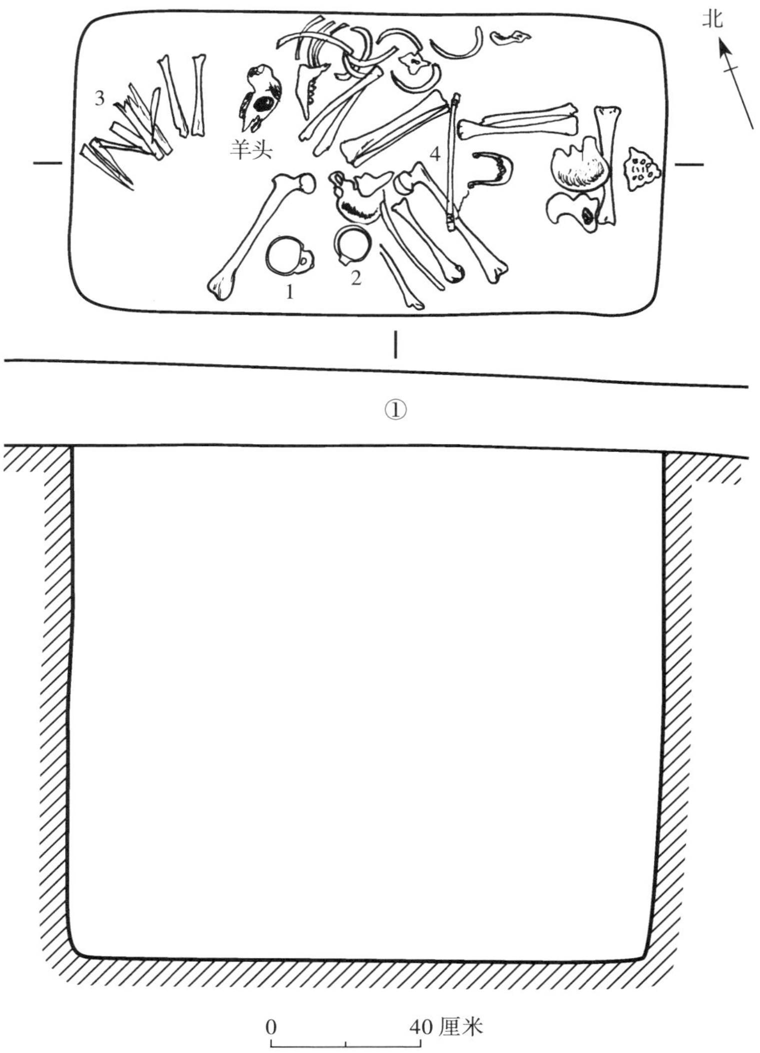

图六四三　ⅡM146 平、剖面图

1. 陶钵　2. 陶单耳杯　3. 木钉　4. 木鞭杆

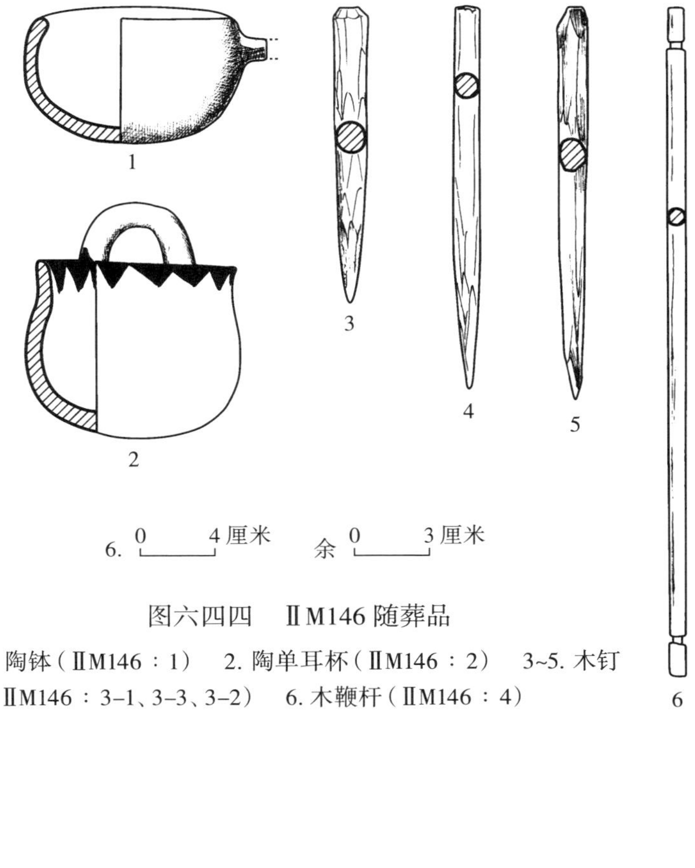

图六四四　ⅡM146 随葬品

1. 陶钵（ⅡM146：1）　2. 陶单耳杯（ⅡM146：2）　3~5. 木钉（ⅡM146：3-1、3-3、3-2）　6. 木鞭杆（ⅡM146：4）

ⅡM147

墓葬概况

位于墓地西南部，东南邻ⅡM166，北邻ⅡM146，墓向 112°。C 型，长方形竖穴土坑墓，直壁。墓口距地表深 0.27 米，墓长 1.27、宽 0.61 米，墓深 0.95 米。墓内填土中有草席残片。墓底人骨凌乱，下肢呈屈肢状，上半身的骨骼与颅骨堆放墓底东部，共有三个人颅骨。颅骨 A 在东南角，青年男性，年龄 18~22 岁；颅骨 B 在东北角，老年女性，年龄 50~60 岁；颅骨 C 在两者中间，中年女性，年龄 40~50 岁；和颅骨在一起还有肱骨、肋骨等。墓底铺苇席，席上铺毡，现已残朽。随葬品大多集中于墓底西部，有木桶、陶单耳罐、陶碗、木纺轮、木钵，还有陶钵和三件陶单耳杯在北部，砺石在东南角（图六四五）。

图六四五 ⅡM147 平、剖面图

1. 木桶 2. 陶单耳罐 3. 陶碗 4、5、10. 陶单耳杯 6. 木纺轮 7. 陶钵 8. 木钵 9. 砺石

随葬品

出土木、陶、石器 10 件。

1. 木桶 用不规则的圆木掏挖而成。略呈扁圆形，口沿上有两个对称的立耳。器表彩绘繁缛的二方连续扭曲三角纹。直径 12.7、高 16.8、通高 19.2 厘米（图六四六，9；图版一二九，5）。

2. 陶单耳罐 夹砂红陶。敞口，圆唇，束颈，圆腹，圜底近平，单耳由口沿下翻至腹底。口沿内饰锯齿纹，外饰三角纹延伸的细条带纹至腹底，耳绘斜线纹。口径 9.4、腹径 11.7、高 12.76、通高 13.15 厘米（图六四六，5；图版四七，3）。

3. 陶碗 夹砂红陶。敛口，圆唇，小平底，腹部一侧有鸟喙状耳，喙尖朝上，有穿孔。口径 25.3、底径 14.5、高 6.4 厘米（图六四六，6；图版一一九，6）。

4. 陶单耳杯 夹砂红陶。敞口，方唇，腹斜直，平底，口沿处有单立耳，已残。口径 11.8、底径 9.5、高 7.9、通高 9.8 厘米（图六四六，4）。

5. 陶单耳杯 夹砂红陶。敞口，圆唇，平底，口沿上有立耳，呈半圆形，内有半圆形镂孔。口径 11.4、底径 8.9、高 7.3、通高 10.7 厘米（图六四六，3；图版九一，2）。

6. 木纺轮 纺轮为圆饼形，一面平，一面微弧。线轴一端稍尖，另一端有刻槽。线轴长 36.2、直径 1 厘米，轮径 5.8、厚 1.1 厘米（图六四六，10；图版一七五，6）。

7. 陶钵 夹砂红陶。敛口，方唇，鼓腹，圜底近平，在耳的部位塑出一公绵羊头把手，羊的双角盘曲两圈，形象逼真。口径 14.2、腹径 16.7、高 8、通高 9 厘米（图六四六，1）。

8. 木钵 直口微敛，圆唇，圜底，一侧有方形小纽。口径 12.6、高 6.9 厘米（图六四六，7）。

9. 砺石 细砂岩。长条形，扁平状，上端有穿绳孔，一面有磨痕。长 11.3、宽 3.6、厚 1.7 厘米（图六四六，8；图版二〇八，1）。

10. 陶单耳杯 夹砂红陶。敞口，圆唇，圆垂腹，圜底，单耳残。素面。高 6、口径 5.8 厘米（图六四六，2）。

ⅡM148

墓葬概况

位于墓地西南端边缘，北望ⅡM133，墓向 90°。C 型，长方形竖穴土坑墓。墓口距地表深 0.3 米，墓长 1.28、宽 0.73 米，墓深 1.31 米。墓底有一具仰身屈肢骨架 A，双腿原来上屈，现侧向两边，颅骨移位到左脚下。该颅骨西旁还有一颅骨 B，但未见其他骨骼，似二次葬，女性，成年人。骨架下铺草席。颅骨北面有木纺轮，墓葬北部有铜刀和木梳，南面有陶单耳杯（图六四七）。

随葬品

出土陶、木、铜器 4 件。

1. 陶单耳杯 夹砂红陶。敞口，方唇，平底，口沿一侧有立耳，略呈椭圆形，顶有纽，中有三角形镂孔。口径 9.4、底径 8、高 7.4、通高 11.2 厘米（图六四八，4）。

2. 木梳 柄为长方形，长边一端有凹槽，上插梳齿，齿为扁体，存 15 齿。长 7.34、宽 5.7、厚 0.85、齿长 4.5 厘米（图六四八，2）。

3. 木纺轮 线轴残。纺轮呈椭圆形，面平，底弧拱。线轴残长 2.9、直径 0.5 厘米，轮径 4.6~5.5、厚 1.4 厘米（图六四八，1）。

4. 铜刀 刀身略呈长方形，截面呈三角形，刃较利，直柄较细。长 9.9、宽 1.8、厚 0.33 厘米（图六四八，3；图版一九九，4）。

ⅡM149

墓葬概况

位于墓地西南部，西邻ⅡM135，东北邻ⅡM140，墓

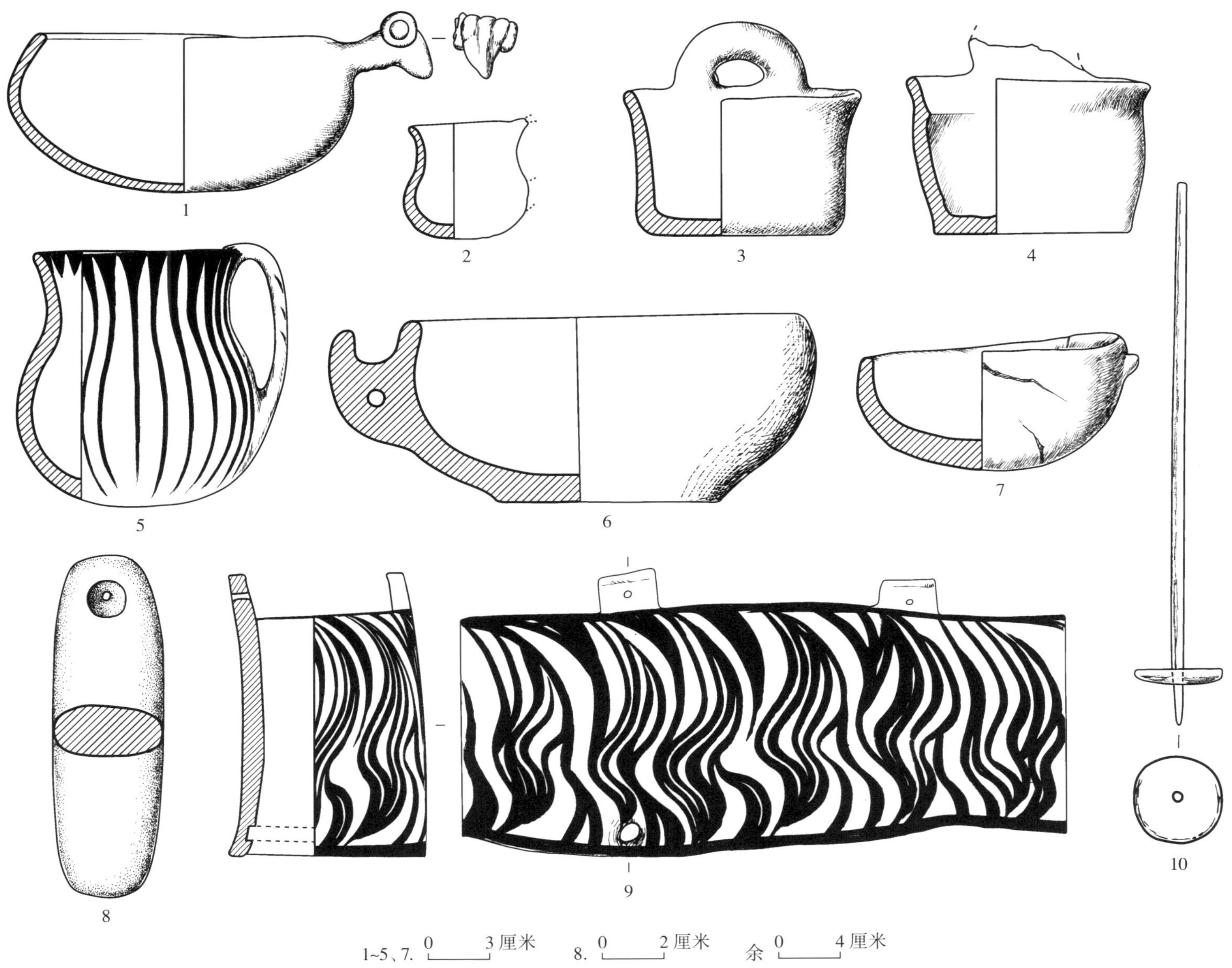

图六四六　ⅡM147随葬品

1. 陶钵（ⅡM147：7）　2~4. 陶单耳杯（ⅡM147：10、5、4）　5. 陶单耳罐（ⅡM147：2）　6. 陶碗（ⅡM147：3）　7. 木钵（ⅡM147：8）　8. 砺石（ⅡM147：9）　9. 木桶（ⅡM147：1）　10. 木纺轮（ⅡM147：6）

向120°。C型，长方形竖穴土坑墓，直壁。墓口距地表深0.35米，墓口呈东窄西宽的梯形。墓长1.11、宽0.52~0.64米，墓深1.14米。墓被盗扰，填土中有棚盖墓口的残留物树枝、苇草等。墓底中部仅存人椎骨，其他骨骼弃于周边，颅骨位于西北角，青年男性，年龄18~24岁。骨架下铺有"人"字纹苇席。西南角随葬羊头一个。随葬品都集中在西部，从西向东依次有木钵、陶钵、木纺轮、陶单耳杯、陶罐、骨锥（图六四九）。

随葬品

出土木、陶、骨器6件。

1. 木钵　平面呈椭圆形。敞口，深腹，圜底。口长径29.2、短径17、厚0.76厘米（图六五〇，5；图版一四四，1）。

2. 木纺轮　纺轮为圆饼形，一面平，一面微弧。线轴一端稍尖。线轴长36.5、直径0.7厘米，轮径4.4、厚0.76厘米（图六五〇，6；图版一七五，7）。

3. 陶钵　夹砂红陶。直口微敛，方唇，浅腹，底近平。高6.2、口径12.7厘米（图六五〇，1；图版一一四，6）。

4. 陶单耳杯　夹砂红陶。直口微敛，浅腹，近平底，口沿上有单立耳，略呈拱形，顶有纽。口径8.8、高4.5、通高7.5厘米（图六五〇，2；图版九一，3）。

5. 陶罐　夹砂红陶。敞口，方唇，束颈，鼓腹，圜底。口径10、腹径13.3、高14.5厘米（图六五〇，3）。

6. 骨锥　骨磨制而成。扁状，锥尖锐利。打磨光滑。长13.06、宽0.77、厚0.28厘米（图六五〇，4；图版一八九，4）。

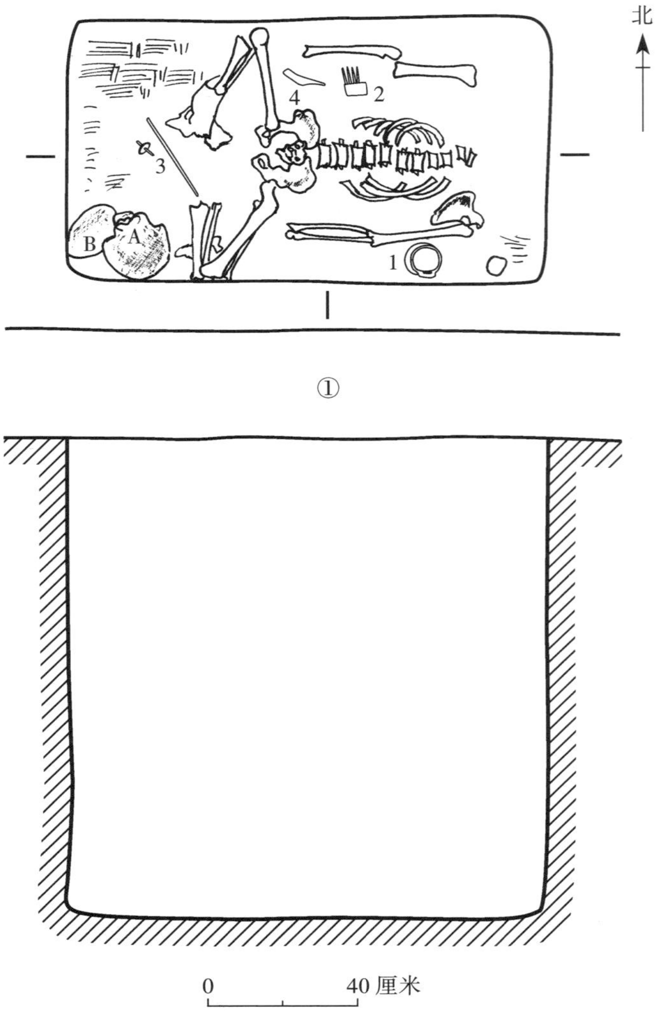

图六四七 ⅡM148 平、剖面图

1. 陶单耳杯 2. 木梳 3. 木纺轮 4. 铜刀

ⅡM150

墓葬概况

位于墓地中南部，东邻ⅡM38，西邻ⅡM223，墓向140°。C型，长方形竖穴土坑墓，直壁。墓口距地表深0.22米，墓长1.55、宽0.91米，墓深1.31米。墓被盗扰，填土中夹有芦苇秆、沙石等。墓底有两个人颅骨，分别位于南壁下（A）和东壁下（B），其他骨骼散乱分布于墓底周边。A为中年女性，年龄35~45岁；B为壮年男性，年龄35岁左右，应为仰身上屈肢。无葬具。随葬的陶单耳杯、陶单耳罐、陶钵在东南角，木盘和木撑板在北部，木梳位于中南部。西北角随葬有一羊头骨（图六五一）。

随葬品

出土陶、木器6件。

1. 陶单耳杯 夹砂红陶。口残，弧腹，底近平，单耳由口沿微上扬下翻至腹部。通高8.64厘米（图六五二，4）。

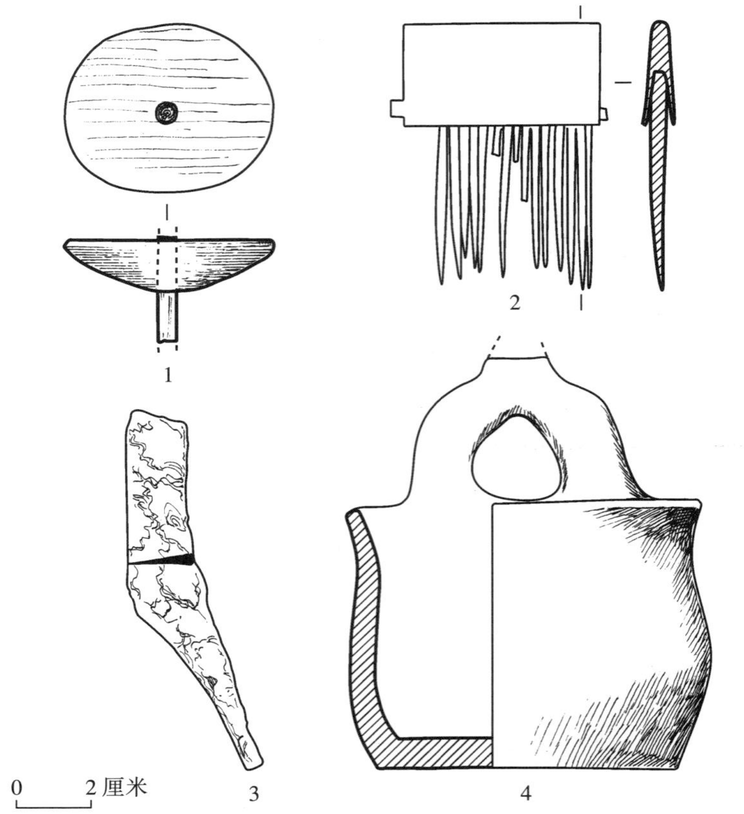

图六四八 ⅡM148 随葬品

1. 木纺轮（ⅡM148：3） 2. 木梳（ⅡM148：2） 3. 铜刀（ⅡM148：4） 4. 陶单耳杯（ⅡM148：1）

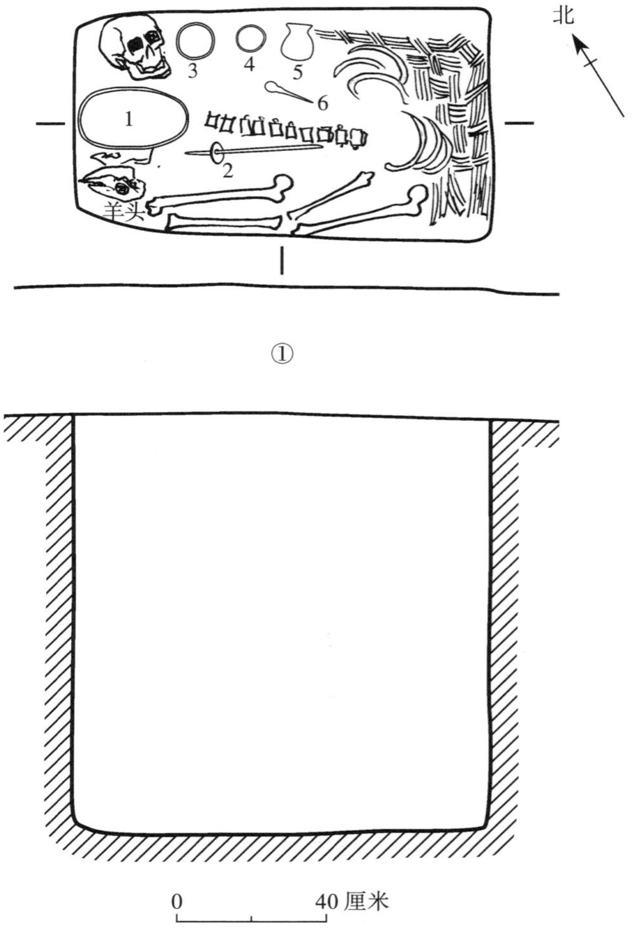

图六四九 ⅡM149 平、剖面图

1. 木钵 2. 木纺轮 3. 陶钵 4. 陶单耳杯 5. 陶罐 6. 骨锥

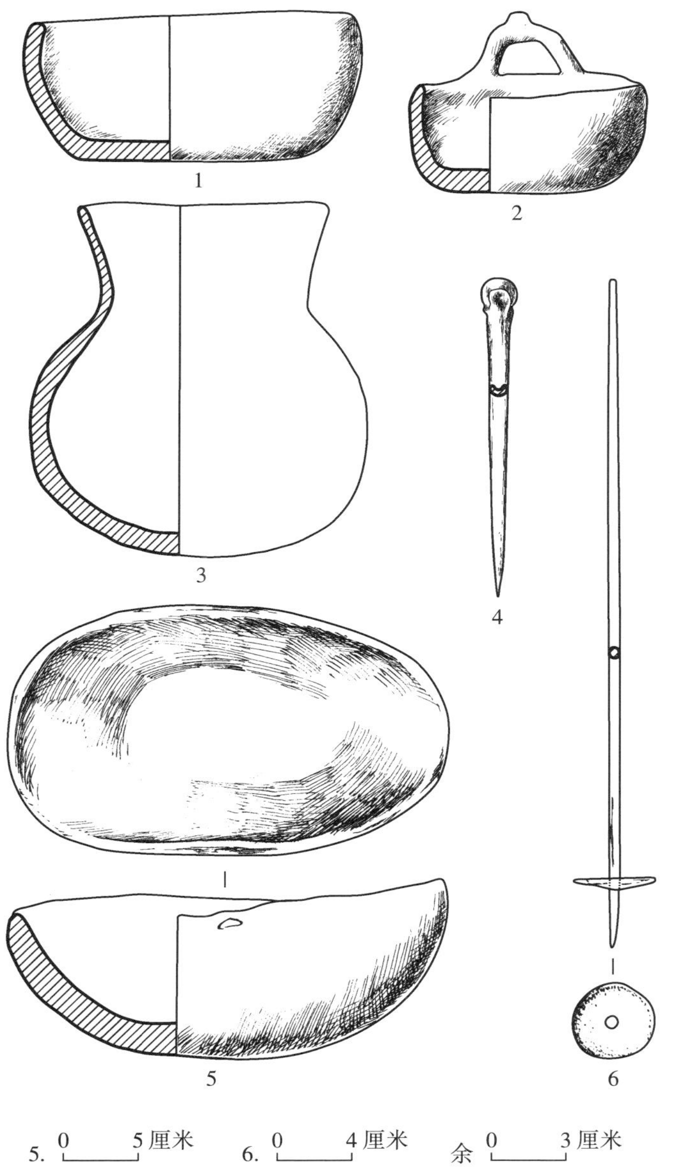

图六五〇　ⅡM149随葬品

1. 陶钵（ⅡM149：3）　2. 陶单耳杯（ⅡM149：4）　3. 陶罐（ⅡM149：5）
4. 骨锥（ⅡM149：6）　5. 木钵（ⅡM149：1）　6. 木纺轮（ⅡM149：2）

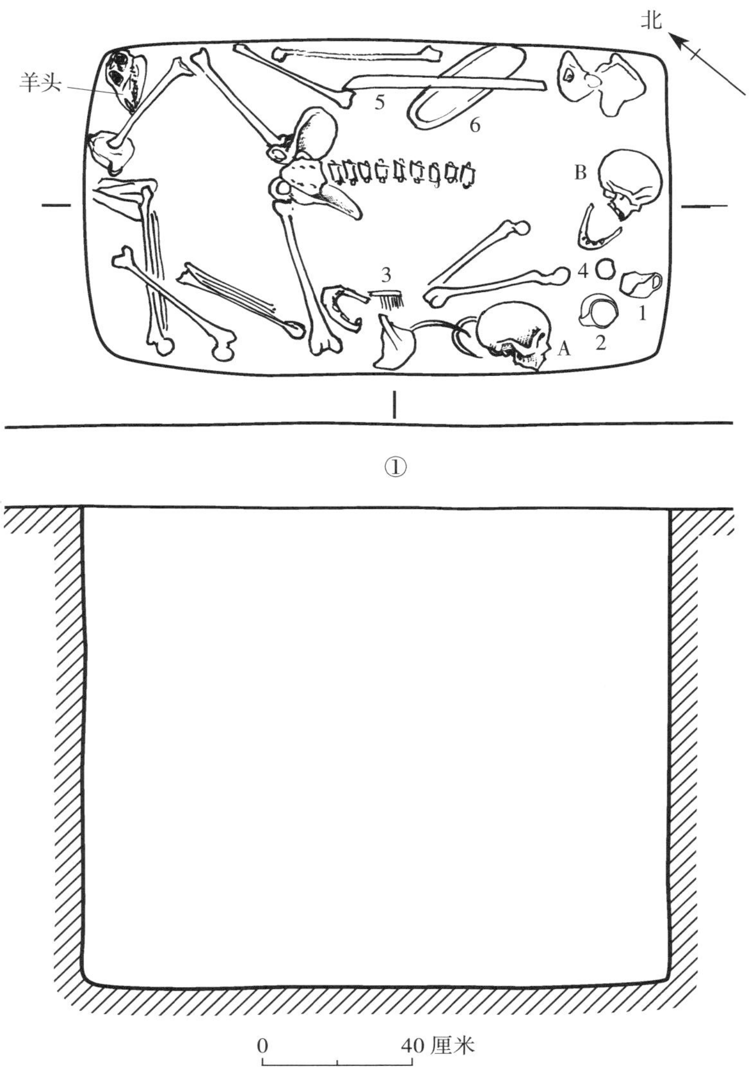

图六五一　ⅡM150平、剖面图

1. 陶单耳杯　2. 陶单耳罐　3. 木梳　4. 陶钵　5. 木撑板　6. 木盘

2. 陶单耳罐　夹砂红陶。敞口，圆唇，颈微束，圆腹，圜底，单耳由口沿上扬下翻至腹部。口沿内饰三角纹，器表通体饰由大三角延伸的细条带纹，耳饰斜带纹。口径8.4、高12.5、通高12.9厘米（图六五二，2；图版四七，4）。

3. 木梳　柄用一截短木棍制造，上有一道刻槽，用以插齿；齿呈扁锥体，残存8齿。柄长10.4、齿长4.12厘米（图六五二，1）。

4. 陶钵　夹砂灰陶。直口，圆唇，浅腹，底近平。陶质较粗，器表熏成黑色，底部粘有陶片。高4.9、口径7.2厘米（图六五二，3）。

5. 木撑板　长方弧形，一端切起，一端两头呈弧状，上钻有十二个小孔。长59.8、宽2.76厘米（图六五二，6）。

6. 木盘　盘口呈近长方形，长边较直，短边有三角形突起。敞口，圆唇，短边沿较宽，浅腹，底近平，上有刀剁痕。长边一侧有穿孔。长35、宽11.52、高4.08厘米（图六五二，5；图版一三八，1）。

ⅡM151

墓葬概况

位于墓地中南部边沿，北邻ⅡM222，墓向120°。C型，竖穴土坑墓，口大底小。墓口呈不规则的长方形，北壁较短，墓口距地表深0.2米，墓口长1.5~1.71、宽1.01米，墓底长1.41~1.6、宽0.91米，墓深0.87米。墓被盗扰，填土中有土坯块、芦苇秆、黄细沙等。墓底铺有苇草席，人骨移位散乱，颅骨位于肋骨南侧，从残状来看为仰身

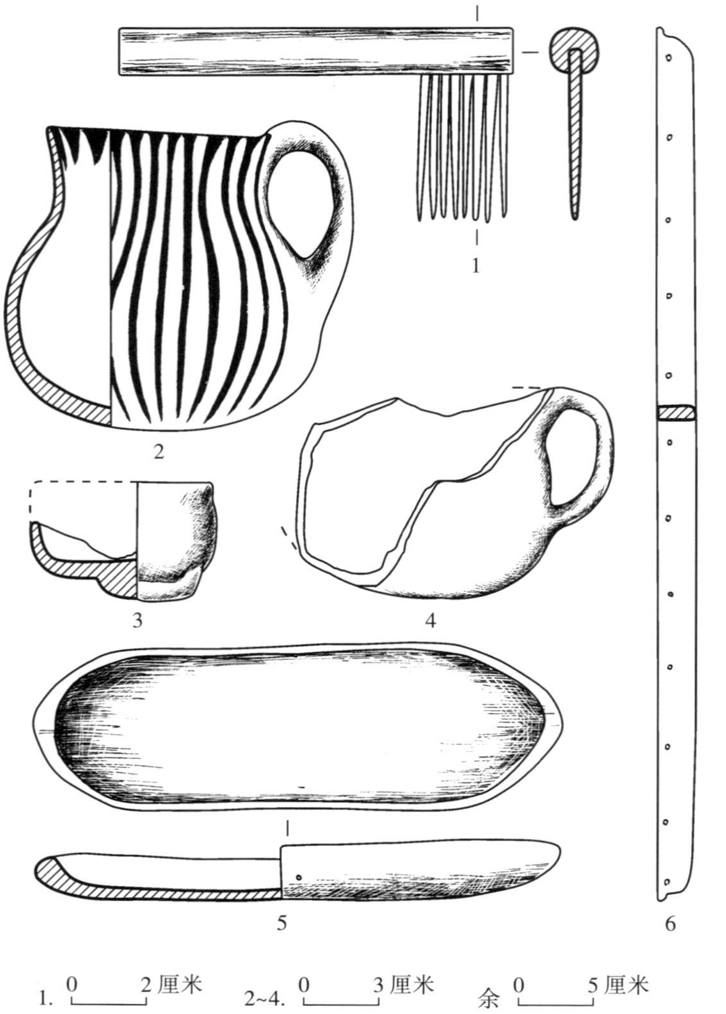

图六五二　ⅡM150随葬品

1. 木梳（ⅡM150：3） 2. 陶单耳罐（ⅡM150：2） 3. 陶钵（ⅡM150：4） 4. 陶单耳杯（ⅡM150：1） 5. 木盘（ⅡM150：6） 6. 木撑板（ⅡM150：5）

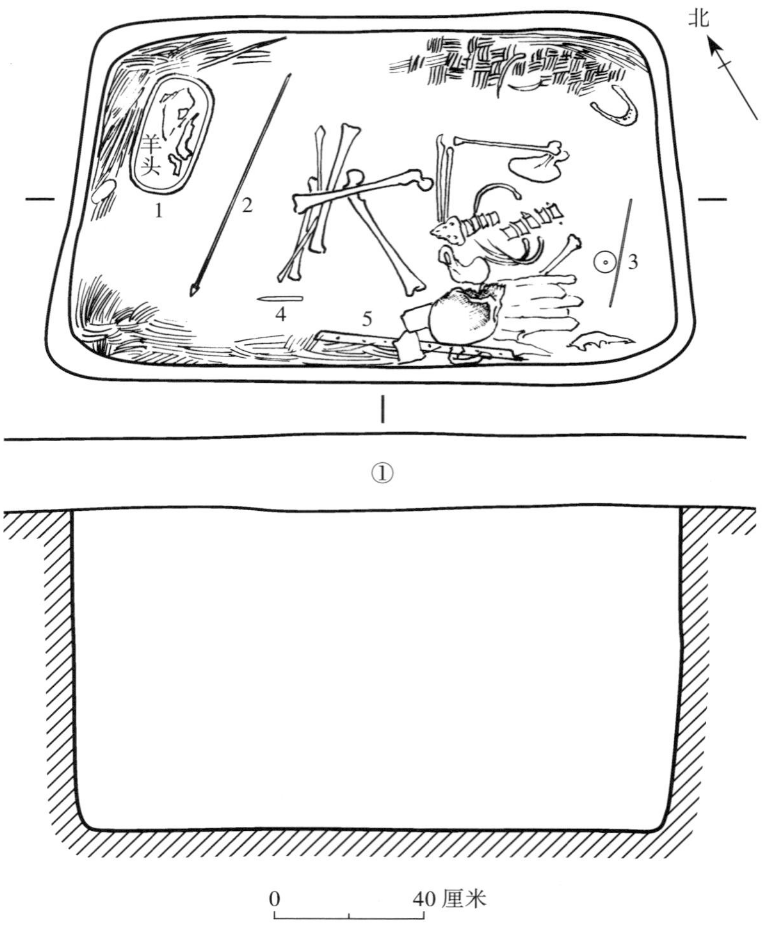

图六五三　ⅡM151平、剖面图

1. 木盘 2. 木箭 3. 木纺轮 4. 木钉 5. 木撑板

屈肢，青年女性，年龄20~25岁。单人葬。西北角木盘内放有羊头骨，旁边有木箭，南面有木钉和木撑板，木纺轮在东部（图六五三）。

随葬品

出土木器5件。

1. 木盘　平面近方形，长边较直，短边起弧。敞口，方唇，浅腹，底近平，面有刀剁痕。长边一侧有穿孔。长34.8、宽20.6、高7.4厘米（图六五四，15；图版一三八，2）。

2. 木箭　箭头截面呈菱形，有倒刺，箭杆尾有用以挂弦的槽，并有牛筋绳缠扎的痕迹。长72.4、直径0.56、箭头长6.9厘米（图六五四，20）。

3. 木纺轮　线轴两端稍细，中间较粗，一端有槽。轮呈圆饼状，一面削平，一面起弧，中有圆孔。线轴长43.5、直径0.65厘米，轮径5.72、厚1.8厘米（图六五四，13；图版一七八，1）。

4. 木钉　木棍削刻而成。呈锥形。长12.3、直径1~1.4厘米（图六五四，8）。

5. 木撑板　长条形木板制成。上有凿孔，残存八孔。残长56.1、宽1.6厘米（图六五四，14）。

ⅡM152

墓葬概况

位于墓地西部南边沿，东邻ⅡM154，墓向125°。C型，竖穴土坑墓，直壁。墓口距地表深0.14米。墓口呈西窄东宽的圆角梯形，墓长2.3、宽1.68~1.84米，墓深1.9米。在距墓口深0.7米处有上层骨架A，位于东南角，头东脚西，仰身屈肢，未成年男性，年龄11~14岁（？），残存皮衣残片。随葬品位于墓北部，有陶碗、陶单耳杯两件和陶双耳杯。墓底下层骨架凌乱，有一中年男性B，颅骨位于西北部，年龄45~55岁，下颌骨、肢骨位于南北两壁旁。墓底铺有芦苇秆，不见木尸床，但有许多弯曲的细木棍，应是尸床罩上的构件。随葬的木撑板、毛编织带、木扣、羊距骨在南部，东部有毛纺织物和毛编

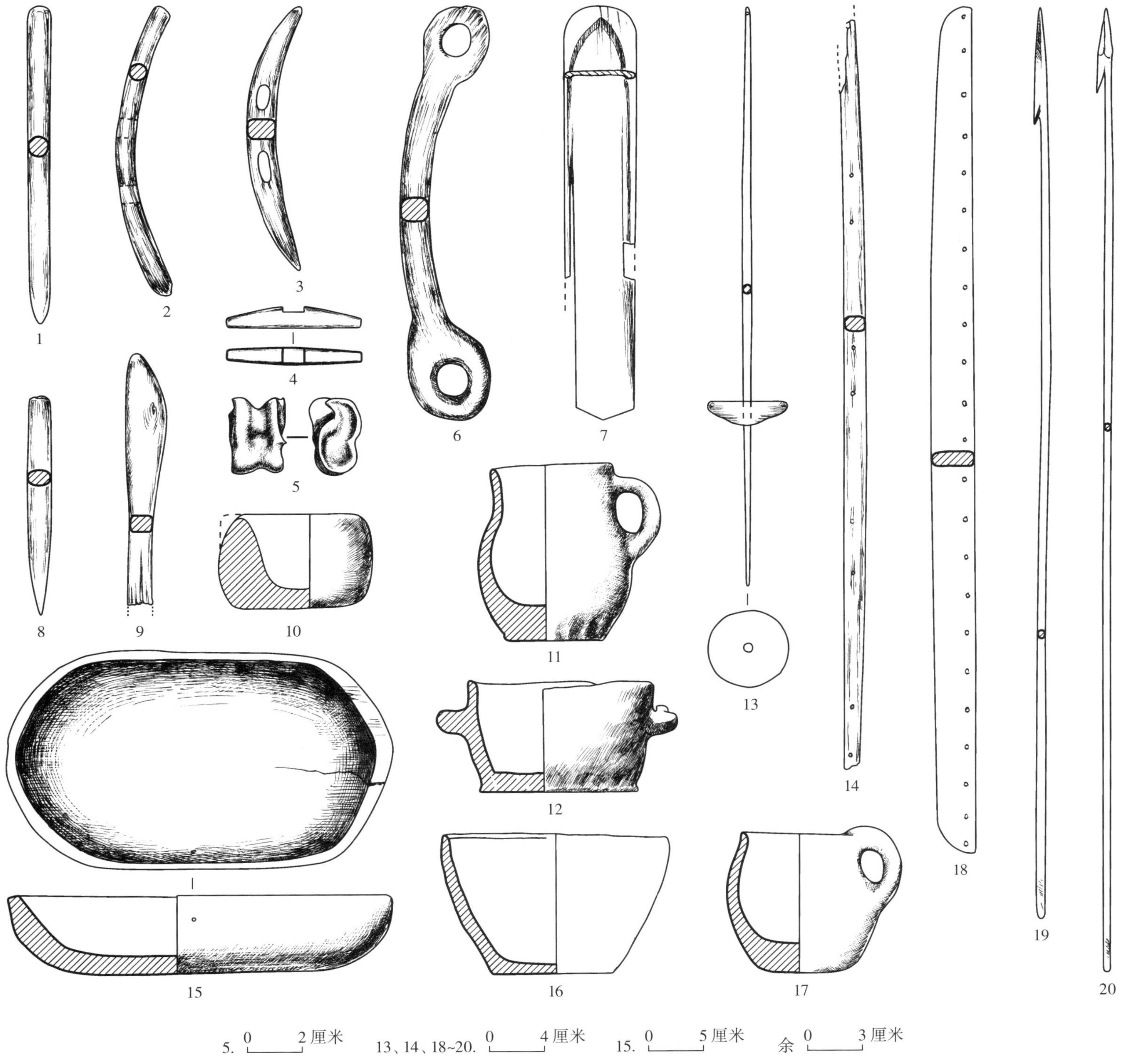

图六五四　ⅡM151、ⅡM152随葬品

1. 木钉（ⅡM152：10-1）　2、3. 木镳（ⅡM152：14-2、14-1）　4. 木扣（ⅡM152：9-1）　5. 羊距骨（ⅡM152：13-1）　6. 木衔（ⅡM152：7）　7. 木刀鞘（ⅡM152：11）　8. 木钉（ⅡM151：4）　9. 木杼（ⅡM152：12）　10. 石臼（ⅡM152：8）　11、17. 陶单耳杯（ⅡM152：3、2）　12. 陶双耳杯（ⅡM152：4）　13. 木纺轮（ⅡM151：3）　14、18. 木撑板（ⅡM151：5、ⅡM152：5）　15. 木盘（ⅡM151：1）　16. 陶碗（ⅡM152：1）　19、20. 木箭（ⅡM152：6、ⅡM151：2）

织带，中部、西部有石臼、木箭、木镳、木衔、木钉、木杼、长裤、木刀鞘、毛纺织物、毛编织带等。南部随葬一羊头骨（图六五五）。

随葬品

出土陶、木、石、骨器和毛织品21件（组）。

1. 陶碗　夹砂红陶。敞口，斜沿，深腹，平底。素面。口径12.3、底径6.6、高8厘米（图六五四，16）。

2. 陶单耳杯　夹砂红陶。直口，圆唇，平底，单耳由口沿微上扬下翻至腹部。口径5.4、底径4、通高8.4厘米（图六五四，17）。

3. 陶单耳杯　夹砂红陶。敞口，圆唇，小平底，口沿下有单耳。口径6.6、底径5.2、高10厘米（图

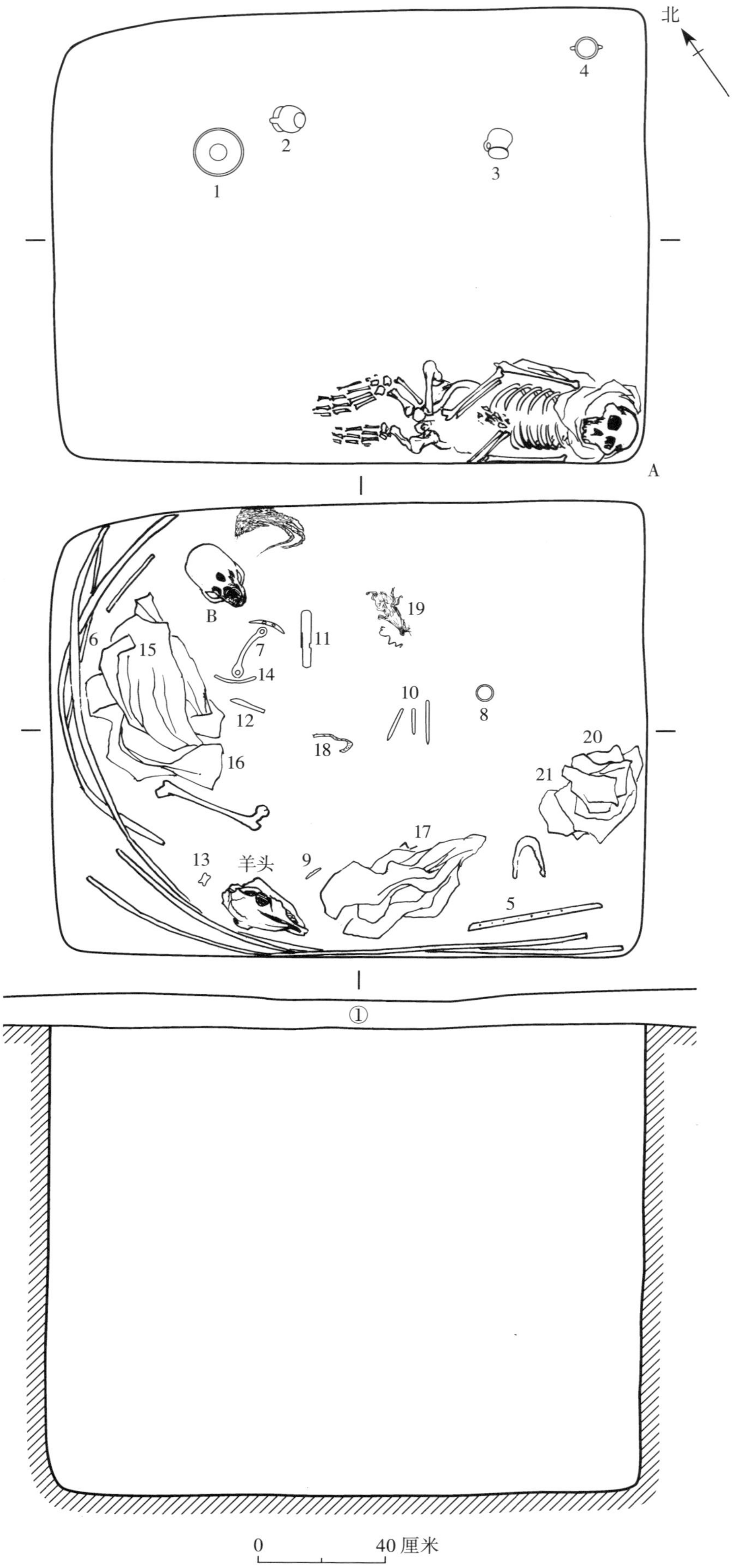

图六五五 ⅡM152平、剖面图

1. 陶碗 2、3. 陶单耳杯 4. 陶双耳杯 5. 木撑板 6. 木箭 7. 木衔 8. 石臼 9. 木扣 10. 木钉 11. 木刀鞘 12. 木杼 13. 羊距骨（羊髀石） 14. 木镳 15. 长裤 16、20. 毛纺织物 17~19、21. 毛编织带

六五四，11；图版七四，6）。

4. 陶双耳杯 夹砂红陶。直口，斜直腹，平底，口沿下有对称小耳。口径10.1、底径8.4、高6.2厘米（图六五四，12；图版九七，2）。

5. 木撑板 长方形木板，一端切起有二十三眼，一端两头呈弧形，孔内原穿有牛筋绳。长63.4、宽3.2、厚1.2厘米（图六五四，18；图版一六四，9）。

6. 木箭 箭头呈三棱锥形，有倒刺。圆箭杆尾端有挂弦的槽。长68.4、直径0.64、箭头长8.84厘米（图六五四，19）。

7. 木衔 由木枝条削刻而成。呈微弧形，扁状，两端有环。长23.2厘米（图六五四，6；图版一六二，8）。

8. 石臼 平面成圆形，壁厚，圆唇，内壁斜直，内圜底，外底近平。口径6.2、底径6.64、高5.3厘米（图六五四，10；图版二〇六，2）。

9. 木扣 3件。短木棍削制而成。两端细，中间粗，一侧平，一侧起弧，起弧一侧中间有浅槽。长7.3、宽1、厚0.5~1.2厘米（图六五四，4；图版一五八，1）。

10. 木钉 3件。圆锥形。ⅡM152：10–1，长17.76、直径1.18厘米（图六五四，1）。

11. 木刀鞘 一端宽，一端窄，宽端呈弧形，窄端呈三角形，木片上刻有浅槽。长23、宽4、厚0.3厘米（图六五四，7）。

12. 木杼 一端粗，一端稍细。粗端有尖，扁状；细端截面呈方形。残长14、宽2.2厘米（图六五四，9；图版一八一，4）。

13. 羊距骨（羊髀石） 3件。其作用可能是占卜工具。ⅡM152：13–1，长2.8、宽2厘米（图六五四，5）。

14. 木镳 一对（图版一六二，9）。由木枝条削刻而成。弧形，上钻有两椭圆形孔。ⅡM152：14–1，长14.76、直径1.6厘米（图六五四，3）。ⅡM152：14–2，长16.2、直径1厘米（图六五四，2）。

15. 长裤 由织制成的1/2斜纹组织的整幅毛纺织物缝缀：先将两幅织物的上端相对缝合，构成腰围和臀围，再缝缀预先织成的裤裆。两裤腿稍微残破，左裤腿长112、宽61厘米；右裤腿仅存半幅，长116、残宽30厘米。裤腿间缝缀的裤裆呈正方形，边长26厘米，对折成三角形缝缀在所在部位（图版二七二，2）。

16. 毛纺织物 红色斜褐衣物残片。现残存为五片，其中三片保存较好，ⅡM152：16–1，长40、宽75厘米；ⅡM152：16–2，长33、宽52厘米；ⅡM152：16–3，长43、宽37厘米。另两片残损严重，难以统计。这些残片均残存由合并的四根经线组成的幅边，幅宽不存。匹染为红色（图版二七二，3）。

17. 毛编织带　绯色。用提 2 压 2 的斜编法编织而成。残长 20、厚 0.219 厘米（图版二七一，4）。

18. 毛编织带　黄地红棕色。黄、红、棕三个编织线捻合，2/2 斜编法，编织成宽 2 厘米的彩色编织带。长 28、厚 0.159 厘米（图版二七一，3）。

19. 毛编织带　用红色、蓝色、褐色毛线编织成绳状，残存六段，最长一根 30 厘米。三条毛绳对折缝合。估计为假发饰（图版二七二，5）。

20. 毛纺织物　红色，衣服残片。现存两片，用黄色线做经线，红色线做纬线纺织成。ⅡM152：20–1，有用褐色线缝合边幅。长 58、宽 30 厘米。ⅡM152：20–2，残片长 23、宽 22 厘米（图版二七一，2）。

21. 毛编织带　深红地蓝色折线纹编织条带。由深红、蓝两种毛线编织而成，显出蓝色折线纹。分宽、细两种。宽编织带中的每条蓝色折线有九个折向点。残长 36、宽 10 厘米。细编织带有三条，每条蓝色折线都有五个折向点。残长 24、宽 3 厘米（图版二七一，5）。

ⅡM153

墓葬概况

位于墓地西部偏南，东南邻ⅡM152，西北邻ⅡM161，墓向 116°。C 型，圆角长方形竖穴土坑墓，直壁。地表为戈壁沙石和细沙。墓口距地表深 0.2 米，墓长 1.7、宽 0.91 米，墓深 0.95 米。墓被盗扰，填土中夹有沙石、土坯块、碎陶片等。墓底人骨凌乱，头骨位于北壁下，上肢骨分散置于南部，下肢骨、髋骨堆放于东部，人骨旁有毛织衣物残片和皮衣残片，墓底铺芦苇秆。为单人葬，老年女性，年龄 55 岁以上。东北角随葬有羊头一个。墓底东壁下出土陶单耳罐，东北角出土残陶圈足盘（图六五六）。

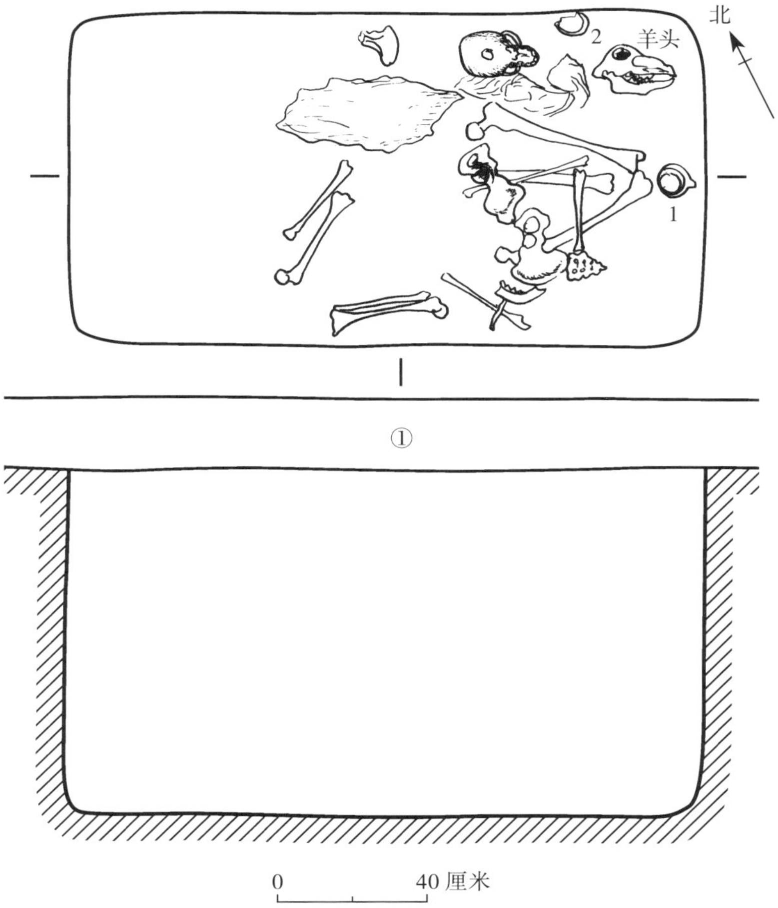

图六五六　ⅡM153 平、剖面图

1. 陶单耳罐　2. 陶圈足盘

随葬品

出土陶器 2 件。

1. 陶单耳罐　夹砂红陶。敞口，方唇，短颈，圆腹，底近平，单耳由口沿下翻至肩部。口沿内、外饰锯齿纹，腹部饰变形涡纹，耳部饰平行斜线纹。口径 8、通高 11.5 厘米（图六五七，2；图版五二，2）。

2. 陶圈足盘　夹砂红陶。残存器底，喇叭状圈足。底径 11.4、残高 8.6 厘米（图六五七，1）。

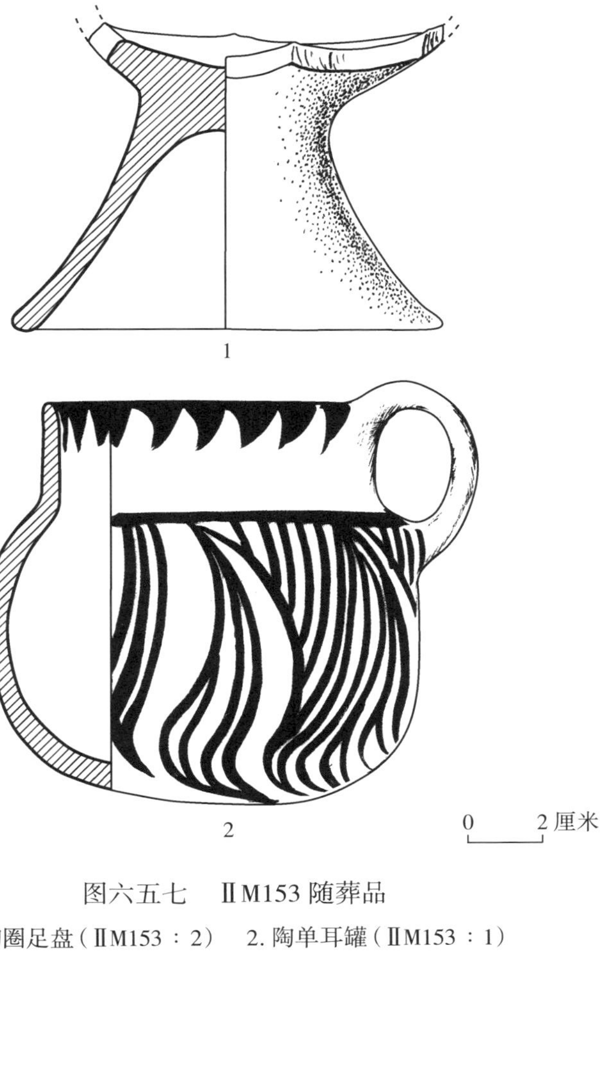

图六五七　ⅡM153 随葬品

1. 陶圈足盘（ⅡM153：2）　2. 陶单耳罐（ⅡM153：1）

ⅡM154

墓葬概况

位于墓地西部南边缘，北邻ⅡM155，墓向 105°。C

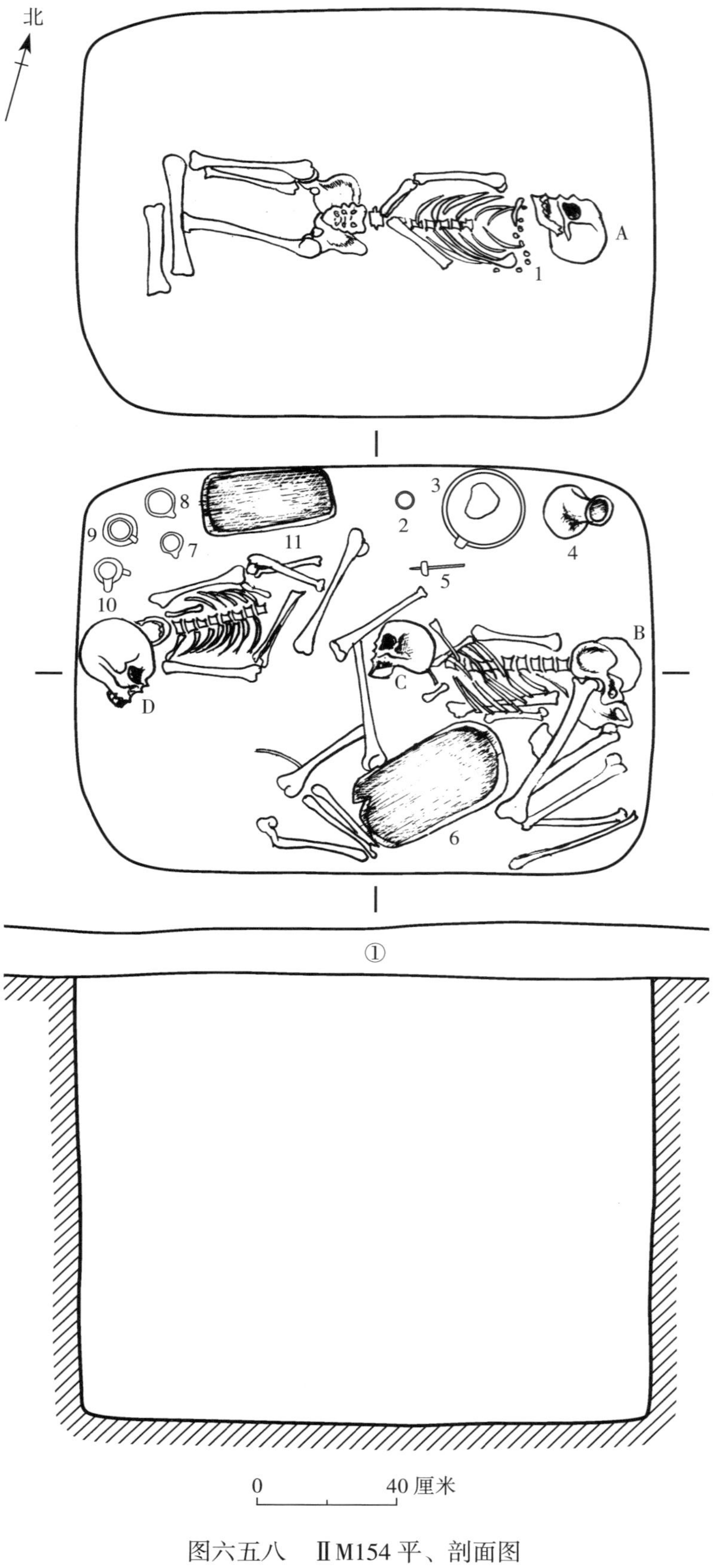

图六五八　ⅡM154 平、剖面图

1. 串珠　2. 陶碗　3. 陶圈足盘　4、7. 陶单耳壶　5. 木纺轮　6、11. 木盘　8. 陶单耳罐　9. 陶单耳杯　10. 陶带流杯

型，竖穴土坑墓，近直壁，口底略有差别。墓口距地表深 0.13~0.18 米，墓口长 1.65、宽 1.21 米，墓底长 1.61、宽 1.2 米，墓深 1.33 米。填土中夹有碎石块、土坯残块等。墓内有两层人骨架，上层骨架 A 位于距墓口深 0.6 米处，单人葬，头东脚西，仰身屈肢，双手置于腹部，中年女性，年龄 35~40 岁，颈部有串珠。下层骨架位于墓底，共有三人，其中两个人骨架叠压放置，B 头向东，仰身屈肢，成年女性；C 颅骨和部分长骨在墓中间，二次葬，未成年女性，年龄 14~16 岁；D 头西脚东，仰身上屈下肢，成年男性。该墓上下两层，共埋葬四人，一男三女，有二次葬。无葬具。颅骨 C 旁有木盘，其余的随葬品都在北面，有陶单耳壶两件、陶圈足盘、陶碗、木纺轮、木盘、陶单耳杯、陶单耳罐、陶带流杯（图六五八；图版二九，1）。

随葬品

上下两层骨架随葬陶、石、木器等 11 件（组）。

1. 串珠　由 354 颗大小不等的玻璃、玛瑙珠穿连而成。分别有紫色、绿色、黄色、蓝色和橙色等。出土时孔中毛绳残朽。长 54 厘米（图六五九，5；图版二一〇，7）。

2. 陶碗　夹砂红陶。手工捏制，个体较小。敞口，圆唇，深腹，平底。素面。口径 6.7、底径 3.8、高 3.5 厘米（图六五九，1）。

3. 陶圈足盘　夹砂红陶。折沿，方唇，圆浅腹，内圜底，高圈足，单耳。沿下饰锯齿纹，腹部饰涡纹，内填斜平行线纹，圈足下部饰一周三角纹。口径 21.6、足径 13.7、高 23.1 厘米（图六五九，10）。

4. 陶单耳壶　夹砂红陶。直口，方唇，细颈较长，垂腹，小平底，宽带状耳，腹部另一侧有月牙形鋬。口内沿饰锯齿纹，外沿饰网纹，三角纹下有一圈粗横线；上腹饰连续三角平行线纹；下腹饰连续的圆环图案，圆环内填饰平行线；耳面两侧绘锯齿纹。口径 10.6、腹径 19、底径 8.2、高 21.6 厘米（图六五九，11；图版一〇三，3）。

5. 木纺轮　纺轮为圆饼状，一面平，一面呈弧形。线轴一端削尖。线轴长 42、直径 0.6~1.1 厘米，轮径 5.3、厚 1.76 厘米（图六五九，4；图版一七八，2）。

6. 木盘　平面近长方形，长边较直，短边起拱。敞口，短边沿宽，浅腹，平底。底有刀剁痕。长 30.2、宽 15.5、高 4 厘米（图六五九，6）。

7. 陶单耳壶　夹砂红陶。侈口，长颈微束，圆腹，器底略内凹，单宽耳由颈部翻至腹部。素面。口径 7.5、底径 4.4、高 13.6（图六五九，9；图版一〇三，4）。

8. 陶单耳罐　夹砂红陶。敞口，圆唇，长颈微束，垂腹，圜底，单耳由口沿翻至腹部，最大径在腹部。口径 8、高 11.1 厘米（图六五九，8；图版五二，3）。

9. 陶单耳杯　夹砂红陶。侈口，圆唇，圆腹，圜底，

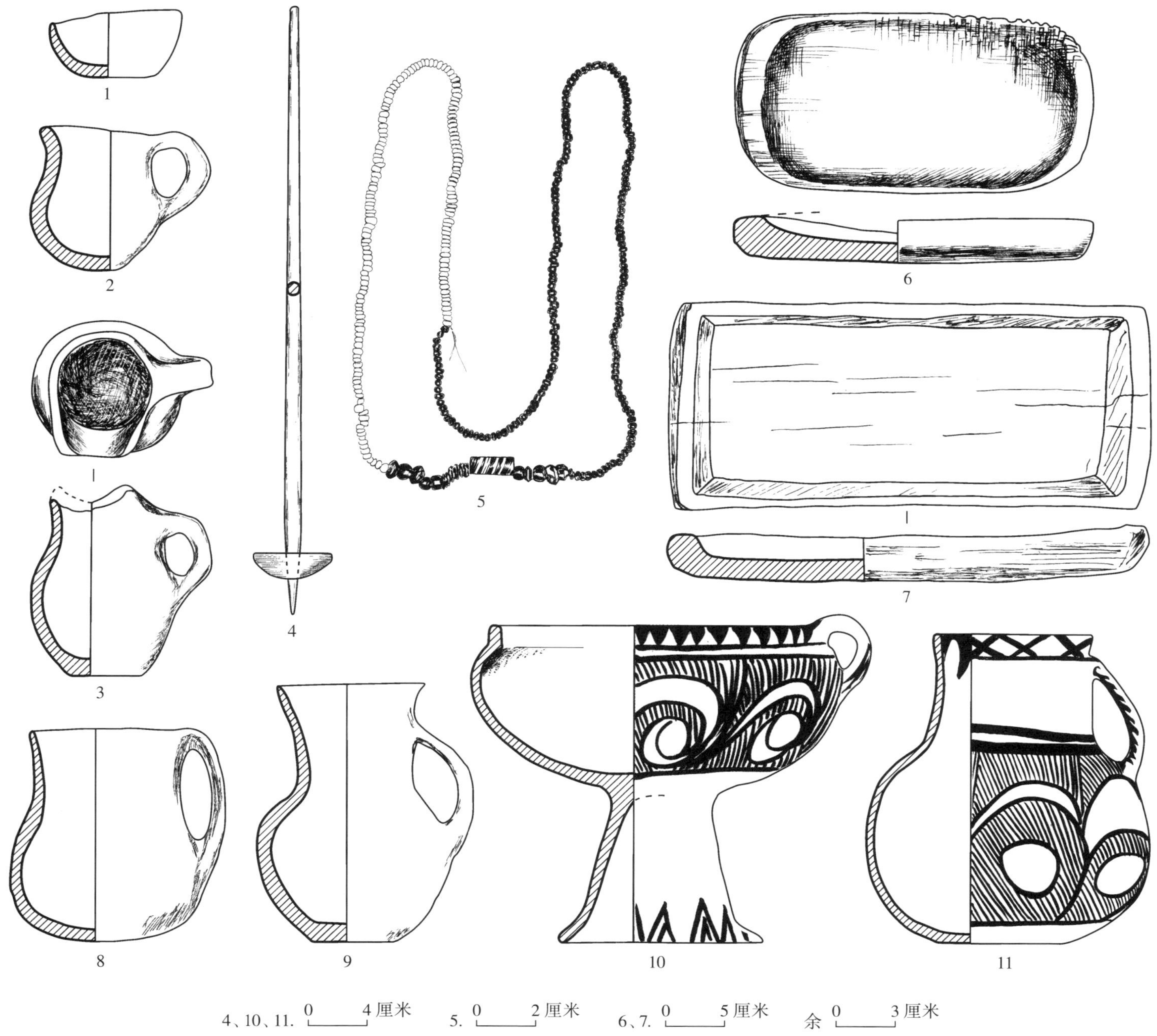

图六五九　ⅡM154随葬品

1. 陶碗（ⅡM154：2）　2. 陶单耳杯（ⅡM154：9）　3. 陶带流杯（ⅡM154：10）　4. 木纺轮（ⅡM154：5）　5. 串珠（ⅡM154：1）　6、7. 木盘（ⅡM154：6、11）　8. 陶单耳罐（ⅡM154：8）　9、11. 陶单耳壶（ⅡM154：7、4）　10. 陶圈足盘（ⅡM154：3）

单宽耳由沿翻至腹部。口径5.6、高7.5厘米（图六五九，2；图版七五，1）。

10. 陶带流杯　夹砂红陶。敞口，圆唇，束颈，圆腹，小平底，口内侧呈90°角有一宽流，单耳由沿翻至上腹部。口径5.2、底径3.6、流宽3.2、高9.9厘米（图六五九，3；图版九八，2）。

11. 木盘　平面呈长方形，短边，沿较宽，壁较厚，方唇，浅腹，平底。制作粗糙。口长40.6、宽18、高5.1厘米（图六五九，7）。

ⅡM155

墓葬概况

位于墓地西部南边缘，南邻ⅡM154，西邻ⅡM152，墓向125°。C型，圆角长方形竖穴土坑墓，直壁。墓口距地表深0.25米，墓长1.5、宽0.87米，墓深0.82米。墓被盗扰，墓内填土中有土坯块、沙砾等。墓底中部堆放人骨和随葬品，其他三分之二的部分空旷无物。颅骨在北部壁边，未成年女性，年龄13岁左右，仰身屈肢，骨架多有扰乱，但人的中、下部分骨骼还在原位。无葬具。

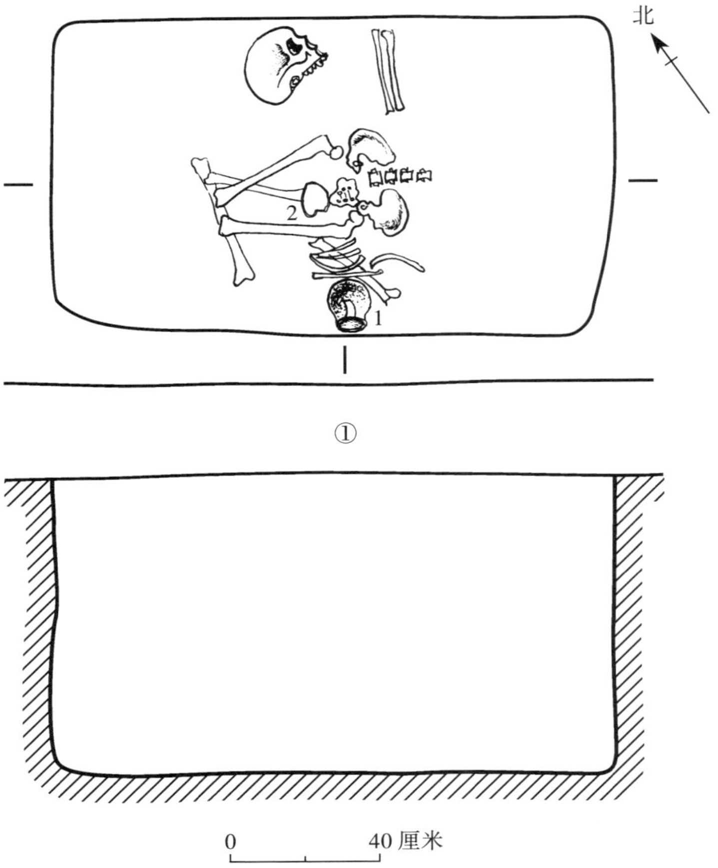

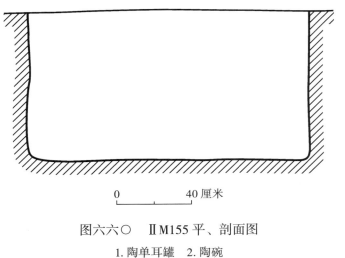

图六六〇　ⅡM155 平、剖面图
1. 陶单耳罐　2. 陶碗

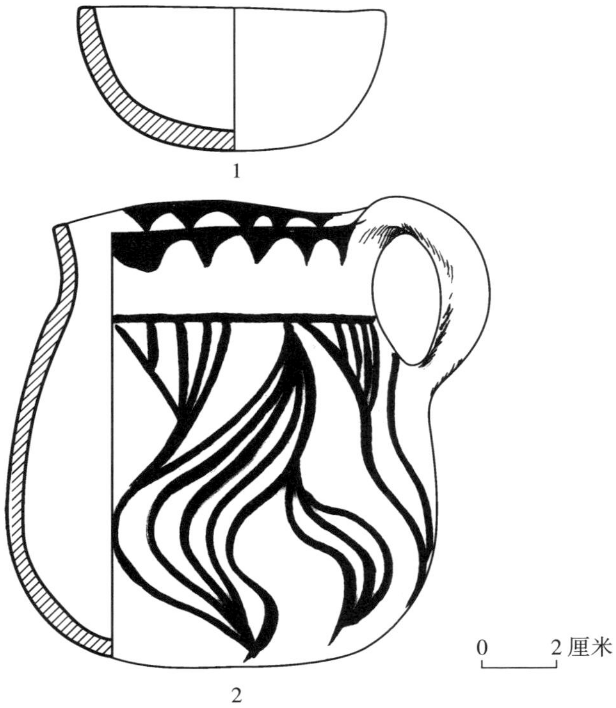

图六六一　ⅡM155 随葬品
1. 陶碗（ⅡM155 ：2）　2. 陶单耳罐（ⅡM155 ：1）

人骨旁南壁下出土陶单耳罐和陶碗（图六六〇）。

随葬品

出土陶器 2 件。

1. 陶单耳罐　夹砂红陶。敞口，方唇，短颈，圆腹，底近平，单耳由口沿下翻至肩部。口沿内外饰锯齿纹，器表面饰变形涡纹，涡纹内填曲线。口径 8.4、底径 5.7、高 12.8 厘米（图六六一，2；图版五二，4）。

2. 陶碗　夹砂红陶。敞口，圆腹，圜底。素面。口径 8.2、高 4 厘米（图六六一，1）。

ⅡM156

墓葬概况

位于墓地中西部偏南，西南邻ⅡM160，北邻ⅡM115，墓向 318°。C 型，长方形竖穴土坑墓，直壁，北边略起弧。墓口距地表深 0.3 米，墓长 1.89、宽 0.88~1.03 米，墓深 1.17 米。填土中夹有土坯残块、芦苇秆、沙砾等。墓被盗扰，墓底人骨凌乱，颅骨位于北壁下，中年女性，年龄 45~55 岁。骨架下残存破损严重的木尸床，长 1.35、

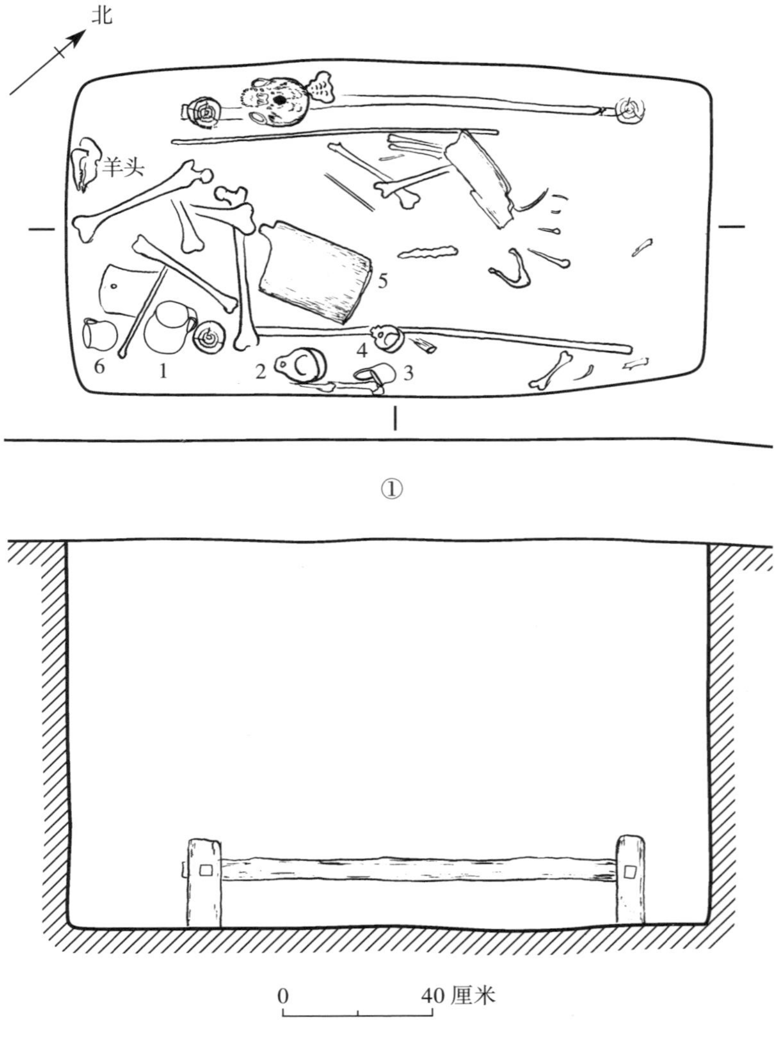

图六六二　ⅡM156 平、剖面图
1、6. 陶单耳罐　2~4. 陶单耳杯　5. 木桶

宽 0.77、高 0.2 米。单人葬。随葬的两件陶单耳罐、三件陶单耳杯、木桶都分布于墓底西南部。西部随葬一羊头骨（图六六二）。

随葬品

出土陶、木器 6 件。

1. 陶单耳罐　夹砂红陶。直口，圆唇，鼓腹，平底，单耳由口沿下翻至腹部。口沿内外饰锯齿纹，器表腹部饰扭曲三角纹。口径 8、最大腹径 12.24、通高 12.08 厘米（图六六三，4；图版五二，5）。

2. 陶单耳杯　夹砂红陶。敞口，圆唇，直腹，平底，口沿有桥形立耳。口径 11.8、高 8、通高 10.9 厘米（图六六三，5；图版九一，4）。

3. 陶单耳杯　夹砂红陶。敞口，圆唇，微束颈，鼓腹，圜底，口沿上有环状立耳，顶有一乳丁。底外有烟炱痕。口径 10.1、高 8.4、通高 13.2 厘米（图六六三，3；图版九一，5）。

4. 陶单耳杯　夹砂红陶。敞口，圆唇，鼓腹，底近平，口沿有阶梯状三角形立耳，中有穿孔。口径 8.6、高 8.1、通高 11.8 厘米（图六六三，1；图版八九，3）。

5. 木桶　用圆木掏挖而成，用木板做成的圆形底从下面安装上。双立耳，耳上有小穿孔。器壁上、下端饰扭曲三角纹，中间彩绘一只老虎，昂首站立，长尾下垂微卷，周身装饰虎斑纹，刻画细腻生动（部分彩绘脱落而漫漶不清）。口径 16、高 25.5、通高 30.4 厘米（图六六三，6；图版一二九，5）。

6. 陶单耳罐　夹砂红陶。敞口，圆唇，圆腹，底近平，宽带耳由口沿下翻至腹底。口沿内饰锯齿纹，器表饰大三角延伸的条带纹，耳部饰交叉窄带纹。口径 8.2、通高 10.8 厘米（图六六三，2；图版五二，6）。

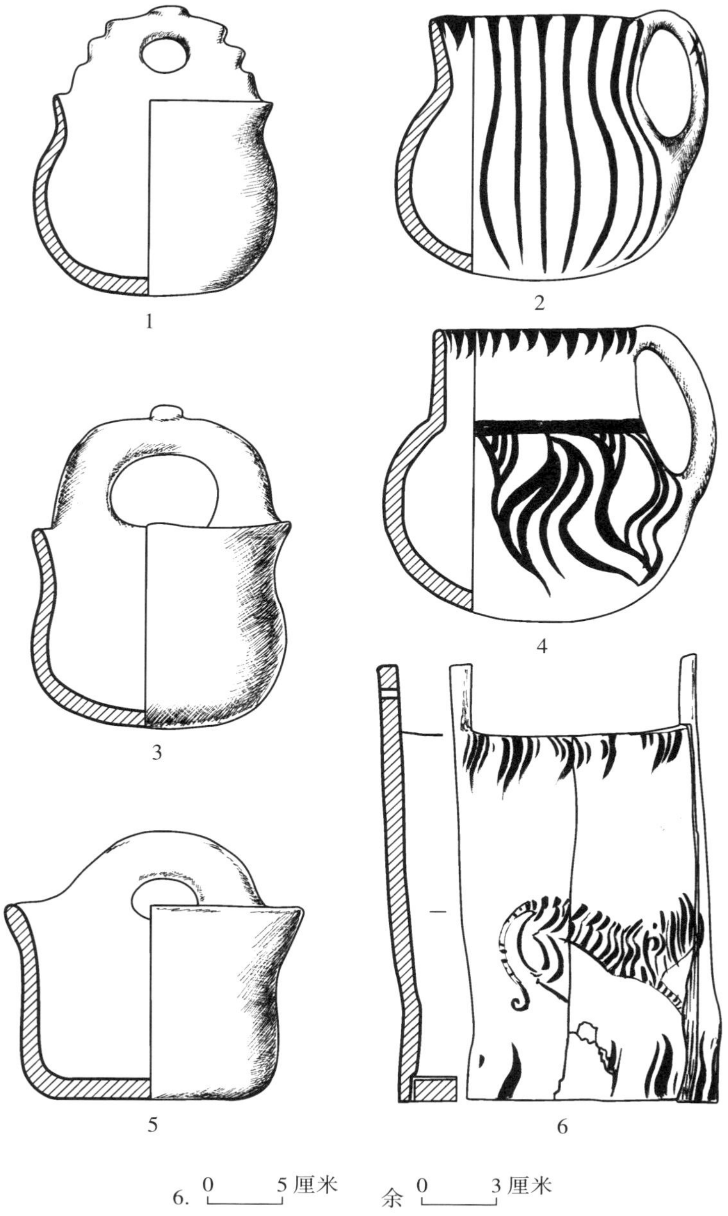

图六六三　ⅡM156 随葬品

1、3、5. 陶单耳杯（ⅡM156：4、3、2）　2、4. 陶单耳罐（ⅡM156：6、1）　6. 木桶（ⅡM156：5）

ⅡM157

墓葬概况

位于墓地西南部，东北邻ⅡM153，南邻ⅡM158，墓向 92°。C 型，长方形竖穴土坑墓，直壁。墓口距地表深 0.11~0.16 米，墓长 1.71、宽 1.08 米，墓深 1.38 米。墓被盗扰，墓内上层填土中夹有芦苇秆、土坯、碎陶片等，土坯上压印指纹图案。墓底两具人骨堆放在一起，位于墓底西部，两个颅骨在中部偏北，其中颅骨 A 和下颌骨偏南，脚穿皮靴，壮年男性，年龄 30~40 岁；B 为成年女性，其东有成排的腰椎骨，应为原埋葬的位置。双人合葬。随葬的木梳、复合弓、木盘在西北部，牙扣在西面，两只皮靴在西南角，砺石、皮衣袖、毛裙、毛纺织物在中南部，陶罐、木钉、石器在偏东北处（图六六四）。

随葬品

出土陶、石、木器、皮制品和毛纺织物等 12 件（组）。

1. 砺石　砂岩。长圆形，扁平状，上端有穿绳孔。长 9.9、宽 3.8、厚 1.3 厘米（图六六五，3）。

2. 陶罐　夹砂红陶。敞口，圆唇，鼓腹，圜底。残存二分之一。器表一组平行黑带间填饰斜线纹。口径 6、腹径 7.4、高 6.8 厘米（图六六五，1）。

3. 石器　砂岩。呈不规则形，台面凹陷，底呈弧状。长 16.6、宽 12.7、厚 5.2 厘米（图六六五，2）。

4. 木钉　3 件。木棍削制而成。呈近圆锥状。ⅡM157：4–1，长 17.1、直径 1.3 厘米（图六六五，11）。

5. 木梳　梳背齿单体制作，背呈横长条形，一边刻有嵌齿槽，背较窄；齿呈扁锥状组合拼粘嵌入背槽内，

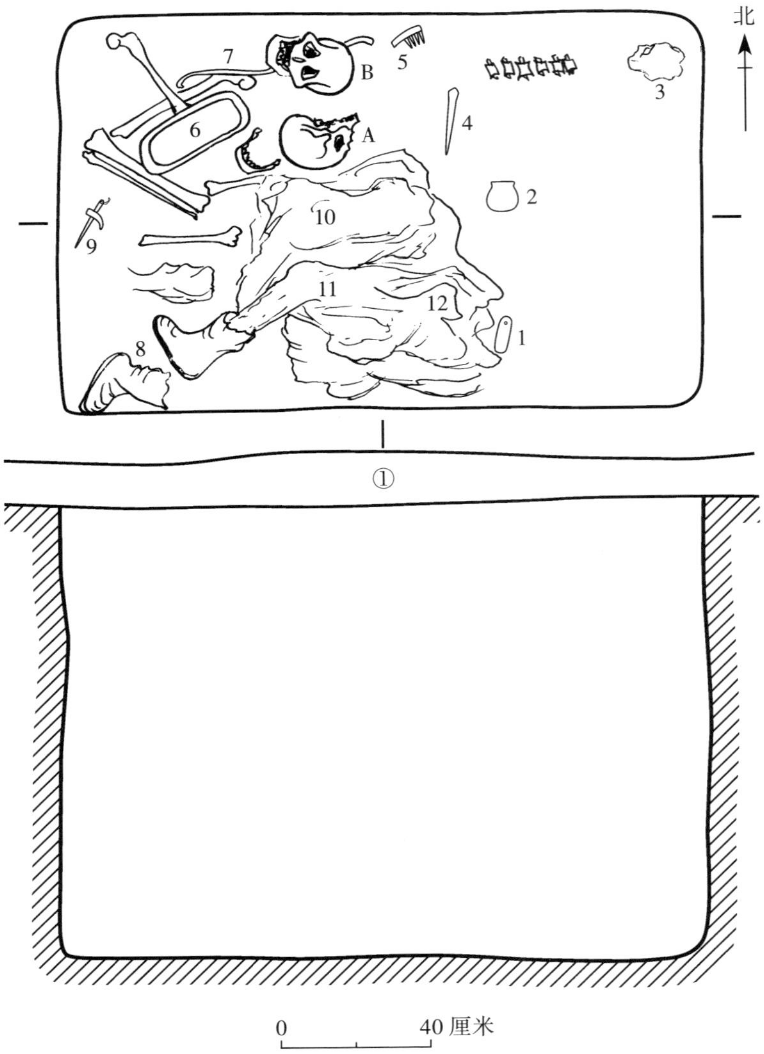

图六六四 ⅡM157平、剖面图

1. 砺石 2. 陶罐 3. 石器 4. 木钉 5. 木梳 6. 木盘 7. 复合弓 8. 皮靴 9. 牙扣 10. 皮衣袖 11. 毛裙 12. 毛纺织物

齿残失较多，边齿较厚。长6、宽10.6、厚1.55、齿长3.73厘米（图六六五，5）。

6. 木盘　呈长椭圆形，短边沿较宽，一侧长边残，圜底，底背面有刀剁痕。口长径37.3、短径17.2、高6.24厘米（图六六五，4；图版一三八，3）。

7. 复合弓　中间为韧木片，一边贴骨胶，一边牛筋皮，外面缠有牛筋绳。弓弰呈三角形，有倒弯及刻槽，槽上拴有牛皮绳。残长51.44厘米（图六六五，6）。

8. 皮靴　一双。牛羊皮革缝制。高靿挽起，靴底四周和中间加缝牛皮条。左脚长28.2、高59厘米，右脚长28.6、高32厘米（图六六五，9、10；图版二二〇，1）。

9. 牙扣　兽牙牙根处钻有一孔，穿有一木扣，木扣尾端有凹槽，拴有牛皮绳。木扣长8.3、直径0.45~0.8、骨牙长5.2厘米（图六六五，7；图版一九六，7）。

10. 皮衣袖　为皮衣服的两只长袖，其中一只袖口封缝住，在侧面开口加10厘米长的侧袖口。右侧袖长51.6、直径16.8厘米，左侧袖长59.16、直径16.8厘米（图六六五，8）。

11. 毛裙　黄红蓝棕色条纹斜褐裙残片。现残存有四块，是由黄、红、蓝和深棕四种颜色的织物沿幅边（纵向）拼接缝合，成为横向的四色接裙。通长114、宽78厘米。缝缀织物都是以2/2组织法交织而成的（图版二七二，4）。

12. 毛纺织物　红地棕色条纹褐残片。长40、宽36厘米。以一上一下的平纹组织法交织。每隔3~5厘米红色纬线，织入一条棕色纹饰。残存幅边（图版二七二，1）。

ⅡM158

墓葬概况

位于墓地西南部，北邻ⅡM157，西邻ⅡM104，墓向115°。C型，长方形竖穴土坑墓，直壁，东西两边呈弧形。墓口距地表深0.13米，墓长1.72、宽0.89米，墓深1.04米。墓曾进水，墓中填土板结成块，墓底人骨因进水多移位，颅骨位于东壁下，从肢骨出土现状看，为仰身屈肢，单人葬，壮年男性，年龄25~35岁。毛织衣裤均朽烂成片状，西南部木盘内有羊椎骨，旁边还有羊头一个。无葬具。墓底东壁和北壁下分别放置木箭，东南角放置陶单耳罐，西南角人脚下放置木盘，西部有木撑板，中间腿骨旁放置复合弓，铁刀在颅骨旁边（图六六六）。

随葬品

出土陶、木、铁、皮制品8件（组）。

1. 木箭　14支。箭头为四棱锥形。ⅡM158：1-1，箭杆圆滑，粗细匀称，箭尾刻有挂弦的凹形槽，后端有缠绳痕。长68.7厘米（图六六七，9）。

2. 陶单耳罐　夹砂红陶。敞口，圆唇，短颈，鼓腹，圜底，单耳由口沿下翻至腹部。口沿内饰锯齿纹，口沿外饰交叉折线纹，腹部饰变形涡纹。口径9.6、高13.9、通高14厘米（图六六七，5；图版五三，1）。

3. 木盘　平面呈近长方形，两端起弧，平沿，侈口，浅腹，底近平。底面留有较多刀剁痕。口长36.3、宽17.5、高6.4厘米（图六六七，6；图版一三八，4）。

4. 铁刀　体较薄，刀柄呈弧形，单刃。长15.7、宽1厘米（图六六七，4；图版二〇四，3）。

5. 复合弓　中间为韧木片，外面贴骨胶和牛皮绳。弓弰有倒弯，上缠牛皮绳。残长40.4、宽2.4、厚0.64厘米（图六六七，7）。

6. 木撑板　长条形木板，两端圆弧，板面上有一排穿孔，15孔。长58.2、宽18、厚1.08厘米（图六六七，8）。

7. 皮靴　一双。仅存靴底和帮。牛皮革制。底部用牛皮革加缝圆形花纹（图版二二〇，2）。ⅡM158：7右，

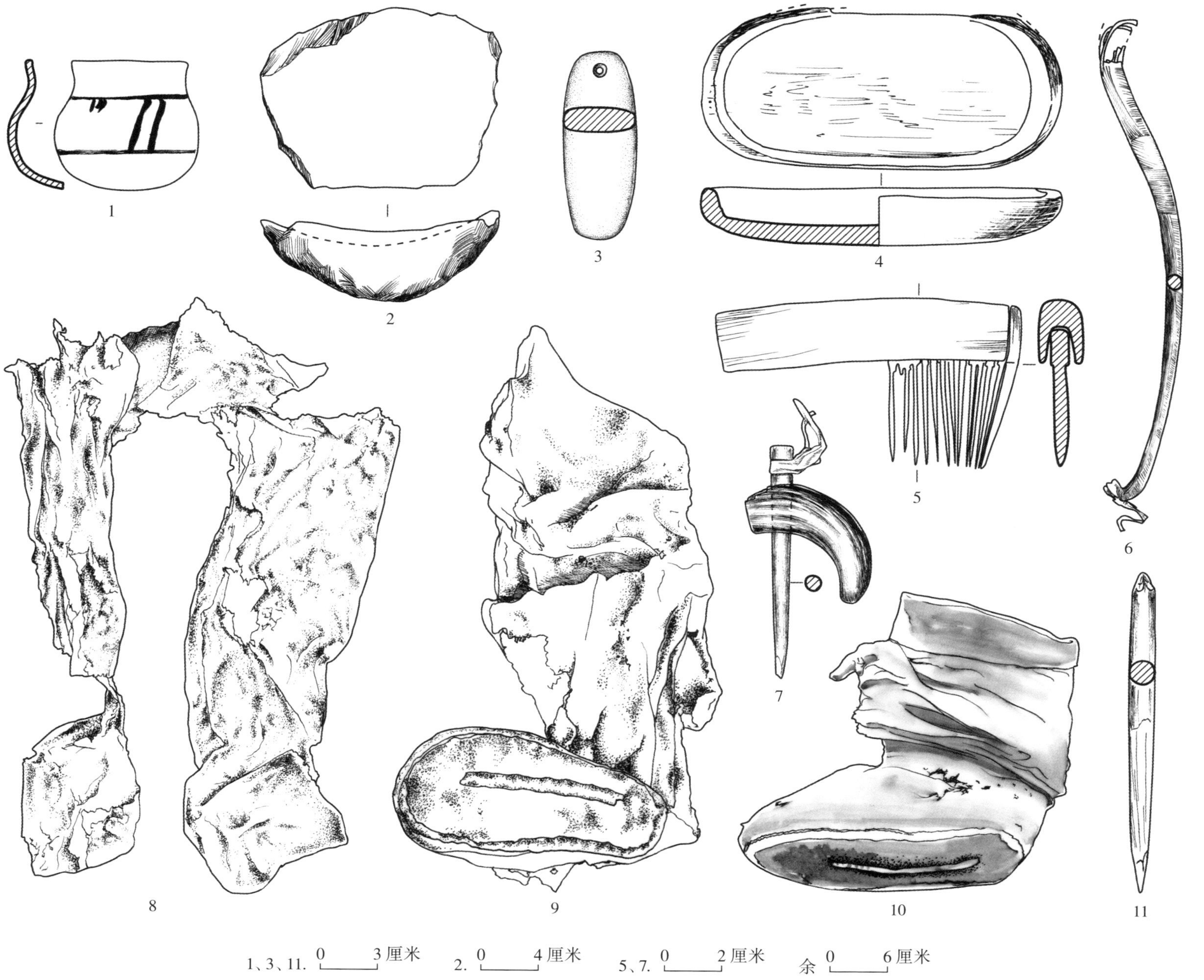

图六六五　ⅡM157 随葬品

1. 陶罐（ⅡM157：2）　2. 石器（ⅡM157：3）　3. 砺石（ⅡM157：1）　4. 木盘（ⅡM157：6）　5. 木梳（ⅡM157：5）　6. 复合弓（ⅡM157：7）　7. 牙扣（ⅡM157：9）　8. 皮衣袖（ⅡM157：10）　9、10. 皮靴（ⅡM157：8）　11. 木钉（ⅡM157：4-1）

右脚。长 27.5、宽 13 厘米（图六六七，1）。ⅡM158：7 左，左脚。长 25、宽 13.64 厘米（图六六七，2）。

8. 皮衣袖　残片，羊皮革制。上、下都墨画角形纹。残长 23.86、宽 10.2 厘米（图六六七，3）。

ⅡM159

墓葬概况

位于墓地中西部，南邻ⅡM160，西邻ⅡM164，墓向 105°。A 型，椭圆形竖穴土坑墓，直壁。墓口距地表深 0.15 米，墓长径 1.72、短径 1.03 米，墓深 1.09 米。墓室内进水，填土中有水浸板结土块和芦苇秆。墓底人骨残缺不全，两个颅骨位于墓底中部，仅见少量骨骼，似二次葬。A 偏东北，中年女性，年龄 35~45 岁；B 为未成年人，年龄 6 岁左右。墓底铺苇草席。西南部有羊头一个。随葬的两件陶单耳杯、木盘、骨针、皮包在东部，木箭和木盘在南部，桂叶形木器在西部，木纺轮、木钵、另两件陶单耳杯位于墓底中部（图六六八）。

随葬品

出土陶、木、骨、皮器 12 件（组）。

1. 陶单耳杯　夹砂红陶。敞口，圆唇，鼓腹，圜底近平，沿一侧有立鋬，中有一圆孔。口沿内涂一周红彩，沿外及鋬有一周彩绘连弧锯齿纹。器表有烟炱痕。口径 9.2、

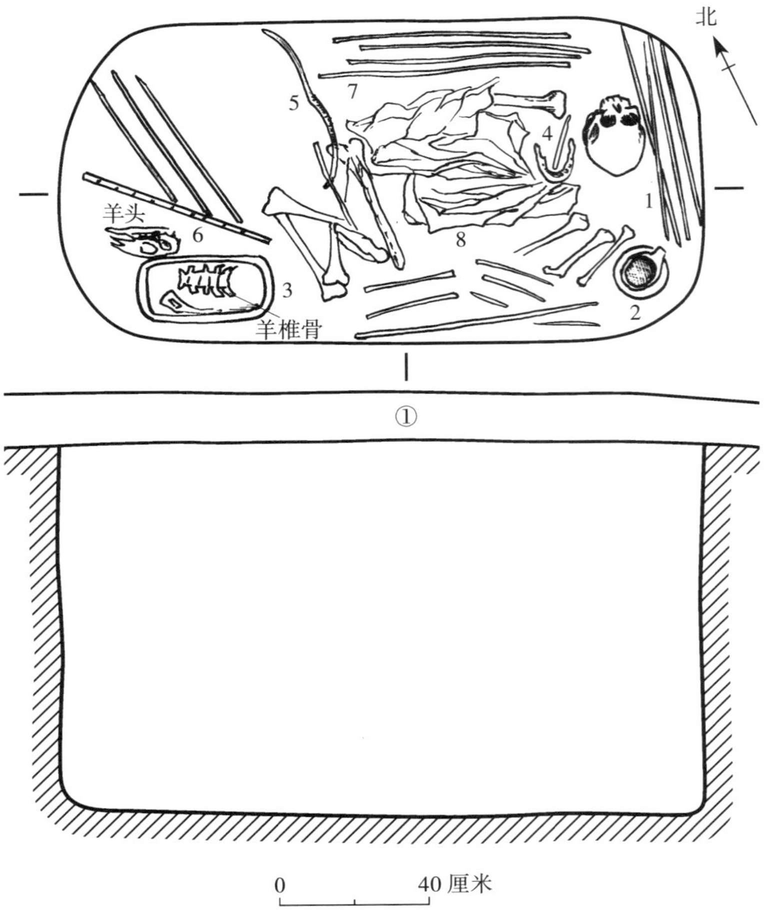

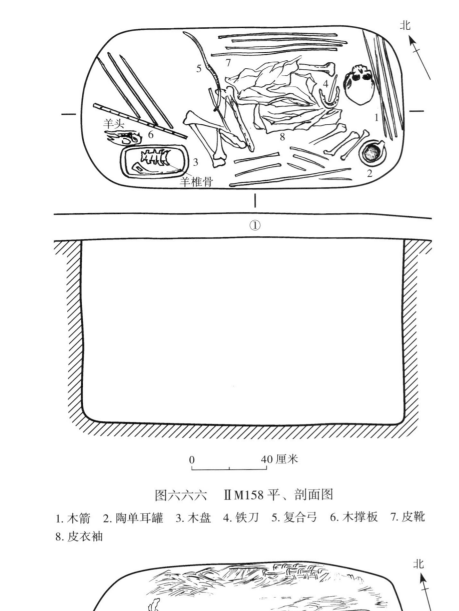

图六六六　ⅡM158平、剖面图

1. 木箭　2. 陶单耳罐　3. 木盘　4. 铁刀　5. 复合弓　6. 木撑板　7. 皮靴　8. 皮衣袖

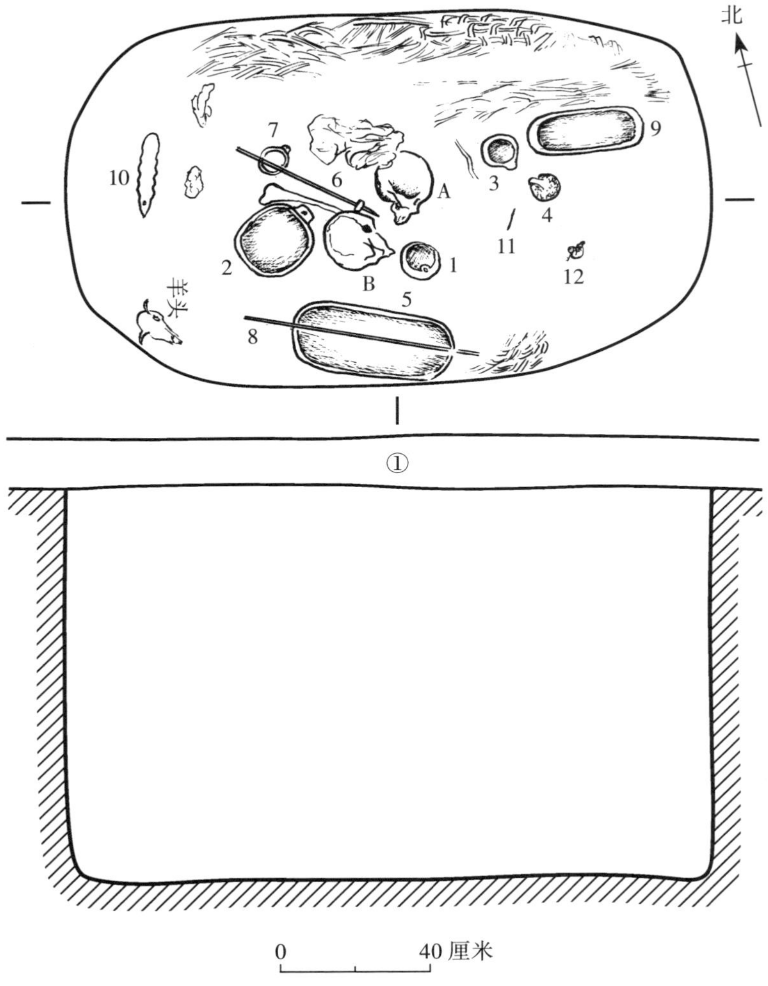

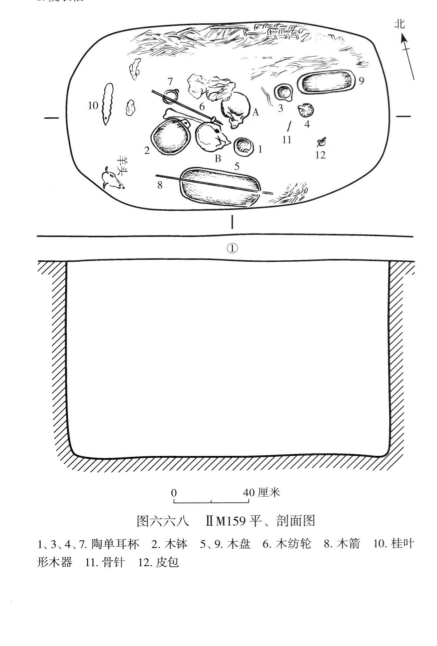

图六六八　ⅡM159平、剖面图

1、3、4、7. 陶单耳杯　2. 木钵　5、9. 木盘　6. 木纺轮　8. 木箭　10. 桂叶形木器　11. 骨针　12. 皮包

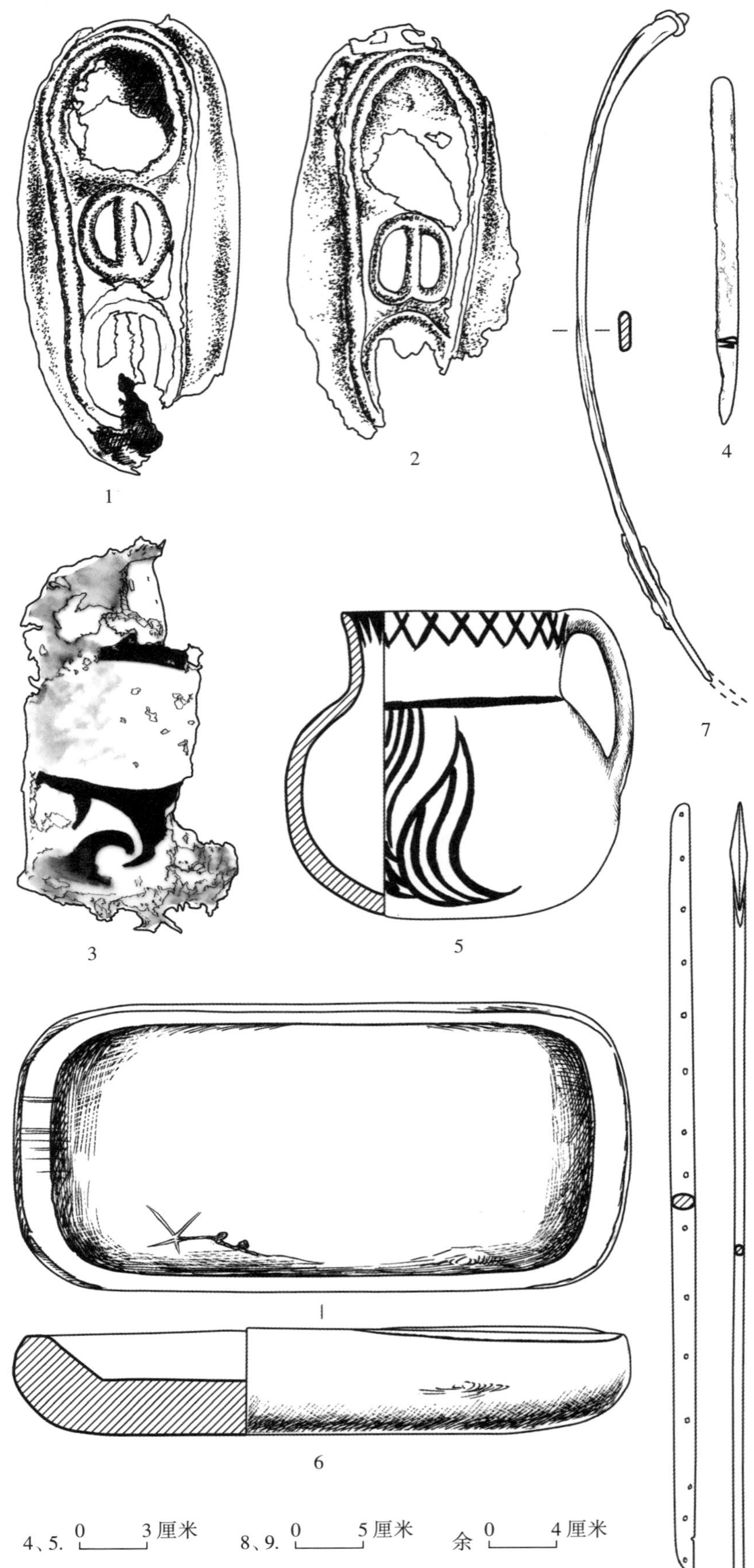

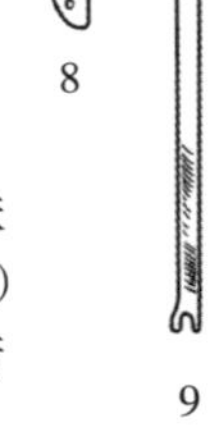

图六六七　ⅡM158随葬品

1、2. 皮靴（ⅡM158：7右、7左）　3. 皮衣袖（ⅡM158：8）　4. 铁刀（ⅡM158：4）　5. 陶单耳罐（ⅡM158：2）　6. 木盘（ⅡM158：3）　7. 复合弓（ⅡM158：5）　8. 木撑板（ⅡM158：6）　9. 木箭（ⅡM158：1-1）

腹径 10.3、高 7.6、通高 11.1 厘米（图六六九，7；图版九一，6）。

2. 木钵　圆木刻削制作。呈椭圆形，圆沿，浅腹，圜底，沿下有横銴，銴有一圆孔。底有刀剁痕，为倒扣作砧板用。口长径 20.48、短径 18、高 6.96 厘米（图六六九，8；图版一四四，7）。

3. 陶单耳杯　夹砂红陶。敞口，圆唇，弧腹，圜底。单耳由沿微上扬，下翻至腹部。口径 6.9、高 6.1、通高 6.9 厘米（图六六九，2）。

4. 陶单耳杯　夹砂红陶。敞口，方唇，束颈，鼓腹，圜底，单耳由沿翻至腹部。内沿彩绘有锯齿纹，器表饰菱形网格纹。口径 7、通高 6.6 厘米（图六六九，5；图版七一，6）。

5. 木盘　平面呈椭圆形，圆唇，短边沿稍宽，壁较厚，长边一侧壁有穿孔，穿有皮条。底外侧有刀剁痕，倒扣作砧板用。口长径 37.68、短径 22.4、高 6.61 厘米（图六六九，10；图版一三八，5）。

6. 木纺轮　纺轮呈圆饼状，底面起拱，中部有一圆形穿孔。线轴两端细，中间粗，外表光滑。线轴长 35.8、直径 5.6 厘米，轮径 5.44、厚 1.68 厘米（图六六九，11；图版一七八，3）。

7. 陶单耳杯　夹砂红陶。口微敞，方唇，圆腹，圜底，单耳由口沿下翻至腹部。口沿内饰垂帐纹，器表上部饰交叉斜线纹。口径 9.2、高 7.4 厘米（图六六九，6；图版七二，1）。

8. 木箭　2 件。箭头截面呈三角形。圆箭杆尾端有凹槽，尾端缠绕牛筋绳。残长 45.08、直径 0.8 厘米（图六六九，12）。

9. 木盘　呈长方形，短边沿较宽。敞口，浅腹，底略平，长边壁及底有圆孔，内穿皮条。外底有刀剁痕，作砧板用。口长径 33.2、短径 12.5、高 6.64 厘米（图六六九，3；图版一三八，6）。

10. 桂叶形木器　长条形，扁平状，两边各有 20 个缺口。一端较尖，有穿孔；另一端呈圆弧形。长 33.3、

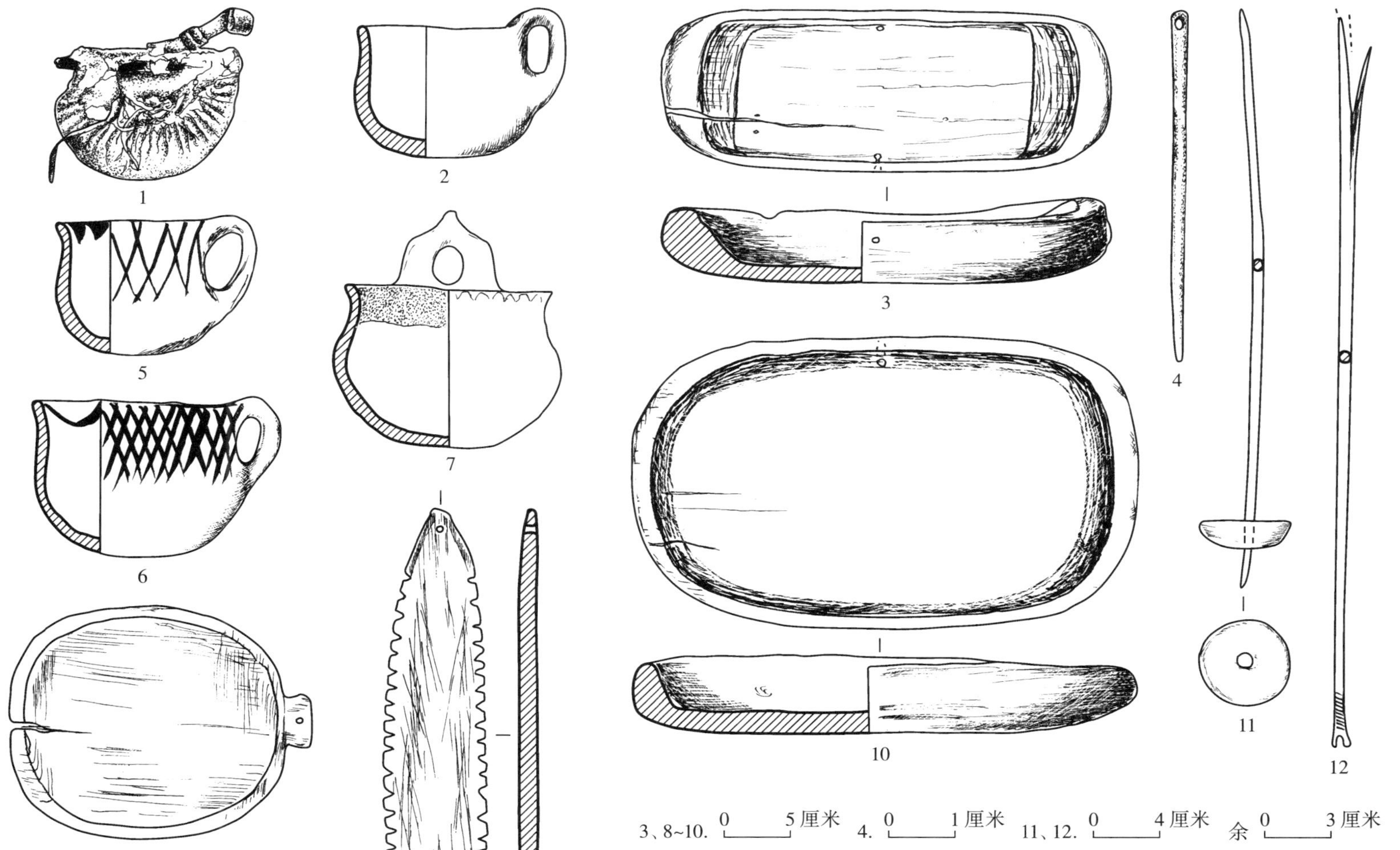

图六六九　ⅡM159 随葬品

1. 皮包（ⅡM159：12）　2、5~7. 陶单耳杯（ⅡM159：3、4、7、1）　3、10. 木盘（ⅡM159：9、5）　4. 骨针（ⅡM159：11）　8. 木钵（ⅡM159：2）　9. 桂叶形木器（ⅡM159：10）　11. 木纺轮（ⅡM159：6）　12. 木箭（ⅡM159：8）

宽 7.8、厚 1.3 厘米（图六六九，9；图版一七三，6）。

11. 骨针　兽骨磨制抛光，通体光洁。针孔圆形。长 5.5、直径 0.2、孔径 0.1 厘米（图六六九，4；图版一九三，1）。

12. 皮包　羊皮革缝制。束口，呈椭圆形，口部有系带，上系木棍。长 8.4、高 6.1 厘米（图六六九，1；图版二二九，7）。

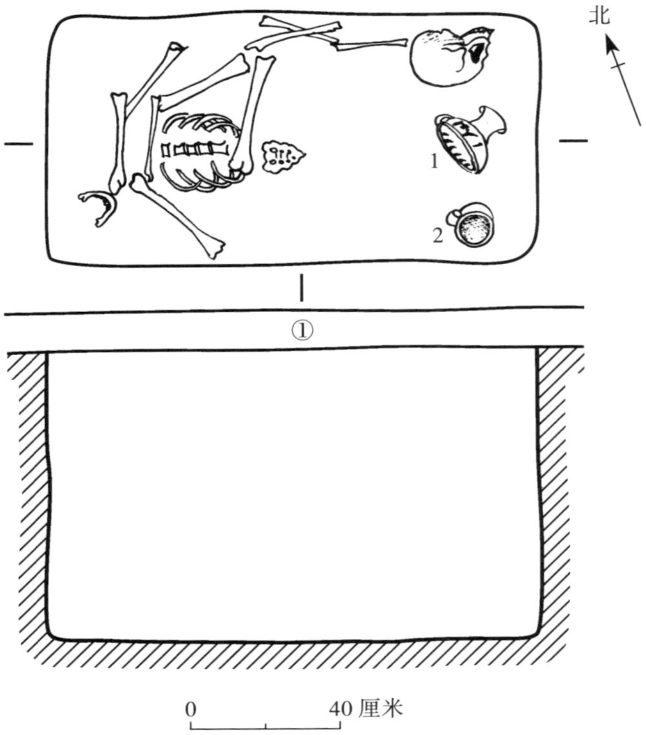

图六七〇　ⅡM160 平、剖面图

1. 陶圈足盘　2. 陶单耳杯

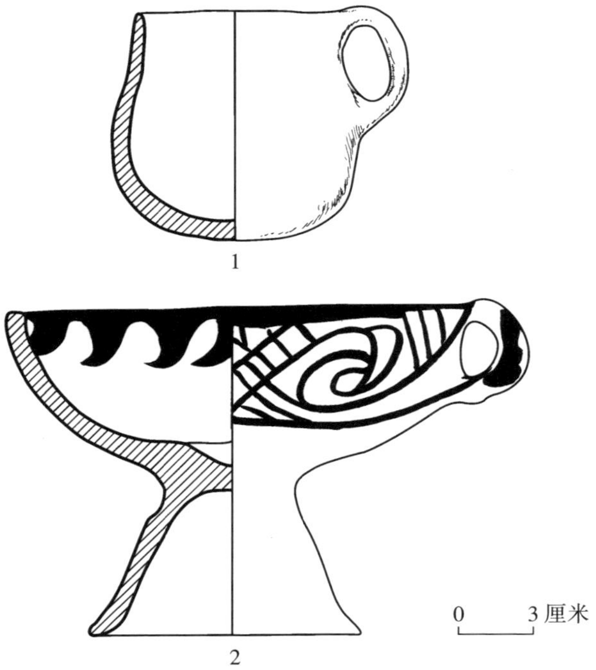

图六七一　ⅡM160 随葬品

1. 陶单耳杯（ⅡM160∶2）　2. 陶圈足盘（ⅡM160∶1）

ⅡM160

墓葬概况

位于墓地西南部，东南邻ⅡM163，西邻ⅡM162，墓向 110°。C 型，长方形竖穴土坑墓，直壁。墓口距地表深 0.11 米，墓长 1.31、宽 0.7 米，墓深 0.81 米。墓曾进水，填土板结成块状。墓底有人骨一具，骨骼残缺移位，颅骨位于东北角，肋骨、肢骨位于西部，下颌骨位于西部肢骨旁，青年女性，年龄约 16 岁。墓底有芦苇秆朽迹。东部人颅骨南侧随葬有陶圈足盘、陶单耳杯（图六七〇）。

随葬品

出土陶器 2 件。

1. 陶圈足盘　夹砂红陶。敞口，方唇，圆形浅腹，内圜底，高圈足。内沿饰连续大锯齿纹，外沿饰斜线纹，上腹饰涡纹，填饰斜线纹，单耳上彩绘竖条纹。口径 18、足径 10.8、通高 13.72 厘米（图六七一，2；图版一二四，1）。

2. 陶单耳杯　夹砂红陶。直口，小方唇，圆腹下垂，圜底，宽带状耳。素面。口径 8.1、通高 9.7 厘米（图六七一，1）。

ⅡM161

墓葬概况

位于墓地西南部，东北邻ⅡM160，西北邻ⅡM162，墓向 110°。C 型，长方形竖穴土坑墓，墓西壁向上斜收，呈口小底大袋状。墓口距地表深 0.15 米，墓口长 1.13、宽 0.83 米，墓底长 1.21、宽 0.83 米，墓深 0.86 米。墓被严重盗扰，填土中有芦苇秆残节和人的骨骼。人骨散乱于墓底。有两个颅骨，其中 A 位于西南角，未成年人，年龄 7~8 岁；B 位于南壁下中部偏东，颅骨残破，其下颌骨在东北角，未成年人，年龄 7~9 岁，二次葬。墓底北壁边有木桶残片，东北部有木纺轮、皮靴，东南角有陶罐，西南部有另一只皮靴。在 B 颅骨旁随葬有一羊头骨（图六七二）。

随葬品

出土木、陶器和皮制品 5 件。

1. 木桶　圆木刻挖制作。桶体破裂，钻有加固小孔，底残佚。制作粗糙、简单。口径 8.5、高 8.5 厘米（图六七三，2）。

2. 陶罐　夹砂红陶。敞口，圆唇，束颈，圆垂腹，圜底。器表有烟炱。口径 6.8、腹径 8.5、高 8.2 厘米（图六七三，3；图版六六，3）。

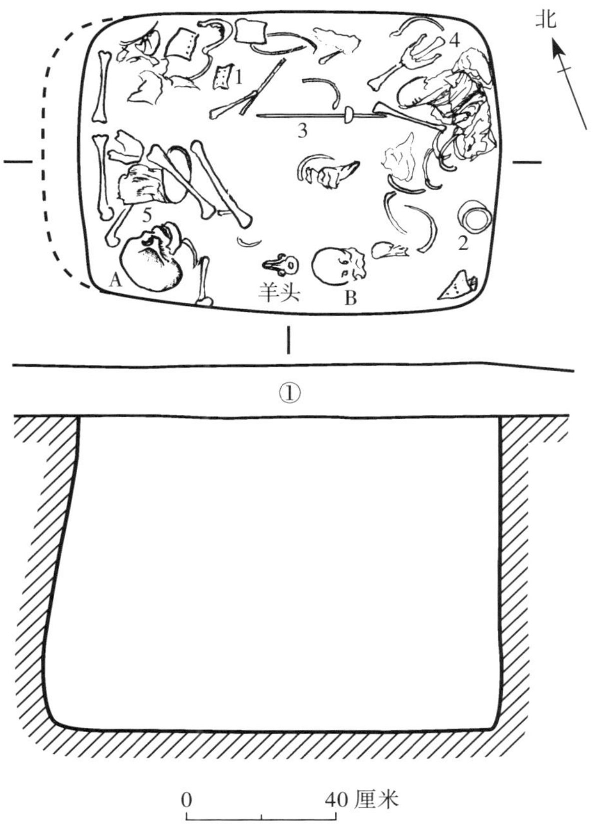

图六七二　ⅡM161平、剖面图

1. 木桶　2. 陶罐　3. 木纺轮　4、5. 皮靴

3. 木纺轮　线轴两端稍细。纺轮截面呈弧拱形，轮面有线刻圆环图案。线轴长29.6、直径0.6厘米，轮径5.4、厚1.3厘米（图六七三，1；图版一七八，4）。

4. 皮靴　一双。羊或牛皮缝制。长靿，斜上口，两只各有系带联结在腰带上。长32、高86.4厘米（图六七三，5）。

5. 皮靴　牛皮制。底、帮、靿均用皮绳缝接。长17、高19厘米（图六七三，4；图版二二〇，3）。

ⅡM162

墓葬概况

位于墓地西南部，东南邻ⅡM161，西邻ⅡM165，墓向92°。C型，长方形竖穴土坑墓，西窄东宽，南北两边略起弧。地表高低不平，墓口距地表深0.18~0.26米，墓长1.52、宽0.88~1.08米，墓深1.09米。墓曾进水，又被盗掘，填土内有少量芦苇秆、板结土块和人骨块。墓底人骨凌乱，两个人颅骨分别位于东壁边（A）和中南部木盆旁（B）。A为中年女性，年龄45~55岁；B为中年男性，年龄45~55岁。中部和南部人骨中有皮衣残片。西南角随葬羊头一个。墓底有芦苇秆残节。随葬的陶单耳杯、木钉、骨扣在偏北部，木钵在中南部，陶钵在西，木搅拌棒在东南部（图六七四）。

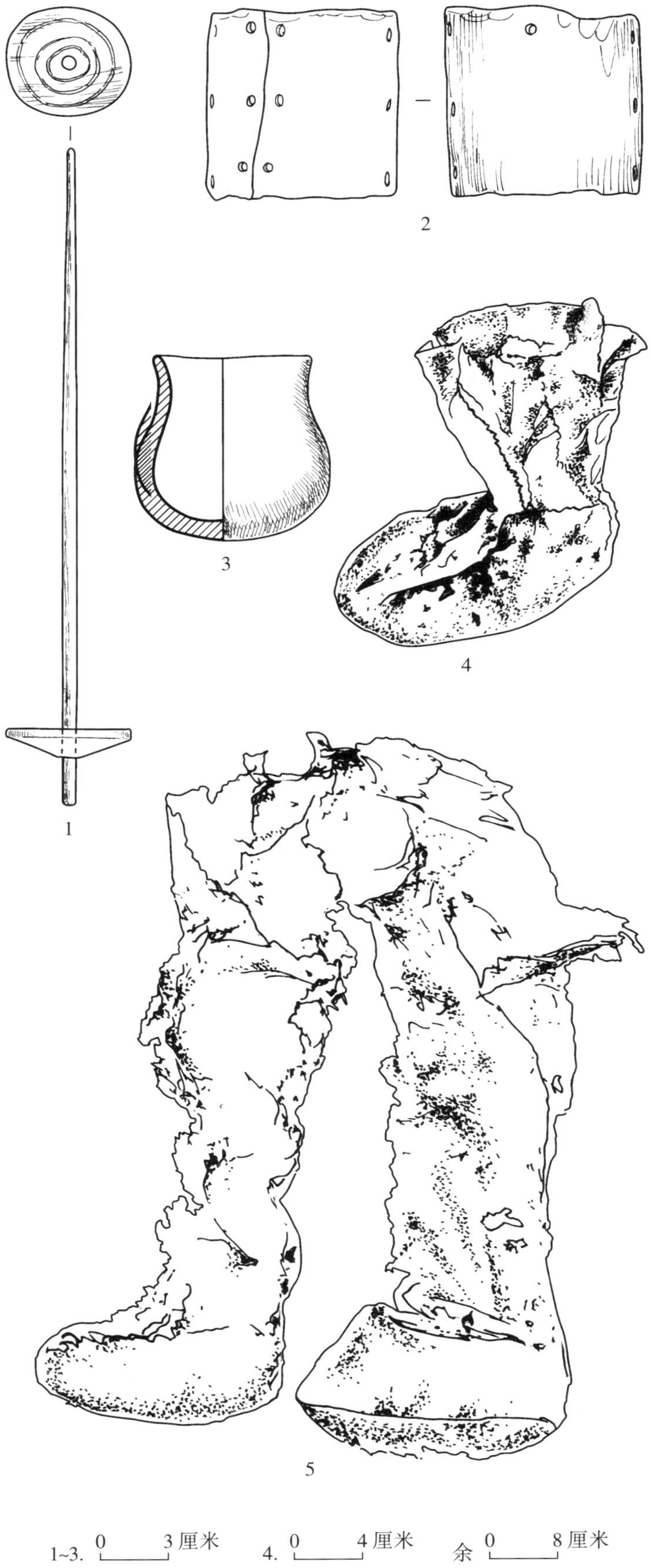

图六七三　ⅡM161随葬品

1. 木纺轮（ⅡM161：3）　2. 木桶（ⅡM161：1）　3. 陶罐（ⅡM161：2）
4、5. 皮靴（ⅡM161：5、4）

随葬品

出土陶、木、骨器 6 件。

1. 陶单耳杯　夹砂红陶。直口，圆唇，圆腹下垂，圜底，沿部有立耳，耳中镂圆孔。器底有烟炱。口径 7、腹径 8.6、高 8、通高 9.8 厘米（图六七五，4；图版九二，1）。

2. 木钵　圆木刻挖制作。呈半球状，敞口，方唇，圆腹，圜底，腹部有横形鋬耳，耳穿皮系绳。器身破裂，用皮绳扎固。口径 24、高 10 厘米（图六七五，1；图版一四四，8）。

3. 木搅拌棒　细长木棍顶端安装短粗的拱弧形圆木棍。为搅拌酸乳的工具。长 36、杆径 0.9 厘米（图六七五，5；图版一七二，2）。

4. 陶钵　夹砂红陶。口平面呈三角形，敞口，斜直腹，圜底。器表有烟炱。口径 7、高 4.4 厘米（图六七五，3）。

5. 木钉　木棍削制而成。呈圆锥状。长 12.6、直径 0.6 厘米（图六七五，6）。

6. 骨扣　呈圆锥体状，直径上小底大，中钻圆孔。通体磨光。上面直径 1.1、底面直径 1.7、高 1.4 厘米（图六七五，2；图版一九一，5）。

ⅡM163

墓葬概况

位于墓地西南，西北邻ⅡM160，西南邻ⅡM153，墓向 130°。C 型，竖穴土坑墓，墓口呈长方形，四边起弧。墓口距地表深 0.14 米，墓长 1.43、宽 1.01 米，墓深 1.04 米。填土中有芦苇秆、骆驼刺、土坯残块等墓口棚盖物的碎屑。墓底铺芦苇，人骨凌乱，有两个颅骨，为二人合葬墓。A 为壮年男性，年龄 25 岁左右；B 为中年女性，年龄 40~45 岁。随葬的木骨泥俑、木梳、毛编织带接裙、毛纺织物在北面，木盘、陶单耳罐、陶钵、皮弓箭袋、皮衣袖、长裤、皮条、石杵、皮包在中南部，皮辔头在西边（图六七六；图版二九，3）。

随葬品

出土木、陶、石器，皮制品和毛纺织物 14 件。

图六七四　ⅡM162 平、剖面图

1. 陶单耳杯　2. 木钵　3. 木搅拌棒　4. 陶钵　5. 木钉　6. 骨扣

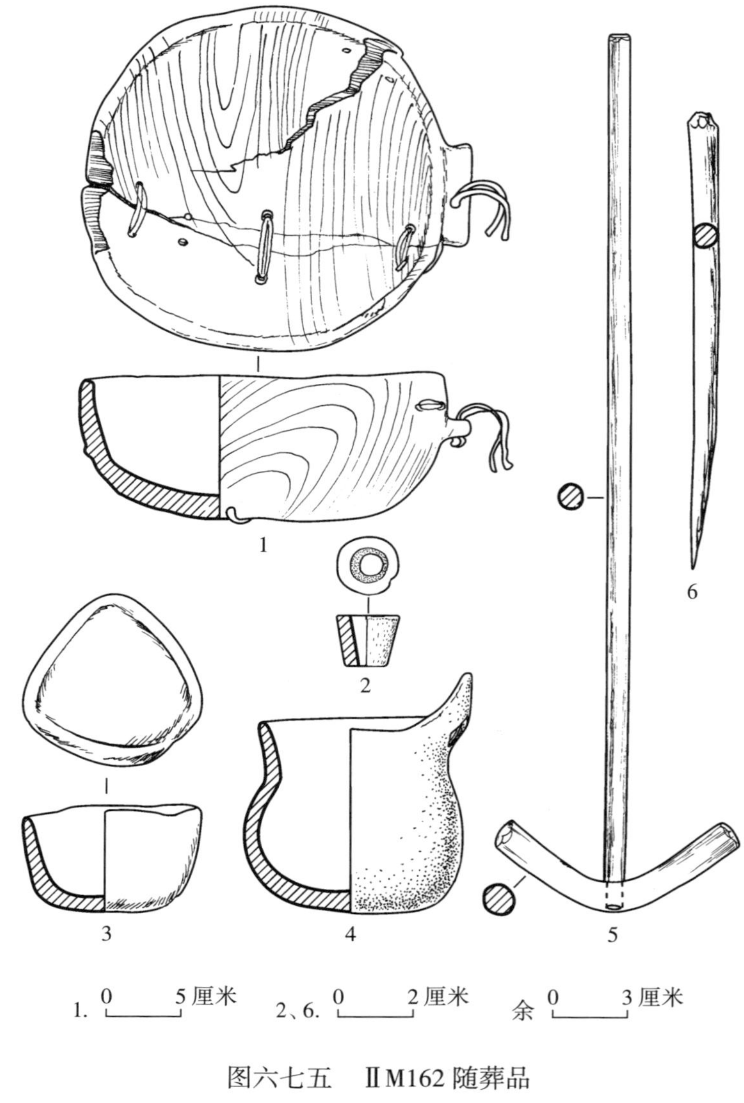

图六七五　ⅡM162 随葬品

1. 木钵（ⅡM162：2）　2. 骨扣（ⅡM162：6）　3. 陶钵（ⅡM162：4）　4. 陶单耳杯（ⅡM162：1）　5. 木搅拌棒（ⅡM162：3）　6. 木钉（ⅡM162：5）

1. 泥俑　用粗柽柳根部做骨，黄泥塑成。面部扁平，面部上宽下尖，呈倒卵圆形，细眉高鼻，目、口微闭。通长 41、面宽 17.2、厚 13.6 厘米（图六七七，8；图版二一六，1）。

2. 木盘　平面近呈长方形，短边起弧，沿宽。直口，浅腹，底近平，有刀剁痕，反扣做砧板。口长 32、宽 11.7、高 5.8 厘米（图六七七，11；图版一三八，7）。

3. 陶单耳罐　夹砂红陶。直口，方唇，圆腹下垂，圜底。口沿内外饰锯齿纹，腹部饰连续折线纹，耳上绘“十”字形纹。口径 7.4、腹径 12、高 11.7、通高 12.9 厘米（图六七七，10；图版五三，2）。

4. 皮辔头　残。羊皮条挽制，用木扣连接。残长 95、宽 2.4 厘米（图六七七，1；图版二二四，1）。

5. 皮弓箭袋　用牛皮革缝制。为两个对称的皮口袋，一个用来装弓，另一个用来装箭，用皮条捆绑在中间的木撑板上。长 62.8、宽 33.2 厘米（图六七七，6；图版二二六，4）。

6. 陶钵　夹砂红陶。敛口，圆唇，圆腹，圜底，单宽带耳。素面。口径 10.8、腹径 14.1、高 7.4、通高 8.2 厘米（图六七七，9；图版一一四，7）。

7. 木梳　呈横长方形，梳背为圆木刻槽制作，齿呈扁锥体，单体制作，然后紧凑地嵌入背槽内。梳背表面线刻两排涡纹，涡纹内填细密的锥刺纹。长 4.2、宽 10.7、厚 1.4、齿长 3.2 厘米（图六七七，5）。

8. 皮条　残。一端刻孔，另一端有骨扣，似马具构件。残长 17、宽 2.3~4.2 厘米（图六七七，2；图版二二五，3）。

9. 皮衣袖　羊皮革缝制。外表长方形，中间有横向的连续涡纹。长 46、宽 14.2 厘米（图六七七，7；图版二一六，4）。

10. 皮包　用羊皮缝制。圆形，平顶，三角形盖，顶端穿木棍。长 11.4、宽 13 厘米（图六七七，4；图版二三〇，1）。

11. 毛编织带接裙　由六条 2/2 斜纹法编织的毛编织带沿侧边，即纵向缝缀而成。长 21、宽 73 厘米。现存编织带从上而下依次为绿、红、蓝、红、棕、红色，形成以红色为地的横向彩色条纹接裙（图版二七三，1）。

12. 毛纺织物　黄色斜褐残片。残片为 2/3 斜纹，边外残损严重，经线为双并，纬线为单根。长 111、宽 70 厘米（图版二七三，2）。

13. 石杵　呈纵长方体，有敲砸痕的下端呈弧刃形。长 10.8、宽 4.8~6.1、厚 3.2~4 厘米（图六七七，3）。

14. 长裤　棕黄色。现存裤腰部分。线较粗显厚实，裤腰口采用卷边缝合，两侧用褐色毛线缝接。残长 52、宽 30 厘米（图版二七三，4）。

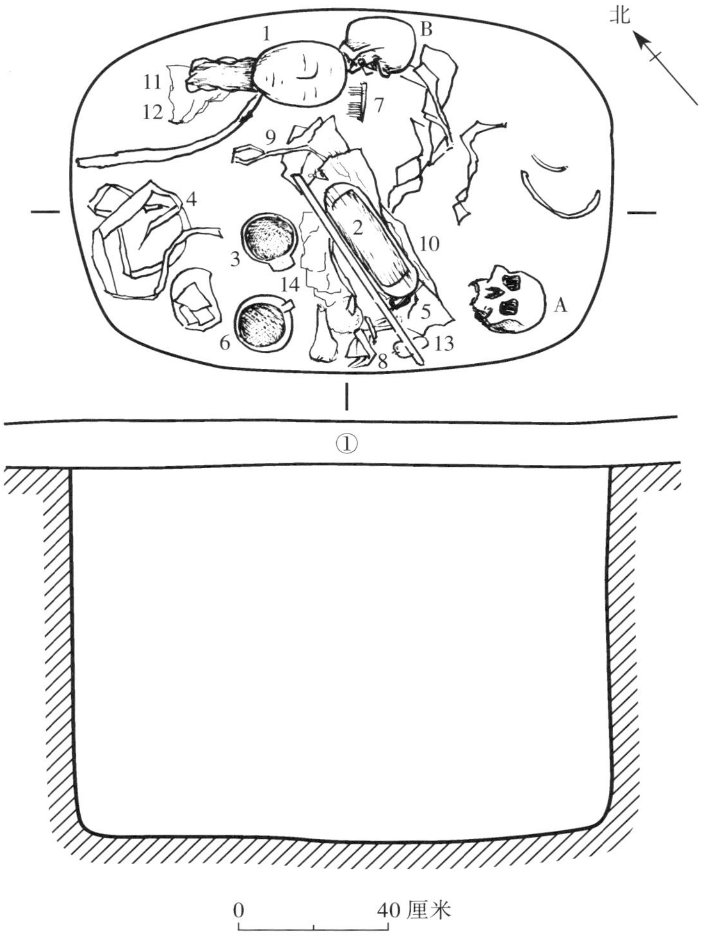

图六七六　ⅡM163 平、剖面图

1. 泥俑　2. 木盘　3. 陶单耳罐　4. 皮辔头　5. 皮弓箭袋　6. 陶钵　7. 木梳　8. 皮条　9. 皮衣袖　10. 皮包　11. 毛编织带接裙　12. 毛纺织物　13. 石杵　14. 长裤

ⅡM164

墓葬概况

位于墓地西南部，南邻ⅡM165，东邻ⅡM159，墓向 110°。C 型，长方形竖穴土坑墓，直壁。墓口距地表深 0.2 米，墓长 1.5、宽 0.84 米，墓深 1.01 米。填土中有水浸形成的板结土块、芦苇秆、骆驼刺等。墓底有人骨一具，头东脚西，头移位到东北角，仰身，下肢上屈外撇，身着皮衣皮裤，脚穿皮靴（均已残），壮年男性，年龄 30~40 岁。随葬有羊头，墓底有芦苇茎秆残节。木盘位于脚下，木盘内盛有羊椎骨，复合弓、木箭杆、皮弓箭袋压在右腿上，木钉在中南部，陶单耳罐位于东南角（图六七八；图版二九，2）。

随葬品

出土木、皮、陶器 9 件（组）。

1. 复合弓　用绣线菊木条、牛筋、牛角片复合制作，

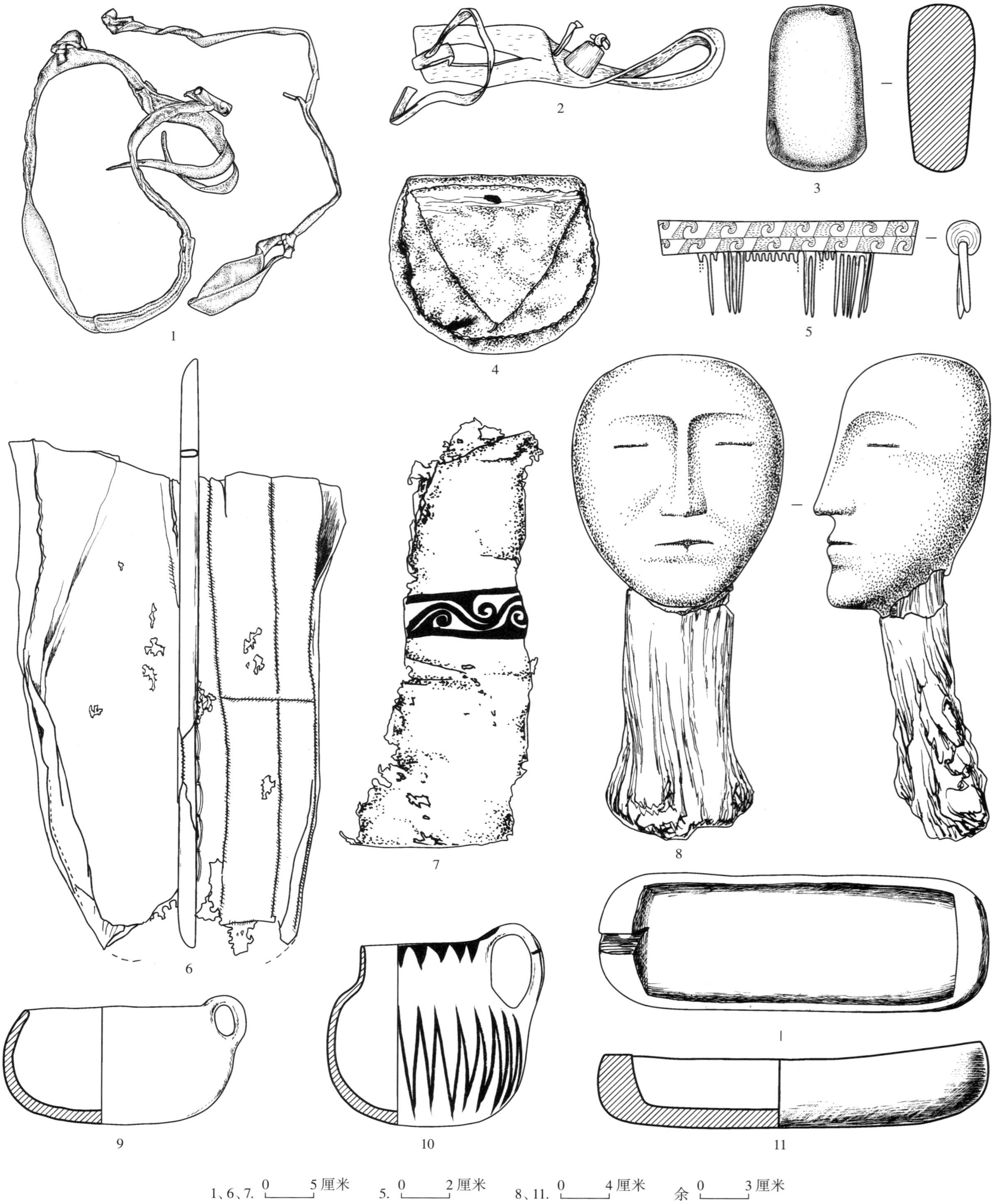

图六七七 ⅡM163随葬品

1. 皮髻头（ⅡM163：4） 2. 皮条（ⅡM163：8） 3. 石杵（ⅡM163：13） 4. 皮包（ⅡM163：10） 5. 木梳（ⅡM163：7） 6. 皮弓箭袋（ⅡM163：5） 7. 皮衣袖（ⅡM163：9） 8. 泥俑（ⅡM163：1） 9. 陶钵（ⅡM163：6） 10. 陶单耳罐（ⅡM163：3） 11. 木盘（ⅡM163：2）

外表缠绕筋线。三曲，中部弓体截面略呈椭圆形，弓弰向内弯曲，弓体弧度较大。长 83、直径 2.2~2.6 厘米（图六七九，8；图版一八四，4）。

2. 皮弓箭袋　羊皮革制，上面安装木质撑板。弓袋宽大，具有弓的形状，箭袋长方形有上、中、下三横条涡纹。长 75、宽 27 厘米（图六七九，10；图版二二六，5）。

3. 木箭杆　2 件，均残。ⅡM164∶3-1，箭头残，铤杆呈圆柱状，微弯曲。残长 58.4 厘米（图六七九，5）。ⅡM164∶3-2，箭杆残，箭头呈四棱锥状，一侧有倒刺钩。长 21、头长 7.5 厘米（图六七九，6）。

4. 木钉　3 件。木棍削刻而成。锥状。长 14、直径 1 厘米（图六七九，4）。

5. 木盘　呈长条形，两端呈弧状，两端沿较厚，浅腹，圜底。一侧边沿钻小穿孔。底背面有刀剁痕。口径 14.8~34.8、高 4.8 厘米（图六七九，11；图版一三八，8）。

6. 陶单耳罐　夹砂红陶。口微敞，方唇，短颈，鼓腹，圜底，单耳由沿下翻至腹部。口沿内饰锯齿纹，外沿饰垂帐纹，通体饰连续变形涡纹。口径 7.8、腹径 11.4、高 11.4、通高 12.3 厘米（图六七九，9；图版五三，3）。

7. 木钉　2 件。一长一短，柽柳棍截削尖而成。ⅡM164∶7-1，长 25、直径 1.2 厘米（图六七九，2）。ⅡM164∶7-2，长 14.6、直径 0.8 厘米（图六七九，3）。

8. 皮包　牛皮缝制。半圆形，口上有三条皮带，与毛编织带相连接。通长 25、宽 13 厘米（图六七九，1；图版二三〇，2）。

9. 木弓弭　残片，用木片削成。一端有细柄，另一端宽圆。长 12.3、宽 3.8 厘米（图六七九，7）。

ⅡM165

墓葬概况

位于墓地西南部，北邻ⅡM164，东邻ⅡM162，墓向 90°。C 型，竖穴土坑墓，墓口呈不规则长条形，北边起弧。墓口距地表深 0.1 米，墓长 1.5、最大宽 1.13 米，墓深 0.92 米。填土中有水浸板结土块、芦苇秆、石块等，墓底中部有两个人颅骨，其他骨骼缺失较多，仅存长骨凌乱。A 在北部，老年男性，年龄大于 50 岁；B 在南部，中年女性，年龄 40~50 岁。东壁下随葬有羊头。无葬具。墓底北壁下出土复合弓，木箭、木钉、骨锥位于墓底中部，皮弓箭袋在西部（图六八〇）。

随葬品

出土木、皮器等 5 件（组）。

1. 复合弓　用楔木片、骨板、牛角片复合制作而成，外用牛筋线缠扎。三曲，弓体中部呈四棱状，两端呈扁平状，两端有挂弦浅槽。长 105.6、宽 2、厚 2.8 厘米（图六八一，4）。

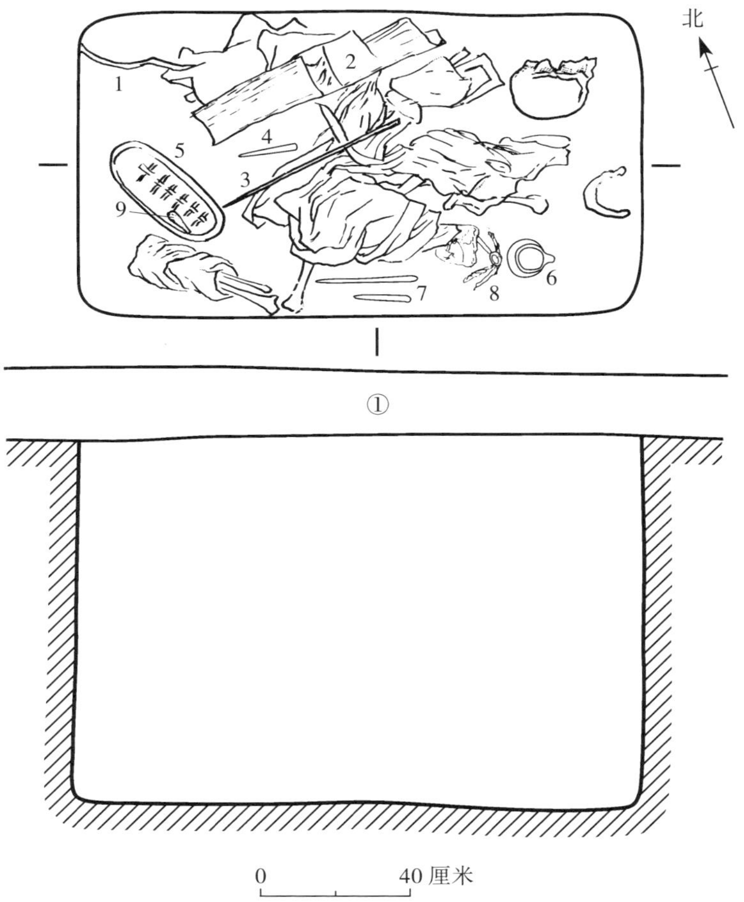

图六七八　ⅡM164 平、剖面图

1. 复合弓　2. 皮弓箭袋　3. 木箭杆　4、7. 木钉　5. 木盘　6. 陶单耳罐　8. 皮包　9. 木弓弭

2. 木箭　3 支。箭头呈三棱锥状，一侧有倒钩刺，圆箭杆后端有“U”形挂弦槽。长 74.8、头长 7.9 厘米（图六八一，5）。

3. 木钉　木棍削制而成。圆锥形。长 13、直径 0.9 厘米（图六八一，1）。

4. 骨锥　扁平，一端稍尖。外表磨光。长 10.4 厘米（图六八一，2；图版一八九，5）。

5. 皮弓箭袋　羊皮革缝制。背面为整块，表面用长条形皮革缝出三角纹接缝，边上有木撑板和皮带。长 75.6、宽 21.6 厘米（图六八一，3；图版二二六，1）。

ⅡM166

墓葬概况

位于墓地西部南边缘，南邻ⅡM134，东北邻ⅡM145，墓向 110°。C 型，长方形竖穴土坑墓，直壁。墓口距地表深 0.21 米，墓长 1.29、宽 0.71 米，墓深 0.92

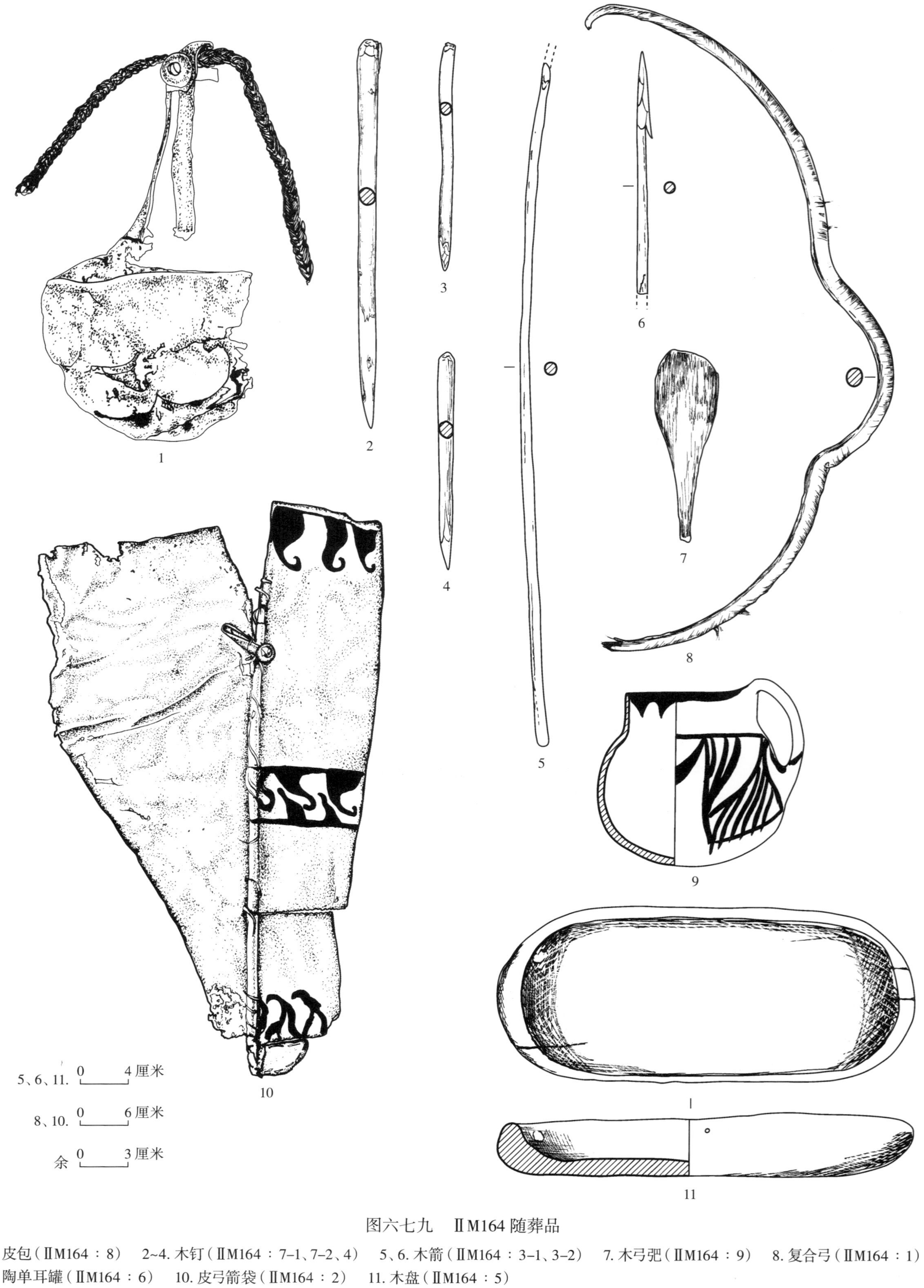

图六七九　ⅡM164随葬品

1. 皮包（ⅡM164：8）　2~4. 木钉（ⅡM164：7-1、7-2、4）　5、6. 木箭（ⅡM164：3-1、3-2）　7. 木弓弝（ⅡM164：9）　8. 复合弓（ⅡM164：1）　9. 陶单耳罐（ⅡM164：6）　10. 皮弓箭袋（ⅡM164：2）　11. 木盘（ⅡM164：5）

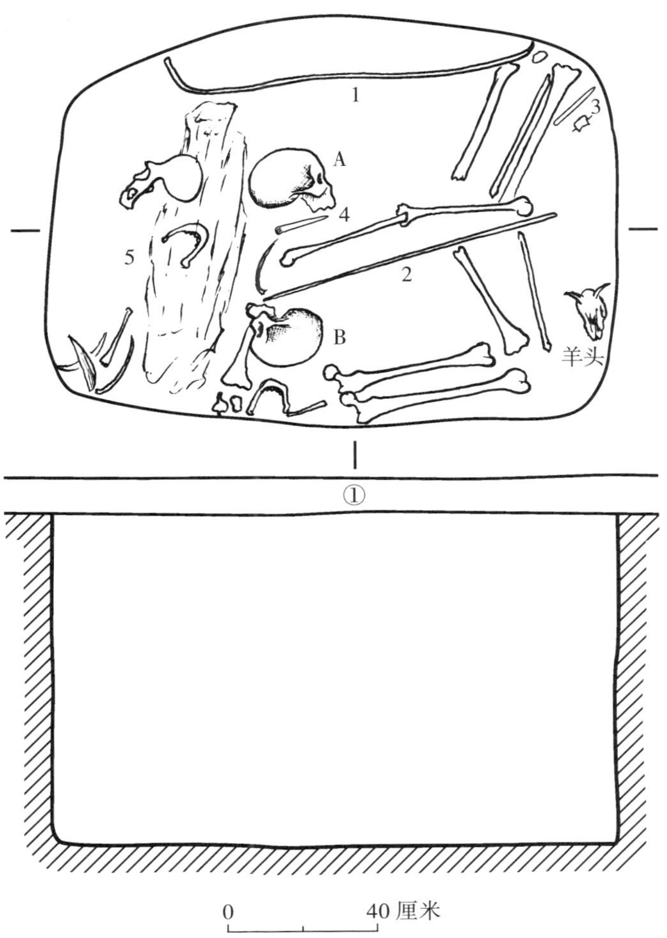

图六八〇　ⅡM165平、剖面图

1. 复合弓　2. 木箭　3. 木钉　4. 骨锥　5. 皮弓箭袋

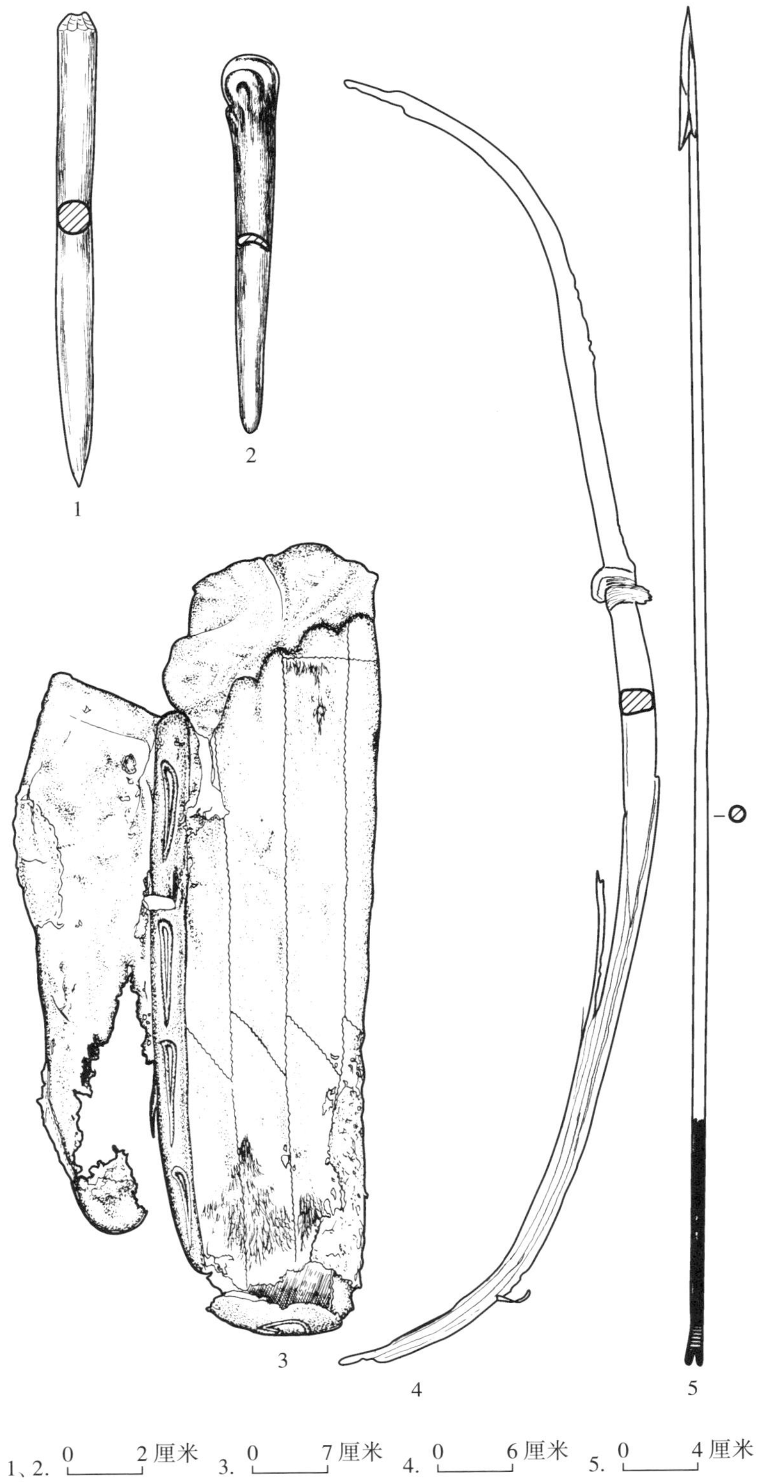

图六八一　ⅡM165随葬品

1. 木钉（ⅡM165：3）　2. 骨锥（ⅡM165：4）　3. 皮弓箭袋（ⅡM165：5）　4. 复合弓（ⅡM165：1）　5. 木箭（ⅡM165：2）

米。墓底有两具人骨架，靠北壁下的颅骨为A，未成年人，年龄11~12岁，头骨破碎，骨骼移位；其南边为B，骨架比较完整，侧身屈肢，头东脚西，壮年男性，年龄25~30岁。为二人合葬墓，A似迁葬。无葬具。随葬的木盘、陶单耳杯在西南角，另一件木盘、陶盘、木旋镖在东南部，陶单耳壶在东北角，另一件陶单耳杯在中北部（图六八二）。

随葬品

出土木、陶器7件。

1. 木盘　平面呈椭圆形，方唇，浅腹，平底。底外有刀剁痕。口长径22.9、短径16、高3.2厘米（图六八三，2；图版一三九，1）。

2. 陶单耳杯　夹砂红陶。敞口，圆唇，垂腹，圜底，单宽带耳。口内沿饰垂帐纹，外表饰菱形网格纹。口径5.6、高4.6、通高5.4厘米（图六八三，4；图版七五，2）。

3. 陶单耳杯　夹砂红陶。敞口，圆唇，斜直腹，平底，沿上有呈近三角形的立耳，耳呈锯齿状，耳中部有三角形穿孔。下腹局部有烟炱。口径11、底径7.6、高7、通高10.5厘米（图六八三，6）。

4. 陶单耳壶　夹砂红陶。敞口，小方唇，束颈，鼓腹，平底，颈至肩间有宽带状桥形耳。口沿饰变形三角纹，下腹部绘有连续折线纹。腹径13.8、底径6.8、高16.3厘米（图六八三，7）。

5. 陶盘　夹砂红陶。圆唇，浅圆腹，平底。素面。口径12.5、底径7.5、高3.5厘米（图六八三，5）。

6. 木盘　残，仅存一半。平面呈椭圆形，方沿，浅腹，

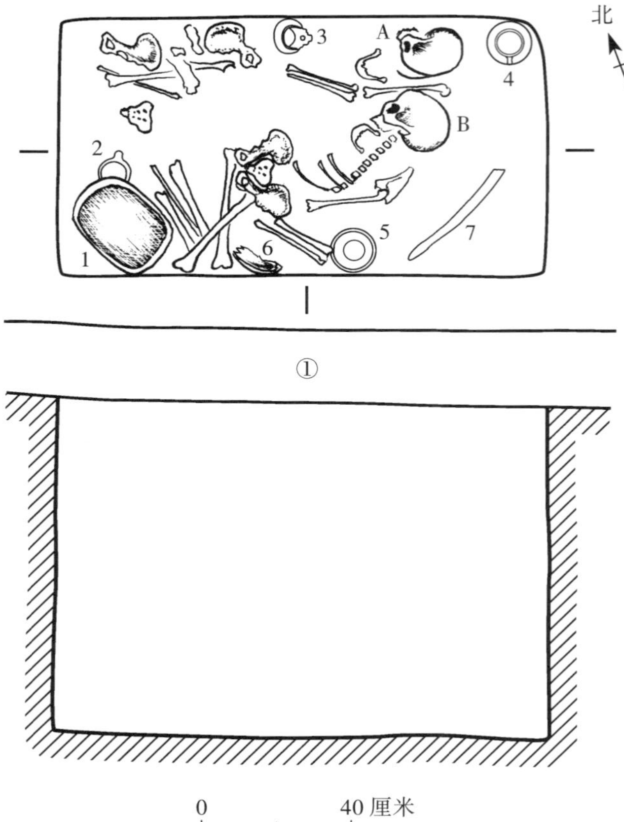

图六八二　ⅡM166 平、剖面图

1、6. 木盘　2、3. 陶单耳杯　4. 陶单耳壶　5. 陶盘　7. 木旋镖

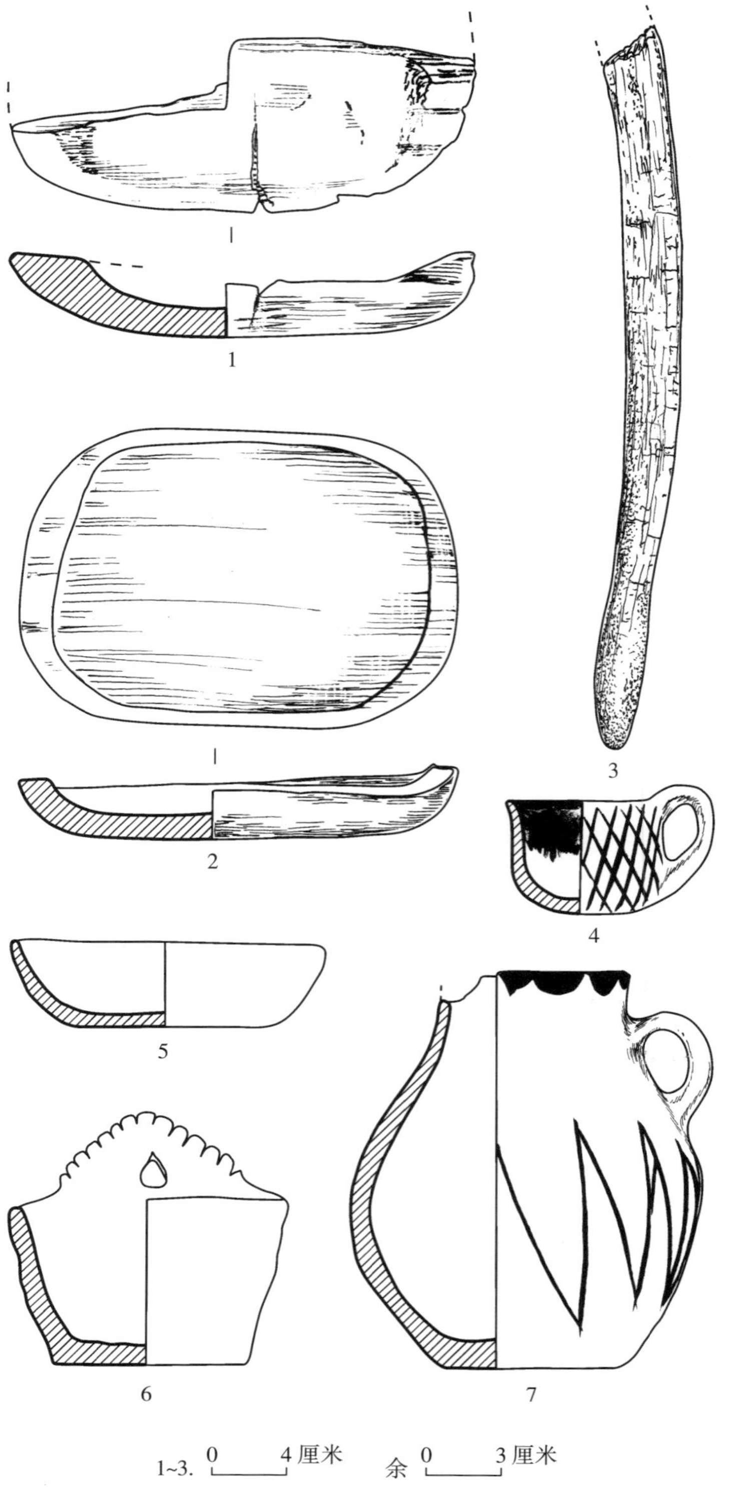

图六八三　ⅡM166 随葬品

1、2. 木盘（ⅡM166：6、1）　3. 木旋镖（ⅡM166：7）　4、6. 陶单耳杯（ⅡM166：2、3）　5. 陶盘（ⅡM166：5）　7. 陶单耳壶（ⅡM166：4）

弧底，底背面有刀剁痕。长 24.8、残宽 9.2、高 4.6 厘米（图六八三，1）。

7. 木旋镖　仅存柄部，木棒削制。微曲，握手较粗。残长 38.7、宽 3.2 厘米（图六八三，3）。

ⅡM167

墓葬概况

位于墓地西部，东邻ⅡM172，西邻ⅡM173，墓向 97°。C 型，长方形竖穴土坑墓，直壁。墓口距地表深 0.2 米，墓长 1.45、宽 0.9 米，墓深 1.02 米。内葬一人，上半身骨骼缺失，部分上肢骨、髋骨和头骨移位到北壁下，仅有椎骨和下肢骨处于生理解剖位置，下肢上屈侧靠在墓南壁上。中年女性，年龄 45~55 岁。无葬具。墓底东南角出土陶碗，木桶、陶钵、陶单耳杯均位于人骨南侧（图六八四）。

随葬品

出土陶、木器 4 件。

1. 陶单耳杯　夹砂红陶。敛口，圆唇，圆腹，圜底，沿上环形耳，耳顶有小突。口径 8、高 6、通高 9.6 厘米（图六八五，1；图版九二，2）。

2. 陶钵　夹砂红陶。手制。口沿高低不平，圆唇较厚，圆腹，圜底。素面。口径 12.2、高 7.6 厘米（图六八五，2；图版一一四，8）。

3. 陶碗　夹砂红陶。广口，方唇，鼓圆腹，小平底，腹径最大处有一小耳。内沿饰小三角纹，内壁间饰双排竖锯齿纹，口外沿至腹中部饰连续折线纹。口径 13.6、腹径 15、底径 6.4、高 14.3 厘米（图六八五，4；图版一一九，7）。

4. 木桶　残，圆木掏挖而成。直口，沿上原有对称

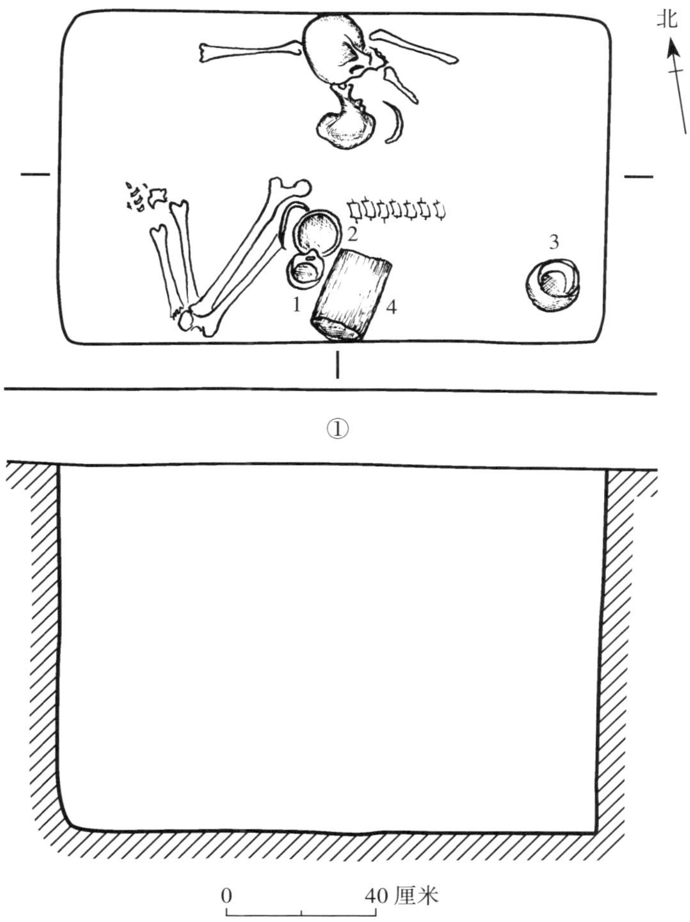

图六八四　ⅡM167 平、剖面图

1. 陶单耳杯　2. 陶钵　3. 陶碗　4. 木桶

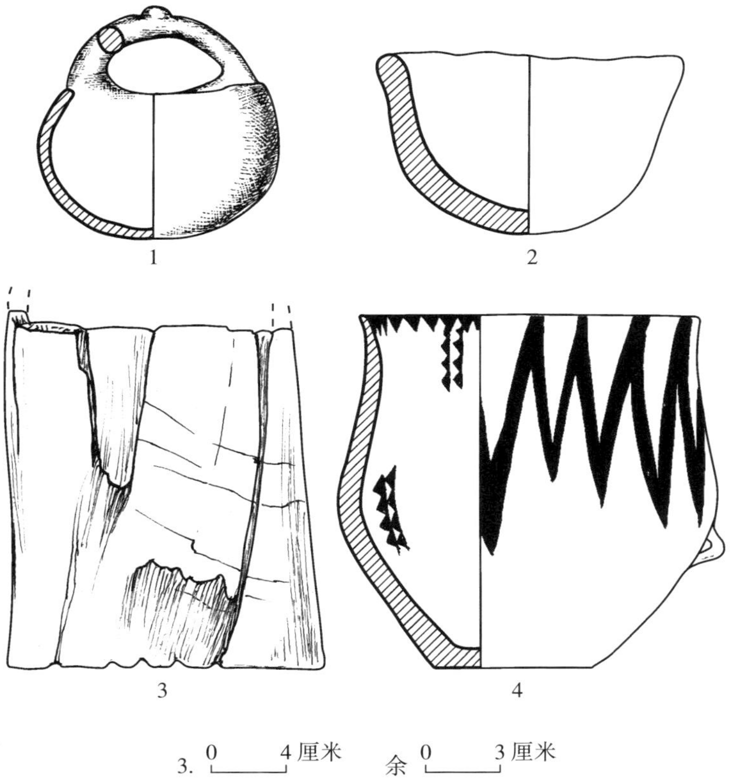

图六八五　ⅡM167 随葬品

1. 陶单耳杯（ⅡM167：1）　2. 陶钵（ⅡM167：2）　3. 木桶（ⅡM167：4）　4. 陶碗（ⅡM167：3）

耳，底内侧有一周凹槽，为安底板用，底已遗失。口径 15.2、通高 19.6 厘米（图六八五，3）。

ⅡM168

墓葬概况

位于墓地西部，东邻ⅡM169，西邻ⅡM128，墓向 120°。C 型，长方形竖穴土坑墓，直壁。墓口距地表深 0.2 米，墓长 1.82、宽 0.97 米，墓深 1.62 米。墓被盗扰，填土中夹有土坯残块。墓底有人的下肢骨和髋骨，颅骨位于中北部，下颌骨和骶骨在中南部，其中一根股骨和两根肋骨在东北角，壮年男性，年龄 20~30 岁。墓中间髋骨旁有一羊头，无葬具。墓底东部有木盘，中南部有两件陶单耳罐和木钉，中北部木桶，木撑板、石球和石磨盘在西部（图六八六）。

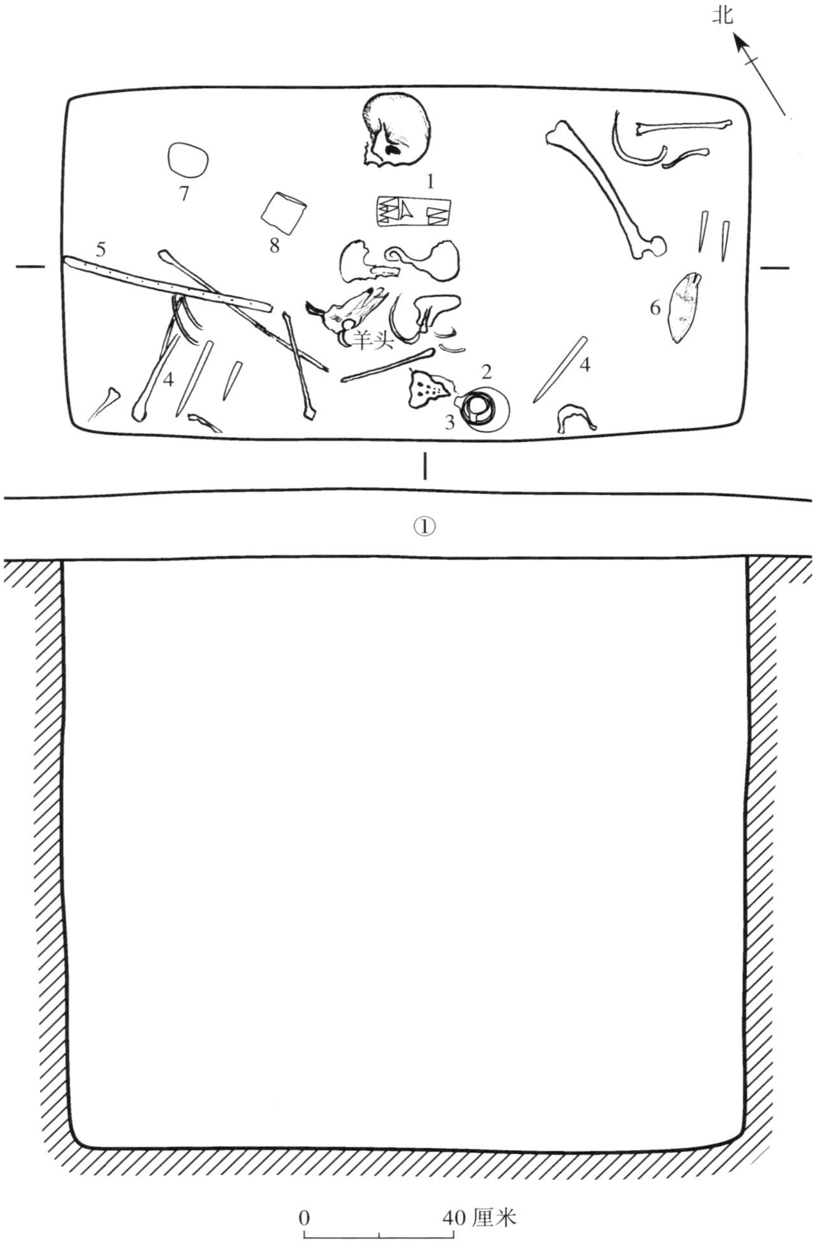

图六八六　ⅡM168 平、剖面图

1. 木桶　2、3. 陶单耳罐　4. 木钉　5. 木撑板　6. 木盘　7. 石球　8. 石磨盘

随葬品

出土木、陶、石器 8 件（组）。

1. 木桶　圆木掏挖而成。口沿有对称的两个立耳，木板镶嵌桶底。通体施粉白色，上下沿用褐彩绘大三角纹和变形动物角纹。桶径 11.6、高 22、通高 26.2 厘米（图六八七，8；图版一三〇，1）。

2. 陶单耳罐　夹砂红陶。敞口，尖圆唇，束颈，圆垂腹，圜底，沿至肩间有宽带耳。内沿饰三角纹，外腹饰菱形网格纹。口径 8.8、腹径 13.3、高 12.4、通高 13 厘米（图六八七，7；图版五三，4）。

3. 陶单耳罐　夹砂红陶。敞口，圆唇，圆腹，圜底，口沿到腹部有宽带长耳。内沿饰三角纹，通体饰有从沿下三角延长的竖条带纹，耳部绘“十”字形纹。口径 6、高 7.2、通高 7.6 厘米（图六八七，6；图版五三，5）。

4. 木钉　2 支。圆枝条剔皮，一端削尖，尖锐利。通体光滑。ⅡM168：4–1，长 16.8、直径 1.15 厘米（图六八七，4）。ⅡM168：4–2，长 16.8、直径 0.9 厘米（图六八七，5）。

5. 木撑板　长条形木板制作。三边倒棱，抹角，直棱边钻十五个小圆孔，与箭袋连接。通体光滑。长 61.4、宽 3.2 厘米（图六八七，9）。

6. 木盘　用自然树根残片刻挖一近方形浅槽，做工粗糙简单。口长径 15.8、口短径 5.5、高 3 厘米（图六八七，3）。

7. 石球　圆形砾石上有敲砸痕。直径 11.8 厘米（图六八七，2）。

8. 石磨盘　残，近长方形石板的一面磨平，经长期使用。残长 9.2、宽 10.3 厘米（图六八七，1）。

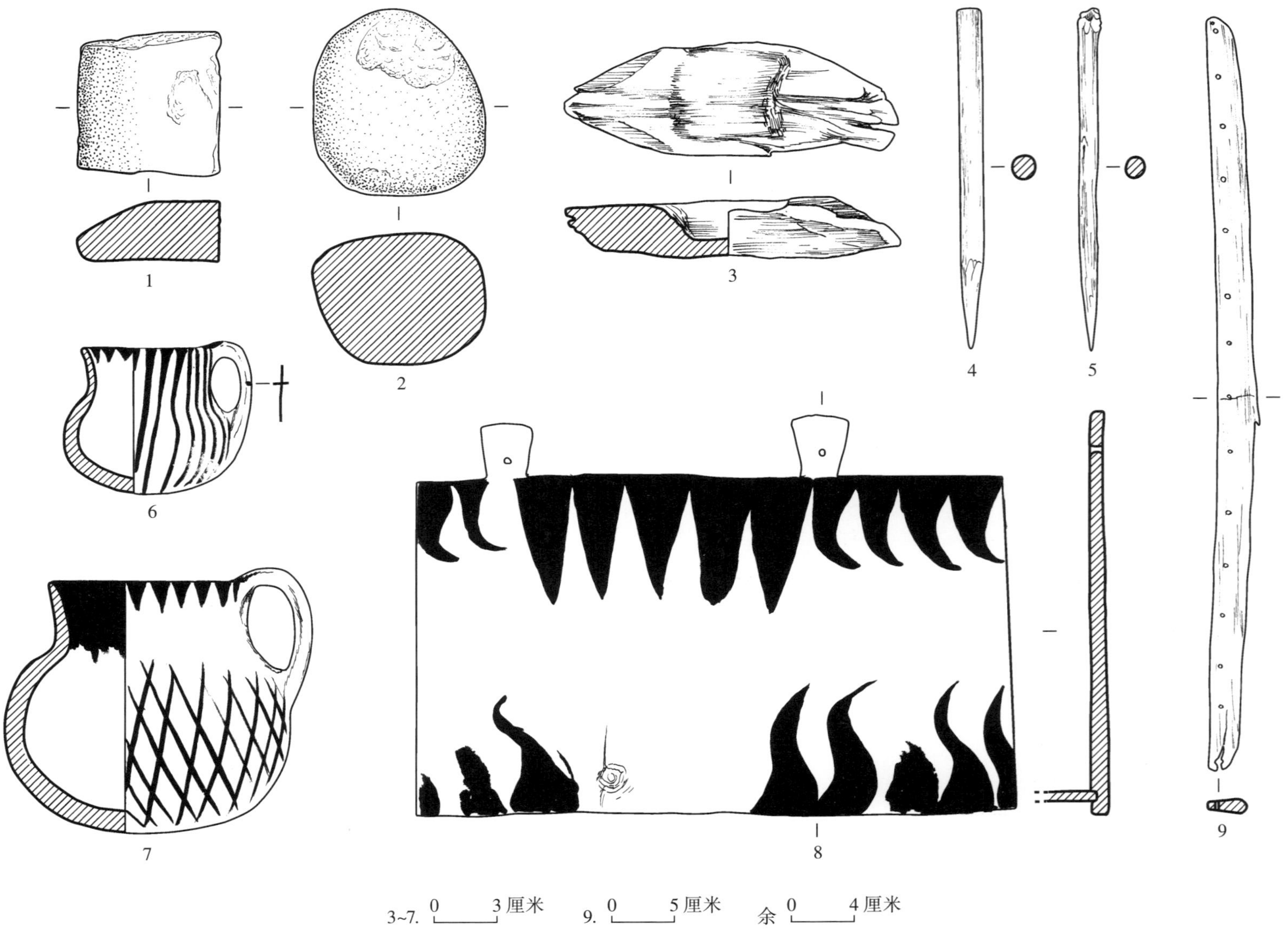

图六八七　ⅡM168 随葬品

1. 石磨盘（ⅡM168：8）　2. 石球（ⅡM168：7）　3. 木盘（ⅡM168：6）　4、5. 木钉（ⅡM168：4–1、4–2）　6、7. 陶单耳罐（ⅡM168：3、2）　8. 木桶（ⅡM168：1）　9. 木撑板（ⅡM168：5）

ⅡM169

墓葬概况

位于墓地西部，西邻ⅡM168，东邻ⅡM212，墓向120°。C型，长方形竖穴土坑墓，直壁。墓口开口于地表。墓长1.31、宽0.73~0.81米，墓深1.13米。墓口上原棚盖物坍塌到距墓口深0.3米处，上为芦苇，下为树枝，在树枝中夹一根葡萄藤。墓内有上下两层人骨，上层距墓口深0.8米，人骨A为壮年女性，年龄20~30岁，呈干尸状，侧身屈肢，头东脚西，内穿毛织衣裤，外着皮衣裤，头戴皮帽，脚穿皮靴，尸骨下铺一层土坯，土坯下为一层芦苇。下层人骨架B距墓口深1.1米，壮年男性，年龄25~30岁，侧身屈肢，躺在木尸床上，床长1.12、宽0.45、高0.21米。床下有一扰乱的C骨架，未成年人，朽残严重，墓底铺芦苇。该墓共葬三人。葡萄藤夹杂在树枝、芦苇等墓口棚盖物中，作为很重要的植物标本，也视其为随葬品给予编号。上层随葬的木钵在东北部，人体上穿着有皮靴和皮射韝，下层随葬的木撑板和钻木取火器在北部，陶单耳杯、木纺轮在西部，木桶、木钩、木梳在东南角，砺石在人右髂骨处。西部随葬有两个羊头骨（图六八八）。

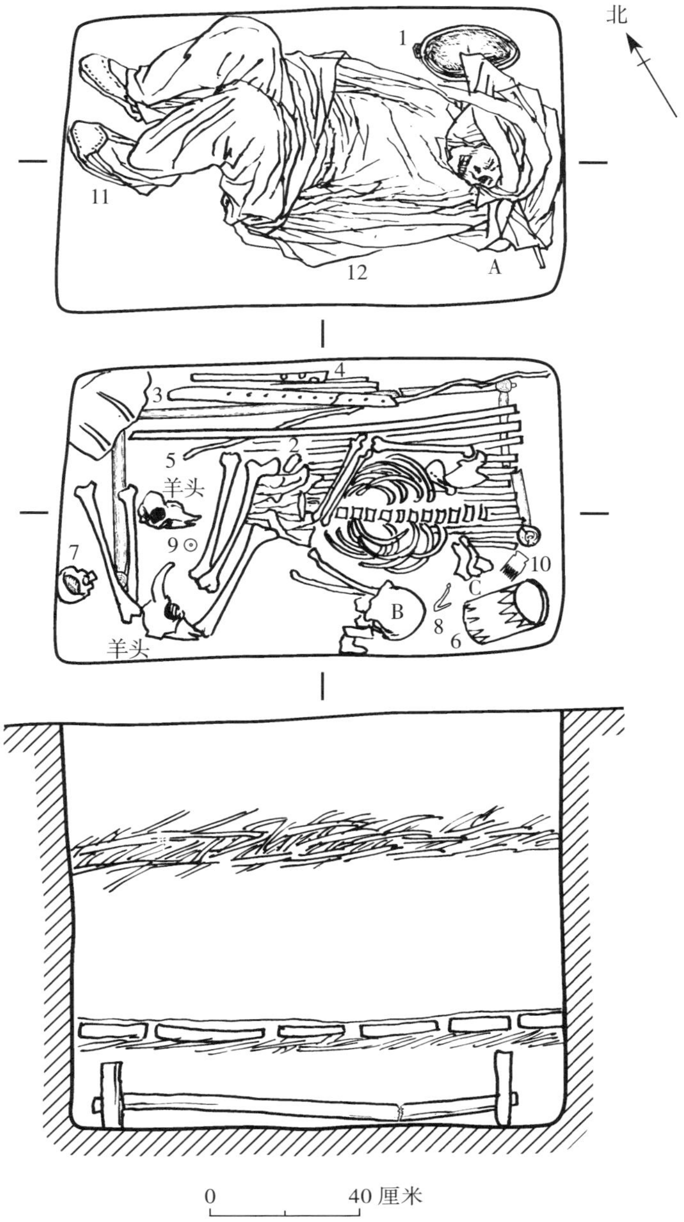

图六八八　ⅡM169平、剖面图

1. 木钵　2. 砺石　3. 木撑板　4. 钻木取火器　5. 葡萄藤　6. 木桶　7. 陶单耳杯　8. 木钩　9. 木纺轮　10. 木梳　11. 皮靴　12. 皮射韝

随葬品

出土皮制品和陶、木、石器等12件（组）。

1. 木钵　口呈椭圆形，方唇，深腹，圜底，单鋬上有小孔。外底有刀剁痕，倒扣时作砧板。口径16~27.2、高9.6厘米（图六八九，15；图版一四五，1）。

2. 砺石　呈扁条状，一端钻穿系孔，另端残。残长7.6、宽2.9、厚0.9厘米（图六八九，1）。

3. 木撑板　长条形木板制作。三边倒棱，抹角，直棱边钻十九个小圆孔，与箭袋连接。撑板通体打磨光滑。长62.3、宽4厘米（图六八九，12；图版一六四，10）。

4. 钻木取火器　由3支木取火棒和1件木取火板组成。木取火棒用铁线莲属植物加工而成。圆木杆一端有火烧痕。ⅡM169：4–1，长25、直径1.2厘米（图六八九，7）。ⅡM169：4–2，长56.5、直径1.6厘米（图六八九，11）。ⅡM169：4–3，长45.6、直径1.1~1.4厘米（图六八九，9）。ⅡM169：4–4，木取火板。呈长条形，一侧刻有三个凹槽，板面有三个钻孔。长26.4、宽2.4厘米（图六八九，8）。

5. 葡萄藤　与墓葬棚木同出，用以棚盖墓口。扁圆状，褐色。每节长11厘米，通长91.2、直径2.3厘米（图六八九，16；图版二一二，4）。

6. 木桶　椭圆形圆木掏挖而成。底用木板镶嵌，口沿上有对称的双立耳。上、下沿饰连续大三角纹，大三角又用红、灰、白不同色彩分为四个小三角。桶径10.2~14.8、高15.7、通高18厘米（图六八九，10；图版一二八，6）。

7. 陶单耳杯　夹砂红陶。圆唇，筒腹，平底，沿上有阶梯状立耳，耳中部有三角形穿孔。器表饰三角纹。口径10.2、底径10.2、高8.4、通高12.7厘米（图六八九，6；图版八九，4）。

8. 木钩　用自然树枝条削制。钩尾削束腰状，钩尖呈扁锥体。高6.3、直径0.5厘米（图六八九，4；图版一七二，7）。

9. 木纺轮　呈椭圆形，底面呈弧拱形。轮径3.8~4.2、

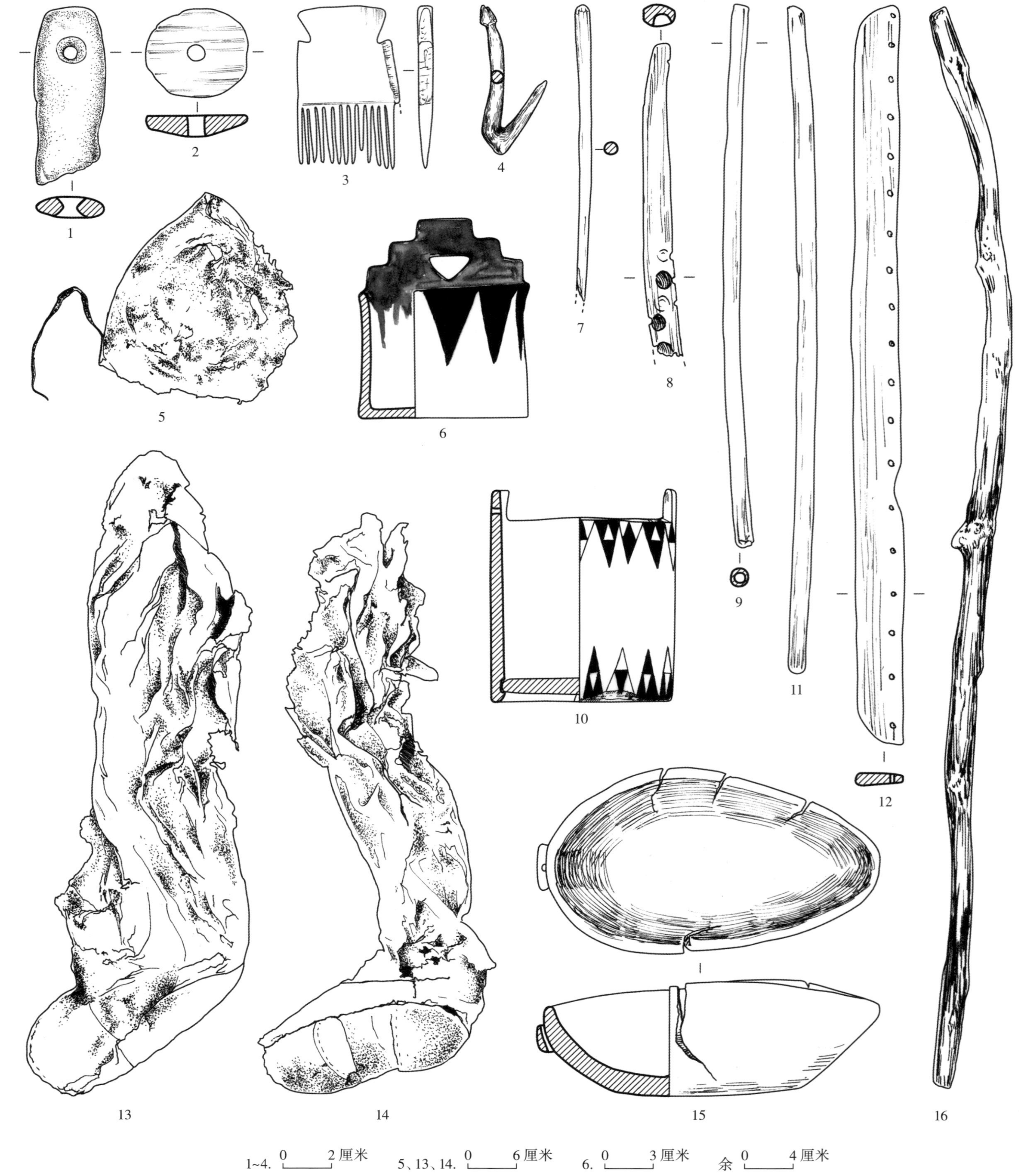

图六八九　ⅡM169随葬品

1. 砺石（ⅡM169：2）　2. 木纺轮（ⅡM169：9）　3. 木梳（ⅡM169：10）　4. 木钩（ⅡM169：8）　5. 皮射鞲（ⅡM169：12）　6. 陶单耳杯（ⅡM169：7）　7~9、11. 钻木取火器（ⅡM169：4-1、4-4、4-3、4-2）　10. 木桶（ⅡM169：6）　12. 木撑板（ⅡM169：3）　13、14. 皮靴（ⅡM169：11左、11右）　15. 木钵（ⅡM169：1）　16. 葡萄藤（ⅡM169：5）

厚 0.9 厘米（图六八九，2）。

10. 木梳　呈纵长方形，梳背呈束腰形，扁锥齿较短。长 7、宽 4.2、厚 0.66、齿长 2.9 厘米（图六八九，3）。

11. 皮靴　一双。长靿，底和帮用牛皮，长筒用羊皮革缝制，上口斜，最高处有穿孔。长 25.2、高 68.4 厘米（图六八九，13、14；图版二二〇，5）。

12. 皮射鞲　牛皮革制。四边形，其中三条边是直的，最长的一条边呈弧形，中间有三个孔洞，边上有一条皮带子。长边 25.7、短边 10.4 厘米（图六八九，5）。

ⅡM170

墓葬概况

位于墓地西部，西邻ⅡM119，东北邻ⅡM169，墓向 125°。C 型，长方形竖穴土坑墓，直壁。墓口距地表深 0.18~0.23 米，墓长 1.42、宽 0.72 米，墓深 1.02 米。填土中夹杂有草屑。墓底有四足木尸床，长 1.29、宽 0.62、高 0.16 米，床面上所铺木棍多已残断。从床上人骨凌乱的位置可看出，应为仰身屈肢，头向东。现头骨位于北部床沿上，青年男性，因经扰乱骨骼不全。在床上和床下南侧出土木梳、皮盒、木钉，西北部有骨锥（图六九〇）。

随葬品

出土木、皮、骨器 4 件（组）。

1. 木梳　呈纵长方形，背用木板刻嵌齿槽制作，将扁锥状齿嵌入槽内，齿密集。通体光滑。长 5.9、宽 8、齿长 2.8 厘米（图六九一，2；图版一五四，7）。

2. 皮盒　牛皮，残破。平面略呈椭圆形。线刻纹饰残缺不全。残长 16、宽 8.7 厘米（图六九一，1）。

3. 木钉　2 支。呈多面体锥状，尖锐。ⅡM170：3–1，长 16.5、直径 0.9 厘米（图六九一，5）。ⅡM170：3–2，残长 12.2、直径 1 厘米（图六九一，4）。

4. 骨锥　骨片磨制。呈扁锥体，尖残。通体光滑。残长 13.5、宽 0.3~1、厚 0.2 厘米（图六九一，3；图版一八九，6）。

ⅡM171

墓葬概况

位于墓地西部偏北，东北邻ⅡM93，南邻ⅡM82，墓向 120°。C 型，长方形竖穴土坑墓，直壁，形制较小。墓口距地表深 0.2 米，墓长 0.92、宽 0.51 米，墓深 0.69 米。墓底有人骨架一具，头东脚西，面向北，侧身屈肢，骨骼残缺不全，肢骨纤细，为一未成年人。脚下随葬羊头一个，墓底铺草席。骨架上压着一个大木盘（图六九二）。

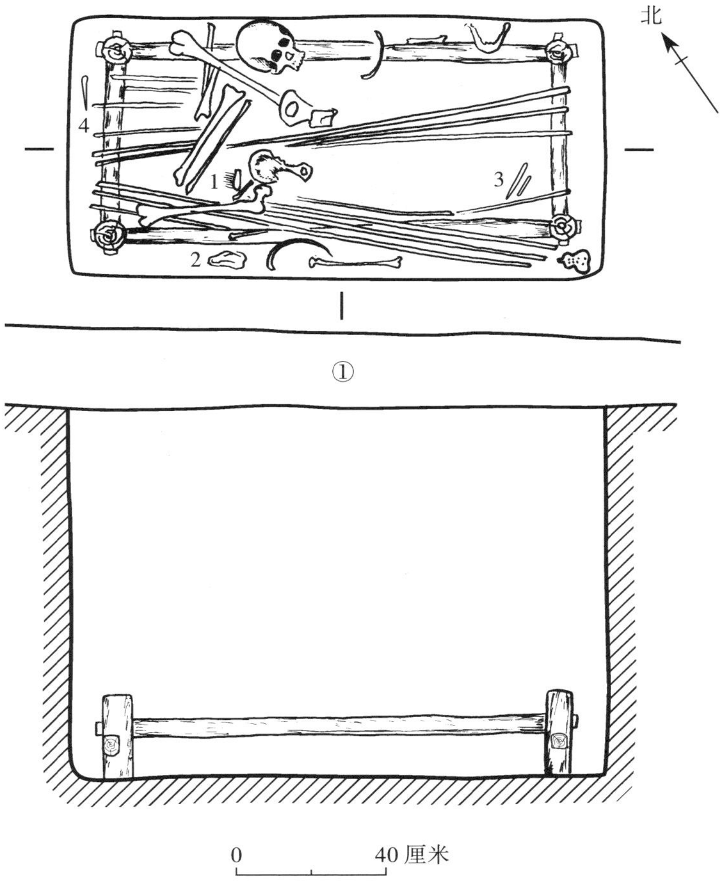

图六九〇　ⅡM170 平、剖面图

1. 木梳　2. 皮盒　3. 木钉　4. 骨锥

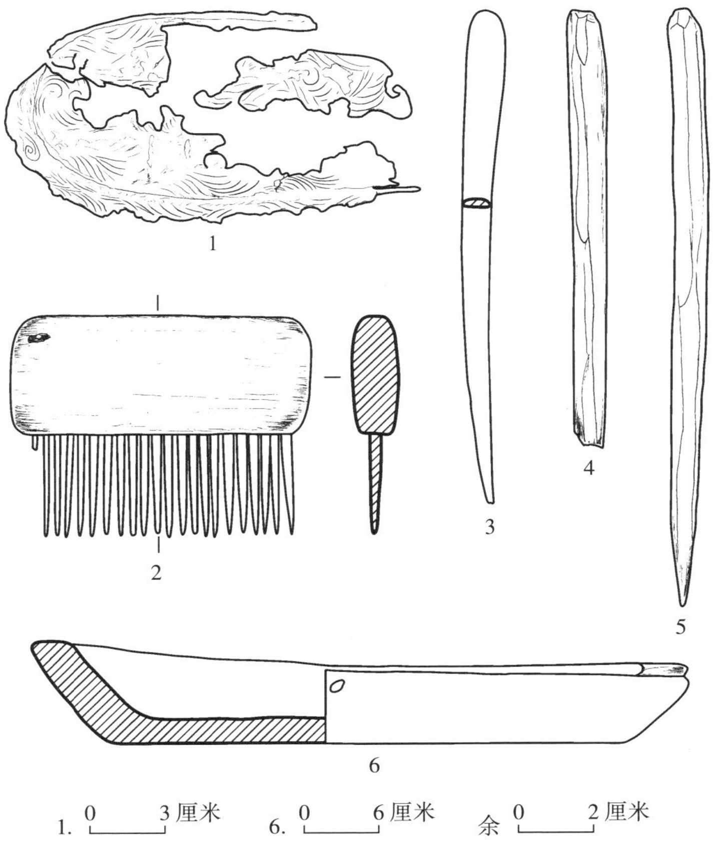

图六九一　ⅡM170、ⅡM171 随葬品

1. 皮盒（ⅡM170：2）　2. 木梳（ⅡM170：1）　3. 骨锥（ⅡM170：4）　4、5. 木钉（ⅡM170：3–2、3–1）　6. 木盘（ⅡM171：1）

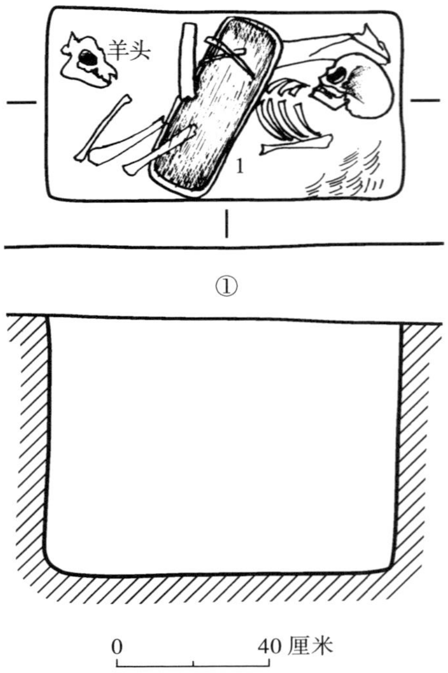

图六九二　ⅡM171 平、剖面图

1. 木盘

随葬品

仅出土木器 1 件。

1. 木盘　口呈长方形，两端方沿较宽，浅腹，底内弧外平，底背面有刀剁痕，盘壁有一穿系小孔。口径 18~52、高 8.4 厘米（图六九一，6）。

ⅡM172

墓葬概况

位于墓地西部，东邻ⅡM121，西邻ⅡM167，墓向 102°。C 型，长方形竖穴土坑墓，直壁。墓口距地表深 0.22 米，墓长 1.34、宽 0.82 米，墓深 0.82 米。墓内有上下两层人骨架，上层 A 骨架距墓口深 0.6 米，单人葬，头东脚西，侧身屈肢，面向北，左小臂上屈，手置于腹部，下肢上屈倒靠于墓北壁，壮年男性，年龄 30~40 岁。无葬具。左肩外侧随葬陶盆、陶罐，陶罐放在陶盆内，脚下有骨锥。下层骨架位于墓底，双人葬，均头东脚西，靠北壁处 B 骨架保存完整，侧身屈肢，腿倒向左侧，微压在 C 骨架上，壮年女性，年龄 30~35 岁；南面 C 骨架俯身，未成年人，年龄 11 岁左右。两骨架之间倒扣木杯，C 腿骨下放置陶单耳杯，膝下放置两件陶单耳罐和另两件陶单耳杯，无葬具（图六九三；图版二九，4、5）。

随葬品

上下两层共出土陶、木、骨器 9 件。

1. 陶盆　夹砂红陶。敞口，方唇，圆腹斜收，平底，沿下有对称横形鋬耳。器表有烟炱。口径 18.8、底径 9.6、高 8.5 厘米（图六九四，1；图版一〇七，7）。

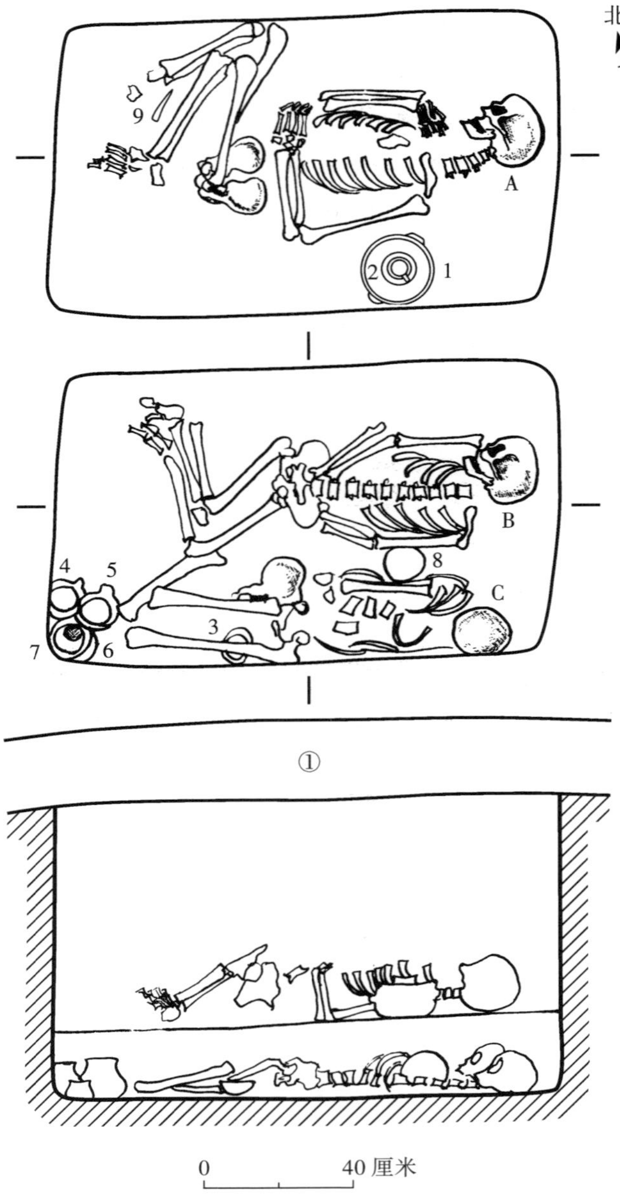

图六九三　ⅡM172 平、剖面图

1. 陶盆　2、4、5. 陶单耳罐　3、6、7. 陶单耳杯　8. 木杯　9. 骨锥

2. 陶单耳罐　夹砂红陶。口沿残，敞口，圆腹，圜底，颈肩间有带状桥形耳。素面。最大腹径 11.2、高 11.5 厘米（图六九四，5；图版六〇，1）。

3. 陶单耳杯　夹砂红陶。手制。直口，鼓腹，圜底近平，口沿有一桥形立耳，耳顶有一乳丁。器表施红色陶衣，沿内、外饰连续倒三角纹，器表饰网格纹。口径 8.7、腹径 9.2、底径 3.4、高 6.6、通高 9.5 厘米（图六九四，6；图版九二，3）。

4. 陶单耳罐　夹砂红陶。敞口，圆腹，最大径位于下腹，圜底，沿至下腹有细带状耳。内沿饰锯齿纹，器表口沿至腹底饰细长三角纹。口径 9、最大腹径 11、高 10.2 厘米（图六九四，7；图版四七，5）。

5. 陶单耳罐　夹砂红陶。敞口，鼓腹，圜底。口沿

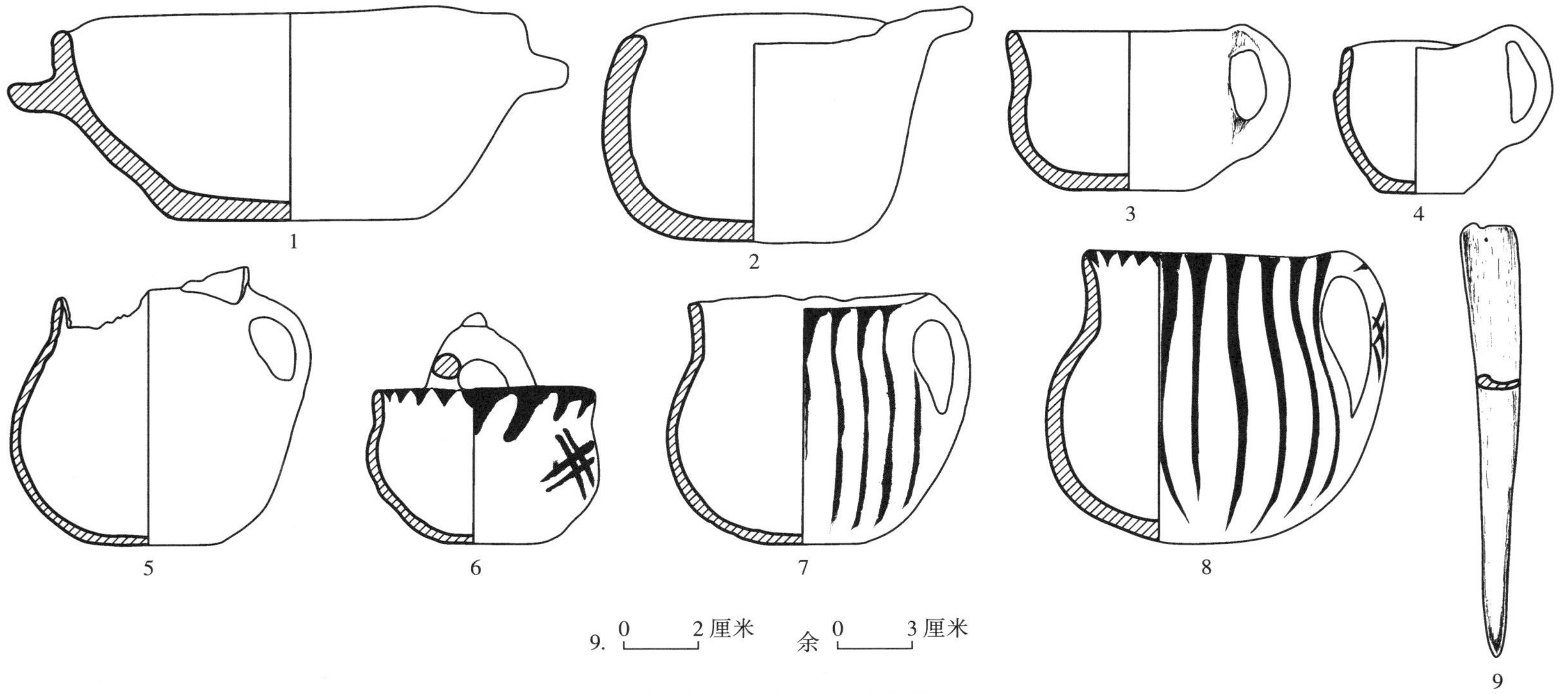

图六九四　ⅡM172 随葬品

1. 陶盆（ⅡM172：1）　2. 木杯（ⅡM172：8）　3、4、6. 陶单耳杯（ⅡM172：6、7、3）　5、7、8. 陶单耳罐（ⅡM172：2、4、5）　9. 骨锥（ⅡM172：9）

内饰三角纹，通体装饰由三角延长的竖条带纹，耳面上饰网状纹。口径 10、高 12 厘米（图六九四，8；图版五三，6）。

6. 陶单耳杯　夹砂红陶。敞口，圆腹，平底，宽带状拱形耳。素面。口径 8.6、底径 5、高 6.6 厘米（图六九四，3；图版七五，3）。

7. 陶单耳杯　夹砂红陶。直口，圆唇，圆腹，圜底，沿上有一桥形立耳，耳顶有乳丁。口沿内外饰锯齿纹，腹部绘菱形方格纹。口径 5.6、高 6.2、通高 6.9 厘米（图六九四，4；图版七二，2）。

8. 木杯　圆木刻挖制作。口微敛，圆筒腹，内圜底，外平底，口沿有横耳残，口沿高低不平。口径 10、底径 7.2、高 9.3 厘米（图六九四，2；图版一四七，3）。

9. 骨锥　呈扁锥体，尖锐，后端有穿系小孔。通体磨光。长 11.9 厘米（图六九四，9；图版一八九，7）。

ⅡM173

墓葬概况

位于墓地西部边沿，东邻ⅡM167，南邻ⅡM132，墓向 115°。C 型，圆角长方形竖穴土坑墓，直壁。墓口距地表深 0.2 米，墓长 1.6、宽 0.85 米，墓深 1.31 米。墓被盗扰，填土中有骆驼刺、土坯等棚盖坍塌物。墓底人骨被扰乱，两个人的颅骨分别位于东南角（A）和北壁下（B），下颌骨脱落。A 为壮年男性，年龄 20~30 岁；

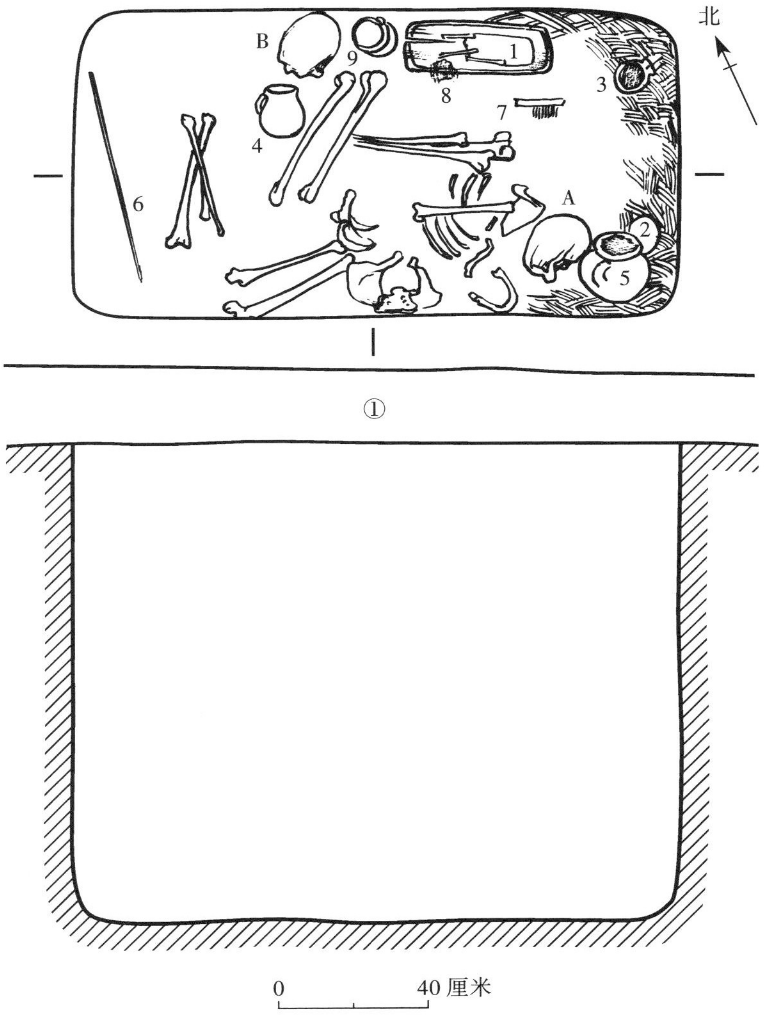

图六九五　ⅡM173 平、剖面图

1. 木盘　2. 木桶底　3. 陶单耳杯　4、5、9. 陶单耳罐　6. 木箭杆　7. 木梳　8. 簸箕

B为壮年女性，年龄30~40岁。墓底铺苇席，已残，基本认定为双人仰身屈肢葬。随葬的木盘、陶单耳杯、陶单耳罐两件、木梳、簸箕在北部，木箭杆在西边，木桶底和陶单耳罐在东南角（图六九五；图版三〇，1）。

随葬品

出土木、陶器等9件。

1.木盘 平面呈长条形，方沿，浅腹，平底，底有刀剁痕，盘中部裂缝，侧壁有两孔，为穿绳加固孔。长34、宽15、高3.8厘米（图六九六，4）。

2.木桶底 木板刻削制作。呈椭圆形。直径8.1~9.4、厚0.4厘米（图六九六，1）。

3.陶单耳杯 夹砂红陶。侈口，束颈，圆腹，圜底，沿上有弓形立耳。器表有烟炱。口径8.8、高8、通高11.2厘米（图六九六，5；图版九二，4）。

4.陶单耳罐 夹砂红陶。敞口，圆唇，小鼓腹，圜底，带状细长耳。腹部饰竖条带纹。器表有烟炱。口径7.8、最大腹径11、高12厘米（图六九六，6；图版五四，1）。

5.陶单耳罐 夹砂红陶。敞口，圆唇，小鼓腹，平底，小耳，上口部残。器表有烟炱。腹径15.6、底径9.5、残高21.2厘米（图六九六，8；图版六〇，2）。

6.木箭杆 箭头残佚，圆箭杆后端有“U”形挂弦槽。残长57.4、直径0.7厘米（图六九六，9）。

7.木梳 呈横长方形，背为圆木，刻嵌齿槽，齿分单体制作，呈扁锥形，然后拼嵌背槽内，齿残缺不平。长4.6、宽10.7、厚1.14、齿长3.2厘米（图六九六，2）。

8.簸箕 残片，用羊皮条和芨芨草棍编成。压二提二，结实牢固。存下部分残长15、残宽10.8厘米（图六九六，3；图版二一三，6）。

9.陶单耳罐 夹砂红陶。敞口，圆唇，圆腹，圜底，耳由沿翻下至腹部。器内外涂红陶衣，下腹至底露胎。口径10.7、最大腹径12.3、高12.6厘米（图六九六，7）。

ⅡM174

墓葬概况

位于墓地西部，南邻ⅡM131，西北邻ⅡM136，墓向97°。C型，长方形竖穴土坑墓，直壁。墓口距地表深0.2米，墓长1.4、宽0.8米，墓深1.01米。墓被盗掘一空，墓底仅见部分肢骨，人骨多位于西部，性别、年龄、葬式无法确定。也不见随葬品（图六九七）。

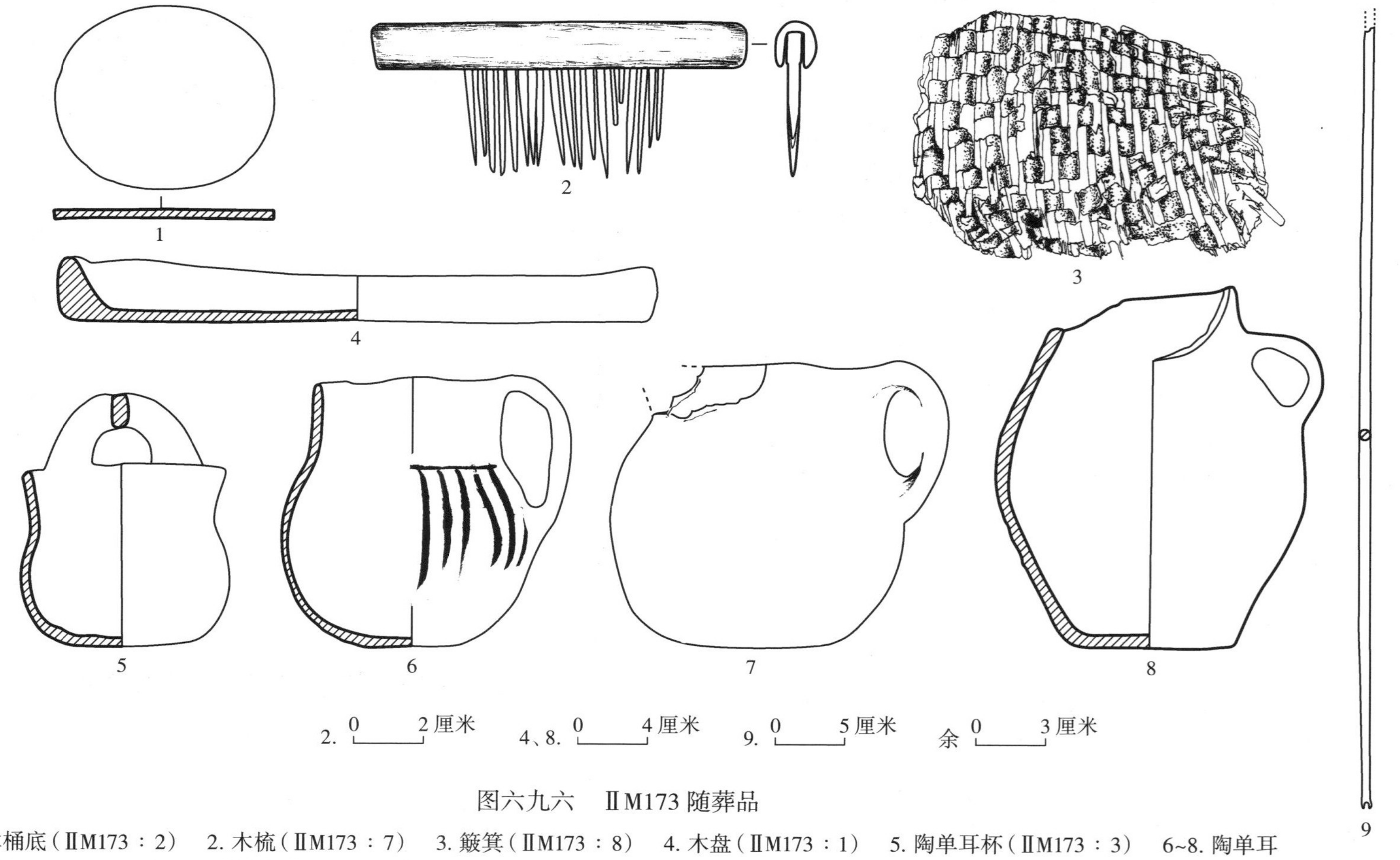

图六九六 ⅡM173随葬品

1.木桶底（ⅡM173：2） 2.木梳（ⅡM173：7） 3.簸箕（ⅡM173：8） 4.木盘（ⅡM173：1） 5.陶单耳杯（ⅡM173：3） 6~8.陶单耳罐（ⅡM173：4、9、5） 9.木箭杆（ⅡM173：6）

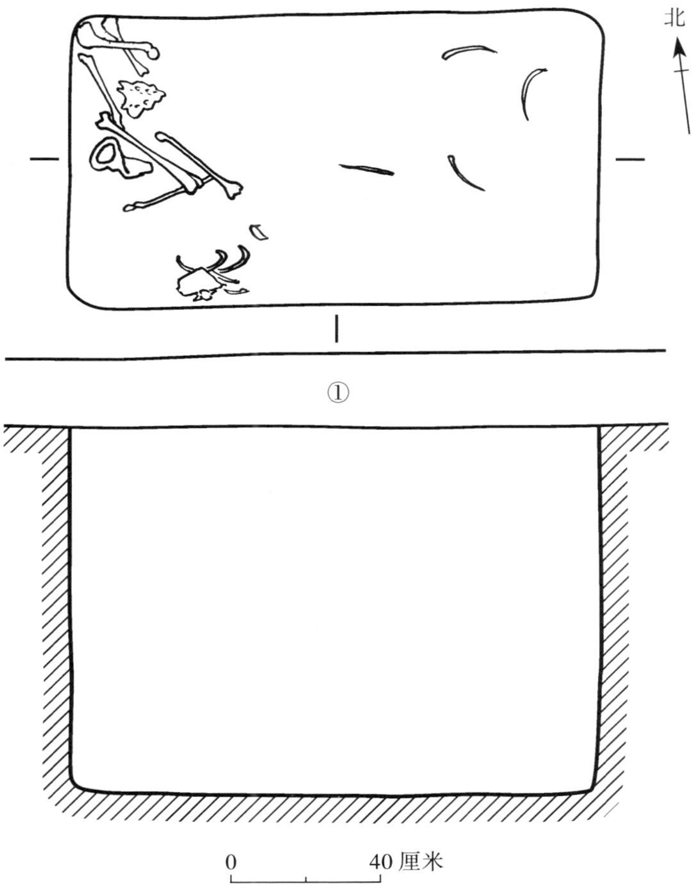

图六九七　ⅡM174 平、剖面图

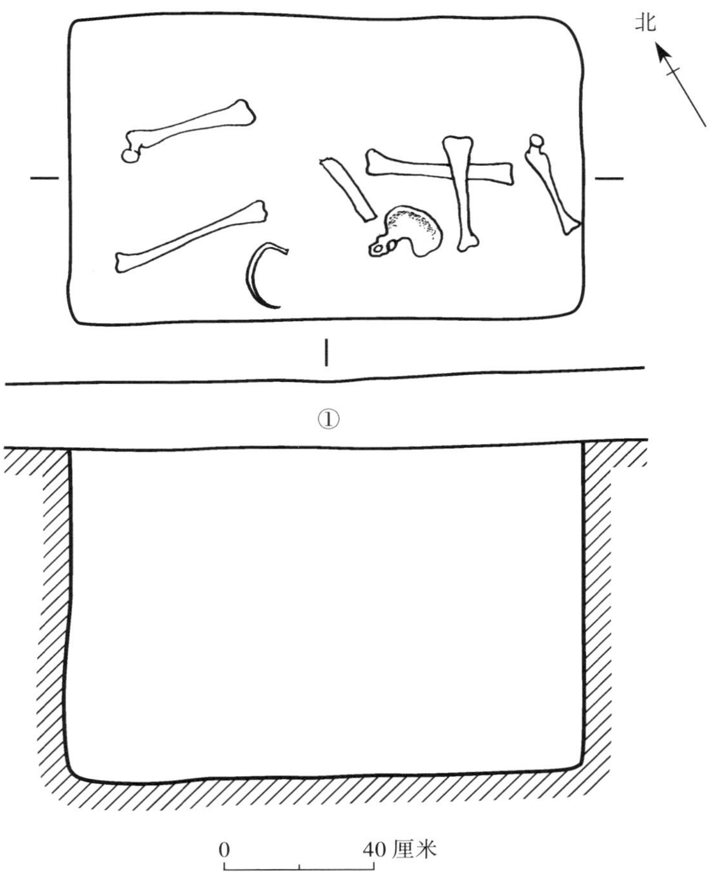

图六九八　ⅡM175 平、剖面图

随葬品

无随葬品。

ⅡM175

墓葬概况

位于墓地西部，西南邻ⅡM96，东南邻ⅡM217，墓向 120°。C 型，长方形竖穴土坑墓，直壁。墓口距地表深 0.19 米，墓长 1.36、宽 0.83 米，墓深 0.9 米。墓被盗掘一空，颅骨被翻动到上面，中年男性，年龄 45~50 岁。墓底仅见下肢骨和髋骨残块，与上面颅骨为同一个体。无随葬品（图六九八）。

随葬品

无随葬品。

ⅡM176

墓葬概况

位于墓地西南部，西邻ⅡM129，东邻ⅡM122，墓向 80°。C 型，长方形竖穴土坑墓，直壁。墓口距地表深 0.2 米，墓长 2.02、宽 1.22 米，墓深 1.2 米。墓被盗扰，墓底人骨残缺严重，肢骨多有错位，可看出头向东，仰身屈肢，上半身仅存肋骨，颅骨位于东部，未成年人，年龄 5~6 岁。无葬具。在肋骨下出土木盘，骨架北侧墓壁下出土陶单耳壶（图六九九）。

随葬品

出土木、陶器 2 件。

1. 木盘　口呈椭圆形，方沿，浅腹，圜底。底背面有刀剁痕，反扣为砧板。口长径 25.6、短径 12.4、高 4.4 厘米（图七〇〇，2；图版一三九，2）。

2. 陶单耳壶　夹砂红陶。敞口，圆唇，短颈，鼓腹，底近平。口沿内外饰锯齿纹，腹部饰方格纹，每间隔一空的方格，内填交叉线纹。口径 7.6、最大腹径 11.4、高 13.2 厘米（图七〇〇，1；图版一〇三，5）。

ⅡM177

墓葬概况

位于墓地中部探方边缘上，南邻ⅡM20，北邻ⅡM19，墓向 90°。C 型，圆角长方形竖穴土坑墓，直壁。墓口距地表深 0.2 米，墓长 1.3、宽 0.76 米，墓深 1.4 米。墓底有人骨一具，骨骼扰乱，颅骨位于东壁下，上半身骨骼朽残缺失，仅存部分移位的肋骨和上肢骨，下肢斜向堆放在一起，青年男性，年龄 16~20 岁。墓底铺“人”字纹苇席。在墓底南壁下放置木钵（图七〇一）。

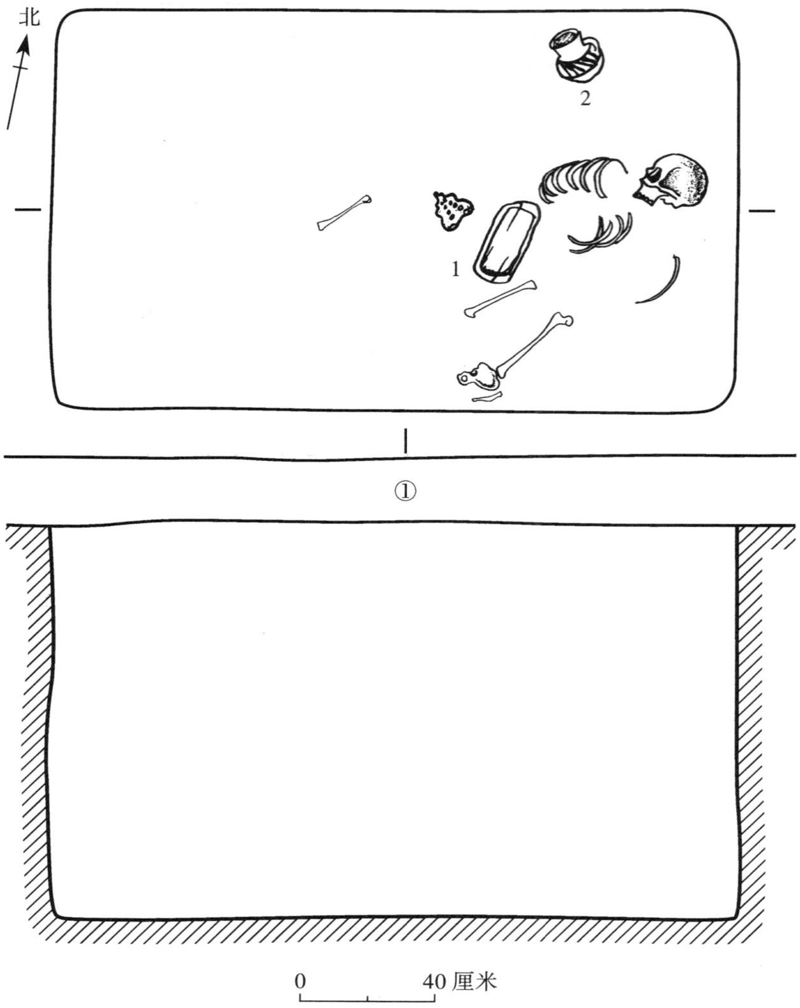

图六九九　ⅡM176平、剖面图

1. 木盘　2. 陶单耳壶

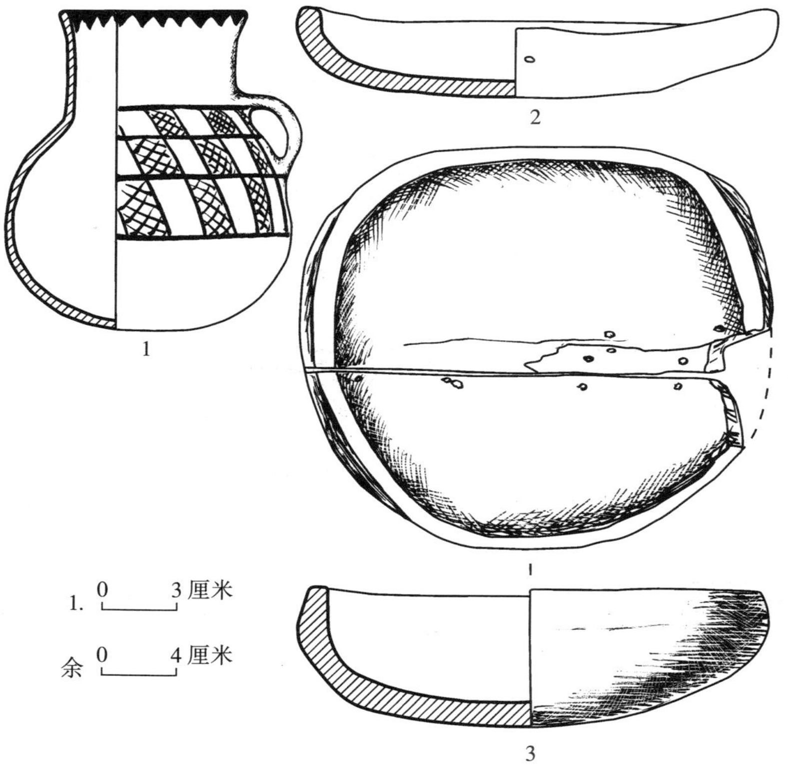

图七〇〇　ⅡM176、ⅡM177随葬品

1. 陶单耳壶（ⅡM176：2）　2. 木盘（ⅡM176：1）　3. 木钵（ⅡM177：1）

随葬品

仅出土木器1件。

1. 木钵　用圆木刻、挖、削制。平面呈椭圆形，直口，方唇，圜底。残破为两瓣，钻孔穿绳加固。口长径24.8、短径22、高7.6厘米（图七〇〇，3）。

ⅡM178

墓葬概况

位于墓地中部探方内，东南邻ⅡM13，北邻ⅡM8，墓向116°。C型，长方形竖穴土坑墓，直壁，形制规整。墓葬开口于地表，墓长1.58、宽0.84米，墓深1.17米，墓底有四足木尸床，出土时已毁坏，可知长1.22、宽0.68、高0.23米。床上人骨被翻动过，颅骨位于中东部，腿骨位于头下，成年女性。随葬的三件木盘之一在西北角，内盛木桶、羊头和羊腿骨，其余两件在墓中间，两件陶单耳杯在西南部（图七〇二；图版三〇，2）。

随葬品

出土木、陶器6件。

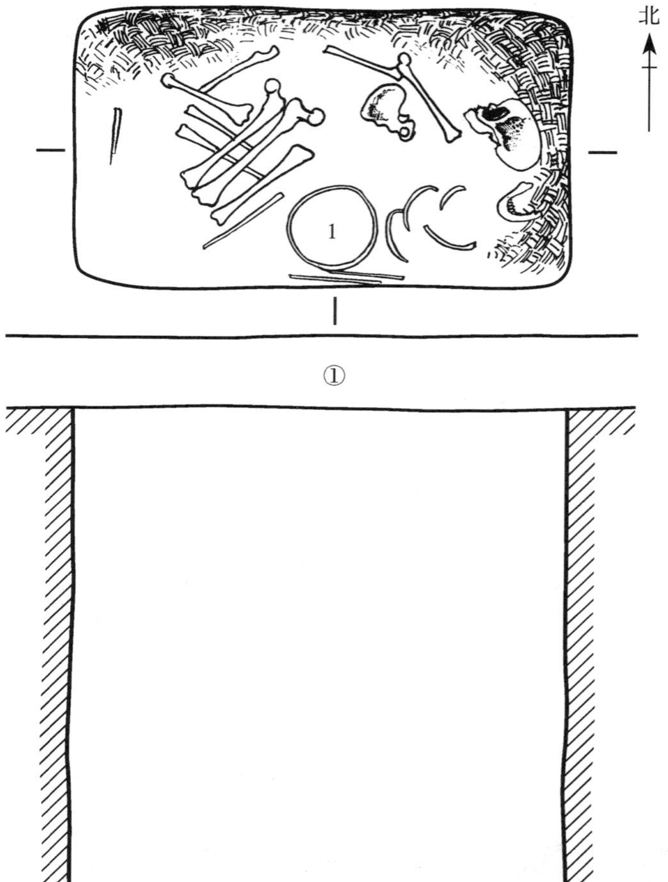

图七〇一　ⅡM177平、剖面图

1. 木钵

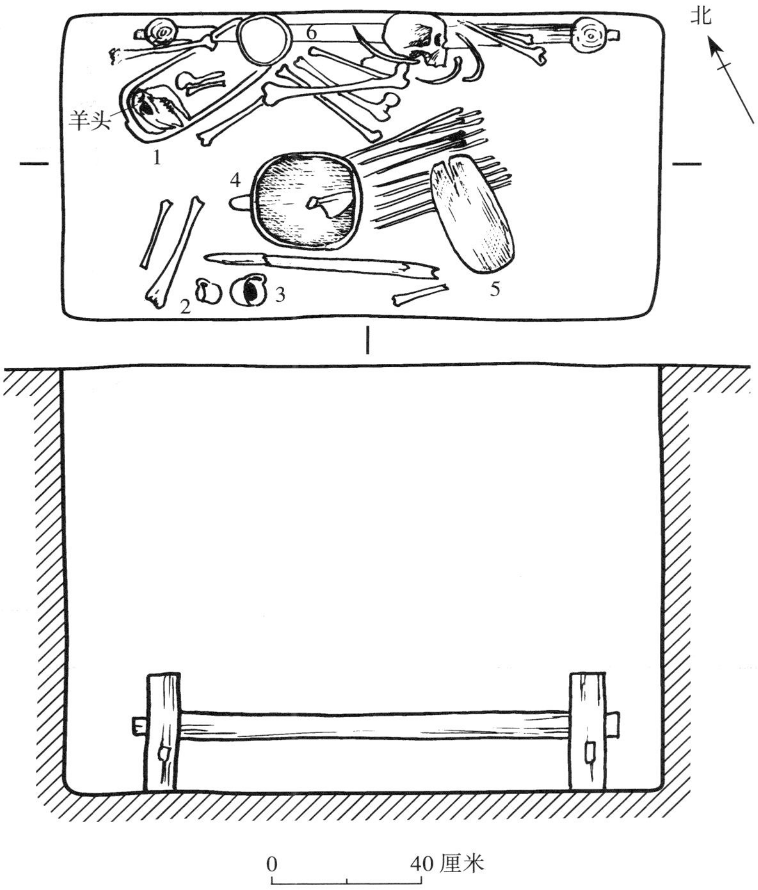

图七〇二　ⅡM178平、剖面图

1、4、5. 木盘　2、3. 陶单耳杯　6. 木桶

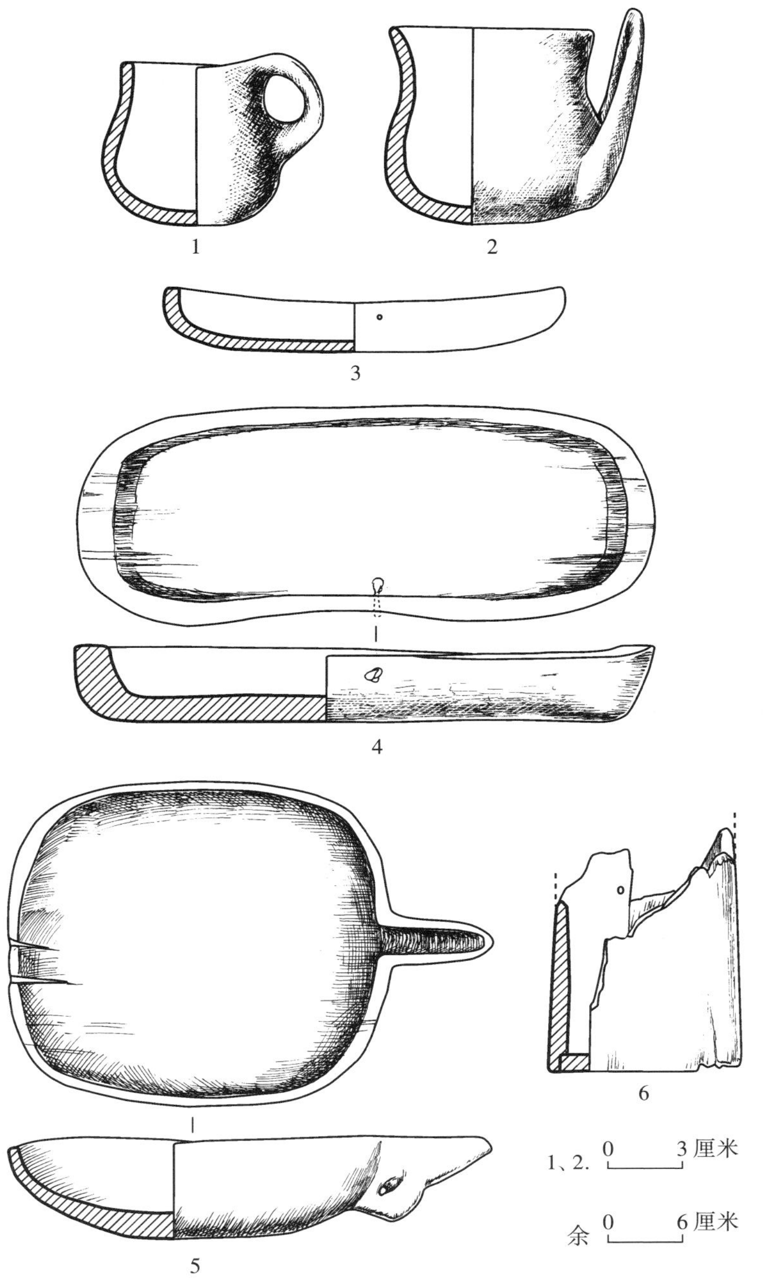

图七〇三　ⅡM178随葬品

1、2. 陶单耳杯（ⅡM178：2、3）　3~5. 木盘（ⅡM178：5、1、4）　6. 木桶（ⅡM178：6）

1. 木盘　呈长条圆头形，方沿，残腹，平底，侧壁有穿系孔。底背面有刀剁痕，反扣为砧板。口长径46、短径17.8、高6.4厘米（图七〇三，4；图版一三九，3）。

2. 陶单耳杯　夹砂红陶。直口，方唇，鼓腹，圜底。单耳由口沿下翻至腹部。口径5、高6.6、通高7厘米（图七〇三，1）。

3. 陶单耳杯　夹砂红陶。敞口，束颈，鼓腹，圜底近平，横扁耳立于腹部，耳高出口沿。素面。口径8、高8.1、通高9厘米（图七〇三，2；图版八六，3）。

4. 木盘　圆木掏挖、刻削而成。平面近圆形，直口，方唇，浅腹，圜底。口沿一侧带柄，呈倒置鸭头形，上有穿孔，与口沿连接处有凹槽。口长径30.6、短径26.6、高8厘米（图七〇三，5；图版一三九，4）。

5. 木盘　口呈长方形，方沿，浅腹，底内平外弧，盘壁钻有穿系小孔。底背面有刀剁痕。口长径32、短径17.5、高4.5厘米（图七〇三，3；图版一三九，5）。

6. 木桶　用圆木掏挖而成。上部残。直壁，底内削减一周，为装圆木板作底用，底板无存。底径15.2、残高20厘米（图七〇三，6）。

ⅡM179

墓葬概况

位于墓地中部探方内，南邻ⅡM181，北邻ⅡM26，墓向100°。C型，圆角长方形竖穴土坑墓，直壁。墓葬开口于地表，墓口长1.41、宽0.8米，墓深0.78米。墓底有人骨架一具，头东脚西，仰身屈肢，颅骨移位到东壁下离开原位置，双手置于腹部，下肢上屈倒靠于墓壁上，脚穿皮靴，壮年男性，年龄约35岁。骨架南侧有皮衣残片、皮带，簸箕残片在东部颅骨旁，在骨架北侧出土陶单耳罐，脚南侧出土木钉（图七〇四；图版三〇，3）。

随葬品

出土陶、木器，皮革制品5件（组）。

1. 陶单耳罐　夹砂红陶。残破较严重，鼓腹，单耳残。残高9.6厘米（图七〇五，6）。

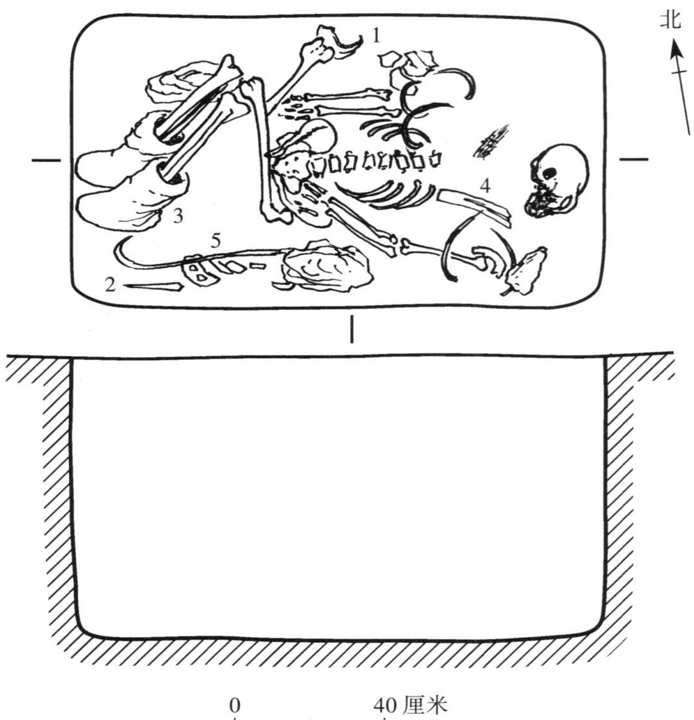

图七〇四　ⅡM179平、剖面图

1. 陶单耳罐　2. 木钉　3. 皮靴　4. 簸箕残片　5. 皮带

2. 木钉　圆树枝削尖制作。尖较钝。长19.8、直径1.8厘米（图七〇五，1）。

3. 皮靴　一双。羊皮革缝制。底、帮、靿分裁缝接。右边一只靴长24.4、高31厘米，左边一只靴长25.5、高32.5厘米（图七〇五，3、4；图版二二〇，4）。

4. 簸箕残片　用羊皮条和芨芨草棍编织而成。为带边的残片。残长27.2、宽6.5厘米（图七〇五，5）。

5. 皮带　牛皮革制。上有扣环和木别针。长83.2、宽1.8厘米（图七〇五，2；图版二二四，3）。

ⅡM180

墓葬概况

位于墓地中部探方外北侧。南邻ⅡM185，墓向110°。C型，圆角长方形竖穴土坑墓，直壁。墓口东边稍短。墓口距地表深0.2米，墓长1.5、宽0.78米，墓深1.06米。墓底有人骨架一具，东西向，头移位到胸部，仰身，下肢移位，壮年男性，年龄25~35岁。骨架旁有皮衣裤残片。无葬具。在西南角腿骨下墓底西壁旁出土木旋镖，盆骨下有砺石（图七〇六）。

随葬品

出土木、石器2件。

1. 木旋镖　圆木刻、削而成。扁平状，较长的一端为手柄，弯角度为130°。长53.36厘米（图七〇七，1；

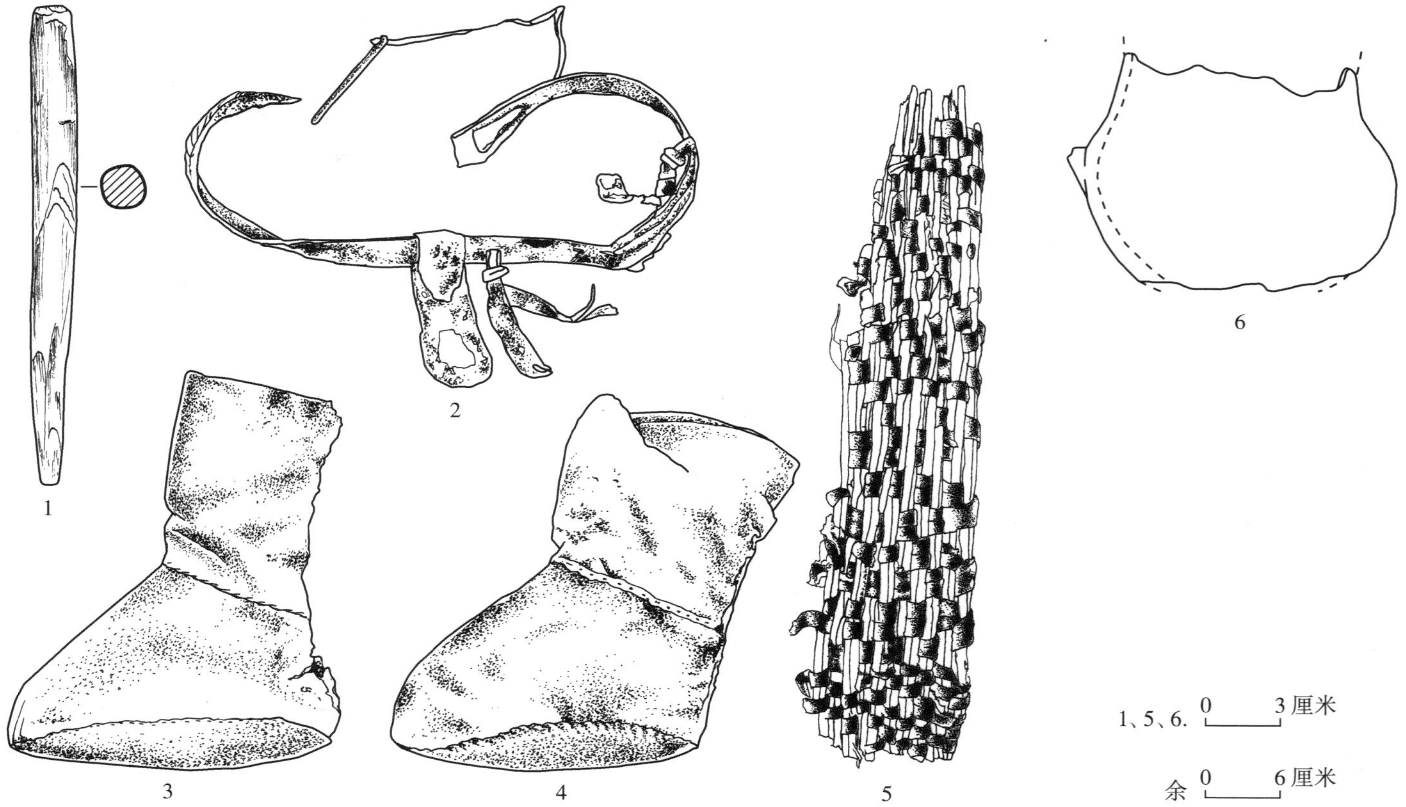

图七〇五　ⅡM179随葬品

1. 木钉（ⅡM179：2）　2. 皮带（ⅡM179：5）　3、4. 皮靴（ⅡM179：3左、3右）　5. 簸箕残片（ⅡM179：4）　6. 陶单耳罐（ⅡM179：1）

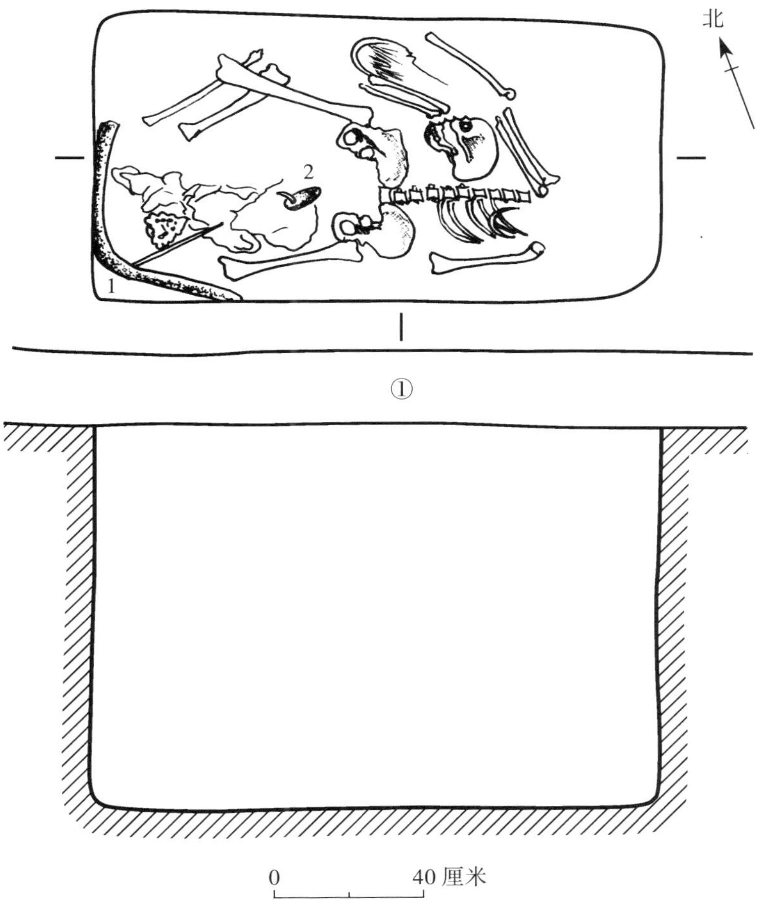

图七〇六　ⅡM180 平、剖面图
1. 木旋镖　2. 砺石

图版一六九，7）。

2. 砺石　砂岩质。长条形，扁平状，上端微浅，有穿绳孔，尾端两面由于使用磨薄。长 9.8、宽 3.6、厚 1.2 厘米（图七〇七，2）。

ⅡM181

墓葬概况

位于墓地中部探方内，北邻ⅡM179，东南邻ⅡM182，墓向 112°。C 型，长方形竖穴土坑墓，直壁。墓口距地表深 0.2 米，墓长 1.66、宽 1.05 米，墓深 1.06 米。墓被盗扰，墓内填土中有芦苇和人骨碎骨。墓底人骨凌乱而缺少，颅骨位于东壁边，中年男性，年龄 35~40 岁。墓底有散乱的羊皮衣服残片。无葬具。随葬的木箭、皮弓箭袋在西部。北部有羊下颌骨（图七〇八）。

随葬品

出土木器、皮具 2 件。

1. 木箭　圆箭杆圆滑，后端残。箭头呈三棱锥状，脊线锋利，单翼，头较长。残长 36、直径 0.7、箭头长 8.6 厘米（图七〇七，3）。

2. 皮弓箭袋　呈窄长条形，两端抹棱，板面钻 20 个间距相等的圆孔，孔内残留拴系皮囊的皮条，板面残留箭囊残皮革。长 72.1、宽 28、厚 0.8 厘米（图七〇七，4；图版二二六，6）。

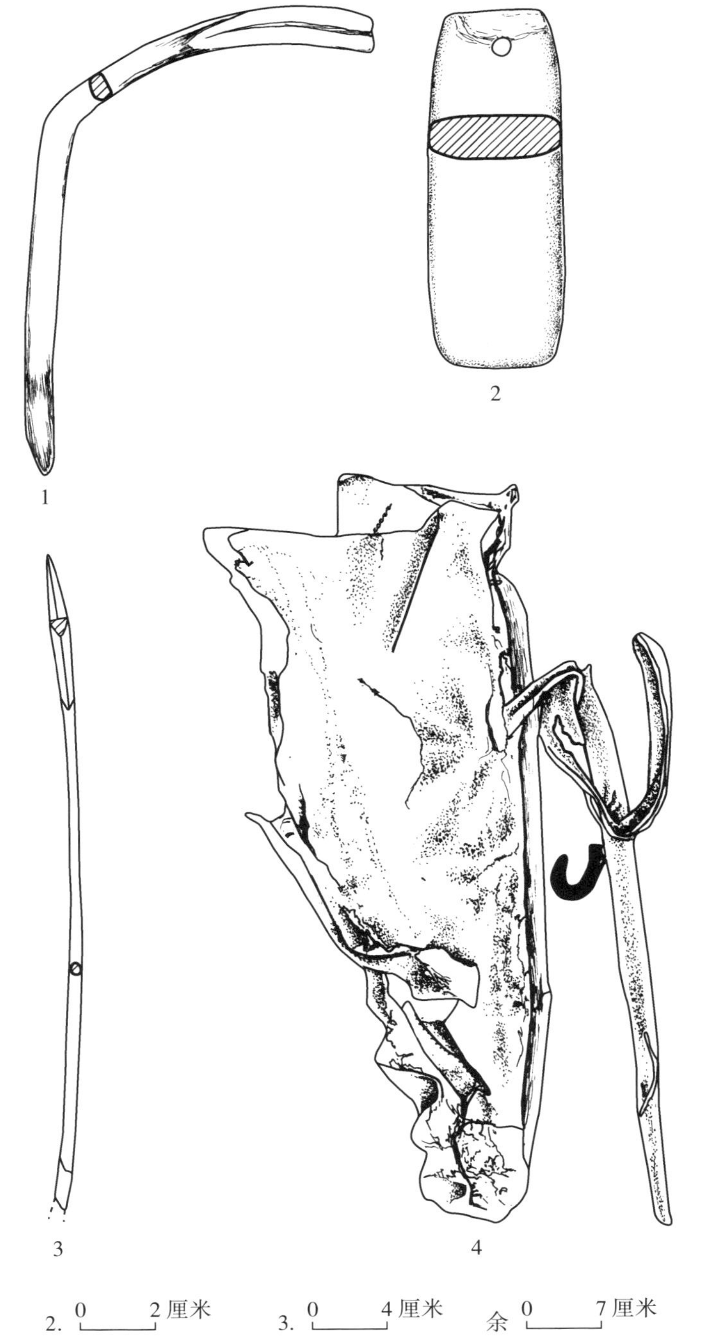

图七〇七　ⅡM180、ⅡM181 随葬品
1. 木旋镖（ⅡM180：1）　2. 砺石（ⅡM180：2）　3. 木箭（ⅡM181：1）
4. 皮弓箭袋（ⅡM181：2）

ⅡM182

墓葬概况

位于墓地中部探方内，西北邻ⅡM181，东邻ⅡM183，墓向 120°。C 型，长方形竖穴土坑墓，直壁。墓口距地表深 0.2 米，墓长 1.65、宽 0.84 米，墓深 0.83 米。墓被盗扰，填土中有少量芦苇。墓底东部有两个人颅骨，其他骨骼凌乱，残缺不全，颅骨 A 在东北部，壮年女性，

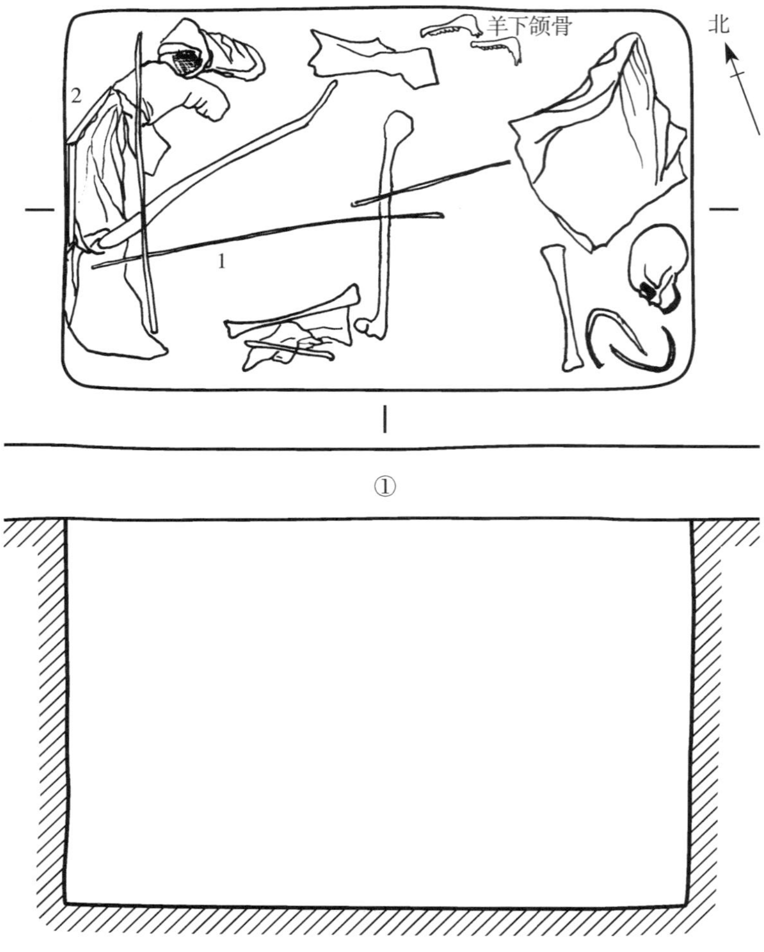

图七〇八　ⅡM181 平、剖面图

1. 木箭　2. 皮弓箭袋

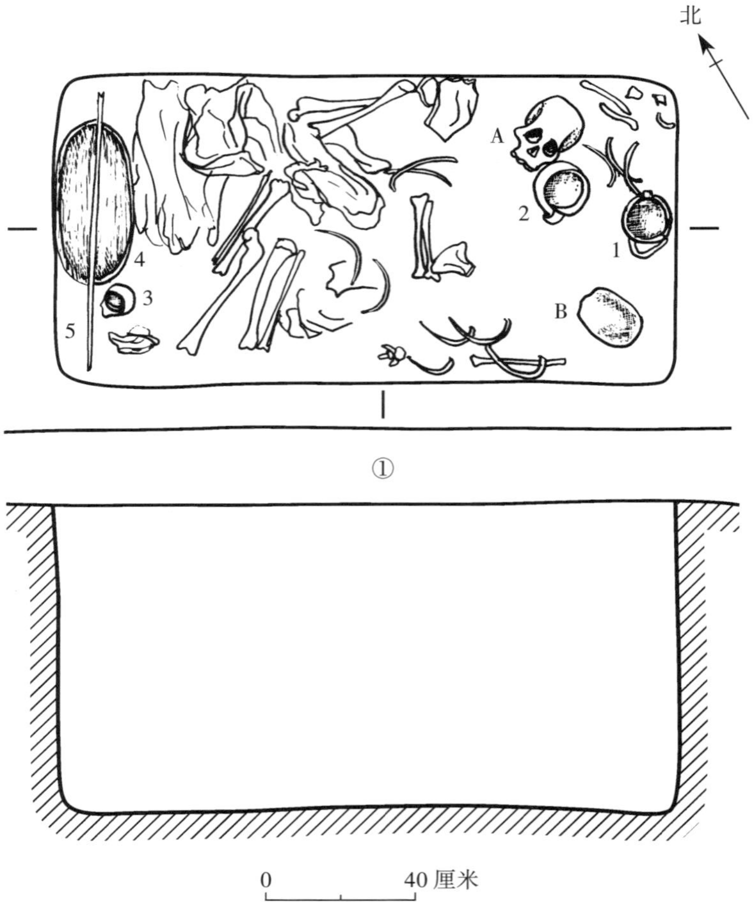

图七〇九　ⅡM182 平、剖面图

1. 陶碗　2. 陶单耳罐　3. 陶单耳杯　4. 木盘　5. 木箭

年龄 25~35 岁，其中一根腿骨上残存皮裤。颅骨 B 位于东南角，壮年男性，年龄 30~40 岁。无葬具。墓底东部两人颅骨之间出土陶碗、陶单耳罐，西壁下出土木盘、陶单耳杯，木盘上放有木箭（图七〇九）。

随葬品

出土陶、木器 5 件。

1. 陶碗　夹砂红陶。敛口，圆唇，圆腹，平底，单耳残。口内沿饰锯齿纹，外沿饰大三角纹，三角内填饰斜线纹。口径 13、底径 8.8、高 6.6 厘米（图七一〇，3；图版一一九，8）。

2. 陶单耳罐　夹砂红陶。敞口，圆唇，圆鼓腹，圜底，带状长耳。内沿饰锯齿纹，器表饰由三角纹延伸的细长条带纹，耳彩绘两组平行线相互交叉图案。口径 9.2、高 9.8、通高 10.2 厘米（图七一〇，2；图版四七，6）。

3. 陶单耳杯　夹砂红陶。直口，圆唇，圆腹，圜底，沿上有一立耳残。素面。器表一侧有烟炱。口径 8、腹径 9、高 6.7、通高 7.9 厘米（图七一〇，1）。

4. 木盘　圆木刻、挖、削制。呈长椭圆体，浅腹，一侧沿下有皮条绳穿孔。底背面有刀剁痕，反扣作砧板。口长径 47.3、短径 22.8、高 6.16 厘米（图七一〇，4；图版一三九，6）。

5. 木箭　箭头截面呈菱形。箭杆呈圆柱状，后端刻有挂弦“U”形凹槽。长 77.7、直径 0.85、箭头长 3.7 厘米（图七一〇，5；图版一六一，2）。

ⅡM183

墓葬概况

位于墓地中部探方内，西邻ⅡM182，北邻ⅡM186，墓向 105°。C 型，长方形竖穴土坑墓，直壁。墓口距地表深 0.19 米，墓长 1.7、宽 1 米，墓深 1.1 米。墓被严重盗扰，填土中有人骨和木尸床上的残木件。墓底仅见一个人颅骨和少许人骨骼，散乱地处于墓底，为一个个体，老年男性，年龄大于 50 岁，因扰乱葬式不详。在墓底东南部出土残木盘和陶单耳杯，北部有复合弓和木撑板（图七一一）。

随葬品

出土木、陶器等 4 件。

1. 木盘　呈长椭圆形，一侧的长边、短边残佚，圜

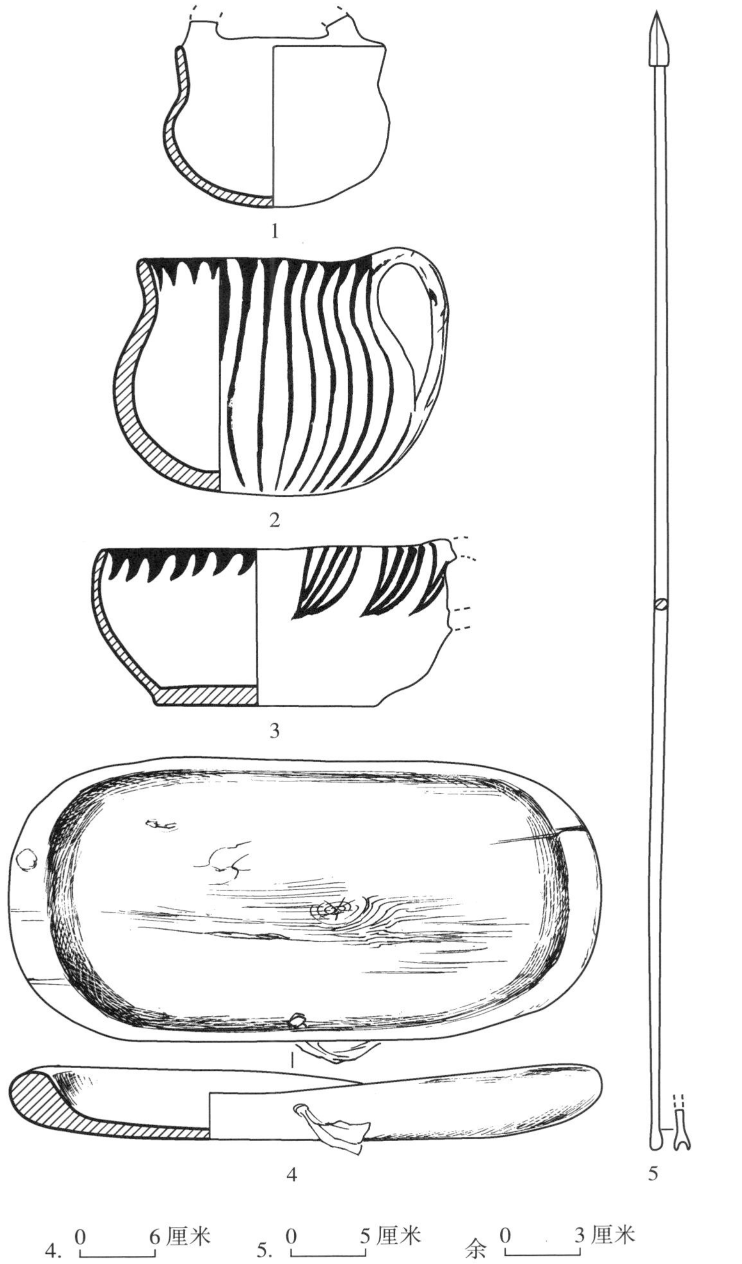

图七一〇　ⅡM182随葬品

1.陶单耳杯（ⅡM182：3）　2.陶单耳罐（ⅡM182：2）　3.陶碗（ⅡM182：1）　4.木盘（ⅡM182：4）　5.木箭（ⅡM182：5）

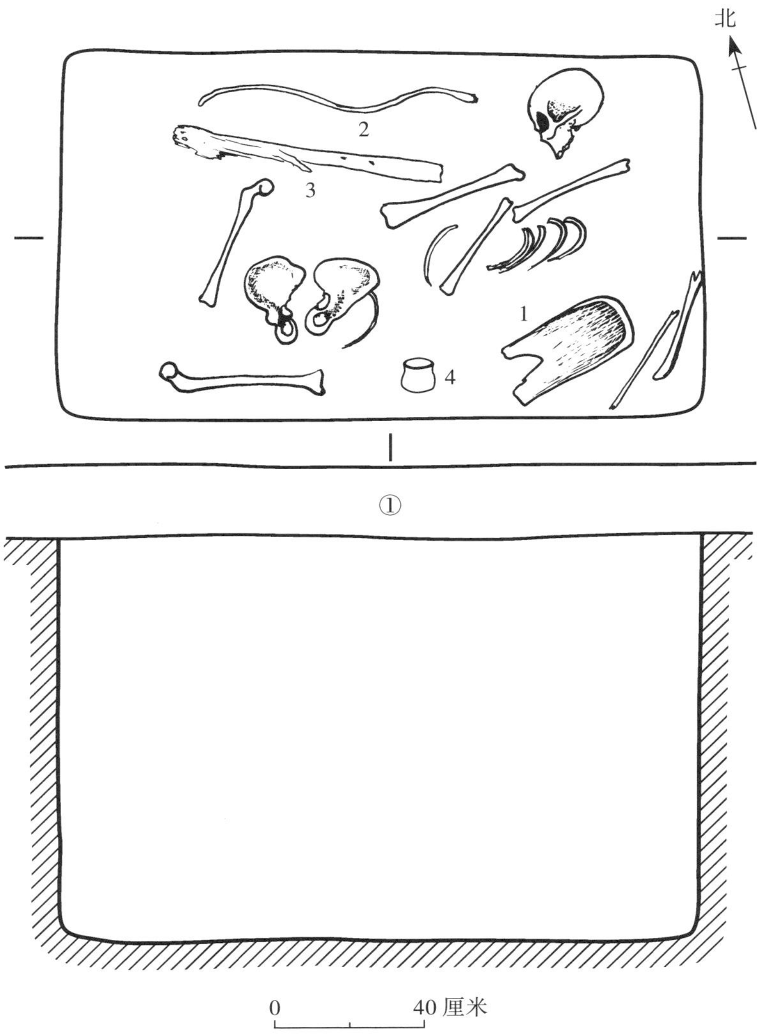

图七一一　ⅡM183平、剖面图

1.木盘　2.复合弓　3.木撑板　4.陶单耳杯

底。底背面有刀剁痕，反扣作砧板。口长径34.6、口短径17.2、高6.2厘米（图七一二，3）。

2.复合弓　为两条弹性木弓合并而成，弓体中部两边夹粘韧木片，背粘贴牛筋。弓弰成钩状。弓体现残存1/2。残长74.8、弓中部最大宽度4.4厘米（图七一二，4）。

3.木撑板　箭袋为鞣制过的羊皮缝制，羊皮多朽蚀。撑板呈窄长条形，板面上钻有系袋的小孔。木撑板上部有三个凿制的不规则形孔，为系带孔。长74.6、宽7.2、厚0.88厘米（图七一二，5；图版一六五，1）。

4.陶单耳杯　夹砂红陶。敞口，尖唇，圆腹，圜底，单耳残。素面。口径8.2、高6.3厘米（图七一二，1）。

ⅡM184

墓葬概况

位于墓地中部探方内，西北邻ⅡM183，东南邻ⅡM187，墓向130°。C型，竖穴土坑墓，东边呈弧拱形，墓葬形制很小。表土层厚0.19米，墓长0.56、宽0.2米，墓深0.13米。墓底仅见颅骨残块和部分肢骨，未成年人，仰身屈肢。无葬具。在墓底东北角颅骨残块旁随葬陶单耳杯（图七一三）。

随葬品

出土陶器1件。

1.陶单耳杯　夹砂红陶。侈口，鼓腹，近乎平底，单耳由口沿上扬后下翻至腹部。口径6.1、高6.5、通高8厘米（图七一二，2；图版七二，3）。

ⅡM185

墓葬概况

位于墓地中部探方内，北邻ⅡM180，东南邻

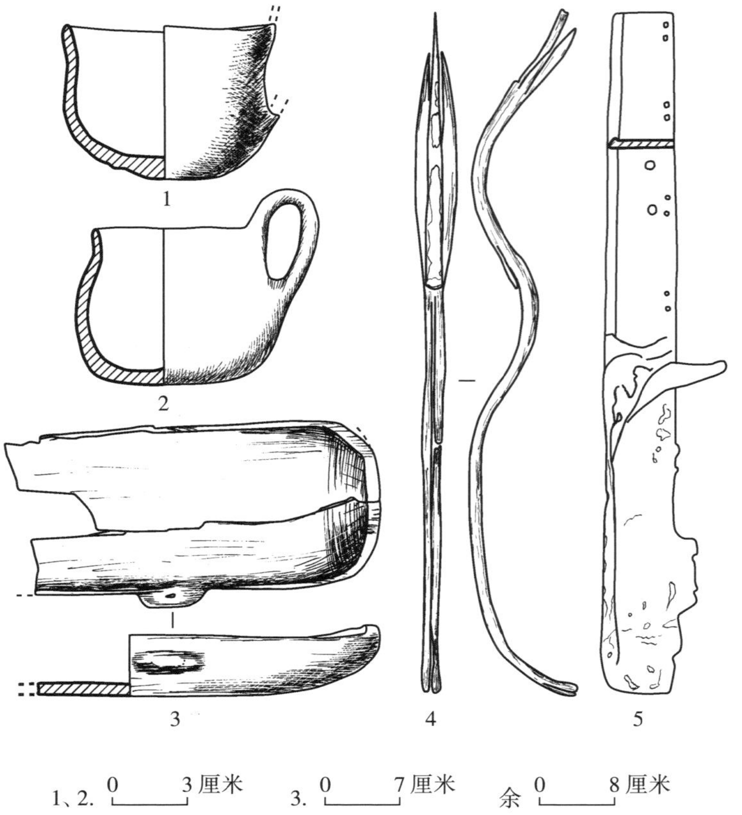

图七一二　ⅡM183、ⅡM184随葬品

1、2. 陶单耳杯（ⅡM183：4、ⅡM184：1）　3. 木盘（ⅡM183：1）　4. 复合弓（ⅡM183：2）　5. 木撑板（ⅡM183：3）

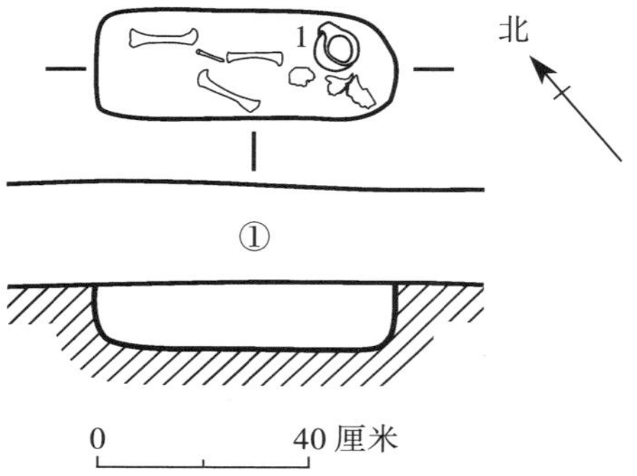

图七一三　ⅡM184平、剖面图

1. 陶单耳杯

ⅡM186，墓向127°。C型，长方形竖穴土坑墓，墓口距地表深0.21米，墓长1.85、宽0.96米，墓深1.1米。墓被盗扰，墓底仅见人头骨残块和少许肢骨，下颌骨、锁骨在东南角，壮年男性，年龄30~35岁，无葬具。墓底西北角出土木桶和骨锥（图七一四、七一五）。

随葬品

出土木、骨器2件。

1. 木桶　由圆木掏挖、刻削而成。直口，筒腹，平底。沿上有对称立耳，上有穿孔，底部内有刻槽，安装底板（另有底板两块）。口径16.8、底径17.7、高13.2、通高15.9厘米（图七一五，1；图版一三〇，2）。

2. 骨锥　近似圆锥状，稍弯曲，锥尖残，后端有圆形钻孔。长10.2、直径1.1厘米（图七一五，2；图版一八九，8）。

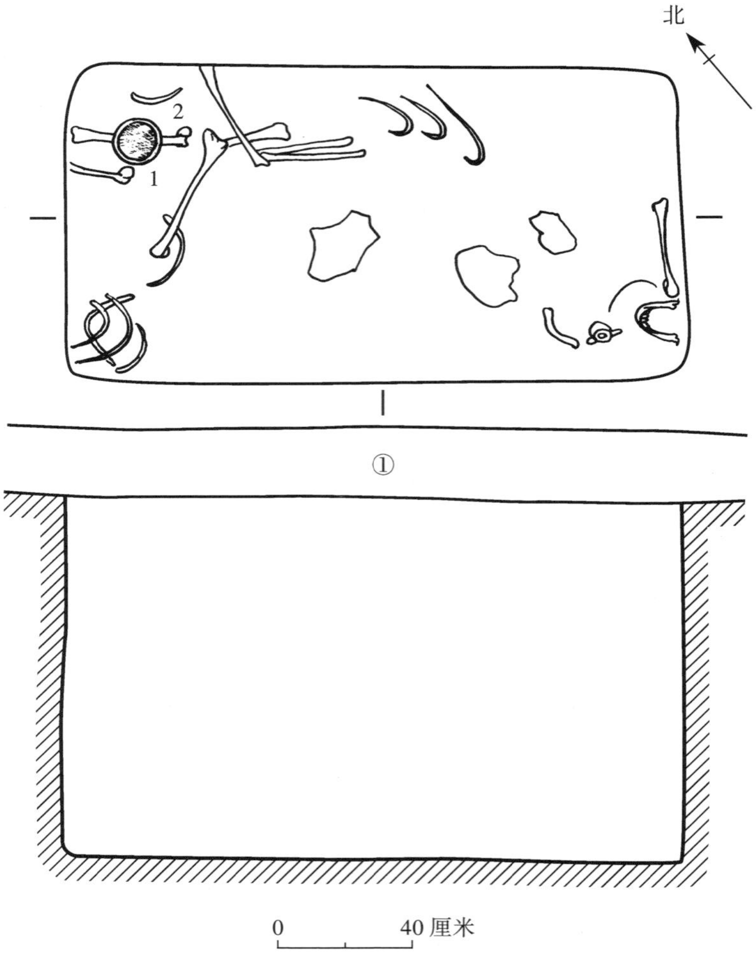

图七一四　ⅡM185平、剖面图

1. 木桶　2. 骨锥

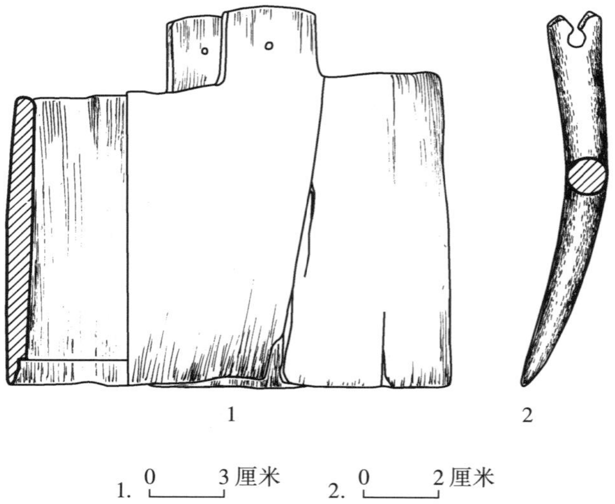

图七一五　ⅡM185随葬品

1. 木桶（ⅡM185：1）　2. 骨锥（ⅡM185：2）

ⅡM186

墓葬概况

位于墓地中部探方内，南邻ⅡM183，西北邻ⅡM185，墓向95°。C型，圆角长方形竖穴土坑墓，直壁。墓葬形制规整，墓口距地表深0.2米，墓长1.43、宽0.94米，墓深1.27米。墓被盗扰，颅骨和下颌骨位于墓底东南角，其他骨骼散乱于墓底，可看出未盗扰前应为仰身屈肢，中年女性，年龄35~40岁。无葬具。复合弓和木箭位于北壁下，皮包位于东南部颅骨旁，砺石、两件石磨盘、木撑板、石锤、两件石杵、木锥位于西南部（图七一六）。

随葬品

出土木、皮、石器11件（组）。

1. 复合弓　中间为韧木片，两侧夹有骨板，外为一层牛皮，皮外缠有牛筋绳。五曲，弓弰近三角形，有倒钩，以挂弦，中间稍粗。长108、直径1.76厘米（图七一七，11；图版一八四，5）。

2. 木箭　2支。箭杆与箭头分体制作，然后用楔形卯榫套接，外用牛筋线缠扎。圆箭杆后端刻有“U”形挂弦槽，箭头呈三棱锥状，一侧有倒钩刺。ⅡM186：2-1，长71、杆径1、箭头长5.3厘米（图七一七，10）。

3. 皮包　用羊皮缝制。呈半圆形，上缝有皮盖，上端连有皮条系带。保存较完整。宽11.4厘米（图七一七，1；图版二三〇，3）。

4. 砺石　灰砂岩。呈长条形，后端稍窄，并钻有一圆孔，表面有磨痕。长14、宽3.2、厚1.7厘米（图七一七，2；图版二〇八，2）。

5. 木锥　4支。圆木棍一端尖，尖较锐。ⅡM186：5-1，长21.4、直径1.4厘米（图七一七，3）。

6. 木撑板　残，呈长条形，四边倒棱，板面一边钻穿绳小孔。残长29.8、宽1.7、厚0.8厘米（图七一七，9）。

7. 石锤　不规则砾石上有敲砸痕。长18、宽10厘米（图七一七，6）。

8. 石磨盘　由砾石加工而成。长圆形，残成一半。残长10.7、宽8.2厘米（图七一七，5）。

9. 石杵　呈梯形四棱形体，各棱角处都有打击痕。长22.7、厚8.4厘米（图七一七，7）。

10. 石磨盘　长期磨损形成马鞍形。残长23.3、宽11.7厘米（图七一七，8）。

11. 石杵　近柱状砾石。大头有敲砸劈裂痕。长13.8、宽9.2厘米（图七一七，4）。

图七一六　ⅡM186平、剖面图

1. 复合弓　2. 木箭　3. 皮包　4. 砺石　5. 木锥　6. 木撑板　7. 石锤　8、10. 石磨盘　9、11. 石杵

ⅡM187

墓葬概况

位于墓地中部探方内，东北邻ⅡM189，东邻ⅡM190，墓向85°。C型，圆角长方形竖穴土坑墓，直壁。墓口距地表深0.21米，墓长1.62、宽1米，墓深0.72米。墓被盗掘，填土中有人骨碎块，墓底人骨残缺不全，肢骨移位，保存较完整的颅骨位于东部，椎骨和盆骨位于中部，看情形原应为仰身屈肢，青年女性，年龄约25岁，无葬具。骨锥和骨针在东南部，木梳位于墓中部髂骨旁（图七一八）。

随葬品

出土木、骨器3件。

1. 骨锥　动物骨骼磨制。呈扁锥体尖锐。通体光滑。长15.8、最大宽0.8厘米（图七一九，3；图版一八九，9）。

2. 木梳　梳背和梳齿单体制作，背用圆木棒制作，一侧刻嵌齿槽，梳齿单体制成扁锥体，然后重叠粘在一起，嵌入背槽内，齿大多残断遗失。长3.2、宽9.9、厚1.2、

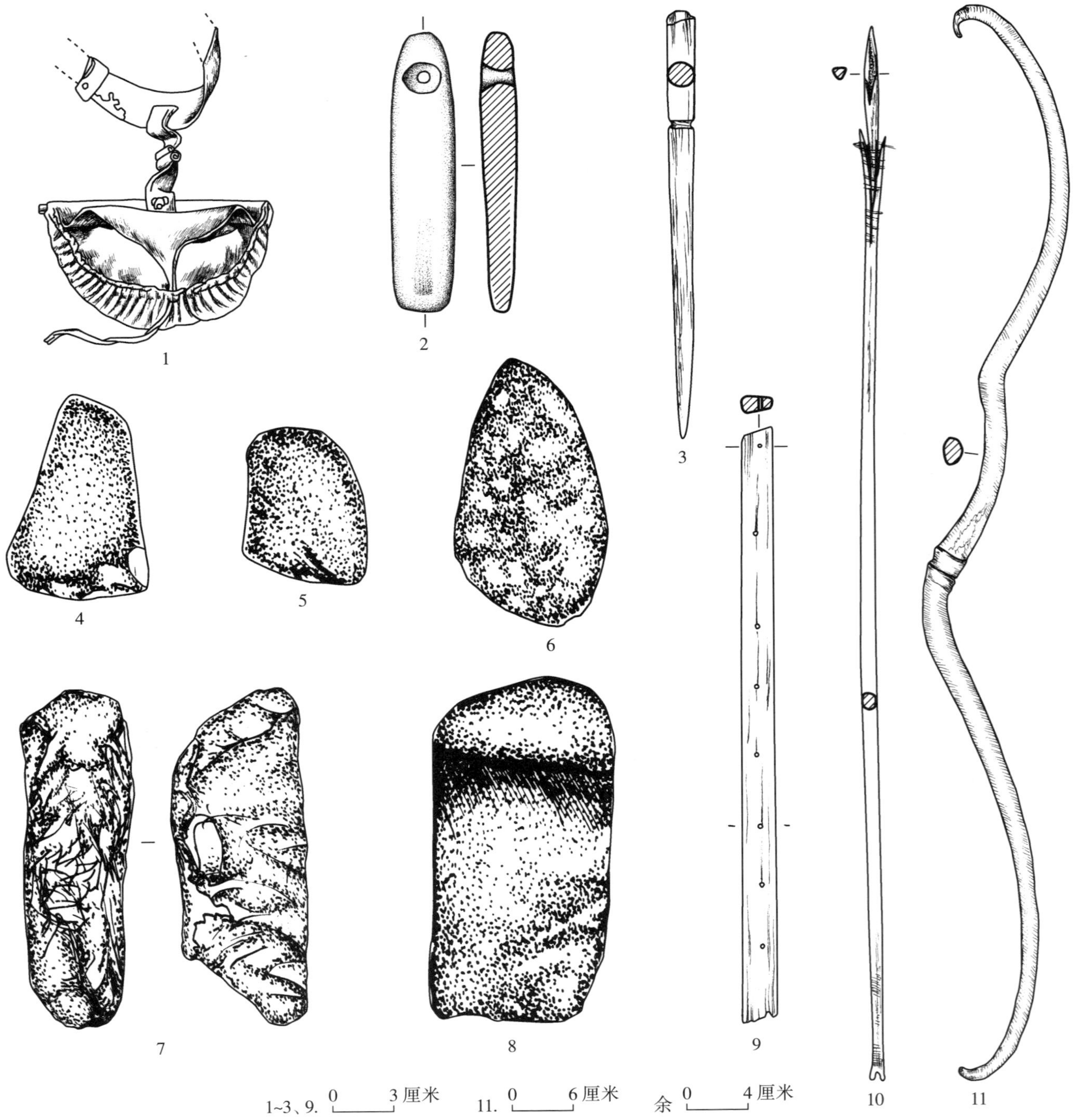

图七一七 ⅡM186随葬品

1. 皮包（ⅡM186：3） 2. 砺石（ⅡM186：4） 3. 木锥（ⅡM186：5-1） 4、7. 石杵（ⅡM186：11、9） 5、8. 石磨盘（ⅡM186：8、10） 6. 石锤（ⅡM186：7） 9. 木撑板（ⅡM186：6） 10. 木箭（ⅡM186：2-1） 11. 复合弓（ⅡM186：1）

齿长2.1厘米（图七一九，1）。

3. 骨针 圆木磨制。针体纤细，尖锐后端有穿线小圆孔。长6.9、直径0.2厘米（图七一九，2；图版一九三，2）。

ⅡM188

墓葬概况

位于墓地中部探方北边缘，西邻ⅡM186，东南邻ⅡM189，墓向100°。C型，长方形竖穴土坑墓，直壁。墓口距地表深0.21米，墓长1.5、宽0.91米，墓深1.17米。墓被盗扰，墓口填土中有土坯碎块和人骨。墓底人骨散乱，颅骨位于东北部，中年女性，年龄约40岁。无葬具。随葬的陶单耳杯、皮盒、角镳在西北部，木纺轮和木线轴在西南部，木梳和木桶底在中南部（图七二〇）。

随葬品

出土陶、皮、木、骨器7件。

1. 陶单耳杯 夹砂红陶。敞口，圆唇，鼓腹，圜底，沿上有半环状立耳，后仰。腹有烟炱痕。口径6.8、高6.3、

图七一八　ⅡM187平、剖面图

1. 骨锥　2. 木梳　3. 骨针

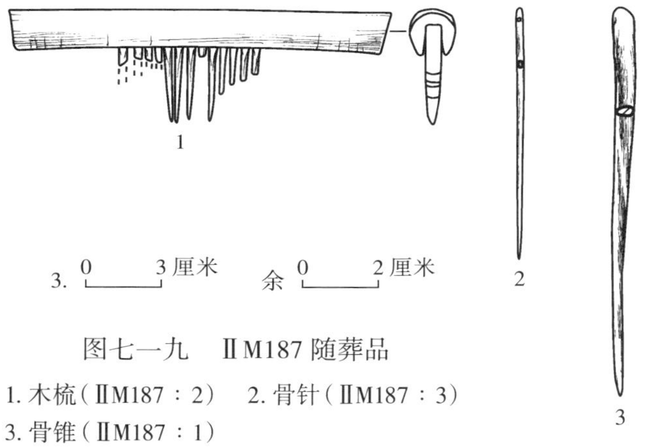

图七一九　ⅡM187随葬品

1. 木梳（ⅡM187：2）　2. 骨针（ⅡM187：3）
3. 骨锥（ⅡM187：1）

通高9.8厘米（图七二一，5；图版九二，5）。

2. 皮盒　牛皮缝制而成。内装11个小皮口袋，袋内盛有淡黄色粉状物。长13.8、宽9.8厘米（图七二一，7~10；图版二二九，3）。

3. 木纺轮　纺轮呈圆饼形，略呈台状，底面刻有涡旋纹。仅存一小截圆线轴。线轴直径0.69厘米，轮径5.8、厚1.2厘米（图七二一，4）。

4. 角镳　羊角状，上钻有两孔，内有牛皮结。残长15.3、孔径约0.8厘米（图七二一，3；图版一八七，1）。

5. 木梳　残，梳背为圆木棍制作，扁锥齿单作，然后拼粘嵌入柄槽内。长3.5、残宽5.5、齿长2.5厘米（图

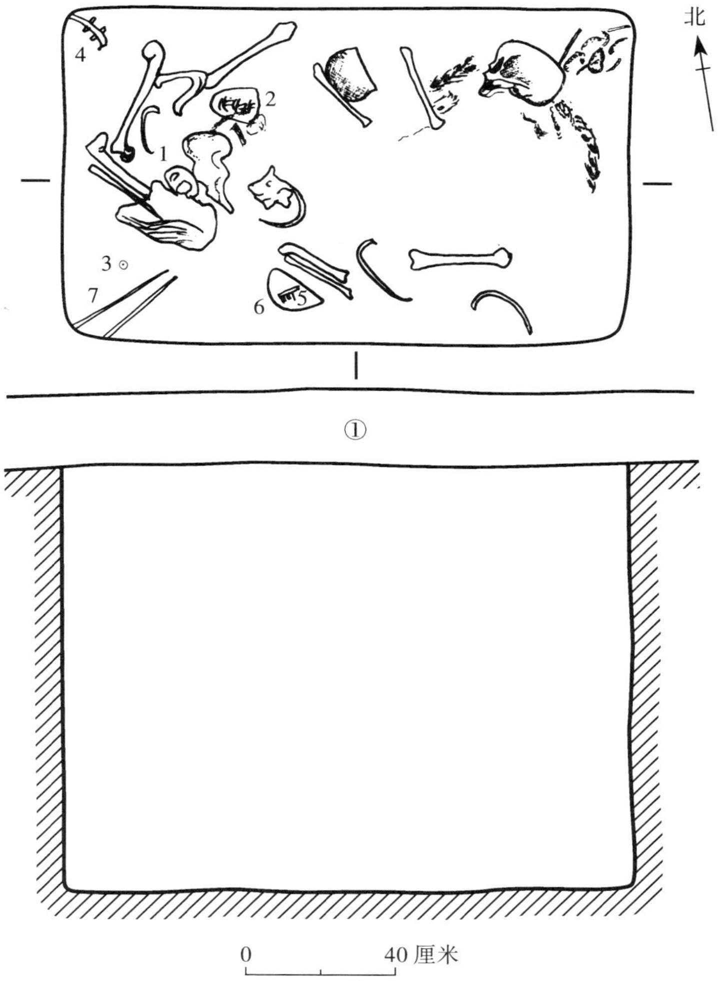

图七二〇　ⅡM188平、剖面图

1. 陶单耳杯　2. 皮盒　3. 木纺轮　4. 角镳　5. 木梳　6. 木桶底　7. 木线轴

七二一，1）。

6. 木桶底　残，仅存一半。呈半圆形，残边有三个小孔。直径13.8、厚0.8厘米（图七二一，2）。

7. 木线轴　圆木棍打磨制成。通体圆润光滑。残长34厘米（图七二一，6）。

ⅡM189

墓葬概况

位于墓地中部探方内，西北邻ⅡM188，南邻ⅡM190，墓向78°。C型，圆角长方形竖穴土坑墓，直壁。墓形制规整。墓口距地表深0.2米，墓长1.71、宽0.99米，墓深1.37米。墓底人骨凌乱，呈无规律抛撒状，是盗窃者所为，颅骨位于中部偏东，壮年男性，年龄25~30岁，单人葬。无葬具。随葬的陶杯在中间，复合弓、木撑板在南部，陶钵在东端，木箭在西端（图七二二）。

随葬品

出土陶、木器5件。

1. 陶碗　夹砂红陶。敞口，圆唇，小平底。口径8、

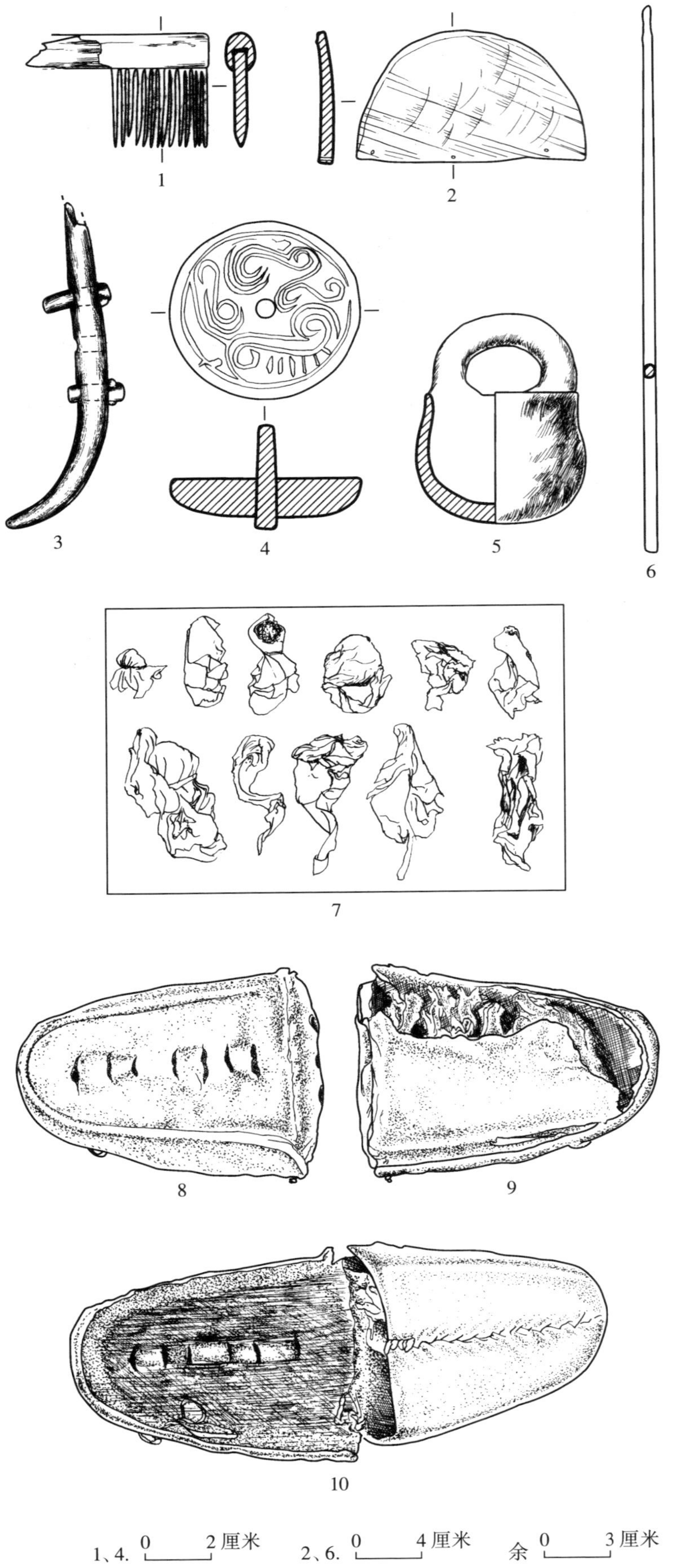

图七二一 ⅡM188随葬品

1. 木梳（ⅡM188：5） 2. 木桶底（ⅡM188：6） 3. 角镳（ⅡM188：4）
4. 木纺轮（ⅡM188：3） 5. 陶单耳杯（ⅡM188：1） 6. 木线轴（ⅡM188：7）
7. 皮盒内小皮袋（ⅡM188：2） 8~10. 皮盒（ⅡM188：2）

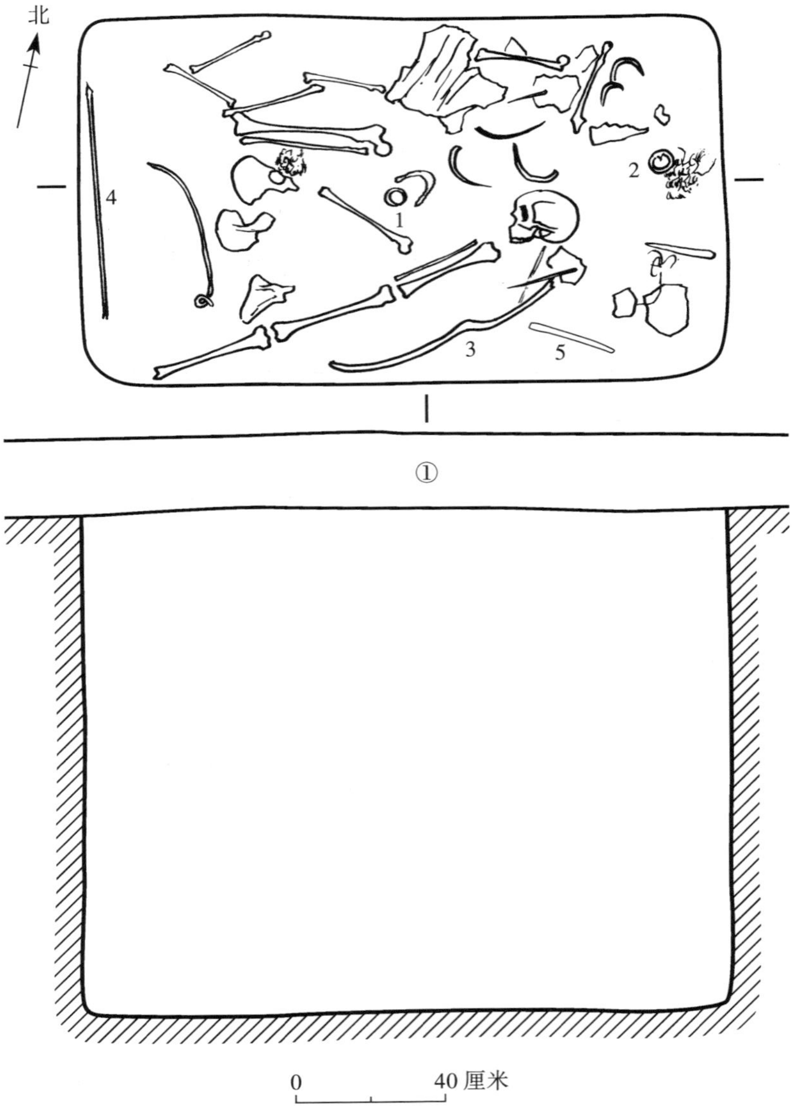

图七二二 ⅡM189平、剖面图

1. 陶碗 2. 陶钵 3. 复合弓 4. 木箭 5. 木撑板

高4.4厘米（图七二三，1；图版一二〇，1）。

2. 陶钵 夹砂红陶。敛口，圆唇，圆腹，圜底。口径6.6、高6厘米（图七二三，2）。

3. 复合弓 两层韧木片，外面残存有树皮。残长64.5厘米（图七二三，5）。

4. 木箭 箭头为四棱锥形，有倒刺。圆箭杆尾端残。残长65.4厘米（图七二三，4）。

5. 木撑板 木棍削制而成。横截面为圆形，一端残，一端有穿孔。残长23.5、直径1.6厘米（图七二三，3）。

ⅡM190

墓葬概况

位于墓地中部探方内，西邻ⅡM187，南邻ⅡM191，墓向70°。C型，圆角长方形竖穴土坑墓，直壁。墓口窄长，墓口距地表深0.2米，墓长1.71、宽0.8米，墓深1.1米。墓被盗扰，人骨散乱置于墓底，头颅弃于墓底西南部，

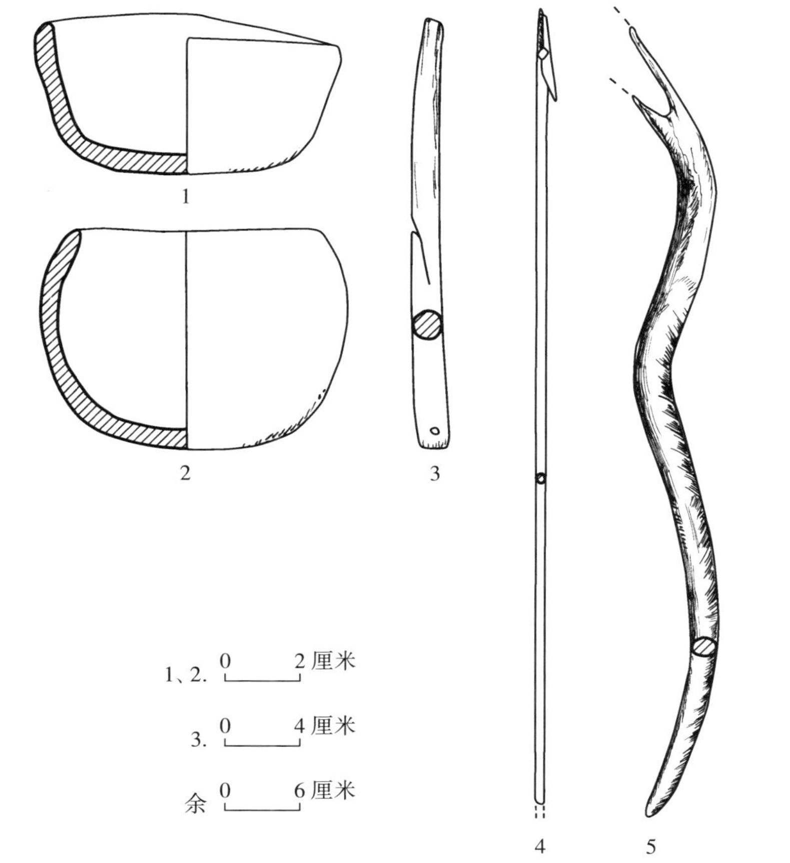

图七二三 ⅡM189随葬品

1. 陶碗（ⅡM189：1） 2. 陶钵（ⅡM189：2） 3. 木撑板（ⅡM189：5） 4. 木箭（ⅡM189：4） 5. 复合弓（ⅡM189：3）

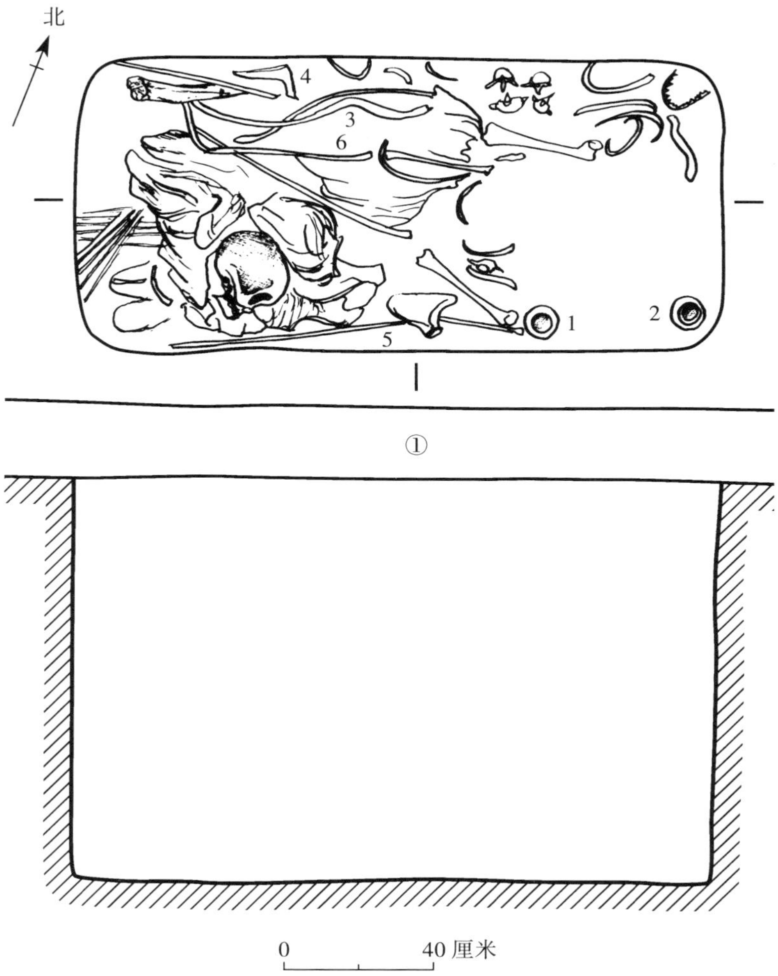

图七二四 ⅡM190平、剖面图

1. 陶单耳罐 2. 陶单耳壶 3. 复合弓 4. 木直角抹 5. 木箭 6. 木旋镖

单人葬，青年男性，年龄20~25岁。墓底铺草席。随葬的陶单耳罐、陶单耳壶位于东南部，木箭在偏西南，复合弓、木直角抹、木旋镖在西北部（图七二四）。

随葬品

出土陶、木器6件（组）。

1. 陶单耳罐 夹砂红陶。直口，方唇，鼓腹，圜底，单耳残。内沿饰大三角纹，口外沿饰曲波纹，腹部饰菱形方格纹。复原口径9、腹径10.9、高11.2厘米（图七二五，4）。

2. 陶单耳壶 夹砂红陶。敞口，圆唇，颈稍长，圆腹，圜底，单耳已残。沿内施一周黑彩，外沿饰一周连续折线纹，腹部饰两道平行黑色单线，其间饰交叉大三角纹和变形涡纹，大三角纹内填饰直线。口径6.4、腹径10.3、高11.6厘米（图七二五，3）。

3. 复合弓 中间为定型的绣线菊木片，内粘贴牛角片，外贴牛筋，再缠以牛筋绳。已断为两截。残长112厘米（图七二五，6）。

4. 木直角抹 制陶和建筑抹泥用具。弯成直角形，一端微外曲。长头15、短头11、宽2.6厘米（图七二五，1；图版一八一，2）。

5. 木箭 10支。箭头截面多为菱形，有倒刺。圆箭杆尾端有凹槽，其外有缠扎痕。ⅡM190：5-1，长69.5、直径0.8、箭头长7.2厘米（图七二五，5）。

6. 木旋镖 用自然弯曲呈100°的柽柳棍削制。柄部较细，端部有瘤结。通长51.5、粗径5.5厘米（图七二五，2；图版一六九，8）。

ⅡM191

墓葬概况

位于墓地中部探方内，北邻ⅡM190，东邻ⅡM193，墓向100°。C型，圆角长方形竖穴土坑墓，直壁。墓口距地表深0.22米，墓长1.51、宽0.8米，墓深1.15米。墓被盗扰，墓口填土中夹有芦苇秆残节。墓底人骨凌乱，残缺不全，肋骨、部分肢骨、髋骨堆放在墓底东北角，股骨弃于西南部，未见颅骨，腿骨北侧堆放皮衣残片，西北部墓壁下随葬一羊头。单人葬，成年女性。墓底北壁下出土陶单耳罐、陶单耳杯，木纺轮在西部残破的皮衣上（图七二六）。

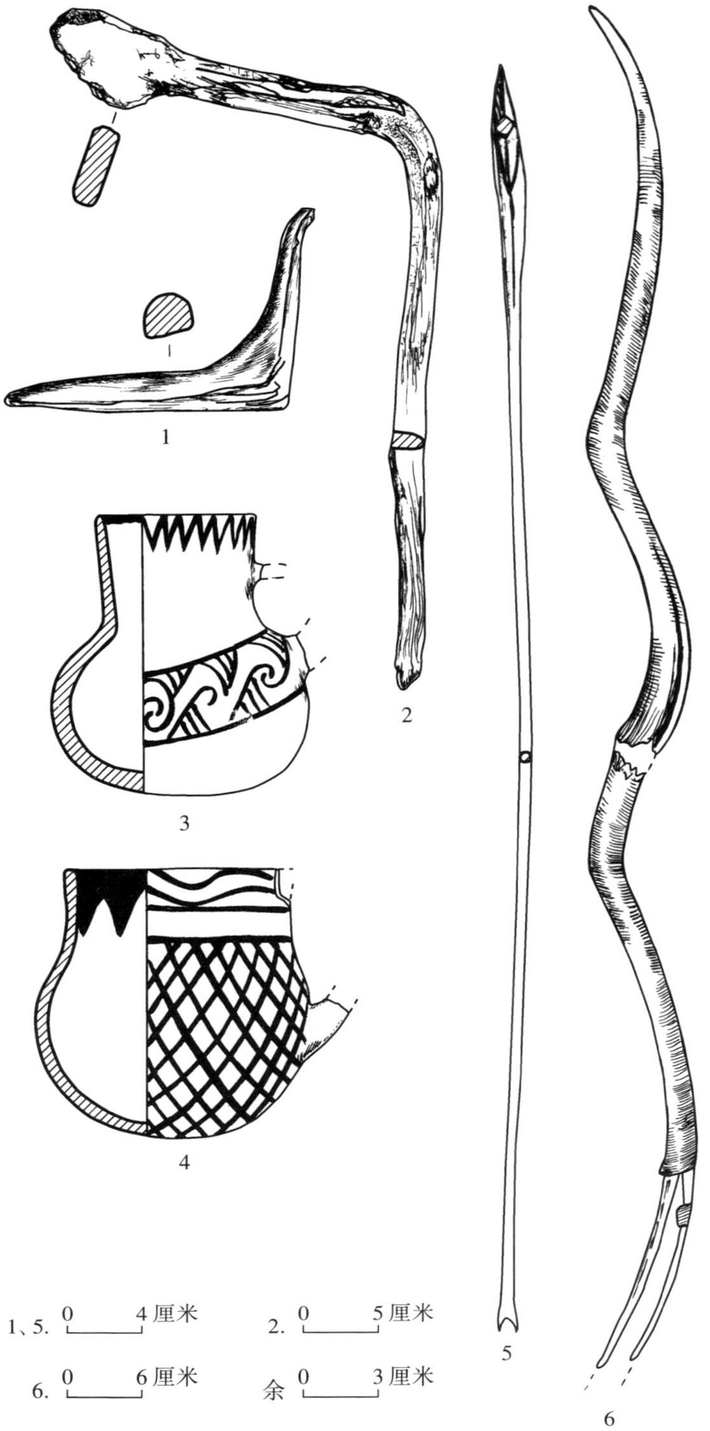

图七二五 ⅡM190 随葬品

1. 木直角抹（ⅡM190：4） 2. 木旋镖（ⅡM190：6） 3. 陶单耳壶（ⅡM190：2） 4. 陶单耳罐（ⅡM190：1） 5. 木箭（ⅡM190：5–1） 6. 复合弓（ⅡM190：3）

图七二六 ⅡM191 平、剖面图

1. 陶单耳罐 2. 陶单耳杯 3. 木纺轮

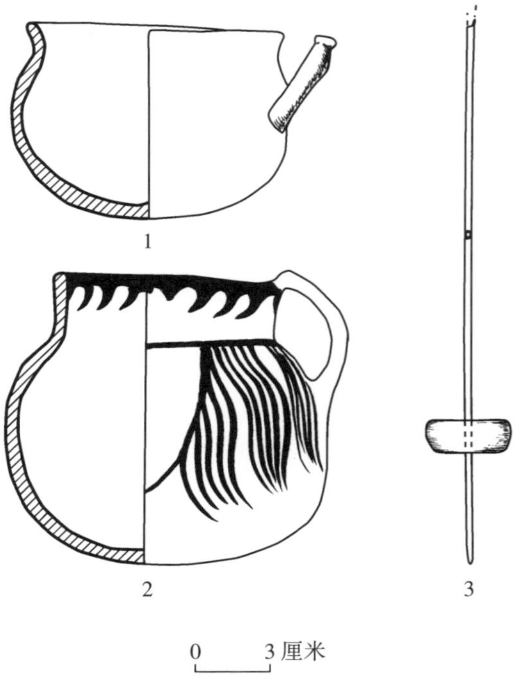

图七二七 ⅡM191 随葬品

1. 陶单耳杯（ⅡM191：2） 2. 陶单耳罐（ⅡM191：1） 3. 木纺轮（ⅡM191：3）

随葬品

出土陶、木器 3 件。

1. 陶单耳罐　夹砂红陶。直口，圆唇，圆鼓腹，圜底，单耳。口沿内外饰锯齿纹，腹部绘变形涡纹，纹内填曲线纹，耳面上部绘倒三角纹，纹内填竖线。口径 8.7、腹径 12.9、高 12.3 厘米（图七二七，2；图版五四，2）。

2. 陶单耳杯　夹砂红陶。敞口，方唇，圆腹，圜底，口沿下斜立有半圆形环状耳，耳顶有一小泥突。器表有烟炱痕。口径10.2、腹径11、高8.1厘米（图七二七，1；图版八六，4）。

3. 木纺轮　纺轮呈圆饼状。线轴呈圆柱状，杆体光滑。线轴长22.1、直径0.3厘米，轮径3.5、厚1.3厘米（图七二七，3）。

ⅡM192

墓葬概况

位于墓地中部探方内，南邻ⅡM193，西邻ⅡM190，墓向85°。C型，长方形竖穴土坑墓，直壁。墓口距地表深0.2米，墓长1.51、宽0.93米，墓深1.1米。内葬一人，头东脚西，颅骨移动，压在右手臂上，上臂下垂，下肢上屈。壮年女性，年龄约28岁，骨架保存较完整，无葬具。骨架东南角放置木盘、陶单耳罐，脚下两侧分别放置木四足盘和另一件陶单耳罐（图七二八；图版三〇，4）。

随葬品

出土陶、木器4件。

1. 陶单耳罐　夹砂红陶。敞口，圆唇，球形腹，圜底，单耳由沿下翻至腹部。沿内饰一周连续锯齿纹，器表腹上部施一周黑色单线，其下饰黑色变形涡纹，内填饰曲线。口径9.3、高12.6、通高13.1厘米（图七二九，4；图版五四，3）。

2. 陶单耳罐　夹砂红陶。敞口，圆唇，球形腹，圜底，单耳已残。口沿内、外饰锯齿纹，腹部饰变形涡纹，内填饰曲线。腹径9.2、高8.6厘米（图七二九，3）。

3. 木盘　圆木掏挖、削刻而成。平面呈椭圆形，侈

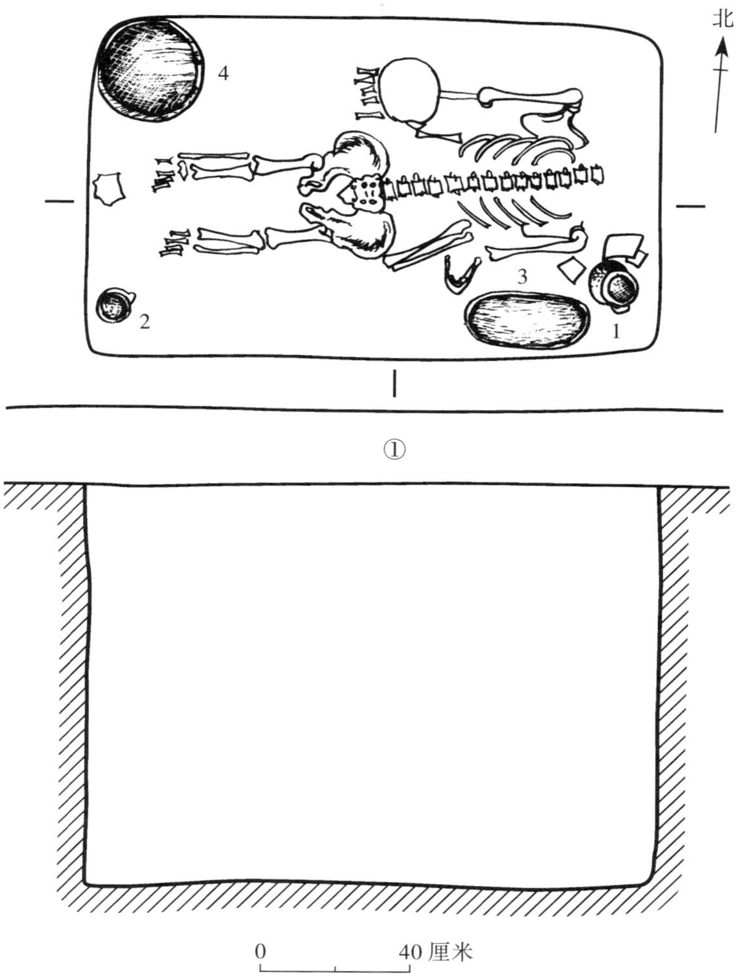

图七二八　ⅡM192平、剖面图

1、2. 陶单耳罐　3. 木盘　4. 木四足盘

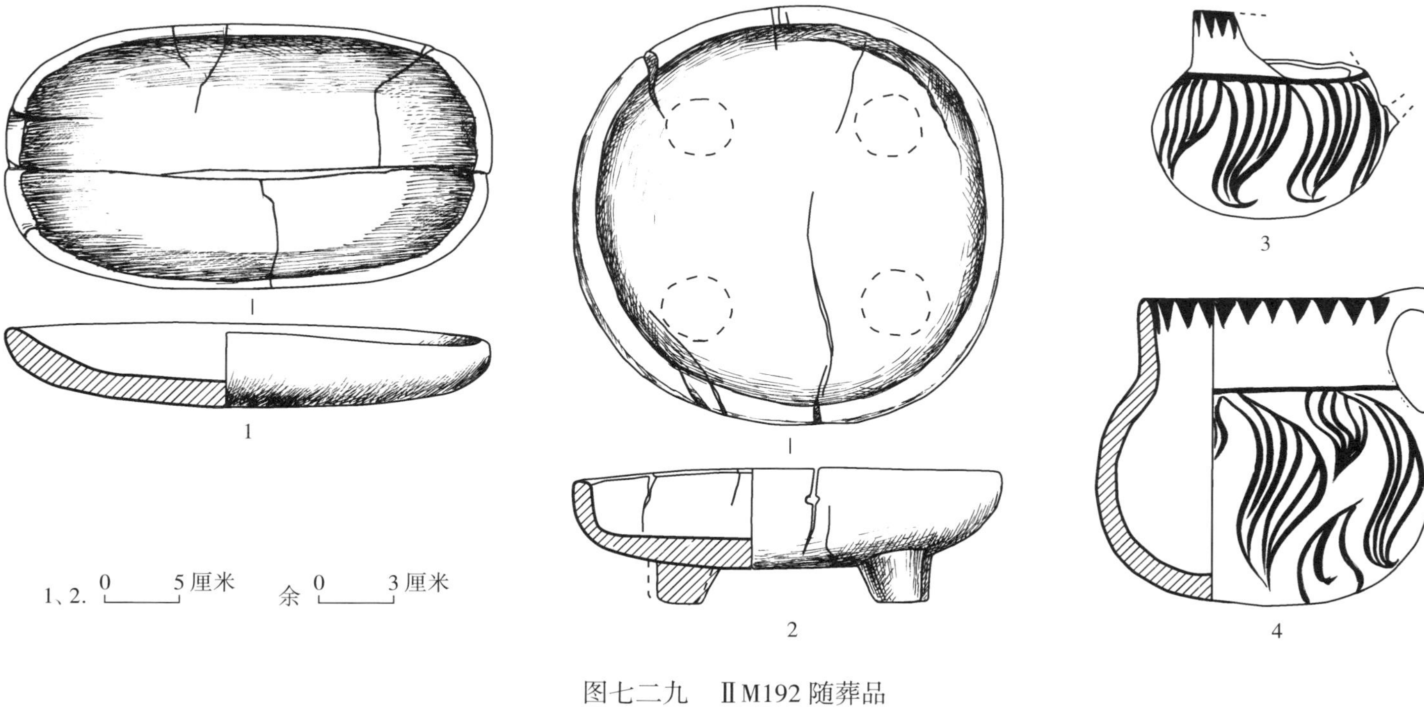

图七二九　ⅡM192随葬品

1. 木盘（ⅡM192：3）　2. 木四足盘（ⅡM192：4）　3、4. 陶单耳罐（ⅡM192：2、1）

口，圆唇，浅腹，圜底。底面留有较多刀剁痕。口长径32.6、短径18、高5.9厘米（图七二九，1）。

4. 木四足盘　敞口，方唇，浅腹，底近平，底下有四个柱状足。口径28.8、高9.2厘米（图七二九，2；图版一四二，3）。

ⅡM193

墓葬概况

位于墓地中部探方内，南邻ⅡM194，北邻ⅡM192，墓向105°。C型，圆角长方形竖穴土坑墓，直壁。墓口距地表深0.2米，墓口长1.6、宽0.87米，墓深1米。墓底人骨大多错位散乱，上半身骨骼残缺较多，头骨移位到右腿旁，原本仰身，上屈的下肢已向外撇，呈叉腿状。壮年女性，年龄约30岁。无葬具。仅在墓底东南角出土陶单耳罐（图七三〇）。

随葬品

出土陶器1件。

1. 陶单耳罐　夹砂红陶。敞口，尖唇，球形腹，圜底，由口沿下翻至腹部成一宽带状耳。内沿饰连续锯齿纹，外沿下饰三角网状纹，腹部饰菱格状网纹。口径8.1、高11.8、通高12.4厘米（图七三一，2）。

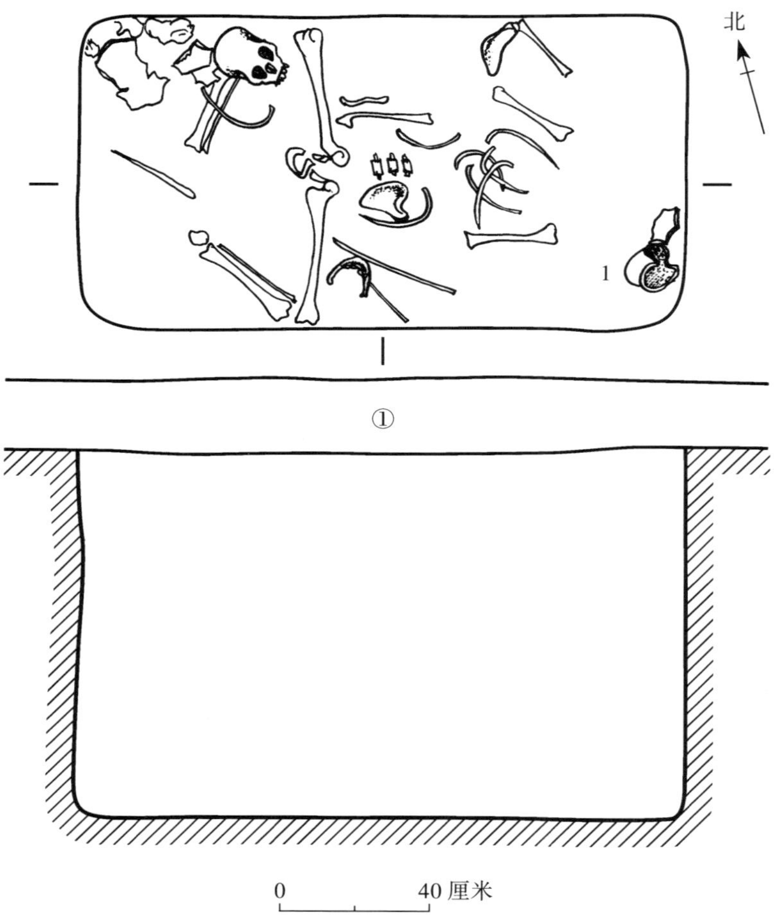

图七三〇　ⅡM193平、剖面图

1. 陶单耳罐

ⅡM194

墓葬概况

位于墓地中部探方内，东邻ⅡM199，北邻ⅡM193，墓向80°。C型，长方形竖穴土坑墓，直壁。墓形制小，距地表浅，为一儿童墓。墓口距地表深0.22米，墓长0.87、宽0.49米，墓深0.41米，内有儿童骨架一具，头东脚西，侧身屈肢，面向南，缺少部分下肢，未成年人，年龄约12岁。无葬具。骨架南面有陶单耳罐，北面放置木勺，脚下放置陶釜（图七三二；图版三一，1）。

随葬品

出土陶、木器3件。

1. 陶单耳罐　夹砂红陶。口残，鼓腹，圜底近平，口沿有单耳下翻至腹部。通体饰交叉菱格纹。通高8.1厘米（图七三一，1）。

2. 木勺　残。敛口，方唇，圆腹，圜底，曲长柄，柄有一横向穿孔，沿下有一周穿孔。口径16.1、柄长

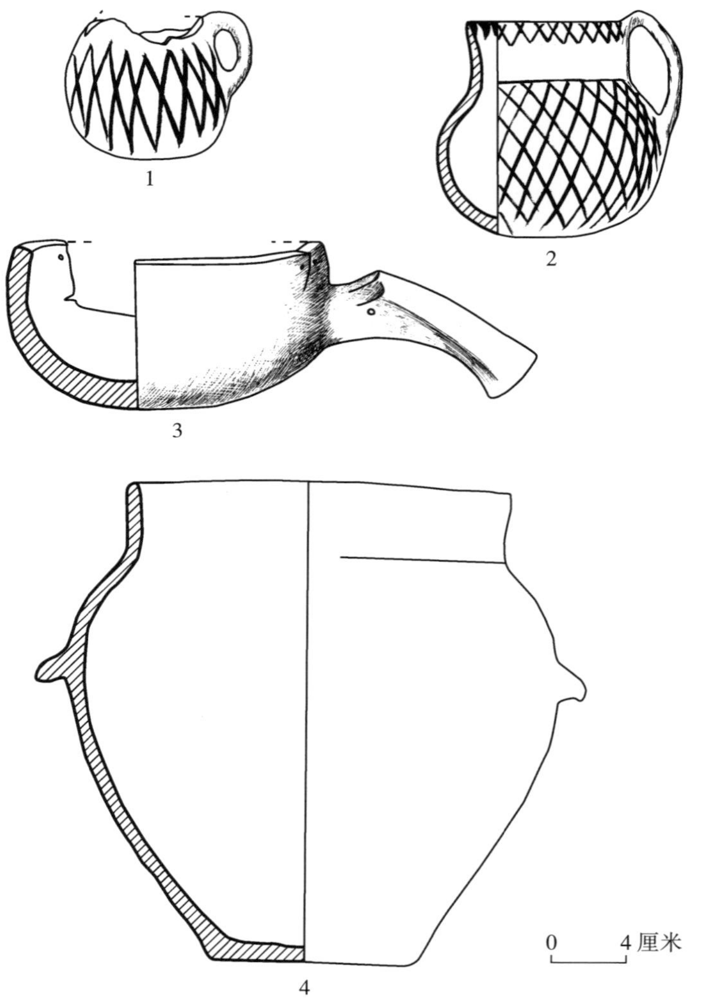

图七三一　ⅡM193、ⅡM194随葬品

1、2. 陶单耳罐（ⅡM194：1、ⅡM193：1）　3. 木勺（ⅡM194：2）　4. 陶釜（ⅡM194：3）

11、高 9 厘米（图七三一，3；图版一四八，4）。

3. 陶釜　夹砂红陶。直口，方唇，深圆腹，小平底，腹径最大处有两个对称的鋬耳。器表有烟炱。口径 20.2、底径 10.8、高 26.4 厘米（图七三一，4）。

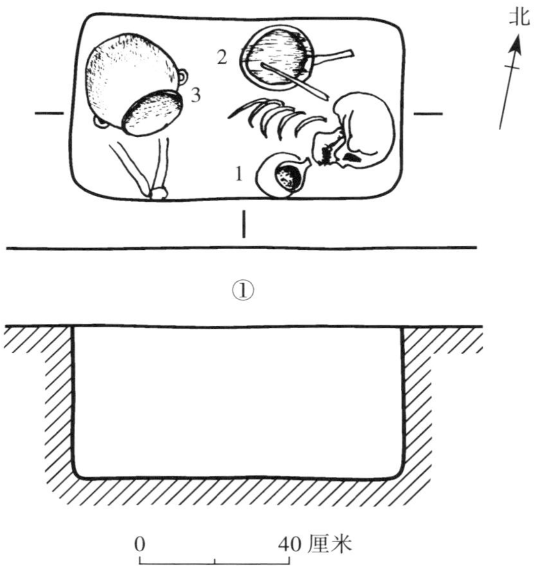

图七三二　ⅡM194 平、剖面图

1. 陶单耳罐　2. 木勺　3. 陶釜

ⅡM195

墓葬概况

位于墓地中部探方内，西北邻ⅡM194，东南邻坎儿井竖井，墓向 260°。C 型，长方形竖穴土坑墓，直壁。墓口距地表深 0.2 米，墓长 1.51、宽 1 米，墓深 1.07 米。墓底有人骨架一具，上半身骨骼残朽，双肩胛骨位于盆骨南侧，侧身屈肢，头骨残破，下颌骨脱落。青年女性，年龄 15~18 岁。无葬具。人左肩外侧放置陶钵、陶单耳壶，脚下东南角放置陶釜，近旁还有陶双系罐两件和铜片、石锤，近盆骨处出土铜铃，颈旁出土金耳环，中南部出石磨盘（图七三三）。

随葬品

出土陶、金、铜、石器 10 件（组）。

1. 陶双系罐　夹砂红陶。敞口，圆唇，圆腹，圜底，腹两侧有对称耳，耳上有穿孔。口径 4.3、高 5 厘米（图七三四，6）。

2. 陶双系罐　夹砂红陶。敞口，圆唇，圆腹，圜底，腹两侧有对称耳，耳上有穿孔。口径 3.8、高 4.6 厘米（图七三四，5）。

3. 陶钵　夹砂红陶。敛口，方唇，圆腹，圜底，沿下有一单耳。外沿下饰一周锯齿纹。口径 12.8、高 8.3 厘米（图七三四，8；图版一一五，1）。

4. 陶单耳壶　夹砂红陶。敞口，圆唇，球形腹，圜底，沿下至腹部有一单耳。口沿内外饰一周连续锯齿纹，腹部饰变形涡纹，涡纹间填饰曲线纹，耳上饰折线纹。口径 7.2、腹径 10.9、高 12.1 厘米（图七三四，9）。

5. 陶釜　夹砂红陶。直口，方唇，鼓腹，小平底，腹上部有对称鸡冠状鋬。口径 23.2、底径 11、高 30.8 厘米（图七三四，10；图版一〇九，2）。

6. 金耳环　细金条弯制成不规则环状，环内套一铜环，金环两端拧在一起。金环直径 0.8~1.4、铜环直径 1 厘米（图七三四，3）。

7. 铜铃　口呈近椭圆形，周边镂有四孔，四棱形柱状纽，纽上端有一小圆孔。通高 4、口径 1.4~2.1 厘米（图七三四，4；图版二〇三，6）。

8. 铜片　2 片。大小形状相同。薄片边缘上有一小孔。直径 1.4、厚 0.1 厘米（图七三四，2）。

9. 石锤　圆形，一圈都有敲砸痕。直径 8.4 厘米（图

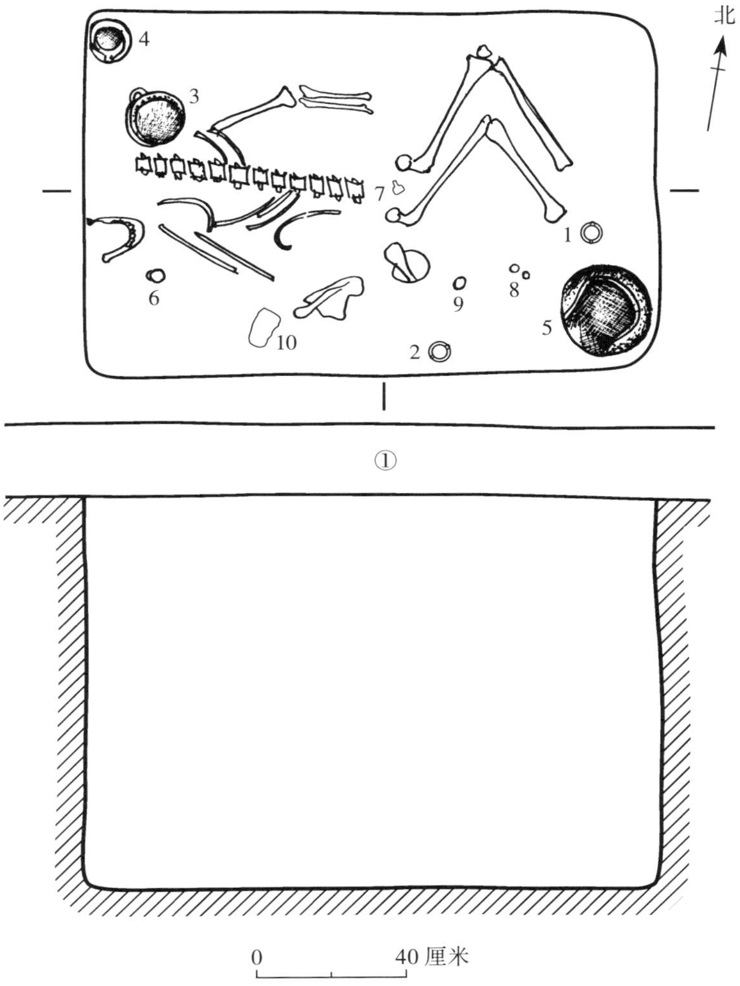

图七三三　ⅡM195 平、剖面图

1、2. 陶双系罐　3. 陶钵　4. 陶单耳壶　5. 陶釜　6. 金耳环　7. 铜铃　8. 铜片　9. 石锤　10. 石磨盘

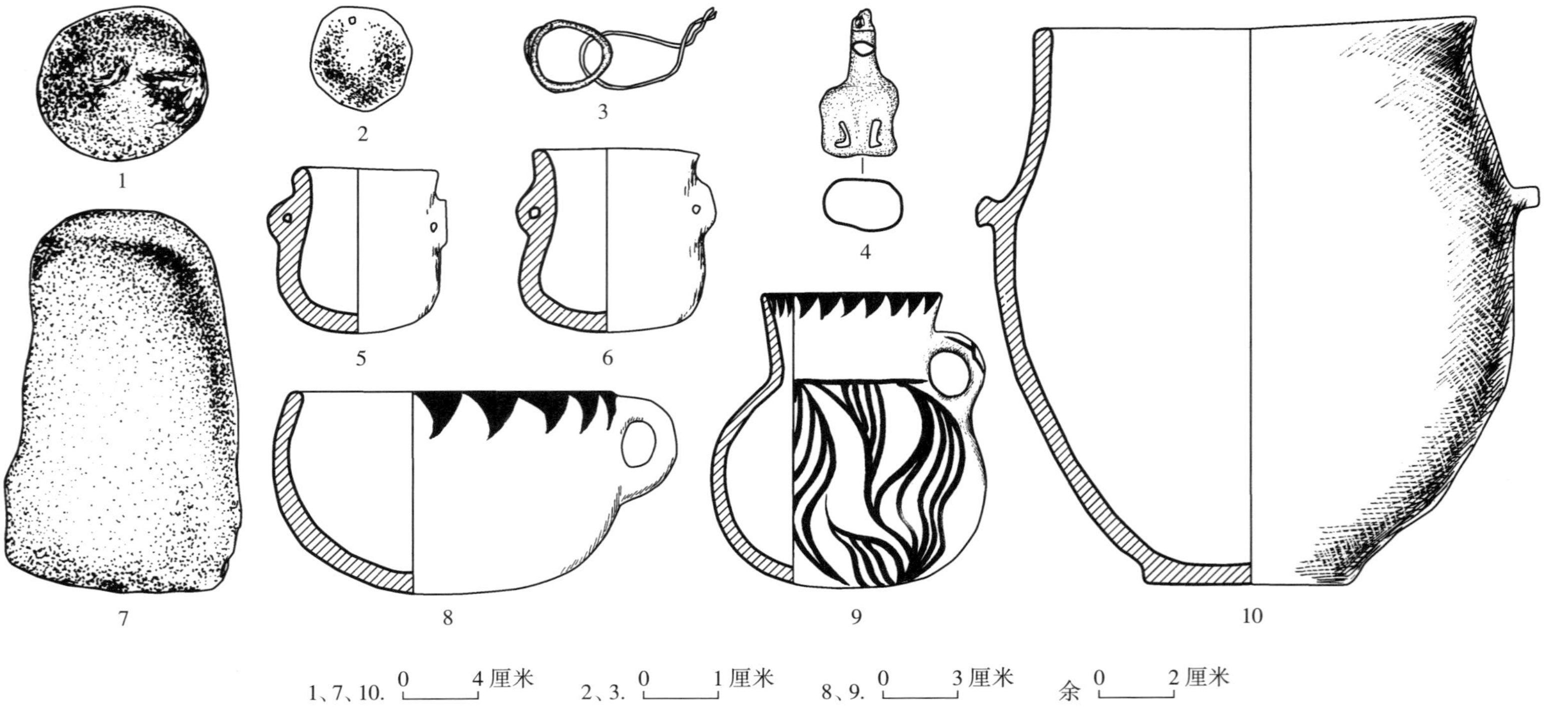

图七三四 ⅡM195随葬品

1. 石锤（ⅡM195：9） 2. 铜片（ⅡM195：8-1） 3. 金耳环（ⅡM195：6） 4. 铜铃（ⅡM195：7） 5、6. 陶双系罐（ⅡM195：2、1） 7. 石磨盘（ⅡM195：10） 8. 陶钵（ⅡM195：3） 9. 陶单耳壶（ⅡM195：4） 10. 陶釜（ⅡM195：5）

七三四，1）。

10. 石磨盘 马鞍形，一端残。单面有使用痕。残长21、宽12.7厘米（图七三四，7）。

ⅡM196

墓葬概况

位于墓地中部探方北壁旁，西邻ⅡM206，南邻ⅡM199，墓向128°。C型，圆角长方形竖穴土坑墓，直壁。墓口距地表深0.2米，墓长1.7、宽1.13米，墓深1.31米。墓早年被盗，又曾进水，填土因水浸，板结成块状，质地坚硬。墓底仅存部分椎骨和长骨，从髋骨看为成年女性，从肢骨数量来看，为单人葬。无葬具。陶釜出土时成碎片位于腿骨南侧墓壁下，陶圈足盘位于东北角，陶单耳罐和陶双系罐位于墓底西北部（图七三五）。

随葬品

出土陶器4件。

1. 陶单耳罐 夹砂红陶。敞口，尖圆唇，束颈，圆鼓腹，圜底，沿至腹部有一带状耳。内沿饰倒三角纹，器表由口沿至腹底饰三角条带纹。口径8、高12.7、通高13.2厘米（图七三六，2）。

2. 陶双系罐 夹砂红陶。直口微敛，方唇，垂腹，平底，腹两侧有对称耳，耳上有穿孔。口径4.7、高6.2厘米（图七三六，1；图版六三，2）。

3. 陶圈足盘 夹砂红陶。敞口，沿微外折，圆唇，单耳，圈足较高，呈喇叭形。口沿内饰三角纹，口沿至下腹饰条带纹，耳部边缘绘斜条带纹。口径17.4、足径11、通高15.1厘米（图七三六，4；图版一二四，8）。

4. 陶釜 夹砂红陶。口部残，弧腹，小平底，肩部有对称双鋬。器表有烟炱痕。底径10.2、残高14.8厘米（图七三六，3；图版一〇九，3）。

ⅡM197

墓葬概况

位于墓地中部探方内，南邻ⅡM198，西邻ⅡM193，墓向118°。C型，长方形竖穴土坑墓，直壁，两边稍短。墓口距地表深0.19米，墓长1.17、宽0.7米，墓深0.7米。墓被严重盗扰，墓底人骨混乱，未见颅骨，从肢骨数量来看，为单人葬，骶骨在东南角，肢骨和盆骨在中部，青年女性。无葬具。在墓底西北角出土陶碗、陶单耳罐（图七三七）。

随葬品

出土陶器2件。

1. 陶碗 夹砂红陶。敛口，方唇，上腹外鼓，下腹斜收，平底，单耳。器表有烟炱。口径15、底径7.4、高8、通高8.4厘米（图七三八，2；图版一二〇，2）。

2. 陶单耳罐 夹砂红陶。口微敞，方唇，束颈，鼓腹，

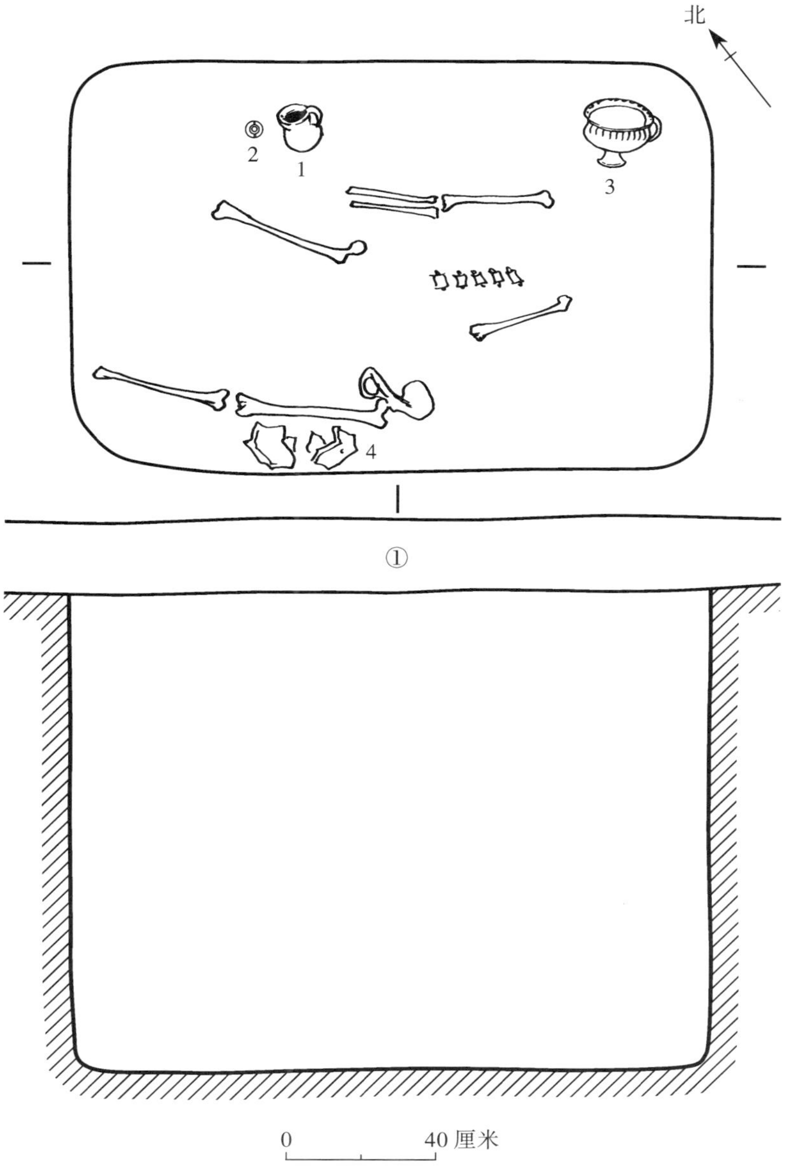

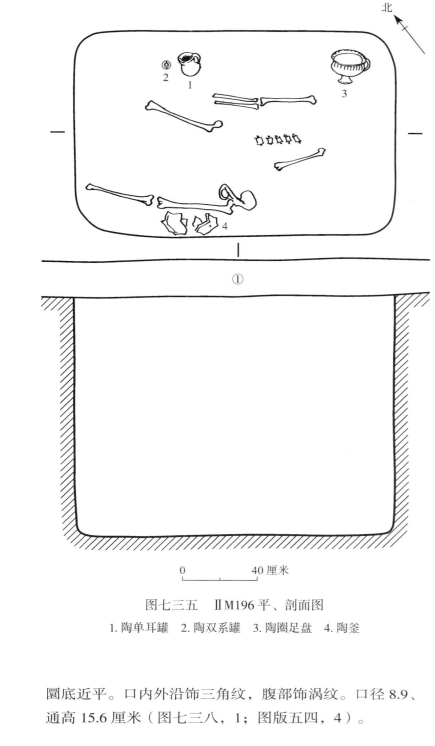

图七三五　ⅡM196 平、剖面图
1. 陶单耳罐　2. 陶双系罐　3. 陶圈足盘　4. 陶釜

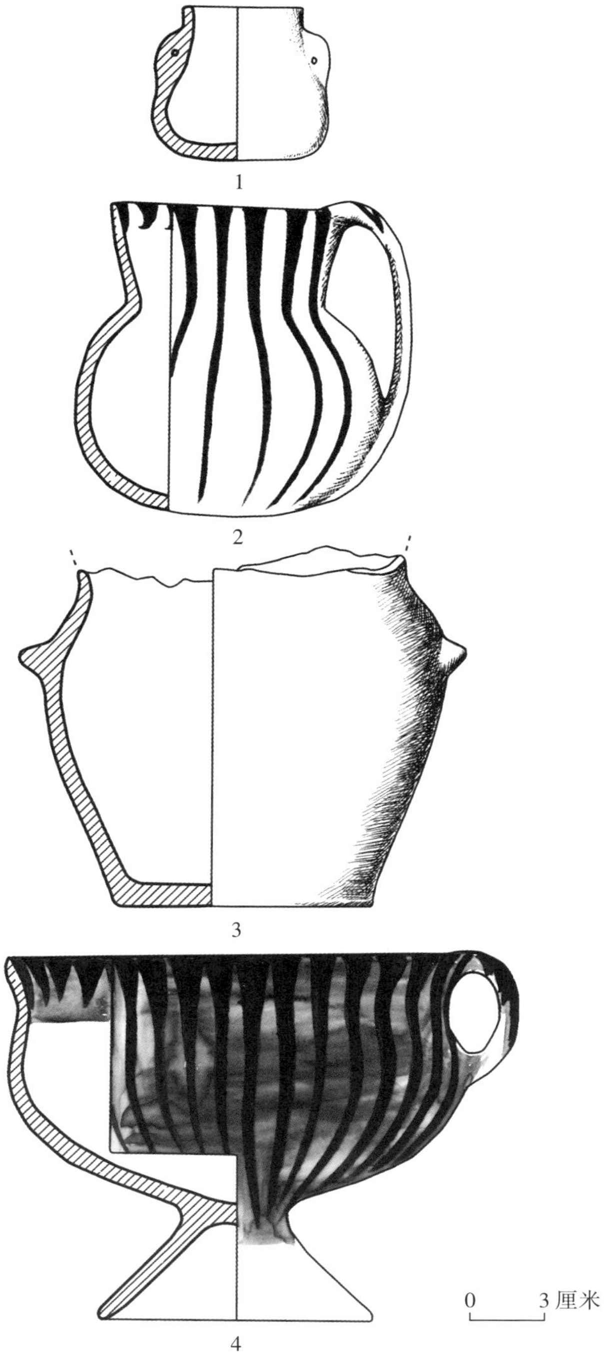

图七三六　ⅡM196 随葬品
1. 陶双系罐（ⅡM196：2）　2. 陶单耳罐（ⅡM196：1）　3. 陶釜（ⅡM196：4）
4. 陶圈足盘（ⅡM196：3）

圜底近平。口内外沿饰三角纹，腹部饰涡纹。口径 8.9、通高 15.6 厘米（图七三八，1；图版五四，4）。

ⅡM198

墓葬概况

位于墓地中部探方内，北邻ⅡM197，南邻ⅡM195，墓向 110°。C 型，圆角长方形竖穴土坑墓，直壁。该墓形制较大，墓口距地表深 0.2 米，墓长 2.02、宽 1.51 米，墓深 1.26 米。墓曾进水，填土板结成块状，质地坚硬。墓早年被盗一空，不见人骨架，仅在墓底东壁下出土残陶釜，北壁下出土陶钵，墓底的淤土层中出土木纺轮（图七三九）。

随葬品

出土陶、木器 3 件。

1. 陶釜　夹砂红陶。直口，圆唇，上腹微鼓，小平底，上腹部有对称錾。口径 22.1、底径 13.1、高 24.4 厘米（图七四〇，3；图版一〇九，4）。

2. 陶钵　夹砂红陶。敛口，方唇，圆浅腹，圜底，单耳。口外沿饰锯齿纹。口径 16、高 6.8、通高 7.6 厘米（图七四〇，2；图版一一五，2）。

3. 木纺轮　木板制作。圆饼形，中厚，一面平刻有旋纹，另一面微拱，中部有一穿孔。轮径 5、厚 1.4 厘米（图七四〇，1；图版一七九，5）。

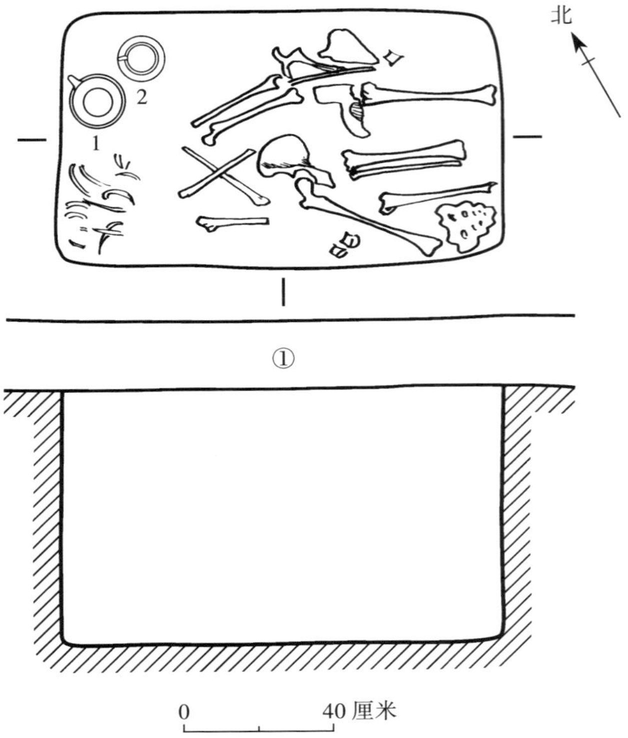

图七三七　ⅡM197 平、剖面图

1. 陶碗　2. 陶单耳罐

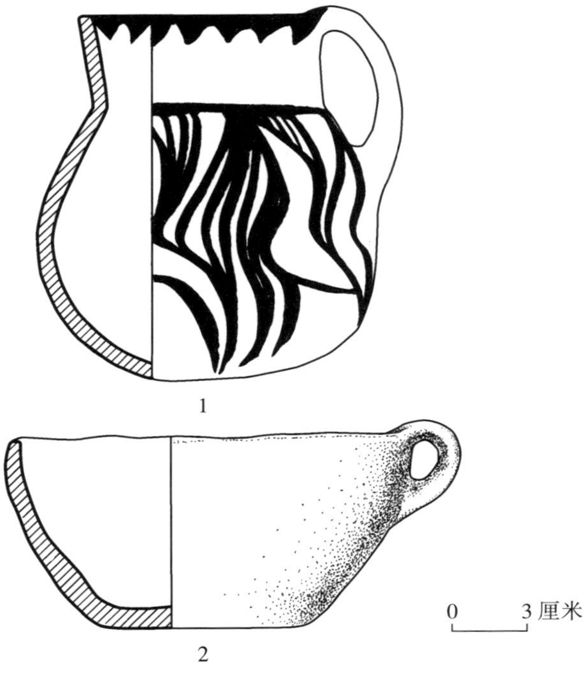

图七三八　ⅡM197 随葬品

1. 陶单耳罐（ⅡM197：2）　2. 陶碗（ⅡM197：1）

ⅡM199

墓葬概况

位于墓地中部探方内，南邻坎儿井，西邻ⅡM197，墓向 95°。C 型，圆角长方形竖穴土坑墓，直壁。墓口距地表深 0.2 米，墓长 1.6、宽 0.96 米，墓深 1.37 米。

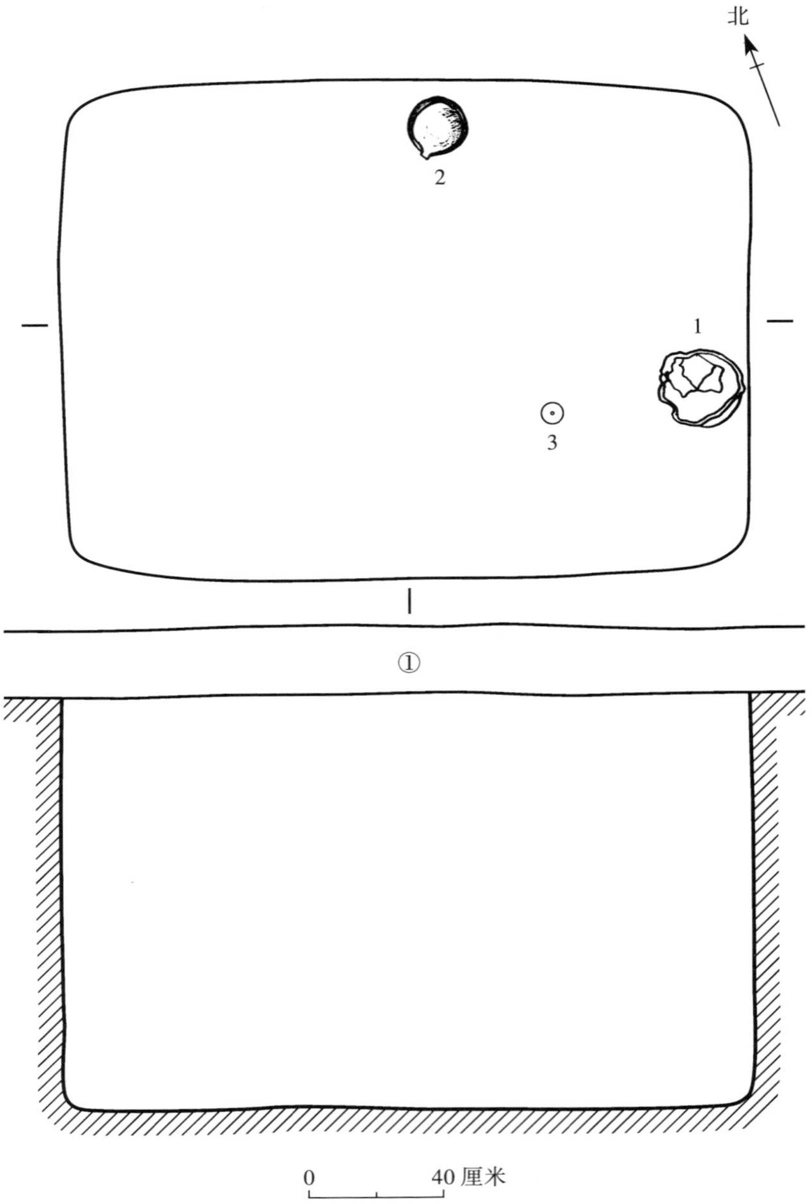

图七三九　ⅡM198 平、剖面图

1. 陶釜　2. 陶钵　3. 木纺轮

墓早年被盗，墓底南部见尺骨、桡骨各一根，其他骨骼较多位于西北部，有些骨骼似乎还在生理位置，青年女性，年龄 20~25 岁。无葬具。与股骨在一起有羊头一个。西北角上随葬有陶单耳罐、陶双系罐、木盘，木纺轮中北部边上，陶釜位于墓底东南角，木桶底也在靠中北位置（图七四一）。

随葬品

出土陶、木器 6 件。

1. 陶单耳罐　夹砂红陶。直口，圆唇，圆垂腹，圜底，单耳残。内沿饰三角纹。器表有烟炱。口径 8.2、高 11.6 厘米（图七四二，5）。

2. 陶双系罐　夹砂红陶。直口，方唇，圆垂腹，圜底，沿下有对称的两个鼻纽小耳。素面。口径 5.1、腹径 6.4、高 6.4 厘米（图七四二，4；图版六三，3）。

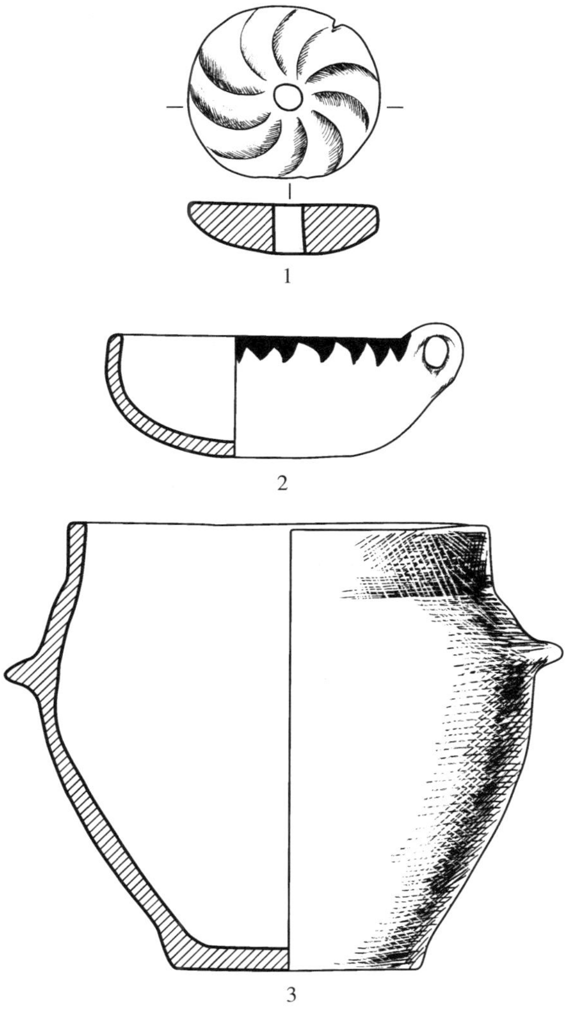

1. 0 2厘米　余 0 4厘米

图七四〇　ⅡM198随葬品

1. 木纺轮（ⅡM198：3）　2. 陶钵（ⅡM198：2）　3. 陶釜（ⅡM198：1）

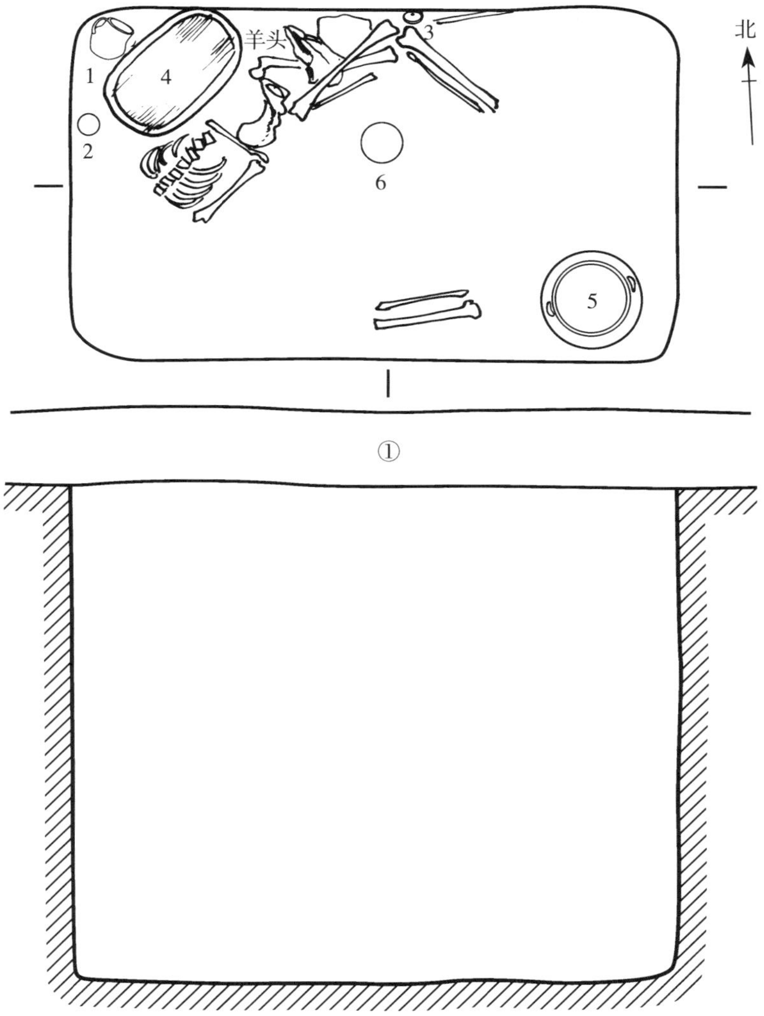

0 40厘米

图七四一　ⅡM199平、剖面图

1. 陶单耳罐　2. 陶双系罐　3. 木纺轮　4. 木盘　5. 陶釜　6. 木桶底

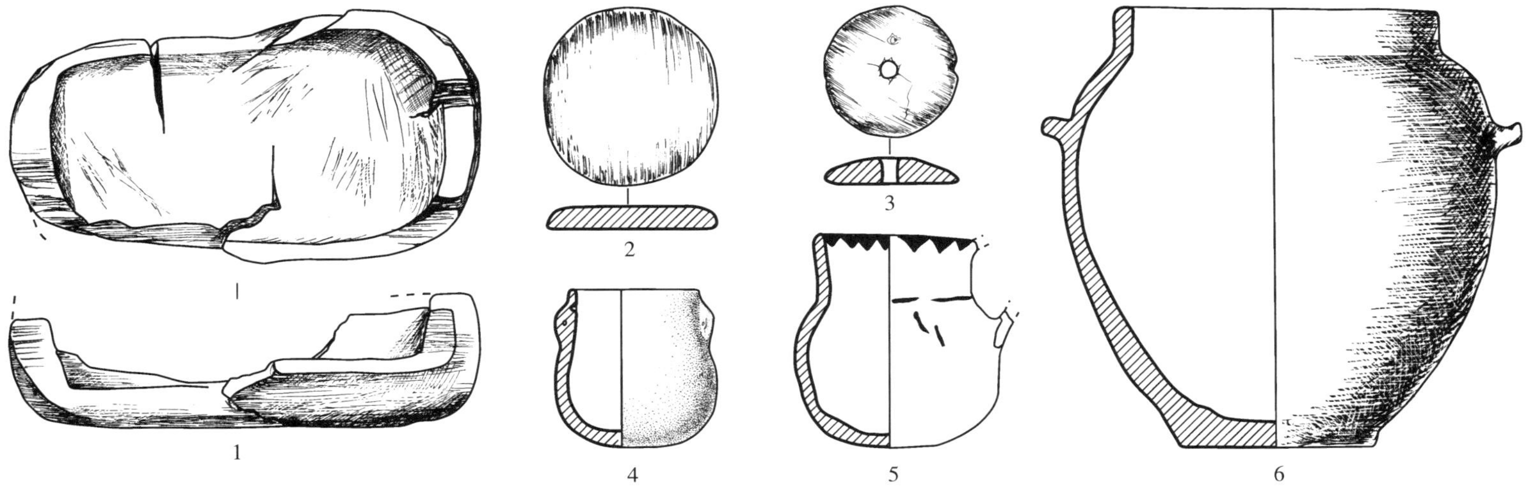

3、4. 0 3厘米　6. 0 5厘米　余 0 4厘米

图七四二　ⅡM199随葬品

1. 木盘（ⅡM199：4）　2. 木桶底（ⅡM199：6）　3. 木纺轮（ⅡM199：3）　4. 陶双系罐（ⅡM199：2）　5. 陶单耳罐（ⅡM199：1）　6. 陶釜（ⅡM199：5）

3. 木纺轮　圆形，一面近平，一面起拱。轮径 5.3、厚 1.1 厘米（图七四二，3）。

4. 木盘　残，圆木削刻而成。平面呈纵长方形，短边起拱，浅腹，平底。底面有刀剁痕迹。口长 25.2、残宽 13.7、残高 7.1 厘米（图七四二，1）。

5. 陶釜　夹砂红陶。广口，方唇，圆深腹，小平底，最大腹径处有对称的双鋬耳。器表有烟炱。高 30、口径 20.8、底径 12.9 厘米（图七四二，6；图版一〇九，5）。

6. 木桶底　木板刻削而成。圆饼形。直径 9.1 厘米（图七四二，2）。

ⅡM200

墓葬概况

位于墓地东南部，南邻ⅡM201，北邻ⅡM203，墓向 85°。C 型，圆角长方形竖穴土坑墓，形制规整。墓口距地表深 0.19 米，墓长 1.46、宽 0.81 米，墓深 1.21 米。墓曾进水，填土板结成块状，质地坚硬，填土内夹有土坯碎块。墓底人骨凌乱，残缺不全，颅骨位于北壁下，旁边有肢骨，似二次葬。壮年女性，年龄 35~40 岁。无葬具。西北角随葬有羊头一个。随葬的木四足盘位于中南部，其旁边还有下颌骨，陶单耳杯、陶单耳罐、木纺轮分布在中北部颅骨旁（图七四三）。

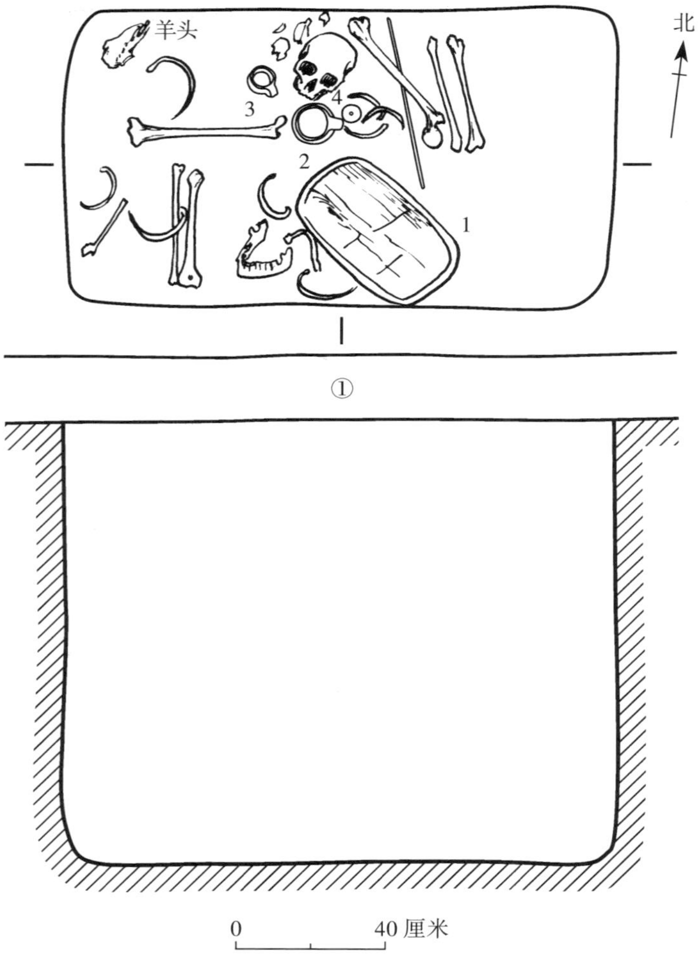

图七四三　ⅡM200 平、剖面图

1. 木四足盘　2. 陶单耳罐　3. 陶单耳杯　4. 木纺轮

随葬品

出土木、陶器 4 件。

1. 木四足盘　圆木掏挖、削刻而成。平面呈纵长方形，两端起拱。直口，方唇，浅腹，平底，底有四足。腐蚀严重。长 40.2、宽 26.8、残高 6 厘米（图七四四，3）。

2. 陶单耳罐　夹砂红陶。直口，小方唇，束颈，鼓腹，圜底，宽带耳。内沿饰锯齿纹，器表颈至下腹饰竖条带纹。口径 8.3、高 11.6、通高 12.2 厘米（图七四四，2）。

3. 陶单耳杯　夹砂红陶。直口，圆唇，圆腹，圜底，沿至腹有宽带状耳上扬。器表有烟炱。口径 6、通高 8.7

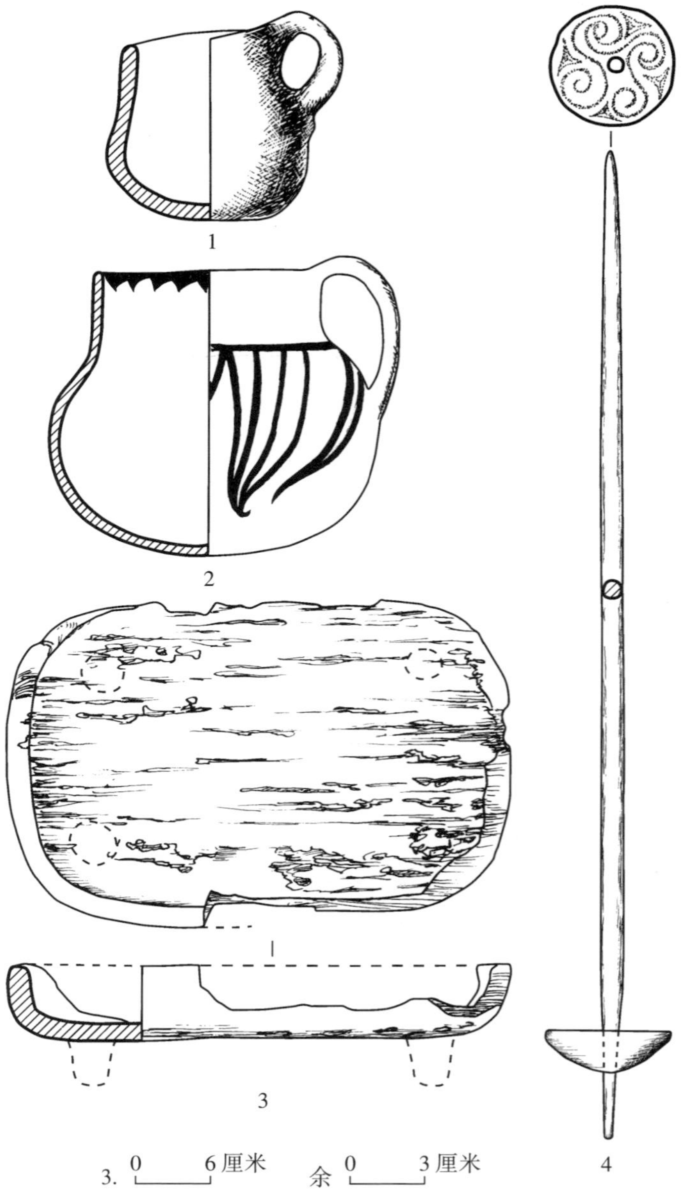

图七四四　ⅡM200 随葬品

1. 陶单耳杯（ⅡM200：3）　2. 陶单耳罐（ⅡM200：2）　3. 木四足盘（ⅡM200：1）　4. 木纺轮（ⅡM200：4）

厘米（图七四四，1）。

4. 木纺轮　线轴两端稍细。轮呈半球形，轮面线刻卷云纹。线轴长 40.4、直径 0.8 厘米，轮径 5、厚 1.7 厘米（图七四四，4；图版一七八，5；图版一七九，6）。

ⅡM201

墓葬概况

位于墓地东南部，北邻ⅡM200，南邻ⅡM202，墓向 92°。C 型，长方形竖穴土坑墓，直壁。墓口距地表深 0.19 米，墓长 1.5、宽 0.8~0.91 米，墓深 1 米。填土中夹有土坯残块，墓底有两具人骨，两个颅骨堆放于西北角，肢骨叠压，其他骨骼堆于肢骨南侧，似二次葬或扰乱过，两人均为女性。其中最靠西北角的为 A，壮年，年龄 30~40 岁；B 壮年，年龄 25~30 岁。无葬具。随葬的陶单耳杯两件在西南部，陶单耳罐在东南部，陶钵位于中东部，出土时成碎片，内装羊的下颌骨和肢骨（图七四五）。

随葬品

出土陶器 4 件。

1. 陶单耳罐　夹砂红陶。口部残，鼓腹，圜底。腹部饰变形涡纹。残高 7.9 厘米（图七四六，3）。

2. 陶单耳杯　夹砂红陶。敞口，圆唇，圆腹，平底，单耳由口沿下翻至腹部。口径 8.44、高 11.3 厘米（图七四六，2）。

3. 陶单耳杯　夹砂红陶。敞口，圆唇，鼓腹，平底，口沿下有单耳。口径 7.8、高 8.8 厘米（图七四六，1）。

4. 陶钵　夹砂红陶。残。敞口，方唇，圆垂腹，圜底。器表有烟炱。复原口径 18、高 11.6 厘米（图七四六，4）。

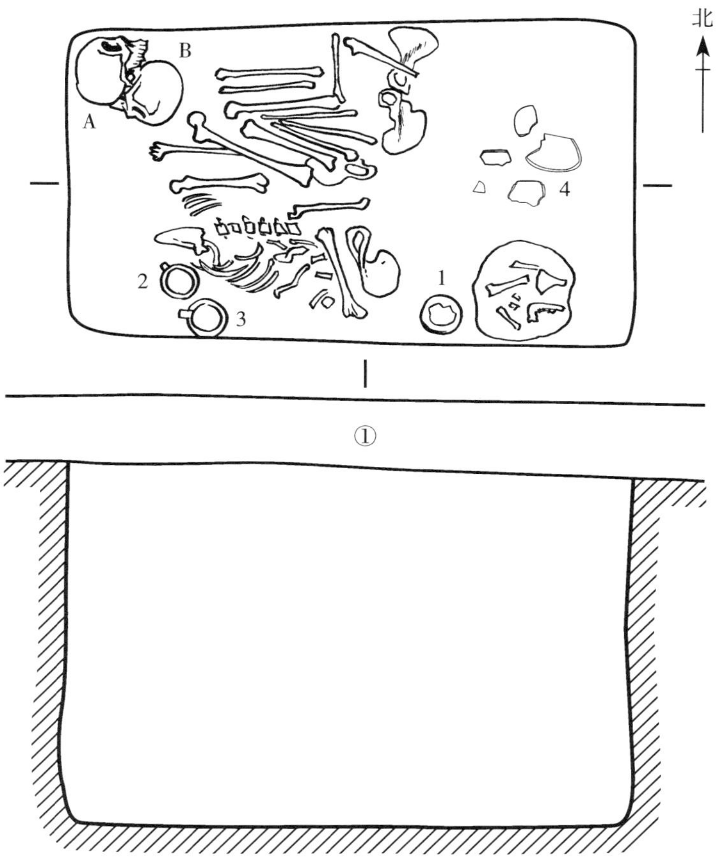

0　40 厘米

图七四五　ⅡM201 平、剖面图

1. 陶单耳罐　2、3. 陶单耳杯　4. 陶钵

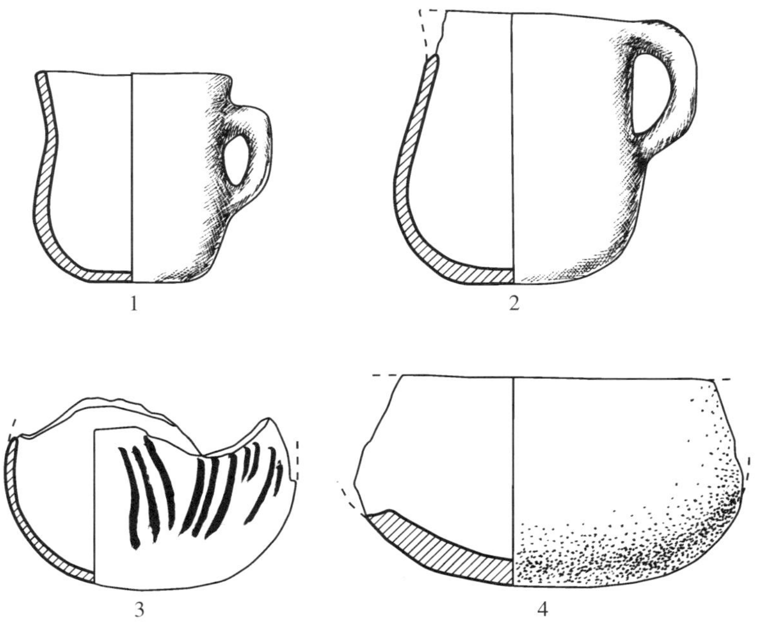

4. 0　4 厘米　余 0　3 厘米

图七四六　ⅡM201 随葬品

1、2. 陶单耳杯（ⅡM201：3、2）　3. 陶单耳罐（ⅡM201：1）　4. 陶钵（ⅡM201：4）

ⅡM202

墓葬概况

位于墓地东南部，北邻ⅡM201，西南邻ⅡM70，墓向 102°。C 型，长方形竖穴土坑墓，直壁。墓口距地表深 0.2 米，墓长 1.61、宽 0.9~1.03 米，墓深 1.21 米。填土中夹有土坯块。墓底有人骨一具，头东脚西，仰身屈肢，面上，双臂弯曲，双手置于胸部，左腿上屈倒靠在墓南壁上，右腿向内蜷曲。中年男性，年龄 50 岁左右。无葬具。颅骨左侧墓东南角放置木盆，盆内盛有羊椎骨，木盆西侧放有陶单耳罐，右腿膝部放陶釜，陶釜旁有陶单耳罐、陶双系罐，石杵位于人右股骨北侧（图七四七；图版三一，2）。

随葬品

出土陶、木、石器 6 件。

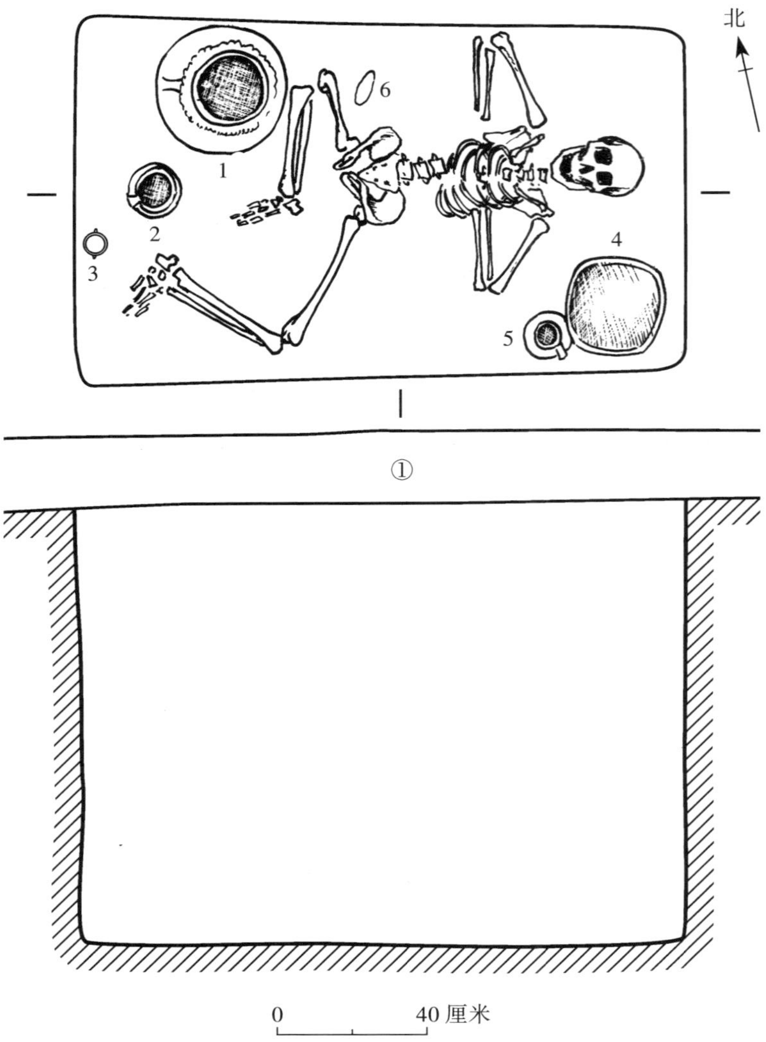

图七四七 ⅡM202平、剖面图

1. 陶釜 2、5. 陶单耳罐 3. 陶双系罐 4. 木盆 6. 石杵

1. 陶釜 夹砂红陶。广口，圆唇，深圆腹，小平底。颈肩处有一周附加堆锯齿纹，最大腹部有对称的两个小耳。器表有烟炱。口径23、底径10.88、高37.2厘米（图七四八，6；图版一一〇，1）。

2. 陶单耳罐 夹砂红陶。直口，圆唇，鼓腹，圜底，单耳由口沿下翻至腹部。口沿上有墨彩一周，器表通体饰纵向窄条纹，较密集，耳部饰两条纵向窄条纹。口径8.5、高11厘米（图七四八，5；图版五四，5）。

3. 陶双系罐 夹砂红陶。口微敛，方唇，垂腹，圜底近平，口沿下有对称双耳。口径3.9、高4.6厘米（图七四八，4；图版六三，4）。

4. 木盆 圆木掏挖、刻削而成。平面近圆形，直口，平沿，深腹，圜底，口沿下有把手，已残，唯见插柄的槽痕。口径27.4~27.6、高10.8厘米（图七四八，1）。

5. 陶单耳罐 夹砂红陶。直口，方唇，短颈，鼓腹，小平底，单耳由口沿下翻至腹部。口径7.6、高9.4、通高10厘米（图七四八，3；图版五四，6）。

6. 石杵 一面较平，上有红色染料遗留。长12.8、宽5.6、厚4.2厘米（图七四八，2；图版二〇五，7）。

ⅡM203

墓葬概况

位于墓地东南部，南邻ⅡM200，墓向109°。C型，圆角长方形竖穴土坑墓，直壁。墓形制规整。墓口距地

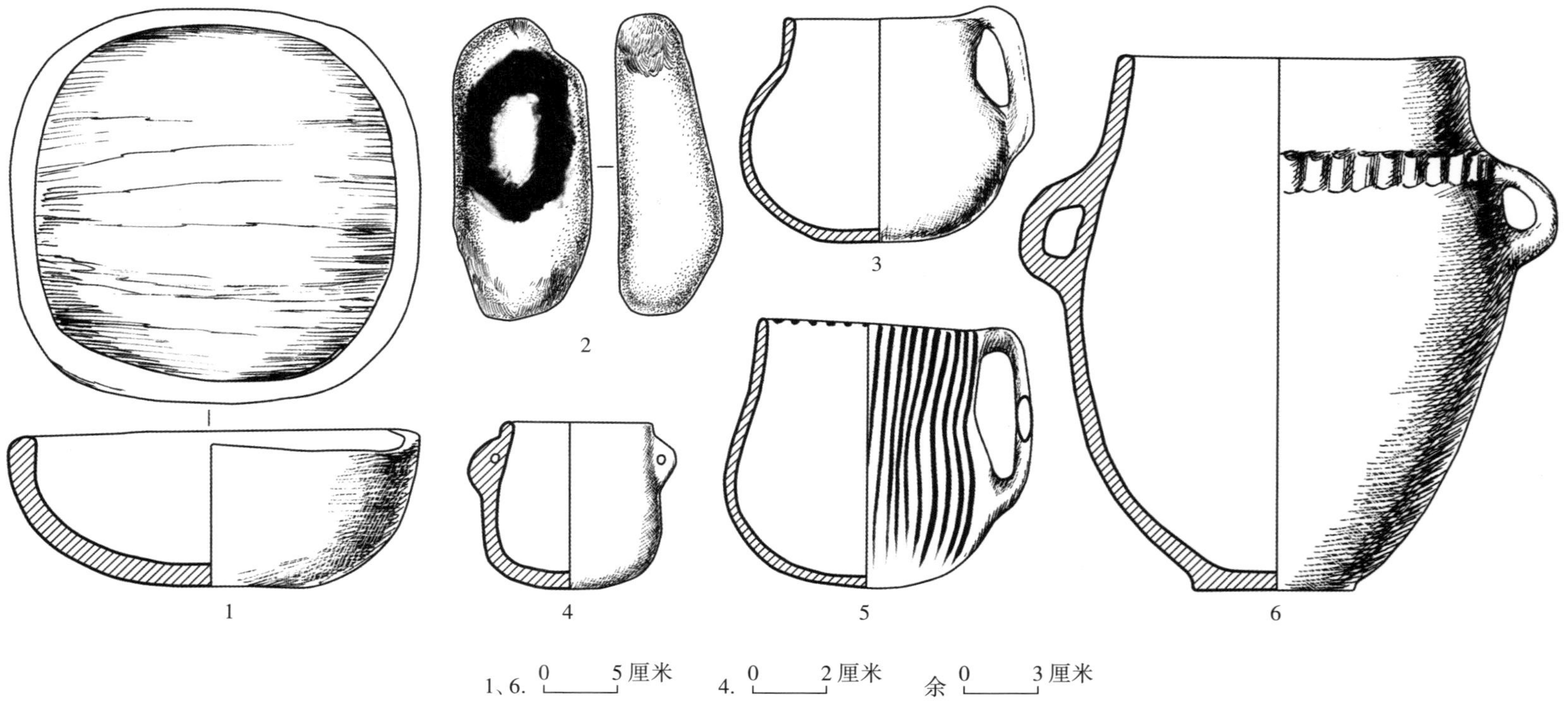

图七四八 ⅡM202随葬品

1. 木盆（ⅡM202：4） 2. 石杵（ⅡM202：6） 3、5. 陶单耳罐（ⅡM202：5、2） 4. 陶双系罐（ⅡM202：3） 6. 陶釜（ⅡM202：1）

表深0.2米，墓长1.52、宽0.8米，墓深1.4米。墓底有四个人颅骨，骨架凌乱，人骨多堆放在墓底北半部，其中只有B骨架为一次葬，头向西，侧身屈肢，其余三人均为二次葬。A为中年男性，年龄40~45岁；B为壮年男性，年龄30~35岁；C为壮年女性，年龄20~30岁，牙龋齿严重，头颅较小，发育不好；D头骨被压木盘下，壮年女性，年龄30~40岁。其中有一男性盆骨和髋骨、尾首增生长在一起。无葬具。墓底东南角有陶釜，东北角A头骨旁有陶单耳杯，木盘、陶单耳壶位于西南角，另一件陶单耳杯放在木盘内（图七四九）。

随葬品

出土陶、木器5件。

1. 陶釜　夹砂红陶。敞口，短颈，弧腹，小凸平底，腹部有对称竖宽耳。出土时内盛羊骨。口径17.7、底径11、高25.1厘米（图七五〇，4）。

2. 木盘　圆木刻削而成。平面呈圆角方形，敞口，浅腹，圜底，底有刀剁痕。短沿的一边沿下有短柄。出土时盘内盛有脊椎动物骨。口长径33.9、短径25、高9厘米（图七五〇，5；图版一三九，7）。

3. 陶单耳杯　夹砂红陶。口微敞，圆唇，弧腹，平底，单耳由口沿下翻至腹部。口径7.8、底径6.7、高10厘米（图七五〇，1）。

4. 陶单耳壶　夹砂红陶。敞口，颈稍长，鼓腹，小

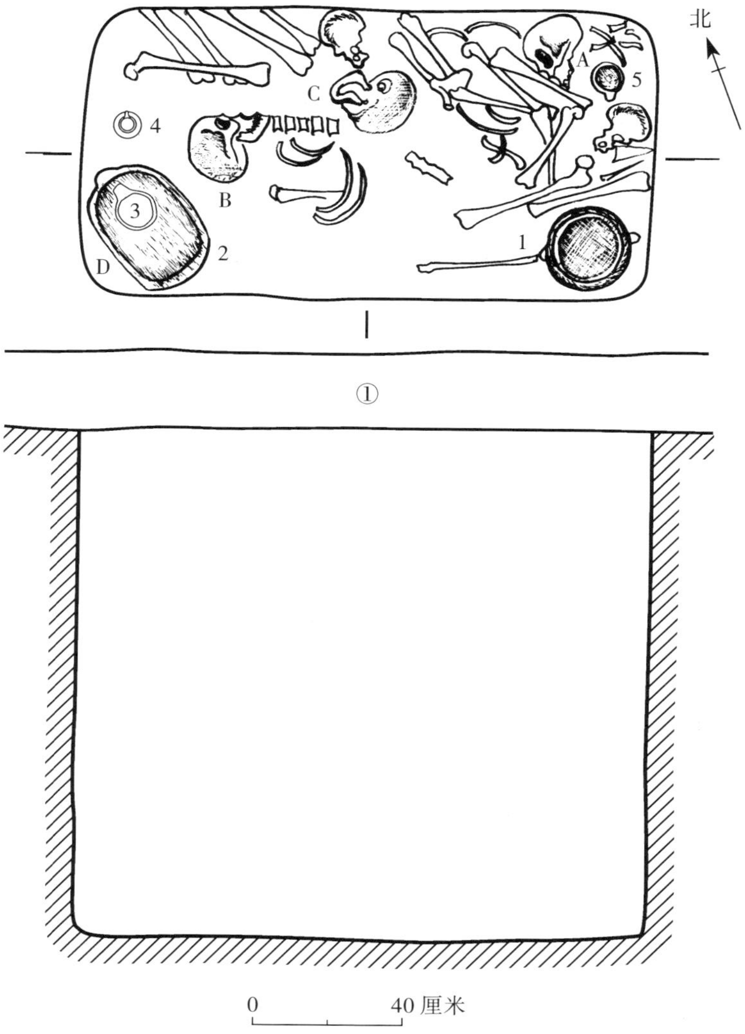

图七四九　ⅡM203平、剖面图

1. 陶釜　2. 木盘　3、5. 陶单耳杯　4. 陶单耳壶

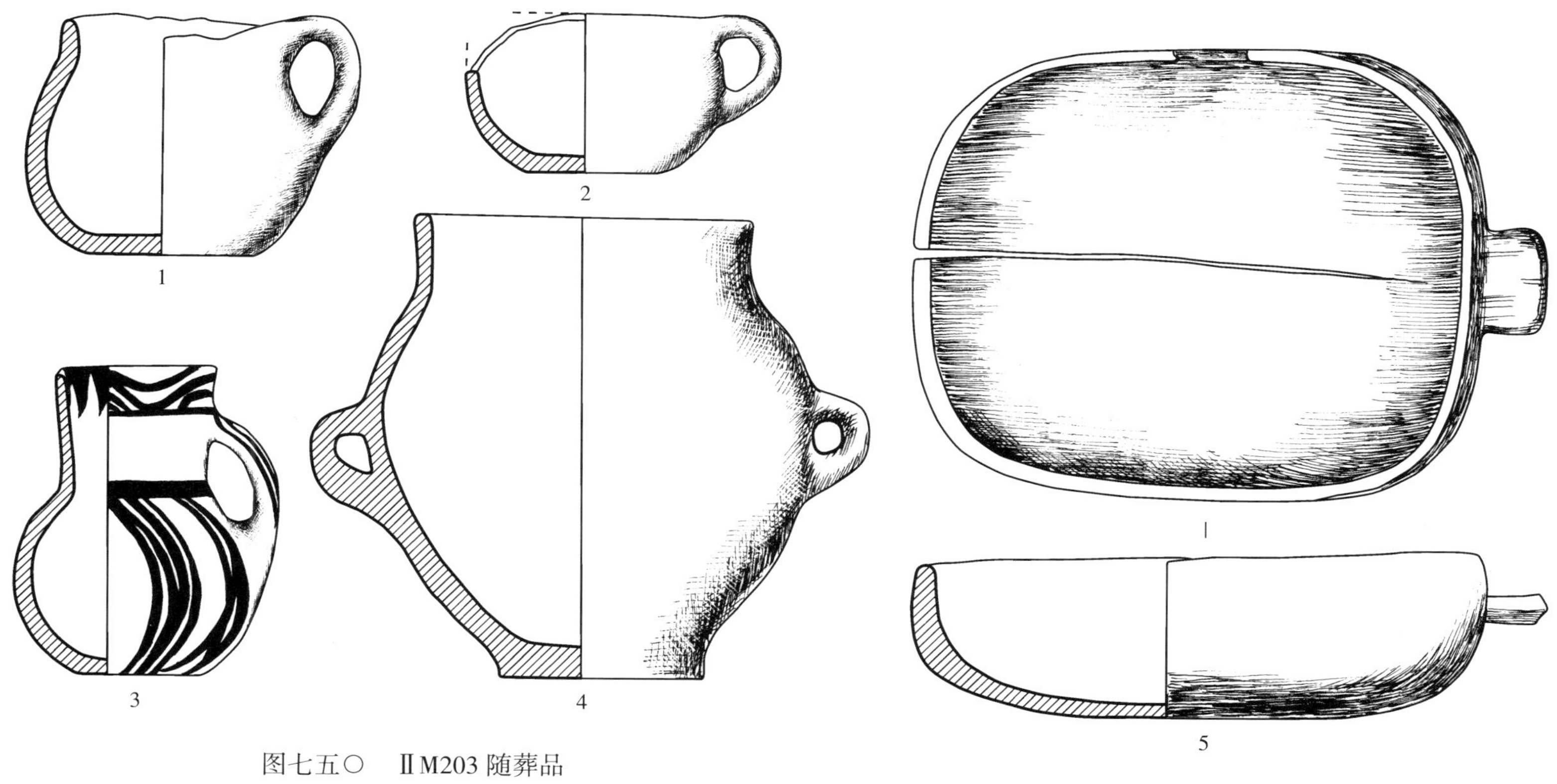

图七五〇　ⅡM203随葬品

1、2. 陶单耳杯（ⅡM203：3、5）　3. 陶单耳壶（ⅡM203：4）　4. 陶釜（ⅡM203：1）　5. 木盘（ⅡM203：2）

平底，单耳由颈上下翻至腹部。口沿内有连续倒三角纹，口沿外有水波纹，腹部及耳饰纵向弧形细条带纹。出土时，壶内盛有动物骨。口径6.1、底径4.6、高12.7厘米（图七五〇，3；图版一〇四，1）。

5. 陶单耳杯　夹砂红陶。敛口，弧腹，小平底，单耳由口沿下翻至腹部。口径9.3、底径5.3、高6.6厘米（图七五〇，2）。

ⅡM204

墓葬概况

位于墓地中部偏东，西邻ⅡM209，北邻ⅡM210，墓向91°。C型，圆角长方形竖穴土坑墓，直壁。墓形制规整。墓口距地表深0.2米，墓长2.01、宽1.21米，墓深1.5米。填土中有水浸形成的泥块，并含少量细沙。墓底有四足木尸床，已朽残，床面用细木棍铺成，木棍大多残断，木床残长1.53、宽0.88、高0.21米。人骨堆放在床下南侧，头骨位于床下北侧，单人葬，中年女性，年龄40岁左右。随葬的木桶位于床下北侧颅骨旁，木盘位于床下西侧，陶单耳杯在墓底东北角，皮腰带在东南部。尸床西南角有羊的下颌骨（图七五一）。

随葬品

出土木、陶器和皮制品4件。

1. 木桶　用圆木掏挖而成。筒形直壁，沿上有对称的两个立耳，立耳上各钻有小孔，桶底用木板从底部镶嵌。桶体表面线刻相随的北山羊和奔鹿各一只。北山羊有向后弯曲的大角，短尾，腿微弯曲，肥臀有肌肉感，一副急停状；奔鹿持屈肢奔驰状，短尾，飘逸的花角，作引颈长鸣状。口径15.9、底径14.7、高19、通高21.2厘米（图七五二，4；图版一三〇，3）。

2. 木盘　口呈长方形，方沿，浅腹，内圜底，外平底，盘壁钻有穿系小孔，底背面有刀剁痕。口径17.8~33.7、高5.6厘米（图七五二，3；图版一三九，8）。

3. 陶单耳杯　夹砂红陶。敞口，圆唇，圆腹，圜底，带状拱耳。素面。器表一侧有烟炱。口径7、高7.8厘米（图七五二，2）。

4. 皮腰带　牛皮革制。上有结、木扣、木销钉、皮鞘等部件（图七五二，1；图版二二四，4）。

ⅡM205

墓葬概况

位于墓地中部偏东，南邻ⅡM206，北邻ⅡM209，墓向114°。C型，长方形竖穴土坑墓，口小底大。墓口距地表深0.2米，墓口长1.54、宽1.12米，墓底长1.68、宽1.12米，墓深0.7米。墓内填满沙质土和草屑，埋葬有两层人骨架。上层骨架A略高出墓口，底距地表深0.36米，为一成年女性尸骨，头东脚西，侧身向右屈下肢，外着皮衣，内穿毛织衣裤，脚穿短靿皮靴（残），腰部南侧随葬陶单耳杯，还有皮马鞍、毛编织带和毛纺织物。无葬具。上层尸骨下为黄土，仅隔0.3米就见下层的陶釜上口，下层骨架位于墓底，中间有一具仰身屈肢骨架B，头西脚东，头枕皮枕，面向上，壮年男性，年龄20~30岁，其双手旁边各有一个人颅骨；右手旁为C，中年女性，年龄35~40岁；左手旁为D，未成年人。C、D两人的骨骼堆放在B骨架的脚下，为二次葬。墓底有草屑。东北一隅有陶釜、陶钵、木钻头、木柄铁锥和木器柄，西北部有陶单耳杯、陶盆、陶器残片，两件皮枕、木纺轮和皮辔头在西部，中南部有毛编织带三件、陶碗、陶单耳杯、陶筒形杯、石杵和木手杖等（图七五三；图版三一，3、4）。

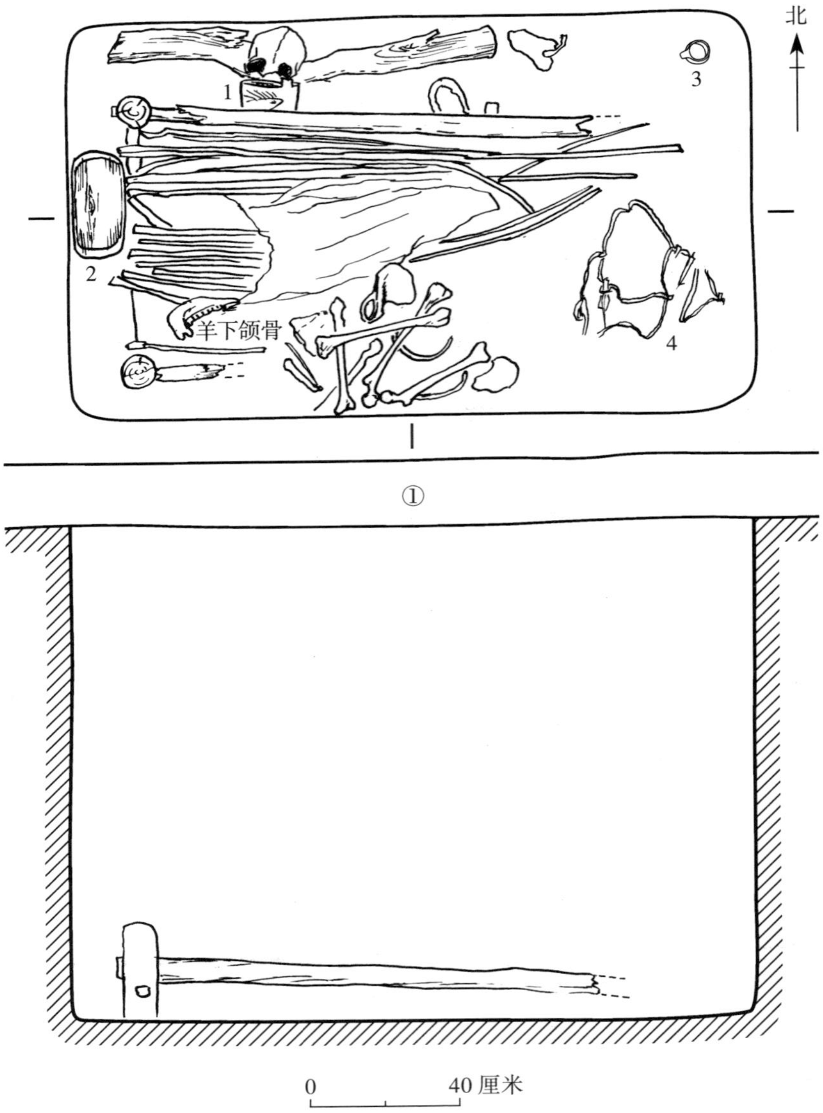

图七五一　ⅡM204平、剖面图

1. 木桶　2. 木盘　3. 陶单耳杯　4. 皮腰带

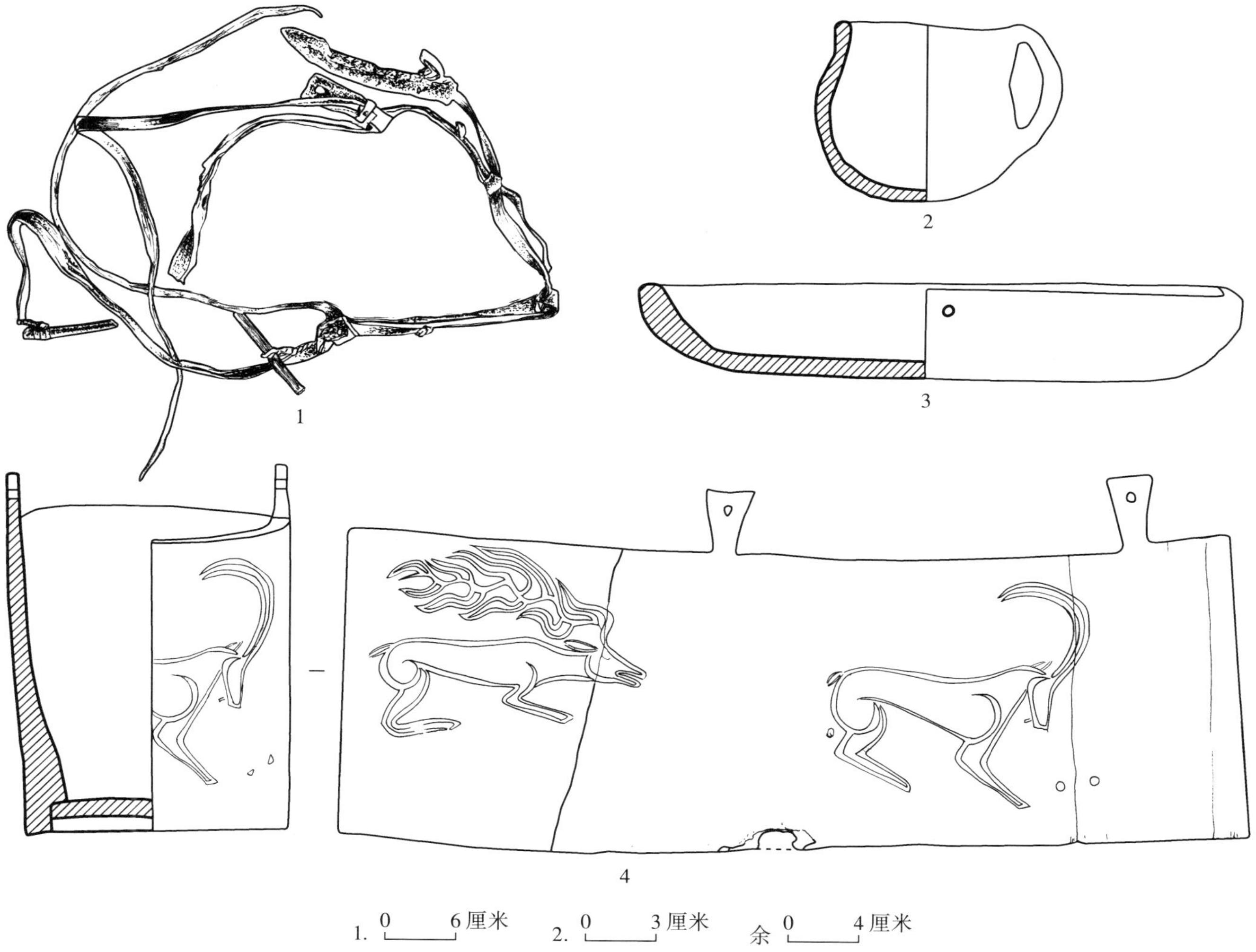

图七五二　ⅡM204随葬品

1. 皮腰带（ⅡM204：4）　2. 陶单耳杯（ⅡM204：3）　3. 木盘（ⅡM204：2）　4. 木桶（ⅡM204：1）

随葬品

出土陶、木、石、皮制品和毛纺织物等26件。

1. 陶单耳杯　夹砂红陶。敛口，圆唇，圆腹，圜底，单耳残。口径7、高7厘米（图七五四，2）。

2. 木纺轮　木片削制。圆形，中间有孔。直径5.3、孔径0.8、厚0.6厘米（图七五五，2）。

3. 陶釜　夹砂红陶。广口，方唇，圆深腹，小平底，上腹有对称的双耳。器表有烟炱。口径17、底径15.6、高32.8厘米（图七五四，9；图版一一〇，2）。

4. 陶钵　夹砂红陶。敛口，方唇，圆腹，小平底。器表施红色陶衣，底露胎。出土时钵内盛有动物骨块。口径22.4、底径8.2、高8.92厘米（图七五四，7；图版一一五，3）。

5. 陶筒形杯　夹砂红陶。敞口，方唇，折沿，筒腹，大平底，腹中部有一拱形单耳。口沿内外绘锯齿纹，腹部绘变形涡纹，纹内填竖平行线或网格纹。口径8.7、底径9.8、高9.9厘米（图七五四，8；图版九三，5）。

6. 陶盆　夹砂红陶。敞口，圆唇，斜直腹，平底，腹部有对称鼻纽。口径14.5、底径9.2、高7厘米（图七五四，5；图版一〇七，8）。

7. 陶器残片　夹砂红陶。内有颜料残迹。疑为调色之用。残宽13.5厘米（图七五四，4）。

8. 木器柄　由木管与骨连接而成，截面为圆形，骨端有穿孔，木管外缠绕有牛筋绳。长5.6、管径0.9厘米（图七五五，5；图版一八〇，6）。

9. 铁锥　以圆木为柄，锥呈四棱形，尖锐利。长12、柄径1.3厘米（图七五五，4；图版二〇五，3）。

10. 石杵　平面呈近椭圆形。两端有磨痕。长10.4、宽4.6、厚3.9厘米（图七五四，3；图版二〇五，8）。

11. 木手杖　自然柳树杆剔皮制作。微弯曲，后端利用自然弯度削制握柄，杖下端破裂，用麻绳缠扎。长104、直径2.3厘米（图七五五，10；图版一七〇，6）。

12. 毛编织带　为腰带的残段，用粗毛线编成，一端编出死扣，另一端有木扣扣结成圈。长80.2、宽4.3厘米（图七五五，1；图版二七三，3）。

13. 木钻头　通体圆润，呈近楔形，一端有黑色炭迹。

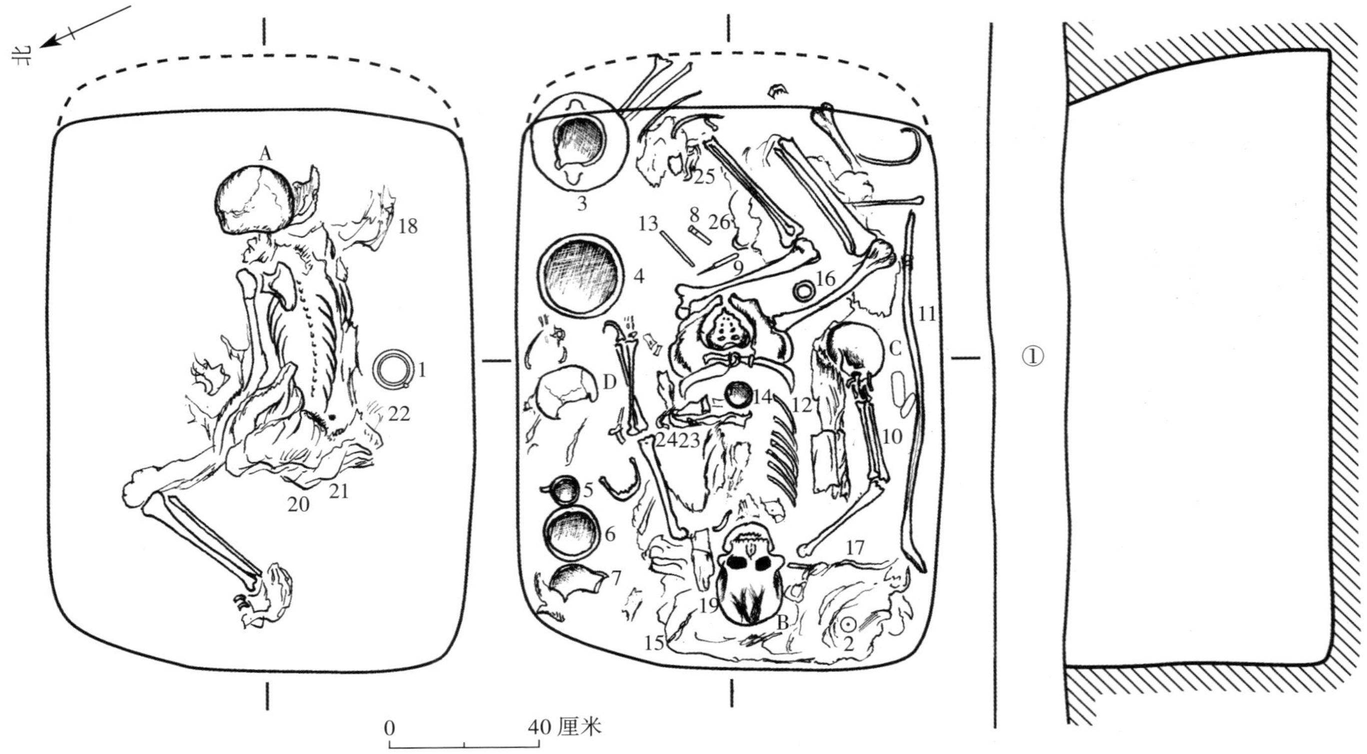

图七五三　ⅡM205 平、剖面图

1、16. 陶单耳杯　2. 木纺轮　3. 陶釜　4. 陶钵　5. 陶筒形杯　6. 陶盆　7. 陶器残片　8. 木器柄　9. 铁锥　10. 石杵　11. 木手杖　12、22~25. 毛编织带　13. 木钻头　14. 陶碗　15、19. 皮枕　17. 皮辔头　18. 毛绳　20. 皮马鞍　21. 毛纺织物　26. 毛毡

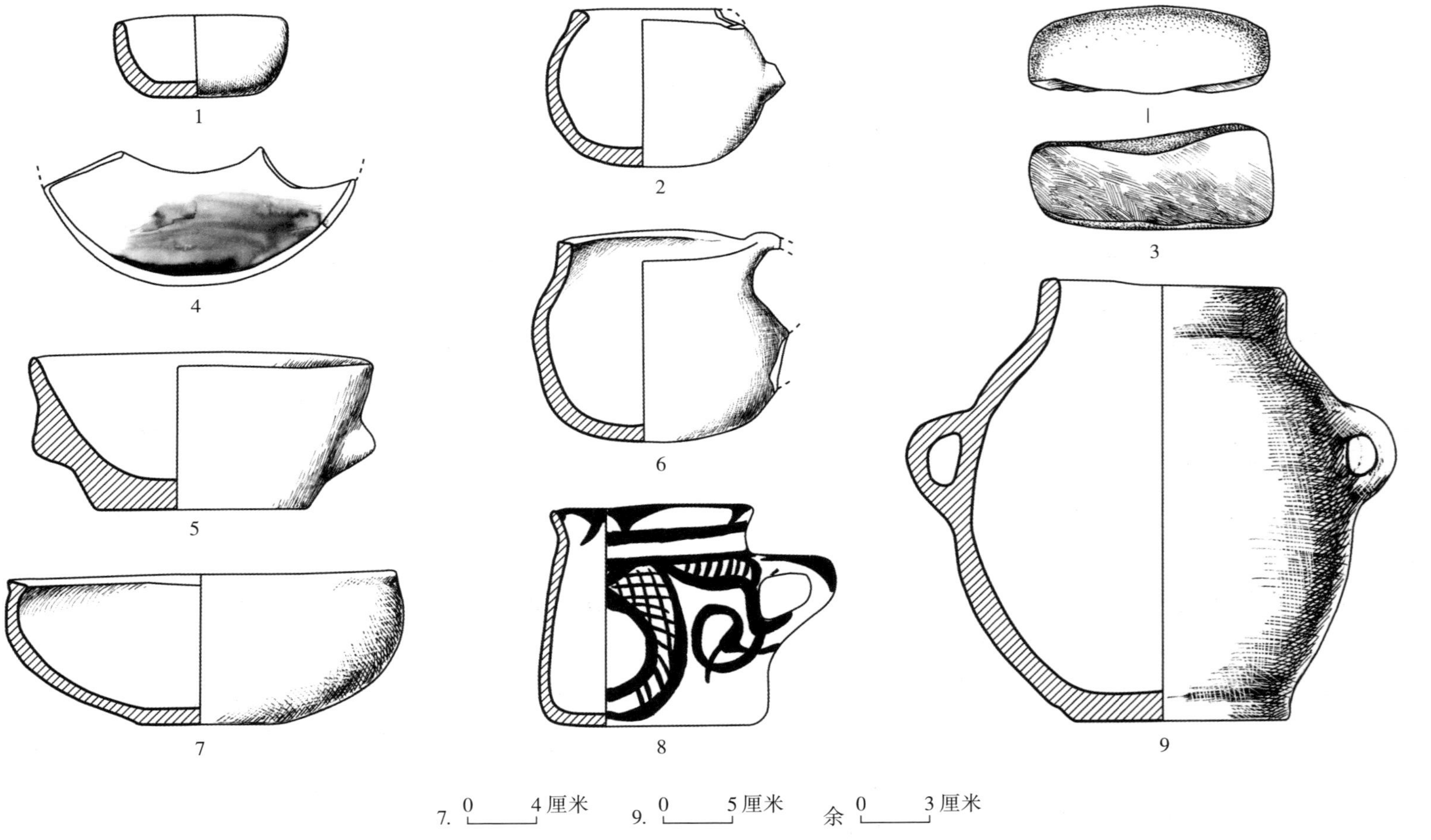

图七五四　ⅡM205 随葬品

1. 陶碗（ⅡM205：14）　2、6. 陶单耳杯（ⅡM205：1、16）　3. 石杵（ⅡM205：10）　4. 陶器残片（ⅡM205：7）　5. 陶盆（ⅡM205：6）　7. 陶钵（ⅡM205：4）　8. 陶筒形杯（ⅡM205：5）　9. 陶釜（ⅡM205：3）

用在木取火棒的前端。长 10.5、直径 1 厘米（图七五五，3）。

14. 陶碗　夹砂红陶。敞口，圆唇，浅腹，平底。器表较光滑。口径 7.2、底径 4、高 3.7 厘米（图七五四，1；图版一二〇，3）。

15. 皮枕　由羊皮大衣袖改制，用毛绳扎捆成长方体。长 37.8、宽 25.76、厚 9 厘米（图七五五，8）。

16. 陶单耳杯　夹砂红陶。口微敛，方唇，圆腹，圜底，由沿下至腹部有一单耳，残。口径 8、高 9.6 厘米（图七五四，6）。

17. 皮辔头　残段，用牛皮缝制。上存皮扣一个。带宽 3.6、厚 0.3 厘米（图七五五，6）。

18. 毛绳　一团。用羊毛拧成，松散，粗细差别较大（图版二七四，3）。

19. 皮枕　整块羊皮革缝制。一面有红色折线纹。长 14.4、宽 6 厘米（图七五五，7）。

20. 皮马鞍　由牛皮革缝制。两扇中间可折动，内填鹿毛、驼毛、茅草等。无鞍鞒。长 43.2、宽 46 厘米（图七五五，9；图版二二五，5）。

21. 毛纺织物　黄色斜褐残片，现残存斜纹毛纺织物。残长 51、宽 60、厚 0.331 厘米。由多片不规则的斜褐拼接而成，现存九片，有两种斜纹组织法（图版二七三，5）。

22. 毛编织带　棕黄色，已残为两截，1/1 平纹编织法。总长 62、宽 2 厘米（图版二七四，4）。

23. 毛编织带　黄色，现仅残存一个结扣。长 48.5

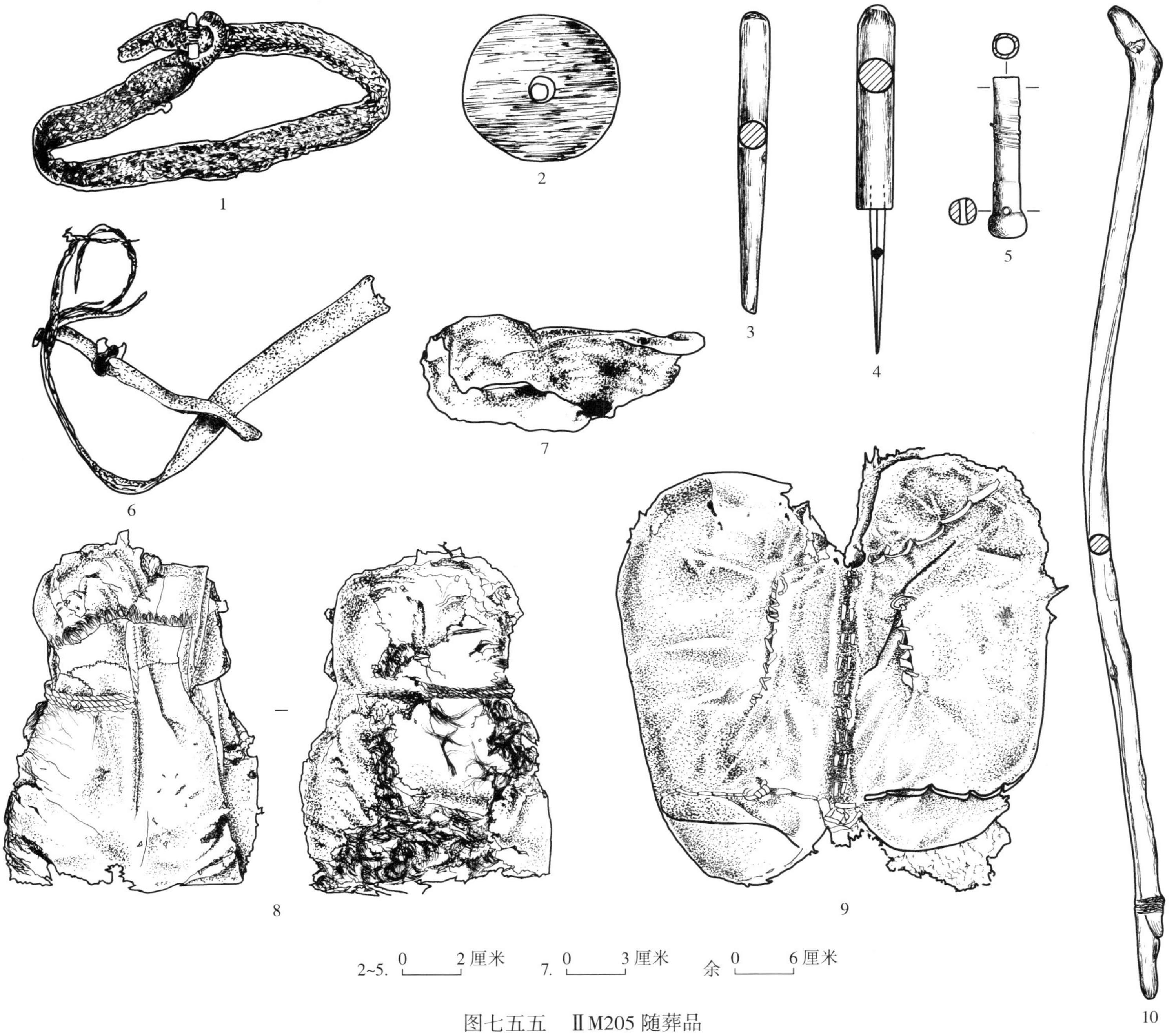

图七五五　ⅡM205 随葬品

1. 毛编织带（ⅡM205：12）　2. 木纺轮（ⅡM205：2）　3. 木钻头（ⅡM205：13）　4. 铁锥（ⅡM205：9）　5. 木器柄（ⅡM205：8）　6. 皮辔头（ⅡM205：17）　7、8. 皮枕（ⅡM205：19、15）　9. 皮马鞍（ⅡM205：20）　10. 木手杖（ⅡM205：11）

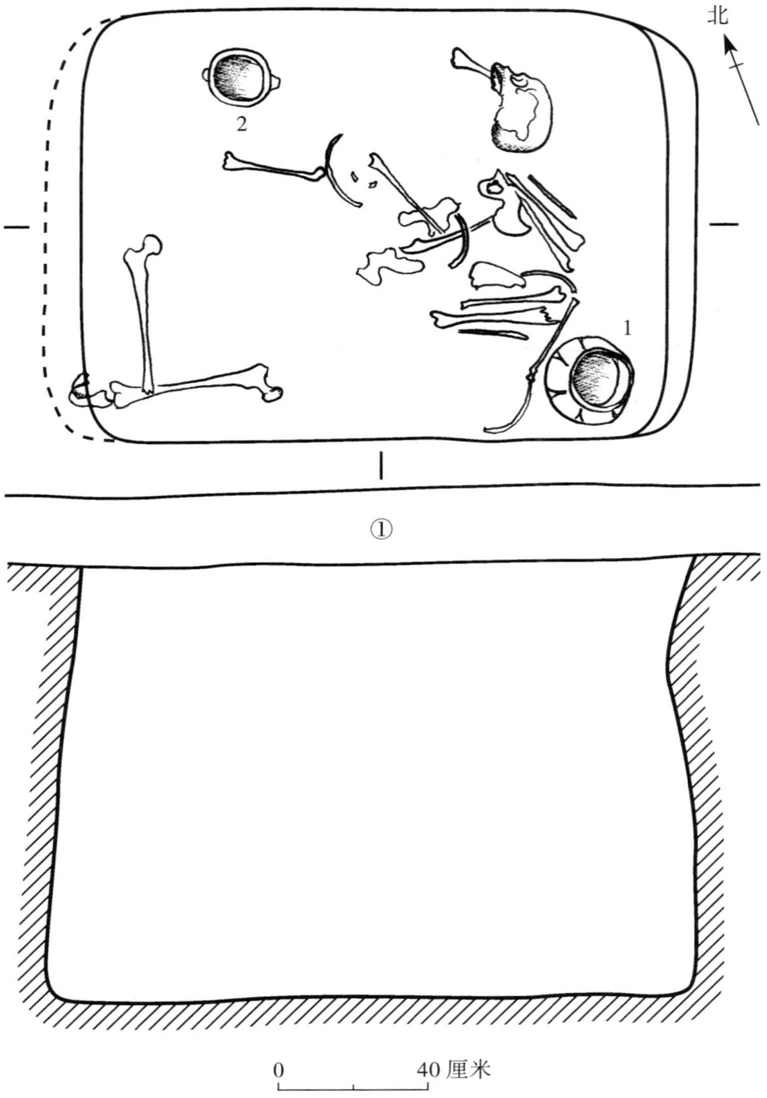

图七五六 ⅡM206平、剖面图
1. 陶釜 2. 陶盆

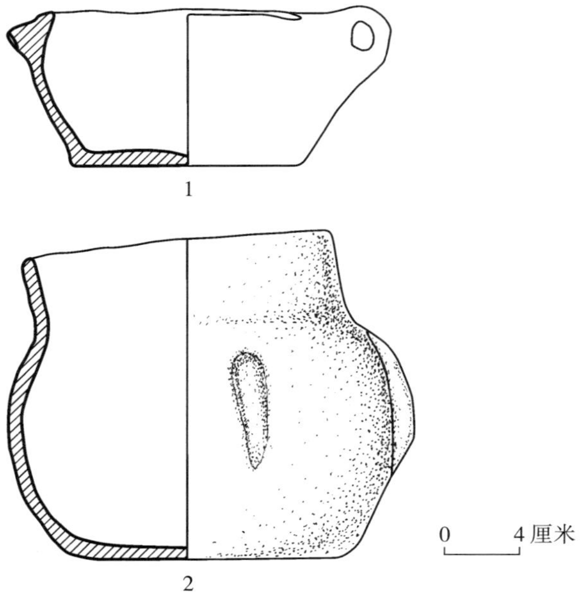

图七五七 ⅡM206随葬品
1. 陶盆（ⅡM206：2） 2. 陶釜（ⅡM206：1）

厘米。编织带中间由两组合捻毛纱，拉向中央以1/1法编织（图版二七四，2）。

24. 毛编织带 深黄色，残为四段。麻花辫式编织法，表面呈四条疏松斜线每条间可见低凹的交织点，整体呈立体状。总长131、宽2厘米（图版二七四，1）。

25. 毛编织带 黄棕色，已残为八段。现存总长320、厚0.098厘米。

26. 毛毡 残破严重。现长23、宽10、厚0.253厘米。

ⅡM206

墓葬概况

位于墓地中部偏东，北邻ⅡM205，南邻ⅡM73，墓向108°。C型，长方形竖穴土坑墓，口小底大。墓口距地表深0.2米，墓口长1.62、宽1.17米，墓底长1.72、宽1.17米，墓深1.18米。填土中有土坯块和草屑。墓底有人骨一具，骨骼残缺不全，颅骨位于东北部，二股骨在西南角，还有骨骼在中东部，中年女性，年龄35~40岁，似二次葬。无葬具。墓底东南角放置陶釜，西北部出土陶盆（图七五六）。

随葬品

出土陶器2件。

1. 陶釜 夹砂红陶。广口，圆唇，鼓腹较浅，大平底，腹部均匀分布有五个附加的竖条状鋬。器表有烟炱。口径16.4、底径14、高17.6厘米（图七五七，2；图版一一〇，6）。

2. 陶盆 夹砂红陶。敛口，方唇，圆腹斜收，平底，沿外有对称的一宽带拱耳和横形鋬耳。素面。口径16.6、底径12、高8.8厘米（图七五七，1；图版一〇八，1）。

ⅡM207

墓葬概况

位于墓地中部偏东，东南邻ⅡM206，西北邻ⅡM208，墓向94°。C型，圆角长方形竖穴土坑墓，直壁。墓形制规整。墓口距地表深0.2米，墓长1.9、宽1.2米，墓深1.3米。填土中有土坯块和草屑等。墓底人骨凌乱，缺失较多，颅骨位于东壁下，青年女性，年龄20~25岁，似为二次葬，无葬具。西南角随葬有羊头一个。随葬的陶罐在东部头骨旁，陶单耳杯和陶单耳罐在东南部，泥饼在东北部（图七五八）。

随葬品

出土陶器4件。

1. 陶罐 夹砂红陶。口微敞，圆唇，圆腹，圜底近平。口沿下有对称的两个圆形穿孔。口径7.4、腹径9.3、高9.6

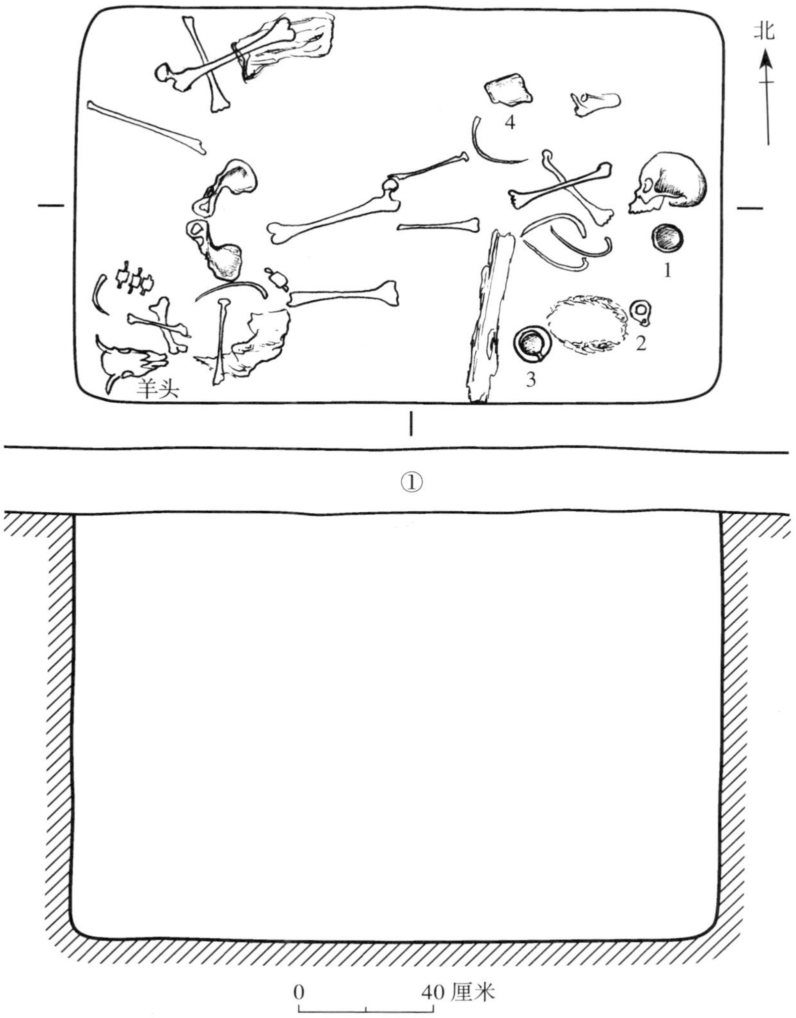

图七五八 ⅡM207 平、剖面图

1. 陶罐 2. 陶单耳杯 3. 陶单耳罐 4. 泥饼

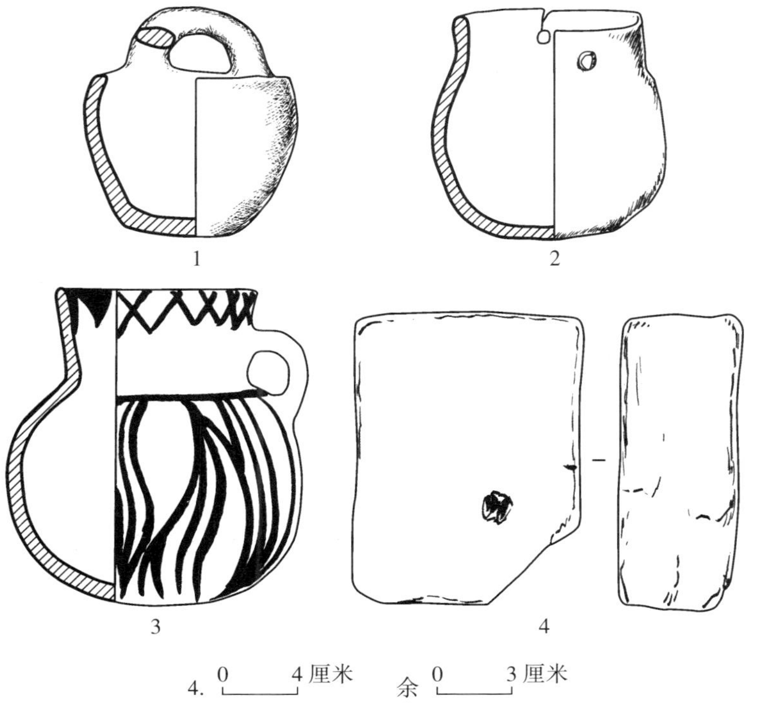

图七五九 ⅡM207 随葬品

1. 陶单耳杯（ⅡM207：2） 2. 陶罐（ⅡM207：1） 3. 陶单耳罐（ⅡM207：3） 4. 泥饼（ⅡM207：4）

厘米（图七五九，2；图版六六，4）。

2. 陶单耳杯 夹砂红陶。敛口，圆唇，小平底，口沿上有环形单立耳。口径 7.6、底径 4.3、高 6.7、通高 9.6 厘米（图七五九，1；图版九二，6）。

3. 陶单耳罐 夹砂红陶。敞口，短颈，圆腹，圜底，口沿下有单耳。口沿内饰连续锯齿，口沿外饰交叉斜线纹，腹部饰变形涡纹。口径 7.9、腹径 11.8、高 13 厘米（图七五九，3；图版六〇，3）。

4. 泥饼 平面呈长方形，上面有用手指戳印的圆点。长 16、宽 12、厚 6 厘米（图七五九，4）。

ⅡM208

墓葬概况

位于墓地中部偏东，东南邻ⅡM207，东邻ⅡM209，墓向 105°。C 型，圆角长方形竖穴土坑墓，直壁。墓形制规整。墓口距地表深 0.19 米，墓长 1.52、宽 1 米，墓深 1.1 米。填土中夹有土坯块、草屑等。头骨位于东北角，其他各部位骨骼散见于墓底，成年女性，似二次葬或经扰乱。东南角有陶单耳罐、陶钵（图七六〇）。

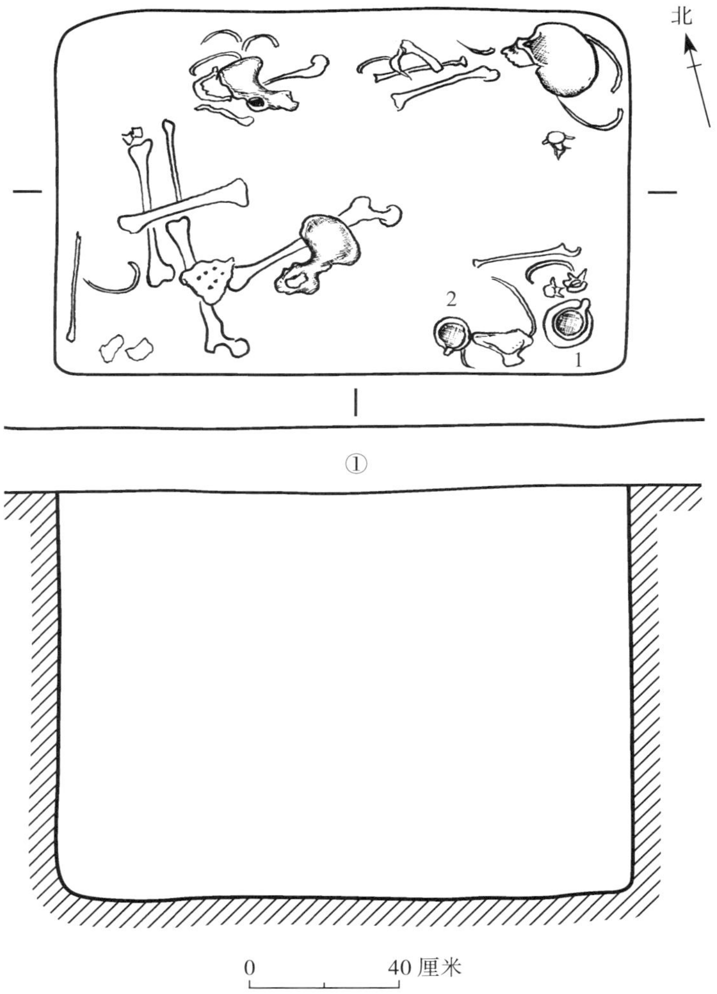

图七六〇 ⅡM208 平、剖面图

1. 陶单耳罐 2. 陶钵

随葬品

出土陶器 2 件。

1. 陶单耳罐　夹砂红陶。直口，圆唇，短颈，鼓腹，圜底，单耳由口沿下翻至腹部。口沿内外饰锯齿纹一周，颈部饰一周线纹，腹部饰变形涡纹。口径 8.6、腹径 13.2、高 13.5 厘米（图七六一，2；图版五五，1）。

2. 陶钵　夹砂红陶。口微敛，方唇，底近平，口沿一侧有横耳，耳上有小穿孔。口径 8.6、底径 3.6、高 5.6 厘米（图七六一，1；图版一一五，4）。

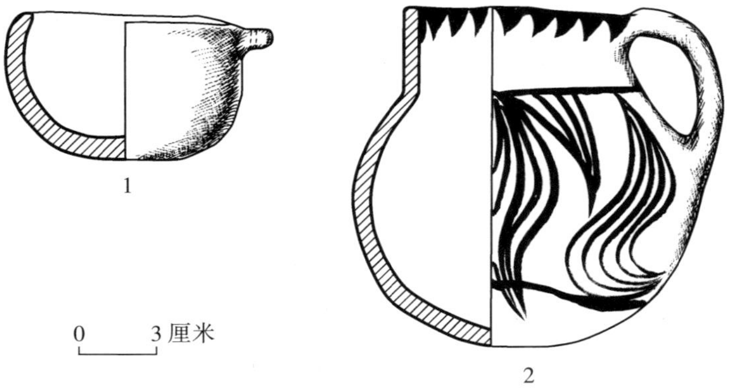

图七六一　ⅡM208 陶器

1. 陶钵（ⅡM208：2）　2. 陶单耳罐（ⅡM208：1）

ⅡM209

墓葬概况

位于墓地中部偏东，南邻ⅡM205，东邻ⅡM204，墓向 99°。C 型，长方形竖穴土坑墓，口小底大，呈袋状。墓口距地表深 0.2 米，墓口长 1.55、宽 0.88~1 米，墓底长 1.82、宽 0.85~1 米，墓深 1.09 米。填土中夹有草屑、土坯块等。人骨架堆放在墓底中部，颅骨在偏东位置，人骨和皮衣残片在一起，并有股骨、胫骨、髂骨出露。中年男性（？），年龄 40~50 岁。为二次葬。在墓底东南角出土陶单耳罐、陶单耳杯，南壁下有木纺轮，接近颅骨处见有珠饰（图七六二）。

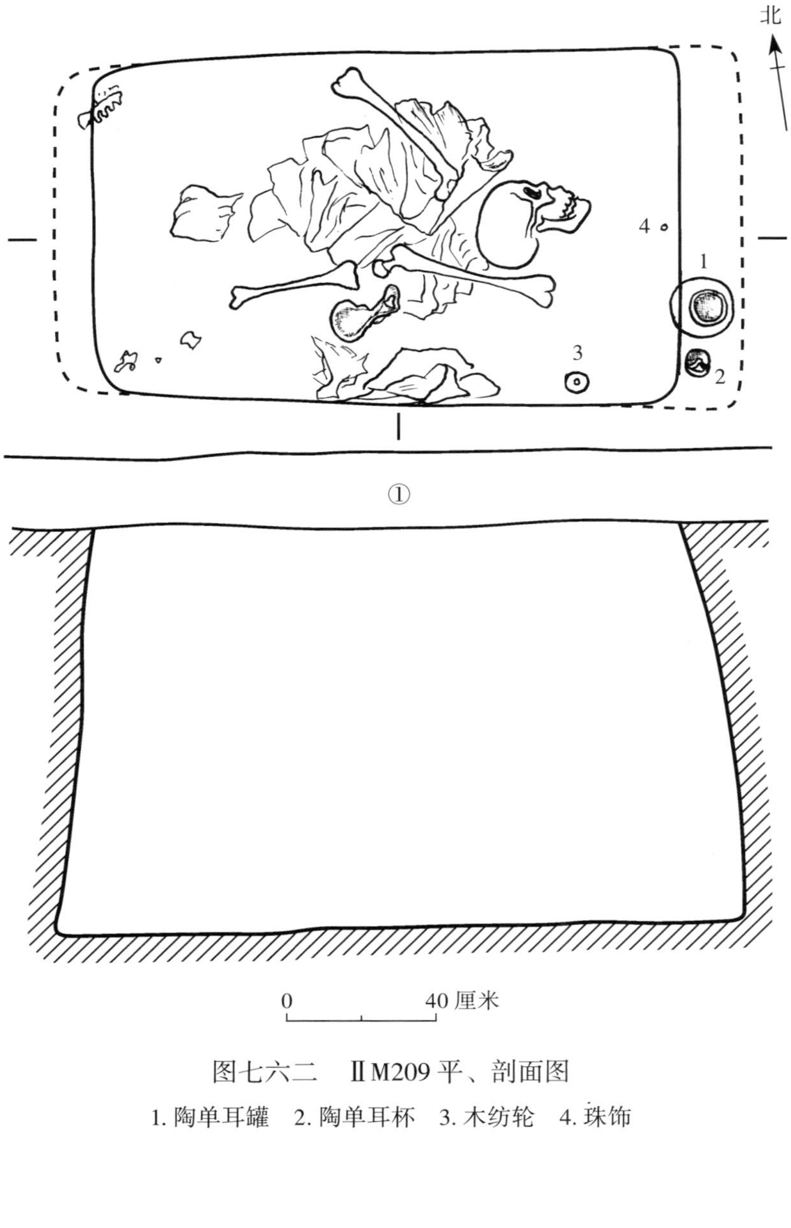

图七六二　ⅡM209 平、剖面图

1. 陶单耳罐　2. 陶单耳杯　3. 木纺轮　4. 珠饰

随葬品

出土陶、木器和珠饰 4 件。

1. 陶单耳罐　夹砂红陶。直口，圆唇，圆垂腹，圜底，耳残。内沿饰锯齿纹，外沿饰曲波纹，腹绘涡纹，涡纹内填饰平行线。口径 9、腹径 12.8、高 12 厘米（图七六三，4；图版五五，2）。

2. 陶单耳杯　泥质红陶。敞口，圆鼓腹，圜底，拱形耳立于沿上。素面。口径 7.4、高 6.9、通高 10.6 厘米（图七六三，3；图版九三，1）。

3. 木纺轮　木板刻制。圆饼状，一边残，上面平，底呈弧拱形。中间有线轴孔。直径 6.9、厚 1.6 厘米（图

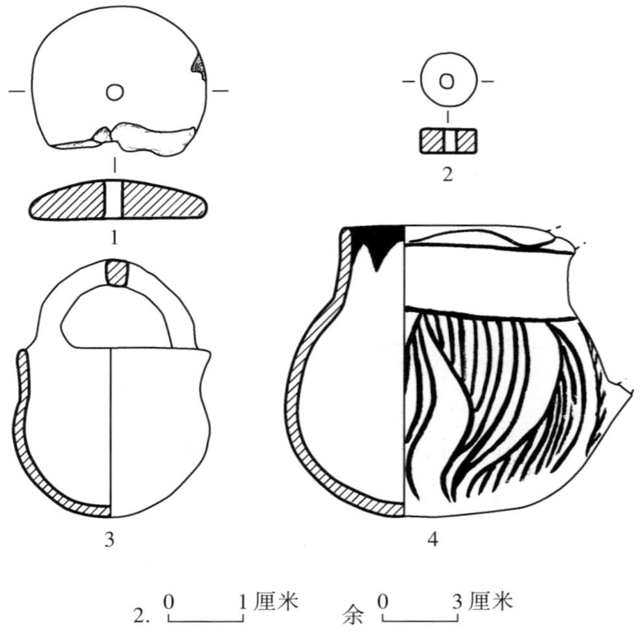

图七六三　ⅡM209 随葬品

1. 木纺轮（ⅡM209：3）　2. 珠饰（ⅡM209：4）　3. 陶单耳杯（ⅡM209：2）　4. 陶单耳罐（ⅡM209：1）

七六三，1）。

4. 珠饰　绿松石。呈圆管状。直径 0.75、高 0.35 厘米（图七六三，2）。

ⅡM210

墓葬概况

位于墓地中部偏东，南邻ⅡM204，东邻ⅡM211，墓向 117°。C 型，长方形竖穴土坑墓，直壁。墓口距地表深 0.2 米，墓长 1.77、宽 1.02 米，墓深 1 米。填土内有大量的芦苇草和骆驼刺，应为墓口原棚盖坍塌下来的物品。墓底有人骨架一具，颅骨移位到西北角，仰身屈肢，头东脚西，壮年男性，年龄 25~35 岁，单人葬。无葬具。在墓底东南角出土陶单耳罐，左腿南侧出土残断成两节的木旋镖，脚下有泥制吹风管，中南部左肘旁有已经破碎的泥质坩埚，砺石位于右膝北侧颅骨旁（图七六四；图版三一，5）。

随葬品

出土陶、木、泥质器物等 5 件。

1. 陶单耳罐　夹砂红陶。敞口，圆唇，短颈，鼓腹，圜底近平，单耳由口沿下翻至腹部。口沿内饰一周锯齿纹，通体饰由三角延伸的竖条带纹，耳上有三条交汇的弧线纹。口径 10、腹径 14.4、高 15 厘米（图七六五，4；图版四八，1）。

2. 木旋镖　棍体呈扁平状，弯曲成 85° 拐角，长端有手柄，靠近拐角处断裂，钻孔穿皮条加固。长 56、最

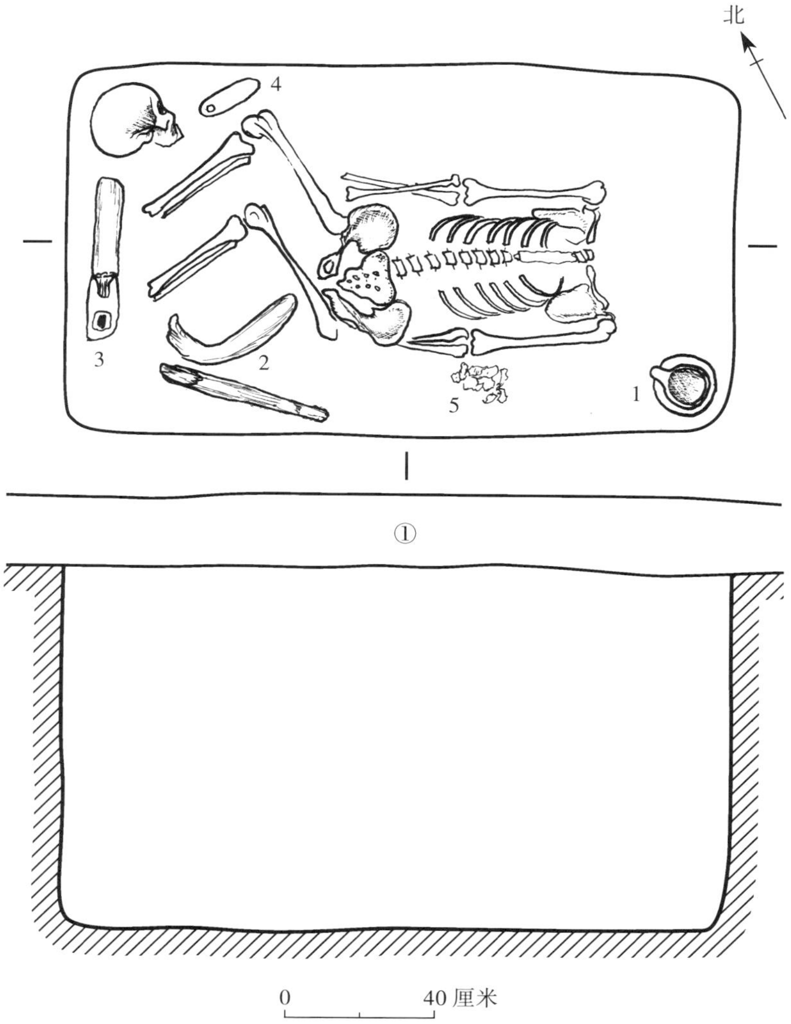

图七六四　ⅡM210 平、剖面图
1. 陶单耳罐　2. 木旋镖　3. 泥吹风管　4. 砺石　5. 坩埚

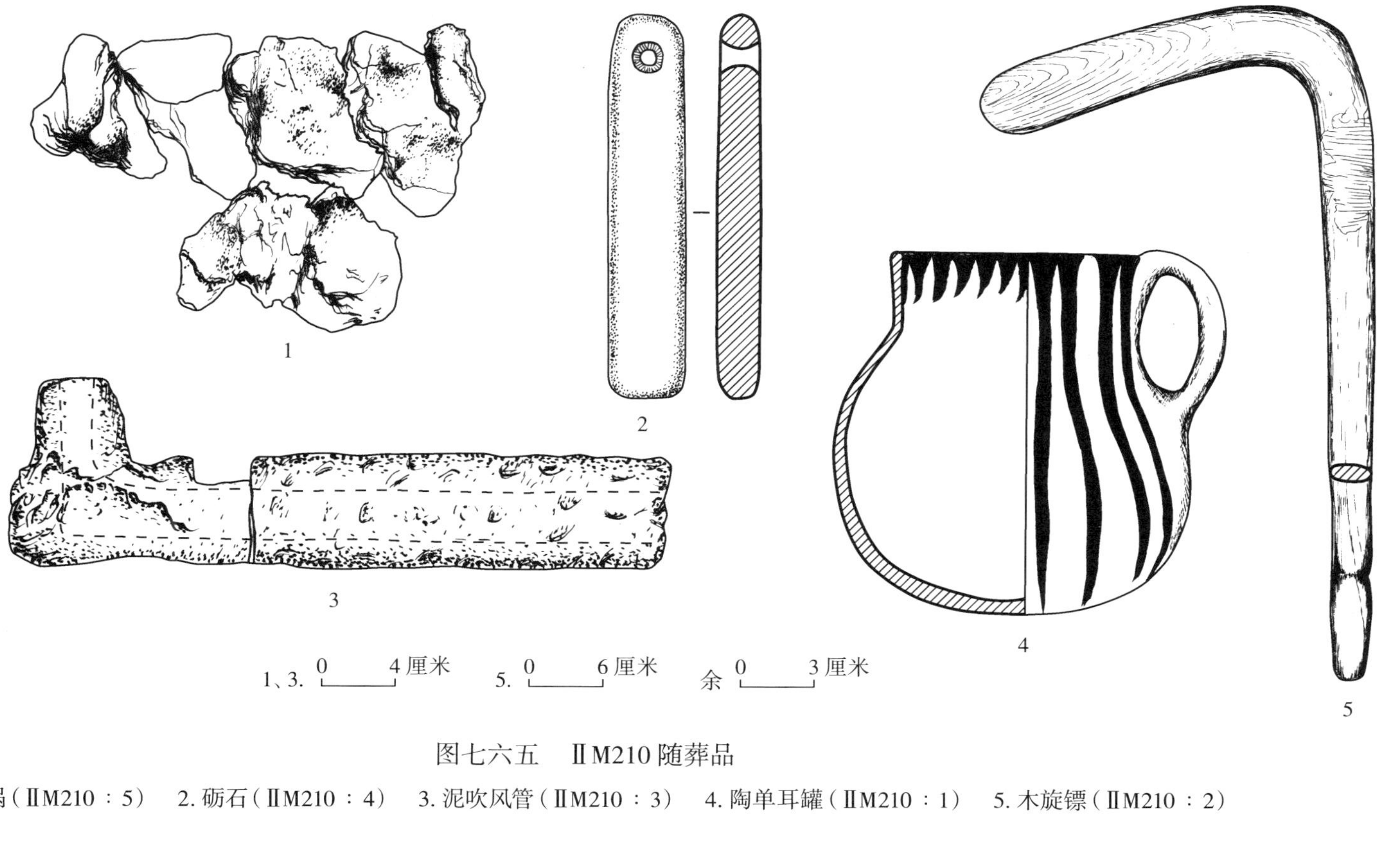

图七六五　ⅡM210 随葬品
1. 坩埚（ⅡM210：5）　2. 砺石（ⅡM210：4）　3. 泥吹风管（ⅡM210：3）　4. 陶单耳罐（ⅡM210：1）　5. 木旋镖（ⅡM210：2）

大宽 5.6、厚 1.4 厘米（图七六五，5；图版一七〇，1）。

3. 泥吹风管　黄泥手工制成。圆管状，细长，有直角拐把，内空洞。拐把短头套接两个插入炼炉的“猪嘴”，已经烧结成琉璃状。长 35.2、直径 6.4、内孔径 2.8 厘米（图七六五，3；图版二一四，5）。

4. 砺石　灰砂岩。长条形，扁平状，顶部圆钝，有圆形穿孔，个体修长。长 15.8、宽 3.2、厚 1.8 厘米（图七六五，2；图版二〇八，3）。

5. 坩埚　残片，泥质已硬化成红陶。厚壁，敞口，平底。口径 25、壁厚 2.5 厘米（图七六五，1）。

ⅡM211

墓葬概况

位于墓地中部偏东，西邻ⅡM210，西南邻ⅡM204，墓向 110°。C 型，长方形竖穴土坑墓，口小底大，呈袋状。地表呈东高西低的斜坡，表层为戈壁沙石和黄沙土。墓口距地表深 0.14~0.24 米，墓口长 1.36、宽 0.59 米，墓底长 1.6、宽 0.89 米，墓深 1.28~1.32 米。填土中夹有大量的草屑、土坯块和小石子，为棚盖坍塌下来的物品。墓底有两具人骨架，骨骼散乱于墓底周壁下，似为二次葬，偏东的颅骨为 A，青年女性，年龄 17~25 岁；B 为中年女性，年龄 45~55 岁。墓底铺干草，西部随葬有羊头。随葬品分散于墓底，北部顺墓壁边从西向东依次有毛编织带接裙、皮囊、毛纺织物、木花押、木盘、木纺轮、木线轴、陶纺轮、皮画，东部有陶器残片，木盘、陶仿木桶杯、陶勺、陶单耳罐、陶碗、木构件、木钵、陶单耳杯、木橛、角梳位于中部（图七六六）。

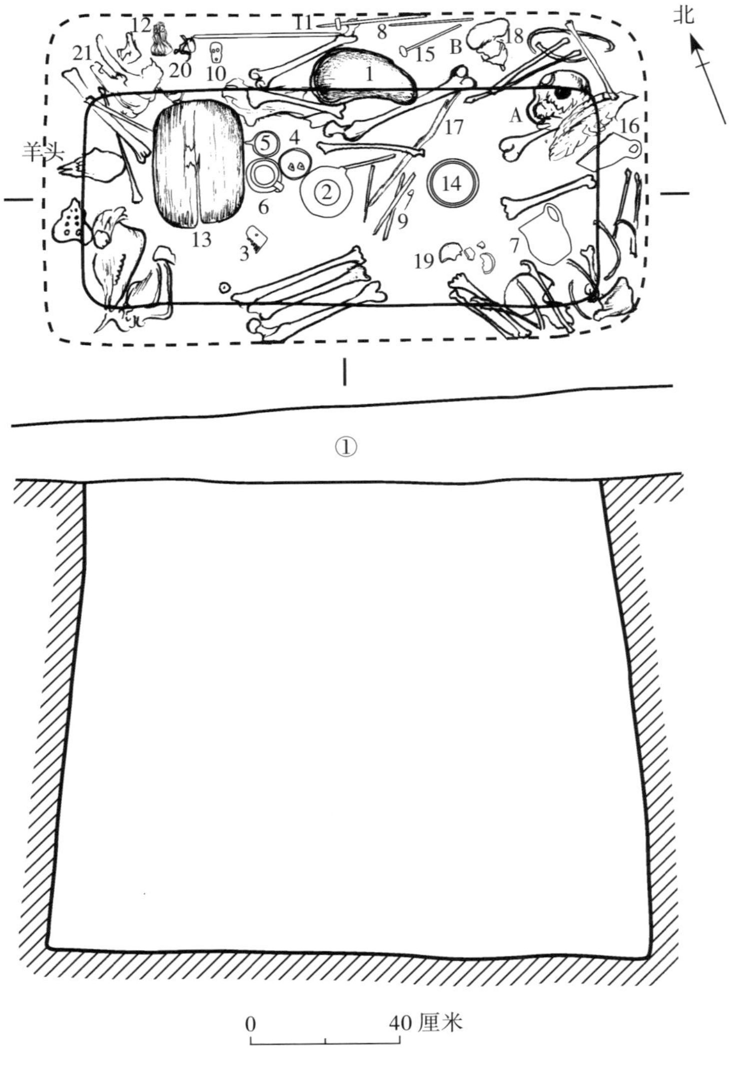

图七六六　ⅡM211 平、剖面图

1、13. 木盘　2、19. 陶碗　3. 角梳　4. 陶仿木桶杯　5. 陶勺　6. 陶单耳罐　7. 陶单耳杯　8. 木线轴　9. 木构件　10. 木花押　11. 木纺轮　12. 皮囊　14. 木钵　15. 陶纺轮　16. 陶器残片　17. 木橛　18. 皮画　20. 毛纺织物　21. 毛编织带接裙

随葬品

出土木、陶、皮制器和毛纺织品 21 件。

1. 木盘　圆木挖削制作。平面呈“月牙”形，敞口，浅腹，圜底近平，月缺边有穿皮绳孔。口径 21~31.2、高 5.8 厘米（图七六七，11；图版一四一，2）。

2. 陶碗　夹砂红陶。敛口，方唇，圆腹，平底，沿至上腹有宽带小耳。素面。口径 13.2、底径 8.3、高 7.2、通高 8.4 厘米（图七六八，7；图版一二〇，4）。

3. 角梳　呈长方形，直背，齿多残断，背中部有圆孔。残长 5.1、宽 5.9、厚 0.8、残齿长 1.8 厘米（图七六七，2；图版一九四，7）。

4. 陶仿木桶杯　敞口，仿木桶的双立耳，耳上有穿孔。口沿内饰锯齿纹，器表饰飘逸的斜线，均为红彩。口径 8.4、底径 5.2、高 6.9、通高 8.1 厘米（图七六八，1；图版九八，4）。

5. 陶勺　夹砂红陶。敞口，圆唇，圆腹，圜底，腹部有一横柄。素面。口径 6.6、高 4 厘米（图七六八，2；图版一二五，3）。

6. 陶单耳罐　夹砂红陶。敞口，方唇，束颈，鼓腹，圜底，颈至腹部有一宽带耳。外沿下饰宽带纹黑彩，腹部饰弦线带纹。口径 7、腹径 8.4、高 12 厘米（图七六八，4；图版六〇，4）。

7. 陶单耳杯　夹砂红陶。敞口，方唇，束颈，鼓腹，平底，沿至腹部有一上扬的宽带耳。素面。口径 8.3、底径 6、高 13.5、通高 14.5 厘米（图七六八，6；图版七五，4）。

8. 木线轴　呈圆柱状，两端削尖。长 38、直径 0.7 厘米（图七六七，6）。

9. 木构件　腰扣上用的绕线框。用四根圆木棍组合成矩形，每根木棍两端刻凹槽，相互套接，外用皮条缠扎，其中一根较短的木棍不存。长 38、宽 19、直径 0.78 厘

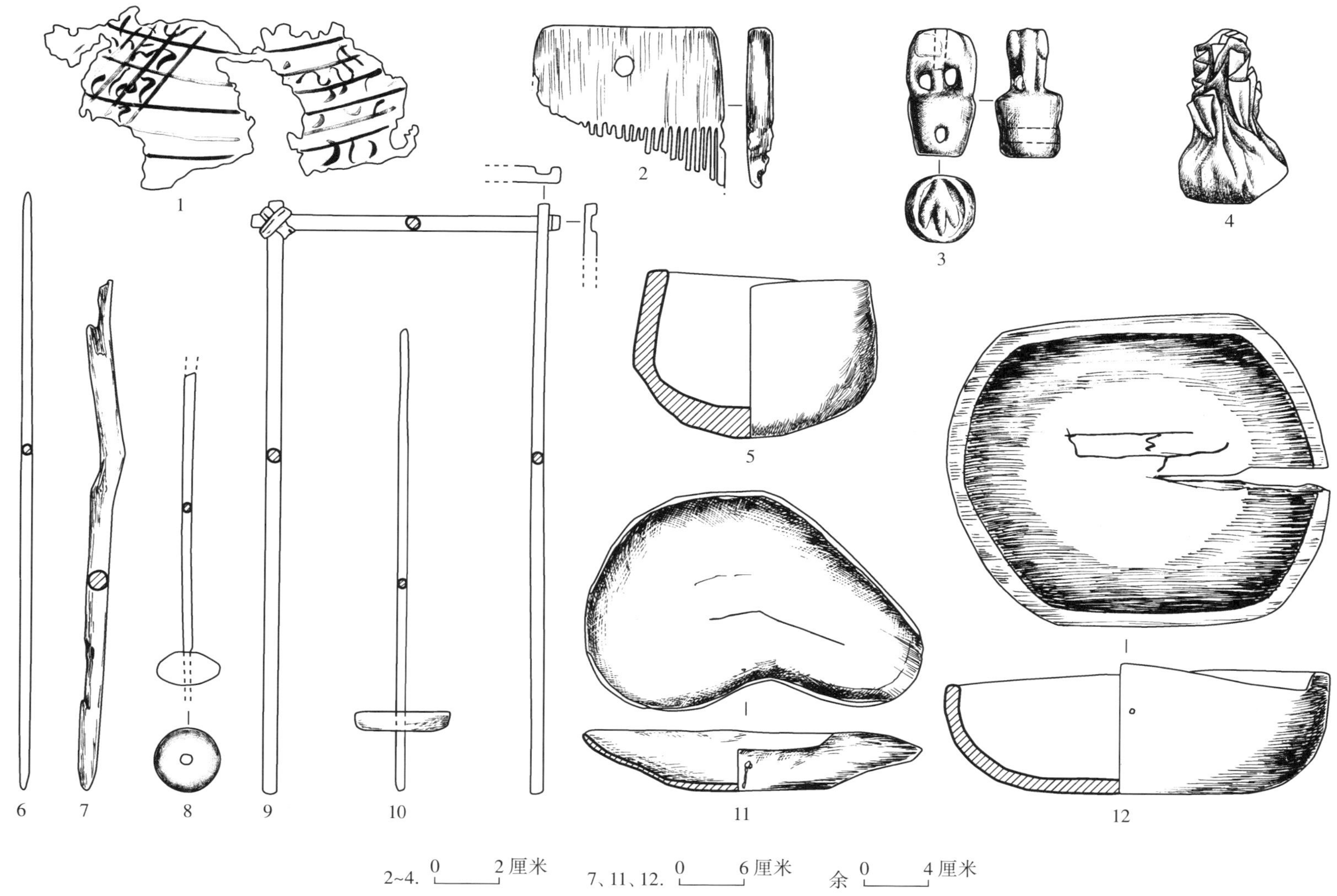

图七六七　ⅡM211随葬品

1. 皮画（ⅡM211：18）　2. 角梳（ⅡM211：3）　3. 木花押（ⅡM211：10）　4. 皮囊（ⅡM211：12）　5. 木钵（ⅡM211：14）　6. 木线轴（ⅡM211：8）　7. 木橛（ⅡM211：17）　8. 陶纺轮（ⅡM211：15）　9. 木构件（ⅡM211：9）　10. 木纺轮（ⅡM211：11）　11、12. 木盘（ⅡM211：1、13）

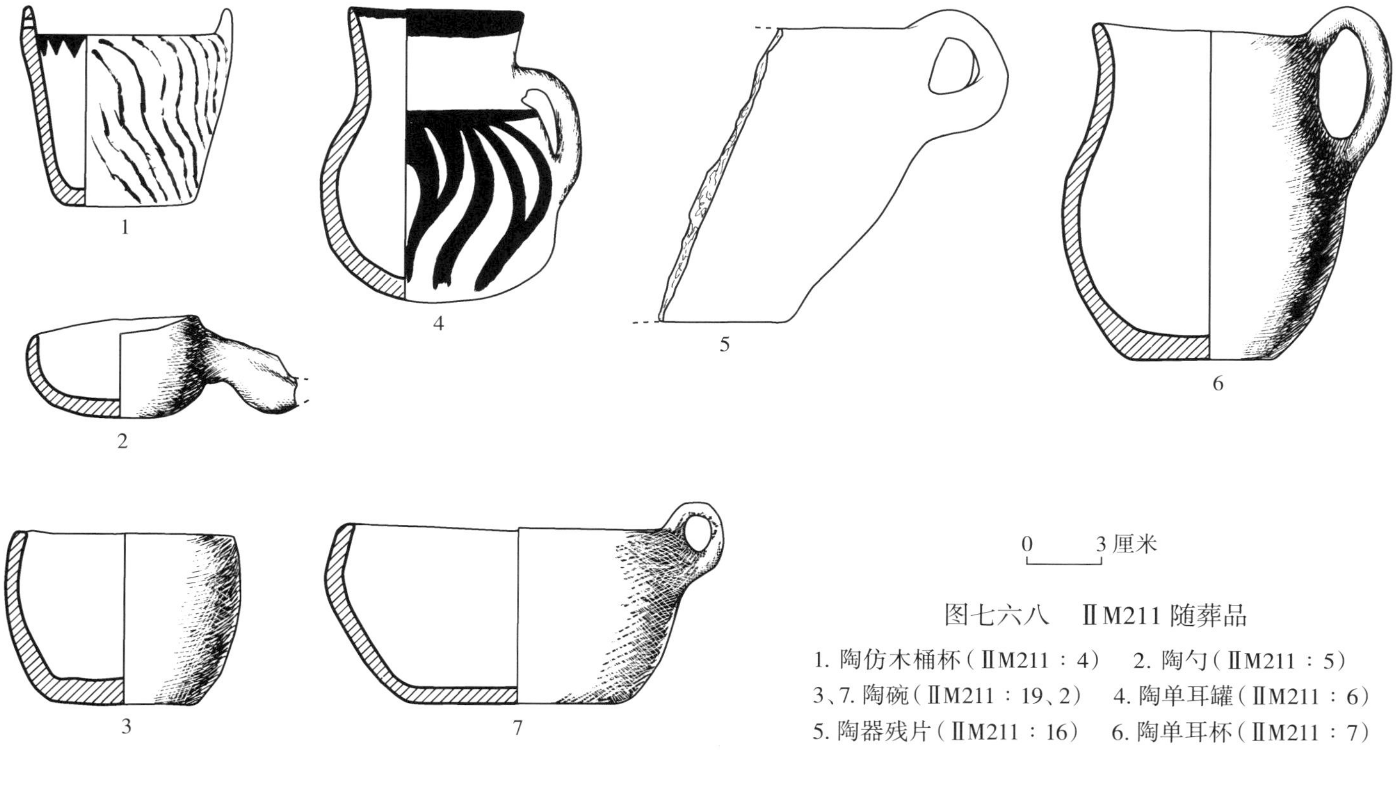

图七六八　ⅡM211随葬品

1. 陶仿木桶杯（ⅡM211：4）　2. 陶勺（ⅡM211：5）　3、7. 陶碗（ⅡM211：19、2）　4. 陶单耳罐（ⅡM211：6）　5. 陶器残片（ⅡM211：16）　6. 陶单耳杯（ⅡM211：7）

米（图七六七，9；图版一八一，3）。

10. 木花押　圆木削制。呈截锥体，上面透雕一头站立的大象，耳、鼻及前、后腿分明，印面阳刻圆形外廓，内填三趾爪形纹样。高 4、直径 2 厘米（图七六七，3；图版一八二，6）。

11. 木纺轮　圆柱状线轴两端削尖，上端较细，呈束腰状，杆体光滑。纺轮为木板制作，呈圆形。线轴长 29.6、直径 0.73 厘米，轮径 5.4~6、厚 1.2 厘米（图七六七，10；图版一七八，6）。

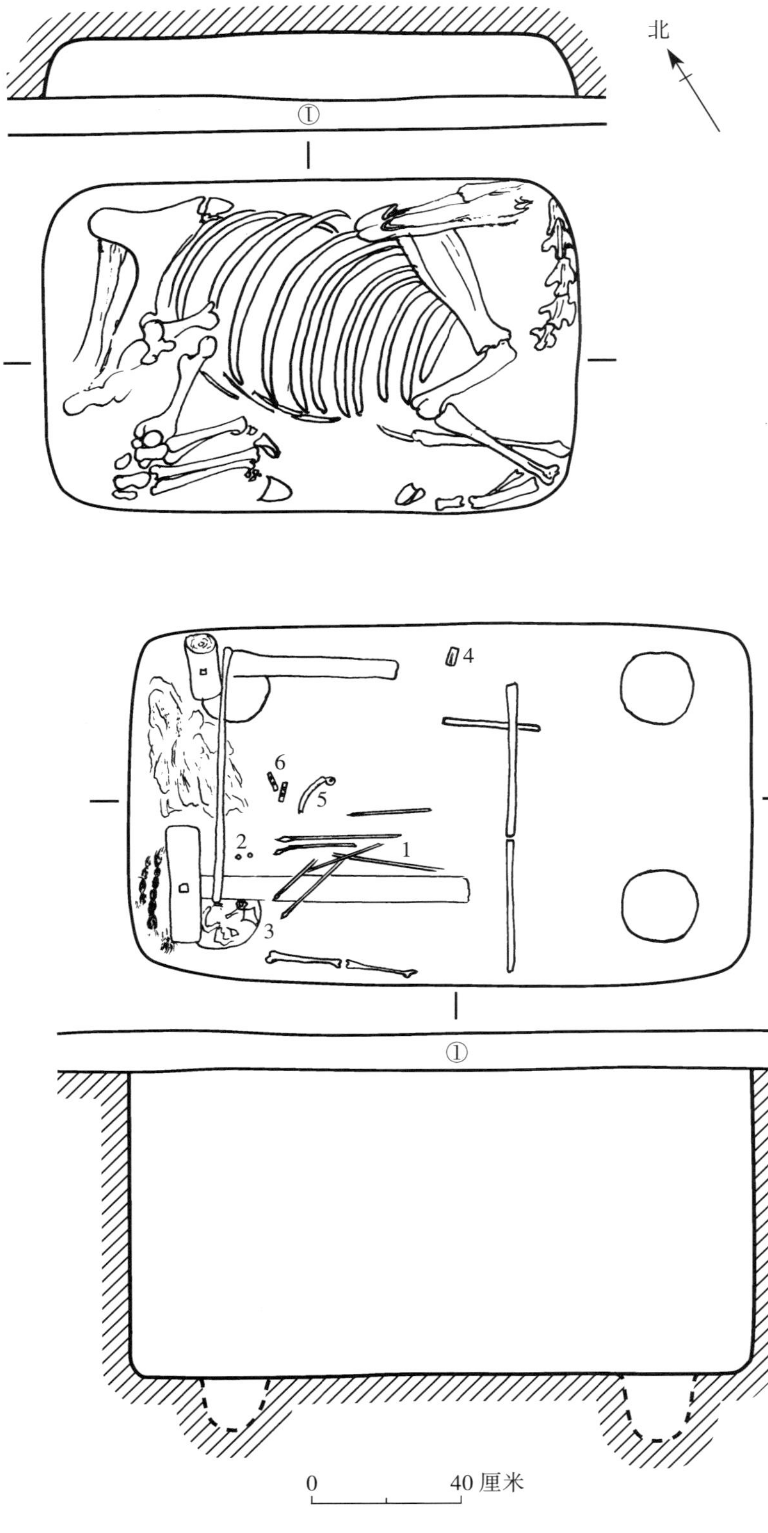

图七六九　ⅡM212 平、剖面图

1. 木箭　2. 铜扣　3. 陶单耳杯　4. 木打磨器　5. 角衔　6. 木镳

12. 皮囊　用一块牛皮扎成。内装有白色粉末。高 5.6、宽径 3.4 厘米（图七六七，4；图版二三〇，4）。

13. 木盘　平面呈椭圆形，敞口，方唇，圜底，长边一侧钻有穿孔。口长径 35.4、短径 30、高 16.4 厘米（图七六七，12；图版一四〇，6）。

14. 木钵　圆木掏挖、刻削而成。直口，平沿，直腹，圜底。制作粗糙。口径 13.6、高 10.6 厘米（图七六七，5）。

15. 陶纺轮　泥质灰陶。呈陀螺状，圆柱状线轴。线轴长 20、直径 0.6 厘米，轮径 4、厚 2.7 厘米（图七六七，8；图版一二五，6）。

16. 陶器残片　夹砂红陶。残。敞口，斜腹，平底，沿至腹有一单耳。通高 12.8 厘米（图七六八，5）。

17. 木橛　残。棍体前端弯曲，下端较直并削成尖状。残长 48.6、直径 2 厘米（图七六七，7）。

18. 皮画　残。在牛皮上用红、黑线画菱形方格纹，方格内填饰曲线纹。残长 25、宽 11.2 厘米（图七六七，1；图版二二八，3）。

19. 陶碗　夹砂红陶。敛口，方唇，圆腹，平底。素面。口径 8.6、底径 5.5、高 7 厘米（图七六八，3）。

20. 毛纺织物　原棕色褐残片。平纹织物，上有织补痕迹。长 86、宽 57 厘米（图版二七四，7）。

21. 毛编织带接裙　红黄色条纹编织带接裙残片。残长 35、宽 19 厘米。由红、黄、红、黄地绿色折线纹和红色编织带沿侧边，即纵向缝接而成的裙子，呈横向的红地黄色条纹，展开呈扇形。均为 2/2 斜纹编织（图版二七四，5）。

ⅡM212

墓葬概况

位于墓地西部，东邻ⅡM164，西北邻ⅡM214，墓向 120°。该墓葬地表较平坦，C 型，为一座东南至西北向竖穴土坑墓，北侧 0.28 米处有一殉马坑。墓葬平面形状近长方形，四隅圆滑，开口于表土层下，长 1.65、宽 1、深 0.82 米。填土为黄沙土，土质松散，掺杂有芦苇秆、土坯残块，墓葬四壁留有工具痕迹，平底。墓底四角各有直径 0.21、深 0.18 米的圆形柱洞。墓底西部残存有木床，木床东部被焚烧，残留有灰烬，木床为榫卯结构，木床四角为圆木柱腿，柱腿中部有纵横榫槽，之间与床帮卯头连接，床帮间加有横向木框，纵向铺有树枝，上铺“人”字纹苇席，木床西高东低有斜坡。该墓葬严重盗扰，未发现人骨架。在墓底西端有羊皮残片、草绳残节。随葬的木箭、铜扣、陶单耳杯、角衔、木镳在西南部，木打磨器在中北部。殉马坑平面形状呈近长方形，四隅圆滑，开口于表土层下。填土为黄沙土，土质松散。上口距地表深0.08米，东西长1.41、南北宽0.9、深0.19米。马骨保存较完好，侧身屈肢，头向西北，脖颈扭曲，面向下，腹部发现有食物（图七六九；图版三二，1、2、4）。

随葬品

出土木、铜、陶、角器6件（组）。

1. 木箭　13支。大部分弯曲而残断。木质，有三种样式。第一种，一体，箭头呈三棱尖头形锥体，箭尾部分为“U”形凹槽（挂弦）。ⅡM212：1–1，通长69.6、箭头长4.9、箭杆径0.76厘米（图七七〇，9）。第二种，一体，箭头呈四棱形尖头锥体，有倒刺，尾残。ⅡM212：1–2，残长59.8、箭头长6.8、箭杆径0.75厘米（图七七〇，8）。第三种，分体合成，箭头呈四棱形尖头锥体，有倒刺，木质硬；箭尾用较轻木质制成圆柱状尖头，与箭头榫卯结构相连，尾残。ⅡM212：1–3，残长38.1、箭头长8.3、铤径0.85厘米（图七七〇，7）。

2. 铜扣　2件。半锥体中空，呈喇叭形，顶有圆孔，其中一件内残存皮绳结头。上径0.93、底径1.5、上孔径0.5、下孔径1、通高1.1厘米（图七七〇，2；图版二〇二，6）

3. 陶单耳杯　口残，敞口，鼓腹，圜底，上沿至腹部有带状单耳。素面。外腹与底部有烟熏痕迹。口径7.1、腹径8.4、高8厘米（图七七〇，6）。

4. 木打磨器　长方形扁圆体，正面有二道纵向平行的半圆形凹槽，槽内粘有一层石英砂粒，这里仅存半边，用于打磨细木棍一类。背面中部有横向凹槽，用于系绳捆绑，使用时不易滑脱。长6.8、宽3.1、正面凹槽宽1厘米（图七七〇，5）。

5. 角衔　牛角削制。微曲，两端圆环大而下垂，中间圆柱状，一端圆环残，其旁有一穿孔。内残存打了结的牛皮条。残长17.7、孔径1.9、粗径2厘米（图七七〇，1；图版一八七，4）。

6. 木镳　2件。均木棍削制。上面各有两个穿孔，其中各有一个穿孔中残存牛皮条。ⅡM212：6–1，长13.2、直径1.1厘米（图七七〇，4）。ⅡM212：6–2，长12.8、直径1.2厘米（图七七〇，3）。

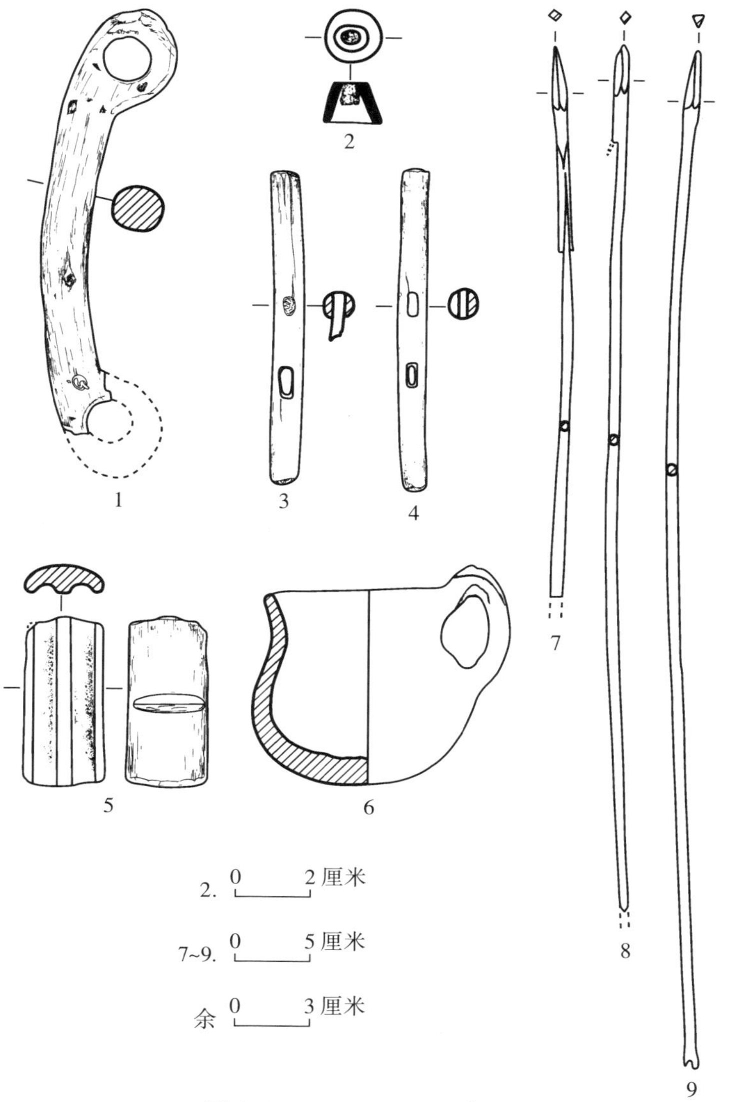

图七七〇　ⅡM212随葬品

1. 角衔（ⅡM212：5）　2. 铜扣（ⅡM212：2–1）　3、4. 木镳（ⅡM212：6–2、6–1）　5. 木打磨器（ⅡM212：4）　6. 陶单耳杯（ⅡM212：3）　7~9. 木箭（ⅡM212：1–3、1–2、1–1）

ⅡM213

墓葬概况

位于墓地西部，北邻ⅡM216，西邻ⅡM214，墓向295°。该墓葬地表较平坦，C型，长方形竖穴土坑墓，四隅圆滑，开口于表土层下，表土厚0.06米。墓口长0.7、宽0.4米，墓底长0.79、宽0.52米，墓深0.5米。填土为黄沙土，土质松散，平底。该墓严重盗扰，底层残存有几块未成年人肢骨，既无随葬品也无葬具（图七七一）。

随葬品

无随葬品。

ⅡM214

墓葬概况

位于墓地西部，北邻ⅡM218，东南邻ⅡM212，墓向117°。墓葬地表较平坦，C型，为一座东南至西北向近长方形竖穴土坑墓，口小底大，四隅圆滑，开口于表土层下。墓口距地表深0.07米，墓口长1.77、宽1.07米，墓底长1.91、宽1.28米，墓深1.08米。距墓口深0.1~0.2米处有一层土坯块。填土为黄沙土，土质松散，掺杂有草屑，平底。该墓严重盗扰，现存下颌骨和部分颅骨，头骨残片在墓底东侧，盆骨位于南壁下方，葬式不详。依据盆骨和下颌骨判断为成年女性。随葬的陶单耳杯在西壁下，陶钵在南部中间（图七七二）。

随葬品

出土陶器2件。

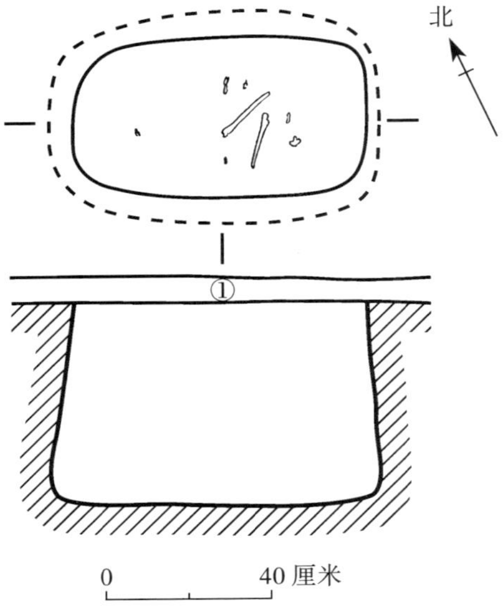

图七七一　ⅡM213平、剖面图

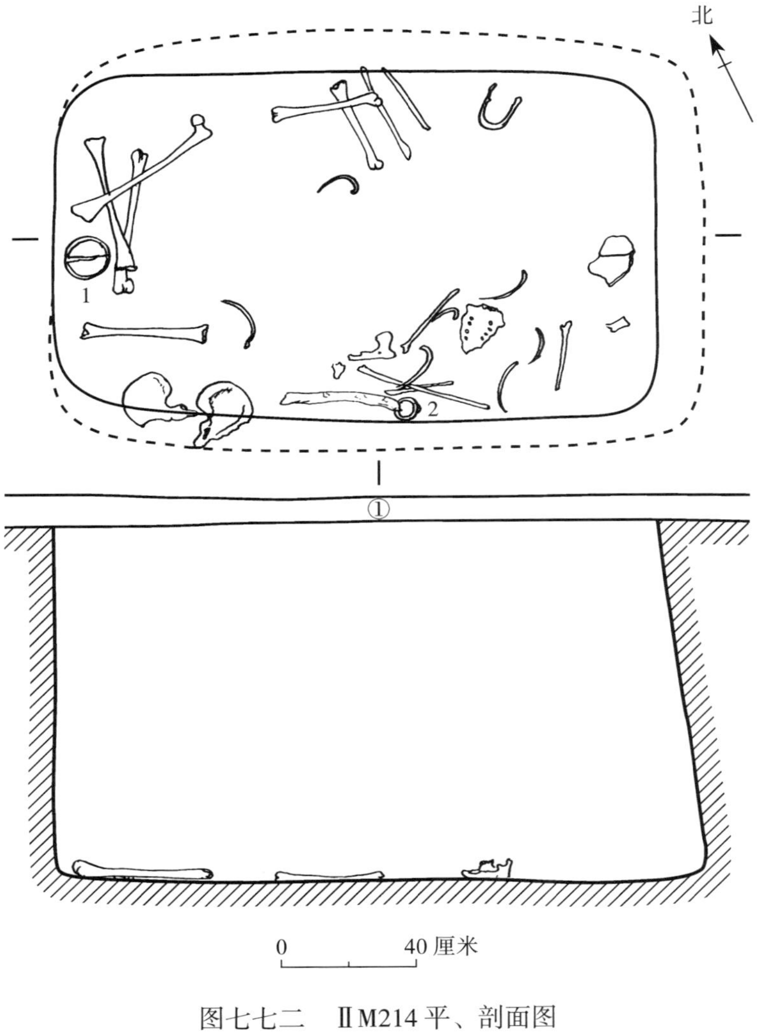

图七七二　ⅡM214平、剖面图

1. 陶单耳杯　2. 陶钵

1. 陶单耳杯　夹砂红陶。手制。敞口，鼓腹，平底，单立耳残。内、外沿饰连续锯齿纹。口径9.8、底径4.8、残高6.8厘米（图七七三，2）。

2. 陶钵　夹砂红陶。直口，圆唇，浅腹，圜底。放置时上口不平。口径7.2、高4.4厘米（图七七三，1）。

ⅡM215

墓葬概况

位于墓地西部，东北邻ⅡM217，西南邻ⅡM169，墓向110°，该墓葬地表较平坦，C型，为一座东南至西北向竖穴土坑墓，平面形状近长方形，四隅圆润，开口于表土层下，表土层厚0.11米。墓长1.25、宽0.75米，墓深0.76米。在深0.3~0.35米处有一层土坯块。填土为黄

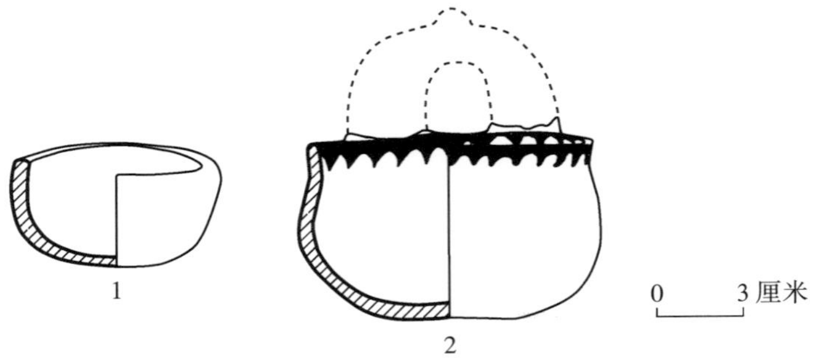

图七七三　ⅡM214随葬品

1. 陶钵（ⅡM214：2）　2. 陶单耳杯（ⅡM214：1）

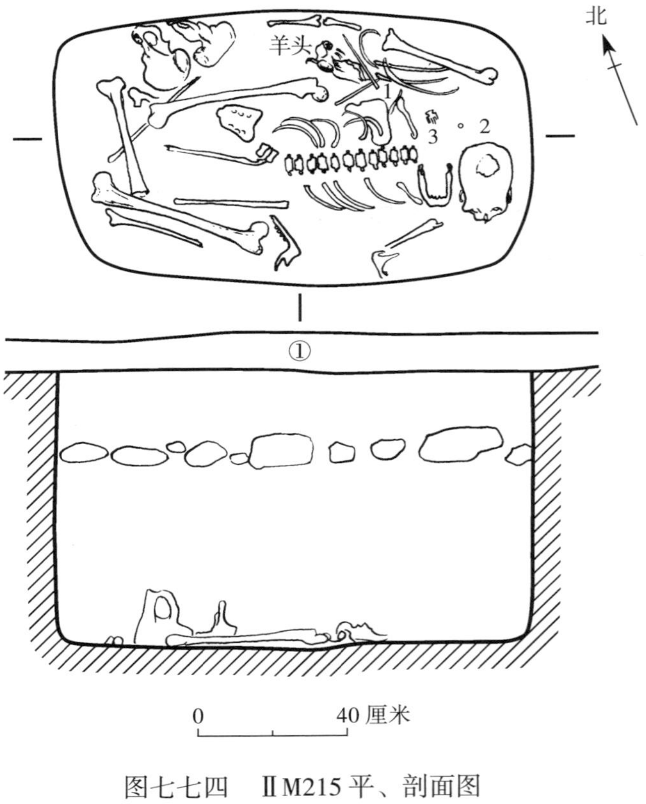

图七七四　ⅡM215平、剖面图

1. 木箭　2. 炭精扣　3. 木梳

沙土，土质松散，掺杂有芦苇秆，墓葬四壁留有工具痕迹，平底。该墓由于盗扰，人骨架散乱，颅骨在墓底东侧，头顶向上，面向南，下颌骨脱离，在颅骨西侧，盆骨在西北部，该墓虽经扰乱，但大多数骨骼还在原处，为仰身屈肢葬。壮年男性，年龄30~40岁。在人骨架北侧随葬有羊头和羊椎骨，羊下颌骨位于人骨架南侧。人骨架上附有毛纺织物。随葬的木箭、炭精扣、木梳在东北部（图七七四；图版三二，5）。

随葬品

出土木器、炭精质器物3件。

1. 木箭　用细木棍削圆磨光。箭头略粗于箭杆，四棱形尖状，后附有倒刺。通体变形微曲。残长63.2、直径0.7厘米（图七七五，4）。

2. 炭精扣　黑色。呈半圆体，上有圆形穿孔，一面平，凸面有两个半圆形凸棱。长1.4、厚0.8厘米（图七七五，2）。

3. 木梳　木板削制。长方形扁平体，平顶，两侧有肩，短齿十一根，中间的长于两侧。通体磨光。长5.8、宽4.2、厚0.6、齿长1.9厘米（图七七五，3）。

ⅡM216

墓葬概况

位于墓地西部，西北邻ⅡM219，南邻ⅡM213，墓向120°。该墓葬地表较平坦，D型，为一座东南至西北向竖穴偏室墓带围墙，北侧0.18米有一殉马坑，方向138°。围墙由于早年被破坏，仅存部分痕迹。竖穴墓道平面呈近长方形，四隅圆滑，开口于地表下，长1.67、宽1.09、深1.34米。填土为沙土，掺杂有芦苇秆、土坯残块，四壁留有工具痕迹，平底。在墓道西南部填土中有苇席残片。墓室位于墓道南部，弧形顶，土洞，平底。共有三层土坯封门，上层为生土块，其下两层为模制的土坯块，土坯块为方形，尺寸25×25×13厘米和29×29×15厘米。墓室高0.42、长1.56、进深0.38米。该墓由于盗扰，干尸被从墓室拖出，斜靠于墓道东壁，颅骨落在墓室东部，头向东，面向北，干尸保存较为完好，仰身直肢，残存有黄、红、白、墨绿色毛裙残片。青年女性，年龄18~22岁。在墓道底层填土中有线团，上面插着一枚铁针。殉马坑表土层厚0.08米，长1.21、宽0.7、深0.15米，内有散乱的马骨（图七七六）。

随葬品

出土器物1件。

1. 针线　黄白色丝线团上插一枚铁针，内缠裹丝绸团。针长3.1厘米（图七七五，1；图版二一二，1）。

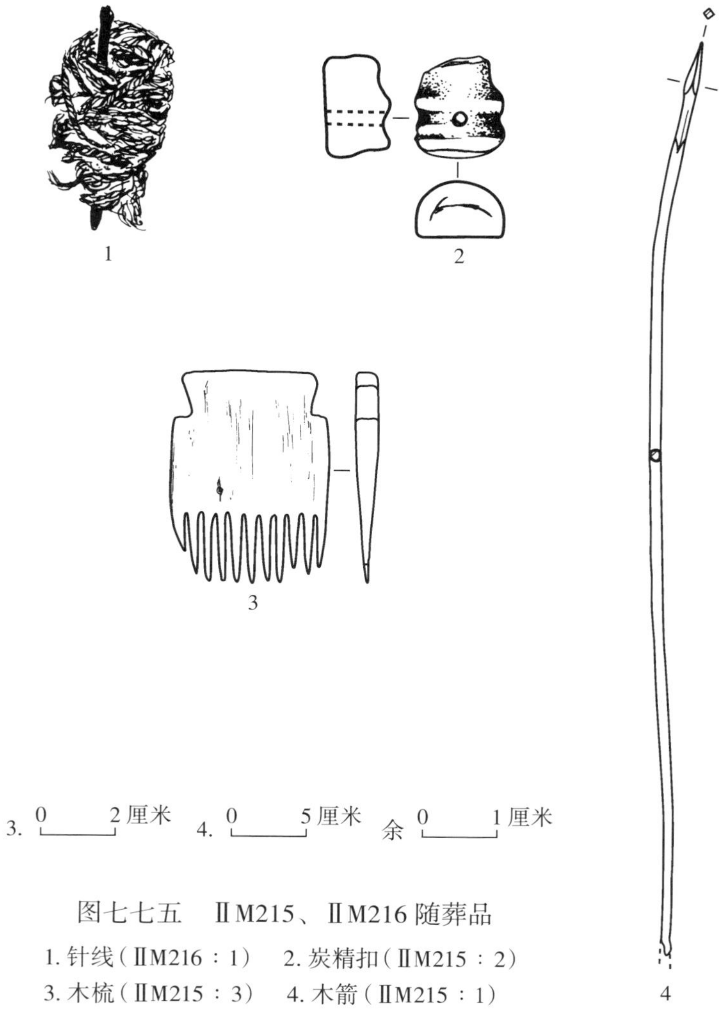

图七七五　ⅡM215、ⅡM216随葬品

1. 针线（ⅡM216：1）　2. 炭精扣（ⅡM215：2）

3. 木梳（ⅡM215：3）　4. 木箭（ⅡM215：1）

ⅡM217

墓葬概况

位于墓地西部，东邻ⅡM218，西南邻ⅡM215，墓向113°。该墓葬地表较平坦，C型，为一座东南至西北向竖穴土坑墓，平面形状近长方形，四角圆润，开口于表土层下。墓口距地表深0.08米，墓长1.34、宽0.82米，墓深0.81米。填土为黄沙土，土质松散，掺杂有芦苇秆、土坯残块，平底。该墓严重盗扰，残存股骨、胫骨、肋骨、下颌骨，为成年女性。随葬的铜针、陶器残片在东部，木线轴竖向紧靠西壁（图七七七）。

随葬品

出土铜、木、陶器4件。

1. 铜针　青铜锻造。头尖，中间圆，尾部扁，上有一圆形孔。长6.1、直径0.2厘米（图七七八，3；图版二〇〇，7）。

2. 木线轴　木棍磨光，上端渐细，为纺轮上的线轴。线轴长33.4、直径0.8厘米（图七七八，4）。

3. 陶器残片　夹砂红陶。敞口，鼓腹，沿至腹有宽扁形耳。器腹饰连续变体涡纹，内沿饰锯齿纹。复原口

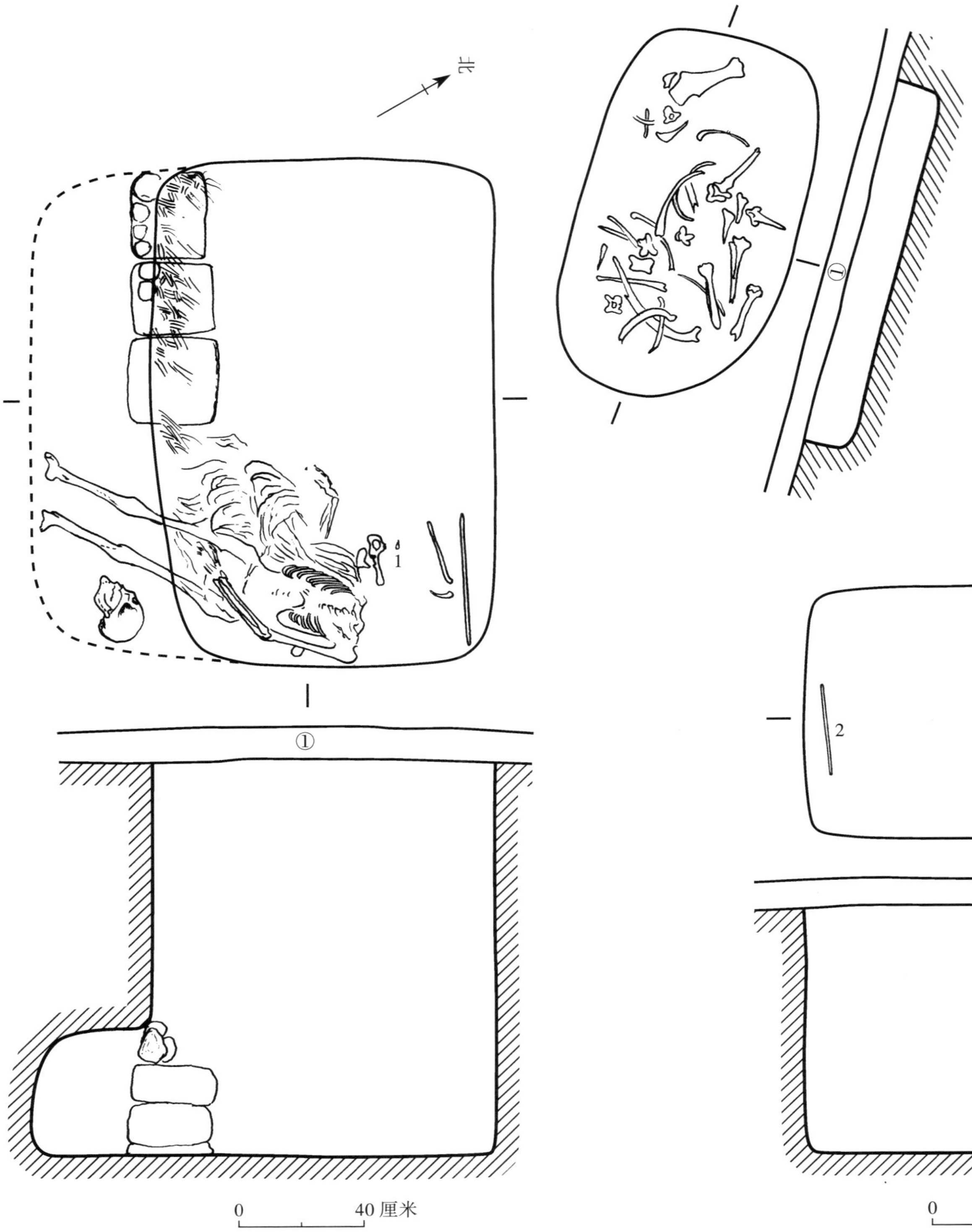

图七七六 ⅡM216 平、剖面图
1. 针线

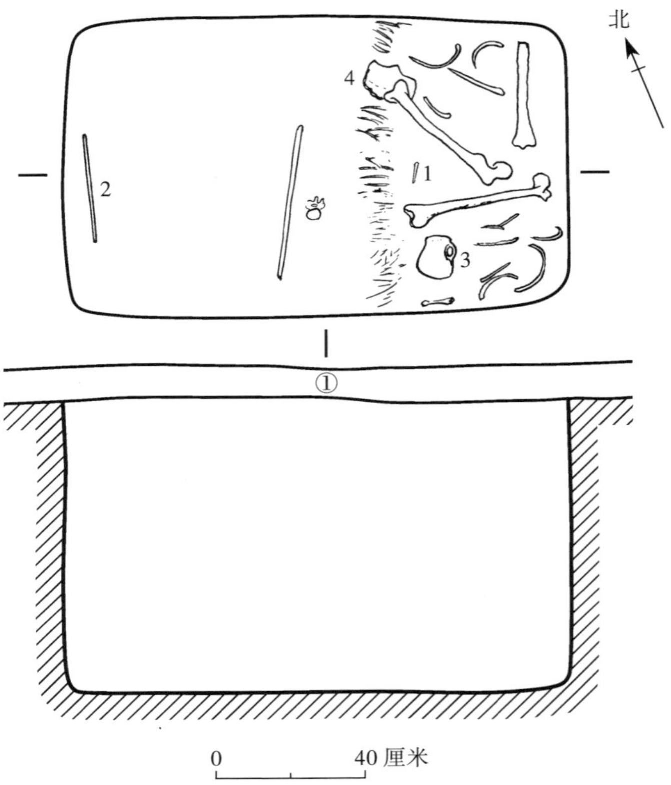

图七七七 ⅡM217 平、剖面图
1. 铜针 2. 木线轴 3、4. 陶器残片

径 24、残高 10.4 厘米（图七七八，1）。

4. 陶器残片 夹砂红陶。敞口，鼓腹。器腹饰有二方连续变形涡纹。复原腹径 22.6、残高 6.7 厘米（图七七八，2）。

ⅡM218

墓葬概况

位于墓地西部，西邻ⅡM217，东邻ⅡM219，墓向 100°。该墓葬地表较平坦，C 型，东西向竖穴土坑墓，平面形状近长方形，东端略宽，西端略窄，四壁圆弧，开口于表土层下。墓口距地表深 0.08 米，墓长 1.34、宽 0.75 米，墓深 0.77 米。填土为黄沙土，土质松散，掺杂有芦苇秆，墓葬四壁留有工具痕迹，平底。该墓曾被盗扰。共有两层人骨架，上层人骨架距地表深 0.78 米，骨架已散乱，颅骨不完整，残存下颌骨，成年女性，葬式不详。墓底西端有羊皮鞋一双。下层人骨架距地表深 0.85 米，

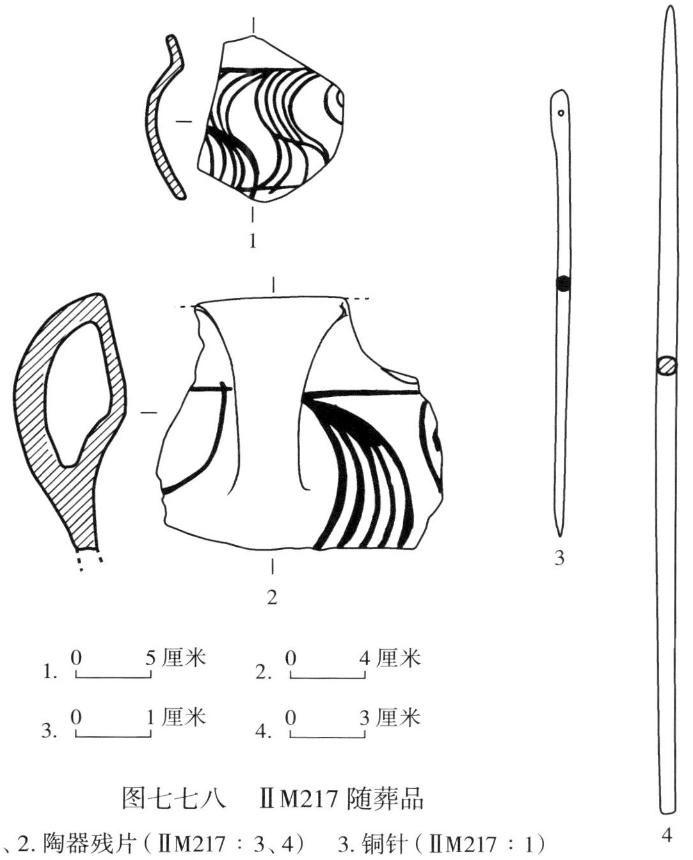

图七七八　ⅡM217随葬品

1、2. 陶器残片（ⅡM217：3、4）　3. 铜针（ⅡM217：1）　4. 木线轴（ⅡM217：2）

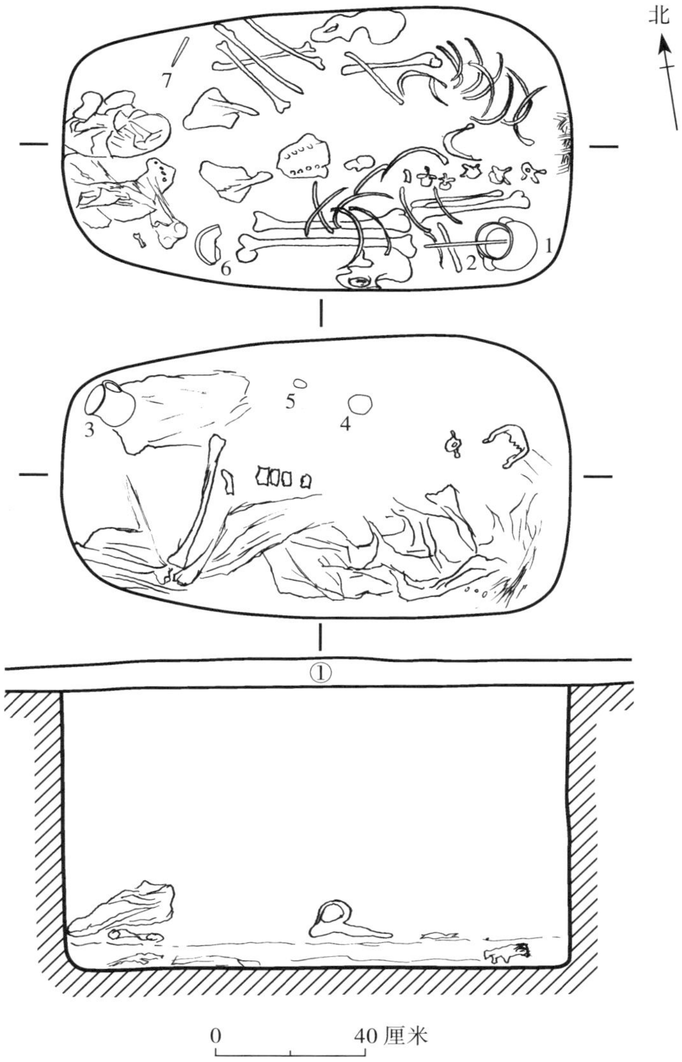

图七七九　ⅡM218平、剖面图

1. 陶双耳罐　2. 陶纺轮　3. 陶单耳罐　4. 皮盒　5. 食品（饼类）　6. 陶圈足盘　7. 木钉

仰身屈肢，颅骨不完整，残存下颌骨，成年女性，身穿羊皮大衣。墓底有毛纺织物，腐朽严重。在墓底东部边上还采集有植物种子。随葬的陶双耳罐、陶纺轮在东南角，陶圈足罐和木钉在西部南、北两边，陶单耳罐位于西北角，皮盒和饼类食品在中北部（图七七九；图版三二，3）。

随葬品

出土陶、木器和皮制品等7件。

1. 陶双耳罐　夹砂红陶。手制。敞口，鼓腹，平底，底微残，双扁平耳，口高低不平。口径9、腹径13.2、底径7.2、高14.8厘米（图七八〇，5）。

2. 陶纺轮　夹砂红陶。纺轮较厚，圆形体，两面平。各饰白色五角形，轮外廓饰白色弦纹。中间穿孔，插木线轴，线轴打磨光滑，顶端较细尖。线轴长33.7、直径0.8厘米，轮径4.1、厚2厘米（图七八〇，7）。

3. 陶单耳罐　夹砂红陶。手制。敞口，鼓腹，圜底，宽扁耳从口沿翻至下腹。通体饰竖条纹，内口沿饰锯齿纹。口径9.6、腹径12.8、高13.2厘米（图七八〇，6；图版五五，3）。

4. 皮盒　近椭圆形平底，用生牛皮模压成形，雕刻出花纹。盒盖和盒体分两扇，用木棍穿连在一起，可开合。盒体素面，盒盖上分三层浮雕和阴刻出成组的植物叶片纹（或为动物角形纹）。盒底和盖边有穿孔，盒内装小皮囊，用皮条捆扎出小包，包内有黄色粉状物。最大径6.3、高3.5厘米（图七八〇，1；图版二二九，5）。

5. 食品（饼类）　碎粟团成，里面有壳。长5.9、直径2.6厘米（图七八〇，2）。

6. 陶圈足盘　夹砂红陶。手制。残，仅存半边圈足和豆盘的一部分。豆盘较浅，圈足喇叭形，个体较大。足径15.2、残高9.4厘米（图七八〇，3）。

7. 木钉　细木棍削制。尖部较长。长14.8、直径1.2厘米（图七八〇，4）。

ⅡM219

墓葬概况

位于墓地西部，西邻ⅡM218，东南邻ⅡM216，墓向92°。该墓地表较平坦，C型，竖穴土坑墓，平面形状近长方形，四壁圆弧，开口于表土层下，墓口距地表深0.1米，墓长1.33、宽0.91米，墓深0.69米。填土为黄沙土，

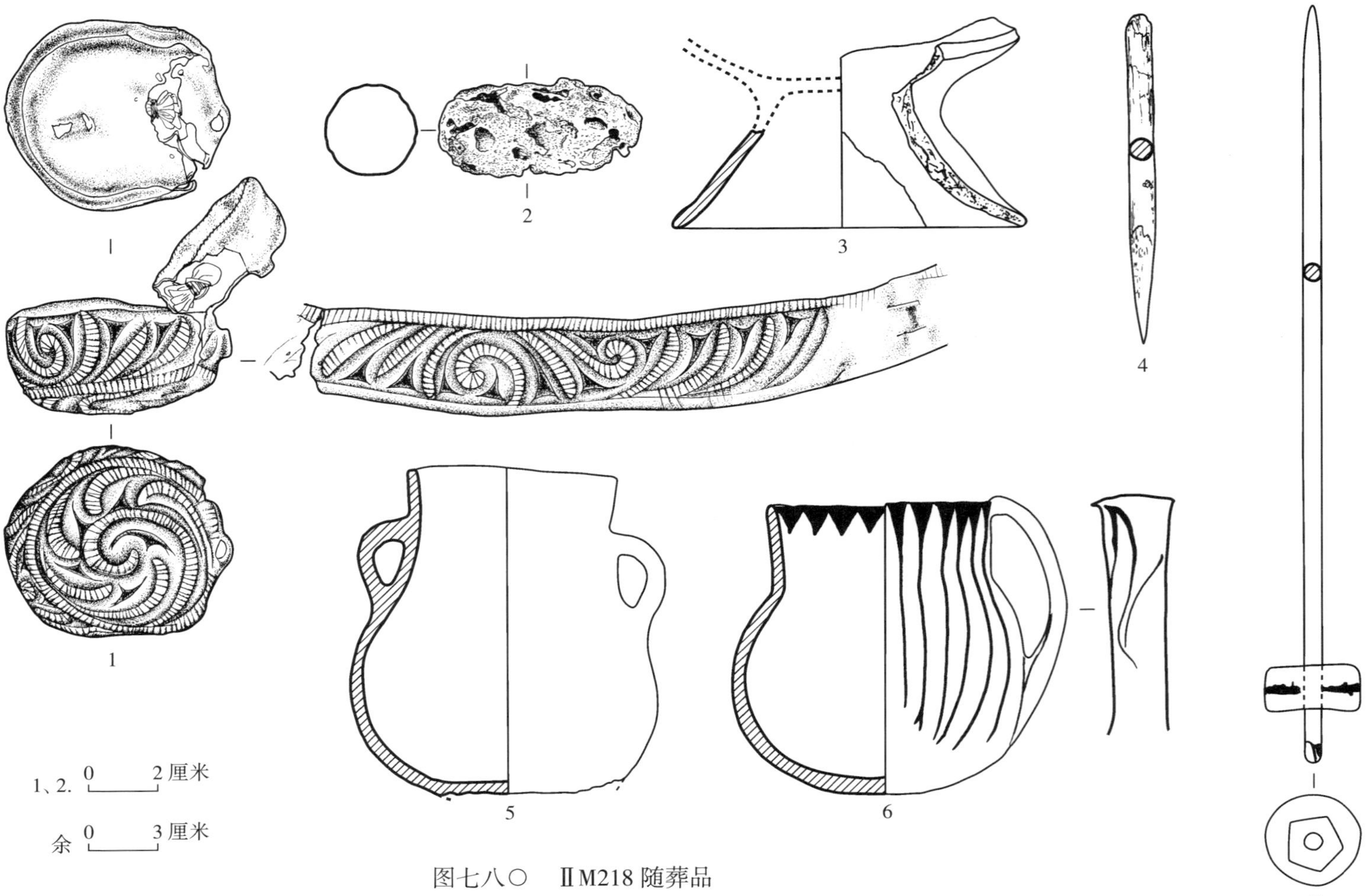

图七八〇　ⅡM218随葬品

1. 皮盒（ⅡM218：4）　2. 食品（饼类）（ⅡM218：5）　3. 陶圈足盘（ⅡM218：6）　4. 木钉（ⅡM218：7）　5. 陶双耳罐（ⅡM218：1）　6. 陶单耳罐（ⅡM218：3）　7. 陶纺轮（ⅡM218：2）

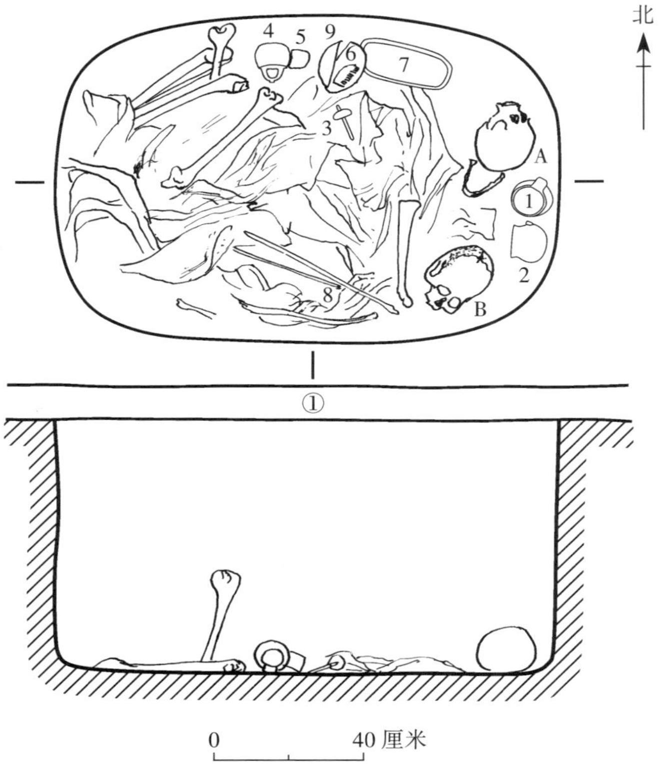

图七八一　ⅡM219平、剖面图

1、4、5. 陶单耳杯　2. 陶单耳罐　3. 木纺轮　6. 角梳　7. 木盘　8. 木箭　9. 木桶底

土质松散，掺杂有芦苇秆，平底。该墓被盗扰，共有两具骨架，为合葬墓。A骨架位于北侧，下肢叠压在南侧骨架下肢上；仰身屈肢，头向东，面向北，身穿羊皮大衣；中年男性，年龄35~45岁。B骨架位于南侧，仰身屈肢，头向东，面向南，盆骨裂为三块并有愈合迹象。身穿皮大衣，脚穿皮鞋；未成年男性，年龄12~14岁。东部二颅骨间有陶单耳杯和陶单耳罐，墓中北部有木纺轮、陶单耳杯、角梳、木盘、木桶底，中南侧有木箭（图七八一；图版三三，1）。

随葬品

出土陶、木、角器9件。

1. 陶单耳杯　夹砂红陶。手制。敛口，鼓腹，圜底，宽扁的大耳位置很高。口径9.2、腹径11.2、通高9.4厘米（图七八二，9；图版七五，5）。

2. 陶单耳罐　夹砂红陶。手制。敞口，鼓腹，圜底，单耳残。与耳相对的一面，外黑里褐。口径9.6、腹径11.2、高9.2厘米（图七八二，8）。

3. 木纺轮　纺轮完整，呈圆形，上平下凸，中间穿圆形孔。线轴折断，仅存部分。线轴残长9.8、直径0.8厘米，轮径4.2、厚1.8、孔径0.9厘米（图七八二，3）。

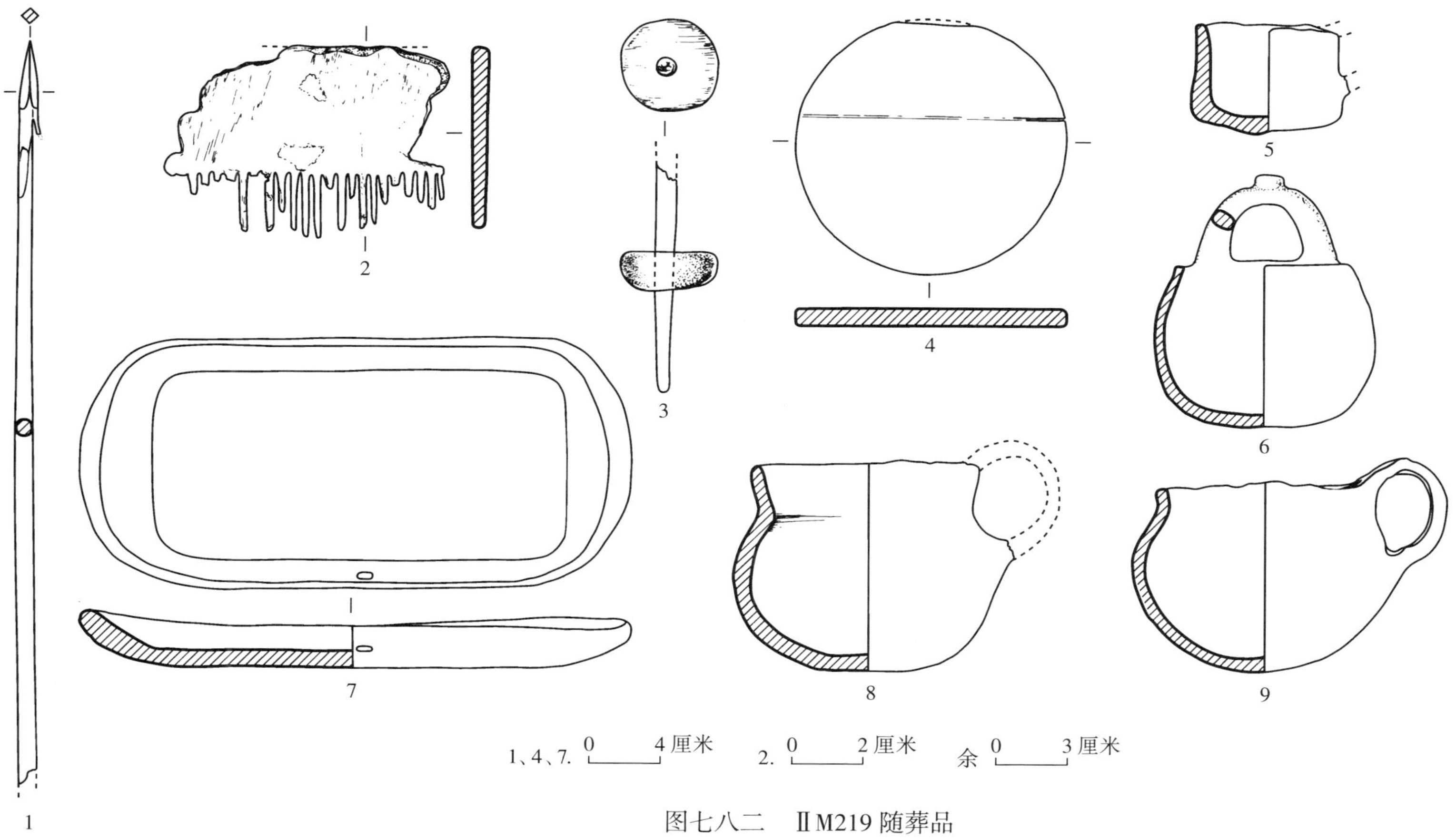

图七八二　ⅡM219随葬品

1. 木箭（ⅡM219：8）　2. 角梳（ⅡM219：6）　3. 木纺轮（ⅡM219：3）　4. 木桶底（ⅡM219：9）　5、6、9. 陶单耳杯（ⅡM219：5、4、1）　7. 木盘（ⅡM219：7）　8. 陶单耳罐（ⅡM219：2）

4. 陶单耳杯　夹砂红陶。手制。敛口，鼓腹，平底，沿上有环形立耳，耳顶有乳丁。与耳相对的一半呈黑色。口径7.3、腹径9.2、通高11厘米（图七八二，6；图版九三，2）。

5. 陶单耳杯　夹砂红陶。手制。单耳残。口沿不平整，直壁，小凸平底。整体粗糙厚重。口径6、底径6.2、高4.8厘米（图七八二，5）。

6. 角梳　将牛角展开压平后刻制。虫蛀残破。为长方体，梳齿两边留有均匀的拉痕，齿隙均匀。好像是由类似于锯子的工具加工成的。残长5.6、宽7.9、厚0.5、齿残长1.8厘米（图七八二，2）。

7. 木盘　用厚胡杨木板削刻而成。长圆形，敞口，平底，浅盘，一长边上有穿孔，底部有刀剁痕。口长径30.8、短径14.4、高3.2厘米（图七八二，7；图版一三四，1）。

8. 木箭　用细木条削制并打磨光滑。箭头硬木制，四棱形，有倒刺。箭杆用软木，与箭头采用楔入、“V”形接合后打磨光滑。残长42.8、直径1厘米（图七八二，1）。

9. 木桶底　胡杨木板削制。厚薄不均匀，近中间有裂缝。直径15、厚1厘米（图七八二，4）。

ⅡM220

墓葬概况

位于墓地中部偏南，西北邻ⅡM221，东南邻ⅡM151，墓向103°。C型，长方形竖穴土坑墓，开口于表土层下，墓口距地表深0.09米，墓长1.76、宽1.15米，墓深1.24米。墓口东北角残存有芦苇秆草帘和苇席残片，芦苇秆用两条草绳编织，下面有苇席，填土为黄沙土，土质松散，平底。该墓被盗扰，人骨架散乱，颅骨位于墓底东北部，葬式不详。臼齿早已脱落，齿槽已愈合。中年女性。底层填土中有三节木棍，已腐朽，应为支撑上层苇席和芦苇的棚木棍。在墓底层东北角，出土有羊皮服饰残片、发辫、毛毯和四色毛纺织物。随葬的陶钵在东北角颅骨旁，陶单耳罐在中东部。在墓底中北部有羊头骨和羊腿骨（图七八三）。

随葬品

出土陶器2件。

1. 陶钵　夹砂红陶。手制。直口，圜底，半球形。口不甚平整。口径7.2、高4.8厘米（图七八四，1）。

2. 陶单耳罐　夹砂红陶。手制。敞口，鼓腹，平底。通体施红色陶衣，仅底部抹成黄白色，肩部饰一圈弧线

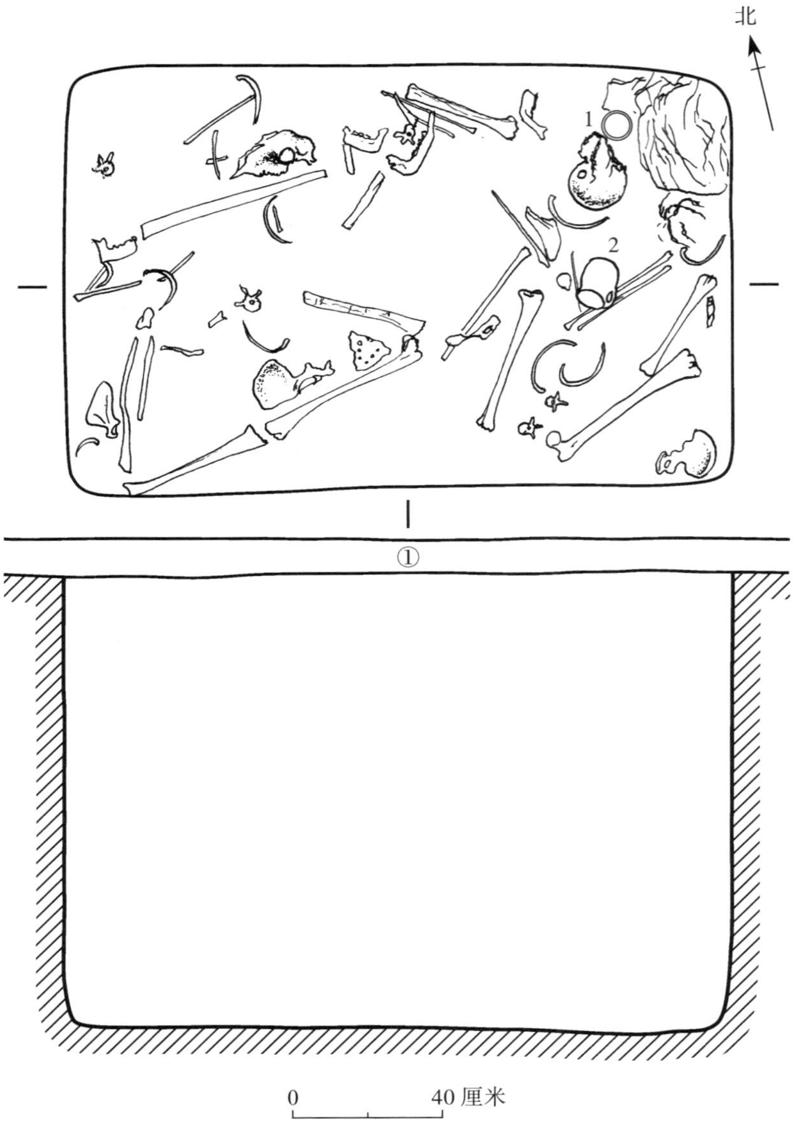

图七八三　ⅡM220 平、剖面图
1. 陶钵　2. 陶单耳罐

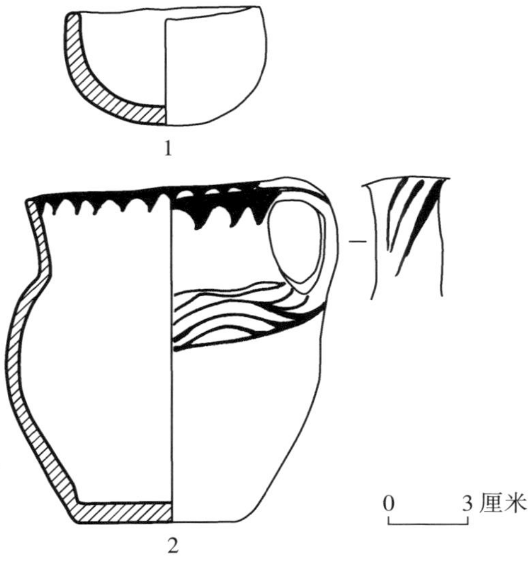

图七八四　ⅡM220 随葬品
1. 陶钵（ⅡM220：1）　2. 陶单耳罐（ⅡM220：2）

纹，内外沿饰锯齿纹，耳面上有三条斜线。口径 9.6、腹径 11.8、底径 6.2、高 13.2 厘米（图七八四，2；图版五五，4）。

ⅡM221

墓葬概况

位于墓地中部偏南，西邻ⅡM115，东南邻ⅡM222，墓向 125°。该墓葬地表较平坦，C 型，长方形竖穴土坑墓，墓葬开口于表土层下，墓口距地表深 0.03~0.06 米，墓长 1.8、宽 0.9 米，墓深 1.09 米，填土为黄沙土，土质松散，掺杂有芦苇秆、土坯残块，墓葬四壁留有工具痕迹，平底。墓底四角各有直径 0.18~0.24、深约 0.18 米的圆形柱洞。该墓严重盗扰，骨架散乱，颅骨位于墓底西南部，头向北，面向下，葬式不详，中年男性，年龄 40~50 岁。墓底东部有羊皮衣残片、麻绳、毛纺织物、皮鞋。随葬的陶单耳罐在东北角，复合弓东、西部各一半，木箭和木桶底在南面，陶单耳杯和木器具在中部（图七八五；图版三三，4）。

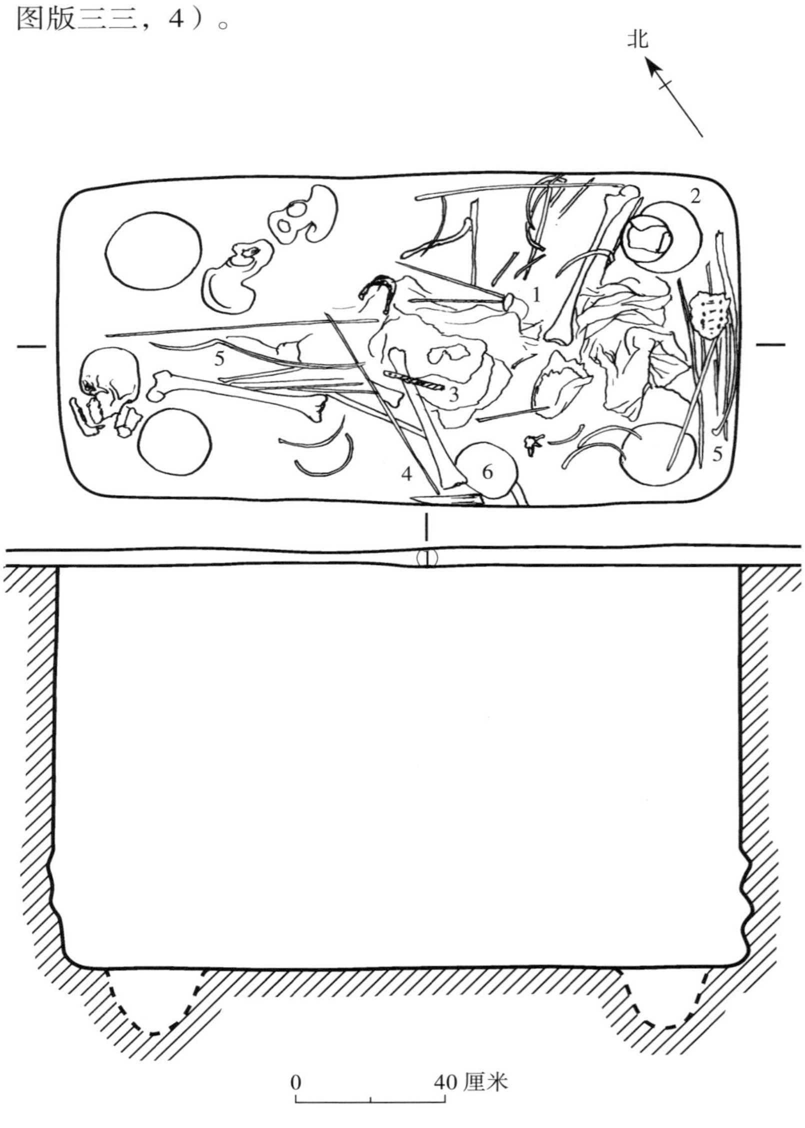

图七八五　ⅡM221 平、剖面图
1. 陶单耳杯　2. 陶单耳罐　3. 木器具　4. 木箭　5. 复合弓　6. 木桶底

随葬品

出土陶、木器等6件（组）。

1. 陶单耳杯　夹砂红陶。手制。耳部残。敞口，圆唇，鼓腹，平底，颈下有一圈弦纹，腹部饰五组两两相对的勾弧线纹，内外沿饰连续的锯齿纹。口径6.4、底径4.2、通高8.4厘米（图七八六，3；图版七六，1）。

2. 陶单耳罐　夹砂红陶。手制。敞口，鼓腹，圜底，宽扁耳从口沿翻贴到器底。通体饰细密的竖条纹。腹径12.7、残高10.6厘米（图七八六，4）。

3. 木器具　圆木棍削刻成。残段，端头有两个小圆形孔，棍体刻有螺旋槽。残长15.6、直径1.4厘米（图七八六，2）。

4. 木箭　6支。均残断。有三种箭头。ⅡM221：4-3，三棱形，有倒刺（图七八六，7）。ⅡM221：4-2，四棱形，钝而无尖（图七八六，6）。ⅡM221：4-1，多棱形，钝而无尖。最长57、直径0.8厘米（图七八六，5）。

5. 复合弓　折断，残。截面近椭圆形。中间夹绣线菊木，内部牛角，外贴牛筋，再通体缠牛筋绳，刷胶。末端残留有一截牛皮弦。残长56、直径2.8厘米（图七八六，8）。

6. 木桶底　木板削制。残。圆形，中间略厚，边缘薄。直径16.8、厚0.8厘米（图七八六，1）。

ⅡM222

墓葬概况

位于墓地中部偏南，西北邻ⅡM221，北邻ⅡM223，墓向124°。该墓葬地表较平坦，C型，长方形竖穴土坑墓，开口于表土层下，墓口距地表深0.18米，墓长1.47~1.64、宽0.9米，墓深1.22米。填土为黄沙土，土质松散，掺杂有芦苇秆、土坯残块，平底。该墓由于盗扰，颅骨移动到西南角，头顶向上，面向东。身穿羊皮大衣，仰身屈肢，脚向西，中年女性，年龄35~45岁。墓底东北角出土有发辫、发罩，东南角出土有白底黑色涡纹彩绘

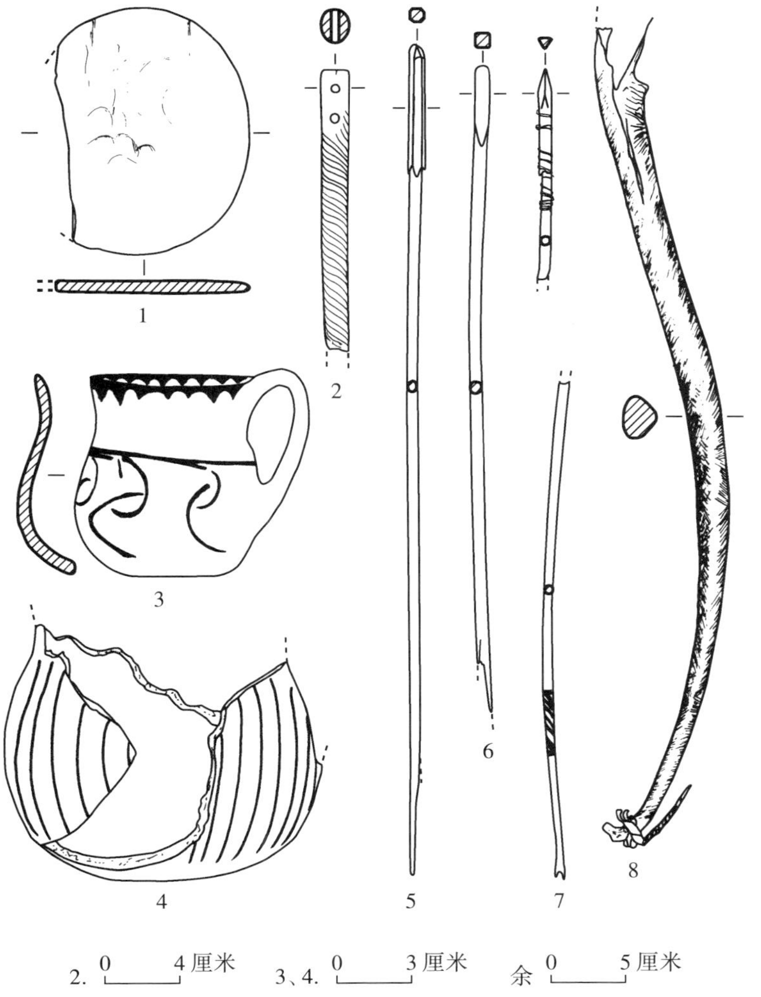

图七八六　ⅡM221随葬品

1. 木桶底(ⅡM221：6)　2. 木器具(ⅡM221：3)　3. 陶单耳杯(ⅡM221：1)　4. 陶单耳罐(ⅡM221：2)　5~7. 木箭(ⅡM221：4-1、4-2、4-3)　8. 复合弓(ⅡM221：5)

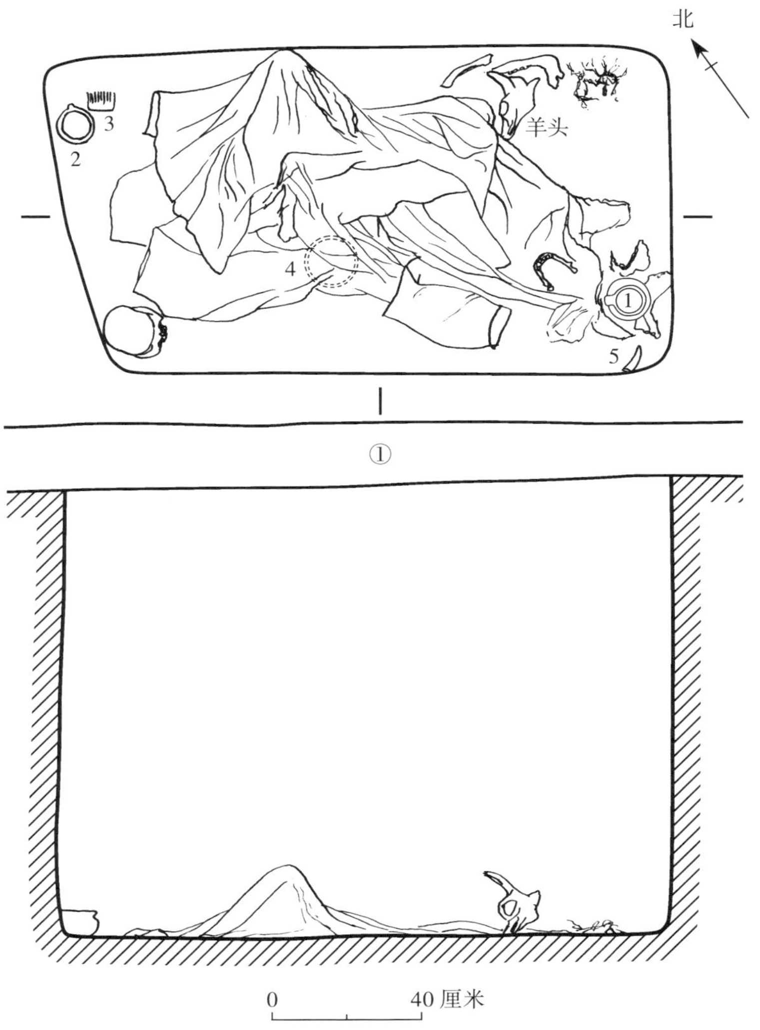

图七八七　ⅡM222平、剖面图

1. 陶单耳罐　2. 陶单耳杯　3. 木梳　4. 陶钵　5. 牛角杯

皮帽、发罩、麻绳，皮大衣内裹有毛织品、麻布，墓底铺有毛毯。随葬的陶单耳罐、牛角杯在东南角，陶单耳杯和木梳在西北角，陶钵也包裹在皮大衣内。在人骨架北侧随葬有羊头骨（带羊角）（图七八七；图版三三，2、3）。

随葬品

出土陶、木、角器5件。

1. 陶单耳罐　夹砂红陶。手制。敞口，鼓腹，圜底。腹部饰连续的三角折线纹，有些三角中还有从顶部下画一条竖均分线。口径9.8、腹径10.3、通高10.8厘米（图七八八，5；图版五五，5）。

2. 陶单耳杯　夹砂红陶。手制。敛口，鼓腹，腹很浅，圜底，单立耳残（残留部分虽然很短，但向内仰斜）。半边赫黄，半边墨黑，为烧造时用火不匀所致。口径9.8、残高6.1厘米（图七八八，2）。

3. 木梳　木板削刻而成。先将梳齿一根根做成，厚木板挖出槽，将梳齿并排贴紧，两端各做出带一根宽齿的堵头，安装粘牢固定，再磨光刻出花纹。通体饰涡旋纹，纹内有密集的小点。残长5.9、宽7、厚1.5、齿长3.9厘米（图七八八，1；图版一五四，8）。

4. 陶钵　泥质红陶。手制。敛口，鼓腹，平底。外表有烟炱。口径12.8、底径5.8、高6.4厘米（图七八八，4）。

5. 牛角杯　黄牛左角削制。上口削平整，上部黄色，向下渐呈褐色，截去尖部成齐头，上口呈椭圆形。口径4.7~6.7、高17.2厘米（图七八八，3）。

ⅡM223

墓葬概况

位于墓地中部偏南，南邻ⅡM222，东北邻ⅡM150，墓向120°。C型，长方形竖穴土坑墓，开口于表土层下，墓口距地表深0.12米，墓长1.64、宽0.9米，墓深1.1米，墓口下0.2米有一层土坯。填土为黄沙土，土质松散。该墓由于盗扰，颅骨被移动位置，头顶向东，面向上，仰身屈肢，脚向西，中年男性，年龄40~50岁。随葬的木盘顶替了颅骨的位置，陶单耳罐在西南部，余下的大多数都堆放在北部，有角带扣、木箭、木撑板两件、木搅拌棒、木取火棒和复合弓（图七八九；图版

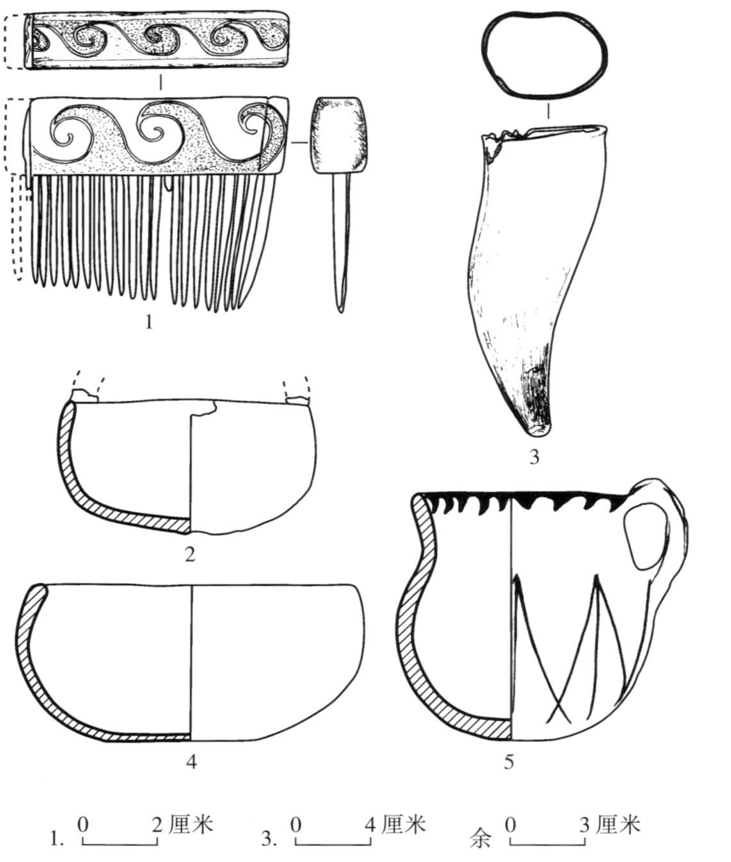

图七八八　ⅡM222随葬品

1. 木梳（ⅡM222：3）　2. 陶单耳杯（ⅡM222：2）　3. 牛角杯（ⅡM222：5）　4. 陶钵（ⅡM222：4）　5. 陶单耳罐（ⅡM222：1）

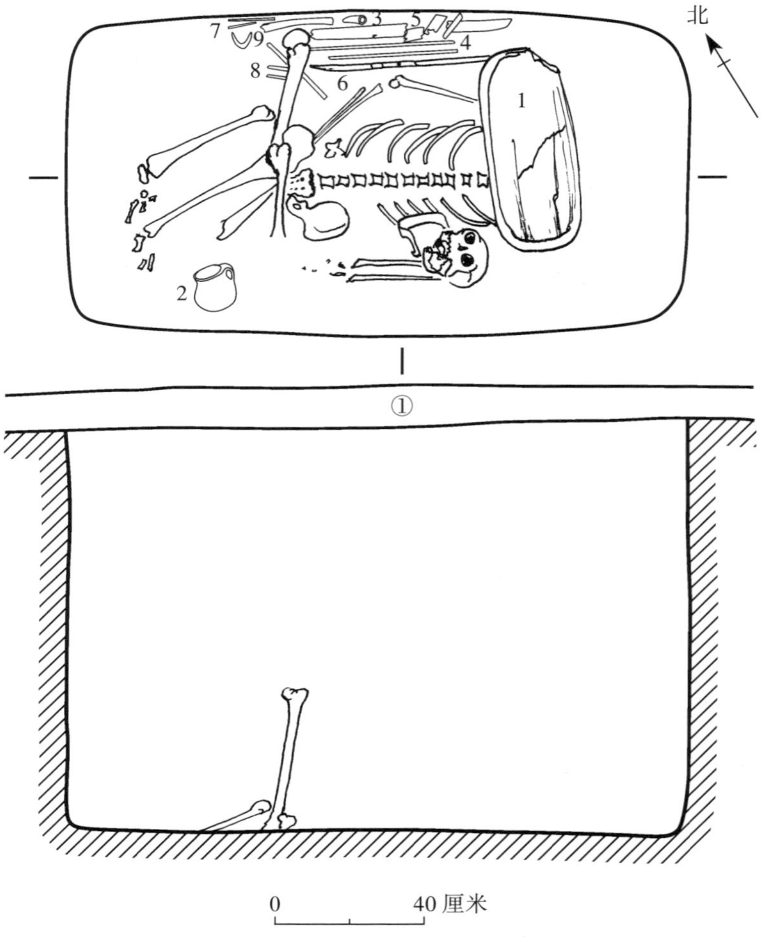

图七八九　ⅡM223平、剖面图

1. 木盘　2. 陶单耳罐　3. 角带扣　4. 木箭　5、6. 木撑板　7. 木搅拌棒　8. 木取火棒　9. 复合弓

三三，5）。

随葬品

出土木、陶、角器等9件（组）。

1.木盘　木板削制。个体较大，浅盘。整体长圆形，底有剐痕。长边有穿孔。口长径54.8、短径23.6、高6厘米（图七九〇，7）。

2.陶单耳罐　夹砂红陶。手制。敞口，鼓腹，圜底。通体施红色陶衣，腹部饰一圈黑彩变形涡纹，内外沿饰锯齿纹，耳上饰牛角形纹（变形三角纹）。口径8.8、腹径11、高11、通高11.8厘米（图七九〇，8；图版五五，6）。

3.角带扣　用小牛角尖刻削而成。鸟头形（鹰首），硕大的鸟喙，有耳和眼各一对，刻划两圈平行线用于表现鸟脖子上的羽毛。下方刻一长圆形孔，内有穿绳佩带时的磨损痕迹。长8.2、粗径2.2厘米（图七九〇，1；图版一九二，4）。

4.木箭　直木棍削制打磨而成。一束5支，均残断，有四种型式，箭尾相同，均有“U”形槽。ⅡM223：4-1，三棱体三短翼（图七九〇，2）。ⅡM223：4-2，四棱形单倒刺（图七九〇，3）。ⅡM223：4-3，三棱形二短翼加一倒刺（图七九〇，4）。ⅡM223：4-4，四棱形带倒刺。残长24.3、直径0.6~0.8厘米（图七九〇，5）。

5.木撑板　木板削制。长条形，两端作弧形，一长边上残存十个穿孔，穿皮绳用。长61.6、宽2.8、厚1厘米（图七九〇，12）。

6.木撑板　用木条加工成。扁圆体，外表打磨光洁。长55.8、宽1.3厘米（图七九〇，11）。

7.木搅拌棒　用锐角形木条和木棍加工成。扁木条中间穿孔，安装在木棍上。杆长43.5、直径0.8、宽5.2、头长4.4厘米（图七九〇，9）。

8.木取火棒　细木棍加工成。一端头较粗，两头都有竖孔，粗头孔较大，该器物一般和弓箭袋在一起，用途待考。长40.4、粗径1.7厘米（图七九〇，10）。

9.复合弓　残，存弓中部手握部分，近长方体，两头有渐薄的斜面，与两端好接合。残长21.9、厚2.4厘米（图七九〇，6）。

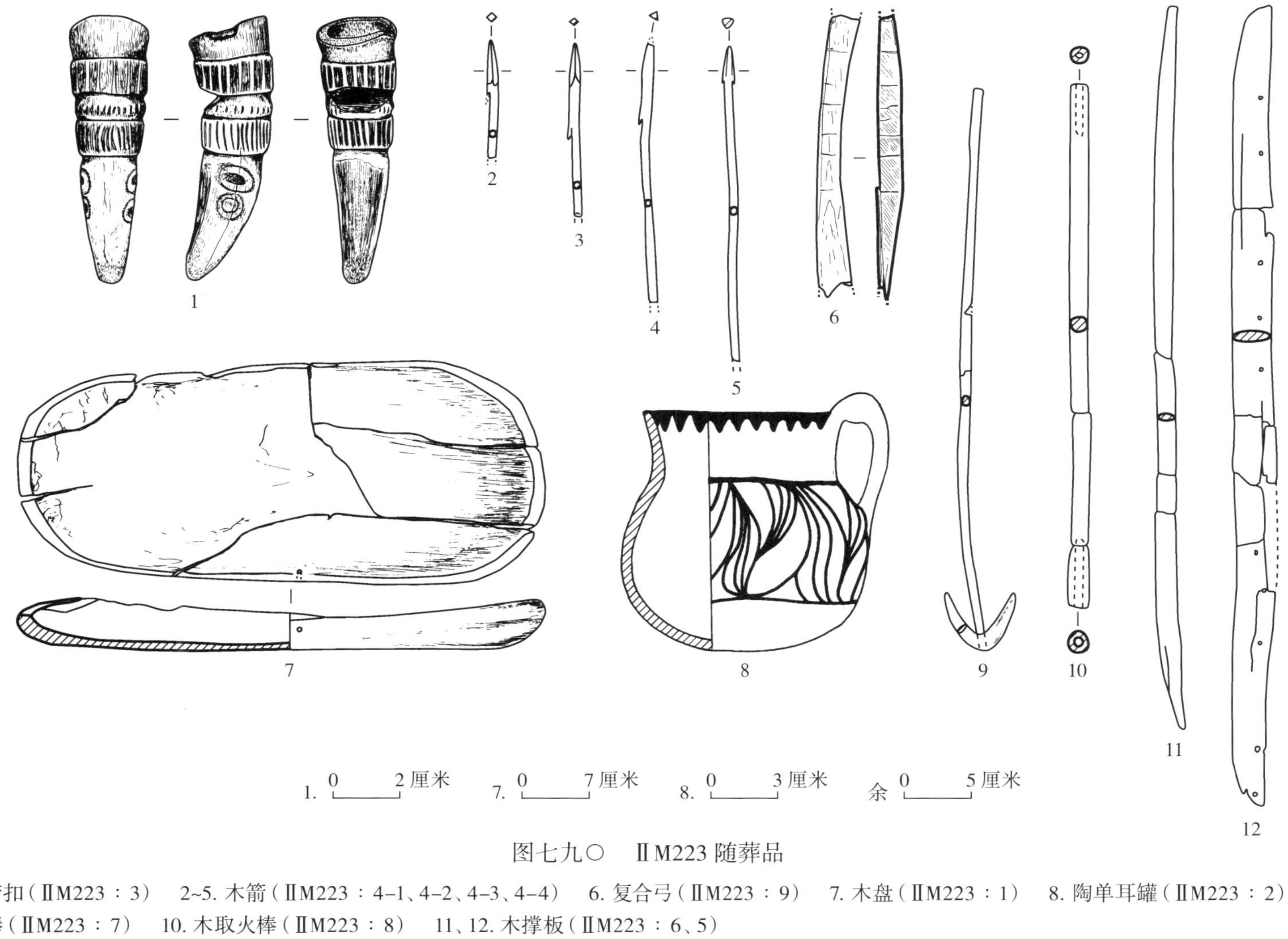

图七九〇　ⅡM223随葬品

1.角带扣（ⅡM223：3）　2~5.木箭（ⅡM223：4-1、4-2、4-3、4-4）　6.复合弓（ⅡM223：9）　7.木盘（ⅡM223：1）　8.陶单耳罐（ⅡM223：2）　9.木搅拌棒（ⅡM223：7）　10.木取火棒（ⅡM223：8）　11、12.木撑板（ⅡM223：6、5）